近現代學人學術著述叢刊

吴秋輝遺稿補編

1

吴秋輝 撰

國家圖書館出版社

圖書在版編目(CIP)數據

吴秋輝遺稿補編:全三册/吴秋輝撰.--北京:國家圖書館出版社,2018.8
(近現代學人學術著述叢刊)
ISBN 978-7-5013-6393-3

Ⅰ.①吴… Ⅱ.①吴… Ⅲ.①吴秋輝(1877—1927)—文集 Ⅳ.①C539

中國版本圖書館CIP數據核字(2018)第063971號

書　　名　吴秋輝遺稿補編(全三册)
著　　者　吴秋輝　撰
叢 書 名　近現代學人學術著述叢刊
責任編輯　南江濤　史百艷
封面設計　程言工作室

出　　版　國家圖書館出版社(100034　北京市西城區文津街7號)
　　　　　(原書目文獻出版社　北京圖書館出版社)
發　　行　010-66114536　66126153　66151313　66175620
　　　　　66121706(傳真)　66126156(門市部)
E-mail　nlcpress@nlc.cn(郵購)
Website　www.nlcpress.com→投稿中心
經　　銷　新華書店
印　　裝　北京華藝齋古籍印務有限公司
版　　次　2018年8月第1版　2018年8月第1次印刷

開　　本　787×1092(毫米)　1/16
印　　張　106

書　　號　ISBN 978-7-5013-6393-3
定　　價　1800.00圓

出版説明

吴秋輝（一八七七—一九二七）名桂華，自號侘傺生，以字行，山東臨清人。清末民國時期史學家、語言文字學家。一九一〇年畢業於山東省優級師範學校。初在臨清辦教育，一九一二年在濟南一家報館任主編。一九一七年開始研究中國古代文化。一九二〇年到北京主持《民意報》。一九二四年應聘到山東國學研究社教授經學。一九二七年，由梁啓超推薦到清華大學任導師兼教授，因眼疾未能成行。

現有關於吴秋輝的資料較少，他的學識、生平著述和性格特點、人際往來等，通過其故交的零星回憶和當今一些學者的研究纔逐漸爲世人悉知：吴秋輝對經學、史學、文字學、音韻學等無不涉獵和精研，一生著述六十餘部，然而根據他臨終所言來看，這些著述大約尚不及其計劃的一半。吴秋輝博聞强記，不拘泥於古人之論，每有所述，必言之有據，旁徵博引，反復論證，義旨宏遠，使聞者驚心、見者嘆服。因《學文溯源》一書，梁啓超深感吴秋輝的才學出衆，稱之爲平生難得的『天涯知己』。

吴秋輝在彌留之際曾囑托家人將其遺稿善爲保存，幾十年來，歷經戰火和社會動蕩，其後輩堅守對先生的承諾，兩代人堅持不懈地守護、收集和整理其遺稿。在社會各界有識之士的幫助下，齊魯書社陸續整理出版了

《侘傺軒文存》和《説經》； 我社先是影印了《説經》手稿本，後又彙編影印了《吴秋輝遺稿》（全五册），收録吴秋輝著作三十餘種，對吴氏學術資料做了最全面、最重要的彙編整理。

《吴秋輝遺稿》（全五册）出版後，我社編輯及吴氏後人仍在不斷搜集先生的遺著，以使學界更全面瞭解吴氏學術思想。 本次出版的《吴秋輝遺稿補編》，收録了吴秋輝手批《詩集傳》（宋朱熹撰）、《群經平議》（清俞樾撰）、《清代學術概論》（梁啓超著）、《戴東原二百年生日紀念論文集》等重要著作及部分吴秋輝遺稿、雜抄殘本及散葉。 期待這些零散的資料可以爲吴氏學術研究提供有益的補充。

本書收録的《群經平議》爲山東大學儒學高等研究院收藏，《清代學術概論》《吴秋輝先生遺札》爲關友聲先生收藏，《戴東原二百年生日紀念論文集》爲姚恩河先生收藏，其餘爲吴氏後人收藏，在資料整理及拷貝過程中得到了山東大學儒學高等研究院、關友聲、姚恩河先生和張東蕙女士的大力支持，在此一并表示誠摯的謝意。

國家圖書館出版社

二〇一八年八月

總目録

第一册

第二册

第三册

第一册目録

（宋）朱熹 撰 吴秋輝 批

詩集傳二十卷

存八卷（卷一至八）

清光緒十三年（1887）刻本

詩經

卷一

張乾

光緒丁亥新鐫

悉遵宋刊點畫無譌

監本詩經

有益堂藏板

夫音扶

詩傳序

或有問於予曰詩何爲而作也予應之曰人生而靜天之性也感於物而動性之欲也夫旣有欲矣則不能無思旣有思矣則不能無言旣有言矣則言之所不能盡而發於咨嗟咏歎之餘者必有自然之音響節族（音奏）而不能已焉此詩之所以作也曰然則其所以敎者何也曰詩者人心之感物而形於言之餘也心之所感有邪正故言之所形有是非惟

聖人在上則其所感者無不正而其言皆足以爲敎其或感之之雜而所發不能無可擇者則上之人必思所以自反而因有以勸懲之是亦所以爲敎也昔周盛時上自郊廟朝廷而下達於鄉黨閭巷其言粹然無不出於正者聖人固已協之聲律而用之鄉人用之邦國以化天下至於列國之詩則天子巡守亦必陳而觀之以行黜陟之典降自昭穆而後寖以陵夷至於東遷而遂廢不講矣孔子

守音狩

去聲

生於其時既不得位無以行勸懲黜陟之政於是特舉其籍而討論之去其重複正其紛亂而其善之不足以爲法惡之不足以爲戒者則亦刊而去之以從簡約示久遠使夫學者卽是而有以考其得失善者師之而惡者改焉是以其政雖不足以行於一時而其敎實被於萬世是則詩之所以爲敎者然也曰然則國風雅頌之體其不同若是何也曰吾聞之凡詩之所謂風者多出於里巷歌謠之

治音至

作所謂男女相與詠歌各言其情者也惟周南召南親被文王之化以成德而人皆有以得其性情之正故其發於言者樂而不過於淫哀而不及於傷是以二篇獨爲風詩之正經自邶而下則其國之治亂不同人之賢否亦異其所感而發者有邪正是非之不齊而所謂先王之風者於此焉變矣若夫雅頌之篇則皆成周之世朝廷郊廟樂歌之辭其語和而莊其義寬而密其作者往往聖人之徒

浹音接

固所以爲萬世法程而不可易者也至於雅之變者亦皆一時賢人君子閔時病俗之所爲而聖人取之其忠厚惻怛之心陳善閉邪之意尤非後世能言之士所能及之此詩之爲經所以人事浹於下天道備於上而無一理之不具也曰然則其學之也當奈何曰本之二南以求其端參之列國以盡其變正之於雅以大其規和之於頌以要其止此學詩之大旨也於是乎章句以綱之訓詁以紀之

諷詠以昌之，涵濡以體之，察之情性隱微之間，審之言行樞機之始，則修身及家平均天下之道，其亦不待他求而得之於此矣。問者唯唯而退。余時方輯詩傳，因悉次是語以冠其篇云。

淳熙四年丁酉冬十月戊子新安朱熹書

詩篇目

第一卷

國風

周南

關雎　葛覃　卷耳
樛木　螽斯　桃夭
兔罝　芣苢　漢廣
汝墳　麟之趾

召南

鵲巢　采蘩　草蟲
采蘋　甘棠　行露
羔羊　殷其靁　摽有梅
小星　江有汜　野有死麕
何彼襛矣
騶虞

第二卷

邶音沛　鄘音容

邶

柏舟　綠衣　燕燕

日月　終風　擊鼓

凱風　雄雉　匏有苦葉

谷風　式微　旄丘　簡兮

泉水　北門　北風　靜女

新臺　二子乘舟

鄘

柏舟　牆有茨

君子偕老　桑中

鶉之奔奔　定之方中

蝃蝀　相鼠　干旄　載馳

衛

淇奧　考槃　碩人

氓　竹竿　芄蘭

河廣　伯兮

有狐　木瓜

王

黍離　君子于役

君子陽陽　揚之水

中谷有蓷　兔爰　葛藟

采葛　大車　丘中有麻

第三卷

鄭

齊

魏

十畝之閒　伐檀

碩鼠

唐

蟋蟀　山有樞

揚之水　椒聊

綢繆　杕杜　羔裘　鴇羽

無衣　有杕之杜

葛生

采苓

秦

車鄰　駟驖　小戎

蒹葭　終南　黃鳥

晨風　無衣

渭陽　權輿

陳

宛丘　東門之枌

衡門　東門之池

東門之楊　墓門　防有鵲巢

月出　株林　澤陂

檜

羔裘　素冠　隰有萇楚

匪風

豳音賓

第四卷

小雅

彤音同　旻音民

第五卷

彤弓之什

祈父之什

小旻之什

北山之什

棫音域

桑扈之什　桑扈　鴛鴦　頍弁
車舝　青蠅　賓之初筵
魚藻　采菽
角弓　菀柳

都人士之什　都人士　黍苗
隰桑　白華　采綠　瓠葉
緜蠻
漸漸之石　苕之華
何草不黃

第六卷

大雅

文王之什　文王　大明　緜
棫樸　旱麓　思齊
皇矣　靈臺
下武　文王有聲

泂音迥

生民之什　生民　行葦　既醉
鳧鷖　假樂　公劉
泂酌　卷阿
民勞　板

第七卷

蕩之什　蕩　抑　桑柔
雲漢　崧高　烝民
韓奕　江漢　常武
瞻卬　召旻

第八卷

頌

周頌清廟之什　清廟　維天之命
維清　烈文
天作　昊天有成命　我將
時邁　執競　思文

雝音雍 駜音必

雍去聲亶多旱反父音甫辟音

詩卷之一　朱熹集傳

國風一

國者諸侯所封之域而風者民俗歌謠之詩也謂之風者以其被上之化以有言而其言又足以感人如物因風之動以有聲而其聲又足以動物也是以諸侯采之以貢於天子天子受之而列於樂官於以考其俗尚之美惡而知其政治之得失焉舊說二南爲正風所以用之閨門鄉黨邦國而化天下也十三國爲變風則亦領在樂官以時存肄備觀省而垂監戒耳合之凡十五國云

周南一之一

周國名南南方諸侯之國也周國本在禹貢雍州境內岐山之陽后稷十三世孫古公亶父始居其地傳子王季歷至孫文王昌辟國寖廣於是徙都于豐而分岐周故地以爲周公旦召公奭之采邑且使周公

闗召實照反夾音適采音菜沱音駝鎬胡老反相去聲筦管同弦絃同洽平聲鄠音戶

國風

為政於國中而召公宣布於諸侯於是德化大成於內而南方諸侯之國江沱汝漢之間莫不從化蓋三分天下而有其二焉至子武王發又遷于鎬遂克商而有天下武王崩子成王誦立周公相之制作禮樂乃采文王之世風化所及民俗之詩被之筦弦以為房中之樂而又推之以及於鄉黨邦國所以著明先王風俗之盛而使天下後世之修身齊家治國平天下者皆得以取法焉蓋其得之國中者雜以南國之詩而謂之周南言自天子之國而被於諸侯不但國中而已也其得之南國者則直謂之召南言自方伯之國被於南方而不敢以繫于天子也岐周在今鳳翔府岐山縣豐在今京兆府鄠縣終南山北南方之國即今興元府京西湖北等路諸州鎬在豐東二十五里小序曰關雎麟趾之

詩中何嘗有宮人

關雎

后妃之德也

興去聲後倣此應去聲傳去聲下同別必烈反乘去聲處上聲下同閒

化王者之風故繫之周公南言化自北
而南也鵲巢騶虞之德諸侯之風也先
王之所以教故繫之
召公斯言得之矣

關關雎音疽鳩在河之洲窈音杳窕徒了反淑女君
子好逑音求○興也關關雌雄相應之和聲
也雎鳩水鳥一名王雎狀類鳧鷖今
江淮間有之生有定耦而不相亂偶常並遊
而不相狎故毛傳以為摯而有別列女傳以
為人未嘗見其乘居而匹處者蓋其性然也
河北方流水之通名洲水中可居之地也窈
窕幽閒之意淑善也女者未嫁之稱蓋指文
王之妃大姒為處子時而言也君子則指文
王也好亦善也逑匹也毛傳云摯字與至通
言其情意深至也○興者先言他物以引起
所詠之辭也周之文王生有聖德又得聖女
姒氏以為之配宮中之人於其始至見其有

乃憑空添出、
宮人來，以為此詩
之主人，據其說
從此詩和詠文
王后，非乃宮人自
詠矣，有是理乎

音閒　大音泰　樂音洛　放上聲　夫音扶　○經嚴本傳後音釋外間有訓詁引證多至數百字

幽閒貞靜之德，故作是詩。言彼關關然之雎
鳩，則相與和鳴於河洲之上矣。此窈窕之淑
女，則豈非君子之善匹乎。言其相與和樂而
恭敬，亦若雎鳩之情摯而有別也。後凡言興
者，其文意皆放此云。漢匡衡曰：窈窕淑女，君
子好逑。言能致其貞淑，不貳其操，情欲之感
無介乎容儀，宴私之意不形乎動靜，夫然後
可以配至尊而為宗廟主。此綱紀之首，王化
之端也。可謂善說詩矣。

○參（初金反）差（初宜反）荇（音杏）菜，左右
流之。窈窕淑女，寤寐求之。求之不得，寤寐思
服（叶蒲北反）。悠哉悠哉，輾（音展）轉反側。

興也。參差，長短不齊之貌。荇，接余也。根生水底，莖如釵股，上青下白，葉紫赤，圓徑寸餘，浮在水面。或左或右，言無方也。流，順水之流而取之也。或寤或寐，言無時也。服，猶懷也。悠，長也。輾者，轉之半；轉者，輾之

者也本删去今姑從鈐以便誦讀者

按說文正韻鐘鼓之鼓從支鼓舞鼓琴之鼓從支支

周反者輾之過側者轉之畱皆臥不安席之意○此章本其未得而言彼參差之荇菜則當左右無方以流之矣此窈窕之淑女則當寤寐不忘以求之矣蓋此人此德世不常有求之不得則無以配君子而成其內治之美故其憂思之深不能自已至於如此也○

參差荇菜左右采叶此禮反之窈窕淑女琴瑟友叶羽已反之參差荇菜左右芼音帽叶音邈之窈窕淑女鐘鼓樂音洛之

興也采取而擇之也芼熟而薦之也琴五弦或七弦瑟二十五弦皆絲屬樂之小者也友者親愛之意也鐘金屬鼓革屬樂之大者也樂則和平之極也○此章據今始得而言彼參差之荇菜既得之則當采擇而亨芼之矣此窈窕之淑女既得之則當親愛而娛樂之矣蓋此人德世不常有幸而得之則有以配君子而成

此言尤只打是直
語孔子之言無不語
文王后妃亦語實
人來
自己擇造出、性情
之正者人氣之和來
朝文自語者人氣之
和不得聞然則

音技 支音 朴 亨古 燕學 别必 刻反 姚音 配 大音 泰

內洽。故其喜樂尊奉之意不能自已。又如此云

關雎三章一章四句二章章八句

孔子曰。關雎樂而不淫。哀而不傷。愚謂此言爲此詩者。得其性情之正。聲氣之和也。蓋德如雎鳩摯而有別。則后妃性情之正固可以見其一端矣。至於寤寐反側。琴瑟鐘鼓。極其哀樂而皆不過其則焉。則詩人性情之正。又可以見其全體也。獨其聲氣之和。有不可得而聞者。雖若可恨然學者姑卽其辭而玩其理以養心焉則亦可以得學詩之本矣。○匡衡曰。妃匹之際。生民之始。萬福之原。婚姻之禮正。然後品物遂而天命全。孔子論詩以關雎爲始。言太上者民之父母。后夫人之行不侔乎天地。則無以奉神靈之統而理萬物之宜。自上世以來。三代興廢

前引何必着此句耶

葛覃 比也

后妃之本也

葛乃草名灌木則叢木也葛自葛灌木自灌木此公乃是指葛與灌木得又今人莫題草木尚

覃音譚

比也

易去聲

未有不由此者也

葛之覃兮施（音異）于中谷維葉萋萋黃鳥于飛集于灌木其鳴喈喈（叶居奚反）○賦也葛草名蔓生可爲絺綌者覃延施移也中谷谷中也萋萋盛貌黃鳥鸝也灌木叢木也喈喈和聲之遠聞也○賦者敷陳其事而直言之者也蓋后妃既成絺綌而賦其事追敘初夏之時葛葉方盛而有黃鳥鳴於其上也後凡言賦者放此

○葛之覃兮施于中谷維葉莫莫是刈（音乂）是濩（音鑊）爲絺（音癡）爲綌（音隙叶去略反）服之無斁（音亦叶弋灼反）○賦也莫莫茂密貌刈斬濩煑也精曰絺麤曰綌斁厭也

○此言盛夏之時葛既成矣於是治以爲布而服之無厭蓋親執其勞而知其成之不易

不能分偏欺注
詩可洎不同義矣
其解汙字頗好
其解末章尚無
大義誤似於漢人
稍優其解前二章
則並不及漢人以
漢書能知其有
所寓意也

撋軟平聲 去上聲

長上聲 幾平聲

所以心誠愛之雖極垢弊而不忍厭棄也○**言告師氏言告言歸薄汙我私薄澣**音緩**我衣害**音曷**澣害否**如字**歸寧父母**

賦也言辭也師女師也薄猶少也汙煩撋之以去其汙猶治亂而曰亂也澣則濯之而已私燕服也衣禮服也害何也寧安也謂問安也○上章既成絺綌之服矣此章遂告其師氏使告于君子以將歸寧之意且曰盍治其私服之汙而澣其禮服之衣乎何者當澣而何者可以未澣乎我將服之以歸寧於父母矣

葛覃三章章六句

此詩后妃所自作故無贊美之辭然於此可以見其已貴而能勤已富而能儉已長而敬不弛於師傅已嫁而孝不衰於父母是皆德之厚而人所難也小序以為后妃之本庶幾近之

卷耳 興也
后妃之志也
比也
既知其為託言則非賦矣却又以為賦此公自己亦不知所以云矣
比也

寘音至
枲音洗
舍上聲
復扶又反
罷音皮下同

采采卷上聲耳。不盈頃音傾筐。嗟我懷人。寘彼周行。叶戶郎反○賦也。采采非一采也。卷耳枲耳。葉如鼠耳。叢生如盤。頃欹也。筐竹器。懷思也。人蓋謂文王也。寘舍也。周行大道也。○后妃以君子不在而思念之。故賦此詩。託言方采卷耳。未滿頃筐。而心適念其君子。故不能復采。而寘之大道之旁也。○陟彼崔音摧嵬音巍。我馬虺音灰隤音頹。我姑酌彼金罍。維以不永懷。叶胡隈反○賦也。陟升也。崔嵬土山之戴石者。虺隤馬罷不能升高之病。姑且也。罍酒器。刻爲雲雷之象。以黃金飾之。永長也。○此又託言欲登此崔嵬之山。以望所懷之人而往從之。則馬罷病而不能進。於是且酌金罍之酒。而欲其不至於長以爲念也。○陟彼高岡。我馬玄黃。我姑酌彼兕音似

兕即今之水牛幾見有如注所說之怪物
比也

據詩意則正此時作
者而夢見相又語
之不可及是於詩意
於後來嘗夢見之
樛木

坊本注作註　見音現　朝音潮　羑音酉

觥音肱叶古黃反維以不永傷賦也山脊曰岡玄黃玄馬而黃病極而變色也兕野牛一角青色重千斤觥爵也以兕角為爵也○陟彼砠音疽矣我馬瘏音塗矣我僕痡音敷矣云何吁矣賦也石山戴土曰砠瘏馬病不能進也痡人病不能行也吁憂歎也爾雅注引此作盱張目望遠也詳見何人斯篇

卷耳四章章四句

此亦后妃所自作可以見其貞靜專一之至矣豈當文王朝會征伐之時羑里拘幽之日而作歟然不可考矣

南有樛音鳩木葛藟音壘纍音雷之樂音洛只音紙君子福履綏之興也南南山也木下曲曰樛藟葛類纍猶繫也只語助辭君子自衆

后妃逮下也
添上兩則字兩矣字
即可須解詩與則
詩不用解矣究之
果作何解乎[illegible]
生出來解言之也
螽斯
后妃子孫衆
多也

奄衣檢反

妾而指后妃。妃猶言小君內子也。履祿。綏安也
○后妃能逮下而無嫉妒之心。故衆妾樂其
德而稱願之曰。南有樛木。則葛藟
纍之矣。樂只君子。則福履綏之矣○南有樛
木。葛藟荒之。樂只君子。福履將之（興也。荒奄也。將猶扶
助也）○南有樛木。葛藟縈（烏營反）之。樂只君子。福
履成之（興也。縈旋也。成就也）

樛木三章章四句

螽（音終）斯羽。詵詵（音莘）兮。宜爾子孫。振振（音眞）兮（比也
螽斯蝗屬。長而青。長角長股。能以股相切作
聲。一生九十九子。詵詵和集貌。爾指螽斯也
振振盛貌○比者以彼物比此物也。后妃不
妒忌而子孫衆多。故衆妾以螽斯之羣處和

桃夭
后妃之所致也
周之仲春乃今之十二月其時桃焉得有華注書一

薨音烘　少去聲　令去聲

國風　　六

集而子孫衆多比之言其有是德而宜有是福也後凡言比者放此○螽斯羽薨薨兮宜爾子孫繩繩兮比也薨薨羣飛聲繩繩不絕貌○螽斯羽揖揖音緝兮宜爾子孫蟄蟄兮比也揖揖會聚也蟄蟄亦多意

螽斯三章章四句

桃之夭夭音腰灼灼其華音花之子于歸宜其室家興也桃木名華紅實可食夭夭少好之貌灼灼華之盛也木少則華盛之子是子也此指嫁者而言也婦人謂嫁曰歸周禮仲春令會男女然則桃之有華正婚姻之時也宜者和順之意室謂夫婦所居家謂一門之內○文王之化自家而國男女以正婚姻以時

生竟並此不知哀哉

兔罝

后妃之化也

詩言兔罝何尝

罝兔之野人兇

按說文正韻兔與兔略同但多一點俗作兔誤杙音

故詩人因所見以起興而歎其女子之賢知其必有以宜其室家也○桃之夭夭有蕡音文其實之子于歸宜其家室興也蕡實之盛也家室猶室家也○桃之夭夭其葉蓁蓁音臻之子于歸宜其家人興也蓁蓁葉之盛也家人一家之人也

桃夭三章章四句

肅肅兔罝音嗟又子余反與夫叶椓之丁丁音爭赳赳武夫公侯干城興也肅肅整飭貌罝罟也丁丁椓杙聲也赳赳武貌干盾也干城皆所以扞外而衛內者○化行俗美賢才衆多雖罝兔之野人而其才之可用猶如此故詩人因其所事以起興而美之而文王德化之盛因可見矣○肅肅兔罝

和白盡見兒

芣苢

后妃之美也

車尺遮反　難去聲

國風

施于中逵赳赳武夫公侯好仇叶渠九反○逵九達之道○仇與逑同○匡衡引關雎亦作仇字○公侯善匹○猶曰聖人之耦則非特干城而已歎美之無已也○下章放此○肅肅兔罝施于中林赳赳武夫公侯腹心興也○中林林中○腹心同心同德之謂則又非特好仇而已也

兔罝三章章四句

采采芣苢音浮音以薄言采之叶此禮反采采芣苢薄言有之叶羽已反賦也○芣苢車前也○大葉長穗好生道旁○采始求之也○有既得之也○化行俗美○家室和平○婦人無事○相與采此芣苢而賦其事以相樂也○采之未詳何用或曰○其子治産難○采采芣苢○薄言掇之都奪反○采采

漢廣德廣所及也

騣展 呂反 扱音 捕 韓詩 息作 思泳 音詠 竦息 拱反 嶓音 波

芣苢。薄言捋力活反之。賦也。掇，拾也。捋，取其子也。○采采芣苢。薄言袺音結之。采采芣苢。薄言襭音纈之。賦也。袺，以衣貯之而執其衽也。襭，以衣貯之而扱其衽於帶間也。

芣苢三章，章四句

南有喬木，不可休息。漢有游女，不可求思。漢之廣矣叶古曠反，不可泳叶于誑反思。江之永矣叶弋亮反，不可方叶甫妄反思。興而比也。上竦無枝曰喬。思，語辭也。篇內同。漢水出興元府嶓冢山，至漢陽軍大别山入江。江漢之俗，其女好游，漢魏以後猶然，如大堤之曲可見也。泳，潛行也。江水出永康軍岷山，東流與漢水合，東北入海。永，長也。方，桴也。○文王之化

周南 八 卷一

喬木何以起興江漢何以爲比絶不敢語道及憑空道此兩圖若語深明其義者鮮欣人手抑自曉耶錯薪又何以起興

翹音孚 非復扶又反 下復方六反 飼音嗣

自近而遠。先及於江漢之間。而有以變其淫亂之俗。故其出游之女。人望見之。而知其端莊靜一。非復前日之可求矣。因以喬木起興。江漢爲比。而反復詠歎之也。

○翹翹音喬錯薪。言刈其楚。之子于歸。言秣其馬。叶滿蒲反漢之廣矣。不可泳思。江之永矣。不可方思。

興而比也。翹翹。秀起之貌。錯。雜也。楚。木名。荊屬。之子。指游女也。秣。飼也。○以錯薪起興。而欲秣其馬。則悅之至。以江漢爲比。而歎其終不可求。則敬之深。

○翹翹錯薪。言刈其蔞。音閭之子于歸。言秣其駒。漢之廣矣。不可泳思。江之永矣。不可方思。

興而比也。蔞。蔞蒿也。葉似艾。青白色。長數寸。生水澤中。駒。馬之小者。

此篇於詩之興者因
自己不解挑語而
賦己彥而笑然助
語而賦亦自己不不
能講解則不待此
語之即如此詩云
歸人喜其君子行
役而歸因記其未歸
之時思望之情如
此然則此歸於其
夫未歸時後日筆之

二注適相反

復扶又反

赬字從赤從貞俗作頳

漢廣三章章八句

遵彼汝墳伐其條枚音梅未見君子惄音溺如調音周飢賦也。遵，循也。汝水出汝州天息山，逕蔡潁州入淮。墳，大防也。枝曰條，幹曰枚。惄，飢意也。調，一作輖，重也。○汝旁之國亦先被文王之化者，故婦人喜其君子行役而歸，因記其未歸之時思望之情如此，而追賦之也。

○遵彼汝墳伐其條肄音異既見君子不我遐棄賦也。斬而復生曰肄。遐，遠也。○伐其枚而又伐其肄，則踰年矣。至是乃見其君子之歸，而喜其不遠棄我也。

○魴音房魚赬音蟶尾王室如燬音毀下同雖則如燬父母孔邇比也。魴，魚名，身廣而薄，少力細鱗。赬，赤也。魚勞則尾赤，魴尾本白而今赤，則勞甚矣。

汝墳伐條枚即

汝墳

道化行也

枚古枝字肄

古芽字又作

㷄燬即火之

動詞

麟之趾

關雎之應也

勞去聲下如字　語去聲　麐俱倫反　長上聲

王室指紂所都也燬焚也父母指文王也孔甚邇近也○是時文王三分天下有其二而率商之叛國以事紂故汝墳之人猶以文王之命供紂之役其家人見其勤苦而勞之曰汝之勞既如此而王室之政方酷烈而未已雖其酷烈而未已然文王之德如父母然望之甚近亦可以忘其勞矣此序所謂婦人能閔其君子猶勉之以正者蓋曰雖其別離之久思念之深而其所以相告語者猶有尊君親上之意而無情愛狎昵之私則其德澤之深風化之美皆可見矣一說父母甚近不可以懈於王事而貽其憂亦通

汝墳三章章四句

麟之趾振振音真公子叶獎里反于音吁嗟麟兮興也麟麕身牛尾馬蹄毛蟲之長也趾足也麟之足不踐生草不履生蟲振振仁厚貌于嗟歎辭○

定後別作臀何俗儒妄讀如豚而俗腚字出矣而注者又訓定爲額真可謂鑽頭不顧定矣

[illegible]

文王后妃德修于身而子孫宗族皆化於善故詩人以麟之趾興公之子言麟性仁厚故其趾亦仁厚文王后妃仁厚故其子亦仁厚然言之不足故又嗟歎之言是乃麟也何必麕身牛尾而馬蹄然後爲王者之瑞哉

○麟之定音訂振振公姓于嗟麟兮

興也定額也麟之額未聞或曰有額而不以抵也公姓公孫也姓之爲言生也

○麟之角叶盧谷反振振公族于嗟麟兮

興也麟一角角端有肉公族公同高祖祖廟未毀有服之親

麟之趾三章章三句

序以爲關雎之應得之

周南之國十一篇三十四章百五十九句

按此篇首五詩皆言后妃之德關雎舉其全體而言也葛覃卷

行去聲　復扶又反　召實照反　采音菜

耳。言其志行之在已。樛木螽斯。美其德惠之及人。皆指其一事而言也。其辭雖主於后妃。然其實則皆所以著明文王身修家齊之效也。至於桃夭兔罝芣苢。則家齊而國治之效。漢廣汝墳。則以南國之詩附焉。而見天下已有可平之漸矣。若麟之趾則又王者之瑞。有非人力所致而自至者。故復以是終焉。而序者以為關雎之應也。夫其所以至此后妃之德固不為無所助矣。然妻道無成則亦豈得而專之哉。今言詩者。或乃專美后妃而不本於文王。其亦誤矣

召南一之二

召。地名。召公奭之采邑也。舊說扶風雍縣南有召亭即其地。今雍縣析為岐山天興二縣。未知召亭的在何縣。餘已見周南篇。

鵲巢

夫人之德也

媵音孕

維鵲有巢維鳩居叶姬御反之子于歸百兩如字又音亮御音迓叶魚據反之興也。鵲鳩皆鳥名。鵲善爲巢。其巢最爲完固。鳩性拙不能爲巢。或有居鵲之成巢者。之子指夫人也。兩一車也。一車兩輪。故謂之兩。御迎也。諸侯之子嫁於諸侯。送御皆百兩也。○南國諸侯被文王之化。能正心修身以齊其家。其女子亦被后妃之化。而有專靜純一之德。故嫁於諸侯。而其家人美之曰。維鵲有巢。則鳩來居之。是以之子于歸。而百兩迎之也。此詩之意。猶周南之有關雎也。○維鵲有巢維鳩方之之子于歸百兩將之興也。方有之也。將送也。○維鵲有巢維鳩盈之之子于歸百兩成之興也。盈滿也。謂衆媵姪娣之多。成成其禮也。

采蘩
夫人不失職也
何以見其必為
奉祭
蘩之生采鋤於何
沚之沼之於或
便可知為典守
耶

澗從月註見三卷子之還章

陶音遙

鵲巢三章章四句

于以采蘩于沼于沚于以用之公侯之事叶上止反○賦也于於也蘩白蒿也沼池也沚渚也事祭事也○南國被文王之化諸侯夫人能盡誠敬以奉祭祀而其家人敘其事以美之也或曰蘩所以生蠶蓋古者后夫人有親蠶之禮此詩亦猶周南之有葛覃也○于以采蘩于澗之中于以用之公侯之宮賦也山夾水曰澗宮廟也或曰卽記所謂公桑蠶室也○被音備之僮僮音同夙夜在公被之祁祁薄言還音旋歸賦也被首飾也編髮為之僮僮竦敬也夙早也公公所也祁祁舒遲貌去事有儀也祭義曰及祭之後陶陶遂遂如將復入然不欲遽去愛敬之無已也或曰

草蟲
大夫妻能以禮
自防也
未見君子何以見
其必君行役在外
君行役在外其
妻將危德而去

趯託歷反
蠜音煩

公。即所謂
公桑也

采蘩三章章四句

喓喓音腰草蟲。趯趯阜螽。未見君子。憂心忡忡音充亦既見止。亦既覯止。我心則降音杭叶乎攻反○賦也。喓喓。聲也。草蟲。蝗屬。奇音青色。趯趯。躍貌阜螽。蠜也。忡忡。猶衝衝也。止。語辭。覯。遇。降。下也○南國被文王之化。諸侯大夫行役在外。其妻獨居。感時物之變。而思其君子如此。亦若周南之卷耳也

○陟彼南山。言采其蕨。未見君子。憂心惙惙音拙亦既見止。亦既覯止。我心則說音悅○賦也。登山蓋託以望君子。蕨。鼈也。初生無葉時可食。亦感時物之變也。惙。憂貌

而見之覯之卯

采蘋

大夫妻能循法度也

差 初邁反　薸 音飄　粗 祖古反　菹 側魚反

○陟彼南山。言采其薇。未見君子。我心傷悲。亦既見止。亦既覯止。我心則夷。賦也。薇似蕨而差大有芒而味苦。山間人食之。謂之迷蕨。胡氏曰。疑卽莊子所謂迷陽者。夷平也

草蟲三章章七句

于以采蘋。南澗之濱。于以采藻。于彼行潦。音老 ○賦也。蘋水上浮萍也。江東人謂之薸。濱厓也。藻聚藻也。生水底。莖如釵股。葉似蓬蒿。行潦流潦也。○南國被文王之化。大夫妻能奉祭祀。而其家人敘其事以美之也。○于以盛之。音成 維筐及筥。音舉 于以湘之。維錡音蟻 及釜。音父 ○賦也。方曰筐。圓曰筥。湘烹也。蓋粗熟而淹以爲菹也。錡釜屬。有足曰錡。無足

甘棠
美召伯也

坊本作謹飭

憩俗作憇

曰釜。此足以見其循序有常嚴敬整飭之意。○于以奠之宗室牖下。叶後五反 誰其尸之有齊音齋 季女 賦也。奠置也。宗室大宗之廟也。大夫士祭於宗室牖下。室西南隅所謂奧也。尸主也。齊敬貌。季少也。祭祀之禮主婦主薦豆實以葅醢。少而能敬尤見其質之美而化之所從來者遠矣

采蘋三章章四句

蔽芾音廢 甘棠勿翦勿伐召伯所茇音跋 ○賦也。蔽芾盛貌。甘棠杜梨也。白者爲棠赤者爲杜。翦翦其枝葉也。伐伐其條榦也。伯方伯也。茇草舍也○召伯循行南國以布文王之政或舍甘棠之下。其後人思其德故愛其樹而不忍傷也

○蔽芾甘棠勿翦勿敗叶蒲寐反 召伯所憩音器 ○賦

說即今悅字何以
得強訓為舍

行露

召伯聽訟也

魯 邵

也。敗，折。憩，息也。勿敗，則非特勿伐而已，愛之愈久而愈深也。下章放此。○蔽芾甘棠，勿翦勿拜，叶變制反召伯所說。音稅。○賦也。拜，屈。說，舍也。勿拜，則非特勿敗而已。

甘棠三章，章三句。

厭入聲浥音邑行露，豈不夙夜？叶羊茹反謂行多露。賦也。厭浥，濕意。行，道。夙，早也。○南國之人遵召伯之教，服文王之化，有以革其前日淫亂之俗，故女子有能以禮自守而不為強暴所污者，自述己志，作此詩以絕其人。言道間之露方濕，我豈不欲早夜而行乎？畏多露之沾濡而不敢爾。蓋以女子早夜獨行，或有強暴侵陵之患，故託以行多露而畏其沾濡也。○誰謂雀無角？叶盧谷反何以

家字原不是韻何必亂叶吾不見有丶字而任意胡讀者耶

興音幸

穿我屋。誰謂女音汝無家。叶音谷 何以速我獄。雖速我獄。室家不足。興也。家，謂以媒聘求爲室家之禮也。速，召致也。○貞女之自守如此，然猶或見訟而召致於獄，因自訴而言：人皆謂雀有角，故能穿我屋以興人皆謂汝於我嘗有求爲室家之禮，故能致我於獄。然不知汝雖能致我於獄，而求爲室家之禮，初未嘗備。如雀雖能穿屋，而實未嘗有角也。

○誰謂鼠無牙。叶五紅反 何以穿我墉。誰謂女無家。叶各空反 何以速我訟。叶祥容反 雖速我訟。亦不女從。興也。牙，牡齒也。墉，牆也。○言汝雖能致我於訟，然其求爲室家之禮有所不足，則我亦終不汝從矣。

行露三章，一章三句，二章章六句。

羔羊
鵲巢之功致
也
古人衣服有常
制，君子以忠為
衣，亂者羔裘為
大夫宴居之服
至春秋後猶然
不衡有於前後
正直耶

從七容反　縫去聲　合音閤

國風

羔羊之皮，叶蒲何反。素絲五紽。音駝。退食自公，委音威蛇。音移，叶唐何反。委蛇，賦也。小曰羔，大曰羊。皮所以為裘，大夫燕居之服。素，白也。紽，未詳。蓋以絲飾裘之名也。退食，退朝而食於家也。自公，從公門而出也。委蛇，自得之貌。○南國化文王之政，在位皆節儉正直，故詩人美其衣服有常，而從容自得如此也。○

羔羊之革，叶訖力反。素絲五緎。音域。委蛇委蛇，自公退食。賦也。革，猶皮也。緎，裘之縫界也。○

羔羊之縫，音逢。素絲五總。音宗。委蛇委蛇，退食自公。賦也。縫，縫皮合之以為裘也。總，亦未詳。

羔羊三章，章四句。

哉古音基與子字叶凡詩哉叶韻無不於支止部者殷其靁勸以義也

還音旋

殷音隱其靁在南山之陽何斯違斯莫敢或遑振振音眞君子歸哉歸哉

興也殷靁聲也山南曰陽何斯斯此人也違斯此所也遑暇也振振信厚也○南國被文王之化婦人以其君子從役在外而思念之故作此詩言殷殷然靁聲則在南山之陽矣何此君子獨去此而不敢少暇乎於是又美其德且冀其早畢事而還歸也

○殷其靁在南山之側叶莊力反何斯違斯莫敢遑息振振君子歸哉歸哉

興也息止也

○殷其靁在南山之下叶後五反何斯違斯莫或遑處上聲振振君子歸哉歸哉

興也

殷其靁三章章六句

摽有梅
男女及時也
婦不及時何以即
有強暴之辱此
者數行所在亂世
之君有沉貞既
被文王之化故耶

語去聲

摽音殍有梅其實七兮求我庶士迨其吉兮賦也

摽落也梅木名華白實似杏而酢庶衆迨及也吉吉日也○南國被文王之化女子知以貞信自守懼其嫁不及時而有強暴之辱也故言梅落而在樹者少以見時過而太晚矣求我之衆士其必有及此吉日而來者乎

○摽有梅其實三叶疏簪反兮求我庶士迨其今兮

賦也梅在樹者三則落者又多矣今今日也蓋不待吉矣

○摽有梅頃音傾筐塈許器反之求我庶士迨其謂之

賦也塈取也頃筐取之則落之盡矣謂之則但相告語而約可定矣

摽有梅三章章四句

此美衆媵皆知
以義命自安何
止於古人之事
後世人不承后妃
之化即不許其去
有衆媵耶而
笑

小星
惠及下也

齊側皆反 分去聲　　裯音丑

嘒音歲彼小星三五在東肅肅宵征夙夜在公寔命不同興也嘒微貌三五言其稀蓋初昏或將旦時也肅肅齊遬貌宵夜征行也寔與實同命謂天所賦之分也○南國夫人承后妃之化能不妒忌以惠其下故其衆妾美之如此蓋衆妾進御於君不敢當夕見星而往見星而還故因所見以起興其於義無所取特取在東在公兩字之相應耳遂言其所以如此者由其所賦之分不同於貴者是以深以得御於君爲夫人之惠而不取致怨於往來之勤也○嘒彼小星維參所金反與昴叶力求反肅肅宵征抱衾與裯音儔寔命不猶興也參昴西方二宿之名衾被也裯禪被也興亦取與昴與裯二字相應猶亦同也

國風召南　　卷一

注因詩中有汜字遂謂作於汜水之旁然則次章當作於渚水之旁三章當作於沱水之旁三章作於三處有是理乎附會可笑

江有汜

復入扶又反安復如字左右並去聲處上聲

小星二章章五句呂氏曰夫人無妒忌之行而賤妾安於其命所謂上好仁而下必好義者也

江有汜音祀叶羊里反之子歸不我以不我以其後也悔叶虎洧反○興也水決復入為汜今江陵漢陽安復之閒蓋多有之之子媵妾指嫡妻而言也婦人謂嫁曰歸我媵自我也能左右之曰以謂挾己而偕行也○是時汜水之旁媵有待年於國而嫡不與之偕行者其後嫡被后妃夫人之化乃能自悔而迎之故媵見江水之有汜而因以起興言江猶有汜而之子之歸乃不我以雖不我以然其後也亦悔矣○江有渚之子歸不我與不我與其後也處興也渚小洲也水岐成渚與猶以也處安也得其所安也○江有沱

美媵也

野有死麕　惡無禮也

懣莫本反

音跎之子歸不我過音戈不我過其嘯也歌興也沱江之別者。過，謂過我而與俱也。嘯，蹙口出聲以舒憤懣之氣。言其悔時也。歌，則得其所處而樂也。

江有沱三章章五句陳氏曰。小星之夫人惠及媵妾。而媵妾盡其心。江沱之嫡惠不及媵妾。而媵妾不怨。蓋父雖不慈。子不可以不孝。各盡其道而已矣

野有死麕俱倫反與春叶白茅包叶補苟反之有女懷春吉士誘之興也。麕，獐也。鹿屬。無角。懷春，當春而有懷也。吉士，猶美士也。○南國被文王之化。女子有貞潔自守。不為強暴所污者。故詩人因所見以興其事而美之。或曰

舒割字之誤求
請也蓋舒古作默
割古作默也

何彼襛矣

國風

賦也。言美士以白茅包其死麕而誘懷春之女也。

○林有樸（蒲木反）樕（音速）野有死鹿。白茅純（音豚）束。有女如玉。（興也。樸樕小木也。鹿獸名。有角。純束猶包之也。如玉者美其色也。上三句興下一句也。或曰賦也。言以樸樕藉死鹿。束以白茅。而誘此如玉之女也。）

○舒而脫脫（音兌）兮無感我帨（音稅）兮無使尨（美邦反）也吠（符未反）。○賦也。舒遲緩也。脫脫舒緩貌。感動。帨巾。尨犬也。○此章乃述女子拒之之辭。言姑徐徐而來。毋動我之帨。毋驚我之犬。以甚言其不能相及也。其凜然不可犯之意。蓋可見矣。

野有死麕三章二章章四句一章三句

何彼襛（音濃與雝叶）矣。唐棣（音第）之華。曷不肅雝。王

美王姬也

此平王孫桓王女下嫁齊襄之詩事見左傳是附入召南者以成周周召南化也

穠音襛　見音現

姬之車 興也。襛盛也。猶曰戎戎也。唐棣栘也似白楊。肅敬。雝和也。周王之女姬姓故曰王姬。○王姬下嫁於諸侯車服之盛如此而不敢挾貴以驕其夫家。故見其車者知其能敬且和以執婦道。於是作詩以美之。曰何彼戎戎而盛乎。乃唐棣之華也。此何不肅肅而敬。雝雝而和乎。乃王姬之車也。此乃武王以後之詩。不可的知其何王之世。然文王太姒之教。久而不衰。亦可見矣。

○何彼穠矣華如桃李平王之孫齊侯之子 叶獎里反。○興也。李木名。華白實可食。舊說。平正也。武王女。文王孫。適齊侯之子。或曰。平王即平王宜臼。齊侯即襄公諸兒。事見春秋。未知孰是。○以桃李二物興男女二人也。

○其釣維何維絲伊緡齊侯之子平王之孫 叶須倫反。○興也。伊亦維也。緡綸也。絲之合而爲綸。猶男

騶虞
鵲巢之應也
詩本言田獵忽歎美騶虞之獸殊無道理賈誼新書謂為騶人虞人甚是蓋騶人具車乘虞人掌田獵山林草木之盛獲獸之多皆二人之力故歎美之

女之合而爲昏也

何彼穠矣三章章四句

彼茁音拙者葭音加壹發五豝音巴于音吁嗟乎騶虞叶音牙。賦也。茁生出壯盛之貌。葭蘆也。亦名葦。發發矢。豝牡豕也。一發五豝猶言中必疊雙也。騶虞獸名。白虎黑文不食生物者也。○南國諸侯承文王之化。修身齊家以治其國。而其仁民之餘恩。又有以及於庶類。故其春田之際。草木之茂。禽獸之多。至於如此。而詩人述其事以美之。且歎之曰。此其仁心自然。不由勉強。是卽眞所謂騶虞矣。○彼茁者蓬壹發五豵音宗于嗟乎騶虞叶五紅反。○賦也。蓬草名。一歲曰豵。亦小豕也

若白虎黑文之說乃
漢儒所臆造古今
初未聞此獸更無
論其不合文理也
然後人墨守之卒
不知改此則學人
之積習也

騶音鄒　召音邵

騶虞二章章三句 文王之化。始於關雎而至於麟趾。則其化之入人者深矣。形於鵲巢。而及於騶虞則其澤之及物者廣矣。蓋意誠心正之功不息而久。則其熏蒸透徹融液周徧自有不能已者。非智力之私所能及也故序以騶虞爲鵲巢之應。而見王道之成。其必有所傳矣

召南之國十四篇四十章百七十七句 愚按鵲巢至采蘋言夫人大夫妻以見當時國君大夫被文王之化而能修身以正其家也。甘棠以下又見由方伯能布文王之化。而國君能修之家以及其國也。其辭雖無及於文王者。然文王明德新民之功。至是而其所施者溥矣。抑所謂其民皞皞而不知爲之者與。唯何彼襛矣之詩

女音汝　朝音潮

爲不可曉當闕所疑耳○周南召南二國凡二十五篇先儒以爲正風今姑從之○孔子謂伯魚曰女爲周南召南矣乎人而不爲周南召南其猶正牆面而立也與○儀禮鄉飲酒鄉射燕禮皆合樂周南關雎葛覃卷耳召南鵲巢采蘩采蘋燕禮又有房中之樂鄭氏注曰弦歌周南召南之詩而不用鐘磬云房中者后夫人之所諷誦以事其君子○程子曰天下之治正家爲先天下之家正則天下治矣二南正家之道也陳后妃夫人大夫妻之德推之士庶人之家一也故使邦國至於鄉黨皆用之自朝廷至於委巷莫不謳吟諷誦所以風化天下

邶蒲對反　鄘音容　行音杭　土去聲　并去聲　澶音蟬　相去聲　濮博木反

詩卷之二　　朱熹集傳

邶一之三　邶鄘衛三國名在禹貢冀州西阻太行北逾衡漳東南跨

河以及兗州桑土之野及商之季而紂都焉武王克商分自紂城朝歌而北謂之邶南謂之鄘東謂之衛以封諸侯邶鄘不詳其始封衛則武王弟康叔之國也衛本都河北朝歌之東淇水之北百泉之南其後不知何時并得邶鄘之地至懿公為狄所滅戴公東徙渡河野處漕邑文公又徙居于楚丘朝歌故城在今衛州衛縣西二十二里所謂殷墟衛故都即今衛縣漕楚丘皆在滑州大抵今懷衛澶相滑濮等州開封大名府界皆衛境也但邶鄘地既入衛其詩皆為衛事而猶繫其故國之名則不可曉而舊說以此下十三國皆為變風焉

柏舟
仁而不遇也

緝音雅

汎芳梵反彼柏舟亦汎其流耿耿古幸反不寐如有隱憂微我無酒以敖音翱以遊比也汎流貌柏木名耿耿小明憂之貌也隱痛也微猶非也○婦人不得於其夫故以柏舟自比言以柏為舟堅緻牢實而不以乘載無所依薄但汎然於水中而已故其隱憂之深如此非為無酒可以敖遊而解之也列女傳以此為婦人之詩今考其辭氣卑順柔弱且居變風之首而與下篇相類豈亦莊姜之詩也歟

○我心匪鑒不可以茹音孺亦有兄弟不可以據薄言往愬逢彼之怒賦也鑒鏡茹度據依愬告也○言我心既匪鑒而不能度物雖有兄弟而又不可依以為重故往告之而反遭其怒也

○我心匪石不可轉也我心匪席不

慍於問反

可卷音捲也。威儀棣棣，不可選也。賦也。棣棣，富而閑習之貌。選，簡擇也。○言石可轉而我心不可轉，席可卷而我心不可卷。威儀無一不善，又不可得而簡擇取舍，皆自反而無闕之意。

○憂心悄悄七小反，慍于羣小。覯音垢閔既多，受侮不少。靜言思之，寤辟音闢有摽。音殍○賦也。悄悄，憂貌。慍，怒意。羣小，衆妾也。言見怒於衆妾也。覯，見。閔，病也。辟，拊心也。摽，拊心貌。

○日居月諸，胡迭音垤而微。心之憂矣，如匪澣音緩衣。靜言思之，不能奮飛。比也。居、諸，語辭。迭，更。微，虧也。匪澣衣，謂垢污不濯之衣。奮飛，如鳥奮翼而飛去也。○言日當常明，月則有時而虧，猶正嫡當尊，衆妾當卑。今衆妾反勝正嫡，是日月更迭而虧，是以憂之至於煩寃

綠衣

衛莊姜傷己也

綠衣在裨旁之服 [illegible]

憒古對反。毦音冒。如衣去聲。之衣如字。閒去聲。下章同。

國風

憒毦。如衣不澣之衣。恨不能奮起而飛去也

柏舟五章章六句

綠兮衣兮。綠衣黃裏。心之憂矣。曷維其已比也

綠，蒼勝黃之間色。黃，中央土之正色。閒色賤而以爲衣，正色貴而以爲裏，言皆失其所也。已，止也。○莊公惑於嬖妾，夫人莊姜賢而失位，故作此詩。言綠衣黃裏，以比賤妾尊顯而正嫡幽微，使我憂之不能自已也

○綠兮衣兮。綠衣黃裳。心之憂矣。曷維其亡比也

上曰衣，下曰裳。記曰：衣正色，裳閒色。今以綠爲衣，而黃者自裏轉而爲裳，其失所益甚矣。亡之爲言忘也

○綠兮絲兮。女音汝所治平聲兮。我思古人。俾無訧音尤，叶于其反兮比也

燕燕 衛莊姜送

絺綌音痴吸

女指其君子而言也。治，謂理而織之也。俾，使。訧，過也。○言綠方爲絲，而女又治之，以比妾方少艾，而女又嬖之也。然則我將如之何哉？亦思古人，有嘗遭此而善處之者，以自勵焉，使不至於有過而已。○

絺兮綌兮，淒音妻其以風。叶符愔反思古人，實獲我心。比也。淒，寒風也。○絺綌而遇寒風，猶已之過時而見棄也。故思古人之善處此者，眞能先得我心之所求也。

綠衣四章，章四句。莊姜事見春秋傳。此詩無所考，姑從序說。下三篇同。

鳦音壹

燕燕于飛，差初宜反池其羽。之子于歸，遠送于野。瞻望弗及，泣涕如雨。興也。燕，鳦也。謂之燕燕者，重言之也。差池

歸妾也

以送左詩明言為仲任注偏以為戴嬀誤矣左傳戴嬀何嘗有大歸之事耶

嬀居爲反

不齊之貌。之子，指戴嬀也。歸，大歸也。○莊姜無子，以陳女戴嬀之子完爲已子。莊公卒，完即位，嬖人之子州吁弒之。故戴嬀大歸于陳，而莊姜送之，作此詩也。

○燕燕于飛，頡（與絜同）之頏（與杭同）之。之子于歸，遠于將之。瞻望弗及，佇立以泣。（興也。飛而上曰頡，飛而下曰頏。將，送也。佇立，久立也。）

○燕燕于飛，下上（上聲）其音。之子于歸，遠送于南。瞻望弗及，實勞我心。（興也。鳴而上曰上音，鳴而下曰下音。送于南者，陳在衞南。）

○仲氏任（平聲）只（音紙），其心塞淵（叶一均反）。終溫且惠，淑慎其身。先君之思，以勗寡人。（賦也。仲氏，戴嬀字也。以恩相信曰任。只，語辭。塞，實。淵，深。終，竟。溫，和。惠，順。淑，善也。先君，謂莊公也。）

日月

衛莊姜傷已也

呼去聲處音杵

勗勉也寡人寡德之人莊姜自稱也○言戴嬀之賢如此又以先君之思勉我使我常念之而不失其守也楊氏曰州吁之暴桓公之死戴嬀之去皆夫人失位不見答於先君所致也而戴嬀猶以先君之思勉其夫人眞可謂溫且惠矣

燕燕四章章六句

日居月諸照臨下土乃如之人兮逝不古處胡能有定寧不我顧叶果五反○賦也日居月諸呼而訴之也之人指莊公也逝發語辭古處未詳或云以古道相處也胡寧皆何也○莊姜不見答於莊公故呼日月而訴之言日月之照臨下土久矣今乃有如是之人而不以古道相處是其心志回惑亦何能有定哉而何爲其獨不我顧也見棄如此而猶有望之之意焉此詩之所

呼去聲

國風　四

以爲厚也○日居月諸。下土是冒。乃如之人兮。逝不相好。呼報反胡能有定。寧不我報。賦也。冒覆也。報答也。

○日居月諸。出自東方。乃如之人兮。德音無良。胡能有定。俾也可忘。賦也。日旦必出東方。月望亦出東方。德音美其辭。無良醜其實也。俾也可忘。言何獨使我爲可忘者耶。

○日居月諸。東方自出。父兮母兮。畜我不卒。胡能有定。報我不述。賦也。畜養。卒終也。不得其夫而歎父母養我之不終。蓋憂患疾痛之極。必呼父母。人之至情也。述循也。言不循義理也。

日月四章章六句此詩當在燕燕之前。下篇放此。

終風

衛莊姜傷己也

而去聲霧莫邃蒙弄二反

終風且暴顧我則笑叶音燥謔許約反浪笑敖音傲中心是悼比也終風終日風也暴疾也謔戲言也浪放蕩也悼傷也○莊公之爲人狂蕩暴疾莊姜蓋不忍斥言之故但以終風且暴爲比言雖其狂暴如此然亦有顧我而笑之時但皆出於戲慢之意而無愛敬之誠則又使我不敢言而心獨傷之耳蓋莊公暴慢無常而莊姜正靜自守所以忤其意而不見答也○終風且霾與埋同惠然肯來莫往莫來悠悠我思比也霾雨土蒙霧也惠順也悠悠思之長也○終風且霾以比莊公之狂惑也雖云狂惑然亦或惠然而肯來但又有莫往莫來之時則使我悠悠而思之望其君子之深厚之至也○終風且曀與縊同不日有曀寤言不寐願言則嚏音帝

擊鼓
怨州吁也

復扶又反　虺音仇

同○比也陰而風曰曀有又也不日有曀言既曀矣不旋日而又曀也亦比人之狂惑暫開而復蔽也願思也嚏鼽嚏也人氣感傷閉鬱又爲風霧所襲則有是疾也○

曀曀其陰虺虺其靁寤言不寐願言則懷比也曀曀陰貌虺虺靁將發而未震之聲以比人之狂惑愈深而未已也懷思也

終風四章章四句說見上

擊鼓其鏜與湯同踊躍用兵土國城漕我獨南行賦也鏜擊鼓聲也踊躍坐作擊刺之狀也兵謂戈戟之屬土土功也國國中也漕衛邑名○衛人從軍者自言其所爲因言衛國之民或役土功於國或築城於漕而我獨南行有鋒鏑死亡之憂危苦尤甚也○

從孫子仲平陳與宋不

忡何以与充同豈憂心忡々乃憂心充々耶

好去聲

我以歸。憂心有忡。與充同。○賦也。孫，氏。子仲，字。時軍帥也。平，和也。合二國之好也。舊說以此爲春秋隱公四年州吁自立之時，宋衛陳蔡伐鄭之事。恐或然也。以，猶與也。言不與我而歸也。○爰居爰處。爰喪息浪反其馬。于以求之。于林之下。賦也。爰，於也。於是居，於是處，於是喪其馬，而求之於林下。見其失伍離次，無鬬志也。○死生契與挈同闊。與子成說。執子之手。與子偕老。賦也。契闊，隔遠之意。成說，謂成其約誓之言。○從役者念其室家，因言始爲室家之時，期以死生契闊不相忘棄，又相與執手而期以偕老也。○于音吁，下同嗟闊兮。不我活兮。于嗟洵音荀兮。不我信師人反兮。賦也。于嗟，歎辭也。闊，契闊也。活，生。洵，信也。信，與申同。○言

凱風
美孝子也
母氏謂宣姜也

復扶又反

長音掌

昔者契闊之約如此而今不得活偕老之信如此而今不得伸意必死亡不復得與其室家遂前約之信也

擊鼓五章章四句

凱風自南吹彼棘心棘心夭夭與腰同母氏劬勞叶音僚○比也南風謂之凱風長養萬物者也棘小木叢生多刺難長而心又其稚弱而未成者也夭夭少好貌劬勞病苦也○衛之淫風流行雖有七子之母猶不能安其室故其子作此詩以凱風比母棘心比子之幼時蓋曰母生衆子幼而育之其劬勞甚矣本其始而言以起自責之端也○凱風自南吹彼棘薪母氏聖善我無令人興也聖叡令善也○棘可以爲薪則成矣然非美材故以

七子壽、朔、戴公、文公、齊子、宋桓夫人、許穆夫人也。

復扶又反 放上聲

與子之壯大而無善也。復以聖善稱其母。而自謂無令人。其自責也深矣。○爰有寒泉。在浚之下。叶後五反有子七人。母氏勞苦。興也浚。衛邑。○諸子自責言寒泉在浚之下。猶能有所滋益於浚。而有子七人。反不能事母。而使母至於勞苦乎。於是乃若微指其事。而痛自刻責。以感動其母心也。母以淫風流行。不能自守。而諸子自責。但以不能事母。使母勞苦爲辭。婉辭幾諫。不顯其親之惡。可謂孝矣。下章放此。○睍與晛同睆與晥同黃鳥。載好其音。有子七人。莫慰母心。興也。睍睆。清和圓轉之意。○言黃鳥猶能好其音以悅人。而我七子獨不能慰悅母心哉。

凱風四章章四句

雄雉
刺衛宣公也

詩曷嘗有從役于
外語又何嘗有婦
人覺詩中稱君子
便可指為婦詞
其夫耶

遺去聲

國風

雄雉于飛。泄泄其羽。（與曳同）我之懷矣。自詒伊阻。興也。雉，野雞。雄者有冠長尾，身有文采，善鬪。泄泄，飛之緩也。懷，思。詒，遺。阻，隔也。○婦人以其君子從役于外，故言雄雉之飛，舒緩自得如此，而我之所思者，乃從役于外，而自遺阻隔也。

○雄雉于飛。下上其音。（時掌反）展矣君子。實勞我心。興也。下上其音，言其飛鳴自得也。展，誠也。言誠又言實，所以甚言此君子之勞我心也。

○瞻彼日月。悠悠我思。（叶新齋反）道之云遠。曷云能來。（叶陵之反）○賦也。悠悠，思之長也。見日月之往來，而思其君子從役之久也。

○百爾君子。不知德行。（下孟反，叶戶郎反）不忮（與至同）不求。何用不臧。賦也。百，猶凡也。忮，害。求，貪。臧，善也。○

匏有苦葉

刺衛宣公也

此衛人遣迎宣姜者渡濟而作通篇皆比体三章似興実亦比也此時衛宣〻惡未著故通篇皆責齊人語盖假此時不過

瓠音護

褰音牽

四五歲也

言凡爾君子。豈不知德行乎。若能不忮害。又不貪求。則何所爲而不善哉。憂其遠行之犯患。冀其善處而得全也

雄雉四章章四句

匏有苦葉。濟有深涉。深則厲。淺則揭。與器同○比也

匏。瓠也。匏之苦者不可食。特可佩以渡水而已。然今尚有葉。則亦未可用之時也。濟。渡處也。行渡水曰涉。以衣而涉曰厲。褰衣而涉曰揭。○此刺淫亂之詩。言匏未可用。而渡處方深。行者當量其淺深。而後可渡。以比男女之際。亦當量度禮義而行也

○有瀰與米同濟盈。有鷕以小反雉鳴。濟盈不濡軌。與晷同叶居有反雉鳴求其牡

比也。瀰。水滿貌。鷕。雌雉聲。軌。車轍也。飛曰雌雄。走曰

濟盈不濡軌作何解

此詩亦興体以日始旦興冰未泮朱氏直改為賦則不知興之体例者矣

迎去聲　號音毫

牝牡○夫濟盈必濡其轍。雉鳴當求其雄。此常理也。今濟盈而曰不濡軌。雉鳴而反求其牡。以比淫亂之人。不度禮義。非其配耦而犯禮以相求也○雝雝鳴鴈。叶魚汗反旭許玉反日始旦。士如歸妻。迨冰未泮賦也雝雝聲之和也。鴈鳥名。似鵝。畏寒。秋南春北。旭日初出貌。昏禮納采用鴈。親迎以昏。而納采請期以旦。歸妻以冰泮。而納采請期迨冰未泮之時。○言古人之於婚姻。其求之不暴。而節之以禮如此。以深刺淫亂之人也○招招音韶舟子。叶獎里反人涉卬與昂同否。叶蒲美反人涉卬否。卬須我友叶羽軌反○比也。招招號召之貌。舟子。舟人主濟渡者。卬我也○舟人招人以渡。人皆從之。而我獨否者。待我友之招而後從之也。以比男女必待其配耦而相從。而刺此人之不然也

谷風
刺夫婦失道
也
此影射夷姜
之事而言之也

蔓音萬　菁音青　葍音福

匏有苦葉四章。章四句。

習習谷風。以陰以雨。黽勉同心。不宜有怒。叶暖五反　采葑與封同采菲。與匪同無以下體。德音莫違。及爾同死。叶想止反○比也。習習。和舒也。東風謂之谷風。葑。蔓菁也。菲。似葍。莖麤葉厚而長。有毛。下體。根也。葑菲根莖皆可食。而其根則有時而美惡。德音。美譽也。○婦人爲夫所棄。故作此詩。以敘其悲怨之情。言陰陽和而後雨澤降。如夫婦和而後家道成。故爲夫婦者。當黽勉以同心。而不宜至於有怒。又言采葑菲者。不可以其根之惡。而棄其莖之美。如爲夫婦者。不可以其顏色之衰。而棄其德音之善。但德音之不違。則可以與爾同死矣。

○行道遲遲。中心有違。不遠伊邇。薄送

背音佩

我畿音祈誰謂荼音徒苦其甘如薺音泚宴爾新昏
如兄如弟。待禮反○賦而比也。遲遲舒行貌
違。相背也。畿。門內也。荼。苦菜。蓼屬
也。薺。甘菜。宴。樂也。新昏。夫所更娶
之妻也○言我之被棄。行於道路。遲遲不進
蓋其足欲前。而心有所不忍。如相背然。而故
夫之送我。乃不遠而甚邇。亦至其門內而止
耳。又言荼雖甚苦反甘如薺。以比己之見棄
其苦有甚於荼。而其夫方且宴樂其新昏。如
兄如弟而不見恤。蓋婦人從一而終。
今雖見棄猶有望夫之情厚之至也○涇以
渭濁湜湜音殖其沚音止宴爾新昏不我屑以毋
逝我梁毋發我笱與苟同我躬不閱遑恤我後
胡口反○比也。涇渭。二水名。涇水出今原州
百泉縣笄頭山。東南至永興軍高陵入渭。渭

馮皮冰反 翊逸織反 堰於建反 空音控下同

水出渭州渭源縣鳥鼠山至同州馮翊縣入河湜湜清貌沚水渚也屑潔以與遊之也梁堰石障水而空其中以通魚之往來者也笱以竹爲器而承梁之空以取魚者也閱容也○涇濁渭清然涇未屬渭之時雖濁而未甚見由二水既合而清濁益分然其別出之渚流或稍緩則猶有清處婦人以自比其容貌之衰久矣又以新昏形之益見憔悴然其心則固猶有可取者但以故夫之安於新昏故不以我爲潔而與之耳又言毋逝我之梁毋發我之笱以比欲戒新昏毋居我之處毋行我之事而又自思我身且不見容何暇恤我已去之後哉知不能禁而絕意之辭也

○就其深矣方之舟之就其淺矣泳之游之何有何亡黽勉求之凡民有喪匍音蒲匐蒲卜反救叶居尤反之興也方桴舟船也潛行曰

強上聲

泳浮水曰游。匍匐手足並行急遽之甚也。○婦人自陳其治家勤勞之事。言我隨事盡其心力而爲之。深則方舟，淺則泳游，不計其有與亡，而勉強以求之。又周睦其鄰里鄉黨，莫不盡其道也。○不我能慉（與畜同），反以我爲讎。既阻我德，賈（音古）用不售（與壽同叶市周反）。昔育恐育鞫（與菊同），及爾顛覆（與福同）。既生既育，比予于毒（賦也。慉，養。阻，卻。鞫，窮也。○承上章言我於女家勤勞如此，而女既不我養，而反以我爲仇讎，惟其心既拒卻我之善，故雖勤勞如此，而不見取，如賈之不見售也。因念其昔時相與爲生，惟恐其生理窮盡，而及爾皆至於顛覆。今既遂其生矣，乃反比我於毒而棄之乎。張子曰：育恐謂生於恐懼之中，育鞫謂生於窮困之際。亦通）。○我有旨蓄（勑六反），亦

光潰所生之二子名即此可知公子黙年實伋之同母弟

式微

黎侯寓于衛

墍音計

以御音語冬。宴爾新昏。以我御窮。有洸音光有潰。既詒音繪我肄。音異不念昔者。伊余來墍。典也。旨。美。蓄。聚。御。當也。洸。武貌。潰。怒色也。肄。勞。墍。息也。又言我之所以蓄聚美菜者。蓋欲以禦冬月之無之時。至於春夏。則不食之矣。今君子安於新昏而厭棄我。是但使我禦其窮苦之時。至於安樂則棄之也。又言於我極其武怒。而盡遺我以勤勞之事。曾不念昔者我之來息時也。追言其始見君子之時。接禮之厚。怨之深也。

谷風八章。章八句。

式微式微。胡不歸。微君之故。胡爲乎中露。賦也式。發語辭。微。猶衰也。再言之者。言衰之甚也微。猶非也。中露。露中也。言有霑濡之辱。而無

其臣勸以歸也

旄丘 責衛伯也

茈必至反 覆敷救反

迫也 求水 迫矣

國

所茈覆也。○舊說以爲黎侯失國而寓於衛。其臣勸之曰：衰微甚矣，何不歸哉。我若非以君之故，則亦胡爲而辱於此哉。

○式微式微，胡不歸。微君之躬，胡爲乎泥中。

賦也。泥中，言有陷溺之難，而不見拯救也。

式微二章，章四句。

此無所考，姑從序說。

旄丘之葛兮（叶居謁反），何誕之節兮（誕音憚）。叔兮伯兮（叶音逼），何多日也。

興也。前高後下曰旄丘。誕，闊也。叔伯，衛之諸臣也。○舊說黎之臣子自言久寓於衛，時物變矣，故登旄丘之上，見其葛長大而節疎闊，因託以起興曰：旄丘之葛，何其節之闊也。衛之諸臣，何其多日而不見救也。此詩本責衛君，而但斥其臣，可見其優柔而不迫也。

○何其處也，必有與也。何其久

二

亥音 汝

叶舉里反也必有以也。賦也。處安處也。與與國也。以他故也。因上章何多日也而言。何其安處而不來。意必有與國相俟而俱來耳。又言何其久而不來。意其或有他故而不得來耳。詩之曲盡人情如此。

○狐裘蒙戎。匪車不東。叔兮伯兮。靡所與同。賦也。大夫狐蒼裘。蒙戎亂貌。言弊也。又自言客久而裘弊矣。豈我之車不東告於女乎。但叔兮伯兮。不與我同心。雖往告之而不肯來耳。至是始微諷切之。或曰。狐裘蒙戎。指衞大夫而識其憒亂之意。匪車不東。言非其車不肯東來救我也。但其人不肯與俱來耳。今按黎國在衞西。前說近是。

○瑣音鎖兮尾兮。流離之子。叶奬里反叔兮伯兮。褎音又如充耳。賦也。瑣細。尾末也。流離漂散也。褎多笑貌。充耳塞耳也。耳聾之人恒多笑。○言黎之君臣

簡兮
刺不用賢也
萬舞本童子之事內則十有三年舞勺成童舞象

興平聲下同

流離瑣尾若此。其可憐也。而衛之諸臣褎然如塞耳而無聞何哉。至是然後盡其辭焉。流離患難之餘。而其言之有序而不迫如此。其人亦可知矣。

旄丘四章章四句 說同上篇

簡兮簡兮。方將萬舞。日之方中。在前上處。上聲

○賦也。簡。簡易不恭之意。萬者。舞之總名。武用干戚。文用羽籥也。日之方中。在前上處。言當明顯之處。○賢者不得志而仕於伶官。有輕世肆志之心焉。故其言如此。若自譽而實自嘲也。

○碩人俁俁。音語 公庭萬舞。有力如虎。執轡如組。音祖

○賦也。碩。大也。俁俁。大貌。轡。今之轡也。組。織絲為之。言其柔也。御能使馬。則轡柔如組矣。○又自譽其才之無所不備。亦上章之意也。

○左手執

簡〻鼓鼓聲
商頌奏鼓簡〻
苓今作蔆
舊注悉謬妄
可笑

清音志

籥音藥右手秉翟音笛叶直角反赫如渥音握赭音者叶陟略反公言錫爵賦也。執籥秉翟者，文舞也。籥如笛而六孔，或曰三孔。翟，雉羽也。赫，赤貌。渥，厚漬也。赭，赤色也。言其顏色之充盛也。公言錫爵，卽儀禮燕飲而獻工之禮也。以碩人而得此，則亦辱矣。乃反以其賚予之親洽爲榮而誇美之，亦玩世不恭之意也。○

山有榛音臻隰有苓音零云誰之思，西方美人。彼美人兮，西方之人兮。興也。榛，似栗而小。下濕曰隰。苓，一名大苦，葉似地黄，卽今甘草也。西方美人，託言以指西周之盛王，如離騷亦以美人目其君也。又曰西方之人者，歎其遠而不得見之辭也。○賢者不得志於衰世之下國，而思盛際之顯王，故其言如此，而意遠矣。

國風邶　十三　卷之二

簡兮四章三章章四句一章六句舊三章章六句。今改定。張子曰。爲祿仕而抱關擊柝。則猶恭其職也。爲伶官。則雜於侏儒俳優之間。不恭甚矣。其得謂之賢者。雖其迹如此。而其中固有以過人。又能卷而懷之。是亦可以爲賢矣。東方朔似之。

泉水

衛女思歸也

毖即古泌字

慮平聲。姪音迭。今通呼作秩。誤。

毖音祕彼泉水。亦流于淇。有懷于衛。靡日不思。叶新齋反孌音臠彼諸姬。聊與之謀。叶謨悲反。興也。毖。泉始出之貌。泉水。即今衛州共城之百泉也。淇水出相州林慮縣東。流泉水自西北而東南來注之。孌。好貌。諸姬。謂姪娣也。衛女嫁於諸侯。父母終。思歸寧而不得。故作此詩。言毖然之泉水。亦流於淇矣。我之有懷於衛。則亦無日而不思矣。是以即諸姬而與之謀爲歸衛之計

禰自是父廟何處曾有此地名耶

叔出宿于泲、浩則此為實據言國古皆得為言植夫人亦載兮之出於許

處上聲下處如字復扶又反

如下兩章之云也○出宿于泲音濟飲餞音踐于禰音你女子有行遠去聲父母兄弟問我諸姑遂及伯姊叶奬里反○賦也泲地名飲餞者古之行者必有祖道之祭祭畢處者送之飲於其側而後行也禰亦地名皆自衛來時所經之處也諸姑伯姊即所謂諸姬也○言始嫁來時則固已遠其父母兄弟矣况今父母既終而復可歸哉是以問於諸姑伯姊而謀其可否云耳鄭氏曰國君夫人父母在則歸寧沒則使大夫寧於兄弟○出宿于干叶居焉反飲餞于言載脂載舝音轄叶下介反還音旋車言邁遄市專反臻于衛不瑕有害賦也干言地名適衛所經之地也脂以脂膏塗其舝使滑澤也舝車軸也不駕則脫之設之而後行也還回旋也旋其嫁

穆夫人反焉、時所作
肥泉即百泉今古謂之
沬後又謂之沸泉皆
以其狀言之也肥泉即
沸之假借乃衛故都
之所在須与漕則新
都也
肥泉即篇首所謂毖彼泉流
于淇者也時已淪入於
秋故曰永歎
北门幽僻之處出

國風

來之車也。遄疾。臻至也。瑕何。古音相近。通用。言如是。則其至衞疾矣。然豈不害於義理乎。疑之而不敢遂之辭也

○我思肥泉。茲之永歎。叶它涓反 思須與漕。叶徂侯反 我心悠悠。駕言出遊。以寫我憂。

賦也。肥泉水名。須漕衞邑也。悠悠思之長也。寫除也。○既不敢歸。然其思衞地不能忘也。安得出遊於彼須一作虛楚丘也以地名之則曰楚邱以邱言則自名須也而寫其憂哉

泉水四章章六句

楊氏曰。衞女思歸。發乎情也。其卒也不歸。止乎禮義也。聖人著之於經。以示後世。使知適異國者。父母終。無歸寧之義。則能自克者。知所處矣。

出自北門。叶眉貧反 憂心殷殷。終窶音巨 且貧。莫知

北门喻劳苦而無人見知也故下云莫知我艱

北門

刺仕不得志也

此詩似亦陳人所作与下篇同

室人交適𢀖謂陳及鄭平衛人

增音

我艱。叶居銀反已焉哉。叶將其反下同天實爲之謂之何哉

比也。北門背陽向陰。殷殷憂也。窶者貧而無以爲禮也。○衛之賢者處亂世事暗君不得其志。故因出北門而賦以自比。又歎其貧窶。人莫知之。而歸之於天也。○

王事適我。政事一埤音琵益我。我入自外。室人交徧讁音責叶竹棘反我。已焉哉。天實爲之。謂之何哉

賦也。王事。王命使爲之事也。適之也。政事其國之政事也。一猶皆也。埤厚。室家。讁責也。王事既適我矣。政事又一切以埤益我。其勞如此。而窶貧又甚。室人至無以自安而交徧讁我。則其困於內外極矣。○

王事敦叶都回反我。政事一埤遺去聲叶夷回反我。我入自外。室人交徧摧徂回反我。已

有煩言也

北陳人怨衛人也

北風

刺虐也

此詩似陳人怨衛而作

蓋陳与鄭本無嫌隙

衛無端啟事之助宋

焉哉天實爲之謂之何哉賦也。敦，猶投擲也。遺，加也。摧，沮也。

北門三章，章七句。楊氏曰：忠信重祿，所以勸士也。衛之忠臣至於窶貧而莫知其艱，則無勸士之道矣。仕之所以不得志也。先王視臣如手足，豈有以事投遺之而不知其艱哉。然不擇事而安之，無懟憾之辭，知其無可奈何而歸之於天，所以爲忠臣也。

北風其涼，雨去聲雪其雱。音滂惠而好去聲我，攜手同行。叶戶郎反其虛其邪，音徐，下同既亟只音紙且。音疽，下同

○比也。北風，寒涼之風也。涼，寒氣也。雱，雪盛貌。惠，愛。行，去也。虛，寬貌。邪，一作徐，緩也。亟，急也。只且，語助辭。○言北風雨雪，以比國家危亂將至，而氣象愁慘也。故欲與其相好之人

以伐鄭將与鄭失和救鄭人來取陳又以衛救宋未遠許之鄭伯侵陳衛夫莫之能救而次年宋再更先与鄭平故作此詩又此蔡人怨衛人也

靜女刺時也

此詩殊指衛侯平二國之事言也

惡音務

去而避之。且曰。是尚可以寬徐乎。彼其禍亂之迫已甚。而去不可不速矣○北風其喈。音皆叶居奚反雨雪其霏。音非惠而好我。攜手同歸。其虛其邪。既亟只且。比也。喈疾聲也。霏雨雪分散之狀。歸者去而不反之辭也○莫赤匪狐。莫黑匪烏。惠而好我。攜手同車。其虛其邪。既亟只且。比也。狐獸名。似犬黃赤色。烏。鵶黑色。皆不祥之物。人所惡見者也。所見無非此物。則國將危亂可知。同行同歸猶賤者也。同車則貴者亦去矣

北風三章章六句

靜女其姝。音樞俟我於城隅。愛而不見。搔音騷首

此詩乃刺人受紿之詞所謂至死不悟者也
彤管朱漆之管婦人用以箴鍼者也
荑楊花之穗易作稊

閒音閑　躑躅音擲躅

國風

踟音池躕音厨○賦也。靜者。閒雅之意。姝美色也。城隅幽僻之處。不見者期而不至也。踟躕猶躑躅也。此淫奔期會之詩也。

○靜女其孌。貽我彤音同管。叶古兗反彤管有煒音偉。說音悅懌音亦女美。賦也。孌好貌。於是則見之矣。彤管未詳何物。蓋相贈以結殷勤之意耳。煒赤貌。言既得此物。而又悅懌此女之美也。

○自牧歸荑。洵美且異。匪女音汝之為美。美人之貽。與異同。○賦也。牧外野也。歸亦貽也。荑茅之始生者。洵信也。女指荑而言也。○言靜女又贈我以荑。而其荑亦美且異。然非此荑之為美。特以美人之所贈。故其物亦美耳。

靜女三章章四句

新臺

刺衛宣公也

鮮古細字故与瀰同韻謂飢死也左傳葬鮮者自西門

囷區均反

新臺有泚音此河水瀰瀰音米燕婉之求籧音渠篨音除不鮮斯淺反叶想止反○賦也泚鮮明也瀰瀰盛也燕安婉順也籧篨不能俯疾之醜者也蓋籧篨本竹席之名人或編以爲囷其狀如人之擁腫而不能俯者故又因以名此疾也鮮少也○舊說以爲衛宣公爲其子伋娶於齊而聞其美欲自娶之乃作新臺於河上而要之國人惡之而作此詩以刺之言齊女本求與伋爲燕婉之好而反得宣公醜惡之人也○新臺有洒音璀叶先典反河水浼浼音每叶美辨反燕婉之求籧篨不殄賦也洒高峻也浼浼平也殄絕也言其病不已也○魚網之設鴻則離之燕婉之求得此戚施興也鴻鴈之大者離麗也戚施不能仰亦醜疾也○言設魚網而反得鴻以與

二子乘舟
思伋壽也
觀此詩知衛
宣之死實由乎
思子悔恨而卒

倣 放音

求燕婉而反得醜疾之人所得非所求也

新臺三章章四句 凡宣姜事首末見春秋傳然於詩則皆未有考也諸篇放此

二子乘舟汎汎芳劒反其景叶舉兩反願言思子中心養養 賦也。二子謂伋壽也。乘舟渡河如齊也。景古影字。養養猶漾漾，憂不知所定之貌。○舊說以為宣公納伋之妻是為宣姜，生壽及朔。朔與宣姜愬伋於公，公令伋之齊，使賊先待於隘而殺之。壽知之以告伋。伋曰：君命也，不可以逃。壽竊其節而先往，賊殺之。伋至曰：君命殺我，壽有何罪？賊又殺之。國人傷之而作是詩也。

○二子乘舟汎汎其逝願言思子不瑕有害 賦也。逝往也。不瑕疑

左氏杜衡宣公
辛丁再傳書補

柏舟
共姜自誓也

義見音現　則見如字　囟息亘反

辭義見泉水。此則見其不歸而疑之也

二子乘舟二章章四句　太史公曰。余讀世家言。至於宣公之子以婦見誅。弟壽爭死以相讓。此與晉太子申生不敢明驪姬之過同。俱惡傷父之志。然卒死亡。何其悲也。或父子相殺。兄弟相戮。亦獨何哉。

鄘十九篇七十二章三百六十三句

鄘一之四　說見上篇

汎彼柏舟。在彼中河。髧音萏彼兩髦。實維我儀叶牛何反。之死矢靡他音拖。母也天叶鐵因反只音紙下同。不諒人只。

興也。中河。中於河也。髧。髮垂貌。兩髦者。翦髮夾囟。子事父母之飾。親死然

此二句有何關係
强成語耶朱氏
解詩往往不通
處輙作此等語
自欺以欺人如此
無聊又何必注詩
耶

牆有茨
衛人刺其上也

去上聲共平聲下同

後去之。此蓋指共伯也。我。共姜自我也。儀。匹之。至。矢。誓。靡。無也。只。語助辭。諒。信也。○舊說以爲衛世子共伯蚤死。其妻共姜守義。父母欲奪而嫁之。故共姜作此以自誓。言柏舟則在彼中河。兩髦則實我之匹。雖至於死。誓無他心。母之於我。覆育之恩。如天罔極。而何其不諒我之心乎。不及父者。疑時獨母在。或非父意耳。

○汎彼柏舟。在彼河側。髧彼兩髦。實維我特。之死矢靡慝。音忒母也天只。不諒人只。興也。特。亦匹也。慝。邪也。以是爲慝。則其絕之甚矣。

柏舟二章。章七句。

牆有茨。不可埽叶蘇后反也。中冓音姤之言。不可道叶徒厚反也。所可道也。言之醜也。興也。茨。蒺藜也。蔓生。細葉。子有

夏官圉人茨墻則剪闔
既夕設床茦当牏鄭茦古文作茨
郊特牲茅茨不剪

茨音次

三角刺人。中冓，謂舍之交積材木也。道，言醜惡也。○舊說以爲宣公卒，惠公幼，其庶兄頑烝於宣姜，故詩人作此詩以刺之。言其閨中之事，皆醜惡而不可言。理或然也。

○牆有茨，不可襄也。中冓之言，不可詳也。所可詳也，言之長也。賦也。襄，除也。詳，詳言之也。言之長者，不欲言而託以語長難竟也。

○牆有茨，不可束也。中冓之言，不可讀也。所可讀也，言之辱也。賦也。束，束而去之也。讀，誦言也。辱，猶醜也。

牆有茨三章，章六句。

楊氏曰：公子頑通乎君母，閨中之言，至不可讀，其汙甚矣。聖人何取焉而著之於經也？蓋自古淫亂之君，自以爲密於閨門之中，世無得而知者，故自肆而不及。聖人所以著之於經，使後世爲惡

君子偕老
刺衛夫人也

復扶又反 紞都感反

者。知雖閫門之言。亦無隱而不彰也。其爲訓戒深矣

君子偕老副笄六珈。音加叶居河反委委音威佗佗。音駝如山如河。象服是宜叶牛何反子之不淑。云如之何。

賦也。君子夫也。偕老言偕生而偕死也。女子之生。以身事人。則當與之同生。與之同死。故夫死稱未亡人。言亦待死而已。不當復有他適之志也。副祭服之首飾編髮爲之。笄衡笄也。垂于副之兩旁當耳其下以紞懸瑱珈之言加也。以玉加于笄而爲飾也。委委佗佗雍容自得之貌。如山安重也。如河弘廣也象服法度之服也。淑善也。言夫人當與君子偕老。故其服飾之盛如此。而雍容自得。安重寬廣。又有以宜其象服。今宣姜之不善乃如此。雖有是服。亦將如之何哉。言不稱也 ○

玼音此兮玼兮。其之翟

德極則善發於〻中〻而罕其惡〻也深矣

繒慈陵反 髲音被 擿音剔

叶去聲

也。鬒音軫髮如雲，不屑髢音第也。玉之瑱吐殿反也。象之揥敕帝反也。揚且音疽之晳音錫，叶征例反也。胡然而天也，胡然而帝也。

賦也。玼，鮮盛貌。翟衣，祭服，刻繒爲翟雉之形而彩畫之以爲飾也。鬒，黑也。如雲，言多而美也。屑，潔也。髢，髲髢也。人少髮則以髢益之。髮自美則不潔於髢而用之也。瑱，塞耳也。象，象骨也。揥，所以擿髮也。揚，眉上廣也。且，助語辭。晳，白也。胡然而天，胡然而帝，言其服飾容貌之美，見者驚猶鬼神也。

○瑳上聲兮瑳兮，其之展音戰，叶諸延反也。蒙彼縐音鄒絺，是紲音屑袢音半，叶汾乾反也。子之清揚，揚且之顏叶魚堅反也。展如之人兮，邦之媛音院，叶于權反也。

賦也。瑳，亦鮮盛貌。展

唐自是常梨实

縐綌 音皺郄 吸

國風

衣者以禮見於君及見賓客之服也蒙覆也縐絺絺之蹙蹙者當暑之服也紲袢束縛意以展衣蒙絺綌而爲之紲袢所以自斂飭也或曰蒙謂加絺綌於褻衣之上所謂表而出之也清視清明也揚眉上廣也顏額角豐滿也展誠也美女曰媛見其徒有美色而無人君之德也

君子偕老三章一章七句一章九句一章八句

東萊呂氏曰首章之末云子之不淑云如之何責之也二章之末云胡然而天也胡然而帝也問之也三章之末云展如之人兮邦之媛也惜之也辭益婉而意益深矣

爰采唐矣沬音妹之鄉矣云誰之思美孟姜矣

爲菜〻假借若爲
免絲人采〻何用也
又賦以名曰蒙菜
天下幾見有食免
絲者耶

桑中
刺奔也

桑中之宮淇上……
采爲沫鄉中小地
在從下云沫北沫

要音腰

期我乎桑中。叶諸良音……居反送我
乎淇……兔絲
也。孟……邦者
又沬……曰。淇上
亂世……衛俗淫
於沬。……采唐
○爰……此也
弋矣。……美孟
上矣……淇之
爰采葑……或也○
……矣期
我乎桑中要我乎上宮。送我乎淇之上矣賦也

國風鄘 三 卷二

言采于沬……近而
由之……宮伯有三尺棟墻而外
閑〻及大所〻朝君役兵素棟〻
三宮〻夫人世婦〻吉夫使入蚕於
蚕室奉種浴于川桑于公桑風
……于以食〻歲既單矣世婦卒蚕
奉繭以示于君遂獻繭于夫人

东列此三地既在沫北东又随时并而称於沫东则可矣

鶉之奔々

刺衛宣姜也

葑。蔓菁也。庸未聞。疑亦貴族也。

桑中三章章七句樂記曰。鄭衛之音。亂世之音也。比於慢矣。桑間濮上之音。亡國之音也。其政散。其民流。誣上行私而不可止也。按桑間即此篇。故小序亦用樂記之語。

鶉音純之奔奔。鵲之彊彊。音姜人之無良。我以爲兄。叶虛王反。○興也。鶉鵲屬。奔奔彊彊。居有常匹。飛則相隨之貌。人。謂公子頑。良。善也。○衛人刺宣姜與頑非匹耦而相從也。故爲惠公之言以刺之曰。人之無良。鶉鵲之不若。而我反以爲兄。何哉。

○鵲之彊彊。鶉之奔奔。叶逋珉反人之無良。我以爲君。興也。人。謂宣姜。君。小君也。

爲菟〻假借若爲
兔絲人采〻何用也
又賦以名曰蒙菜
天下幾見有食兔
絲者耶

桑中
刺奔也

桑中之宮淇上
采为沫鄉中小地
名在下云沫北沫

要音腰

期我乎桑中。叶諸良反要音腰我乎上宮。叶居王反送我乎淇之上叶辰羊反矣。賦也。唐。蒙菜也。一名兎絲。沬。衛邑也。書。所謂妹邦者也。孟。長也。姜。齊女。言貴族也。桑中。上宮。淇上。又沬鄉之中小地名也。要。猶迎也。○衛俗淫亂世族在位相竊妻妾。故此人自言將采唐於沬。而與其所思之人。相期會迎送如此也

○爰采麥叶訖力反矣。沬之北矣。云誰之思。美孟弋矣。期我乎桑中。要我乎上宮。送我乎淇之上矣。賦也。麥。穀名。秋種夏熟者。弋。春秋或作姒。蓋杞女。夏后氏之後。亦貴族也。○

爰采葑矣。沬之東矣。云誰之思。美孟庸矣。期我乎桑中。要我乎上宮。送我乎淇之上矣。賦也

东則此三地皆在沫北东又随時遷而持移於沫东耶可笑

鶉之奔奔

刺衛宣姜也

北去

鶉音請

葑蔓菁也。庸未聞。疑亦貴族也

桑中三章章七句樂記曰。鄭衛之音。亂世之音也。比於慢矣。桑閒濮上之音。亡國之音也。其政散。其民流。誣上行私而不可止也。按桑閒即此篇。故小序亦用樂記之語

鶉音純之奔奔。鵲之彊彊。音姜人之無良。我以爲兄。叶虛王反。興也。鶉。鵪屬。奔奔彊彊。居有常匹。飛則相隨之貌。人。謂公子頑。良。善也。○衛人刺宣姜與頑非匹耦而相從也。故爲惠公之言以刺之曰。人之無良。鶉鵲之不若。而我反以爲兄。何哉。○鵲之彊彊。鶉之奔奔。叶逋珉反人之無良。我以爲君。興也。人。謂宣姜。君。小君也

定之方中
美衛文公也

勝音升

鶉之奔奔二章章四句范氏曰宣姜之惡不可勝道也國人疾而刺之或遠言焉或切言焉遠言之者君子偕老是也切言之者鶉之奔奔是也衛詩至此而人道盡天理滅矣中國無以異於夷狄人類無以異於禽獸而國隨以亡矣胡氏曰楊時有言詩載此篇以見衛為狄所滅之因也故在定之方中之前因以是說考於歷代凡淫亂者未有不至於殺身敗國而亡其家者然後知古詩垂戒之大而近世有獻議乞於經筵不以國風進講者殊失聖經之旨矣

定音訂之方中作于楚宮揆之以日作于楚室樹之榛栗椅音醫桐梓漆爰伐琴瑟賦也定北方之宿營

此須虛字当即
思須与漕之須
楚丘之合音也
楚古音近許丘
古音近虛故然

京本日下無之字景古影字黏念平聲

室星也。此星昏而正中，夏正十月也。於是時可以營制宮室，故謂之營室。楚宮，楚丘之宮也。揆，度也。樹八尺之臬，而度其日之出入之景，以定東西，又參日中之景，以正南北也。楚室，猶楚宮，互文以協韻耳。榛栗二木，其實榛小栗大，皆可供籩實。椅，梓實桐皮。桐，梧桐也。梓，楸之疎理白色而生子者。漆木有液黏黑，可飾器物。四木皆琴瑟之材也。爰，於也。○衛爲狄所滅，文公徙居楚丘，營立宮室，國人悅之而作是詩以美之。蘇氏曰：種木者求用於十年之後，其不求近功，凡此類也。

○升彼虛（音墟叶起吕反）矣，以望楚矣。望楚與堂，景山與京。（叶居良反）降觀于桑，卜云其吉，終焉允臧。

賦也。虛，故城也。楚，楚丘也。堂，楚丘之旁邑也。景，測景以正方面也。與既景迺同之景同。或曰：景，山名，見商頌。京，高丘也。桑，木名，葉可飼蠶者。觀

操平聲同下　勞去聲

之以察其土宜也允信臧善也○此章本其始之望景觀卜而言以至於終而果獲其善也

○靈雨既零命彼倌音官人星言夙駕說音稅于桑田叶徒因反匪直也人秉心塞淵叶一均反騋音來牝三千叶倉新反

○賦也靈善零落也倌人主駕者也星見星也說舍止也秉操塞實淵深也馬七尺以上爲騋○言方春時雨既降而農桑之務作文公於是命主駕者晨起駕車亟往而勞勸之然非獨此人所以操其心者誠實而淵深也蓋其所畜之馬七尺而牝者亦已至於三千之衆矣蓋人操心誠實而淵深則無所爲而不成其致此富盛宜矣記曰問國君之富數馬以對今言騋牝之衆如此則生息之蕃可見而衛國之富亦可知矣此章又要其終而言也

蝃蝀
止奔也
此詩殆刺宋
桓夫人而作

滎音形 燬音毀 莫音暮

定之方中三章章七句 按春秋傳衛懿公九年冬狄入衛懿公及狄人戰于滎澤而敗死焉宋桓公迎衛之遺民渡河而南立宣姜子申以廬於漕是爲戴公是年卒立其弟燬是爲文公於是齊桓公合諸侯以城楚丘而遷衛焉文公大布之衣大帛之冠務材訓農通商惠工敬教勸學授方任能元年革車三十乘季年乃三百乘

蝃音帝蝀音凍在東莫之敢指女子有行遠去聲父母兄弟 比也蝃蝀虹也日與雨交倏然成質似有血氣之類乃陰陽之氣不當交而交者蓋天地之淫氣也在東者莫虹也虹隨日所映故朝西而莫東也此刺淫奔之詩言蝃蝀在東而人不敢指以比淫奔之惡人不可道況女子有行又當遠其父母兄弟

觀其後來思歸宋
而不得再合以此詩
似大有衛之難心
蓋毋家不能制止
越禮而歸因之不能
再返於宋故有後
來河廣之作以情
勢推之或然情別
為雅批之

昬坊本作昏

豈可不顧此而冒行乎 ○朝隮音賫于西。崇朝其雨。女子有行。遠兄弟父母。叶滿補反。○比也。隮升也。周禮十煇九曰隮。注以爲虹。蓋忽然而見。如自下而升也。崇終也。從旦至食時爲終朝。言方雨而虹見。則其雨終朝而止矣。蓋淫慝之氣有害於陰陽之和也。今俗謂虹能截雨。信然 ○乃如之人也。懷昏姻也。大無信也。叶斯人反。不知命也。叶彌幷反。賦也。乃如之人。指淫奔者而言。昏姻謂男女之欲。程子曰。女子以不自失爲信。命正理也。○言此淫奔之人。但知思念男女之欲。是不能自守其貞信之節。而不知天理之正也。程子曰。人雖不能無欲。然當有以制之。無以制之而惟欲之從。則人道廢而入於禽獸矣。以道制欲。則能順命。

相鼠 刺無禮也

干旄

京本䖏下無也字

蝃蝀三章章四句

相去聲鼠有皮。叶蒲何反人而無儀。叶牛何反人而無儀不死何爲。叶吾何反○興也。相視也。鼠蟲之可賤惡者。○言視彼鼠而猶必有皮。可以人而無儀乎。人而無儀。則其不死亦何爲哉○相鼠有齒。人而無止。人而無止。不死何俟。叶羽已反又音始○興也。止容止也。俟待也○相鼠有體。人而無禮。人而無禮。胡不遄死。叶想止反○興也。體支體也。遄速也。

相鼠三章章四句

孑孑音結干旄。在浚音峻之郊。叶音高素絲紕音避之

美好善也
此僖十八年狄
伐衛時事
冬邢人狄人伐衛
圍菟圃衛侯以國
讓父兄子弟及朝
衆曰苟能治之燬
請從焉衆不可而
後師于訾婁狄
師還

旟音于 隼辛上聲 斿音由 屬音燭 縿音衫

良馬四之。彼姝音樞者子。何以畀音庇之。賦也。孑孑。特出之貌。干旄。以旄牛尾注於旗干之首。而建之車後也。浚。衛邑名。邑外謂之郊。紕。織組也。蓋以素絲織組而維之也。四之。兩服兩驂。凡四馬。以素絲載之也。姝。美也。子。指所見之人也。畀。與也。言衛大夫乘此車馬。建此旌旄。以見賢者。彼其所見之賢者。將何以畀之而答其禮意之勤乎。○孑孑干旟。在浚之都。素絲組音祖之。良馬五之。彼姝者子。何以予音與之。賦也。旟。州里所建鳥隼之旗也。上設旌旄。其下繫斿。斿下屬縿。皆畫鳥隼也。下邑曰都。五之。五馬。言其盛也。○孑孑干旌。在浚之城。素絲祝之。良馬六之。彼姝者子。何以告音谷之。賦也。析羽爲旌。干旄。蓋析翟羽設於旗干之首

載馳

許穆夫人作也

屬音燭

唁音硯

也。城，都城也。祝，屬也。六之，六馬，極其盛而言也。

干旄三章，章六句。

此上三詩，小序皆以爲文公時詩，蓋見其列於定中、載馳之閒故爾，他無所考也。然衛本以淫亂無禮不樂善道而亡其國，今破滅之餘，人心危懼，正其有以懲創往事而興起善端之時也，故其爲詩如此，蓋所謂生於憂患、死於安樂者，小序之言疑亦有所本云。

載馳載驅，叶祛尤反。歸唁衛侯。驅馬悠悠，言至於漕。叶徂侯反。大夫跋涉，我心則憂。賦也。載，則也。馳，失國曰唁。悠悠，遠而未至之貌。草行曰跋，水行曰涉。宣姜之女爲許穆公夫人，閔衛之亡，馳驅而歸，將以唁衛侯於漕邑。未至而許之大夫有奔走跋涉而來者，夫人知其必將以不可歸之義

閟音祕

來告。故心以爲憂也。既而終不果歸。乃作此詩以自言其意爾。

○既不我嘉。不能旋反。視爾不臧。我思不遠。既不我嘉。不能旋濟。視爾不臧。我思不閟。賦也。嘉、臧、皆善也。遠、猶忘也。濟、渡也。自許歸衛。必有所渡之水也。閟、閉也。止也。言思之不止也。○言大夫既至而果不以我歸爲善。則我亦不能旋反而濟以至於衛矣。雖視爾不以我爲善。然我之所思終不能自已也。

○陟彼阿丘。言采其蝱。音盲叶謨郎反女子善懷。亦各有行。叶户郎反許人尤之。衆穉音稚且狂。賦也。偏高曰阿丘。蝱、貝母也。主療鬱結之疾。善懷、多憂思也。猶漢書云岸善崩也。行、道。尤、過也。○又言以其既不適衛而思終不止也。故其在塗。或升高以舒憂想之情。或采蝱以療鬱

爲音位

結之疾。蓋女子所以善懷者。亦各有道。而許國之衆人以爲過則亦。必不更事而狂妄之人爾。許人守禮非稺且狂也。但以其不知已情之切至。而言若是爾。然而卒不敢違焉。則亦豈眞以爲稺且狂哉

○我行其野。芃芃音蓬其麥。叶訖力反控于大邦。誰因誰極。大夫君子。無我有尤。叶于其反百爾所思。叶新齎反不如我所之。

賦也。芃芃。麥盛長貌。控。持而告之也。因如因魏莊子之因。極。至也。大夫即跋涉之大夫。君子。謂許國之衆人也。○又言歸塗在野而涉芃芃之麥。又自傷許國之小。而力不能救。故思欲爲之控告于大邦。而又未知其將何所因。而何所至乎。大夫君子。無以我爲有過。雖爾所所以處此百方。然不如使我得自盡其心之爲愈也

淇奧
美武公之德也

鄘音容

載馳四章二章章六句二章章八句事見
春秋傳舊說此詩五章一章六句二章
三章四句四章六句五章八句蘇氏合
二章三章以爲一章按春秋傳叔孫豹
賦載馳之四章而取其控于大邦誰因
誰極之意與蘇說合今從之范氏曰先
王制禮父母沒則不得歸寧者義也雖
國滅君死不得往赴
焉義重於亡故也

鄘國十篇二十九章百七十六句

衛一之五

瞻彼淇奧音與郁同綠竹猗猗音醫叶於何反有匪君子
如切如磋平聲如琢如磨瑟兮僩音限兮赫兮咺

雞肝鴈腎鵝與
鹿胃

見音現

琇音秀

況晚反 兮。有匪君子。終不可諼 音喧叶況遠反 兮 興也淇水

名。奧隈也。綠色也。淇上多竹。漢世猶然。所謂

淇園之竹是也。猗猗始生柔弱而美盛也。匪

斐通。文章著見之貌也。君子指武公也。治骨

角者。既切以刀斧。而復磋以鑢鐋。治玉石者

既琢以槌鑿。而復磨以沙石。言其德之修飭

有進而無已也。瑟矜莊貌。僩威嚴貌。咺宣著

貌。諼忘也。○衛人美武公之德。而以綠竹始

生之美盛。興其學問自修之進益也。大學傳

曰。如切如磋者。道學也。如琢如磨者。自修也

瑟兮僩兮者。恂慄也。赫兮咺兮者。威儀也。有

斐君子。終不可諼兮者。道

盛德至善。民之不能忘也 ○ 瞻彼淇奧。綠竹

青青。音精 有匪君子。充耳琇瑩。音營 會音怪 弁如星。

瑟兮僩兮。赫兮咺兮。有匪君子。終不可諼兮

縫音逢　裼瀉上聲　比去聲　輢音倚

興也。青青。堅剛茂盛之貌。充耳。瑱也。琇瑩。美石也。天子玉瑱。諸侯以石。會。縫也。弁。皮弁也。以玉飾皮弁之。縫中如星之明也。以竹之堅剛茂盛。興其服飾之尊嚴。而見其德之稱也。

○**瞻彼淇奧。綠竹如簀。**音責。叶側歷反。**有匪君子。如金如錫。如圭如璧。寬兮綽兮。猗**音倚**重**平聲**較**音角**兮。善戲謔兮。不為虐兮。**

興也。簀。棧也。竹之密比似之。則盛之至也。金錫。言其鍛鍊之精純。圭璧。言其生質之溫潤。寬。宏裕也。綽。開大也。猗。歎辭也。重較。卿士之車也。較。兩輢上出軾者。謂車兩旁也。善戲謔不為虐者。言其樂易而有節也。以竹之美盛。興其德之成就。而又言其寬廣而自如。矜易而中節也。蓋寬綽無斂束之意。戲謔非莊厲之時。皆常情所忽。而易致過差之地也。然猶可觀。而必有節焉。則其動容周旋之

考槃

刺莊公也

懿音抑

國風 六

之間無適而非禮亦可見矣禮曰張而不弛文武不能也弛而不張文武不爲也一張一弛文武之道也此之謂也

淇奧三章章九句 按國語武公年九十有五猶箴儆于國曰自卿以下至于師長士苟在朝者無謂我老耄而舍我必恪恭於朝以交戒我遂作懿戒之詩以自警而實貢之初筵亦武公悔過之作則其有文章而能聽規諫以禮自防也可知矣衞之他君蓋無足以及此者故序以此詩爲美武公而今從之也

考槃在澗叶居賢反碩人之寬叶樞權反獨寐寤言永矢弗諼音喧○賦也考成也槃盤桓之意言成其隱處之室也陳氏曰考扣也槃

下篇之碩人謂莊
姜實指此而言
此篇之碩人大以
為賢故忽男忽
而不知詆公混
何見得文

碩人

覺巳孝反

器名。蓋扣之以節歌。如鼓盆拊缶之爲樂也二說未知孰是。山夾水曰澗。碩。大。寬。廣。永。長矢。誓。諼。忘也。○詩人美賢者隱處澗谷之間而碩大寬廣。無戚戚之意。雖獨寐寤言。猶自誓其不忘此樂也○

考槃在阿。碩人之薖音科獨寐寤歌。永矢弗過音戈○賦也曲陵曰阿。薖。義未詳。或云。亦寬大之意也。永矢弗過。自誓所願不踰於此。若將終身之意也○

考槃在陸。碩人之軸。獨寐寤宿。永矢弗告音谷○賦也高平曰陸。軸。盤桓不行之意。寤宿。已覺而猶臥也。弗告者。不以此樂告人也

庶母及門内施鞶申之以父母之言
命之曰敬恭聽宗爾父母之言

考槃三章章四句

夜無從視諸衿鞶

碩人其頎音祈衣去聲錦褧音熲衣。齊侯之子。衛侯

國風 卷二

莫閔莊姜
也

襌音丹

國風　衛

之妻。東宮之妹。邢侯之姨。譚公維私。賦也。碩人指莊姜也。頎長貌。錦文衣也。褧禪也。錦衣而加褧焉。爲其文之太著也。東宮太子所居之宮。齊太子得臣也。繫太子言之者。明與同母言所生之貴也。女子後生曰妹。妻之姊妹曰姨。姊妹之夫曰私。邢侯譚公。皆莊姜姊妹之夫互言之也。諸侯之女嫁於諸侯。則尊同。故歷言之。○莊姜事見邶風綠衣等篇。春秋傳曰。莊姜美而無子。衛人爲之賦碩人。卽謂此詩。而其首章極稱其族類之貴。以見其爲正嫡小君。所宜親厚。而重歎莊公之昏惑也。○

手如柔荑。音啼膚如凝脂。領如蝤音囚蠐。音齊齒如瓠音互犀。螓音秦首蛾眉。巧笑倩兮。美目盼叶匹見反兮。賦也。茅之始生曰荑。言柔而白也。凝脂。脂寒而凝者。亦白也。領。頸也。蝤蠐。木蟲之

比 吡至反　幩 符云反

白而長者。瓠犀。瓠中之子。方正潔白而比次
整齊也。螓。如蟬而小。其額廣而方正。蛾。蠶蛾
也。其眉細而長曲。倩。口輔之美也。盼。黑白分
明也。○此章言其容貌之美。猶前章之意也。
○碩人敖敖。音翱說于農郊。音稅叶音高四牡有驕。音驍叶音高朱幩鑣鑣。音標翟茀以朝。音弗音潮叶直豪反大
夫夙退。無使君勞。賦也。敖敖。長貌。說。舍也。農郊。近郊也。四牡。車之四馬
驕。壯貌。幩。鑣飾也。鑣者。馬銜外鐵。人君以朱
纏之也。鑣鑣。盛也。翟。翟車也。夫人以翟羽飾
車。茀。蔽也。婦人之車。前後設蔽。夙。早也。玉藻
曰。君日出而視朝。退適路寢聽政。使人視大
夫。大夫退。然後適小寢釋服。○此言莊姜自
齊來嫁。舍止近郊。乘是車馬之盛以入君之
朝。國人樂得以爲莊公之配。故謂諸大夫朝
於君者。宜早退。無使君勞於政事。不得與夫

衛風　三　卷二

頷戶感反　薍頑去聲　佼古巧反

國風　衛

人相親。而歎今之不然也○河水洋洋。北流活活。音括叶戶劣反施罛音孤濊濊呼活反叶許月反鱣音邅鮪音洧發發。音撥叶方月反葭音加菼他覽反揭揭。音子庶姜孽孽。庶士有朅

音挈。○賦也。河在齊西衛東。北流入海。洋洋盛大貌。活活流貌。施設也。罛魚罟也。濊濊罟入水聲也。鱣魚似龍。黃色。銳頭。口在頷下。背上腹下皆有甲。大者千餘斤。鮪似鱣而小。色青黑。發發盛貌。菼薍也。亦謂之荻。揭揭長也。庶姜謂姪娣。孽孽盛飾也。庶士謂媵臣。朅武貌。○言齊地廣饒。而夫人之來。士女佼好。禮儀盛備如此。亦首章之意也

碩人四章章七句

氓之蚩蚩。音癡抱布貿絲。音茂叶新齊反匪來貿絲。來

刺時也
氓即左傳
之所謂茅
鴟茅氓通
鴟蚩通也
垝猶今〻所謂圍子
鄉邑間之城垣也復

惡音務

即我謀叶謨悲反送子涉淇至于頓丘叶袪奇反匪我
愆期子無良媒叶謨悲反將音搶子無怒秋以爲期
賦也。氓民也。蓋男子而不知其誰何之稱也
蚩蚩無知之貌。蓋怨而鄙之也。布幣。貿買也
貿絲蓋初夏之時也。頓丘地名。愆過也。將願
也請也。○此淫婦爲人所棄。而自敘其事以
道其悔恨之意也。夫既與之謀而不遂往。又
責所無以難其事。再爲之約以堅其志。此其
計亦狡矣。以御蚩蚩之氓。宜其有餘而不免
於見棄。蓋一失其身。人所賤惡。始雖以欲而
迷。後必以時而悟。是以無往而不困耳。士君
子立身一敗。而萬事瓦裂者何以異此。可不
戒哉。○乘彼垝音鬼垣音袁以望復關叶圭員反不見復
關泣涕漣漣音連既見復關載笑載言爾卜爾

國風 衛　三　卷二

重來也復關謂復來入關也關即垝之門故望其復關特乘垝垣望之舊注殊謬

鶻胡骨反　從子用反

筮體無咎言以爾車來以我賄呼罪反遷賦也垝毀垣牆也復關男子之所居也不敢顯言其人故託言之耳龜曰卜蓍曰筮體兆卦之體也賄財遷徙也○與之期矣故及期而乘垝垣以望之旣見之矣於是問其卜筮所得卦兆之體若無凶咎之言則以爾之車來迎當以我之賄往遷也

○桑之未落其葉沃若于音吁下同嗟鳩兮無食桑葚音甚叶知林反于嗟女兮無與士耽叶持林反士之耽兮猶可說也女之耽兮不可說也比而興也沃若潤澤貌鳩鶻鳩也似山雀而小短尾青黑色多聲葚桑實也鳩食葚多則致醉耽相樂也說解也○言桑之潤澤以比已之容色光麗然又念其不可恃此而從欲忘反故遂戒鳩無食桑葚以興下句戒女

衛宣公納宣姜
適世即位之四

漬音恣

無與士耽也。士猶可說而女不可說者。婦人被棄之後。深自愧悔之辭。主言婦人無外事。唯以貞信爲節。一失其正。則餘無足觀爾。不可便謂士之耽惑。實無所妨也 ○桑之落矣。其黃而隕。叶于貧反 自我徂爾。三歲食貧。淇水湯湯。音傷 漸音尖 車帷裳。女也不爽。叶師莊反 士貳其行。去聲叶戶郎反 士也罔極。二三其德。比也。隕。落。徂。往也。湯湯。水盛貌。漸。漬也。帷裳。車飾。亦名童容。婦人之車則有之。爽。差。極。至也。○言桑之黃落。以比已之容色凋謝。遂言自我往之爾家。而值爾之貧。於是見棄。復乘車而渡水以歸。復自言其過不在此而在彼也 ○三歲爲婦。靡室勞矣。夙興夜寐。靡有朝矣。叶直豪反 言既遂矣。至于暴矣。兄

年故夷姜之
爲婦甫滿
三歲

悼音到

弟不知咥音戲其笑叶音爆矣靜言思之躬自悼矣賦也靡不夙早興起也咥笑貌○言我三歲爲婦盡心竭力不以室家之務爲勞早起夜臥無有朝旦之暇與爾始相謀約之言既遂而爾遽以暴戾加我兄弟見我之歸不知其然但咥然其笑而已蓋淫奔從人不爲兄弟所齒故其見棄而歸亦不爲兄弟所恤理固有必然者亦何所歸咎哉但自痛悼而已

○及爾偕老老使我怨淇則有岸叶魚戰反隰則有泮音畔叶匹見反總角之宴言笑晏晏叶伊佃反信誓旦旦叶得絹反不思其反叶孚絢反反是不思叶新齎反亦已焉哉叶將黎反○賦而興也及與也泮涯也高下之判也總角女子未許嫁則未笄但結髮爲飾也晏晏和柔也旦旦明

竹竿

衛女思歸也

也。○言我與汝本期偕老。不知老而見棄如此。徒使我怨也。淇則有岸矣。隰則有泮矣。而我總角之時。與爾宴樂言笑。成此信誓。曾不思其反復以至於此也。此則興也。旣不思其反復而至此矣。則亦如之何哉。亦已而已矣傳曰。思其終也。思其復也。思其反之謂也

傳去聲

氓六章章十句

籊籊音笛竹竿。以釣于淇。豈不爾思。遠莫致之賦也。籊籊長而殺也。竹衛物。淇衛地也。○衛女嫁於諸侯。思歸寧而不可得。故作此詩。言思以竹竿釣於淇水。而遠不可致也。○泉源在左。淇水在右。叶羽軌反女子有行。遠去聲父母兄弟。叶滿彼反。○賦也。泉源卽百泉也。在衛之西北而東南流入淇。故曰在左。淇在衛之西南而東流與泉源合。故曰在右。

行必如何乃可
語〻有度

芄蘭
刺惠公也

見音現
斷音短

國風

思二水之在衛而自歎其不如也○淇水在右泉源在左巧笑之瑳上聲佩玉之儺乃可反。賦也。瑳。鮮白色笑而見齒。其色瑳然猶所謂粲然皆笑也。儺行有度也。承上章言二水在衛而自恨其不得笑語遊戲於其閒也○淇水滺滺音由檜楫松舟。駕言出遊以寫我憂賦也。滺滺。流貌。檜。木名。似柏。楫。所以行舟也。○與泉水之卒章同意

竹竿四章章四句

芄音丸蘭之支。童子佩觿。音畦雖則佩觿。能不我知。容兮遂兮。垂帶悸其季反兮興也。芄蘭。草。一名蘿摩。蔓生。斷之有白汁。可啖。支。枝同。觿。錐也。以象骨爲之所以解結。成人之佩。非童子之飾也。知猶智

河廣
宋襄公母歸
于衛思而不

韘失決及 著音 卓 闓音 開沓 託答 反彄 音摳

也。言其才能不足以知於我也。容遂舒緩放肆之貌。悸帶下垂之貌。○芄蘭之葉。童子佩韘。雖則佩韘。能不我甲。容兮遂兮。垂帶悸兮。興也。韘決也。以象骨爲之。著右手大指。所以鉤弦闓體。鄭氏曰。沓也。即大射所謂朱極三是也。以朱韋爲之。用以彄沓右手食指將指無名指也。甲長也。言其才能不足以長於我也。

芄蘭二章章六句 此詩不知所謂。不敢強解。

誰謂河廣。一葦音偉杭之。誰謂宋遠。跂音企予望之叶武方反。賦也。葦蒹葭之屬。杭度也。衛在河北。宋在河南。○宣姜之女爲宋桓公夫人。生襄公而出歸于衛。襄公即位。夫人思之。而義不可往。蓋嗣君承父之重。與祖爲體。母

止故作是詩

此序今不歎之

夏若手墨

刀與舠同

出與廟絕。不可以私反故作此詩。言誰謂河廣乎。但以一葦加之。則可以渡矣。誰謂宋國遠乎。但一跂足而望。則可以見矣。明非宋遠而不可至也乃義不可而不得往耳○

誰謂河廣。曾不容刀。誰謂宋遠。曾不崇朝 賦也

小船曰刀。不容刀言小也。崇終也。行不終朝而至言近也

河廣二章章四句

范氏曰。夫人之不往義也。天下豈有無母之人歟。有千乘之國。而不得養其母。則人之不幸也。爲襄公者將若之何。生則致其孝。沒則盡其禮而已。衛有婦人之詩。自共姜至於襄公之母。六人焉。皆止於禮義而不敢過也。夫以衛之政敎淫僻。風俗傷敗。然而女子乃有知禮而畏義如此者。則以先王之化猶有存焉。故也

伯兮
刺時也
此詩所容衛臣
之反顧予仇敵
論決之狀刺醜
極矣蓋出同之言
恨涯遥衛翔妙
即若華文下平
同此

去上聲

伯兮朅音挈兮邦之桀兮伯也執殳音殊爲去聲王前驅 賦也伯婦人目其夫之字也朅武貌桀才過人也殳長丈二而無刃○婦人以夫久從征役而作是詩言其君子之才之美如是今方執殳而爲王前驅也○自伯之東首如飛蓬豈無膏沐誰適音的爲容 賦也蓬草名其華如柳絮聚而飛如亂髮也膏所以澤髮者沐滌首去垢也適主也○言我髮亂如此非無膏沐可以爲容所以不爲者君子行役無所主而爲之故也傳曰女爲說己容○其雨其雨杲杲古老反出日願言思伯甘心首疾 比也其者冀其將然之辭○冀其將雨而杲然日出以比望其君子之歸而不歸也是以不堪憂思之苦而寧甘心於首疾也○焉音煙得諼音萱草

國風 衛

言樹之背。音佩願言思伯。使我心痗。音妹○賦也。諼，忘也。

諼草合歡。食之令人忘憂者。背。北堂也。痗。病也。○言焉得忘憂之草。樹之北堂。以忘吾憂乎。然終不忍忘也。是以寧不求此草。而但願言思伯。雖至於心痗而不辭爾。心痗則其病益深。非特首疾而已也。

伯兮四章章四句

勞去聲

范氏曰。居而相離則思。期而不至則憂。此人之情也。文王之遣戍役。周公之勞歸士。皆敘其室家之情。男女之思以閔之。故其民悅而忘死。聖人能通天下之志。是以能成天下之務。兵者。毒民於死者也。孤人之子。寡人之妻。傷天地之和。召水旱之災。故聖王重之。如不得已而行。則告以歸期。念其勤勞。哀傷慘怛。不啻在已。是以治世之詩。則言其君上閔恤

有狐
刺時也
木瓜

妃音配

之情。亂世之萌則錄其室家怨思之苦以爲人情不出乎此也

有狐綏綏。在彼淇梁。心之憂矣。之子無裳。比也

狐者。妖媚之獸。綏綏。獨行求匹之貌。石絕水曰梁。在梁。則可以裳矣。○國亂民散。喪其妃耦。有寡婦見鰥夫而欲嫁之。故託言有狐獨行。而憂其無裳也。○

有狐綏綏。在彼淇厲。心之憂矣。之子無帶。叶丁計反○比也。厲深水可涉處也。帶所以申束衣也。在厲則可以帶矣。○

有狐綏綏。在彼淇側。心之憂矣。之子無服。叶蒲北反○比也。濟乎水。則可以服矣

有狐三章章四句

投我以木瓜。叶攻乎反報之以瓊琚。音居匪報也。永

美齊桓公也
木瓜初不聞有
舍之在但施舍之
亦未能不可見取
與詩義乘途何
取
注但釋木瓜不
木桃木李則置而
不論豈木瓜即木
桃木李耶

楙音茂

以爲好去聲也比也木瓜楙木也實如小瓜酢可食瓊玉之美者琚佩玉名○言人有贈我以微物我當報之以重寶而猶未足以爲報也但欲其長以爲好而不忘耳疑亦男女相贈答之辭如靜女之類○投我以木桃報之以瓊瑶匪報也永以爲好也比也瑶美玉也○投我以木李報之以瓊玖音久叶舉里反匪報也永以爲好也比也玖亦玉名也

木瓜三章章四句

衛國十篇三十四章二百三句張子曰衛國地濱大河其地土薄故其人氣輕浮其地平下故其人質柔弱其地肥

本向木板本季三
物同數而以次美
小本向已有名低
賣不堪食用乃
更以次宗其微
細以食矣
風自風雅自雅
風雅各不可以通
意指同耶

大音泰　華去聲　漸去聲　戲許宜反

饒不費耕耨故其人心怠惰其人情性如此則其聲音亦淫靡故聞其樂使人懈慢而有邪僻之心也鄭詩放此

王一之六

王謂周東都洛邑王城畿內方六百里之地在禹貢豫州大華外方之間北得河陽漸冀州之南也周室之初文王居豐武王居鎬至成王周公始營洛邑為時會諸侯之所以其土中四方來者道里均故也自是謂豐鎬為西都而洛邑為東都至幽王嬖褒姒生伯服廢申后及太子宜臼宜臼奔申申侯怒與犬戎攻宗周弒幽王于戲晉文侯鄭武公迎宜臼于申而立之是為平王徙居東都王城於是王室遂卑與諸侯無異故其詩不為雅而為風然其王號未替也故不曰周而曰王其地則今河南府及懷孟等州是也

黍離

閔宗周也

穄音祭

彼黍離離。彼稷之苗。行邁靡靡。中心搖搖。知我者。謂我心憂。不知我者。謂我何求。悠悠蒼天。（叶鐵因反）此何人哉。（賦而興也。黍。穀名。苗似蘆。高丈餘。穗黑色。實圓重。離離。垂貌。稷。亦穀也。一名穄。似黍而小。或曰粟也。邁。行也。靡靡。猶遲遲也。搖搖。無所定也。悠悠。遠貌。蒼天者。據遠而視之蒼蒼然也。○周既東遷。大夫行役至于宗周。過故宗廟宮室。盡爲禾黍。閔周室之顛覆。彷徨不忍去。故賦其所見黍之離離與稷之苗。以興行之靡靡。心之搖搖。既歎時人莫識己意。又傷所以致此者。果何人哉。追怨之深也。）○彼黍離離。彼稷之穗。（音遂）行邁靡靡。中心如醉。知我者。謂我心憂。不知我者。謂我何求。悠悠蒼天。

樂音洛

此何人哉 賦而興也。穗，秀也。稷穗下垂，如心之醉，故以起興。○彼黍離離，彼稷之實。行邁靡靡，中心如噎。音咽叶於悉反 知我者，謂我心憂。不知我者，謂我何求。悠悠蒼天，此何人哉。賦而興也。噎，憂深不能喘息，如噎之然。稷之實，如心之噎，故以起興。

黍離三章章十句 元城劉氏曰：常人之情，於憂樂之事，初遇之，則其心變焉；次遇之，則其變少衰；三遇之，則其心如常矣。至於君子忠厚之情則不然。其行役往來，固非一見也。初見稷之苗矣，又見稷之穗矣，又見稷之實矣，而所感之心，終始如一，不少變而愈深。此則詩人之意也。

君子于役
刺平王也

括何以为至佸何以为会一味随意写

羊牛 坊木 作牛 茾杙 以卸

音畜 加

國風

君子于役不知其期曷至哉叶將黎反雞棲音西于
塒音時日之夕矣羊牛下來叶陵之反君子于役如
之何勿思叶新齎反○賦也君子婦人目其夫之辭鑿牆而棲曰塒日夕則羊先歸而牛次之○大夫久役于外其室家思而賦之曰君子行役不知其反還之期且今亦何所至哉雞則棲于塒矣日則夕矣牛羊則下來矣是則畜產出入尚有旦暮之節而行役之君子乃無休息之時使我如何而不思也哉

○君子于役不日
不月曷其有佸音括叶戶劣反雞棲于桀日之夕矣
羊牛下括音聒叶古劣反君子于役苟無飢渴叶巨列反
○賦也佸會桀杙括至苟且也○君子行役之久不可計以日月而又不知其何時可以

招

君子陽陽

閔周也

執簧執翿何以見其為祿仕者於目中見之

反　樂音落

來會也。亦庶幾其免於飢渴而已矣。此憂之深而思之切也

君子于役二章章八句

君子陽陽左執簧音黃**右招我由房。其樂**音洛**只且**音疽○賦也。陽陽得志之貌。簧笙竽管中金葉也。蓋笙竽皆以竹管植於匏中而竅其管底之側以薄金葉障之吹則鼓之而出聲。所謂簧也。故笙竽皆謂之簧。笙十三簧或十九簧。竽十六簧也。由從也。房東房也只且語助辭。○此詩疑亦前篇婦人所作。蓋其夫既歸不以行役為勞而安於貧賤以自樂。其家人又識其意而深歎美之。皆可謂賢矣。豈非先王之澤哉。或曰序說亦通宜更詳之。〔〕**君子陶陶左執翿**音桃**右招我由敖**音翱**其樂只且**賦也。陶陶和樂之貌。翿舞者所

揚之水
刺平王也
詩明言不与戍申則平王何嘗有戍申之事陋儒竟據之以議平王之忘親逆理寍非夢話耶

戍音庶

詩。羽旄之屬。敖。舞位也

君子陽陽二章章四句

揚之水。不流束薪。彼其音記之子。不與我戍申。懷叶胡威反哉懷哉。曷月予還音旋歸哉 興也。揚。悠揚也。水緩流之貌。彼其之子。戍人指其室家而言也。戍。屯兵以守也。申。姜姓之國。平王之母家也。在今鄧州信陽軍之境。懷。思。曷。何也。○平王以申國近楚。數被侵伐。故遣畿內之民戍之。而戍者怨思。作此詩也。興取之不二字。如小星之例

○揚之水。不流束楚。彼其之子。不與我戍甫。懷哉懷哉。曷月予還歸哉 興也。楚。木也。甫。即呂也。亦姜姓。書呂刑。禮記作甫刑。而孔氏以為呂侯後

施去聲

爲甫侯是也當時蓋以申故而并戍之今○未知其國之所在計亦不遠於申許也

揚之水不流束蒲叶滂古反**彼其之子不與我戍許懷哉懷哉曷月予還歸哉**興也蒲蒲柳春秋傳曰董澤之蒲杜氏云蒲楊柳可以爲箭者是也許國名亦姜姓今潁昌府許昌縣是也

揚之水三章章六句申侯與犬戎攻宗周而弑幽王則申侯者王法必誅不赦之賊而平王與其臣庶不共戴天之讎也今平王知有母而不知有父知其立已爲有德而不知其弑父爲可怨至使復讎討賊之師反爲報施酬恩之舉則其忘親逆理而得罪於天已甚矣又况先王之制諸侯有故則方伯連帥以諸侯之師討之王室有故則方伯連帥以諸侯之師救之天

中谷有蓷
閔周也

騅音錐 萑音丸 乾音干

子鄉遂之民。供貢賦。衞王室而已。今平王不能行其威令於天下。無以保其母家。乃勞天下之民。遠爲諸侯戍守。故周人之戍申者。又以非其職而怨思焉。則其衰懦微弱。而得罪於民。又可見矣。嗚呼。詩亡而後春秋作。其不以此也哉

中谷有蓷。吐雷反暵音罕其乾矣。有女仳音痞離。嘅其嘆音灘矣。嘅其嘆矣。遇人之艱難矣。興也。蓷。騅也。葉似萑。方莖白華。華生節閒。卽今益母草也。暵。燥。仳。別也。嘅。歎聲。艱難。窮厄也。○凶年饑饉。室家相棄。婦人覽物起興。而自述其悲歎之辭也。

○中谷有蓷。暵其修叶式竹反矣。有女仳離。條其歗叶息六反矣。條其歗矣。遇人之不淑矣。興也。修。長也。或曰。乾也。如脯之謂修也。條。條然。歗。貌

暵音旱

歗蹙口出聲也悲恨之深不止於歎矣淑善也古者謂死喪饑饉皆曰不淑蓋以吉慶爲善事凶禍爲不善事雖今人語猶然也○曾氏曰凶年而遽相棄背蓋衰薄之甚者而詩人乃曰遇斯人之艱難遇斯人之不淑而無怨懟過甚之辭焉厚之至也

○中谷有蓷暵其濕矣有女仳離啜張劣反其泣矣啜其泣矣何嗟及矣興也暵濕者旱甚則草之生於濕者亦不免也啜啜泣貌何嗟及矣言事已至此末如之何窮之甚也

中谷有蓷三章章六句范氏曰世治則室家相保者上之所養也世亂則室家相棄者上之所殘也其使之也勤其取之也厚則夫婦日以衰薄而凶年不免於離散矣伊尹曰匹夫匹婦不獲自盡民主罔與成厥

功。故讀詩者，於一物失所而知王政之惡；一女見棄而知人民之困。周之政荒民散，而將無以爲國，於此亦可見矣。

兔爰

閔周也

吪音譌

有兔爰爰，雉離于羅。我生之初，尚無爲。叶吾何反 我生之後，逢此百罹。叶良何反 尚寐無吪。比也。兔性陰狡。爰爰，緩意。雉性耿介。離，麗。羅，網。尚，猶。罹，憂也。尚，庶幾也。吪，動也。○周室衰微，諸侯背叛，君子不樂其生而作此詩，言張羅本以取兔，今兔狡得脫，而雉以耿介反離于羅，以比小人致亂而以巧計幸免，君子無辜而以忠直受禍也。爲此詩者，蓋猶及見西周之盛，故曰方我生之初，天下尚無事；及我生之後，而逢時之多難如此。然既無如之何，則但庶幾寐而不動以死耳。或曰興也。以兔爰興無爲，以雉離興百罹也。下章放此。

○有兔爰

葛藟

王族刺平王

也

罬陟劣反

爰雉離于罦。音孚叶步廟反我生之初，尚無造。我生之後，逢此百憂。叶一笑反尚寐無覺。音教叶居笑反○比也。罦，覆車也。可以掩兔。造，亦爲也。覺，寤也。

○有兔爰爰，雉離于罿。音衝我生之初，尚無庸。我生之後，逢此百凶。尚寐無聰。比也。罿，罬也。即罦也。或曰：施羅於車上也。庸，用。聰，聞也。無所聞，則亦死耳。

兔爰三章，章七句

緜緜葛藟，音壘在河之滸。音虎終遠兄弟，遠去聲謂他人父。謂他人父，亦莫我顧。叶果五反○興也。緜緜，長而不絕之貌。岸上曰滸。○世衰民散，有去其鄉里家族而流離失所者，作此詩以自歎。言緜緜葛藟

采葛

識音志 洒音跣

則在河之滸矣。今乃終遠兄弟而謂他人爲已父。已雖謂彼爲父，而彼亦不我顧，則其窮也甚矣。

○緜緜葛藟，在河之涘。音俟，叶矣始二音。終遠兄弟，謂他人母。叶滿彼反。謂他人母，亦莫我有。叶羽已反。○興也。水涯曰涘。謂他人父者，其妻則母也。有，識有也。春秋傳曰：不有寡君○

緜緜葛藟，在河之漘。音脣。終遠兄弟，謂他人昆。叶古勻反。謂他人昆，亦莫我聞。叶微勻反。○興也。夷上洒下曰漘。漘之爲言脣也。昆，兄也。聞，相聞也。

葛藟三章，章六句。

彼采葛兮，叶音謌。一日不見，如三月兮。賦也。采葛所以

懼讒也

大車
刺周大夫也
此詩亦刺之大

焫音爇　乾音于　炙音久

爲絺綌。蓋淫奔者託以行也。故因以指○彼其人。而言思念之深。未久而似久也

采蕭叶陳鳩反兮。一日不見。如三秋兮賦也。蕭。荻也。白葉莖麤科生有香氣。祭則焫以報氣。故采之。曰三秋。則不止三月矣

○彼采艾兮。一日不見。如三歲本與艾叶兮賦也。艾。蒿屬。乾之可炙。故采之。曰三歲。則不止三秋矣

采葛三章章三句

大車檻檻。毳尺銳反衣如菼吐敢反。豈不爾思。畏子不敢賦也。大車。大夫車。檻檻。車行聲也。毳衣。天子大夫之服。菼。蘆之始生也。毳衣之屬。衣繢而裳繡。五色皆備。其青者如菼。爾。淫奔者相命之辭也。子。大夫也。不敢。不敢

夫當為鄭武公掘突緇衣之詩鄭人自親其上之詞非公論也

東遷，役在平王得以當有死鄭武則得係王室之力以取得鄶檜之間地則鄭就鄭[illegible]故詩以男女為[illegible]為[illegible]

丘中有麻

幾平聲

奔也○周衰大夫猶有能以刑政治其私邑者。故淫奔者畏而歌之如此。然其去二南之化則遠矣。此可以觀世變也

○大車哼哼音吞毳衣如璊音門豈不爾思畏子不奔

賦也。哼哼，重遲之貌。璊，玉赤色。五色備則有赤

○穀則異室死則同穴叶戶橘反謂予不信有如皦音皎日

賦也。穀，生。穴，壙。皦，白也○民之欲相奔者。畏其大夫。自以終身不得如其志也。故曰生不得相奔以同室。庶幾死得合葬以同穴而已。謂予不信有如皦日。約誓之辭也

大車三章章四句

丘中有麻。彼留子嗟。彼留子嗟。將音搶其來施

思賢也

施叶蛇○賦也麻穀名子可食皮可績者子嗟男子之字也將願也施施喜悅之意○婦人望其所與私者而不來故疑丘中有麻之處復有與之私而留之者今安得其施施然而來乎○丘中有麥彼留子國彼留子國將其來食賦也子國亦男子字也來食就我而食也○丘中有李彼留之子叶獎里反彼留之子貽我佩玖叶舉里反○賦也之子并指前二人也貽我佩玖冀其有以贈已也

并去聲

丘中有麻三章章四句

王國十篇二十八章百六十二句

詩經

緇衣。美武公也。平王德鄭武之立，已使繼

稱去聲　更平聲

詩

鄭一之七 之地

地。後爲幽王司

爲桓公。其子武

亦爲司徒，又得虢

施舊號於新邑，是爲

州鄭縣，新鄭即今之鄭州是

也。其封域山川詳見檜風。

緇衣之宜兮，敝予又改爲兮。適予之館兮，還予授子之粲兮。

賦也。緇，黑色。緇

大夫居私朝之服。

改，更。適，之。館，舍。粲，餐也。或曰粲，衆

○舊說鄭桓公、武公相繼爲司

職，周人愛之，故作是詩。言子

宜敝則我將爲子更爲之。

國風　鄭

其父桓公爲司徒併作此詩以美之也緇古作戠即今織字

將仲子刺莊公也

爲子去聲　好去聲

國風

還而又授子以粲。言好之無已也。○緇衣之好兮。敝予又改造叶在早反兮。適子之館兮。還予授子之粲兮。賦也。好猶宜也。○緇衣之蓆叶祥籥反兮。敝予又改作兮。適子之館兮。還予授子之粲兮。賦也。蓆大也。程子曰。蓆有安舒之義。服稱其德。則安舒也。

緇衣三章章四句記曰。好賢如緇衣。又曰。於緇衣見好賢之至。

將音槍仲子兮。無踰我里。無折音哲我樹杞。豈敢愛之。畏我父母叶滿彼反。仲可懷叶胡威反也。父母之言。亦可畏叶於非反也。賦也。將。請也。仲子。男子之字也。我。女子自我也。里。二

譏失教也

叔于田

韌音刃

十五家所居也。杞柳屬也。生水旁。樹如柳。葉麤而白。色理微赤。蓋里之地域溝樹也。○莆田鄭氏曰。此淫奔者之辭。

○將仲子兮。無踰我牆。無折我樹桑。豈敢愛之。畏我諸兄。叶虛陽反仲可懷也。諸兄之言。亦可畏也。賦也。牆垣也。古者樹牆下以桑。

○將仲子兮。無踰我園。無折我樹檀。叶徒沿反豈敢愛之。畏人之多言。仲可懷也。人之多言。亦可畏也。賦也。園者圃之藩。其內可種木也。檀皮青滑澤。材彊韌。可為車。

將仲子三章。章八句

叔于田。叶地因反巷無居人。豈無居人。不如叔也。

刺莊公也
刺兄之不自振也
大叔于田
刺莊公也

共平聲見音現

洵美且仁賦也。叔。莊公弟共叔段也。事見春秋。田。取禽也。巷。里塗也。洵。信。美。好也。仁。愛人也。段不義而得衆。國人愛之。故作此詩。言叔出而田。則所居之巷若無居人矣。非實無居人也。雖有而不如叔之美且仁。是以若無人耳。或疑此亦民間男女相悅之辭也。〇叔于狩叶始九反巷無飲酒。豈無飲酒。不如叔也。洵美且好叶許厚反。〇賦也。冬獵曰狩。〇叔適野叶上與反巷無服馬叶滿補反豈無服馬。不如叔也。洵美且武賦也。適。之也。郊外曰野。服。乘也。

叔于田三章章五句

叔于田。乘乘下去聲馬叶滿補反執轡如組音祖兩驂

藪今非韻何須叶如此章叶舉字然則次章亦可曰叶揚字乎

襄騰也今別作驤古通也上驤猶上騰服馬在前有上騰之勢蓋形容之詞猶

如舞。叔在藪。音叟叶素苦反火烈具舉。襢音但裼音錫暴虎。獻于公所。將音槍叔無狃。音紐叶女古反戒其傷女。音汝。○賦也。叔亦段也。車衡外兩馬曰驂。如舞。謂諧和中節。皆言御之善也。藪。澤也。火。焚而射也。烈。熾盛貌。具。俱也。襢裼。肉袒也。暴。空手搏獸也。公。莊公也。狃。習也。國人戒之曰。請叔無習此事。恐其或傷汝也。蓋叔多材好勇。而鄭人愛之如此。○叔于田。乘乘黃。兩服上襄。兩驂鴈行。音杭叔在藪。火烈具揚。叔善射忌。音記又良御忌。叶魚駕反抑磬音慶控口貢反忌。抑縱送忌。賦也。乘黃。四馬皆黃也。衡下夾轅兩馬曰服。襄。駕也。馬之上者。爲上駕。猶言上駟也。鴈行者。驂少次服後。如鴈行也。揚。起也。忌。抑。皆語助辭。騁馬曰

言前導也若如注者服馬則言其材驂馬則言其與服馬服駕之次序古今有此文理乎影射叔段叛亂之前後言之也

拔音跋 彇音宵 箙音同 大叔之大音泰

磬。止馬曰控。舍拔曰縱。覆彇曰送。

○叔于田。乘乘鴇。音保叶補苟反 兩服齊首。兩驂如手。叔在藪。火烈具阜。叔馬慢。叶黄半反 忌。叔發罕。叶虚旰反 忌。抑釋掤。音冰 忌。抑鬯弓。叶姑弘反 忌。

賦也。驪白雜毛曰鴇。今所謂烏驄也。齊首，如手，兩服並首在前，而兩驂在旁稍次其後，如人之兩手也。阜，盛也。慢，遲也。發，發矢也。罕，希。釋，解也。掤，矢箙蓋。春秋傳作冰。鬯，弓囊也。與韔同。言其田事將畢，而從容整暇如此。亦喜其無傷之辭也。

大叔于田三章章十句 陸氏曰：首章作大叔于田者誤。

蘇氏曰：二詩皆曰叔于田，故加大以別之。不知者乃以段有大叔之號，而讀曰泰。又加大於首章，失之矣。

清人
刺文公也
識自棄其師
也
此詩當屬於鄭風
之未竄亂出在此

酋音囚 京木不下 無得 字 句古侯反

清人在彭。叶普郎反 駟介旁旁。音崩叶補岡反 二矛重平聲英。叶於良反 河上乎翺翔。賦也。清，邑名。清人，清邑之人也。彭，河上地名。駟介，四馬而被甲也。旁旁，馳驅不息之貌。二矛，酋矛夷矛也。英，以朱羽為矛飾也。酋矛長二丈，夷矛長二丈四尺。並建於車上，則其英重疊而見。翺翔，遊戲之貌。○鄭文公惡高克，使將清邑之兵禦狄於河上，久而不召，師散而歸。鄭人為之賦此詩。言其師出之久，無事而不得歸，但相與遊戲如此，其勢必至於潰散而後已爾。

○清人在消。駟介麃麃。音標 二矛重喬。河上乎逍遙。賦也。消亦河上地名。麃麃，武貌。矛之上句曰喬，所以懸英也。英弊而盡，所存者喬而已。

○清人在軸。叶音冑 駟介陶陶。叶徒侯反 左旋右抽。叶敕救反 中軍

羔裘
刺朝也

樂音洛
好去声
予音與

作好叶許候反。賦也。軸亦河上地名。陶陶樂而自適之貌。左謂御在將車之左。執轡而御馬者也。旋還車也。右謂勇力之士在將車之右。執兵以擊刺者也。抽拔刃也。中軍謂將在鼓下居車之中。即高克也。好謂容好也。○東萊呂氏曰。言師久而不歸。無所聊賴。姑遊戲以自樂。必潰之勢也。不言已潰而言將潰。其情深。其辭危矣

清人三章章四句事見春秋。○胡氏曰。人君擅一國之名寵。生殺予奪惟我所制耳。使高克不臣之罪已著。按而誅之可也。情狀未明。黜而退之可也。愛惜其才以禮馭之亦可也。烏可假以兵權委諸竟上。坐視其離散而莫之卹乎。春秋書曰。鄭棄其師。其責之深矣

羔裘如濡叶而朱而由二反。洵直且侯叶洪姑洪鉤二反。彼

舍命施令也命令二字古通用舍命或舍令二字古彝器中習見之皆作施令解至以生為命乃後起之詞古人無是也

渝貳也春秋隱六年春鄭人來渝平左氏傳以為更成也

處上聲　緣去聲

其(音記)之子。舍(音捨)命不渝。(叶容朱容周二反)

賦也。羔裘。大夫服也。如濡。潤澤也。洵。信。直。順。侯。美也。其。語助辭。舍。處。渝。變也。言此羔裘潤澤毛順而美。彼服此者。當生死之際。又能以身居其所受之理而不可奪。蓋美其大夫之辭。然不知其所指矣。

○羔裘豹飾。孔武有力。彼其之子。邦之司直。

賦也。飾。緣袖也。禮。君用純物。臣下之。故羔裘而以豹皮為飾也。孔。甚也。豹甚武而有力。故服其所飾之裘者如之。司。主也。

○羔裘晏兮。三英粲兮。彼其之子。邦之彥(叶魚肝反)兮。

賦也。晏。鮮盛也。三英。裘飾也。未詳其制。粲。光明也。彥者。士之美稱。

羔裘三章章四句

此刺祭仲之為君所不知也

遵大路

思君子也

此刺莊公之結

祭仲以求澂

國文

女曰雞鳴

刺不說德也

遵大路兮摻(所覽反)執子之袪(叶起據反)兮無我惡(去聲)兮不寁(音昝)故也(賦也。遵，循。摻，擥。袪，袂。寁，速。故，舊也。○淫婦為人所棄，故於其去也，擥其袪而留之曰：子無惡我而不留，故舊不可以遽絕也。宋玉賦有遵大路兮攬子袪之句，亦男女相說之辭也。)

○遵大路兮摻執子之手兮無我魗(音讎。叶齒九反)兮不寁好(叶許口反)也(賦也。魗與醜同。欲其不以己為醜而棄之也。好，情好也。)

說音悅

遵大路二章章四句

女曰雞鳴，士曰昧旦。子興視夜，明星有爛。將翱將翔，弋鳧(音符)與鴈。(賦也。昧，晦。旦，明也。昧旦，天欲旦，昧晦未辨之際

此刺厲公之於祭仲以利相合而憂与秀敗也

繳識略反　語上聲　中去聲和去聲

也。明星啓明之星。先日而出者也弋繳射謂以生絲繫矢而射也。鳧水鳥。如鴨青色背上有文。○此詩人述賢夫婦相警戒之詞。言女日雞鳴。以警其夫。而士曰昧旦。則不止於雞鳴矣。婦人又語其夫曰。若是則子可以起而視夜之如何。意者明星已出而爛然。則當翺翔而往。弋取鳧鴈而歸矣。其相與警戒之言如此。則不留於宴昵之私可知矣

○弋言加（叶居之居何二反）之。與子宜（叶魚奇魚何二反）之。宜言飲酒。與子偕老。（叶呂吼反）琴瑟在御。莫不靜好（叶許厚反）○賦也。加中也。史記所謂以弱弓微繳加諸鳧鴈之上是也。宜和其所宜也。內則所謂鴈宜麥之屬是也。○射者男子之事。而中饋婦人之職。故婦謂其夫既得鳧鴈以歸。則我當爲子和其滋味之所宜。以之飲酒相樂。期於偕老。而琴瑟之在御者亦莫不安靜而

贈字不叶韻乃贈字之誤也贈即貽字贈送饋遺也貽賂之轉爲非法饋遺之專用詞乃後起之義觀大賂南金句可見會曾二字今古文皆極相近畢段敦戊辰會作曾与曾伯霥敦之曾幾全同古文諧声之字每可變易貽之

蠙局玭及　觿音攜箴音針遺去聲

和好其和樂而不淫可見矣

○知子之來（叶六直反）之雜佩以贈（叶音則）之知子之順之雜佩以問之知子之好（去聲）之雜佩以報之

賦也來之致其來者如所謂修文德以來之雜佩者左右佩玉也上横曰珩下繫三組貫以蠙珠中組之半貫一大珠曰瑀末懸一玉兩端皆銳曰衝牙兩旁組半各懸一玉長博而方曰琚其末各懸一玉如半璧而内向曰璜又以兩組貫珠上繫珩兩端下交貫於瑀而下繫於兩璜行則衝牙觸璜而有聲也呂氏曰非獨玉也觿燧箴管凡可佩者皆是也贈送順愛問遺也○婦又語其夫曰我苟知子之所致而來及所親愛者則當解此雜佩以送遺報答之蓋不惟治其門内之職又欲其君子親賢友善結其驩心而無所愛於服飾之玩也

為贈猶鐲之為鑵也後儒不諳古文義例（訛譌亦如此）以贈字不經見疑其為誤而与贈字又酷似遂定為贈字義固相通而無如其失韻何也（贈字叶則古無此例）

有女同車

刺忽也

華音花

女曰雞鳴三章章六句

有女同車。顏如舜華。叶芳無反將翺將翔。佩玉瓊琚。彼美孟姜。洵美且都。賦也。舜。木槿也。樹如李。其華朝生暮落。孟。字。姜。姓。洵。信。都。閑雅也。○此疑亦淫奔之詩。言所與同車之女。其美如此。而又歎之曰。彼美色之孟姜。信美矣。而又都也。○有女同行。叶戶郎反顏如舜英。叶於良反將翺將翔。佩玉將將。音鏘彼美孟姜。德音不忘。賦也。英。猶華也。將將。聲也。德音不忘。言其賢也。

有女同車二章章六句

山有扶蘇。隰有荷華。叶芳無反不見子都。乃見狂

山有扶蘇
刺忽也
此刺忽〻不君也

蘀兮
刺忽也

皆須踈二音

國風

且音疽○興也扶蘇扶胥小木也荷華芙蕖也子都男子之美者也狂狂人也且語辭也○淫女戲其所私者曰山則有扶蘇矣隰則有荷華矣今乃不見子都而見此狂人何哉

○山有橋松隰有游龍不見子充乃見狡童興也上竦無枝曰橋亦作喬游枝葉放縱也龍紅草也一名馬蓼葉大而色白生水澤中高丈餘子充猶子都也狡童狡獪之小兒也

山有扶蘇二章章四句

蘀音托兮蘀兮風其吹女音汝叔兮伯兮倡去聲予和去聲叶戶圭反女興也蘀木槁而將落者也女指蘀而言也叔伯男子之字也予女子自予也女叔伯也○此淫女之辭言蘀兮蘀兮則風將吹女矣叔兮伯兮則盍倡予

此刺忽不剛有爲
伯之雖倡而猶與之世
猶孩而已哉乎

狡童
刺忽也
忽惡高伯而不能
退故作此高伯
之言以刺之也

褰裳

狡音絞

而予將和女矣○蘀兮蘀兮風其漂女叔兮伯兮倡予要音腰女興也。漂、飄同。要，成也

蘀兮二章章四句

彼狡童兮不與我言兮維子之故使我不能餐七丹反叶七宣反兮賦也。此亦淫女見絕而戲其人之詞。言悅己者衆，子雖見絕，未至於使我不能餐也○彼狡童兮不與我食兮維子之故使我不能息兮賦也。息，安也

狡童二章章四句

子惠思我褰裳涉溱音臻子不我思豈無他人

思見正也

[illegible]

語去聲

狂童之狂也且音疽○賦也。惠，愛也。溱，鄭水名。狂童，猶狂且、狡童也。且，語辭也○淫女語其所私者曰：子惠然而思我，則將褰裳而涉溱以從子；子不我思，則豈無他人之可從，而必於子哉。狂童之狂也且，亦謔之之辭。○子惠思我，褰裳涉洧。叶于己反。子不我思，豈無他士。狂童之狂也且。賦也。洧，亦鄭水名。士，未娶者之稱。

褰裳二章，章五句

子之丰兮音風，叶芳用反。俟我乎巷兮叶胡貢反。悔予不送兮賦也。丰，豐滿也。巷，門外也。○婦人所期之男子，已俟乎巷，而婦人以有異志不從，既則悔之，而作是詩也。○子之昌兮，俟我乎堂兮。悔予

將迎也遠于將之百兩將之皆是茲因前章送字乃又活曰將亦送也何其舍忘而勇於穿鑿乃尔也此從鄭箋毛傳將行也亦非

丰刺亂也

東門之墠

飼音
誕茜
搶飼
反陂
音坡

不將兮賦也。昌、盛壯貌。將、亦送也。○衣去聲錦褧同絅衣裳錦褧裳叔兮伯兮。駕予與行叶戶郎反○賦也。褧、禪也。叔伯、或人之字也。○婦人既悔其始之不送而失此人也，則曰我之服飾既盛備矣，豈無駕車以迎我而偕行者乎。○裳錦褧裳衣錦褧衣叔兮伯兮駕予與歸賦也。婦人謂嫁曰歸。

刺傳瑕也　按傳瑕即瑕叔盈

丰四章，二章章三句，二章章四句。

東門之墠音善叶上演反茹音如藘音閭在阪音反叶孚臠反其室則邇其人甚遠賦也。東門、城東門也。墠、除地町町者。茹藘、茅蒐也。一名茜，可以染絳。陂者曰阪。門之旁有墠，墠之外有阪，阪之上有草。識其所與淫者之居也。

踐毛傳釋為淺鄭
箋云栗而在淺家室之
內言易竊取其詞甚
穿鑿集注不從之
甚是而訓踐為有行
列亦不成語按踐家
踐之通假字也踐家
室猶今人之所言嚴
廬之字出左傳宣語
蓋皆以居處言之其
或私印也
此詩亦應作世亂思

識音志　行音杭

國風

室邇人遠者。思之而未得見之辭也。○東門之栗。有踐家室。豈不爾思。子不我卽。賦也。踐，行列貌。門之旁有栗。栗之下有成行列之家室。亦識其處也。卽，就也。

東門之墠二章章四句

刺亂也

刺忽雖在正位反不若冢宰得民也

風雨淒淒。音妻 雞鳴喈喈。音皆叶居奚反 既見君子。云胡不夷。賦也。淒淒，寒涼之氣。喈喈，雞鳴之聲。風雨晦冥。蓋淫奔之時。君子，指所期之男子也。夷，平也。○淫奔之女言當此之時。見其所期之人而心悅也。○風雨瀟瀟。雞鳴膠膠。叶音驕 既見君子。云胡不瘳。叶憐蕭反 ○賦也。瀟瀟，風雨之聲。膠膠，猶喈喈也。瘳，病愈也。言積思之病至此而愈也。○

序云不與女蓄何王得
詩意未章語極明
顯朱克先生竟指
為淫奔且曰說曰
風雨晦冥蓋淫奔
之時風雨[illegible]
為淫奔之時[illegible]
之淫奔時耶笑

子衿

刺學校廢也
此[illegible]

純音準緣去聲

儇許緣反

風雨如晦叶呼洧反雞鳴不已既見君子云胡不喜賦也。晦，昏。已，止也。

風雨思君子也 美君子之不改其度

風雨三章章四句 也君子殆謂原繁也

青青子衿音金悠悠我心縱我不往子寧不嗣音賦也。青青，純緣之色。具父母，衣純以青。子，男子也。衿，領也。悠悠，思之長也。我，女子自我也。嗣音，繼續其聲問也。此亦淫奔之詩。○青青子佩叶蒲眉反悠悠我思叶新齋反縱我不往子寧不來叶陵之反賦也。青青，組綬之色。佩，佩玉也。○挑兮達兮音闥叶他悅反在城闕兮一日不見如三月兮賦也。挑，輕儇跳躍之貌。達，放恣也。

揚之水
閔無臣也
此以為勝皆淫奔故
見此詩即指之為淫奔
此詩初不見有淫蕩
字面亦硬指為淫者相
謂見淫奔与兄弟之
有疑亦有圖儀駒抑
何可笑

出其東門

閒音見

子衿三章章四句

揚之水。不流束楚。終鮮上聲兄弟。維予與女。女汝同無信人之言。人實迋音誑女。興也。兄弟。婚姻之稱。禮所謂不得嗣爲兄弟是也。予。女。男女自相謂也。人。他人也。迋。與誑同。○淫者相謂言揚之水則不流束楚矣。終鮮兄弟。則維予與女矣。豈可以他人離閒之言而疑之哉。彼人之言。特誑女耳。

○揚之水。不流束薪。終鮮兄弟。維予二人。無信人之言。人實不信。叶斯人反○興也。

兄弟相圖也

刺哭与子儀

揚之水二章章六句

由此觀之哭与子儀出同毋故相安至十四年殆

出其東門。有女如雲。雖則如雲。匪我思存。縞

闉亂也櫟在鄭東故鄭風多以東門起興刺朝臣之暗通款于櫟也茹藘乃綠之切音綠衣婢妾之服也

樂音洛

音杲衣綦音其巾。聊樂音洛我員音云○賦也。如雲。美且衆也。縞。白色。綦。蒼艾色。縞衣綦巾。女服之貧陋者。此人自目其室家也。員。與云同。語辭也。○人見淫奔之女而作此詩。以爲此女雖美且衆。而非我思之所存。不如己之室家。雖貧且陋。而聊可以自樂也。是時淫風大行。而其閒乃有如此之人。亦可謂能自好而不爲習俗所移矣。羞惡之心。人皆有之。豈不信哉。

○出其闉音因闍音都有女如荼音徒雖則如荼。匪我思且音苴縞衣茹藘聊可與娛賦也。闉。曲城也。闍。城臺也。荼。茅華。輕白可愛者也。且。語助辭。茹藘。可以染絳。故以名衣服之色。娛。樂也。

出其東門二章章六句

野有蔓草
思遇時也
刺当時一般貳
臣以徼倖而得
富貴也

溱洧
刺亂也

蔓音萬　瀼音穰

野有蔓草。零露漙（音團叶土兗反）兮。有美一人。清揚婉兮。邂逅相遇。適我願（叶五遠反）兮（賦而興也。蔓延也。漙露多貌。清揚眉目之間。婉然美也。邂逅不期而會也。○男女相遇於野田草露之間。故賦其所在以起興。言野有蔓草則零露漙矣。有美一人則清揚婉矣。邂逅相遇則得以適我願矣）

○野有蔓草。零露瀼瀼。有美一人。婉如清揚。邂逅相遇。與子偕臧（賦而興也。瀼瀼亦露多貌。臧美也。與子偕臧。言各得其所欲也）

野有蔓草二章章六句

溱與洧。方渙渙（叶于元反）兮。士與女。方秉蕑（音間叶古且字雖語助詞而此且字及匪我思且二字則非以若為助詞則不成文理此二字乃徂之省往也匪我思且猶言匪我意之所之也与上匪我思存同一句法既徂猶言既往也僅一既字不成文也此詩意同前篇由詩言觀

復去聲要平聲

賢反兮。女曰觀乎。士曰既且。音疽且往觀乎。洧之外。洵訏音吁且樂。音洛維士與女。伊其相謔。贈之以勺藥。賦而興也。渙渙。春水盛貌。蓋冰解而水。散之時也。蕑。蘭也。其莖葉似澤蘭廣而長節。節中赤。高四五尺。且。語辭。洵。信。訏。大也。勺藥。亦香草也。三月開花。芳色可愛。○鄭國之俗。三月上巳之辰。采蘭水上以祓除不祥。故其女問於士曰。盍往觀乎。士曰。吾既往矣。女復要之曰。且往觀乎。蓋洧水之外。其地信寬大而可樂也。於是士女相與戲謔。且以勺藥為贈而結恩情之厚也。此詩淫奔者自敘之辭。○溱與洧。瀏音畱其清矣。士與女。殷其盈矣。女曰觀乎。士曰既且。且往觀乎。洧之外。洵訏且樂。維士與女。伊

之笑之返而殺
子儀實子儀
之一般廷臣恩
慫成之也

幾平聲　復去聲　少上聲

其將謔贈之以勺藥 賦而興也。瀏，深貌。殷，衆也。將，當作相，聲之誤也。

溱洧二章章十二句

鄭國二十一篇五十三章二百八十三句

鄭衛之樂，皆爲淫聲。然以詩考之，衛詩三十有九，而淫奔之詩才四之一。鄭詩二十有一，而淫奔之詩已不翅七之五。衛猶爲男悅女之辭，而鄭皆爲女惑男之語。衛人猶多刺譏懲創之意，而鄭人幾於蕩然無復羞愧悔悟之萌。是則鄭聲之淫，有甚於衛矣。故夫子論爲邦，獨以鄭聲爲戒而不及衛，蓋舉重而言，固自有次第也。詩可以觀，豈不信哉。

齊一之八 齊，國名，本少昊時爽鳩氏所居之地，在禹貢爲青州之域。

雞鳴
思賢妃也
此詩不知作
詩之由

濰音惟

令平聲

周武王以封太公望東至于海西至于河南至于穆陵北至于無棣太公姜姓本四岳之後既封于齊通工商之業便魚鹽之利民多歸之故為大國今青齊淄濰德棣等州是其地也

雞既鳴矣朝既盈矣匪雞則鳴蒼蠅之聲

朝音潮

賦也言古之賢妃御於君所至於將旦之時必告君曰雞既鳴矣會朝之臣既已盈矣欲令君早起而視朝也然其實非雞之鳴也乃蒼蠅之聲也蓋賢妃當夙興之時心常恐晚故聞其似者而以為真非其心存警畏而不留於逸欲何以能此故詩人敘其事而美之也

○東方明矣朝既昌矣匪東方則明月出之光

叶謨郎反

賦也東方明則日將出矣昌盛也此再告也

○蟲飛薨薨

還

刺荒也

刺齊僖以

告成三國自

按說文正韻閒音艱從月借音閒俗書從日而以閑為閒者誤

薨。甘與子同夢。叶莫滕反會且歸矣。無庶予子憎。

賦也。蟲飛。夜將旦而百蟲作也。甘。樂。會。朝也。○此三告也。言當此時。我豈不樂與子同寢而夢哉。然羣臣之會於朝者。俟君不出。將散而歸矣。無乃以我之故。而并以子為憎乎

雞鳴三章章四句

子之還音旋兮。遭我乎峱音鐃之閒叶居賢反兮。並驅從兩肩兮。揖我謂我儇許全反兮。

賦也。還。便捷之貌。峱。山名也。從。逐也。獸三歲曰肩。儇。利也。○獵者交錯於道路。且以便捷輕利相稱譽如此。而不自知其非也。則其俗之不美可見。而其來亦必有所自矣

○子之茂叶莫口反兮。遭我乎峱之道叶徒厚反兮。並驅從兩牡兮。揖

謂也
峱後作牛讀饒者非
既云加之何以又云即所以爲瑱者天下有此文理耶大抵古人器物多湮沒不可攷漢人所傳

峱音余

我謂我好（叶許厚反）兮（賦也。茂，美也）○子之昌兮，遭我乎峱之陽兮，並驅從兩狼兮，揖我謂我臧兮（賦也。昌，盛也。山南曰陽。狼，似犬，銳頭白頰，高前廣後。臧，善也）

還三章章四句

俟我於著（音宁，叶直居反）乎而，充耳以素（叶孫租反）乎而，尚之以瓊華（叶芳無反）乎而（賦也。俟，待也。我，嫁者自謂也。著，門屏之間也。充耳，以纊懸瑱，所謂紞也。尚，加也。瓊華，美石似玉者，即所以爲瑱也。○東萊呂氏曰：昏禮，壻往婦家親迎，既奠鴈，御輪而先歸，俟於門外，婦至則揖以入。時齊俗不親迎，故女至壻門，始見其俟已也）○俟我於庭乎而，充耳以青乎而

半不足據

著

刺時也

刺宣姜也

東方之日

刺衰也

刺僖公之[illegible]

而遺內也

尚之以瓊瑩(音榮)乎而(賦也。庭，在大門之內，寢門之外。瓊瑩，亦美石似玉者。○呂氏曰：此昏禮所謂壻道婦及寢門揖入之時也。)○俟我於堂乎而，充耳以黃乎而，尚之以瓊英(叶於良反)乎而(賦也。瓊英，亦美石似玉者。○呂氏曰：升階而後至堂。此昏禮所謂升自西階之時也。)

著三章章三句

東方之日兮，彼姝(音樞)者子，在我室兮。在我室兮，履我即兮(興也。履，躡。即，就也。言此女躡我之跡而相就也。)○東方之月兮，彼姝者子，在我闥(叶宅悅反)兮。在我闥兮，履我發(叶方月反)兮(興也。闥，門內也。發，行去也。言躡我而行去也。)

東方未明
刺無節也
刺僖公政令之顛倒也此詩殆亦指宣姜之事言之故有折柳樊圃之喻

辰坊本作晨

東方之日二章章五句

東方未明(叶謨郎反)顛倒(上聲)衣裳顛之倒(叶都妙反)之自公召之○賦也。自，從也。羣臣之朝，別色始入。此詩人刺其君興居無節，號令不時。言東方未明而顛倒其衣裳，則既早矣，而又已有從君所而來召之者焉。蓋猶以為晚也。或曰：所以然者，以有自公所而召之者故也。○東方未晞顛倒裳衣倒之顛(叶典因反)之自公令(去聲叶力呈反)之賦也。晞，明之始升也。令，號令也。○折(音哲)柳樊圃(叶博故反)狂夫瞿瞿(音句)不能辰夜(叶羊茹反)不夙則莫(音慕)○比也。柳，楊之下垂者，柔脆之木也。樊，藩也。圃，菜園也。瞿瞿，驚顧之貌。夙，早也。○折柳樊圃，雖不足恃，然狂夫見之，猶驚

南山
刺襄公也
刺魯之失道也
葛屨只能用一兩而乃五兩冠緌只能用一具而乃雙

邪行之行去聲

國風

顚而不敢越以比辰夜之限甚明人所易知今乃不能知而不失之早則失之莫也

東方未明三章章四句

南山崔崔（音摧）雄狐綏綏魯道有蕩齊子由歸既曰歸止曷又懷止（叶胡威反）比也南山齊南山也崔崔高大貌狐邪媚之獸綏綏求匹之貌魯道適魯之道也蕩平易也齊子襄公之妹魯桓公夫人文姜襄公通焉者也由從也婦人謂嫁曰歸懷思也止語辭○言南山有狐以比襄公居高位而行邪行且文姜既從此道歸於魯矣襄公何爲而復思之乎

○葛屨五兩（如字又音亮）冠緌（音蕤）雙（叶所終反）止魯道有蕩齊子庸止既曰庸止曷又從止比也兩二屨也緌冠上飾也屨必兩緌必

之讖文姜之不能從一也注謂喻物各有耦不可相乱豈屨必五兩冠具二緌乎不知前人何不思之甚也

雙。物各有耦不可亂也。庸。用也。用此道以嫁於魯也。從。相從也。○蓺麻如之何。衡音橫從音宗其畝。取去聲妻如之何。必告音谷父母。既曰告止。曷又鞠音菊止。興也。蓺。樹。鞠。窮也。○欲樹麻者。必先縱横耕治其田畝。欲娶妻者。必先告其父母。今魯桓公既告父母而娶矣。又曷爲使之得窮其欲而至此哉。○析薪如之何。匪斧不克。取妻如之何。匪媒不得。既曰得止。曷又極止。興也。克。能也。極。亦窮也。

南山四章章六句

春秋桓公十八年。公與夫人姜氏如齊。公薨於齊。傳曰。公將有行。遂與姜氏如齊。申繻曰。女有家。男有室。無相瀆也。謂之

甫田　大夫刺襄公也

濼鹿洛二音乘去聲　張王益去聲

無田〔音佃〕甫田。維莠〔音酉〕驕驕。〔叶音高〕無思遠人。勞心忉忉。〔音刀〇比也。田，謂耕治之也。甫，大也。莠，害苗之草也。驕驕，張王之意。忉忉，憂勞也。〇言無田甫田也。田甫田而力不給，則草盛矣。無思遠人也。思遠人而人不至，則心勞矣。以戒時人厭小而務大，忽近而圖遠，將徒勞而無功也。〕〇無田甫田。維莠桀桀。無思遠人。勞心怛怛。〔叶旦悅反〇比也。桀桀，猶驕驕也。怛怛，猶忉忉也。〕〇婉兮孌兮。〔叶龍眷反〕總角丱兮。〔音慣，叶古縣反〕未幾〔上聲〕見兮。突而弁兮。〔比也。婉孌，少好貌。丱，兩角貌。未

盧令
刺荒也
刺襄公也

強上聲

幾未多時也突忽然高出之貌弁冠名○言總角之童見之未久而忽然戴弁以出者非其躐等而強求之也蓋循其序而勢有必至耳此又以明小之可大邇之可遠能循其序而修之則可以忽然而至其極若躐等而欲速則反有所不達矣

甫田三章章四句

盧令令音零其人美且仁賦也盧田犬也令令犬頷下環聲○此詩大意與還畧同○盧重平聲環其人美且鬈音權○賦也重環子母環也鬈鬚鬢好貌○盧重鋂音梅其人美且偲音鰓○賦也鋂一環貫二也偲多鬚之貌春秋傳所謂于思即此字古通用耳

盧令三章章二句

敝笱

刺文姜也

笱音苟

禚音勺

敝笱在梁。其魚魴鰥。音關叶古倫反齊子歸止。其從如雲。比也。敝，壞。笱，罟也。魴鰥，大魚也。歸，歸齊也。如雲，言衆也。○齊人以敝笱不能制大魚。比魯莊公不能防閑文姜。故歸齊而從之者衆也。

○敝笱在梁。其魚魴鱮。音序齊子歸止。其從如雨。比也。鱮，似魴厚而頭大。或謂之鰱。如雨，亦多也。

○敝笱在梁。其魚唯唯。上聲齊子歸止。其從如水。比也。唯唯，行出入之貌。如水，亦多也。

敝笱三章章四句

按春秋魯莊公二年。夫人姜氏會齊侯于禚。四年。夫人姜氏享齊侯于祝丘。五年。夫人姜氏如齊師。七年。夫人姜氏會齊侯于防。又會齊侯于穀。

夕繼可訓宿豈可
更訓爲次宿之舍
何元穿鑿至此
按發夕猶夕發
蓋以刑容文姜迫
不及待之詞

載驅
齊人刺襄公
也

去上聲 竟境同

載驅薄薄。音博 簟茀朱鞹。音擴 魯道有蕩。齊子發夕。叶祥龠反 ○賦也。薄薄。疾驅聲。簟。方文席也。茀。車後戶也。朱。朱漆也。鞹。獸皮之去毛者。蓋車革質而朱漆也。夕。猶宿也。發夕。謂離於所宿之舍○齊人刺文姜乘此車而來會襄公也 ○四驪濟濟。上聲 垂轡濔濔。音你 魯道有蕩。齊子豈弟。音愷悌 叶待禮反 ○賦也。驪。馬黑色也。濟濟。美貌。濔濔。柔貌。豈弟。樂易也。言無忌憚羞恥之意也。○汶音問 水湯湯。音傷 行人彭彭。音邦 魯道有蕩。齊子翱翔 賦也。汶。水名。在齊南魯北二國之竟。湯湯。水盛貌。彭彭。多貌。言行人之多。亦以見其無恥也 ○汶水滔滔。音叨 行人儦儦。音標 叶音褒 魯道有蕩。齊子遊敖 賦也。滔滔。流貌

刺文姜之無恥也

猗嗟

刺魯莊公也

此魯及齊侯狩于禚時齊人之詩也

儦儦，衆貌。遊敖，猶翱翔也。

載驅四章章四句

蹌音鏘

猗嗟昌兮。頎（音祈）而長兮。抑若揚兮。美目揚兮。巧趨蹌兮。射則臧兮。

賦也。猗嗟，歎辭。昌，盛也。頎，長貌。抑而若揚，美之盛也。揚，目之動也。蹌，趨翼如也。臧，善也。○齊人極道魯莊公威儀技藝之美如此。所以刺其不能以禮防閑其母。若曰惜乎其獨少此耳。

技京本伎　射之入聲

○猗嗟名兮。美目清兮。儀既成兮。終日射（音石）侯。不出正（音征）兮。展我甥（叶桑經反）兮。

賦也。名，猶稱也。言其威儀技藝之可名也。清，目清明也。儀既成，言其終事而禮無違也。侯，張布而射之者也。正，設的於侯中而射之者也。大射則張皮侯而設

古毒反　長上聲

鵠。賓射則張布侯而設正。展，誠也。姊妹之子曰甥。言稱其爲齊之甥，而又以明非齊侯之子。此詩人之微辭也。按春秋桓公三年，夫人姜氏至自齊。六年九月，子同生，即莊公也。十八年，桓公乃與夫人如齊，則莊公誠非齊侯之子矣。○猗嗟孌叶龍卷反兮，清揚婉叶許願反兮。舞則選去聲兮，射則貫叶扃縣反兮。四矢反叶孚絢反兮，以禦亂叶靈眷反兮。賦也。孌，好貌。清，目之美也。揚，眉之美也。婉，亦好貌。選，異於衆也。或曰：齊於樂節也。貫，中而貫革也。四矢，禮射每發四矢。反，復也。中皆得其故處也。言莊公射藝之精，可以禦亂，如以金僕姑射南宮長萬，可見

猗嗟三章，章六句。或曰：子可以制母乎？趙子曰：夫死從子，通乎其下，況國君乎？君者，人神之主，風教之本也。不能正家，如正國何？若莊公者

魏即晉所謂新田地晉景公遷于是故晉風析爲二然伐檀以前五篇皆未遷前作也

從去聲　枕去聲　陿音洽　解上聲　行音杭

哀痛以思父誠敬以事母威刑以馭下車馬僕從莫不俟命夫人徒往乎夫人之往也則公哀敬之不至威命之不行耳東萊呂氏曰此詩三章譏刺之意皆在言外嗟歎再三則莊公所大闕者不言可見矣

齊國十一篇三十四章二百四十三句

魏一之九

魏國名本舜禹故都在禹貢冀州雷首之北析城之西南枕河曲北涉汾水其地陿隘而民貧俗儉蓋有聖賢之遺風焉周初以封同姓後爲晉獻公所滅而取其地今河中府解州即其地也蘇氏曰魏地入晉久矣其詩疑皆爲晉而作故列於唐風之前猶邶鄘之於衛也今按篇中公行公路公族皆晉官疑實晉詩又恐魏亦嘗有此官蓋不可考矣

葛屨
刺褊也
此刺趙盾之立
灵公也
文六年傳七年
立

纅音 避 現音 揥尺

糾糾(音赳)葛屨。可以履霜。摻摻(音纖)女手。可以縫裳。要(音腰)之襋(音棘)之。好人服(叶蒲北反)之。○興也。糾糾。繚戾寒涼之意。夏葛屨。冬皮屨。摻摻。猶纖纖也。女。婦未廟見之稱也。娶婦三月廟見。然後執婦功。要。裳要。襋。衣領。好人。猶大人也。○魏地陿隘。其俗儉嗇而褊急。故以葛屨履霜起興。而刺其使女縫裳。又使治其要襋而遂服之也。此詩疑卽縫裳之女所作。

○好人提提。宛然左辟(音避)。佩其象揥。維是褊心。是以爲刺(叶音砌)。○賦也。提提。安舒之意。宛然。讓之貌也。讓而辟者必左。揥。所以摘髮。用象爲之。貴者之飾也。其人如此。若無有可刺矣。所以刺之者。以其褊迫急促。如前章之云耳。

葛屨二章。一章六句。一章五句。

廣漢張氏曰。夫

汾沮洳

刺儉也

此刺晉成公以卿之嫡子為公族餘子為公路庶子為公行也

杭本無其字　京本太原下有府字　中去聲

子謂與其奢也寧儉則儉雖失中本非惡德然而儉之過則至於吝嗇迫隘計較分毫之間而謀利之心始急矣葛屨汾沮洳園有桃三詩皆言其急迫瑣碎之意

彼汾音焚沮去聲洳音孺言采其莫音慕彼其音記之子美無度美無度殊異乎公路

興也汾水名出太原晉陽山西南入河沮洳水浸處下濕之地莫菜也似柳葉厚而長有毛刺可為羹無度言不可以尺寸量也公路者掌公之路車晉以卿大夫之庶子為之○此亦刺儉不中禮之詩言若此人者美則美矣然其儉嗇褊急之態殊不似貴人也

○彼汾一方言采其桑彼其之子美如英叶於良反美如英殊異乎

園有桃

刺時也

舄音昔。適音的。

公行。音杭○興也。一方，彼一方也。史記扁鵲視見垣一方人。英，華也。公行，即公路也。以其主兵車之行列，故謂之公行也。○彼汾一曲。言采其藚。音續 彼其之子。美如玉。美如玉。殊異乎公族。興也。一曲，謂水曲流處。藚，水舄也。葉如車前草。公族，掌公之宗族。晉以卿大夫之適子爲之。

汾沮洳三章，章六句

園有桃。其實之殽。心之憂矣。我歌且謠。音遙 不知我者。謂我士也驕。彼人是哉。叶將黎反 子曰何其。音基 心之憂矣。其誰知之。其誰知之。蓋亦勿思。叶新齋反 ○興也。殽，食也。合曲曰歌。徒歌曰謠。其，語辭。○詩人憂其國小而無政。故

此趙盾出亡時作也 宣二年

重平聲

園屋

作是詩。言園有桃。則其實之殺矣。心有憂。則我歌且謠矣。然不知我之心者。見其歌謠。而反以爲驕。且曰彼之所爲已是矣。而子之言獨何爲哉。蓋舉國之人莫覺其非。而反以憂之者爲驕也。於是憂者重嗟歎之。以爲此之可憂。初不難知。彼之非我。特未之思耳。誠思之。則將不暇非我而自憂矣。

○園有棘。其實之食。心之憂矣。聊以行國。叶于逼反不知我者。謂我士也罔極。彼人是哉。子曰何其。心之憂矣。其誰知之。其誰知之。蓋亦勿思。興也。棘棗之短者。聊且略之辭。歌謠之不足。則出遊於國中而寫憂也。極至也。罔極。言其心縱恣無所至極。

園有桃二章章十二句

陟岵

孝子行役思念父母也（[illegible]第三章）（乃[illegible]乎）此刺趙盾不出而復也

宣二年

旃音詹

陟彼岵（音戶）兮瞻望父兮父曰嗟予子行役夙夜無已上慎旃哉猶來無止 賦也山無草木曰岵上猶尚也○孝子行役不忘其親故登山以望其父之所在因想像其父念己之言曰嗟乎我之子行役夙夜勤勞不得止息又祝之曰庶幾愼之哉猶可以來歸無止於彼而不來也蓋生則必歸死則止而不來矣或曰止獲也言無爲人所獲也

○陟彼屺（音起）兮瞻望母（叶滿彼反）兮母曰嗟予季行役夙夜無寐上慎旃哉猶來無棄 賦也山有草木曰屺季少子也尤憐愛少子者婦人之情也無寐亦言其勞之甚也棄謂死而棄其尸也

○陟彼岡兮瞻望兄（叶虛王反）兮兄曰嗟予弟行役夙夜必偕（叶舉

十畝

賈季自傷其無援於晉也 文六年

十畝之間

刺時也

晉自吳成以後大權皆操諸卿族賢者不得仕進故作此詩

儕音柴　樂音洛

里反上慎旃哉猶來無死叶想止反○賦也。山脊曰岡必偕言與其儕同作同止。不得自如也

陟岵三章章六句

十畝之閒叶居賢反兮桑者閑閑叶胡田反兮行與子還叶音旋兮賦也。十畝之閒。郊外所受場圃之地也。閑閑。往來者自得之貌。行。猶將也。還。猶歸也。○政亂國危。賢者不樂仕於其朝。而思與其友歸於農圃。故其辭如此

○十畝之外叶五墜反兮桑者泄泄音異兮行與子逝兮賦也。十畝之外。鄰圃也。泄泄。猶閑閑也。逝。往也。

此篇似因八哀公子雁　公子朱三語[illegible]作六八

十畝之閒二章章三句 語氣[illegible]

伐檀 成十一年
刺貪也
此刺郤也也
此公於己所不知之
喻意概指為賦
若然則是此人果
伐檀而置之河
干矣然天下有
是事乎

坎坎伐檀(叶徒沿反)兮寘之河之干(叶居焉反)兮河水清且漣(音連)猗(音醫)不稼不穡胡取禾三百廛(直連反)兮不狩不獵胡瞻爾庭有縣(音玄)貆(音暄)兮彼君子兮不素餐(叶七宣反)兮

賦也坎坎用力之聲檀木可為車者寘與置同干厓也漣風行水成文也猗與兮同語辭也書斷斷猗大學作兮莊子亦云而我猶為人猗是也種之曰稼斂之曰穡胡何也一夫所居曰廛狩亦獵也貆貉類素空餐食也○詩人言有人於此用力伐檀將以為車而行陸也今乃寘之河干則河水清漣而無所用雖欲自食其力而不可得矣然其志則自以為不耕則不可以得禾不獵則不可以得獸是以甘心窮餓而不悔也詩人述其事而歎之以為是真能不空食者後世若徐穉之

此刺郤至之爭鄇田也
昔檀伯達封於河故以起興

鷂音要

流。非其力不食。其厲志蓋如此。○坎坎伐輻音福叶筆力反兮寘之河之側叶莊力反兮河水清且直猗不稼不穡胡取禾三百億兮不狩不獵胡瞻爾庭有縣特兮彼君子兮不素食兮賦也。輻，車輻也。伐木以爲輻也。直，波文之直也。十萬曰億。蓋言禾秉之數也。獸三歲曰特。○坎坎伐輪兮寘之河之漘音脣兮河水清且淪猗不稼不穡胡取禾三百囷丘倫反兮不狩不獵胡瞻爾庭有縣鶉音純兮彼君子兮不素飧音孫叶素倫反兮賦也。輪，車輪也。伐木以爲輪也。淪，小風水成文，轉如輪也。囷，圓倉也。鶉，鷂屬。熟食曰飧。

碩鼠 成十五年

刺重斂也

此篇義甚明於爲未知其何指說三歲慣汝肉言く似爲不弃碩鼠也

此國怨三卻之

碩音石

此似爲屬公報三卻而作弃情碩近

伐檀三章章九句

碩鼠碩鼠，無食我黍。三歲貫音慣女，音汝莫我肯顧。叶果五反逝將去女，適彼樂音洛，下同土。樂土樂土，爰得我所。比也。碩，大也。三歲，言其久也。貫，習。顧，念。逝，往也。樂土，有道之國也。爰，於也。○民困於貪殘之政，故託言大鼠害己而去之也。

○碩鼠碩鼠，無食我麥。叶訖力反三歲貫女，莫我肯德。逝將去女，適彼樂國。叶于逼反樂國樂國，爰得我直。比也。德，歸恩也。直，猶宜也。

○碩鼠碩鼠，無食我苗。叶音毛三歲貫女，莫我肯勞。逝將去女，適彼樂郊。叶音高樂郊樂

言秦麥苗謂伯宗亲弗忌及伯州犂也三歲則郤氏省绝秦々役始専横至此已三年也
太原乃㕍河地太岳即中岳乃南河地岂得併為一汶

瘠音寂

郊誰之永號 音毫。○比也。勞，勤苦也。謂不以我爲勤勞也。永號，長呼也。言既往樂郊則無復有害已者，當復爲誰而永號乎。

碩鼠三章章八句

魏國七篇十八章一百二十八句

唐一之十 唐國名。本帝堯舊都，在禹貢冀州之域，大行恒山之西，大原大岳之野。周成王以封弟叔虞爲唐侯。南有晉水，至子燮乃改國號曰晉。後徙曲沃，又徙居絳。其地土瘠民貧，勤儉質朴，憂深思遠，有堯之遺風焉。其詩不謂之晉而謂之唐，蓋仍其始封之舊號耳。唐叔所都，在今太原府，曲沃及絳，皆在今絳州。

蟋蟀
刺晉僖公也
此詩僖公時詩
之詩語勝侯然
傳又自有僖公
無從深究
觀陳風之幽公僖
公西傳之文公相
公則刺者人之諡

京本却上無而字

蟋蟀在堂歲聿其莫（音慕）今我不樂（音洛下同）日月其除（去聲）無已大（音泰）康職思其居（叶據）音好（去聲）樂無荒良士瞿瞿（音句）○賦也。蟋蟀，蟲名，似蝗而小，正黑，有光澤如漆，有角翅。或謂之促織。九月在堂。聿，遂。莫，晩。除，去也。大康，過於樂也。職，主也。瞿瞿，却顧之貌。○唐俗勤儉，故其民閒終歲勞苦，不敢少休。及其歲晩務閒之時，乃敢相與燕飲爲樂，而言今蟋蟀在堂，而歲忽已晩矣。當此之時而不爲樂，則日月將舍我而去矣。然其憂深而思遠也，故方燕樂而又遽相戒曰：今雖不可以不爲樂，然不已過於樂乎？盍亦顧念其職之所居者，使其雖好樂而無荒，若彼良士之長慮而却顧焉，則可以不至於危亡也。蓋其民俗之厚，而前聖遺風之遠如此。○蟋蟀在堂歲聿其逝今我

山有樞

正不止於、守左傳
乃卷華犀書
所織不安阿西吳
信文

蹶音貴

不樂日月其邁（叶力制反）無已大康職思其外（叶五墜反）好樂無荒良士蹶蹶（賦也。逝邁皆去也。外，餘也。其所治之事固當思之，而所治之餘亦不敢忽，蓋其事變或出於平常思慮之所不及，故當過而備之也。蹶蹶，動而敏於事也。）

○蟋蟀在堂役車其休今我不樂日月其慆（音叨，叶佗侯反）無已大康職思其憂好樂無荒良士休休（賦也。庶人乘役車，歲晚則百工皆休矣。慆，過也。休休，安閑之貌。樂而有節，不至於淫，所以安也。）

蟋蟀三章章八句

山有樞隰有榆子有衣裳弗曳弗婁子有車

刺晉昭公也
刺昭公有國而
不能自治也

荎田結反

栲音
樞檍
音憶

馬弗馳弗驅宛其死矣他人是愉興也。樞·荎也。今刺榆也。榆白枌也。婁亦曳也。馳·走。驅·策也。宛·坐見貌。愉·樂也。○此詩蓋亦答前篇之意而解其憂。故言山則有樞矣。隰則有榆矣。子有衣裳車馬。而不服不乘。則一旦宛然以死。而他人取之以爲已樂矣。蓋言不可不及時爲樂。然其憂愈深而意愈蹙也○山有栲音考叶去九反隰有杻音紐子有廷內弗洒弗埽叶蘇后反子有鍾鼓弗鼓弗考叶去九反宛其死矣他人是保叶補苟反○興也。栲·山樗也。似樗色小白葉差狹。杻·檍也。葉似杏而尖白色皮正赤其理多曲少直。材可爲弓弩榦者也。考·擊也。保·居有也○山有漆音七隰有栗子有酒食何不日鼓瑟且以喜樂音洛且

揚之水
刺晉昭公也
此詩殆棄賓作

離去聲

鑿音 巉 純音準

以永日宛其死矣他人入室興也君子無故琴瑟不離於側永長也人多憂則覺日短飲食作樂可以永長此日也

山有樞三章章八句

揚之水白石鑿鑿音作素衣朱襮音博從子于沃叶鬱縛反既見君子云何不樂音洛○比也鑿鑿巉巖貌襮領也諸侯之服繡黼領而丹朱純也子指桓叔也沃曲沃也○晉昭侯封其叔父成師于曲沃是為桓叔其後沃盛強而晉微弱國人將叛而歸之故作此詩言水緩弱而石巉巖以比晉衰而沃盛故欲以諸侯之服從桓叔于曲沃且自喜其見君子而無不樂也○揚之水白石皓皓叶胡暴反素衣朱繡叶先妙反從子于

椒聊

刺晉昭公也

見音現爲去聲

鵠。叶居號反既見君子。云何其憂。叶一笑反○比也。朱繡，即朱襮也。鵠，曲沃邑也○揚之水。白石粼粼。我聞有命。叶彌并反不敢以告人比也。粼粼，水清石見之貌。聞其命而不敢以告人者。爲之隱也。桓叔將以傾晉而民爲之隱。蓋欲其成矣○李氏曰。古者不軌之臣。欲行其志。必先施小惠以收衆情。然後民翕然從之。田氏之於齊亦猶是也。故其召公子陽生於魯。國人皆知其已至而不言。所謂我聞有命不敢以告人也

揚之水三章二章章六句一章四句

椒聊之實。蕃衍盈升。彼其音記之子。碩大無朋。椒聊且音疽遠條且。興而比也。椒，樹似茱萸。有針刺。其實味辛而香烈。聊

刺曲沃以旁支凌正也

三章同、句調同、文理不知何即見其為婦謂夫、謂婦或夫婦相謂殆以其有良人粲者之稱耶

比毗志反

見音現語去聲

三

語助也。朋比也。且歎辭。遠條長枝也。○椒之蕃盛則采之盈升矣。彼其之子則碩大而無朋矣。椒聊且遠條且歎其枝遠而實益蕃也。此不知其所指。序亦以為沃也○椒聊之實蕃衍盈匊音菊彼其之子。實大且篤。椒聊且遠條且 興而比也。兩手曰匊。篤厚也

椒聊二章章六句

綢音儔繆平聲束薪。三星在天。叶鐵因反今夕何夕。見此良人。子兮子兮。如此良人何 興也。綢繆猶纏綿也。三星心也。在天昏始見於東方。建辰之月也。良人夫稱也○國亂民貧。男女有失其時而後得遂其婚姻之禮者。詩人敘其婦語夫之辭曰。方綢繆以束薪也。而仰見三星之在天。今夕

不知粲者古人初不
專屬之女猶美人
不專屬之女也何得
即以此強施穿鑿
觀澤陂可見

綢繆
刺晉亂也
晉亡後遺臣以
自解也

杕杜

杕從
大或

不知其何夕也。而忽見良人之在此。既又自謂曰。子兮子兮。其將奈此良人何哉。喜之甚而自慶之辭也○綢繆束芻。叶側九反三星在隅。叶語口反今夕何夕。見此邂逅。邂音械逅音候叶狠口反子兮子兮。如此邂逅何。興也。隅。東南隅也。昏見之星至此。則夜久矣。邂逅。相遇之意。此爲夫婦相語之辭也○綢繆束楚。三星在戶。今夕何夕。見此粲者。叶章與反子兮子兮。如此粲者何。興也。戶。室戶也。戶必南出。昏見之星至此。則夜分矣。粲。美也。此爲夫語婦之辭也。或曰。女三爲粲。一妻二妾也

綢繆三章章六句

有杕音第之杜。其葉湑湑。上聲獨行踽踽。音矩豈無

刺時也
刺曲沃之以
弟殺兄而有
國也

從犬誤
京本然下有而字

國風

他人。不如我同父。嗟行之人。胡不比音鼻焉。人無兄弟。胡不佽音次焉興也。杕。特也。杜。赤棠也。湑湑。盛貌。踽踽。無所親之貌。同父。兄弟也。比。輔。佽。助也。○此無兄弟者。自傷其孤特而求助於人之辭。言杕然之杜。其葉猶湑湑然。人無兄弟。則獨行踽踽。曾杜之不如矣。然豈無他人之可與同行也哉。特以其不如我兄弟。是以不免於踽踽耳。於是嗟歎行路之人。何不閔我之獨行而見親。憐我之無兄弟而見助乎。○有杕之杜。其葉菁菁。音精獨行睘睘。音瓊豈無他人。不如我同姓。叶桑經反嗟行之人。胡不比焉。人無兄弟。胡不佽焉興也。菁菁。亦盛貌。睘睘。無所依貌。

羔裘
刺時也
此刺狐奚之不出
圖君也

鴇羽
刺時也
此刺桓王初伐

鴇音保

杕杜二章章九句

羔裘豹袪音嶇自我人居居豈無他人維子之故賦也。羔裘，君純羔，大夫以豹飾。袪，袂也。居居，未詳。○羔裘豹褎音袖自我人究究豈無他人維子之好去聲，叶呼侯反。○賦也。褎，猶袪也。究究，亦未詳。

羔裘二章章四句此詩不知所謂，不敢強解。

肅肅鴇羽集于苞栩音許王事靡盬音古不能蓺稷黍父母何怙音戶悠悠蒼天曷其有所比也。肅肅，羽聲。鴇，鳥名，似鴈而大，無後趾。集，止也。苞，叢生也。栩，柞櫟也。其子爲皁斗，殼可以染皁者

晋後文成晋
也

是也。監，不攻緻也。蓺，樹。怙，恃也。○民從征役而不得養其父母。故作此詩。言鴇之性不樹止。而今乃飛集于苞栩之上。如民之性本不便於勞苦。今乃久從征役。而不得耕田以供子職也。悠悠蒼天。何時使我得其所乎

○肅肅鴇翼。集于苞棘。王事靡監。不能蓺黍稷。父母何食。悠悠蒼天。曷其有極。比也。極，已也

○肅肅鴇行。音杭 集于苞桑。王事靡監。不能蓺稻粱。父母何嘗。悠悠蒼天。曷其有常。比也。行，列也。稻，即今南方所食稻米。水生而色白者也。粱，粟類也。有數色。嘗，食也。常，復其常也

鴇羽三章章七句

無衣

刺晉武公也

此自指晉武併晉之事言之与寶器賂王之事何与其賂王之請不免左傳未以死史記好諸侯語甚之深說因而言此不然苟有以請命

釐與僖同

豈曰無衣七兮。不如子之衣。安且吉兮。賦也。侯伯七命。其車旗衣服。皆以七為節。子。天子也。○史記。曲沃桓叔之孫武公。伐晉滅之。盡以其寶器賂周釐王。王以武公為晉君。列於諸侯。此詩蓋述其請命之意。言我非無是七章之衣也。而必請命者。蓋以不如天子之命服之為安且吉也。蓋當是時。周室雖衰。典刑猶在。武公既負弒君篡國之罪。則人得討之。而無以自立於天地之閒。故賂王請命。而為說如此。然其倨慢無禮。亦已甚矣。釐王貪其寶玩而不思天理民彝之不可廢。是以誅討不加而爵命行焉。則王綱於是乎不振。而人紀或幾乎絕矣。嗚呼痛哉。○

豈曰無衣六兮。不如子之衣。安且燠音郁兮。賦也。天子之卿六命。變七言六者。謙也。不敢以當侯伯之命。得受六命之服。比於天子之卿。亦幸矣。燠。煖也。言

有杕之杜
刺晉武也

飲去聲

其可以久也

無衣二章章三句

有杕之杜，生于道左。彼君子兮，噬音逝肯適我。中心好去聲之，曷飲食音嗣之。比也。左，東也。噬，發語辭。曷，何也。○此人好賢而恐不足以致之，故言此杕然之杜，生於道左，其蔭不足以休息。如己之寡弱，不足恃賴，則彼君子者，亦安肯顧而適我哉。然其中心好之，則不已也。但無自而得飲食之耳。夫以好賢之心如此，則賢者安有不至，而何寡弱之足患哉。○有杕之杜，生于道周。彼君子兮，噬肯來遊。中心好之，曷飲食之。比也。周，曲也。

葛生
刺晉獻公也

有杕之杜二章章六句

葛生蒙楚蘞音廉蔓于野叶上與反予美亡此誰與獨處興也蘞草名似栝樓葉盛而細蔓延也予美婦人指其夫也○婦人以其夫久從征役而不歸故言葛生而蒙于楚蘞生而蔓于野各有所依託而予之所美者獨不在是則誰與而獨處於此乎○葛生蒙棘蘞蔓于域予美亡此誰與獨息興也域塋域也息止也○角枕粲兮錦衾爛兮予美亡此誰與獨旦賦也粲爛華美鮮明之貌獨旦獨處至旦也○夏之日冬之夜叶羊茹反百歲之後歸于其居叶姬御反○賦也夏日永冬夜永居墳墓也○夏日冬夜獨居憂思於是爲切

然君子之歸無期不可得而見矣要死而相從耳鄭氏曰言此者婦人專一義之至情之盡蘇氏曰思之深而無異心此唐風之厚也

〇冬之夜同上夏之日百歲之後叶戶音歸于其室賦也室壙也

葛生五章章四句

旃音饘

采苓采苓首陽之巔叶典因反人之爲言苟亦無信叶斯人反舍旃舍旃苟亦無然人之爲言胡得焉比也首陽首山之南也巔山頂也旃之也〇此刺聽讒之詩言子欲采苓於首陽之巔乎然人之爲是言以告子者未可遽以爲信也姑舍置之而無遽以爲然徐察而審聽之則造言者無所得而讒止矣或曰興也下章放此〇采苦采苦首

采苓
刺晉獻公也
采苓首陽之巔
何为乎

中音仲　潏音決

陽之下。（叶後五反）人之爲言，苟亦無與。舍旃舍旃，苟亦無然。人之爲言，胡得焉。（比也。苦，苦菜也。生山田及澤中。得霜甜脆而美。與，許也。）○采葑采葑，首陽之東。人之爲言，苟亦無從。舍旃舍旃，苟亦無然。人之爲言，胡得焉。（比也。從，聽也。）

采苓三章，章八句。

唐國十二篇，三十三章，二百三句。

秦一之十一

（秦，國名。其地在禹貢雍州之域，近鳥鼠山。初伯益佐禹治水有功，賜姓嬴氏。其後中潏居西戎，以保西垂。六世孫大駱生成及非子。）

車鄰
美秦仲也

汧音牽

非子事周孝王養馬於汧渭之閒馬大蕃息孝王封爲附庸而邑之秦至宣王時犬戎滅成之族宣王遂命非子曾孫秦仲爲大夫誅西戎不克見殺及幽王爲西戎犬戎所殺平王東遷秦仲孫襄公以兵送之王封襄公爲諸侯曰能逐犬戎卽有岐豐之地襄公遂有周西都畿內八百里之地至玄孫德公又徙於雍秦卽今之秦州雍今京兆府興平縣是也

有車鄰鄰有馬白顛叶典因反未見君子寺人之令平聲○賦也鄰鄰衆車之聲白顛額有白毛今謂之的顙君子指秦君寺人內小臣也令使也○是時秦君始有車馬及此寺人之官將見者必先使寺人通之故國人創見而誇美之也○阪音反有漆隰有栗既見君子並坐

駟驖
美襄公也

坊本無內字觖音決

鼓瑟。今者不樂，音洛 逝者其耋。音垤叶他一反 ○興也。八十曰耋。○阪則有漆矣，隰則有栗矣，既見君子，則並坐鼓瑟矣。失今不樂，則逝者其耋矣。○

阪有桑，隰有楊。既見君子，並坐鼓簧。今者不樂，逝者其亡。興也。簧，笙中金葉，吹笙則鼓動之以出聲者也。

車鄰三章，一章四句，二章章六句。

駟驖音鐵 孔阜，六轡在手。公之媚子，從公于狩。叶始九反 ○賦也。駟驖，四馬皆黑色如鐵也。孔，甚也。阜，肥大也。六轡者，兩服兩驂各兩轡，而驂馬內兩轡納之於觖，故惟六轡在手也。媚子，所親愛之人也。此亦前篇之意也。○

奉時辰牡，辰牡孔碩。叶常灼反 公曰左之，舍音捨 拔。

成十七年傳郤至奉豕寺人孟張奪之郤至射而殺之公曰季子欺余即其禮注引周官云云直胡說耳

射音石下同　此射如字　乘去聲喙音諱　騎去聲

音鈸則獲之叶黃郭反○賦也。時，是。辰，時也。牡，獸之牡者也。辰牡者，冬獻狼，夏獻麋，春秋獻鹿豕之類。奉之者，虞人翼以待射也。碩，肥大也。公曰左之者，命御者使左其車，以射獸之左也。蓋射必中其左，乃為中殺。五御所謂逐禽左者，為是故也。拔，矢括也。曰左之而舍拔無不獲者，言獸之多而射御之善也。

○遊于北園，四馬既閑。輶車鸞鑣，載獫歇驕。

叶胡田反　輶音由　鑣音標　獫音殮　驕音囂

○賦也。田事已畢，故遊于北園。閑，調習也。輶，輕也。鸞，鈴也。效鸞鳥之聲。鑣，馬銜也。驅逆之車，置鸞於馬銜之兩旁。乘車則鸞在衡，和在軾也。獫、歇驕，皆田犬名。長喙曰獫，短喙曰歇驕。以車載犬，蓋以休其足力也。韓愈畫記有騎擁田犬者，亦此類。

駟驖三章，章四句。

小戎
美襄公也

錄音祿下同衡橫坊本作橫衡靳坊

小戎俴音踐收五楘音木梁輈音舟游環脅驅叶俱懼反又居錄反陰靷音胤鋈音沃續叶辭屢反又如字文茵音因暢轂叶又去聲駕我騏音其馵音注又之錄反言念君子溫其如玉在其板屋亂我心曲

賦也小戎兵車也俴淺也收軫也謂車前後兩端橫木所以收斂所載者也凡車之制廣皆六尺六寸其平地任載者為大車則軫深八尺兵車則軫深四尺四寸故曰小戎俴收也五五束也楘歷錄然文章之貌也梁輈從前軫以前稍曲而上至衡則向下鉤之衡橫於輈下而輈形穹隆上曲如屋之梁又以皮革五處束之其文章歷錄然也游環靷環也以皮為環當兩服馬之背上游移前卻無定處引兩驂馬之外轡貫其中而執之所以制驂馬使不得外出左傳曰如驂之有靳是

本作 靷 軏音範　　靳居覲反

也脅驅亦以皮爲之前係於衡之兩端後係於軫之兩端當服馬脅之外所以驅驂馬使不得內入也陰揜軌也軌在軾前而以板橫側揜之以其陰映此軌故謂之陰也靷以皮二條前係驂馬之頸後係陰版之上也鋈續陰版之上有續靷之處消白金沃灌其環以爲飾也蓋車衡之長六尺六寸止容二服驂馬之頸不當於衡故別爲二靷以引車亦謂之靳左傳曰兩靷將絕是也文茵車中所坐虎皮褥也暢長也轂者車輪之中外持輻內受軸者也大車之轂一尺有半兵車之轂長三尺二寸故兵車曰暢轂騏騏文也馬左足白曰馵君子婦人目其夫也溫其如玉美之之辭也板屋者西戎之俗以版爲屋心曲心中委曲之處也○西戎者秦之臣子所與不共戴天之讎也襄公上承天子之命率其國人往而征之故其從役者之家人先誇車甲之盛如此而後及其私情蓋以義興師則雖

觼从角敻声乃
扃之異体秦文書
繁故其字如此
軜者内之轉注固
其指車言故从車
内所以受扃從戉
別作枘
古干楯之屬無名
伐者注為中干望
文附会耳非有所

鬣音列

婦人亦知勇於赴敵而無所怨矣○四牡孔阜。六轡在手。騮音畱是中。叶諸仍反騧音瓜驪是驂。叶疏簪反龍盾之合。鋈以觼音厥軜音訥言念君子。溫其在邑。叶於合反方何為期。胡然我念之。賦也。赤馬黑鬣曰騮。中兩服馬也。黃馬黑喙曰騧。驪。黑色也。盾。干也。畫龍於盾。合而載之以為車上之衞。必載二者。備破毀也。觼。環之有舌者。軜。驂內轡也。置觼於軾前以係軜。故謂之觼軜。亦消沃白金以為飾也。邑。西鄙之邑也。方。將也。將以何時為歸期乎。何為使我思念之極也○俴駟孔羣。厹音求矛鋈錞。音隊叶朱倫反蒙伐有苑。叶音氳虎韔音暢鏤音漏膺交韔二弓。叶姑弘反竹閉緄音衮縢。音滕言念君

根據也○竊疑伐字
乃戎〻誤因更伐
作伐戎作找也戎
古音汝故帶假作汝
字此又轉〻假借
也

蒹葭
刺襄公也

檠音景

子。載寢載興。厭厭（平聲）良人。秩秩德音（叶一陵反）○賦
也。俴駟。四馬皆以淺薄之金為甲。欲其輕而
易於馬之旋習也。孔。甚。羣。和也。厹矛。三隅矛
也。鋈錞。以白金沃矛之下端平底者也。蒙。雜
也。伐。中干也。盾之別名。苑。文貌。畫雜羽之文
於盾上也。虎韔。以虎皮為弓室也。鏤膺。鏤金
以飾馬當胷帶也。交韔。交二弓於韔中。謂顛
倒安置之。必二弓。以備壞也。閉。弓檠也。儀禮
作韍。緄。繩。縢。約也。以竹為閉。而以繩約之於
弛弓之裏。檠弓體使正也。載寢載興。言思之
深而起居不寧也。厭厭。安也。秩秩。有序也

小戎三章章十句

蒹（音兼）葭（音加）蒼蒼。白露為霜。所謂伊人。在水一
方。遡（音素）洄（音回）從之。道阻且長。遡游從之。宛在

萑音丸 薕音廉

乾音干 水渚坊本作小渚

水中央。賦也。蒹似萑而細。高數尺。又謂之薕。葭蘆也。蒹葭未敗。而露始為霜。秋水時至。百川灌河之時也。伊人猶言彼人也。一方彼一方也。遡洄逆流而上也。遡游順流而下也。宛然坐見貌。在水之中央言近而不可至也。○言秋水方盛之時。所謂彼人者。乃在水之一方。上下求之而皆不可得。然不知其何所指也。

○蒹葭淒淒。白露未晞。所謂伊人。在水之湄。遡洄從之。道阻且躋。遡游從之。宛在水中坻。音遲○賦也。淒淒猶蒼蒼也。晞乾也。湄水草之交也。躋升也。言難至也。水渚曰坻。

○蒹葭采采。叶此禮反白露未已。所謂伊人。在水之涘。叶以始二音遡洄從之。道阻且右。叶羽軌反遡游從之。宛在水中沚。

終南

戒襄公也

值音洄拔正韻與治同音

萑今坊本今在衣去聲漬子賜反

賦也。采采，言其盛而可采也。已，止也。右，不相值而出其右也。小渚曰沚。

蒹葭三章，章八句

終南何有，有條有梅。叶莫悲反君子至止，錦衣狐裘。叶渠之反顏如渥音握丹，其君也哉。叶將黎反○興也。終南，山名。在今京兆府南。條，山楸也。皮葉白，色亦白，材理好，宜為車版。君子，指其君也。至止，至終南之下也。錦衣狐裘，諸侯之服也。玉藻曰：君衣狐白裘，錦衣以裼之。渥，漬也。其君也哉，言容貌衣服稱其為君也。此秦人美其君之辭，亦車鄰駟驖之意也。

○終南何有，有紀有堂。君子至止，黻音弗衣繡裳。佩玉將將。音鏘壽考不忘。興也。紀，山之廉角也。堂，山之寬平處也。黻之狀亞，兩己相

黃鳥
哀三良也

貿音茂
惴慄
坊本

戾也。繡刺繡也。將將佩玉聲也。壽考不忘者欲其居此位服此服長久而安寧也

終南二章章六句

交交黃鳥。止于棘。誰從穆公。子車奄息。維此奄息。百夫之特。臨其穴。叶戶橘反惴惴其慄。彼蒼者天。叶鐵因反殲我良人。殲音尖如可贖兮。人百其身

興也。交交飛而往來之貌。從穆公從死也。子車氏。奄息名。特傑出之稱。穴壙也。惴惴懼貌慄懼。殲盡。良善。贖貿也。○秦穆公卒。以子車氏之三子為殉。皆秦之良也。國人哀之。為之賦黃鳥。事見春秋傳。即此詩也。言交交黃鳥則止于棘矣。誰從穆公。則子車奄息也。蓋以所見起興也。臨穴而惴惴慄。蓋生納之壙中也三子皆國之良。而一旦殺之。若可貿以他人

作慄惴

傳去聲

則人皆願百其身以易之矣○交交黃鳥止于桑誰從穆公子車仲行音杭維此仲行百夫之防臨其穴惴惴其慄彼蒼者天殲我良人如可贖兮人百其身禦也防當也言一人可以當百夫也○交交黃鳥止于楚誰從穆公子車鍼音拑虎維此鍼虎百夫之禦臨其穴惴惴其慄彼蒼者天殲我良人如可贖兮人百其身禦也禦猶當也

黃鳥三章章十二句春秋傳曰君子曰秦穆公之不為盟主也宜哉死而棄民先王違世猶貽之法而況奪之善人乎今縱無法以遺後

用殉之非左氏屢著之豈待先生按之而始知其罪耶
此皆子係以後淑以王賢明討其罪則吾伯以不勝其黨多矣于遼陵

三杷

晨風

從死之從去聲翟本作狄

嗣而又收其良以死難以在上矣君子是以知秦之不復東征也愚按穆公於此其罪不可逃矣但或以爲穆公遺命如此而三子自殺以從之則三子亦不得爲無罪今觀臨穴惴慄之言則是康公從父之亂命迫而納之於壙其罪有所歸矣又按史記秦武公卒初以人從死死者六十六人至穆公遂用百七十七人而三良與焉蓋其初特出於戎翟之俗而無明王賢伯以討其罪於是習以爲常則雖以穆公之賢而不免論其事者亦徒閔三子之不幸而歎秦之衰至於王政不綱諸侯擅命殺人不忌至於如此則莫知其爲非也嗚呼俗之弊也久矣其後始皇之葬後宮皆令從死工匠生閉墓中尚何怪哉

鴥音聿彼晨風叶孚愔反鬱彼北林未見君子憂心

刺康公也

扊扅音琰移

國風

欽欽。如何如何。忘我實多。興也。鴥疾飛貌。晨風鸇也。鬱茂盛貌。君子指其夫也。欽欽憂而不忘之貌。○婦人以夫不在而言鴥彼晨風則歸於鬱然之北林矣。故我未見君子而憂心欽欽也。彼君子者。如之何而忘我之多乎。此與扊扅之歌同意。蓋秦俗也。

○山有苞櫟音歷叶歷各反隰有六駁音剝未見君子。憂心靡樂音洛如何如何。忘我實多。興也。駁梓榆也。其皮青白如駁。○山則有苞櫟矣。隰則有六駁矣。未見君子。則憂心靡樂矣。靡樂則憂之甚也。

○山有苞棣。隰有樹檖。未見君子。憂心如醉。如何如何。忘我實多。興也。棣唐棣也。檖赤羅也。實似梨而小。酢可食。如醉則憂又甚矣。

無衣
刺用兵也
此詩實指衛河上
納王
雍之事言之子
謂晉人也勤王
不終而襄晉人
獨成其事詩

襺音繭

澤音襗古字通用

晨風三章章六句

豈曰無衣。與子同袍。叶步謀反 王于興師。修我戈矛。與子同仇。賦也。袍，襺也。戈，長六尺六寸。矛長二丈。王于興師，以天子之命而興師也。○秦俗强悍，樂於戰鬬，故其人平居而相謂曰：豈以子之無衣而與子同袍乎。蓋以王于興師，則將修我戈矛，而與子同仇也。其懽愛之心，足以相死如此。蘇氏曰：秦本周地，故其民猶思周之盛時，而稱先王焉。或曰：興也。取與子同三字爲義，後章放此。○

豈曰無衣。與子同澤。叶徒洛反 王于興師。修我矛戟。叶訖約反 與子偕作。賦也。澤，裏衣也。以其親膚近於垢澤，故謂之澤。戟，車戟也。長丈六尺。○豈曰無衣。與子同裳。王于興師。修

中已微露其吉矣中途引退益深嫉其事不發之於已而不欲以己力助晉人成功也舊說皆癡人說夢事見僖二十五年

渭陽

悍京本捍指音魏坊本易下無以字

國風

我甲兵。叶蒲芒反 與子偕行。叶戶郎反。賦也。行，往也。

無衣三章章五句 秦人之俗大抵尚氣槩先勇力忘生輕死故其見於詩如此然本其初而論之岐豐之地文王用之以興二南之化如彼其忠且厚也秦人用之未幾而一變其俗至於如此則已悍然有招八州而朝同列之氣矣何哉雍州土厚水深其民厚重質直無鄭衛驕惰浮靡之習以善導之則易以興起而篤於仁義以猛驅之則其強毅果敢之資亦足以強兵力農而成富強之業非山東諸國所及也嗚呼後世欲為定都立國之計者誠不可不監乎此而凡為國者其於導民之路尤不可不審其所之也

我送舅氏曰至渭陽何以贈之路車乘去聲黃

康公念母也

傳去聲

賦也。舅氏，秦康公之舅，晉公子重耳也。出亡在外，穆公召而納之。時康公為太子，送之渭陽而作此詩。渭，水名。秦時都雍，至渭陽者，蓋東行送之於咸陽之地也。路車，諸侯之車也。乘黃，四馬皆黃也。

○我送舅氏，悠悠我思。叶新齎反何以贈之？瓊瑰音嫣玉佩。叶蒲眉反

○賦也。悠悠，長也。序以為時康公之母穆姬已卒，故康公送其舅而念母之不見也。或曰：穆姬之卒不可考，此但別其舅而懷思耳。瓊瑰，石而次玉。

渭陽二章，章四句

按春秋傳，晉獻公烝於齊姜，生秦穆夫人、太子申生。娶犬戎胡姬，生重耳。小戎子生夷吾。驪姬生奚齊，其娣生卓子。驪姬譖申生，申生自殺。又譖二公子，二公子皆出奔。獻公卒，奚齊、卓子繼立，皆為大

令狐之役過於康公乎隱儒併左待之未讀明了使搖原設吾多論是秋可笑

權輿

刺康公也

令平聲

國風

夫里克所弒。秦穆公納夷吾，是爲惠公卒，子圉立，是爲懷公。立之明年，秦穆公又名重耳而納之，是爲文公。王氏曰：至渭陽者，送之遠也。悠悠我思者，思之長也。路車乘黃，瓊瑰玉佩者，贈之厚也。廣漢張氏曰：康公爲太子，送舅氏而念母之不見，是固良心也。而卒不能自克於令狐之役，怨欲害乎良心也。使康公知循是心，養其端而充之，則怨欲可消矣。

於我乎，夏屋渠渠，今也每食無餘。于音吁嗟乎，不承權輿。賦也。夏，大也。渠渠，深廣貌。承，繼也。權輿，始也。○此言其君始有渠渠之夏屋以待賢者，而其後禮意寖衰，供億寖薄，至於賢者每食而無餘，於是歎之。言不能繼其始也。

○於我乎，每食四簋，叶巳有反今也每食不

夏屋大房也即國語所謂房俎故与食無餘為對文若如舊說則四簋亦當為屋字在矣輿與之通假語助詞也左氏傳伯輿或作伯與可見

盛平聲盛也如字

飽叶補苟反于嗟乎不承權輿賦也簋瓦器容斗二升方曰簠圓曰簋簠盛稻粱簋盛黍稷四簋禮食之盛也

權輿二章章五句漢楚元王敬禮申公白公穆生穆生不嗜酒元王每置酒嘗為穆生設醴及王戊即位嘗設後忘設焉穆生退曰可以逝矣醴酒不設王之意怠不去楚人將鉗我於市遂稱疾申公白公強起之曰獨不念先王之德歟今王一旦失小禮何足至此穆生曰先王之所以禮吾三人者為道之存故也今而忽之是忘道也忘道之人胡可與久處豈為區區之禮哉遂謝病去亦此詩之意也

秦國十篇二十七章一百八十一句

宛丘
刺幽公也

大音泰下同　閼音遏　覡胡狄反　思生字反

國風

陳一之十二陳國名大皞伏羲氏之墟在禹貢豫州之東其地廣平無名山大川西望外方東不及孟諸周武王時帝舜之胄有虞閼父為周陶正武王賴其利器用與其神明之後以元女大姬妻其子滿而封之于陳都于宛丘之側與黃帝帝堯之後共為三恪是為胡公大姬婦人尊貴好樂巫覡歌舞之事其民化之今之陳州即其地也

子之湯兮音蕩宛丘之上兮洵音荀有情兮而無望兮賦也子指遊蕩之人也湯蕩也四方高中央下曰宛丘洵信也望人所瞻望也○國人見此人常遊蕩於宛丘之上故敘其事以刺之言雖信有情思而可樂矣然無威儀可瞻望矣○坎其擊鼓宛丘之下叶後戶反無冬無

序之幽公僖公似即左傳之文公桓公不知二者所以不同之故若史記所言特漢人之謬說耳

東門之枌

疾亂也

南方之原迎知文

値本去聲或作入聲誤

夏叶與下同値音治其鷺羽賦也。坎，擊鼓聲。値，植也。鷺，舂鉏。今鷺鷥，好而潔白。頭上有長毛十數枚。羽，以其羽爲翳，舞者持以指麾也。言無時不出遊而鼓舞於是也。

○坎其擊缶音否宛丘之道叶徒厚反無冬無夏値其鷺翿音導，叶殖有反。○賦也。缶，瓦器，可以節樂。翿，翳也。

宛丘三章章四句

著陟略反次句無韻未詳

東門之枌音文宛丘之栩音許子仲之子婆娑音梭其下叶後五反。○賦也。枌，白榆也。先生葉，卻著莢。皮色白。子仲之子，子仲氏之女也。婆娑，舞貌。○此男女聚會歌舞，而賦其事以相樂也。

○穀旦于差音釵，叶七何反南方之原不績其麻叶謨婆反市也婆娑賦也。穀，善。

國風　陳　　卷三

古人於祭後或即日或明日又合宗即詩語飫之

鬷者宗之異体乃合燕宗族之專用字他書多作宗大雅来燕来宗毖詞室家遂宗是

衡門誘僖公也

芘音毘　芣音浮

差擇也。○既差擇善旦以會于南方之原。於是棄其業以舞於市而往會也。

○穀旦于逝。越以鬷音宗邁。叶力制反視爾如荍音翹貽我握椒。賦也。逝往。越於。鬷衆也。邁行也。荍芘芣也。又名荊葵。紫色。椒芬芳之物也。○言又以善旦而往。於是以其衆行。而男女相與道其慕悅之辭曰。我視爾顏色之美。如芘芣之華。於是遺我以一握之椒。而交情好也。

東門之枌三章章四句

衡門之下。可以棲音西遲。泌音祕之洋洋。可以樂音洛飢。賦也。衡門。橫木爲門也。門之深者。有阿塾堂宇。此惟橫木爲之。棲遲。遊息也。泌泉水也。洋洋。水流貌。○此隱居自樂而無求者之辭。言衡門雖淺陋。然亦可以遊息。泌水

桓公好大喜功
故在位時屢
興兵役詩所
以誘之以循分
自安也
東門之池
刺時也
紵今作苧
菅音官今人

漬疾賜反
解下介反

雖不可飽。然亦可以玩樂而忘飢也○豈其食魚必河之魴。音房
豈其取音娶妻必齊之姜。賦也。姜。齊姓○豈其食魚
必河之鯉。豈其取妻必宋之子。叶獎里反○賦也。子。宋姓

衡門三章章四句

東門之池可以漚烏豆反麻。叶謨婆反彼美淑姬可
與晤音悞歌。興也。池。城池也。漚。漬也。治麻者必先以水漬之。晤。猶解也。○此亦男
女會遇之辭。蓋因其會遇之地。所見之物。以起興也○東門之池可以
漚紵。音苧彼美淑姬可與晤語。興也。紵。麻屬○東門
之池可以漚菅。音閒叶居賢反彼美淑姬可與晤言

猶種之以緝冠屨字亦作莞下莞上簟是也

東門之楊

刺時也

由上篇言之凡言東門者皆指陳佼也

墓門

按洪武正韻說楊之水竝從手然古通用

國風

興也。菅。葉似茅而滑澤莖有白粉。柔韌宜爲索也 此刺陳佼也池佼同声故以起興東门其所居也

東門之池三章章四句

東門之楊其葉牂牂。音臧 昏以爲期明星煌煌

興也。東門相期之地也。楊。柳之揚起者也。牂牂。盛貌。明星。啓明也。煌煌。大明貌。○此亦男女期會而有負約不至者。故因其所見以起興也

○東門之楊其葉肺肺。音霈 昏以爲期明星晢晢音制。○興也。肺肺。猶牂牂也。晢晢。猶煌煌也

此言誠中必形外雖昏以為期終至明星煌煌也晢晢則天已大曉也星皆没故明星愈清晢也

東門之楊二章章四句

墓門有棘斧以斯之。夫也不良。國人知之知

刺陳佗也
止之古本二字此
詩止字亦當從
下文作之
訊古誶字原
本从言佩声令
之讀信謬儒之

鴞音梟

而不已誰昔然矣興也墓門凶僻之地多生荊棘斯析也夫指所刺之
人也誰昔昔也猶言疇昔也○言墓門有棘
則斧以斯之矣此人不良則國人知之矣國
人知之猶不自改則自疇昔而已然非一日
之積矣所謂不良之人亦不知其何所指也
○墓門有梅有鴞萃止夫也不良歌以訊叶息悴反之訊予不顧叶果五反顛倒思予叶演女反○興也鴟鴞惡
聲之鳥也萃集訊告也顛倒狼狽之狀○墓
門有梅則有鴞萃之矣夫也不良則有歌其
惡以訊之者矣訊之而不予顧至於顛倒然
後思予則豈有所及哉或曰訊予之予疑當
依前章作而字

鴞刺附佗者也

墓門二章章六句

妄作也
防有鵲巢（房古作防）
憂讒賊也
邛乃卬字之誤
因卬古文只作
卬也
侜今俗作譸
周書作譸
防即房字
月出

迋音誑

國風

防有鵲巢邛（音窮）有旨苕（音條 叶徒刀反）誰侜（音周）予美
心焉忉忉（音刀）。興也。防人所築以捍水者
邛丘。旨美也。苕苕饒也。莖如勞豆
而細。葉似蒺藜而青。其莖葉綠色。可生食。如
小豆藿也。侜侜張也。猶鄭風之所謂迋也。予
美。指所與私者也。忉忉憂貌。此男女之有
私而憂或間之之辭。故曰防則有鵲巢矣。邛
則有旨苕矣。今此何人而侜張予
之所美。使我憂之而至於忉忉乎。○中唐有
甓（音闢）邛有旨鷊（音逆）誰侜予美。心焉惕惕（音剔）。興
也。廟中路謂之唐。甓瓴甋也。鷊
小草。雜色如綬。惕惕猶忉忉也。

防有鵲巢二章章四句

月出皎兮。佼（音絞）人僚（音了）兮。舒窈（音杳）糾（音矯）兮。勞

刺好色也
舒謂夏徵舒爲音位
乃人名注言全
不成語

株林
刺靈公也

心悄兮興也。皎。月光也。佼人。美人也。僚。好貌。窈。幽遠也。糾。愁結也。悄。憂也。○此亦男女相悅而相念之辭。言月出則皎然矣。佼人則僚然矣。安得見之。而舒窈糾之情乎。是以爲之勞心而悄然也。○月出皓音昊兮佼人懰音柳叶胡老反兮舒懮音黝受叶時倒反兮勞心慅音草兮興也。懰。好貌。懮受。憂思也。慅。猶悄也。○月出照兮佼人燎音料兮舒夭上聲紹音部兮勞心慘當作懆七弔反兮興也。燎。明也。夭紹。糾緊之意。慘。憂也。

月出三章章四句

胡爲乎株林從夏上聲南叶尼心反下同匪適株林從夏南賦也。株林。夏氏邑也。夏南。徵舒字也。○靈公淫於夏徵舒之母。朝夕而往夏氏

澤陂
刺時也

音甫

國風

之邑。故其民相與語曰。君胡為乎株林乎。曰從夏南耳。然則非適株林也。特以從夏南故耳。蓋淫乎夏姬。不可言也。故以從其子言之。詩人之忠厚如此。○駕我乘去聲馬。叶滿補反說音稅于株野。叶上與反乘平聲我乘駒。朝食于株。賦也。說。舍也。馬六尺以下曰駒。

株林二章章四句春秋傳。夏姬。鄭穆公之女也。嫁於陳大夫夏御叔。靈公與其大夫孔寧儀行父通焉。洩冶諫不聽而殺之。後卒為其子徵舒所弒。而徵舒復為楚莊王所誅。

彼澤之陂。叶音波有蒲與荷。音何有美一人。傷如之何。寤寐無為。涕泗音四滂沱。興也。陂。澤障也。蒲。水草可為席

菡萏本音函陷乃焚之切音俗讀萏如胆已謬後更用作平声益不可究詰矣

碩音石

者荷芙蕖也自目曰涕自鼻曰泗○此詩之旨與月出相類言彼澤之陂則有蒲與荷矣有美一人而不可見則雖憂傷而如之何哉寤寐無爲涕泗滂沱而已矣○彼澤之陂有蒲與蕳音閒叶居賢反有美一人碩大且卷音權寤寐無爲中心悁悁音娟○興也蕳蘭也卷鬢髮之美也悁悁猶悒悒也○彼澤之陂有蒲菡萏叶待檢反有美一人碩大且儼寤寐無爲輾轉伏枕叶之險反○興也菡萏荷華也儼矜莊貌輾轉伏枕臥而不寐思之深且久也

澤陂三章章六句

陳國十篇二十六章一百二十四句

錯七故反

妘音云

國風

東萊呂氏曰變風終於陳靈其間男女夫婦之詩一何多邪曰有天地然後有萬物有萬物然後有男女有男女然後有夫婦有夫婦然後有父子有父子然後有君臣有君臣然後有上下有上下然後禮義有所錯男女者三綱之本萬事之先也正風之所以爲正者舉其正者以勸之也變風之所以爲變者舉其不正者以戒之也道之升降時之治亂俗之汙隆民之死生於是乎在錄之煩悉篇之重複亦何疑哉

檜一之十三

檜國名高辛氏火正祝融之墟在禹貢豫州外方之北滎波之南居溱洧之間其君妘姓祝融之後周衰爲鄭桓公所滅而遷國焉今之鄭州即其地也蘇氏以爲檜詩皆爲鄭作如邶鄘之於衛也未知是否

羔裘
大夫以道去其君也

素冠
刺不能三年

漬音恣

紕音皮　緣去聲

羔裘逍遥狐裘以朝（音潮叶直劳反）豈不爾思勞心忉忉（音刀）○賦也。緇衣羔裘諸侯之朝服。錦衣狐裘其朝天子之服也。舊說檜君好潔其衣服。逍遥遊宴而不能自強於政治故詩人憂之

○羔裘翶翔狐裘在堂豈不爾思我心憂傷（賦也。翶翔猶逍遥也。堂公堂也）

○羔裘如膏（去聲）日出有曜（叶羊號反）豈不爾思中心是悼（賦也。膏脂所漬也。日出有曜日照之則有光也）

羔裘三章章四句

庶見素冠兮棘人欒欒（音鸞）兮勞心慱慱（音團）兮

賦也。庶幸也。縞冠素紕。既祥之冠也。黑經白緯曰縞。緣邊曰紕。棘急也。喪事欲其總總爾

也

則冠之冠去聲　禫徒感反　韍分勿反　衎音

哀遽之狀也。欒欒，瘠貌。博博，憂勞之貌。○祥冠，祥則冠之。禫則除之。今人皆不能行三年之喪矣。安得見此服乎。當時賢者庶幾見之。至於憂勞也。

○庶見素衣兮。我心傷悲兮。聊與子同歸兮。賦也。素冠，則素衣矣。與子同歸，愛慕之辭也。

○庶見素韠韠音畢兮。我心蘊蘊上聲結叶訖力反兮。聊與子如一兮。賦也。韠，蔽膝也。以韋爲之。冕服謂之韍。其餘曰韠。韠從裳色。素衣素裳，則素韠矣。蘊結，思之不解也。與子如一，甚於同歸矣。

素冠三章章三句

按喪禮爲父爲君，斬衰三年。昔宰予欲短喪。夫子曰。予生三年。然後免於父母之懷。予也有三年之愛於其父母乎。三年之喪。天下之通喪也。傳曰。子夏三年之喪畢。見於夫子。援琴而弦。衎衎而樂作

隰有萇楚
疾恣也

銚音遙

而曰先王制禮不敢不及夫子曰君子也閔子騫三年之喪畢見於夫子援琴而弦切切而哀作而曰先王制禮不敢過也夫子曰君子也子路曰敢問何謂也夫子曰子夏哀已盡能引而致之於禮故曰君子也閔子騫哀未盡能自割以禮故曰君子也夫三年之喪賢者之所輕不肖者之所勉

隰有萇音長楚猗音娿儺音娜其枝夭平聲之沃沃樂音洛子之無知賦也萇楚銚弋今羊桃也子如小麥亦似桃猗儺柔順也夭少好貌沃沃光澤貌子指萇楚也○政煩賦重人不堪其苦歎其不如草木之無知而無憂也○隰有萇楚猗儺其華夭之沃沃樂子之無家賦也無家言無累也○隰有萇楚猗儺其實夭之

匪風
思周道也

爲去聲
坊本回風謂之飄

沃沃樂子之無室。賦也。無室，猶無家也。

隰有萇楚三章章四句

匪風發兮叶方月反匪車偈兮音挈顧瞻周道中心怛兮叶旦月反。賦也。發，飄揚貌。偈，疾驅貌。周道，適周之路也。怛，傷也。○周室衰微，賢人憂歎而作此詩。言常時風發而車偈，則中心怛然。今非風發也，非車偈也，特顧瞻周道，而思王室之陵遲，故中心爲之怛然耳。

○匪風飄兮叶匹妙反匪車嘌兮音漂，叶匹妙反顧瞻周道中心弔兮。賦也。回風日飄。嘌，漂搖不安之貌。弔，亦傷也。

○誰能亨魚溉音蓋之釜鬵音尋誰將西歸懷之好音。興也。溉，滌也。鬵，釜屬。西歸，歸於周也。○誰能亨魚乎

蜉蝣
刺奢也
按刺曹羈也曹

何音歌
蛣去吉反 蜣音羌

有則我願爲之溉其釜鬵誰將西歸乎。有則我願慰之以好音。以見思之之甚。但有西歸之人。即思有以厚之也

匪風三章章四句

檜國四篇十二章四十五句

曹一之十四 曹國名。其地在禹貢兗州陶丘之北。雷夏荷澤之野。周武王以封其弟振鐸。今之曹州。即其地也

蜉蝣之羽。衣裳楚楚。叶創舉反 心之憂矣。於我歸處。比也。蜉蝣。渠略也。似蛣蜣。身狹而長角。黃黑色。朝生暮死。楚楚。鮮明貌。○此詩蓋以時人有玩細娛而忘遠慮者。故以蜉蝣爲比而刺之。言蜉蝣之羽翼。猶衣裳之楚楚可愛

莊公卒，世子赤出在戎，之人多所要求，不任歸，曹人因立其子羈，此本權宜之計，而羈竟若固有之，全不以赤為意，故詩人刺之也
厥濛赤以戎侵曹人不
為羈用，羈奔陳，夫人害
侯人 是為僖公
刺近小人也

也。然其朝生暮死。不能久存。故我心憂矣。而欲其於我歸處耳。序以爲刺其君。或然而未有考也。○蜉蝣之翼。采采衣服。叶蒲北反 心之憂矣。於我歸息。比也。采采，華飾也。息，止也。○蜉蝣掘閱。求勿反 麻衣如雪。心之憂矣。於我歸說。音稅 叶輸爇反 ○比也。掘閱，未詳。說，舍息也。

掘閱謂掘穴也管子輕重篇云北郭有掘閱而得龜者即其義也蜉蝣將死必先掘穴以自藏故以為比

蜉蝣三章章四句

殳音殊 縕音熅 黝音幼 西

彼候人兮。何上聲 戈與祋。都律都外二反 彼其音記之子。三百赤芾。音弗 ○興也。候人，道路迎送賓客之官。何，揭。祋，殳也。之子，指小人。芾，冕服之韠也。一命縕芾黝珩。再命赤芾黝珩。三命赤芾蔥珩。大夫以上赤芾乘軒。○此刺

此刺曹共公也
見左傳

遠去聲
洿音烏又音互
坊本兩爲字作兩曰字

其君遠君子而近小人之辭言彼候人而何戈與祋者宜也彼其之子而三百赤芾何哉晉文公入曹數其不用禧負羈而乘軒者三百人其謂是歟

○維鵜音啼在梁不濡其翼彼其之子不稱去聲其服叶蒲北反○興也鵜洿澤水鳥俗所謂淘河也

○維鵜在梁不濡其咮音晝彼其之子不遂其媾音垢○興也咮喙遂稱媾寵也遂之爲稱猶今人謂遂意爲稱意

○薈音穢兮蔚音畏兮南山朝隮音賫婉兮孌兮季女斯飢比也薈蔚草木盛多之貌朝隮雲氣升騰也婉少貌孌好貌○薈蔚朝隮言小人衆多而氣燄盛也季女婉孌自保不妄從人而反飢困言賢者守道而反貧賤也

鳲鳩

刺不壹也

說云上言有不自

下言說云下言有不

自上言具說直令

人挫腹

秸音戛

候人四章章四句

鳲鳩在桑其子七兮淑人君子其儀一兮其儀一兮心如結叶訖力反兮興也鳲鳩秸鞠也亦名戴勝今之布穀也飼子朝從上下暮從下上平均如一也如結如物之固結而不散也○詩人美君子之用心均平專一故言鳲鳩在桑則其子七矣淑人君子則其儀一矣其儀一則心如結矣然不知其何所指也陳氏曰君子動容貌斯遠暴慢正顏色斯近信出辭氣斯遠鄙倍其見於威儀動作之間者有常度矣豈固爲是拘拘者哉蓋和順積中而英華發外是以由其威儀一於外而心如結於內者從可知也

○鳲鳩在桑其子在梅叶莫悲反淑人君子其帶伊絲叶新齋反其帶伊絲其

騏今假借字小雅作頍周禮作璂注全不成理
按此刺僖負羈也羈以懿親而外于晉以自苟免故刺之也
僖負羈見書羈系出僖公故國以謚為氏負羈而稱羈猶重耳耳稱重又正書

京本馬下無之字

弁伊騏音其○興也。鳲鳩常言在桑，其子每章異木。子自飛去，母常不移也。帶，大帶也。大帶用素絲，有雜色飾焉。弁，皮弁也。騏，馬之青黑色者。弁之色亦如此也。書云：四人騏弁。今作綦。○言鳲鳩在桑，則其子在梅矣。淑人君子，則其帶伊絲矣。其帶伊絲，則其弁伊騏矣。言有常度。不差忒也。

○**鳲鳩在桑，其子在棘。淑人君子，其儀不忒。其儀不忒，正是四國。**叶于逼反○興也。有常度而其心一。故儀不忒。儀不忒則足以正四國矣。大學傳曰：其爲父子兄弟足法而後民法之也。

○**鳲鳩在桑，其子在榛。淑人君子，正是國人。正是國人，胡不萬年。**叶尼因反○興也。儀不忒，故能正國人。胡不萬年，願其壽考之辭也。

下泉　思治也

見音現

鳲鳩四章章六句

冽音列彼下泉，浸彼苞稂。音郎愾苦愛反我寤嘆，念彼周京。叶居良反○比而興也。冽，寒也。下泉，泉下流者也。苞，草叢生也。稂，童粱，莠屬也。愾，歎息之聲也。周京，天子所居也。○王室陵夷而小國困弊，故以寒泉下流而苞稂見傷為比，遂興其愾然以念周京也。

○冽彼下泉，浸彼苞蕭。叶疎鳩反愾我寤嘆，念彼京周。比而興也。蕭，蒿也。京周，猶周京也。

○冽彼下泉，浸彼苞蓍。音尸愾我寤嘆，念彼京師。叶霜夷反○比而興也。蓍，筮草也。京師，猶京周也，詳見大雅公劉篇。

○芃芃音蓬黍苗，陰雨膏去聲之。四國有王，郇音荀伯勞去聲之。

曹檜二風篇什絶少故其意之所指除侯人外悉無從攷其事跡序以亦但就詩之表面立言亦由此也

左氏於曹羈[illegible]

比而興也。芃芃，美貌。郇伯，郇侯，文王之後，嘗爲州伯，治諸侯有功。○言黍苗旣芃芃然矣，又有陰雨以膏之。四國旣有王矣，而此刺晉文也，又有郇伯以勞之，傷今之不然也。

復去聲

下泉四章，章四句

程子曰：易剝之爲卦也，諸陽消剝已盡，獨有上九一爻尚存，如碩大之果不見食，將有復生之理。上九亦變，則純陰矣。然陽無可盡之理，變於上則生於下，無間可容息也。陰道極盛之時，其亂可知。亂極則自當思治，故衆心願戴於君子，君子得輿也。詩匪風、下泉，所以居變風之終也。○陳氏曰：亂極而不治，變極而不正，則天理滅矣，人道絶矣。聖人於變風之極，則係之以思治之詩，以示循環之理，以言亂之可治，變之可正也。

曹國四篇，十五章，六十八句

[illegible]

七月

陳王業也

豳音賓 窋竹律反

豳一之十五 豳國名在禹貢雍州岐山之北原隰之野虞夏之際棄爲后稷而封於邰及夏之衰棄稷不務棄子不窋失其官守而自竄於戎狄之閒不窋生鞠陶鞠陶生公劉能復修后稷之業民以富實乃相土地之宜而立國於豳之谷焉十世而大王徙居岐山之陽十二世而文王始受天命十三世而武王遂爲天子武王崩成王立年幼不能莅阼周公旦以冢宰攝政乃述后稷公劉之化作詩一篇以戒成王謂之豳風而後人又取周公所作及凡爲周公而作之詩以附焉豳在今邠州三水縣邰在今京兆府武功縣

七月流火叶虎委反九月授衣叶上聲 一之日觱音必發叶方吠反二之日栗烈叶力制反無衣無褐音曷叶許例反

放音倣

何以卒歲。三之日于耜。叶羊里反四之日舉趾。同我婦子。叶獎里反饁音華彼南畝。叶滿彼反田畯音俊至喜。

賦也。七月斗建申之月。夏之七月也。後凡言月者放此。流下也。火大火心星也。以六月之昏加於地之南方。至七月之昏則下而西流矣。九月霜降。始寒。而蠶績之功亦成。故授人以衣。使禦寒也。一之日謂斗建子。一陽之月二之日謂斗建丑。二陽之月也。變月言日言是月之日也。後凡言日者放此。蓋周之先公已用此以紀候。故周有天下。遂以爲一代之正朔也。觱發風寒也。栗烈氣寒也。褐毛布也歲夏正之歲也。于往也。耜田器也。于耜言往修田器也。舉趾舉足而耕也。我家長自我也饁餉田也。田畯田大夫。勸農之官也。○周公以成王未知稼穡之艱難。故陳后稷公劉風化之所由。使瞽矇朝夕諷誦以敎之。此章首言七月暑退將寒。故九月而授衣以禦之。蓋十一月以後。風氣日寒。不如是則無以卒歲也。正月則往修田器。二月則舉趾而耕。少者既皆出而在田。故老者率婦子而餉之。治田早而用力齊。是以田畯至而喜之也。此章前段言衣之始。後段言食之始。二章至五章終前段之意。六章至八章。終後段之意。

○七月流火。九月授衣。春日載陽。有鳴倉庚。叶古郎反 女執懿筐。遵彼微行。叶戶郎反 爰求柔桑。春日遲遲。采蘩祁祁。女心傷悲。殆及公子同歸。

賦也。載始也。陽溫和也。倉庚黃鸝也。懿深美也。遵循也。微行小徑也。柔桑稺桑也。遲遲日長而暄也。蘩白蒿也。所以生蠶。今人猶用之。蓋蠶生未齊未可食桑。故以此啖之也。祁祁衆多也或曰徐也。公子豳公之子也。○再言流火授

遠去聲

按說文正韻鶪從狊俗從貝誤

隋駝妥二

衣者將言女功之始故又本於此遂言春日始和有鳴倉庚之時而蠶始生則執深筐以求穉桑然又有生而未齊者則采蘩者衆而此治蠶之女感時而傷悲蓋是時公子猶娶於國中而貴家大族連姻公室者亦無不力於蠶桑之務故其許嫁之女預以將及公子同歸而遠其父母爲悲也其風俗之厚而上下之情交相忠愛如此後章凡言公子者放此

○七月流火八月萑音完葦音偉蠶月條音挑桑取彼斧斨音槍以伐遠揚猗音伊彼女桑七月鳴鶪音決八月載績載玄載黃我朱孔陽爲公子裳

賦也。萑葦即蒹葭也。蠶月治蠶之月。條桑枝落之。采其葉也。斧隋銎。斨方銎。遠揚遠枝揚起者也。取葉存條曰猗。女桑小桑也。小桑不可條取。故取其葉而存其條。猗猗然耳

音鋈 音雩

鵙伯勞也。績緝也。玄黑而有赤之色。朱赤色陽明也。○言七月暑退將寒。而是歲禦冬之備亦庶幾其成矣。又當預擬來歲治蠶之用故於八月萑葦既成之際。而收蓄之。將以爲曲薄。至來歲治蠶之月。則采桑以供蠶食。而大小畢取見蠶盛而人力至也。蠶事既備。又於鳴鵙之後。麻熟而可績之時。則績其麻以爲布。而凡此蠶績之所成者。皆染之或玄或黃而其朱者尤爲鮮明。皆以供上而爲公子之裳。言勞於其事而不自愛以奉其上。蓋至誠慘怛之意。上以是施之。下以是報之也。以上二章專言蠶績之事。以終首章前段無衣之意。

○四月秀葽。音腰 五月鳴蜩。音條 八月其穫。音鑊 十月隕蘀。音託 一之日于貉。音鶴 取彼狐狸爲公子裘。叶渠之反 二之日其同載纘武功。言私其豵音宗獻豜音堅于公賦也。不榮而實曰秀。葽草名。蜩蟬也。穫禾之早者可穫也。隕墜。蘀落也。謂草木隕落也。貉狐貍也。于貉猶言于耜。謂往取狐貍也。同竭作以狩也。纘習而繼之也。豵一歲豕。豜三歲豕。○言自四月純陽而歷一陰四陰以至純陰之月。則大寒之候將至。雖蠶桑之功無所不備。猶恐其不足以禦寒。故于貉而取狐貍之皮以爲公子之裘也。獸之小者私之以爲己有。而大者則獻之于上。亦愛其上之無已也。此章專言狩獵以終首章前段無褐之意。

○五月斯螽音終動股。六月莎音蓑雞振羽。七月在野。叶上與反八月在宇。九月在戶。十月蟋蟀入我牀下。叶後五反穹起弓反窒珍悉反熏許云反鼠。塞入聲向墐音覲戶。嗟我婦子。叶茲五反曰

薁古藕字薁菽爲韻棗稻爲韻酒壽爲韻何謂乱叶

空上声下同　語去声　剝普卜反

爲改歲。入此室處。賦也。斯螽莎雞蟋蟀一物隨時變化而異其名。動股始躍而以股鳴也。振羽能飛而以翅鳴也。宇簷下也。暑則在野。寒則依人。穹空隙也。窒塞也。向北出牖也。墐塗也。庶人蓽戶。冬則塗之東萊呂氏曰。十月而曰改歲。三正之通於民俗尚矣。周特舉而迭用之耳。○言觀蟋蟀之依人。則知寒之將至矣。於是室中空隙者塞之。熏鼠使不得穴於其中。塞向以當北風。墐戶以禦寒氣。而語其婦子曰。歲將改矣。天旣寒而事亦已。可以入此室處矣。此見老者之愛也。此章亦以終首章前段禦寒之意○

六月食鬱及薁。音郁七月亨音烹葵及菽。音叔八月剝音普棗。十月穫稻。叶徒苟反爲此春酒。以介眉壽。叶殖酉反七月食瓜。叶音孤八月斷壺。九月叔苴音疽

綯音要即今所謂草綯子也

采荼音徒薪樗救書反食音嗣我農夫賦也。鬱棣屬薁蘡薁也葵菜名菽豆也。剝擊也。穫稻以釀酒也介助也介眉壽者頌禱之辭也。壺瓠也。食瓜斷壺亦去圃爲場之漸也。叔拾也苴麻子也荼苦菜也樗惡木也。○自此至卒章皆言農圃飲食祭祀燕樂以終首章後段之意而此章果酒嘉蔬以供老疾奉賓祭瓜瓠苴荼以爲常食少長之義豐儉之節然也○九月築場圃音布十月納禾稼叶古護反黍稷重平聲穋音六叶六直反禾麻菽麥叶訖力反嗟我農夫我稼既同上入執宮功晝爾于茅宵爾索綯音陶亟音棘其乘屋其始播百穀賦也場圃同地物生之時則耕治以爲圃而種菜茹物成之際則築堅之以爲場而納禾稼。蓋自田而納

淩當作陵非
筆誤即謬儒

稑音目叟京本野下有者字

之於場也。禾者穀連藁秸之總名。禾之秀實而在野曰稼。先種後熟曰重。後種先熟曰穋。再言禾者，稻秫苽粱之屬，皆禾也。同，聚也。宮，邑居之宅也。古者民受五畝之宅，二畝半爲廬在田，春夏居之；二畝半爲宅在邑，秋冬居之。功，葺治之事也。或曰：公室官府之役也。古者用民之力，歲不過三日是也。索，絞也。綯，索也。乘，升也。○言納於場者無所不備，則我稼同矣，可以上入都邑而執治宮室之事矣。故晝往取茅，夜而絞索，亟升其屋而治之。蓋以來歲將復始播百穀，而不暇於此故也。不待督責而自相警戒，不敢休息如此。呂氏曰：此章終始農事，以極憂勤艱難之意。

○二之日鑿冰冲冲，三之日納于淩陰。淩音另。陰叶於容反。四之日其蚤，蚤音早。獻羔祭韭。韭音九，叶己小反。九月肅霜，十月滌場。滌音笛。朋酒斯饗，

安改也

猶作如著入聲

叶虛良反曰殺羔羊。躋音賫彼公堂。稱彼兕觥。音肱叶古黃反萬壽無疆。賦也。鑿冰謂取冰於山也。沖沖鑿冰之意。周禮。正歲十二月令斬冰。是也。納藏也。藏冰所以備暑也。凌陰冰室也。豳土寒多。正月風未解凍。故冰猶可藏也。蚤蚤朝也。韭菜名。獻羔祭韭而後啓之。月令仲春獻羔開冰。先薦寢廟是也。蘇氏曰。古者藏冰發冰。以節陽氣之盛。夫陽氣之在天地。譬猶火之著於物也。故常有以解之。十二月陽氣蘊伏。錮而未發。其盛在下。則納冰於地中。至於二月。四陽作。蟄蟲起。陽始用事。則亦始啓冰而廟薦之。至於四月。陽氣畢達。陰氣將絕。則冰於是大發。食肉之祿。老病喪浴。冰無不及。是以冬無愆陽。夏無伏陰。春無淒風。秋無苦雨。雷出不震。無災霜雹。癘疾不降。民不夭札也。胡氏曰。藏冰開冰。亦聖人輔相燮調之一事耳。不專恃此以爲治也。肅霜氣

鑿冰納冰自夏十二月及正月二之日伴壽之獻羔祭韭所以為之者與冰無涉作月令者不明而讀兩忘強指為指冰無言此實誤以國為笑話 文

肅而霜降也滌場者農事畢而掃場地也兩尊曰朋鄉飲酒之禮兩尊壺于房戶間是也躋升也公堂君之堂也稱舉也疆竟也○張子曰此章見民忠愛其君之甚既勸趨其藏冰之役又相戒速畢場功殺羊以獻於公舉酒而祝其壽也

七月八章章十一句 周禮籥章中春晝擊土鼓歈豳詩以逆暑中秋夜迎寒亦如之即謂此詩也王氏曰仰觀星日霜露之變俯察昆蟲草木之化以知天時以授民事女服事乎內男服事乎外上以誠愛下下以忠利上父父子子夫夫婦婦養老而慈幼食力而助弱其祭祀也時其燕饗也節此七月之義也

鴟鴞鴟鴞既取我子又叶入聲無毀我室又叶上聲恩

鴟鴞

周公救亂也

鵂音休鶹音畱攫俱縛反監平聲

京本知下無周字

斯勤斯。鬻音育子之閔叶眉貧反斯比也。爲鳥言以自比也。鴟鴞鵂

鶹惡鳥攫鳥子而食者也。室鳥自名其巢也。

恩情愛也。勤篤厚也。鬻養。閔憂也。○武王克

商使弟管叔鮮蔡叔度監于紂子武庚之國

武王崩。成王立。周公相之。而二叔以武庚叛

且流言于國曰周公將不利于孺子故周公

東征二年。乃得管叔武庚而誅之。而成王猶

未知周公之意也。公乃作此詩以貽王託爲

鳥之愛巢者呼鴟鴞而謂之曰。鴟鴞鴟鴞爾

既取我之子矣。無更毀我之室也。以我情愛

之心篤厚之意。鬻養此子。誠可憐憫今既取

之其毒甚矣。況又毀我室乎。以比武庚既敗管蔡不可更毀我王室也○迨天

之未陰雨。徹彼桑土。音杜綢音儔繆平聲牖戶。今女

音汝下民。或敢侮予。叶演女反○比也。迨及。徹取也。桑土桑根也。綢繆纏

租苴之通假即
九月叔苴之苴字

萑音完 苕音迢 藉慈夜反

綢也牖巢之通氣處戶其出入處也○亦爲鳥言我及天未陰雨之時而往取桑根以纏綿巢之隙穴使之堅固以備陰雨之患則此下土之民誰敢有侮予者亦以比已深愛王室而預防其患難之意故孔子贊之曰爲此詩者其知道乎能治其國家誰敢侮之○

予手拮(音吉)据(音居)予所捋(力活反)荼予所蓄租(子胡反)予口卒瘏(音徒)曰予未有室家(叶古胡反)○比也拮据手口共作之貌捋取也荼萑苕可藉巢者也蓄積租聚卒盡瘏病也室家巢也○亦爲鳥言作巢之始所以拮据以捋荼蓄租勞苦而至於盡病者以巢之未成也以比已之前日所以勤勞如此者以王室之新造而未集故也○

予羽譙譙(音樵)予尾翛翛(音消)予室翹翹風雨所漂搖予維音嘵嘵

東山
周公東征也
士事通行枚謂
樵採也

殺去聲

着追擄反

音鬻。○比也。譙譙，殺也。翛翛，敝也。翹翹，危也。嘵嘵，急也。○亦爲鳥言。羽殺尾敝，以成其室而未定也。風雨又從而漂搖之，則我之哀鳴安得而不急哉。以比己既勞悴，王室又未安，而多難乘之，則其作詩以喩王，亦不得而不汲汲也。

鴟鴞四章，章五句。事見書金縢篇。

我徂東山，慆慆音滔不歸。我來自東，零雨其濛。我東曰歸，我心西悲。制彼裳衣，勿士行枚音梅叶謨悲反。蜎蜎音娟者蠋音蜀，烝在桑野叶上與反。敦音堆彼獨宿，亦在車下叶後五反。○賦也。東山，所征之地也。慆慆，言久也。零，落也。濛，雨貌。裳衣，平居之服也。勿士行枚，未詳其義。鄭氏曰：士，事也。行，陣也。枚，如箸，銜之，有繣

國風豳 卷三 廿九

伊威他之切音即今人之所謂蝎虎也

雷風坊本作風雷　陳去聲

結項中以止語也。蜎蜎動貌。蠋桑蟲如蠶者○也。烝發語辭。敦獨處不移之貌。此則興也成王既得鴟鴞之詩又感雷風之變始悟而迎周公於是周公東征已三年矣既歸因作此詩以勞歸士。蓋爲之述其意而言曰我之東征既久而歸塗又有遇雨之勞因追言其在東而言歸之時心已西嚮而悲於是制其平居之服而以爲自今可以勿爲行陳銜枚之事矣及其在塗則又覩物起興而自歎曰彼蜎蜎者蠋則在彼桑野矣此敦然而獨宿者則亦在此車下矣○

我徂東山。慆慆不歸。我來自東。零雨其濛。果臝力果反之實。亦施音異于宇。伊威在室。蠨音蕭蛸音筲在戶。町音梃畽他短反鹿場。熠音翊燿以照反宵行戶郎反。不可畏叶於非反也。伊可懷叶胡

栝音括

威反也。賦也。果臝栝樓也。施延也。蔓生延施于宇下也。伊威鼠婦也。室不掃則有之。蠨蛸小蜘蛛也。戶無人出入則結網當之。町疃舍旁隙地也。無人焉故鹿以爲場也。熠燿明不定貌。宵行蟲名。如蠶夜行喉下有光如螢。○章首四句言其往來之勞在外之久故每章重言。見其感念之深。遂言已東征而室廬荒廢至於如此亦可畏矣。然豈可畏而不歸哉。亦可懷思而已。此則述其歸未至而思家之情也。

○我徂東山。慆慆不歸。我來自東。零雨其濛。鸛鳴于垤。叶地一反婦歎于室。洒埽穹窒。我征聿至。叶入聲有敦音堆瓜苦。烝在栗薪。自我不見。于今三年。叶尼因反

○賦也。鸛水鳥似鶴者也。垤蟻塚也。穹窒見七月。○將陰雨則穴處者先知。故蟻出垤而鸛就食之。

騮驑同　褘音韋　衿其禁反

遂鳴于其上也行者之妻亦思其夫之勞苦
而歎息于家於是洒埽穹窒以待其歸而其
夫之行忽已至矣因見苦瓜繫於栗薪之上
而曰自我之不見此亦已三年矣栗周土所
宜木與苦瓜皆微物也見之而
喜則其行久而感深可知矣

○我徂東山慆慆不歸我來自東零雨其濛倉庚于飛熠燿其羽之子于歸皇駁其馬音剝叶滿補反親結其縭叶離羅二音九十其儀叶宜俄二音其新孔嘉叶居宜居何二反其舊如之何叶奚何二音

○賦而興也倉庚飛昏姻時也熠燿鮮明也黄白曰皇騮白曰駁縭婦人之褘也母戒女而爲之施衿結帨也九十其儀言其儀之多也○賦時物以起興而言東征之歸士未有室家者及時而昏姻既甚美矣其

破斧

舊有室家者。相見而喜。當如何邪。

東山四章章十二句序曰。一章言其完也。二章言其思也。三章言其室家之望女也。四章樂男女之得及時也。君子之於人。序其情而閔其勞。所以說也。說以使民。民忘其死。其惟東山乎。愚謂完謂全師而歸。無死傷之苦。思謂未至而思。有愴恨之懷。至於室家望女。男女及時。亦皆其心之所願而不敢言者。上之人乃先其未發而歌詠以勞苦之。則其歡欣感激之情。爲如何哉。蓋古之勞詩皆如此。其上下之際情志交孚。雖家人父子之相語。無以過之。此其所以維持鞏固數十百年。而無一旦土崩之患也

既破我斧。又缺我斨。音搶周公東征。四國是皇。

美周公也

京本又下有有字

哀我人斯亦孔之將賦也隋銎曰斧方銎曰斨征伐之意也四國四方之國也皇匡也將大也○從軍之士以前篇周公勞已之勤故言此以答其意曰東征之役既破我斧而缺我斨其勞甚矣然周公之為此舉蓋將使四方莫敢不一於正而後已其哀我人也豈不大哉然則雖有破斧缺斨之勞而義有所不得辭矣夫管蔡流言以謗周公而公以六軍之衆往而征之使其心一有出於自私而不在於天下則撫之雖勤勞之雖至而從役之士豈能不怨也哉今觀此詩固足以見周公之心大公至正天下信其無有一毫自愛之私抑又以見當是之時雖被堅執銳之人亦皆能以周公之心為心而不自為一身一家之計蓋亦莫非聖人之徒也學者於此熟玩而有得焉則其心正大而天地之情眞可見矣

○既破我斧又缺我錡音奇叶巨何反

伐柯

相去聲

周公東征。四國是吪。音訛 哀我人斯。亦孔之嘉。叶居何反○賦也。錡。鑿屬。吪。化。嘉。善也

○既破我斧。又缺我銶。音求 周公東征。四國是遒。音囚 哀我人斯。亦孔之休。賦也。銶。木屬。遒。斂而固之也。休。美也

破斧三章章六句 范氏曰。象日以殺舜為事。舜為天子也。則封之。管蔡啓商以叛。周公之為相也。則誅之。迹雖不同。其道則一也。蓋象之禍。及於舜而已。故舜封之。管蔡流言。將危周公以間王室。得罪於天下。故周公誅之。非周公誅之。天下之所當誅也。周公豈得而私之哉

伐柯如何。匪斧不克。取去聲 妻如何。匪媒不得。

美周公也

九罭 美周公也

鱓渾上聲 魴音房

比也。柯斧柄也。克能也。媒通二姓之言者也
○周公居東之時東人言此以比平日欲見
周公之難○**伐柯伐柯其則不遠我遘**音姤**之子籩**
豆有踐上聲○比也。則法也。我東人自我也。
之子指其妻而言也。籩竹豆也。豆木
豆也。踐行列之貌○言伐柯而有斧則不過
即此舊斧之柯而得其新柯之法。娶妻而有
媒。則亦不過即此見之。而成其同牢之禮矣
東人言此以比今日得見周公之易深喜之
之辭也

伐柯二章章四句

九罭音域**之魚鱒**音尊**魴我覯之子袞衣繡裳**與
九罭九囊之網也。鱒似鱓而鱗細眼赤。魴已
見上。皆魚之美者也。我東人自我也。之子指

蜼蟲　佑胃　三音　繢音　會卷　音袞

周公也。袞衣裳九章。一曰龍。二曰山。三曰華蟲。雉也。四曰火。五曰宗彝。虎蜼也。皆繢於衣。六曰藻。七曰粉米。八曰黼。九曰黻。皆繡於裳。天子之龍。一升一降。上公但有降龍。以龍首卷然。故謂之袞也。○此亦周公居東之時。東人喜得見之。而言九罭之網。則有鱒魴之魚矣。我覯之子。則見其袞衣繡裳之服矣。

○鴻飛遵渚。公歸無所。於女音汝信處。興也。遵。循也。渚。小洲也。女。東人自相女也。再宿曰信。○東人聞成王將迎周公。又自相謂而言鴻飛則遵渚矣。公歸豈無所乎。今特於女信處而已。○

鴻飛遵陸。公歸不復。於女信宿。興也。高平曰陸。不復。言將畱相王室而不復來東也。

○是以有袞衣兮。無以我公歸兮。無使我心悲兮。賦也。承上二章。言周公信處信宿於此。是以東方有

狼跋

美周公也

屨音 柞

此服袞衣之人，又願其且留於此，無遽迎公以歸，歸則將不復來，而使我心悲也。

九罭四章，一章四句，三章章三句。

狼跋其胡，載疐音致其尾。公孫音遜碩膚，赤舄音昔几几。

興也。跋，躐也。胡，頷下懸肉也。載，則。疐，跲也。老狼有胡，進而躐其胡，則退而跲其尾。公，周公也。孫，讓。碩，大。膚，美也。赤舄，冕服之舄也。几几，安重貌。○周公雖遭疑謗，然所以處之不失其常，故詩人美之。言狼跋其胡，則疐其尾矣；公遭流言之變，而其安肆自得乃如此，蓋其道隆德盛，而安土樂天，有不足言者。所以遭大變而不失其常也。夫公之被毀以管蔡之流言也，而詩人以為此非四國之所為，乃公自讓其大美而不居耳。蓋不使讒邪之口得以加乎公之忠聖。此可見其愛公之深，敬公之至，而其立言亦有法矣。

（三）

狼疐其尾載跋其胡公孫碩膚德音不瑕叶洪孤反○興也德音猶令聞也瑕疵病也○程子曰周公之處已也夔夔然存恭畏之心其存誠也蕩蕩然無顧慮之意所以不失其聖而德音不瑕也

狼跋二章章四句

范氏曰神龍或潛或飛能大能小其變化不測然得而畜之若犬羊然有欲故也唯其可以畜之是以亦得醢而食之凡有欲之類莫不可制焉唯聖人無欲故天地萬物不能易也富貴貧賤死生如寒暑晝夜相代乎前吾豈有二其心乎哉亦順受之而已矣舜受堯之天下不以為泰孔子阨於陳蔡而不以為戚周公遠則四國流言近則王不知而赤舄几几德音不瑕其致一也

坊本無圖歛吹同蜡音乍思去聲

豳國七篇二十七章二百三句程元問於文中子曰敢問豳風何風也曰變風也元曰周公之際亦有變風乎曰君臣相誚其能正乎成王終疑周公則風遂變矣非周公至誠其孰卒正之哉元曰居變風之末何也曰夷王以下變風不復正矣夫子蓋傷之也故終之以豳風言變之可正也惟周公能之故係之以正變而克正危而克扶始終不失其本其惟周公乎係之豳遠矣哉○篇章歛豳詩以逆暑迎寒已見於七月之篇矣又曰祈年于田祖則歛豳雅以樂田畯祭蜡則歛豳頌以息老物則考之於詩未見其篇章之所在故鄭氏三分七月之詩以當之其道情思者為風正禮節者為雅樂成功者為頌然一篇之詩首

劉音掇

爲冠並去声

尾相應。乃劉取其一節而偏用之。豈無此理。故王氏不取。而但謂本有是詩而亡之。其說近是。或者又疑但以七月全篇。隨事而變其音節。或以爲風。或以爲雅。或以爲頌。則於理爲通而事亦可行。如又不然。則雅頌之中。凡爲農事而作者。皆可冠以豳號。其說具於大田良耜諸篇。讀者擇焉可也

鹿鳴燕羣臣嘉賓也

釐音僖

別必列反

詩卷之四　朱熹集傳

小雅二

雅者正也正樂之歌也其篇本有大小之殊而先儒說又各有正變之別以今考之正小雅燕饗之樂也正大雅會朝之樂受釐陳戒之辭也故或歡欣和說以盡羣下之情或恭敬齊莊以發先王之德辭氣不同音節亦異多周公制作時所定也及其變也則事未必同而各以其聲附之其次序時世則有不可考者矣

鹿鳴之什二之一

雅頌無諸國別故以十篇為一卷而謂之什猶軍法以十人為什也

呦呦音幽鹿鳴叶音芒食野之苹叶音旁我有嘉賓鼓瑟吹笙叶師莊反吹笙鼓簧音黃承筐是將人之

藾音賴　便去聲　盛平聲　飲食並去聲　告古毒反

好去聲我示我周行叶音杭○興也呦呦聲之和也苹藾蕭也青色白莖如筯。我。主人也。賓所燕之客。或本國之臣。或諸侯之使也。瑟笙燕禮所用之樂也。簧笙中之簧也。承奉也。筐所以盛幣帛者也。將行也。奉筐而行幣帛。飲則以酬賓送酒。食則以侑賓勸飽也。周行大道也。古者於旅也語。故欲於此聞其言也○此燕饗賓客之詩也。蓋君臣之分。以嚴爲主。朝廷之禮。以敬爲主。然一於嚴敬。則情或不通。而無以盡其忠告之益。故先王因其飲食聚會。而制爲燕饗之禮。以通上下之情。而其樂歌。又以鹿鳴起興。而言其禮意之厚如此。庶乎人之好我。而示我以大道也。記曰。私惠不歸德。君子不自畱焉。蓋其所望於羣臣嘉賓者。唯在於示我以大道。則必不以私惠爲德而自畱矣。嗚呼。此其所以和樂而不淫也與○呦呦鹿鳴。食野之蒿。我有嘉賓

敖去刀反

德音孔昭叶側豪反視民不恌他彫反叶音洮君子是則

是傚叶胡高反我有旨酒嘉賓式燕以敖音翱○興也蒿

菣也。卽青蒿也。孔，甚。昭，明也。視，與示同。恌，偸薄也。敖，游也。○言嘉賓之德音甚明，足以示民使不偸薄，而君子所當則傚，則亦不待言語之閒，而其所以示我者深矣。○呦

呦鹿鳴，食野之芩。音琴我有嘉賓，鼓瑟鼓琴。鼓

瑟鼓琴，和樂音洛且湛。音耽叶持林反我有旨酒，以燕

樂嘉賓之心。興也。芩，草名。莖如釵股，葉如竹，蔓生。湛，樂之久也。燕，安也。○言

安樂其心，則非止養其體、娛其外而已。蓋所以致其殷勤之厚，而欲其教示之無已也。

鹿鳴三章，章八句。按序以此爲燕羣臣嘉賓之詩，而燕禮亦

四牡勞使臣之來也

宵雅即小雅也本爲去聲與平聲一食音飼樂之樂而音洛

云工歌鹿鳴四牡皇皇者華即謂此也鄉飲酒用樂亦然而學記言大學始教宵雅肄三亦謂此三詩然則又爲上下通用之樂矣豈本爲燕羣臣嘉賓而作其後乃推而用之鄉人也與然於朝曰君臣焉於燕曰賓主焉先王以禮使臣之厚於此見矣○范氏曰食之以禮樂之以樂將之以實求之以誠此所以得其心也賢者豈以飲食幣帛爲悅哉夫婚姻不備則貞女不行也禮樂不備則賢者不處也賢者不處則豈得樂而盡其心乎

四牡騑騑音非周道倭音威遲豈不懷歸王事靡盬音古我心傷悲賦也騑騑行不止之貌周道大路也倭遲回遠之貌盬不堅固也○此勞使臣之詩也夫君之使臣臣之事君禮也故爲臣者奔走於王事特以盡

以坊本作而。探平聲。傳思並去聲。勞去聲。

其職分之所當爲而已。何敢自以爲勞哉。然
君之心。則不敢以是而自安也。故燕饗之際
敘其情以閔其勞。言駕此四牡而出使於外
其道路之回遠如此。當是時。豈不思歸乎。特
以王事不可以不堅固。不敢徇私以廢公。是
以內顧而傷悲也。臣勞於事而不自言。君探
其情而代之言。上下之間。可謂各盡其道矣
傳曰。思歸者。私恩也。靡盬者。公義也。傷悲者
情思也。無私恩。非孝子也。無公義。非忠臣也
君子不以私害公。不以家事辭王事。范氏曰
臣之事上也。必先公而後私。
君之勞臣也。必先恩而後義。○四牡騑騑。嘽
嘽音灘駱音洛馬。叶滿補反豈不懷歸。王事靡盬。不遑
啓處。賦也。嘽嘽衆盛之貌。白馬黑鬣曰駱。遑。暇。啓。跪。處。居也。○翩翩音篇
者鵻。音隹載飛載下。叶後五反集于苞栩。音許王事靡

夫方于反　不方浮反　又如字　　枸音苟　檵音計　　褎使勞並去聲

盬。不遑將父。與也。翩翩。飛貌。鵻。夫不也。今鵓鳩也。凡鳥之短尾者皆鵻屬。將。養也。○翩翩者鵻。猶或飛或下而集於所安之處。今使人乃勞苦於外而不遑養其父。此君人者所以不能自安而深以爲憂也。范氏曰。忠臣孝子之行役。未嘗不念其親。君之使臣豈待其勞苦而自傷哉。亦憂其憂如己而已矣。此聖人所以感人心也。○翩翩者鵻。載飛載止。集于苞杞。音起王事靡盬。不遑將母。叶滿彼反○興也。杞。枸檵也。○駕彼四駱。載驟駸駸。音侵豈不懷歸。是用作歌。將母來諗。音審叶深○賦也。駸駸。驟貌。諗。告也。以其不獲養父母之情而來告於君也。非使人作是歌也。設言其情以勞之耳。獨言將母者。因上章之文也。

皇〻者華
君遣使臣也

四牡五章章五句 按序言此詩所以勞使臣之來甚協詩意故春秋傳亦云而外傳以爲章使臣之勤所謂使臣雖叔孫之自稱亦正合其本事也但儀禮又以爲上下通用之樂疑亦本爲勞使臣而作其後乃移以他用耳

爲勞使並去聲

皇皇者華叶芳無反于彼原隰駪駪音莘征夫每懷靡及 興也皇皇猶煌煌也華草木之華也高平曰原下濕曰隰駪駪衆多疾行之貌征夫使臣與其屬也懷思也○此遣使臣之詩也君之使臣固欲其宣上德而達下情而臣之受命亦惟恐其無以副君之意也故先王之遣使臣也美其行道之勤而述其心之所懷曰彼煌煌之華則于彼原隰矣此駪駪然之征夫則其所懷思常若有所不及矣蓋

諏子須子侯二反　忍去聲

亦因以爲戒。然其辭之婉而不迫如此。詩之忠厚亦可見矣。○我馬維駒。六轡如濡。載馳載驅。周爰咨諏。賦也。如濡鮮澤也。周徧。爰於也。咨諏訪問也。○使臣自以每懷靡及。故廣詢博訪。以補其不及而盡其職也。程子曰。咨訪。使臣之大務。○我馬維騏。音其六轡如絲。叶新齊反載馳載驅。周爰咨謀。叶莫悲反。○賦也。如絲。調忍也。謀猶諏也。變文以協韻耳。下章放此。○我馬維駱。六轡沃若。烏毒反載馳載驅。周爰咨度。入聲。○賦也。沃若猶如濡也。度猶謀也。○我馬維駰。音因六轡既均。載馳載驅。周爰咨詢。賦也。陰白雜毛曰駰。均調也。詢猶度也。

常棣
燕兄弟也

度入聲

皇皇者華五章章四句按序以此詩爲君遣使臣春秋內外傳皆云君教使臣其說已見前篇儀禮亦見鹿鳴疑亦本爲遣使臣而作其後乃移以他用也然叔孫穆子所謂君教使臣曰每懷靡及諏謀度詢必咨於周敢不拜教可謂得詩之意矣范氏曰王者遣使於四方教之以咨諏善道將以廣聰明也夫臣欲助其君之德必求賢以自助故臣能從善則可以善君矣臣能聽諫則可以諫君矣未有不自治而能正君者也

常棣之華鄂五各反不韡韡音偉凡今之人莫如兄弟待禮反○興也常棣棣也子如櫻桃可食鄂鄂然外見之貌不猶豈不也韡韡光明貌○此燕兄弟之樂歌故言常棣之華則其鄂然而外見者豈不韡韡乎凡今之人

處上聲關音彎射音石盾養準反

則豈有如兄弟者乎○死喪之威兄弟孔懷叶胡威反原隰裒薄侯反矣兄弟求矣○賦也威畏懷思裒聚也○言死喪之禍他人所畏惡惟兄弟為相恤耳至於積尸裒聚於原野之閒亦惟兄弟為相求也此詩蓋周公既誅管蔡而作故此章以下專以死喪急難鬭鬩之事為言其志切其情哀乃處兄弟之變如孟子所謂其兄關弓而射之則己垂涕泣而道之者序以為閔管蔡之失道者得之而又以為文武之詩則誤矣大抵舊說詩之時世皆不足信舉此自相矛盾者以見其一端後不能悉辯也○脊音積令音零在原兄弟急難叶泥沿反每有良朋況也永歎音灘叶他涓反○興也脊令雝渠水鳥也況發語辭或曰當作怳○脊令飛則鳴行則搖有急難之意故以起興而言當此之時雖有良朋不

孫難益去聲差楚宜反閲從門俗從門謑凡鬩閑等字肙

過爲之長歎息而已力或不能相及也東萊
呂氏曰疎其所親而親其所疎此失其本心
者也故此詩反覆言朋友之不如兄弟蓋示
之以親疎之分使之反循其本也本心既得
則由親及疎秩然有序兄弟之親既篤朋友
之義亦敦矣初非薄於朋友也苟雜施而不
孫雖曰厚於朋友如無源之水朝滿夕除胡
可保哉或曰人之在難朋友亦可以坐視與
曰每有良朋況也永歎則非不憂憫但視兄
弟急難爲有差等耳詩人之辭容有抑揚然
常棣周公作也聖人之言小大
高下皆宜而前後左右不相悖

○兄弟鬩許歷反于牆外禦其務音侮每有良朋烝之承反也無戎叶而主反○賦也鬩鬭狠也禦禁也烝發語聲戎助也○言兄弟設有不幸鬭狠於
內然有外侮則同心禦之矣雖有良朋豈能
有所助乎富辰曰兄弟雖有小忿不廢懿親

樂音洛

○喪亂既平。既安且寧。雖有兄弟。不如友生。叶桑經反○賦也。上章言患難之時兄弟相救。非朋友可比。此章遂言安寧之後。乃有視兄弟不如友生者。悖理之甚也。○儐賓胤反爾籩豆。飲酒之飫。於慮反兄弟既具。和樂音洛且孺。賦也。儐陳。飫饜。具俱也。孺小兒之慕父母也。○言陳籩豆以醉飽。而兄弟有不具焉。則無與共享其樂矣。○妻子好去聲合。如鼓瑟琴。兄弟既翕。音吸和樂且湛。音眈叶持林反○賦也。翕合也。○言妻子好合。如琴瑟之和。而兄弟有不合焉。則無以久其樂矣。○宜爾室家。叶古胡反樂爾妻帑。音奴是究是圖。亶其然乎。賦也。帑子。究窮。圖謀。亶信也。○宜爾室家者。兄弟具而後樂且孺也。

難與相竝去聲

樂爾妻帑者兄弟翕而後樂且湛也兄弟於
人其重如此試以是究而圖之豈不信其然
乎東萊呂氏曰告人以兄弟之當親未有不
以爲然者也苟非是究是圖實從事於此則
亦未有誠知其然者也不誠知其然則
所知者特其名而已矣凡學蓋莫不然

常棣八章章四句此詩首章略言至親莫如兄弟之意次章
乃以意外不測之事言之以明兄弟之
情其切如此三章但言急難則淺於死
喪矣至於四章則又以其情義之甚薄
而猶有所不能已者言之其序若曰不
待死喪然後相救但有急難便當相助
言又不幸而至於或有小忿猶必共禦
外侮其所以言之者雖若益輕以約而
所以著夫兄弟之義者益深且切矣至
於五章遂言安寧之後乃謂兄弟不如
友生則是至親反爲路人而人道或幾

伐木

燕朋友故舊

也

平息矣。故下兩章乃復極言兄弟之恩異形同氣。死生苦樂無適而不相須之意。卒章又申告之使反復窮極而驗其信然。可謂委曲漸次説盡人情矣讀者宜深味之

矧音哂　好去聲

伐木丁丁。（音爭）鳥鳴嚶嚶。（音鶯）出自幽谷。遷于喬木。嚶其鳴矣。求其友聲。相（去聲）彼鳥矣。猶求友聲。矧伊人矣。不求友生。（叶桑經反）神之聽之。終和且平。興也。丁丁。伐木聲。嚶嚶。鳥聲之和也。幽深。遷升。喬高。相視。矧況也。○此燕朋友故舊之樂歌。故以伐木之丁丁。興鳥鳴之嚶嚶。而言鳥之求友。遂以鳥之求友。喻人之不可無友也。人能篤朋友之好。則神之聽之。終和且平矣。○伐木許許（音虎）

藇釃酒之茅也即絮之本字

邪余遮反　沛予禮反　去上聲　殺所界反

釃音師酒有藇音序既有肥羜音苧以速諸父寧適不來微我弗顧叶居五反於音烏粲洒去聲埽去聲叶蘇乳反陳饋八簋叶已有反既有肥牡以速諸舅寧適不來微我有咎興也許許衆人共力之聲淮南子曰舉大木者呼邪許蓋舉重勸力之歌也釃酒者或以筐或以草沛之而去其糟也禮所謂縮酌用茅是也藇美貌羜未成羊也速召也諸父朋友之同姓而尊者也微無顧念也於歎辭粲鮮明貌八簋器之盛也諸舅朋友之異姓而尊者也先諸父而後諸舅者親疏之殺也咎過也○言具酒食以樂朋友如此寧使彼適有故而不來而無使我恩意之不至也孔子曰所求乎朋友先施之未能也此可謂能先施矣○伐木于阪叶孚臠反釃酒有衍

衍水道故从水行為會意字釃酒之衍即今所謂槽也昌谷詩小槽酒滴珍珠紅

乾音干 儕音柴

籩豆有踐上聲兄弟無遠民之失德乾餱音侯以愆叶起淺反有酒湑上聲我無酒酤音古我坎坎鼓我蹲蹲音存舞我迨音待我暇叶後五反矣飲此湑矣興也

衍多也踐陳列貌兄弟朋友之同儕者無遠皆在也先諸舅而後兄弟者尊卑之等也乾餱食之薄者也愆過也湑亦釃也酤買也坎坎擊鼓聲蹲蹲舞貌迨及也○言人之所以至於失朋友之義者非必有大故或但以乾餱之薄不以分人而至於有愆耳故我於朋友不計有無但及閒暇則飲酒以相樂也

伐木三章章十二句劉氏曰此詩每章首輒云伐木凡三云伐木故知當爲三章舊作六章誤矣今從其說正之

天保
下報上也

罄音慶

天保定爾亦孔之固俾爾單音丹厚何福不除去聲俾爾多益以莫不庶賦也保安也爾指君也固堅單盡也除除舊而生新也庶衆也○人君以鹿鳴以下五詩燕其臣臣受賜者歌此詩以答其君言天之安定我君使之獲福如此也○天保定爾俾爾戩音翦穀罄無不宜受天百祿降爾遐福維日不足賦也聞人氏曰戩與翦同盡也穀善也盡善云者猶其曰單厚多益也罄盡遐遠也爾有以受天之祿矣而又降爾以福言天人之際交相與也書所謂昭受上帝天其申命用休語意正如此○天保定爾以莫不興如山如阜如岡如陵如川之方至以莫不增賦也興盛也高平曰陸大陸曰阜大

公先王猶言公之先王僅、公字何得臆增、先字

音齋

阜曰陵皆高大之意川之方至言其盛長之未可量也○吉蠲音娟爲饎音熾是用孝享叶虛良反禴音藥祠烝嘗于公先王君曰卜爾萬壽無疆賦也吉言諏日擇士之善蠲言齋戒滌濯之潔饎酒食也享獻也宗廟之祭春曰祠夏曰禴秋曰嘗冬曰烝公先公也謂后稷以下至公叔祖類也先王太王以下也君通謂先公先王也卜猶期也此尸傳神意以嘏主人之辭文王時周未有曰先王者此必武王以後所作也○神之弔音的矣詒音怡爾多福叶筆力反民之質矣日用飲食羣黎百姓徧爲爾德賦也弔至也神之至矣猶言祖考來格也詒遺質實也言其質實無僞日用飲食而已羣衆也黎黑也猶秦言黔首也百姓庶民也爲爾德者言則而象之猶

采薇

遣戍役也

此章作與莫故叶薇與歸叶家又與居叶

助爾而爲德

○如月之恆如日之升如南山之壽不騫（音牽）不崩如松柏之茂無不爾或承（賦也恆弦升出也月上弦而就盈日始出而就明騫虧也承繼也言舊葉將落而新葉已生相繼而長茂也）

天保六章章六句

采薇采薇薇亦作（叶則故反）止曰歸曰歸歲亦莫（音暮）止靡室靡家（叶古乎反）玁（音險）狁（音允）之故不遑啓居玁狁之故（興也薇菜名作生出地也莫晚靡無也玁狁北狄也遑暇啓跪）

也○此遣戍役之詩以其出戍之時采薇以食而念歸期之遠也故爲其自言而以采薇

風去聲 愾戶慨反 還音旋 復扶又反 中音仲

起興曰采薇采薇則薇亦作止矣曰歸曰歸則歲亦莫止矣然凡此所以使我舍其室家而不暇啓居者非上之人故爲是以苦我也直以玁狁侵陵之故有所不得已而然耳蓋叙其勤苦悲傷之情而又風以義也程子曰毒民不由其上則人懷敵愾之心矣又曰古者戍役兩朞而還今年春莫行明年夏代者至復留備秋至過十一月而歸又明年中春至春莫遣次戍者每秋與冬初兩番戍者皆在疆圉如今之防秋也○采薇采

薇薇亦柔止曰歸曰歸心亦憂止憂心烈烈載飢載渴叶巨烈反**我戍未定靡使歸聘**興也柔始生而弱也烈烈憂貌載則也定止聘問也○言戍人念歸期之遠而憂勞之甚然戍事未已則無人可使歸而問其室家之安否也○**采薇采薇薇亦剛止曰**

將音匠

歸曰歸。歲亦陽止。王事靡盬。不遑啓處。憂心孔疚。叶訖力反我行不來。叶六直反○興也。剛，既成而剛也。陽，十月也。時純陰用事。嫌於無陽。故名之曰陽月也。孔，甚。疚，病也。來，歸也。此見士之竭力致死無還心也○彼爾維何。維常之華。叶芳無反彼路斯何。君子之車。叶尺奢反戎車既駕。四牡業業。豈敢定居。一月三捷。興也。爾，華盛貌。常，常棣也。路，戎車也。君子，謂將帥也。業業，壯也。捷，勝也○彼爾然而盛者。常棣之華也。彼路車者。君子之車也。戎車既駕而四牡盛矣。則何敢以定居乎。庶乎一月之間。三戰而三捷爾○駕彼四牡。四牡騤騤。求龜反君子所依。小人所腓。音肥四牡翼翼。象弭

小雅 鹿鳴之什 十二 卷四

芘音庇 行音杭下同 弰師交反 鞬居言反

音米 魚服。叶蒲北反 豈不日戒。叶訖力反 玁狁孔棘 賦也騤騤彊也。依猶乘也。腓猶芘也。程子曰。腓隨動也如足之腓。足動則隨而動也。翼翼行列整治之狀。象弭以象骨飾弓弰也。魚獸名。似豬東海有之。其皮背上斑文。腹下純青可為弓鞬矢服也。戒警。棘急也○言戎車者將帥之所依乘。戎役之所芘倚。且其行列整治而器械精好如此。豈不日相警戒乎。玁狁之難甚急。誠不可以忘備也○昔我往矣

楊柳依依。今我來思。雨去聲雪霏霏。芳菲反 行道遲遲。載渴載飢。我心傷悲。莫知我哀 叶於希反 ○賦也。楊柳蒲柳也。霏霏雪甚貌。遲遲長遠也○此章又設為役人預自道其歸時之事。以見其勤勞之甚也。程子曰。此皆極道其勞苦憂傷之情也。上能察其情。則雖勞而不怨。雖憂

出車
勞還率也
此詩乃南仲城朔方時從軍之士所作後人因采之以爲勞還率之用序不言

勞郎到反。還音旋。率與帥同。語去聲。

而能勵矣。范氏曰。予於采薇。見先王以人道使人。後世則牛羊而已矣

采薇六章章八句

我出我車。于彼牧（叶莫狄反）矣。自天子所。謂我來（叶六直反）矣。召彼僕夫。謂之載（叶節力反）矣。王事多難（去聲）。維其棘矣。（賦也。牧。郊外也。自。從也。天子。周王也。僕夫。御夫也。○此勞還率之詩。追言其始受命出征之時。出車於郊外而語其人曰。我受命於天子之所而來。於是乎召僕夫。使之載其車以行。而戒之曰。王事多難。是行也。不可以緩也）○我出我車。于彼郊（音高）矣。設此旐（音兆）矣。建彼旄（音毛）矣。彼旟（音餘）旐斯。胡不旆旆（叶蒲寐反）。憂心悄悄。僕夫

作者之意而言其用殊与全書体例不合竊疑自鹿鳴至菁莪原序已失今皆後人所補有識者当不以予言爲河漢也

隼辛上聲　處音杵

小雅

況瘁音悴○賦也。郊在牧内。蓋前軍已至牧立也。旄注旄於旗干之首也。鳥隼曰旟。龜蛇曰旐。建龜蛇。曲禮所謂前朱雀而後玄武也。楊氏曰。師行之法。四方之星。各隨其方以爲左右前後進退有度。各司其局。則士無失伍離次矣。旆旆飛揚之貌。悄悄憂貌。況茲也。或云。當作況○言出車在郊。建設旗旐。彼旗旐者。豈不旆旆而飛揚乎。但將帥方以任大責重爲憂而僕夫亦爲之恐懼而憔悴耳。東萊呂氏曰。古者出師以喪禮處之。命下之日。士皆泣涕夫子之言行三軍亦曰臨事而懼。皆此意也

○王命南仲。往城于方。出車彭彭。叶鋪郎反旂旐央央。天子命我。城彼朔方。赫赫南仲。玁狁于襄。賦也。王。周王也。南仲。此時大將也。方。朔方。今靈夏等州之地。彭彭。衆盛貌。交龍爲旂

華舊皆以古音
爲芳無反音敷
殊謬華若音
敷無由更轉爲
今音之花字也

難去聲

此所謂左青龍也○央央鮮明也赫赫威名光
顯也襄除也或曰上也與懷山襄陵之襄同
言勝之也○東萊呂氏曰大將傳天子之命
以令軍衆於是車馬衆盛旂旐鮮明威靈氣
燄赫然動人矣兵事以哀敬爲本而所尚則
威二章之戒懼三章之奮揚竝行而不相悖
也程子曰城朔方而玁狁之難除禦戎
狄之道守備爲本不以攻戰爲先也
○昔
我往矣黍稷方華叶芳無反今我來思雨雪載塗
王事多難不遑啓居豈不懷歸畏此簡書賦也
華盛也塗凍釋而泥塗也簡書戒命也鄰國
有急則以簡書相戒命也或曰簡書策命臨
遣之辭也○此言其旣歸在塗而本其往時
所見與今還時所遭以見其出之久也東萊
呂氏曰采薇之所謂往遣戍時也此詩之所
謂往在道時也采薇之所謂來戍畢時也此

今按華古音本作忽無反讀如胡莊子折楊皇荂〻實即華之異体皇荂即謂皇華之篇也荂古音如壺故刳字从之得音華從

祁坊本或作祈

詩之所謂來。歸而在道時也

○喓喓音腰草蟲音螽趯趯音剔阜螽音終

未見君子。憂心忡忡。音衝既見君子。我心則降。音杭叶胡攻反赫赫南仲。薄伐西戎。賦也。此言將帥之出征也。其室家感時物之變而念之。以為未見而憂之如此。必既見然後心可降耳。然此南仲今何在乎。方往伐西戎而未歸也。豈既却玁狁而還師以伐昆夷也與。薄之為言聊也。蓋不勞餘力矣

○春日遲遲。卉音諱木萋萋。音妻倉庚喈喈。音皆叶居奚反采蘩祁祁。執訊音信獲醜。薄言還音旋歸。赫赫南仲。玁狁于夷。賦也。卉草也。萋萋盛貌。倉庚黃鸝也。喈喈聲之和也。訊其魁首當訊問者也。醜徒衆也。夷平也。○歐陽氏曰。述其歸時春日暄妍草木榮茂而

因寘韻轉入麻韻故花字遂爲忽麻反也

杕杜

勞還役也

鑾音旋

禽鳥和鳴於此之時執訊獲醜而歸豈不樂哉。鄭氏曰此詩亦伐西戎獨言平玁狁者玁狁大故以爲始以爲終

出車六章章八句

有杕音第之杜有睆音莞其實王事靡盬繼嗣我日日月陽止女心傷止征夫遑止 賦也睆實貌嗣續也陽十月也遑暇也○此勞還役之詩故追述其未還之時室家感於時物之變而思之曰特生之杜有睆其實則秋冬之交矣而征夫以王事出乃以日繼日而無休息之期至於十月可以歸而猶不至故女心悲傷而曰征夫亦可以暇矣曷爲而不歸哉或曰興也下章放此

○有杕之杜其葉萋萋王事靡盬我心

罷音皮　詒音夷

小雅

傷悲卉木萋止女心悲止征夫歸止賦也萋萋盛貌春將暮之時也歸止可以歸也○陟彼北山言采其杞王事靡盬憂我父母叶滿消反檀車幝幝音闡四牡痯痯音管叶古轉反征夫不遠賦也檀木堅宜爲車幝幝敝貌痯痯罷貌○登山采杞則春已暮而杞可食矣蓋托以望其君子而念其以王事詒父母之憂也然檀車之堅而敝矣四牡之壯而罷矣則征夫之歸亦不遠矣○匪載匪來叶六直反憂心孔疚叶訖力反期逝不至叶朱力反而多爲恤卜筮偕止叶舉里反會言近止叶渠紀反征夫邇止賦也載裝疚病逝往恤憂偕俱會合也○言征夫不裝載而來歸固已使我念之而甚病矣況歸期

繇直救反卦兆辭也從卜從系或作繇誤卒與帥同

已過而猶不至。則使我多爲憂恤。宜如何哉
故且卜且筮。相襲俱作。合言於繇而皆曰近
矣。則征夫其亦邇而將至矣。范氏曰以
卜筮終之。言思之切而無所不爲也

杕杜四章章七句 鄭氏曰。遣將帥及戍役。同歌同時欲其同心也。反而勞之。異歌異日。殊尊卑也。記曰。賜君子小人不同日。此其義也。王氏曰。出而用兵。則均服同食。一衆心也。入而振旅。則殊尊卑。辨貴賤。定衆志也。范氏曰。出車勞率。故美其功。杕杜勞衆。故極其情。先王以己之心。爲人之心。故能曲盡其情。使民忘其死。以忠於上也。

南陔 此笙詩也。有聲無辭。舊在魚麗之後。以儀禮考之。其篇次當在此。今從之說見華黍

詩皆歌詞既無詞矣又
焉得謂之詩作僞小序
者以笙曲六篇加入三百
篇之中以致數目
不得已從漢儒更併
原詩之篇什而更之
並刪誕妄矣儀
礼何書皆可按之

見音現

縣音玄

鹿鳴之什十篇一篇無辭凡四十六章三百九句

白華之什二之二 毛公以南陔以下三篇無辭故升魚麗以足鹿鳴什數而附笙詩三篇於其後因以南有嘉魚爲次什之首今悉依儀禮正之

白華 笙詩也說見上下篇

華黍 亦笙詩也鄉飲酒禮鼓瑟而歌鹿鳴四牡皇皇者華然後笙入堂下磬南北面立樂南陔白華華黍燕禮亦鼓瑟而歌鹿鳴四牡皇華然後笙入立于縣中奏南陔白華華黍南陔以下今無以考其名篇之義然曰笙曰樂曰奏

以政詩且孔子言笙
詩未嘗言其為詩耶
前人臆節皆以
崇先

魚麗
美萬物盛多
能備禮也

空音孔　鮮下賣反　鯶音同鯇　戶板　戶本

而不言歌。則有聲而無辭明矣。所以知其篇第在此者。意古今篇題之下必有譜焉。如投壺魯鼓薛鼓之節而亡之耳

魚麗音離于罶音柳。與鱨音常鯊音沙叶蘇何反君子有酒旨且多。興也。麗歷也。罶以曲薄爲笱。而承粱之空者也。鱨揚也。今黃頰魚是也。似燕頭魚身。形厚而長大。頰骨正黃。魚之大而有力解飛者。鯊鮀也。魚狹而小。常張口吹沙。故又名吹沙。君子指主人。旨且多。旨而又多也。○此燕饗通用之樂歌。即燕饗所薦之羞。而極道其美且多。見主人禮意之勤以優賓也。或曰賦也。下二章放此。○魚麗于罶魴鱧音禮君子有酒多且旨。興也。鱧鮦也。又曰鯇也。○魚麗于罶鰋音偃鯉君子有酒旨且有叶羽

魚麗以上為鹿鳴之什二十二異体言千篇文若後人所纂入之笙詩亦錄又亦得六篇宗

亖反鮎念平聲

已反。○與也。鰋鮎也。有，猶多也。○物其多矣，維其嘉叶居何反矣。賦也。○物其旨矣，維其偕叶舉里反矣。賦也。○物其有叶羽已反矣，維其時叶上紙反矣。賦也。蘇氏曰：多則患其不嘉，旨則患其不齊，有則患其不時。今多而能嘉，旨而能齊，有而能時，言曲全也。

魚麗六章，三章章四句，三章章二句。

按儀禮鄉飲酒及燕禮，前樂既畢，皆間歌魚麗，笙由庚；歌南有嘉魚，笙崇丘；歌南山有臺，笙由儀。間，代也。言一歌一吹也。然則此六者蓋一時之詩，而皆為燕饗賓客上下通用之樂。毛公分魚麗以足前什，而說者不察，遂分魚麗以上為文武詩，嘉魚以下為成王詩，其失甚矣。

儒偕管而什政、
思而且安也
南有嘉魚、
樂與賢也

鱒徂本反 籗助角反 樔測交反

由庚此亦笙詩。說見魚麗

南有嘉魚。烝然罩罩。音笊君子有酒。嘉賓式燕以樂音洛叶五教反○興也。南謂江漢之閒。嘉魚鯉質鱒鯽肌。出於沔南之丙穴。烝然發語聲也。罩罩籗也。編細竹以罩魚者也。重言罩罩。非一之辭也。○此亦燕饗通用之樂。故其辭曰南有嘉魚則必烝然而罩罩之矣。君子有酒則必與嘉賓共之而式燕以樂矣。此亦因所薦之物。而道達主人樂賓之意也。

○南有嘉魚。烝然汕汕音訕君子有酒。嘉賓式燕以衎音看○興也。汕樔也。以薄汕魚也。衎樂也。

○南有樛音鳩木。甘瓠音護纍音雷之。君子有酒。嘉賓式燕綏之興也。○東萊呂氏曰。瓠有甘有苦。甘瓠則可食

南山有臺
樂得賢也

見音現

者也。樛木下垂而美實纍之。固結而不可解也。愚謂此興之取義者。似比而實興也。

翩翩者鵻。之誰反 烝然來。叶六直反 思君子有酒。嘉賓式燕又。叶夷昔反 思。思也。思。語辭也。又。既燕而又燕。以見其至誠有加而無已也。或曰。又。思言其又思念而不忘也。

南有嘉魚四章章四句 說見魚麗

崇丘 說見魚麗

南山有臺。叶田飴反 北山有萊。叶陵之反 樂。音洛 只。音紙 君子。邦家之基。樂只君子。萬壽無期。興也。臺。夫須。卽莎草也。萊。草名。葉香可食者也。君子。指賓客也。○此亦燕饗通用之樂。故其辭曰。南山則有臺

檍音憶

矣。北山則有萊矣。樂只君子。則邦家之基矣。樂只君子。則萬壽無期矣。所以道達主人尊賓之意。美其德而祝其壽也

○南山有桑。北山有楊。樂只君子。邦家之光。樂只君子。萬壽無疆。興也

○南山有杞。北山有李。樂只君子。民之父母。叶滿彼反。樂只君子。德音不已。興也。杞。樹如樗。一名狗骨

○南山有栲。音考叶音口北山有杻。音紐樂只君子。遐不眉壽。叶直酉反樂只君子。德音是茂。叶莫口反○興也。栲。山樗。杻。檍也。遐。何通。眉壽。秀眉也

○南山有枸。音矩北山有楰。音庾樂只君子。遐不黃耇。音苟叶果五反樂只君子。保艾。五蓋反

蓼蕭
澤及四海也

著直略反 復扶又反 叉反

小雅

爾後叶下五反○興也枸枳枸樹高大似白楊有子著枝端大如指長數寸噉之甘美如飴八月熟亦名木蜜楰鼠梓樹葉木理如楸亦名苦楸黃老人髮復黃也耇老人面凍梨色如浮垢也保安艾養也

南山有臺五章章六句說見魚麗

由儀說見魚麗

蓼音六彼蕭斯零露湑音胥兮既見君子我心寫叶想羽反兮燕笑語兮是以有譽處兮興也蓼長大貌蕭蒿也湑湑然蕭上露貌君子指諸侯也寫輸寫也燕謂燕飲譽善聲也處安樂也蘇氏曰譽豫通凡詩之譽皆言樂也亦通○諸侯朝於天子天子與之燕以示慈惠故歌此詩言蓼

彼蕭斯則零露湑然矣既見君子則我心輸寫而無留恨矣是以燕笑語而有譽處也其曰既見蓋於其初燕而歌之也○蓼彼蕭斯零露瀼瀼音穰既見君子為龍為光其德不爽叶師莊反壽考不忘興也瀼瀼露蕃貌龍寵也為龍為光喜其德之辭也爽差也其德不爽則壽考不忘矣褒美而祝頌之又因以勸戒之也○蓼彼蕭斯零露泥泥音你既見君子孔燕豈弟宜兄宜弟令德壽豈音愷叶去禮反○興也泥泥露濡貌孔甚豈樂弟易也宜兄宜弟猶曰宜其家人蓋諸侯繼世而立多疑忌其兄弟如晉詛無畜羣公子秦鍼懼選之類故以宜其兄弟美之亦所以警戒之也壽豈壽而且樂也○蓼彼蕭斯零露濃濃音農既見君

湛露
天子燕諸
侯也

子。鞗音條革沖沖。音蟲和鸞雝雝。萬福攸同。興也濃濃厚貌。鞗。轡也。革。轡首也。馬轡所把之外有餘而垂者也。沖沖。垂貌。和。鸞。皆鈴也。在軾曰和在鑣曰鸞。皆諸侯車馬之飾也。庭燎亦以君子目諸侯。而稱其鸞旂之美。正此類也。攸。所同。聚也

蓼蕭四章章六句

湛湛上聲露斯。匪陽不晞。音希厭厭平聲夜飲。不醉無歸。興也。湛湛。露盛貌。陽。日。晞。乾也。厭厭。安也。亦久也。足也。夜飲。私燕也。燕禮。宵則兩階及庭門皆設大燭焉。○此亦天子燕諸侯之詩。言湛湛露斯。非日則不晞。以興厭厭夜飲。不醉則不歸。蓋於其夜飲之終而歌之也。○湛湛露斯。在彼豐

草厭厭夜飲在宗載考興也豐茂也夜飲必於宗室蓋路寢之屬也考成也○湛湛露斯在彼杞棘顯允君子莫不令德興也顯明允信也君子指諸侯爲賓者也令善也令德謂其飲多而不亂德足以將之也○其桐其椅音醫其實離離豈弟君子莫不令儀興也離離垂也令儀言醉而不喪其威儀也

湛露四章章四句春秋傳甯武子曰諸侯朝正於王王宴樂之於是賦湛露曾氏曰前兩章言厭厭夜飲後兩章言令德令儀雖過三爵亦可謂不繼以淫矣

白華之什十篇五篇無辭凡二十三

小雅白華之什

詩經 卷五

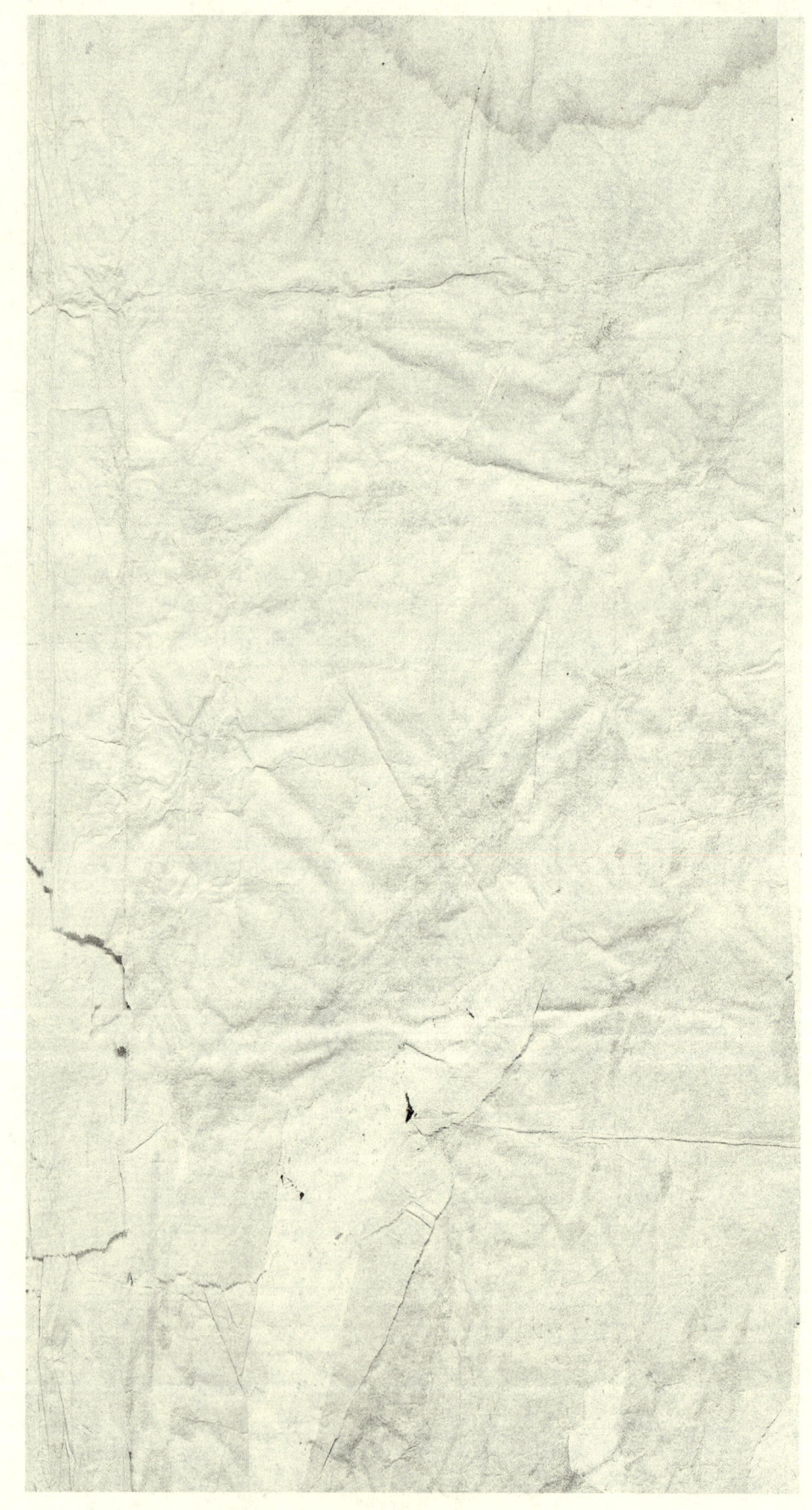

彤弓
天子錫有功諸侯也
受言藏之者謂受賜者藏之也呂氏乃謂予者先藏之中心貺之句始為賜人然則下所云載之櫜之者亦天子自載之自櫜之乎喜
自今之亦可作賜

飲於鴆反　府藏之藏去聲　畀音計　屯張倫反

詩卷之五　　朱熹集傳

彤弓之什二之三

彤弓弨（音超）兮，受言藏之。我有嘉賓，中心貺（叶虛王反）之。鐘鼓既設，一朝饗（叶虛良反）之。

賦也。彤弓，朱弓也。弨，弛貌。貺，與也。大飲賓曰饗。○此天子燕有功諸侯而錫以弓矢之樂歌也。東萊呂氏曰：受言藏之，言其重也。弓人所獻，藏之王府，以待有功，不敢輕與人也。中心貺之，言其誠也。中心實欲貺之，非由外也。一朝饗之，言其速也。以王府寶藏之弓，一朝舉以畀人，未嘗有遲留顧惜之意也。後世視府藏為己私分，至有以武庫兵賜弄臣者，則與受言藏之者異矣。賞非出於利誘，則迫於事勢，至有朝賜鐵券而暮屠戮者，則與中心貺之者異矣。屯膏吝賞

卷五

解無宗人之好爲
異說而不求其心
之所安類如此
好乃以物投贈以藉
重情誼之謂左
傳之所謂好以
大屈是也木瓜永
以爲好也亦其義
後世此義久失則弟
以爲愛好而已

刓五官反　予音與　飲賓之飲去聲　愾苦愛反　求首　盧

功臣解體。至有印刓而不忍予者。則與一朝饗之者異矣○彤弓弨兮受言載叶子利反之我有嘉賓中心喜叶去聲之鐘鼓既設。一朝右音又叶于記反之賦也。載抗之也。喜樂也。右勸也。尊也○彤弓弨兮。受言櫜音高叶古號反之我有嘉賓。中心好去聲之鐘鼓既設。一朝醻音酬叶大到反之賦也。櫜韜。好說醻報也。飲酒之禮。主人獻賓。賓酢主人。主人又酌自飲。而遂酌以飲賓。謂之醻。醻猶厚也勸也

彤弓三章章六句春秋傳。甯武子曰。諸侯敵王所愾而獻其功。於是乎賜之彤弓一。彤矢百。玈弓矢千。以覺報宴。注曰。愾恨怒也。覺明也。謂

天下有道則禮樂征伐自天子出若有諸侯得專征伐之理賜弓矢則得專征伐果何以
按而云云爾
菁菁者莪
樂育材也

樂音洛

諸侯有四夷之功。王賜之弓矢。又爲歌彤弓以明報功宴樂。鄭氏曰。凡諸侯賜弓矢。然後專征伐。東萊呂氏曰。所謂專征者。如四夷入邊。臣子篡弒。不容待報者。其他則九伐之法。乃大司馬所職。非諸侯所專也。與後世强臣拜表輒行者異矣。

菁菁音精**者莪。在彼中阿。旣見君子。樂**音洛**且有儀。**叶五何反○興也。菁菁盛貌。莪蘿蒿也。中阿。阿中也。大陵曰阿。君子。指賓客也○此亦燕飲賓客之詩。言菁菁者莪。則在彼中阿矣。旣見君子。則我心喜樂而有禮儀矣。或曰以菁菁者莪。比君子容貌威儀之盛也。下章放此

○菁菁者莪。在彼中沚。音止**旣見君子。我心則喜。**興也。中沚。沚中也。喜樂也○

見尔雅
載初也載沈載浮猶言作沈作浮若云則沈則浮能成語乎

六月宣王北伐也詩明言常服注者不明詩所以言常服之故乃硬派曰軍用之常服若然則第云

菁菁者莪。在彼中陵。既見君子。錫我百朋。與也中陵。陵中也。古者貨貝。五貝爲朋。錫我百朋者。見之而喜。如得重貨之多也。○汎芳劍反

汎汎楊舟。載沈載浮。既見君子。我心則休。比也。楊舟。楊木爲舟也。載。則也。載沈載浮。猶言載清載濁。載馳載驅之類。以比未見君子而心不定也。休者。休休然。言安定也。

菁菁者莪四章章四句

六月棲棲。音西戎車既飭。音敕四牡騤騤。音逵載是常服。叶蒲北反玁狁孔熾。我是用急。叶音棘王于出征。以匡王國。叶于逼反○賦也。六月。建未之月也。棲棲。猶遑遑不安之貌。戎

軍服可笑又何必
故以軍服為常服
耶不知此章之義乃
以全甸常服二字為主
幹軍行宜著軍服
而今事之所載乃悉
常服者以玁狁孔
熾故我是用急而
不暇候也常服就
戴猶不脫冕而行
之義若云軍服則

瑧音跡　帥入聲　序坊本作敘

車兵車也。飭。整也。騤騤。強貌。常服。戎事之常服。以韋弁為弁。又以為衣。而素裳白舄也。玁狁。即獫狁。北狄也。孔。甚。熾。盛。匡。正也。○成康既沒。周室寖衰。八世而厲王胡暴虐。周人逐之。出居于彘。玁狁内侵。逼近京邑。王崩。子宣王靖即位。命尹吉甫帥師伐之。有功而歸。詩人作歌以序其事如此。司馬法。冬夏不興師。今乃六月而出師者。以玁狁甚熾。其事危急。故不得已而王命於是出征。以正王國也。

○比去聲物四驪。閑之維則。維此六月。既成我服。叶蒲北反我服既成。于三十里。王于出征。以佐天子。叶奬里反

○賦也。比物。齊其力也。凡大事。祭祀朝覲會同。毛馬而頒之。凡軍事。物馬而頒之。毛馬齊其色。物馬齊其力。吉事尚文。武事尚強也。則。法也。服。戎服也。三十里。一舍也。古者吉行日五十里。師行日三十里。○

不見其急矣四章
然常服究不可常
故下章云我服既
成我服既成者謂
軍服也然後軍服
既成時行已三十里
矣文於常服軍服
分別甚明而注者
反強欲渾而同之
吾不知同古今何以

[illegible]音映

既此其物而曰四驪。則其色又齊。可以見馬之有餘矣。閑習之而皆中法則。又可以見教之有素矣。於是此月之中。卽成我服。旣成我服卽日引道。不徐不疾。盡舍而止。又見其應變之速。從事之敏。而不失其常度也。王命於此而出征。欲其有以敵王所愾而佐天子耳

○四牡修廣。其大有顒。玉容反 薄伐玁狁。以奏膚公。有嚴有翼。共音恭武之服。叶蒲北反 共武之服。以定王國。叶于逼反 ○賦也。修。長。廣。大也。顒。大貌。奏。薦。膚。大。公。功。嚴。威。翼。敬也。共與供同。服。事也。言將帥皆嚴敬以共武事也 ○玁狁匪茹。音孺 整居焦穫。音護 侵鎬音浩及方。至于涇陽。織音志文鳥章。白旆央央。於良反 元戎十乘。去聲 以先啓行。叶戶郎反

不善讀書如是也佗

共武之服注服事也大非古人文律雖疎要不至於一詩之中一字兩用作數解服固有作服事解者然動詞非名詞也此服字仍前章服我服之服此詩前三章皆承四牡二句來二章言

度徒洛反

○賦也。茹度整齊也。焦穫鎬方皆地名。焦未詳所在。穫郭璞以爲瓠中則今在耀州三原縣也。鎬劉向以爲千里之鎬。則今非鎬京之鎬矣。亦未詳其所在也。方疑即朔方也。涇陽涇水之北。在豐鎬之西北。言其深入爲寇也。織字同。鳥章鳥隼之章也。白旆繼旐者也。央央鮮明貌。元大也。戎戎車也。軍之前鋒也。啓開行道也。猶言發程也。○言玁狁不自度量深入爲寇如此。是以建此旌旗選鋒鋭進聲其罪而致討焉。直而壯律而臧。有所不戰。戰必勝矣。

○戎車既安。叶於連反如輊。音致如軒。四牡既佶。音吉既佶且閑。叶胡田反薄伐玁狁。至于大原。音泰文武吉甫。萬邦爲憲。叶許言反○賦也。輊車之覆而前也。軒車之却而後也。凡車從後視之如輊。從前視之如軒。然後適調也。佶壯健貌。大原地名。亦曰大鹵。

小雅彤弓之什　卷五

四驪即承上文四牡我
服即承上文常服此
章四牡仍前章之四
牡共武之服即接
寫上章既成之軍
服也注所云云則直
夢話耳
玁狁匪茹注茹度謂
玁狁不度非是玁狁
既侵陵上國猶得謂
之度乎茹乃柔亦不

樂音洛

今在大原府陽曲縣至于大原言逐出之而
已。不窮追也先王治戎狄之法如此。吉甫尹
吉甫。此時大將也憲法也非文無以附衆非
武無以威敵能文能武則萬邦以之爲法矣

○吉甫燕喜既多受祉。來歸自鎬我。行永久。叶舉里反
飲去聲御諸友叶羽已反炰音庖鼈膾鯉。侯誰在
矣。張仲孝友叶同上○賦也。祉。福。御。進。侯。維也。張仲吉甫之友也。善父母曰
孝。善兄弟曰友。○此言吉甫燕飲喜樂。多受
福祉。蓋以其歸自鎬而行未久也。是以飲酒
進饌於朋友。而孝友之張仲在焉。言其所
與宴者之賢。所以賢吉甫而善是燕也

六月六章章八句

薄言采芑音起于彼新田。于此菑音緇畝。叶每彼反方

茹之茹謂柔弱易
欺也今人對於柔軟
不需咀嚼之物吞食
之謂之元茹（譯音）
而謂人之遇敵恇怯
者亦謂之元茹了正
足為此茹字之注腳
言玁狁初非柔弱
易欺者也下文三句
正以申明玁狁匪
茹之故如注所言則

扞戶感反　樊與鞶同

叔涖音利止。其車三千。師干之試。叶詩止反方叔率止
乘其四騏。四騏翼翼。路車有奭。音郝簟笰音弗
魚服。叶蒲北反鉤膺鞗音條革。叶訖力反○興也。芑
菜有白汁。出可生食。亦可蒸爲茹。即今苦
藚菜。宜馬食。軍行采之。人馬皆可食也。田一
歲曰菑。二歲曰新田。三歲曰畬。方叔。宣王卿
士。受命爲將者也。涖。臨也。其車三千。法當用
三十萬衆。蓋兵車一乘。甲士三人。步卒七十
二人。又二十五人將重車在後。凡百人也。然
此亦極其盛而言。未必實有此數也。師。衆。干。
扞也。試。肄習也。言衆且練也。率。總率之也。翼
翼。順序貌。路車。戎車也。奭。赤貌。簟笰。以方文
竹簟爲車蔽也。鉤膺。馬婁頷有鉤。而在膺有
樊纓也。樊。馬大帶。纓。鞅也。鞗革。見蓼蕭篇。
○宣王之時。蠻荊背叛。王命方叔南征。軍行

味同嚼蠟矣蒸民詩注茹納也亦非殆因与下文吐字對言故臆為納耳不知茹固可釋納實則惟適用於納弱物不可概作納字用也後世翻文用此字即本於蒸民篇注然實求尚不適也

鑣音標

采芑而食故賦其事以起興曰薄言采芑則于彼新田于此菑畝矣方叔涖止則其車三千師干之試衆矣又遂言其車馬之美以見軍容之盛也○薄言采芑于彼新田于此中鄉方叔涖止其車三千旂旐央央方叔率止約軧（音祇）錯衡（叶戶郎反）八鸞瑲瑲（音倉）服其命服朱芾（音弗）斯皇有瑲蔥珩（音衡叶戶郎反）○興也中鄉民居其田尤治約束軧轂也以皮纏束兵車之轂而朱之也錯文也鈴在鑣曰鸞馬口兩旁各一四馬故八也瑲瑲聲也命服天子所命之服也朱芾黃朱之芾也皇猶煌煌也瑲玉聲蔥蒼色如蔥者也珩佩首橫玉也禮三命赤芾蔥珩○鴥（音聿）彼飛隼（息允反）其飛戾天亦集爰止方叔涖止

采芑
宣王南征也

其車三千師干之試方叔率止鉦音征人伐鼓陳師鞠音菊旅顯允方叔伐鼓淵淵叶於巾反振旅闐闐音田叶徒鄰反○興也隼鷂屬急疾之鳥也戾至爰於也鉦鐃也鐲也伐擊也鉦以靜之鼓以動之鉦鼓各有人而言鉦人伐鼓互文也鞠告也二千五百人為師五百人為旅此言將戰陳其師旅而誓告之也陳師鞠旅亦互文耳淵淵鼓聲和平不暴怒也謂戰時進士衆也振止旅衆也言戰罷而止其衆以入也春秋傳曰出曰治兵入曰振旅是也闐闐行闐亦鼓聲也或曰盛貌程子曰亦以鼓進以金止○言隼飛戾天而亦集於所止以興師衆之盛而進退有節如下文所云也○蠢爾蠻荊大邦為讎方叔元老克壯其猶方叔率止執訊音信獲

車攻

宣王復古也

醜叶尺由反 戎車嘽嘽。音灘 嘽嘽焞焞。音推 如霆如雷。顯允方叔。征伐玁狁。蠻荆來威。叶音畏 ○賦也。蠢蠢者動而無知之貌。蠻荆荆州之蠻也。大邦猶言中國也。元大。猶謀也。言方叔雖老而謀則壯也。嘽嘽衆也。焞焞盛也。霆疾雷也。方叔蓋嘗與於北伐之功者。是以蠻荆聞其名而皆來畏服。

采芑四章章十二句

我車既攻。我馬既同。四牡龐龐。音籠 駕言徂東。賦也。攻堅。同齊也。傳曰宗廟齊豪尚純也。戎事齊力尚強也。田獵齊足尚疾也。龐龐充實也。東東都洛邑也。○周公相成王營洛邑爲東都以朝諸侯。周室既衰久廢其禮。至於宣王內修政事。外攘夷狄。復文武之竟土。修車馬備器械。復會諸侯於東都。因田獵而選車

敖殆後之所謂敖倉也

數上聲

徒焉。故詩人作此以美之。首章汎言將往東都也。○田車既好。叶許厚反四牡孔阜。東有甫草。叶此苟反駕言行狩。叶始苟反○賦也。田車，田獵之車。好，善也。阜，盛大也。甫草，甫田也。後爲鄭地，今開封府中牟縣西圃田澤是也。宣王之時，未有鄭，圃田屬東都畿內，故往田也。○此章指言將往狩于圃田也。

○之子于苗。叶音毛選徒囂囂。音翱建旐設旄。搏音博獸于敖。賦也。之子，有司也。苗，狩獵之通名也。選，數也。囂囂，聲衆盛也。數車徒者其聲囂囂，則車徒之衆可知。且車徒不譁，而惟數者有聲，又見其靜治也。敖，近滎陽地名也。○此章言至東都而選徒以獵也。

○駕彼四牡。四牡奕奕。赤芾金舃。會同有繹。賦也。奕奕，連絡布散之貌。赤芾，諸侯之服。金舃

調古洽字之誤

駕古音賀

見音現。屬音燭。

著入聲。下同。比去聲。𢪒說文前智反。

赤舄而加金飾。赤諸侯之服也。時見曰會殷見曰同。繹陳列聯屬之貌也。○此章言諸侯來會朝於東都也。○**決拾既佽**佽音次。與柴叶。**弓矢既調**讀加同。與同叶。**射夫既同助我舉柴**柴音恣。○賦也。決以象骨爲之。著於有手大指。所以鉤弦開體。拾以皮爲之。著於左臂以遂弦。故亦名遂。佽比也。調謂弓強弱與矢輕重相得也。射夫蓋諸侯來會者。同協也。柴說文作𢪒。謂積禽也。使諸侯之人助而舉之。言獲多也。○此章言既會同而田獵也。○**四黃既駕兩驂不猗**音意。叶於箇反。**不失其馳**叶徒臥反。**舍**音捨。**矢如破**叶普過反。○賦也。猗偏倚不正也。馳驅之法也。舍矢如破。巧而力也。蘇氏曰。不善射御者詭遇則獲。不然不能也。今御者不失其馳驅之法。而射者舍矢如破。則可謂善射御矣。○此章言田獵

且四志反踐音翦驃頻小反射音石腢音愚乾音干髀補爾步米二反罷音杳

而見其射御之善也○蕭蕭馬鳴悠悠旆旌徒御不驚大庖不盈賦也蕭蕭悠悠皆閑暇之貌徒步卒也御車御也驚如漢書夜軍中驚之驚不驚言比卒事不諠譁也大庖君庖也不盈言取之有度不極欲也蓋古者田獵獲禽面傷不獻踐毛不獻不成禽不獻擇取三等自左膘而射之達於右腢為上殺以為乾豆奉宗廟達右耳本者次之以為賓客射左髀達於右䯚為下殺以充君庖每禽取三十焉每等得十其餘以與士大夫習射於澤宮中者取之是以獲雖多而君庖不盈也張子曰饌雖多而無餘者均及於衆而有法耳凡事有法則何患乎不均也舊說不驚驚也不盈盈也亦通○此章言其終事嚴而頒禽均也○之子于征有聞音問無聲允矣君子展也大成賦也允信展誠也聞師之行而

吉日

美宣王田也

與平聲

不聞其聲。言至肅也。信矣其君子也。誠哉其
大成也。○此章總敘其事之始終而深美之。蓋
車攻八章章四句　以五章以下考之恐當作四章章八句

吉日維戊，叶莫口反既伯既禱。叶丁口反田車既好。叶許口反四牡孔阜。升彼大阜。從其羣醜。

賦也。戊，剛日也。伯，馬祖也。謂天駟房星之神也。醜，衆也。謂禽獸之羣衆也。○此亦宣王之詩。言田獵將用馬力，故以吉日祭馬祖而禱之。既祭而車牢馬健，於是可以歷險而從禽也。以下章推之，是日也其戊辰與。

○吉日庚午。既差我馬。叶滿補反獸之所同，麀音憂鹿麌麌。音語漆沮平聲之從，天子之所。

賦也。庚午亦剛日也。差，擇齊其足也。同，聚也。鹿牝曰麀。麌麌，衆多也。漆沮，水名。在西都畿內涇

渭之北所謂洛水今自延韋流入鄜坊至同州入河也○戊辰之日既禱矣越三日庚午遂擇其馬而乘之視獸之所聚麀鹿最多之處而從之惟漆沮之旁爲盛宜爲天子田獵之所也○**瞻彼中原其祁孔有**叶羽已反**儦儦**音標**俟俟**叶于紀反**或羣或友**叶羽已反**悉率左右**叶羽已反**以燕天子**叶奬里反○賦也中原原中也祁大也趣則儦儦行則俟俟獸三曰羣二曰友燕樂也○言從王者視彼禽獸之多於是率其同事之人各共其事以樂天子也○**既張我弓既挾我矢發彼小豝**音巴**殪**音意**此大兕以御賓客且以酌醴**賦也發發矢也豕牝曰豝一矢而死曰殪兕野牛也言能中微而制大也御進也醴酒名周官五齊二曰醴齊注曰醴成而汁滓相

自此以上為南有嘉魚之什初無所謂魚麗白華彤弓等云云也

鴻鴈

美宣王也

音子 王坊本或誤作无

將如今甜酒也。言射而獲禽以為俎實進於賓客而酌醴也

吉日四章章六句 東萊呂氏曰車攻吉日所以為復古者何也蓋蒐狩之禮可以見王賦之復焉可以見軍實之盛焉可以見師律之嚴焉可以見上下之情焉可以見綜理之周焉欲明文武之功業者此亦足以觀矣

鴻鴈于飛肅肅其羽之子于征劬勞于野叶上與反爰及矜人哀此鰥寡叶果五反。興也大曰鴻小曰鴈肅肅羽聲也之子流民自相謂也征行也劬勞病苦也矜憐也老而無妻曰鰥老而無夫曰寡。舊說周室中衰萬民離散而宣王能勞來還定安集之故流民喜之而作此詩追敘其始而言曰鴻鴈于飛則肅肅其羽矣之子于征則劬勞于野矣且其劬勞者皆鰥寡可哀憐

知去聲知其知字

之人也然今亦未有以見其
爲宣王之詩後三篇放此
○鴻鴈于飛集于中澤叶徒洛反之子于垣音袁百堵皆作雖則劬勞其究安宅叶達各反○興也中澤澤中也一丈爲板五板爲堵究終也○流民自言鴻鴈集于中澤以興已之得其所止而築室以居今雖勞苦而終獲安定也

○鴻鴈于飛哀鳴嗷嗷音翱維此哲人謂我劬勞維彼愚人謂我宣驕叶音高○比也流民以鴻鴈哀鳴自比而作此歌也哲知宣示也知者聞我歌知其出於劬勞不知者謂我閒暇而宣驕也韓詩云勞者歌其事魏風亦云我歌且謠不知我者謂我士也驕大抵歌多出於勞苦而不知者常以爲驕也

庭燎
美宣王也

朝音潮烜音毁并去声

鴻鴈三章章六句

夜如何其音基夜未央庭燎之光君子至止鸞聲將將音鏘○賦也其語辭央中也庭燎大燭也諸侯將朝則司烜以物百枚并而東之設於門內也君子諸侯也將將鸞鑣聲○王將起視朝不安於寢而問夜之早晚曰夜何如哉夜雖未央而庭燎光矣朝者至而聞其鸞聲矣○

夜如何其夜未艾叶音乂庭燎晣晣音制與艾叶君子至止鸞聲噦噦音諱○賦也艾盡也晣晣小明也噦噦近而聞其徐行聲有節也○

夜如何其夜鄉音向晨庭燎有煇音熏君子至止言觀其旂叶渠斤反○賦也鄉晨近曉也煇火氣也天欲明而見其煙光相雜

沔水
規宣王也
沔古泛字歟
音穴旋之入
声也

也既至而觀其
旂則辨色矣

庭燎三章章五句

沔音免彼流水朝音潮宗于海叶虎洧反鴥惟必反彼飛
隼載飛載止嗟我兄弟邦人諸友叶羽軌反莫肯
念亂誰無父母叶滿彼反○興也沔水流滿也諸侯春見天子曰朝夏見
曰宗○此憂亂之詩言流水猶朝宗于海飛
隼猶或有所止而我之兄弟諸友乃無肯念
亂者誰獨無父母乎亂則憂
或及之是豈可以不念哉○沔彼流水其
流湯湯音傷鴥彼飛隼載飛載揚念彼不蹟音迹
載起載行叶戸郎反心之憂矣不可弭忘興也湯湯波流

處音杵

盛貌。不蹟。不循道也。載起載行。言憂念之深不遑寧處也。弭。止也。水盛隼揚。以興憂念之不能忘也○鴥彼飛隼。率彼中陵。民之訛言。寧莫之懲。我友敬矣。讒言其興。興也。率。循。訛。偽。懲。止也○隼之高飛猶循彼中陵。而民之訛言。乃無懲止之者。然我之友。誠能敬以自持矣。則讒言何自而興乎。始憂於人。而卒反諸已也

沔水三章。二章章八句。一章六句疑當作三章章八句。卒章脫前兩句耳

鶴鳴于九皋。聲聞音問于野。叶上與反魚潛在淵。或在于渚。樂音洛彼之園。爰有樹檀。叶徒沿反其下維

鶴鳴
誨宣王也

長上声

蘀（音託）他山之石可以爲錯（入聲○比也鶴鳥名長頸竦身高脚）頂赤身白頸尾黑其鳴高亮聞八九里皐澤中水溢出所爲坎從外數至九喻深遠也蘀落也錯礪石也○此詩之作不可知其所由然必陳善納誨之辭也蓋鶴鳴于九皐而聲聞于野言誠之不可揜也魚潛在淵而或在于渚言理之無定在也園有樹檀而其下維蘀言愛當知其惡也他山之石而可以爲錯言憎當知其善也由是四者引而伸之觸類而長之天下之理其庶幾乎

○鶴鳴于九皐聲聞于天（叶鐵因反）魚在于渚或潛在淵（叶一均反）樂彼之園爰有樹檀其下維穀他山之石可以攻玉（比也穀一名楮）惡木也攻錯也○程子曰玉之溫潤天下之至美也石之麤厲天下之至惡也然兩玉相

祈父
刺宣王也

磨。不可以成器。以石磨之。然後玉之爲器。得以成焉。猶君子之與小人處也。橫道侵加。然後修省畏避。動心忍性。增益預防。而義理生焉。道德成焉。吾聞諸邵子云

鶴鳴二章章九句

彤弓之什十篇四十章二百五十九句疑脫兩句當爲二百六十一句

祈父之什二之四

祈父音甫予王之爪牙。叶五胡反胡轉予于恤。靡所止居

賦也。祈父司馬也。職掌封圻之兵甲。故以爲號。酒誥曰。圻父薄違是也。予。六軍之士也。或曰。司右虎賁之屬也。爪牙。鳥獸所用以爲威者也。恤。憂也。○軍士怨於久役故

底京本之復反

呼祈父而告之曰予乃王之爪牙汝何轉我於憂恤之地使我無所止居乎○祈父予王之爪士胡轉予于恤靡所底音抵止賦也爪士爪牙之士也底至也○祈父亶不聰胡轉予于恤有母之尸饔賦也亶誠尸主也饔熟食也言不得奉養而使母反主勞苦之事也○東萊呂氏曰越句踐伐吳有父母者老而無昆弟者皆遣歸魏公子無忌救趙亦令獨子無兄弟者歸養則古者有親老而無兄弟其當免征役必有成法故責司馬之不聰其意謂此法人皆聞之汝獨不聞乎乃驅吾從戎使吾親不免薪水之勞也責司馬者不敢斥王也

祈父三章章四句序以爲刺宣王之詩說者又以爲宣王三

白駒

大夫刺宣王也

詩明是興既知其爲託言是亦非不知其爲興偏注以爲賦怪極

彊音求　紲音牛

十九年戰于千畝王師敗績于姜氏之戎故軍士怨而作此詩東萊呂氏曰太子晉諫靈王之辭曰自我先王厲宣幽平而貪天禍至于今未弭宣王中興之主也至與幽厲並數之其辭雖過觀是詩所刺則子晉之言豈無所自歟但今考之詩文未有以見其必爲宣王耳下章放此

皎皎白駒食我場苗縶音執之維之以永今朝所謂伊人於焉逍遥

賦也皎皎潔白也駒馬之未壯者謂賢者所乘也場圃也縶絆其足維繫其靷也永久也伊人指賢者也逍遥遊息也○爲此詩者以賢者之去而不可留也故託以其所乘之駒食我場苗而縶維之庶幾以永今朝使其人得以於此逍遥而不去若後人留客而投其轄於井中也○皎皎白駒食

樂音洛

我場藿音霍縶之維之以永今夕叶祥龠反所謂伊人於焉嘉客叶克各反○賦也藿猶苗也夕猶朝也嘉客猶逍遙也○皎皎白駒賁音閟音奔然來思叶云俱反爾公爾侯叶洪孤反逸豫無期慎爾優游叶汪胡反勉爾遁思叶新齎反○賦也賁然光采之貌也或以為來之疾也思語辭也爾指乘駒之賢人也慎勿過也勉毋決也遁思猶言去意也○言此乘白駒者若其肯來則以爾為公以爾為侯而逸樂無期矣猶言橫來大者王小者侯也豈可以過於優游決於遁思而終不我顧哉蓋愛之切而不知好爵之不足縻畱之苦而不恤其志之不得遂也○皎皎白駒在彼空谷生芻楚俱反一束其人如玉毋金玉爾

以二三章桑栩例之穀乃木名史記所謂桑穀生于朝也

音而有遐心賦也。賢者必去而不可留矣。於是歎其乘白駒入空谷。束生芻以秣之。而其人之德美如玉也。蓋已邈乎其不可親矣。然猶冀其相聞而無絕也。故語之曰。毋貴重爾之音聲。而有遠我之心也

白駒四章章六句

黃鳥黃鳥。無集于穀。無啄音卓我粟。此邦之人。不我肯穀。言旋言歸。復我邦族比也。穀木名。穀善。旋回。復反也。○民適異國。不得其所。故作此詩。託為呼其黃鳥而告之曰。爾無集于穀。而啄我之粟。苟此邦之人。不以善道相與。則我亦不久於此而將歸矣。

○黃鳥黃鳥。無集于桑。無啄我粱。此邦之人。不可與明叶謨

黃鳥

刺宣王也

必以何能見其為宣王之世耶

此詩三章皆與條乃悉指為賦然則多章首二句又胡指耶

處音杵

郎反言旋言歸復我諸兄叶虛王反○比也○黃鳥黃鳥無集于栩音許無啄我黍此邦之人不可與處言旋言歸復我諸父比也

黃鳥三章章七句

東萊呂氏曰宣王之末民有失所者意他國之可居也及其至彼則又不若故鄉焉故思而欲歸使民如此亦異於還定安集之時矣今按詩文未見其爲宣王之世下篇亦然

我行其野蔽芾其樗音樞昏姻之故言就爾居爾不我畜復我邦家叶古胡反○賦也樗惡木也壻之父婦之父相謂曰昏姻畜養也○民適異國依其昏姻而不見收恤故作此詩言我行於野中依

我行其野
刺宣王也
遂今之所謂遂
菜
葍今之所謂葍
子苗之者皆野
菜也

[illegible]段 節坊 不作 我成 論語 作誠 營異

惡木以自蔽。於是思昏姻之故。而就爾居。而爾不我畜也。則將復我之邦家矣○我行其野。言采其蓫。音逐昏姻之故。言就爾宿。爾不我畜。言歸思復。賦也。蓫。牛蘈。惡菜也。今人謂之羊蹄菜○我行其野。言采其葍。音福叶筆力反不思舊姻。求爾新特。成不以富。亦祇音支以異。叶逸織反○賦也葍。蔔。惡菜也。特。匹也。○言爾之不思舊姻而求新匹也。雖實不以彼之富。而厭我之貧。亦祇以其新而異於故耳。此詩人責人忠厚之意

我行其野三章章六句王氏曰。先王躬行仁義以道民厚矣。猶以爲未也。又建官置師。以孝友睦婣任恤六行教民。爲其有父母也。故

斯干
宣王考室也
干古文作㦰
斥宣王所作之
宮干旱古通其
室在旱山之麓
故名下所謂南

教以孝。爲其有兄弟也。故教以友。爲其有同姓也。故教以睦。爲其有異姓也。故教以婣。爲鄰里鄉黨相保相愛也。故教以任。相賙相救也。故教以恤。以爲徒教之或不率也。故使官師以時書其德行而勸之。以爲徒勸之或不率也。於是乎有不孝不睦不婣不弟不任不恤之刑焉。方是時也。安有如此詩所刺之民乎

秩秩斯干。叶居焉反幽幽南山。叶所旃反如竹苞。叶補苟反矣。如松茂。叶莫口反矣。兄及弟矣。式相好。去聲叶許厚反矣。無相猶。叶余久反矣。賦也。秩秩。有序也。斯。此也。干。水涯也。南山。終南之山也。苞。叢生而固也。猶。謀也。○此築室既成而燕飲以落之。因歌其事。言此室臨水而面山。其下之固。如竹之苞。其上之密。如松之茂。又言居是室者。兄弟相好而無相謀。則頌禱之

山即旱山也

處音杵

小雅

辭。猶所謂聚國族於斯者也。張子曰。猶似也。人情大抵施之不報則輟。故恩不能終。兄弟之間。各盡己之所宜施者。無學其不相報而廢恩也。君臣父子朋友之間。亦莫不用此道盡己而已。愚按此於文義或未必然。然意則善矣。或曰猶當作尤

○似續妣音比祖。築室百堵。西南其戶。爰居爰處。爰笑爰語。

賦也。似。嗣也。妣先於祖者。協下韻爾。或曰謂姜嫄后稷也。西南其戶。天子之宮。其室非一。在東者西其戶。在北者南其戶。猶言南東其畝也。爰。於也

○約之閣閣。椓音卓之橐橐。音託風雨攸除。去聲鳥鼠攸去。君子攸芋。音吁叶王遇反

○賦也。約。束板也。閣閣上下相乘也。椓。築也。橐橐。杵聲也。除。亦去也。無風雨鳥鼠之害。言其上下四旁皆牢密也。芋。尊大也。君子之所居以為尊且大也

鳥当作隹

窔音杳

○如跂音企斯翼。如矢斯棘。如鳥斯革。叶訖力反如翬音輝斯飛。君子攸躋。音賷○賦也。跂，竦立也。翼，敬也。棘，急也。矢行緩則枉，急則直也。革，變。翬，雉。躋，升也。○言其大勢嚴正，如人之竦立，而其恭翼翼也。其廉隅整飭，如矢之急而直也。其棟宇峻起，如鳥之警而革也。其簷阿華采而軒翔，如翬之飛而矯其翼也。蓋其堂之美如此，而君子之所升以聽事也。

○殖殖音湜其庭。有覺其楹。噲噲音快其正。叶音征噦噦音誨其冥。君子攸寧。賦也。殖殖，平正也。庭，宮寢之前庭也。覺，高大而直也。楹，柱也。噲噲，猶快快也。正，向明之處也。噦噦，深廣之貌。冥，奥窔之閒也。言其室之美如此，而君子之所休息以安身也。

○下莞音官上簟。叶徒檢、徒錦二反乃安斯寢。叶千

斯干無羊似出
二人手故家法異
同前半家寫入
後刻俗之以夢
虺者今之蝎虎
在野者或又謂
之蛇醫蛇郎中
注亦言之怪物誰
曾見之即有之

悲呼歎反

檢干錦二反乃寢乃興乃占我夢。叶彌登反吉夢維何

維熊維羆音碑叶彼何反維虺音毀維蛇叶于其土何二反。賦也。莞蒲蓆也。竹葦曰簟。羆似熊而長頭高脚猛憨多力能拔樹。虺蛇屬細頸大頭色如文綬大者長七八尺。○祝其君安其室居。夢兆而有祥。亦頌禱之辭也。下章放此。

○大音泰人占之維熊維羆男子之祥。維虺維蛇女子之祥

賦也。大人大卜之屬占夢之官也。熊羆陽物在山彊力壯毅男子之祥也。虺蛇陰物穴處柔弱隱伏女子之祥也。○或曰夢之有占何也。曰人之精神與天地陰陽流通故晝之所爲夜之所夢其善惡吉凶各以類至。是以先王建官設屬使之觀天地之會。辨陰陽之氣。以日月星辰占六夢之吉凶獻吉夢贈惡夢。其於天人相與之際察之詳

又何以知其即古人所言之悳中國人之道聽途說不求實際概如是也

衣去聲

而敬之至矣。故曰。王前巫而後史。宗祝瞽侑。皆在左右。王中心無爲也。以守至正。○

乃生男子。載寢之牀。載衣去聲之裳。載弄之璋。其泣喤喤。音橫叶胡光反朱芾音弗斯皇。室家君王。賦也

半圭曰璋。喤。大聲也。芾。天子純朱。諸侯黃朱。皇。猶煌煌也。君。諸侯也。○寢之於牀。尊之也。衣之以裳。服之盛也。弄之以璋。尚其德也。言男子之生。於是室者。皆將服朱芾煌煌然。有室有家。爲君爲王矣。

○乃生女子。載寢之地。載衣之裼。音昔載弄之瓦。叶魚位反無非無儀。叶音義唯酒食是議。無父母詒音遺罹。叶音麗○賦也。裼。褓也。瓦。紡塼也。儀。善。罹。憂也。○寢之於地。卑之也。衣之以褓。卽其用而無加也。弄之以瓦。習其所有事也。有非。非婦人也。有

無羊 宣王刺考牧也

業序謂宣王考牧

又說謂考牧乃旅成

之祭說謂牧成

冪音密 養去聲

圮部鄙反 更平聲

小雅

善。非婦人也。蓋女子以順為正。無非足矣。有善。則亦非其吉祥可願之事也。唯酒食是議而無遺父母之憂。則可矣。易曰。無攸遂。在中饋。貞吉。而孟子之母亦曰。婦人之禮。精五飯冪酒漿。養舅姑。縫衣裳而已矣。故有閨門之修。而無境外之志。此之謂也

斯干九章四章章七句五章章五句

舊說厲王既流于彘。宮室圮壞。故宣王即位更作宮室。既成而落之。今亦未有以見其必為是時之詩也。或曰。儀禮下管新宮。春秋傳。宋元公賦新宮。恐即此詩然亦未有明證

誰謂爾無羊。三百維羣。誰謂爾無牛。九十其犉。音淳 爾羊來思。其角濈濈。音戢 爾牛來思。其耳

說牧寫文古圖者牧以蕃育爲獸築寫以居牧人即說牧寫湯誓既言其文古冗寔通故此詩餱與具叶令乃竟以具字叶作入聲先生殆止知詩有上下兩句而不知其

數上聲同五之反
揭音竭別必列反

濕濕。賦也。黃牛黑脣曰犉。羊以三百爲羣。其羣不可數也。牛之犉者九十。非犉者尚多也。聚其角而息濈濈然。呞而動其耳濕濕然。王氏曰。濈濈。和也。羊以善觸爲患故言其和。謂聚而不相觸也。濕濕。潤澤也。牛病則耳燥安則潤澤也。○此詩言牧事有成。而牛羊衆多也。○或降于阿。或飲于池。叶唐何反或寢或訛。爾牧來思。何上聲蓑音梭何笠。音立或負其餱。音侯三十維物。叶微律反爾牲則具。叶居律反○賦也。訛動。何揭也。蓑笠所以備雨。三十維物。齊其色而別之。凡爲色三十也。○言牛羊無驚畏。而牧人持雨具。齎飲食從其所適以順其性。是以生養蕃息。至於其色無所不備。而於用無所不有也。○爾牧來思。以薪以蒸。以雌以雄。叶于陵反爾羊來思

有三句者也
衆螺省𧕍之異
作字今之蝗也
旐旗上存旟存
下旗也蝗為魚由
害虫出而為水
鮮故其兆為豐
年旐為旟由

鑑音[illegible]上聲

矜矜兢兢。不騫不崩。麾之以肱。畢來既升。賦也。麤曰薪。細曰蒸。雌雄，禽獸也。矜矜兢兢，堅強也。騫，虧也。崩，羣疾也。肱，臂也。既，盡也。升，入牢也。○言牧人有餘力，則出取薪蒸，搏禽獸。其羊亦馴擾從人，不假箠楚，但以手麾之，使來則畢來，使升則既升也。

○牧人乃夢。衆維魚矣。旐音兆維旟音餘矣。大人占之。衆維魚矣。實維豐年。叶尼因反

旐維旟矣。室家溱溱。賦也。占夢之說未詳。溱溱，衆也。或曰，衆謂人也。旐，郊野所建。統人少。旟，州里所建。統人多。蓋人不如魚之多，旐所統不如旟所統之衆。故夢人乃是魚，則爲豐年。旐乃是旟，則爲人衆。

無羊四章章八句

單幅化而爲合幅故其兆爲成室家

以上十篇爲鴻鴈之什不名祈父也

節南山家父刺幽王也

父音甫

節音截彼南山。維石巖巖。赫赫師尹。民具爾瞻。叶側銜反憂心如惔。音談不敢戲談。國既卒子律反斬。叶側銜反何用不監。平聲○興也。節。高峻貌。巖巖。積石貌。赫赫。顯盛貌。師尹。大師尹氏也。大師。三公。尹氏。蓋吉甫之後。春秋書尹氏卒。公羊子以爲譏世卿者。即此也。具。俱。瞻。視。惔。燔。卒。終。斬。絕。監。視也。○此詩家父所作。刺王用尹氏以致亂。言節彼南山。則維石巖巖矣。赫赫師尹。則民具爾瞻矣。而其所爲不善。使人憂心如火燔灼。又畏其威而不敢言也。然則國既終斬絕矣。汝何用而不察哉。○節彼南山。有實其猗。音醫叶於何反赫赫師尹。不平謂何。天方薦音荐瘥。音嗟喪去聲亂弘多。民言無嘉。叶居何反憯音慘莫懲嗟。

氏古作主極
字从之今音轉
作頂

讟徒谷反

叶遭哥反○興也有實其猗未詳其義傳曰實滿猗長也箋云猗倚也言草木滿其旁倚之畎谷也或以爲草木之實猗猗然皆不甚通薦荐通重也瘥病弘大憯曾懲創也○節彼南山則有實其猗矣赫赫師尹而不平其心則謂之何哉蘇氏曰爲政者不平其心則下之榮瘁勞佚有大相絕者矣是以神怒而重之以喪亂人怨而謗讟其上然然氏曾不懲創咨嗟求所以自改也○

尹氏大音泰師維周之氐音底叶都黎反秉國之均四方是維天子是毗音琵俾民不迷不弔昊天不宜空我師叶霜夷反○賦也氐本均平維持毗輔弔愍空窮師衆也○言尹氏大師維周之氐而秉國之均則是宜有以維持四方毗輔天子而使民不迷乃其職也今乃不平其心而既不見愍弔於昊天矣則不宜久在其位

膴猶蒙也膴仕
猶尸位蔽賢之
意若如舊說則
反為美德矣
膴仕當即今語
之誤事
闋字从门癸声不知
何處得有缺音此

并去聲

使天降禍亂。而我衆。并及空窮也

○弗躬弗親庶民弗信。叶斯人反 弗問弗仕勿罔君子。叶奬里反 式夷式已無小人殆。叶養里反 瑣瑣姻亞則無膴音武仕。賦也。仕。事。罔。欺也。君子。指王也。夷。平。已。止。殆。危也。瑣瑣。小貌。壻之父曰姻。兩壻相謂曰亞。膴。厚也。○言王委政於尹氏。尹氏又委政於姻亞之小人。而以其未嘗問。未嘗事者。欺其君也。故戒之曰汝之弗躬弗親。庶民已不信矣。其所弗問弗事。則豈可以罔君子哉。當平其心。視所在之人。有不當者。則已之。無以小人之故。而至於危殆其國也。瑣瑣姻亞。而必皆膴仕。則小人進矣

○昊天不傭。敕龍反 降此鞠音菊訩。音凶 昊天不惠。降此大戾。君子如届。音戒叶居例反 俾民心闋。音缺叶苦

説殆出於漢人〻〻於
所不識之字往〻任
意讀之而又恐人訛
其讀半字必故使
之出乎常例之外如
頍〻音跬亹〻音門
芑〻音起皆此類

夫音扶

柱反君子如夷惡去聲怒是違賦也。傭，均。鞫，窮。訩，亂。戾，乖。屆，至。闋，息。
違，遠也。○言昊天不均。而降此窮極之亂。昊天不順。而降此乖戾之變。然所以靖之者亦
在夫人而已。君子無所苟而用其至。則必躬必親。而民之亂心息矣。君子無所偏而平其
心。則式夷式已。而民之惡怒遠矣。傷王與尹氏之不能也。夫爲政不平以召禍亂者。人也。
而詩人以爲天實爲之者。蓋無所歸咎。而歸之天也。抑有以見君臣隱諱之義焉。有以見
天人合一之理焉。後皆放此。○不弔昊天叶鐵因反亂靡有定
叶唐丁反式月斯生叶桑經反俾民不寧。憂心如酲音呈
誰秉國成不自爲政叶諸盈反卒勞百姓叶桑經反。○賦
也。酒病曰酲。成，平。卒，終也。○蘇氏曰。天不之恤。故亂未有所止。而禍患與歲月增長。君子

瘁音萃

憂之曰誰秉國成者乃不自爲政而以付之姻亞之小人其卒使民爲之受其勞弊以至此也○駕彼四牡四牡項領我瞻四方蹙蹙音蹴靡所騁音逞○賦也項大也蹙蹙縮小之貌言駕四牡而四牡項領可以騁矣而視四方則皆昏亂蹙蹙然無可往之所亦將何所騁哉東萊呂氏曰本根病則枝葉皆瘁是以無可往之地也○方茂爾惡相去聲爾矛矣既夷既懌如相醻音酬矣賦也茂盛也相視懌悅也○言方盛其惡以相加則視其矛戟如欲戰鬬及既夷平悅懌則相與歡然如賓主而相醻酢不以爲怪也蓋小人之性無常而習於鬬亂其喜怒之不可期如此是以君子無所適而可也○昊天不平我王不寧不懲其心覆音福怨其正叶諸盈反

復扶又反　適音謫　間去聲

○賦也尹氏之不平若天使之故曰昊天不平若是則我王亦不得寧矣然尹氏猶不自懲創其心乃反怨人之正已○家父音甫作誦叶疾容反以究王訩式訛爾心以畜萬邦叶卜工反○賦也家氏父字周大夫也究窮訛化畜養也○家父自言作爲此誦以窮究王政昏亂之所由冀其改心易慮以畜養萬邦也陳氏曰尹氏厲威使人不得戲談而家父作詩乃復自表其出於已以身當尹氏之怨而不辭者蓋家父周之世臣義與國俱存亡故也東萊呂氏曰篇終矣故窮其亂本而歸之王心焉致亂者雖尹氏而用尹氏者則王心之蔽也李氏曰孟子曰人不足與適也政不足與間也惟大人爲能格君心之非蓋用人之失政事之過雖皆君之非然不必先論也惟格君心之非則政事無不善矣用人皆得其當矣

正月

大夫刺幽王也

父音甫

節南山十章六章章八句四章章四句

序以此爲幽王之詩。而春秋桓十五年有家父來求車。於周爲桓王之世。上距幽王之終。已七十五年。不知其人之同異。大抵序之時世。皆不足信。今姑闕焉可也

正音政月繁霜。我心憂傷。民之訛言。亦孔之將。念我獨兮。憂心京京。叶居良反哀我小心。癙音鼠憂以痒。音羊。○賦也。正月。夏之四月。謂之正月者。以純陽用事。爲正陽之月也。繁。多。訛僞。將。大也。京京。亦大也。癙憂。幽憂也。痒。病也。○此詩亦大夫所作。言霜降失節。不以其時既使我心憂傷矣。而造爲姦僞之言。以惑羣聽者。又方甚大。然衆人莫以爲憂。故我獨憂

之以至於病也○父母生我胡俾我瘉音庾不自我先不自我後叶下五反好言自口叶孔五反莠音酉言自口憂心愈愈是以有侮賦也瘉病自從莠醜也愈愈益甚之意○疾痛故呼父母而傷已適丁是時也訛言之人虛僞反覆言之好醜皆不出於心而但出於口是以我之憂心益甚而反見侵侮也○憂心惸惸音煢念我無祿民之無辜并去聲其臣僕哀我人斯于何從祿瞻烏爰止于誰之屋賦也惸惸憂意也無祿猶言不幸爾辜罪并俱也古者以罪人爲臣僕亡國所虜亦以爲臣僕箕子所謂商其淪喪我罔爲臣僕是也○言不幸而遭國之將亡與此無罪之民將俱被囚虜而同爲臣僕未知將復從何人而受

喪去聲

祿。如視烏之飛。不知其將止于誰之屋也 ○ 瞻彼中林。侯薪侯蒸。民今方殆。視天夢夢。音蒙叶莫登反 旣克有定。靡人弗勝。音升 有皇上帝。伊誰云憎。興也。中林。林中也。侯。維。殆。危也。夢夢。不明也。皇。大也。上帝。天之神也。程子曰。以其形體謂之天。以其主宰謂之帝 ○ 言瞻彼中林。則維薪維蒸。分明可見也。民今方危殆。疾痛。號訴於天。而視天反夢夢然。若無意於分別善惡者。然此特値其未定之時爾。及其旣定。則未有不爲天所勝者也。夫天豈有所憎而禍之乎。福善禍淫。亦自然之理而已。申包胥曰。人衆則勝天。天定亦能勝人。疑出於此 ○ 謂山蓋卑。爲岡爲陵。民之訛言。寧莫之懲。召彼故老。訊音信之占夢。叶莫登反 具曰予聖。誰

別必列反

知烏之雌雄叶胡陵反○賦也山脊曰岡廣平曰陵懲止也故老舊臣也訊問也占夢官名掌占夢者也具俱也烏之雌雄相似而難辨者也○謂山蓋卑而其實則岡陵之崇也今民之訛言如此矣而王猶安然莫之止也及其詢之故老訊之占夢則又皆自以為聖人亦誰能別其言之是非乎子思言於衛侯曰君之國事將日非矣公曰何故對曰有由然焉君出言自以為是而卿大夫莫敢矯其非卿大夫出言亦自以為是而士庶人莫敢矯其非君臣既自賢矣而羣下同聲賢之賢之則順而有福矯之則逆而有禍如此則善安從生詩曰具曰予聖誰知烏之雌雄抑亦似君之君臣乎○謂天蓋高不敢不局叶居亦反謂地蓋厚不敢不蹐音積維號音毫斯言有倫有脊哀今之人胡為虺音毁

扤者扼之訛

蜴原本星歷反　累上聲　螈音原　螫音釋　一　崎嶇音欹區　墝埆音敲殼

蜴音易○賦也局曲也蹐累足也號長言之也脊理也蜴螈也虺蜴皆毒螫之蟲也○言遭世之亂天雖高而不敢不局地雖厚而不敢不蹐其所號呼而為此言者又皆有倫理而可考也哀今之人胡為肆毒以害人而使之至此乎

○瞻彼阪音反田有菀音鬱其特天之扤音兀我如不我克彼求我則如不我得執我仇仇亦不我力

興也阪田崎嶇墝埆之處菀茂盛之貌特特生之苗也扤動也力謂用力○瞻彼阪田猶有菀然之特而天之扤我如恐其不我克何哉亦無所歸咎之辭也夫始而求之以為法則惟恐不我得也及其得之則又執我堅固如仇讎然然終亦莫能用也求之甚艱而棄之甚易其無常如此

○心之憂矣如或結之今茲之正胡為厲叶力

桀反矣。燎之方揚。寧或滅之。赫赫宗周。褒姒(音似)烕(呼悅反)之。(賦也。正，政也。厲，暴惡也。火田為燎。揚，盛也。宗周，鎬京也。褒姒，幽王之嬖妾。褒國女。姒姓也。烕亦滅也。○言我心之憂如結者。為國政之暴惡故也。燎之方盛之時。則寧有能撲而滅之者乎。然赫赫然之宗周。而一褒姒足以滅之。蓋傷之也。時宗周未滅。以褒姒淫妒讒諂而王惑之。知其必滅周也。或曰。此東遷後詩也。時宗周已滅矣。其言褒姒烕之。有監戒之意。而無憂懼之情。似亦道已然之事。而非慮其將然之辭。今亦未能必其然否也)

○終其永懷。又窘陰雨。其車既載(音在)。乃棄爾輔(叶扶雨反)。載(如字)輸爾載(音在)。將(音搶)伯助予(叶演汝反)。○比也。陰雨則泥濘(濘音佞)而車易以陷也。載，車所載也。輔，如今人縛杖於輻。以防輔

數音朔

車也。輸墮也。將請也。伯或者之字也。○蘇氏曰。王爲淫虐。譬如行險而不知止。君子求思其終。知其必有大難。故曰終其永懷。又窘陰雨。王又不虞難之將至。而棄賢臣焉。故曰乃棄爾輔。君子求助於未危。故難不至。苟其載之既墮。而後號伯以助予。則無及矣○

無棄爾輔。員音云于爾輻。叶筆力反屢顧爾僕。不輸爾載。叶節力反終踰絕險。曾是不意。叶乙力反○比也。員益也。輔所以益輻也。屢數。顧視也。僕將車者也。○此承上章言若能無棄爾輔以益其輻。而又數數顧視其僕。則不墮爾所載。而踰於絕險。若初不以爲意者。蓋能謹其初。則厥終無難也。一說。王曾不以是爲意乎

○魚在于沼。叶音灼亦匪克樂。音洛潛雖伏矣。亦孔之炤。音灼憂心慘慘。念國之

虐音瘧

爲虐比也。沼。池也。炤。明。易見也。○魚在于沼其爲生已蹙矣。其潛雖深。然亦炤然而易見。言禍亂之及。無所逃也。○彼有旨酒。又有嘉殽。音爻洽比音鼻其鄰。昏姻孔云。念我獨兮。憂心慇慇。賦也洽。比。皆合也。云。旋也。慇慇。然痛也。○言小人得志。有旨酒嘉殽。以合比其鄰里。怡懌其昏姻。而我獨憂心至於疚痛也。昔人有言。燕雀處堂。母子相安。自以爲樂也。突決棟焚。而怡然不知禍之將及。其此之謂乎。○佌佌音此彼有屋。蔌蔌音速方有穀。民今之無祿。天夭音腰是椓。音卓叶都木反哿音可矣富人。哀此惸獨。賦也。佌佌。小貌。蔌蔌。窶陋貌。指王所用之小人也。穀。祿。天。禍。椓。害。哿。可。獨。單也。○佌佌然之小人旣已有屋矣。蔌蔌窶陋者。又將有穀矣。而民

十月之交
大夫刺幽王也
周之十月乃今之八
月也以長曆推
之不難得其時
日惜未見其書

喪去聲勝平聲　分去声下同　奇居宜反

今獨無祿者是天禍我喪之耳亦無所歸怨之辭也亂至於此富人猶或可勝惸獨甚矣此孟子所以言文王發政施仁必先鰥寡孤獨也

正月十三章八章章八句五章章六句

十月之交朔日辛卯叶莫後反日有食之亦孔之醜彼月而微此日而微今此下民亦孔之哀叶於希反

○賦也十月以夏正言之建亥之月也交日月交會謂晦朔之間也歷法周天三百六十五度四分度之一左旋於地一晝一夜則其行一周而又過一度日月皆右行於天一晝一夜則日行一度月行十三度十九分度之七故日一歲而一周天月二十九日有奇而一周天又逐及於日而與之會一歲凡十二會方會則月光都盡而爲晦已會

亢苦浪反去上聲

則月光復蘇而爲朔朔後晦前各十五日日月相對則月光正滿而爲望望晦朔而日月之合東西同度南北同道則月揜日而日爲月食望而日月之對同度同道則月亢日而月爲之食是皆有常度矣然王者修德行政用賢去奸能使陽盛足以勝陰陰衰不能侵陽則日月之行雖或當食而月常避日故其遲速高下必有參差而不正相合不正相對者所以當食而不食也若國無政不用善使臣子背君父妾婦乘其夫小人陵君子夷狄侵中國則陰盛陽微當食必食雖曰行有常度而實爲非常之變矣蘇氏曰日食天變之大者也然正陽之月古尤忌之夏之四月爲純陽故謂之正月十月純陰疑其無陽故謂之陽月純陽而食陽弱之甚也純陰而食陰壯之甚也微虧也彼月則宜有時而虧矣此日不宜虧而今亦虧是亂亡之兆也

○日月告凶不用其行叶戸

爗〻在古本音忽〻或霍〻在今則如花〻世皆讀被誤

曄音葉　崒音翠　崔徂回反　嵬五回反

即反四國無政不用其良彼月而食則維其常

此日而食于何不臧賦也行道也凡日月之食皆有常度矣而以爲不用其行者月不避日失其道也然其所以然者則以四國無政不用善人故也如此則日月之食皆非常矣而以月食爲其常日食爲不臧者陰亢陽而不勝猶可言也陰勝陽而掩之不可言也故春秋日食必書而月食則無紀焉亦以此爾〇爗爗音曄

震電不寧不令叶盧經反百川沸騰山冢崒崩高岸爲谷深谷爲陵哀今之人胡憯音慘莫懲賦也爗爗電光貌震雷也寧安徐也令善沸出騰乘也山頂曰冢崒崔嵬也高岸崩陷故爲谷深谷塡塞故爲陵憯曾也〇言非但日食而已十月而雷電山崩水溢亦災異之甚者是

宜恐懼修省改紀其政。而幽王曾莫之懲也。董子曰國家將有失道之敗。而天乃先出災異以譴告之。不知自省。又出怪異以驚懼之。尚不知變。而傷敗乃至。此見天心仁愛人君而欲止其亂也

冢京本作爲

○皇父音甫卿士番維司徒家伯冢宰仲允膳夫聚音鄒子內史蹶音愧維趣七走反馬叶滿補反楀音矩維師氏豔音豔妻煽音扇方處賦也。皇父家伯。仲允皆字也。番聚蹶楀皆氏也。卿士。六卿之外。更爲都官。以總六官之事也。或曰。卿士。蓋卿之士。周禮大宰之屬。有上中下士。公羊所謂宰士。左氏所謂周公以蔡仲爲己卿士是也。蓋以宰屬而兼總六官。位卑而權重也。司徒掌邦教。冢宰掌邦治。皆卿也。膳夫。上士。掌王之飲食膳羞者也。內史。中大夫。掌爵祿廢置殺生予奪之法者也。趣馬。中士。掌王馬之政者

處音杵

也師氏亦中大夫掌司朝得失之事者也美色曰豔豔妻即褒姒也煽熾也方處方居其所未變徙也○言所以致變異者由小人用事於外而嬖妾蠱惑王心於內以爲之主故也

○抑此皇父豈曰不時胡爲我作不即我謀叶謨悲反徹我牆屋田卒汙萊音烏叶陵之反曰予不戕音牆禮則然矣叶於姬反○賦也抑發語辭時農隙之時也作動即就卒盡也汙停水也萊草穢也戕害也○言皇父不自以爲不時欲動我以徙而不與我謀乃遽徹我牆屋使我田不獲治卑者汙而高者萊又曰非我戕汝乃下供上役之常禮耳

○皇父音甫孔聖作都于向去聲擇三有事亶侯多藏去聲不憖魚覲反遺一老俾守我王叶于放反擇

職猶言實左傳職
汝之尤是也

強上聲 讀音

有車馬以居徂向 賦也孔甚也聖通明也都大邑也周禮畿內大都方百里小都方五十里皆天子公卿所封也向地名在東都畿內今孟州河陽縣是也三有事三卿也亶信侯維藏蓄也憖者心不欲而自強之辭有車馬者亦富民也徂往也○言皇父自以為聖而作都則不求賢而但取富人以為卿又不自強留一人以衛天子但有車馬者則悉與俱往不忠於上而但知貪利以自私也

○黽 音敏 勉從事不敢告勞。無罪無辜。讒口囂囂 音翱 下民之孽 音蘗 匪降自天 叶鐵因反 噂 音撙 沓 音遝 背 音佩 憎職競由人 賦也囂囂眾多貌孽災害也噂聚也沓重複也職主競力也○言黽勉從皇父之役未嘗敢告勞也猶且無罪而遭讒然下民之孽非天之所為也噂噂沓沓多言以相說而背

雨無正
大夫刺幽王也

嫯音敖

則相憎專力爲此者皆由讒口之人耳○悠悠我里亦孔之痗音妹叶呼洧反四方有羨徐面反我獨居憂民莫不逸我獨不敢休天命不徹叶直質反我不敢傚我友自逸賦也悠悠憂也里居痗病羨餘逸樂徹均也○當是之時天下病矣而獨憂我里之甚病且以爲四方皆有餘而我獨憂衆人皆得逸豫而我獨勞者以皇父病之而被禍尤甚故也然此乃天命之不均吾豈敢不安於所遇而必傚我友之自逸哉

十月之交八章章八句

浩浩昊天不駿其德降喪去聲饑饉音覲斬伐四國叶于逼反旻天疾威弗慮弗圖舍音赦彼有罪旣

功本作廣大貌

伏其辜。若此無罪，淪胥以鋪。平聲。○賦也。浩浩，廣大也。昊，亦
廣大之意。駿，大。德，惠也。穀不熟曰饑，蔬不熟
曰饉。疾威，猶暴虐也。慮、圖，皆謀也。舍，置。淪，陷。
胥，相。鋪，徧也。○此時饑饉之後，羣臣離散，其
不去者作詩以責去者，故推本而言昊天不
大其惠，降此饑饉，而殺伐四國之人，如何昊
天曾不思慮圖謀，而遽爲此乎？彼有罪而饑
死，則是既伏其辜矣，舍之可也。此無罪
者亦相與而陷於死亡，則如之何哉。○周
宗既滅，靡所止戾。正大夫離居，莫知我勩。音異
三事大夫，莫肯夙夜。叶弋灼反 邦君諸侯，莫肯朝
夕。叶祥龠反 庶曰式臧，覆音福出爲惡。賦也。宗，族姓也。戾，定也。正，
長也。周官八職，一曰正，謂六官之長，皆上大
夫也。離居，蓋以饑饉散去，而因以避讒譖之

訊古文作諷从言風声今讀信非也

悛七全反

呼去聲

禍也。我不去者自我也。勩勞也。三事三公也大夫六卿及中下大夫也。臧善。覆反也。○言將有易姓之禍。其兆已見。而天變人離又如此。庶幾曰王改而爲善。乃覆出爲惡而不悛也。或曰疑此亦東遷後詩也

○如何昊天叶鐵因反辟言不信叶斯人反如彼行邁則靡所臻。凡百君子各敬爾身。胡不相畏不畏于天賦也。如何昊天。呼天而訴之也。辟法。臻至也。凡百君子指群臣也。○言如何乎昊天也法度之言而不聽信則如彼行往而無所底至也。然凡百君子豈可以王之爲惡而不敬其身哉。不敬爾身。不相畏也。不相畏不畏天也

○戎成不退叶吐類反飢成不遂。曾音層我暬音薛御。憯憯音慘日瘁。音悴凡百君子莫肯用訊叶息悴反

暬褻之異体暬御古文作褻使事〻即使字見毛公鼎

慭訖䵍反

聽言則答。譖言則退。賦也。戎兵。遂進也。易曰不能退。不能遂。是也。暬御近侍也。國語曰。居寢有暬御之箴。蓋如漢侍中之官也。憯憯憂貌。瘁病。訊告也。○言兵寇已成。而王之為惡不退。饑饉已成。而王之遷善不遂。使我暬御之臣。憂之而慘慘日瘁也。凡百君子。莫肯以是告王者。雖王有問而欲聽其言。則亦答之而已。不敢盡言也。一有譖言及己。則皆退而離居。莫肯夙夜朝夕於王矣。其意若曰。王雖不善而君臣之義豈可以若是慭乎。○哀哉不能言。匪舌是出。音脆維躬是瘁。哿音可矣能言。巧言如流。俾躬處休。賦也。出。出之也。瘁病。哿可也。○言之忠者。當世之所謂不能言者也。故非但出諸口。而適以瘁其躬。佞人之言。當世所謂能言者也。故巧好其言。如水之流。無所凝滯。而使其身處於安樂之地。蓋

癙音暑

亂世昏王惡忠直而好諛佞類如此詩人所以深歎之也○維曰于仕孔
棘且殆叶養里反云不可使得罪于天子叶奬里反亦
云可使怨及朋友叶羽巳反○賦也于往棘急殆危也○蘇氏曰人皆
曰往仕耳曾不知仕之急且危也當是之時直道者王之所謂不可使而枉道者王之所
謂可使也直道者得罪于君而枉道者見怨于友此仕之所以難也○謂爾遷
于王都曰予未有室家叶古胡反鼠思去聲泣血叶虛
屈反無言不疾昔爾出居誰從作爾室賦也爾謂離居
者鼠思猶言癙憂也○當是時言之難能而仕之多患如此故羣臣有去者有居者居者
不忍王之無臣已之無徒則告去者使復還于王都去者不聽而托於無家以拒之至於

憂思流血有無言而不痛疾者蓋其懼禍之深至於如此然所謂無家者則非其情也故詰之曰昔爾之去也誰爲爾作室者而今以是辭我哉

雨無正七章二章章十句二章章八句三章章六句

歐陽公曰古之人於詩多不命題而篇名往往無義例其或有命名者則必述詩之意如巷伯常武之類是也今雨無正之名據序所言與詩絶異當闕其所疑元城劉氏曰嘗讀韓詩有雨無極篇序云雨無極正大夫刺幽王也至其詩之文則比毛詩篇首多雨無其極傷我稼穡八字愚按劉說似有理然第一二章本皆十句今遽增之則長短不齊非詩之例又此詩實正大夫離居之後暬御之臣所作其曰正大夫刺幽王者亦非是且其爲

小旻

大夫刺幽王也

邛即古病字因

辟音僻 斷丁貫反

幽王詩亦未有所考也

祈父之什十篇六十四章四百二十

六句

小旻之什二之五

旻天疾威。敷于下土。謀猶回遹。音聿 何日斯沮。上聲 謀臧不從。不臧覆用。叶于封反 我視謀猶。亦孔之邛。音笻 ○賦也。旻。幽遠之意。敷。布。猶。謀。回。邪。遹。辟。沮。止。臧。善。覆。反。邛。病也。○大夫以王惑於邪謀。不能斷以從善。而作此詩。言旻天之疾威。布于下土。使王之謀猶邪辟。無日而止。謀之善者則不從。而其不善者反用之。故我視其謀猶。亦甚病也 ○潝潝

字與此章与用
叶与今音正合也
此可知巧言匪其
之共〻共字亦当作
如字讀也
訿音紫与哀叶
韻讀紫[illegible]
如歷行邁遂謀[illegible]
如孔与行邁之〻
人謀〻故不能
得于道又行邁[illegible]

底京本之履反 和去聲下如字 數音朔 復扶又反 適音的 下如字

音吸訿訿音紫亦孔之哀叶於希反謀之其臧則具是違謀之不臧則具是依我視謀猶伊于胡底音抵叶都黎反○賦也潝潝相和也訿訿相詆也具俱底至也○言小人同而不和其慮深矣然於謀之善者則違之其不善者則從之亦何能有所定乎○我龜既厭不我告猶叶于救反謀夫孔多是用不集叶疾救反發言盈庭誰敢執其咎叶巨又反如匪行邁謀是用不得于道叶徒候反○賦也集成也○十簭數則瀆而龜厭之故不復告其所圖之吉凶謀夫衆則是非相奪而莫適所從故所謀終亦不成蓋發言盈庭各是其是無肯任其責而決之者猶不行不邁而坐謀所適謀之雖審而亦何得於道路哉○

哀哉爲猶。匪先民是程。匪大猶是經。維邇言是聽。叶平聲維邇言是爭。叶側陘反如彼築室于道謀。是用不潰于成。賦也。先民。古之聖賢也。程。法。猶。道。經。常。潰。遂也。○言哀哉今之爲謀。不以先民爲法。不以大道爲常。其所聽而爭者。皆淺末之言。以是相持。如將築室而與行道之人謀之。人人得爲異論。其能有成也哉。古語曰。作舍道邊。三年不成。蓋出於此○國雖靡止。或聖或否。叶補美反民雖靡膴。音呼或哲或謀。叶莫徒反或肅或艾。音乂如彼泉流。無淪胥以敗。叶蒲寐反○賦也。止。定也。聖。通明也。膴。大也。多也。艾與乂同。治也。淪。陷。胥。相也。○言國論雖不定。然有聖者焉。有否者焉。民雖不多。然有哲者焉。有謀者焉。有

訖沮匪行善道
謀之

馮音憑

肅者焉。有艾者焉。但王不用善。則雖有善者不能自存。將如泉流之不反。而淪胥以至於敗矣。聖哲謀肅艾。卽洪範五事之德。豈作此詩者。亦傳箕子之學也與。

○不敢暴虎。不敢馮叶皮冰反河。人知其一。莫知其他音拖

戰戰兢兢。如臨深淵叶一均反如履薄冰

賦也。徒搏曰暴。徒涉曰馮。如馮几然也。戰戰。恐也。兢兢。戒也。如臨深淵。恐墜也。如履薄冰。恐陷也。○衆人之慮。不能及遠。暴虎馮河之患。近而易見。則知避之。喪國亡家之禍。隱於無形。則不知以爲憂也。故曰。戰戰兢兢。如臨深淵。如履薄冰。懼及其禍之辭也

小旻六章。三章章八句。三章章七句

蘇氏曰。小旻。小宛。小弁。小明。四詩皆以小名篇。所以別其爲小雅也。其在小雅者。謂

小宛
大夫刺宣王也

音晉 鄭弁 盍盂

之小。故其在大雅者。謂之召旻・大明。獨菀弁闕焉。意者孔子刪之矣。雖去其大而其小者猶謂之小。蓋卽用其舊也

宛音菀彼鳴鳩。翰飛戾天。叶鐵因反我心憂傷。念昔先人。明發不寐。有懷二人。興也。宛。小貌。鳴鳩。斑鳩也。翰。羽。戾。至也。明發。謂將旦而光明開發也。二人。父母也○此大夫遭時之亂。而兄弟相戒以免禍之詩。故言彼宛然之小鳥。亦翰飛而至於天矣則我心之憂傷。豈能不念昔之先人哉。是以明發不寐。而有懷乎父母也。言此以爲相戒之端

○人之齊聖。飲酒溫克。彼昏不知。壹醉日富。叶筆力反各敬爾儀。天命不又。叶夷益反○賦也。齊。肅也。聖。通明也。克。勝也。富。猶甚也。又。復也。○言齊聖

之人雖醉猶溫恭自持以勝所謂不爲酒困也彼昏然而不知者則一於醉而日甚矣於是言各敬謹爾之威儀天命已去將不復來不可以不恐懼也時王以酒敗德臣下化之故此兄弟相戒首以爲說 ○中原有菽音叔庶民采叶此禮反之螟音冥蛉音零有子螺音果蠃音裸負叶蒲美反之教誨爾子式穀似叶養里反之興也中原原中也菽大豆也螟蛉桑上小青蟲也似步屈螺蠃土蜂也似蜂而小腰取桑蟲負之於木空中七日而化爲其子式用穀善也○中原有菽則庶民采之矣以興善道人皆可行也螟蛉有子則螺蠃負之以興不似者可教而似也教誨爾子則用善而似之可也善也似也終上文兩句所興而言也戒之以不惟獨善其身又當教其子使爲善也 ○題音弟彼脊令音零載飛載

鳴。我日斯邁。而月斯征。夙興夜寐。無忝爾所生。叶桑經反○興也。題。視也。脊令。飛則鳴。行則搖。載。則。而。汝。忝。辱也○視彼脊令。則且飛而且鳴矣。我既日斯邁。則汝亦月斯征矣。言當各務努力。不可暇逸取禍。恐不及相救恤也。夙興夜寐。各求無辱於父母而已○交交桑扈。音戶率場啄粟。哀我填音顛寡。宜岸宜獄。握粟出卜。自何能穀。興也。交交。往來之貌。桑扈。竊脂也。俗呼青觜。肉食不食粟。填。與瘨同。病也。岸。亦獄也。韓詩作犴。鄉亭之繫曰犴。朝廷曰獄○扈不食粟。而今則率場啄粟矣。病寡不宜岸獄。今則宜岸宜獄矣。言王不恤鰥寡。喜陷之於刑辟也。然不可不求所以自善之道。故握持其粟出而卜之。曰何自而能善乎。言握粟以見其貧窶之甚○溫溫恭人。如

小弁
刺幽王也

雅與鴉同。鵯匹卑二音

集于木。惴惴（音贅）小心。如臨于谷。戰戰兢兢。如履薄冰。（賦也。溫溫。和柔貌。如集于木。恐隊也。如臨于谷。恐隕也）

小宛六章章六句（此詩之辭。最為明白。而意極懇至。說者必欲為刺王之言。故其說穿鑿破碎。無理尤甚。今悉改定。讀者詳之）

弁（音盤）彼鸒（音豫）斯（叶先齎反）。歸飛提提（音匙）。民莫不穀。我獨于罹。何辜于天。我罪伊何。心之憂矣。云如之何。（興也。弁。飛拊翼貌。鸒。雅烏也。小而多羣。腹下白。江東呼為鵯烏。斯。語辭也。提提。羣飛安閑之貌。穀。善。罹。憂也。○舊說幽王太子宜臼被廢而作此詩。言弁彼鸒斯。則歸飛提提矣。民莫不善。而我獨于憂。則鸒斯之不如也。何辜于天。我罪伊何者。怨而慕也。

踧踧即寂寂因指道路言之故从足猶悠字因指心言故从忄也

易音異

舜號泣于旻天曰父母之不我愛於我何哉蓋如此矣心之憂矣云如之何則知其無可奈何而安之之辭也○踧踧音笛周道叶徒苟反鞫音菊為茂草叶此苟反我心憂傷惄音溺焉如擣音搗叶丁口反假寐永歎維憂用老叶魯口反心之憂矣疢音趁如疾首興也踧踧平易也周道大道也鞫窮惄思擣舂也不脫衣冠而寐曰假寐疢猶疾也○踧踧周道則將鞫為茂草矣我心憂傷則惄焉如擣矣精神憒眊至於假寐之中而不忘永歎憂之之深是以未老而老也疢如疾首則又憂之甚矣○維桑與梓叶奬里反必恭敬止靡瞻匪父靡依匪母叶滿彼反不屬音燭于毛不離于裏天之生我我辰安在叶此里反○興

嘒音惠

也。桑梓二木。古者五畝之宅。樹之牆下。以遺
子孫給蠶食具器用者也。瞻者尊而仰之。依
者親而倚之。屬連也。毛膚體之餘氣末屬也。
離麗也。裏心腹也。辰猶時也。○言桑梓父母
所植尚且必加恭敬。况父母至尊至親宜莫
不瞻依也。然父母之不我愛豈我不屬于父
母之毛乎。豈我不離于父母之裏乎。無所歸
咎則推之於天曰豈我生時不善哉何不祥
至是也

○菀音鬱彼柳斯鳴蜩音條嘒嘒有漼千罪反
者淵萑音丸葦淠淠音譬彼舟流不知所屆音戒
心之憂矣不遑假寐

興也。菀茂盛貌。蜩蟬也。嘒嘒聲也。漼深貌。淠淠
衆也。屆至。遑暇也。○菀彼柳斯則鳴蜩嘒嘒
矣。有漼者淵則萑葦淠淠矣。今我獨見棄逐
如舟之流于水中。不知其何所至乎。是
以憂之之深。昔猶假寐而今不暇也。○鹿

妃音配　暴步木反

斯之奔維足伎伎（音祈）雉之朝雊（音姤）尚求其雌（叶千西反）譬彼壞（音瘣）木疾用無枝心之憂矣寧莫之知 興也伎伎舒貌宜疾而舒留其羣也雊雉鳴也壞傷病也寧猶何也○鹿斯之奔則足伎伎然雉之朝雊亦知求其妃匹今我獨見棄逐如傷病之木憔悴而無枝是以憂之而人莫之知也○相（去聲）彼投兔尚或先（去聲叶蘇晉反）之行有死人尚或墐（音覲）之君子秉心維其忍之心之憂矣涕既隕（音蘊）之 興也相視投奔行道墐埋秉執隕墜也○相彼被逐而投人之兔尚或有哀其窮而先脫之者道有死人尚或有哀其暴露而埋藏之者蓋皆有不忍之心焉今王信讒棄逐其子曾視投兔死人之不如則其秉心亦忍矣

夫音扶

是以心憂而涕隕也○君子信讒如或醻叶市救反之君子不惠不舒究之伐木掎音己叶居何反矣析薪扡音後叶湯何反矣舍音捨彼有罪予之佗音唾叶湯何反矣賦而興也醻報惠愛舒緩究察也掎倚也以物倚其巔也扡隨其理也佗加也○言王惟讒是聽如受醻爵得即飲之曾不加惠愛舒緩而究察之夫苟舒緩而究察之則讒者之情得矣伐木者尚倚其巔析薪者尚隨其理皆不妄挫折之今乃舍彼有罪之譖人而加我以非其罪曾伐木析薪之不若也此則興也○莫高匪山叶所旂反莫浚音濬匪泉君子無易去聲由言耳屬音燭于垣無逝我梁無發我笱我躬不閱遑恤我後賦而比也山極高矣

而或陟其巔。泉極深矣。而或入其底。故君子不可易於其言。恐耳屬于垣者。有所覬望。左右而生讒譖也。王於是卒以褒姒爲后。伯服爲太子。故告之曰。無逝我梁。無發我笱。我躬不閱。遑恤我後。蓋比辭也。東萊呂氏曰。唐德宗將廢太子而立舒王。李泌諫之。且曰。願陛下還宮。勿露此意。左右聞之。將樹功於舒王。太子危矣。此正君子無易由言。耳屬于垣之謂也。小弁之作。太子既廢矣。而猶云爾者。蓋推本亂之所由生。言語以爲階也

小弁八章章八句

幽王娶于申。生太子宜臼。後得褒姒而惑之。生子伯服。信其讒。黜申后。逐宜臼。而宜臼作此以自怨也。序以爲太子之傅述太子之情以爲是詩。不知其何所據也。傳曰。高子曰。小弁。小人之詩也。孟子曰。何以言之。曰。怨。曰。固哉高叟之爲詩也。有人於此。越人關弓而射之。則已談

巧言
刺幽王也

音石

坊本此字

笑而道之無他疏之也其兄關弓而射之則己垂涕泣而道之無他戚之也小弁之怨親親也親親仁也固矣夫高叟之爲詩也曰凱風何以不怨曰凱風親之過小者也小弁親之過大者也親之過大而不怨是愈疏也親之過小而怨是不可磯也愈疏不孝也不可磯亦不孝也孔子曰舜其至孝矣五十而慕

悠悠昊天曰父母且音疽無罪無辜亂如此幠昊天已威叶紆胃反予慎無罪叶音悴昊天泰幠予慎無辜

賦也悠悠遠大之貌且語辭幠大也已泰皆甚也慎審也○大夫傷於讒無所控告而訴之於天曰悠悠昊天爲人之父母朝爲使無罪之人遭亂如此其大也昊天之威已甚矣我審無罪也昊天之威甚大矣我審無辜也此訴而求免之辭也

下有蓋字

○亂之初生僭（音譜）始既涵（音含）亂之又生君子信讒君子如怒（叶奴五反）亂庶遄（音椽）沮（上聲）君子如祉（音恥）亂庶遄已（賦也僭始不信之端也涵容受也君子指王也遄疾沮止也祉猶喜也○言亂之所以生者由讒人以不信之言始入而王涵容不察其眞僞也亂之又生者則既信其讒言而用之矣君子見讒人之言若怒而責之則亂庶幾遄沮矣見賢者之言若喜而納之則亂庶幾遄已矣今涵容不斷讒信不分是以讒者益勝而君子益病也蘇氏曰小人爲讒於其君必以漸入之其始也進而嘗之君容之而不拒知言之無忌於是復進既而君信之然後亂成）○君子屢盟（叶莫郎反）亂是用長（上聲叶直良反）君子信盜亂是用暴盜言孔甘

堲在力反

亂是用餤（音談）匪其止共（音恭）維王之邛（音笻○）賦也．屢數也．盟．邦國有疑．則殺牲歃血．告神以相要束也．盜．指讒人也．餤．進．邛．病也○言君子不能已亂．而屢盟以相要．則亂是用長矣．君子不能堲讒．而信盜以為虐．則亂是用暴矣．讒言之美．如食之甘．使人嗜之而不厭．則亂是用進矣．然此讒人不能供其職事．徒以為王之病而已．夫良藥苦口而利於病．忠言逆耳而利於行．維其言之甘而悅焉．則其國豈不殆哉○奕奕寢廟．君子作之．秩秩大猷．聖人莫之．他人有心．予忖度之．躍躍（音笛）毚（音殘）兔．遇犬獲（叶黃郭反）之．興而比也．奕奕．大也．秩秩．序也．猷．道．莫．定也．躍躍．跳疾貌．毚．狡也○奕奕寢廟．則君子作之．秩秩大猷．則聖人莫之．以興他人有心．則予得而忖度之．而又以

碩言猶今人之所謂大話謂誇詞也故下文責其顏厚注以為善言不成語矣

貌京本作也

按說文正韻尰足腫

躍躍毚兔遇犬獲之比焉反覆興比以見讒人之心我皆得之不能隱其情也○荏音飪染柔木君子樹叶上主反之往來行言心焉數之蛇蛇音移碩言出自口叶孔五反矣巧言如簧顏之厚叶胡五反矣興也荏染柔貌柔木桐梓之屬可用者也行言行道之言也數辨也蛇蛇安舒貌碩大也謂善言也顏厚者頑不知恥也○荏染柔木則君子樹之矣往來行言則心能辨之矣若善言出於口者宜也巧言如簧則豈可出於口哉言之徒可羞愧而彼顏之厚不知以為恥也孟子曰為機變之巧者無所用恥焉其斯人之謂與○

彼何人斯居河之麋音眉無拳音權無勇職為亂階叶居奚反既微且尰叶市勇反爾勇伊何為猶將多

何人斯
蘇公刺暴
公也

也從尤俗從九謨骭尸謙反瘍音羊

爾居徒幾音紀何賦也。何人斥讒人也。此必有所指矣。賤而惡之，故爲不知其姓名而曰何人也。斯，語辭也。水草交謂之麋。拳，力。階，梯也。骭瘍爲微。腫足爲尰。猶，謀。將，大也。○言此讒人居下濕之地，雖無拳勇可以爲亂，而讒口交鬭，專爲亂之階梯。又有微尰之疾，亦何能勇哉。而爲讒謀則大且多如此，是必有助之者矣。然其所與居之徒衆幾何人哉。言亦不能甚多也。

巧言六章章八句以五章巧言二字名篇

彼何人斯，其心孔艱。叶居銀反胡逝我梁，不入我門。叶眉貧反伊誰云從，維暴之云。賦也。何人亦若不知其姓名也。孔，甚。艱，險也。我，舊說以爲蘇公也。暴，暴公也。皆畿內諸侯也。◎舊說暴公爲卿士而譖蘇

從去聲 唁音彥

公故蘇公作詩以絕之然不欲直斥暴公故但指其從行者而言彼何人者其心甚險胡爲往我之梁而不入我之門乎既而問其所從則暴公也夫以從暴公而不入我門則暴公之譖己也明矣但舊說於時無明文可考未敢信其必然耳

○二人從行誰爲此禍胡逝我梁不入唁我始者不如今云不我可

賦也二人暴公與其徒也唁弔失位也○言二人相從而行不知誰譖己而禍之乎既使我得罪矣而其逝我梁也又不入而唁我汝始者與我親厚之時豈嘗如今不以我爲可乎

○彼何人斯胡逝我陳我聞其聲不見其身不愧于人不畏于天

叶鐵因反

賦也陳堂塗也堂下至門之徑也○在我之陳則又近矣聞其聲而不見其身言其蹤跡之詭秘

舍乃舒之省文古
文中往往如是叶
韻知其當讀
舒而不知其即
舒之本字則當
時無古文之學

女音汝

京本如何

也不愧于人則以人爲可欺也天不可 ○彼
欺女獨不畏于天乎奈何其譖我也
何人斯其爲飄風叶孚愔反胡不自北胡不自南
叶尼心反胡逝我梁祇音支攪音絞我心賦也飄風暴
也○言其往來之疾若飄風然自北自南則
與我不相值也今則逝我之梁則適所以攪
亂我心而已 ○爾之安行亦不遑舍叶商居反爾之亟
音棘行遑脂爾車壹者之來云何其盱音吁○賦也安
徐遑暇舍息亟疾盱望也字林云盱張目也
易曰盱豫悔三都賦云盱衡而語是也○言
爾平時徐行猶不暇息而況亟行則何暇脂
其車哉今脂其車則非亟也乃託以亟行而
不入見我則非其情矣何不一
來見我如何使我望女之切乎 ○爾還而入

誤之也
己未七月二十六夜四點鐘
即二十七早四點鐘也
侘傺鴻爪

不着昆字　䈪從竹從虒俗作篪誤　屬音燭

我心易以支反去聲叶也還而不入否難知也壹者之來俾我祇也賦也還旋反易說祇安也○言爾之往也既不入我門矣儻還而入則我心猶庶乎其說也還而不入則爾之心我不可得而知矣何不一來見我而使我心安乎董氏曰是詩至此其辭益緩若不知其爲譖矣○伯氏吹壎音塤仲氏吹篪音池及爾如貫諒不我知出此三物以詛側助反爾斯叶先齊反○賦也伯仲兄弟也俱爲王臣則有兄弟之義矣樂器土曰壎大如鵝子銳上平底似稱鍾六孔竹曰篪長尺四寸圍三寸七孔一孔上出徑三分凡八孔橫吹之如貫如繩之貫物也言相連屬也諒誠也三物犬豕雞也刺其血以詛盟也○伯氏吹壎而仲氏吹篪言其心相親愛而聲相應和也與汝如物之

女音汝

在貫豈誠不我知而譖我哉苟曰誠不我知則出此三物以詛之可也○爲鬼爲蜮音域則不可得有靦音腆面目視人罔極作此好歌以極反側賦也蜮短狐也江淮水皆有之能含沙以射水中人影其人輒病而不見其形也靦面見人之貌也好善也反側反覆不正直也○言女爲鬼爲蜮則不可得而見矣女乃人也靦然有面目與人相視無窮極之時豈其情終不可測哉是以作此好歌以究極爾反側之心也

何人斯八章章六句此詩與上篇文意相似疑出一手但上篇先刺聽者此篇專責讒人耳王氏曰暴公不忠於君不義於友所謂大故也故蘇公絕之然其絕之也不斥暴公言其從行而已不著其譖也示以所疑

巷伯
刺幽王也

處音杵

而已既絕之矣，而猶告以壹者之來俾我祇也。蓋君子之處已也忠，其遇人也恕。使其由此悔悟，更以善意從我，固所願也。雖其不能如此，我固不爲已甚，豈若小丈夫然哉。一與人絕，則醜詆固拒，唯恐其復合也。

萋音妻兮斐兮，成是貝錦。彼譖人者，亦已大音泰甚。比也。萋斐，小文之貌。貝，水中介蟲也，有文彩似錦。○時有遭讒而被宮刑爲巷伯者，作此詩。言因萋斐之形，而文致之以成貝錦，以比讒人者因人之小過，而飾成大罪也。彼爲是者，亦已大甚矣。○哆昌者反兮侈兮，成是南箕。彼譖人者，誰適音的與謀。叶謨悲反。○比也。哆侈，微張之貌。南箕，四星，二爲踵，二爲舌。其踵狹而舌廣，則大張矣。○適，主也。誰適與謀，言其謀之闊也。○緝緝翩

幡京本音頻儇呼閑反　畀音計

翩(音篇，叶批賓反)謀欲譖人。愼爾言也，謂爾不信(叶斯人反)。○賦也。緝緝，口舌聲。或曰：緝緝人之罪也。或曰：有條理貌，皆通。翩翩，往來貌。譖人者自以爲得意矣，然不愼爾言，聽者有時而悟，且將以爾爲不信矣。○捷捷幡幡(音翻，叶芬邅反)，謀欲譖言。豈不爾受，既其女(音汝)遷。賦也。捷捷，儇利貌。幡幡，反覆貌。王氏曰：上好譖，則固將受女。然好譖不已，則遷譖之禍亦既遷而及女矣。曾氏曰：上章及此，皆忠告之辭。○驕人好好，勞人草草。蒼天蒼天(叶鐵因反)，視彼驕人，矜此勞人。賦也。好好，樂也。草草，憂也。驕人，譖行而得意；勞人，遇譖而失度。其狀如此。○彼譖人者(叶掌與反)，誰適與謀(叶滿補反)。取彼譖人，投畀豺虎。豺

以上十篇為節
南山之什

惡音務

虎不食投畀有北有北不受叶承呪反**投畀有昊**叶許候反○賦也再言彼譖人者誰適與謀者甚嫉之故重言之也或曰衍文也投棄也北北方寒凉不毛之地也不食不受言讒譖之人物所共惡也昊昊天也投畀昊天使制其罪○此皆設言以見欲其死亡之甚也故曰好賢如緇衣惡惡如巷伯

○楊園之道猗猗音倚**于畝丘**叶祛奇反**寺人孟子作為此詩凡百君子敬而聽之**興也楊園下地也猗加也畝丘高地也寺人內小臣蓋以讒被宮而為此官也孟子其字也○楊園之道而猗于畝丘以興賤者之言或有補於君子也蓋譖始於微者而其漸將及於大臣故作詩使聽而謹之也劉氏曰其後王后太子及大夫果多以讒廢者

谷風
刺幽王也

閒去声

小雅

巷伯七章四章章四句一章五句一章八句一章六句

巷是宮內道名秦漢所謂永巷是也伯長也主宮內道官之長即寺人也故以名篇班固司馬遷贊云迹其所以自傷悼小雅巷伯之倫其意亦謂巷伯本以被譖而遭刑也而楊氏曰寺人內侍之微者出入於王之左右親近於王而日見之宜無閒之可伺矣今也亦傷於讒則踈遠者可知故其詩曰凡百君子敬而聽之使在位知戒也其說不同然亦有理姑存於此云

習習谷風維風及雨將恐將懼維予與女音汝將安將樂音洛女轉棄予叶演女反○興也習習和調貌谷風東風

復扶又反

也。將，且也。恐懼，謂危難憂患之時也。○此朋友相怨之詩。故言習習谷風，則維風及雨矣。將恐將懼之時，則維予與女矣。奈何將安將樂，而女轉棄予哉。

○習習谷風，維風及頹。將恐將懼，寘予于懷。叶胡隈反。將安將樂，棄予如遺。叶遺回反。○興也。頹，風之焚輪者也。寘，與置同。置于懷，親之也。如遺，忘去而不復存省也。

○習習谷風，維山崔嵬。無草不死，無木不萎。叶於回反。忘我大德，思我小怨。比也。崔嵬，山巔也。○習習谷風，維山崔嵬，則風之所被者廣矣。然猶無不死之草，無不萎之木。況於朋友，豈可以忘大德而思小怨乎。或曰興也。

谷風三章，章六句

蓼莪
刺幽王也

京本蓼下無重文　敂音僅

蓼蓼音六者莪匪莪伊蒿哀哀父母生我劬勞
比也。蓼蓼長大貌。莪美菜也。蒿賤草也。○人
民勞苦孝子不得終養而作此詩言昔謂之
莪而今非莪也特蒿而已以比父母生我以
爲美材可賴以終其身而今乃不得其養以
死於是乃言父母生我之劬勞而重自哀傷也○蓼蓼者莪匪莪伊
蔚音尉哀哀父母生我勞瘁比也蔚牡菣也三月始生七月始華
如胡麻華而紫赤八月爲角似小豆角銳而長瘁病也○缾之罄矣維
罍之恥鮮上聲民之生不如死之久叶舉里反矣無
父何怙無母何恃出則銜恤入則靡至比也缾小
罍大皆酒器也罄盡鮮寡恤憂靡無也○言
缾資於罍而罍資缾猶父母與子相依爲命

也。故缾罄矣乃罍之恥。猶父母不得其所乃子之責。所以窮獨之民。生不如死也。蓋無父則無所怙。無母則無所恃。是以出則中心銜恤。入則如無所歸也。○父兮生我。母兮鞠我。拊音撫我。畜音旭我。長上聲我。育我。顧我。復我。出入腹我。欲報之德。昊天罔極。賦也。生者本其氣也。鞠。畜。皆養也。拊。循也。育。覆育也。顧。旋視也。復。反覆也。腹。懷抱也。罔。無。極。窮也。○言父母之恩如此。欲報之以德。而其恩之大如天。無窮不知所以為報也。○南山烈烈。飄風發發。民莫不穀。我獨何害。叶音曷○興也。烈烈。高大貌。發發。疾貌。穀。善也。○南山烈烈。則飄風發發矣。民莫不善。而我獨何為遭此害也哉。○南山律律。飄風弗弗。叶分聿反民莫不

大東 刺亂也

三 去聲

穀我獨不卒興也。律律猶烈烈也。弗弗猶發發也。卒終也。言終養也。

蓼莪六章四章章四句二章章八句魏王裒以父死非罪。每讀詩至哀哀父母生我劬勞。未嘗不三復流涕。受業者爲廢此篇。詩之感人如此。

有饛音蒙簋音軌飧音孫有捄音求棘匕音比。周道如砥音紙其直如矢。君子所履。小人所視。叶善止反睠音眷言顧之。潸音山焉出涕。音體○興也。饛滿簋貌。飧熟食也。捄曲貌。棘匕以棘爲匕。所以載鼎肉而升之於俎也。砥礪石。言平也。矢言直也。君子在位履行。小人下民也。睠反顧也。潸涕下貌。○序以爲東國困於役而傷於財。譚大夫作此以告病。言有饛

勝音升

簋飧。則有捄棘匕。周道如砥。則其直如矢。是
以君子履之。而小人視焉。今乃顧之而出涕
者。則以東方之賦役。莫
不由是而西輸於周也。○小東大東。叶都郎反杼
音佇柚音逐其空。叶枯郎反糾糾葛屨。可以履霜。佻佻
音挑公子。行彼周行。叶戶郎反既往既來。叶六直反使我
心疚。叶訖力反○賦也。小東大東。東方小大
之國也。自周視之。則諸侯之國。皆在東
方。杼持緯者也。柚受經者也。空盡也。佻佻輕薄
不奈勞苦之貌。公子。諸侯之貴臣也。周行大
路也。疚病也。○言東方小大之國。杼柚皆已
空矣。至於以葛屨履霜。而其貴戚之臣。奔走
往來不勝其勞。使
我心憂而病也。○有洌音列氿音軌泉。叶才勻反無
浸穫薪。契契音器寤歎。哀我憚丁佐反人。薪是穫

艾音乂

薪。尚可載叶節力反也。哀我憚人。亦可息也。興也洌寒意也側出曰氿泉。穫艾也。契契憂苦也。憚勞也尚庶幾也載載以歸也○蘇氏曰薪已穫矣而復漬之則腐民已勞矣而復事之則病故已艾則庶其載而畜之。已勞。則庶其息而安之

○東人之子。職勞不來。音賚叶六直反西人之子。粲粲衣服。叶蒲北反舟人之子。熊羆是裘。叶渠之反私人之子。百僚是試。叶申之反○賦也。東人諸侯之人也。職專主也。來慰撫也。西人京師人也。粲粲鮮盛貌。舟人舟楫之人也。熊羆是裘言富也。私人私家阜隸之屬也。僚官。試用也。舟人私人。皆西人也○此言賦役不均羣小得志也

○或以其酒。不以其漿。鞙鞙音琄佩璲。音遂不以其長。維

跂音器　　則坊本作[illegible]

天有漢監音鑒亦有光跂彼織女終日七襄賦也鞙鞙長貌璲瑞也漢天河也跂隅貌織女星名在漢旁三星跂然如隅也七襄未詳傳曰反也箋云駕也駕謂更其肆也蓋天有十二次日月所止舍所謂肆也經星一晝一夜左旋一周而有餘則終日之間自卯至酉當更七次也○言東人或饋之以酒而西人曾不以為漿東人或與之以鞙鞙然之佩而西人曾不以為長維天之有漢則庶乎其有以監我而織女之七襄則庶乎其能成文章以報我矣無所赴愬而言維天庶乎其恤我耳○

雖則七襄不成報章睆音莞彼牽牛不以服箱

東有啓明叶謨郎反西有長庚叶古郎反有捄天畢載施之行音杭○賦也睆明星貌牽牛星名服駕也箱車箱也啓明長庚皆金星也

見音現

以其先日而出故謂之啓明以其後日而入故謂之長庚蓋金水二星常附日行而或先或後但金大水小故獨以金星爲言也天畢畢星也狀如掩兎之畢行行列也○言彼織女不能成報我之章牽牛不可以服我之箱而啓明長庚天畢者亦無實用但施之行列而已至是則知天亦無若我何矣

○維南有箕不可以簸我波反揚維北有斗不可以挹音揖酒漿維南有箕載翕音吸其舌維北有斗西柄之揭音訐○賦也箕斗二星以夏秋之閒見於南方云北斗者以其在箕之北也或曰北斗常見不隱者也翕引也舌下二星也南斗柄固指西若北斗而西柄則亦秋時也○言南箕既不可以簸揚糠粃北斗既不可以挹酌酒漿而箕引其舌反若有所吞噬斗西揭其柄反若有所挹取於東

四月

大夫刺幽王也

悲音 肥

是天非徒無若我何乃亦若助西人而見困甚怨之辭也

大東七章章八句

四月維夏叶後五反六月徂暑。先祖匪人。胡寧忍予叶演女反○興也。徂往也。四月、六月、亦以夏正數之。建巳建未之月也。○此亦遭亂自傷之詩。言四月維夏。則六月徂暑矣。我先祖豈非人乎。何忍使我遭此禍也。無所歸咎之辭也○秋日淒淒。百卉具腓。亂離瘼音莫矣。奚其適歸興也。淒淒涼風也。卉草。腓病。離憂。瘼病。奚何。適之也。○秋日淒淒。則百卉俱腓矣。亂離瘼矣。則我將何所適歸乎哉○冬日烈烈。飄風發發。民莫不穀。我獨何害音曷○興也。烈烈猶栗烈也。發發疾貌。穀善也

瘁音萃　識音志

○夏則暑秋則病冬則烈言禍亂日進無時而息也○山有嘉卉侯栗侯梅叶莫悲反廢為殘賊莫知其尤叶于其反○興也嘉善侯維廢變尤過也○山有嘉卉則維栗與梅矣在位者變為殘賊則誰之過哉○相去聲彼泉水載清載濁叶殊玉反我日構禍曷云能穀興也相視載則構合也○相彼泉水猶有時而清有時而濁而我乃日日遭害則曷云能善乎○滔滔江漢南國之紀盡瘁以仕寧莫我有叶羽已反○興也滔滔大水貌江漢二水名紀綱紀也謂經帶包絡之也瘁病也有識有也○滔滔江漢猶為南國之紀今也盡瘁以仕而王何其不我有哉○匪鶉音團匪鳶音沿叶以旬反翰飛戾天叶鐵因反匪鱣音邅匪

溥必各反　枸音苟　檵音計　楝音色　輞音罔

鮪潛逃于淵叶一均反○賦也。鶉，鵰也。鳶亦鷙鳥也。其飛上薄雲漢。鱣鮪，大魚也。○鶉鳶則能翰飛戾天，鱣鮪則能潛逃于淵。我非是四者，則亦無所逃矣。○山有蕨薇，隰有杞桋。音夷君子作歌，維以告哀。叶於希反○興也。杞，枸檵也。桋，赤楝也。樹葉細而岐銳，皮理錯戾，好叢生山中，中為車輞。○山則有蕨薇，隰則有杞桋。君子作歌，則維以告哀而已。

四月八章章四句

小旻之什十篇六十五章四百十四句

北山之什二之六

北山
大夫刺幽王也

盬音古

陟彼北山。言采其杞。偕偕士子。叶獎里反朝夕從事。叶上止反王事靡盬。憂我父母。叶滿彼反○賦也偕偕強壯貌士子詩人自謂也○大夫行役而作此詩自言陟北山而采杞以食者皆強壯之人而朝夕從事者也蓋以王事不可以不勤是以貽我父母之憂耳○溥音普天之下。叶後五反莫非王土。率土之濱。莫非王臣。大夫不均。我從事獨賢。叶下珍反○賦也溥大率循濱涯也○言土之廣臣之衆而王不均平使我從事獨勞也不斥王而曰大夫不言獨勞而曰獨賢詩人之忠厚如此○四牡彭彭。叶鋪郎反王事傍傍。音崩叶布光反嘉我未老。鮮我方將。旅力方剛。經營四方。賦也彭彭然不得息也。傍傍然不得已也。嘉，善。鮮，少也。以為少而難得也。將，壯也。旅，與膂同。○言王之所以使我者，善我之未老而方壯，旅力可以經營四方爾。猶上章之言獨賢也。

○或燕燕居息，或盡瘁事國。叶越逼反 或息偃在牀，或不已于行。叶戶郎反 ○賦也。燕燕，安息貌。瘁，病。已，止也。○言役使之不均也。下章放此。

○或不知叫號，音毫 或慘慘劬勞。或棲音西遲偃仰，或王事鞅掌。音怏 ○賦也。不知叫號，深居安逸，不聞人聲也。鞅掌，失容也。言事煩勞，不暇為儀容也。

○或湛音耽樂飲酒，或慘慘畏咎。或出入風音諷議，叶魚羈反 或靡事不為。賦也。咎，猶罪過也。出入風議，言親信而從容也。

放，音倣

無將大車
大夫悔將小人也

小明

劉氏曰疷當作疧與痻同眉貧反

北山六章三章章六句三章章四句

無將大車祇音支自塵兮無思百憂祇自疷兮興也將扶進也大車平地任載之車駕牛者也祇適疷病也○此亦行役勞苦而憂思者之作言將大車則塵汙之思百憂則病及之也○無將大車維塵冥冥叶莫迥反無思百憂不出于熲音耿○興也冥冥昏晦也熲與耿同小明也在憂中耿耿然不能出也○無將大車維塵雝上平二聲兮無思百憂祇自重上平二聲兮興也雝猶蔽也重猶累也

無將大車三章章四句

明明上天照臨下土我征徂西至于艽音求野

大夫悔仕於亂世也

何以見其不數為夏正若為夏正歲暮尚得采蕭穫菽乎云矣

還音旋

叶上與反二月初吉。載離寒暑。心之憂矣。其毒大音泰苦。念彼共人。涕零如雨。豈不懷歸。畏此罪罟。音古

○賦也。征行。徂往也。艽野地名。蓋遠荒之地也。二月亦以夏正數之建卯月也。初吉朔日也。毒言心中如有藥毒也。共人僚友之處者也。懷思。罟網也。○大夫以二月西征。至於歲暮而未得歸。故呼天而訴之。復念其僚友之處者。且自言其畏罪而不敢歸也。

○昔我往矣。日月方除。去聲曷云其還。歲聿云莫。念我獨兮。我事孔庶。心之憂矣。憚丁佐反我不暇。叶胡額反念彼共人。睠睠音眷懷顧。豈不懷歸。畏此譴怒。

賦也。除除舊生新也。謂二月初吉也。庶衆。憚勞也。睠睠勤厚之

遺上聲

意譴怒罪責也○言昔以是時往今未知何時可還而歲已暮矣蓋身獨而事衆是以勤勞而不暇也○昔我往矣日月方奧音郁曷云其還
政事愈蹙音蹙歲聿云莫采蕭穫菽心之憂矣
自詒伊戚叶子六反念彼共人興言出宿豈不懷
歸畏此反覆音輻○賦也奧煖蹙急詒遺戚憂興起也反覆傾側無常之意
也○言以政事愈急是以至此歲暮而猶不得歸又自咎其不能見幾遠去而自遺此憂
至於不能安寢而出宿於外也○嗟爾君子無恒安處靖共
爾位正直是與神之聽之式穀以女音汝○賦也君
子亦指其僚友也恒常也靖與靜同與猶助也穀祿也以猶與也○上章既自傷悼此章

鼓鍾
刺幽王也

又戒其僚友曰嗟爾君子無以安處爲常言當有勞時勿懷安也當靖共爾位惟正直之人是助則神之聽之而以穀祿與女矣

○嗟爾君子無恒安息靖共爾位好去聲是正直神之聽之介爾景福叶筆力反○賦也息猶處也好是正直愛此正直之人也介景皆大也

小明五章三章章十二句二章章六句

鼓鍾將將音槍淮水湯湯憂心且傷淑人君子懷允不忘賦也將將聲也淮水出信陽軍桐栢山至楚州漣水軍入海湯湯沸騰之貌淑善懷思允信也○此詩之義未詳王氏曰幽王鼓鍾淮水之上爲流連之樂久而忘反聞者憂傷而思古之君子不能忘也○鼓鍾喈喈音皆叶居奚反

見音現

淮水湝湝音諧叶雞賢反憂心且悲淑人君子其德不回叶乎爲反○賦也。喈喈猶將將。湝湝猶湯湯。悲猶傷也。回邪也。○鼓鐘伐鼛音高叶居尤反淮有三洲憂心且妯音抽淑人君子其德不猶賦也。鼛大鼓也。周禮作臯。云臯鼓尋有四尺。三洲淮上地。蘇氏曰。始言湯湯水盛也。中言湝湝水流也。終言三洲水落而洲見也。言幽王之久於淮上也。妯動。猶若也。言不若今王之荒亂也。○鼓鐘欽欽鼓瑟鼓琴笙磬同音以雅以南叶尼心反以籥音藥不僭叶七心反○賦也。欽欽亦聲也。磬樂器。以石爲之。琴瑟在堂笙磬在下。同音言其和也。雅二雅也。南二南也。籥籥舞也。僭亂也。言三者皆不僭也。○蘇氏曰。言幽王之不德。豈其樂非古歟。樂則是

楚茨

刺幽王也

叐吐火反

而人則非也

鼓鐘四章章五句此詩之義有不可知者今姑釋其訓詁名物而略以王氏蘇氏之說解之未敢信其必然也

楚楚者茨言抽其棘自昔何爲我蓺音藝黍稷我黍與與音餘我稷翼翼我倉既盈我庾維億以爲酒食以享以祀叶逸織反以妥以侑音又叶夷益反以介景福叶音璧○賦也楚楚盛密貌茨蒺藜也抽除也我爲有田祿而奉祭祀者之自稱也與與翼翼皆蕃盛貌露積曰庾十萬曰億享獻也妥安坐也禮曰詔妥尸蓋祭祀筮族人之子爲尸既奠迎之使處神坐而拜以安之也侑勸也恐尸未或飽祝侑

己酉皆兵庫門内然
則究何處語之祊耶

奉音捧

之曰。皇尸未實也。介。大也。景。亦大也。○此詩述公卿有田祿者，力於農事以奉其宗廟之祭。故言蒺蔾之地有抽除其棘者，古人何乃爲此事乎。蓋將使我於此蓺黍稷也。故我之黍稷既盛，倉庾既實，則爲酒食以享祀妥侑而介大福也。○濟濟上聲蹌蹌音槍**絜爾牛羊，以往烝嘗。或剝或亨。**音烹叶鋪郎反**或肆或將，祝祭于祊。**音崩叶蒲光反**祀事孔明。**叶謨郎反**先祖是皇，神保是饗。**叶虛良反**孝孫有慶。**叶祛羊反**報以介福，萬壽無疆。**賦也。濟濟蹌蹌，言有容也。冬祭曰烝，秋祭曰嘗。剝，解剝其皮也。亨，煮熟之也。肆，陳之也。將，奉持而進之也。祊，廟門內也。孝子不知神之所在，故使祝博求之於門內待賓客之處也。孔，甚也。明，猶備也。著也。皇，大也。君也。保，安也。神保，蓋尸之

從去聲長上聲盛平聲飲去聲復扶又反

嘉號。楚辭所謂靈保。亦以巫降神之稱也。孝孫，主祭之人也。慶，猶福也。○執爨音竄踖踖音積叶七略反爲俎孔碩叶常約反或燔音煩或炙音隻叶陟略反君婦莫莫音麥叶木各反爲豆孔庶叶陟略反爲賓爲客叶克各反獻酬交錯禮儀卒度叶徒洛反笑語卒獲叶黄郭反神保是格叶剛鶴反報以介福萬壽攸酢。

賦也。爨，竈也。踖踖，敬也。俎，所以載牲體也。碩，大也。燔，燒肉也。炙，炙肝也。皆所以從獻也。特牲主人獻尸，賓長以肝從；主婦獻尸，兄弟以燔從，是也。君婦，主婦也。莫莫，清靜而敬至也。豆，所以盛內羞、庶羞，主婦薦之也。庶，多也。賓客，筮而戒之使助祭者。既獻尸而遂與之相獻酬也。主人酌賓曰獻，賓飲主人曰酢，主人又自飲而復飲賓曰酬，賓受之奠於席

熯京本而善反　予上聲　嘏音假　女音汝　來音釐

前而不衆至旅而後少長相勸而交錯以徧也。卒，盡也。度，法度也。獲，得其宜也。格，來。酢，報也。

○我孔熯音善矣，式禮莫愆。叶起巾反工祝致告，徂賚孝孫。叶須倫反苾音必芬孝祀，叶逸織反神嗜飲食。卜爾百福，叶筆力反如幾音機如式。既齊既稷，既匡既敕。永錫爾極，時萬時億。

賦也。熯，竭也。善其事曰工。苾芬，香也。卜，予也。幾，期也。春秋傳曰：易幾而哭。是也。式，法。齊，整。稷，疾。匡，正。敕，戒。極，至也。○禮行既久，筋力竭矣，而式禮莫愆，敬之至也。於是祝致神意以嘏主人曰：爾飲食芳潔，故報爾以福祿，使其來如幾，其多如法。爾禮容莊敬，故報爾以衆善之極，使爾無一事而不得乎此。各隨其事而報之以其類也。少牢嘏辭曰：皇尸命工祝，承致多福無疆于女孝孫，來女孝孫

神即正指皇尸而言尸即所以象神尸之外更何所謂神耶注所云云直

祭事俗本作祭祀

使女受祿于天宜稼于田眉壽萬年勿替引之此大夫之嘏也○禮儀既備叶蒲北反鍾鼓既戒叶訖力反孝孫徂位叶力入反工祝致告叶古得反神具醉止皇尸載起鼓鐘送尸神保聿歸諸宰君婦廢徹不遲諸父兄弟備言燕私叶息夷反○戴也戒告也徂位祭事既畢主人往阼階下西面之位也致告祝傳尸意告利成於主人言孝子之利養成畢也於是神醉而尸起送尸而神歸矣曰皇尸者尊稱之也鼓鐘者尸出入奏肆夏也鬼神無形言其醉而歸者誠敬之至如見之也諸宰家宰非一人之稱也廢去也不遲以疾為敬亦不留神惠之意也祭畢既歸賓客之俎同姓則留與之燕以盡私恩所以尊賓客親骨肉也○樂具入奏音族以綏

是無理取制

小雅

後祿爾殽既將莫怨具慶（叶祛羊反）既醉既飽（叶補苟反）小大稽首神嗜飲食使君壽考（叶去九反）孔惠孔時維其盡（叶子忍反）之子子孫孫勿替引之賦也

凡廟之制前廟以奉神後寢以藏衣冠祭於廟而燕於寢故於此將燕而祭時之樂皆入奏於寢也且於祭既受祿矣故以燕爲將受後祿而綏之也爾殽既進與燕之人無有怨者而皆歡慶醉飽稽首而言曰向者之祭神既嗜君之飲食矣是以使君壽考也又言君之祭祀甚順甚時無所不盡子子孫孫當不廢而引長之也

與去聲

楚茨六章章十二句

呂氏曰楚茨極言祭祀所以事神受福之節致詳致備所以推明先王致力於民者盡則致力於神者詳觀其威儀

信南山
刺幽王也

辟音闢

之盛物品之豐所以交神明逮羣下至
於受福無疆者非德盛政修何以致之
信彼南山維禹甸音殿叶徒鄰反之畇畇音勻原隰曾
孫田叶地因反之我疆我理南東其畝叶滿彼反○賦也南
山終南山也甸治也畇畇墾辟貌曾孫主祭
者之稱曾重也自曾祖以至無窮皆得稱之
也疆者爲之大界也理者定其溝塗也畝壟
也長樂劉氏曰其遂東入於溝則其畆南矣
其遂南入於溝則其畆東矣○此詩大指與
楚茨略同此卽其篇首四句之意也言信乎
此南山者本禹之所治故其原隰墾闢而我
得田之於是爲之疆理而順其地勢水勢之
所宜或南其畝或東其畝也○上天同雲雨去聲雪雰雰益
之以霢音麥霂音木既優既渥叶烏谷反既霑既足生

我百穀賦也同雲雲一色也將雪之候如此雰雰雪貌霢霂小雨貌優渥霑足皆饒洽之意也冬有積雪春而益之以小雨潤澤則饒洽矣○疆場音亦翼翼黍稷彧彧音郁叶于逼反曾孫之穡以為酒食畀音秘我尸賓壽考萬年叶尼因反○賦也場畔也翼翼整飭貌彧彧茂盛貌畀與也○言其田整飭而穀茂盛者皆曾孫之穡也於是以為酒食而獻之於尸及賓客也陰陽和萬物遂而人心歡悅以奉宗廟則神降之福故壽考萬年也○中田有廬疆場音亦有瓜叶公乎反是剝是菹側居反獻之皇祖曾孫壽考叶孔五反受天之祜音戶○賦也中田田中也菹酢菜也祜福也○一井之田其中百畝為公田內以二十畝分八家為廬舍以便田事

能節醉字

合古 脊反 糈如 悅反 膻音 馨鄉 音香

於畔上種瓜。以盡地利。瓜成。剝削淹漬以爲菹。而獻皇祖。貴四時之異物。順孝子之心也

○祭以清酒。從以騂音觪牡。享于祖考。叶去久反執其鸞刀。以啓其毛。取其血膋。音聊叶音勞○賦也。清酒。清潔之酒。鬱鬯之屬也。騂赤色。周所尚也。祭禮先以鬱鬯灌地。求神於陰。然後迎牲。執者主人親執也。鸞刀。刀有鈴也。膋脂膏也。啓其毛。以告純也。取其血。以告殺也。取其膋以升臭也。合之黍稷。實之於蕭而燔之。以求神於陽也。記曰。周人尚臭。灌用鬯臭。鬱合鬯。臭陰達於淵泉。灌以圭璋。用玉氣也。旣灌然後迎牲。致陰氣也。蕭合黍稷。臭陽達於牆屋。故旣奠然後焫蕭合羶薌。凡祭愼諸此。魂氣歸於天。形魄歸於地。故祭求諸陰陽之義也。

○是烝是享。叶虛良反苾苾芬芬。祀事孔明。叶謨郎反先祖

以上十篇為
谷風之什
甫田
刺幽王也

養去聲。雝音壅。廣深並去聲。種上聲。耨奴豆反。墤愈

是皇。報以介福。萬壽無疆。賦也。烝進也。或曰。冬祭名。

信南山六章章六句

倬音卓彼甫田。叶地因反歲取十千。叶倉新反我取其陳。食音嗣我農人。自古有年。叶尼因反今適南畝。叶滿彼反或耘或耔。音子叶奬里反黍稷薿薿。音蟻攸介攸止。烝我髦音毛士。賦也。倬明貌。甫大也。十千謂一成之田。地方十里。為田九萬畝。而以其萬畝為公田。蓋九一之法也。我食祿主祭之人也。陳舊粟也。農人私百畝而養公田者也。有年豐年也。適往也。耘除草也。耔雝本也。蓋后稷為田。一畝三甽。廣尺深尺。而播種於其中。苗葉以上。稍耨壟草。因隤其土以附苗根。壟盡甽平。則根深而能風與旱也。薿薿茂盛

髦与俊何涉
士出于農工商君与
不知何以写云然
大抵前人於三代时社
会惟此全無理会
故说来絶無是處
文

冰以醉二反能音耐　以食音飼

髦。介。大。烝。進。髦。俊也。俊士。秀民也。古者士出於農。而工商不與焉。管仲曰。農之子恒爲農。野處而不暱。其秀民之能爲士者。必足賴也。卽謂此也。○此詩述公卿有田祿者。力於農事。以奉方社田祖之祭。故言於此大田。歲取萬畝之入以爲祿食。及其積之久而有餘。則又存其新。而散其舊。以食農人。補不足。助不給也。蓋以自古有年。是以陳陳相因。所積如此。然其用之之節。又合宜而有序如此。所以粟雖甚多。而無紅腐不可食之患也。又言自古旣有年矣。今適南畝。農人方且或耘或耔。而其黍稷又已茂盛。則是又將復有年矣。故於其所美大止息之處。進我髦士而勞之也。

○以我齊音咨明叶謨郎反。與我犧羊。以社以方。我田旣臧。農夫之慶。叶祛羊反琴瑟擊鼓。以御牙嫁反田祖。以祈甘雨。以介

句平聲 祊音方 曄音葉

我稷黍。以穀我士女 賦也。齊・與粢同。曲禮曰。稷曰明粢。此言齊明便文以協韻耳。犧羊・純色之羊也。社・后土也。以句龍氏配。方・秋祭四方。報成萬物。周禮所謂羅弊獻禽以祀祊。是也。臧・善。慶・福。御・迓也。田祖・先嗇也。謂始耕田者。卽神農也。周禮籥章。凡國祈年於田祖。則吹豳雅。擊土鼓以樂田畯。是也。穀・養也。又曰。善也。言倉廩實而知禮節也○言奉其齊盛犧牲以祭方社。而曰我田之所以善者。非我之所能致也。乃賴農夫之福而致之耳。又作樂以祭田祖而祈雨。庶有以大其稷黍而養其民人也○曾孫來止。以其婦子。叶獎里反 饁 音曄 彼南畝。叶滿彼反 田畯 音俊 至喜。攘 音穰 其左右。叶羽已反 嘗其旨否。叶補美反 禾易長畝。終善且有。叶羽已反 曾孫不怒。農夫克

易音異

敏叶母鄙反○賦也曾孫主祭者之稱非獨宗廟爲然曲禮外事曰曾孫某侯某武王禱名山大川曰有道曾孫周王發是也饁餉攘取旨美易治長竟有多敏疾也○曾孫之來適見農夫之婦子來饁耘者於是與之偕至其所而田畯亦至而喜之乃取其左右之饋而嘗其旨否言其上下相親之甚也既又見其禾之易治竟畝如一而知其終當善而且多是以曾孫不怒而其農夫益以敏於其事也

○曾孫之稼如茨如梁曾孫之庾如坻音池如京叶居良反乃求千斯倉乃求萬斯箱黍稷稻粱農夫之慶叶祛羊反報以介福萬壽無疆賦也茨屋蓋言其密比也梁車梁言其穹隆也坻水中之高地也京高丘也箱車箱也○此言收歲之後禾稼既多則求倉以處之求車以載

大田
刺幽王也

之而言凡此黍稷稻粱皆賴農夫之慶而得之是宜報以大福使之萬壽無疆也其歸美於下而欲厚報之如此

甫田四章章十句

大田多稼既種上聲既戒既備乃事叶上止反以我覃音剡耜叶養里反俶載南畝叶滿彼反播厥百穀叶工洛反既庭且碩叶常約反曾孫是若

賦也。種擇其種也。戒飭其具也。覃利。俶始。載事。庭直。碩大。若順也。○蘇氏曰田大而種多故於今歲之冬具來歲之種戒來歲之事凡既備矣然後事之取其利耜而始事於南畝既耕而播之其耕之也勤而種之也時故其生者皆直而大以順曾孫之所欲此詩為農夫之辭以頌美其上若以答前篇之

阜乃皁字之誤此等誤字盖出於改譯今文之後也

蟊莫侯反

孚與稃同

瘞音意

雨我之雨去聲

意也○既方既皁叶子苟反既堅既好叶許苟反不稂音郎
不莠音酉去上聲其螟音冥螣音特及其蟊賊無害我
田穉音稚田祖有神秉畀炎火叶虎委反○賦也方房也謂孚
甲始生而未合時也實未堅者曰皁稂童粱
莠似苗皆害苗之草也食心曰螟食葉曰螣
食根曰蟊食節曰賊皆害苗之蟲也穉幼禾
也○言其苗既盛矣又必去此四蟲然後可
以無害田中之禾然非人力所及也故願田
祖之神爲我持此四蟲而付之炎火之中也
姚崇遣使捕蝗引此爲證夜中設火火
邊掘坑且焚且瘞蓋古之遺法如此○有
渰音掩萋萋音妻興雨祁祁雨我公田遂及我私
叶息夷反彼有不穫穉此有不斂穧音齊彼有遺秉

養去聲

此有滯穗伊寡婦之利賦也。渰雲興貌。萋萋盛貌。祁祁徐也。雲欲盛。盛則多雨。雨欲徐。徐則入土。公田者方里而井。井九百畝。其中爲公田。八家皆私百畝而同養公田也。穧束。秉把也。滯亦遺棄之意也。○言農夫之心。先公後私。故望此雲雨而曰。天其雨我公田。而遂及我之私田乎。冀怙君德而蒙其餘惠。使收成之際。彼有不及穫之穉禾。此有不及斂之穧。彼有遺棄之禾把。此有滯漏之禾穗。而寡婦尚得取之以爲利也。此見其豐成有餘而不盡取。又與鰥寡共之。旣足以爲不費之惠。而亦不棄於地也。不然。則粒米狼戾。不殆於輕視天物而慢棄之乎。○曾孫來止。以其婦子。饁彼南畝。田畯至喜。來方禋音因祀。叶逸織反以其騂黑。與其黍稷。以享以祀。同上以介景福

瞻彼洛矣
刺幽王也

叶筆力反○賦也。精意以享謂之禋。○農夫相告曰，曾孫來矣。於是與其婦子，饁彼南畝之獲者。而田畯亦至而喜之也。曾孫之來，又禋祀四方之神，而賽禱焉。四方各用其方色之牲。此言騂黑，舉南北以見其餘也。見音現以介景福，農夫欲曾孫之受福也。

大田四章，二章章八句，二章章九句。

前篇有擊鼓以御田祖之文。故或疑此楚茨、信南山、甫田、大田四篇，卽爲豳雅。其詳見於豳風之末。亦未知其是否也。然前篇上之人以我田旣臧爲農夫之慶，而欲報之以介福。此篇農夫以雨我公田遂及我私，而欲其享祀以介景福。上下之情，所以相賴而相報者如此，非盛德其孰能之

瞻彼洛矣，維水泱泱。音鞅君子至止，福祿如茨。

赩與逆反

韎音昧韐音閤有奭音赩以作六師賦也洛水名在
東都會諸侯之處也泱泱深廣也君子指天子也茨積也韎
茅蒐所染色也韐韠也合韋為之周官所謂
韋弁兵事之服也奭赤貌作猶起也六師六
軍也天子六軍○此天子會諸侯於東都以
講武事而諸侯美天子之詩言天子
至此洛水之上御戎服而起六師也○瞻彼
洛矣維水泱泱君子至止鞞補頂反琫音菶有珌

鞘音俏

音必君子萬年保其家室賦也鞞容刀之鞞今
刀鞘也琫上飾珌下飾亦戎服也○瞻彼洛矣維水泱泱君子至止福
祿既同君子萬年保其家邦叶卜工反○賦
也同猶聚也

瞻彼洛矣三章章六句

裳〻者華
刺幽王也
常棣即唐棣
其花不作黃色
且常棣春花今
云其葉湑兮
則是秋華矣
此與皇華當
是〻物類即楛

芳本或於黃字何誤

裳裳者華。其葉湑兮。上聲 我覯之子。我心寫兮。叶想與反 是以有譽處兮。興也。裳裳猶堂堂。董氏曰：古本作常。常棣也。湑，盛貌。覯，見。處，安也。○此天子美諸侯之辭。蓋以答瞻彼洛矣也。言裳裳者華，則其葉湑然而美盛矣。我覯之子，則其心傾寫而悅樂之矣。夫能使見者悅樂之如此，則其有譽處宜矣。此章與蓼蕭首章文勢全相似。

○裳裳者華。芸其黃矣。我覯之子。維其有章矣。維其有章矣。是以有慶叶虛羊也矣。興也。芸，黃盛也。章，文章也。有文章，斯有福慶矣。

○裳裳者華。或黃或白。叶僕各反 我覯之子。乘其四駱。乘其四駱。六轡沃若。興也。言其車馬威儀之盛。

○左叶祖

菊言之尚未得
有確証也

桑扈

華平聲

戈反之左上同之君子宜叶牛何反之右叶羽已反之右上同

之君子有叶羽已反之維其有上同之是以似叶養里反

之賦也言其才全德備以左之則無不宜以右之則無所不有維其有之於內是以

形之於外者無不似其所有也

裳裳者華四章章六句

北山之什十篇四十六章三百三十

四句

桑扈之什二之七

交交桑扈音戶有鶯其羽君子樂音洛胥叶思呂反受

刺幽王也

聲聖

天之祜。音戶○興也。交交，飛往來之貌。桑扈，竊脂也。鶯，鶯然有文章也。君子，指諸侯。胥，語辭。祜，福也。○此亦天子燕諸侯之詩。言交交桑扈，則有鶯其羽矣。君子樂胥，則受天之祜矣。頌禱之辭也。○交交桑扈，有鶯其領。君子樂胥，萬邦之屏。音丙○興也。領，頸。屏，蔽也。言其能為小國之藩衞。蓋任方伯連帥之職者也。○之屏之翰，叶胡見反百辟為憲。音璧不戢音緝不難。叶乃多反受福不那。賦也。翰，幹也。所以當牆兩邊障土者也。辟，君。憲，法也。言其所統之諸侯皆以之為法也。戢，斂。難，慎。那，多也。不戢，戢也。不難，難也。不那，那也。蓋曰豈不斂乎。豈不慎乎。其受福豈不多乎。古語聲急而然也。後放此。○兕觥其觩，音求旨酒思柔。彼交匪敖，去聲萬福來求。賦也。

鴛鴦

刺幽王也

兕觥觩也。觩角上曲貌。旨美也。思語辭也。敖傲通。交際之閒無所傲慢則我無事於求福而福反來求我矣

桑扈四章章四句

鴛鴦于飛畢之羅之君子萬年福祿宜之叶牛何反　興也。鴛鴦匹鳥也。畢小罔長柄者也。羅罔也。君子指天子也。○此諸侯所以答桑扈也。鴛鴦于飛則畢之羅之矣。君子萬年則福祿宜之矣。亦頌禱之辭也○鴛鴦在梁戢其左翼君子萬年宜其遐福叶筆力反○興也。石絕水爲梁。戢斂也。張子曰。禽鳥並棲一正一倒。戢其左翼以相依於內舒其右翼以防患於外。蓋左不用而右便故也。遐遠也。久也○乘去聲馬在廄音救摧

頍弁

諸公刺幽王也

頍古稽字

頍京本讀貍反跬頍上聲

京本首章

音剉之秣音末叶莫佩反之君子萬年福祿艾叶魚肺反之興也。摧・莝。秣・粟。艾・養也。蘇氏曰。艾老也。言以福祿終其身也。亦通 ○ 乘馬在廄則摧之秣之矣。君子萬年則福祿艾之矣 ○ 乘馬在廄秣之摧叶如字又音剉之君子萬年福祿綏叶如字又土果反之興也。綏・安也

鴛鴦四章章四句

有頍音跬者弁。實維伊何。爾酒既旨。爾殽既嘉。豈伊異人。兄弟匪他。音拖蔦音鳥與女蘿。音羅施音異于松柏。叶逋莫反未見君子。憂心奕奕。叶弋灼反既見君子。庶幾說音悅懌。叶弋灼反 ○ 賦而興又比也。頍・弁貌。或曰

女蘿自是籐蘿乃蘿之細者与兎絲何与兎絲惟蔓延草上幾見有生木上者耶

注誤脫與又二字

畢首貌。弁皮弁。嘉旨皆美也。匪他非他人也。蔦寄生也。葉似當盧子如覆盆子赤黑甜美。女蘿兎絲也。蔓連草上黃赤如金。此則比也。君子兄弟爲賓者也。奕奕憂心無所薄也○此亦燕兄弟親戚之詩故言有頍者弁實維伊何乎。爾酒既旨爾殽既嘉則豈伊異人乎乃兄弟而匪他也。又言蔦蘿施于木上以比兄弟親戚纏綿依附之意。是以未見而憂。既見而喜也

○有頍者弁。實維何期。爾酒既旨。爾殽既時。豈伊異人。兄弟具來叶陵之反。蔦與女蘿。施于松上。叶時亮反未見君子。憂心怲怲。音柄叶兵旺反既見君子。庶幾有臧。叶才浪反○賦而興又比也。何期猶伊何也。時善。具俱也。怲怲憂盛滿也。臧善也

○有頍者弁。實維在首。爾酒

車舝
大夫刺幽王也

既旨爾殽，既阜。豈伊異人，兄弟甥舅。如彼雨（去聲）雪，先集維霰（音線）。死喪（去聲）無日，無幾（音已）相見。樂酒今夕，君子維宴。

賦而興又比也。阜，猶多也。甥舅，謂母姊妹妻族也。霰，雪之始凝者也。將大雨雪，必先微溫，雪自上下，遇溫氣而摶，謂之霰。久而寒勝，則大雪矣。言霰集則將雪之候，以比老至則將死之徵也。故卒言死喪無日，不能久相見矣，但當樂飲以盡今夕之歡。篤親親之意也。

頍弁三章，章十二句。

舝與轄同

間關車之舝兮，思孌（音臠）季女逝兮。匪飢匪渴，德音來括。雖無好友（叶羽已反），式燕且喜。

賦也。間關，設舝

此王業中后亦主亦以
中后归于申故大夫刺
之也

鷮乃鵲之異体与
雉何干雉何能集于
林耶 翟乃雉叫声
有呼雉為翟者

迎去聲

聲也。舝，車軸頭鐵也。無事則脫，行則設之。昏禮親迎者乘車。孌，美貌。逝，往。括，會也。○此燕樂其新昏之詩。故言閒關然設此車舝者，蓋思彼孌然之季女，故乘此車往而迎之也。匪飢也，匪渴也，望其德音來括，而心如飢渴耳。雖無他人，亦當燕飲以相喜樂也。

○依彼平林，有集維鷮。音驕 辰彼碩女，令德來教。叶居爻反 式燕且譽，好去聲爾無射。音亦，叶都故反。○興也。依，茂木貌。鷮，雉也。微小於翟，走而且鳴，其尾長，肉甚美。辰，時。碩，大也。爾，即季女也。射，厭也。○依彼平林，則有集維鷮。辰彼碩女，則以令德來配己而教誨之。是以式燕且譽，而悅慕之無厭也。

○雖無旨酒，式飲庶幾。雖無嘉殽，式食庶幾。雖無德與女，音汝 式歌且舞。賦也。旨、嘉，皆美也。女亦指季女也。○

迎去聲好鄉竝去聲

言我雖無旨酒嘉殽美德以與女女亦當飲食歌舞以相樂也○陟彼高岡析音錫其柞音昨薪叶音襄析其柞薪其葉湑上聲兮鮮我覯爾我心寫叶想羽反兮○興也陟登柞櫟湑盛鮮少覯見也○陟岡而析薪則其葉湑兮矣我得見爾則我心寫兮矣○高山仰叶五剛反止景行行叶戶郎反止四牡騑騑音菲六轡如琴覯爾新昏以慰我心○興也仰瞻望也景行大道也如琴謂六轡調和如琴瑟也慰安也○高山則可仰景行則可行馬服御良則可以迎季女而慰我心也此又舉其始終而言也表記曰小雅曰高山仰止景行行止子曰詩之好仁如此鄉道而行中道而廢忘身之老也不知年數之不足也俛焉日有孳孳斃而後巳

青蠅

大夫刺幽王也

賓之初筵

好音浩

車舝五章章六句

營營青蠅止于樊（音煩叶汾乾反）豈弟君子無信讒言（比也營營往來飛聲亂人聽也青蠅汙穢能變白黑樊藩也君子謂王也○詩人以王好聽讒言故以青蠅飛聲比之而戒王以勿聽也）○營營青蠅止于棘讒人罔極交亂四國（叶越逼反）○興也棘（所以為藩也極猶已也）○營營青蠅止于榛讒人罔極構（音姤）我二人（興也構合也猶交亂也己與聽者為二人也）

青蠅三章章四句

賓之初筵左右秩秩籩豆有楚殽核維旅酒

衛武公刺時也

縣音懸　比毗四反

既和旨飲酒孔偕音皆叶舉里反鐘鼓既設叶書質反舉醻音酬逸逸大侯既抗叶居郎反弓矢斯張射夫既同獻爾發功發彼有的叶丁藥反以祈爾爵賦也初筵

初即席也。左右。筵之左右也。秩秩。有序也。楚列貌。殽。豆實也。核。籩實也。旅。陳也。和。旨。調美也。孔。甚也。偕。齊一也。設。宿設而又遷于下也。大射。樂人宿縣厥明將射。乃遷樂于下。以避射位是也。舉醻。舉所奠之醻爵也。逸逸。往來有序也。大侯。君侯也。天子熊侯白質。諸侯麋侯赤質。大夫布侯畫以虎豹。士布侯畫以鹿豕。天子侯身一丈。其中三分居一。白質畫熊其外則丹地畫以雲氣。抗。張也。凡射張侯而不繫左下綱。中掩束之。至將射。司馬命張侯弟子脫束遂繫下綱也。大侯張而弓矢亦張節也。射夫既同。比其耦也。射禮選羣臣爲三

壬今文作飪林古
廪通儀礼作啚
此句言祭畢錫現
嘏事壬謂祿食
之孰者林謂儲

拾其劫反

耦。三耦之外其餘各自取匹。謂之衆耦。獻。猶奏也。發。發矢也。的。質也。祈。求也。爵。射不中者飲豐上之觶也。○衛武公飲酒悔過而作此詩。此章言因射而飲者。初筵禮儀之盛。酒既調美。而飲者齊一。至於設鍾鼓。舉醻爵。抗大侯。張弓矢。而衆耦拾發。各心競云。我以此求爵汝也。

○籥舞笙鼓。樂既和奏。叶宗五反烝衎音看烈祖。以洽百禮。百禮既至。有壬有林。錫爾純嘏。子孫其湛。音躭叶持林反其湛曰樂。音洛各奏爾能。叶奴金反賓載手仇。音拘叶音求其室人入又。叶音由怡酌彼康爵。以奏爾時。叶音醻○賦也。籥舞。文舞也。烝。進。衎。樂。烈。業。洽。合也。百禮。言其備也。壬。大。林。盛也。言禮之盛大也。錫。神錫之也。爾。主祭者也。嘏。福。湛。樂也。各奏爾能。謂子

以待用者也此文至難解殆非熟悉文字之源流不能辨也

京本酌下有而字㪺音拘復扶又反

孫各酌獻尸。尸酢而卒爵也。仇，讀曰㪺。室人有室中之事者，謂佐食也。又，復也。賓手挹酒室人復酌，爲加爵也。康，安也。酒所以安體也或曰：康，讀曰抗。記曰：崇坫康圭。此亦謂坫上之爵也。時，時祭也。蘇氏曰：時物也。○此言因祭而飲者始時禮樂之盛如此也。

○賓之初筵，溫溫其恭。其未醉止，威儀反反。叶分遭反曰既醉止，威儀幡幡。叶分遭反舍音捨其坐遷，屢舞僊僊。其未醉止，威儀抑抑。曰既醉止，威儀怭怭。音必是曰既醉，不知其秩。賦也。反反，顧禮也。幡幡，輕數也。遷，徙屢。數也。僊僊，軒舉之狀。抑抑，慎密也。怭怭，媟嫚也。秩，常也。○此言凡飲酒者常始乎治而卒乎亂也。

數音朔下同媟音辟嫚音慢

○賓既醉止，載號音毫載呶音鐃，亂我籩豆

監平聲

屢舞僛僛（音欺）是曰既醉不知其郵（叶于其反）側弁之俄屢舞傞傞（音娑）既醉而出並受其福（叶筆力反）醉而不出是謂伐德飲酒孔嘉（叶居何反）維其令儀（叶牛何反）○賦也號呼呶讙也僛僛傾側之狀郵與尤同過也側傾也俄傾貌傞傞不止也出去伐害孔甚令善也○此章極言醉者之狀因言賓醉而出則與主人俱有美譽醉至若此是害其德也飲酒之所以甚美者以其有令儀爾今若此則無復有儀矣

○凡此飲酒或醉或否（叶補美反）既立之監或佐之史彼醉不臧不醉反恥式勿從謂無俾大怠（音泰叶養里反）匪言勿言匪由勿語由醉之言俾

以上十篇為甫田之什

出童羖，音古三爵不識，叶音失志矧敢多又。叶夷益夷豉二反○賦也。監史，司正之屬。燕禮鄉射，恐有解倦失禮者，立司正以監之，察儀法也。謂告而從也。童羖，無角之羖羊，必無之物也。識，記也。○言飲酒者或醉或不醉，故既立監而佐之以史，則彼醉者所為不善，而不自知，使不醉者反為之羞愧也。安得從而告之，使勿至於大怠乎。告之若曰所不當言者勿言，所不當從者勿語。醉而妄言，則將罰汝，使出童羖矣。設言必無之物，以恐之也。汝飲至三爵，已昏然無所記矣，況敢又多飲乎。又丁寧以戒之。

賓之初筵五章，章十四句。毛氏序曰：衛武公刺幽王也。韓氏序曰：衛武公飲酒悔過也。今按此詩意與大雅抑戒相類，必武公自悔之作，當從韓義。

魚藻
刺幽王也

采菽
刺幽王也

魚在在藻有頒（音焚）其首。王在在鎬豈（音愷）樂（音洛）飲酒 興也。藻水草也。頒大首貌。豈亦樂也。○此天子燕諸侯而諸侯美天子之詩也言魚何在乎。在乎藻也。則有頒其首矣。王何在乎。在乎鎬京也。則豈樂飲酒矣。○魚在在藻有莘其尾。王在在鎬飲酒樂豈（叶去幾反）○興也。莘長也。○魚在在藻依于其蒲。王在在鎬有那其居 興也。那安。居處也

魚藻三章章四句

采菽采菽筐（音匡）之筥（音舉）之君子來朝（音潮）何錫予（音與）之雖無予之路車乘（去聲）馬（叶滿補反）又何予

畫胡卦反　卷音衮　剌七亦反　鷩必列反　毳尺鋭反　絺陟里反

之玄袞及黼音甫○輿也菽大豆也君子謂
侯也路車金路以賜同姓象路
以賜異姓也玄袞玄衣而畫以卷龍也黼如
斧形刺之於裳也周制諸公袞冕九章已見
九罭篇侯伯鷩冕七章則自華蟲以下子男
毳冕五章衣自宗彝以下而裳黼黻孤卿絺
冕三章則衣粉米而裳黼黻大夫玄冕則玄
衣黻裳而已○此天子所以答魚藻也采菽
采菽則必以筐筥盛之君子來朝則必有以
錫予之又言今雖無以予之然已有路車乘
馬玄袞及黼之賜矣其言如此
者欲之無已意猶以為薄也○觱音必沸音弗
檻胡覽反泉叶才勻反言采其芹音勤君子來朝言觀
其旂音祈叶巨斤反其旂淠淠音譬鸞聲嘒嘒載驂載
駟君子所屆叶居氣反○輿也觱沸泉出貌
檻泉正出也芹水草可食淠淠

動貌。嘒嘒，聲也。屆，至也。○觱沸檻泉，則言采其芹。諸侯來朝，則言觀其旂。見其旂，聞其鸞聲，又見其馬，則知君子之至於是也。

○赤芾音弗在股，邪幅在下。叶後五反彼交匪紓。音舒叶上與反天子所予。音與樂音洛只君子。天子命之。叶彌并反樂只君子。福祿申之。

賦也。脛本曰股。邪幅，偪也。邪纏於足，如今行縢，所以束脛，在股下也。交，交際也。紓，緩也。○言諸侯服此芾偪，見於天子，恭敬齊遬，不敢紓緩，則爲天子所與，而申之以福祿也。○

維柞之枝，其葉蓬蓬。樂只君子，殿多見反天子之邦。叶卜工反樂只君子，萬福攸同。平平音便左右，亦是率從。

興也。柞，見車舝篇。蓬蓬，盛貌。殿，鎮也。平平，辯治也。左右，諸侯之臣也。

角弓
父兄刺幽王也

率。循也。○維柞之枝。則其葉蓬蓬然。樂只君子。則宜殿天子之邦。而爲萬福之所聚。又言其左右之臣。亦從之而至此也。

○汎汎（芳劒反）楊舟。紼（音弗）纚（音黎）維之。樂只君子。天子葵之。樂只君子。福祿膍（音琵）之。優哉游哉。亦是戾（叶郎之反）矣。

興也。紼。繂也。纚。維。皆繫也。言以大索纚其舟而繫之也。葵。揆也。揆。猶度也。膍。厚也。戾。至也。○汎汎楊舟。則必以紼纚維之。樂只君子。則天子必葵之。福祿必膍之。於是又歎其優游而至於此也。

采菽五章章八句

騂騂（音觪）角弓。翩（音篇）其反（叶分邅反）矣。兄弟昏姻。無胥遠（叶於圓反）矣。

興也。騂騂。弓調和貌。角弓。以角飾弓也。翩。反貌。弓之爲物。張之

詩中何尝有讒佞語
佞之語殊由最不祥矣
亦章義隸补未之義
而附会出此也

則內向而來弛之則外反而去有似兄弟昏姻親疏遠近之意胥相也○此刺王不親九族而好讒佞使宗族相怨之詩言騂騂角弓既翩然而反矣兄弟昏姻則豈可以相遠哉○爾之遠同前矣民胥然矣爾之教矣民胥傚矣賦也爾主也上之所為下必有甚者○此令兄弟綽綽有裕預與二音不令兄弟交相為瘉同上○賦也令善綽寬裕饒瘉病也○言雖王化之不善然此善兄弟則綽綽有裕而不變彼不善之兄弟則由此而交相病矣蓋指讒已之人而言也○民之無良相怨一方受爵不讓叶如羊反至于已斯亡賦也一方彼一方也○相怨者各據其一方耳若以責人之心責己愛己之心愛人使彼己之間交見而無蔽則豈有相怨者哉況兄弟

老馬反為駒不顧其後
者謂馬〻之老者無乃駕
車則繫之車後如駒〻
初習駕車者然〻害則
以老故但求其安逸初
不顧人其〻以其後為恥
也始駕車者反之
車在馬前見學
記蓋不啻此詩〻
注也原注謬甚

著直略反
曰韓詩劉

相怨相讒以取爵位而不知遜讓終亦必亡而已矣○老馬反爲駒叶去聲不顧其後叶下故反如食音嗣宜饇音飫如酌孔取叶音娶○比也饇飽孔甚也○言其但知讒害人以取爵位而不知其不勝任○如老馬憊矣而反自以爲駒不顧其後將有不勝任之患也又如食之已多而宜飽矣酌之所取亦已甚矣○毋教猱升木如塗塗附君子有徽猷小人與屬音蜀叶殊遇反○比也猱獼猴也性善升木不待教而能也塗泥附著也徽美猷道屬附也○言小人骨肉之恩本薄王又好讒佞以來之是猶教猱升木又加於泥塗之上加以泥塗附之也苟王有美道則小人將反爲善以附之不至於如此矣

○雨去聲雪瀌瀌音標見晛音現曰消莫肯下去聲遺

髦古音冒不讀平声
此髦字實須轉音
也此的初不用韻會前
章觀之可知

菀柳
刺幽王也

向作聿婁荀子作屨

式居婁音慮驕比也。瀌瀌盛貌。晛日氣也。張子曰。讒言遇明者當自止。而王甘信之。不肯貶下而遺棄之。更益以長慢也。○雨雪浮浮見晛曰流如蠻如髦叶莫侯反我是用憂比也。浮浮猶瀌瀌也。流流而去也。蠻南蠻也。髦夷髦也。書作髳。言其無禮義而相殘賊也。

角弓八章章四句

蹈戰國策作神

有菀音鬱者柳。不尚息焉。上帝甚蹈。無自暱焉。俾予靖之。後予極焉。比也。柳茂木也。尚庶幾也。上帝指王也。蹈當作神。言威靈可畏也。暱近。靖定也。極求之盡也。○王者暴虐諸侯不朝。而作此詩。言彼有菀然茂盛之柳。行路之人。豈不庶幾欲就止息乎。以比人誰不欲朝事王者。而王甚威神使人畏之而不敢近耳。使我朝而事之，以靖王室，後必將極其所欲以求於我。蓋諸侯皆不朝，而已獨至，則王必責之無已。如齊威王朝周，而後反爲所辱也。或曰興也。下章放此。

○有菀者柳，不尙愒音器焉。上帝甚蹈，無自瘵音債叶子例反焉。俾予靖之，後予邁叶力制反焉。比也。愒，息。瘵，病也。邁，過也。求之過其分也。

○有鳥高飛，亦傅音附于天。叶鐵因反彼人之心，于何其臻。曷予靖之，居以凶矜。興也。傅、臻，皆至也。彼人，斥王也。居，猶徒然也。凶矜，遭凶禍而可憐也。○之高飛，極至於天耳。彼王之心，於何所極乎。言其貪縱無極，求責無已。人不知其所至也。如此則豈予能靖之乎，乃徒然自取凶矜耳。

都人士

周人刺衣服無常也

都王都也然則王都果何地耶

菀柳三章章六句

桑扈之什十篇四十三章二百八十二句

都人士之什二之八

彼都人士。狐裘黃黃。其容不改。出言有章。行歸于周。萬民所望。叶音亡。○賦也。都。王都也。黃黃。狐裘色也。不改。有常也。章。文章也。周。鎬京也。○亂離之後。人不復見昔日都邑之盛。人物儀容之美。而作此詩以歎息之也。○彼都人士。臺笠緇撮。叶祖悅反彼君子女。綢直如髮。叶方月反我不見兮。我心不說。音悅○賦也臺夫須也緇撮緇布冠也其制小僅可撮其髻也君子女都人貴家之女也綢直如髮未詳其義然以四章五章推之亦言其髮之美耳○彼都人士充耳琇音秀實彼君子女謂之尹吉我不見兮我心苑音鬱結叶繳質反○賦也琇美石也以美石爲瑱尹吉未詳鄭氏曰吉讀爲姞尹氏姞氏周之昬姻舊姓也人見都人之女咸謂尹氏姞氏之女言其有禮法也李氏曰所謂尹吉猶晉言王謝唐言崔盧也苑猶屈也積也○彼都人士垂帶而厲叶落蓋反彼君子女卷音權髮如蠆音瘥我不見兮言從之邁賦也厲垂帶之貌卷髮鬢旁短髮不可斂者曲上卷然以爲飾也蠆螫蟲也尾末揵然似髮之曲上者邁行也蓋曰是不可得見也得見則我從之邁矣

小雅都人士之什　卷五

姜氏与尹氏非相思而周之盛此乃皆太原周文

思之甚也○匪伊垂之帶則有餘匪伊卷之髮則有旟我不見兮云何盱音吁矣賦也旟揚也盱望也說見何人斯篇○此言士之帶非故垂之也帶自有餘耳女之髮非故卷之也髮自有旟耳言其自然閒美不假脩飾也然不可得而見矣則如何而不望之乎

閒音閑坊本作開

都人士五章章六句

采綠

刺怨曠也

此诗次都人士后乃次尹氏之诗后又

卷音權

終朝采綠不盈一匊音菊予髮曲局薄言歸沐賦也自旦及食時爲終朝綠王芻也兩手曰匊局卷也猶言首如飛蓬也○婦人思其君子而言終朝采綠而不盈一匊者思念之深不專於事也又念其髮之曲局於是舍之而歸沐以待其君子之還也○終朝采藍不盈一襜只古反叶都甘

黍苗

云刺幽王已宣云刺
尹氏旣深儒惡刺
幽王太多此又不識
其義詩旨附文

反五日爲期。六日不詹音占叶多十反○賦也。藍染草也。衣蔽前謂之襜。卽蔽膝也。詹與瞻同。五日爲期。去時之約也。六日不詹過期而不見也○之子于狩音獸言韔音暢其弓。叶姑弘反之子于釣言綸之繩賦也。之子謂其君子也。理絲曰綸○言君子若歸而欲往狩耶。我則爲之韔其弓。欲往釣耶。我則爲之綸其繩。望之切。思之深。欲無往而不與之俱也○其釣維何。維魴音房及鱮。音敘叶音湑維魴及鱮。薄言觀者叶掌與反○賦也。於其釣而有獲也。又將從而觀之。亦上章之意也

采綠四章章四句

芃芃音蓬黍苗。陰雨膏去聲之。悠悠南行。召伯勞

刺幽王也

去聲之興也芃芃長大貌悠悠遠行之意〇宣王封申伯於謝命召穆公往營城邑故將徒役南行而行者作此言芃芃黍苗則唯陰雨能膏之悠悠南行則唯召伯能勞之也

〇我任音壬我輦我車我牛叶魚其反我行既集蓋

云歸哉叶將黎反〇賦也任負任者也輦大輓車也牛所以駕大車也集成也營謝之役既成而歸也

〇我徒我御我師我旅我行既集

蓋云歸處賦也徒步行者御乘車者五百人爲旅五旅爲師春秋傳曰君行師從卿行旅從

〇肅肅謝功召伯營之烈烈征師召

伯成之賦也肅肅嚴正之貌謝邑名申伯所封國也今在鄧州信陽軍功工役之事也營治也烈烈威武貌征行也

〇原隰既平泉流既清召

隰桑
刺幽王也

伯有成王心則寧賦也土治曰平水治曰清○言召伯營謝邑相其原隰之宜通其水泉之利此功既成宣王之心則安也

黍苗五章章四句此宣王時詩與大雅崧高相表裏

隰桑有阿其葉有難音那既見君子其樂音洛如何與也隰下濕之處宜桑者也阿美貌難盛貌皆言枝葉條垂之狀○此喜見君子之詩言隰桑有阿則其葉有難矣既見君子則其樂如何哉辭意大槩與菁莪相類然所謂君子則不知其何所指矣或曰比也下章放此○隰桑有阿其葉有沃叶鬱縛反既見君子云何不樂與也沃光澤也○隰桑有阿其葉有幽叶於交反既見君子德音孔膠音交

白華
周人刺幽后也

漚於
薇反

小雅

○輿也。幽，黑色也。膠，固也。○心乎愛（叶許既反）矣，遐不謂矣。中
心藏之，何日忘之。賦也。遐與何同。表記作瑕。鄭氏註曰：瑕之言胡也。謂
猶告也。○言我中心誠愛君子，而既見之，則
何不遂以告之，而但中心藏之，將使何日而
忘之耶。楚辭所謂思公子兮未敢言，意蓋如
此。愛之根於中者深，故發之遲而存之久也。

隰桑四章，章四句

白華（音花）菅（音姦）兮，白茅束兮。之子之遠，俾我獨
兮。比也。白華，野菅也。已漚爲菅。之子，斥幽王
也。俾，使也。我，申后自我也。○幽王娶申女
以爲后，又得褒姒而黜申后。故申后作此詩。
言白華爲菅，則白茅爲束。二物至微，猶必相
須爲用。何之子之
遠，而俾我獨耶。○英英白雲，露彼菅茅兮（叶莫

侯反天步艱難之子不猶比也英英輕明之貌白雲水土輕清之氣當夜而上騰者也露即其散而下降者也步行也天步猶言時運也猶圖也或曰猶如也○言雲之澤物無微不被今時運艱難而之子不圖不如白雲之露菅茅也

○滮符彪反池北流浸彼稻田叶地因反嘯歌傷懷念彼碩人比也滮流貌北流豐鎬之間水多北流碩人尊大之稱亦謂幽王也○言小水微流尚能浸灌王之尊大而反不能通其寵澤所以使我嘯歌傷懷而念之也

○樵彼桑薪卬音昂烘于煁音忱維彼碩人實勞我心比也樵采也桑薪薪之善者也卬我烘燎也煁無釜之竈可燎而不可烹飪者也○桑薪宜以烹飪而但爲燎燭以比嫡后之尊而反見卑賤也

○鼓鐘于宮聲

聞音問于外。念子懆懆。音慘視我邁邁。比也。懆懆，憂貌。邁邁，不顧也。○鼓鐘于宮，則聲聞于外矣。念子懆懆，而反視我邁邁，何也。○有鶖音秋在梁。有鶴在林。維彼碩人，實勞我心。比也。鶖，禿鶖也。梁，魚梁也。○蘇氏曰：鶖鶴皆以魚爲食，然鶴之於鶖，清濁則有間矣。今鶖在梁，而鶴在林，鶖則飽而鶴則飢矣。幽王進襃姒而黜申后，譬之養鶖而棄鶴也。○鴛鴦在梁。戢其左翼。之子無良，二三其德。比也。戢其左翼，言不失其常也。良，善也。二三其德，則鴛鴦之不如也。○有扁音辯斯石，履之卑兮。之子之遠，俾我疧音底，叶喬移反兮。比也。扁，卑貌。俾，使。疧，病也。○有扁然而卑之石，則履之者亦卑矣。如妾之賤，則寵之者亦賤矣。是以之子之遠

緜蠻
微臣刺亂也

而俾我疷也

白華八章章四句

緜蠻黃鳥止于丘阿道之云遠我勞如何飲去聲之食音嗣之教之誨之命彼後車謂之載之

比也緜蠻鳥聲阿曲阿也後車副車也○此微賤勞苦而思有所託者爲鳥言以自比也蓋曰緜蠻之黃鳥自言止于丘阿而不能前蓋道遠而勞甚矣當是時也有能飲之食之教之誨之又命後車以載之者乎

○緜蠻黃鳥止于丘隅豈敢憚行畏不能趨飲之食之教之誨之命彼後車謂之載之

比也隅角憚畏也趨疾行也

○緜蠻黃鳥

瓠葉
大夫刺幽王也

止于丘側。豈敢憚行。畏不能極。飲之食之。教之誨之。命彼後車。謂之載之。比也。側。旁。極。至也。國語云。齊朝駕。則夕極于魯國。

緜蠻三章章八句

幡幡音翻瓠葉。采之亨叶鋪郎反之。君子有酒。酌言嘗之。賦也。幡幡。瓠葉貌。○此亦燕飲之詩。言幡幡瓠葉采之亨之。至薄也。然君子有酒。則亦以是酌而嘗之。蓋述主人之謙辭。言物雖薄而必與賓客共之也。○有兔斯首。炮音庖之燔音煩叶汾乾反之。君子有酒。酌言獻叶虛言反之。賦也。有兔斯首。一兔也。猶數魚以尾也。毛曰。炮。加火曰燔。亦薄物也。獻。獻

漸漸之石
下國刺幽王也

之於賓也○有兔斯首燔之炙音隻叶陟略反之君子有酒酌言酢之賦也抗火曰炙謂以物貫之而舉於火上以炙之酢報也賓既卒爵而酌主人也○有兔斯首燔之炮叶蒲侯反之君子有酒酌言醻之音酬賦也醻導飲也

瓠葉四章章四句

漸漸音巉之石維其高矣山川悠遠維其勞矣武人東征不遑朝叶直高反矣賦也漸漸高峻之貌武人將帥也遑暇也言無朝旦之暇也○將帥出征經歷險遠不堪勞苦而作此詩也○漸漸之石維其卒音崒矣山川悠遠曷其沒叶莫筆反矣

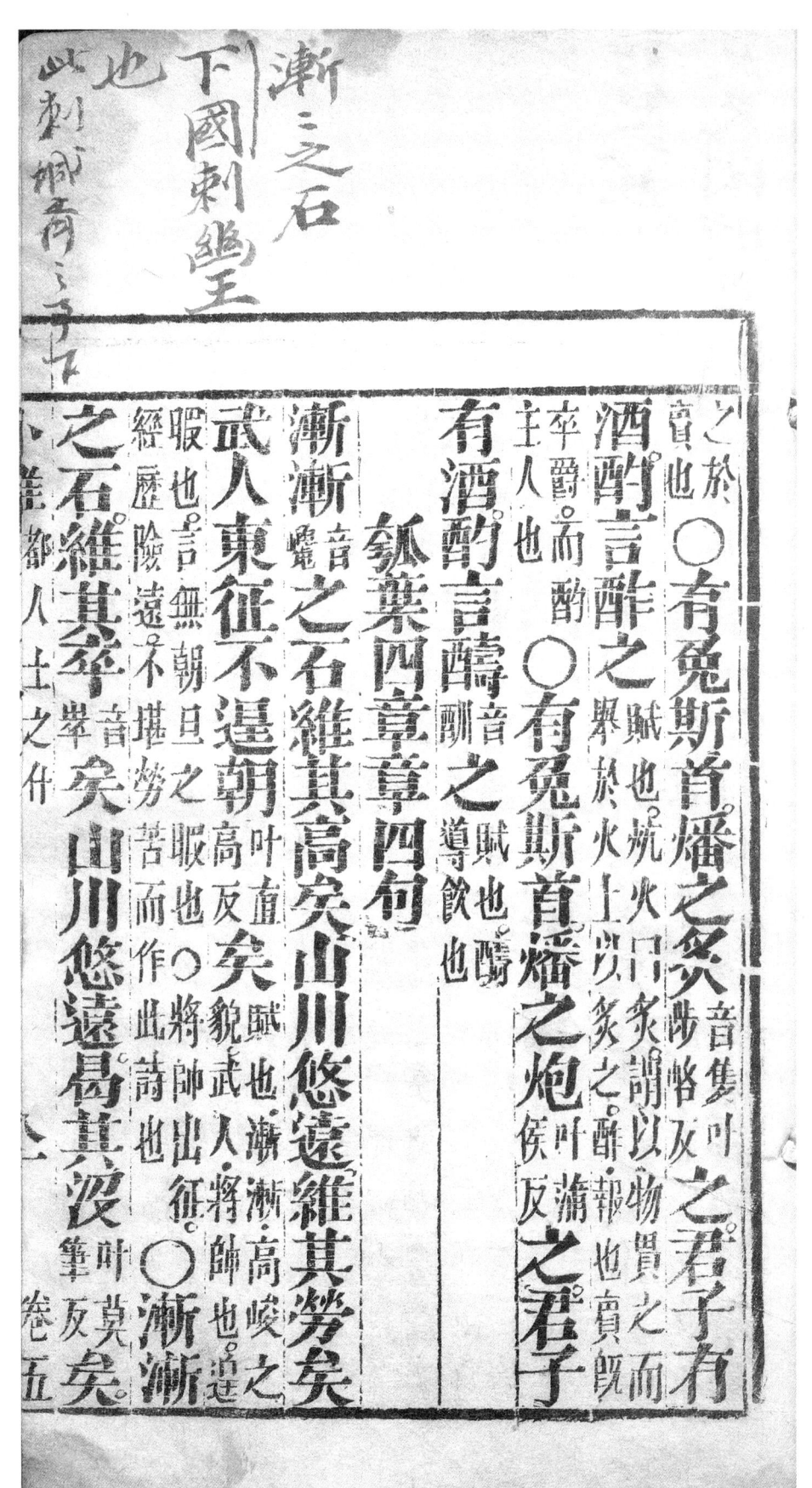

國二字孫淵傳郎加

武人東征不遑出矣賦也卒崔嵬也謂山巔之末也曷何沒盡也言所登歷何時而可盡也不遑出謂但知深入不暇謀出也○有豕白蹢音的烝涉波矣月離于畢俾滂沱矣武人東征不遑他音拖矣賦也蹢蹄烝衆也離月所宿也畢星名豕涉波月離畢將雨之驗也○張子曰豕之負塗曳泥其常性也今其足皆白衆與涉波而去水患之多可知矣此言久役又逢大雨甚勞苦而不暇及他事也

漸漸之石三章章六句

苕之華 大夫閔時也

苕音條之華音花芸音云其黃矣心之憂矣維其傷矣比也苕陵苕也本草云即今之紫葳蔓生附於喬木之上其華黃赤色亦名凌霄○

詩人自以身逢周世之衰。如苕附物而生雖榮不久故以爲比。而自言其心之憂傷也

○苕之華其葉青青音精知我如此不如無生叶桑經反○比也。青青盛貌。然亦何能久哉

○牂音臧羊墳音焚首三星在罶音柳人可以食鮮上聲可以飽叶補苟反○賦也。牂羊牝羊也。墳大也。羊瘠則首大也。罶笱也。罶中無魚而水靜。但見三星之光而已。○言饑饉之餘。百物彫耗如此。苟且得食足矣。豈可望其飽哉

苕之華三章章四句陳氏曰。此詩其辭簡其情哀周室將亡不可救矣詩人傷之而已

何草不黃何日不行叶戶郎反何人不將經營四

下國刺幽王也

矜韓詩作鰥叶居陵反　坊本循下有也字

方興也草衰則黃將亦行也○周室將亡征役不息行者苦之故作此詩言何草而不黃何日而不行何人而不將以經營於四方也哉○何草不玄叶胡勻反何人不矜音鰥哀我征夫獨為匪民興也玄赤黑色也既黃而玄也無妻曰矜言從役過時而不得歸失其室家之樂也哀我征夫豈獨為匪民哉○匪兕匪虎率彼曠野叶上與反哀我征夫朝夕不暇叶後五反○賦也率循也曠空也○言征夫非兕非虎何為使之循曠野而朝夕不得閒暇也○有芃音蓬者狐○與車反率彼幽草有棧士板反之車行彼周道興也芃尾長貌棧車役車也周道大道也言不得休息也

以上十四篇為魚藻之什〻皆十篇此獨十四殆歸餘於終義耶

何草不黄四章章四句

都人士之什十篇四十三章二百句

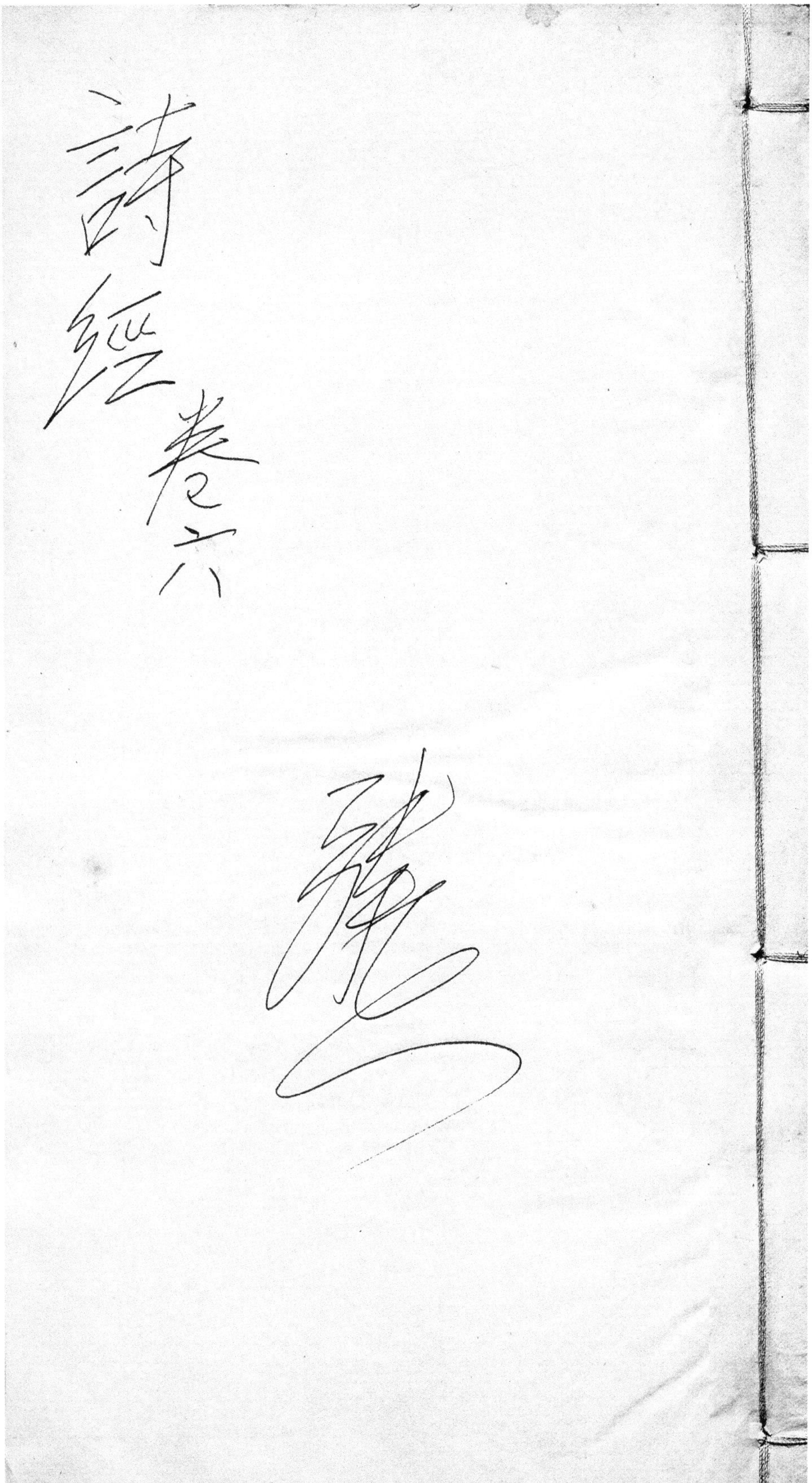
詩經卷六

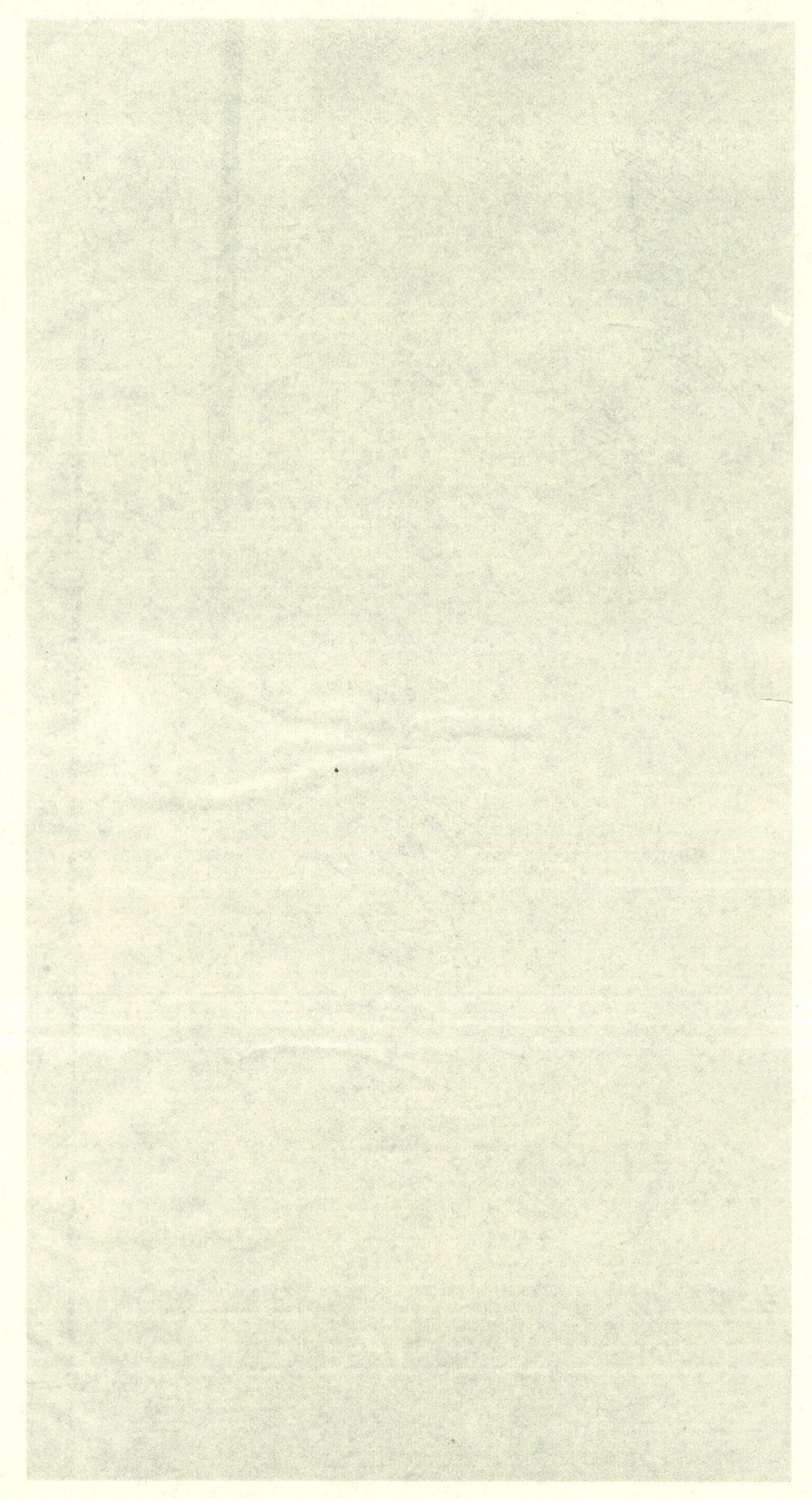

文王

文王受命作周也

時猶常也帝命不時即天命靡常也

全詩何嘗有可指為成王之處乃憑空硬派

扶

詩卷之六　　朱熹集傳

大雅三 說見小雅

文王之什三之一

文王在上。於音烏下同昭于天。叶鐵因反周雖舊邦。其命維新。有周不顯。帝命不時。叶上紙反文王陟降。在帝左右。叶羽已反○賦也。於歎辭。昭明也。命天命也。不顯猶言豈不顯也。帝上帝也。不時猶言豈不時也。左右旁側也。○周公追述文王之德。明周家所以受命而代商者。皆由於此。以戒成王。此章言文王既沒。而其神在上。昭明于天。是以周邦雖自后稷始封。千有餘年。而其受天命。則自今始也。夫文王在上。而昭于天。則其德顯矣。周雖舊邦

到成王身上且因此乃不得不硬改無念尔祖為念尔祖真〻何苦

强京本如字坊本作上聲

大雅

而命則新。則其命時矣。故又曰。有周豈不顯乎。帝命豈不時乎。蓋以文王之神在天。一升一降。無時不在上帝之左右。是以子孫蒙其福澤。而君有天下也。春秋傳。天王追命諸侯之辭曰。叔父陟恪。在我先王之左右。以佐事上帝。語意與此正相似。或疑恪亦降字之誤。理或然也。○亹亹音尾文王。令聞音問不已。陳錫哉周。侯文王孫子。叶獎里反文王孫子。本支百世。凡周之士。不顯亦世。賦也。亹亹。强勉之貌。令聞。善譽也。陳。猶敷也。哉。語辭。侯。維也。本。宗子也。支。庶子也。○文王非有所勉也。純亦不已。而人見其若有所勉耳。其德不已。故今既沒。而其令聞猶不已也。令聞不已。是以上帝敷錫于周。維文王孫子。則使之本宗百世為天子。支庶百世為諸侯。而又及其臣子。使凡周之士。亦世世修德。與周匹休焉。

○世之不顯厥猶翼翼思皇多士生此王國叶于逼反王國克生維周之楨音貞濟濟上聲多士文王以寧賦也猶謀翼翼勉敬也思語辭皇美楨榦也濟濟多貌○此承上章而言其傳世豈不顯乎而其謀猷皆能勉敬如此也美哉此衆多之賢士而生於此文王之國也文王之國能生此衆多之士則足以爲國之榦而文王亦賴以爲安矣蓋言文王得人之盛而宜其傳世之顯也○穆穆文王於緝熙敬止假上聲哉天命有商孫子商之孫子其麗不億上帝既命侯于周服叶蒲北反○賦也穆穆深遠之意緝續熙明亦不已之意止語辭假大麗數也不億不止於億也侯維也○言穆穆然文王之德不已其敬如此是

無念与豈得無念乃正相反對者此等字若可通融則文字失其效力矣

鬯音暢

大雅

以天命集焉以有商孫子觀之則可見矣蓋商之孫子其數不止於億然以上帝之命集於文王而今皆維服于周矣

○侯服于周天命靡常殷士膚敏祼音灌將于京叶居良反厥作祼將常服黼音甫冔音許王之藎音盡臣無念爾祖

賦也諸侯之大夫入天子之國曰某士則殷士者商孫子之臣屬也膚美敏疾也祼灌鬯也將行也酌而送之也京周之京師也黼黼裳也冔殷冠也蓋先代之後統承先王修其禮物作賓於王家時王不敢變焉而亦所以為戒也王指成王也藎進也言其忠愛之篤進進無已也無念猶言豈得無念也爾祖文王也○言商之孫子而侯服于周以天命之不可常也故殷之士助祭于周京而服商之服也於是呼王之藎臣而告之曰得無念爾祖文王之德乎蓋以戒王而不

成王之祖為周公何人君而即外之曰不祖乎

省音醒

敢斥言猶所謂敢告僕夫云爾劉向曰孔子論詩至於殷士膚敏祼將于京喟然歎曰大哉天命善不可不傳於後嗣是以富貴無常蓋傷微子之事周而痛殷之亡也○無念爾祖聿修厥德永言配命自求多福叶筆力反殷之未喪去聲師克配上帝宜鑒于殷駿音峻命不易去聲○賦也聿發語辭永長配合也命天理也師衆也上帝天之主宰也駿大也不易言其難也○言欲念爾祖在於自修其德而又常自省察使其所行無不合於天理則盛大之福自我致之有不外求而得矣又言殷未失天下之時其德足以配乎上帝矣今其子孫乃如此宜以為鑒而自省焉則知天命之難保矣大學傳曰得衆則得國失衆則失國此之謂也○命之不易無遏爾躬叶姑弘反宣昭

於音烏

義問有虞殷自天叶鐵因反上天之載無聲無臭叶初尤反儀刑文王萬邦作孚叶房尤反○賦也遏絕宣布昭明義善也問聞通有又通虞度載事儀象刑法孚信也○言天命之不易保故告之使無若紂之自絕於天而布明其善譽於天下又度殷之所以廢興者而折之於天然上天之事無聲無臭不可得而度也惟取法於文王則萬邦作而信之矣子思子曰維天之命於穆不已蓋曰天之所以爲天也於乎不顯文王之德之純蓋曰文王之所以爲文也純亦不已夫知天之所以爲天又知文王之所以爲文則夫與天同德者可得而言矣是詩首言文王在上於昭于天文王陟降在帝左右而終之以此其旨深矣

文王七章章八句東萊呂氏曰呂氏春秋引此詩以爲周公

所作。味其辭意，信非周公不能作也○

今按此詩，一章言文王有顯德，而上帝有成命也。二章言天命集於文王，則不唯尊榮其身，又使其子孫百世爲天子諸侯也。三章言命周之福，不唯及其子孫，而又及其羣臣之後嗣也。四章言天命既絕於商，則不唯誅罰其身，又使其子孫亦來臣服于周也。五章言絕商之禍，不唯及其子孫，而又及其羣臣之後嗣也。六章言周之子孫臣庶，當以文王爲法，而以商爲監也。七章又言當以商爲監，而以文王爲法也。其於天人之際，興亡之理，丁寧反覆，至深切矣。故立之樂官，而因以爲天子諸侯朝會之樂，蓋將以戒乎後世之君臣，而又以昭先王之德於天下也。國語以爲兩君相見之樂，特舉其一端而言耳。然此詩之首章言文王之昭于天，而不言其所以昭。次

大明

文王有明德故天復命武王也

大道何處見得不可以謂之爲監穆公戒厲王乎蓋因無

章言其命聞不已。而不言其所以聞。至於四章。然後所以昭明而不已者。乃可得而見焉。然亦多詠歎之言。而語其所以爲德之實。則不越乎敬之一字而已。然則後章所謂修厥德而儀刑之者。豈可以他求哉。亦勉於此而已矣。

明明在下。赫赫在上。叶辰羊反 **天難忱**音諶 **斯。不易**去聲 **維王。天位殷適。**音的 **使不挾**子燮反 **四方。**

明明賦也。明明。德之明也。赫赫。命之顯也。忱。信也。不易。難也。天位。天子之位也。殷適。殷之適嗣也。挾。有也。○此亦周公戒成王之詩。將陳文武受命。故先言在下者有明明之德。則在上者有赫赫之命。達於上下。去就無常。此天之所以難忱。而爲君之所以不易也。紂居天位爲殷適嗣。乃使之不得挾四方而有之。蓋以此爾。

○**摯**音至 **仲氏任。**音壬 **自彼殷**

稽而已

仲訓訓爲中而之
訓訓爲中如則謬
矣凡稱仲者是
皆如鄭箋儒心
思之陋淺不清
類如是 仲下伓也
仲伓又
不也以爲中如矣
第之處了而

中京本如字坊本音仲
嬀音規汭音芮

商來嫁于周曰嬪音貧于京叶居良反乃及王季維德之行叶戶郎反大音泰任有身叶戶羊反生此文王也賦摯國名仲中女也任摯國姓也殷商商之諸侯也嬪婦也京周京也曰嬪于京疊言以釋上句之意猶曰釐降二女于嬀汭嬪于虞也王季文王父也身懷孕也○將言文王之聖而追本其所從來者如此蓋曰自其父母而已然也○維此文王小心翼翼昭事上帝聿懷多福叶筆力反厥德不回以受方國叶越逼反○賦也小心翼翼恭慎之貌即前篇之所謂敬也文王之德於此爲盛昭明懷來回邪也方國四方來附之國也○天監在下有命既集叶昨合反文王初載天作之合在洽之陽在

文文王也祥吉也
文定厥祥猶言
文王定厥吉期本
与下親迎于渭句
相連成文舊解

郃音洽

此傳 並去 辭

渭之涘（音士 叶羽已反）文王嘉止大邦有子（叶將里反○賦也。監，視。集，就。載，年。合，配也。洽，水名，本在今同州郃陽夏陽縣，今流已絕，故去水而加邑。渭水亦逕此入河也。嘉，昏禮也。大邦，莘國也。子，大姒也。○將言武王伐商之事，故此又推其本而言，天之監照，實在於下，其命既集於周矣，故於文王之初年而默定其配，所以洽陽渭涘，當文王將昏之期，而大邦有子也。蓋曰非人之所能為矣。）○大邦有子

俔（牽遍反）天之妹文定厥祥親迎（去聲）于渭造舟為梁不顯其光（賦也。俔，磬也。韓詩作磬，說文云：俔，譬也。孔氏曰：如今俗語譬喻物，曰磬作然也。文，禮。祥，吉也。言卜得吉而以納幣之禮定其祥也。造，作。梁，橋也。作船於水，比之而加版於其上，以通行者，即今之浮橋也。傳曰：天子造舟，諸侯維舟，大夫方舟，

訓文為禮不成語矣

文王親迎因須渡渭故造舟為梁若使今親迎不必皆渡河則造舟要後何用古人謂至不通乎何可以此為定禮且造舟言卒與下為梁成文但言造若

坊本無不顯顯也四字

士特舟。張子曰。造舟爲梁。文王所制。而周世遂以爲天子之禮也。不顯。顯也。

○有命自天。命此文王。于周于京。叶居良反纘女維莘。長子維行。叶戶郎反篤生武王。保右音祐命爾燮伐大商。

賦也。纘。繼也。莘。國名。長子。長女。大姒也。行。嫁。篤。厚也。言既生文王而又生武王也。右。助。燮。和也。○言天既命文王於周之京矣。而克纘大任之女事者。維此莘國以其長女來嫁于我也。天又篤厚之。使生武王。保之助之命之。而使之順天命以伐商也。

○殷商之旅。其會如林。矢于牧野。維予侯興。叶音歆上帝臨女。音汝無貳爾心。

賦也。如林。言衆也。書曰。受率其旅若林。矢。陳也。牧野。在朝歌南七十里。侯。維。貳。疑也。爾。武王也。○此章言武王伐商之時

舟則又何舟之有也
於造舟當然成名
詞取渋儘之不通
可悟可惡
造舟不成名詞耶
維舟方舟與何當
然成名詞維舟維
言繫舟之義洲舟
之維繫不動也乎
洲繫故舟以為舟

大音泰

紂衆會集如林以拒武王而皆陳于牧野則維我之師爲有興起之勢耳然衆心猶恐武王以衆寡之不敵而有所疑也故勉之曰上帝臨女無貳爾心蓋知天命之必然而贊其決也然武王非必有所疑也設言以見衆心之同非武王之得已耳

○牧野洋洋檀車煌煌駟騵音元彭彭叶鋪郎反維師尚父時維鷹揚涼音亮彼武王肆伐大商會朝清明叶謨郎反

○賦也洋洋廣大之貌檀堅木宜爲車者也煌煌鮮明貌騵駵馬白腹曰騵彭彭強盛貌師尚父太公望爲大師而號尚父也鷹揚如鷹之飛揚而將擊言其猛也涼漢書作亮佐助也肆縱兵也會朝會戰之旦也○此章言武王師衆之盛將帥之賢伐商以除穢濁不崇朝而天下清明所以終首章之意也

女天下條實據
之連檣並進跋
凡有艚舟艘舟以
行故並方則治
其舟所益渡船
之制廣而經形
近乎方故古人即
以並舟之說話方
之舟之異也蹀儒
說者指方為兩舟

大明八章四章章六句四章章八句名義見小旻篇。一章言天命無常。惟德是與。二章言王季大任之德以及文王。三章言文王之德。四章五章六章言文王大姒之德以及武王。七章言武王伐紂。八章言武王克商以終首章之意。其章以六句八句相閒。又國語以此及下篇皆為兩君相見之樂。說見上篇

緜緜瓜瓞音垤民之初生自土沮音疽漆音七古公亶父音甫陶音桃復音福陶穴叶戶橘反未有家室比也緜緜不絕貌。大曰瓜。小曰瓞。瓜之近本初生者常小。其蔓不絕。至末而後大也。民。周人也。自。從土。地也。沮漆。二水名。在豳地。古公。號也。亶父。名也。或曰字也。後乃追稱大王焉。陶。窰竈也。

[illegible]往故王之卅

相蕃擔於無根
因更訓使西四
舟相蕃幸詩中
言舟相無終不
是則舟相蕃于
六舟相蕃將至
不可化極矣嗚
呼因愚而言因言
嗾表心病狂妄
人即説以贈還三

京本難也下有率循也三字

復重窰也穴土室也家門內之通名也豳地近西戎而苦寒故其俗如此○此亦周公戒成王因之詩追述大王始遷岐周以開王業而文王因之以受天命也此其首章言瓜之先小後大以比周人始生於漆沮之上而古公之時居於窰竈土室之中其國甚小至文王而後大也○

古公亶父來朝走馬叶滿補反**率西水滸**音虎**至于岐下**叶後五反**爰及姜女聿來胥宇**

賦也朝早也走馬避狄難也滸水厓也漆沮之側也岐下岐山之下也姜女大王妃也胥相宇宅也孟子曰大王居邠狄人侵之事之以皮幣珠玉犬馬而不得免乃屬其耆老而告之曰狄人之所欲者吾土地也吾聞之也君子不以其所以養人者害人二三子何患乎無君我將去之去邠踰梁山邑于岐山之下居焉○邠人曰仁人也不可失也從之者如歸市

代以下八心數句
興矣

緜 文王之興本由太王也

焞土敦反

別必列反

周原膴膴音武堇音謹荼如飴音移爰始爰謀叶謨悲反
爰契音器我龜曰止曰時築室于茲叶津之反○賦也周
地名在岐山之南廣平曰原膴膴肥美貌堇
烏頭也荼苦菜蓼屬也飴餳也契所以然火
而灼龜者也儀禮所謂楚焞是也或曰以刀
刻龜甲欲鑽之處也○言周原土地之美雖
物之苦者亦甘於是大王始與豳人之從已
者謀居之又契龜而卜之既得吉兆乃告其
民曰可以止於是而築室矣或曰時謂土功之時也○迺慰迺止迺左
迺右叶羽已反迺疆迺理迺宣迺畝叶滿彼反自西徂
東周爰執事叶上止反○賦也慰安止居也左右東西列之也疆謂畫其大
界理謂別其條理也宣布散而居也或曰導
其溝洫也畝治其田疇也自西徂東自西水

滸而徂東也周徧也言靡事不爲也○乃召司空乃召司徒俾立室家叶古胡反其繩則直縮音蹜版以載叶節力反作廟翼翼賦也司空掌營國邑司徒掌徒役之事繩所以爲直凡營度位處皆先以繩正之既正則束版而築也縮束也載上下相承也言以索束版投土築訖則升下而上以相承也君子將營宮室宗廟爲先廄庫爲次居室爲後翼翼嚴正也○捄音俱之陾陾音仍度入聲之薨薨築之登登削屢馮馮音憑百堵皆興鼛音皐鼓弗勝賦也捄盛土於器也陾陾衆也度投土於版也薨薨衆聲也登登相應聲削屢牆成而削治重複也馮馮牆堅聲五版爲堵興起也此言治宮室也鼛鼓長一丈二尺以鼓役事弗勝者言其樂事勸功鼓不能止也

盛音成

大社之大音泰坊本訛字　聞去聲桵音綏

○迺立皋門皋門有伉音抗叶苦郎反迺立應門應門將將音搶迺立冢土戎醜攸行叶戶郎反○賦也傳曰王之郭門曰皋門伉高貌王之正門曰應門將將嚴正也大王之時未有制度特作二門其名如此及周有天下遂尊以爲天子之門而諸侯不得立焉冢土大社也亦大王所立而後因以爲天子之制也戎醜大衆也起大事動大衆必有事乎社而後出謂之宜○

肆不殄音佃厥慍亦不隕音尹厥問柞音昨棫音域拔音佩矣行道兑叶外反矣混音昆夷駾音隊矣維其喙音諱矣賦也肆故今也猶言遂也承上起下之辭殄絕慍怒隕墜也問聞通謂聲譽也柞櫟也枝長葉盛叢生有刺棫白桵也小木亦叢生有刺拔挺拔而上不拳曲蒙密也兑

通也始通道於柞棫之閒也駾突喙息也○言大王雖不能殄絕混夷之慍怒亦不隕墜已之聲聞蓋雖聖賢不能必人之不怒已但不廢其自修之實耳然大王始至此岐下之時林木深阻人物鮮少至於其後生齒漸繁歸附日衆則木拔道通混夷畏之而奔突竄伏維其喙息而已言德盛而混夷自服也蓋已爲文王之時矣

○虞芮質厥成文王蹶音媿厥生叶桑經反予曰有疏附叶上聲予曰有先去聲後去聲叶下五反予曰有奔奏音走叶宗五反予曰有禦侮

賦也虞芮二國名質正成平也傳曰虞芮之君相與爭田久而不平乃相與朝周入其境則耕者讓畔行者讓路入其邑男女異路斑白者不提挈入其朝士讓爲大夫大夫讓爲卿二國之君感而相謂曰我等小人不可以履君子之境乃相讓以

京本白下無者字

發去聲

其所爭田爲閒田而退。天下聞之而歸者四十餘國。蘇氏曰虞在陝之平陸芮在同之馮翊。平陸有閒原焉。則虞芮之所讓也。蹶生未詳其義。或曰蹶動而疾也。生猶起也。予詩人自予也。率下親上曰疏附。相道前後曰先後。喻德宣譽曰奔奏。武臣折衝曰禦侮。○言混夷既服。而虞芮來質其訟之成。於是諸侯歸周者衆。而文王由此動其興起之勢。是雖其德之盛。然亦由有此四臣之助而然。故各以予曰起之。其辭繁而不殺者。所以深歎其得人之盛也

緜九章章六句 一章言在豳。二章言至岐。三章言定宅。四章言授田居民。五章言作宗廟。六章言治宮室。七章言作門社。八章言至文王而服昆夷。九章遂言文王受命之事。餘說見上篇

棫樸
文王能官人
也
此篇乃即祠祭
中之燔柴起興
借以喻因材器
之各其所此序
後人之所妄改

著直略反

祼音貫

大雅

芃芃音蓬棫音域樸音卜薪之槱音酉之濟濟上聲辟音璧王左右趣叶此苟反之也興也芃芃木盛貌樸叢生槱積也濟濟容貌之美也辟君也君王謂文王也○此亦以詠歌文王之德言芃芃棫樸則薪之槱之矣濟濟辟王則左右趣之矣蓋德盛而人心歸附趣向之也○濟濟辟王左右奉璋奉璋峩峩髦士攸宜叶牛何反○賦也半珪曰璋祭祀之禮王祼以圭瓚諸臣助之亞祼以璋瓚左右奉之其判在內亦有趣向之意峩峩盛壯也髦俊也○淠音譬彼涇音經舟烝徒楫音接叶籍入反之周王于邁六師及之興也淠舟行貌涇水名烝衆楫櫂于往邁行也六師六軍也○言淠彼涇舟則舟中之人無不楫之周王于邁則六師之

非卜氏原本也篇中不唯不見爲文王而能官人語又明襲左傳其僞可立辨也

衆追而及之蓋衆歸其德不令而從也○倬（音卓）彼雲漢爲章于天（叶鐵因反）周王壽考遐不作人（興也倬大也雲漢天河也在箕斗二星之閒其長竟天章文章也文王九十七乃終故言壽考遐與何同作人謂變化鼓舞之也）○追（音堆）琢（音卓）其章金玉其相勉勉我王綱紀四方（興也追雕也金曰雕玉曰琢相質也勉勉猶言不已也凡網罟張之爲綱理之爲紀○追之琢之則所以美其文者至矣金之玉之則所以美其質者至矣勉勉我王則所以綱紀乎四方者至矣）

棫樸五章章四句（此詩前三章言文王之德爲人所歸後二章言文王之德有以振作綱紀天下之人而人歸之自此以下至假樂皆不知）

旱麓
受祖也
此篇亦咏祭祀
之事第二章咏
灌第五章咏
柴第四章更
明言髙祀皆可

縝音軫

何人所作疑多出於周公也

瞻彼旱麓音鹿榛楛音戸濟濟上聲豈弟君子干祿

豈弟興也旱山名麓山足也榛似栗而小楛似荊而赤濟濟衆多也豈弟樂易也君

子指文王也○此亦以詠歌文王之德言旱

山之麓則榛楛濟濟然矣豈弟君子則其干

祿也豈弟矣干祿豈弟言其干祿

之有道猶曰其爭也君子云爾○瑟彼玉

瓚才旱反黄流在中豈弟君子福祿攸降叶呼攻反

○興也瑟縝密貌玉瓚圭瓚也以圭爲柄黄

金爲勺青金爲外而朱其中也黄流鬱鬯也

釀秬黍爲酒築鬱金煮而和之使芬芳條鬯

以瓚酌而祼之也攸所降下也○言瑟然之

玉瓚則必有黄流在其中豈弟之君子則必

有福祿下其躬明寶器不薦於褻味而黄流

見小序受祖二字頗難解意篇所咏者本為禘祫禘者配祖故序云然也

熂許氣反

不注於死缶則知盛德必享於祿壽而福澤不降於淫人矣

○鳶音沿飛戾天叶鐵因反魚躍于淵叶一均反豈弟君子遐不作人興也鳶鳶類戾至也李氏曰抱朴子曰鳶之在下無力及至乎上聳身直翅而已蓋鳶之飛全不用力亦如魚躍怡然自得而不知其所以然也遐何通○言鳶之飛則戾于天矣魚之躍則出于淵矣豈弟君子而何不作人乎言其必作人也

○清酒既載叶節力反騂音觲牡既備叶蒲北反以享以祀叶逸織反以介景福叶筆力反○賦也載在尊也備全具也承上章言有豈弟之德則祭必受福也

○瑟彼柞棫民所燎矣豈弟君子神所勞去聲矣興也瑟茂密貌燎爨也或曰熂燎除其旁草使木茂也勞慰撫也

○莫莫

思齊 文王所以聖也

葛藟（音壘）施（音異）于條枚（音梅）豈弟君子求福不回 興也莫莫盛貌回邪也

旱麓六章章四句

大音泰

思齊（音齋）大任文王之母思媚周姜京室之婦（音阜）大姒嗣徽音則百斯男（叶尼心反○賦也思語辭齊莊媚愛也周姜大王之妃大姜也京周也大姒文王之妃也徽美也百男舉成數而言其多也○此詩亦歌文王之德而推本言之曰此莊敬之大任乃文王之母實能媚于周姜而稱其爲周室之婦至于大姒又能繼其美德之音而子孫衆多上有聖母所以成之者遠內有賢妃所以助之者深也）○惠于宗公神罔時怨神罔時

京本無猶字

恫音通刑于寡妻至于兄弟以御音迓于家邦叶卜工反○賦也惠順也宗公宗廟先公也恫痛也刑儀法也寡妻猶言寡小君也御迎也○言文王順于先公而鬼神歆之無怨恫者其儀法內施於閨門而至于兄弟以御于家邦也孔子曰家齊而後國治孟子曰言舉斯心加諸彼而已張子曰言接神人各得其道也

○雝雝音雍在宮肅肅在廟叶音貌不顯亦臨無射音亦亦保叶音鮑○賦也雝雝和之至也肅肅敬之至也不顯幽隱之處也射與斁同厭也保猶守也○言文王在閨門之內則極其和在宗廟之中則極其敬雖居幽隱亦常若有臨之者雖無厭射亦常有所守焉其純亦不已蓋如是

○肆戎疾不殄烈假上聲不瑕不聞亦式不諫亦入賦也肆故

難去聲 羑音酉

今也戎大也疾猶難也大難如羑里之囚及昆夷玁狁之屬也殄絕烈光假大瑕過也此兩句與不殄厥慍不隕厥問相表裏聞前聞也式法也○承上章言文王之德如此故其大難雖不殄絕而光大亦無玷缺雖事之無所前聞者而亦無不合於法度雖無諫諍之者而亦未嘗不入於善傳所謂性與天合是也

○**肆成人有德小子有造古之人無斁**音亦**譽髦斯士**

賦也冠以上為成人小子童子也造為也古之人指文王也譽名髦俊也○承上章言文王之德見於事者如此故一時人材皆得其所成就蓋由其德純而不已故令此士皆有譽於天下而成其俊乂之美也

思齊五章二章章六句三章章四句

皇矣
美周也

音上聲按正韻音止

皇矣上帝臨下有赫(叶黑各反)監觀四方求民之莫維此二國其政不獲(叶胡郭反)維彼四國爰究爰度(入聲)上帝耆之憎其式廓乃眷西顧此維與宅(叶達各反)○賦也皇大臨視也赫威明也監亦視也莫定也二國夏商也不獲謂失其道也四國四方之國也究尋度謀也耆憎式廓未詳其義或曰耆致也憎當作增式廓猶言規模也此謂岐周之地也○此詩敘大王大伯王季之德以及文王伐密伐崇之事也此其首章先言天之臨下甚明但求民之安定而已彼夏商之政既不得矣故求於四方之國苟上帝之所欲致者則增大其疆境之規模於是乃眷然顧視西土以此岐周之地與大王爲居宅也○作之屏(音丙)之其菑(音緇)其翳(音意)

樻音塊 駾音兌

修之平之其灌其栵音例啓之辟之其檉其椐音居叶紀庶反攘之剔之其檿音厭其柘叶都故反賦也帝遷明德串音貫夷載路天立厥配受命既固作拔起也屏去之也菑木立死者也翳自斃者也或曰小木蒙密蔽翳者也修平皆治之使疏密正直得宜也灌叢生者也栵行生者也啓辟芟除也檉河柳也似楊赤色生河邊椐樻也腫節似扶老可爲杖者也攘剔謂穿剔去其繁冗使成長也檿山桑也與柘皆美材可爲弓幹又可蠶也明德謂明德之君即大王也串夷載路未詳或曰串夷即昆夷載路謂滿路而去所謂混夷駾矣者也配賢妃也謂大姜○此章言大王遷於岐周之事蓋岐周之地本皆山林險阻無人之境而近於昆夷大王居之人物漸盛然後漸次開闢如此乃

見音現

上帝遷此明德之君使居其地而昆夷遠遁天又爲之立賢妃以助之是以受命堅固而卒成王業也○帝省其山柞棫斯拔（音佩）松柏斯兌（叶徒外反）帝作邦作對自大（音泰）伯王季維此王季因心則友（叶羽巳反）則友其兄（叶虛王反）則篤其慶（叶祛羊反）載錫之光受祿無喪（去聲叶平聲）奄有四方（賦也）

拔兌見緜篇此亦言其山林之閒道路通也對猶當也作對言擇其可當此國者以君之也大伯大王之長子王季大王之少子也因心非勉強也善兄弟曰友兄謂大伯也篤厚載則也奄宇之義在忽遂之閒○言帝省其山而見其木拔道通則知民之歸之者益衆矣於是既作之邦又與之賢君以嗣其業蓋自其初生大伯王季之時而已定矣於是大

伯見王季生文王。文知天命之有在，故適吳不反。大王沒而國傳於王季，及文王而周道大興也。然以大伯而避王季，則王季疑於不友，故又特言王季所以友其兄者，乃因其心之自然，而無待於勉強。既受大伯之讓，則益修其德以厚周家之慶，而與其兄以讓德之光。猶曰彰其知人之明，不爲徒讓耳。其德如是，故能受天祿而不失，至於文武而奄有四方也。

○維此王季，帝度入聲其心，貊音麥其德音。其德克明，克明克類，克長克君。王如字去聲此大邦，克順克比音七比去聲。于文王，其德靡悔叶虎洧反。既受帝祉，施音異于孫子叶奬里反。○賦也。度，能度物制義也。貊，春秋傳、樂記皆作莫，謂其莫然清靜也。克明，能察是非也。克類，能分善惡也。克長，教誨不倦也。克

閒去聲

君賞慶刑威也言其賞不僭故人以爲慶刑不濫故人以爲威也順慈和徧服也比上下相親也比于至于也悔遺恨也○言上章制王季之心使有尺寸能度義又清靜其德音使無非閒之言是以王季之德能此六者至於文王而其德尤無遺恨是以旣受上帝之福而延及于子孫也○帝謂文王無然畔援音院無然歆羨誕先登于岸叶魚戰反密人不恭敢距大邦叶卜攻反侵阮徂共音恭王赫斯怒叶暖五反爰整其旅以按音遏徂旅以篤周祜音戶以對于天下叶後五反○賦也帝謂文王設爲天命文王之辭如下所言也無然猶言不可如此也畔離畔也援攀援也言舍此而取彼也歆欲之動也羨愛慕也言肆情以徇物也岸道之極至處也密密須

造音慥

氏也姞姓之國在今寧州阮國名在今涇州徂往也共阮國之地名今涇州之共池是也其旅周師也按遏也徂旅密師之往共者也祜福對答也○人心有所畔援有所歆羨則溺於人欲之流而不能以自濟文王無是二者故獨能先知先覺以造道之極至蓋天實命之而非人力之所及也是以密人不恭敢違其命而擅興師旅以侵阮而往至于共則赫怒整兵而往遏其衆以厚周家之福而答天下之心蓋亦因其可怒而怒之初未嘗有所畔援歆羨也此文王征伐之始也○依其在京叶居良反侵自阮疆陟我高岡無矢我陵我陵我阿無飲我泉我泉我池叶徒何反度其鮮原居岐之陽在渭之將萬邦之方下民之王賦也依安貌京周京也矢陳鮮善將側方

相去聲

鄉也○言文王安然在周之京而所整之兵既過密人遂從阮疆而出以侵密所防之岡即爲我岡而人無敢陳兵於陵飲水於泉以拒我也於是相其高原而徙都焉所謂程邑也其地於漢爲扶風安陵今在京兆府咸陽縣

○帝謂文王予懷明德不大聲以色不長夏以革不識不知順帝之則帝謂文王詢爾仇方同爾兄弟以爾鉤援音爰與爾臨衝以伐崇墉

賦也予設爲上帝之自稱也懷眷念也明德文王之明德也以猶與也夏革未詳則法也仇方讎國也兄弟與國也鉤援鉤梯也所以鉤引上城所謂雲梯者也臨臨車也在上臨下者也衝衝車也從旁衝突者也皆攻城之具也崇國名在今京兆府鄠縣墉城也史記崇侯虎譖西伯於紂紂囚西伯於羑

[illegible]步下反

畢○西伯之臣閎夭之徒○求美女奇物善馬以獻紂○紂乃赦西伯賜之弓矢鈇鉞○得專征伐曰譖西伯者○崇侯虎也○西伯歸三年○伐崇侯虎而作豐邑○言上帝眷念文王○而言其德之深微○不暴著其形迹○又能不作聰明以循天理○故又命之以伐崇也○呂氏曰○此言文王德不形而功無迹○與天同體而已○雖興兵以伐崇○莫非順帝之則而非我也

○臨衝閑閑○叶胡員反 崇墉言言○執訊連連○攸馘音號 安安○叶於看反 是類是禡○音罵 是致是附○叶上聲 四方以無侮○臨衝茀茀○音弗叶分聿反 崇墉仡仡○音屹 是伐是肆○是絕是忽○叶虛屈反 四方以無拂○叶分聿反

○賦也○閑閑徐緩也○言言高大也○連連屬續狀○馘割耳也○軍法獲者不服則殺而獻其左耳○安安不

靈臺

扶 夫音

輕暴也。類將出師祭上帝也。禡至所征之地而祭始造軍法者謂黃帝及蚩尤也。致致其至也。附使之來附也。茀茀彊盛貌。仡仡堅壯貌。肆縱兵也。忽滅也。拂戾也。春秋傳曰文王伐崇三旬不降。退修教而復伐之因壘而降。○言文王伐崇之初緩攻徐戰告祀羣神以致附來者而四方無不畏服。及終不服則縱兵以滅之。而四方無不順從也。夫始攻之緩戰之徐也。非力不足也。非示之弱也。將以致附而全之也。及其終不下而肆之也則天誅不可以留而罪人不可以不得故也。此所謂文王之師也

皇矣八章章十二句 一章二章言天命大王。三章四章言天命王季。五章六章言天命文王伐密。七章八章言天命文王伐崇

經始靈臺。叶田節反 經之營之。庶民攻之。不日成

民始附也

祲子禁反　牝音品

之經始勿亟。音棘庶民子來叶六直反○賦也
所作謂之靈者言其倏然而成如神靈之所
爲也。營表攻作也。不日不終日也。亟急也○
國之有臺所以望氛祲察災祥時觀游節勞
佚也。文王之臺方其經度營表之際而庶民
已來作之所以不終日而成也。雖文王心恐
煩民戒令勿亟而民心樂之如子趣父事不
召自來也。孟子曰文王以民力爲臺爲沼而
民歡樂之謂其臺曰靈臺謂其沼曰靈沼此
之謂也
○王在靈囿。叶音郁麀音憂鹿攸伏麀鹿濯
濯音擢白鳥翯翯音鶴王在靈沼叶音灼於音烏牣音刃
魚躍賦也。靈囿臺之下有囿所以域養禽獸也。麀牝鹿也。伏言安其所處不驚擾也。
濯濯肥澤貌。翯翯潔白貌。靈沼囿之中有沼也。牣滿也。魚滿而躍言多而得其所也○

栒音荀

虡（音巨）業維樅（音怱），賁（音焚）鼓維鏞（音庸）。於論（平聲）鼓鐘，於樂（音洛）辟（音璧）廱。

賦也。虡，植木以懸鐘磬，其橫者曰栒。業，栒上大版，刻之捷業如鋸齒者也。樅，業上懸鐘磬處，以綵色為崇牙，其狀樅樅然者也。賁，大鼓也，長八尺，鼓四尺，中圍加三之一。鏞，大鐘也。論，倫也，言得其倫理也。辟、璧通，廱、澤也。辟廱，天子之學，大射行禮之處也。水旋丘如璧，以節觀者，故曰辟廱。

○於論鼓鐘，於樂辟廱。鼉（音駝）鼓逢逢（音蓬），矇（音蒙）瞍（音叟）奏公。

賦也。鼉似蜥蜴，長丈餘，皮可冒鼓。逢逢，和也。有眸子而無見曰矇，無眸子曰瞍。古者樂師皆以瞽者為之，以其善聽而審於音也。公，事也。聞鼉鼓之聲，而知矇瞍方奏其事也。

靈臺四章，二章章六句，二章章四句。東萊

下武
繼文也

大音
黍

呂氏曰前二章樂文王有臺池鳥獸之樂也後二章樂文王有鐘鼓之樂也皆述民樂之辭也

下武維周世有哲王三后在天王配于京叶居艮反○賦也下義未詳或曰字當作文言文王武王實造周也哲王通言大王王季也三后大王王季文王也在天既沒而其精神上與天合也王武王也配對也謂繼其位以對三后也京鎬京也○此章美武王能纘大王王季文王之緒而有天下也

○王配于京世德作求永言配命成王之孚叶孚尤反○賦也言武王能纘先王之德而長言合於天理故能成王者之信於天下也若暫合而遽離暫得而遽失則不足以成其信矣

○成王之孚下土之式永

言孝思。孝思維則。賦也。式則皆法也。○言武王所以能成王者之信而為四方之法者。以其長言孝思而不忘。是以其孝可為法耳。若有時而忘之。則其孝者偽耳。何足法哉。

○媚茲一人。應侯順德。永言孝思。昭哉嗣服。叶蒲北反。○賦也。媚愛也。一人謂武王。應如丕應徯志之應。侯維。服事也。○言天下之人。皆愛戴武王。以為天子。而所以應之。維以順德。是武王能長言孝思而明哉其嗣先王之事也。

○昭茲來許。繩其祖武。於萬斯年。受天之祜。音戶。○賦也。昭茲承上句而言。茲哉聲相近。古蓋通用也。來後世也。許猶所也。繩繼。武迹也。○言武王之道昭明如此。來世能繼其迹。則久荷天祿而不替矣。

○受天之祜。四方來賀。於萬斯年。不遐有佐。

文王有聲繼伐也此蒸於文王廟之詩烝即古蒸字猶言

賦也。賀貢。朝賀也。周末秦強。天子致胙。諸侯皆賀。遐。何通。佐。助也。蓋曰。豈不有助乎云爾。

下武六章章四句 或疑此詩有成王字。當作康王以後之詩。然考詩文意。恐當只如舊說。且其文體。亦與上下篇血脉通貫。非有誤也。

遹音聿

文王有聲。遹音聿駿音峻有聲。遹求厥寧。遹觀厥成。文王烝哉。 賦也。遹義未詳。疑與聿同。發語辭。駿。大。烝。君也。○此詩言文王遷豐。武王遷鎬之事。而首章推本之曰。文王之有聲也。甚大乎其有聲也。蓋以求天下之安寧。而觀其成功耳。文王之德如是。信乎其克君也哉。

鄠音雩

○文王受命。有此武功。既伐于崇。作邑于豐。文王烝哉。 賦也。伐崇。事見皇矣篇。作邑。徙都也。豐。即崇國之地。在今鄠縣杜陵西南。

○築城伊淢

髙此蒸也王后皇王不知何指舊注以為亦指文王殊謬盖古今全無此文理也意所指為太王及王季二代廟以文王為主故先文王而以上逆反王后者王季原本為后(古侯字)而王

作豐伊匹匪棘其欲遹追來孝（音洫／叶許六反　或呼侯反）王后烝哉（賦也淢城溝也方十里爲成成閒有溝深廣各八尺匹稱棘急也王后亦指文王也○言文王營豐邑之城因舊溝爲限而築之其作邑居亦稱其城而不侈大皆非急成己之所欲也特追先人之志而來致其孝耳）

○王公伊濯維豐之垣（音袁）四方攸同王后維翰（叶胡田反）王后烝哉（賦也公功也濯著明也○王之功所以著明者以其能築此豐之垣故爾四方於是來歸而以文王爲楨榦也）

○豐水東注維禹之績四方攸同皇王維辟皇王烝哉（賦也豐水東北流徑豐邑之東入渭而注于河績功也皇王有天下之號指武王也辟君也○言豐水東注由禹之功故四方得以

乃身後追尊也皇王猶言大王即今之所謂太王也末復終之以武王總文王者也蘇氏曰莫為之前雖美弗彰莫為之後雖盛弗傳也

郃湯來反　芑音起

來同於此而以武王為君此武王未作鎬京時也○**鎬京辟廱自西自東自南自北無思不服**叶蒲北反**皇王烝哉**賦也

鎬京武王所營也在豐水東去豐邑二十五里張子曰周家自后稷居郃公劉居豳大王邑岐而文王則遷于豐至武王又居于鎬當是時民之歸者日衆其地有不能容不得不遷也辟廱說見前篇張子曰靈臺辟廱文王之學也鎬京辟廱武王之學也至此始為天子之學矣無思不服心服也孟子曰天下不心服而王者未之有也○此言武王徙居鎬京講學行禮而天下自服也

○**考卜維王宅是鎬京**叶居良反**維龜正之**叶諸盈反**武王成之武王烝哉**賦也考稽宅居

正決也成之作邑居也張子曰此舉謚者追述其事之言也

○**豐水有芑**

遺維季反

武王豈不仕詒厥孫謀以燕翼子叶獎里反武王烝哉

與也芑草名仕事詒遺燕安翼敬也子成王也○鎬京猶在豐水下流故取以起興言豐水猶有芑武王豈無所事乎詒厥孫謀以燕翼子則武王之事也謀及其孫則子可以無事矣或曰賦也言豐水之旁生物繁茂武王豈不欲有事於此哉但以欲遺孫謀以安翼子故不得而不遷耳

文王有聲八章章五句

此詩以武功稱文王至於武王則言皇王維辟無思不服而已蓋文王既造其始則武王續而終之無難也又以見文王之文非不足於武而武王之有天下非以力取之也

文王之什十篇六十六章四百一十

生民 尊祖也

歆字乃衍文三

百篇有衍文

歆音[illegible]

四句鄭譜此以上爲文武時詩以下爲成王周公時詩今按文王首句鄭云文王在上則非文王之詩矣又曰無念爾祖則非武王之詩矣大明有聲幷言文武者非一安得爲文武之時所作乎蓋正雅皆成王周公以後之詩但此什皆爲追述文武之德故譜因此而誤耳

生民之什三之二

厥初生民時維姜嫄音原叶魚倫反生民如何克禋音因克祀叶養里反以弗無子叶獎里反履帝武敏叶母鄙反歆攸介攸止載震載夙叶相即反載生載育叶曰逼反時維后稷賦也民人也謂周人也時是也姜嫄炎帝後姜姓有邰氏女名嫄爲

二即此字与授几
有緝御之御字
也
分或作后五字言曰
正随於帝側而蹤跡
言玉而止之
言大言止四字成人
語乎

祓音弗 大音泰 嬪音頻 韣音獨 拇莫后反 娠音身

高辛之世妃精意以享謂之禋祀祀郊禖也弗之言祓也祓無子求有子也古者立郊禖蓋祭天於郊而以先禖配也變媒言禖者神之也其禮以玄鳥至之日用大牢祀之天子親往后率九嬪御乃禮天子所御帶以弓韣授以弓矢于郊禖之前也履踐也帝上帝也武迹敏拇歆動也猶驚異也介大也震娠也夙肅也生子者及月辰居側室也育養也○姜嫄出祀郊禖見大人跡而履其拇遂歆歆然如有人道之感於是即其所大所止之處而震動有娠乃周人所由以生之始也周公制禮尊后稷以配天故作此詩以推本其始生之祥明其受命於天固有以異於常人也然巨跡之說先儒或頗疑之而張子曰天地之始固未嘗先有人也則人固有化而生者矣蓋天地之氣生之也蘇氏亦曰凡物之異於常物者其取天地之氣常多故其生也或異麒麟之生異於犬羊蛟龍之生異於魚鼈

以赫三句今尚未得其的解乃后稷之所以見棄之故此句不明下章遂失所根據也

易音異

物固有然者矣神人之生而有以異於人何足怪哉斯言得之矣○誕彌厥月先生如達音闥不坼音拆不副音劈叶孚迫反無菑音災無害叶音曷以赫厥靈上帝不寧不康禋祀叶養里反居然生子叶奬里反○賦也誕發語辭彌終也終十月之期也先生首生也達小羊也羊子易生無菑難也坼副皆裂也赫顯也不寧寧也不康康也居然猶徒然也○凡人之生必坼副災害其母而首生之子尤難今姜嫄首生后稷如羊子之易無坼副災害之苦是顯其靈異也上帝豈不寧乎豈不康我之禋祀乎而使我無人道而徒然生是子也○誕寘之隘巷牛羊腓音肥字之誕寘之平林會伐平林誕寘之寒冰鳥覆去聲翼音異之

藉慈惜反　嶷魚極反　旆旆音

鳥乃去矣后稷呱（叶去聲）矣實覃實訏（叶去聲）厥聲載路（賦也隘狹腓芘字愛會值也值人伐木而收之覆蓋翼藉也以一翼覆之以一翼藉之也呱啼聲也覃長訏大載滿也滿路言其聲之大也○無人道而生子或者以爲不祥故棄之而有此異也於是始收而養之）○誕實匍（音蒲）匐克岐克嶷以就口食蓺之荏（音餁）菽荏菽旆旆禾役穟穟（音遂）麻麥幪幪（莫孔反）瓜瓞唪唪（音蚌○賦也匍匐手足並行也岐嶷峻茂之狀就向也口食自能食也蓋六七歲時也蓺樹也荏菽大豆也旆旆枝旟揚起也役列也穟穟苗美好之貌也幪幪然茂密也唪唪然多實也○言后稷能食時已有種殖之志蓋其天性然也史記曰棄爲兒時其遊戲好種殖麻麥美

草京本叶此苟反坊本音苟誤

清疾賜反長上聲柤神履反

及爲成人遂好耕農堯舉以爲農師○誕后稷之穡有相去聲之
道叶徒口反茀音弗厥豐草音苟種去聲之黃茂叶莫口反實
方實苞叶蒲苟反實種上聲實褎叶徐久反實發實秀叶思
久反實堅實好叶許口反實穎實栗即有邰音台家室
賦也相助也言盡人力之助也茀治也種布
之也黃茂嘉穀也方房也苞甲而未拆也此
漬其種也種甲拆而可爲種也褎漸長也發
盡發也秀始穟也堅其實堅也好形味好也
穎實繁碩而垂末也栗不秕也既收成見其
實皆栗栗然不秕也邰后稷之母家也豈其
或滅或遷而遂以其地封后稷與○言后稷
之穡如此故堯以其有功於民封於邰使即
其母家而居之以主姜嫄之○誕降嘉種維
祀故周人亦世祀姜嫄焉

種上聲下種字如字稃音孚

秬（音巨）維秠（音丕）維穈（音門）維芑（音起）恒（音亘）之秬秠是穫是畝（叶滿洧反）恒之穈芑是任（音壬）是負（叶扶委反）以歸肇祀（叶養里反○賦也降降是種於民也書曰稷降播種是也秬黑黍也秠黑黍一稃二米者也穈赤粱粟也芑白粱粟也恒徧也謂徧種之也任肩任也負背負也既成則穫而棲之於畝任負而歸以供祭祀也秬秠言穫畝穈芑言任負互文耳肇始也稷始受國為祭主故曰肇祀）

○誕我祀如何或舂或揄（音由）或簸（叶波我反）或蹂（音柔）釋之叟叟（音搜）烝之浮浮載謀載惟取蕭祭脂取羝（音底）以軷（音鈸叶蒲昧反）載燔載烈（如字叶力制反）以興嗣歲（叶音雪又如字○賦也我祀承上帝而言后稷

抒音 著 膟音 律膋 音聊 合音 閤蘐 如㫄 反傳 音附 燔音 同登 降之 登字 小異

之祀也。揄抒臼也。簸揚去糠也。蹂蹂禾取穀以繼之也。釋淅米也。叟叟聲也。浮浮氣也。謀卜日擇士也。惟齋戒具修也。蕭蒿也。脂膟膋也。宗廟之祭。取蕭合膟膋爇之。使臭達牆屋也。羝牡羊也。軷祭行道之神也。燔傅諸火也。烈貫之而加於火也。四者皆祭祀之事。所以興來歲而繼往歲也。○卬音昂盛音成于豆于豆于登其香始升上帝居歆胡臭亶時。叶上止反后稷肇祀。叶養里反庶無罪悔叶呼委反以迄音肸于今賦也。卬我也。木曰豆。以薦菹醢也。瓦曰登。以薦大羹也。居安也。鬼神食氣曰歆。胡何。臭香。亶誠也。時言得其時也。庶近。迄至也。○此章言其尊祖配天之祭。其香始升而上帝已安而饗之。言應之疾也。此何但芳臭之薦。信得其時哉。蓋自后稷之肇祀則庶無罪悔而至于今矣。曾氏曰。自后稷肇祀

請問先生何為
卻記聊

行葦
忠厚也

祀以來前後相承兢兢業業惟恐一有罪悔獲戾於天閱數百年而此心不易故曰庶無罪悔以迄于今言周人世世用心如此也

生民八章四章章十句四章章八句 此詩未詳所用豈郊祀之後亦有受釐頒胙之禮也歟舊說第三章八句第四章十句今按第三章當為十句第四章當為八句則去瓜訏路音韻諧協瓜聲載路文勢通貫而此詩八章皆以十句八句相間為次又二章以後七章以前每章章之首皆有誕字

敦音團彼行葦牛羊勿踐履方苞方體維葉泥泥音爾戚戚兄弟莫遠具爾或肆之筵或授之

有輯右添之
假借
肄古肆〻象剤
字
號古作斝乃
語〻與倚前後

見形甸反　酢才洛反　重平聲　醻直由反　醆阻限反

几與也敦聚貌勾萌之時也行道也勿戒止
之辭也苞甲而未拆也體成形也泥泥柔
澤貌戚戚親也莫猶勿也具俱也爾與邇同
肆陳也○疑此祭畢而燕父兄耆老之詩故
言敦彼行葦而牛羊勿踐履則方苞方體而
葉泥泥矣戚戚兄弟而莫遠具爾則或肆之
筵而或授之几矣此方言其開燕設席之初
而慇懃篤厚之意藹然已見於言語之外矣
讀者詳之○肆筵設席叶祥勺反授几有緝御叶魚駕反或
獻或酢洗爵奠斝音假叶居訝反醓音貪醢以薦叶卽略反
或燔或炙叶陟略反嘉殽脾音琵臄音劇或歌或咢音岳
○賦也設席重席也緝續御侍也有相續代
而侍者言不乏使也進酒於客曰獻客答之
曰酢主人又洗爵醻客客受而奠之不舉也
斝爵也夏曰醆殷曰斝周曰爵醓醢之多汁

字弓稱此字也
[illegible]
正如也敦弓戰弓也古文
戰伐多作敦伐於
文作𢍜宗周鐘以
當時弓制不一有禮
弓有敦弓曰敦弓
者猶今之演劇之
真刀真槍所以著
尚武之精神也
佗

必反 比畀 參亭 音驂 分參 分音 三純 音全 音音 晰搢 音音 樂音 呼拔 音傲

者也燔用肉炙用肝臄口上肉也歌者比於琴瑟也徒擊鼓曰咢○言侍御獻醻飲食歌樂之盛也○

敦（音雕）弓既堅（叶古因反）四鍭（音侯）既鈞舍矢既均序賓以賢（叶下珍反）敦弓既句（音姤）既挾（子協反）四鍭四鍭如樹（叶上主反）序賓以不侮

賦也敦彫通畫也天子彫弓堅猶勁也鍭金鏃翦羽矢也鈞參亭也謂參分之一在前二在後三訂之而平者前有鐵重也舍釋也謂發矢也均皆中也賢射多中也投壺曰某賢於某若干純奇則曰奇均則曰左右均是也句彀通謂引滿也射禮搢三挾一既挾四鍭則徧釋矣如樹如手就樹之言貫革而堅正也不侮敬也令弟子辭所謂無憮無敖無偝立無踰言者也或曰不以中病不中者也射以中多爲雋以不侮爲德○言既燕而射以爲樂也○曾

篤音傒　識音志　靳音祈

大雅　二

孫維主叶當口反酒醴維醹音乳叶奴口反酌以大斗叶腫庾反以祈黃耇叶果五反黃耇台背叶必墨反以引以翼壽考維祺音其以介景福叶筆力反○賦也曾孫主祭者之稱今祭畢而燕故因而稱之也醹厚也大斗柄長三尺祈求也黃耇老人之稱以祈黃耇猶曰以介眉壽云耳古器物款識云用蘄萬壽用蘄眉壽求命多福用蘄眉壽萬年無疆皆此頌也台鮐也人老則背有鮐文引導翼輔祺吉也○此頌禱之辭欲其飲此酒而得老壽又相引導輔翼以享壽祺介景福也

行葦四章章八句毛七章二章章六句五章章四句鄭八章章四句毛首章以四句興二句不成文理二章又不協韻鄭首章有起興而無

既醉

大平也

公尸嘏主人也

所興皆誤今正之如此

既醉以酒既飽以德君子萬年介爾景福叶筆力反○賦也德恩惠也君子謂王也爾亦指王也○此父兄所以答行葦之詩言享其飲食恩意之厚而願其受福如此也

○既醉以酒爾殽既將君子萬年介爾昭明叶謨郎反○賦也殽俎實也將行也亦奉持而進之意昭明猶光大也

○昭明有融高朗令終令終有俶尺六反公尸嘉告叶姑沃反○賦也融明之盛也春秋傳曰明而未融朗虛明也令終善終也洪範所謂考終命古器物銘所謂令終令命是也俶始也公尸君尸也周稱王而尸但曰公尸蓋因其舊如秦已稱皇帝而其男女猶稱公子公主也嘉告以善

類何以謂爲善者
言類可名爲富善
爲類可名爲善善
乎

見音現

言告之謂嘏辭也蓋欲善其終者必善其始今固未終也而既有其始矣於是公尸以此告之○其告維何籩豆靜嘉叶居何反朋友攸攝攝以威儀叶牛何反○賦也靜嘉清潔而美也朋友指賓客助祭者說見楚茨篇攝檢也○公尸告以汝之祭祀籩豆之薦既靜嘉矣而朋友相攝佐者又皆有威儀當神意也自此至終篇皆述尸告之辭○威儀孔時叶上止反君子有孝子叶獎里反孝子不匱永錫爾類賦也孝子主人之嗣子也儀禮祭祀之終有嗣舉奠匱竭類善也○言汝之威儀既得其宜又有孝子以舉奠孝子之孝誠而不竭則宜永錫爾以善矣東萊呂氏曰君子既孝而嗣子又孝其孝可謂源源不竭矣○其類維何室家之壼音悃叶苦俊反君子萬年

僕訓以供使令古今所無從舊此訓爲附能成諸事
如自如士自士此君子以能作如之有士行者若女訓說則士君之況至祭爲無奇當之而行夫之責矣
鳧鷖守成也

子上声行去声妃音配

永錫祚胤音孕○賦也壼宮中之巷也言深遠而嚴肅也祚福祿也胤子孫也錫之以善莫大於此○其胤維何天被音備爾祿君子萬年景命有僕賦也僕附也○言將使爾有子孫者先當使爾被天祿而爲天命之所附屬下章乃言子孫之事○其僕維何釐音釐爾女士釐爾女士從以孫子叶獎里反○賦也釐予也女士女之有士行者謂生淑媛使爲之妃也從隨也謂又生賢子孫也

既醉八章章四句

鳧音扶鷖音醫在涇公尸來燕來寧爾酒既清爾殽既馨公尸燕飲福祿來成興也鳧水鳥如鴨者鷖鷗也涇

繹公尸也

水名爾自歌工而指王人也馨香之遠聞也○此祭之明日繹而賓尸之樂故言鳧鷖則在涇矣公尸則來燕來寧矣酒清殽馨則公尸燕飲而福祿來成矣○鳧鷖在沙叶桑何反公尸來燕來宜叶牛何反爾酒既多爾殽既嘉叶居何反公尸燕飲福祿來爲叶胡不反○興也爲猶助也○鳧鷖在渚公尸來燕來處爾酒既湑上声爾殽伊脯公尸燕飲福祿來下叶後五反○興也渚水中高地也湑酒之泲者也

泲子礼反

○鳧鷖在潨音叢公尸來燕來宗既燕于宗福祿攸降叶乎攻反公尸燕飲福祿來崇興也潨水會也來宗之宗尊也于宗之宗廟也崇積而高大也○鳧鷖在

亹古音文即今穩字
也諸儒既妄讀如門
乃解之為兩岸如門
處實則何處之兩岸
不如門而亹又與門何
假樂干耶
嘉成王也
亦嘏詞也

說音悅 樂音洛

假中庸春秋傳皆作嘉

亹音門公尸來止熏熏叶眉貧反旨酒欣欣燔炙芬芬叶豐勻反公尸燕飲無有後艱叶居銀反○興也亹水流峽中兩岸如門也熏熏和說也欣欣樂也芬芬香也

鳧鷖五章章六句

假音嘉樂音洛君子叶音則顯顯令德宜民宜人受祿于天叶鐵因反保右音又命叶彌并反之自天申之賦也嘉美也君子指王也民庶民也人在位者也申重也○言王之德既宜民人而受天祿矣而天之於王猶反覆眷顧之不厭既保之右之命之而又申重之也疑此即公尸之所以答鳧鷖者也○干祿百福叶筆力反子孫千億穆穆皇

適丁歷反

皇宜君宜王不愆不忘率由舊章賦也穆穆敬也皇皇美也君諸侯也王天子也愆過率循也舊章先王之禮樂政刑也○言王者干祿而得百福故其子孫之蕃至於千億適為天子庶為諸侯無不穆穆皇皇以遵先王之法者○

威儀抑抑德音秩秩無怨無惡去声率由羣匹

受福無疆四方之綱賦也抑抑密也秩秩有常也匹類也○言有威儀聲譽之美又能無私怨惡以任衆賢是以能受無疆之福為四方之綱此與下章皆稱願其子孫之辭也或曰無怨無惡不為人所怨惡也○

之綱之紀燕及朋友叶羽已反百辟卿士媚于天子叶奨里反不解音懈于位民之攸墍音戲○賦也燕安也朋友亦謂諸臣也解惰墍息也○言

公劉
召康公戒成王
也

解音

糗去久反

人君能綱紀四方。而臣下賴之以安。則百辟卿士媚而愛之。維欲其不解于位。而爲民所安息也。東萊呂氏曰。君燕其臣。臣媚其君。此上下交而爲泰之時也。泰之時所憂者怠荒而已。此詩所以終於不解于位。民之攸塈也方嘉之。又規之者。蓋皐陶賡歌之意也。民之勞逸在下。而樞機在上。上逸則下勞矣。上勞則下逸矣。不解于位。乃民之所由休息也

假樂四章章六句

篤公劉。匪居匪康。迺埸音易迺疆。迺積迺倉。迺裹音果餱音侯糧音良于槖音託于囊。思輯音集用光。弓矢斯張。干戈戚揚。爰方啓行叶戸郎反。○賦也。篤。厚也。公劉。后稷之曾孫也。事見豳風。居。安。康。寧也。埸。疆田畔也。積。露積也。餱。食。糧。糗也。無底曰槖。有

相息亮反下同鞞音肖

大雅

底曰囊。輯，和。戚，斧。揚，鉞。方，始也。○舊說召康公以成王將涖政，當戒以民事，故詠公劉之事以告之曰：厚哉公劉之於民也。其在西戎不敢寧居，治其田疇，實其倉廩，旣富且強，於是裹其餱糧，思以輯和其民人，而光顯其國家。然後以其弓矢斧鉞之備，爰始啓行，而遷都於豳焉。蓋亦不出其封內也。○篤公劉，于胥斯原。旣庶旣繁，叶紛乾反旣順迺宣，而無永歎。歎音灘陟則在巘，音讞叶魚軒反復降在原。何以舟之？叶之遙反維玉及瑤，音遙鞞必頂反琫音菶容刀。叶徒招反○賦也。胥，相也。庶，繁，謂居之者衆也。順安宣，徧也，言居之徧也。無永歎，得其所，不思舊也。巘，山頂也。舟，帶也。鞞，刀鞘也。琫，刀上飾也。容刀，容飾之刀也。或曰：容刀，如言容臭，謂鞞琫之中容此刀耳。○言公劉至豳，欲相土以

[illegible]

居。而帶此劍佩。以上下於山原也。東萊呂氏曰。以如是之佩服。而親如是之勞苦。斯其所以爲厚於民也歟

○篤公劉。逝彼百泉。瞻彼溥原。溥音普 迺陟南岡。乃覯于京。叶居良反 京師之野。叶上與反 于時處處。于時廬旅。于時言言。于時語語。賦也。溥。大也。

覯。見也。京。高丘也。師。衆也。京師。高山而衆居也。董氏曰。所謂京師者。蓋起於此。其後世因以所都爲京師也。時。是也。處處。居室也。廬。寄也。旅。賓旅也。直言曰言。論難曰語。○此章言營度邑居也。自下觀之。則往百泉而望廣原。自上觀之。則陟南岡而觀于京。於是爲之居室。於是廬其賓旅。於是言其所言。於是語其所語。無不於斯焉。

○篤公劉。于京斯依。叶於豈反 蹌蹌濟濟。音搶 上声 俾筵俾几。旣登

[illegible]
夕
既景迺岡即既
影迺岡謂既

飲於鴆反　為去声　勞力報反　屬音蜀

乃依。同上乃造。音糙其曹。執豕于牢。酌之用匏。音庖食音嗣之飲之。君之宗之。賦也。依，安也。蹌蹌濟濟，羣臣有威儀貌。俾使也。使人為之設筵几也。登，登筵也。依，依几也。曹，羣牧之處也。以豕為殽，用匏為爵，儉以質也。宗，尊也，主也。嫡子孫主祭祀，而族人尊之以為主也。○此章言宮室既成而落之。既以飲食勞其羣臣，而又為之君，為之宗焉。東萊呂氏曰：既饗燕而定經制，以整屬其民。上則皆統於君，下則各統於宗。蓋古者建國立宗，其事相須。楚執戎蠻子而致邑立宗以誘其遺民，即其事也。

○篤公劉，既溥既長，既景迺岡，相去声其陰陽，觀其流泉。其軍三單。音丹，叶多涓反度其隰原，徹田為糧。度其夕陽，豳居允荒。賦也。溥，廣也。言

測其岡之影也
岡乎君可解
作於高以望
然則理可以解
作入下以聽乎

集注於三章言營度
邑居四章言宮室既成
審之而詳密二章總不
免有邑居宮室字眼既
自中免鬼之鄉之
之首章言篤公自

度音鐸　鄉去聲

其夌夷墾辟土地既廣而且長也景考日景以正四方也岡登高以望也相視也陰陽向背寒暖之宜也流泉水泉灌溉之利也三單未詳徹通也一井之田九百畝八家皆私百畝同養公田耕則通力而作收則計畝而分也周之徹法自此始其後周公蓋因而修之耳山西曰夕陽允信荒大也○此言辨土宜以授所徙之民定其軍賦與其稅法又度山西之田以廣之而豳人之居於此益大矣○篤公劉于豳斯館叶古玩反涉渭為亂取厲取鍛丁亂反止基迺理爰衆爰有叶羽已反夾其皇澗遡其過平聲澗止旅迺密芮鞫音菊之即賦也館客舍也亂舟之截流橫渡者也厲礪鍛鐵止居基定也理疆理也衆人多也有財足也遡鄉也皇過二澗名芮水名出吳山西北東入涇周禮職

方作洧鞫水外也○此章又總敘其始終言其始來未定居之時涉渭取材而爲舟以來往取厲取鍛而成宮室既止基於此矣乃疆理其田野則日益繁庶富足其居有夾澗者有遡澗者其止居之衆日以益密乃復即芮鞫而居之而幽地日以廣矣

公劉六章章十句

泂音迥酌彼行潦音老挹音揖彼注茲可以餴音分饎音熾叶昌里反豈弟君子民之父母叶滿彼反○興也泂遠也行潦流潦也餴烝米一熟而以水沃之乃再烝也饎酒食也君子指王也○舊說以爲召康公戒成王言遠酌彼行潦挹之於彼而注之於此尚可以餴饎況豈弟之君子豈不爲民之父母乎傳曰豈以強教之弟以悅安之民皆有父之尊有母之親又曰民之所好好之民

泂酌　召康公戒成王也

旱麓棫樸兮
相次
萬米以沃再蓋何必苟有此
物乎但此乃見彼之明秋訂
備之西水沃家場蠢
而惟謂沃而再蒸則
又打頭
卷阿
召康公戒成王
也

塈音忌

之所惡惡之此之謂民之父母○洞酌彼行潦挹彼注茲可以濯罍音雷豈弟君子民之攸歸叶古回反○興也濯滌也

○洞酌彼行潦挹彼注茲可以濯溉音蓋叶古氣反豈弟君子民之攸塈音戲○興也溉亦滌也塈息也

洞酌三章章五句

有卷音權者阿飄風自南叶尼心也豈弟君子來游來歌以矢其音賦也卷曲也阿大陵也豈弟君子指王也矢陳也○此詩舊說亦召康公作疑公從成王游歌於卷阿之上因王之歌而作此以爲戒此章總敘以發端也

○伴音判奐音奐爾游矣優游爾休矣豈弟

君子俾爾彌爾性似先公酋矣音囚○賦也伴奐優游閑暇之意爾君子皆指王也彌終也性猶命也酋終也○言爾既伴奐優游矣又呼而告之言使爾終其壽命似先君善始而善終也自此至第四章皆極言壽考福祿之盛以廣王心而歆動之五章以後乃告以所以致此之由也

○爾土宇昄符版反章亦孔之厚叶狠口下主二反矣豈弟君子俾爾彌爾性百神爾主叶當口主庚二反矣賦也昄章大明也或曰昄當作版版章猶版圖也○言爾土宇昄章既甚厚矣又使爾終其身常為天地山川鬼神之主也

○爾受命長矣茀音弗祿爾康矣豈弟君子俾爾彌爾性純嘏爾常矣賦也茀嘏皆福也常常享之也

○有

馮（音憑）有翼有孝有德以引以翼豈弟君子四方爲則（賦也馮謂可爲依者翼謂可爲輔者孝謂能事親者德謂得於己者引謂導其前也翼謂相其左右也東萊呂氏曰賢者之行非一端必曰有孝有德何也蓋人主常與慈祥篤實之人處其所以興起善端涵養德性鎮其躁而消其邪日改月化有不在言語之間者矣○言得賢以自輔如此則其德日修而四方以爲則矣自此章以下乃言所以致上章福祿之由也）○顒顒（魚容反）卬卬（五綱反）如圭如璋令聞（音問）令望（叶無方反）豈弟君子四方爲綱（賦也顒顒卬卬尊嚴也如圭如璋純潔也令聞善譽也令望威儀可望法也○承上章言得馮翼孝德之助則能如此而四方以爲綱矣）○鳳凰于飛翽翽（音諱）其羽

亦集爰止藹藹王多吉士維君子使媚于天

子興也鳳凰靈鳥也雄曰鳳雌曰凰翽翽羽聲也鄭氏以爲因時鳳凰至故以爲喻理

或然也藹藹衆多也媚順愛也○鳳凰于飛則翽翽其羽而集于其所止矣藹藹王多吉

士則維王之所使而皆媚于天子矣既曰君子又曰天子猶曰王于出征以佐天子云爾

○鳳凰于飛翽翽其羽亦傅音附于天叶鐵因反藹

藹王多吉人維君子命叶彌并反媚于庶人興也媚于

庶人順愛于民也○鳳凰鳴矣于彼高岡梧桐生矣

于彼朝陽菶菶音琫萋萋音妻雝雝喈喈叶居奚反○比

也又以興下章之事也山之東曰朝陽鳳凰

之性非梧桐不棲非竹實不食菶菶萋萋梧

民勞
召穆公刺厲王
也

桐生之盛也雝雝喈喈鳳凰鳴之和也○君子之車既庶且多

君子之馬既閑且馳叶唐何反矢詩不多維以遂

歌賦也承上章之興也菶菶萋萋則雝雝喈喈矣君子之車馬則既衆多而閑習矣其意若曰是亦足以待天下之賢者而不厭其多矣遂歌蓋繼王之聲而遂歌之猶書所謂賡載歌也

賡音耕

卷阿十章六章章五句四章章六句

民亦勞止汔音許可小康惠此中國以綏四方

無縱詭隨音鬼以謹無良式遏寇虐憯音慘不畏

明叶謨郎反柔遠能邇以定我王賦也汔幾也中國京師也四方

爲音位

諸夏也。京師。諸夏之根本也。詭隨。不顧是非而妄隨人也。謹。斂束之意。憯。曾也。明。天之明命也。柔。安也。能。順習也。○序說以此爲召穆公刺厲王之詩。以今考之。乃同列相戒之辭耳。未必專爲刺王而發。然其憂時感事之意亦可見矣。蘇氏曰。人未有無故而妄從人者。維無良之人。將悅其君而竊其權以爲寇虐則爲之。故無縱詭隨。則無良之人肅。而寇虐無畏之人止。然後柔遠能邇。而王室定矣。穆公名虎。康公之後。厲王名胡。成王七世孫也

○民亦勞止。汔可小休。惠此中國。以爲民逑。無縱詭隨。以謹惽怓。音鐃叶尼猶反式遏寇虐。無俾民憂。無棄爾勞。以爲王休。賦也。逑。聚也。惽怓。猶讙譁也。勞。猶功也。言無棄爾之前功也。休。美也

○民亦勞止。汔可小息。惠此

京師以綏四國叶于逼反無縱詭隨以謹罔極式遏寇虐無俾作慝敬慎威儀以近有德賦也罔極為惡無窮極之人也有德有德之人也○民亦勞止汔可小愒音器惠此中國俾民憂泄音異無縱詭隨以謹醜厲式遏寇虐無俾正敗叶蒲寐反戎雖小子而式弘大叶特計反○賦也愒息泄去厲惡也正敗正道敗壞也戎汝也言汝雖小子而其所為甚廣大不可不謹也○民亦勞止汔可小安惠此中國國無有殘無縱詭隨以謹繾綣式遏寇虐無俾正反王欲玉女是用大諫賦也繾綣小人之固

板
凡伯刺厲王
也

荀子竝作簡

大雅

結其君者也。正反，反於正也。玉，寶愛之意。言王欲以女爲玉而寶愛之，故我用王之意，大諫正於女。蓋託爲王意以相戒也。

民勞五章章十句

上帝板板，下民卒癉。音亶 出話不然，爲猶不遠。靡聖管管，不實於亶。猶之未遠，是用大諫。叶音簡。○賦也。板板，反也。卒，盡。癉，病。猶，謀也。管管，無所依也。亶，誠也。○序以此爲凡伯刺厲王之詩。今考其意，亦與前篇相類，但責之益深切耳。此章首言天反其常道，而使民盡病矣。而女之出言，皆不合理；爲謀又不久遠。其心以爲無復聖人，但恣意妄行，而無所依據；又不實之於誠信。豈其謀之未遠而然乎。世亂乃人所爲，而曰上帝板板者，無所歸咎之辭

弛音始

耳○天之方難，叶泥涓反無然憲憲。叶虛言反天之方蹶，音媿無然泄泄。音異辭之輯，音集叶祖合反矣民之洽矣。辭之懌，叶弋灼反矣民之莫矣。賦也。憲憲，欣欣也。蹶，動也。泄泄，猶沓沓也。蓋弛緩之意。孟子曰：事君無義，進退無禮，言則非先王之道者，猶沓沓也。輯，和洽，合。懌，悅。莫，定也。辭輯而懌，則言必以先王之道矣。所以民無不合，無不定也。○我雖異事，及爾同僚。我即爾謀，聽我囂囂。音梟我言維服，勿以爲笑。叶思邀反先民有言，詢于芻初俱反蕘。音饒○賦也。異事，不同職也。同僚，同爲王臣也。春秋傳曰：同官爲僚。即，就也。囂囂，自得不肯受言之貌。服，事也。猶曰我所言者，乃今之急事也。先民，古之賢人也。芻蕘，采

薪者古人尚詢及芻蕘況其僚友乎○天之方虐無然謔謔老

夫灌灌小子蹻蹻其略反匪我言耄音帽叶毛博反爾

用憂謔多將熇熇叶許各反不可救藥賦也謔戲侮也老夫

詩人自稱灌灌款款也蹻蹻驕貌耄老而昏也熇熇熾盛也○蘇氏曰老者知其不可而

盡其款誠以告之少者不信而驕之故曰非我老耄而妄言乃汝以憂為戲耳夫憂未至

而救之猶可為也苟俟其益多則如火之盛不可復救矣○天之方懠音擠

叶箋西反無為夸音誇毗威儀卒迷善人載尸民之

方殿屎音犧則莫我敢葵喪去聲亂蔑資叶箋西反曾

莫惠我師叶霜夷反○賦也懠怒夸大毗附也小人之於人不以大言夸之則

以誎言呲之也。尸則不言不爲飲食而已者也。殿屎，呻吟也。葵，揆也。蔑猶滅也。資與咨同。嗟歎聲也。惠，順。師，衆也。○戒小人毋得夸毗，使威儀迷亂，而善人不得有所爲也。又言民方愁苦呻吟，而莫敢揆度其所以然者，是以至於散亂滅亡，而卒無能惠我師者也。○

天之牖民，如壎音塤如篪音池，如璋如圭，如取如攜，攜無曰益，牖民孔易。去聲叶夷益反民之多辟，音僻無自立辟。同上○賦也。牖，開明也，猶言天啓其心也。壎唱而篪和，璋判而圭合，取求攜得而無所費，皆言易也。辟，邪也。○言天之開民，其易如此，以明上之化下，其易亦然。今民既多邪辟矣，豈可又自立邪辟以道之邪。

○价音介人維藩，叶分邅反大師維垣，大邦維屏，大宗維翰，叶胡田反懷德維寧宗子維城無俾城壞叶胡罪胡威二反無獨斯畏叶紆會於非二反○賦也价大也大德之人也藩籬也師衆也垣牆也大邦強國也屏樹也所以爲蔽也大宗強族也翰幹也宗子同姓也○言是六者皆君之所恃以安而德其本也有德則得是五者之助不然則親戚叛之而城壞城壞則藩垣屏翰皆壞而獨居獨居而所可畏者至矣○敬天之怒無敢戲豫敬天之渝音俞無敢馳驅昊天曰明叶謨郎反及爾出王音往叶如字昊天曰旦叶得絹反及爾游衍叶怡戰反○賦也渝變也王往通言出而有所往也旦亦明也衍寛縱之意○言天之聰明無所不及不可以不敬也板板也難也蹶也虐也懠也其怒而變也甚矣而不之敬也亦知其有日監在茲者乎張子

王音往

曰天體物而不遺猶仁體事而無不在也禮儀三百威儀三千無一事而非仁也昊天曰明及爾出王昊天曰旦及爾游衍無一物之不體也

板八章章八句

生民之什十篇六十一章四百三十三句

大雅

蕩
召穆公傷周室大壞也

詩卷之七　　朱熹集傳

蕩之什三之三

蕩蕩上帝。下民之辟。音璧疾威上帝。其命多辟。音僻天生烝民。其命匪諶。音忱或叶市隆反靡不有初。鮮克有終。叶諸深反○賦也。蕩蕩，廣大貌。辟，君也。疾威，猶暴虐也。多辟，多邪辟也。烝，衆。諶，信也。○言此蕩蕩之上帝。乃下民之君也。今此暴虐之上帝。其命乃多邪辟者何哉。蓋天生衆民。其命有不可信者。蓋其降命之初。無有不善。而人少能以善道自終。是以致此大亂。使天命亦罔克終。如疾威而多辟也。蓋始為怨天之辭。而卒自解之如此。劉康公曰。民受天地之中以生。所謂命也。能者養之以福。不能者敗以取禍。此之謂也。○

紂字
興乃厲王后
觀其在于今
興句可見
内納古只、字、皆
作因内名詞納動
詞也寇攘式内
在今文則當云寇

彊諸本俱作疆誤下音同

大雅

文王曰咨咨女(音汝)殷商曾是彊禦曾是掊(音抔)克曾是在位曾是在服(叶蒲北反)天降慆(音滔)德女興是力

賦也此設爲文王之言也咨嗟也殷商紂也彊禦暴虐之臣也掊克聚斂之臣也服事也慆慢興起也力如力行之力○詩人知厲王之將亡故爲此詩託於文王所以嗟歎殷紂者言此暴虐聚斂之臣在位用事乃天降慆慢之德而害民然非其自爲之也乃汝興起此人而力爲之耳

○文王曰咨咨女殷商而秉義類彊禦多懟(音隊)流言以對寇攘式內侯作(音詛)侯祝(音咒)靡屆靡究

賦也而亦女也義善懟怨也流言浮浪不根之言也侯維也作讀爲詛詛祝怨謗也言汝當用善類而反任此暴虐多怨之人使

攘是納所謂惟四方〻多罪逋逃萃淵藪也至納〻本義則為積疊多重布帛以鍼線縫刺為〻〻謂今俗言猶多用〻納〻稱亦原於此又入內亦曰內古器銘中多見〻則又內〻動名詞也

稱去聲

用流言以應對。則是爲寇盜攘竊而反居內矣。是以致怨謗之無極也○文王曰咨咨女殷商。女炰音咆烋音哮于中國。叶于逼反斂怨以爲德。不明爾德。時無背音貝無側。爾德不明。以無陪音培無卿。賦也。炰烋，氣健貌。斂怨以爲德，多爲可怨之事，而反自以爲德也。背，後。側，旁。陪，貳也。言前後左右公卿之臣，皆不稱其官。如無人也○文王曰咨咨女殷商。天不湎音免爾以酒。不義從式。叶式吏反旣愆爾止。靡明靡晦。叶呼洧反式號式呼。去聲俾晝作夜。叶羊茹反。賦也。湎，飲酒變色也。式，用也。言天不使爾沈湎於酒。而惟不義是從而用也。止，容止也○文王曰咨咨女殷商。如蜩者蟬螗則螳螂也螳螂性喜捕蟬國策所謂螳螂捕蟬不知黃雀在後是也如蜩如螗喻其相吞噬猶下文如沸如羹喻其相煎迫也前儒目中但見蜩螗遂指四者皆為亂意可笑矣

蜩音迢　聽平聲

蜩如螗音唐如沸如羹。叶盧當反小大近喪。去聲叶平聲人尚乎由行。叶戶郎反內奰音避于中國。覃及鬼方

賦也。蜩·螗·皆蟬也。如蟬鳴。如沸羹。皆亂意也小者大者幾於喪亡矣。尚且由此而行。不知變也。奰·怒·覃·延也。鬼方遠夷之國也。言自近及遠。無不怨怒也

○文王曰咨咨女殷商。匪上帝不時。叶上止反殷不用舊。叶巨己反雖無老成人。尚有典刑。曾是莫聽。大命以傾

賦也。老成人。舊臣也。典刑。舊法也。○言非上帝為此不善之時。但以殷不用舊。致此禍爾。雖無老成人與圖先王舊政。然典刑尚在。可以循守。乃無聽用之者。是以大命傾覆而不可救也

○文王曰咨。咨女殷商。人亦有言。顛沛

抑

衛武公刺厲

拔皮八本未二反蹶音厥

之揭。紀竭去例二反枝葉未有害。許曷瑕憩二反本實先撥。音跋叶方吠筆烈二反殷鑒不遠，在夏后之世。叶始制私列二反○賦也。顛沛，仆拔也。揭，本根蹶起之貌。撥，猶絕也。鑒，視也。夏后，桀也。○言大木揭然將蹶。枝葉未有折傷，而其根本之實已先絕，然後此木乃相隨而顛拔爾。蘇氏曰：商周之衰，典刑未廢，諸侯未畔，四夷未起，而其君先為不義以自絕於天，莫可救止。正猶此爾。殷鑒在夏，蓋為文王歎紂之辭。然周鑒之在殷，亦可知矣。

蕩八章章八句

抑抑威儀，維德之隅。人亦有言，靡哲不愚。庶人之愚，亦職維疾。叶集二反哲人之愚，亦維斯戾。

王亦以自儆也

賦也。抑抑密也。隅廉角也。鄭氏曰人密審於威儀者是其德必嚴正也。故古之賢者道行心平可外占而知內如宮室之制內有繩直則外有廉隅也。哲知。庶衆。職主。戾反也。○衞武公作此詩使人日誦於其側以自警言抑抑威儀乃德之隅則有哲人之德者固必有哲人之威儀矣。而今之所謂哲者未嘗有其威儀則是無哲而不愚矣。夫衆人之愚蓋有稟賦之偏宜有是疾不足為怪。哲人而愚則反戾其常矣。

○無競維人四方其訓之有覺德行去聲四國順之訏音吁謨定命遠猶辰告叶古得反敬慎威儀維民之則賦也。競彊也。覺直大也。訏大。謨謀也。大謀謂不為一身之謀而有天下之慮也。定審定不改易也。命號令也。猶圖也。遠謀謂不為一時之計而為長久之規也。辰時。告戒也。辰告謂以時播告

今字古絶無叶庚青韻者且下興迷二字亦不詞寔則興字屬上句讀乃厲王名也與乃商紂之字紀名如以紂比

京本無是字　泉流坊本作沠

也則法也○言天地之性人爲貴故能盡人道則四方皆以爲訓有覺德行則四國皆順從之故必大其謀定其命遠圖時告敬其威儀然後可以爲天下法也○其在于今叶音經興迷亂于政叶音征顛覆厥德荒湛音耽于酒叶子小反女音汝雖湛樂音洛從弗念厥紹罔敷求先王克共音拱明刑叶胡光反○賦也今武公自言已今日之所爲也興尚也女武公使人誦詩而命已之辭也後凡言女言爾言小子者放此湛樂從言惟湛樂之是從也紹謂所承之緒也敷求先王廣求先王所行之道也共執刑法也○肆皇天弗尚叶平聲如彼泉流無淪胥以亡夙興夜寐洒埽廷內維民之章修爾車馬弓

大雅蕩之什　四　卷廿七

厲王詔之□□
與前說乖
尚常本字古皆作尚也注以弗尚為厭棄不通古誼之過也

鑢音慮三去聲

大雅

矢戎兵。叶晡亡反用戒戎作。用逷音剔蠻方賦也。弗尚厭棄之也。淪陷。胥相。章表。戒備。戎兵。作起。逷遠也。○言天所不尚，則無乃淪陷相與而亡，如泉流之易乎。是以內自庭除之近，外及蠻方之遠，細而寢興洒埽之常，大而車馬戎兵之變，慮無不周，備無不飭也。上章所謂訏謨定命，遠猶辰告者，於此見矣。○質爾人民，謹爾侯度，用戒不虞。叶元具反慎爾出話，敬爾威儀。叶牛何反無不柔嘉。叶居何反白圭之玷音點尚可磨也。斯言之玷，不可為叶吾禾反也。賦也。質，成也，定也。侯度，諸侯所守之法度也。虞，慮。話，言。柔，安。嘉，善。玷，缺也。○言既治民守法，防意外之患矣，又當謹其言語。蓋玉之玷缺，尚可磨鑢使平，言語一失，莫能救之。其戒深切矣，故南容一日三復

持京本作守

此章而孔子以其兄之子妻之○無易去聲由言。無曰苟矣。莫捫音門朕舌。言不可逝叶音折矣。無言不讎叶市又反。無德不報。叶蒲救反惠于朋友。叶羽已反庶民小子。叶獎里反子孫繩繩。萬民靡不承。賦也。易，輕也。捫，持也。逝，去也。讎，答也。承，奉也。○言不可輕易其言。蓋無人爲我執持其舌者。故言語由己。易致差失。常當執持，不可放去也。且天下之理。無有言而不讎。無有德而不報者。若爾能惠于朋友庶民小子。則子孫繩繩。而萬民無不承矣。皆謹言之效也○視爾友君子。輯音集柔爾顏。叶魚堅反不遐有愆去聲。相在爾室。尚不愧于屋漏。無曰不顯。莫予云覯。神之格叶剛鶴反思。不可

漏扆牖之北以
屋漏為室西北隅
果何所本所從
則東西南北便不
而以混指耶
屋漏牖之切音
牖屋漏之合
音與牖即合
天窗俗作窗
解殊深古

京本見下無也字

坊本作明顯

度（入聲）思。矧可射（音弋叶弋灼反）思（賦也。輯和也。遐何通。愆過也。尚庶幾也。屋漏室西北隅也。覯見也。格至。度測。矧況也。射斁通。厭也。○言視爾友於君子之時。和柔爾之顏色。其戒懼之意常若自省曰豈不至於有過乎。蓋常人之情。其修於顯者。無不如此。然視爾獨居於室之時。亦當庶幾不愧于屋漏。然後可爾。無曰此非顯明之處而莫予見也。當知鬼神之妙。無物不體。其至於是有不可得而測者。不顯亦臨。猶懼有失。况可厭射而不敬乎。此言不但修之於外。又當戒謹恐懼乎其所不睹不聞也。子思子曰。君子不動而敬。不言而信。又曰夫微之顯。誠之不可揜如此。此正心誠意之極功。而武公及之則亦聖賢之徒矣）

○辟爾爲德。俾臧俾嘉（叶居何反）。淑慎爾止。不愆于儀（叶牛何反）。不僭不賊。鮮（上聲）不爲則。

忍音訒

投我以桃。報之以李。彼童而角。實虹（音紅）小子（叶獎里反）○賦也。辟。君也。指武公也。止。容止也。僭。差。賊。害。則。法也。無角曰童。虹。潰亂也。○既戒以修德之事。而又言爲德而人法之。猶投桃報李之必然也。彼謂不必修德而可以服人者。是牛羊之童者而求其角也。亦徒潰亂汝而已。豈可得哉。

○荏（音飪）染柔木。言緡之絲。（叶新夷反）溫溫恭人。維德之基。其維哲人。告之話言。順德之行。其維愚人。覆謂我僭。（叶七尋反）民各有心。興也。荏染。柔貌。柔木。柔忍之木也。緡。綸也。被之綸以爲弓也。話言。古之善言也。覆。猶反也。僭。不信也。民各有心。言人心不同。愚智相越之遠也。

○於（音烏）乎（音呼）小子（叶獎里反）未知臧否。（音鄙）匪手

大雅

慘京本當作懆

攜之言示之事。叶上止反 匪面命之言提其耳。借曰未知。亦既抱子。同上 民之靡盈。誰夙知而莫成。音慕 賦也。非徒手攜之也。而又示之以事。非徒面命之也。而又提其耳。所以諭之者詳且切矣。假令言汝未有知識。則汝既長大而抱子。宜有知矣。人若不自盈滿。能受教戒。則豈有既早知而反晚成者乎 ○昊天孔昭。叶音灼 我生靡樂。音洛 視爾夢夢。音蒙 我心慘慘。音懆叶七各反 誨爾諄諄。音肫 聽我藐藐。音邈 匪用爲教。叶入聲 覆用爲虐。借曰未知。亦聿既耄。叶音莫 ○賦也。夢夢。不明亂意也。慘慘。憂貌。諄諄。詳熟也。藐藐。忽略貌。耄。老也。八十九十曰耄。左史所謂年九十有五時也 ○於乎

大

夫音扶　譬音辟

小子告爾舊止聽用我謀庶無大悔叶虎委反天方艱難曰喪厥國叶于逼反取譬不遠昊天不忒回遹音聿其德俾民大棘賦也舊舊章也或曰久也止語辭庶幸悔恨忒差遹僻棘急也○言天運方此艱難將喪厥國矣我之取譬夫豈遠哉觀天道禍福之不差忒則知之矣今汝乃回遹其德而使民至於困急則喪厥國也必矣

抑十二章三章章八句九章章十句

楚語左史倚相曰昔衛武公年數九十五矣猶箴儆於國曰自卿以下至於師長士苟在朝者無謂我老耄而舍我必恭恪於朝夕以交戒我在輿有旅賁之規位宁有官師之典倚几有誦訓之諫居寢有暬御之箴臨事有瞽史之道宴居有

非刺厲王並列詩
中所稱〻小〻果
何指耳可笑
桑柔
芮伯刺厲王
也
塡、古塵字，土星
或謂〻塡星以
塵土爲〻物也

■去聲

塡京本舊說古塵字陳塵坊本作塵陳塡音顛

師工之誦，史不失書，矇不失誦，以訓御之。於是作懿戒以自儆。及其沒也，謂之睿聖武公。韋昭曰：懿，讀爲抑。卽此篇也。董氏曰：侯包言武公行年九十有五，猶使人日誦是詩而不離於其側。然則序說爲刺厲王者誤矣。

菀音鬱彼桑柔，其下侯旬。捋力活反采其劉，瘼音莫此下民。不殄心憂，倉音愴兄音況塡兮。倬彼昊天，叶鐵因反寧不我矜。

比也。菀，茂。旬，徧。劉，殘。殄，絕也。倉兄與愴怳同。悲閔之意也。塡未詳。舊說與陳塵同。蓋言久也。或疑與瘨字同。爲病之義。但名篇內二字竝出，又恐未然。今姑闕之。倬，明貌。○舊說此爲芮伯刺厲王而作。春秋傳亦曰：芮良夫之詩，則其說是也。以桑爲比者，桑之爲物，其葉最盛，然及其采之也，一朝而盡，無黃落之漸。故取以比

芳乃分〻誤在
今文則作芬或
氛芬轉注字也

陰去聲　旟旐音于兆

周之盛時。如葉之茂。其陰無所不徧。至於厲王。肆行暴虐。以敗其成業。王室忽焉凋弊。如桑之既采。民失其蔭而受其病。故君子憂之不絕於心。悲閔之甚。而至於病。遂號天而訴之也○四牡騤騤。旟旐有翩。叶批賓反亂生不夷。靡國不泯。叶彌鄰反民靡有黎。具禍以燼。叶咨辛反於音烏乎音呼有哀。叶音依國步斯頻。賦也。夷·平。泯·滅。黎·黑也。謂黑首也。具·俱也。燼·灰燼也。步·猶運也。頻·急蹙也○厲王之亂。天下征役不息。故其民見其車馬旌旗而厭苦之。自此至第四章。皆征役者之怨辭也○國步蔑資。天不我將。叶子兩反靡所止疑。音屹叶如字云徂何往。君子實維。秉心無競。叶其兩反誰生厲階。叶居奚反至今爲梗

處音杵

音鰥叶古黨反○賦也蔑滅資咨將養也疑讀如儀禮疑立之疑定也徂亦往也競爭厲怨梗病也○言國將危亡天不我養居無所定徂無所往然非君子之有爭心也誰實爲此禍階使至今爲病乎蓋曰禍有根原其所從來也遠矣○憂心慇慇念我土宇我生不辰逢天僤音亶怒叶暖五反自西徂東叶音丁靡所定處多我覯痻音民孔棘我圉賦也土鄉宇居辰時僤厚覯見痻病棘急圉邊也或曰禦也多矣我之見病也急矣我之在邊也○爲謀爲毖叶音必亂況斯削告爾憂恤誨爾序爵誰能執熱逝不以濯其何能淑載胥及溺叶奴學反○賦也毖慎況滋也序爵辨別賢否之道也執熱手執熱物也○蘇

立王謂夷王也夷王甚協時望春秋傳

鄉音向唈烏合反

氏曰王豈不謀且慎哉然而不得其道適所以長亂而自削耳故告之以其所當憂而誨之以序爵且曰誰能執熱而不濯者賢者之能已亂猶濯之能解熱耳不然則其何能善哉相與入於陷溺而已○如彼遡風叶孚音反亦孔之僾音愛民有肅心荓音烹云不逮好是稼穡力民代食稼穡維寶代食維好賦也遡鄉僾唈肅進荓使也○蘇氏曰君子覡厲王之亂悶然如遡風之人唈而不能息雖有欲進之心皆使之曰世亂矣非吾所能及也於是退而稼穡盡其筋力與民同事以代祿食而已當是時也仕進之憂甚於稼穡之勞故曰稼穡維寶代食維好言雖勞而無患也○天降喪去聲亂滅我立王降此蟊賊稼穡卒痒音羊哀恫音通中國具

云王愆於厥身諸
侯併走羣望以
祈王身即其事矣
王卒厲王乃立故
苟伯猶思之

屬音燭

贅（音揣）卒荒。靡有旅力，以念穹蒼。賦也。恫，痛。具，俱也。贅，屬也。言危也。春秋傳曰：君若綴旒然。與此贅同。卒，盡。荒，虛也。旅，與膂同。穹蒼，天也。穹言其形，蒼言其色。○言天降喪亂，固已滅我所立之王矣。又降此蟊賊，則我之稼穡又病，而不得以代食矣。哀此中國，皆危盡荒，是以危困之極，無力以念天禍也。此詩之作，不知的在何時。其言滅我立王，則疑其共和之後也。○維此惠君，民人所瞻。（叶側姜反）秉心宣猶，考慎其相。（去聲，叶平聲）維彼不順，自獨俾臧。自有肺腸，俾民卒狂。賦也。惠，順也。順於義理也。宣，徧。猶，謀。相，輔。狂，惑也。○言彼順理之君，所以為民所尊仰者，以其能秉持其心，周徧謀度，考擇其輔相，必衆以為賢而後用之。彼不順理之君，則自以為善，而不考衆謀，自有私見，而不通衆志。所以使民眩惑。至於狂亂也○瞻彼中林。甡甡音莘其鹿。朋友已譖。音僭叶子林反不胥以穀。人亦有言。進退維谷興也。甡甡、衆多並行之貌。譖、不信也。胥、相。穀、善。谷、窮也。言朋友相譖、不能相善。曾鹿之不如也。○言上無明君。下有惡俗。是以進退皆窮也○維此聖人。瞻言百里。維彼愚人。覆狂以喜。匪言不能胡斯畏忌叶巨已反○賦也。聖人炳於機先。所視而言者。無遠而不察。愚人不知禍之將至。而反狂以喜。今用事者蓋如此。我非不能言也。如此畏忌何哉。言王暴虐。人不敢諫也○維此良人。弗求弗迪。叶徒沃反維彼忍心是顧是復。音伏民之貪亂。寧爲荼毒賦也。迪、進也。忍、殘忍

京本作進而用之

圮音痞

也。顧、念。復、重也。荼苦菜也。味苦氣辛。能殺物。故謂之荼毒也。○言不求善人而進用之。其所顧念重復而不已者。乃忍心不仁之人。○民不堪命。所以肆行貪亂。而安爲荼毒也

大風有隧。音遂有空大谷。維此良人。作爲式穀。維彼不順。征以中垢。音苟叶居六反○興也。隧、道。式、用。穀、善也。征以中垢。未詳其義。或曰。征、行也。中、隱暗也。垢、汚穢也。○大風之行有隧。蓋多出於空谷之中。以興下文君子小人所行。亦各有道耳

○大風有隧。貪人敗類。聽言則對。誦言如醉。匪用其良。覆俾我悖。叶蒲寐反○興也。敗類、猶言圮族也。王使貪人爲政。我以其或能聽我之言而對之。然亦知其不能聽也。故誦言而中心如醉。而王不用善人。而反使我至此悖眊也。厲王說榮夷公。芮

坊本之下無所字

良夫曰。王室其將卑乎。夫榮公好專利而不備大難。夫利百物之所生也。天地之所載也。而或專之。其害多矣。此詩所謂貪人。其榮公也與。芮伯之憂非一日矣。○嗟爾朋友。予豈不知而作。如彼飛蟲。時亦弋獲。叶胡郭反既之陰去聲女。反予來赫。叶黑各反○賦也。如彼飛蟲時亦弋獲。言已之所言。或亦有中。猶曰千慮而一得也。之。往。陰。覆也。赫。威怒之貌。我以言告女。是往陰覆於女。女反來加赫然之怒於已也。張子曰。陰往密告於女。女反謂我來恐動也。亦通。

○民之罔極。職涼善背。叶必墨反為民不利。如云不克。民之回遹。音聿職競用力。賦也。職。專也。涼義未詳。傳曰。涼。薄也。鄭讀作諒。信也。疑鄭說為得之。善背。工為反覆也。克。勝也。回遹。邪僻也。○言民之所

文音
問

以貪亂而不知所止者。專由此人名爲直諒而實善背。又爲民所不利之事。如恐不勝而力爲之也。又言民之所以邪僻者。亦由此輩專競用力而然也。反覆其言。所以深惡之也

○民之未戾。職盜爲寇。涼曰不可。覆背善詈。音利雖曰匪予。既作爾歌。賦也。戾。定也。民之所以未定者。由有盜臣爲之寇也。蓋其爲信也。亦以小人爲不可矣。及其反背也。則又工爲惡言以詈君子。是其色厲內荏。眞可謂穿窬之盜矣。然其人又自文飾。以爲此非我言也。則我已作爾歌矣。言得其情。且事已著明。不可揜覆也

桑柔十六章。八章章八句。八章章六句

倬彼雲漢。昭回于天。叶鐵因反王曰於音烏乎。音呼何

雲漢
仍叔美宣王
也

寀所臼反

瘞音意俗作痤非

辜今之人天降喪（去聲）亂饑饉薦（音荐）臻靡神不舉靡愛斯牲（叶桑經反）圭璧既卒寧莫我聽（平聲）○賦也雲漢天河也昭光回轉也言其光隨天而轉也薦荐通重也臻至也靡神不舉所謂國有凶荒則索鬼神而祭之也圭璧禮神之玉也卒盡寧猶何也○舊說以爲宣王承厲王之烈內有撥亂之志遇烖而懼側身修行欲消去之天下喜於王化復行百姓見憂故仍叔作此詩以美之言雲漢者夜晴則天河明故述王仰訴於天之辭如此也○旱既大甚（音泰）蘊隆蟲蟲不殄禋祀自郊徂宮上下奠瘞靡神不宗后稷不克上帝不臨（叶力中反）耗斁（音妒）下土寧丁我躬（賦也蘊蓄隆盛也蟲蟲熱氣也殄絕也郊

孑音結

祀天地也宮宗廟也上祭天下祭地奠其禮
瘞其物宗尊也克勝也言后稷欲救此旱災
而不能勝也臨享也稷以親言帝以尊言也
斁敗丁當也何以當我之身而有是災也或
曰與其耗斁下土寧使當我身也
哉害當我身也亦通
○旱既大甚則不可推吐雷反兢兢業業如霆如雷周餘黎民靡有
孑遺叶夷回反昊天上帝則不我遺胡不相畏先
祖于摧音崔○賦也推去也兢兢恐也業業
危也如霆如雷言畏之甚也子無右
臂貌遺餘也言大亂之後周之餘民無復有
半身之遺者而上天又降旱災使我亦不見
遺摧滅也言先祖之
祀將自此而滅也
○旱既大甚則不可沮上聲赫赫炎炎云我無所大命近止靡瞻靡顧

雩音于　黽音敏

叶果五反羣公先正則不我助叶牀所反父母先祖胡寧忍予叶演女反○賦也沮止也赫赫旱氣也炎炎熱氣也無所無所容也大命近止死將至也瞻仰顧望也羣公先正月令所謂雩祀百辟卿士之有益於民者以祈穀實者也於羣公先正但言其不見助至父母先祖則以恩望之矣所謂垂涕泣而道之也

○旱既大甚滌滌山川叶樞倫反旱魃音跋為虐如惔音談如焚叶符勻反我心憚暑憂心如熏羣公先正則不我聞叶微勻反昊天上帝寧俾我遯叶徒勻反○賦也滌滌言山無木川無水如滌而除之也魃旱神也惔燎之也憚勞也畏也熏灼遯逃也言天又不肯使我得逃遯而去也

○旱既大甚黽勉畏去

鞫音匊

胡寧瘨(音顛)我以旱。憯(七感反)不知其故。祈年孔夙。方社不莫(音慕)。昊天上帝。則不我虞(叶元具反)。敬恭明神。宜無悔怒。賦也。黽勉畏去。出無所之也。瘨病。憯曾也。祈年孟春祈穀于上帝。孟冬祈來年于天宗是也。方祭四方也。社祭土神也。虞度。悔恨也。言天曾不度我之心。如我之敬事明神。宜可以無恨怒也。○旱既大甚。散無友紀。鞫哉庶正。疚哉冢宰。(叶奬里反)趣(七口反)馬師氏膳夫左右。(叶羽已反)靡人不周。無不能止。瞻卬(音仰)昊天。云如何里。賦也。友紀猶言綱紀也。或曰友。疑作有。鞫窮也。庶正衆官之長也。疚病也。冢宰又衆長之長也。趣馬掌馬之官。師氏掌以兵守王門者。膳夫掌食之

除去聲　縣音懸　徹直列反　卬音仰

官也。歲凶，年穀不登，則趣馬不秣，師氏弛其兵，馳道不除，祭事不縣，膳夫徹膳，左右布而不修，大夫不食粱，士飲酒不樂，周救也。無不能止，言諸臣無有一人不周救百姓者，無有自言不能而遂止不為也。里，憂也。與漢書無俚之俚同，聊賴之意也。○瞻卬昊天，有嘒音暳其星。大夫君子，昭假音格無贏。音盈大命近止，無棄爾成。何求為我，以戾庶正。叶諸盈反瞻卬昊天，曷惠其寧。賦也。嘒，明貌。昭，明。假，至也。○久旱而仰天以望雨，則有嘒然之明星，未有雨徵也。然群臣竭其精誠而助王以昭假于天者，已無餘矣。雖今死亡將近，而不可以棄其前功，當益求其所以昭假者而修之，固非求為我之一身而已，乃所以定眾正也。於是語終，又仰天而訴之曰：果何時而惠我以安寧乎？張子曰：不敢斥

崧高

尹吉甫美宣王也

華戶化反　屏音丙

言雨者畏懼之甚且不敢必云爾

雲漢八章章十句

崧音嵩高維嶽駿音峻極于天叶鐵因反維嶽降神生甫及申維申及甫維周之翰叶胡千反四國于蕃叶分邅反四方于宣賦也山大而高曰崧嶽山之尊者東岱南霍西華北恒是也駿大也甫甫侯也即穆王時作呂刑者或曰呂此是宣王時人而作呂刑者之子孫也申申伯也皆姜姓之國也翰幹蕃蔽也○宣王之舅申伯出封于謝而尹吉甫作詩以送之言嶽山高大而降其神靈和氣以生甫侯申伯實能爲周之楨幹屏蔽而宣其德澤於天下也蓋申伯之先神農之後爲唐虞四嶽總領方嶽諸侯而奉嶽神之祭能修其職嶽神

彊上聲

享之故此詩推本申伯之所以生以爲嶽降神而爲之也○亹亹申伯，王纘之事。于邑于謝，南國是式。叶失吏反王命召伯，叶逋莫反定申伯之宅。叶達各反登是南邦，叶卜工反世執其功。賦也。亹亹，強勉之貌。纘，繼也。使之繼其先世之事也。邑，國都之處也。謝，在今鄧州南陽縣，周之南土也。式，使諸侯以爲法也。召伯，召穆公虎也。登，成也。世執其功，言使申伯後世常守其功也。或曰：大封之禮，召公之世職也。○王命申伯，式是南邦。叶外功反因是謝人，以作爾庸。王命召伯，徹申伯土田。叶他因反王命傳御，遷其私人。賦也。庸，城也。言因謝邑之人而爲國也。鄭氏曰：庸，功也，爲國以起其功也。徹，定其經界，正其賦稅也。傳御

大雅蕩之什　二十　卷七

近鄭音記按說文從辵從刀今從斤誤

申伯家臣之長也。私人，家人。遷，使就國也。漢明帝送侯印與東平王蒼諸子，而以手詔賜其國中傳，蓋古制如此。○申伯之功，召伯是營。有俶音蓄其城，寢廟既成。既成藐藐，王錫申伯。叶遣各反四牡蹻蹻，鉤膺濯濯。賦也。俶，始作也。藐藐，深貌。蹻蹻，壯貌。濯濯，光明貌。○王遣申伯，路車乘去聲馬。叶滿補反我圖爾居，莫如南土。錫爾介圭，以作爾寶。叶音補往近王舅，南土是保。叶音補○賦也。介圭，諸侯之封圭也。近，辭也。○申伯信邁，王餞音踐于郿。音眉申伯還南，謝于誠歸。王命召伯，徹申伯土疆。以峙音寿其粻，音張式遄音椽其

數音朔委去聲積子賜反

行叶戶郎反○賦也郿在今鳳翔府郿縣在鎬京之西岐周之東而申在鎬京之東南時王在岐周故餞于郿也言信邁誠歸以見王之數疑於行之不果故也峙積粻糧遄速也召伯之營謝也則已斂其稅賦積其餱糧使廬市有止宿之委積故能使申伯無需行也○申伯番番音波叶分遭反既入于謝徒御嘽嘽音灘周邦咸喜戎有良翰叶胡干反不顯申伯王之元舅文武是憲叶虛言反○賦也番番武勇貌嘽嘽衆盛也戎女也申伯既入于謝周人皆以爲喜而相謂曰女今有良翰矣元長憲法也言文武之士皆以申伯爲法也或曰申伯能以文王武王爲法也○申伯之德柔惠且直揉汝又反此萬邦聞音問于四國叶于逼吉甫作誦

烝民
尹吉甫美
宣王也

長音

其詩孔碩其風肆好以贈申伯 賦也。揉治也。吉甫尹吉甫周之卿士誦工師所誦之辭也碩大風聲肆遂也

崧高八章章八句

天生烝民有物有則民之秉彝音夷好是懿德天監有周昭假音格于下叶後五反保茲天子生仲山甫 賦也。烝衆則法秉執彝常懿美監視昭明假至保祐也。仲山甫樊侯之字也○宣王命樊侯仲山甫築城于齊而尹吉甫作詩以送之言天生衆民有是物必有是則蓋自百骸九竅五臟而達之君臣父子夫婦長幼朋友無非物也而莫不有法焉如視之明聽之聰貌之恭言之順君臣有義父子有親之類是也。是乃民所執之常性故其情無不

賦字叶韻未詳

好此美德者而況天之監視有周能以昭明之德感格於下故保祐之而爲之生此賢佐曰仲山甫焉則所以鍾其秀氣而全其美德者又非特如凡民而已也昔孔子讀詩至此而贊之曰爲此詩者其知道乎故有物必有則民之秉彝也故好是懿德而孟子引之以證性善之說其旨深矣讀者其致思焉

○**仲山甫之德柔嘉維則令儀令色小心翼翼古訓是式威儀是力天子是若明命使賦**

賦也嘉美令善也儀威儀也色顏色也翼翼恭敬貌古訓先王之遺典也式法力勉若順賦布也○東萊呂氏曰柔嘉維則不過其則也過其則斯爲弱不得謂之柔嘉矣令儀令色小心翼翼言其表裏柔嘉也古訓是式威儀是力言其學問進修也天子是若明命使賦言其發而措之事業也此章蓋備舉仲山甫

應去聲

之德○王命仲山甫。式是百辟音璧纘戎祖考。王躬是保。出納王命。王之喉舌。賦政于外。四方爰發叶方月反○賦也式法戎女也王躬是保所謂保其身體者也然則仲山甫蓋以冢宰兼大保而大保抑其世官也與出承而布之也納行而復之也喉舌所以出言也發發而應之也○東萊呂氏曰仲山甫之職外則總領諸侯內則輔養君德入則典司政本出則經營四方此章蓋備舉仲山甫之職○肅肅王命仲山甫將之。邦國若否。音鄙仲山甫明叶謨郎反之。既明且哲。以保其身。夙夜匪解音懈以事一人賦也肅肅嚴也將奉行也若順也順否猶臧否也明謂明於理哲謂察於事保身蓋順理以守身非趨利

度音奪

避害而偷以全軀之謂也解怠也一人天子也○人亦有言柔則茹音汝之剛則吐之維仲山甫柔亦不茹剛亦不吐不侮矜音鰥寡叶果五反不畏彊禦賦也人亦有言世俗之言也茹納也○不茹柔故不侮矜寡不吐剛故不畏彊禦以此觀之則仲山甫之柔嘉非軟美之謂而其保身未嘗枉道以徇人可知矣○人亦有言德輶音酉如毛民鮮上聲克舉之我儀圖叶丁五反之維仲山甫舉之愛莫助叶牀五反之袞職有闕維仲山甫補之賦也輶輕儀度圖謀也袞職王職也天子龍袞不敢斥言王闕故曰袞職有闕也○言人皆言德甚輕而易舉然人莫能舉也我於是謀度其能舉之者則惟仲山甫而

傳去聲

已。是以心誠愛之而恨其不能有以助之。蓋愛之者。秉彝好德之性也。而不能助者。能舉與否。在彼而已。固無待於人之助。而亦非人之所能助也。至於王職有闕失。亦維仲山甫獨能補之。蓋唯大人然後能格君心之非。未有不能自舉其德。而能補君之闕者也。○

仲山甫出祖。四牡業業。征夫捷捷。每懷靡及。叶盧業反 四牡彭彭。叶鋪郎反 八鸞鏘鏘。王命仲山甫。城彼東方。

賦也。祖。行祭也。業業。健貌。捷捷。疾貌。東方。齊也。傳曰。古者諸侯之居逼隘。則王者遷其邑而定其居。蓋去薄姑。而遷於臨菑也。孔氏曰。史記齊獻公元年。徙薄姑都治臨菑。計獻公當夷王之時。與此傳不合。豈徙於夷王之時。至是而始備其城郭之守歟。○

四牡騤騤。音逵 八鸞喈喈。音皆叶居奚反 仲山甫

韓奕
尹吉甫美宣王也

徂齊。式遄其歸。吉甫作誦。穆如清風。叶孚愔反仲山甫永懷。以慰其心。

賦也。式遄其歸、不欲其久於外也。穆、深長也。清風、清微之風、化養萬物者也。以其遠行而有所懷思、故以此詩慰其心焉。曾氏曰、賦政於外、雖仲山甫之職、然保王躬、補王闕、尤其所急。城彼東方、其心永懷。蓋有所不安者。尹吉甫深知之、作誦而告以遄歸、所以安其心也。

烝民八章、章八句

倬音捉

奕奕梁山。維禹甸之。有倬其道。韓侯受命。王親命之。纘戎祖考。無廢朕命。夙夜匪解。音懈叶訖力反虔共爾位。朕命不易。榦音幹不庭方。以佐戎

[illegible]

方本国下無也字

鍚從昜，昜古陽字也，與錫異

辟音璧。○賦也。奕奕，大也。梁山，韓之鎮也。今在同州韓城縣。甸，治也。倬，明貌。韓，國名。侯爵。武王之後也。受命，蓋即位除喪，以士服入見天子而聽命也。纘，繼。戎，女也。言王錫命之使繼世而爲諸侯也。虔，敬。易，改。榦，正也。不庭方，不來庭之國也。辟，君也。此又戒之以修其職業之辭也。○韓侯初立來朝，始受王命而歸。詩人作此以送之。序亦以爲尹吉甫作，今未有據。下篇云名穆公。凡伯者放此。○四牡奕奕，孔修且張。韓侯入覲，以其介圭，入覲于王。王錫韓侯，淑旂綏章，簟茀錯衡。叶戶郎反玄袞赤舄，鉤膺鏤鍚。鏤音漏鍚音羊鞹音郭鞃音弘淺幭音覓鞗音條革金厄。叶於栗反○賦也。修，長。張，大也。介圭，封圭，執之爲贄，以合瑞于王也。淑，善也。交龍曰旂。綏章，染鳥羽或旄牛尾爲之

亡若宣王之美也
何新乃勞師動衆
如之城東尹郅
崧高烝民韓奕
盡是作美之
主後儒不通此兩
詩國之辰不當有美
詩因膝所以爲美宣王
需知其不可通
文

去上 鞶敢 音角 鞃放 救反 備音 見 㬎音 㽴

注於旂竿之首爲表章者也。鏤，刻金也。馬眉
上飾曰鍚。今當盧也。鞹，去毛之革也。鞃，式中
也。謂兩較之間。横木可憑者，以鞹持之，使牢
固也。淺，虎皮也。幭，覆式也。字一作幦，又作幎
以有毛之皮覆式上也。鞗革，轡首
也。金厄，以金爲環，纏搤轡首也。○韓侯出
祖，出宿于屠。顯父音甫餞之，清酒百壺。其殽維
何？炰音庖鼈鮮魚。其蔌音速維何？維筍音笋及蒲。其
贈維何？乘去聲馬路車。籩豆有且音疽，侯氏燕胥。
賦也。既覲而反國，必祖者，尊其所往，去則如
始行焉。屠，地名，或曰即杜也。顯父，周之卿士
也。蔌，菜殺也。筍，竹萌也。蒲，蒲蒻也。且，多貌。侯
氏，覲禮諸侯來朝者之稱。胥，相也。或曰語辭
○韓侯取去聲妻，汾音焚王之甥，蹶音媿父音甫之子。

姞音佶　姪音迭　靚音請　鱮音序

（叶奬里反）韓侯迎（去聲）止。于蹶之里。百兩（音亮又如字）彭彭（叶蒲郎反）。八鸞鏘鏘。不顯其光。諸娣（音第）從之。祁祁如雲。韓侯顧之。爛其盈門（叶眉貧反）。○賦也。此言韓侯旣觀而還。遂以觀迎也。汾王。厲王也。厲王流于彘。在汾水之上。故時人以目王焉。猶言莒郊公。黎比公也。蹶父。周之卿士。姞姓也。諸娣。諸侯一娶九女。二國媵之。皆有娣姪也。祁祁。徐靚也。如雲。衆多也。○蹶父孔武。靡國不到。爲（去聲）韓姞（音佶）相（去聲）攸。莫如韓樂（音洛叶力告反）。孔樂韓土。川澤訏訏（音許）。魴鱮甫甫。麀鹿噳噳（音語）。有熊有羆。有貓（苗茅二音）有虎。慶旣令居（叶斤御斤於二反）。韓姞燕譽

墉音容

叶羊如羊諸二反○賦也韓姞蹶父之子侯妻也相攸擇可嫁之所也訏訏甫甫大也噳噳衆也貓似虎而淺毛慶喜令善也喜其有此善居也燕安譽樂也○溥彼韓城燕平聲師所完以先祖受命因時百蠻王錫韓侯其追其貊音麥奄受北國因以其伯實墉實壑實畝實籍獻其貔音毗皮赤豹黃羆賦也溥大也燕召公之國也師衆也追貊夷狄之國也墉城壑池籍稅也貔猛獸名○韓初封時召公為司空王命以其衆為築此城如召伯營謝山甫城齊春秋諸侯城邢城楚丘之類也王以韓侯之先因是百蠻而長之故錫之追貊使為之伯以修其城池治其田畝正其稅法而貢其所有於王也

江漢

尹吉甫美宣王也

韓奕六章章十二句

江漢浮浮。武夫滔滔。叶他侯反 匪安匪遊。淮夷來求。既出我車。既設我旟。匪安匪舒。淮夷來鋪。

賦也。浮浮，水盛貌。滔滔，順流貌。淮夷，夷之在淮上者也。鋪，陳也，陳師以伐之也。○宣王命召穆公平淮南之夷，詩人美之。此章總序其事，言行者皆莫敢安徐，而曰吾之來也，惟淮夷是求是伐耳。

○江漢湯湯。音傷 武夫洸洸。音光 經營四方。告成于王。四方既平。王國庶定。叶唐丁反 時靡有爭。叶滋經反 王心載寧。

賦也。洸洸，武貌。庶，幸也。○此章言既伐而成功也。

○江漢之滸。音虎 王命召虎。式辟音闢 四方。徹

召音邵　發音搭

我疆土。匪疚匪棘。王國來極。于疆于理。至于南海。叶虎委反○賦也。虎召穆公名也。辟與闢同。徹有其田也。疚病。棘急也。極中之表也。居中而為四方所取正也。○言江漢既平。王又命召公闢四方之侵地。而治其疆界。非以病之。非以急之也。但使其來取正於王國而已。於是遂疆理之。盡南海而止也。○

王命召虎。來旬來宣。文武受命。召公維翰。叶胡千反無曰予小子。叶獎里反召公是似。叶養里反肇敏戎公。用錫爾祉。賦也。旬•徧。宣•布也。自江漢之滸言之。故曰來。召公。召康公奭也。翰•榦也。予小子。王自稱也。肇•開。戎•女。公•功也。○又言王命召虎來此江漢之滸。徧治其事。以布王命。而曰昔文武受命。惟召公為楨榦。今女無曰以予小子之故也。但自為嗣女召

稽首 上

公之事耳。能開敏女功。則我當〇釐音離爾圭
瓚才旱反。秬音巨鬯音暢一卣音酉。告于文人。錫山土
田叶他因反。于周受命。叶彌并反。自召祖命。虎拜稽首
天子萬年叶彌因反〇賦也。釐賜。卣尊也。文人先祖之有文德者。謂文王也。周
岐周也。召祖。穆公之祖康公也。〇此序王賜召公策命之辭。言錫爾圭瓚秬鬯者。使之以
祀其先祖。又告于文人。而錫之山川土田。以廣其封邑。蓋古者爵人必於祖廟。示不敢專
也。又使往受命於岐周。從其祖康公受命於
文王之所。以寵異之。而召公拜稽首。以受王
命之策書也。人臣受恩。無可以〇虎拜稽首
報謝者。但言使君壽考而已
對揚王休。叶虛久反。作召公考。叶去久反。天子萬壽。叶殖

常武 召穆公美宣王也

郝音开龔音共敦音封

西反 明明天子。叶奬里反 令聞不已。矢其文德。洽此四國。叶越逼反○賦也。對，答。揚，稱。休，美。考，成。矢，陳也。○言穆公既受賜，遂答稱天子之美命，作康公之廟器，而勤王策命之辭，以考其成。且祝天子以萬壽也。古器物銘云：郝以拜稽首，敢對揚天子休命，用作朕皇考龔伯尊敦。郝其眉壽萬年無疆。語正相類。但彼自祝其壽，而此祝君壽耳。既又美其君之令聞，而進之以不已，勸其君以文德，而不欲其極意於武功。古人愛君之心，於此可見矣。

江漢六章，章八句

赫赫明明。王命卿士。叶音所 南仲大音泰祖。大師皇父。音甫 整我六師。以修我戎。叶音汝 既敬既戒

從去聲

叶訖力反惠此南國叶越逼反○賦也卿士即皇父之官也南仲見出車篇大祖始祖也大師皇父之兼官也我為宣王之自我也戎兵器也○宣王自將以伐淮北之夷而命卿士之謂南仲為大祖兼大師而字皇父者整治其從行之六軍修其戎事以除淮夷之亂而惠此南方之國詩人作此以美之必言南仲大祖者稱其世功以美大之也

○王謂尹氏命程伯休父左右陳行音杭戒我師旅率彼淮浦省此徐土不留不處三事就緒音序○賦也尹氏吉甫也蓋為內史掌策命卿大夫也程伯休父周大夫三事未詳或曰三農之事也○言王詔尹氏策命程伯休父為司馬使之左右陳其行列循淮浦而省徐州之土蓋伐淮北徐州之夷也上章既命皇父而此章又命程伯休父者蓋王親命

將音匠　哮音梟

大師以三公治其軍事。而使內史命司馬以六卿副之耳。○赫赫業業叶宜却反有嚴天子。王舒保作。匪紹匪遊。徐方繹騷叶蘇侯反震驚徐方。如雷如霆。徐方震驚。賦也。赫赫。顯也。業業。大也。嚴。威也。天子自將其威可畏也。王舒保作。朱詳其義。或曰。舒。徐。保。安。作。行也。言王師舒徐而安行也。紹。糾緊也。遊。遨遊也。繹。連絡也。騷。擾動也。○夷厲以來。周室衰弱。至是而天子自將以征不庭。其師始出。不疾不徐。而徐方之人皆已震動。如雷霆作於其上。不遑安矣。○王奮厥武。如震如怒。叶暖五反進厥虎臣。闞音喊如虓音哮虎。鋪平聲敦淮濆。音焚仍執醜虜。截彼淮浦。王師之所。賦也。進鼓而進之也。闞。奮怒之貌。虓。虎之自怒也。鋪。

陳去聲

布也。布其師旅也。敦厚也。厚集其陳也。仍就也。老子曰攘臂而仍之。截截然不可犯之貌。○王旅嘽嘽音灘如飛如翰。如江如漢。如山之苞叶鋪鈎反如川之流。緜緜翼翼。不測不克。濯征徐國叶越逼反。○賦也。嘽嘽衆盛貌。翰羽。苞本也。如飛如翰疾也。如江如漢衆也。如山不可動也。如川不可禦也。緜緜不可絕也。翼翼不可亂也。不測不可知也。不克不可勝也。濯大也。○王猶允塞。徐方既來叶六直反徐方既同。天子之功。四方既平。徐方來庭。徐方不回。王曰還歸叶古回反。○賦也。猶道。允信。塞實。庭朝。回違也。還還歸。班師而歸也。○前篇召公帥師以出。歸告成功。故備載其褒賞之辭。此篇王實親行。故於卒章反復其辭以歸

瞻卬
凡伯刺幽王大壞也
塡古塵字孔塡不寧即傳所謂甚覽塵土也哀我塡寡塡謂如

京本塡舊說古塵字

功於天子言王道甚大而遠方懷之非獨兵威然也序所謂因以爲戒者是也

常武六章章八句

瞻卬(音仰)昊天則不我惠孔塡不寧降此大厲邦靡有定士民其瘵(音債叶側例反)蟊(音牟)賊蟊疾靡有夷屆(音戒叶居氣反)罪罟不收靡有夷瘳(音抽)○賦也塡久厲亂瘵病也蟊賊害苗之蟲也疾害夷平屆極罟網也○此刺幽王嬖褒姒任奄人以致亂之詩首言昊天不惠而降亂無所歸咎之辭也蘇氏曰國有所定則民受其福無所定則受其病於是有小人爲之蟊賊刑罪爲之網罟凡此皆民之所以病也○人有土田女(音汝)反有(酉由二音)之人有民人女覆奪

壓之未寡猶少也
倉兄塡兮乃倉
怳塡兮塡兮令
作壓氣兮亦孔塡
不寧意也又土
星古名塡星亦
其証

知音
智

大雅

之此宜無罪女反收（殖酉殖由二反）之彼宜有罪女覆說（音脫）之（賦也反覆收拘說赦也）○哲夫成城哲婦傾城懿厥哲婦爲梟爲鴟婦有長舌維厲之階（叶居奚反）亂匪降自天（叶鐵因反）生自婦人匪教匪誨（叶呼位反）時維婦寺（賦也哲知也城猶國也哲婦蓋指褒姒也傾覆懿美也梟鴟惡聲之鳥也長舌能多言者也階梯也寺奄人也○言男子正位乎外爲國家之主故有知則能立國婦人以無非無儀爲善無所事哲哲則適以覆國而已故此懿美之哲婦而反爲梟鴟蓋以其多言而能爲禍亂之梯也若是則亂豈眞自天降如首章之說哉特由此婦人而已蓋其言雖多而非有教誨之益者是惟婦人與奄人耳豈可近哉上文但

鞫訟也忮冀本字忒差誤也言凡訟人者每忮望人有差誤譖始得竟背之也曰不太忌並從圖卻人伊胡爲惡女於賈者之有三倍之利其家取不義女主其職之國和無圖之此君子之所竟識其差婦人無公

言婦人之禍未句兼以奄人爲言蓋二者常相倚而爲奸不可不幷以爲戒也歐陽公嘗言宦者之禍甚於女寵其言尤爲深切有國家者可不戒哉○鞫人忮音志忒譖音僭始竟背音佩叶必墨反豈曰不極伊胡爲慝如賈音古三倍君子是識婦無公事休其蠶織

賦也鞫窮忮害忒變也譖不信也竟終背反極已慝惡也賈居貨者也三倍獲利之多也公事朝廷之事蠶織婦人之業○言婦寺能以其智辯窮人之言其心忮害而變詐無常旣以譖妄倡始於前而終或不驗於後則亦不復自謂其言之放恣無所極已而反曰是何足爲慝乎夫商賈之利非君子之所宜識如朝廷之事非婦人之所宜與也今賈三倍而君子識其所以然婦人無朝廷之事而舍其蠶織以圖之則豈不爲慝哉○天

介狄猶大敵也狄敵古通用斁狄鐘即斁敵也

扶去音

大雅

何以刺叶音砌何神不富叶方味反舍音捨爾介狄維予胥忌不弔不祥威儀不類人之云亡邦國殄瘁

賦也刺責介大胥相弔閔也○言天何用責王神何用不富王哉凡以王信用婦人之故也是必將有夷狄之大患今王舍之不忌而反以我之正言不諱爲忌何哉夫天之降不祥庶幾王懼而自修今王遇災而不恤又不謹其威儀又無善人以輔之則國之殄瘁宜矣或曰介狄即指婦寺猶所謂女戎者也

○天之降罔維其優矣人之云亡心之憂矣天之降罔維其幾矣人之云亡心之悲矣

賦也罔罟優多幾近也蓋承上章之意而重言之以警王也

○觱音必沸音弗檻胡覽反泉維其深矣

召旻
凡伯刺幽王大
壞也

藐眞角反　鞏九勇反　犪補罔反

心之憂矣寧自今矣不自我先不自我後叶下五反藐藐昊天無不克鞏叶古音無忝皇祖式救爾後

興也觱沸泉涌貌檻泉泉正出者藐藐高遠貌鞏固也○言泉水瀵涌上出其源深矣我心之憂亦非適今日然也然而禍亂之極適當此時蓋已無可爲者惟天高遠雖若無意於物然其功用神明不測雖危亂之極亦無不能鞏固之者幽王苟能改過自新而不忝其祖則天意可回來者猶必可救而子孫亦蒙其福矣

瞻卬七章三章章十句四章章八句

旻天疾威天篤降喪去聲叶桑郎反瘨音顛我饑饉民卒流亡我居圉音語卒荒

賦也篤厚瘨病卒盡也居國中也圉邊陲

此章無韻茂上二字当有〻誤

瑕去聲

玷京本丁顛反

京本上潰字云集注作遂

大雅

也○此刺幽王任用小人○天降罪罟蟊賊以致饑饉侵削之詩也

內訌音紅昏椓音卓靡共音恭潰潰回遹實靖夷我邦叶卜工反○賦也訌潰也昏椓昏亂椓喪之人也共與恭同一說與供同謂供其職也潰潰亂也回遹邪僻也靖治夷平也○言此蟊賊昏椓者皆潰亂邪僻之人而王乃使之治平我邦所以致亂也○皐皐訿訿音紫曾不知其玷音店

兢兢業業孔填不寧我位孔貶賦也皐皐頑慢之意訿訿務爲謗毀也玷缺也填久也○言小人在位所爲如此而王不知其缺至於戒敬恐懼甚久而不寧者其位乃更見貶黜其顛倒錯亂之甚如此○如彼歲旱草

不潰茂如彼棲音西苴七如反我相去聲此邦無不

此詩無韻与下章
對照之則末二句
互相顛倒也
又引弘二字當
爲〻字形近而
訛也
全詩〻中惟此詩
差誤最多不知
何故

櫚闌蕩反

潰止賦也潰遂也棲苴水中浮草棲於木上者言枯槁無潤澤也相視潰亂也○
維昔之富不如時維今之疚不如茲彼疏斯
粺音敗胡不自替職兄音況斯引賦也時是疚病也疏糲也粺則
精矣替廢也兄況同引長也○言昔之富未
嘗若是之疚也而今之疚又未有若此之甚
也彼小人之與君子如疏與粺其分審矣而
曷不自替以避君子乎而使我心專爲此故
至於愴怳引長而不能自已也○池之竭矣不云自頻泉之
竭矣不云自中叶諸仍反溥斯害矣職兄斯弘不
烖我躬叶姑弘反○賦也頻厓溥廣弘大也池水之鍾也泉水之發也故池之
竭由外之不入泉之竭由內之不出言禍亂有所從起而今不云然也此其爲害亦已廣

虞芮質成在何
時代召公在何時
代全不了解、味
乱說直是笑話

萁坊本作异

矣是使我心專爲此故至於愴怳日益弘大而憂之日是豈不烖及我躬也乎○昔先王受命有如召公日辟音闢國百里今也日蹙音蹴國百里於音烏乎音呼哀哉維今之人不尚有舊叶巨己反○賦也先王文武也召公康公也闢開蹙促也○文王之世周公治內召公治外故周人之詩謂之周南諸侯之詩謂之召南所謂日辟國百里云者言文王之化自北而南至於江漢之間服從之國日以益衆及虞芮質成而其旁諸侯聞之相帥歸周者四十餘國焉今謂幽王之時蹙國蓋犬戎內侵諸侯外畔也又歎息哀痛而言今世雖亂豈不猶有舊德可用之人哉言有之而不用耳

召旻七章四章章五句三章章七句

其四

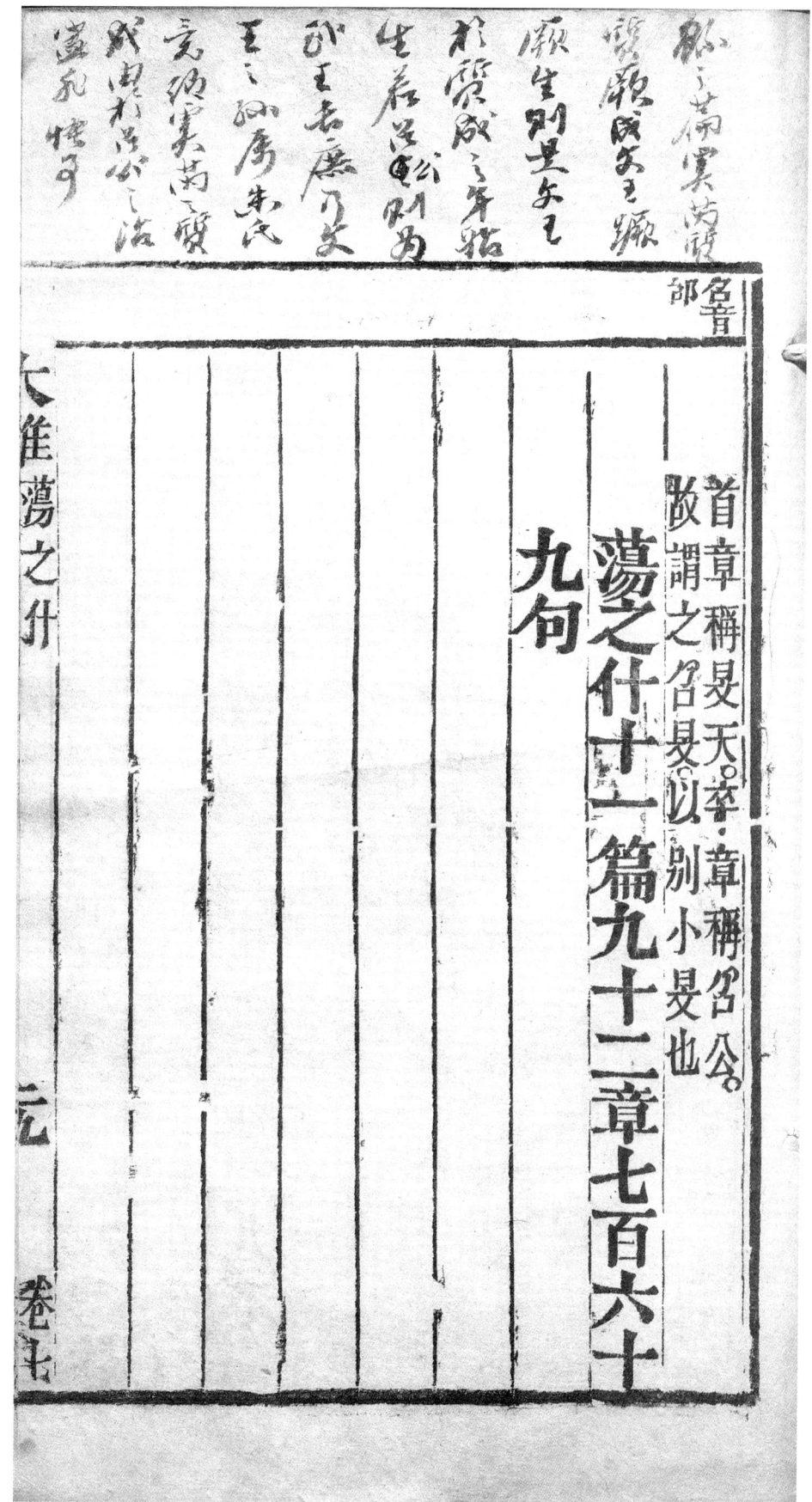

音名部

蕩之什十一篇九十二章七百六十九句

首章稱旻天。卒章稱召公。故謂之召旻。以別小旻也

清廟
祀文王也

周頌多不叶韻未詳其說

詩卷之八　朱熹集傳

頌四　頌者，宗廟之樂歌。大序所謂美盛德之形容。以其成功。告於神明者也。蓋頌與容。古字通用故序以此言之。周頌三十一篇。多周公所定。而亦或有康王以後之詩。魯頌四篇。商頌五篇。因亦以類附焉。凡五卷

周頌清廟之什四之一

於音烏穆清廟。肅雝顯相。去聲濟濟上聲多士。秉文之德。對越在天。駿奔走在廟。不顯不承。無射音亦於人斯　賦也。於。歎辭。穆。深遠也。清。清靜也肅。敬。雝。和。顯。明。相。助也。謂助祭之公卿諸侯也。濟濟。衆也。多士。與祭執事之人也。越。於也。駿。大而疾也。承。尊奉也。斯。語辭。○

傳去聲

此周公既成洛邑而朝諸侯因率之以祀文王之樂歌言於穆哉此清靜之廟其助祭之公侯皆敬且和而其執事之人又無不執行文王之德既對越其在天之神而又駿奔走其在廟之主如此則是文王之德豈不顯乎豈不承乎信乎其無有厭斁於人也

清廟一章八句

書稱王在新邑烝祭歲文王騂牛一武王騂牛一實周公攝政之七年而此其升歌之辭也書大傳曰周公升歌清廟苟在廟中嘗見文王者愀然如復見文王焉樂記曰清廟之瑟朱弦而疏越壹倡而三歎有遺音者矣鄭氏曰朱弦練朱弦練則聲濁越瑟底孔也疏之使聲遲也倡發歌句也三歎三人從歎之耳漢因秦樂乾豆上奏登歌獨上歌不以筦絃亂人聲欲在位者徧聞之猶古清廟之歌也

維天之命，大平告文王也。

春秋傳假作何，溢作恤。

維天之命，於（音烏）穆不已。於（音同上）乎（音呼）不顯，文王之德之純。

賦也。天命，即天道也。不已，言無窮也。純，不雜也。○此亦祭文王之詩。言天道無窮，而文王之德純一不雜，與天無閒，以贊文王之德之盛也。子思子曰：維天之命，於穆不已，蓋曰天之所以爲天也。於乎不顯，文王之德之純，蓋曰文王之所以爲文也，純亦不已。程子曰：天道不已，文王純於天道亦不已。純則無二無雜，不已則無閒斷先後。

假以溢我，我其收之。駿惠我文王，曾孫篤之。

何之爲假，聲之轉也。恤之爲溢，字之訛也。收，受。駿，大。惠，順也。曾孫，後王也。篤，厚也。○言文王之神，將何以恤我乎。有則我當受之，以大順文王之道。後王又當篤厚之而不忘也。

維天之命一章八句

維清
奏象舞也
禋燔柴也有成事畢告利成也凡祀始于燔柴終于利成

烈文
成王即位諸侯助祭也

祉音止

維清緝熙。文王之典。肇禋（音因）迄（音肸）用有成。維周之禎（賦也。清，清明也。緝，續。熙，明。肇，始。禋，祀。迄，至也。○此亦祭文王之詩。言所當清明而緝熙者。文王之典也。故自始祀至今有成。實維周之禎祥也。然此詩疑有闕文焉）

維清一章五句

烈文辟（音璧）公。錫茲祉福。惠我無疆。子孫保之（賦也。烈，光也。辟公，諸侯也。○此祭於宗廟而獻助祭諸侯之樂歌。言諸侯助祭。使我獲福則是諸侯錫此祉福。而惠我以無疆。使我子孫保之也）無封靡于爾邦。維王其崇之。念茲戎功。繼序其皇之（封靡之義未詳。或曰。封，專利以自封殖也。靡，汰侈也。崇，尊尚也。戎，大。皇，大也。○言汝能無封靡于汝邦。則

天作
祀先王先公也

樂音洛

王當尊汝。又念汝有此助祭錫福之大功。則使汝之子孫繼序而益大之也

無競維人。四方其訓之。不顯維德。百辟其刑之。於音烏乎音呼前王不忘。又言莫強於人。莫顯於德。先王之德所以人不能忘者。用此道也。此戒飭而勸勉之也。中庸引不顯惟德。百辟其刑之。而曰故君子篤恭而天下平。大學引於乎前王不忘。而曰。君子賢其賢而親其親。小人樂其樂而利其利。此以沒世不忘也

烈文一章十三句此篇以公疆兩韻相叶。未審當從何讀。意亦可互用也

天作高山。大音泰王荒之。彼作矣。文王康之。彼

昊天有成命
郊祀天地也

後漢書西南夷傳作彼岨者岐祖字從山

徂矣岐。有夷之行。叶戶郎反子孫保之賦也高山謂岐山也荒。治。康。安也。岨。險僻之意也。夷。平。行。路也。○此祭大王之詩。言天作岐山。而大王始治之大王既作而文王又安之。於是彼險僻之岐山。人歸者衆。而有平易之道路。子孫當世世保守而不失也

天作一章七句

昊天有成命。二后受之。成王不敢康。夙夜基命宥密。於音烏緝熙。單厥心。肆其靖之賦也。二后。文武也。成王。名誦。武王之子也。基。積累於下。以承藉乎上者也。宥。宏深也。密。靜密也。於。歎辭。靖安也。○此詩多道成王之德。疑祀成王之詩也。言天祚周以天下。既有定命。而文武受之

我將
祀文王於明
堂也

饗坊本作享

矣。成王繼之又能不敢康寧。而其夙夜積德以承藉天命者。又宏深而靜密。是能繼續光明文武之業而盡其心。故今能安靜天下而保其所受之命也。國語。叔向引此詩而言曰是道成王之德也。成王能明文昭。定武烈者也。以此證之。則其爲祀成王之詩無疑矣

昊天有成命一章七句 此康王以後之詩

我將我享。維羊維牛。維天其右之 叶音由 賦也 將奉享獻。右尊也。神座東向。在饌之右。所以尊之也。○此宗祀文王於明堂以配上帝之樂歌言奉其牛羊以享上帝。而曰天庶其降而在此牛羊之右乎。蓋不敢必也

儀式刑文王之典。日靖四方。伊嘏 音假 文王。既右饗 叶虛良反 之 儀式刑皆法也。嘏錫福也。○言我儀式刑文王之典以靖天下。則此能錫福之

圜音圓

文王既降而在此之右以饗我祭若有以見其必然矣**我其夙夜畏天之威于時保之**又言天與文王既皆右享我矣則我其敢不夙夜畏天之威以保天與文王所以降鑒之意乎

我將一章十句程子曰萬物本乎天人本乎祖故冬至祭天而以祖配之以冬至氣之始也萬物成形於帝而人成形於父故季秋享帝而以父配之以季秋成物之時也陳氏曰古者祭天於圜丘掃地而行事器用陶匏牲用犢其禮極簡聖人之意以爲未足以盡其意之委曲故於季秋之月有大享之禮焉天即帝也郊而曰天所以尊之也故以后稷配焉后稷遠矣配稷於郊亦以尊稷也明堂而曰帝所以親之也以文王配焉文王親也配文王於明

時邁
巡守告祭柴望也

堂。亦以親文王也。尊尊而親親。周道備矣。然則郊者古禮。而明堂者周制也。周公以義起之也。東萊呂氏曰。於天。維庶其饗之。不敢加一辭焉。於文王則言儀式其典。日靖四方。天不待贊法文王。所以法天也。卒章惟言畏天之威。而不及文王者。統於尊也。畏天。所以畏文王也。天與文王。一也

守音狩

時邁其邦。昊天其子之。賦也。邁行也。邦諸侯之國也。周制十有二年。王巡守殷國。柴望祭告。諸侯畢朝。○此巡守而朝會祭告之樂歌也。言我之以時巡行諸侯也。天其子我乎哉。蓋不敢必也。**實右序有周。薄言震之。莫不震疊。懷柔百神。及河喬嶽。允王維后。**右。尊。序。次。震。動。疊。懼。懷。來。柔。安。允。信也。○既而曰。天實右序有周矣。是以使我薄言震之。而四方諸

國語周禮皆奏
[illegible]

陸音直

侯莫不震懼。又能懷柔百神。以至於河之深廣嶽之崇高。而莫不感格則是信乎周王之爲天下君矣

明昭有周式序在位載戢干戈載櫜音高弓矢我求懿德肆于時夏允王保之戢聚。櫜韜

肆陳也。夏中國也〇又言明昭乎我周也既以慶讓黜陟之典式序在位之諸侯。又收斂其干戈弓矢而益求懿美之德。以布陳于中國。則信乎王之能保天命也。或曰此詩卽所謂肆夏。以其有肆于時夏之語而命之也

時邁一章十五句春秋傳曰。昔武王克商作頌曰載戢干戈而外傳又以爲周文王之頌。則此詩乃武王之世。周公所作也。外傳又曰金奏肆夏樊遏渠。天子以饗元侯也。韋昭注云肆夏一名樊。韶夏一名遏。納夏一名

執競
祀武王也
執乃孰之訛

斤紀印反

渠。即周禮九夏之三也。呂叔玉云肆夏時邁也。樊遏執競也。渠思文也。

執競武王。無競維烈。不顯成康。上帝是皇。賦也

此祭武王成王康王之詩。競強也。言武王持其自強不息之心。故其功烈之盛。天下莫得而競。豈不顯哉成王康王之德。亦上帝之所君也。

自彼成康。奄有四方。斤斤其明。去聲叶謨郎反。○斤斤明之察也。言成康之德。明著如此也。

鐘鼓喤喤。音橫 磬筦將將。音管 音搶 降福穰穰。音攘 ○喤喤和也。將將集也。穰穰多也。言今作樂以祭而受福也。

降福簡簡。威儀反反。既醉既飽。福祿來反。簡簡大也。反反謹重也。反覆也。言受福之多。而愈益謹重。是以既醉既飽。而福祿之來反覆而不厭也。

思文后稷配天也

見音現 遺去聲 坊本無詩即二字

執競一章十四句 此昭王以後之詩。國語說見前篇

思文后稷。克配彼天。立我烝民。莫匪爾極。貽我來牟。帝命率育。叶日逼反 無此疆爾界。叶訖力反 陳常于時夏。

賦也。思，語辭。文，言猶文德也。立，粒通。極，至也。德之至也。貽，遺也。來，小麥。牟，大麥也。率，徧。育，養也。○言后稷之德眞可配天。蓋使我烝民得以粒食者，莫非其德之至也。且其貽我民以來牟之種，乃上帝之命以此徧養下民者。是以無有遠近彼此之殊，而得以陳其君臣父子之常道於中國也。或曰：此詩卽所謂納夏者，亦以其有時夏之語而命之也。

思文一章八句 國語說見時邁篇

臣工
諸侯助祭遣
於廟也

文曾皮

清廟之什十篇十二章九十五句

周頌臣工之什四之二

嗟嗟臣工。敬爾在公。王釐音離爾成。來咨來茹音孺○賦也。嗟嗟重歎以深敕之也。臣工羣臣百官也。公公家也。釐賜也。成成法也。茹度也○此戒農官之詩。先言王有成法以賜女。女當來咨度也。嗟嗟保介。維莫音慕之春。亦又何求。如何新畬音余。於音烏皇來牟。將受厥明。明昭上帝。迄用康年。命我衆人。庤音峙乃錢音翦鎛音博。奄觀銍音質艾音刈○保介見月令呂覽。其說不同。然皆爲籍田而言。蓋農官之副也。莫春。斗柄建辰。夏正之三月也。畬。三歲田也。

噫嘻
春夏祈穀
於上帝也

銚七遥反

於皇歎美之辭。來牟麥也。明上帝之明賜也
言麥將熟也。迄至也。康年猶豐年也。衆人甸
徒也。庤具。錢銚。鎛鉏。皆田器也。銍穫禾短鎌
也。艾穫也。○此乃言所戒之事。言三月則當
治其新畬矣。今如何哉。然麥已將熟。則可以
受上帝之明賜。而此明昭之上帝。又將賜我
新畬以豐年也。於是命甸徒具農器
以治其新畬。而又將忽見其收成也

臣工一章十五句

旁坊本作方
奇居之反

噫嘻成王。既昭假音格爾。率時農夫。播厥百穀
駿發爾私。終三十里。亦服爾耕。十千維耦叶音
賦也。噫嘻亦歎辭也。昭明。假格也。爾田
官也。時是。駿大。發耕也。私私田也。三十里萬
夫之地。四旁有川。內方三十三里有奇。言三
十里。舉成數也。耦二人並耕也。○此連上篇

振鷺
二王之後來
助祭也

爾去聲

亦戒農官之辭昭假爾猶言格汝衆庶。蓋成王始置田官。而嘗戒命之也。爾當率是農夫播其百穀。使之大發其私田。皆服其耕事。萬人爲耦而竝耕也。蓋耕本以二人爲耦。今合一川之衆爲言故云萬人畢出。并力齊心。如合一耦也。此必鄉遂之官。司稼之屬其職以萬夫爲界者溝洫用貢法。無公田。故皆謂之私蘇氏曰。民曰爾我公田。遂及我私而君曰駿發爾私。終三十里。其上下之間。交相忠愛如此

噫嘻一章八句

振鷺于飛。于彼西雝。我客戾止。亦有斯容。賦也

振。羣飛貌。鷺。白鳥。雝。澤也。客。謂二王之後。夏之後杞。商之後宋於周爲客。天子有事膰焉有喪拜焉者也。○此二王之後。來助祭之詩言鷺飛于西雝之水。而我客來助祭者。其容

豐年
秋冬報也

惡音務

貌修整。亦如鷺之潔白也。或曰興也。在彼無惡。在此無斁。叶丁故反

庶幾夙夜。叶羊茹反以永終譽。彼，其國也。在國無惡之者。在此無厭之者。如是則庶幾其能夙夜以永終此譽矣。

陳氏曰。在彼不以我革其命而有惡於我。知大命無常。惟德是與。其心服也。在我不以彼墜其命而有厭於彼。崇德象賢。統承先王。忠厚之至也

振鷺一章八句

豐年多黍多稌。音杜亦有高廩。力錦反萬億及秭。咨履反為酒為醴。烝畀祖妣。以洽百禮。降福孔皆。叶舉里反○賦也。稌，稻也。黍宜高燥而寒。稌宜下濕而暑。黍稌皆熟。則百穀無不熟。

有瞽
始作樂而合
乎祖也

矣。亦，助語辭。數萬至萬曰億，數億至億曰秭。烝，進。畀，予。洽，備。皆，徧也。○此秋冬報賽田事之樂歌，蓋祀田祖先農方社之屬也。言其收入之多，至於可以供祭祀，備百禮而神降之福將甚徧也。

豐年一章七句

有瞽有瞽，在周之庭。賦也。瞽，樂官無目者也。○序以此為始作樂而合乎祖之詩。兩句總序其事也。設業設虡，音巨。崇牙樹羽。應田縣鼓，鞉音桃。磬柷尺叔反。圉。音語。既備乃奏，叶音祖。簫管備舉。以上叶瞽字。○業、虡、崇牙，見靈臺篇。樹羽，置五采之羽於崇牙之上也。應，小鞞。田，大鼓也。鄭氏曰：田，當作朄。朄，小鼓也。縣鼓，周制也。夏后氏足鼓，殷楹鼓，周縣鼓。鞉，如

潛
季冬薦魚春
獻鮪也

挏杜孔反　令平聲　櫟音歷　篴音笛同　闋古穴反

鼓而小。有柄兩耳。持其柄搖之。則旁耳還自擊。磬石磬也。柷狀如漆桶。以木爲之。中有椎連底挏之。令左右擊以起樂者也。圉亦作敔。狀如伏虎。背上有二十七鉏鋙刻。以木長尺櫟之。以止樂者也。簫編小竹管爲之。管如篴。併兩而吹之者也。

喤喤（音橫）厥聲。肅雝和鳴。先祖是聽。我客戾止。永觀厥成。（以上叶庭字）

○我客。二王後也。觀。視也。成。樂闋也。如簫韶九成之成。獨言二王後者。猶言虞賓在位。我有嘉客。蓋尤以是爲盛耳。

有瞽一章十三句

猗（於宜反）與（音余）漆沮。（七余反）潛有多魚。有鱣（張連反）有鮪（叶于軌反）鰷（音條）鱨（音常）鰋（音偃）鯉。以享以祀。（叶逸織反）

雝

禘大祖也

槮音滲

鮪音委

以介景福叶筆力反○賦也。猗與。歎辭。潛。槮也。蓋積柴養魚。使得隱藏避寒。因以薄圍取之也。或曰。藏之深也。鰷。白鰷也。月令。季冬命漁師始漁。天子親往。乃嘗魚先薦寢廟。季春薦鮪于寢廟。此其樂歌也

潛一章六句

有來雝雝與公叶篇內同至止肅肅。相息亮反維辟音璧公天子穆穆賦也。雝雝。和也。肅肅。敬也。相。助祭也。辟公。諸侯也。穆穆。天子之容也○此武王祭文王之詩。言諸侯之來。皆和且敬。以助我之祭事。而天子有穆穆之容也

於音烏薦廣牡。相同上予肆祀。叶養里反假古雅反哉皇考。叶音口綏予孝子叶獎里反○於。歎辭。廣牡。大牲也。肆。陳。假。大也

知音智

皇考。文王也。綏。安也。孝子。武王自稱也。○言此和敬之諸侯。薦大牡以助我之祭事。而大哉之文王。庶其享之。以安我孝子之心也。宣哲維人。文武維后。燕及皇天。叶鐵因反克昌厥後。宣。通。哲。知。燕。安也。○此美文王之德。宣哲則盡人之道。文武則備君之德。故能安人以及於天。而克昌其後嗣也。蘇氏曰。周人以諱事神。文王名昌。而此詩曰克昌厥後。何也。曰周之所謂諱。不以其名號之耳。不遂廢其文也。諱其名而廢其文者。周禮之末失也綏我眉壽。叶殖酉反介以繁祉。既右音又烈考。叶[illegible]音已亦右文母叶滿彼反。○右。尊也。周禮所謂享右祭祀是也。烈考猶皇考也。文母。大姒也。○言文王昌厥後。而安之以眉壽。助之以多福。使我得以右於烈考文母也

載見諸侯始見乎武王廟也

朝音潮

雝一章十六句周禮樂師及徹帥學士而歌徹說者以爲即此詩論語亦曰以雍徹然則此蓋徹祭所歌而亦名爲徹也

載見音現辟音璧王曰求厥章龍旂陽陽和鈴央央音秧鞗音條革有鶬音槍休有烈光賦也載則也發語辭也章法度也交龍曰旂陽明也軾前曰和旂上曰鈴央央有鶬皆聲和也休美也○此諸侯助祭於武王廟之詩先言其來朝稟受法度其車服之盛如此

率見昭考以孝以享叶虛良反○昭考武王也廟制太祖居中左昭右穆周廟文王當穆武王當昭故書稱穆考文王而此詩及訪落皆謂武王爲昭考此乃言王率諸侯以祭武王廟也

以介眉壽永言保之思皇多祜音戶烈文辟

有客
微子來見
祖廟也

見音現

公綏以多福俾緝熙于純嘏叶音古○思語辭皇大也美也○又言孝享以介眉壽而受多福是皆諸侯助祭有以致之使我得繼而明之以至於純嘏也蓋歸德於諸侯之辭猶烈文之意也

載見一章十四句

有客有客亦白其馬叶滿補反有萋有且上聲敦音堆琢其旅賦也客微子也周既滅商封微子於宋以祀其先王而以客禮待之不敢臣也亦語辭也殷尚白修其禮物仍殷之舊也萋且未詳傳曰敬慎貌敦琢選擇也旅其卿大夫從行者也○此微子來見祖廟之詩而此一節言其始至也

有客宿宿有客信信言授之縶音執以縶其馬○一宿曰宿再宿曰信

夷尸久古本一字音皆如己此夷字則久字也

武

奏大武也

遏音惡

縶其馬愛之不欲其去也此一節言其將去也**薄言追之左右綏之**

既有淫威降福孔夷追之。已去而復還之。愛之無已也。左右綏之。言所以安而留之者。無方也。淫威。未詳。舊說淫大也。統承先王。用天子禮樂。所謂淫威也。夷易也。大也。此一節言其留之也

有客一章十二句

於音烏**皇武王無競維烈允文文王克開厥後嗣武受之勝殷遏劉耆**音指**定爾功**賦也。於。歎辭。皇。大。遏止。劉。殺。耆。致也。○周公象武王之功為大武之樂。言武王無競之功。實文王開之。而武王嗣而受之。勝殷止殺。以致定其功也

閔予小子嗣王朝於廟也

朝音潮

武一章七句春秋傳以此爲大武之首章也大武周公象武王武功之舞歌此詩以奏之禮曰朱干玉戚冕而舞大武然傳以此詩爲武王所作則篇內已有武王之謚而其說誤矣

臣工之什十篇十章一百六句

周頌閔予小子之什四之三

閔予小子遭家不造叶徂候反嬛嬛音煢在疚音救於音烏乎音呼皇考叶祛候反永世克孝叶呼候反○賦也成王免喪始朝於先王之廟而作此詩也閔病也予小子成王自稱也造成也嬛與煢同無所依怙之意疚哀病也匡衡曰煢煢在疚言成王喪畢思慕意氣未能平也蓋所以就文武之業崇

朝音潮

大化之本也皇考武王也。歎武王之終身能孝也**念茲皇祖陟降庭**叶去聲**止維予小子夙夜敬止**皇祖文王也承上文言武王之孝思念文王常若見其陟降於庭猶所謂見堯於牆見堯於羹也楚辭云三公揖讓登降堂只與此文勢正相似而匡衡引此句顏注亦云若神明臨其朝廷是也**於乎皇王繼序思不忘**皇王兼指文武也承上文言我之所以夙夜敬止者思繼此序而不忘耳

閔予小子一章十一句此成王除喪朝廟所作疑後也遂以為嗣王朝廟之樂後三篇放此

訪予落止率時昭考於乎悠哉朕未有艾將

訪落
嗣王謀於廟
也
敬之
羣臣進戒嗣

強上聲

予就之繼猶判渙維予小子未堪家多難去聲紹庭上下陟降厥家休矣皇考以保明其身

賦也訪問落始悠遠也艾如夜未艾之艾判分渙散保安明顯也○成王旣朝於廟因作此詩以道延訪羣臣之意言我將謀之於始以循我昭考武王之道然而其道遠矣予不能及也將使予勉強以就之而所以繼之者猶恐其判渙而不合也則亦繼其上下於庭陟降於家庶幾賴皇考之休有以保明吾身而已矣

訪落一章十二句說同上篇

敬之敬之天維顯思叶新夷反命不易去聲哉叶獎里反無曰高高在上陟降厥士日監在茲叶津之反○賦

王也

小毖

荷合可反

也顯明也思語辭也上事也○成王受羣臣之戒而述其言曰敬之哉敬之哉天道甚明其命不易保也無謂其高而不吾察當知其聰明明畏常若陟降於吾之所為而無日不臨監於此者不可以不敬也

維予小子叶奬里反不聰敬止曰就月將學有緝熙于光明叶謨郎反佛音弼時仔音玆肩示我顯德行去聲叶戶郎反○將進也佛弼通仔肩任也○此乃自為答之之言曰我不聰而未能敬也然願學焉庶幾日有所就月有所進續而明之以至于光明又賴羣臣輔助我所負荷之任而示我以顯明之德行則庶乎其可及爾

敬之一章十二句

予其懲而毖後患莫予荓音俜蜂自求辛螫音釋

嗣王求助也
經明云桃蟲注偏
指以為鳥且更切
指之以為鳥中之
鷦鷯文字容如
此解釋然則余
以桃蟲為走歟
亦何不可耶
載芟

鷦音焦鷯音遼

肇允彼桃蟲拚音翻飛維鳥未堪家多難去聲予又集于蓼音了○賦也。懲有所傷而知戒也。毖慎、荓使也。蜂小物而有毒。肇始。允信也。桃蟲鷦鷯、小鳥也。拚飛貌。鳥大鳥也。鷦鷯之雛化而為鵰。故古語曰鷦鷯生鵰。言始小而終大也。蓼辛苦之物也。○此亦訪落之意。成王自言予何所懲而謹後患乎。荓蜂而得辛螫。信桃蟲而不知其能為大鳥。此其所當懲者。蓋指管蔡之事也。然我方幼沖。未堪多難。而又集于辛苦之地。羣臣奈何捨我而弗助哉。

小毖一章八句蘇氏曰。小毖者謹之於小也。謹之於小則大患無由至矣。

載芟載柞音窄叶疾各反其耕澤澤音釋叶徒洛反○賦也。除草曰

春籍田而祈
社稷也
嗿乃古饋字从
口从貴〻亦声古
會意字多如是
也舊解以為飲
食声已可笑乃
更申明之曰衆飲
食声然則不衆

芟音 鏺 去上声 長上声 予音與 左右並去声 閒音閑 方去声

芟除木曰柞秋官柞氏掌攻草木是也澤澤解散也千耦其耘徂隰徂畛音眞○耘去苗閒草也隰爲田之處也畛田畔也侯主侯伯侯亞侯旅侯彊侯以有嗿他感反其饁音曄思媚其婦有依其士有略其耜叶養里反俶載南畝叶滿委反○主家長也伯長子也亞仲叔也旅衆子弟也彊民之有餘力而來助者遂人所謂以彊予任甿者也能左右之曰以太宰所謂閒民轉移執事者若今時傭力之人隨主人所左右者也嗿衆飲食聲也媚順依愛士夫也言餉婦與耕夫相慰勞也略利俶始載事也播厥百穀實函斯活叶呼酷反○函含活生也既播之其實含氣而生也驛驛其達叶佗悅反有厭其傑驛驛苗生貌達出土也厭受氣足也

之飲食声又當作何字耶芟从艸殳声乃古刈字自謬儒臆讀如刪而此字遂無人識矣亟乃古陷字觀亟皇以敕及不敕敕方敕可知經意謂

畀音計

傑先長者也

厭厭其苗。緜緜其麃。麃兵驕反○緜緜詳密也麃耘也

載穫濟濟上聲有實其積音漬叶上聲萬億及秭。為酒為醴。烝畀祖妣。以洽百禮。濟濟人衆貌實積之實也積露積也

有飶音邲其香。邦家之光。有椒其馨。胡考之寧。飶芬香也未詳何物胡壽也以燕享賓客則邦家之所以光也以共養耆老則胡考之所以安也

匪且有且。匪今斯今。叶音經振古如茲。無韻未詳○且此振極也言非獨此處有此稼穡之事非獨今時有今豐年之慶蓋自極古以來已如此矣猶言自古有年也

載芟一章三十一句此詩未詳所用然辭意與豐年相似

實之函入含生中者無不活也
良耜
秋報社稷
也
薅即薅字乃
耨之假借後始
別製形声字作
耨也

刺七変反 去上声

其用應亦不殊

畟畟音測良耜。叶養里反俶音蓄載南畝。叶滿委反○賦也。畟畟，嚴利也。播厥百穀，實函斯活。叶呼酷反○說見前篇。或來瞻女，載筐及筥，其饟式亮反伊黍。或來瞻女，婦子之來饁者也。筐、筥，饟具也。

其笠伊糾，叶其了反其鎛音博斯趙，直了反以薅音蒿荼蓼。糾然，笠之輕舉也。趙，刺。薅，去也。荼，陸草；蓼，水草。一物而有水陸之異也。今南方人猶謂蓼為辣荼，或用以毒溪取魚，即所謂荼毒也。荼蓼朽止，黍稷茂止。叶莫口反○毒草朽則土熟而苗盛。

穫之挃挃，音窒積之栗栗。其崇如墉，其比去聲如櫛，側瑟反以開百室。挃挃，穫聲。

犉淳之轉注犉牛
宜故作犉也
黃牛黑脣何以知
當殺可笑
犉牛色之說也

絲衣
繹賓尸也
鼐乃鼒字之誤

繹賓

也栗栗積之密也櫛理髮器言密也百室一族族之人也五家爲比五比爲閭四閭爲族族人輩作相助故同時入穀也**百室盈止婦子寧止**盈滿寧安也

殺時犉音淳**牡有捄**音求**其角**叶盧谷反**以似以續續古之人**黃牛黑脣曰犉捄曲貌續謂續先祖以奉祭祀

良耜一章二十三句或疑思文臣工噫嘻豐年載芟良耜等篇即所謂豳頌者其詳見於豳風及大田篇之末亦未知其是否也

絲衣其紑孚浮反**載弁俅俅**音求**自堂徂基自羊徂牛鼐**音奈**及鼒**叶津之反**兕觥其觩**音求**旨酒思柔不吳**音話**不敖**音傲**胡考之休**賦也絲衣祭服也紑潔貌載戴

古今和無鼐字也注倍呂南河以鼐爲大鼎鼒爲小鼎然則鼎又爲何物耶豈其爲不大不小之鼎耶可笑

酌

告成大武也

鼐音　兹　鼏莫狄反

也。弁。爵弁也。士祭於王之服。俅俅。恭順貌。基門塾之基。鼐。大鼎。鼒。小鼎也。思。語辭。柔。和也。吳。譁也。○此亦祭而飲酒之詩。言此服絲衣爵弁之人。升門堂。視壺濯籩豆之屬。降往於基。告濯具。又視牲。從羊至牛。反告充。已乃舉鼎幂告潔。禮之次也。又能謹其威儀。不諠譁不怠傲。故能得壽考之福

吳乃古語字謂耳語也

絲衣一章九句 此詩或紑俅牛觩柔休並叶基韻。或基鼒並叶

酌 韻

於 音烏 鑠 音爍 王師。遵養時晦。時純熙矣。是用大介。我龍受之。蹻蹻 音矯 王之造。叶祖候反 載用有嗣 叶音伺 實維爾公允師 賦也。於。歎辭。鑠。盛。遵。循。熙。光。介。甲也。所謂一戎

桓講武類禡也

般音盤

公

衣也。龍，寵也。蹻蹻，武貌。造，爲。載，則。公，事。允，信也。○此亦頌武王之詩。言其初有於鑠之師而不用，退自循養，與時皆晦。既純光矣，然後一戎衣而天下大定。後人於是寵而受此蹻蹻然王者之功。其所以嗣之者，亦惟武王之事是師爾。

酌一章八句

酌，即勺也。內則十三舞勺，即以此詩爲節而舞也。然此詩與賚般皆不用詩中字名篇。疑取樂節之名。如曰武宿夜云爾。

綏萬邦，屢音慮豐年。天命匪解。音懈桓桓武王，保有厥士。于以四方，克定厥家。於音烏昭于天，皇以間之。

賦也。綏，安也。桓桓，武貌。大軍之後，必有凶年。而武王克商，則除害以安天下。故屢獲豐年之祥。傳所謂周饑克殷而年豐是也。然天命之於周，久而不厭也。故此桓

大武原非武王时
作觀樂記可見

賚

大封於廟

也

禡音

桓之武王保有其土而用之於四方以定其家其德上昭于天也閒字之義未詳傳曰閒代也言君天下以代商也此亦頌武王之功

桓一章九句 春秋傳以此爲大武之六章則今之篇次蓋已失其舊矣又篇內已有武王之諡則其謂武王時作者亦誤矣序以爲講武類禡之詩豈後世取其義而用之於其事也歟

文王既勤止我應受之敷時繹思我徂維求定時周之命於繹思 賦也應當也敷布也時是也繹尋繹也於歎辭繹思尋繹而思念也○此頌文武之功而言其大封功臣之意也言文王之勤勞天下至矣其子孫受而有之然而不敢專也布此文王功德之在人而可繹思者以賚有功而往求

天下之安定。又以爲凡此皆周之命。而非復商之舊矣。遂歎美之。而欲諸臣受封賞者。紬繹思文王之德而不忘也

賚一章六句 春秋傳以此爲大武之三章。而序以爲大封於廟之

詩說同上篇

般 巡守而祀四嶽海河也

於音烏皇時周。陟其高山。嶞音惰山喬嶽。允猶翕音吸河。敷天之下。裒音抔時之對。時周之命。賦也。高山泛言山耳。嶞則其狹而長者。喬高也。嶽則其高而大者。允猶未詳。或曰。允信也。猶與由同翕河。河善泛溢。今得其性。故翕而不爲暴也裒聚也。對答也。言美哉此周也。其巡守守音狩而登此山以柴望。又道於河以周四嶽。凡以數天之下。莫不有望於我。故聚而朝朝音潮之方嶽之下。

般音盤

長音掌

以答其意耳

般一章七句般義未詳

閔予小子之什十一篇二百三十六句

魯頌四之四

魯少皞之墟在禹貢徐州蒙羽之野成王以封周公長子伯禽今襲慶東平府沂密海等州即其地也成王以周公有大勳勞於天下故賜伯禽以天子之禮樂魯於是乎有頌以為廟樂其後又自作詩以美其君亦謂之頌舊說皆以為伯禽十九世孫僖公申之詩今無所考獨閟宮一篇為僖公之詩無疑耳夫以其詩之僭如此然夫子猶錄之者蓋其體固列國之

駉頌僖公也

予音與 守音狩 大音泰

風而所歌者乃當時之事則猶未純於天子之頌若其所歌之事又皆有先王禮樂教化之遺意焉則其文疑若猶可予也況夫子魯人亦安得而削之哉然因其實而著之而其是非得失自有不可揜者亦春秋之法也或曰魯之無風何也先儒以為時王褒周公之後比於先代故巡守不陳其詩而其篇序不列於大師之職是以宋魯無風其或然歟或謂夫子有所諱而削之則左氏所記當時列國大夫賦詩及吳季子觀周樂皆無曰魯風者其說不得通矣

駉駉音扃牡馬叶滿補反在坰音扃之野叶上與反薄言駉者叶章與反有驈音聿有皇有驪音離有黃以車彭彭叶鋪郎反思無疆思馬斯臧賦也駉駉腹幹肥張貌邑外謂之郊郊外

跨苦化反　駓京本苻悲反　驎音鱗

謂之牧。牧外謂之野。野外謂之林。林外謂之坰。驪馬白跨曰驈。黃白曰皇。純黑曰驪。黃騂曰黃。彭彭，盛貌。思無疆，言其思之深廣無窮也。臧，善也。○此詩言僖公牧馬之盛，由其立心之遠，故美之曰思無疆，則思馬斯臧矣。○衛文公秉心塞淵，而騋牝三千，亦此意也。

駉駉牡馬，在坰之野。薄言駉者，有騅音隹有駓音丕有騂有騏，以車伾伾。思無期，思馬斯才。叶前西反○賦也。倉白雜毛曰騅。黃白雜毛曰駓。赤黃曰騂。青黑曰騏。伾伾，有力也。無期，猶無疆也。才，材力也。

○駉駉牡馬，在坰之野。薄言駉者，有驒音駄有駱有駵音畱有雒，以車繹繹。叶弋灼反思無斁，叶弋灼反思馬斯作。賦也。青驪驎曰驒。色有深淺，斑駮如魚鱗，今之連錢

鬣音列

骭戶晏反

驪也。白馬黑鬣曰駱。赤身黑鬣曰駵。黑身白鬣曰雒。繹繹，不絕貌。斁，厭也。作，奮起也。○駉駉牡馬，在坰之野。薄言駉者，有駰音因有騢音遐，叶洪孤反。有驔音簟有魚，以車祛祛音區。思無邪叶祥余反，思馬斯徂。賦也。陰白雜毛曰駰。陰，淺黑色，今泥驄也。彤白雜毛曰騢。豪骭曰驔，毫在骭而白也。二目白曰魚，似魚目也。祛祛，彊健也。徂，行也。孔子曰：詩三百，一言以蔽之，曰思無邪。蓋詩之言，美惡不同，或勸或懲，皆有以使人得其情性之正。然其明白簡切，通於上下，未有若此言者。故特稱之，以爲可當三百篇之義，以其要爲不過乎此也。學者誠能深味其言，而審於念慮之閒，必使無所思而不出於正，則日用云爲，莫非天理之流行矣。蘇氏曰：昔之爲詩者，未必知此也。孔子讀詩至此，而有合於其心焉，是以取之。蓋

有駜頌僖公君臣之有道也

樂音洛

颺章云爾

駉四章章八句

有駜（音邲）有駜駜彼乘（去聲）黃夙夜在公在公明明（叶謨郎反）振振鷺鷺于下（叶後五反）鼓咽咽（音淵）醉言舞于胥樂（音洛）兮（興也駜馬肥強貌明明辨治也振振羣飛貌鷺鷺羽舞者所持或坐或伏如鷺之下也咽與淵同鼓聲之深長也或曰鷺亦興也胥相也醉而起舞以相樂也此燕飲而頌禱之辭也）○有駜有駜駜彼乘牡夙夜在公在公飲酒振振鷺鷺于飛鼓咽咽醉言歸于胥樂兮（興也鷺于飛舞者振作鷺羽如飛也）○有駜有

泮水
頌僖公能脩
泮宮也

遺去声

駜駜彼乘駽。音絢 夙夜在公。在公載燕。自今以始。歲其有。叶羽已反 君子有穀。詒孫子。叶獎里反 于胥樂兮。興也。青驪曰駽。今鐵驄也。載。則也。有。有年也。穀。善也。或曰。祿也。詒。遺也。頌禱之辭也

有駜三章章九句

思樂音洛 泮音判 水。薄采其芹。音勤 魯侯戾止。言觀其旂。叶其斤反 其旂茷茷。音旆 鸞聲噦噦。音慧 無小無大。從公于邁。賦其事以起興也。思。發語辭也。泮水。泮宮之水也。諸侯之學。鄉射之宮。謂之泮宮。其東西南方有水。形如半璧。以其半於辟廱。故曰泮水。而宮亦以名也

蓴音純

(芹·水菜也。戾·至也。茷茷·飛揚也。噦噦·和也。此飲於泮宮而頌禱之辭也。)○思樂泮水。薄采其藻。魯侯戾止。其馬蹻蹻。其馬蹻蹻。其音昭昭。(叶之繞反)載色載笑。匪怒伊教。(賦其事以起興也。蹻蹻·盛貌。色和顏色也。)○思樂泮水。薄采其茆。(叶謨九反)魯侯戾止。在泮飲酒。既飲旨酒。永錫難老。(叶魯吼反)順彼長道。(叶徒吼反)屈此羣醜。(賦其事以起興也。茆·鳧葵也。葉大如手。赤圓而滑。江南人謂之蓴菜者也。長道·猶大道也。屈·服。醜·衆也。此章以下。皆頌禱之辭也。)○穆穆魯侯。敬明其德。敬慎威儀。維民之則。允文允武。昭假烈祖。(音格)靡有不孝。自求伊祜音戶○賦也昭明也假與格同烈祖周公魯公也○明明魯侯克明其德既作泮宮淮夷攸服叶蒲北反矯矯虎臣在泮獻馘音虢叶況璧反淑問如皐陶叶夷周反在泮獻囚賦也矯矯武貌馘所格者之左耳也淑善也問訊囚也囚所虜獲者蓋古者出兵受成於學及其反也釋奠於學而以訊馘告故詩人因魯侯在泮而願其有是功也○濟濟上聲多士克廣德心桓桓于征狄音剔彼東南叶尼心反烝烝皇皇不吳音話不揚不告于訩音凶在泮獻功賦也廣推而大之也德心善意也狄猶逷也東南謂淮夷也烝烝皇皇盛也不吳不揚肅也不告于訩師克而和不爭功也○角弓其觩

鴟鴞革音之説純出比喻全然不成事實此其所以為後世之詩也

束矢其搜。戎車孔博。徒御無斁。叶弋灼反 既克淮夷。孔淑不逆。叶宜脚反 式固爾猶。淮夷卒獲。叶黃郭反

○賦也。觩弓健貌。五十矢爲束。或曰百矢也。搜矢疾聲也。博廣大也。無斁言競勸也。逆違命也。蓋能審固其謀猶。則淮夷終無不獲矣。

○翩彼飛鴞。音梟 集于泮林。食我桑黮。音甚 懷我好音。憬音獷 彼淮夷來獻其琛。敕金反 元龜象齒。大賂南金。賂音路 遺去聲

○興也。鴞惡聲之鳥也。黮桑實也。憬覺悟也。琛寶也。元龜尺二寸。賂遺也。南金荆揚之金也。此章前四句興後四句。如行葦首章之例也。

泮水八章章八句

閟宮頌僖公能復周公之宇也

閟音秘宮有侐。音洫實實枚枚。赫赫姜嫄。音元其德不回。上帝是依。叶音隈無災無害。彌月不遲。叶陳回反是生后稷。降之百福。叶筆力反黍稷重平聲穋。音六叶直六反稙音陟穉菽麥。叶訖力反奄有下國。叶于逼反俾民稼穡。有稷有黍。有稻有秬。音巨奄有下土。纘禹之緒。音序○賦也。閟深閉也。宮廟也。侐清靜也。實實鞏固也。枚枚礱密也。此蓋修之故詩人歌詠其事以爲頌禱之辭。而推本后稷之生。而下及於僖公耳。回邪也。依猶眷顧也。說見生民篇。先種曰稙。後種曰穉。奄有下國封於邰也。緒業也。禹治洪水旣平。后稷乃播種百穀○后稷之孫。實維大音泰王。居岐之陽。實

功字叶寔虞寔頌惟此、見此外周頌之耆定爾功之功字似与後字相叶然不敢定也

斷音短 治平聲

始翦商至于文武纘大王之緒致天之届于牧之野叶上與反 無貳無虞上帝臨女音汝 敦音堆 商之旅克咸厥功叶居古反 王曰叔父建爾元子叶子古反 俾侯于魯大啓爾宇爲周室輔 賦也翦斷也大王自豳徙居岐陽四方之民咸歸往之於是而王迹始著蓋有翦商之漸矣届極也猶言窮極也虞慮也無貳無虞上帝臨女猶大明云上帝臨女無貳爾心也敦治之也咸同也言輔佐之臣同有其功而周公亦與焉也王成王也叔父周公也元子魯公伯禽也啓開宇居也 ○乃命魯公俾侯于東錫之山川土田附庸周公之孫莊公之子叶奬里反 龍旂承祀叶養里反

楅衡本當作

僖音希

楅音壁

六轡耳耳。春秋匪解。音懈叶訖力反享祀不忒。皇皇后帝。皇祖后稷。享以騂犧。虛宜當何二反是饗是宜。牛奇牛多二反降福既多。音移當何二反周公皇祖。亦其福女音汝○賦也。附庸猶屬城也。小國不能自達於天子。而附於大國也。上章既告周公以封伯禽之意。此乃言其命魯公而封之也。莊公之子。其一閔公。其一僖公。知此是僖公者。閔公在位不久。未有可頌。此必是僖公也。耳耳。柔從也。春秋。錯舉四時也。忒。過差也。成王以周公有大功於王室。故命魯公以夏正孟春郊祀上帝。配以后稷。牲用騂牡。皇祖。謂羣公。此章以後。皆言僖公致敬郊廟而神降之福。國人稱願之如此也○秋而載嘗。夏而楅衡。叶戶郎反白牡騂剛。犧尊將將。音搶

芾衡謂命服也朱芾葱衡赤芾金衡幽芾幽衡此皆係乎朝命凡祭服皆命服也後儒安臆於命服之外別有祭服謬矣閔於奉秦漢間迂儒所作故

京本大房下注當脫一句　晝胡封反　爛似鹽反　去上聲　大音泰　鉶音刑　湆音泣　和去聲　盛

毛炰音庖胾音恣羹叶盧當反籩豆大房萬舞洋洋孝孫有慶叶祛羊反俾爾熾而昌俾爾壽而臧保彼東方魯邦是常不虧不崩不震不騰三壽作朋如岡如陵

賦也嘗秋祭名福衡施於牛角所以止觸也周禮封人云凡祭飾其牛牲設其福衡是也秋將嘗而夏福衡其牛言夙戒也白牡周公之牲也騂剛魯公之牲也白牡殷牲也周公有王禮故不敢與文武同魯公則無所嫌故用騂剛犧尊畫牛於尊腹也或曰尊作牛形鑿其背以受酒也毛炰周禮封人祭祀有毛炰之豚注云爛去其毛而炰之也胾切肉也羹大羹鉶羹也大羹大古之羹湆煑肉汁不和盛之以登貴其質也鉶羹肉汁之有菜和者也盛之鉶器故曰鉶羹大房半體之俎足下有跗如堂房也

極可笑封八[illegible]
正由於不識此詩
而漢会宗則因改
[illegible]封八[illegible]乃[illegible]
疆界城域之人与
祭祀之事直非周
馬牛之不相及而
周禮之[illegible]把以
為之識[illegible]為[illegible]
之大愚[illegible]

平聲登音登蹦方于反　奇音畸

萬舞名震騰驚動也。三壽未詳。鄭氏曰。三卿也。或曰。願公壽與岡陵等而爲三也。○公車千乘。去聲叶神陵反朱英綠縢。音滕二矛重弓。平聲叶姑弘反公徒三萬。貝胄朱綅。音纖叶息稜反烝徒增增。戎狄是膺。荆舒是懲。則莫我敢承。俾爾昌而熾。俾爾壽而富。叶方未反黃髮台背。叶蒲寐反壽胥與試。俾爾昌而大。叶特計反俾爾耆而艾。叶五計反萬有千歲。眉壽無有害。叶暇憩反○賦也。千乘大國之賦也。成方十里。出革車一乘。甲士三人。左持弓。右持矛。中人御。步卒七十二人。將重車者二十五人。千乘之地則三百十六里有奇也。朱英所以飾矛。綠縢所以約弓也。二矛夷矛酋矛也。重弓備折壞

卷八

綅音侵

也徒步卒也三萬舉成數也車千乘法當用十萬人而為步卒者七萬二千人然大國之賦適滿千乘苟盡用之是舉國而行也故其用之大國三軍而已三軍謂車三百七十五乘三萬七千五百人其為步卒不過二萬七千人舉其中而以成數言故曰三萬也貝冑貝飾冑也朱綅所以綴也增增衆也戎西戎狄北狄膺當也荊楚之別號舒其與國也懲艾承禦也僖公嘗從齊桓公伐楚故以此美之而祝其昌大壽考也壽胥與試之義未詳王氏曰壽考者相與為公用也蘇氏曰願其壽而相與試其才力以為用也○泰山巖巖叶魚咸反魯邦所詹奄有龜蒙遂荒大東至于海邦叶卜工反淮夷來同莫不率從魯侯之功賦也泰山魯之望也詹與瞻同龜蒙二山名荒奄也大東極東也海邦近海之國也

應音映

○保有鳧繹。叶弋灼反 遂荒徐宅。叶達各反 至于海邦。淮夷蠻貊。叶莫博反 及彼南夷。莫不率從。莫敢不諾。魯侯是若

賦也。鳧繹二山名。宅居也。謂徐國也。諾應辭。若順也。○泰山龜蒙鳧繹魯之所有。其餘則國之東南。勢相連屬可以服從之國也

○天錫公純嘏。叶果五反 眉壽保魯。居常與許。復周公之宇。魯侯燕喜。令妻壽母。叶滿委反 宜大夫庶士。邦國是有。叶羽已反 既多受祉。黃髮兒齒

賦也。常或作嘗。在薛之旁。許許田也。魯朝宿之邑也。皆魯之故地。見侵於諸侯而未復者。故魯人以是願僖公也。令妻令善之妻。聲姜也。壽母壽考之母。成風也。閔公八歲被弒。必是未娶。其母叔姜亦應未

僖音希

老。此言令妻壽母。又可見公爲僖公無疑也。有常有也。見齒。齒落更生細者。亦壽徵也。

○徂來之松。新甫之柏。叶逋莫反是斷音短是度。入聲是尋是尺。叶尺約反松桷音角有舄。叶七約反路寢孔碩。叶常約反新廟奕奕。叶弋灼反奚斯所作。孔曼音萬且碩。同上萬民是若。賦也。徂來新甫。二山名。八尺曰尋。舄。大貌。路寢。正寢也。新廟。僖公所修之廟。奚斯。公子魚也。作者。教護屬功課章程也。曼。長。碩。大也。萬民是若。順萬民之望也。

閟宫九章。五章章十七句。内第四章脫一句二章章八句。二章章十句。舊說八章。二章章十七句。一章

契音屑

盟音孟爾雅作孟諸

十二句。一章三十八句。二章章八句。二章章十句多寡不均雜亂無次。蓋不知第四章有脫句而然。今正其誤

魯頌四篇二十四章二百四十三句

商頌四之五

契為舜司徒而封於商傳十四世而湯有天下。其後三宗迭興。及紂無道。為武王所滅。封其庶兄微子啓於宋。修其禮樂以奉商後其地在禹貢徐州泗濱。西及豫州盟豬之野。其後政衰。商之禮樂日以放失。七世至戴公時。大夫正考甫得商頌十二篇於周大師。歸以祀其先王。至孔子編詩。而又亡其七篇。然其存者亦多闕文疑義。今不敢強通也。商都亳。宋都商丘皆在今應天府亳州界

那

祀成湯也

衎音岸　闋音缺　齊音齋　樂五教反　爲去聲

猗音醫與音余那與置我鞉音桃鼓奏鼓簡簡衎我烈祖賦也猗歎辭那多置陳也簡簡和大也衎樂也烈祖湯也記曰商人尚聲臭味未成滌蕩其聲樂三闋然後出迎牲卽此是也舊說以此爲祀成湯之樂也湯孫奏假綏我思成鞉鼓淵淵叶於巾反嘒嘒管聲旣和且平依我磬聲於音烏赫湯孫叶思倫反穆穆厥聲湯孫主祀之時王也假與格同言奏樂以格於祖考也綏安也思成未詳鄭氏曰安我以所思而成之人謂神明來格也禮記曰齊之日思其居處思其笑語思其志意思其所樂思其所嗜齊三日乃見其所爲齊者祭之日入室僾然必有見乎其位周旋出戶肅然必有聞乎其容聲出戶而聽愾然必有聞乎其歎息之聲此之謂思成蘇氏曰其所見

恪克各反

聞。本非有也。生於思耳。此二說近是。蓋齊而思之。祭而如有見聞。則成此人矣。鄭注頗有誤脫。今正之。淵淵深遠也。嘒嘒清亮也。磬玉磬也。堂上升歌之樂。非石磬也。穆穆美也。

庸鼓有斁。萬舞有奕。我有嘉客。亦不夷懌。庸鏞通。斁斁然盛也。奕奕然有次序也。蓋上文言鞉鼓管籥作於堂下。其聲依堂上之玉磬。無相奪倫者。至於此則九獻之後。鍾鼓交作。萬舞陳於庭。而祀事畢矣。嘉客先代之後來助祭者也。夷悅也。亦不夷懌者。言皆悅懌也。

自古在昔。先民有作。溫恭朝夕。執事有恪。恪敬也。言恭敬之道。古人所行。不可忘也。閔馬父曰。先聖王之傳恭。猶不敢專。稱曰自古。古曰在昔。昔曰先民。

顧予烝嘗。湯孫之將。將奉也。言湯其尚顧我烝嘗哉。此湯孫之所奉者。致其丁寧之意。庶幾其顧之

烈祖
祀中宗也

父音甫

耇音古

也

那一章二十二句閔馬父曰正考甫校商之名頌以那爲首其輯之亂曰云云即此詩也

嗟嗟烈祖有秩斯祜音戶申錫無疆及爾斯所賦也烈祖湯也秩常申重也爾主祭之君蓋自歌者指之也斯所猶言此處也○此亦祀成湯之樂言嗟嗟烈祖有秩秩無窮之福可以申錫於無疆是以及於爾今王之所而修其祭祀如下所云也既載清酤叶侯五反賚我思成叶音常亦有和羹叶音郎既戒既平叶音旁鬷音奏假音格無言叶音昂時靡有爭叶音章綏我眉壽黃耇無疆酤酒

賚與也。思成義見上篇。和羹味之調節也。戒夙戒也。平猶和也。儀禮於祭祀燕享之始每言羹定。蓋以羹熟為節。然後行禮。定即戒平之謂也。鬷中庸作奏。正與上篇義同。蓋古聲奏族相近。族聲轉平而為鬷耳。無言無爭肅敬而齊一也。言其載清酤而既與我以思成矣。及進和羹而肅敬之至。則又安我以眉壽黃耇之福也。

約軝音祈**錯衡**。叶戶郎反**八鸞鶬鶬**。音搶**以假**音格**以享**。叶虛良反**我受命溥將**。**自天降康。豐年穰穰。來假來饗**。叶虛良反**降福無疆**。

約軝錯衡。八鸞。見采芑篇。鶬見載見篇。言助祭之諸侯。乘是車以假以享於祖宗之廟也。溥廣。將大也。穰穰多也。言我受命既廣大。而天降以豐年黍稷之多。使得以祭也。假之而祖考來假。享之而祖考來饗。則降福無疆矣。

顧予烝嘗。湯孫

玄鳥

祀高宗也

鳦音軋 娀音松

之將說見前篇

烈祖一章二十二句

天命玄鳥。降而生商。宅殷土芒芒。古帝命武湯。正域彼四方。賦也。玄鳥鳦也。春分玄鳥降。高辛氏之妃有娀氏女簡狄祈於郊禖。鳦遺卵。簡狄吞之而生契。其後世遂爲有商氏。以有天下。事見史記。宅居也。殷地名。芒芒大貌。古猶昔也。帝上帝也。武湯以其有武德號之也。正治也。域封境也。○此亦祭祀宗廟之樂。而追敘商人之所由生。以及其有天下之初也。方命厥后。奄有九有。叶羽已反商之先后。受命不殆。叶養里反在武丁孫子。叶獎里反○方命厥后。四方諸侯無不受命也。九有九州也。武丁高宗也。

肇 兆

言商之先后。受天命不危殆。故今武丁孫子。猶賴其福**武丁孫子。武王靡不勝。**音升**龍旂十乘。大糦**音熾**是承**武王湯號而其後世亦以自稱也。龍旂諸侯所建交龍之旂也。大糦黍稷也。承奉也。○言武丁孫子今襲湯號者其武無所不勝。於是諸侯無不奉黍稷以來助祭也**邦畿千里。維民所止。肇域彼四海**叶虎洧反。○止居。肇開也言王畿之內民之所止不過千里。而其封域則極乎四海之廣也**四海來假**音格**來假祁祁景員維河。殷受命咸宜**叶牛何反**百祿是何**音荷叶如字。○假與格同。祁祁衆多貌。景員維河之義未詳。或曰。景山名。商所都也。見殷武卒章。春秋傳亦曰。商湯有景亳之命。是也。員與下篇幅隕義同。蓋言周也。河。大河也。言景山四周

長發
大禘也

荷何可反方字絕句楚辭天問禹降首下土方蓋用此語竟境同

皆大河也何任也春秋傳作荷

玄鳥一章二十二句

濬哲維商。長發其祥。洪水芒芒。禹敷下土方。外大國是疆。幅隕音員既長。有娀音菘方將。帝立子生商。

賦也。濬，深。哲，知。長，久也。方，四方也。外大國，遠諸侯也。幅，猶言邊幅也。隕，讀作員，謂周也。有娀，契之母家也。將，大也。言商世世有濬哲之君，其受命之祥，發見也久矣。方禹治洪水，以外大國爲中國之竟，而幅員廣大之時，有娀氏始大，故帝立其女之子而造商室也。蓋契於是時，始爲舜司徒，掌布五教於四方，而商之受命，實基於此。○

玄王桓撥。叶必烈反受小國是達。叶他悅反受大國是

相音象

達率履不越遂視既發（叶方月反）相土烈烈海外有截

賦也玄王契也玄者深微之稱或曰以玄鳥降而生也王者追尊之號桓武撥治達通也受小國大國無所不達言其無所不宜也率循履禮越過發應也言契能循禮不過越遂視其民則既發以應之矣相土契之孫也截整齊也至是而商益大四方諸侯歸之截然整齊矣其後湯以七十里起豈嘗中衰也與

○帝命不違至于湯齊湯降不遲聖敬日躋（音賫）昭假遲遲上帝是祗帝命式于九圍

賦也湯齊之義未詳蘇氏曰至湯而王業成與天命會也降猶生也遲遲久也祗敬式法也九圍九州也○商之先祖既有明德天命未嘗去之以至於湯湯之生也應期而降適當其時其聖敬又日躋升以至昭假于天

久而不息。惟上帝是敬。故帝命之使爲法於九州也。○受小球音求大球

爲下國綴音贅旒音流何音賀天之休。不競不絿音求

不剛不柔。敷政優優。百祿是遒音囚○賦也。小球大球之義未詳。或曰。小國大國所贄之玉也。鄭氏曰。小球鎮圭。尺有二寸。大球大圭。三尺也。皆天子之所執也。下國諸侯也。綴猶結也。旒旗之垂者也。言爲天子而爲諸侯所係屬。如旗之綴旒所綴著也。何荷。競強。絿緩也。優優寬裕之意。遒聚也。

屬音燭著去聲

○受小共音恭叶居勇反大共。爲下國駿音峻厖音忙叶莫孔反何天之龍叶丑勇反

敷奏其勇。不震不動叶德總反不戁音赧不竦音聳

百祿是總。賦也。小共大共。駿厖之義未詳。或曰。小國大國所共之貢也。鄭

京本無恐字

曷京本云漢書作遏

氏曰。共。執也。猶小球大球也。蘇氏曰。共。珙通合珙之玉也。傳曰駿。大也。厖。厚也。董氏曰。齊詩作駿驪。謂馬也。龍。寵也。敷奏其勇。○武王猶言大進其武功也。戁。恐。竦。懼也。

載旆。有虔秉鉞。音越 如火烈烈。則莫我敢曷。音遏 叶何 苞有三蘖。叶五竭反 莫遂莫達。叶他悅反 九有有截。韋顧既伐。叶房越反 昆吾夏桀。賦也。武王。湯也天討也。曷。遏通。或曰。曷。誰何也。苞。本也。蘖。旁生萌蘖也。言一本生三蘖也。本則夏桀。蘖則韋也。顧也。昆吾也。皆桀之黨也。鄭氏曰。韋。彭姓。顧。昆吾。己姓。○言湯既受命。載旆秉鉞以征不義。桀與三蘖。皆不能遂其惡。而天下截然歸商矣。初伐韋。次伐顧。次伐昆吾。乃伐夏桀。當時用師之序如此

○昔在中葉。有震且業。允也天

與音廷

與音預

子（叶獎里反）降于卿士。實維阿衡（叶戶郎反）實左右（音佐音又）賦也。葉，世。震，懼。業，危也。承上文而言商王。昔在，則前乎此矣。豈謂湯之前世中衰時與。允也。天子，指湯也。降，言天賜之也。辨士，則伊尹也。言至於湯，得伊尹而有天下也。阿衡，伊尹官號也。

長發七章，一章八句，四章章七句，一章九句，一章六句。

序以此爲大禘之詩。蓋祭其祖之所出，而以其祖配也。蘇氏曰：大禘之祭，所及者遠，故其詩歷言商之先后，又及其卿士伊尹。蓋與祭於禘者也。商書曰：茲予大享于先王，爾祖其從與享之。是禮也，豈其起於商之世歟。今按大禘不及羣廟之主，此宜爲祫祭之詩。然經無明文，不可考。

殷武

祀高宗也

罙从一从米音迷坊本誤作罙

撻彼殷武奮伐荆楚罙綿兮反入其阻裒音抔荆之旅有截其所湯孫之緒音序○賦也撻疾貌殷武殷王之武也罙冒裒聚湯孫謂高宗○舊說以此爲祀高宗之樂蓋自盤庚沒而殷道衰楚人叛之高宗撻然用武以伐其國入其險阻以致其衆盡平其地使截然齊一皆高宗之功也易曰高宗伐鬼方三年克之蓋謂此歟○維女音汝荆楚居國南鄉

見音現

昔有成湯自彼氐音堤羌莫敢不來享叶虛良反莫敢不來王曰商是常賦也氐羌夷狄國在西方享獻也世見曰王○蘇氏曰既克之則告之曰爾雖遠亦居吾國之南耳昔成湯之世雖氐羌之遠猶莫敢不

來朝曰此商之常禮也况汝荆楚曷敢不至哉○天命多辟音璧設都于禹之績歲事來辟勿予禍適音謫稼穡匪解音懈叶訖力反○賦也多辟諸侯也來辟來王也適讁通○言天命諸侯各建都邑於禹所治之地而皆以歲事來至於商以祈王之不譴曰我之稼穡不敢解也庶可以免咎矣言荆楚既平而諸侯畏服也○天命降監下與濫叶下民有嚴叶刻剛反不僭不濫不敢怠遑命于下國叶越逼反封建厥福叶筆力反○賦也監視嚴威也僭賞之差也濫刑之過也遑暇封大也○言天命降監不在乎他皆在民之視聽則下民亦有嚴矣惟賞不僭刑不濫而不敢怠遑則天命之以天下而大建其福此高宗所以受命而中興也○商邑翼翼

虔音乾

四方之極。赫赫厥聲，濯濯厥靈。壽考且寧，以保我後生。叶桑經反○賦也。商邑，王都也。翼翼，整敕貌。極，表也。赫赫，顯盛也。濯濯，光明也。言高宗中興之盛如此。壽考且寧云者，蓋高宗之享國五十有九年。我後生，謂後嗣子孫也。

○陟彼景山，叶所旃反松柏丸丸。叶胡員反是斷音短是遷，方斲音卓是虔。松桷音角有梴，丑連反旅楹有閑，叶胡田反寢成孔安。叶於連反○賦也。景，山名，商所都也。丸丸，直也。遷，徙。方，正也。虔，亦截也。梴，長貌。旅，衆也。閑，閑然而大也。寢，廟中之寢也。安，所以安高宗之神也。此蓋特爲百世不遷之廟，不在三昭三穆之數。既成，始祔而祭之之詩也。然此章與閟宮之卒章文意略同，未詳何謂。

殷武六章三章章六句二章章七句一章五句

商頌五篇十六章一百五十四句

近現代學人學術著述叢刊

2

吴秋輝遺稿補編

吴秋輝 撰

國家圖書館出版社

第二册目録

清代學術概論

梁啓超 著 吴秋輝 批

民國十三年（1924）商務印書館鉛印本

共學社史學叢書

新會梁啓超著

清代學術概論

（中國學術史第五種）

商務印書館印行

我國文化之深
與不能無待於
西學之攜解稍
不得直接西
學以達中學條去弦猶未免所賢之見

序

方震編歐洲文藝復興史既竣，乃徵序於新會，而新會之序，量與原書埒，則別爲清學概論，而復徵序於震。震惟由復古而得解放，由主觀之演繹進而爲客觀之歸納，清學之精神，與歐洲之文藝復興，實有同調者焉。雖然，物質之進步，遲遲至今日，雖當世士夫大聲以倡科學，而迄今乃未有成者，何也？

且吾於清學發達之歷史中亦有數疑問：

一、耶穌會挾其科學東來，適當明清之際，其注意尤在君主及上流人，明之后，清之帝皆是也，清祖康熙，尤喜其算，測地量天，浸浸乎用之實地矣。循是以發達，則歐學自能逐漸輸入，顧何以康熙以後，截然中輟，僅餘天算，以維殘壘？

東原此說流
學甚大歟又
不過然則從
歟世不爭
凡二學說之與
尚有豈於社
會之部分之爭

二、致用之學，自亭林以迄顏李，當時幾成學者風尚。夫致。用。云。者。實際於。民。生。有。利。之。謂。也。循是以往，亦物質發達之門，顧何以方向轉入於經典攷據者，則大盛，而其餘獨不發達，至高者，勉爲附庸而已？

三、東原理欲之說震古礫今，此真文藝復興時代個。人。享。樂。之。精。神。也。「遏欲之害，甚於防川，」茲言而在中國，豈非奇創。顧此說獨爲當時所略視，不惟無贊成者，且并反對之聲而不揚，又何故？

四、迨至近世，震於船堅礮利，乃設製造局，譯西書，送學生，振振乎有發達之勢矣。顧今文學之運動，距製造局之創設後二十餘年，何以通西文者，無一人能參加此運動。而變法，維新，立憲，革命，之說起則天下翕然從之，奪格致化學之席；而純正科學卒不揚？

此其原因有原於政。治。之。趨。勢。者，清以異族，入主中夏，致用之學，必遭時忌，故藉樸學以自保，此其一也。康熙末年，諸王相競，耶穌會黨太子，喇嘛黨雍正，（此言夏穗卿先生爲我言之）既失敗於外，又遭讒於羅馬。而傳教一事乃竟爲西學輸入之一障害。此其二也。有原於社會之風尙者，民族富於調和性，故歐洲之復古爲衝突的，而淸代之復古，雖抨擊宋學，而憑聖經以自保，則一變爲繼承的，而轉入於調和輪廓不明瞭。此科學之大障也。此其三。民族尙談玄，藝術一途社會上等諸匠人，而談空說有者，轉足以自尊。此其四。今時局機運稍稍變矣，天下方競言文化事業。而社會之風尙猶有足以爲學術之大障者。則受外界經濟之影響，實利主義興，多金爲上位尊次之，而對於學者之態度則含有迂遠不適用之意味。而一方則談玄之風猶未變。民治也，社會也，與變法維新立憲革命等是一名詞耳。有以異乎？無以異乎？此則願當世君子有以力矯之矣。

民國十年正月二日　蔣方震

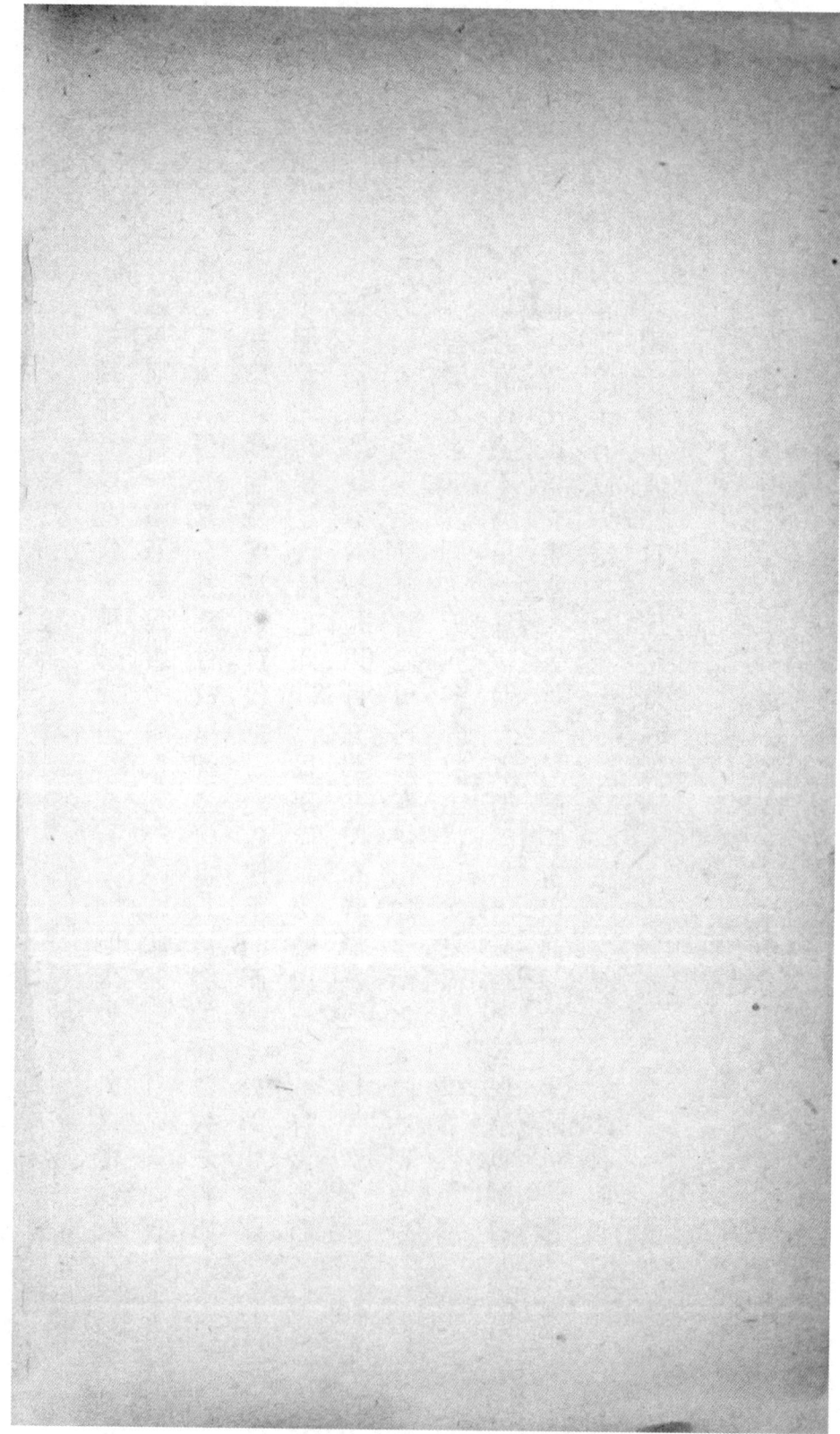

自序

(一)吾著此篇之動機有二：其一：胡適語我：晚清「今文學運動」，於思想界影響至大；吾子實躬與其役者，宜有以紀之．其二：蔣方震著歐洲文藝復興時代史新成，索余序，吾覺泛泛爲一序，無以益其善美，計不如取吾史中類似之時代相印證焉，庶可以校彼我之短長而自淬厲也．乃與約，作此文以代序．既而下筆不能自休，遂成數萬言，篇幅幾與原書埒．天下古今，固無此等序文．脫稿後，只得對於蔣書，宣告獨立矣．

(二)余於十八年前，嘗著中國學術思想變遷之大勢，刊於新民叢報，其第八章論清代學術，章末結論云：

「此二百餘年間總可命爲中國之「文藝復興時代」；特其興也，漸而非頓耳。然固儼然若一有機體之發達，至今日而葱葱鬱鬱，有方春之氣焉。吾於我思想界之前途，抱無窮希望也。」

又云：

「有清學者，以實事求是爲學鵠，饒有科學的精神，而更輔以分業的組織。」

又云：

「有清二百餘年之學術，實取前此二千餘年之學術，倒捲而繅演之；如剝春筍，愈剝而愈近裏；如啖甘蔗，愈啖而愈有味；不可謂非一奇異之現象也。此現象誰造之？曰：社會周遭種種因緣造之。

余今日之根本觀念，與十八年前無大異同；惟局部的觀察，今視昔似較爲精密。且當時多有爲而發之言，其結論往往流於偏至；——故今全行改作，採舊文者什一二而已。

(三)有清一代學術，可紀者不少；其卓然成一潮流，帶有時代運動的色彩者，在前半期爲「考證學」；在後半期爲「今文學」；而今文學又實從考證學衍生而來。故本篇所記述，以此兩潮流爲主，其他則附庸耳。

(四)「今文學」之運動，鄙人實爲其一員，不容不敍及。本篇純以超然客觀之精神論列之，卽以現在執筆之另一梁啓超批評三十年來史料上之梁啓超也。其批評正當與否，吾不敢知；吾惟對於史料上之梁啓超力求忠實，亦如對於史料上之他人之力求忠實而已矣。

(五)篇中對於平生所極崇拜之先輩，與夫極尊敬之師友，皆直書其名，不用別號，從質家言，冀省讀者腦力而已。

(六)自屬稿至脫稿，費十五日。稿成卽以寄改造雜誌應期出版，更無餘裕覆勘，舛漏當甚多，惟讀者教之。

民國九年十月十四日　啓超識

第二自序

(一)此書成後，友人中先讀其原稿者數輩；而蔣方震林志鈞胡適三君，各有所是正；乃采其說增加三節改正數十處．三君之說，不復具引，非敢掠美，爲行文避枝蔓而已．丁敬禮所謂：『後世誰相知定吾文者耶』；謹記此以誌謝三君．

(二)久抱著中國學術史之志，遷延未成．此書既脫稿，諸朋好益相督責，謂當將清代以前學術一併論述，庶可爲向學之士省精力，亦可喚起學問上興味也．於是決意爲之，分爲五部，其一：先秦學術，其二：兩漢六朝經學及魏晉玄學，其三：隋唐佛學，其四：宋明理學，其五：則清學也．今所從事者則佛學之部，名曰「中國佛學史」，草創正半．

欲以一年內成此五部，能否未敢知；勉自策厲而已。故此書遂題為中國學術史第五種。

（三）本書屬稿之始，本為他書作序，非獨立著一書也；故其體例不自愜者甚多。既已成編，卽復怠於改作；故不名曰「清代學術史」而名曰「清代學術概論」：因著史不能若是之簡陋也。五部完成後，當更改之耳。

九年十一月二十九日　啓超記。

清代學術概論

中國學術史第五種

新會梁啟超著

一

今之恆言，曰「時代思潮，」此其語最妙於形容．凡文化發展之國，其國民於一時期中，因環境之變遷，與夫心理之感召，不期而思想之進路，同趨於一方嚮；於是相與呼應洶湧，如潮然；始焉其勢甚微，幾莫之覺；寖假而漲——漲——漲，而達於滿度；過時焉則落，以漸至於衰熄．凡「思」非皆能成「潮」，能成「潮」者，則其「思」必有相當之價值；而又適合於其時代之要求者也．凡「時代」非皆有「思潮」，有思潮之時代，必文化昂進之時代也．其在我國自秦以後，確能成爲時代思潮者，則漢之經學，隋唐之佛學，宋及明之理學，清之考證學，四者而已。

凡時代思潮，無不由「繼續的羣衆運動」而成。所謂運動者，非必有意識，有計畫，有組織；不能分爲誰主動誰被動。其參加運動之人員，每各不相謀，各相不知；其從事運動時所任之職役，各各不同；所採之手段亦互異。於同一運動之下，往往分無數小支派，甚且相嫉視相排擊。雖然，其中必有一種或數種之共通觀念焉，同根據之爲思想之出發點；此種觀念之勢力，初時本甚微弱；愈運動則愈擴大，久之則成爲一種權威。此觀念者，在其時代中，儼然「現宗教之色彩」；一部分人，以宣傳捍衞爲己任，常以極純潔之犧牲的精神赴之；及其權威漸立，則在社會上成爲一種共公之好尙；忘其所以然，而共以此爲嗜；若此者，今之譯語，謂之「流行」，古之成語，則曰「風氣」；風氣者，一時的信仰也；人鮮敢嬰之，亦不樂嬰之，其性質幾比宗教矣．一思潮播爲風氣，則其成熟之時也．

佛說一切流轉相，例分四期，曰：生，住，異，滅；思潮之流轉也正然，例分四期；一：啓蒙期，(生)二：全盛期，(住)三：蛻分期，(異)四：衰落期，(滅)無論何國何時代之思潮，其發展變遷，多循斯軌．啓蒙期者，對於舊思潮初起反動之期也；舊思潮經全盛之後，如果之極熟而致爛，如血之凝固而成瘀，則反動不得不起；反動者，凡以求建設新思潮也；然建設必先之以破壞，故此期之重要人物，其精力皆用於破壞，而建設蓋有所未遑．所謂未遑者，非閣置之謂；其建設之主要精神，在此期間必已孕育，如史家所謂「開國規模」者然；雖然，其條理未確立，其研究方法正在間錯試驗中，棄取未定；故此期之著作，恆駁而不純；但在淆亂粗糙之中，自有一種元氣淋漓之象；此啓蒙期之特色也；當佛說所謂「生」相。

於是進爲全盛期：破壞事業已告終，舊思潮屏息慴伏，不復能抗顏行，更無須攻擊防衞以糜精力；而經前期醞釀培灌之結果，思想內容日以充實；研究方法，亦日以精密；門戶堂奧次第建樹，繼長增高，「宗廟之美百官之富」粲然矣；一世才智之士，以此爲好尚，相與淬厲精進；闒冗者猶希聲附和，以不獲厠於其林爲恥；此全盛期之特色也；當佛說所謂「住」相。

更進則入於蛻分期：境界國土，爲前期人士開闢殆盡；然學者之聰明才力，終不能無所用也；只取得局部問題，爲「窄而深」的研究；或取其研究方法，應用之於別方面；於是派中小派出焉；而其時之環境，必有以異乎前；晚出之派，進取氣較盛，易與環境順應，故往往以附庸蔚爲大國；則新衍之別派與舊傳之正統派成對峙之形勢，或且駸駸乎奪其席；此蛻化期之特色也；當佛說所謂「異」相。過此以往，則衰落期至焉：

凡一學派當全盛之後，社會中希附末光者日衆；陳陳相因，固已可厭；其時此派中精要之義，則先輩已濬發無餘；承其流者，不過捃摭末節以弄詭辯；且支派分裂，排軋隨之，益自暴露其缺點；環境既已變易，社會需要，別轉一方向；而猶欲以全盛期之權威臨之，則稍有志者必不樂受，而豪傑之士，欲剏新必先推舊，遂以彼爲破壞之目標；於是入於第二思潮之啓蒙期，而此思潮遂告終焉；此衰落期無可逃避之運命，當佛說所謂「滅」相．

吾觀中外古今之所謂「思潮」者，皆循此歷程以遞相流轉；而有清三百年，則其最切著之例證也．

二

「清代思潮」果何物耶？簡單言之：則對於宋明理學之一大反動，而以「復古」爲其職志者也；其動機及其內容，皆與歐洲之「文藝復興」絕相類；而歐洲當「文藝復興期」經過以後所發生之新影響，則我國今日正見端焉．其盛衰之跡，恰如前節所論之四期．

其啓蒙期運動之代表人物，則顧炎武胡渭閻若璩也．其時正值晚明王學極盛而敝之後，學者習於「束書不觀游談無根」，理學家不復能繫社會之信仰；炎武等乃起而矯之，大倡「舍經學無理學」之說，教學者脫宋明儒羈勒，直接反求之於古經；而若璩辨僞經，喚起「求眞」觀念，渭攻「河洛」，掃架空說之根據，於是淸學之規模立焉。同時對於明學之反動，尚有數種方向：其一：顏元李塨一派，謂『學問固不當求諸瞑想，亦不當求諸書册，惟當於日常行事中求之』；而劉獻廷以孤往之姿，其得力處亦略近於此派。其二：黃宗羲萬斯同一派，以史學爲根據，而推之於當世之務；顧炎武所學，本亦具此精神；而黃萬輩規模之大不逮顧，故專向此一方面發展；

同時顧祖禹之學，亦大略同一逕路；其後則衍爲全祖望章學誠等，於淸學爲別派。其三：王錫闡梅文鼎一派：專治天算；開自然科學之端緒焉。此諸派者，其研究學問之方法，皆與明儒根本差異；除顏李一派中絕外，其餘皆有傳於後；而顧閻胡「尤爲正統派」不祧之大宗．其猶爲舊學（理學）堅守殘壘效死勿去者，則有孫奇逢李中孚陸世儀等；而其學風已由明而漸返於宋；卽諸新學家，其思想中，留宋人之痕跡猶不少；故此期之復古，可謂由明以復於宋，且漸復於漢唐．

其全盛運動之代表人物，則惠棟戴震段玉裁王念孫王引之也；吾名之曰正統派．試舉啓蒙派與正統派相異之點：一，啓蒙派對於宋學，一部分猛烈攻擊，而仍因襲其一部分；正統派則自固壁壘，將宋學置之不議不論之列．二，啓蒙派抱通經致用之觀念，故喜言成敗得失經世之務；正統派則爲考證而考證，爲經學而治經學．正統派之中堅，在皖與吳；開吳者惠，開皖者戴．惠棟受學於其父士奇，其弟子有江聲余蕭客，而王鳴盛錢大昕汪中劉台拱江藩等皆汲其流．戴震受學於江永，亦事棟以先輩禮；震之在鄉里，衍其學者，有金榜程瑤田凌廷堪三胡——匡衷培翬春喬——等；其教於京師，弟子之顯者，有任大椿盧文弨孔廣森段玉裁王念孫，念孫以授其子引之，玉裁念孫引之最能光大震學，世稱戴段二王焉．其實清儒最惡立門戶，不喜以師弟相標榜；凡諸大師皆交相師友，更無派別可言也．惠戴齊名，而惠尊聞好博，戴深刻斷制，惠僅「述者」而戴則「作者」也；受其學者，成就之大小亦因以異；故正統派之盟主必推戴．當時學者承流向風各有建樹者，不可數計；而阮元王昶紀昀畢沅輩，皆處貴要，傾心宗向，隱若護法，於是茲派稱全盛焉．其治學根本方法，在「實事求是」「無徵不信」；其研究範圍，以經學爲中心，而衍及小學，音韵，史學，天算，水地，典章制度，金石，校勘，輯逸，等等；而引證取材，多極於兩漢；故亦有「漢學」之目。當斯時也，學風殆統於一；啓蒙期之宋學殘緒，亦莫能續；僅有所謂古文家者，假「因文見道」之名，欲承其祧；時與漢學爲難；然志力兩薄，不足以張其軍。

其蛻分期運動之代表人物，則康有爲梁啓超也；當正統派全盛時，學者以專經爲尚；於是有莊存與始治春秋公羊傳有心得；而劉逢祿龔自珍最能傳其學。公羊傳者，「今文學」也；東漢時，本有今文古文之爭，甚烈；詩之毛傳，春秋之左傳，及周官，皆晚出，稱古文，學者不信之；至漢末而古文學乃盛；自閻若璩攻僞古文尚書得勝，漸開學者疑經之風，於是劉逢祿大疑春秋左氏傳，魏源大疑詩毛氏傳，若周官則宋以來固多疑之矣；康有爲乃綜集諸家說，嚴畫今古文分野，謂凡東漢晚出之古文經傳，皆劉歆所僞造；正統派所最尊崇之許鄭，皆在所排擊；則所謂復古者，由東漢以復於西漢．有爲又宗公羊立「孔子改制」說，謂六經皆孔子所作，堯舜皆孔子依託；而先秦諸子，亦罔不「託古改制」；實極大膽之論，對於數千年經籍謀一突飛的大解放，以開自由研究之門．其弟子最著者，陳千秋梁啓超，千秋早卒，啓超以教授著述大弘其學；然啓超與正統派因緣較深，時時不慊於其師之武斷，故末流多有異同．

有爲啓超皆抱啓蒙期「致用」的觀念，借經術以文飾其政論，頗失「爲經學而治經學」之本意，故其業不昌．而轉成爲歐西思想輸入之導引．

清學之蛻分期，同時即其衰落期也．顧閻胡惠戴段二王諸先輩，非特學識淵粹卓絕，卽行誼亦至狷潔；及其學旣盛，舉國希聲附和，浮華之士亦競趨焉；固已漸爲社會所厭．且茲學犖犖諸大端，爲前人發揮略盡；後起者率因襲補苴，無復創作精神；卽有發明亦皆末節，漢人所謂碎義逃難也；而其人猶自倨貴，儼成一種「學閥」之觀．今古文之爭起，互相詆諆，缺點益暴露．海通以還，外學輸入；學子憬然於竺舊之非計，相率吐棄之，其運命自不能以復久延．然在此期中，猶有一二大師焉，爲正統派死守最後之壁壘；曰俞樾曰孫詒讓，皆得統於高郵王氏；樾著書惟二三種獨精絕；餘乃類無行之袁枚亦衰落期之一徵也；詒讓則有醇無疵，得此後殿，清學有光矣．樾弟子有章炳麟，智過其師；然亦以好談政治，稍荒厥業．而績谿諸胡之後有胡適者，亦用清儒方法治學，有正統派遺風．

綜觀二百餘年之學史，其影響及於全思想界者；一言蔽之，曰：「以復古爲解放」．　第一步：復宋之古，對於王學而得解放；第二步：復漢唐之古，對於程朱而得解放；第三步：復西漢之古，對於許鄭而得解放；第四步：復先秦之古，對於一切傳注而得解放；夫既已復先秦之古，則非至對於孔孟而得解放焉不止矣．　然其所以能著著奏解放之效者，則科學的研究精神實啓之．　今清學固衰落矣；「四時之運，成功者退，」其衰落乃勢之必然，亦事之有益者也，無所容其痛惜留戀；惟能將此研究精神轉用於他方向，則清學亡而不亡也矣．

三

略論既竟，今當分說各期．

吾言『清學之出發點，在對於宋明理學一大反動』夫宋明理學何爲而招反動耶？學派上之「主智」與「主意」；「唯物」與「唯心」；「實驗」與「冥證」；每迭爲循環．大抵甲派至全盛時必有流弊；有流弊斯有反動，而乙派與之代興；乙派之由盛而弊而反動亦然．然每經一度之反動再興，則其派之內容，必革新焉而有以異乎其前；人類德慧智術之所以進化，胥恃此也．此在歐洲三千年學術史中，其大勢最著明；我國亦不能違此公例；而明清之交，則其嬗代之跡之尤易見者也．

唐代佛學極昌之後，宋儒採之，以建設一種「儒表佛裏」的新哲學；至明而全盛．此派新哲學，在歷史上有極大之價值，自無待言．顧吾輩所最不慊者，其一：既採取佛說而損益之，何可諱其所自出，而反加以醜詆；其二：所創新派既並非孔孟本來面目，何必附其名而淆其實．是故吾於宋明之學，認其獨到且有益之處確不少；但對於其建設表示之形式，不能曲恕；謂其既誣孔，且誣佛，而並以自誣也．明王守仁爲茲派晚出之傑，而其中此習氣也亦更甚；即如彼所作朱子晚年定論，強指不同之朱陸爲同，實則自附於朱，且誣朱從我．此種習氣，爲思想界之障礙者有二：一曰遏抑創造：一學派既爲我所自創，何必依附古人以爲重；必依附古人，豈非謂生古人後者便不應有所創造耶？二曰獎勵虛僞：古人之說誠如是，則宗述之可也；並非如是，而以我之所指者實之，此無異指鹿爲馬，淆亂眞相，於學問爲不忠實．宋明學之根本缺點在於是．

進而考其思想之本質，則所研究之對象，乃純在紹紹靈靈不可捉摸之一物；少數俊拔篤摯之士，曷嘗不循此道而求得身心安宅，然效之及於世者已鮮；而浮僞之輩，摭拾虛辭以相夸煽，乃甚易易；故晚明「狂禪」一派，至於「滿街皆是聖人」，「酒色財氣不礙菩提路」，道德且墮落極矣．重以制科帖括，籠罩天下；學者但習此種影響因襲之談，便足以取富貴弋名譽；舉國靡然化之，則相率於不學，且無所用心．故晚明理學之弊，恰如歐洲中世黑暗時代之景教；其極也，能使人之心思耳目皆閉塞不用；獨立創造之精神，消蝕達於零度；夫人類之有「學問慾」其天性也；「學問飢餓」至於此極，則反動其安得不起．

四

當此反動期而從事於「黎明運動」者，則崑山顧炎武其第一人也。炎武對於晚明學風，首施猛烈之攻擊，而歸罪於王守仁，其言曰：

「今之君子，聚賓客門人數十百人，與之言心言性；舍「多學而識」以求「一貫」之方，置「四海困窮」不言而講「危微精一」，我弗敢知也。」（亭林文集答友人論學書）

又曰：

「今之學者，偶有所窺，則欲盡廢先儒之說而駕其上；不學則借一貫之言以文其陋；無行則逃之性命之鄉以使人不可詰。」（日知錄十八）

又曰：

「以一人而易天下，其流風至於百有餘年之久者，古有之矣；王夷甫之清談；王介甫之新說；其在於今，則王伯安之良

知是也．孟子曰：「天下之生久矣，一治一亂」撥亂世反諸正，豈不在後賢乎？」(同上)

凡一新學派初立，對於舊學派，非持絕對嚴正的攻擊態度，不足以摧故鋒而張新軍；炎武之排斥晚明學風，其鋒芒峻露，大率類是．自茲以後，王學遂衰熄；清代猶有襲理學以爲名高者，則皆自託於程朱之徒也；雖曰王學末流極敝，使人心厭倦，本有不摧自破之勢；然大聲疾呼以促思潮之轉捩，則炎武最有力焉．

炎武未嘗直攻程朱，根本不承認理學之能獨立．其言曰：

『古今安得別有所謂理學者，經學卽理學也；自有舍經學以言理學者，而邪說以起．』(全祖望亭林先生神道表引)

「經學卽理學」一語，則炎武所創學派之新旗幟也．其正當與否，且勿深論；——以吾儕今日眼光觀之，此語有兩病：其一，以經學代理學，是推翻一偶像而別供一偶像；其二，理學卽哲學也，實應離經學而爲一獨立學科，——雖然有清一代學術，確在此旗幟之下而獲一新生命．昔有非笑六朝經師者：謂『寧說周孔誤，不言鄭服非，』宋元明以來之談理學者亦然：寧得罪孔孟，不敢議周程張邵朱陸王；有議之者，幾如在專制君主治下犯大不敬律也；而所謂理學家者，蓋儼然成一最尊貴之學閥而奴視羣學．自炎武此說出，而此學閥之神聖，忽爲革命軍所粉碎；此實四五百年來思想界之一大解放也．

凡啓蒙時代之大學者，其造詣不必極精深；但常規定研究之範圍，創革研究之方法，而以新銳之精神貫注之；顧炎武之在「清學派」，卽其人也．炎武著述，其有統系的組織而手定成書者，惟音學五書耳；其天下郡國利病書，肇域志，造端宏大，僅有長編，未爲定稿；日知錄爲生平精力所集注，則又筆記備忘之類耳；自餘遺書尙十數種，皆明單義，幷非鉅裁．然則炎武所以能當一代開派宗師之名者何在？則在其能建設研究之方法而已．約舉有三：

一曰貴創：炎武之言曰，『有明一代之人，其所著書，無非竊盜而已．』（日知錄十八）其論著書之難，曰，『必古人所未及就，後世之所不可無，而後爲之．』（日知錄十九）其日知錄自序云，『愚自少讀書，有所得輒記之；其有不合，時復改定；或古人先我而有者，則遂削之．』故凡炎武所著書，可決其無一語蹈襲古人．其論文也亦然，曰，『近代文章之病，全在摹倣，卽使逼肖古人，已非極詣．』（日知錄十九）又曰，『君詩之病，在於有杜；君文之病，在於有韓歐；有此蹊徑於胸中，便終身不脫依傍二字．』（亭林文集與人書十七）觀此知摹倣依傍，炎武所最惡也．

二曰博證：　四庫全書日知錄提要云，『炎武學有本原，博贍而能貫通，每一事必詳其始末，參以證佐，而後筆之於書，故引據浩繁，而牴牾者少．』此語最能傳炎武治學法門．　全祖望云，『凡先生之遊，載書自隨，所至阨塞，卽呼老兵退卒詢其曲折，或與平日所聞相合，卽發書而對勘之，』（鮚埼亭集亭林先生神道表）蓋炎武研學之要訣在是；論一事必舉證，尤不以孤證自足，必取之甚博，證備然後自表其所信．　其自述治音韻之學也，曰，『……列本證。旁證。二條，本證者詩自相證也，旁證者采之他書也，二者俱無，則宛轉以審其音，參伍以諧其韻，……」(音論)此所用者，皆近世科學的研究法；乾嘉以還，學者固所共習；在當時則固炎武所自創也．

三曰致用。：炎武之言曰，『孔子刪述六經，卽伊尹太公救民水火之心，故曰「載諸空言，不如見諸行事」……愚不揣有見於此，凡文之不關於六經之指當世之務者，一切不爲』(亭林文集與人書二)彼誠能踐其言，其終身所撰著，蓋不越此範圍；其所謂「用」者果眞爲有用與否，此屬別問題；要之其標「實用主義」以爲鵠，務使學問與社會之關係增加密度，此實對於晚明之帖括派清談派施一大針砭；清代儒者以樸學自命以示別於文人，實炎武啓之；最近數十年以經術而影響於政體，亦遠紹炎武之精神也．

五

汪中嘗擬爲國朝六儒頌，其人則崑山顧炎武，德清胡渭，宣城梅文鼎，太原閻若璩，元和惠棟，休寧戴震也，其言曰，「古學之興也，顧氏始開其端；河洛矯誣，至胡氏而絀；中西推步，至梅氏而精；力攻古文者，閻氏也，專言漢儒易者，惠氏也，凡此皆千餘年不傳之絕學，及戴氏出而集其成焉．」（凌廷堪校禮堂集汪容甫墓志銘）其所推挹蓋甚當，六君者洵清儒之魁也．然語於思想界影響之鉅，則吾於顧戴之外，獨推閻胡．閻若璩之所以偉大，在其尙書古文疏證也；胡渭之所以偉大，在其易圖明辨也；汪中則旣言之矣．夫此兩書所研究者，皆不過局部問題，曷爲能影響於思想界之全部；且其書又不免漏略蕪雜，爲後人所糾者不少，——阮元輯學海堂經解，兩書皆擯不錄，——曷爲推尊之如是其至？吾固有說．

尚書古文疏證，專辨東晉晚出之古文尚書十六篇及同時出現之孔安國尚書傳皆爲僞書也．此書之僞，自宋朱熹元吳澄以來，既有疑之者；顧雖積疑，然有所憚而莫敢斷．自若璩此書出而讞乃定．夫辨十數篇之僞書，則何關輕重；殊不知此僞書者，千餘年來，舉國學子人人習之，七八歲便都上口，心目中恒視爲神聖不可侵犯；歷代帝王，經筵日講，臨軒發策，咸所依據尊尚；毅然悍然辭而闢之，非天下之大勇固不能矣．自漢武帝表章六藝罷黜百家以來，國人之對於六經，只許徵引，只許解釋，不許批評研究；韓愈所謂『曾經聖人手，議論安敢到；』若對於經文之一字一句稍涉擬議，便自覺陷於「非聖無法」，蹙然不自安於其良心；非特畏法網憚清議而已．凡事物之含有宗教性者，例不許作為學問上研究之問題；一作為問題，其神聖之地位固已搖動矣． 今不唯成為問題而已；而研究之結果，乃知疇昔所共奉為神聖者，其中一部分實糞土也；則人心之受刺激起驚愕而生變化，宜何如者． 蓋自茲以往，而一切經文，皆可以成為研究之問題矣；再進一步，而一切經義，皆可以成為研究之問題矣． 以舊學家眼光觀之，直可指為人心世道之憂，——當時毛奇齡著古文尚書冤詞以難閻，自比於抑洪水驅猛獸，光緒間有洪良品者，猶著書數十萬言，欲翻閻案，意亦同此，——以吾儕今日之眼光觀之，則誠思想界之一大解放；後此今古文經對待研究，成為問題；六經諸子對待研究，成爲問題；中國經典與外國宗教哲學諸書對待研究，成爲問題；其最初之動機，實發於此．

胡渭之易圖明辨，大旨辨宋以來所謂河圖洛書者；傳自邵雍，雍受諸李之才，之才受諸道士陳摶；非義文周孔所有，與易義無關．此似更屬一局部之小問題，吾輩何故認爲與閻書有同等之價値耶？須知所謂「無極」「太極」，所謂河圖洛書，實組織「宋學」之主要根核；宋儒言理言氣言數言命言心言性，無不從此衍出．周敦頤自謂「得不傳之學於遺經」，程朱輩祖述之，謂爲道統所攸寄；於是占領思想界五六百年，其權威幾與經典相埒．渭之此書，以易還諸羲文周孔，以圖還諸陳邵，，幷不爲過情之抨擊，而宋學已受「致命傷」．自此，學者乃知宋學自宋學，孔學自孔學，離之雙美，合之兩傷；(此胡氏自序中語）自此，學者乃知欲求孔子所謂眞理，舍宋人所用方法外，尚別有其途．不寧唯是，我國人好以「陰陽五行」說經說理，不自宋始，蓋漢以來已然；一切惑世誣民汨靈窒智之邪說邪術，皆緣附而起；胡氏此書，乃將此等異說之來歷，和盤托出，使其不復能依附經訓以自重；此實思想之一大革命也．

歐洲十九世紀中葉，英人達爾文之種源論，法人雷能之耶穌基督傳，先後兩年出版，而全歐思想界爲之大搖，基督教所受影響尤劇．夫達爾文自發表其生物學上之見解，於教宗何與；然而被其影響者，教義之立腳點破也．雷能之傳，極推挹基督，然反損其信仰者，基督從來不成爲學問上之問題，自此遂成爲問題也．明乎此間消息，則閻胡兩君之書，在中國學術史上之價值，可以推見矣．

若論清學界最初之革命者，尙有毛奇齡其人．其所著河圖原舛篇太極圖說遺議等，皆在胡渭前；後此清儒所治諸學，彼亦多引其緒．但其言古音則詆顧炎武，言尙書則詆閻若璩，故漢學家祧之不宗焉．全祖望爲毛西河別傳，謂：『其所著書，有造爲典故以欺人者，有造爲師承以示人有本者，有前人之誤已經辨正尙襲其誤而不知者，有信口臆說者，有不考古而妄言者，有前人之言本有出而妄斥爲無稽者，有改古書以就己者，』祖望於此諸項，每項舉一條爲例，更著有蕭山毛氏糾繆十卷．平心論之，毛氏在啓蒙期，不失爲一衝鋒陷陣之猛將，但「於學者的道德」缺焉．後儒不宗之宜耳．

同時有姚際恒者，其懷疑精神極熾烈，疑古文尙書，疑周禮，疑詩序，乃至疑孝經疑易傳十翼．其所著諸經通論未之見；但其古今僞書考，列舉經史子部疑僞之書共數十種，中固多精鑿之論也．

六

吾於清初大師，最尊顧黃王顏，皆明學反動所產也；顧爲正統派所自出，前既論列，今當繼述三子者．

餘姚黃宗羲，少受學於劉宗周，純然明學也；中年以後，方嚮一變；其言曰：『明人講學，襲語錄糟粕，不以六經爲根柢，束書而從事於游談，更滋流弊，故學者必先窮經；然拘執經術，不適於用，欲免迂儒，必兼讀史；』（清史黃宗羲傳）又曰：『讀書不多，無以證理之變化；多而不求於心，則爲俗學；』（全祖望鮚埼亭集黃梨洲先生神道碑）大抵清代經學之祖推炎武，其史學之祖當推宗羲；所著明儒學案，中國之有「學術史」，自此始也；又好治天算，著書八種，全祖望謂『梅文鼎本周髀言天文，世驚爲不傳之祕，而不知宗羲實開之．』其律呂新義，開樂律研究之緒；其易學象數論，與胡渭易圖明辨互相發明；其授書隨筆，則答閻若璩問也，故閻胡之學，皆受宗羲影響；其他學亦稱是．

清初之儒，皆講「致用」，所謂「經世之務」是也，宗羲以史學爲根柢，故言之尤辯；其最有影響於近代思想者，則明夷待訪錄也；其言曰：

『後之爲君者，以天下之利盡歸於己，天下之害盡歸於人；……使天下之人，不敢自私，不敢自利；以我之大私爲天下之公；……視天下爲莫大之產業……凡天下之無地而得安寧者，爲有君也；……天下之人，怨惡其君，視之爲寇讎，名之爲獨夫，固其所也，而小儒規規焉以君臣之義無所逃於天地之間，至桀紂之暴猶謂不當誅；……欲以如父如天之空名，禁人窺伺．』（原君）

又曰；

『後之人主，既得天下，唯恐其子孫之不能保有也，思患於未然而爲之法；然則其所謂法者，一家之法，而非天下之法也；……夫非法之法，前王不勝其利欲之私以創之，後王或不勝其利欲之私以壞之，壞之者固足以害天下，其創之者亦未始非害天下也；……論者謂有治人無治法，吾謂有治法而後有治人．』（原法）

此等論調，由今日觀之，固甚普通甚膚淺；然在二百六十七十年前，則眞極大膽之創論也，故顧炎武見之而歎，謂「三代之治可復」；而後此梁啓超譚嗣同輩倡民權共和之說，則將其書節鈔，印數萬本，祕密散布，於晚清思想之驟變，極有力焉．

清代史學極盛於浙，鄞縣萬斯同最稱首出，斯同則宗羲弟子也；唐以後之史，皆官家設局分修；斯同最非之，謂：『官修之史，倉猝成於衆人，猶招市人與謀室中之事；』(錢大昕潛研堂集萬季野先生傳)以獨力成明史稿；論者謂遷固以後一人而已．其後斯同同縣有全祖望，亦私淑宗羲，言「文獻學」者宗焉。會稽有章學誠，著文史通義，學識在劉知幾鄭樵上．

衡陽王夫之，生於南荒，學無所師承；且國變後遁跡深山，與一時士夫不相接，故當時無稱之者；然亦因是戛戛獨有所造．其攻王學甚力，嘗曰：「侮聖人之言，小人之大惡也，……姚江之學，橫拈聖言之近似者，摘一句一字以爲要妙，竄入其禪宗，尤爲無忌憚之至。』(俟解)又曰：『數傳之後，愈徇跡而忘其真，或以鉤考文句，分支配擬爲窮經之能，僅資場屋射覆之用，其偏者以臆測度，趨入荒杳。』(中庸補傳衍)遺書中此類之論甚多，皆感於明學之極敝而生反動；欲挽明以返諸宋，而於張載之正蒙，特推尚焉． 其治學方法，已漸開科學研究的精神，嘗曰：

『天下之物理無窮，已精而又有其精者，隨時以變，而皆不失於正；但信諸己而卽執之，云何得當；況其所爲信諸己者，又或因習氣或守一先生之言，而漸漬以爲己心乎！』(俟解)

夫之著書極多，同治間金陵刻本二百八十八卷，猶未逮其半；皆不落「習氣」，不「守一先生之言」；其讀通鑑論，宋論，往往有新解，爲近代學子所喜誦習；尤能爲深沈之思以擇繹名理，其張子正蒙注，老子衍，莊子解，皆覃精之作，蓋欲自創一派哲學而未成也．其言：『天理卽在人欲之中，無人欲則天理亦無從發現；』（正蒙注）可謂發宋元以來所未發；後此戴震學說，實由茲衍出．故劉獻廷極推服之，謂：『天地元氣，聖賢學脈；僅此一線；』（廣陽雜記二）其鄉後學譚嗣同之思想，受其影響最多；嘗曰：『五百年來學者，眞通天人之故者，船山一人而已．』（仁學卷上）尤可注意者；遺書目錄中，有相宗絡索及三藏法師八識規矩論贊二書，（未刻）在彼時以儒者而知治「唯識宗」，可不謂豪傑之士耶？

七

顧黃王顏：同一「王學」之反動也，而其反動所趨之方嚮各不同；黃氏始終不非王學，但是正其末流之空疏而已；顧王兩氏黜明存宋，而顧尊考證，王好名理；若顏氏者，則明目張膽以排程朱陸王，而亦菲薄傳注考證之學，故所謂「宋學」「漢學」者，兩皆吐棄；在諸儒中尤爲挺拔，而其學卒不顯於清世．

博野顏元，生於窮鄉，育於異姓，飽更憂患，堅苦卓絕，其學有類羅馬之「斯多噶派」，其對於舊思想之解放，最爲徹底；嘗曰：

『立言但論是非，不論異同；是，則一二人之見不可易也；非，則雖千萬人所同，不隨聲也；豈惟千萬人，雖百千年同迷之局，我輩亦當以先覺覺後，竟不必附和雷同也．』（鍾錢著顏習齋言行錄學問篇）

其尊重自己良心，確乎不可拔也如此，其對於宋學，爲絕無閃縮之正面攻擊；其言曰：

『予昔尚有將就程朱附之聖門支派之意；自一南遊，見人人禪子，家家虛文，直與孔門敵對，必破一分程朱，始入一分孔孟。乃定以爲孔孟與程朱判然兩途，不願作道統中鄉愿矣。』（李塨著顏習齋先生年譜卷下）

然則元之學之所以異於宋儒者何在耶？其最要之旨曰：『習行於身者多，勞枯於心者少。』（年譜卷下）彼引申其義曰：『人之歲月精神有限，誦說中度一日，便習行中錯一日，紙墨上多一分，便身世上少一分；』（存學編論講學）又曰：『宋儒如得一路程本，觀一處又觀一處，自喜爲通天下路程，人亦以曉路稱之，其實一步未行，一處未到；』（年譜卷下）又曰：『諸儒之論，在身乎，在世乎，徒紙筆耳，則言之悖於孔孟者墜也，言之不悖於孔孟者亦墜也；』（習齋記餘未墜集序）又曰：『譬之於醫，有妄人者，止務覽醫書千萬卷，熟讀詳說，以爲予國手矣，視診脈製藥針灸爲粗不足學，書日博，識日精，一人倡之，舉世效之，岐黃盈天下，而天下之人病相枕死相接也，』（存學編學辯一）又曰：『爲愛靜空談之學久，必至厭事；厭事必至廢事，遇事卽茫然，故誤人才敗天下事者宋學也；』（年譜卷下）又曰：『書本上見心頭上思可無所不及而最易自欺欺世，不特無能，其實一無知也；』（言行錄卷下）其論學宗旨大率類此。

由此觀之，元不獨不認宋學爲學，並不認漢學爲學，明矣。元之意蓋謂：學問絕不能向書本上或講堂上求之，惟當於社會日常行事中求之。故其言曰：『人之認讀書爲學者，固非孔子之學，以讀書之學解書，並非孔子之書，』（言行錄卷下）又曰：『後儒將博學改爲博讀博著．』（年譜卷下）其所揭櫫以爲學者，曰：周禮大司徒之「鄉三物」，——一：六德：知，仁，聖，義，忠，和；二：六行：孝，友，睦，婣，任，卹；三：六藝：禮，樂，射，御，書，數；——而其所實行者尤在六藝．故躬耕，習醫，學技擊，學兵法，習禮，習樂；其教門人必使之各執一藝．「勞作神聖」之義，元之所最信仰也，其言曰：『養身莫善於習動，夙興夜寐，振起精神，尋事去做；』（言行錄卷上）曰：『生存一日，當爲生民辦事一日；』（年譜卷下）質而言之，爲做事故求學問做事卽是學問舍做事外別無學問，此元之根本主義也．以實學代虛學，以動學代靜學，以活學代死學；與最近教育新思潮最相合．但其所謂實所謂動所謂活者，究竟能免於虛靜與死否耶？此則時代爲之，未可以今日社會情狀繩古人矣．

元弟子最著者，曰李塨，曰王源，皆能實踐其教；然元道太刻苦，類墨氏，傳者卒稀，非久遂中絕．

八

我國科學最昌明者，惟天文算法，至清而尤盛；凡治經學者多兼通之；其開山之祖，則宣城梅文鼎也．杭世駿謂：「自明萬曆中利瑪竇入中國，製器作圖頗精密，……學者張皇過甚，無暇深考中算源流；輒以世傳淺術，謂古九章盡此，於是薄古法爲不足觀；而或者株守舊聞，遽斥西人爲異學，兩家遂成隔閡；鼎集其書而爲之說，稍變從我法，若三角比例等，原非中法可該，特爲表出，古法方程，亦非西法所有，則專著論以明古人精意。』（杭世駿道古堂集梅定九徵君傳）文鼎著書八十餘種，其精神大率類是，知學問無國界，故無主奴之見。其所創獲甚多，自言：『吾爲此學，皆歷最艱苦之後而後得簡易；……惟求此理大顯，絕學不致無傳，則死且不憾；』（同上）蓋粹然學者態度也。

清代地理學亦極盛；然乾嘉以後，率偏於考古，且其發明多屬於局部的；以云體大思精，至今蓋尙無出無錫顧祖禹讀史方輿紀要上者。魏禧評之曰：『職方廣輿諸書，襲譌踵謬，名實乖錯，悉據正史考訂折衷之，此數千百年所絕無僅有之書也；……貫穿諸史，出以己所獨見，其深思遠識，在語言文字之外。』（魏禧叔子集讀史方輿紀要敍）祖禹爲此書，年二十九始屬稿，五十乃成，無一日中輟；自言：『舟車所經，必覽城郭，按山川，稽里道，問關津，以及商旅之子，征戍之夫，或與從容談論，考覈異同；』（讀史方輿紀要自叙）蓋純然現代科學精神也。

清初有一大學者而其學無傳於後者，曰大興劉獻廷。王源表其墓曰：『……脫身偏歷九州，覽其山川形勢，訪遺佚，交其豪傑，觀其土俗；博採軼事，以益廣其聞見，而質證其所學；……討論天地陰陽之變，霸王大略，兵法，文章，典制，方域要害；……於禮，樂，象緯，醫藥，書，數，法律，農桑，火攻器製，旁通博考，浩浩無涯涘；』（王源居業堂集劉處士墓表）而全祖望述其遺著有新韻譜者，最爲精奇。全氏曰：『繼莊（獻廷字）自謂於聲音之道，別有所窺，足窮造化之奧，百世而不惑。嘗作新韻譜，其悟自華嚴字母入，而參以天竺陀羅尼，泰西臘頂話，小西天梵書，暨天方蒙古女直等音；又證之以遼人林益長之說，而益自信。同時吳修齡自謂蒼頡以後第一人，繼莊則曰，是其於天竺以下書皆未得通，而但略見華嚴之旨者也。繼莊之法，先立鼻音二，以爲韻本；有開有合，各轉陰陽上去入之五音；——陰陽即上下二平——共十聲，而不歷喉腭舌齒脣之七位，故有橫轉無直送；則等韻重疊之失去矣。次定喉音四，爲諸韻之宗；而後知臘頂話，女直國書，梵音，尙有未精者；以四者爲正喉音，而從此得半音，轉音，伏音，送音，變喉音。又以二鼻音分配之，一爲東北韻宗，一爲西南韻宗，八韻立而四海之音可齊。於是以喉音互相合，凡得音十七；喉音與鼻音

注音字母實可笑事豈可謂之成績也哉

互相合，凡得音十；又以有餘不盡者三合之，凡得音五；共計三十音爲韻父．　而韻歷二十二位爲韻母；橫轉各有五子；而萬有不齊之聲攝於此矣．　又欲譜四方土音，以窮宇宙元音之變；乃取新韻譜爲主，而以四方土音塡之，逢人便可印正．』（全祖望結埼亭集劉繼莊傳）

蓋自唐釋守溫始謀爲中國創立新字母，直至民國七年教育部頒行注音字母，垂闕千年，而斯業乃成；而中間最能覃思而具其條理者，則獻廷也．　使其書而傳於後，則此問題或早已解決；而近三十年來學者，或可省許多研究之精力；然猶幸而有全氏傳其厓略，以資近代學者之取材，今注音字母，采其成法不少；則固受賜多矣．　全氏又述獻廷關於地理關於史學關於宗法之意見；而總論之曰：『凡繼莊所撰著，其運量皆非一人一時所能成，故雖言之甚殷，而難於畢業；』斯實然也．然學問之道，固未有成之於一人一時者；在後人能否善襲遺產以光大之而已；彼獻廷之新韻譜，豈非閱三百年而竟成也哉？獻廷嘗言曰：「人苟不能斡旋氣運，利濟天下，徒以其知能爲一身家之謀；則不能謂之人』（王源墓表引）其學問大本可概見，惜乎當時莫能傳其緒也．獻廷書今存者惟一廣陽雜記，實涉筆漫錄之作，殆不足以見獻廷．

同時有太原傅山者，以任俠聞於鼎革之交，國變後馮銓魏象樞嘗強薦之，幾以身殉，遂易服爲道士；有問學者，則告之曰，『老夫學莊列者也，於此間諸仁義事，實羞道之；』（全祖望結埼亭集傳青主事略）然史家謂：『其學大河以北莫能及者．』（吳翔鳳人史）

九

綜上所述，可知啓蒙期之思想界，極複雜而極絢爛．其所以致此之原因有四：

第一：承明學極空疏之後，人心厭倦，相率返於沈實．

第二：經大亂後，社會比較的安寧；故人得有餘裕以自厲於學．

第三：異族入主中夏，有志節者恥立乎其朝；故刊落聲華，專集精力以治樸學．

第四：舊學派權威既墜，新學派系統未成，無「定於一尊」之弊；故自由研究之精神特盛．

其研究精神，因環境之衝動，所趨之方向亦有四：

逸老之不仕非必由於異族

第一：因矯晚明不學之弊，乃讀古書；愈讀而愈覺求眞解之不易，則先求諸訓詁名物典章制度等等，於是考證一派出。

第二：當時諸大師，皆遺老也；其於宗社之變，類含隱痛，志圖匡復，故好研究古今史蹟成敗，地理阨塞，以及其他經世之務。

第三：自明之末葉，利瑪竇等輸入當時所謂西學者於中國，而學問研究方法上，生一種外來的變化；其初惟治天算者宗之，後則漸應用於他學。

第四：學風既由空返實；於是有從書上求實者，有從事上求實者；南人明敏多條理，故向著作方面發展；北人樸愨堅卓，故向力行方面發展。

梁氏所謂啟蒙時期實可謂之全盛時期所謂全

盛時期乃中衰時期也浙派興遂宣告破產矣第一期乃由空返實第二期則又由實返空矣

此啓蒙期思想發展途徑之大概也．

然則第二期之全盛時代，獨所謂正統派者，(考證學)充量發達，餘派則不盛，或全然中絕，其故何耶？以吾所思，原因亦有四：

一：顏李之力行派，陳義甚高；然未免如莊子評墨子所云：『其道大觳，恐天下不堪；』(天下篇)此等苦行，惟有宗教的信仰者能踐之；然已不能責望之於人．顏元之教，既絕無「來生的」「他界的」觀念；在此現實界而惟恃極單純極嚴冷的道德義務觀念；教人犧牲一切享樂，本不能成爲天下之達道．元之學所以一時尚能光大者，因其弟子直接受彼之人格的感化；一再傳後，感化力遞減，其漸歸衰滅，乃自然之理．況其所謂實用之「藝」，因社會變遷，非皆能周於用；而彼所最重

此乃二十年前鼓吹革命之一種濫調在今日全無存在之價值

者在「禮」；所謂「禮」者，二千年前一種形式，萬非今日所能一一實踐；既不能，則實者乃反為虛矣；此與當時求實之思潮，亦不相吻合；其不能成為風氣也固宜。

二：　吾嘗言當時「經世學派」之昌，由於諸大師之志存匡復；諸大師始終不為清廷所用，固已大受猜忌；　其後文字獄頻興，學者漸惴惴不自保，凡學術之觸時諱者，不敢相講習。　然英拔之士，其聰明才力，終不能無所用也；詮釋故訓，究索名物，眞所謂「於世無患與人無爭」，學者可以自藏焉。　又所謂經世之務者，固當與時消息，過時焉則不適用；治此學者既未能立見推行，則藏諸名山，終不免成為一種空論。　等是空論，則浮薄之士，何嘗不可勦說以自附，附者眾則亂眞而見厭矣。　故乾嘉以降，此派衰熄；即治史學地理學者，亦全趨於考證方面，無復以議論行之矣．

三：凡欲一種學術之發達，其第一要件，在先有精良之研究法．清代考證學，顧閻胡惠戴諸師，實闢出一新塗徑，俾人人共循；賢者識大，不賢識小，皆可勉焉． 中國積數千年文明，其古籍實有研究之大價值，如金之蘊於礦者至豐也；而又非研究之後，加以整理；則不能享其用，如在礦之金，非開採磨治焉不得也． 故研究法一開，學者既感其有味，又感其必要，遂靡然嚮風焉． 愈析而愈密，愈濬而愈深，蓋此學派在當時饒有開拓之餘地，凡加入派中者，苟能忠實從事，不拘大小，而總可以有所成；所以能拔異於諸派而獨光大也．

四：清學之研究法，既近於「科學的」，則其趨嚮似宜向科學方面發展；今專用之於考古，除算學天文外，一切自然科

清代學術之不趨於自然科學

實受漢學之害因漢人於經書中之閑於自然科學者皆任意說壞後人雖欲窺其真面而無從也

學皆不發達，何也？ 凡一學術之興，一面須有相當之歷史，一面又乘特殊之機運，我國數千年學術，皆集中社會方面，於自然界方面素不措意，此無庸爲諱也，而當時又無特別動機，使學者精力轉一方嚮． 且當考證新學派初興，可開拓之殖民地太多；才智之士正趨焉，自不能分力於他途． 天算者，經史中所固有也，故能以附庸之資格，連帶發達，而他無聞焉． 其實歐洲之科學，亦直至近代而始昌明，在彼之「文藝復興」時，其學風亦偏於考古，蓋學術進化必經之級，應如是矣．

右述啓蒙期竟，次及全盛期．

十

啓蒙期之考證學，不過居一部分勢力，全盛期則占領全學界；故治全盛期學史者，考證學以外，殆不必置論。啓蒙期之考證學，不過粗引端緒，其研究法之漏略者，不一而足，——例如閻若璩之尙書古文疏證，中多闌入日記信札之類，體例極蕪雜，胡渭之禹貢錐指，多經濟談，且漢宋雜糅，家法不嚴，——苟無全盛期諸賢，則考證學能否成一宗派，蓋未可知夫。無考證學則是無清學也，故言清學必以此時期爲中堅。

在此期中，此學派已成爲「羣衆化」，派中有力人物甚多，皆互相師友；其學業亦極「單調的」，無甚派別之可特紀；故吾欲專敍一二人，以代表其餘。當時鉅子，共推惠棟戴震，而戴學之精深，實過於惠。今略述二人之著述言論及其傳授之緒，資比較焉。

元和惠棟，世傳經學；祖父周惕，父士奇，咸有著述，稱儒宗焉．棟受家學，益弘其業；所著有九經古義，易漢學，周易述，明堂大道錄，古文尙書考，後漢書補注諸書．其弟子則沈彤江聲余蕭客最著；蕭客弟子江藩，著漢學師承記推棟爲斯學正統；實則棟未能完全代表一代之學術，不過門戶壁壘，由彼而立耳．惠氏之學，以博聞強記爲入門，以尊古守家法爲究竟．士奇於九經四史國語國策楚辭之文，皆能闇誦，嘗對座客誦史記封禪書終篇，不失一字；（錢大昕潛揅堂集惠天牧先生傳）棟受其教，記誦益賅洽．士奇之言曰：

『康成三禮，何休公羊，多引漢法，以其去古未遠．……賈公彥於鄭注……之類皆不能疏，……夫漢遠於周，而唐又遠於漢，宜其說之不能盡通也；況宋以後乎．』（禮說）

此可見惠氏家學，專以「古今」爲「是非」之標準，棟之學，其根

本精神卽在是．其言曰
『漢人通經有家法，故有五經師，訓詁之學，皆師所口授，其後乃著竹帛，所以漢經師之說，立於學官，與經並行，……古字古言非經師不能辨，……是故古訓不可改也，經師不可廢也，……余家四世傳經，咸通古義，……因述家學作九經古義一書．……』（九經古義首述）

惠派治學方法，吾得以八字蔽之，曰：『凡古必真，凡漢皆好．』其言『漢經師說與經並行，』意蓋欲尊之使儕於經矣．王引之嘗曰『惠定宇先生考古雖勤，而識不高，心不細，見異於今者則從之，大都不論是非．』（焦氏叢書卷首，王伯申手札）可謂知言．棟以善易名；其治易也，於鄭玄之所謂「爻辰」，虞翻之所謂「納甲」，荀諝之所謂「升降」，京房之所謂「

凡漢皆好與凡洋皆好是否同出一副腦筋

世應」「飛伏」，與夫「六日七分」「世軌」諸說，一一爲之疏通證明；汪中所謂「千餘年不傳之絕學」者也。以吾觀之，此其矯誣，與陳摶之「河圖洛書」有何差別；然彼則因其宋人所誦習也而排之，此則因其爲漢人所倡道也而信之；可謂大惑不解。然而當時之人蔽焉，輒以此相尚。江藩者，惠派嫡傳之法嗣也；其所著國朝漢學師承記，末附有國朝經師經義目錄一篇；其言曰：

「黃宗羲之易學象數論，雖闢陳摶康節之學，而以納甲動爻爲僞象，又稱王輔嗣注簡當無浮義；黃宗炎之圖書辨惑；力闢宋人，然不專宗漢學，非篤信之士。……胡朏明（渭）洪範正論，雖力攻圖書之謬，而闢漢學五行災異之說，是不知夏侯始昌之洪範五行傳，亦出伏生也；是以黜之。」

此種論調，最足以代表惠派宗旨。蓋謂凡學說出於漢儒者，皆當遵守，其有敢指斥者，則目爲信道不篤也。其後阮元輯學海堂經解，即以此爲標準，故顧黃閻胡諸名著，多見擯焉，謂其不醇也。平心論之，此派在清代學術界，功罪參半。篤守家法，令所謂「漢學」者壁壘森固，旗幟鮮明，此其功也。膠固，盲從，褊狹，好排斥異己。以致啓蒙時代之懷疑的精神批評的態度，幾夭閼焉，此其罪也。清代學術，論者多稱爲「漢學」；其實前此顧黃王顏諸家所治，並非「漢學」，後此戴段二王諸家所治，亦並非「漢學」，其「純粹的漢學」，則惠氏一派，洵足當之矣。夫不問「真不真」，惟問「漢不漢」，以此治學，安能通方。況漢儒經說，派別正繁，其兩說絕對不相容者甚多，欲盲從其一，則不得不駁斥其他。棟固以尊漢爲標幟者也，其釋「箕子明夷」之義，因欲揚孟喜說而抑施讎梁邱賀說，乃云：『謬傳流傳，肇於西漢，』(周易述卷五)致方東樹摭之以反脣相稽；(漢學商兌卷下)然則所謂「凡漢皆好」之旗幟，亦終見其不貫澈而已。故苟無戴震，則清學能否卓然自樹立，蓋未可知也。

十一

休寧戴震受學江永，其與惠棟亦在師友之間。震十歲就傳，受大學章句至「右經一章」以下，問其塾師曰：『此何以知爲孔子之言而曾子述之，又何以知爲曾子之意而門人記之？』師應之曰：『此先儒朱子所注云爾；』又問：『朱子何時人？』曰：『南宋；』又問：『孔子曾子何時人？』曰：『東周；』

又問：『周去宋幾何時？』曰：『幾二千年；』又問：『然則朱子何以知其然？』師無以應．（據王昶述庵文鈔戴東原墓志銘）

此一段故事，非惟可以說明戴氏學術之出發點，實可以代表清學派時代精神之全部．蓋無論何人之言，決不肯漫然置信，必求其所以然之故，常從衆人所不注意處覓得間隙，旣得間，則層層逼拶直到盡頭處；苟終無足以起其信者，雖聖哲父師之言不信也．此種研究精神，實近世科學所賴以成立；而震以童年具此本能，其能爲一代學派完成建設之業固宜．

震之言曰：

『學者當不以人蔽己，不以己自蔽；不爲一時之名，亦不期後世之名；有名之見，其弊二：非掊擊前人以自表暴，卽依傍昔賢以附驥尾．……私智穿鑿者，或非盡掊擊以自表暴

，積非成是而無從知，先入爲主而惑以終身；或非盡依傍以附驥尾，無鄙陋之心而失與之等，……』（東原文集答鄭用牧書）

『不以人蔽己不以己自蔽』二語，實震一生最得力處，蓋學問之難也粗涉其塗，未有不爲人蔽者；及其稍深入力求自脫於人蔽，而己旋自蔽矣；非廓然卓然，鑑空衡平，不失於彼，必失於此。　震之破「人蔽」也，曰：

『志存聞道，必空所依傍，漢儒訓詁，有師承，有時亦傅會；晉人傅會鑿空益多；宋人則恃胸臆以爲斷，故其襲取者多謬，而不謬者反在其所棄。……宋以來儒者，以己之見硬坐爲古聖賢立言之意，而語言文字實未之知；其於天下之事也，以己所謂理強斷行之，而事情源委隱曲實未能得，是以大道失而行事乖，……自以爲於心無愧，而天下受其咎，其

誰之咎，不知者且以實踐躬行之儒歸焉。』（東原集與某書）

其破「己蔽」也，曰：

『凡僕所以尋求於遺經，懼聖人之緒言闇汶於後世也。然尋求而有獲十分之見者，有未至十分之見者；所謂十分之見，必徵諸古而靡不條貫，合諸道而不留餘議，鉅細畢究，本末兼察；若夫依於傳聞以擬其是，擇於衆說以裁其優，出於空言以定其論，據於孤證以信其通；雖溯流可以知源，不目睹淵泉所導，循根可以達杪，不手披枝肆所歧，皆未至十分之見也；以此治經，失不知爲不知之意，而徒增一惑以滋識者之辨之也。……既深思自得而近之矣；然後知孰爲十分之見，孰爲未至十分之見。如繩繩木，昔以爲直者，其曲於是可見也；如水準地；昔以爲平者，其坳於是可見也，

夫然後傳其信不傳其疑，疑則闕，庶幾治經不害。』（東原集與姚姬傳書）

讀第一段，則知目震所治者爲「漢學」，實未當也。震之所期，在「空諸依傍」：晉宋學風，固在所詆斥矣；即漢人亦僅稱其有家法，而未嘗教人以盲從。錢大昕謂其：「實事求是，不主一家；」（潛揅堂集戴震傳）余廷燦「謂其有一字不準六書，一字解不通羣經，即無稽者不信，不信必反復參證而後即安，以故胸中所得，皆破出傳注重圍；」（余氏撰戴東原先生事略見國朝耆獻類徵百三十一）此最能傳寫其思想解放之精神。讀第二段，其所謂十分之見與未至十分之見者，即科學家定理與假說之分也。科學之目的，在求定理，然定理必經過假設之階級而後成；初得一義，未敢信爲眞也，其眞之程度，或僅一二分而已；

然姑假定以爲近眞焉，而憑藉之以爲研究之點，幾經試驗之結果，寖假而眞之程度增至五六分，七八分，卒達於十分，於是認爲定理而主張之；其不能至十分者，或仍存爲假說以俟後人，或遂自廢棄之也，凡科學家之態度，固當如是也．震之此論，實從甘苦閱歷得來；所謂『昔以爲直而今見其曲，昔以爲平而今見其坳，』實科學研究法一定之歷程，而其毅然割捨，傳信不傳疑，又學者社會最主要之道德矣．震又言曰：

『學有三難；淹博難，識斷難，精審難．三者僕誠不足以與於其間，其私自持及爲書之大概，端在乎是．前人之博聞強識，如鄭漁仲楊用修諸君子，著書滿家，淹博有之，精審未也．……』

戴學所以異於惠學者，惠僅淹博，而戴則識斷且精審也．章炳麟曰：『戴學分析條理，參密嚴瑮；上溯古義，而斷以己之律令．』（檢論清儒篇）可謂知言．

淩廷堪爲震作事略狀而系以論曰：『昔河間獻王實事求是；夫實事在前，吾所謂是者，人不能强辭而非之也，吾所謂非，人不能强辭而是之也；如六書九數及典章制度之學是也；虛理在前，吾所謂是者，人既可別持一說以爲非，吾所謂非者，人亦可別持一說以爲是也；如義理之學是也，』（校禮堂集）此其言絕似實證哲學派之口吻；而戴震之精神見焉，清學派之精神見焉，惜乎此精神僅應用於考古，而未能應用於自然科學界；則時代爲之也．

震常言：『知十而皆非真，不若知一之爲真知也．』（段玉裁經韻樓集娛親雅言序引）故其學雖淹博而不泛濫．其最專精者：曰小學，曰曆算，曰水地．小學之書：有聲韻考四卷，聲類表十卷，方言疏證十三卷，爾雅文字考十卷．曆算之書：有原象一卷，曆問二卷，古曆考二卷，句股割圜記三卷，續天文略三卷，策算一卷．水地之書：有水地記一卷，校水經注四十卷，直隸河渠書六十四卷．其他著述不備舉．四庫全書天算類提要全出其手，他部亦多參與焉．而其晚年最得意之作，曰孟子字義疏證．

孟子字義疏證，蓋軼出考證學範圍以外，欲建設一「戴氏哲學」矣．震嘗言曰：

「聖人之道，使天下無不達之情，求遂其欲．而天下治．後儒不知情之至於纖微無憾是謂理，而其所謂理者，同於酷吏所謂法；酷吏以法殺人，後儒以理殺人．髮髮乎舍法而

論理死矣，更無可救矣。』(東原文集卷八與某書)

又曰：

『程朱以「理爲如有物焉，得於天而具於心」；啓天下後世人人憑在己之意見而執之曰「理」，以禍斯民；更淆以「無欲」之說，於得理益遠，於執其意見益堅，而禍斯民益烈，豈理禍斯民哉，不自知爲意見也。』(戴氏遺書九附錄答彭進士書)

又曰：

『宋以前，孔孟自孔孟，老釋自老釋；談老釋者，高妙其言，不依附孔孟。宋以來，孔孟之書，盡失其解，儒者雜襲老釋之言以解之，……譬猶子孫未覩其祖父之貌者，誤圖他人之貌爲其貌而事之，所事固己之祖父也，貌則非矣。』(同上)

震欲祛「以釋混儒」「舍欲言理」之兩蔽，故晚作原善三篇，復爲孟子字義疏證，疏證之精語曰：

『……記曰：「飲食男女，人之大欲存焉；」聖人治天下，體民之情，遂民之欲，而王道備．人知老莊釋氏異於聖人．聞其無欲之說，猶未之信也；於宋儒則信以爲同於聖人．理欲之分，人人能言之；故今之治人者，視古聖賢體民之情遂民之欲，多出於鄙細隱曲，不措之意，不足爲怪．及其責以理也，不難舉曠世之高節，著於義而罪之．尊者以理責卑，長者以理責幼，貴者以理責賤，雖失謂之順，卑者幼者賤者以理爭，雖得謂之逆．於是下之人不能以天下之同情天下所同欲達之於上，上以理責其下，而在下之罪，人人不勝指數．人死於法，猶有憐之者，死於理，其誰憐之』

又曰：

『孟子言：「養心莫善於寡欲」，明乎欲之不可無也，寡之而已．人之生也，莫病乎無以遂其生；欲遂其生，亦遂人之生，仁也；欲遂其生，至於戕人之生而不顧，不仁也．不仁實始於欲遂其生之心，使其無此欲，必無不仁矣；然使其無欲，則於天下之人生道窮蹙，亦將漠然視之；已不必遂其生而遂人之生，無是情也．』

又曰：

『朱子屢言「人欲所蔽」，凡「欲」無非以生以養之事，「欲」之失爲「私」不爲「蔽」，自以爲得理而所執之實謬乃「蔽」．人之大患，「私」與「蔽」而已，「私」生於欲之失，「蔽」生於「知」之失．』

又曰：

「君子之治天下也，使人各得其情，各遂其欲，勿悖於道義；君子之自治也，情與欲使一於道義。　夫遏欲之害，甚於防川，絕情去智，充塞仁義。」

又曰：

「古聖賢所謂仁義禮智，不求於所謂欲之外，不離乎血氣心知；而後儒以爲如有別物焉湊泊附著以爲性，由雜乎老釋，終昧於孔孟之言故也。」

又曰：

「問：宋儒之言……也，求之六經中無其文，故借……之語以飾其說以取信學者歟？　曰：舍聖人立言之本指，而以己說爲聖人所言，是誣聖；借其語以飾吾之說以求取信，是欺學者也。　誣聖欺學者，程朱之賢不爲；蓋其學借階於老釋，是故失之．凡習於先入之言，往往受其蔽而不自覺．」

疏證一書，字字精粹，右所錄者未盡其什一也．綜其內容，不外欲以「情感哲學」代「理性哲學」；就此點論之，乃與歐洲文藝復興時代之思潮之本質絕相類．蓋當時人心，爲基督教絕對禁慾主義所束縛，痛苦無藝，既反乎人理而又不敢違，乃相與作僞，而道德反掃地以盡．文藝復興之運動，乃採久閼窒之「希臘的情感主義」以藥之；一旦解放，文化轉一新方向以進行，則蓬勃而莫能禦．戴震蓋確有見於此，其志願確欲爲中國文化轉一新方向；其哲學之立腳點，真可稱二千年一大翻案；其論尊卑順逆一段，實以平等精神，作倫理學上一大革命．其斥宋儒之糅合儒佛，雖辭帶含蓄，而意極嚴正，隨處發揮科學家求真求是之精神；實三百年間最有價值之奇書也．　震亦極以此自負，嘗曰；『僕生平著述之大，以孟子字義疏證爲第一．』（戴東原集卷首段玉裁序引）雖然，戴氏學派雖披靡一世，獨此書影響極小．　據江藩所記，謂：『當時讀疏證者莫能通其義，惟洪榜好焉：榜爲震行狀，載與彭尺木書，（按此書卽與孟子字義疏證相發明者）朱珪見之，謂：「可不必載，戴氏可傳者不在是；」：榜貽珪書力爭不得，震子中立，卒將此書删去．』（漢學師承記卷六）可見當時戴門諸子之對於此書，已持異同．　唐鑑謂：『先生本訓詁家，欲諱其不知義理，特著孟子字義疏證以詆程朱；』（國朝學案小識）鑑非能知戴學者，其言誠不足輕重，然可以代表當時多數人之心理也．當時宗戴之人，於此書旣鮮誦習發明；其反駁者亦僅一方東樹（漢學商兌卷上）然搔不著癢處．　此書蓋百餘年未生反響之書。。。。。。。。

書也；豈其反響當在今日以後耶？　然而論清學正統派之運動，遂不得不將此書除外．吾常言：『清代學派之運動，乃「研究法的運動」，非「主義的運動」也．』此其收穫所以不逮「歐洲文藝復興運動」之豐大也歟？

十二

戴門後學，名家甚衆；而最能光大其業者，莫如金壇段玉裁，高郵王念孫及念孫子引之；故世稱戴段二王焉．　玉裁所著書，最著者曰：說文解字注，六書音韻表；念孫所著書，最著者曰：讀書雜志，廣雅疏證；引之所著書，最著者曰：經義述聞，經傳釋詞．　戴段二王之學，其所以特異於惠派者，惠派之治經也，如不通歐語之人讀歐書，視譯人爲神聖；漢儒則其譯人也，故信憑之不敢有所出入；戴派不然，對於譯人不輕信焉，必求原文之正確然後即安．惠派所得，則斷章零句，援古正後而已，戴派每發明一義例，則通諸羣書而皆得其讀．是故惠派可名之曰漢學，戴派則確爲清學而非漢學．以爻辰納甲說易，以五行災異說書，以五際六情說詩，其他諸經義，無不雜引讖緯，此漢儒通習也；戴派之清學，則芟汰此等，不稍涉其藩，惟於訓詁名物制度注全力焉．戴派之言訓詁名物，雖常博引漢人之說，然並不墨守之．例如讀書雜志經義述聞，全書皆糾正舊注舊疏之失誤，所謂舊注者，則毛鄭馬賈服杜也，舊疏者，則陸孔賈也，宋以後之說，則其所不屑是正矣．是故如高郵父子者，實毛鄭賈馬服杜之諍臣，非其將順之臣也．夫豈惟不將順古人，雖其父師，亦不苟同．段之尊戴，可謂至矣．試讀其說文注，則『先生之言非也，』『先生之說非是，』諸文，到處皆是．卽王引之經義述聞，與其父念孫之說相出入者，且不少也．彼等不惟於舊注舊疏之舛誤絲毫不假借而已，而且敢於改經文．此與宋明儒者之好改古書，迹相類而實大殊；彼純憑主觀的臆斷，而此則出於客觀的鈎稽參驗也．段玉裁曰：

『校書定是非最難．是非有二：曰底本之是非，曰立說之是非；必先定底本之是非，而後可斷其立說之是非．……何謂底本，著書者之稿本是也，何謂立說，著書者所言之義理是也．……不先正底本，則多誣古人，不斷其立說之是非，則多誤今人．……』（經韻樓集與諸同志論校書之難）

此論最能說明考證學在學術界之位置及價值．蓋吾輩不治一

校勘之學得失相半其得免於逞臆妄改者實未之見也

學則已；旣治一學，則第一步須先將此學之眞相，了解明確；第二步乃批評其是非得失．譬如今日，欲批評歐人某家之學說，若僅憑拙劣僞謬之譯本，相與辯爭討論，實則所駁斥者乃並非原著，如此豈不可憐可笑．研究中國古書，雖不至差違如此其甚；然以語法古今之不同，與寫刻傳襲之譌錯，讀之而不能通其文句者則甚多矣；對於未通文句之書，而批評其義理之是非，則批評必多枉用，此無可逃避也．淸代之考證學家，卽對於此第一步工夫而非常努力；且其所努力皆不虛，確能使我輩生其後者，得省卻無限精力，而用之以從事於第二步，淸代學之成績，全在此點，而戴段二王之著述，則其代表也．

阮元之序經義述聞也，曰：

『凡古儒所誤解者，無不旁徵曲喻，而得其本義之所在．

使古聖賢見之，必解頤曰：「吾言固如是，數千年誤解之，今得明矣」……』

此其言洵非溢美；吾儕今日讀王氏父子之書，只覺其條條皆犂然有當於吾心，前此之誤解，乃一旦渙然氷釋也。雖以方東樹之力排「漢學」，猶云：『高郵王氏經義述聞，實足令鄭朱俛首，漢唐以來，未有其比；』（漢學商兌卷中之下）亦可見公論之不可磨滅矣。

然則諸公曷爲能有此成績耶？一言以蔽之曰：用科學的研究法而已。試細讀王氏父子之著述，最能表現此等精神。

吾嘗研察其治學方法：第一曰注意：凡常人容易滑眼看過之處，彼善能注意觀察，發現其應特別研究之點；所謂讀書得間也。如自有天地以來，蘋果落地不知凡幾，惟奈端能注意及之，家家日日皆有沸水，惟瓦特能注意及之：經義述聞所釐正之各經文，吾輩自童時即誦習如流，惟王氏能注意及之．凡學問上能有發明者，其第一步工夫必恃此也． 第二曰虛己： 注意觀察之後，既獲有疑竇；最易以一時主觀的感想，輕下判斷；如此則所得之「間」，行將失去． 考證家決不然；先空明其心，絕不許有一毫先入之見存；惟取客觀的資料，爲極忠實的研究． 第三曰立說： 研究非散漫無紀也，先立一假定之說以爲標準焉． 第四曰搜證： 既立一說，絕不遽信爲定論；乃廣集證據，務求按諸同類之事實而皆合；如動植物學家之日日搜集標本，如物理化學家之日日化驗也． 第五曰斷案： 第六曰推論： 經數番歸納研究之後，則可以得正確之斷案矣；既得斷案，則可以推論於同類之事項而無閡也．

王引之經傳釋詞自序云：

『……始取尚書二十八篇紬繹之，見其詞之發句助句者，昔人以實義釋之，往往詰鞫爲病，竊嘗私爲之說而未敢定也．及聞大人（指其父念孫）論毛詩「終風且暴」……諸條，發明意旨，渙若冰釋．……乃遂引而伸之，盡其義類；自九經三傳及周秦西漢之書，凡助語之文，徧爲搜討，分字編次，爲經傳釋詞十卷．』

又云：

『揆之本文而協，驗之他卷而通，雖舊說所無，可以心知其意．……凡其散見於經傳者，皆可比例而知觸類長之．……』

此自言其治學次第及應用之法頗詳明；雖僅敘一書著述始末，然他書可以類推，他家之書亦可以類推矣．此清學所以異於

此二節所言治學之法固甚合，然亦有例外不宜墨守，且此僅其一部，不得即視爲秘密也

前代，而永足爲我輩程式者也。

十三

正統派之學風，其特色可指者略如下：

一　凡立一義，必憑證據；無證據而以臆度者，在所必擯。

二　選擇證據，以古爲尚，以漢唐證據難宋明，不以宋明證據難漢唐；據漢魏可以難唐，據漢可以難魏晉，據先秦西漢可以難東漢，以經證經，可以難一切傳記。

三　孤證不爲定說；其無反證者姑存之，得有續證則漸信之，遇有力之反證則棄之。

四　隱匿證據或曲解證據，皆認爲不德。

五　最喜羅列事項之同類者，爲比較的研究，而求得其公則。

六　凡采用舊說，必明引之；勦說認爲大不德。

七　所見不合，則相辯詰，雖弟子駁難本師，亦所不避；受之者從不以爲忤。

八　辯詰以本問題爲範圍，詞旨務篤實温厚，雖不肯枉自己意見，同時仍尊重別人意見；有盛氣凌轢，或支離牽涉或影射譏笑者，認爲不德。

九　喜專治一業，爲「窄而深」的研究。

十　文體貴樸實簡絜，最忌「言有枝葉」。

當時學者，以此種學風相矜尚，自命曰「樸學」。其學問之中堅，則經學也，經學之附庸則小學；以次及於史學，天算學，地理學，音韻學，律呂學，金石學，校勘學，目錄學，等等，一皆以此種研究精神治之。質言之，則舉凡自漢以來書册上之學問，皆加以一番磨琢，施以一種組織．其直接之效果：一，吾輩向覺難讀難解之古書，自此可以讀可以解；二，許多僞書及書中竄亂蕪穢者，吾輩可以知所別擇，不復虛靡精力；三，有久墜之哲學，或前人向不注意之學，自此皆卓然成一專門學科；使吾輩學問之內容，日益豐富． 其間接之效果：一，讀諸大師之傳記及著述，見其「爲學問而學問」，治一業終身以之，銖積寸累，先難後獲；無形中受一種人格的觀感，使吾輩奮興向學，二，用此種研究法以治學，能使吾輩心細，讀書得間；能使吾輩忠實，不欺飾；能使吾輩獨立，不雷同；能使得吾輩虛受，不敢執一自是．

正統派所治之學，爲有用耶？爲無用耶？此甚難言試持以與現代世界諸學科比較，則其大部分屬於無用，此無可諱言也．雖然，有。用。無。用。云。者。，不。過。相。對。的。名。詞。．老子曰：『三十輻共一轂，當其無，有車之用，』此言乎以無用爲用也．循斯義也，則凡。真。學。者。之。態。度。，皆。當。爲。學。問。而。治。學。問。；夫用之云者，以所用爲目的，學問則爲達此目的之一手段也；爲。學。問。而。治。學。問。者。，學。問。卽。目。的。，故。更。無。有。用。無。用。之。可。言。．莊子稱：『不龜手之藥，或以霸，或不免於洴澼絖；』此言乎爲用不爲用，存乎其人也．循斯義也，則同是一學；在某時某地某人治之爲極無用者，易。時。易。地。易。人。治。之。，可。變。爲。極。有。用。，是故難言也．其實就純粹的學者之見地論之，只。當。問。成。爲。學。不。成。爲。學。，不。必。問。有。用。與。無。用。，非。如。此。則。學。問。不。能。獨。立。，不。能。發。達。．夫清學派固能成爲學者也，其在我國文化史上有價値者以此．

十四

清學自當以經學爲中堅，其最有功於經學者，則諸經殆皆有新疏也．其在易：則有惠棟之周易述，張惠言之周易虞氏義，姚配中之周易姚氏學．其在書：則有江聲之尙書集注音疏，孫星衍之尙書古今文注疏，段玉裁之古文尙書撰異，王鳴盛之尙書後案．其在詩：則有陳奐之詩毛氏傳疏，馬瑞辰之毛詩傳箋通釋，胡承珙之毛詩後箋．其在周官；有孫詒讓之周禮正義．其在儀禮：有胡承珙之儀禮今古文疏義，胡培翬之儀禮正義．其在左傳：有劉文淇之春秋左氏傳正義．其在公羊傳：有孔廣森之公羊通義，陳立之公羊義疏．其在論語：有劉寶枬之論語正義．其在孝經：有皮錫瑞之孝經鄭注疏．其在爾雅：有邵晉涵之爾雅正義，郝懿行之爾雅義疏．其在孟子：有焦循之孟子正義．以上諸書，惟馬胡之於詩，非全釋經傳文，不能直謂之新疏；易諸家穿鑿漢儒說，非訓詁家言；清儒最善言易者，惟一焦循，其所著易通釋易圖略易章句皆絜淨精微，但非新疏體例耳．書則段王二家稍粗濫；公羊則孔著不通家法；自餘則皆博通精粹，前無古人．尤有吾鄉簡朝亮，著尙書集注述疏，論語集注補正述疏，志在溝通漢宋，非正統派家法，然精覈處極多．十三經除禮記穀梁外，餘皆有新疏一種或數種，而大戴禮記則有孔廣森補注王聘珍解詁焉．此諸新疏者，類皆擷取一代經說之菁華，加以別擇結撰，殆可謂集大成；其餘爲部分的研究之書，最著者則惠士奇之禮說，胡渭之禹貢錐指，惠棟之易漢學，古文尙書考，明堂大道錄，焦循之周易鄭氏義，荀氏九家義，易義別錄，陳壽祺之三家詩遺說考，江永之周禮疑義舉要，戴震之考工記圖，段玉裁之周禮儀禮漢讀考，張惠言之儀禮圖，凌廷堪之禮經釋例，金榜之禮箋，孔廣森之禮學卮言，武億之三禮義證；金鶚之求古錄禮說，黃以周之禮經通故，王引之之春秋名字解詁，侯康之穀梁禮證，江永之鄉黨圖考，王引之之經義述聞，陳壽祺之左海經辨，程瑤田之通藝錄，焦循之羣經宮室圖等，其精粹者不下數百種．

清儒以小學爲治經之塗徑，嗜之甚篤，附庸遂蔚爲大國．其在說文：則有段玉裁之說文注，桂馥之說文義證，王筠之說文釋例，說文句讀；朱駿聲之說文通訓定聲．其在說文以外之古字書：則有戴震之方言疏證，江聲之釋名疏證，宋翔

治經探原於文字乃一定之理，雖然文字於漢以後今種種之字

鳳之小爾雅訓纂，胡承珙之小爾雅義證，王念孫之廣雅疏證；此與爾雅之邵郝二疏略同體例，得此而六朝以前之字書，差無疑滯矣．而以極嚴正之訓詁家法貫穴羣書而會其通者，則王念孫之經傳釋詞，俞樾之古書疑義舉例最精鑿；近世則章炳麟之小學答問，益多新理解，而馬建忠學之以著文通，嚴復學之以著英文漢詁，爲文典字之椎輪焉．而梁啓超著國文語原解，又往往以證社會學．

音。韻。學。又小學之附庸也，而清代特盛．自顧炎武始著音論，古音表，唐韻正，而江永有音學辨微，古韻標準，戴震有聲韻考，聲類表，段玉裁有六書音韻表，姚文田有說文聲原，苗夔有說文聲讀表，嚴可均有說文聲類，陳澧有切韻考．而章炳麟國故論衡中論音韻諸篇，皆精絕．此學也，其動機本

嘉乃兄大淵而
尔雅說文之宗
遂成為清代學
術之洪流，雅
我此时代限人
其間固亦有不對
不然者敢可嘆
如俞樾章炳麟
輩耶

音韵學最爲切
實無甚具体
办法於時亦狠
音韵學野狐禪
罷
求典章制度於
周礼只辦與求
天宮於爾雅說
天同纂記亦不
容其信但有、

起於考證古音，而愈推愈密，遂能窮極人類發音官能之構造，推出聲音變化之公例．劉獻廷著新韻譜，創字母，其書不傳；近世治此學者，積多數人之討論折衷，遂有注音字母之頒定．

典章制度一科，在清代亦爲絕學．其動機起於治三禮，後遂汎濫益廣．惠棟著明堂大道錄，對於古制度專考一事勒成專書者始此．徐乾學編讀禮通考，秦蕙田編五禮通考，多出一時名人之手．其後則胡匡衷有儀禮釋官，戴震有考工記圖，沈彤有周官祿田考，王鳴盛有周禮軍賦說，洪頤煊有禮經宮室答問，任大椿有弁服釋例深衣釋例，皆專注禮，而焦循有羣經宮室圖，程瑤田有通藝錄，貫通諸經焉．晚清則有黃以周之禮經通故，最博贍精審，蓋清代禮學之後勁矣．而樂律一門，亦幾蔚爲大國．毛奇齡始著竟山樂錄，次則江永著律呂新論，律呂闡微，江藩著樂縣考，凌廷堪著燕樂考原，而陳澧之聲律通考，晚出最精善；此皆足爲將來著中國音樂史最好之資料也．焦循著劇說，專考今樂沿革，尤爲切近有用矣．

清初諸師皆治史學，欲以爲經世之用，王夫之長於史論，其讀通鑑論宋論皆有特識，而後之史學家不循斯軌．黃宗羲萬斯同以一代文獻自任，實爲史學嫡派，康熙間，清廷方開明史館，欲藉以網羅遺逸；諸師旣抱所學，且藉以寄故國之思，雖多不受職，而皆間接參與其事，相與討論體例，別擇事實；故唐以後官修諸史，獨明史稱完善焉；乾隆以後，傳此派者，全祖望最著．顧炎武治史，於典章制度風俗，多論列得失，然亦好爲考證；乾嘉以還，考證學統一學界，其洪波自不得不及於史，則有趙翼之廿二史劄記，王鳴盛之十七史商榷，錢大昕之二十一史考異，洪頤煊之諸史考異，皆汲其流；四書體例略同，其職志皆在考證史蹟，訂譌正謬，惟趙書於每代之後，常有多條臚列史中故實，用歸納法比較研究，以觀盛衰治亂之原，此其特長也．其專考證一史者，則有惠棟之後漢書補注，梁玉繩之史記志疑，漢書人表考，錢大昕之漢書辨疑，後漢書辨疑，續漢書辨疑，梁章鉅之三國志旁證，周壽昌之漢書注校補，後漢書注補正，杭世駿之三國志補注其尤著也．自萬斯同力言表志之重要，自著歷代史表，此後表志專書，可觀者多，顧棟高有春秋大事表，錢大昭有後漢書補表，周嘉猷有南北史表，三國紀年表，五代紀年表，洪飴孫有三國職官表，錢大昕有元史氏族表，齊召南有歷代帝王年表，林春溥著竹柏山房十五種，皆考證古史，其中戰國紀年孔孟年表諸篇最精審，而官書亦有歷代職官表．洪亮吉有三國疆域志，東晉疆域志，十六國疆域志，洪齮孫有補梁疆域志，錢儀吉有補晉兵志，侯康有補三國藝文志，倪燦有宋史藝文志補，補遼金元三史藝文志，顧懷三有補五代史藝文志，錢大昕有補元史藝文志，郝懿行有補宋書刑法志食貨志，皆稱善本焉．而對於古代別史雜史，亦多考證箋注；則有陳逢衡之逸周書補注，朱右曾之周書集訓校釋，丁宗洛之逸周書管箋，洪亮吉之國語注疏，顧廣圻之國語札記，戰國策札記，程恩澤之國策地名考，郝懿行之山海經箋疏，陳逢衡之竹書紀年集證．降及晚清，研究元史，忽成爲一時風尚，則有何秋濤之元聖武親征錄校正，李文田之元祕史注．凡此皆以經學考證之法，移以治史；只能謂之考證。。。。

中國之古代地理亦須要製

學，殆不可謂之史學．其專研究史法者，獨有章學誠之文史通義，其價值可比劉知幾史通．

自唐以後，罕能以私人獨力著史，惟萬斯同之明史稿，最稱鉅製，而魏源亦獨力改著元史，柯劭忞之新元史，則近出之鉅製也，源又有聖武記，記清一代大事，有條貫；而畢沅續資治通鑑亦稱善本．

黃宗羲始著明儒學案爲學史之祖，其宋元學案則其子百家與全祖望先後續成之，皆清代史學之光也．

史之縮本，則地志也．清之盛時，各省府州縣皆以修志相尙，其志多出碩學之手．其在省志：浙江通志，廣東通志，雲南通志之總纂，則阮元也；廣西通志，則謝啓昆也；湖北通志，則章學誠原稿也．其在府縣志：則汾州府志出戴震，涇縣志，淳化縣志出洪亮吉，三水縣志出孫星衍，朝邑縣志出錢坫，偃師志，安陽志出武億，富順縣志出段玉裁，和州志，亳州志，永清縣志，天門縣志出章學誠，鳳台縣志出李兆洛，長沙志出章祐誠，遵義府志出鄭珍莫友芝．凡作者皆一時之選，其書有別裁有斷制，其討論體例見於各家文集者甚周備；欲知清代史學家之特色，當於此求之．

十五

顧炎武劉獻廷皆酷嗜地理學，所著書皆未成；而顧祖禹之讀史方輿紀要，言形勢阨塞略盡，後人莫能尙；於是中清之地理學，亦偏於考古一途．自戴震著水地記，校水經注，而水經爲一時研究之中心；孔廣森有水經釋地，全祖望有新校水經注，趙一淸有水經注釋，張匡學有水經注釋地，而近人楊守敬爲水經注疏，尤集斯學大成，（未刻，刻者僅注疏要刪。）而齊召南著水道提綱，則循水道治今地理也；洪頤煊有漢志水道疏證，陳澧有漢書地理志水道圖說，亦以水道治漢地理．閻若璩著四書釋地，徐善著春秋地名考略，江永著春秋地名考實，焦循著毛詩地理釋，程恩澤著國策地名考，皆考證先秦地理．其考證各史地理者，則吳卓信漢書地理志補注，楊守敬隋書地理志考證最精博．其通考歷代者，有陳芳績之歷代地理沿革表，李兆洛之歷代地理志韵編今釋，皆便檢閱；而楊守敬之歷代疆域志，歷代地理沿革圖，極綜核，惜製圖術未精，難言正確矣．自乾隆後邊徼多事，嘉道間學者漸留意西北邊新疆，青海，西藏，蒙古諸地理，而徐松，張穆，何秋濤最名家，松有西域水道記，漢書西域傳補注，新疆識略，穆有蒙古游牧記，秋濤有朔方備乘，漸引起研究元史的興味，至晚清尤盛．外國地理，自徐繼畬著瀛環志略，魏源著海國圖志，開始端緒，而其後竟不光大；近人丁謙於各史外夷傳及穆天子傳，佛國記，大唐西域記諸古籍，皆博加考證，成書二十餘種，（無總名，最近浙江圖書館校刻。）頗精贍．要之清代地理學偏於考古，故活學變爲死學，惟據全祖望著劉獻廷傳，知獻廷有意治「人文地理」，惜其業不竟；而後亦無繼也．

自明徐光啓以後，士大夫漸好治天文算學，清初則王錫闡，梅文鼎最專精，而大師黃宗羲，江永輩皆提倡之；清聖祖尤篤嗜，召西士南懷仁等供奉內廷；風聲所被，嚮慕尤衆；聖祖著有數理精蘊曆象考成，錫闡有曉菴新法，文鼎有勿菴曆算全書二十九種，江永有愼修數學九種，戴震校周髀以後迄六朝唐人算書十種，命曰算經；自爾而後，經學家什九兼治天算；尤專門者，李銳，董祐誠，焦循，羅士琳，張作楠，劉衡，徐有壬，鄒伯奇，丁取忠，李善蘭，華蘅芳，銳有李氏遺書，祐誠有董方立遺書，循有里堂學算記，作楠有翠微山房數學，衡有六九軒算書，有壬有務民義齋算學，伯奇有鄒徵君遺書，取忠有白芙堂算學叢書，善蘭有則古昔齋算學；而曾國藩設江南製造局於上海，頗譯泰西科學書，其算學名著，多出善蘭蘅芳手，自是所謂「西學」者漸興矣。阮元著疇人傳，羅士琳續補之，清代斯學變遷略具焉。茲學中國發源甚古，而光大之實在清代，學者精擘虛受，各有創獲，其於西來法，食而能化，足覘民族器量焉。

十六

金石學之在清代又彪然成一科學也。自顧炎武著金石文字記，實爲斯學濫觴，繼此有錢大昕之潛研堂金石文字跋尾，武億之金石三跋，洪頤煊之平津館讀碑記，嚴可均之鐵橋金石跋，陳介祺之金石文字釋，皆考證精徹，而王昶之金石萃編，薈錄衆說，頗似類書；其專舉目錄者，則孫星衍邢澍之寰宇訪碑錄，其後碑版出土日多，故萃編，訪碑錄等再三續補而不能盡。顧錢一派專務以金石爲考證經史之資料，同時有黃宗羲一派，從此中研究文史義例；宗羲著金石要例，其後梁玉繩，王芑孫，郭麐，劉寶楠，李富孫，馮登府等皆賡續有作。別有翁方綱，黃易一派，專講鑑別，則其考證非以助經史矣；

此以中文談
美術碑石似尚
之謂實踐文
余於金石不如
不以此
梁氏於金石乃
純粹門外漢
故談來不甚
親切殊無要
至於宋為未究金石學之文

包世臣一派專講書勢，則美術的研究也；而葉昌熾著語石，頗集諸派之長；此皆石學也。　其「金文學」則考證商周銅器；初，此等古物，惟集於內府；則有西清古鑑，寧壽鑑古等官書，然其文字皆摹寫取姿媚，失原形，又無釋文，有亦臆舛。自阮元吳榮光以封疆大吏，嗜古而力足以副之，於是收藏寖富，遂有著錄；阮有積古齋鐘鼎彝器款識，吳有筠清館金石文字；研究金文之端開矣。　道咸以後日益盛，名家者有劉喜海，吳式芬，陳介祺，王懿榮，潘祖蔭，吳大澂，羅振玉；式芬有攈古錄金文，祖蔭有攀古樓彝器款識，大澂有愙齋集古錄，皆稱精博；其所考證，多一時師友互相賞析所得，非必著者一人私言也。　自金文學興而小學起一革命；前此尊說文若六經，祔孔子以許慎，至是援古文籀文以難許者紛作，若莊述祖之說文古籀疏證，孫詒讓之古籀疏證，其著也。諸器文字既可讀，其事蹟出古經以外者甚多，因此增無數史料；而其花文雕鏤之研究，亦爲美術史上可寶之資；惜今尚未有從事者耳。最近復有龜甲文之學；龜甲文者，光緒己亥在河南湯陰縣出土；殆數萬片，而文字不可識，共不審爲何時物，後羅振玉考定爲殷文，著貞卜文字，殷虛書契考釋，殷虛書契待問篇，而孫詒讓著原名亦多根據甲文；近更有人言其物質非龜甲乃竹簡云。惜文至簡，足供史材者希；然文字變遷異同之跡可稽焉。

清儒之有功於古學者，更一端焉，則校勘也。古書傳習愈希者，其傳鈔踵刻，僞謬愈甚，馴至不可讀，而其書以廢。清儒則博徵善本以校讎之，校勘遂成一專門學。其成績可紀者，若汪中，畢沅之校大戴禮記，周廷寀，趙懷玉之校韓詩外傳，盧文弨之校逸周書，汪中，畢沅，孫詒讓之校墨子，謝墉之校荀子，孫星衍之校孫子，吳子，汪繼培任大椿秦恩復之校列子，顧廣圻之校國語，戰國策，韓非子，畢沅梁玉繩之校呂氏春秋，嚴可均之校愼子，商君書，畢沅之校山海經，洪頤孫之校竹書紀年，穆天子傳，丁謙之校穆天子傳，戴震，盧文弨之校春秋繁露，汪中之校賈誼新書，戴震之校算經十書，戴震，全祖望之校水經注，顧廣圻之校華陽國志；諸所校者，或遵善本，或據他書所徵引，或以本文上下互證；或是正其文字，或釐定其句讀，或疏證其義訓；往往有前此不可索解之語句，一旦昭若發矇。其功尤鉅者，則所校多屬先秦諸子，因此引起研究諸子學之興味。蓋自漢武罷黜百家以後，直至清之中葉，諸子學可謂全廢；若荀若墨，以得罪孟子之故，幾莫敢齒及，及考證學興，引據惟古是尙，學者始思及六經以外，尙有如許可珍之籍，故王念孫讀書雜志，已推勘及於諸子、其後俞樾亦著諸子平議，與羣經平議並列；而汪，戴，盧，孫，畢諸賢，乃徧取古籍而校之。夫校其文必尋其義，尋其義則新理解出矣。故汪中之荀卿子通論，墨子序，墨子後序，(並見述學，)孫星衍之墨子序，(平津館叢書本墨子，)我輩今日讀之，誠覺甚平易；然在當日，固發人所未發，且言人所不敢言也。後此洪頤煊著管子義證，孫詒讓著墨子閒詁，王先愼著韓非子集釋，則躋諸經而爲之注矣，及今而稍明達之學者，皆以子與經並重。思想蛻變之樞機，有捩於彼而關於此者，此類是已。

吾輩尤有一事當感謝淸儒者，曰輯佚。書籍經久必漸散亡，取各史藝文經籍等志校其存佚易見也；膚蕪之作，存亡固無足輕重；名著失墜，則國民之遺產損焉。乾隆中修四庫全書，其書之採自永樂大典者以百計，實開輯佚之先聲；此後茲業日昌，自周秦諸子，漢人經注，魏晉六朝逸史逸集，苟有片語留存，無不搜羅最錄，其取材則唐宋間數種大類書，如藝文類聚，初學記，太平御覽等最多，而諸經注疏及他書，凡可搜者無不徧。當時學者從事此業者甚多，不備舉，而馬國翰之玉函山房輯佚書，分經史子三部，集所輯至數百種，他可推矣。遂使漢志諸書隋唐志久稱已佚者，今乃纍纍現於吾輩之藏書目錄中；雖復片鱗碎羽，而受賜則既多矣。

十七

嗚呼，自吾之生而乾嘉學者，已零落略盡，然十三歲肄業於廣州之學海堂，堂則前總督阮元所創，以樸學教於吾鄉者也，其規模矩矱，一循百年之舊；十六七歲游京師，亦獲交當時耆宿數人，守先輩遺風不替者；中間涉覽諸大師著述，參以所聞見；蓋當時「學者」社會之狀況，可髣髴一二焉。

大抵當時好學之士，每人必置一「劄記冊子」，每讀書有心得則記焉。蓋清學祖顧炎武，而炎武精神傳於後者在其日知錄；其自述曰：「所著日知錄三十餘種，平生之志與業皆在其中；」（亭林文集與友人論門人書）又曰：「承問日知錄又成幾卷，而某自別來一載，早夜誦讀，反復尋究，僅得十餘條；」（同與人書十）其成之難而視之重也如此。推原劄記之性質，本非著書，不過儲著書之資料；然清儒最戒輕率著書，非得有極滿意之資料，不肯泐爲定本；故往往有終其身在預備資料中者．又當時第一流學者所著書，恆不欲有一字餘於己所心得之外；著專書或專篇，其範圍必較廣泛，則不免於所心得外摭拾冗詞以相湊附；此非諸師所樂，故寧以劄記體存之而已．夫吾固屢言之矣：清儒之治學，純用歸納法，純用科學精神；此法此精神，果用何種程序始能表現耶？第一步：必先留心觀察事物，覷出某點某點有應特別注意之價值；第二步：既注意於一事項，則凡與此事項同類者或相關係者，皆羅列比較以研究之；第三步：比較研究的結果，立出自己一種意見；第四步：根據此意見，更從正面旁面反面博求證據，證據備則泐爲定說，遇有力之反證則棄之；凡今世一切科學之成立，皆循此步驟，而清考證家之每立一說，亦必循此步驟也．既已如此，則試思每一步驟進行中，所需資料幾何，精力幾何，非用極綿密之劄記安能致者。訓詁學之模範的名著，共推王念孫經傳釋詞，俞樾古書疑義舉例，苟一察其內容，卽可知其實先有數千條之劄記，後乃組織而成書；又不惟專書爲然耳；卽在劄記本身中，其精到者，亦必先之以初稿之劄記——例如錢大昕發明古書輕脣音，試讀十駕齋養新錄本條，卽知其必先有百數十條之初稿劄記，乃能產出，——故顧氏謂一年僅能得十餘條，非虛言也。由此觀之，則劄記實爲治此學者所最必要；而欲知清儒治學次第及其得力處，固當於此求之。劄記之書則夥矣，其最可觀者，日知錄外，則有閻若璩之潛邱劄記，錢大昕之十駕齋養新錄，臧琳之經義雜記，盧文弨之鍾山札記龍城札記，孫志祖之讀書脞錄，王鳴盛之蛾述篇，汪中之知新記，洪亮吉之曉讀書齋四錄，趙翼之陔餘叢考，王念孫之讀書雜志，王引之之經義述聞，何焯之義門讀書記，臧庸之拜經日記，梁玉繩之瞥記，俞正燮之癸巳類稿癸巳存稿，宋翔鳳之過庭錄，陳澧之東塾讀書記等；其他不可殫舉。各家劄記，精粗之程度不同，即同一書中，每條價值亦有差別；有純屬原料性質者，（對於一事項初下注意的觀察者）有漸成爲粗製品者，（臚列比較而附以自己意見者）有已成精製品者，（意見經反覆引證後認爲定說者）而原料與粗製品，皆足爲後人精製所取資，此其所以可貴也。要之當時學者喜用劄記，實一種困知勉行工夫，其所以能綿密深入而有創獲者，頗恃此；而今亡矣。

清儒既不喜效宋明人聚徒講學，又非如今之歐美有種種學會學校爲聚集講習之所；則其交換智識之機會，自不免缺乏；其賴以補之者，則函札也。後輩之謁先輩，率以問學書爲贄，——有著述者則媵以著述，——先輩視其可教者，必報書，釋其疑滯而奬進之。平輩亦然，每得一義，輒馳書其共學之友相商榷，答者未嘗不盡其詞；凡著一書成，必經摯友數輩嚴勘得失，乃以問世，而其勘也皆以函札。此類函札，皆精心結撰，其實即著述也。此種風氣，他時代亦間有之，而清爲獨盛。

其爲文也樸實說理，言無枝葉，而旨壹歸於雅正。語錄文體，所不喜也，而亦不以奇古爲尚。顧炎武之論文曰：『孔子言：「其旨遠其辭文」，又曰：「言之無文行而不遠」曾子曰：『出辭氣斯遠鄙倍；』今講學先生從語錄入者，多不善修辭；』又曰：『時有今古，非文有今古，今之不能爲二漢

此語似為後來如仲容章太炎輩言之

，猶二漢之不能爲尙書左氏；乃勦取史漢中文法以爲古，甚者獵其一二字句用之於文，殊爲不稱；……舍今日恒用之字而借古字之通用者，文人所以自蓋其俚淺也；』（日知錄十九）清學皆宗炎武，文亦宗之，其所奉爲信條者：一曰不俗，二曰不古，三曰不枝，蓋此種文體於學術上之說明，最爲宜矣，然因此與當時所謂「古文家」者每不相容。美文，清儒所最不擅長也；諸經師中，殆無一人能爲詩者；——集中多皆有詩，然真無足觀，——其能爲詞者，僅一張惠言；能爲駢體文者，有孔廣森，汪中，淩廷堪，洪亮吉，孫星衍，董祐誠；其文仍力洗浮豔，如其學風。

十八

茲學盛時，凡名家者，比較的多耿介恬退之士。時方以科舉籠罩天下，學者自宜什九從茲途出；大抵後輩志學之士未得第者，或新得第而俸入薄者，恆有先輩延主其家爲課子弟；此先輩亦以子弟畜之，常獎誘增益其學；此先輩家有藏書，足供其檗索；所交遊率當代學者，常得陪末座以廣其聞見；於是所學漸成矣。官之遷皆以年資，人無干進之心，卽干亦無倖獲；得第早而享年永者，則馴躋卿相，否則以詞館郎署老；俗旣儉樸，事畜易周，而寒士素慣淡泊；故得與世無競，而終其身於學。京官簿書期會至簡，惟日夕閉戶親書卷；得間與同氣相過從，則互出所學相質；琉璃廠書賈，漸染風氣，大可人意，每過一肆，可以永日，不啻爲京朝士夫作一公共圖書館；——凌廷堪傭於書坊以成學，——學者滋便焉。其有外任學差或疆吏者，輒妙選名流充幕選；所至則網羅遺逸，汲引後進；而從之遊者，既得以稍裕生計，亦自增其學。其學成名著而厭仕宦者，亦到處有逢迎，或書院山長，或各省府州縣修志，或大族姓修譜，或有力者刻書請鑒定，皆其職業也；凡此皆有相當之報酬，又有益於學業，故學者常樂就之。吾常言：欲一國文化進展，必也社會對於學者有相當之敬禮，學者恃其學足以自養，無憂飢寒，然後能有餘裕以從事於更深的研究，而學乃日新焉。近世歐洲學問多在此種環境之下培養出來，而前清乾嘉時代，則亦庶幾矣。

歐洲文藝復興，固由時代環境所醞釀，與二三豪俊所濬發；然尚有立乎其後以翼而輔之者：若羅馬教皇尼古拉第五，佛羅陵士之梅忒西家父子，拿波里王阿爾芬梭，以及其他意大利自由市府之豪商闊族，皆沾染一時風尙，爲之先後疏附；直接間接提倡奬借者不少，故其業益昌。清學之在全盛期也亦然；淸高宗席祖父之業，承平殷阜，以右文之主自命；開四庫館，修一統志，纂續三通，皇朝三通，修會典，修通禮，日不暇給；其事皆有待於學者：內外大僚承風宏奬者甚衆。嘉慶間，阮元畢沅之流，本以經師致身通顯，任封疆，有力養士，所至提倡，隱然茲學之護。法。神也。淮南鹽商，旣窮極奢欲，亦趨時尙，思自附於風雅；競蓄書畫圖器，邀名士鑒定，潔亭舍豐館穀以待。其時刻書之風甚盛，若黃丕烈鮑廷博輩固自能別擇讎校，其餘則多有力者欲假此自顯，聘名流董其事；乃至販鴉片起家之伍崇曜，亦有粤雅堂叢書之刻，而其書且以精審聞，他可推矣。夫此類之人，則何與於學問？然固不能謂其於茲學之發達無助力；與南歐巨室豪賈之於文藝復興，若合符契也。吾乃知時代思潮之爲物，當運動熱度最高時，可以舉全社會各部分之人人，悉參加於此運動；其在中國，則晚明之心學，盛清之考證，皆其例也。

十九

以上諸節所論，皆爲全盛期之正統派。此派遠發源於順康之交，直至光宣，而流風餘韻，雖替未沫，直可謂與前清朝運相終始；而中間乾嘉道百餘年間，其氣象更掩襲一世，實更無他派足與抗顏行。若強求其一焉，則固有在此統一的權威之下而常懷反側者，卽所謂「古文家」者是已。宋明理學極敝，然後清學興，清學旣興，治理學者漸不復能成軍；其在啓蒙期，猶爲程朱陸王守殘壘者，有孫奇逢，李中孚，刁包，張履祥，張爾岐，陸隴其，陸世儀諸人，皆尙名節厲實行，粹然純儒；然皆硜硜自守，所學遂不克光大。同時有湯斌李光地魏象樞魏裔介輩，亦治宋學，頗媕婀投時主好以躋通顯；時淸學壁壘未立，諸大師著述談說，往往出入漢宋，則亦相忘於道術而已。乾隆之初，惠戴崛起，漢幟大張，疇昔以宋學鳴者，頗無顏色；時則有方苞者，名位略似斌光地等，尊宋學，篤謹能躬行，而又好爲文；苞桐城人也，與同里姚範劉大櫆共學文，誦法曾鞏歸有光，造立所謂古文義法，號曰「桐城派」；又好述歐陽修「因文見道」之言，以孔孟韓歐程朱以來之道統自任；而與當時所謂漢學者互相輕。範從子鼐，欲從學戴震，震固不好爲人師，謝之；震之規古文家也曰

：「諸君子之爲之也，曰：是道也，非藝也；夫道固有存焉者矣如諸君子之文，亦惡覩其非藝歟？」（東原集與方希原書）錢大昕亦曰：「方氏所謂古文義法者，特世俗選本之古文，……法且不知，義更何有；……若方氏乃眞不讀書之甚者，吾兄特以其波瀾意度近於古而喜之；……」（潛研堂集三十三與友人書）由是諸方諸姚頗不平，鼐屢爲文詆漢學破碎，而方東樹著漢學商兌徧詆閻胡惠戴所學，不遺餘力；自是兩派始交惡。其後陽湖惲敬陸繼輅自「桐城」受義法而稍變其體，張惠言李兆洛皆治考證學，而亦好爲文，與惲陸同氣，號「陽湖派」。戴段派之考證學，雖披靡一世；然規律太嚴整，且亦聲希味淡，不能悉投衆嗜；故誦習兩派古文家者卒不衰；然才力薄，罕能張其軍者；咸同間，曾國藩善爲文而極尊「桐城」，嘗爲聖哲畫像贊，至躋姚鼐與周公孔子並列；國藩功業既焜燿一世，「桐城」亦緣以增重，至今猶有挾之以媚權貴欺流俗者。平心論之，「桐城」開派諸人，本狷潔自好；當「漢學」全盛時而奮然與抗，亦可謂有勇；不能以其末流之墮落歸罪於作始；然此派者，以文而論，因襲矯揉，無所取材；以學而論，則獎空疏，闕創獲，無益於社會；且其在清代學界，始終未嘗占重要位置，今後亦斷不復能自存；置之不論焉可耳。

方東樹之漢學商兌，卻為清代一極有價值之書。其書成於嘉慶間，正值正統派炙手可熱之時，奮然與抗，亦一種革命事業也。其書為宋學辯護處，固多迂舊，其針砭漢學家處，卻多切中其病，就中指斥言「漢易」者之矯誣，及言典章制度之莫衷一是，尤為知言。後此治漢學者頗欲調和漢宋，如阮元著性命古訓陳澧著漢儒通義，謂漢儒亦言理學，其東塾讀書記中有朱子一卷，謂朱子亦言考證，蓋頗受此書之反響云．

在全盛期與蛻分期之間，有一重要人物，曰會稽章學誠．學誠不屑屑於考證之學，與正統派異．其言「六經皆史」，且極尊劉歆七略，與今文家異．然其所著文史通義，實爲乾嘉後思想解放之源泉．其言『賢智學於聖人聖人學於百姓．』『集大成者乃周公而非孔子．』(原道篇)言『六經皆史，而諸子又皆出於六經．』(易教詩教經解諸篇)言『戰國以前無著述，』(詩教篇)言『古人之言，所以爲公，未嘗私據爲己有．』(言公篇)言『古之糟魄，可以爲今之精華．』(說林篇)言『後人之學勝於前人，乃後起之智慮所應爾．』(朱陸篇)言『學術與一時風尙不必求適合．』(感遇篇)言『文不能彼此相易，不可舍己之所求以摩古人之形似。』（文理篇）言『學貴自成一家。人所能者，我不必以不能爲媿。』（博約篇）書中創見類此者不可悉數，實爲晚清學者開拓心胸，非直史家之傑而已。

二十

道咸以後，清學曷爲而分裂耶？其原因，有發於本學派之自身者，有由環境之變化所促成者。

所謂發於本學派自身者何耶？其一：考證學之研究方法雖甚精善，其研究範圍卻甚拘迂。就中成績最高者，惟訓詁一科；然經數大師發明略盡，所餘者不過糟粕。其名物一科，考明堂，考燕寢，考弁服，考車制，原物今既不存，聚訟終末由決。典章制度一科，言喪服，言禘祫，言封建，言井田，在古代本世有損益變遷，卽羣書亦未由折衷通會。夫清學所以能奪明學之席而與之代興者，毋亦曰彼空而我實也；今紛紜於不可究詰之名物制度，則其爲空也，與言心言性者相去幾何？ 甚至言易者擯「河圖洛書」而代以「卦氣爻辰」，其矯誣正相類，諸如此類者尚多，殊不足以服人。 要之清學以提倡一「實」字而盛，以不能貫徹一「實」字而衰，自業自得，固其所矣。 其二：凡一有機體發育至一定限度，則凝滯不復進，因凝滯而腐敗，而衰謝，此物理之恆也；政制之蛻變也亦然，學派之蛻變也亦然。 清學之興，對於明之「學閥」而行革命也；乃至乾嘉以降，而清學已自成爲炙手可熱之一「學閥」。 卽如方東樹之漢學商兌，其意氣排軋之處固甚多，而切中當時流弊者抑亦不少；然正統派諸賢，莫之能受；其騶卒之依附末光

恬 音甜 安也 謂安然不驚不動也 如云恬不為怪 靜也 莊子以恬養志

者，且盛氣以臨之；於是思想界成一「漢學專制」之局．學派自身，既有缺點，而復行以專制，此破滅之兆矣．其三：清學家既教人以尊古，又教人以善疑．既尊古矣，則有更古焉者，固在所當尊；既善疑矣，則當時諸人所共信者，吾曷爲不可疑之？蓋清學經乾嘉全盛以後，恰如歐洲近世史初期，各國內部略奠定，不能不有如科侖布其人者別求新陸．故在本派中有異軍突起，而本派之命運，遂根本搖動；則亦事所必至理有固然矣．

所謂由環境之變化所促成者何耶？其一：清初「經世致用」之一學派所以中絕者，固由學風正趨於歸納的研究法，厭其空泛；抑亦因避觸時忌，聊以自藏．嘉道以還，積威日弛，人心已漸獲解放；而當文恬武嬉之既極，稍有識者，咸知大亂之將至；追尋根原，歸咎於學非所用；則最尊嚴之學閥，自不得不首當其衝。 其二：清學之發祥地及根據地，本在江浙，咸同之亂，江浙受禍最烈，文獻蕩然；後起者轉徙流離，更無餘裕以自振其業。 而一時英拔之士，奮志事功，更不復以學問爲重。 凡學術之賡續發展，非比較的承平時代則不能；咸同間之百學中落，固其宜矣。 其三：「鴉片戰役」以後，志士扼腕切齒，引爲大辱奇戚，思所以自湔拔；經世致用觀念之復活，炎炎不可抑。 又海禁既開，所謂「西學」者逐漸輸入；始則工藝，次則政制。 學者若生息於漆室之中，不知室外更何所有；忽穴一牖外窺，則粲然者皆昔所未睹也；還顧室中，則皆沈黑積穢；於是對外求索之慾日熾，對內厭棄之情日烈。 欲破壁以自拔於此黑闇，不得不先對於舊政治而試奮鬬；於是以其極幼稚之「西學」智識；與清初啓蒙期所謂「經世之學」者相結合；別樹一派，向於正統派公然舉叛旗矣．此則清學分裂之主要原因也．

二十一

清學分裂之導火線，則經學今古文之爭也．何謂今古文？初，秦始皇焚書，六經絕焉，漢興，諸儒始漸以其學教授，而亦有派別；易則有施（讎）孟（喜）梁丘（賀）三家，而同出田何；書則有歐陽（生）大夏侯（勝）小夏侯（建）三家，而同出伏勝；詩則有齊魯韓三家，魯詩出申公，齊詩出轅固，韓詩出韓嬰；春秋則惟公羊傳，有嚴（彭祖）顏（安樂）兩家，同出胡毋生董仲舒，禮則惟儀禮，有大戴（德）小戴（聖）慶（普）三家，而同出高堂生。此十四家者，皆漢武帝宣帝時立於學官，置博士教授；其寫本皆用秦漢時通行篆書，謂之今文；史記儒林傳所述經學傳授止此，所謂十四博士是也。逮西漢之末，則有所謂古文經傳出焉；易則有費氏，謂東萊人費直所傳，書則有孔氏，謂孔子裔孫安國發其壁藏所獻；詩則有毛氏，謂河間獻王博士毛公所傳；春秋則左氏傳，謂張蒼曾以教授；禮則有逸禮三十九篇，謂魯共王得自孔子壞宅中，又有周官，謂河間獻王所得；此諸經傳者，皆以科斗文字寫，故謂之古文。兩漢經師，多不信古文；劉歆屢求以立學官，不得，歆移書讓太常博士，謂其「專己守殘黨同妬真」者也。王莽擅漢，歆挾莽力立之，光武復廢之，東京初葉，信者殊稀；至東漢末，大師服虔馬融鄭玄皆尊習古文，古文學遂大昌。而其時爭論焦點，則在春秋公羊傳；今文大家何林著左氏膏肓穀梁廢疾公羊墨守，古文大家鄭玄則著箴膏肓起廢疾發墨守以駁之；玄旣淹博，徧注羣經，其後晉杜預王肅皆衍其緒，今文學遂衰。此兩漢時今古文鬩爭之一大公案也。

南北朝以降，經說學派，只爭鄭（玄）王，（肅）今古文之爭遂熄；唐陸德明著釋文，孔穎達著正義，皆雜宗鄭王。今所傳十三經注疏者，易用王（弼）注，書用僞孔（安國）傳，詩用毛傳鄭箋，周禮儀禮禮記皆用鄭注，春秋左氏傳用杜（預）注，其餘諸經，皆汲晚漢古文家之流；西漢所謂十四博士者，其學說皆亡，僅存者惟春秋公羊傳之何（休）注而已。自宋以後，程朱等亦徧注諸經，而漢唐注疏廢。入清代則節節復古；顧炎武惠士奇輩專提倡注疏學，則復於六朝唐；自閻若璩攻僞古文尙書，後證明作僞者出王肅，學者乃重提南北朝鄭王公案，絀王申鄭；則復於東漢；乾嘉以來，家家許鄭，人人賈馬，東漢學爛然如日中天矣。懸崖轉石，非達於地不止；則西漢今古文舊案，終必須翻騰一度，勢則然矣。

二十二

今文學之中心在公羊，而公羊家言，則真所謂『其中多非常異義可怪之論，』（何休公羊傳注自序）自魏晉以還，莫敢道焉。今十三經注疏本，公羊傳雖用何注，而唐徐彥爲之疏，於何義一無發明，公羊之成爲絕學，垂二千年矣。清儒既徧治古經，戴震弟子孔廣森始著公羊通義；然不明家法，治今文學者不宗之。今文學啓蒙大師，則武進莊存與也；存與著春秋正辭，刋落訓詁名物之末，專求其所謂「微言大義」者；與戴段一派所取塗徑，全然不同。其同縣後進劉逢祿繼之，著春秋公羊經傳何氏釋例，凡何氏所謂非常異義可怪之論，如「張三世」「通三統」「絀周王魯」「受命改制」諸義，次第發明；其書亦用科學的歸納研究法，有條貫，有斷制，在清人著述中，實最有價值之創作。段玉裁外孫龔自珍，既受訓詁學於段，而好今文，說經宗莊劉；自珍性詄宕，不檢細行，頗似法之盧騷；喜爲要眇之思，其文辭俶詭連犿，當時之人弗善也，而自珍益以此自憙；往往引公羊義譏切時政，詆排專制；晚歲亦耽佛學，好談名理。綜自珍所學，病在不深入，所有思想，僅引其緒而止，又爲瑰麗之辭所掩，意不豁達；雖然，晚清思想之解放，自珍確與有功焉；光緒間所謂新學家者，大率人人皆經過崇拜龔氏之一時期；初讀定庵文集，若受電然，稍進乃厭其淺薄；然今文學派之開拓，實自龔氏。夏曾佑贈梁啓超詩云：「璱人（樂）申受（劉）出方耕（莊）孤緒微茫接董生，（仲舒）」此言「今文學」之淵源最分明；擬諸「正統派」，莊可比顧，龔劉則閻胡也。

「今文學」之初期，則專言公羊而已，未及他經；然因此知漢代經師家法，今古兩派，截然不同，知賈馬許鄭，殊不足以盡漢學。時輯佚之學正極盛，古經說片語隻字，搜集不遺餘力，於是研究今文遺說者漸多；馮登府有三家詩異文疏證，陳壽祺有三家詩遺說考，陳喬樅有今文尚書經說考，尚書歐陽夏侯遺說考，三家詩遺說考，齊詩翼氏學疏證，迮鶴壽有齊詩翼氏學；然皆不過言家法同異而已，未及眞僞問題。道光末，魏源著詩古微，始大攻毛傳及大小序，謂爲晚出僞作，其言博辯，比於閻氏之書疏證。且亦時有新理解，其論詩不爲美刺而作，謂：『美刺固毛詩一家之例，……作詩者自道其情，情達而止，……豈有懽愉哀樂，專爲無病代呻者耶；……』(詩古微齊魯韓毛異同論中)此深合「爲文藝而作文藝」之旨，直破二千年來文家之束縛。又論詩樂合一，謂：『古者樂以詩爲體，孔子正樂卽正詩，』(同夫子正樂論上)皆能自創新見，使古書頓帶活氣。源又著書古微，謂：不惟東晉晚出之古文尙書(卽閻氏所攻者)爲僞也，東漢馬鄭之古文說，亦非孔安國之舊。同時邵懿辰亦著禮經通論，謂：儀禮十七篇爲足本，所謂古文逸禮三十九篇者，出劉歆僞造。而劉逢祿故有左氏春秋考證，謂：此書本名左氏春秋，不名春秋左氏傳，與晏子春秋呂氏春秋同性質，乃記事之書，非解經之書；其解經者，皆劉歆所竄入，左氏傳之名，亦歆所僞創。蓋自劉書出而左傳眞僞成問題，自魏書出而毛詩真僞成問題，自邵書出而逸禮真僞成問題；若周禮真僞，則自宋以來成問題久矣。初時諸家不過各取一書爲局部的研究而已；既而尋其系統，則此諸書者，同爲西漢末出現，其傳授端緒，俱不可深考，同爲劉歆所主持爭立；質言之，則所謂古文諸經傳者，皆有連帶關係，真則俱真，僞則俱僞；於是將兩漢今古文之全案，重提覆勘，則康有爲其人也。

今文學之健者，必推龔魏，龔魏之時，清政既漸陵夷衰微矣，舉國方沈酣太平，而彼輩若不勝其憂危；恒相與指天畫地，規天下大計。考證之學，本非其所好也，而因衆所共習，則亦能之，能之而頗欲用以別闢國土；故雖言經學，而其精神與正統派之爲經學而治經學者則既有以異。自珍源皆好作經濟談，而最注意邊事；自珍作西域置行省議，至光緒間實行，則今新疆也；又著蒙古圖志，研究蒙古政俗而附以論議；（未刻）源有元史，有海國圖志，治域外地理者，源實爲先驅。故後之治今文學者，喜以經術作政論，則龔魏之遺風也。

二十三

今文學運動之中心，曰南海康有爲，然有爲蓋斯學之集成者，非其創作者也。有爲早年，酷好周禮，嘗貫穴之著政學通議，後見廖平所著書，乃盡棄其舊說。廖平者，王闓運弟子；闓運以治公羊聞於時，然故文人耳，經學所造甚淺；其

有爲有思想乎
因新莽時爭
主持古文可指
爲新莽之學乎
劉歆僞作之
則是新莽年後
其學即可以已

所著公羊箋，尚不逮孔廣森，平受其學，著四益館經學叢書十數種，頗知守今文家法；晚年受張之洞賄逼，復著書自駁，其人固不足道，然有爲之思想，受其影響，不可誣也。有爲最初所著書曰：新學僞經考，「僞經」者，謂周禮逸禮左傳及詩之毛傳，凡西漢末劉歆所力爭立博士者；「新學」者，謂新莽之學；時清儒誦法許鄭者，自號曰「漢學」，有爲以爲此新代之學，非漢代之學，故更其名焉。新學僞經考之要點：一：西漢經學，並無所謂古文者，凡古文皆劉歆僞作；二：秦焚書，並未厄及六經，漢十四博士所傳，皆孔門足本，並無殘缺；三：孔子時所用字，即秦漢間篆書，即以「文」論，亦絕無今古之目；四：劉歆欲彌縫其作僞之迹，故校中祕書時，於一切古書多所羼亂；五：劉歆所以作僞經之故，因欲佐莽篡漢，先謀湮亂孔子之微言大義。諸所主張，是否悉當，且勿論，要之此說一出，而所生影響有二：第一：清學正統派之立腳點，根本搖動；第二：一切古書，皆須從新檢查估價；此實思想界之一大颶風也。　有為弟子有陳千秋梁啓超者，並夙治考證學，陳尤精洽，聞有為說，則盡棄其學而學焉；偽經考之著，二人者多所參與，亦時時病其師之武斷，然卒莫能奪也。　實則此書大體皆精當，其可議處乃在小節目，乃至謂史記楚辭經劉歆羼入者數十條，出土之鐘鼎彝器，皆劉歆私鑄埋藏以欺後世；此實為事理之萬不可通者，而有為必力持之。　實則其主張之要點，並不必借重於此等枝詞強辯而始成立；而有為以好博好異之故，往往不惜抹殺證據或曲解證據，以犯科學家之大忌，此其所短也。　有為之為人也，萬事純任主觀，自信力極強，而

十年而余与同
好先未闻有此
后询其可得
固陋矣
此喷火之大山也
在康氏书室
中故学史刊
御方去概解矣

持之極毅；其對於客觀的事實，或竟蔑視，或必欲强之以從我，其在事業上也有然，其在學問上也亦有然；其所以自成家數崛起一時者以此，其所以不能立健實之基礎者亦以此；讀新學僞經考而可見也。新學僞經考出甫一年，遭清廷之忌，燬其板，傳習頗稀。其後有崔適者，著史記探原春秋復始二書，皆引申有爲之說，益加精密。今文派之後勁也。

有爲第二部著述，曰孔子改制考，其第三部著述，曰大同書；若以新學僞經考比颶風，則此二書者，其火山大噴火也，其大地震也。有爲之治公羊也，不斷斷於其書法義例之小節，專求其微言大義，即何休所謂非常異義可怪之論者，定春秋爲孔子改制創作之書；謂文字不過其符號，如電報之密碼，如樂譜之音符，非口授不能明。又不惟春秋而已；凡六經皆孔子所作；昔人言孔子刪述者誤也，孔子蓋自立一宗旨而憑之以進退古人去取古籍。孔子改制，恆託於古；堯舜者，孔子所託也；其人有無不可知，卽有，亦至尋常，經典中堯舜之盛德大業，皆孔子理想上所構成也。又不惟孔子而已；周秦諸子罔不改制，罔不託古；老子之託黃帝，墨子之託大禹，許行之託神農，是也。近人祖述何休以治公羊者，若劉逢祿龔自珍陳立輩，皆言改制，而有爲之說，實與彼異；有爲所謂改制者，則一種政治革命社會改造的意味也。故喜言「通三統」；「三統」者，謂夏商周三代不同，當隨時因革也；喜言「張三世」；「三世」者，謂據亂世升平世太平世，愈改而愈進也；有爲政治上「變法維新」之主張，實本於此。有爲謂孔子之改制，上掩百世，下掩百世，故尊之爲教主；誤認歐洲之尊景教爲治强之本，故恆欲儕孔子於基督，乃雜引讖緯之言以實之；於是有爲心目中之孔子，又帶有「神祕性」矣。 孔子改制考之內容，大略如此；其所及於思想界之影響，可得言焉。

一：教人讀古書，不當求諸章句訓詁名物制度之末，當求其義理；所謂義理者，又非言心言性，乃在古人創法立制之精意。 於是漢學宋學，皆所吐棄，爲學界別闢一新殖民地。

二：語孔子之所以爲大，在於建設新學派，(創教) 鼓舞人創作精神。

三：僞經考既以諸經中一大部分爲劉歆所僞造，改制考復以真經之全部分爲孔子託古之作，則數千年來共認爲神聖不可侵犯之經典，根本發生疑問，引起學者懷疑批評的態

忘其就本孫康比
編次

度。

四：雖極力推挹孔子；然既謂孔子之創學派與諸子之創學派，同一動機，同一目的，同一手段；則已夷孔子於諸子之列。所謂「別黑白定一尊」之觀念，全然解放，導人以比較的研究。

二十四

右兩書皆有為整理舊學之作，其自身所創作，則大同書也。初，有為既從學於朱次琦畢業，退而獨居西樵山者兩年，專為深沈之思，窮極天人之故，欲自創一學派，而歸於經世之用。有為以春秋「三世」之義說禮運，謂「升平世」為「小康」，「太平世」為「大同」。禮運之言曰：「大道之行

此節則梁氏又欲自託於未代先覺故扯其

也，天下爲公，選賢與能，講信修睦，故人不獨親其親，不獨子其子，使老有所歸，壯有所用，幼有所長，鰥寡孤獨廢疾者皆有所養，男有分，女有歸，貨惡其棄於地也，不必藏諸己，力惡其不出於身也，不必爲己，……是謂大同。」此一段者，以今語釋之，則民治主義存焉，（天下……與能）國際聯合主義存焉，（講信修睦）兒童公育主義存焉，（故人不……其子）老病保險主義存焉，（使老有……有所養）共產主義存焉，（貨惡……藏諸己）勞作神聖主義存焉。（力惡……爲己）有爲謂此爲孔子之理想的社會制度，謂春秋所謂「太平世」者即此；乃衍其條理爲書，略如左。

一：無國家。全世界置一總政府，分若干區域。

二：總政府及區政府皆由民選。

三：無家族．男女同棲不得逾一年，屆期須易人．

四：婦女有身者入胎教院，兒童出胎者入育嬰院．

五：兒童按年入蒙養院，及各級學校．

六：成年後由政府指派分任農工等生產事業．

七：病則入養病院，老則入養老院．

八：胎教，育嬰，蒙養，養病，養老，諸院，爲各區最高之設備，入者得最高之享樂．

九：成年男女，例須以若干年服役於此諸院，若今世之兵役然．

十：設公共宿舍公共食堂，有等差，各以其勞作所入自由享用．

十一：警惰爲最嚴之刑罰．

十二：學術上有新發明者，及在胎教等五院有特別勞績者，得殊獎。

十三　死則火葬，火葬場比鄰爲肥料工廠。

大同書之條理略如是。全書數十萬言，於人生苦樂之根原，善惡之標準，言之極詳辯，然後說明其立法之理由。其最要關鍵，在毀滅家族。有爲謂佛法出家，求脫苦也，不如使其無家。可出；謂私有財產爲爭亂之源，無家族則誰復樂有私產；若夫國家，則又隨家族而消滅者也。有爲懸此鵠爲人類進化之極軌，至其當由何道乃能致此，則未嘗言。其第一眼目所謂男女同棲當立期限者，是否適於人性，則亦未甚能自完其說。雖然，有爲著此書時，固一無依傍，一無勦襲；在三十年前，而其理想與今世所謂世界主義社會主義者多合符契，而陳義

然在今日言之則不得謂非依傍劉襲矣

之高且過之，嗚呼，真可謂豪傑之士也已。

有為雖著此書，然祕不以示人，亦從不以此義教學者。謂今方為「據亂」之世，只能言小康，不能言大同；言則陷天下於洪水猛獸。其弟子最初得讀此書者，惟陳千秋梁啓超；讀則大樂，銳意欲宣傳其一部分；有為弗善也，而亦不能禁其所為；後此萬木草堂學徒多言大同矣。而有為始終謂當以小康義救今世，對於政治問題，對於社會道德問題，皆以維持舊狀為職志。自發明一種新理想，自認為至善至美，然不願其實現，且竭全力以抗之遏之；人類秉性之奇詭，度無以過是者。

有為當中日戰役後，糾合青年學子數千人上書言時事，所謂「公車上書」者是也；中國之有「羣衆的政治運動」實自此始。然有為既欲實行其小康主義的政治，不能無所求於人，終莫之能用，屢遭竄逐；而後輩多不喜其所爲，相與詆訶之。有爲亦果於自信，而輕視後輩，益爲頑舊之態以相角；今老矣，殆不復與世相聞問；遂使國中有一大思想家，而國人不蒙其澤，悲夫！啓超屢請印布其大同書，久不許，卒乃印諸不忍雜志中，僅三之一，雜志停版，竟不繼印。

二十五

對於「今文學派」爲猛烈的宣傳運動者，則新會梁啓超也。啓超年十三，與其友陳千秋同學於學海堂；治戴段王之學，千秋所以輔益之者良厚。越三年，而康有爲以布衣上書被放歸，舉國目爲怪；千秋啓超好奇，相將謁之，一見大服，遂執業爲弟子，共請康開館講學，則所謂萬木草堂是也。二人者學數月，則以其所聞昌言於學海堂，大詆訶舊學，與長老儕輩辯詰無虛日。有爲不輕以所學授人，草堂常課，除公羊傳外，則點讀資治通鑑宋元學案朱子語類等，又時時習古禮，千秋啓超弗嗜也，則相與治周秦諸子及佛典，亦涉獵清儒經濟書及譯本西籍；皆就有爲決疑滯。居一年，乃聞所謂「大同義」者，喜欲狂，銳意謀宣傳；有爲謂非其時，然不能禁也。又二年，而千秋卒，（年二十二）啓超益獨力自任。啓超治僞經考，時復不慊於其師之武斷，後遂置不復道；其師好引緯書，以神祕性說孔子，啓超亦不謂然。啓超謂孔門之學，後衍爲孟子荀卿兩派，荀傳小康，孟傳大同。漢代經師，不問爲今文家古文家，皆出荀卿，（汪中說）二千年間，宗派屢變，壹皆盤旋荀學肘下；孟學絕而孔學亦衰。於是專以絀荀申孟爲

不知孟何以爲大同

小康大同之說惟見礼運乃秦漢

閩儒生之爲託邦彼所謂大同者自以其理想爲甚高而不知其与摩治之真精神適相違反近人之樂稱之特以其便於附會西人之社會

標幟，引孟子中誅責「民賊」「獨夫」，「善戰服上刑」，「授田制產」諸義，謂爲大同精意所寄，日倡道之。又好墨子，誦說其「兼愛」「非攻」諸論。啓超屢遊京師，漸交當世士大夫，而其講學最契之友，曰：夏曾佑譚嗣同。曾佑方治龔劉今文學，每發一義，輒相視莫逆；其後啓超亡命日本，曾佑贈以詩，中有句曰：『……冥冥蘭陵（荀卿）門，萬鬼頭如蟻，質多（魔鬼）舉隻手，陽烏爲之死，袒裼往暴之，一擊類執豕，酒酣擲杯起，跌宕笑相視，頗謂宙合間，只此足歡喜，……』此可想見當時彼輩「排荀」運動，實有一種元氣淋漓景象。嗣同方治王夫之之學，喜談名理，談經濟，及交啓超，亦盛言大同，運動尤烈。（詳次節）而啓超之學，受夏譚影響亦至鉅。

其後啓超等之運動，益帶政治的色彩，啓超創一旬刊雜

主義比与其因附會西人科學而喜治墨子者正同一心理思想之脆弱如此而日こ声こ乃罵他人為奴隸性質哀哉

誌於上海，日時務報，自著變法通議，批評秕政，而救敝之法，歸於廢科舉興學校；亦時時發「民權論」，但微引其緒，未敢昌言。已而嗣同與黃遵憲熊希齡等，設時務學堂於長沙；聘啓超主講席，唐才常等爲助教。啓超至，以公羊孟子教，課以劄記；學生僅四十人，而李炳寰林圭蔡鍔稱高才生焉。啓超每日在講堂四小時，夜則批答諸生劄記，每條或至千言，往往徹夜不寐；所言皆當時一派之民權論，又多言清代故實，臚舉失政，盛倡革命；其論學術，則自荀卿以下漢唐宋明清學者，掊擊無完膚。時學生皆住舍，不與外通，堂內空氣日日激變，外間莫或知之，及年假，諸生歸省，出劄記示親友，全湘大譁。先是嗣同才常等，設「南學會」聚講，又設湘報(日刊)湘學報，(旬刊)所言雖不如學堂中激烈，實陰相策應；又竊印明

然則戊戌之事乃由於先生之劄記乎

夷待訪錄揚州十日記等書，加以案語，祕密分布，傳播革命思想，信奉者日衆，於是湖南新舊派大鬨。葉德輝著翼教叢編數十萬言，將康有爲所著書啟超所批學生劄記，及時務報湘報湘學報諸論文，逐條痛斥；而張之洞亦著勸學篇，旨趣略同。戊戌政變前，某御史臚舉劄記批語數十條指斥清室鼓吹民權者具摺揭參，卒興大獄；嗣同死焉，啟超亡命，才常等被逐，學堂解散，蓋學術之爭，延爲政爭矣。

啟超既亡居日本，其弟子李林蔡等棄家從之者十有一人；才常亦數數往來，共圖革命；積年餘，舉事於漢口，十一人者先後歸，從才常死者六人焉；啟超亦自美洲馳歸，及上海而事已敗。自是啟超復專以宣傳爲業，爲新民叢報新小說等諸雜志，暢其旨義，國人競喜讀之，清廷雖嚴禁，不能遏，每一册出，內地翻刻本輒十數；二十年來學子之思想，頗蒙其影響·啓超夙不喜桐城派古文；幼年爲文，學晚漢魏晉，頗尙矜鍊；至是自解放，務爲平易暢達，時雜以俚語韻語及外國語法，縱筆所至不檢束；學者競效之，號新文體；老輩則痛恨，詆爲野狐，然其文條理明晰，筆鋒常帶情感，對於讀者，別有一種魔力焉·

二十六

啓超既日倡革命排滿共和之論，而其師康有爲深不謂然，屢責備之，繼以婉勸，兩年間函札數萬言·啓超亦不慊於當時革命家之所爲，懲羹而吹虀，持論稍變矣·然其保守性與進取性常交戰於胸中，隨感情而發，所執往往前後相矛盾；

嘗自言曰：『不惜以今日之我，難昔日之我；』世多以此爲詬病，而其言論之效力亦往往相消；蓋生性之弱點然矣。

啓超自三十以後，已絕口不談「僞經」，亦不甚談「改制」；而其師康有爲大倡設孔教會定國教祀天配孔諸議，國中附和不乏，啓超不謂然，屢起而駁之；其言曰：

『我國學界之光明，人物之偉大，莫盛於戰國，蓋思想自由之明效也。及秦始皇焚百家之語，而思想一窒；漢武帝表章六藝罷黜百家，而思想又一窒。自漢以來，號稱行孔教二千餘年於茲矣，而皆持所謂表章某某罷黜某某者爲一貫之精神。故正學異端有爭，今學古學有爭，言考據則爭師法，言性理則爭道統；各自以爲孔教，而排斥他人以爲非孔教……寖假而孔子變爲董江都何邵公矣，寖假而孔子變爲馬季長鄭康成矣，寖假而孔子變爲韓退之歐陽永叔矣，寖假而孔子變爲程伊川朱晦庵矣，寖假而孔子變爲陸象山王陽明矣，寖假而孔子變爲顧亭林戴東原矣，皆由思想束縛於一點，不能自開生面，如羣猨得一果，跳擲以相攫，如羣嫗得一錢，詬詈以相奪，情狀抑何可憐，……此二千年來保教黨所生之結果也．……』（壬寅年新民叢報）

又曰：

『今之言保教者，取近世新學新理而緣附之，曰：某某孔子所已知也，某某孔子所曾言也；……然則非以此新學新理釐然有當於吾心而從之也，不過以其暗合於我孔子而從之耳．是所愛者，仍在孔子，非在真理也；萬一徧索諸四書六經而終無可比附者，則將明知爲真理而亦不敢從矣；萬一吾所比附者，有人剔之曰，孔子不如是，斯亦不敢不棄之矣；若是乎真理之終不能餉遺我國民也。故吾所惡乎舞文賤儒，動以西學緣附中學者，以其名爲開新，實則保守，煽思想界之奴性而滋益之也。』（同上）

又曰：

『摭古書片詞單語以傅會今義，最易發生兩種流弊：一：倘所印證之義，其表裏適相脗合，善已；若稍有牽合附會，則最易導國民以不正確之觀念，而緣郢書燕說以滋弊。例如疇昔談立憲談共和者，偶見經典中某字某句與立憲共和等字義略相近，輒摭拾以沾沾自喜，謂此制爲我所固有；其實今世共和立憲制度之爲物，卽泰西亦不過起於近百年，求諸彼古代之希臘羅馬且不可得，遑論我國。而比附之言，傳播既廣；則能使多數人之眼光之思想，見局見縛於所比附之文句，以爲所謂立憲共和者不過如是，而不復追求其眞義之所存．……此等結習，最易爲國民研究實學之魔障．二：勸人行此制，告之曰，吾先哲所嘗行也；勸人治此學，告之曰，吾先哲所嘗治也；其勢較易入，固也．然頻以此相詔，則人於先哲未嘗行之制，輒疑其不可行，於先哲未嘗治之學，輒疑其不當治．無形之中，恆足以增其故見自滿之習，而障其擇善服從之明．……吾雅不願采擷隔牆桃李之繁葩，綴結於吾家杉松之老幹，而沾沾自鳴得意；吾誠愛桃李也，惟當思所以移植之，而何必使與杉松淆其名實者．』（乙卯年國風報）

此諸論者，雖專爲一問題而發；然啓超對於我國舊思想之總批判，及其所認爲今後新思想發展應遵之途徑，皆略見焉．中國思想之痼疾，確在「好依傍」與「名實混淆」。若援佛入儒也，若好造僞書也，皆原本於此等精神．以清儒論，顏元幾於墨矣，而必自謂出孔子；戴震全屬西洋思想，而必自謂出孔子；康有爲之大同，空前創獲，而必自謂出孔子．及至孔子之改制，何爲必託古，諸子何爲皆託古，則亦依傍混淆也已．此病根不拔，則思想終無獨立自由之望；啓超蓋於此三致意焉．然持論旣屢與其師不合，康梁學派遂分．

啓超之在思想界，其破壞力確不小，而建設則未有聞．晚清思想界之粗率淺薄，啓超與有罪焉．啓超常稱佛說，謂：『未能自度，而先度人，是爲菩薩發心；』故其生平著作極多，皆隨有所見，隨卽發表．彼嘗言：『我讀到「性本善」，則教人以「人之初」而已；』殊不思「性相近」以下尚未讀通，恐並「人之初」一句亦不能解；以此教人，安見其不爲誤人．啓超平素主張，謂：須將世界學說爲無制限的盡量輸入，斯固然矣；然必所輸入者確爲該思想之本來面目，又必具其條理本末，始能供國人切實研究之資；此其事非多數人專門分擔不能．啓超務廣而荒，每一學稍涉其樊，便加論列；故其所述著，多模糊影響籠統之談，甚者純然錯誤；及其自發現而自謀矯正，則已前後矛盾矣．平心論之，以二十年前思想界之閉塞委靡，非用此種鹵莽疏闊手段，不能烈山澤以闢新局；就此點論，梁啓超可謂新思想界之陳涉．雖然，國人所責望於啓超者不止此，以其人本身之魄力，及其三十年歷史上所積之資格，實應爲我新思想界力圖締造一開國規模，若此人而長此以自終，則在中國文化史上，不能不謂爲一大損失也．

啓超與康有爲有最相反之一點，有爲太有成見，啓超太無成見，其應事也有然，其治學也亦有然。　有爲常言：『吾學三十歲已成，此後不復有進，亦不必求進；』啓超不然，常自覺其學未成，且憂其不成，數十年日在旁皇求索中；故有爲之學，在今日可以論定；啓超之學，則未能論定。　然啓超以太無成見之故，往往徇物而奪其所守；其創造力不逮有爲，殆可斷言矣。　啓超「學問慾」極熾，其所嗜之種類亦繁雜；每治一業，則沉溺焉，集中精力，盡拋其他；歷若干時日，移於他業，則又拋其前所治者；以集中精力故，故常有所得；以移時而拋故，故入焉而不深；彼嘗有詩題其女令嫻藝蘅館日記云：『吾學病愛博，是用淺且蕪，尤病在無恆，有獲旋失諸，百凡可效我，此二無我如；』可謂有自知之明。　啓超雖自知其短，而改之不勇；中間又屢爲無聊的政治活動所牽率，耗其精而荒其業。識者謂啓超若能永遠絕意政治，且裁斂其學問慾，專精於一二點，則於將來之思想界當更有所貢獻；否則亦適成爲清代思想史之結束人物而已。

二十七

晚清思想界有一彗星。曰：瀏陽譚嗣同。嗣同幼好爲駢體文，緣是以窺「今文學」；其詩有『汪（中）魏（源）龔（自珍）王（闓運）始是才』之語，可見其嚮往所自；又好王夫之之學，喜談名理。自交梁啓超後，其學一變；自從楊文會聞佛法，其學又一變。嘗自裒其少作詩文刻之，題曰東海褰冥氏三十以前舊學，示此後不復事此矣。其所謂「新學」之著作，則有仁學，亦題曰臺灣人所著書；蓋中多譏切清廷，假臺人抒憤也。書成，自藏其稿，而寫一副本畀其友梁啓超；啓超在日本印布之，始傳於世。仁學自敍曰：

「吾將哀號流涕，強聒不舍，以速其衝決網羅。衝決利祿之網羅，衝決俗學若考據若詞章之網羅，衝決全球羣學羣教之網羅，衝決君主之網羅，衝決倫常之網羅，衝決天之網羅；……然旣可衝決，自無網羅；眞無網羅，乃可言衝決。……

……」

仁學內容之精神，大略如是。英奈端倡「打破偶像」之論，遂啓近代科學；嗣同之「衝決羅網」，正其義也。

仁學之作，欲將科學哲學宗教冶爲一爐，而更使適於人生之用，眞可謂極大膽極遼遠之一種計畫。此計畫，吾不敢謂終無成立之望，然以現在全世界學術進步之大勢觀之，則似爲期尚早；況在嗣同當時之中國耶？嗣同幼治算學，頗深造；亦嘗盡讀所謂「格致」類之譯書；將當時所能有之科學智識，盡量應用。又治佛教之「唯識宗」「華嚴宗」，用以爲思想之基礎，而通之以科學。又用今文學家「太平」「大同」之義，以爲「世法」之極軌，而通之於佛教。嗣同之書，蓋取資於此三部分，而組織之以立己之意見；其駁雜幼稚之論甚多，固無庸諱；其盡脫舊思想之束縛，戛戛獨造，則前清一代，未有其比也。

嗣同根本的排斥尊古觀念，嘗曰：『古而可好，則何必爲今之人哉。』（仁學卷上）對於中國歷史，下一總批評曰：『二千年來之政，秦政也，皆大盜也；二千年來之學，荀學也，皆鄉愿也；惟大盜利用鄉愿，惟鄉愿工媚大盜，』（仁學卷下）當時譚梁夏一派之論調，大約以此爲基本，而嗣同尤爲悍勇，其仁學所謂衝決羅網者，全書皆是也，不可悉舉，姑舉數條爲例．嗣同明目張膽以詆名教，其言曰：

「俗學陋行，動言名教，……以名爲教，則其教已爲實之賓而決非實也．又況名者由人創造，上以制其下而下不能不奉之，則數千年三綱五常之慘禍酷毒由此矣．……如曰「仁」，則共名也；君父以責臣子，臣子亦可反之君父，於箝制之術不便；故不能不有「忠孝廉節」一切分別等衰之名．……忠孝既爲臣子之專名，則終不能以此反之，雖或他有所據，意欲詰訴，而終不敵忠孝之名爲名教之所尚．……名之所在，不惟關其口使不敢昌言，乃並錮其心使不敢涉想．……』

嗣同對於善惡，有特別見解，謂：『天地間無所謂惡，惡者名耳，非實也，』謂：『俗儒以天理爲善，人欲爲惡，不知無人欲，安得有天理，』，彼欲申其「惡由名起」說，乃有極詭僻之論，曰：

『惡莫大淫殺，……男女構精名淫，此淫名也，淫名亦生民以來沿習既久，名之不改，習謂爲惡。向使生民之始，即相習以淫爲朝聘宴饗之鉅典，行諸朝廟，行諸都市，行諸稠人廣衆，如中國之長揖拜跪，西國之抱腰接吻，則孰知爲惡者。戕害生命名殺，此殺名也。然殺爲惡，則凡殺皆當爲惡；人不當殺，則凡虎狼牛馬雞豚，又何當殺者；何以不並名惡也。或曰，人與人同類耳；然則虎狼於人不同類也；虎狼殺人，則名虎狼爲惡，人殺虎狼，何以不名人爲惡也……』

此等論調，近於詭辯矣，然其懷疑之精神，解放之勇氣，正可察見。

仁學下篇，多政治談，其篇首論國家起原及民治主義，(文不具引)實當時譚梁一派之根本信條，以殉教的精神力圖傳播者也。由今觀之，其論亦至平庸，至疏闊；然彼輩當時，並盧騷民約論之名亦未夢見，而理想多與暗合；蓋非思想解放之效不及此。其鼓吹排滿革命也，詞鋒銳不可當；曰：

『天下為君主私產，不始今日，……然而有知遼金元清之罪，浮於前此君主者乎？其土則穢壤也，其人則羶種也，其心則禽心也，其俗則毳俗也；逞其凶殘淫殺，攫取中原子女玉帛；……猶以為未饜，錮其耳目，桎其手足，壓其心思，挫其氣節。……方命曰：此食毛踐土之分然也；夫果誰食誰。

之毛，誰踐誰之土。……』又曰：『吾華人愼毋言華盛頓拿破侖矣，志士仁人，求爲陳涉楊玄感，以供聖人之驅除，死無憾焉；若機無可乘，則莫若爲任俠，(暗殺)亦足以伸民氣倡勇敢之風，』此等言論，著諸竹帛，距後此「同盟會」「光復會」等之起，蓋十五六年矣。

仁學之政論，歸於「世界主義」，其言曰：『春秋大一統之義，天地間不當有國也；』又曰：『不惟發願救本國，並彼極盛之西國與夫含生之類，一切皆度之，……不可自言爲某國人，當平視萬國，皆其國，皆其民。』篇中此類之論，不一而足，皆當時今文學派所日倡道者。其後梁啓超居東，漸染歐日俗論，乃盛倡褊狹的國家主義，慚其死友矣。

嗣同遇害，年僅三十三；使假以年，則其學將不能測其所至。僅留此區區一卷，吐萬丈光芒，一瞥而逝，而掃蕩廓清之力莫與京焉；吾故比諸彗星。

二十八

在此清學蛻分與衰落期中，有一人焉能爲正統派大張其軍者，曰：餘杭章炳麟。炳麟少受學於俞樾，治小學極謹嚴；然固浙東人也，受全祖望章學誠影響頗深，大究心明清間掌故，排滿之信念日烈。炳麟本一條理縝密之人，乃其早歲所作政談，專提倡單調的「種族革命論」，使衆易喻，故鼓吹之力綦大。中年以後，究心佛典，治俱舍唯識，有所入。既亡命日本，涉獵西籍，以新知附益舊學，日益閎肆。其治小學，以音韻爲骨幹，謂文字先有聲然後有形，字之創造及其孳乳，皆以音衍。所著文始及國故論衡中論文字音韻諸篇，其精義多乾嘉諸老所未發明；應用正統派之研究法，而廓大其內容，延闢其新徑；實炳麟一大成功也。炳麟用佛學解老莊，極有理致，所著齊物論釋，雖間有牽合處，然確能爲研究「莊子哲學」者開一新國土。其葪漢微言，深造語極多；其餘國故論衡檢論文錄諸篇，純駁互見。嘗自述治學進化之迹，曰：

「少時治經，謹守樸學，所疏通證明者，在文字器數之間，雖嘗博觀諸子，略識微言，亦隨順舊義耳。……繼閱佛藏，涉獵華嚴法華涅槃諸經，義解漸深，卒未窺其究竟。及囚繫上海，專修慈氏世親之書，此一術也，以分析名相始，以排遣名相終，從入之途，與平生樸學相似，易於契機。……」

「……講說許書，一旦解寤，的然見語言文字本原，於是初爲文始；……由是所見與箋疏瑣碎者殊矣。……』『爲諸生說莊子，旦夕比度，遂有所得，端居深觀而釋齊物，乃與瑜伽華嚴相會。……』『自揣平生學術，始則轉俗成眞，終乃回眞向俗，……秦漢以來，依違於彼是之間，局促於一曲之內，蓋未嘗睹是也。……』（菿漢微言卷末）

其所自述，殆非溢美，蓋炳麟中歲以後所得，固非清學所能限矣。其影響於近年來學界者亦至鉅。雖然，炳麟謹守家法之結習甚深，故門戶之見，時不能免。如治小學排斥鐘鼎文龜甲文，治經學排斥「今文派」，其言常不免過當。而對於思想解放之勇決，炳麟或不逮今文家也。

二十九

自明徐光啓李之藻等廣譯算學天文水利諸書，爲歐籍入中國之始；前清學術，頗蒙其影響，而範圍亦限於天算。「鴉片戰役」以後，漸怵於外患；洪楊之役，借外力平內難，益震於西人之「船堅礮利」；於是上海有製造局之設，附以廣方言館，京師亦設同文館，又有派學生留美之舉。而目的專在養成通譯人才，其學生之志量，亦莫或逾此，故數十年中，思想界無絲毫變化。惟製造局中尙譯有科學書二三十種，李善蘭華蘅芳趙仲涵等任筆受；其人皆學有根柢，對於所譯之書，責任心與興味皆極濃重；故其成績略可比明之徐李；而教會之在中國者，亦頗有譯書。光緒間所爲「新學家」者，欲求知識於域外，則以此爲枕中鴻祕；蓋「學問飢餓」，至是而極矣。甲午喪師，舉國震動；年少氣盛之士，疾首扼腕言「惟新變法」

而疆吏若李鴻章張之洞輩，亦稍稍和之。而其流行語，則有所謂「中學爲體西學爲用」者；張之洞最樂道之，而舉國以爲至言。蓋當時之人，絕不承認歐美人除能製造能測量能駕駛能操練之外，更有其他學問，而在譯出西書中求之，亦確無他種學問可見。康有爲梁啓超譚嗣同輩，卽生育於此種「學問飢荒」之環境中，冥思枯索，欲以構成一種「不中不西卽中卽西」之新學派；而已爲時代所不容。蓋固有之舊思想，既深根固蔕，而外來之新思想，又來源淺觳，汲而易竭；其支絀滅裂，固宜然矣。

戊戌政變，繼以庚子拳禍，清室衰微益暴露。青年學子，相率求學海外；而日本以接境故，赴者尤衆。壬寅癸卯間，譯述之業特盛；定期出版之雜誌不下數十種，日本每一新書出，譯者動數家；新思想之輸入，如火如荼矣。然皆所謂「梁啓超式」的輸入，無組織，無選擇，本末不具，派別不明，惟以多爲貴。而社會亦歡迎之；蓋如久處災區之民，草根木皮，凍雀腐鼠，罔不甘之，朶頤大嚼；其能消化與否不問，能無召病與否更不問也。而亦實無衞生良品足以爲代。時獨有侯官嚴復，先後譯赫胥黎天演論，斯密亞丹原富，穆勒約翰名學，羣己權界論，孟德斯鳩法意，斯賓塞爾羣學肄言等數種，皆名著也，雖半屬舊籍，去時勢頗遠；然西洋留學生與本國思想界發生關係者，復其首也。亦有林紓者，譯小說百數十種，頗風行於時，然所譯本率皆歐洲第二三流作者；紓治桐城派古文，每譯一書，輒「因文見道」，於新思想無與焉。

晚清西洋思想之運動，最大不幸者一事焉。蓋西洋留學生殆全體未嘗參加於此運動；運動之原動力及其中堅，乃在不通西洋語言文字之人。坐此爲能力所限，而稗販，破碎，籠統，膚淺，錯誤，諸弊，皆不能免；故運動垂二十年，卒不能得一健實之基礎，旋起旋落，爲社會所輕。就此點論，則疇昔之西洋留學生，深有負於國家也。

而一切所謂「新學家」者，其所以失敗，更有一總根原；曰：不以學問爲目的而以爲手段。時主方以利祿餌誘天下，學校一變名之科舉，而新學亦一變質之八股；學子之求學者，其什中八九，動機已不純潔；用爲「敲門磚」，過時則拋之而已。此其劣下者，可勿論；其高秀者，則亦以「致用」爲信條，謂必出所學舉而措之，乃爲無負。殊不知凡學問之爲物，實應離「致用」之意味而獨立生存；眞所謂『正其誼不謀其利，明其道不計其功；」質言之，則有「書獃子」然後有學問也．晚清之新學家，欲求其如盛清先輩具有「為經學而治經學」之精神者，渺不可得；其不能有所成就，亦何足怪．故光宣之交，只能謂為清學衰落期；並新思想啓蒙之名，亦未敢輕許也．

三十

晚清思想界有一伏流，曰：佛學．前清佛學極衰微，高僧已不多，即有，亦於思想界無關係．其在居士中，清初王夫之頗治相宗，然非其專好．至乾隆時，則有彭紹升羅有高，篤志信仰；紹升嘗與戴震往復辨難，(東原集)其後龔自珍受佛學於紹升，(定庵文集有知歸子讚知歸子即紹升)晚受菩薩戒；魏源亦然，晚受菩薩戒，易名承貫，著無量壽經會譯等書．龔魏爲「今文學家」所推奬，故「今文學家」多兼治佛學．石埭楊文會少曾佐曾國藩幕府，復隨曾紀澤使英；夙栖心內典，學問博而道行高．晚年息影金陵，專以刻經弘法爲事；至宣統三年武漢革命之前一日圓寂．文會深通「法相」「華嚴」兩宗，而以「淨土」教學者；學者漸敬信之．譚嗣同從之遊一年，本其所得以著仁學；尤常鞭策其友梁啓超，啓超不能深造，顧亦好焉；其所著論，往往推挹佛教．康有爲本好言宗教，往往以己意進退佛說．章炳麟亦好法相宗，有著述．故晚清所謂新學家者，殆無一不與佛學有關係．而凡有真信仰者率皈依文會．

經典流通既廣，求習較易，故研究者日衆．就中亦分兩派，則哲學的研究。與宗教的信仰也。西洋哲學既輸入，則對於印度哲學，自然引起連帶的興味；而我國人歷史上與此系之哲學因緣極深，研究自較易；且亦對於全世界文化應貢此種天職，有志者頗思自任焉。然其人極稀，其事業尚無可稱述。社會既屢更喪亂，厭世思想，不期而自發生；對於此惡濁世界，生種種煩懣悲哀，欲求一安心立命之所；稍有根器者，則必遁逃而入於佛。佛教本非厭世，本非消極；然真學佛而眞能赴以積極精神者，譚嗣同外，殆未易一二見焉。

學佛既成爲一種時代流行，則依附以爲名高者出矣。往往有夙昔稔惡或今方在熱中奔競中者，而亦自託於學佛；今日聽經打坐，明日黷貨陷人。淨宗他力橫超之教，本有「帶業往生」一義；稔惡之輩，斷章取義，日日勇於爲惡；恃一聲

「阿彌陀佛」，謂可湔拔無餘，直等於「羅馬舊教」極敝時，懺罪與犯罪，並行不悖。又中國人中迷信之毒本甚深。及佛教流行，而種種邪魔外道惑世誣民之術，亦隨而復活；乩壇盈城，圖讖累牘；佛弟子曾不知其爲佛法所訶，爲之推波助瀾；甚至以二十年前新學之鉅子，猶津津樂道之。率此不變，則佛學將爲思想界一大障，雖以吾輩夙尊佛法之人，亦結舌不敢復道矣。

蔣方震曰：「歐洲近世史之曙光，發自兩大潮流，其一：希臘思想復活，則「文藝復興」也；其二：原始基督教復活，則「宗教改革」也；我國今後之新機運，亦當從兩途開拓；一爲情感的方面，則新文學新美術也；一爲理性的方面，則新佛教也。」（歐洲文藝復興時代史自序）吾深韙其言。中國之有佛教，雖深惡之者終不能遏絕之；其必常爲社會思想之重要成分，無可疑也。其益社會耶，害社會耶，則視新佛教徒能否出現而已。

更有當附論者，曰基督教。基督教本與吾國民性不近，故其影響甚微。其最初傳來者，則舊教之「耶穌會」一派也；明士大夫徐光啓輩，一時信奉，入清轉衰；重以教案屢起，益滋人厭。新教初來，亦受其影響。其後國人漸相安，而教力在歐洲已日殺矣。各派教會在國內事業頗多，尤注意教育；然皆竺舊，乏精神；對於數次新思想之運動，毫未參加，而間接反有阻力焉。基督教之在清代，可謂無咎無譽；今後不改此度，則亦歸於淘汰而已。

三十一

前清一代學風，與歐洲文藝復興時代相類甚多；其最相異之一點；則美術文學不發達也。清之美術，(畫)雖不能謂甚劣於前代，然絕未嘗向新方面有所發展；今不深論。其文學：以言夫詩：眞可謂衰落已極。吳偉業之靡曼，王士禎之脆薄，號爲開國宗匠。乾隆全盛時，所謂袁(枚)蔣(士銓)趙(執信)三大家者，臭腐殆不可嚮邇。諸經師及諸古文家，集中多亦有詩，則極拙劣之砌韵文耳。嘉道間，龔自珍，王曇，舒位，號稱新體，則粗獷淺薄。咸同後，競宗宋詩，只益生硬，更無餘味。其稍可觀者，反在生長僻壞之黎簡鄭珍輩，而中原更無聞焉。直至末葉，始有金和，黃遵憲，康有爲，元氣淋漓，卓然稱大家。以言夫詞：清代固有作者，駕元明而上，若納蘭性德，郭麐，張惠言，項鴻祚，譚獻，鄭文焯，王鵬運，朱祖謀，皆名其家，然詞固所共指爲小道者也。以言夫曲：孔尚任桃花扇，洪昇長生殿外，無足稱者，李漁蔣士銓之流，淺薄寡味矣。以言夫小說：紅樓夢隻立千古，餘皆無足齒數。以言夫散文：經師家樸實說理，毫不帶文學臭味；桐城派則以文爲「司空城旦」矣。其初期魏禧王源較可觀，末期則魏源曾國藩康有爲。清人頗自夸其駢文；其實極工者僅一汪中，次則龔自珍譚嗣同，其最著名之胡天游邵齊燾洪亮吉輩，已堆垜柔曼無生氣，餘子更不足道。要而論之，清代學術，在中國學術史上，價值極大；清代文藝美術，在中國文藝史美術史上，價值極微，此吾所敢昌言也。

清代何故與歐洲之「文藝復興」異其方向耶？所謂「文藝復興」者，一言以蔽之，曰：返於希臘。希臘文明，本以美術爲根幹，無美術則無希臘；蓋南方島國景物姸麗而多變化之民所特產也。而意大利之位置，亦適與相類。希臘主要美術在彫刻，而其實物多傳於後；故溫尼士像（彫刻裸體女神）之發掘，爲文藝復興最初之動機，研究學問上古典，則其後起耳。故其方向特趨重於美術，宜也。我國文明，發源於北部大平原；平原雄偉曠蕩而少變化，不宜於發育美術；所謂復古者，使古代平原文明之精神復活，其美術的要素極貧乏，則亦宜也。

然則曷爲並文學亦不發達耶？歐洲文字衍聲，故古今之差變劇，中國文字衍形，故古今之差變微。文藝復興時之歐人，雖競相與研究希臘，或還以希臘文作詩歌及其他著述；要之欲使希臘學普及，必須將希臘語譯爲拉丁或當時各國通行語；否則人不能讀。因此，而所謂新文體（國語新文學）者。

，自然發生；如六朝隋唐譯佛經，產出一種新文體，今代譯西籍，亦產出一種新文體，相因之勢然也。我國不然，字體變遷不劇，研究古籍，無待迻譯。夫論語孟子，稍通文義之人盡能讀也；其不能讀論語孟子者，則並水滸紅樓亦不能讀也。故治古學者無須變其文與語，既不變其文與語，故學問之實質雖變化，而傳述此學問之文體語體無變化；此清代文無特色之主要原因也。重以當時諸大師方以崇實黜華相標榜，顧炎武曰：『一自命為文人，便無足觀；』(日知錄二十)所謂「純文藝」之文，極所輕蔑。高才之士，皆集於「科學的考證」之一途；其向文藝方面討生活者，皆第二流以下人物，此所以不能張其軍也。

三十二

問曰：吾子屢言清代研究學術，饒有科學精神；何故自然科學，於此時代並不發達耶？ 答曰：是亦有故。 文化之所以進展，恆由後人承襲前人智識之遺產，繼長增高。 凡襲有遺產之國民，必先將其遺產整理一番，再圖向上，此乃一定步驟；歐洲文藝復興之價值，即在此。 故當其時，科學亦並未發達也；不過引其機以待將來。 清代學者，刻意將三千年遺產，用科學的方法大加整理；且亦確已能整理其一部分。凡一國民在一時期內，只能集中精力以完成一事業；且必須如此，然後事業可以確實成就。 清人集精力於此一點，其貢獻於我文化者已不少，實不能更責以其他。 且其趨勢，亦確向切近的方面進行；例如言古音者，初惟求諸詩經易經之韻；進而考歷代之變遷，更進而考古今各地方音，遂達於人類發音官能構造之研究；此即由博古的考證引起自然科學的考證之明驗也；故清儒所遵之途徑，實爲科學發達之先驅；其未能一蹴即幾者，時代使然耳。

復次，凡一學術之發達，必須爲公開的且趣味的研究，又必須其研究資料比較的豐富。我國人所謂「德成而上藝成而下」之舊觀念，因襲已久，本不易驟然解放；其對於自然界物象之研究，素乏趣味，不能爲諱也。科學上之發明，亦何代無之；然皆帶祕密的性質，故終不能光大，或不旋踵而絕；即如醫學上證治與藥劑，其因祕而失傳者，蓋不少矣。凡發明之業，往往出於偶然；發明者或並不能言其所以然，或言之而非其眞；及以其發明之結果公之於世，多數人用各種方法向各種方面研究之，然後偶然之事實，變爲必然之法則。此其事非賴有種種公開研究機關——若學校若學會若報館者，則不足以收互助之效，而光大其業也。夫在清代則安能如是，此又科學不能發生之一原因也。

然而語一時代學術之興替，實不必問其研究之種類，而惟當問其研究之精神。研究精神不謬者，則施諸此種類而可成就，施諸他種類而亦可以成就也。清學正統派之精神，輕主觀而重客觀，賤演繹而尊歸納，雖不無矯枉過正之處，而治學之正軌存焉。其晚出別派（今文學家）能爲大膽的懷疑解放，斯亦創作之先驅也。此清學之所爲有價值也歟？

三十三

讀吾書者，若認其所採材料尚正確，所批評亦不甚紕繆；則其應起之感想，有數種如下：

其一：可見我國民確富有「學問的本能」，我國文化史確有研究價值，即一代而已見其概。故我輩雖當一面盡量吸收外來之新文化，一面仍萬不可妄自菲薄，蔑棄其遺產。

其二：對於先輩之「學者的人格」，可以生一種觀感。所謂「學者的人格」者，爲學問而學問，斷不以學問供學問以外之手段；故其性耿介，其志專壹。雖若不周於世用，然每一時代文化之進展，必賴有此等人。

其三：可以知學問之價值，在善疑，在求眞，在創獲；所謂研究精神者，歸著於此點。不問其所疑所求所創者在何部分，亦不問其所得之鉅細；要之經一番研究，即有一番貢獻。必如是始能謂之增加遺產；對於本國之遺產當有然，對於全世界人類之遺產亦當有然。

其四：將現在學風與前輩學風相比照，令吾曹可以發現自己種種缺點。知現代學問上籠統影響淩亂膚淺等等惡現象，實我輩所造成。此等現象，非徹底改造，則學問永無獨立之望，且生心害政，其流且及於學問社會以外。吾輩欲爲將來之學術界造福耶？抑造罪耶？不可不取鑒前代得失以自策厲。

吾著此書之宗旨，大略如是。而吾對於我國學術界之前途，實抱非常樂觀。蓋吾稽諸歷史，徵諸時勢，按諸我國民性，而信其於最近之將來，必能演出數種潮流，各爲充量之發展。吾今試爲預言於此，吾祝吾觀察之不謬，而希望之不虛也。

一：自清代考證學派二百餘年之訓練，成為一種遺傳，我國學子之頭腦，漸趨於冷靜縝密．此種性質，實為科學成立之根本要素．我國對於「形」的科學，（數理的）淵源本遠，根柢本厚；對於「質」的科學，（物理的）因機緣未熟，暫不發展．今後歐美科學，日日輸入；我國民用其遺傳上極優粹之科學的頭腦，憑藉此等豐富之資料，瘁精研究，將來必可成為全世界第一等之「科學國民」

二：佛教哲學，本為我先民最珍貴之一遺產．特因發達太過，末流滋弊，故清代學者，對於彼而生劇烈之反動．及清學發達太過，末流亦敝，則還元的反動又起焉．適值全世界學風，亦同有此等傾向；物質文明爛熟，而「精神上之飢餓」益不勝其苦痛．佛教哲學，蓋應於此時代要求之一良藥也。我國民性，對於此種學問，本有特長，前此所以能發達者在此；今後此特性必將復活。雖然，隋唐之佛教，非復印度之佛教；而今後復活之佛教亦必非復隋唐之佛教，質言之，則「佛教上之宗教改革」而已。

三：所謂「經世致用」之一學派，其根本觀念，傳自孔孟。歷代多倡道之，而清代之啓蒙派晚出派，益擴張其範圍。此派所揭櫫之旗幟，謂：學問所當講求者，在改良社會增其幸福，其通行語所謂「國計民生」者是也。故其論點，不期而趨集於生計問題。而我國人對於生計問題之見地，自先秦諸大哲，其理想皆近於今世所謂「社會主義」。二千年來生計社會之組織，亦蒙此種理想之賜，頗稱均平健實。今此問題爲全世界人類之公共問題，各國學者之頭腦，皆爲所惱。吾敢言我國之生計社會，實爲將來新學說最好之試驗場；而我國學者對於此問題，實有最大之發言權；且尤當自覺悟其對此問題應負最大之任務。

四：我國文學美術，根柢極深厚，氣象皆雄偉；特以其爲「平原文明」所產育，故變化較少。然其中徐徐進化之跡，歷然可尋；且每與外來之宗派接觸，恆能吸受以自廣。清代第一流人物，精力不用諸此方面，故一時若甚衰落；然反動之徵已見。今後西洋之文學美術，行將盡量輸入；我國民於最近之將來，必有多數之天才家出焉；採納之而傳益以己之遺產，創成新派。與其他之學術相聯絡呼應，爲趣味極豐富之民衆的文化運動。

五：社會日複雜，應治之學日多，學者斷不能如清儒之專擎古典；而固有之遺產，又不可蔑棄・　則將來必有一派學者焉，用最新的科學方法，將舊學分科整治，擷其粹，存其眞・　續清儒未竟之緒，而益加以精嚴；使後之學者既節省精力，而亦不墜其先業；世界人之治「中華國學」者，亦得有藉焉・

以吾所觀察所希望・則與清代興之新時代，最少當有上列之五大潮流；在我學術界中，各爲猛烈之運動，而並占重要之位置・　若今日者，正其啓蒙期矣・　吾更願陳餘義以自厲，且厲國人・

一：學問可嗜者至多，吾輩當有所割棄然後有所專精・　對於一學，爲徹底的忠實研究，不可如劉獻廷所謂『祇教成半箇學者』，(廣陽雜記卷五)力洗晚清籠統膚淺淩亂之病・

二：善言政者，必曰「分地自治分業自治」；學問亦然；當分業發展，分地發展．分業發展之義易明，不贅述．所謂分地發展者；吾以爲我國幅員，廣埒全歐，氣候稟三帶，各省或在平原，或在海濱，或在山谷；三者之民，各有其特性，自應發育三箇體系以上之文明．我國將來，政治上各省自治基礎確立後，應各就其特性，於學術上擇一二種爲主幹；例如某省人最宜於科學，某省人最宜於文學美術，皆特別注重，求爲充量之發展．必如是然後能爲本國文化世界文化作充量之貢獻．

三：學問非一派可盡，凡屬學問，其性質皆爲有益無害．萬不可求思想統一，如二千年來所謂『表章某某罷黜某某』者．學問不厭辨難，然一面申自己所學，一面仍尊人所學。庶不至入主出奴，蹈前代學風之弊。

吾著此篇竟，吾感謝吾先民之餉遺我者至厚；吾覺有極燦爛莊嚴之將來橫於吾前。

今歲春間王石朋曾以此書見惠暇時披覽間或於眉端加以評隲蓋乘興為之非有秩序之校閱也嗣石朋見之旋復取去今尚存伊處至當時所云云余則茫不記憶矣故此本不再加評隲大抵梁氏此作其取材多在李次青先正事略及漢學師承記漢學商兑等故篇中極推崇戴氏而於宋學派之崔東壁氏一不之及實則先正事略中曾極推之特梁氏此時尚未得見東壁遺書未之注意耳

此書前半皆取材於舊著其發之於梁氏者甚尠初無甚可議
惟自所謂今文學以下則支離詭怪直等笑談不僅觀風之自檜
矣按公羊之學倡之者實為潘伯寅一時所謂清流黨徒者和之康
氏入京時值其末流故拾其餘唾而又以誣妄濟之強加以今文學
名目遇有不通則羌無故輒以劉歆作偽四字了之有此妙訣又何
怪乎其自三十以後學問即已臻絕境耶梁氏於乃師雖多有
微詞然仍遵用其說殊難索解或亦牽於情誼而有所不得
已耶至其說今文學處尤足令人齒冷橫豎說來殆惟有伊師

弟二人其勉強章入者更止有一無可攷之陳千秋及若有若無之譚

商務印書館發行

中國佛學史 上卷

新會梁啓超著

在印刷中不日出版

梁任公先生所著中國學術史凡五種。清代學術概論其第五種也。餘四種擬於本年內完成。現已脫稿付印者。爲第三種中國佛學史之上卷。凡十萬言。分五大章。言佛教源流。至爲詳晰。學界諸君。當以先覩爲快也。其目錄如下。

A Critical Survey of Chinese Thoughts

Vol. V. Writers of the Ching Dynasty

Commercial Press, Limited

中華民國十年二月初版
中華民國十三年四月五版

（清代學術概論一冊）
（每冊定價大洋陸角伍分）
（外埠酌加運費匯費）

編著者　新會梁啓超

發行者　商務印書館

印刷所　上海北河南路北首寶山路　商務印書館

總發行所　上海棋盤街中市　商務印書館

分售處　北京天津保定奉天吉林龍江濟南太原開封鄭州西安南京杭州蘭谿安慶蕪湖南昌漢口長沙常德衡州成都重慶瀘縣福州廣州潮州香港梧州雲南貴陽張家口新嘉坡　商務印書館分館

四七八八何

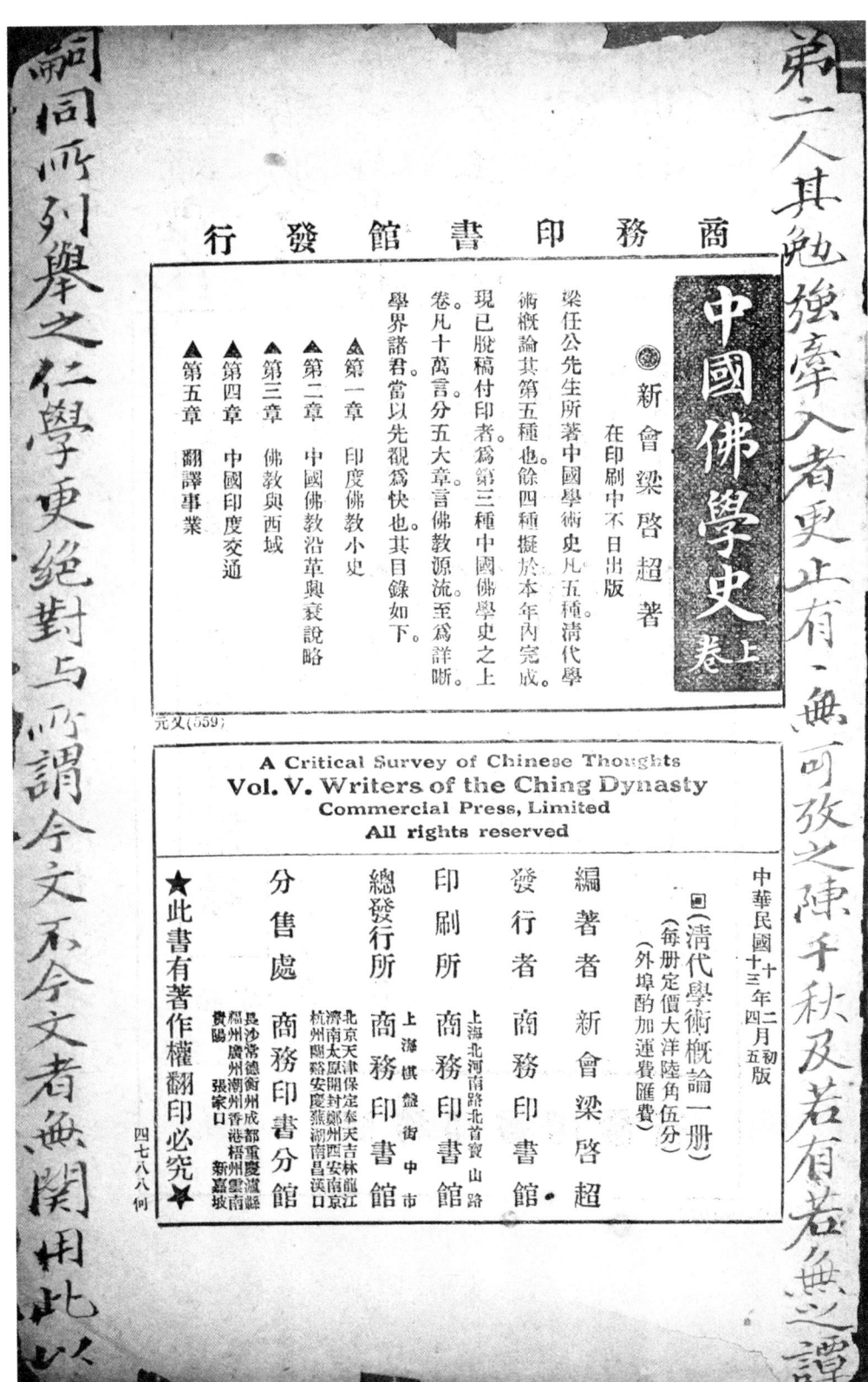

嗣同所列舉之仁學更絕對与所謂今文不今文者無關用此以

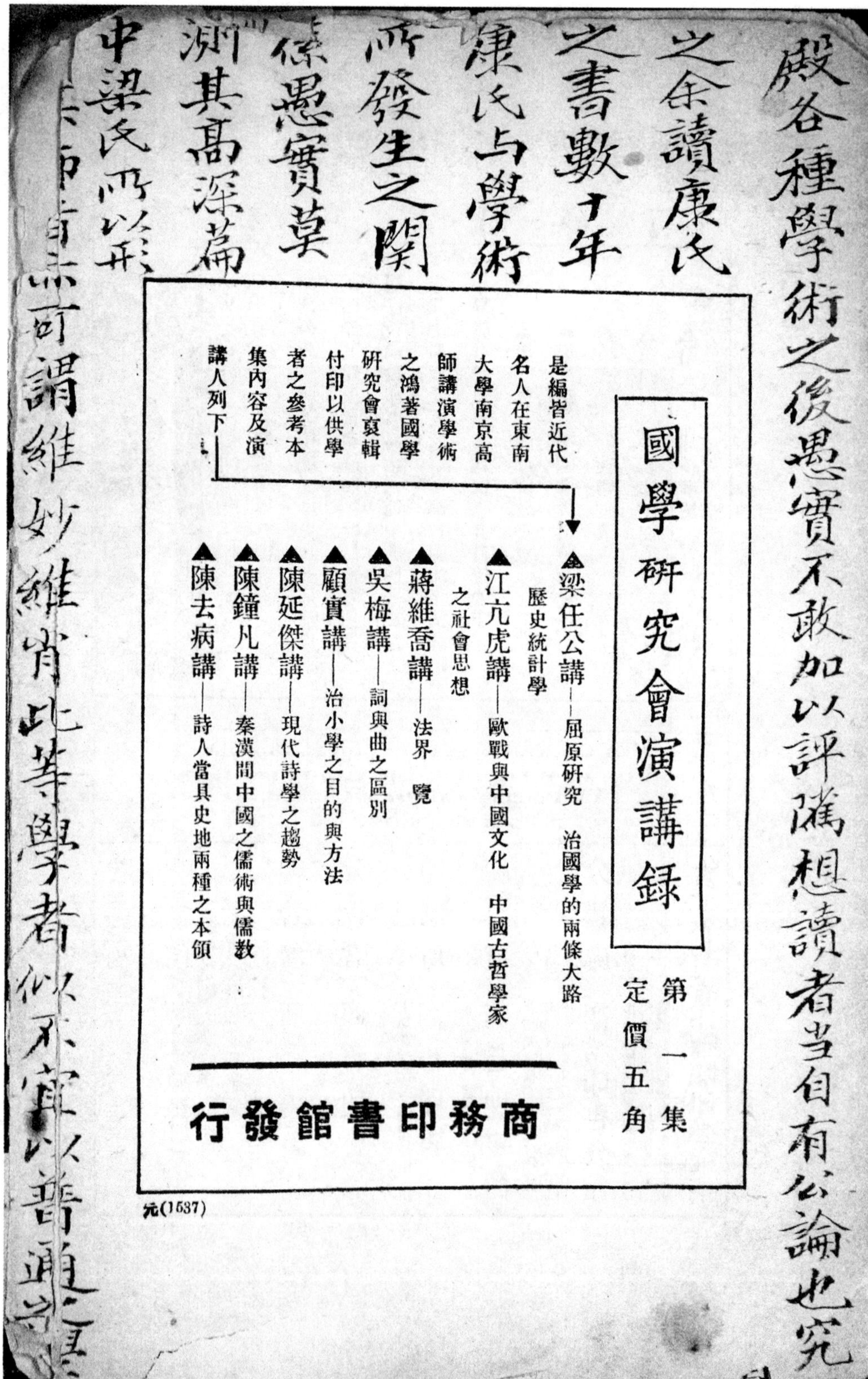

殿各種學術之後愚實不敢加以評騭想讀者当自有公論也究
之余讀康氏
之書數十年
康氏与學術
所發生之關
係愚實莫
測其高深薦
中梁氏所
亦可謂維妙維肖此等學者似不宜以普通
國學研究會演講錄
第一集
定價五角
是編皆近代名人在東南大學南京高師講演學術之鴻著國學研究會裒輯付印以供學者之參考本集內容及演講人列下
▲梁任公講——屈原研究　治國學的兩條大路　歷史統計學
▲江亢虎講——歐戰與中國文化　中國古哲學家之社會思想
▲蔣維喬講——法界一覽
▲吴梅講——詞與曲之區別
▲顧實講——治小學之目的與方法
▲陳延傑講——現代詩學之趨勢
▲陳鐘凡講——秦漢間中國之儒術與儒教
▲陳去病講——詩人當具史地兩種之本領
商務印書館發行
充(1537)

紅之梁氏在將來學術史上自是傳人惟其成就如何在今日

言之尚嫌過

早蓋學術

既已革新則

所謂學者

亦不得復狃

於前例之必

原本於經學

質言之則梁氏之傳必不在於其自所標榜之今文學也要之二

千年来漢宋之争至清之季世已成婪尾窮變通久必別有一種新學術出見舉舊學術一筆抹倒而別開一新紀元以供後来者之發揮寢饋此事現方在醖釀中不外乎學部必非從前之所謂學凡在当今之學者咸宜有所置力其終不遠吾輩或猶及身見也閔子有聲日前復以此冊見質屬為指正因復綜其大綱併附以余對於學術之私見及其將来之趨勢具述如右旹民國丙寅八月望日微雨侘傺生誌於濟南古傍棚街寓樓之燈下

商務印書館出版

梁啓超等　撰　吴秋輝　批

戴東原二百年生日紀念論文集

民國十三年（1924）北京晨報社鉛印本

戴東原

二百年生日紀念論文集

目錄

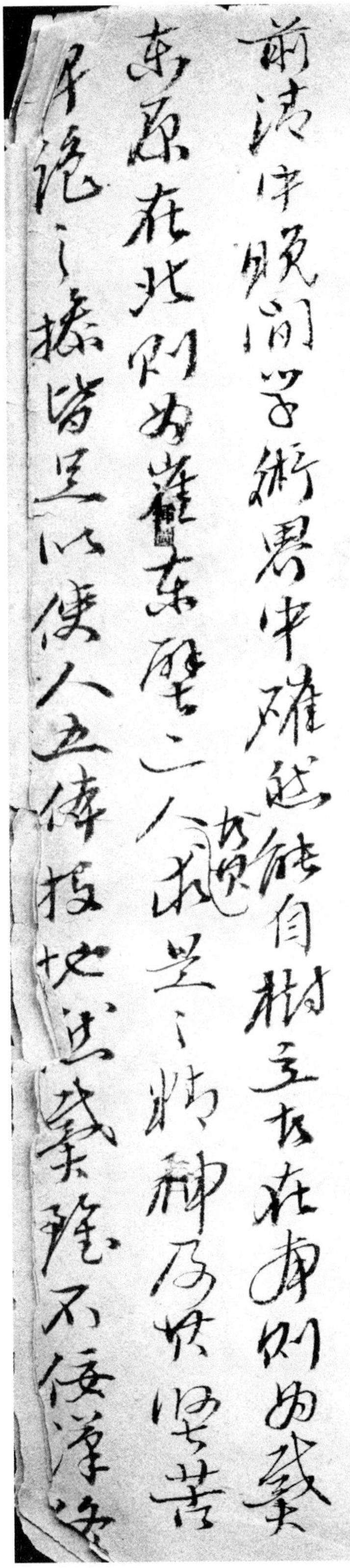

插圖

戴東原先生遺像

戴東原先生墨跡

戴東原先生故宅

戴東原先生讀書處

戴東原先生祠堂

戴東原先生二百年紀念講演會盛況 中華民國十三年一月十九日在北京安徽會館

戴東原先生二百年紀念講演會梁任公先生之講演 中華民國十三年一月十九日在北京安徽會館

而能打破漢儒之藩籬，雖不論宋儒不能擺脫宋儒之窠臼，故於今日之眼光視之，二人之成績皆不足以副其初志。孫詒讓之所得，祗在其文字考訂訓詁，輔雜於一般天算地理。崔之所得，祗在於其考信錄，轉在於洙泗考信錄與竹書漢孔叢後語雜作，此其向所以有種種之劃限，非人力之所可及，故越所得者此亦足以暴於天下矣。

丙寅八月十四日 秋輝誌

引子

戴東原生日二百年紀念會緣起

稍爲研究過中國近世學術史的人，都應該認識戴東原先生的位置和價値。今年是他老先生的誕生二百年；舊歷十二月二十四日是他的生日。我以爲我們學界的人很應該替他做一回莊嚴的紀念。

前淸一朝學術的特色是考證學，戴東原是考證學一位大師，這是人人都知道的了。單就這一點論他的研究成績，値得紀念的已經很多。

但我們以爲戴東原的工作，在今後學術界留下最大價値者，實在左列兩項：

(一)他的研究法　東原本人自己研究出來的成績品，可寶貴的雖然甚多。但他同時或後輩的人有和他一樣或更優的成績品的也不少。東原在學術史上所以能占特別重要位置者，專在研究法之發明。他所主張「法畝」，「求是」兩大主義，和近世科學精神一致。他自己和他的門生各種著述中，處處給我們這種精神的指導。這種精神，過去的學者雖然僅用在考證古典方面。依我們看，很可以應用到各種專門科學的研究，而且現在已經有一部分應用頗著成績。所以東原可以說是我們「科學界的先驅者」。

（二）他的情感哲學　宋明以來之主觀的理智哲學，到清初而發生大反動。但東原以前大師，所做的不過破壞工夫，却未能有所新建設。到東原纔提出自己獨重情感主義，卓然成一家言。他這項工作，並不爲當時人所重視。但我們覺得他的話是在世界哲學史上有價值的，最少也應該和朱晦翁王陽明平分位置。所以東原可以說是我們「哲學界的革命建設家」。

今年好容易碰着他二百年生日！我們打算趁那一天在北京舉行一次「東原學術講演會」，所要講的範圍大畧如下：

一，戴東原在學術史上的位置；

二，戴東原的時代及其小傳；
三，聲音訓詁的戴東原；
四，算學的戴東原；
五，戴東原的治學方法；
六，東原哲學及其批評；
七，東原著述考；
八，東原師友及弟子。

以上不過就我個人感想所及，約畧提個綱領，詳細的還要希望同志們共同討論。我自己學問很淺，愧不能有所發明。不過提出這個意見，助一助大家的興味。我希望海內崇拜東原的學者共同發起這次紀念會，而且分途担任各部分的研究。到那一天，能彀同赴盛會最好，即不然，也請把所作大文寄來宣讀。我自己願意自薦當一個臨時幹事，替諸君做傳達學說的機關。

我覺得這件事是學術界有益的，所以陳述這點意見。

十二年雙十節。

戴東原先生傳

後學梁啟超纂述

東原嘗自言余之學務不外以字考經以經考字（見陳鱣跋段氏說文注後序）其於六書以經可證得其竅要惜乎限於時代其所證常在範圍於經種流傳之說文爾雅其所證經者出於漢人杜撰之周官考工記大戴禮於所於真正之經者反無所窺見故以言乎學之說不通以言乎經之亦不明此非係先議先生實所以為先生惜也然其間猶有天焉不足以為先生營趙言之也 十二月 丈誌

戴東原先生傳

啓超謹案：關於東原先生傳記之資料，最詳者爲洪初堂所著行狀及段茂堂所著年譜。次則王述庵著有墓志銘，錢竹汀著有傳，凌次仲著有事略狀，孔巽軒著有遺書總序。次則阮芸台之國史儒林傳稿，錢東生之文獻徵存錄，江子屏之漢學師承記，李次青之先正事略，咸各有專篇。洪爲先生同里後學，其狀作於乾隆丁酉六月，先生卒後之一月耳。洪於先生所學，能深知其意，且時近地切，見聞最眞，故所記實爲一切資料之基本。段爲先生門下老宿，所作年譜，最爲詳贍。但書成於嘉慶甲戌（譜中未記著作年月。據經韵樓集卷七東原先生札册跋知之。）距先生卒三十八年，茂堂年且八十矣。所追憶或涉影響；其大節目則多取諸洪也。王錢凌孔皆先生同時摯友或後輩，所記足互相補者尚不少。阮傳爲國史館稿，薈集衆篇，務取簡絜；錢江李以下則鈔錄舊文而已。本篇以洪段二氏爲主，參以諸家。其本集及他文集筆記中有可取材者亦附入焉。不敢云備，庶可見先生風裁學詣之崖略云爾。體例依前代史稿，專採前人成文，不自撰一語。時或爲行文便利起見竄易增加數字而已。私見所及，則別爲案語綴各段之後。所據重要篇目及其略號如下：

洪榜　初堂遺稿內戴先生行狀（略稱洪狀）

段玉裁　戴東原先生年譜（略稱段譜）

王昶　述庵文鈔內戴先生墓志銘（略稱王志）

錢大昕　潛揅堂集內戴東原傳（略稱錢傳）

余廷燦　戴東原事略（略稱余略）

凌廷堪　校禮堂集內東原先生事略狀（略稱凌略）

孔廣森　顨軒駢儷文內戴氏遺書總序（略稱孔序）

江藩　國朝漢學師承記（略稱江記）

李元度　國朝先正事略（略稱李略）

先生姓戴，諱震，字愼修，一字東原。戴氏當唐時有自江西饒州樂平遷安徽歙州者，卒葬休寧之隆阜，因家焉，故世爲休寧人。父名弁，母朱氏。（洪狀。）先生以雍正元年十二月二十四日乙巳生於里第。（段譜。）乾隆十六年補縣學生。二十七年舉於鄉。三十八年奉召充四庫全書館纂修官。四十年賜同進士出身授翰林院庶吉士。越二年卒於官。（王志。）實乾隆四十二年五月二十七日。時客京師崇文門西范氏之穎園。年五十有五。（段譜。）

先生生而體貌厚重，性端嚴。（洪狀。）十歲乃能言，蓋聰明蘊蓄者深矣。（段譜。）就傅讀書，授大學章句至「右經一章」以下，問其塾師曰：『此何以知其爲「孔子之言而曾子述之」？又何以知其爲「曾子之意而門人記之」？』師應之曰：『此先儒朱子所注云爾。』即問『朱子何時人？』曰：『南宋』。又問：『孔子曾子何時人？』曰『東周。』又問：『宋去周幾何時？』曰：『幾二千年矣。』又問

：『然則朱子何以知其然？』師無以應，大奇之。（洪狀。）讀詩經至秦風小戎篇即自繪小戎圖，觀者咸訝其詳覈。（凌畧。）讀書每一字必求其義。塾師畧舉傳注訓解之，意每不釋然。師不勝其煩，授以許氏說文解字。先生大好之，學三年盡得其節目。（洪狀。）性强記，十三經注疏能盡舉其辭。嘗語段玉裁曰：『余於疏不盡記，經注則無不能背誦也。』（段譜。）時年十六七耳。（洪狀。）

先生家極貧，無以爲業。（洪狀。）年十八，隨父客南豐，設塾於邵武，課童蒙自給。越二年乃歸。（段譜。）時婺源江慎修先生永治經數十年，精於三禮及步算鐘律聲韵地名沿革，博綜淹貫，歸然大師。先生一見傾心。（段譜。）偕其縣人鄭牧，歙人汪肇漋，方矩，汪梧鳳，於瑤田，金榜師事之，先生獨能得其全。（凌畧。）及江先生卒，（乾隆二十七年，）先生爲之狀其行實及著書數上之史館。秦蕙田纂五禮通考，延先生商榷。先生因出所藏江氏推步法解示秦，秦全採載入。後朱筠督學安徽，爲祠祀江，且檄取江書盡上之朝，亦由先生力爲表揚也。（洪狀。）

啓超謹案：魏默深謂：『戴爲江永門人，及名旣盛，書中稱引師說，但稱「同里老儒江愼修，」不稱先生，背師盜名。』（周壽昌思益堂日札引。）啓超謂先生所以推崇愼修者，具見於所撰江愼修先生事畧狀，（文集卷十二，）其不背愼修不俟辨。至其曾否受業愼修稱弟子，則難確考。先生與姚姬傳書謂：『古之所謂友，固分師之半。僕與足下無妨交相師。』（文集卷九。）段茂堂上書稱弟子，先生復札云：『古人所謂友，原有相師之義。我輩但還古之友道可耳。』（段譜葉十六。）其平日持論如是。則其所以事愼修者，固當奉此義以行。况其學原非盡出愼修耶？且子貢子思，皆字稱仲尼，未有疑其慢者。甚矣魏氏之責人無已也。

自宋以來，儒者多剽襲釋氏之言之精者以說經。其所謂學，不求之於經而但求之於理；不求之於故訓典章制度而但求之於心。好古之士，雖欲矯其非；然僅取漢人傳注之一名一物而輾轉攷證之，則又煩細而不能至於道。於是乎漢儒經學宋儒經學之分，一主於故訓，一主於義理也。先生則謂：義理不可舍經而空憑胸臆，必求之於古經。求之古經而遺文垂絕今古懸隔，然後求之故訓。故訓明則古經明，古經明則賢人聖人之義理明，而我心之同然者乃因之而明。義理非他，存乎典章制度者也。彼歧故訓義理而二之，是故訓非以明義理，而故訓何爲？義理不存乎典章制度，勢必流入於異學曲說而不自知。（凌畧。）先生自十七歲時即有志聞道，謂當先從事於字義制度名物以通六經之語言。爲之三十餘年，灼然如古今治亂之原。（與段茂堂書，段譜引。）蓋自其蚤歲，稽古綜覈，博聞強識，而尤長於論述。晚益窺於性與天道之傳，於老莊釋氏之說入人最深者辭而闢之，使與六經孔孟之書截然不可以相亂。其學之本末次第大略如此。（洪狀。）

先生之論治學也，曰：『尋求所獲，有十分之見，有未至十分之見。所謂十分之見，必徵之古而靡不條貫，合諸道而不留餘議，鉅細畢究，本末兼察。若夫依於傳聞以擬其是，擇於衆說以裁其優，出於空言以定其論，據於孤證以信其通：雖溯流可以知源，不目覩淵泉所導，循根可以達杪，不手披枝肄所歧，皆未至十分之見也。以此治經，失不知為不知之意，而徒增一惑以滋識者之辨也。』（文集九與姚姬傳書。）又曰：『為學之道不以人蔽己，不以己自蔽。不為一時之名，亦不期後世之名。有名之見其弊二：非掊擊前人以自表襮，即依傍昔賢以附驥尾，二者不同，而鄙陋之心同。』（文集九答鄭用牧書。）又曰：『學有三難：淹博難，識斷難，精審難，三者僕誠不足以與其間，其私自持暨為書之大概端在乎是。』（文集九與是仲明書。）又曰：『知十而皆非眞，不若知一之為眞知也。』（段玉裁經韵樓集娛親雅言序引。）又曰：『學者莫病於株守舊聞而不復能造新意，莫病於好立異說而不深求之以至其精微所存。』（文集十春秋究遺序。）其治學之方大略如此。時東吳惠棟，三世傳經，信而好古。王鳴盛嘗合評兩家曰：『方今學者，斷推兩先生。惠君求其古，戴君求其是。』（洪狀引。）錢大昕曰：『先生實事求是，不偏主一家，亦不過騁其辨以排擊前賢。每立一義，初若創獲，及參互考之，果不可易。』（錢傳。）

不能自覺
當時又別
無覺覺之
人故不詳不
即以己之說
獨斷以爲是
此固孚之能
如何好也

先生之學無所不通，而其所由以至道者則有三：曰小學，曰測算，曰典章制度可謂知言。（凌畧。）

先生以爲：經之至者道也，所以明道者辭也，所以成辭者字也。必由字以通其辭，由辭以通其道，乃可得之。（洪狀。）嘗謂今人讀書，尙未識字，輒薄訓詁之學，夫文字之未能通，妄謂通其語言；語言之未能通，妄謂通其心志，此惑之甚者也。（錢傳。）於是考諸篆書，由說文以覩古聖人制作本始。更念爾雅爲承學津筏，又殫心其書。旁推交勘，盡得古畫古義古音聲。有一字不準六書，一解不貫羣經，即無稽者不信，不信者必反復參證而後即安。（余略。）其小學之書，有聲韵考四卷，聲類表十卷，方言疏證十三卷。夫字書主於故訓，韻書主於音聲，二者恆相因，音聲有不隨故訓而變者則一音或數義。音聲有隨故訓變者，則一字或數音。其例或義由聲出，或聲同義別，或聲義各別。唯洞究其旨，凡異字異音絕不相通者，其誤自能別之。庶釋經論字，不至茫然失據也。自漢以來，轉注之說失傳：徐鉉，徐鍇，鄭樵，戴仲達，周伯琦，皆穿鑿附會不得其解。而蕭楚張有諸人以轉聲爲轉注之論爲尤謬。雖好古如顧炎武，亦不復深省。先生則謂指事象形諧聲會意四者爲書之體，假借轉注二者爲書之用。一字具數用者爲假借：依於義以引申，依於聲而旁寄，假此以施於彼也。數字共一用者爲轉注：如初哉首基之皆爲始，卽吾台予之皆爲我，其義轉相爲注也。轉注與假借正相反。說文於「考」字訓之曰「老也」，於「老」字訓之曰「考也」，卽轉相爲注也。以說文證說文可不復致疑矣。（凌畧）

自漢以來，古音寖微。學者於六書諧聲之故，靡所從入。廣韵東冬鍾江眞諄臻文欣元寒桓删山先仙陽庚耕清青蒸登侵覃談鹽添咸銜嚴凡共三十五韵有入聲，外此如支脂等二十二韵無入聲。顧氏古音表反是。先生則謂有入無入之韵當兩兩相配，以入聲爲之樞紐。眞以下十四韵與脂微齊皆灰五韵同入聲。東以下四韵及陽以下八韵與支之佳咍蕭宵肴豪尤侯幽十一韵同入聲。侵以下九韵之入聲，則從廣韵無與之配。魚虞模歌戈麻六韵，廣韵無入聲，今同以鐸爲入聲，不與唐相配。而古音遞轉及六書諧聲之故，胥可由此得之。此古人所未發也。（淩略。）

其測算之書，有原象四篇，迎日推策記一篇，句股割圜記三篇，續天文略三卷，策算一卷。（淩畧。）先生以算在六藝，古者以賓興賢能，敎習國子。周髀之書雖傳於今，曆家不能通其用。有「正北極」及「北極璇璣」之名，有「七衡」，「六間」，「冬至日當外衡夏至當內衡春秋分當中衡」之規法。釋周髀者數家，未解「北極璇璣」所指。先生以爲「正北極」者，今之赤道極也；所謂「北極璇璣」者，今之黃道極也。赤道極爲左旋之樞，黃道極爲右旋之樞。自中土言之，皆在北方，故通曰北極。赤道極不動，黃道極每晝夜左旋環繞之而過一度，每一歲而周四遊。故周髀謂赤道極曰正北極，而黃道極無其名，取諸測器之名命之。用是知唐虞時設璿璣環轉於中，擬夫黃道極者也。此論匪惟得周髀之辨，並以見古璿璣玉衡之遺制。（洪狀。）曾自指點巧匠，製成其器，藏於孔繼涵家；繼涵又曾命工仿造云。（

段譜。)

自漢以來，九數佚於秦火。儒者測天，多不能盡句股之蘊。明末西人傳弧三角之術，推步始爲精密。其「三邊求角」及「兩邊夾一角求對角之邊」加減捷法，梅氏用平儀之理爲圖闡之，可謂剖析淵微。然用餘弦折半爲中數，則「過象限」與「不過象限」有相加相減之殊，猶未爲甚捷也。先生則謂用餘弦者或加或減，易生歧惑。乃立新術，用總較兩弧之矢相較折半爲中數，則一例用減，更簡而捷矣。蓋餘弦者矢之餘也。八綫法：弧小則餘弦大，弧大則餘弦小；弧若大過象限九十度，則餘弦反由小而漸大。唯矢不然：弧小則矢小，弧大則矢大；弧若大過象限九十度，則矢更隨之而大。是矢與弧大小相應，不似餘弦之參差，故以易之。此二法之根，先生所常言者，亦皆古人所未發也。(凌畧。)先生在四庫館，校周髀經，悉心正其譌舛，補圖以進。又於永樂大典內得九章五曹算經凡七種，自通人王寅旭，謝野臣，梅定九諸子，皆以算名家，未之獲見。先生則正譌補脫，蓍知劉徽注內舊有圖而今闕，補之以進，而古書之晦者以顯。（洪狀。）

啓超謹案：先生於天文學，所言不能與今世科學家脗合，此自時代所限，不容苛求。先生之功，則在能考古術，知吾國二千年前（周髀時代）之天文學如是而已。其在數學上所創造，上不逮王（寅旭）梅（定九），下不逮汪（孝嬰）李（尙之），然搜校諸遺籍於闇曶既久之後，能理棼正舛而復其舊，使人知三國六朝間此學之若何發達，而因以引起硏究興味以促斯學之獨立，則先生之功也。

清初治地理學者，有顧景范，顧亭林，閻百詩，胡朏明，黃子鴻，趙東潛，錢竹汀，諸家，然皆以郡國爲主而求山川，先生則以山川爲主而求郡縣。（李畧。）嘗謂因川原之派別，知山勢之逶迤；由山鎭之陰陽，水行所經過，知州郡之沿革遷徙。大凡水之上流，川出於兩山之間，歷千百年如其故道；至其委流，地平衍而土疏斥，不數歲輒遷徙不常。是以滹沱桑乾漳水之流，號最難考。先生屢應志局之聘，文書圖册雜錯糾紛於前。先生披圖覽册，有謬誤卽圖上批示分再圖以進。戶吏始不服，及親履其地，果如先生言，無不驚歎以爲神奇。後魏酈道元水經注一書，流傳至今，經注溷淆，前後錯簡，文章家以爲掇拾辭采之書而已。先生究心於是者八九年，尋其義例，按以準望，整之俾還其舊。（洪狀。）其所得經與注分別之例有三（段譜）：一曰獨擧複擧之不同：經文甚簡，首擧水名，下不再出。注文繁，一水內必詳其注入之小水，是以主水名，屢擧而不厭。一曰「過」與「逕」之不同也：經必曰「過某」，注則必曰「逕某」，所以別於經。一曰某縣及某縣故城之不同也：注所謂某縣故城者，卽經之某縣也。經時之縣，注時多爲故城。經無言故城者也。執此三例，沛乎莫禦，釐之有如振槁。承學讀至白首不解者，豁然開朗。（經韵樓集卷七與梁耀北論戴趙二家水經注。）時杭州趙東潛擘磨水經注數十年，鄞縣全謝山七校是書，深窺秘奧。而其說皆往往與先生同。（段譜。）先生又嘗應直隸總督方觀承聘，修直隸河渠書百十一卷。未成而方卒，藁藏後任總督周元理家。嘉慶間，爲王履泰所竊，删其半，益以乾隆己丑以後事實，易名幾輔安瀾志。後先生嗣子攜原稿入都欲爲辨正，不果云。（李略。）

啓超謹案：趙東潛與先生同時先後並校水經注，而所校什九相同。於是孰爲剽竊，成爲學界一場公案。以啓超觀之，蓋純屬閉門造車出門合轍，絕不成爲道德責任問題。其事實始末及兩造爭論之點，別於拙著東原著述考篇中詳叙之。

又案：直隸河渠書稿晚出。故初堂，述庵，竹汀，次仲諸狀誌皆未言及，惟段譜記其大略。此書亦與東潛有關。段氏復有與方葆巖兩書及趙戴直隸河渠書辨，記始末頗詳。具見東原著述考中。

其典章制度之書未成。（凌略。）有考工記圖二卷，蓋少作。（據段譜。）又因西人龍尾車法，作嬴旋車記；因西人引重法作自轉車記；皆見文集。（凌略）。

啓超謹案：此兩篇及原象卷四所記璇璣玉衡製法，皆足見先生之垂意工學。

先生發願成七經小記。七經者，詩書易禮春秋論語孟子也。謂治經必分數大端以從事，各究洞原委。始於六書九數，故有詁訓篇有原象篇；繼以學禮篇，繼以水地篇，約之於原善篇。詁訓學禮兩篇未成：水地篇三十卷，成者僅一卷。原象原善則已成。（節段譜文。）

啓超謹案：七經小記之著述體例，畧見段譜卷末。觀此可見先生治學方法及其精神。蓋先生雖以攷證名家，然所考證並非枝枝節節疲精神於一字句一名物之間。彼每研究一對象，必貫通羣籍而斷之以己之所自得。其言曰：『最要體會條理二字。得其條理，由合而分，由分而合。』（段譜卷末引。）所謂極分析綜合之能事也。

先生之言曰：『六書九數等事，如轎夫然，所以舁轎中人也。以六書九數等事盡我，是猶誤認轎夫爲轎中人也。』又嘗與段玉裁書曰：『僕生平著述之大，以孟子字義疏證爲第一，所以正人心也。』噫：是可以知先生矣。（經韵樓本東原集段玉裁序。）先生以爲『宋以前，孔孟自孔孟，老釋自老釋。談老釋者高妙其言，不依附孔孟。宋已來，孔孟之書，盡失其解，儒者雜襲老釋之言以解之。於是有讀儒書而流入老釋者，有好老釋溺於其中，既而觸於儒書，樂其道之得助，因憑藉儒書以讀老釋者。孔子曰：「道不同不相爲謀」。言徒紛然詞費也。』（文集卷八答彭允初書）。於是爲原善三篇，尋衍之爲三卷。又著緒言三卷，晚更改名爲孟子字義疏證。（約段譜語。）蓋先生至道之書也。（凌畧。）其大旨以爲：釋道。自貴其神識，而儒者任善治事情。凡人之患二：曰私，曰蔽。私，生於欲之失；蔽，生於知之失。異氏尙無欲；君子尙無蔽。異氏之學，主靜以爲治；君子强恕以去私，而學問以去蔽，主以忠信而止於明善。凡生於其心必發於其事。私者，諟己以縱欲，無良而憯不畏明。無私矣，尙不能無蔽。蔽者，不求諸情事，以其意見信爲義理，公而不能明，廉潔而流於刻。記曰：『夫民有血氣心知之性，而無喜怒哀樂之常。應感起物而動，然後心術形焉。』凡有血氣心知，於是乎有欲。性之徵於欲，聲色臭味而愛畏分。既有欲矣，於是乎有情。性之徵於情，喜怒哀樂而慘舒分。既有欲有情矣，於是乎有巧與智。性之徵於巧與智，美惡是非而好惡分。生養之道，存乎欲者也；感通之道，存乎情者也。二者自然之符，天下之事舉矣。盡美惡之極致，存乎巧者也。宰御之方，由斯而出。盡是非之極致，存乎智者也。聖賢之德，由斯而備。二者亦自然之符，精之以底於必然，天下之能舉矣。君子之治天下也，使人各得其情各遂其欲，勿悖於道義。君子之自治也，情與欲使一於道義。夫遏欲之害，甚於防川；絕情去智，充塞仁義。人之飲食也，養其血氣，而其問學也，養其心知，是以貴乎自得。血氣得其養，雖弱必强，心知得其養，雖愚必明，是以貴乎擴充。君子獨居思仁，公言言義，動止應禮，竭所能謂之忠，履所明謂之信，平所施謂之恕，馴而致之仁且智，不私不蔽者也。君子之未應事也，敬而不肆以虞其疏，事至而動，正而無邪以虞其偽，必敬必正而要於致中和，以虞其偏與謬。戒疏在乎戒懼，去偽在乎慎獨，致中和在乎達禮精義至仁盡倫。天下之人同然而歸之善，可謂至善矣。夫以理爲學，以道爲統，以心爲宗，探之茫茫，索之冥冥，不若反求諸六經。此原善之書所以作也。（洪狀。）

啓超謹案：先生之學，體大思精，原善孟子字義疏證兩書。語極簡而義極豐，殆於一字一金。洪氏此狀，頗能擷其要點，故全錄之。其他精語，別於拙著東原哲學篇中分別徵引。

先生自述其著書之意曰：『……當孟子時羣共稱其好辯。而孟子曰：「我知言。」蓋言之謬，非終於言也；將轉移人心。心受其蔽，必害於事，害於政。……是又後乎孟子者之不可已也。苟吾不能知之亦已矣；吾知之而不言是不忠也；是對古聖人賢人而自負其學，對天下後世之仁人而自遠於仁也。吾用是懼。』……（孟子字義疏證序）然則所謂害政者如之何？先生曰：『理與事分爲二而與意見合爲一，是以害事。』（疏證葉十。）又曰：『惟以情絜情，故其於事也非心出一意見以處之。苟舍情求理，其所謂理無非意見也。未有任其意見而不禍斯民者。』（疏證葉

古今有不在貧困中之學者[illegible]以求貧困也

五。）又曰：『程朱以理為如有物焉得於天而具於心，啓後世人人凭在己之意見而執之曰理以禍斯民。更淆以無欲之說，於得理益遠，於執其意見益堅，而禍斯民益烈。豈理禍斯民哉？不自知其為意見也。離人情而求諸心之所具，安得不以心之意見當之？』（文集卷八答彭允初書。）又曰：『聖人之道，使天下無不達之情，求遂其欲而天下治。後儒不知情之至於纖微無憾是謂理，而其所謂理者同於酷吏之所謂法，酷吏以法殺人，後儒以理殺人……』（文集卷九與某書。）先生所不能已於言者以此。

先生終身在貧困中。年三十時，家中乏食，與麵舖相約，日取麵屑為饔飱。以其時閉戶著屈原賦注。三十三歲避仇入都，行李衣服皆無有，寄旅於歙縣會館，饘粥或不繼，而歌聲出金石。是時紀昀，王鳴盛，錢大昕，王昶，朱筠俱甲戌進士，以學問名一時，耳先生名，往訪之，莫不擊節嘆賞。於是聲重京師，名公卿爭納交焉。秦蕙田方纂五禮通考，延主其邸，朝夕講論。王安國延之課子，子念孫，最能傳先生學，復以傳其子引之，所謂高郵王氏父子也。既屢試不第，旅食諸方。嘗遊山西，修汾州府志，汾陽縣志。遊直隸修直隸河渠書。嘗主講浙東金華書院。五十歲當乾隆三十八年，四庫館開，以舉人充纂修官，蓋異數也。旋特賜進士出身授庶吉士。在館五年，校水經注算經等書，積勞卒於官。（以上約舉洪狀段譜語。）先生事親至孝，夫婦躬操井臼，酒漿飲食，親自進之。父性方嚴，先生怡怡孺慕，曲得其歡。治家和而有法。嘗言子弟有小過，當立加斥責；至有大過，當微示以意，苟顯揭之，令不可爲人，則自棄於惡矣，所謂「中也棄不中」也。行己嚴介，然不爲矯激之行。謀人之事，惟恐其不忠。揚人之善，如恐其不及。其敎誨人終日矻矻，不以爲倦也。先生之言，平正通達，近而易知。博極羣書，而不事馳騁。有所請各如其量以答之，未嘗不有所得也。其學雖未設施於時，既沒其言立，所謂不朽者歟？（洪狀。）

先生終其身未嘗一日廢學。聲類表一書，爲臨終十數日前所作，五日而成。答彭允初書五千言，——段茂堂所謂：『以六經孔孟之恉還諸六經孔孟，以程朱之恉還之程朱，以陸王佛氏之恉還諸陸王佛氏』者，亦臨終前一月作也。（約段譜語）易簀時語人曰：『生平讀書，絕不復記。到此方知義理之學可以養心。』（王惕甫未定稿引戴衍善所述。）世人或引爲先生懺悔所學而復歸於宋儒。焦里堂（循）曰：『不然，東原所著書，惟孟子字義疏證最爲精善。蓋精魄所屬，故臨歿時往來於心。其所謂「義理之學可以養心」者，即東原自得之義理，非講學家西銘太極之義理也。』（雕菰樓集申戴篇。）

梁啓超曰：同治間戴子高撰顏氏學記，謂東原之學，衍自顏李，信也。李恕谷嘗南遊，而程綿莊惲皋聞大弘其學於江介，東原合有聞焉。不然，何其揆之相合若此甚也。然習齋尊行絀知，東原則言『強恕以去私而學問以去蔽，』知行並進，視習齋周矣。其踸踔踔厲不如習齋，弟子中又無恕谷其人，故學中斬焉。當時學者雖萬口翕然誦東原，顧能知其學者實鮮：王述庵錢竹汀所撰傳誌，美其能考證，而於其自得之學無所發明。洪蕊登之狀，善矣；原稿全載答彭進士書，而朱笥河怫然，謂『何圖更於程朱之外復有論說，戴氏可傳者不在此。』蕊登雖上書力爭，（看初堂遺稿上朱笥河先生書，）然無如何，其孤竟削狀中此文云。凌次仲極能知東原者，猶曰『義理固先生晚年之極詣，非造其境者亦無由知其是非。』是又以原善諸篇所謂為東原一家之「意見」，而儕諸其所謂「探之茫茫索之冥冥」者，豈為知東原哉？乾嘉諸老揭櫫漢學以傲宋學，乃其神識所濡染所充塞，皆宋學之餘也，漢學則以譁世而自文已耳。其不能有契於東原也固宜。東原之學，其朋輩中能受之者，莫如程易疇；次則金檠齋。其鄉後學能受之者，莫如洪蕊登，次則凌次仲，蕊登壽僅三十五，倘假以年，亦東原之熟谷也。其弟子最著者段茂堂，孔巽軒，王懷祖及其子伯申。語其一曲，知或過師；雖然，未可云能傳東原學也。無已則私淑艾之焦里堂乎？

本篇因拘於史稿體例，修纂陳言，不能盡發吾意。且屬稿倉猝，僅以一晝夜之力成之，益用不慊。姑存以俟更端。

一月十五日。

啓超自記。

東原著述纂校書目考

梁啟超

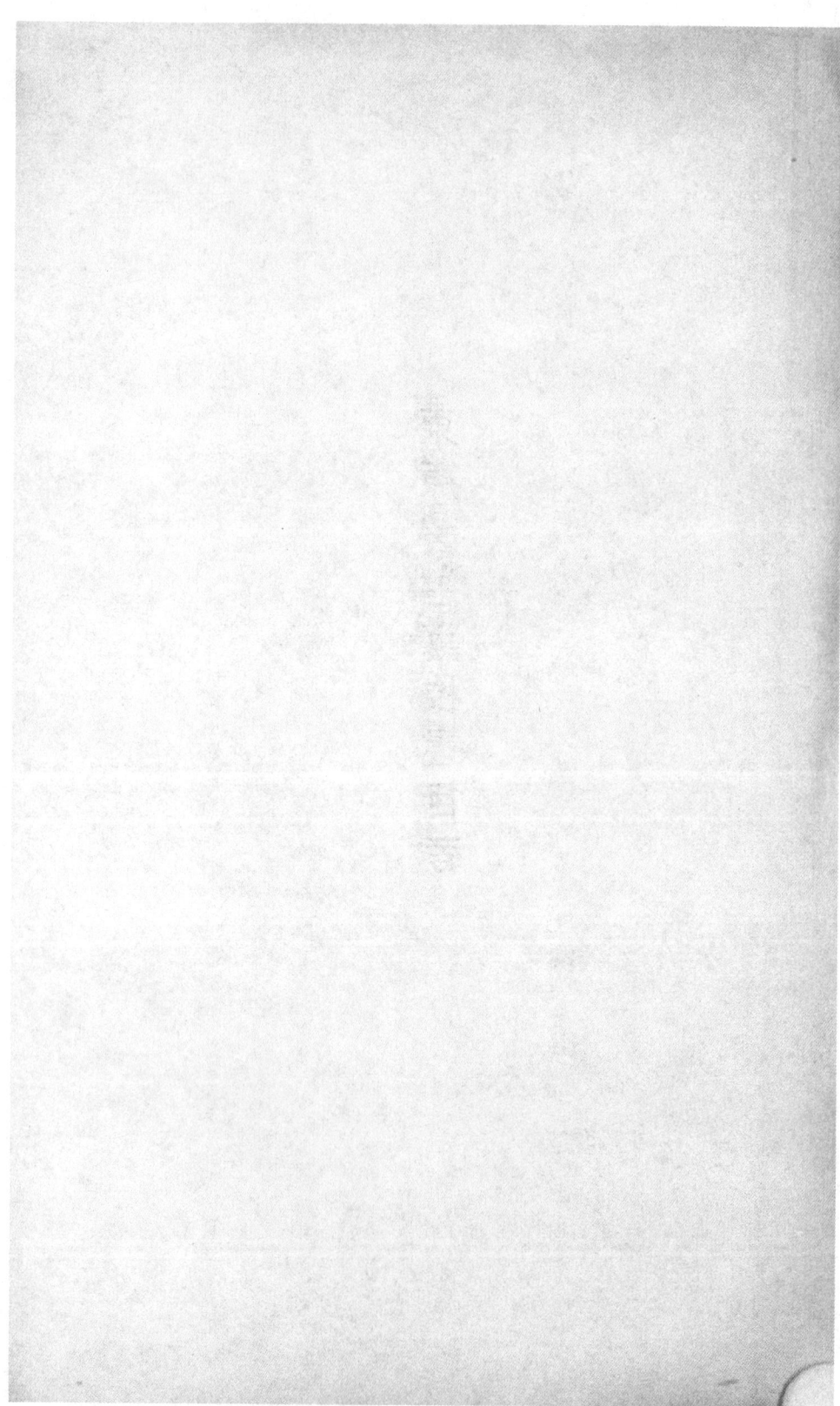

東原著述纂校書目考

焦里堂曰：『東原生平所著書，惟孟子字義疏證三卷，原善三卷最爲精善。其他說經之書，皆未卒業。蓋非精神所專注也。』（雕菰樓集申戴篇）吾謂東原即此二書，自足千古；餘皆筌蹄耳。不著不足爲輕重。百五十年來學者罕知東原，其誦美之者亦不過欲使之與當時所謂漢學家爭一日之短長，務侈陳其著述之富而尸祝之。甚者爲之張目攘臂以與趙東潛爭水經注。夫東潛無水經注，則不復能爲東潛；東原則雖水經注無一字自己出，豈有損於東原豪末者哉。其他著述準此可知也。東原所矢宏願，在七經小記之六種，原善即其一。餘五種未就：集中諸文，多其長編。天於中壽，不竟所業，差可惜耳。其少作則考工記圖，句股割圜記，皆稱絕業。詩補傳尚書義考等雖未成，然經始義例，後此作者津逮也。汾州府志直隸河渠書等，皆因前舊，有所是正，固非專著；汾志凡例，則斯學楷式矣。五禮通考之觀象授時一編，殆經其發凡鑑定。四庫提要閒出先生手者不少，但除手校各書外，（目詳下，）其他篇亦末由確指也。先生歿後，遺著多存曲阜孔繼涵家。繼涵，先生摯友；其子廣根，先生女夫；從子廣森，先生高第弟子也。孔氏擬盡刻先生書而未能，已刻者名曰戴氏遺書，凡十五種：

毛鄭詩考正五卷

杲溪詩經補注二卷（未成）

考工記圖三卷

孟子字義疏證三卷

聲韵考四卷

聲類表十卷

原善三卷

原象一卷
續天文略二卷
水地記一卷
方言疏證十三卷
水經注三十五卷
策算一卷
句股割圜記三卷
文集十卷

原刻於毛鄭詩考正題爲遺書之一，詩經補注爲遺書之二，原善疏證仝爲遺書之九，聲韵考聲類表仝爲遺書之十四，原象爲遺書之十五，文集爲遺書之二十三。段譜云：『未識次第之意。後人勿疑已刻有二十三種也。』

此外則：

屈原賦注七卷（廣州廣雅書局刻本）

緒言三卷（南海伍氏粵雅堂刻本）

尙書義考二卷（貴池劉氏聚學軒刻本）

經考五卷（南陵徐氏許齋刻本）

重編文集十二卷（金壇段氏經韵樓刻本）

先生著述現存者盡此矣。其所校算書，收入孔氏微波榭算經十書中；自餘所校經典，有聚珍版。汾州府志，汾陽縣志，當地皆有刻本。

本篇依段著年譜，以著作先後爲次。無論已成未成已刻未刻或存或佚爲著爲校獨著共著皆列入。仿朱氏經義考例全錄原序。有應考證論列者則綴以案語。

癸亥十二月十一日，啓超記。

策算一卷（乾隆九年先生二十二歲著。孔氏微波榭算經十書本。有自序。）

書成於乾隆甲子長至日。先生著述，此爲最先。初名籌算，後增改，更今名。（據段譜。）其書首策式，次乘，次除，次命分，次開方。孔繼涵刻古算經，以附九章算術之末。段玉裁曰：『凡學九章者必發軔於此。』

自序云：『漢書律歷志：「算法用竹徑一分，長六寸，二百七十一枚而成六觚，爲一握。」古算之大略可考如是。其一枚謂之一算，亦謂之籌。梅福傳：福上書曰：「臣聞齊桓之時，有以九九見者。」所謂「九九」蓋始一至九，因而九之，終於八十一。周髀算經商高曰：「數之法出於圓，圓出於方，方出於矩，矩出於九九八十一」是也。以九九書於策，則盡乘除之用，是爲策算。策取可書，不曰籌而曰策，以別於古籌算，不使名稱相亂也。策列九位，位有上下。凡策，或木或竹，皆兩面：一與九，二與八，三與七，四與六，共策。五之一面空之，爲空策。合五策而九九備。如是者十，各得十策。別用策一，列始一至九各自乘，得方冪之數，爲開平方。策算法雖多，乘除盡之矣。開方亦除也。平方用廣，立方罕用。故策算專爲乘除開平方舉其例。略取經史中資於算者，次成一卷。俾治九章算術者首從事焉。乾隆甲子長至日東原氏戴震叙。』

六書論三卷（乾隆十年先生二十三歲著。已佚。有自序）

段譜云：『今其稿未見，故不著錄。』然則此書自茂堂時已佚矣。集中存一叙，可見其崖略。六書之最難解而滋聚訟者莫如轉注。先生釋轉注爲互訓，實千古創見。大約本書所注重者專在此點。其說詳答江愼修先生論小學書（見文集。）

自序云：『自昔儒者其結髮從事，必先小學。小學者，六書之文是也。周官，保氏掌之以教國子，司徒掌之以教萬民；而大行人所稱諭書名聽聲音又屬，瞽史分職專司。故其時儒者治經有法，不歧以異端。後世道闕，小學不修，古文絕於嬴氏，佐隸起於獄吏。漢興蓋百年，始徵小學之士，令說文字未央廷中。光武時，馬援上疏論文字之譌謬。及賈侍中修理舊文，而許叔重從受古學，撰說文解字，則在安和已後。今考經史所載漢時之言六書也，說歧而三：一見周禮注引鄭司農解；一見班孟堅藝文志；其一則叔重說文解字序，頗能詳言之。班鄭二家，

觀此序則知戴氏於六書之道全未有得，特墨守說文耳

雖可以廣異聞，而綱領之正，宜從許氏。厥後世遠學乖，罕覩古人制作本始：謂諧聲最爲淺末者，後唐徐鍇之疎也。以指事爲加物於象形之文者，宋張有之謬也。謂形不可象則指其事，事不可指則會其意，意不可會則諧其聲者，諸家之紛紊也。謂轉聲爲轉注者，起於最後，於古無稽，特蕭楚諸人之臆見也。蓋轉注之爲互訓，失其傳且二千年矣。六書也者，文字之綱領，而治經之津涉也。載籍極博，統之不外文字，文字雖廣，統之不越六書。綱領既違，譌謬日滋。故考自漢以來迄於近代，各存其說，駁別得失，爲六書論三卷。凡所不載，智者依類推之。以拾遺補藝，將以取乎此也。時乾隆乙丑孟冬戴震撰』

考工記圖二卷（乾隆十一年先生二十四歲著。乾隆二十年先生三十三歲爲補注。二十年河間紀氏刻本。遺書本有自作後序。有紀昀序。）

此書成於乾隆十一年丙寅。後序所謂柔兆攝提格也。越八年。紀文達昀謀刻之，先生乃傳以注。故段譜題曰考工記圖注。紀序云：『戴君東原始爲考工記作圖也，圖後附以己說而無注。乾隆乙亥夏，余初識戴君，奇其書，欲付之梓。遲之半載，戴君乃爲余刪取先後鄭注而自定其說以爲補注。又越半載，書成，仍名曰考工記圖，從其始也。』然則此書初本有圖有說而無注，今本乃徇紀文達之請續增者也。

後序云：『考工諸器，高庳廣狹有度，今爲圖斂於數寸紙幅中，或舒或促，必如其高庳廣狹，然後古人制作昭然可見。不則如磬氏之磬，何以定其倨句；㮚氏之量，何以測其方圜徑冪；韗人之皋陶，何以辨其晉鼓鼖鼓。又如鳧氏之鐘，後鄭云：「鼓六，鉦六，舞四，其長十六。」又云：「今時鐘或無鉦閒。」既爲圖觀之，直知其說誤也。句股法，自銑至鉦，八而去二，則自鉦至舞，亦八而去二。銑爲鐘口，舞爲鐘頂。記曰：銑曰鉦者，徑也。曰銑閒曰鉦閒曰鼓閒者，崇也。曰修曰廣者羨也。羨之度舉舞，則鉦與銑可知；而鉦閒因銑鉦舞之徑以得其崇。然則記所不言者，皆可互見。若據鄭說，有難爲圖者矣。其他戈戟之制，後人失其形似；式崇式深，後人疏於考論；鄭氏注固不爽也。車輿宮室，今古殊異，鐘縣劍削之屬，古器猶有存者。執吾圖以考之羣經暨古人遺器，其有合焉爾。』

轉語二十章（乾隆十五年先生二十五歲著。已佚。有自序。）

自序云：『人之語言萬變，而聲氣之微，有自然之節限。是故六書依聲託事，假借相禪，其用至博，操之至約也。學士茫然，莫究所以。今別爲二十章，各從乎聲以原其義。夫聲自微而之顯，言者未終，聞者已解，辨於口不繁，則耳治不惑。人口始喉下底脣末，按位以譜之，其爲聲之大限五，小限各四，於是互相參伍，而聲之用蓋備矣。參伍之法，台余予陽，自稱之詞，在次三章。吾卬言我，亦自稱之詞，在次十有五章。截四章爲一類，類有四位。三與十有五數，其位皆至三而得之，位同也。凡同位爲正轉，位不同爲變轉。爾汝而戎若，謂人之詞；而如若然，義又交通。並在次十有一章。周語：「若能有濟也」，注云：「若乃也」。檀弓：「而曰然」，注云：「而乃也」。魯論：「吾未如之何」，即奈之何。鄭康成讀如爲那。（乃個切。）曰乃曰奈曰那，在次七章。七與十有一數，其位亦至三而得之。若此類遞數之不能終其物。是以爲書明之。凡同位則同聲，同聲則可以通乎其義，位同則聲變而同，聲變而同則其義亦可以比之而通。更就方音言：吾郡歙邑讀若攝，（失葉切，）唐張參五經文字顏師古注漢書地理志已然。歙之正音讀如翕；翕與歙，聲之位同者也。用是聽五方之音及少兒學語未清者，其展轉譌溷必各如其位，斯足證聲之節限位次自然而成不假人意厝設也。古今言音聲之書，紛然淆雜。大致去其穿鑿自然符合者近是。昔人既作爾雅，方言，釋名。余以謂猶闕一卷書，瓶爲是篇，用補其闕。俾疑於義者以聲求之，疑於聲者以義正之。說經之士，搜小學之奇觚，訪六書之逸簡，溯厥本始，其亦有樂乎此也。時乾隆丁卯仲春戴震撰。』

啓超案：此書孔序云未見，段譜云未成。釋序文蓋已成而佚耳。清初學者，頗注意從發音上是正文字。吳修齡劉獻廷皆有所撰述，惜其書並佚。皖人方以智作通雅，黃生作字詁，皆注意及此。先生之轉語二十章，或頗受方黃影響，其書若存，亦今日議造新字母者之資也。

爾雅文字考十卷（乾隆十四年先生二十七歲著。未刊。有自序。）

自序云：『古訓故之書，其傳者莫先於爾雅。六藝之賴是以明也。所以通古今之異言，然後能諷誦乎章句，以求適於至道。劉歆班固論尚書古文經曰：「古文讀應爾雅，解古今語而可知。」蓋士生三古後，時之相去千百年之久，視夫地之相隔千百里之遠無以異。昔之婦孺聞而輒曉者，更經學大師轉相講授而仍留疑義，則時為之也。余竊謂儒者治經，宜自爾雅始。取而讀之，殫心於茲十年。是書舊注之散見者六家：犍為文學，劉歆樊光，李巡，鄭康成，孫炎，皆闕逸難以輯綴，而世所傳郭注，復刪節不全；邢氏疏尤多疎漏。夫援爾雅以釋詩書，據詩書以證爾雅，由是旁及先秦以上凡古籍之存者綜核條貫，而又本之六書音聲，確然於故訓之原，庶幾可與於是學。余未之能也，偶有所記，懼過而旋忘，錄之成

古及說文家
尸其若戴氏
信王其治經
還有若乎

帙，爲題曰若干卷爾雅文字考，亦聊以自課而已，若考訂得失，折衷前古，於爾雅萬七百九十一言合之羣經傳記靡所扞格，姑俟諸異日。』

段譜云：『是書未知何年所成。據於茲十年之語，則自十七歲有志聞道潛心訓詁始，成書蓋在戊辰己巳庚午間也。曰姑俟諸異日，則意有未滿之辭。然先生之於小學始基之矣。書稿藏曲阜孔戶部家。蘇州吳方伯鑫濤俊者，先生壬午同年也，戶部既歿，方伯之子慈鶴就其家取諸戶部長子博士廣根，云將付梨棗，今書稿尚在吳處，未刊。』

屈原賦注七卷通釋二卷音義三卷（乾隆十七年先生三十歲著。二十五年歙縣汪氏刻本。廣州廣雅書局重刻本。有自序。有盧文弨序。有汪梧鳳跋。）

屈原賦目錄序云：『漢藝文志屈原賦二十五篇，自離騷迄漁父屈原所著書是也。漢初傳其書，不名楚辭，故志列之賦首。又稱其作賦以風，有惻隱古詩之義。至如宋玉以下，則不免爲詞人之賦，非詩人之賦矣。今讀屈子書久，乃得其梗概。私以謂其心至純，其學至純，其立言指要歸於至純，二十五篇之書，蓋經之亞。說楚辭者既碎義逃難，未能考識精覈，且彌失其所以著書之指。今取屈子書注之，觸事廣類，俾與遺經雅記合致同趣。然後贍涉之士，諷誦乎章句，可明其學，覩其心，不受後人皮傅用相眩疑。書既藁就，名曰屈原賦，從漢志也。』

啓超案：段譜引汪跋有『自乾隆壬申秋得戴氏注讀之』語，知書成於壬申前，壬申先生年三十耳。又云：『戴氏遺書皆孔戶部刊板，雖已刻者皆重刊。獨此書但有歙汪氏刊板而已。』汪刻今極難得，光緒末複刻於吾鄉廣雅書局，可喜也。盧抱經(文弨)序云：『戴君……以餘力爲屈原賦二十五篇作注。微言奧旨，具見疏抉。其本顯者不復贅焉。指博而辭約，義剏而理確。其釋三后純粹，謂指楚之先君。夏康娛以自縱，謂康娛連文篇中凡三見，不應以爲夏太康。……九歌東皇等篇，皆就當時祀典賦之，非祠神所歌。九章無次第，不盡作於頃襄王時。懷沙一篇，則以史記之文相參定。……』(抱經堂文集六。)孔巽軒戴氏遺書總序云

：「……研音之下，雅愛三閭。以爲娀臺訪女，近窈窕之遺聲；湘水搴芳，續榛苓之逸響。叔師注而未詳，辨招附而不可。核之漢志名從主人爲屈原賦注四卷。」（鄭軒所著書五十九。）據此知先生此注，創解甚多，且於篇次亦重加釐定也。

詩補傳無卷數（乾隆十八年先生三十一歲著。未成。有自序。遺書中杲谿詩經補注似即此書。）

自序云：「詩三百，一言以蔽之，曰思無邪。夫子之言詩也。而風有貞淫，說者因以無邪爲讀詩之事，謂詩不皆無邪也。非夫子之詩言也。先儒爲詩者莫明於漢之毛鄭宋之朱子，然一詩而以爲君臣朋友之辭者，又或以爲夫婦男女之辭；以爲刺譏之辭者，又或以爲稱美之辭；以爲他人代爲辭者，又或以爲己自爲辭。其主漢者必攻宋，主宋者必攻漢，此說之難一也。余私謂詩之辭不可知矣，得其志則可以通乎其辭。作詩者之志愈不可知矣，斷之以思無邪之一言，則可以通乎其志。風雖有貞淫，詩所以表貞止淫，則上之敎化時或寖微，而作詩者猶覬挽救

戴氏於經學可謂全荒謬，見於詩尤甚，蓋當時之漢學家類然，是之

於萬一，故詩足貴也。三百之皆無邪，至顯白也。況夫有本非男女之詩，而說者亦以淫泆之情概之。於是目其詩則褻狎戲謔之惡言，而聖人顧錄之。淫泆者甘作詩以自播，聖人又播其惡言於萬世，謂是可以考見其國之無政，可以俾後之人知所懲，可以與南豳雅頌之章並列之為經，余疑其不然也。宋後儒者求之不可通，至指為漢人竄入淫詩以足三百之數，欲舉而去之，其亦妄矣。今就全詩考其字義名物於各章之下，不以作詩之意衍其說。蓋字義名物，前人或失之者，可以詳覈而知，古籍具在，有明證也。作詩之意，前人既失其傳者，非論其世知其人，固難以臆見定也。姑以夫子之斷夫三百者各推而論之，用附於篇題後。司馬氏有曰：「國風好色而不淫，小雅怨誹而不亂。」又曰：「詩三百篇，大抵賢聖發憤之所為作也。」漢初師傳未絕，此必七十子所聞之大義也。余亦曰，三百篇皆忠臣孝子賢婦良友之言也。其間有立言最難用心獨苦者，則大忠而託諸詭言遜辭，亦聖人之所取也。必無取乎小人而邪僻者之惡言以與賢聖相雜廁焉。時乾隆癸酉仲夏戴震撰。』

啓超案：孔序云：『別爲詩補傳未成。成周南召南二卷。』是以遺書中之杲谿詩經補注即詩補傳也。段譜亦云：『補傳改稱補注，』此書蓋先生累年草創而迄未成者也。其論無邪之旨是否切當且勿論，至其專就全詩考其字義名物於各章之下，而不以作詩之意衍其說，則洵治詩良法也。

句股割圜記三卷（乾隆二十年先生三十三歲著。二十三年歙縣吳氏刻本。微波榭算經十書本。有吳思孝序。

卷末自識云：『總三篇。爲圖五十有五。爲術四十有九。記二千四百一十七字。因周髀首章之言，衍而極之。以備步算之大全，補六藝之逸簡。治經之士，於博見洽聞，或有涉乎此也。』

吳序云：『……戴君以所爲句股割圜記示余。讀其文殆非秦漢已後書，其於古今步算之大全，約以二千言而盡，可謂奇矣。……記中立法稱名，一用古義。

蓋若劉原甫之禮補亡。欲躡古人傳記之後，不得不爾也。余獨慮習今者未能驟通古。乃附注今之平三角弧三角法於下。……』

啓超案：書中有題『吳曰』即吳思孝（字行先）以今術附注也。惟據段譜云：『注亦先生所自爲，假名吳君。如左太冲三都賦注假名張載劉逵也。』張臬文謂：『此書務爲簡奧，變易舊名，恒不易了。』似頗中其病。

金山志無卷數（乾隆二十二年先生三十五歲著。已佚。）

段譜謂先生客揚州盧轉運（見曾）所曾作此書繫諸本年。

原善三卷（乾隆十八九年至二十八九年先生三十一二歲至四十一二歲著。段輯文集本。遺書本。有自序。）

自序云：『余始爲原善之書三章，懼學者蔽以異趣也，復援據經言疏通證明之，而以三章者分爲建首，次成上中下三卷。比類合義，燦然端委畢著矣。天人之道，經之大訓，萃焉。以今之去古聖哲既遠，治經之士，莫能綜貫；習所見聞，精非成是。余言恐未足振茲墜緒也，藏之家塾，以待能者發之。』

啓超案：此書失著作年月。據段譜推定爲先生三十至四十約十年內所作也。文集（經韻樓本）與遺書兩收之，而其文不同。文集本即序所謂始爲三章也。別有讀易繫辭論性讀孟子論性兩篇，不入正文。遺書本則修改之本，序所謂成上中下三卷者也。每卷各冠以文集本之三章，而雜引羣經之文爲左證。上卷十一章，中卷五章，下卷十六章。其每卷之首章，雖即文集本，而語加詳。其以下各章所引經証，亦不限於繫辭孟子。合兩本讀之，可以見先生著述之謹愼與進德之綿密也。

原象一卷迎日推策記一卷（先生四十歲以前著。遺書本。）

段譜云：此二書遺書合爲一冊。原象凡八篇。一篇二篇三篇四篇，即先生之釋天也。初名釋天以堯典璇璣玉衡中星周禮土圭洪範五紀四者命題，而天行之大致畢擧。璇璣玉衡，漢後失傳，先生乃詳其儀制於四篇之末，五篇六篇七篇，即句股割圜記之上中下三篇也。其八篇則爲矩，以準望之詳也。迎日推策記亦舊時所爲。玉裁與釋天皆於癸未抄寫，則成書皆在壬午前可知。（案壬午爲乾隆二十七年。）至晚年合九篇爲原象以爲七經小記之一。天體算法全具於此。

聲韵考四卷（乾隆三十一年先生四十四歲著。段氏蜀中刻本。李氏廣州刻本。孔氏曲阜刻本。遺書本。）

卷一上半，論反切之始，韻書之始，四聲之始。卷一下半，及卷二，論隋陸法言切韻宋祥符廣韵宋景德韻略宋景祐禮部韻畧宋寶元集韵。卷三論古音。卷四則附以雜論音韻之文六篇。段譜云：『李孔二刻與段刻詳畧不同。』今遺書本殆即孔刻重印也。

緒言三卷（乾隆三十一年先生四十四歲著。南海伍氏粵雅堂叢書本。）

啓超案：此書不見於遺書。錢竹汀（大昕）王述庵（昶）洪蕊登（榜）孔𢇂軒（廣森）所述先生著書皆不著錄。獨粵雅堂採刊之。伍崇曜跋云：『曲阜孔氏所刊戴氏遺書及阮文達江鄭堂紀先生著撰，均未及是書。此册與原善單行，不知何人所刻。』今據段茂堂經韵樓集，知此書即孟子字義疏証之初稿也。段集有答程易田丈書內述程書云：『孟子字義疏證，孔葓谷所刻者尙非定本。其定本改名緒言，抄本現在。』又第二書云：『緒言丙申影抄時，戴本首頁有「壬辰菊月寫本」六字。自壬辰至丙申未嘗改竄。』段氏復書，反覆証明疏證之爲定本。文多不具引。（看經韵樓集卷七，五二至五五頁。）今以兩書對勘，相同者十而六七，而疏證組織更爲精密。則此書爲彼書稿本無疑。然彼書所芟汰之部分，其粹語仍不少。粵雅刻此以存其朔，不可謂非戴學之功臣也。（後有好事者重刻疏證，而以所删之緒言附各條之末，亦一往事也。）諸家著錄者皆以此書爲疏證前身，故不復列。但內容既有出入，前功不容湮沒，仍以兩存之爲是。又案：段譜以疏證爲先生四十四歲時所著，因其年先生嘗語茂堂謂『近日做得講理學一書』也。既疏證爲改定後命名，則此年所著者正是緒言耳。

直隸河渠書一百十一卷（乾隆三十三年先生四十八歲著。無刻本（？）。）

段譜於乾隆三十三年條下云：是年應直隸總督方恪敏公（啓超案：恪敏名觀承。）之聘，修直隸河渠書一百十一卷，未成，會恪敏薨，接任者前大學士楊公（廷璋），不能禮敬先生，辭之入都。己丑春，謂玉裁曰。吾固樂此不疲，惜未能竟閒，後涖事者請余君仲林（蕭客）爲之，恐其才不足。予書經水支水先後延接，皆按地望地脉，次第不可稍移，恐仲林不能耳。先生歿後，此書淸稿一藏曲阜孔戶部府中，一在直隸總督吳江周公名（元理）家。嘉慶己巳，有吳江王履泰者，捐納通判也，其父乃周公之甥壻，履泰因此得先生之書，掩爲己有，删削幾半，益以乾隆己丑以後事實，易名畿輔安瀾志，繕寫進呈，上謂此有用之書也，命武英殿刋板恩賞履泰同知，發永定河試用。先生嗣子中孚聞之，之曲阜，取原稿百十一卷入都，意欲辨正，而無肯言於上者。中孚抑鬱携歸，以存玉裁所，屬玉裁校刋，玉裁謂我力能校而不能刋也。其書首衛河七卷，（今履泰改永定河第一，失先生自南而北次第之意，）次漳水十一卷，次滏水三卷，次大陸澤五卷，次寖音泊一卷，次虖沱河八卷，次東西淀，合唐河，沙河，滋河，府河，易水，淶水，清河共三十一卷，次白河合潮河，楡河，大通河共十九卷，次薊運河合下淀河共九卷，次陡河一卷，次灤河合熱河一卷，惟灤河熱河僅有綱領，而條目未詳，其他皆考之古而無不貫通，核之近今而無不確實。尙書禹貢，周禮職方，春秋經傳之地名，班之地理志，酈之水經注，以及歷代史事，百家著述，國朝典故，辨別是非，元元本本，非恪敏不能聚儲其書籍，非先生不能綜貫其條理。惜恪敏云殂，一簣未竣。今上一見，即謂有用之書，刋板頒行。聖明鑒賞，如日月之照臨，地下有知，定應涕泗感激。至於小夫攘竊，正天之欲顯此有用之書，爲國家水利農田利澤無疆之助，而假手斯人，在先生及恪敏應不以爲憾也。特彼以不學妄爲刪改，深可張目，有力者應奏請重刋。

啓超案：此書爲先生一大著述，被駔儈胥竊塗改深可痛惜。段茂堂有與方葆巖兩書，（啓超案：葆巖名維甸，觀承子也。）其一敘本書編纂及被竊始末，請爲中理。其二則商量付刻。不知究竟刻否。其原本初在曲阜孔氏，次歸先生子中立，次歸方氏，（方氏所得不知爲原本抑錄副。）若未刻則恐已不復在人間矣。

啓超又案：方恪敏修此書先聘趙東潛（一淸），後聘先生。故此書爲趙著爲戴著，復滋疑義。段茂堂有辯一篇，考定爲趙氏原本，戴爲删定，持論最允。今全錄之以備掌故。

趙戴直隸河渠書辯（段玉裁經韻樓集上七）

戴東原師卒於乾隆丁酉，遺書皆歸曲阜孔戶部葒谷，繼涵直隸河渠書六十四冊，葒谷裝爲二十四冊，計百單二卷，以卷帙重大，故葒谷未能刻藏於家。葒谷於吾師爲摯友，其子廣根又吾師之壻，故遺書收藏刊刻引爲己任也。始桐城方恪敏公總督直隸，聘吾師修此書未竣，而恪敏薨。嘉慶十四年，有吳江捐職通判王履泰，進畿輔安瀾志一書，蒙恩賞錄，命武英殿刊行，實竊取戴書，删改而成者。履泰係直督周公元理姻戚，周公係方公後任，於時葆巖制府方十二齡，故書稿入於周氏，而王氏得之。吾師之子中孚，意欲赴闕伸辯而未能，爰於孔府攜書稿二十四冊至蘇州，屬余校定，此十五年二月也。余披讀往復，見其書繁重，纖悉畢備，因思吾師惟戊子年在恪敏處，一年內何以能成書之多至此，每與李松雲太守言此，必有底稿，斷非出戴師一人之手也。是年冬，松雲入都，杭州何夢華(元錫)來言，直隸河渠書乃趙東潛作，於戴先生無涉，往者孔洪谷丈收入戴氏遺書中誤也。余以二十四冊者示之，彼云趙氏之書尙多一倍，不止此也。余曰，吾故疑吾師一年內不能成書至百二卷之多，今足下云趙書乃更倍此，然則趙爲草創而戴爲删定乎。屬其將趙書寄來一觀未至也。十六年春正月，松雲自都還，以武英殿聚珍板幾輔安瀾志相示，知其確爲竊取戴書而删繁就簡，不學無術所爲，頓失廬山眞面。蓋此書之美在繁，而彼盡將夾行細注删去，令考訂古今者俱悵悵焉在幽室之中，是可惜也。二月，松雲復以葆巖制府札相示，知夢華已將趙本鈔送葆巖，而葆巖問趙氏作此書可有證據，松雲屬余考之。余謂趙氏爲此書，惟汪韓門集，保定旅懷詩道及之。而董浦謝山，皆其老友，集內皆未道及之。即東潛文稿，亦無道及之語。然其書稿藏於家，固然可信爲東潛之作也。至於吾師之書，則有孔蕻谷之收藏，有洪舍人榜之戴氏行狀，有孔簡討撝約之戴氏遺書總序，有程方正易田之答余書，有余親聞吾師說撰此書之語，有吾師親筆。戊子余應方制府之請，寓保定蓮花池園內，適河間同知黃君尋灤河源至之語，皆可據證。夢華乃云此書無預戴氏，乃非確語也。雲松云，東原先生非攘竊人書者，若非東原大爲删潤，斷不抄其副本，自稱己書。蓋趙草刱而戴删改必矣。松雲所見，正與余合。古人改定他人之作，有並存集中者，如盧韓之月蝕詩是也。今者二公之書，固當並存，趙雖精於地理，而地理之學，尚不及戴，文章之學，亦不及戴，在今日而論，自當以戴爲主，以趙書校勘其譌字。戴書唐河卷一中有云，杭人趙一淸補注水經，於地理學甚核，嘗遊定州，爲定州牧姚立德作盧奴水考，並附於右，下附盧奴水考云云。此篇見東潛文稿，吾師方採擷趙文，此豈得謂戴書即趙書耶。趙名直隸河渠今水利書，吾師曰直隸河渠書，則水利二字，吾師所删，以河渠足以包之也。趙本一百三十二卷，吾師一百單二卷，則卷數較少者三十，正吾師所删也。趙本始衛河，終唐河，戴本始衛河，終陟河灤河，則其次第之大不同也。戴於灤河一卷未成，而趙有無灤河若干卷，則余所未知也。夢華口說趙灤河十一卷，恐未可信，必須葆巖以目錄相寄，乃可。果有灤河十一卷，則可補戴書成完璧矣。夢華謂東潛爲丙辰詞科，據結埼亭集及詞科掌錄，則丙辰詞科者乃東潛之父谷林，叔父意林，而非東潛父子同詞科也。輒書其梗概以復松雲。

汾州府志三十四卷（乾隆三十四年先生四十七歲纂。汾州刻本。）

段譜乾隆三十四年條下云：是年夏，……先生與朱文正公善，文正時爲山西布政司使，先生偕玉裁往，玉裁主講壽陽書院，先生客文正署中。已而汾州太守孫君和相聘修府志，是年成汾州府志三十四卷，其書之詳核，自古地志所未有。志莫難於辨沿革。先生辨元和志一條中紛然不治者有六，詳見與曹給事學閔書。先生考子夏設敎西河，在龍門西河，不在汾州，謁泉山著作不可假借也。從晁以道之說，以汾州之呂梁狐岐釋禹貢治梁及岐，辨舊說及蘇子瞻，曾彥和，閻百詩，胡朏明之穿鑿，詳晁以道之所不能詳。斥蔡仲默引書耳食之病，使學者曉然知經文梁岐以下治冀州汾沁澤潞及其間諸山澗谿谷不當牽合治河惟壺口爲治河耳。修一志而大經以明，非細故也。玉裁曾節抄府志，例言圖表沿革星野疆域山川古蹟，將付諸梓以爲修志楷式。

啓超案：章實齋有與先生論修志書，而先生集中未有論此者。汾志例言，亟宜錄出單行也。

汾陽縣志□□卷（乾隆三十六年先生四十九歲纂。汾州刻本。）

段譜乾隆三十六年條下云：是年會試不第，修汾陽縣志，季冬有溫方如西河文彙序云，己丑秋再至山西，余至汾陽，應太守孫公之召也，屬纂次府志，爲之考訂累日月，今李侯復以縣志書邀之再至，又有代某作董愚亭詩序，壬辰玉裁因公註誤入都，見先生案上有新修汾陽縣志，舉一條相示云云，今已忘之。汾州志玉裁於盧學士家得之，縣志今不可得也。

校水經注四十卷（乾隆三十八年先生五十一歲校成。自刻本。武英殿聚珍版本。遺書本。有提要。有自序。有孔繼涵後序。）

自序云：「後魏御史中尉范陽酈道元字善長撰水經注四十卷。蕭寶夤之亂，道元叱賊而死，贈吏部尙書冀州刺史安定縣男。善長雖依經附注，不言水經撰自何人。唐書藝文志始以爲桑欽撰。欽在班固前，固嘗引其說，與水經違異。晉以來注水經凡二家，郭璞注三卷，唐時猶存。杜君卿言二家皆不詳所撰者名氏，亦不知何代之書，則景純已不能言其作者矣。崇文總目水經注亡者五卷，今所傳即

戴氏一生考長處在天算地理與天算之得之江慎何夫人知之

此戴氏闇於地理如河渠書校水經注之兩種大著又何以与趙東潛書全同係何爲暗合二之爲甚豈有一再闇

宋之殘本，後人又加割裂，以傅合四十卷之數。如注文江水又東逕巫縣故城南、注訛列爲經，遂與前經文又東過巫縣南割分異卷，唐六典注云，水經所引天下之水百三十七，今自河水至斤員水凡百二十三，應脫逸十有四水，蓋在五卷中者也。王伯厚通鑑地理通釋引水經四事，惟魏興安陽一事屬經文，餘三事咸酈注之訛爲經者，故其作書時世益莫能定，水經立文首云某水所出以下無庸重舉水名，而注內詳及所納羣川，加以採摭故實，彼此相雜，則一水之名不得不更端重舉。經文敘次所過郡縣如云又東過某縣之類一語，實該一縣而注，則沿溯縣西以終於東，詳記所逕委曲，經據當時縣治，至善長作注時，縣邑流移，是以多稱故城，經無言故城者也。凡經例云過，注例云逕，以是推之，雖經注相淆，而尋求端緒，可俾歸條貫。善長於經文涪水至小廣魏解之曰，小廣魏即廣漢縣也。於鐘水過魏寧縣解之曰，魏寧故陽安也。晉太康元年改曰晉寧。然則水經上不逮漢，下不及晉初，實魏人纂敘無疑。史言善長好學，廣覽奇書，故是注之傳，或以其綜覈，

合書蓋戴氏曾親見趙書因其未刊行遂竊之以爲己有魏默深之言至確不易即此知戴氏之

或倚其文詞。至於觸類引伸，因川源之派別，知山勢之逶迤，高高下下，不失地防，取資信非一端，然訛舛既久，雖善讀古書如閻百詩，顧景范，胡朏明諸子，其論述所涉，猶輒乖違，斯訂正之不可以已也。審其義例，按之地望，兼以各本參差，是書所由致謬之故，昭然可舉而正之。至若四十卷之爲三十五，合其所分，無復據證。今以某水各自爲篇，北方之水莫大於河，而河以北河以南衆川因之得其叙矣。南方之水莫大於江，而江以北江以南衆川因之得其叙矣。惟以地相連比，篇次不必一還其舊，庶乎川渠纏絡，有條而不紊焉，休寧戴震。』

孔繼涵序云：『東原氏之治水經注也，始於乾隆乙酉夏。越八年壬辰，栞於浙東，未及四之一，而奉召入京師，與修四庫全書。又得永樂大典內之本，兼有酈道元自序，乃仍其四十卷，而以平日所得詳加訂正，進之於朝。合數百年經注溷淆前後錯簡者，釐之還其舊。而曩時東原氏所栞某水各自爲篇爲十有四册，循其注之綱目，復逐條畫分，俾讀者易見端末。雖遵修舊文，不增一語，固曉然如

地理皆趙
氏之緒餘
以至詆東
原私盜官
人物在此在
其弟之戴
知多故云
越縵公稿

視掌紋矣。……弃數年東原爲予言曰：「是書經注相淆，自宇文歐陽二子發之，而未之是正。至於字句訛舛，非檢閱之勤不易得也。子曷與我共治之？」予因旁摎羣籍，積至數十事，東原氏蓋有取焉。且屬予撰序。東原氏既書其詳於目錄，予謹舉其第次之意以告讀是書者。』

段譜乾隆三十九年條下云：是年十月，先生校水經注成，恭上。水經注自北宋以來，無善本，不可讀。先生讀書既久，得經注分別之例有三。一則水經立文，首云某水所出，以下無庸再舉水名。而注內詳及所納羣川，加以采摭故實，彼此相雜，則一水之名，不得不更端重舉。一則經文叙次所過州縣，如云「又東過某縣」之類，一語實賅一縣。而注則沿溯縣西以終於東，詳記所逕委曲。經據當時縣治。至善長作注時，縣邑流移，是以多稱故城。經無有言故城者也。一則經例云「過」，注例云「逕」，不得相淆。得此三例，迎刃分解，如庖丁之解牛，故能正千年經注之互譌。俾言地理者有最適於用之書。大典本較勝於各本，又有

不記序次、考休寧戴氏、震亦不甚於何由之言、多梁氏按語、合撰殘函、可憐可笑人

道元自序，鈎稽校勘，凡補其缺漏者二千一百二十八字，删其妄增者一千四百四十八字，正其臆改者三千七百一十五字。顧此書自先生校定後，宋以來舊刻必盡廢，更數十百年後，且莫知先生發潛之功。故聚珍版足貴，好事者當廣其傳也。

又乾隆三十七年條下云：是年主講浙東金華書院，刋自定水經注。至癸巳未及四分之一，而奉召入都矣。後在都踵成之。今不用校語之本是也。聚珍版本依舊時次第，全載校語，而經注相淆者悉更之。得之者可以知宋後本之無不舛誤。自刻本悉去校語，悉將正文改定於注文，循其段落，每節跳起，難讀處可一目了了，而不分卷數。爲十四册。以今所存水百二十三，每水爲一篇。以河江爲綱，按地望先後分屬於江河左右爲次。得之者可以撇棄校訂，專一考古。善長之書，合二本無遺憾矣。自刻本有先生自序及曲阜孔戶部序，與聚珍板同時而出者也。

啓超謹案：校定水經注實先生畢生大業之一。經始於乾隆三十年乙酉，越九年，至三十八年癸巳乃告成。乙酉八月初校定一卷。自記云：夏六月閱胡朏明禹

貢錐指引水經注疑之。展轉推求，始知酈明所由致謬之故，實由唐以來經注互譌。……今得其立文定例。就酈氏所注考定經文，別爲一卷。兼取注中前後倒紊不可讀者爲之訂正，以附於後。是役也，爲治酈氏書者棼如亂絲而還其注之脈絡，俾得條貫。非治水經而爲之也。（文集六書水經注後。）段茂堂云：按此水經一卷今未著錄。然別注於經，令經注不相亂，此卷最爲明晳。後召入四庫館纂修此書，綱領不外乎是，特以討論字句加詳耳。（年譜十五頁。）據此可見先生著此書之動機及其先後鑽精進益之跡，此書大段成於壬辰以前。癸巳入四庫館，不過據永樂大典本稍補葺耳。聚珍本全刪校語，最能表出先生鑽索之勤，遺書實宜刊此本。聚珍版爲官書，反可以用遺書寫定本也。

啓超又案：孔顨軒總序題此書爲四十卷。即聚珍版卷數，循宋以來之舊也。遺書本以水爲篇，不復釐分卷數。其理由詳自序中。

啓超又案：與先生同時先後校水經注者，有趙東潛（一清）及全謝山（祖望）。

趙戴所校，大體相同。趙年輩稍先於戴，而其書由梁燿北（玉繩）處素（履繩）兄弟刊行，傳布在聚珍版戴本後。於是此事成爲疑案：爲趙戴暗合耶？爲趙勦戴耶？爲戴勦趙耶？聚訟至今不決。段茂堂謂：『趙書經梁處素校刊，有不合者擩戴本以正之。』（段譜頁二十六。）段又有與書梁燿北詰問此事，凡千餘言。略云：『……趙書成於乾隆甲戌，戴書成於乙酉，相距十二年，趙先於戴。戴書出於甲午，趙書出於丙午，相距十三年，戴先於趙。其果閉戶造車出門合轍耶？何以東原氏條舉義例，誠夫不著一字也。兩先生之齒，趙長於戴。其將謂戴取諸趙歟？則東原之德行，非盜竊人物以欺天下者也。……且兩先生者，兩未相嘗識也，足未嘗相過也，音問未嘗相通也；誠夫之書，秘藏高庋，至其孫刊行，未嘗稍傳於外也。此兩家子弟附知，不可誣者也。謂將趙取諸戴歟？則誠夫之學，亦必非盜竊人物以欺天下者也。未詳其卒年，即乙酉以後，獲聞東原氏之說補綴己書，亦必明言所出，斷不深沒其文默默而已也。此僕所不能無疑也。丙午丁未間，盧召弓先生爲予言：「梁氏耀北處素昆仲校刋趙氏水經注，參取東原氏書爲之。」僕今追憶此言，意足下昆仲校刋時一切仍舊，獨經注互譌之處，不從戴則多不可通，故勇於從戴，以補正趙書以成酈書善本，與戴並行，所以護酈，而非所以阿趙。足下昆仲之意則善矣；但亦不宜深沒其文默默而已也。……』（經韻樓集卷七。）據此，似趙戴原無互勦之事，所以生此疑案者，全由梁氏兄弟。耀北淸白士集中亦未有復茂堂書辨此事。（處素前卒。）似是默認。惟魏默深（源）則爲趙鳴不平。其書趙校水經注後云：『……考趙氏書未刋以前先收入四庫全書，今四庫書分貯在揚州文滙閣金山文宗閣者，與刋本無二。是戴氏在四庫館先覩預竊之明證。其後聚珍官板刻行，又在其後。若謂趙氏後人刋本採取於戴，則當與四庫着錄之本判然不符而後可。豈四庫書亦爲趙氏後人所追改乎？……』（此文不見古微堂集。據周壽昌思益堂日札卷四引。）張石洲（穆）似亦有是說。（據徐時棟煙嶼樓文集云然。張氏㐆齋集中無此文。）果爾：則召弓茂堂之對於耀北兄弟所懷疑，純

此四之一之刊本不知尚有存者否究之幾矣刊行於入四庫以後則不可掩之事實也趙本隆晚出也與

屬錯誤。而東原竟不免盜竊之罪矣。然據孔葒谷爲戴作序，稱：『東原治水經注，始於乾隆乙酉夏。越八年壬辰，刊於浙東，未及四之一。奉召入都……』則先生未入四庫館以前之八年，已經從事此書，且有刊本。茂堂亦言：『先生更正經注，定於乾隆乙酉，入都即以示紀文達錢曉徵姚姬傳及玉裁，不過四五人錢姚皆錄於讀本。玉裁亦以明人黃省曾刊本依仿以硃分勒，自此傳於四方。』（段譜頁二十五。）然則東原必非入四庫館後覩趙著而剽竊，固無待言。東原固必非穿窬，葒谷茂堂又豈妄語者哉。竊意趙戴之於此書，皆用過十年苦功，造詣各臻其極；其治學方法又大略相同，閉門造車，出門合轍，並非不可能之事。茂堂尊師太過，以爲似此絕詣非東原莫能。及覩趙書，瞠眙之餘，乃誤疑燿北。又因茂堂揚戴抑趙，引起反動，致有石洲默深之反唇。實則兩者失之也，茲案關係東原人格。吾故不憚詞費，臚舉兩造之說而平亭之如右。

啓超又案：魏默深又云：『戴氏臆改經注字句，輒稱永樂大典本。而大典現

進呈本無矣此亦祖戴者所持深爲力是非所在非往可以言事也

貯翰林院，源曾從友人親往翻較，即係明朱謀瑋等所見之本，不過多一酈序。其餘刪改字句，皆係戴之僞託。』啓超未見大典，不敢置一詞。且於水經注素未研究，更不敢斷言戴氏「臆改」者之是否悉當。但以爲如其當也，則雖不出大典何害？戴氏之學，本空諸依傍而以求是爲主也。

校周髀算經二卷（乾隆三十八年至四十二年先生五十一歲至五十五歲校成。算經十書本。）

啓超案：先生在四庫館五年所纂輯校定之書口種。除九章算術，五經算術，（俱三十九年，）海島算經，儀禮識誤，（俱四十年，）四種聚珍版記有年月外，其餘則段氏據浙江文瀾閣四庫本不能得其校上年月。今類列於此。

段譜云：此經爲算學十書之首，而三千年來學者昧其旨趣。先生謂此古蓋天之法，自漢以迄元明皆主渾天。明時歐羅巴人入中國，始稱別立新法。然其言地圜，即所謂地法覆槃滂沱四隤而下也。其言南北里差，即所謂北極左右夏有不釋之冰，中衡左右冬有不死之草，是爲寒暑推移隨南北不同之故也。其言東西里差，即所謂東方日中，西方夜半，西方日中，東方夜半，晝夜易處，如四時相反，是爲節氣合朔加時早晚隨東西不同之故也。新法曆書述第谷以前西法三百六十五日四分日之一，每四歲之小餘成一日，即所謂三百六十五日者三，三百六十六者一也。西法出於周髀，所謂天子失官，學在四夷者歟。而刻本脫誤，多不可通。古本五圖，而失傳者三，譌舛者一。凡皆正之補之，學者可以從事，如道河積石，源流正矣。有提要一首。

纂校九章算術九卷（乾隆三十八年至四十二年先生五十一歲至五十五歲校成。算經十書本。）

段譜云：九章算術，晉劉徽撰。先生以世人罕有其書，近時以算名者，如王寅旭，謝野臣，梅定九諸子，咸未之見。丁亥歲因曹君竹虛入翰林院，觀永樂大典，知有是書，病其離散錯出，思綴集之而不能。癸巳奉召，乃盡心排纂成編，併考訂譌異，附案語，其注中所指朱實青實黃實之類，皆按圖而言，圖既不存，則注猝不易曉，因推尋注意，爲之補圖，以成完帙。純皇帝御製詩冠於端首，命聚珍版刊行，而古九數之學大顯矣。已而屈君曾傳刻於常熟，孔戶部復刻於曲阜云。

纂校五經算術二卷（乾隆三十八年，至四十二年先生五十一歲至五十五歲校成。算經十書本。）

段譜云：五經算術二卷，舉尚書，孝經，詩，易，論語，三禮，春秋之待算乃明者列之，而推算之術，悉加甄鸞按三字於上，故知是書甄鸞所撰也。唐有李淳風注，唐明算科五經算即是書，於永樂大典中得之，先生校成恭上，有提要一篇。

纂校海島經一卷（乾隆三十八年至四十二年先生五十一歲至五十五歲校成。算經十書本。）

段譜云：海島算經亦晉劉徽撰，唐李淳風注，徽本以周禮九數中重差命名，不名海島，後人因卷首以海島立表設問，遂改名之。唐選舉志稱算學生九章海島，共限習三年，試九章三條，海島一條，其書惟散見永樂大典中，先生與九章同爲表章，有提要一首。

纂校孫子算經三卷（乾隆三十八年至四十二年先生五十一歲至五十五歲校成。算經十書本。）

段譜云：唐之選舉算學孫子五曹，共限一歲習肄，舊本久佚，從永樂大典裒集編次爲二卷，朱錫鬯文集跋云，出於孫武，先生辨其非是，有提要一首。

纂校張丘建算經三卷（乾隆三十八年至四十二年先生五十一歲至五十五歲校成。算經十書本。）

段譜云：是書亦唐人明算科十經之一也，限一年業成，此書久佚，有毛晉汲古閣影鈔宋槧，猶北宋時本，先生詳加校勘，補舊有圖今缺者四，補脫字若干，

有提要一首，

纂校夏侯陽算經三卷（乾隆三十八年至四十二年先生五十一歲至五十五歲校成。算經十書本。）

段譜云：唐選舉志所列算書十種，此亦居其一，傳本久佚，永樂大典內有之，逐條割裂，分附九章算術各類之下，幾不得其端緒，幸有原序原目可考，先生尋繹編次，條貫其文，今裒輯排比，又得元豐京監本釐爲三卷，有提要一首。

纂校五曹算經五卷（乾隆三十八年至四十二年先生五十一歲至五十五歲校成。算經十書本。）

段譜云：五曹算經作者不知爲誰，唐時明算科孫子五曹共限一歲業成，元明以來無刻本，散見永樂大典內，經文尚逐條完善，先生參伍考校，俾還舊觀，遂爲絕無僅有之善本。

校大戴禮記□卷（乾隆三十八年至四十二年先生五十一歲至五十五歲校成。刻本有無未詳。）

段譜云：是經經盧運司見曾刊於揚州，學士盧文弨洎先生庚辰冬辛巳夏二次校定，稱善本矣。但辛巳所校，未及剜改。先生在四庫館永樂大典內散見者，僅十篇，以與各本及古籍中摭引大戴記之文參互考核，附案語於下，方是經乃可與三禮並讀，有提要一首，四十二年六月恭校上。

校儀禮集釋□卷（乾隆三十八年至四十二年先生五十一歲至五十五歲校成。武英殿聚珍本。

段譜云：儀禮集釋，宋李如圭撰，全錄鄭康成注而旁徵博引，以爲之釋，先生據以補注疏本脫字二十四，改譌字十四，删衍字百六，其鄉射大射二篇已闕，參取惠（棟）沈（大成）二家本所校宋本，證以唐石經，以成儀禮完帙可誦習，有提要一首。

纂校儀禮釋宮□卷（乾隆三十八年至四十二年先生五十一歲至五十五歲校成。

前人治儀禮者余獨賞凌次仲之禮經釋例

氏私其偽文

武英殿聚珍本。）

段譜云：儀禮釋宮，宋李如圭撰，從永樂大典中錄存，有提要一首。

纂校儀禮識誤□卷（乾隆三十八年至四十二年先生五十一歲至五十五歲校成。武英殿聚珍本。）

段譜云：『儀禮識誤，宋張淳撰。朱子云：「號爲精密，較他本最勝。」於永樂大典內綴錄成編。先生加案語正其得失，俾瑜瑕不相揜。有提要一首。』

方言疏證十三卷（乾隆三十八年至四十二年先生五十一歲至五十五歲校成。武英殿聚珍本。遺書本。）

自序云：『案輶軒使者絕代語釋別國方言十三卷，漢揚雄撰，晉郭璞注，漢魏晉已來，凡引是書但稱方言者，省文也。雄采集之意，詳見於答劉歆書。考雄爲郎，在成帝元延二年，時雄年四十三，漢書傳贊所謂初雄年四十餘自蜀來至游京師是也。劉歆遺雄書求方言，則當王莽天鳳三四年間，未幾而雄卒，答書內所

揚雄方言流

出於如歷來

訓詁家圖説

戴氏真為方言
於百不得其一
二而世競信之
則以顯名故
多也

謂二十七歲，於今傳贊所謂年七十一天鳳五年卒是也。答書有云，語言或交錯相反，方復論思詳悉集之，如可寬假延期，必不敢有愛，然則方言終屬雄未成之作，歆求之而不與，故不得入錄。班固次雄傳及藝文志，不知其有此，至應劭集解漢書，始見徵引，稱揚雄方言，其風俗通義序又取答書中語，具詳本末，而云方言凡九千字，今計正文實萬一千九百餘字，豈劭所見與郭璞所注傳本微有異同歟。歆遺雄書曰，屬聞子雲獨采集先代絕言，異國殊語，以爲十五卷。雄答書稱殊言十五卷，郭璞序亦云三五之篇，而隋經籍志方言十三卷，舊唐書作別國方言十三卷，其併十五爲十三，在璞注後，隋已前矣。許愼說文解字，張揖廣雅，多本方言，而自成著作，不加所引用書名。（四庫舘校方言序有云，魏孫炎注爾雅莫貈螳蜋蛑字引方言，案叔然於釋詁耆老壽也，下引方言云，燕代北鄙，謂耆爲梨。釋言靦姡也，下引方言云，楚鄭或謂狡獪爲姡。釋器金鏃翦羽謂之鍭，下引方言云，關西曰箭，江淮謂之鍭。釋蟲蚻蜻蜻，下引方言云，有文者謂之螓，釋鳥鳴鳩鶻鵃，下引方言云，鳴鳩自關而東謂之戴勝，舒雁鵝下引方言云，江東呼爲䮫鵝也。引書名可考者，於郭注前共得六事。）魏書江式傳，式上表曰，臣六世祖瓊，往晉之初，與從父兄應元，俱受學於衛覬古篆之法，倉雅方言說文之誼，當時並收善譽，數世傳習斯業，所以不墜。杜預注左傳授師子焉，曰，揚雄方言，子者戟也，孔穎達疏云，揚雄以爾雅釋古今之語，作書擬之，采異方之語，謂之方言。蓋是書漢末晉初乃盛行，故應劭舉以爲言，而杜預以釋經。江瓊世傳其學，以至於式。他如吳薛綜述二京解晉張載劉逵注三都賦，晉灼注漢書，張湛注列子，宋裴松之注三國志，其子駰注史記，及隋曹憲，唐陸德明，孔穎達，長孫訥言，李善，徐堅，楊倞之倫，方言及注，幾備見援摭。其後獨洪邁疑之，謂雄所爲文盡見於自序及漢志，初無所謂方言，則併傳贊內自序二字結上所錄法言自序者未之審，又未考雄之文，如諫不受單于朝書，趙充國頌，元后誄等篇，溢於雄傳及藝文志外者甚多，而輕肎嘗議，豈應劭杜預晉灼及隋唐諸儒，咸莫之考實邪。常璩華陽國志於林閭翁孺楊雄並云見揚子方言，李善注文選引張伯松曰是懸諸日月不刊之書也，亦直稱揚雄方言曰，可證歆雄遺答書附入方言卷末已久，宋元以來六書故訓不講，故鮮能知其精覈，加以譌舛相承，幾不可通。今從永樂大典內得善本，因廣按羣籍之引用方言及注者，交互參訂，改正譌字二百八十一，補脫字二十七，删衍字十七，逐條詳證之，庶幾漢人故訓之學猶存於是，俾治經讀史博涉古文詞者得以考焉。』

啓超謹案：四庫方言校本，題乾隆四十四年五月恭校上。時先生沒已兩年矣。然提要云：『逐條搜引諸書，一一疏通證明，具列案語，』蓋全部采用疏證。其提要亦先生手撰也。據段譜先生三十三歲時曾將方言分寫於說文每字之上，知先生治此書蓋二十餘年矣。

儀禮考正一卷（先生在四庫館時著。未刻。）

孔巽軒戴氏遺書總序云：君入書局，分淹禮。乃取忠甫識誤，德明釋文，殫

儀禮之急待是正處甚多

求亥豕之差。期復鴻都之舊。互相參檢，頗有整齊。削康成長衍之條，退爽服闕經之傳。爲儀禮正誤一卷。

段譜云：今其書藏曲阜孔氏，玉裁未得見。

孟子字義疏證三卷（乾隆四十二年先生五十五歲寫定。遺書本有自序。）

自序云：『余少讀論語端木氏之言曰：「夫子之文章，可得而聞也；夫子之言性與天道，不可得而聞也」。讀易乃知言性與天道在是。周道衰，堯舜禹湯文武周公致治之法煥乎有文章者，棄爲陳迹。孔子既不得位，不能垂諸制度禮樂，是以爲之正本溯源，使人於千百世治亂之故，制度禮樂因革之宜，如持權衡以御輕重，如規矩準繩之於方圜平直。言似高遠，而不得不言，自孔子言之，實言前聖所未言，微孔子孰從而聞之，故曰不可得而聞。是後私智穿鑿者，亦警於亂世，或以其道全身而遠禍，或以其道能誘人心有治無亂，而謬在大本，舉一廢百。意非不善，其言祇足以賊道。孟子於是不能已於與辯。當是時，羣共稱孟子好辯矣。孟子之書有曰，「我知言。」曰：「遊於聖人之門者難爲言。」蓋言之謬，非終於言也，將轉移人心。心受其蔽，必害於事害於政。彼目之曰小人之害天下後世也。顯而共見；目之曰賢智君子之害天下後世也，相率趨之以爲美言；其入人心深，禍斯民也大，而終莫之或寤，辯惡可已哉？孟子辯楊墨，後人習聞楊墨老莊佛之言，且以其言汨亂孟子之言，是又後乎孟子者之不可已也。苟吾不能知之亦已矣，吾知之而不言，是不忠也；是對古聖人賢人而自負其學，對天下後世之仁人而自遠於仁也。吾用是懼，述孟子字義疏證三卷。韓退之氏曰：「道於楊墨老莊佛之學而欲之聖人之道，猶航斷港絕潢以望至於海也。故求觀聖人之道，必自孟子始。」嗚呼，不可易矣。休寧戴震。』

段茂堂云：先生原善三篇論性二篇既成。又以宋儒言性言理言道言才言誠言明言權言仁義禮智言智仁勇，皆非六經孔孟之言而以異學之言糅之。故就孟子字義開示，使人知人欲淨盡天理流行之語病。所謂理者，必求諸人情之無憾而後即安。不得謂性爲理。（年譜。）

又云：先生是年（乾隆四十二年丁酉）與玉裁書云：僕生平著述之大，以孟子字義疏證爲第一。此正人心之要。今人無論正邪，盡以意見名之曰理而禍斯民，故疏證不得不作。（經韵樓集七答程易田丈書。）

啓超謹案：是書目次，理十五條，（卷上，）天道四條，性九條，（卷中，）才三條，道四條，仁義禮智二條，誠二條，權五條。（卷下。）雖就孟子引其端，實則貫通羣經，自成一家言。誠哉著述之大此爲第一也。據段氏所考證，其書蓋創始於乙酉丙戌成於乙丑，名爲緒言。改定於丙申冬後丁酉春前，更名孟子字義疏證，（答程易田書，）蓋前後凡經十二三年，至臨歿前數月始勒爲定本也

聲類表九卷（乾隆四十二年先生五十五歲著。遺書本。）

段譜云：『丁酉五月上旬作聲類表凡九卷。所云九卷者，即與予書所謂九類每類爲一卷也。先是癸巳春，先生在浙東金華書院，以古音分爲七類。至丙申與

段氏古音在以何時爲標準乎此條記急欲求教於淺學者知之

予書，則七類又改爲九類。至臨終十數日之前，因成此書。孔戶部刻諸微波榭，而冠以與段若膺論韵六千字者是也。九卷每類於今音古音無不兼綜。戶部書云，「凡五日而成。」固由精熟詣極，然先生神思亦恐太瘁矣。形太用則極，神太勞則敝，烏呼，孰知此爲先生著書之絕筆也哉！戶部書至蜀，命予作序，彼時予恐淺陋不敢爲；今三十年後乃成之，併蕘谷亦久下世矣。』（啓超案：段序見經韵樓集六。）

☆　☆　☆　☆

【著述年月失考者】

毛鄭詩考正四卷（遺書本）

此書僅有周南召南。餘未成。

尙書義考二卷（貴池劉氏聚學軒叢書本。）

啓超謹案：此書未入遺書，段譜亦未言及，惟孔蕤軒總序及王述庵（昶）所作先生墓志銘有其目。而洪蘗登（榜）所作行狀別有今文尙書經二卷，殆即此書異名也。卷首有義例十四條三千餘言。先生所著書，未見有申明義例鄭重如是者。殆其精心結構之作。惜僅得堯典一篇而止。使天假之年，此書獲成，必能掩江（聲）段（玉裁）王（鳴盛）三家之書而上之也。

春秋即位改元考一卷（文集本。）

段譜云：癸未以前癸酉甲戌以後十年內作。先生自言倘能如此文字做得數十篇，春秋全經之大義舉矣。

學禮篇（未成。文集本。）

段譜云：學禮篇先生七經小記之一也，其書未成，蓋將取六經禮制，糾紛不治，言人人殊者，每事爲一章發明之，今文集中開卷記冕服，記爵弁服，記朝服，記玄端，記深衣，記中衣裼衣襦褶之屬，記冕弁冠，記冠衰，記括髮免髽，記經帶，記繅藉，記捍決極，凡十三篇，是其體例也，嘗言此等須注乃明。

大學補注一卷中庸補注一卷（未成。未刻。）

段譜云：二書向未得見，今乃得哲嗣中孚郵寄讀之，蓋亦癸未以前所爲，未暇竟成之耳，其言理皆與原善孟子字義疏證無纖微不合者，皆存鄭注而補之。大學之說親民，說格物，中庸之說致中和，說上下察尤，可補先儒所不到，始戶部與玉裁書欲刋大學補注，然未果而卒。

經考五卷（南陵徐氏許齋叢書本。）

啓超謹案：此書不見諸家著錄，惟洪狀有經論四卷，似即指此，然書名及卷數均有異同。徐氏所刻，卷端題云：『段福山王氏天壤閣傳鈔本』，蓋王文敏（懿榮）所曾藏也，卷末一短跋云：『是書從河間紀先生所借錄，經餘姚邵二雲手校一過，無甚譌錯矣。乾隆己丑九月十八日益都李文藻記於京城虎坊橋柏永順胡同巷寓。』李文藻嘗刻聲韻表，見段譜，蓋服膺戴學之一人。己丑爲乾隆三十四年先生四十七歲耳。此書所記，諸經皆徧。每條皆錄前人之說，未加按語。亦有並無按語者，蓋隨時劄記以作資料，實長篇之體也。其中有已采入集中者，如卷二「堯典中星」「璇璣玉衡」兩條，一部分已採入原象。卷五「稱元」「周正朔」「書王」等條，一部分已採入春秋即位改元考。卷五爾雅條，一部分已採入答江愼修先生論小學書。其餘尙多。先生著作最矜愼，凡自認爲「未至十分之見」者，棄之不稍顧惜。段孔諸賢不著錄此書，豈先生志歟。然後學到此，可以察先生用力之次第。則徐氏傳刻之功，蓋不在伍氏刻緒言下矣。此書殆作於早年。卷四「大戴禮記八十五篇」條下。有按語題『乾隆丁丑夏東原氏記』。丁丑爲乾隆二十二年，先生三十五歲。大抵全書皆丁丑前後作也。

歷問一卷古歷考二卷（歷問未刻。古歷考遺書本名續天文略。）

段譜云：洪舍人榜撰先生行狀，有此二書，玉裁皆未之見，而孔檢討作總序有之，則其稿在孔戶部家可知矣。戶部所刊，乃有續天文畧二卷，而無歷問，古歷考，疑古歷考即天文略也。先是朝廷開館，續鄭樵通志，蓋當事者輓先生爲之，既而未用，欲改名古歷考，而舍人行狀內遂改其名耳。此二種成書年月，今皆不能考，續天文略自序曰，天文一事，樵所不知，而欲成全書，固不可闕而不載。是以徒襲舊史，未能擇之精，語之詳也。今更爲目十，曰星見伏昏旦中，曰列宿十二次，曰星象，曰黃道宿度。曰七衡六閒，曰晷景短長，曰北極高下，曰日月五步，曰儀象，曰漏刻，其書未成，北極高下已上爲卷上卷中，其日月五步已下爲卷下，蓋闕如也。然以此發明釋天，已令學者暢然滿志矣。

水地記三十卷（未成。遺書本一卷。）

段譜云：『此書刻於孔戶部者祇一卷，自崑崙之虛至太行山而止。洪舍人行狀則曰「未成書水地記七册。」蓋所屬草稿尙不止此，葒谷取其可讀者爲一卷刻之，其叢殘則姑置之。國朝之言地理者，於古爲盛，有顧景范，顧寧人，胡朏明，閻百詩，黃子鴻，趙東潛，錢曉徵，而先生乃皆出乎其上。蓋從來以郡國爲主而求其山川，先生則以山川爲主而求其郡縣。其叙水經注曰：「因川源之派別，知山勢之透迤，高高下下，不失地肋。」爲汾州府志發凡曰：「以水辨山之脈絡，而汾之東西山爲幹爲枝爲來爲去，俾井然就序。水則以經水統其注入之枝水，因而編及澤泊堤堰井泉，合衆山如一山，羣川如一川。府境雖廣，山川雖繁，按文而稽，各歸條貫。」然則先生之水地記，固將合天下之山爲一山。合天下之川爲一川。而自尚書周官春秋之地名以及戰國至今歷代史志建置沿革之紛錯，無不依山川之左右曲折安置妥帖，至賾而不亂。此書固非旦夕之所能成；先生志願之大，以爲必有能助之者，而不料其所成止此也。水地記亦七經小記之一，使經之言地理者於此稽焉。

啓超案：先生書之未成者，最可惜莫如此書。段譜所記，極能說明其治地學之方法。後有好學者，可踵事而成也。

唐宋文知言集二卷（未刻。）

段譜云：集上五十九篇，集下七十二篇，旋又有刪去，及上移下者，皆於宜與儲在陸唐宋十家文內摘取者也。玉裁請問分上下之詣，曰集上理與辭俱無憾，集下則不惟其理惟其辭也。昔抄目錄。今尚謹藏，觀其別裁，可以見先生古文之學之一斑矣。

氣穴記一卷

藏府象經論四卷

葬法贅言四卷

右三書皆見洪狀。想已佚。

文集十卷（遺書本，）**戴東原集十二卷**（段氏經韻樓本。）

啓超謹案：孔葓谷刻遺書，以文集十卷列諸二十三，凡文已附見諸專書者則不復錄，蓋合諸書爲全集也。段茂堂重纂戴東原集，將論音韻論六書論轉注論義理之學諸大篇仍補入，復有書札爲葓谷所未及見者，勠爲十二卷，其文略以類從。卷一爲通釋羣經之文，卷二爲考證三禮名物數度之文，卷三爲論小學訓詁之文，卷四爲論音韻之文，卷五爲論天象之文，卷六爲論水地之文，卷七爲論算學之文，卷八爲論義理之文，卷九爲汎論學術書札，卷十爲諸書序跋，卷十一爲酬贈雜文，卷十二爲傳狀碑誌等。段氏自序云：『略以意類分次其先後。不分體如他文集者，意欲求其學者之易爲力也。』

戴東原先生故宅，讀書處，祠堂三幅，係由安徽第四女子師範學校校長程宗泗先生寄來。該校設於休寧之隆阜，即戴先生故里。去歲開辦，現有女生一百八十餘人。同時村人受該校平民教育者二千餘人。近由梁啓超，胡適，陶知行諸先生發起，在該校內設一東原圖書館，以爲紀念云。

東原哲學

梁啟超

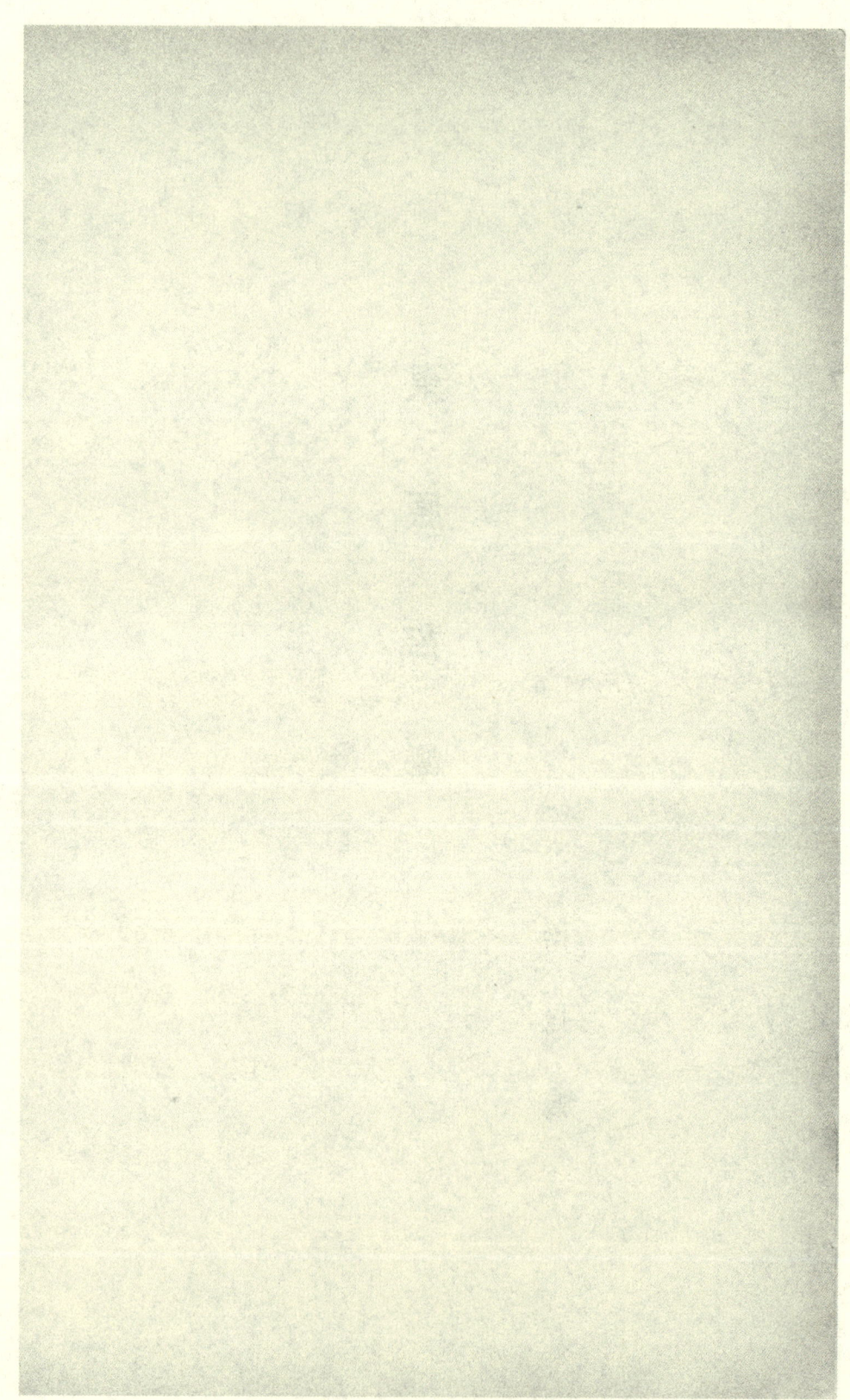

東原哲學

一 研究東原哲學之主要資料

東原學術，雖有多方面，然足以不朽的全在他的哲學。他雖屬著作等身，然關於哲學方面的書極簡要；若但求字字經目而已，那麼，儘一天工夫，任何人都可以讀完。今將其目列下：

第一 初稿和定稿的兩本原善：

原善是他二十一二歲時候著的。初時只有三篇，每篇不過千餘字。經韵樓本文集卷八所收者便是。後來又著讀繫辭論性，讀孟子論性兩篇附於末。累年有所增加，到四十歲內外，擴大成三卷：上卷十一章，中卷五章，下卷十六章，泐爲定本。戴氏遺書所收者便是。遺書本篇幅雖比文集本增加兩倍，但內容的實質依然如舊，每卷之第一章，即文集本之上中下三篇，不過字句稍有異同罷了。其每卷第二章以下，實則徵引例證替第一章作注釋而已。這書文字太簡，幾乎沒有一個閒字；稍粗心讀去，便不得其解。（指每卷之第一章言。）學者先讀孟子字義疏證後再讀他，似較省力。

第二　孟子字義疏證和緒言：

這部書是他四十二三歲時候動手做的，直到臨終那年（五十五歲）纔定稿。初稿名爲緒言，粵雅堂叢書有刻本。後改孟子字義疏證，遺書所收者便是。本書凡三卷，專就孟子書中關於哲學的名辭逐一詮釋。卷上：釋理字凡十五條。卷中：釋天道字四條；釋性字九條。卷下：釋才字三條；釋道字四條；釋仁義禮智四字合二條；釋誠字二條；釋權字二條。緒言和疏證內容的實質相同者什之六七，但排列組織不同，每段字句差異也很多。學者自然是讀疏證便彀了：但是若想知道東原學問與年俱進的狀況，拿緒言對照著讀，那更好了。

第三　經韵樓本東原集卷八卷九：

東原集有兩本：一是洪蕊登孔漢谷合編的微波榭十卷本：一是段茂堂編的經韵樓十二卷本。經韵樓本以各篇文的內容性質分類排纂，最便學者。卷八卷九，大半是關於哲學方面的文字。卷八除原善諸篇及疏證序外，還有一篇法象論，可以說是東原的宇宙觀。其最重要者則爲答彭進士允初書：允初是當時佛學大師，這篇書也可以說是儒佛之爭。這篇書是東原臨終前一個月寫的，眞算得晚年定論了，所以極重要。卷九各篇說的多半是治學方法：內中與是仲明論學書，與姚孝廉姬傳書，答鄭丈用牧書，與某書，與方希原書五篇最要。

以上所舉，都是東原自身的著作。若要知道他的思想淵源和影響，那麼，顏習齋的存學編，存性編，和顏習齋年譜，李恕谷年譜要看，因爲我們深信東原學風和顏李有關係。江愼修的近思錄集解要看，因爲愼修是東原的先生，那部書却引起他的反動。程易疇的通藝錄裏頭的論學小記要看，因為易疇是東原最得力的學友，那部書是他們倆同在一個方向上研究各有各的自得的。焦里堂的論語通釋要看，因為里堂最能知東原之學，那部書是和孟子字義疏證同一主義，同一模型的。此外還有兩篇重要文章：一是洪蕊登初堂遺稿裏頭的上朱笥河先生書，一是焦里堂雕菰樓集裏頭的申戴篇，都是替「哲學家的戴東原」做辯護人的。

二　著手研究東原哲學以前應注意的幾個問題

第一：我們最詫異的，是東原做那麼一部「自成一家言」的哲學書，為什麼書名叫做孟子字義疏證？照名目看起來，很像是一部注釋專經而且偏重逐字訓詁的；內容卻全不是那回事，豈不可怪！我現在先解答這個問題：

東原說：『經之至者道也，所以明道者詞也，所以成詞者字也。由字以通其詞，由詞以通其道，必有漸。』(與是仲明論學書。)這幾句話，後來成了漢學家的口頭禪，人人都說『通經宜先識字』，都是做了識字工夫便算完結，經通不通且不管。所以爾雅說文之學大興，却於思想上更沒一毫關係，把人都弄呆了。這是把手段看成目的，所以有此弊。東原却眞是以識字爲手段而別有「聞道」的目的在其後。這部書正是實現這種程序。

識字和聞道眞有那麽密切的關係嗎？眞是非由字不能通詞非由詞不能通道嗎？一點也不錯。一個字表示一個概念；字的解釋弄不清楚，概念自然是錯誤混雜或囫圇；概念錯誤混雜囫圇，所衍出來的思想當然也同一毛病。所以「辨名當物」，是整理思想第一步工夫。有人說：『古今哲學家都是打的名辭上筆墨官司』。（不記得是歐洲那位哲學的話。）這句話從一方面看像含有嘲諷的意味，從他方面看却是絕對的實情而且絕對的有用。中國思想界不能健實發展，正坐很少人做這步工夫。東原怕算是頭一個哩？

人類的概念是一天比一天複雜的；語言文字無論長得怎樣快變得怎樣靈活，總不能以同速率的進步來應新增概念的要求；所以不能借舊字舊話來表新增的概念。字還是那個字，話還是那句話，裡頭所函的概念內容，早已相去萬里了。名辭上筆墨官司，都是因為這樣打起來的。在泰西那麼靈話的語系裡頭，這種毛病尚且不能免。何況我們的文字那麼呆的，用幾千年前造下來有一定點畫的一個字，懸四方眼似的，硬要他盡那「表現幾千年後逐年新增加概念」的職務，那裡有不一塌糊塗的道理。我們天天讀孔孟的書，却是拿後來新增遞變的概念安在書中的字上頭，那裡還看得見眞的孔孟？不信，試拿譯外國語假做個比方：佛典裏頭譯過來的「空」字，我們一望便浮出「虛無」的概念；歐語譯過來的「自由」字，我們一望便浮出「放縱」的概念；你想和原來的意味差多麼遠？因此心經裡頭的『色即是空』，許多人都解作『女色是個虛局』；羅素著的向自由之路也可以解為『向放縱之路』；你想這是多麼大的危險？我們拿已經變質的概念放在古字裡頭去讀古書，危險正復如此。東原說：『言之謬非終於言也；將轉移人心，心受其蔽，必害於事害於政。』（

疏證事。）概念錯誤，生思想錯誤，影響延及社會，這是當然的。東原這部書，把哲學上許多重要名辭，各各求出他本來的概念，確是思想上正本淸源的工作。

第二：東原是很有自由思想的人，爲什麼他的書中像擺出孟子距楊墨韓愈攘佛老的牌子，像是要『別黑白而定一尊』：怕有點不對能？我請解答這個問題：思想是要自由的，但却不能囫圇，却不能模稜。對於和自己不同的見解，必要辯駁，或者乃至排斥。辯駁排斥，不能說是侵人自由，因爲他也可以照樣的辯駁我排斥我。我們不贊成韓愈的態度，因爲他要『人其人火其書』；不贊成董仲舒的態度，因爲他要『絕其道勿使並進』。東原雖好辯，却沒有這種樣子。他對於敵派的攻擊，是很公正的，很穩健的。洪蕊登說：『戴氏之書，非故爲異同，非緣隙釀嘲，非欲奪彼與此』。（上朱笥河書。）這幾句話批評得對極了。試拿毛西河攻擊程朱的書，陸稼書攻擊陸王的書，和東原各書相對照，便可以見出東原的態度確是「學者的」了。所以這一點不成問題。

還有一點：須知東原所最用力者，不在排斥敵派，乃在排斥那些「利用敵人資本，假冒本號招牌」的人。宋儒偷佛老的話作爲自己的家當，這種事實是不能不承認的。佛老見解對不對，另一問題；但斷不能說孔孟學術和佛老是一家，是不是呢？東原說：『譬猶子孫未覩其祖父之貌者，誤圖他人之貌爲其貌而事之。所事固己之祖父也，貌則非矣。實得而貌不得，亦何傷？嗚呼！誤圖他人之貌者，未有不化爲他人之實者也。』（答彭允初書。）宋儒之說孔孟正是如此。東原的工作，則段茂堂所謂：『以六經孔孟之旨還之六經孔孟；以程朱之旨還諸程朱；以陸王佛氏之旨還諸陸王佛氏。』（年譜頁三十四。）以嚴格言之，也可以說：東原並沒有攻擊別派的行爲，不過將這派那派研究出他們的眞相，理清楚他們的系統，叫他們彼此不相蒙混。這種工作，無論對於某種學問，在批評家或歷史家是最必要的。我們認東原爲最忠實於這種工作的人。

第三：東原這種哲學，總算他自己有獨到之處的，爲什麼不老實說是姓戴的這樣說，偏拉拉扯扯說是姓孔姓孟的這樣說？他常說：『爲學要空諸依傍』。（與某書。）又說：『以己說爲聖人所言，是誣聖；借其語以飾吾之說以求取信，是欺學者。』（疏證卷中頁四。）像他這樣，還不是依傍孔孟嗎？究竟他所說的孔孟是否眞孔孟？自己有無假冒孔孟招牌？若說並非假冒，那麽，姓戴的原沒有什麽創造，不過將姓孔姓孟的所說背演一番，我們是否該叫他做「東原哲學」？況且孔孟去今二千多年了，如果東原的話即是孔孟的話，在今日是否還有時代的價値？我現在請解答這個問題。

我信東原決非假冒孔孟招牌的。他做學問的方法，每立一義，『必徵之古而靡不條貫，合諸道而不留餘議，鉅細畢究，本末兼察，乃敢自認爲十分之見。』（與姚姬傳書。）我們按着他的話去讀易經論語孟子，處處都「渙然冰釋」；按着和他反對方面宋儒們的話去讀，便有許多扞格矛盾。因此我們不能不承認他的話和孔孟同條共貫。若問他自己有創造沒有？我敢說：他的學問，並不是東塗西抹隨意拉孔孟幾句話敷衍出來；他是自己先立出一個「假定的」見解，這見解本是他從實際生活上體驗出來的；假定既立之後，還未自認爲「十分之見」，再將這見解和從前各派各人所說的比較印證，覺得什麼陸王程朱荀楊乃至釋老都和自己不合，獨有孔孟和自己合；再將孔孟許多方面的話，逐件拿出來磨勘自己的見解，覺得處處都合；他於是確信自己所見到的果然是眞理，而這種眞理是孔孟「先得我心之所同然」的；於是乎他毅然決然說自己見解和孔孟見解一致。王陽明說：『六經皆我注脚』，東原正是如此。不信，試看原善這書的體例，自然可以明瞭：他是先作成每卷的第一章，標出自己見解；每卷第二章以下，却是引六經孔孟的話來注釋第一章。到底還是「我注六經」呀還是「六經注我」呢？我還有一句徹底的話：我確信絕對的創造是沒有的，任何新穎任何高奇的思想，總要受幾分歷史傳下來的影響，只要在全人類千萬年相續不斷的「創造線」上添上一分半寸，就算是創造。所以東原的誦法孔孟不是因襲，乃是創造。

若問他所說既和二千年前的孔孟相同，是否在今日還有價值？這個問題很容易解答：凡學說有含時代性的，有不含時代性的。例如君主政治好麼，議會政治好麼，蘇維埃政治好麼，這是含時代性的；『民爲貴社稷次之』的原理，這是不含時代性的。井田好麼，共產好麼，幾爾特好麼，這是含時代性的；『不患寡而患不均』的原理，這是不含時代性的。含時代性的學說，要估量他的時代價值；不含時代性的學說的價值，是不必且不該用時代去估量呢。東原所闡發的孔孟學說，全部是不含時代性的，所以不發生時代價值問題。

有人說：依進化法則，二千年前人的學問，應該不及二千年後人。東原專從孔孟幾部古書上討生活引爲同調，豈不是往退化那條路上走嗎？我說：此話不然。我們雖不敢說今人必不及古人，也不敢說古人必不及今人。不含時代性的學說，儘可以幾千年前的人發明了，幾千年後的人無以易之。況且一二千年的光陰，在我們短命的個人看起來覺得很長，放在那「有幾十萬年歷史的全人類進化線上」其實很短。就令我們確信進化之說，也不能把這瞥眼一過的二千年太過誇大，說我們的智慧一定比二千年前人的智慧強。所以像東原這樣將二千年有智慧的人——孔孟的話，研究出他的真相而加以引申發明，我認為是必要而且有益的事業。

三　東原時代思想界的形勢及東原思想之淵源

自佛教入中國後，和中國固有之儒教思想所發生的關係凡三變：其始取各幹各不相聞問的態度，三國六朝時便是。其次取各樹一幟開相攻擊的態度，隋唐間便是。其後取外貌分離骨子混合的態度，宋至明便是。宋儒如周邵章朱之流，都是出入釋老多年，不知覺雜襲其說以傅會古經，遂造成「理學」一派。（看疏證卷上葉十一，十四，十六，十九至二十二，卷中葉四，卷下葉二十六。答彭進士書——經韵本文集卷八。）陸王繼起，愈趨極端，到明的末年，儒門的「心學」和佛門的禪宗，完全打成一片了。明清之交，反動四起：黃晦木毛西河胡東樵諸人，首先將宋儒

余生平力攻事物以外無理之論且用以駁斥程子哲學生人哲學精在

幾件法寶——太極圖，河圖，洛書等等三拳兩脚打碎了；同時顧亭林又大倡『無所謂理學，經學即理學』之說，把學者眼光引到古來的經典上頭。於是清代特色的考證學漸漸起來。然而理學界中陸王學派的方面，還有孫夏峯李二曲黃梨洲李穆堂等輩，都是很有魄力的人，在那裡固守殘壘。同時有些不喜歡學陸王又不能做考證學的人，只好走程朱學派那條路上去。況且那時皇帝和滿朝闊官，都極力替程朱捧場，所以康熙雍正之間，可以說是程朱學和經學中分天下。

當時有異軍突起的一個學派，倡之者為顏習齋和他的門生李恕谷。他們的學派，是要將孔孟和程朱分家的。他們反對周濂溪所謂『主靜立人極』，反對程伊川所謂『有義理之性有氣質之性』，反對朱晦庵所謂『必具衆理』，所謂『人欲淨盡天理流行』。他們解「道」字說：『道者，人所由之路也。故曰道不遠人，宋儒則遠人以為道也』。（習齋四書正誤卷四。）解「理」字說：『理者，木中紋理也，指條理言。』（同卷六。）『事有條理，理即在事中，離事物何所為理乎？』（恕谷論語

名詞蓋余生
平因不敢認
哲學者文義
物所具之理
止可謂之理
而不得謂之
哲學設凡理
學皆可曰哲
學則物理數

傳注問。）『凡事必求分析之精是謂窮理』。（習齋存學編二。）『聖經無在倫常之外而別有一物曰道曰理者』。（恕谷中庸傳注問。）他們說：『性本無惡，凡惡皆由於引蔽』。（習齋存性篇。）諸如此類，許多嶄新的哲理，都和宋儒主張根本不同。這個學派，李恕谷在世時候，曾很發展過一會子，後來也漸漸衰落下去了。

到東原少壯的時候，考證學——即漢學在南方已大占優勢。稍為前輩一點的人如惠定宇江愼修等，皆卓然自成壁壘。東原同輩的人，如錢竹汀王西莊紀曉嵐盧抱經王述庵等各各以考證經史之學為一時領袖。所謂「乾嘉學派」，在這時候確立了。但我們應該注意一件事：乾嘉學派，大致是由亭林『經學即理學』那句話衍出來；但亭林的確是想在六經中求義理；乾嘉學派則將義理擱在一邊，專以研索六經裏頭的名物訓詁為學問最終目的。他們對於什麼朱陸之爭，儒佛之爭，純采「不理」主義。換一句話說，就是跳出哲學的圈子外專做他們考證古典零碎工作。若勉強問他們的人生觀怎麼樣，對於哲學上幾個重要問題作何見解，我老實不客氣說：他們依然是「程朱中毒」。因爲個個都從八股出身，從小讀熟的集註或問，早已蟠踞住他們的下意識；長大之後，渾身摸在亂書堆中，對於這些問題都不復理會，自然是由著下意識支配了。所以那時許多鼎鼎大名的學者，——他們雖然口頭上鄙夷宋學，——我敢說一句放肆的話：『一個個都是稀稀薄薄朦朦朧朧的程朱游魂披上一件許鄭的外套。』那時候思想界的形勢大畧如此。

還有一派，是彭允初羅臺山汪大紳這班人，對於佛教有很深的信仰，專一要做會通儒佛的工作。在當時學界也有點勢力，應該附記。

東原是安徽人，生在那個時代，他所受環境的影響怎麼樣呢？

第一：他的鄉先輩，在明清之交有兩位學者：一是桐城的方密之，一是歙縣的黃扶孟。兩位都是講聲音訓詁學有嶄新見解的人。密之是一位老名士，他的書當然人人共讀。扶孟的書，是東原在四庫館時採進的，可見他很推重他。東原受了他們兩位的影響，所以從小就注意聲音訓詁；用力日深，便生出『由字通詞由詞通道』

近讀此冊共
與鄒兄闡合
之處甚多案
則係[illegible]
氏之[illegible]從人
之說係與[illegible]
[illegible]然理解
雖時有一節合
闡合至其全

的見解。

第二：江愼修是他及門問業的先生。對於名物度數測算訓詁等等學問都極深造，却又極服膺程朱之學。東原在他門下，考證工作，既受過充分的訓練；對於宋儒學說，比當時的漢學家也研究得獨深。（看他著述中所徵引知道他對於周程張朱的書是全部細讀過的。）研究結果，促成他對於宋學徹底的反動。

第三：我深信東原的思想，有一部分是受顏李學派影響而成。雖然在他的著作中一點實證也找不出來，但我覺得這件事有可能性。試大畧尋一尋他的線索：一，方望溪的兒子方用安爲李恕谷門生；望溪和恕谷論學不合，用安常私自左袒恕谷；是桐城方家有能傳顏李學的人。東原和方家人素有往來，方希原即其一。（集中有與方希原書。）所以他可以從方家子弟中間接聽見顏李的緒論。二，恕谷很出力在江南宣傳他的學派，當時贊成反對兩派人當然都不少。即如是仲明這個人，據恕谷年譜知道恕谷曾和他往復論學，據東原集又知道他曾和東原往復論學。仲明年譜中

條例大意此
又名人訪見、
根本不同文

也有批評顏李學的話。或者東原從他或他的門下可以有所聞。三，程綿莊是當時江南顏李學派的大師。綿莊死的時候，東原已三十歲了。他們兩位曾否見面，雖無可考；但程綿莊和程魚門是摯友，魚門東原交情也不淺。東原最少可以從二程的關係上得聞顏李學說乃至得見顏李的書。（我還打算做一篇顏習齋與戴東原，子細討論這個問題。）

東原既是密之慎修的鄉後學，受他們影響成就他的考證學。他却是『十七歲即有志聞道』的人，（與段茂堂書見年譜葉三，）對於哲學上許多問題，不甘以「不理」態度自滿足。中年得顏李學派的幫助，再應用向來的治學方法往前探討，漸漸便鎔鑄出他的「東原哲學」來了。

四　東原哲學內容——客觀的理義與主觀的意見

以上說了一大堆話，還沒有到題，眞成了「博士買驢」了。如今只好剪斷殘言，叙述東原哲學的內容。

宋儒自命其學曰「理學」。他們所謂理，『如有物焉，得於天而具於心。』（疏證卷上葉三。）所以他們的「理」可以說是先天的超時間空間的。他們以為學問的最高目的，全在體驗出這個「理」，所以叫做「理學」。東原以為這樣講「理」，只能謂之「意見」而不能謂之理。他於是在疏證劈頭第一段先給「理」字下一個定義。他說：

『理者，察之而幾微必區以別之名也。是故謂之分理。在物之質曰肌理，曰腠理，曰文理。得其分則有條不紊，謂之條理。』（疏證卷上葉一。）

依這話，「理」是要從客觀的事物看出來的。詩經說：『天生烝民，有物有則。』「物」是事物，「則」便是理。（以秉持為經常曰則。以各如其區分曰理。）「則」存於「物」中，舍事物而言理，便非聖賢所謂理了。（卷上葉三大意。）所以宋儒說「理在人心」，東原說「理在事情」。（葉五。）這話有什麼根據呢？他引孟子『

理義之悅我心猶芻豢之悅我口。』釋之曰：『味也，聲也，色也，在物而接於我之血氣；理義在事而接於我之心知。』（葉六。）是「理」必爲客觀的存在甚明。理既憑藉客觀的事物而始存在，所以『事物之理，必就事物剖析至微而後能得。』（卷下葉二十。）東原所謂理，大畧如此。

物理之客觀的剖析是容易知道的；事理要怎樣纔能剖析呢？東原以爲：要從「情」和「欲」上頭求出來。他說：『凡事爲皆有於欲：無欲則無爲矣。有欲而後有爲；有爲而歸於至當不可易之謂理。無欲無爲，又焉有理？』（卷下葉二十四。）理之來源在「爲」，「爲」之來源在「欲」，既已得一種假定了。怎樣纔能「爲而歸於至當不可易」呢？東原以爲關鍵在「情」，他說：『理也者，情之不爽失者也。自然之分理，以我之情絜人之情而無不得其平是也。』（卷上葉二。）這話怎麼解呢？東原之意以爲：既同屬人類，則『一人之欲，天下人之同欲也。』（葉二。）然則我欲這件事物，知道別人也欲，我不欲的知道別人也不欲。所以論語說『己所不欲

情欲者人所必不
廢故古人以情
爲實又曰王道
不外人情出欲
則是分別言
之矣人難不

能以爲歎又是可以慨歎於此意也哉以言寡歎也

勿施於人』，大學說『所惡於上，無以使下；所惡於下，無以事上；……』」曰「所不欲」，曰「所惡」，不過人之常情，不言理而理盡於此，惟以情絜情故也。』（卷葉五。）所以斷不能舍情求理。所以他又說：『通天下之情遂天下之欲，權之而分釐不爽謂之理。』（卷下葉十九。）

理既從同情同欲上看出來，所以可以得有客觀的萬人同認之標準。東原以爲必須適合此標準纔是理，而不然者，則不謂之理而謂之「意見」。他說：

孟子云：「心之所同然者，謂理也，義也。」心之所同然者始謂之理謂之義，則未至於同然存乎其人之意見者非理也非義也。凡一人以爲然，天下萬世皆曰是不可易也，此之謂同然。舉理以見心能區分，舉義以見心能裁斷。分之各有其不易之則名曰理，如斯而宜名曰義。是故明理者明其區分也，精義者精其裁斷也。不明往往界於疑似而生惑，不精往往雜於偏私而害道，求理義而智不足者也；故不可謂之理義。自非聖人，鮮能無蔽，有蔽之深，有蔽之淺者。人莫患乎蔽而自智，任其意見執之為理義。吾懼求理義者以意見當之，孰知民受其禍之所終極哉？』（卷上頁三。）

「各有其不易之別名曰理」，是就客觀的事物本身言。「如斯而宜名曰義」，是就客觀的事物相互關係言。「心之所同然」是客觀的標準。

「意見」從那裏來呢？東原以為離却客觀的事物條理與同情同欲的公認標準，而欲從主觀上別求一個先天的理，便是「意見」。他說：『宋儒言理無不在，視之如有物焉，將使學者皓首，茫然求其物不得。』（卷上頁十六）又說：『既以為理為如有物焉，則不以為一理而不可。而事必有理，隨事不同。故又言「心具衆理應萬事。」心具之而出之，非意見固無可以當此者。』（卷下頁二十。）他的意思以為：他們既說有個理超出事情以外，這樣東西又沒有法拿出來給人看，只好是閉目冥想。況且依他們這種說法，那麼，這個理自然該是一個渾一體；無客觀的事物，各自有各的理，「渾一」的話到底說不過去，於是又拿理和心結合起來，說心裡頭本來包藏着種種的理。你的心包藏你主觀的理，我的心包藏我主觀的理，這不是各人的意見是什麼呢，『理與事分爲二而與意見合而爲一。』(卷上頁十。)你想這毛病多麼大呢？東原覺得這種學說害人太大，所以說道：

『程朱以理爲如有物焉得於天而具於心，啓後世人人凭在己之意見而執之曰理以禍斯民。更淆以無欲之說，於得理益遠，於執其意見益深，而禍斯民益烈。豈理禍斯民哉？不自知其爲意見也。離人情而求諸心之所具，安得不以心之意見當之。』(答彭允初書。)

爲什麼這種講理法會禍民呢？他說：

『旣人人各自以心之意見當理，於是負其氣挾其勢位加以口給者理伸；力弱氣慴口不能道辭者理屈。嗚呼！其孰謂以此制事以此治人之非理哉？即其人廉潔自持，心無私慝，而至於處斷一事責詰一人，憑在己之意見，是其所是而非其所非。方自信嚴氣正性嫉惡如讎；而不知事情之難得，是非之易失於偏，往往人受其禍，己且終身不寤，或事後乃明而悔已無及。嗚呼！其孰謂以此制事以此治人之非理哉？』（疏證卷上葉四。）

又說：

『……及其責以理也，不難舉曠世之高節，著於義而罪之。尊者以理責卑，長者以理責幼，貴者以理責賤，雖失，謂之順。卑者幼者賤者以理爭之，雖得，謂之逆。於是下之人不能以天下之同情天下所同欲達之於上；上以理責其下，而在下之罪人人不勝指數。人死於法，猶有憐之者；死於理，其誰憐之！』（疏證卷上葉十二。）

又說：

『後儒不知情之至於纖微無憾謂之理，而其所謂理同於酷吏之所謂法。酷吏以法殺人，後儒以理殺人。浸浸乎舍法而論理，死矣，更無可救矣。……聖賢之理義，即事情之至是無憾；後儒乃別有一物焉與生俱生而制夫事；……冥心求理……天下自此多迂儒。及其責民也，民莫能辨，彼方自以爲理得，而天下受其害者衆也。』（文集卷九與某書。）

哎，這幾段話讀起來多麼沈痛呵！天下幾多不平等不自由的事，受者不知感幾大的苦痛，而施者以爲當然。在家庭裏社會裡國家裡充滿了愁痛鬱抑憤恨乖離，不是釀起大亂，便是把全個社會憔悴銷沈下去完結！據東原看起來，一切罪惡根源，都起於誤拿意見當做理。他所以不能不大聲疾呼以『正人心』者在此。

五　東原哲學內容二——情欲主義

依前段所說，可知義理和情欲不能分爲二事了。所以東原說：『理者存乎欲者也。』（疏證卷上頁十。）然而宋儒不是這般說：他們以爲『不出於理則出於欲，不出於欲則出於理。』所以嚴辨理欲，說君子小人之分就在這一點。他們做學問的最終目的，是要做到『人欲淨盡天理流行』。東原以爲這種話有極大的流弊，所以駁

以理欲對言
此正宋儒陽
儒陰釋之

他。

東原把「欲」和「私」分別講：依他的見解，「欲」是中性的，說不上好壞。「欲之失爲私」，（卷上頁十一，）是因「欲」過了制限生出來的，纔可以說是壞。他從這裏指出儒教和佛老根本不同之處，說道：

『聖賢之道，無私而非無欲；老莊釋氏，無欲而非無私。彼以無欲成其自私者也。（案謂自私其神識。）此以無私通天下之欲者也。』（卷下頁十九。）

爲什麼儒教不主張無欲呢？他說：

『孟子言「養心莫善於寡欲」。明乎欲不可無也，寡之而已。人之生也，莫病於無以遂其生。欲遂其生亦遂人之生，仁也；欲遂其生而於戕人之生而不顧者，不仁也。不仁實始於欲遂其生之心，使其無此欲，必無不仁矣。然使其無此欲，生道窮促，亦將漠然視之。己不必遂其生而遂人之生，無是情也。』（卷上頁九。）

何道而能使人皆無欲亦有其理而無其事此哲學之所以為哲學也

這段話含有狠深刻的眞理。善惡本來不是絕對的：仁與不仁，像是兩極端，其實只是從一根線上發生出來。一個欲字，仁與不仁都要靠他做根核，所以說是中性。然則我們到底要欲不要欲呢，便先要問你要生不要生？換句話說：問你要詛咒人生呀，抑或讚美人生？東原以爲老氏自外其形骸貴其眞宰，所以要『使民無知無欲』。後之釋氏，其說似異而實同。（卷上頁十八。）吾儒不然。

『詩曰：「民之質矣，日用飲食。」記曰：「飲食男女人之大欲存焉」。聖人治天下，禮民之情，遂民之欲而王道備。』（頁十九。）

儒教以人生爲立脚點，所以一切理義都建設在體人情遂人欲上頭。佛老立脚點不同，他們主張無欲，可以自成片段。宋儒並不打算脫離人生，却雜取佛老的話主張無欲，便鬧成四不像了。所以東原要駁他。

東原以爲『宋儒辨理欲之說，可以生出三種大毛病。頭一件，令好人難做：有生命的人類，總是要生活的，生活自然離不了物質的條件。一切行爲，都起於欲望。有欲望纔有行爲，纔說得到行爲之合理不合理。無欲無爲，還有什麼理？聖人教人，只要人的欲望行爲皆在合理的範圍內活動，所以只講無私，不講無欲。至於「饑寒愁怨飲食男女常情隱曲之感」，雖君子也如何免得掉？辨理欲的道學先生們，專拿這些事來挑剔，這樣「責備賢者」法，一定鬧到滿天下沒有一個彀人格的人了。第二件，養成苛刻殘忍的風俗：說無欲便是君子，那些君子自命的人，一點也不體貼人情，專憑自己的「意見」就說是「理」。種種橫謬舉動，自己覺得「不出於欲」，便說是問心無愧。凡自己「意見」所認爲非的，便說這個人是「自絕於理」，這是多麼殘刻啊。第三件，迫着人作僞：古聖賢替社會國家做事，總是體貼人情，凡實生活上細微曲折的都打算周備。堯舜憂四海困窮，文王視民如傷，那一件不是替人民謀「人欲」？辨理欲的先生們，把理和欲認爲不相容的兩件事，自己修養，以「不出於欲」爲合理，治人當然也以「不出於欲」爲合理。舉凡人類物質生活極重要的事項，輕輕拿「人欲」兩字抹殺去，一切不在意，專講什麼「天理」「公義」！孟子說得好：「救死而恐不贍，奚暇治禮義？」除卻以欺僞相應，更有何法，這不是率天下跑到作僞那條路嗎？』（譯疏證卷下頁二十四二十五大意。）東原提倡情欲主義的理由，大略如此。簡單說一句：東原所以重視情欲，不過對於宋儒之「非生活主義」而建設「生活主義」罷了。

六　東原哲學內容三——性的一元與二元

宋儒所以把理欲看成兩橛，有他們哲學上的根據，他們以爲人類的「性」，由兩部分合成：一部分是義理之性，是善的；一部分是氣質之性，是惡的。他們做學問方法，是主張『變化氣質』『明善以復其初』。東原以爲他們的根本錯誤就在此點，所以很詳細的駁正他。

原來中國哲學的起原和歐洲有點不同：歐洲哲學，以求知爲出發點；中國哲學，以利行爲出發點。歐人說『哲學起於驚異』，這話對於他們的老祖宗希臘人怕是對的：希臘人生在風景極佳的海邊，養成愛美好奇的性質，一切學術思想，都從「驚奇」之一念孕育出來。「宇宙萬有從那裡來呢」？「有他實在的本體沒有」？「若有，是怎樣一件東西？」「主宰宇宙的神有沒有」？……諸如此類，是他們哲學上的問題。所以生出來的派別，是「宇宙一元多元」，「萬有唯物唯心」，「有神無神一神多神」等等。這些事項，都是和現實的人生距離很遠，爲他們「驚奇的智識慾」所驅，一步一步向前追求。中國文化，起自大平原，向極現實極平常的方面發展。一切思想，都以現實的人生爲根核，所謂『本諸身徵諸庶民』者便是。所以他們那些問題，我們一概也沒有。我們哲學史上發生最早而爭辯最烈的，就是「人性」問題。詳細點說：是「性善」「性惡」「性無善無惡」「性有善有惡」的問題。這個問題，是一切教育一切政治之總出發點，因爲有性善性惡主張之歧異，教育方針當然各各不同，而一切社會組織政治設施之根本觀念，都隨而移動。這個問題，和現實生活之直接關係如此其深切，所以無論何派哲學家都參加討論。東原便是最近一位有力的參加者。

性的問題，爲什麽會這樣的糾紛複雜呢？因爲人類生活包含精神物質兩方面，這兩方面常常發現出矛盾現象。在許多人類裡頭，好的人壞的人品類千差萬別；即以一個人而論好的事壞的事或先後雜做或同時並做。這種現象所以然之故，我們的哲學家都要在「性」上頭找一個交代。所以論性的話在我們哲學書上占最主要的部分。孔子只是囫囫圇圇的說個「性相近」。後來儒家分出來兩大派，孟子斬釘截鐵的說「性善」，荀子斬釘截鐵的說「性惡」，他們都能舉出極强的理由，煞是好看。但和孟子同時的還有三說：第一說，「性無善無不善」。這是主張性是「無記性」的，(用佛典術語，)說不上善或惡。第二說，「性可以爲善可以爲不善」。這是主張性有做善不善的可能性，既兩方都有可能性，那麽他本身當然是「無記」的了，所以這一說也可以說是由前」一說引申出來。第三說，「有性善有性不善」。這說便主張沒有萬人同一的性，換句話說，就是認性沒有普徧性。當時告子說的「性猶杞柳」便是采用第二說；又說「性猶湍水」，便是采用第一說。（其實兩說本有連帶關係的，剛纔已說過。）到後來董仲舒「性禾善米」之喻，是第二說的變相。揚雄的「性善惡混」，是第一說的變相。韓愈的「性有三品」，是第三說的變相。宋學未發生以前性論的形勢大略如此。

性是儒家哲學最重大的問題，因爲儒家講的是人生哲學，非解決這問題不可。別家却沒有看得那麼重了，所以如老子如墨子書中關於這問題的討論很少。自魏晉以至隋唐，道家和佛教次第在思想界占勢力。他們的哲學，可以說是超人生的——非現實生活的。他們的主要問題，不在人性而在超人的「眞宰」「眞空」。（看疏證卷上頁十六十七。）這個問題本來不應該和性的問題混在一塊講的；宋儒受佛老學說的影響很深，却又不肯把儒家面目抓破，勉强想要會通，所以越弄越糊塗。（看疏證卷上頁十九二十，卷中頁四頁五頁十九。）宋儒要把「眞宰」「眞空」放在人性裡頭，却是「食色性也」的性，事實上無論如何也不能否認。他們沒有法子，只好把性分爲兩橛：說是『有義理之性有氣質之性』。這種主張我們給他起一個名字叫做「性的二元論。」

性的二元論，在哲學界當了專制帝王將近一千年；對於他舉叛旗的頭一位是顏習齋，第二位便是戴東原。東原說：

『宋儒以理爲如有物焉得於天而具於心，人之生也，由氣之凝結生聚，而理則湊泊附着之。（原注：『朱子云：人之所以生，理與氣合而已。天理固浩浩不窮，然非是氣則有是理而無所湊泊。故必二氣交感凝結生聚，然後是理有所附着。』）因以此爲完全自足。（原注：程子云：『聖賢無論天德蓋自家元是天然完全自足之物。』）……其所謂理別爲湊泊附着之一物，猶老莊釋氏所謂「眞宰」「眞空」之湊泊附着於形體也。理既完全自足，故不得不分理氣爲二本而咎形氣蓋其說雜糅傅合而成，令學者眩惑。……』（疏證卷上頁十七頁十九。）

『分理氣爲二本』，即我所謂性的二元論便是。這種二元論，據東原看來，是有歷史的。他說『老莊釋氏所謂性所謂道，專主所謂神者爲言。目的要使神離形體而長存。（原注：老氏言長生久視，以死爲返其眞。所謂長生者，形化而神長存也，釋氏言不生不滅。所謂不生者，不受形以生也；不滅者，即其神長存也。）所以歧而分之，內其神而形體，以形體爲傳舍。他們的結論，歸到分血氣（物質的）心知（精神的）爲二本。荀子性惡之說，於一般人的心知外，別提出一個「禮義的聖心」。雖能合血氣心知爲一本，然而別有一個禮義之本，也是二本。到程朱也是合血氣心知爲一本，却又別增一本。所別增的一本，荀子說是聖人特別給我們的，所以叫做「聖心」；程朱說是天特別給我們的所以叫做「天理」。其實程朱之學皆借階於老釋，僅僅以理字易其所謂「眞宰」「眞空」，而餘無所易。』（節譯疏證卷上頁二十及頁二十三二十四。）又說：『老釋就一身分言之，有形體，有神識，而以神識爲本。推而上之，以神爲有天地之本。遂求諸無形無迹者以爲實有，而視有形有迹爲幻。故別形神爲二本。宋儒以形氣神識同爲己之私，而理得於天，推而上之，於理氣截之分明，以理當其無形無迹之實有，而視有形有跡爲粗。故別理氣爲二本』。(卷中頁四。)東原大反對這種二元論，說道：

『天下惟一本無所外。有血氣則有心知，有心知則學以進於神明，一本然也。有血氣心知，則發乎血氣心知之自然者明之盡之使無幾微之失，斯無往而非仁義，一本然也。苟岐而二之，未有不外其一者。』(疏證卷上頁二十四。)

性善性惡，本來兩方面都持之有故言之成理，贊成那方面，原可聽人自由。最不可解者：宋儒口口聲聲推尊孟子，但把他們的話綜合起來，倒反和荀子得同一的結論。東原是主張性善說的人，所以不得不和他們爭辯。禮記有『人生而靜天之性也感於物而動性之欲也』幾句話。程子因說：『人生而靜以上不容說，纔說性時便已不是性。』朱子又引申之說道：『人生而靜以上是人物未生時，止可謂之理，未可名爲性，所謂在天曰命也。纔說性時，便是人生以後，此理已墮在形氣中，不全是性之本體矣。所謂在人曰性也。』(卷中頁十七引)這兩段話都是宋學先生們認爲最精深玄妙的。我們讀起來，當然會聯想到老子說的『有物混成先天地生』禪宗說的『看取父母未生前面目』那些話來。你想，這是離人生問題多麼遠啊；和儒家哲學的根本精神，豈有一毫相像？東原駁他們道：

『如其說，是孟子乃是追遡人物未生未可名性之時而曰性善；若就名性之時，已是人生以後，已墮在形氣中，安得斷之曰善？由是言之，將天下古今惟上聖之性不失其性之本體，自上聖而下，語人之性，皆失其性之本體。是孟子言「人無有不善」者，程子朱子乃言「人無有不惡」！其視理儼如有物，以善歸理，雖顯遵孟子性善云云，究之孟子就人言之者，程朱乃離人而空論夫理……孟子不曰性無有不善而曰人無有不善。性者飛潛動植之通名；性善者，論人之性也……舉凡品物之性，皆就其氣類別之。……舍氣類更無性之名。醫家用藥，在精辨其氣類之殊，不別其性則能殺人。使曰此氣類之殊者已不是性，良醫信之乎？試觀之桃與杏，取其核而種之，萌芽甲坼根幹枝葉，爲華爲實，形色臭味，桃非杏也，杏非桃也，無一不可區別。由性之不同是以然也。其性存乎核中之白——即俗呼桃仁杏仁者——形色臭味無一或闕也，……何獨至於人而指夫分於陰陽五行以成性者，曰「此已不是性也」，豈然哉？』（疏證卷中頁十七十八。）

這段話的後半，拿桃仁杏仁作比，說明性是整個的單一的，不是湊合的外加的，最合眞理。（杜里舒的生物哲學，只是發明此理。）宋儒乃於血氣心知以外，別加上一件東西名之曰理，而這個理又在『人生而靜以上』，明明不是本來所有的了。所以顏習齋說：『徒令人歆其所本無而惜其所本有』。（存性篇。）東原說：『宋儒爲什麽另截出一理義之性而別歸之於天呢？他們的意思以爲：若說理是由別處來，則理像是我所本無；說理是天給我的，便可以算得是本有。但既是本有，何以又須加學問去窮他明他存他呢？豈不是矛盾嗎？所以又說是爲氣質所汚壞，以便言本有者轉而如本無。因此便把性的名移到理上頭，而氣化生人生物適所以病性了，豈不可怪！

』（譯卷中頁十八十九大意。）須知習齋東原這些話，不是和宋儒爭閒氣。因爲這是教育學上絕大問題。孔子說：『人能弘道，非道弘人。』依宋儒的說法，便要靠外來的一個道來弘人，相去多麼遠呢。

七　東原哲學內容四——命定與自由意志

命定與自由意志，是哲學上很重要的問題。這兩件事像是絕對不相容。東原是兩說都主張而令他不矛盾，他釋命字之定義道：『如聽於所制者然之謂命』。（原善上文集卷八頁四。）又說：『據其限於所分而言謂之命』。（疏證卷下頁一。）他還有較詳細的解釋道：

『凡「命」之爲言，如命之東則不得而西，皆有數以限之非受命者所得踰。……

……譬於大樹，有華實葉之不同，而華實葉皆分於樹。形之鉅細，色臭之濃淡味之厚薄，又華與華不同，實與實不同，葉與葉不同。一言乎分，則各限於其所分。取水於川，盈罍盈缾盈缶，凝而成冰，其大如罍如缾如缶，或不盈而各如其淺深。水雖取諸一川，隨時與地，味殊而淸濁亦異，由分於川則各限於所分。……』（答彭允初書文集卷八頁四。）

他說命定的意義大畧如此。東原的文章，沒有一個字不經過斟酌：他說『如聽於所制者然』，顯得並不是有什麼造化主在那裡宰制，却是像似有的樣子。他所講命定，全是「分限」的意思。分限從那裏來呢？一曰遺傳的分限，如樹的華實葉之喻便是。二曰環境的分限，如水隨時隨地而異味殊淸濁之喻便是。三曰受動的——即別方面的動作加於我的——分限，如水被汲於罍缾缶之喻便是。這三種分限，我們都是不能不承認的。雖不是有什麼進化主在暗中扯線叫我們如此如此，但我們在這幾個分限的圈子內，沒有法子跳出，比方任憑你怎樣的講求養生，你斷不能活到一百五十歲。這種法則，叫做命定。

既有這種命定，然則我們種種活動不是白饒嗎？又不然。孟子說：『口之於味也，目之於色也，耳之於聲也，鼻之於臭也，四肢之於安佚也，性也，有命焉，君子不謂性也。仁之於父子也，義之於君臣也，禮之於賓主也，智之於賢者也，命也，有性焉，君子不謂命也。』這段話向來最稱難解。宋儒因說：『氣質之性君子有弗性者焉』，借來替他們的性的二元論做武器。東原解得最好。他說：

『……「謂」，猶云藉口耳。君子不藉口於性以逞其欲，不藉口於命之限之而不盡其材。「不謂性」非不謂之爲性；「不謂命」非不謂之爲命。』（疏證卷中頁二十二。）

他的意思以爲：耳目聲色之欲，越享用豐富越好，固然是人性所同然；但有環境地位種種限制，不能藉口於性，說是我該享用的，便求分限外的享用。仁義禮智種種美德，有人得天獨厚，做得很圓滿，別的人爲才質所限，比不上他。例如顏淵聞一知十，子貢聞一知二，我們或者聞十不能知五，豈不是智的分限嗎？所以說是「命也」。但我們畢竟有能知之性。所以說「有性焉」。不能因爲分限不如人，就不復求知，所以說：「不謂命」——不藉口於分限。雖有性而不藉口於性以抹煞命，是承認命定說，叫人安心在遺傳環境之下做分內事。雖有命而不藉口於命以抹煞性，是承認自由意志說，叫人常常向上一步實踐道德責任。這便是東原的意思。

八　東原哲學內容五——宇宙觀（暫闕）

☆　☆　☆　☆

（這一節我是爲時候不彀，趕不及做。容將來再補成。學者若想自己研究，可看文集卷八頁一至三的法象論，頁四至五的原善上，疏證卷中頁一至四的天道條。）

九　東原哲學內容六——修養實踐談

前文說過：中國哲學，以利行爲出發點。東原當然也是如此。他極力闡發孟子性善之旨，積極的修養方法，不外『擴而充之』那句話。他著書中關於這一點：也有許多精語，但都是引申孟子的話，今不多述了。現在有一個緊要問題：依他說，人性皆善，性善的人爲什麼會爲惡？宋儒歸咎氣質，他既不以爲然，那麼，其咎究竟在何處？既已會爲惡，怎樣的對治那惡？宋儒講的主靜立極格物窮理種種方法，他既不以爲然，那麼，該用什麼方法？如今請看東原解答這個問題。他說：

『人之不盡其才，患二：曰私；曰蔽。

私也者，其生於心爲溺，發於政爲黨，成於行爲慝，見於事爲悖，爲欺，其究爲私己。

蔽也者，其生於心爲惑，發於政爲偏，成於行爲謬，見於事爲鑿，爲愚，其究爲蔽己。

鑿者其失爲誣；愚者其失爲固；誣而罔省施之事亦爲固。悖者在事爲寇虐，在心爲不畏天明；欺者在事爲詭隨，在心爲無良。

去私莫如強恕；解蔽莫如學。』（文集卷八頁七原善下。）

這一段是東原全部著述中極緊要的話，雖然文字太過簡絜古奧，讀下去還可以了解，我也不多加注釋了，現在要詳述他「去私」「解蔽」兩義。

「私」的來源在那裡呢？他說：『私生於欲之失』。（疏證卷上頁十一。）又說『得乎生生者仁，及於是而害仁之謂私。』（原善下。）人類之有欲望，是東原所承認的而且尊重的。因為「仁」的動機全從這裡來；雖然，用之不得其當，却會生出不仁的結果。因為愛自己纔有欲，愛便是仁的根核；但愛自己很容易弄到損人利己，所以也會趨到不仁。（看疏證卷上頁十。）怎麼纔能除却那「欲之失」以去私呢？他說：『人之知，小之能盡美醜之極致，大之能盡是非之極致。然後遂己之欲者，廣之能遂人之欲，達己之情者，廣之能發人之情。』（疏證卷下頁三。）樂記說：『感於物而動，性之欲也。不能返躬，天理滅矣。』東原解釋道：『及其感而動，則欲出於性。一人之欲，天下人之同欲也。故曰「性之欲」。遂己之好惡，忘人之好惡，往往賊人以逞欲。返躬者，以人之逞其欲思身受之之情也。』（同上頁二一。）如是則『以我之情絜人之情而無不得其平』。（同上。）這就叫做「强恕」。能恕，私自然會去。結果則『不私，即其欲皆仁也。』（卷下頁三。）

以上講去私的話。比較上也不過平平。其實東原所最注重者還在去蔽。他說：『求去私不求去蔽，重行不先重知，非聖學也。』（卷下頁二十三。）前文所引『人之知能極是非之致，……』也可見連强恕都是由知而來。所以去蔽是東原的修養第一義。

「蔽」的來源在那裏呢？他說：『蔽生於知之失』。（卷上頁十一。）又說：『得乎條理者智，隔於是而病智之謂蔽。』（原善下。）又說：『朱子屢言「人欲所蔽」，以為無欲則無蔽。非中庸雖愚必明之道也。有生而愚者，雖無欲亦愚也。欲之失為私不為蔽；自以為得理而所執之實謬，乃蔽。』（卷上頁十一。）又說：『宋儒曰「人欲所蔽」，故不出於欲則自行無蔽。古今不乏嚴氣正性族惡如讐之人，是其所是而非其所非，執顯然共見之重輕，實不知有時權之而重者於是乎輕輕者於是乎重，其是非輕重一誤，天下受其禍而不可救。』（卷上頁十九。）合這幾段話看來，東原所謂蔽者，莫過於不顧客觀的事情，而專憑主觀的意見。他常說：『不以人蔽己，不以己自蔽。』（文集卷九答鄭用牧書。）其實人苟眞能不以己自蔽，那裏會被人所蔽呢？所以蔽皆起於主觀。

他說『解蔽莫如學』。怎樣學法呢？他說：『最要體會孟子「條理」二字。得其條理，由合而分，由分而合，則無不可爲。』（年譜頁四十五。）拿現在話講，即專從客觀的虛心研究事物條理，綜合一番又分析一番，分析一番又綜合一番便是。不獨如此，他還說：『明理者明其區分也；精義者精其裁斷也。』（疏證卷上頁三。）綜合分析都是明其區分的工夫，是偏重客觀方面。還要精其裁斷，便是看主觀的判斷力如何，不過這種裁斷，與區分工夫並行，自然和純粹主觀的意見有別了。

學爲什麼能去蔽呢？東原以爲：學的功用在訓練自己心知的官能。他說：『聞見不可不廣，而務在能明於心。一事豁然使無餘蘊，更一事而亦如是。久之心知之明進於聖智，雖未學之事，豈足以窮其智哉？』（疏證卷下頁二十一。）每研究一件事理，務要正面反面平面側面都觀察到求其徹底了解。這種工作，並不專爲這一件事，是要借來磨練我智慧。磨練多次，自然會成一個有智慧的人。所以他又說：『知得十件而都不到地，不如知得一件却到地也。』（年譜頁四十五。）他於是極言學問功用之大，說道：

『人之血氣心知，性也。血氣資飲食以養，其化也，即爲我之血氣，非復所飲食之物矣，心知之資於問學，其自得之也亦然。以血氣言，昔者弱而今者强，是血氣之得其養也。以心知言，昔者狹小而今也廣大，昔者闇昧而今也明察，是心知之得其養也。故曰「雖愚必明」。人之血氣心知，往往不齊，得養不得養，遂至於大異。苟知問學猶飲食，則貴其化不貴其不化。記問之學，入而不化者也。自得之則居之安資之深取之左右逢其源，我之心知極而至乎聖人之神明矣。』（疏證卷上頁九。）

他所謂解蔽莫如學的大旨，大畧如是。這些話驟看過去像是專從智識方面講，無與於德性。其實不然。東原意思以爲天下罪惡起於蔽者什而八九：不蔽，則幾於至善了。（原善下末段大意。）從這一點說：也可以說東原哲學是「新知行合一主義」。東原說：

『儒者之學，將以解蔽而已矣。解蔽斯能盡我生；盡我生斯欲盡乎義命之不可以已。欲盡乎義命之不可以已而不吾慊志也；吾之行己，要爲引而極之當世與千古而無所增，窮居一室而無損。』（文集十一沈處士戴笠圖序。）

讀這幾句話，不獨可以見出東原精粹的學術，並可以見出他俊偉的人格了。

☆　☆　☆　☆

十　東原哲學的反響（暫闕）

我要向讀者告罪，因爲我這篇文章，還沒有做成。我對於這回東原生日紀念本打算做五篇論文。一是東原先生傳，二是東原著述考，三是東原哲學，四是東原治學方法，五是顏習齋與戴東原。因爲校課太忙，始終沒有空執筆。其初本是在舊歷十二月二十四日舉行的，後來議定換算陽歷，忽然提早十天，我越發趕不過來。現在已成三篇，都是儘十天工夫趕的。這一篇東原哲學，我是接連三十四點鐘不睡覺趕成。下膽兩節，實在沒有法兒趕了。像這樣草草屬稿，如何能有稱心文字？我覺得對不起東原，又對不起讀者，容改日補過罷。　　我睡覺去了！

十三年，一月十九日，午前三時，啓超。

戴東原先生讀書處

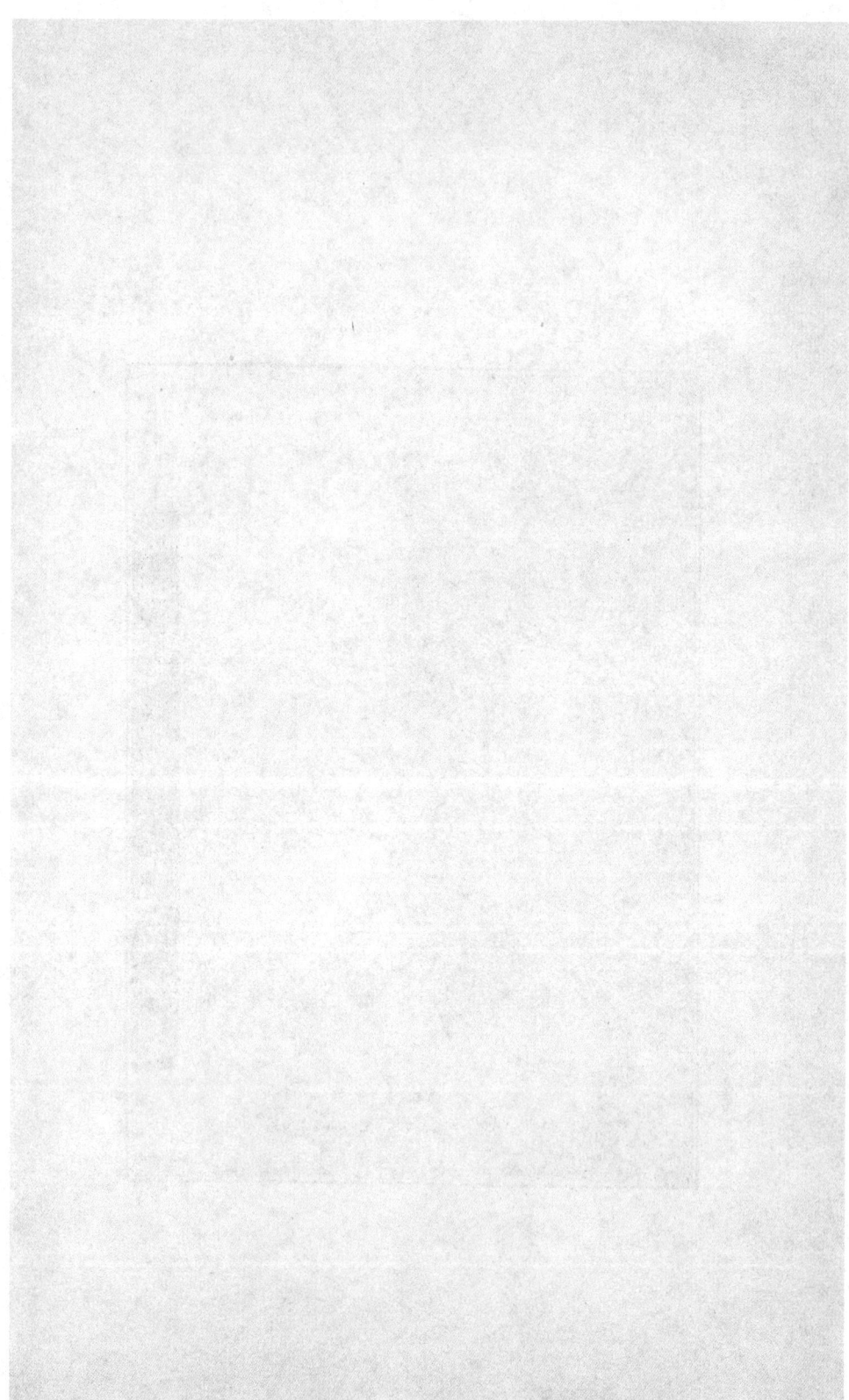

戴東原的天算學

陳展雲

戴東原的天算學

一

自明朝末葉到清朝末葉三百年來的學術潮流，近人多比之於歐洲的『文藝復興』，這種比喻實在不能說他是擬於不倫。因爲這兩個潮流內的學者全是由復古而得解放。他們治學的精神都是以『實事求是』『致用』……爲歸。他們治學的方法都帶有科學的態度；屏主觀而尚客觀；輕冥證而重實驗；避內的，心的，情感的，而趨於外的，物的，理智的。而且這一時代裡的學者，不但治學的精神和方法處處與歐洲文藝復興後的學者完全一致；就論到他們所研究的對象，也有許多與歐洲文藝復興後的學者所研究的相同。他們所研究的對象，如地理，金石，……等不消說都屬於『物』的學術；就是典章制度，小學，……等一樣的是客觀的材料。此外還有一部分學術純粹屬於自然科學的，也爲三百年來的學者所努力研究，便是所謂『天文算學』了。——其實這一般學者所研究的自然科學，本不限於天文算學；如力學，光學，……以至於種種製造都在研究之列。不過天文算學二種，學的人較爲普遍，所以舉這二種作代表。——

三百年來天算專家之多，固然較那一個時代都勝過幾倍。就是以經學家的資格而精於天算的，也不可勝數。我們爲研究這個時代的天文算學史上的便利起見，可以將他分爲四個時期：明崇禎時代爲第一時期，清初到康雍時代爲第二時期，乾嘉時代爲第三時期，同光時代爲第四時期。第一時期裏，西法初入中國，這時候正當大統術步天不合，所以得盡量輸進。在這時期裡的天文算學，完全是西法的世界。當時的學者，可以徐光啓李之藻爲代表。第二時期裡的學者，於闡發西法之餘，漸注意於中法之整理。但仍以研討西法爲主，古算的整理不過是將萌芽而已。這時期的學者，可以梅文鼎王錫闡爲代表。到了第三時期，當時的西法固已暢輸無餘，——歷象考成後編成於乾隆時——而古籍的蒐輯校勘，古法的研究，也猛進不已。這時期的學者，可以戴震錢大昕爲代表。到了這時期，西法的輸入雖暫中止，而古法却漸昌明。並且天文算學兩門的研究，幾乎普遍於當時的經師；提倡之力，不能不推功戴東原了。第四時期爲西法復又傳入時代。一切聲，光，電，化……等科學都於這時候盡量輸進。中法的整理，也於這時期裏告一結束。這時期的學者，可以李善蘭華蘅芳爲代表。

在上段的簡略叙述裡，我們可以比較出第二時期與其他時期的異點。第三時期裏的天算學者，多係經學家；而其他時期裏的天算學者，多係天算專家。第三時期裏的較重要成績，是古法整理；而其他時期裡的較重要成績，是西法輸入。三百年來的天文算學所以如此發達，原因固然很多，而一般經師提倡的力量，也着實不小。梁啓超在清代學術概論裡說：

『天算者，經史中所固有也，故能以附庸之資格，連帶發達……。』

所以這時期裡的天算學者，雖多半不是天算專家，而我們却反不可忽視。

由此我們可以理會出戴東原在近代天算學史上的位置。研究各種學術史，最要緊的是要了解各個學者在學術史裏所佔的種種不同的地位；正如研究文藝史，先要考察各個文藝作家的個性一般。戴東原是一個以經學家的資格而肯努力於研討天算者，是古天算學整理隊裏的一位重要人物。所以他在近代天算學史裏，應當佔極重要的地位。

古天文學裏的各種學說和古算學裡的舊法，在今日看起來，已不算稀奇；並且有許多不適用的了。——戴東原的學說自然也在內——。然而論起他在當時的價值，却不可一筆抹殺。而先輩治學的精神和他們對於實學重視的態度，尤足爲我們後進的模楷。我這篇介紹東原的論文，也特於這一點上注意。

二

戴東原的生平，他的弟子段玉裁爲他作的年譜記載很詳。此外散見於諸家所作傳，狀，事略，墓誌……的材料也不少。他是一個極淹博而又精審的學者，除天算外，還精通小學，地理，工藝，……。這篇祇專論他的天算學說。所以我以段氏年譜爲線索，兼採諸家傳狀，單將他的關於天算的事蹟，摘要記下，仍以年譜爲體裁。（下面所記的年月，有應當注意的地方。原來雍正元年實在是一七二三年。東原是雍正元年舊歷十二月生的，按陽曆換算，便成爲一七二四年了。他的生年我雖然給改過了，而他的歲數我却沒有改。所以下面所記的歲數，不能用下面所記的年數推算）

一七二四年一月十九日，（清雍正元年十二月二十四日，先生生。——年譜——

先生姓戴，名震，字東原，安徽休寧縣人。

一七三三年，十歲。

是年就傅。——年譜——

一七四二年，二十歲。

是年就學江永。——年譜——

按東原受江慎修的影響很深。慎修所精擅的學問是步算，鐘律，聲韻，地理；這幾種學術，也是東原所最嗜好的，所以他們師生相得甚歡。東原初見慎修的情形，也有足紀的。洪榜所作的戴東原行狀裏說：

『婺源江先生永治經數十年，精於三禮及步算，鐘律，聲韻，地名沿革。博學淹貫，歸然大師。先生一見傾心，因取平日所學就正焉。江先生見其盛年博學，相得甚歡。一日舉歷算中數事問先生曰：「吾有所疑，十餘年未能決。」先生請其書，諦觀之，因爲剖析比較，言其所以然。江先生驚喜歎曰：「累歲之疑，一日而釋，其敏不可及也。」』

江藩漢學師承記也有同樣的記載。並且載着：

『江先生曰：「今之定九也。」』——按定九係指梅文鼎——

由這裡可以見出東原見重於慎修的地方，並可以知道東原自幼就精於步算。洪氏行狀又載：

『蓋先生歷律聲韻之學，亦江先生有以發之也。』

錢大昕所作戴東原傳也說：

『少從婺源江慎修游，講貫禮經，制度，名物，及推步天象；皆洞徹其源本。』

凌廷堪所作戴東原事略狀也說：

『時婺源江君永，精禮經及推步，鐘律，音聲，文字之學；先生偕其縣人鄭牧，歙人汪肇隆，方矩，汪梧鳳，金榜師事之；先生獨能得其全。』

李元度所作的國朝先正事略裡江慎修先生事略也說：

『休寧戴震，少不譽於鄉曲，先生獨重之，引為忘年交。震之學得諸先生為多。』

由這裡可以見出東原得力於慎修的地方。

一七四四年，二十二歲。

是年成策算一卷。——年譜——（按策算即經史籌算，近人有分為二書的，非是。）

一七四六年，二十四歲。

是年考工記圖註成。——年譜——

按東原不但對於自然科學中的天文算學肯研究，即至於工藝製造也都肯潛心研討；決不似一般書呆子專向聖經賢傳裡討生活，而鄙視工藝爲奇技淫巧。考工記圖註雖然爲考古而作，但是著成這部書，也是非有製造的知識不能成功的。而數學的知識也是一樣的需要。東原在與是仲明論學書裏說：

『不知少廣旁要，則致工之器，不能因文而推其制。』

凌氏事略狀也說：

『又因西人龍尾車法，作贏旋車記；因西人引重法，作自轉車記。』

段氏年譜也說：

『璇璣玉衡，虞夏書觀天之器。自漢以後失其傳，而先生神悟於四千年之下，即詳其制於原象第四章，令善讀者可構造矣。嘗自指點巧匠爲之，藏於孔戶部（按指孔繼涵）家。』阮元疇人傳也有同樣的記載——

又說：

『地圖，先生之所製也。丙戌，見先生自畫地圖，白紙紅格，每格方減寸許。畫方計里，用晉裴秀法。而里數之遠近，即可計北極之高下。凡直省，府，廳，州，縣，方鄉，四至八到，無少差誤。』

由這些記載裡可以看出東原對於各種技術的擅長，對於各種實學的重視。

一七五二年，三十歲。

按洪氏行狀載：

『年近三十，乃補縣學生。用是絕志舉子業，覃思著述。家屢空而勵志愈專。所爲攷工記圖註，屈原賦注，句股割圜記諸書皆成於是時矣。』

王昶所作的戴東原墓誌銘也說：

『年近三十，考工記圖注屈原賦注句股割圜記諸書已成。』

段氏年譜對於句股割圜記的成書年月未有記載。惟記東原補休寧縣學生於一七五二年，作屈原賦注成於本年。照以上的記載推測，句股割圜記大概也是成於這兩年。

一七五四年，三十二歲。

是年入都。——凌氏事略狀王氏墓誌銘——

按東原獲交錢大昕秦蕙田都是藉於『入都』的機會，所以特記一筆。

按段氏年譜記東原於乾隆二十年（一七五五）入都，而凌氏事略狀則謂乾隆十九年入都。不知孰是？但王氏墓誌銘說：

『余之獲交東原，蓋在乾隆甲戌（十九年）之春。維時秦文恭公蕙田方纂五禮通考延致於味經軒。偕余同輯時享一類，凡五閱月而別。』

根據這段話，我姑且假定東原入都在這一年。

是年獲交錢大昕，秦蕙田。——錢氏傳王氏墓誌銘——

按錢傳載：

『時金匱秦文恭公蕙田兼理算學，求精於推步者，予輒舉先生名。秦公大喜，即日命駕訪之，延主其邸，與講觀象授時之旨，以為聞所未聞。』

據此則東原獲交秦味經是由於錢竹汀的介紹。東原入都這一年，與味經獲交也在這一年，可見與竹汀獲交也一定在這一年了。竹汀在當時和東原齊名。他兩個同是擅長步算，小學，……等學問。在步算的研究上，兩個人又同是於考古一方面的成績居多。竹汀並且和東原辯論過天算上的問題。李元度國朝先正事畧裏錢竹汀先生事略云：

『時休寧戴東原亦在朝列。戴故婺源江氏弟子。江精西法，恆曲護西人之短。戴墨守師說，先生遺書辨之，謂江氏論歲實，論定氣，大率祖歐羅巴之說而引伸之，其意頗不滿於宣城。（按指梅文鼎）而吾益以見宣城學之高；蓋宣城能用西學，江氏則為西學所用而已。……』——羅士琳續疇人傳記載的更詳。——

於此可見東原和竹汀的關係。至於東原與味經，也是有很大的關係；最重要的，要算替他纂修五禮通考裡觀象授時一事了。東原和王述庵替他輯時享一類，前面已經說過。至於觀象授時一類，前十卷是東原和宋宗元替他作的，後十卷是竹汀和宋宗元替他作的。這部書的價值很大，留待後文再述。

一七五五年，三十三歲。

是年成周禮太史正歲年解二篇，周髀北極璿璣四游解二篇。——年譜。文集——

按東原在天算學上的重要成績，在古法整理。周髀北極璿璣四游解二篇，可以算是代表之作，他的內容留於後文介紹。

一七五八年，三十六歲。

是年歙人吳行先名思孝為序刻句股割圜記成。——年譜——

按現在句股割圜記前面有吳思孝作的一篇序。序裏有：

『余獨慮習今者未能驟通古，乃附注今之平三角弧三角如下。』

記中凡遇用西名解釋的地方，都有『吳曰』二字。但這實在是東原和他串的把戲，東原冒他的名自注的。段氏年譜裏有下面所記的一段話：

『句股割圜記以西法為之注，亦先生所自為，假名吳君思孝。』

一七六二年，四十歲。

迎日推策記，釋天，均成於本年以前。——年譜——

段氏年譜載：

『迎日推策記亦舊時所為，玉裁與釋天皆於癸未抄寫，則成書皆在壬午以前可知矣。』

按迎日推策記不僅成於壬午以前；據我的推測，大概成於東原二十幾歲的時候，理由詳後。

是年江先生卒於家，先生作江慎修先生事畧狀。——年譜——

按東原一生學術，得之於慎修的很多。——天算當然在內——東原篤守師說，已見於前。所以他對於愼修的學說，極爲表彰。洪氏行狀載：

『大司寇秦文恭公方爲少宗伯，編纂五禮通考，迎先生邸舍，就與商榷。……先生因出其笥中所藏江先生推步法解一書，以示秦公；秦公取全書載入焉。先生因盡言江先生之學於秦公。後江先生卒，先生狀其行實及著書卷數，上之續文獻通考館史館，以備采擇，其後學士朱公督學安徽，檄取江先生書上之於朝，亦由先生力爲表揚之也。』

按四庫全書裏也收入愼修數學。於這些記載裏可以看東原對於他的天算學術的來源的重視。

一七七三年，五十一歲。

是年入四庫館充纂修官。——年譜——

按東原在天算學上所立的功績，以校輯古籍一事爲最重要。而他立這種功績的機會，不消說由於充四庫館纂修官了。東原在九章算術序裡說：

『予訪求二十餘年不可得。擬永樂大典或嘗錄入，書在翰林院中。丁亥歲，因吾鄉曹編修往一觀，則離散錯出；思綴集之，未之能也。出都後恒寤寐乎是。及癸巳夏，奉召入京師，與修四庫全書，躬逢國家盛典，乃得盡心纂次，訂其訛舛。』

不僅九章得之匪易，就是海島，孫子……等書也都是東原費很大的辛苦由永樂大典裡輯出來的。

一七七七年，五十五歲。

是年，各種算經均校定。——年譜——

是年，先生卒於京師。——年譜——

段氏年譜載：

『案先生所校官書，皆天文，算法，地理，水經，小學，方言諸書，皆必精心推覈，失之毫釐，則繆以千里者。而儀禮大戴禮二經古本薶蘊已久，闡發維艱。先生悉心耘治，焚膏宵分不倦。至於身後，館臣乃以大戴方言二種進呈。謂先生鞠躬盡瘁，死於官事可也。又況先生自所著述，亦刻無少休。』

據此可見東原對於校勘官書所下的犧牲。按東原所校的書，天文算法兩種佔一大部分；我們今日得着這種遺賜，對於辛苦校成的人不能不表示十分的感謝！

東原的天算著作，除了前面所記的句股割圜記，迎日推策記，釋天外；還有一種未成的續天文略，一種未見刋本的曆問，和一種未見刋本的古曆考。

東原一生關於天算的事蹟，在我能力中所能考出的，祇有這一點。至於傳受他的學說的人，要推孔廣森。凌氏事略狀載：

『先生卒後，……測算之學，則有曲阜孔檢討廣森傳之；……。』

羅士琳續疇人傳孔廣森傳也說：

『少曾師事休甯戴震，因得盡傳其學。』

孔巽軒也是一個了不得的人，他曾著有少廣正負術內外篇等書，在當日天算學界中，也是佔有很重要的位置的。他的叔父孔繼涵也是東原的摯友，對於東原極爲欽佩。他受了東原提倡天算的影響，曾刊有算經十書。取唐代十書所含，——闕綴術一種，——加以東原所著九章算術補圖，策算，句股割圜記合成。

三

今日我們對於戴東原天算學首先應當表彰的：第一，是他治天算學的精神，他對於天算學重視的態度；第二，是他替我們所開闢的研究中國天算史的道路；第三，才輪到他的天算學說。他的天算學說，在今日雖然有一部分已屬過去時代的落伍者，但在當時的價値却不可埋沒，所以我也畧叙一下，不過著重點在前二者而已。

數學是一切科學的基礎科學，不但在效能方面講，他能供給我們許多利用的地方；就是論到訓練思想上，數學也是很重要的。今日中國的數學教育，可以算是普及了。但進一步考察學的人對數學的興趣，便不能不令人大失望。原來今日一般學生對於數學，除了治自然科學的一部分外，十之七八都是抱着咀咒態度的。他們都以數學和他們所學的漠無關係爲理由。在這種情形之下，我們不能不極力表彰戴東原來改變這種風氣。戴東原是一個寬袍大袖埋頭於灰色皮綫裝書的人，是一個研究孔二先生的學說的人，是一個下過科場而且不祇下過一次的人。我們如果按今日的情形向前推想，他應當怎樣的痛絕機械的測天，量地……呢！却不料他老先生不但不有常人所揣想的情形，而且根據所謂『洋鬼子』的『引重法』作什麼自轉車記。他將天文，算學，……以及一切所謂末技的製造都捧得高而且高。這種思想如果出之於二十世紀受過科學洗禮的人並不足爲奇，出之於十八紀初期古色斑然的中國裏的寬袍大袖埋頭灰色皮線裝書的戴東原，便不能使我們不佩服了！

戴東原不僅直接提倡天算而已，他並且以經師的資格，對於當時的經生，鼓勵他們學習天算。他在與是仲明論學書裏說：

『至若經之難明者，尙有若干事：誦堯典數行，至「乃命羲和」不知恒星七政所以運行，則掩卷不能卒業。誦周南召南，自關雎而往，不知古音，徒彊以協韻，則齟齬失讀。誦古禮經，先士冠禮，不知古者宮室衣服等制，則迷於方，莫辨其用。不知古今地名沿革，則禹貢職方失其處所。不知少廣旁要，則考工之器，不能因文而推其制。不知鳥獸蟲魚草木之狀類名號，則比興之意乖。……凡經之難明，右若干事，儒者不宜忽置不講。僕欲究其本，始爲之。』

看這段的意思，可以曉得他以爲想讀堯典，先要懂得天文學（知恒星七政所以運行）；想讀考工記，先要懂得數學（知少廣旁要）；想讀……，先要懂得……。他以天文，數學，訓詁，地理，……以及一切名物制度爲治經所必修的預備科目。當時抱這種態度的不祇東原一個人，不過東原可以說是代表者罷了。梁啓超在清代學術概論裏論考證一派有下列的一段話：

『因矯晚明不學之弊，乃讀古書；愈讀而愈覺求眞解之不易，則先求諸訓詁，名物，典章制度等等，於是考證一派出。』

以制數爲造經的階梯，在當時已成一種風氣。所以那時的經學家，什之七八都兼能天算。東原以前如顧炎武黃宗羲方中通劉獻廷江永；同時如錢大昕；稍後如孔廣森，凌廷堪，焦循，阮元，……等都是。這種態度表示的最明顯最嚴格的，要推戴東原。四庫全書文天算法類提要，怕都是出於東原之手；裏面有一段說：

『宋代諸儒，尙虛談而薄實用。數雖聖門六藝之一，亦鄙之而不言。即有談數學者，亦不過推衍河洛之奇偶，於人事無關。故樂屢爭而不決，曆亦每變而愈舛。豈非算術不明，惟憑臆斷之故歟！』

由這段話裡，不但可以看出當時的考證學派反對宋學，而且可以看出他對於數學的重視。他在題惠定宇先生授經圖裡說：

『古聖賢之義理非他，存乎典章制度是也。……義理而不存乎典章制度，勢必流入異端曲說而不知矣。』

王氏墓誌銘記他所說的話，也有和與是仲明論學可以相發明的。這段話關於天算的較多，所以我也摘抄在下面：

『又經之難明，在一事必綜其全而數之，鉅細必究，信乃有徵。……不知古今推步之法，則如夏書之辰，不集於房，魯太史引以爲正陽之月孟夏，東晉古文尙書繫之季秋。小雅十月之交，鄭康成以爲周正十月，劉原甫以爲夏正十月。春秋日食三十六，歷代史志載，步算家上考，曲合其一，而卒違其一。儒者何以識古書之眞僞，辨箋之得失，決魯歷至朔之當否。……』

又說：

『制數之不明，於古人之文多不省矣。』

東原根據他這種思想，所以對於一切制數，全都精心研討。洪榜稱他：

『凡天文，歷算，推步之法，測望之方，……少廣旁要之率，……靡不悉心討索。』——行狀——

王昶稱他：

『名物象數，靡不窮源知變而歸於理道。』——墓誌銘——

東原根據他這種思想和歷年研究所得，想作一種七經小記。段氏年譜說：

『七經小記者，先生朝夕嘗言之，欲爲此以治經也。所謂七經者，先生云：詩，書，易，禮，春秋，論語，孟子是也。治經必分數大端以從事，各究洞源委，始於六書九數。』

洪氏行狀說：

『先生嘗爲七經小記之書，凡經中訓詁，制度，象數，水地諸事，以及天人之道，經之大訓，皆比較合義，具其端委，論其指歸，俾學者因是以求六經，用力約而功多。』

東原以『象數』爲治經應先從事的數大端之一，於這裏也可以看出。這部七經小記沒有作完，幸而象數一端已經脫稿。作成功的有四種：原象一卷，原善一卷，學禮篇一卷，水地記若干卷。原象所論的，就是關於象數的一部分。洪榜還有專論東原對於象數極篤嗜的話：

『先生以算在六藝，古者以賓興賢能，教習國子，治經之士所當知。故自其早歲以名家，論多前人所未發。』——行狀——

東原弟子段玉裁，根據他這種主張，將周髀九章兩種書，和十三經並列。他說：『宜增大戴禮記，國語，史記，漢書，資治通鑑及說文解字，周髀算經，九章算術；皆保氏書數之遺，集是八家，爲二十一經。』——章炳麟清儒——

今日鄙視算學的人，請回過頭看看這位一百年前的經學家！

四

我們研究近三百年的天算學史，對於介紹西說的功勞，前期要推徐，李；後期要推李，華。對於溝通中西法的功勞，要推梅氏祖孫（文鼎，㲄成）。至於論到開古算研究之先河，便不能不推戴東原了。——雖然在東原以前，研究古算的並不乏人，不過論到貢獻最大，影響後人最深的，三百年來，除了東原更沒有第二個人。——東原對於古天算史上的貢獻有三：第一，是輯出許多古算書；第二，是給我們研究中國天文算學史的立了一種規模；使我們於研究上得到種種的便利。第三，是對於古天算書的難明瞭的地方，與以新的解釋。

東原所校的算書，除有少一部分是得自私家善本校正外，大部分是由永樂大典裏輯出來的佚書。排比次第，訂正訛謬，都煞費苦心。並且有增加圖說案語的地方。茲分述於下：

一，周髀算經：這部書在當時雖有刻本，但脫誤的地方不少，字句多不可通，東原據永樂大典詳加校正，補脫文一百四十七字，改譌舛者一百一十三字，删其衍複者十八字。舊有李籍音義，別自爲卷，東原仍其舊。內凡爲圖有五，而失傳者三，訛舛者一，東原據正文爲之一一補訂。

二，九章算術：這部書和周髀同是後世流傳的兩部最古的算書。但在當時已佚失。東原曾說訪求二十餘年，不可得。後來還是在四庫館時從永樂大典裡輯出。他在四庫全書提要裏敘述的很詳，如下：

『北宋以來，其術罕傳。……書遂幾於散佚。洎南宋慶元中，鮑澣之始得其本於楊忠輔家。因傳寫以入秘閣。然流傳不廣，至明又亡。故二三百年來，算術之家，未有得睹其全者，惟分載於永樂大典者，依類裒輯，尚九篇具在。考鮑澣之後序稱：唐以來，所傳舊圖，至宋已亡。又稱盈不足方程之篇，或缺淳風注文。今校其所言，一一悉合，知即慶元之舊本。蓋顯於唐，晦於宋，亡於明，而幸逢聖代表章之盛，復現於今。……謹排纂成編，併考訂訛異，各附案語於下方。其注中指狀表目，如朱實，青實，黃實之類，皆就圖中所列而言。圖既不存，則其注猝不易曉。今推尋注意，為之補圖，以成完帙。』

三，孫子算經：

四，海島算經：以上兩種舊本早佚，全是由永樂大典裡輯出來的。

五，五曹算經：這部書自元明以來，世間就沒有刻本。藏書家傳寫訛舛，殆不可通。也散見於永樂大典裡。原書本有甄鸞韓延，李淳風諸家的註，已不見。惟經文到還逐條完善，東原也參互考究，輯復舊觀。

六，五經算術：這部書也是世無傳本，惟散見於永樂大典中。但被割裂失次，東原循其義例，以各經之敘推之，考出舊第，輯成完書。

七，夏侯陽算經：這部書也是由永樂大典裏輯出，但次第被割裂的散碎不堪，四庫全書提要云：

『今傳本久佚，惟永樂大典內有之。然諸條割裂，分附九章算術各類之下，幾於治絲而棼，不得其端緒。幸所載原序原目，猶可以尋繹編次，條貫其文。今裒輯排比，仍依元豐監本，釐爲三卷。共十有二門，亦從原目。』

八，張邱建算經：這部書的蒐輯校訂，四庫全書提要記的也很詳，如下：

『此本乃毛晉汲古閣影抄宋槧，云得之太倉王氏。今詳加校勘，其上卷起自乘除之數至第十二問，爲句股測望。十三問爲句股和較。十四問爲重句股顛倒測望。十五問爲臥句股左右進退測望。此四問皆藉圖以明，舊本所無，今特依義補入。……下卷首問失題，又細草下亦脫二十餘字，以有後文可據，謹爲補足。其鹿垣倉三條，亦爲之圖，系諸原問之左，俾學者得以考見其端委焉。』

九，緝古算經：這本書也是毛氏藏本，四庫全書提要說：

『其書罕流播。此乃宋元豐七年秘書監趙彥若等校定刊行舊本。常熟毛扆得之章邱李氏而影抄傳之者。今詳加勘正。其文間有脫闕不敢妄補，僅撮取其義，別加圖說，附諸本文之左，以便觀覽云。』

十，數術記遺：這部書的校訂，僅見於凌氏事畧狀和阮元疇人傳裡戴震傳。四庫全書提要裏祇有些指斥這書非古本的話。

以上各書，經東原分別輯出校正後，在當時的影響很大。學術界上可以說是發現了一塊新大陸。孔繼涵刊算經十書，就是受了東原的影響。這種書出現後，當時的天算學界，才於介紹西說之外，另樹了一種新幟。李儼中國數學源流攷畧裏說：

『自算經十書出，研求古算之風亦盛。吳烺有周髀算經注，馮經有周髀算經注；李潢著九章算術細草圖說九卷，附海島算經一卷，共爲十卷；又著輯古算經考注二卷；程瑤田著周髀矩數圖註；周髀用矩述言。古算昌明，佚書大顯。是爲最近世復古之初期。』

所以我說在東原以前，研究古算的雖不乏人，而貢獻最大，影響後人最深的，除了東原，更找不出第二個。

五

戴東原在中國天文算學史上的第二種功績，是給我們立了一種研究中國天文算學史的規模。他在四庫館的成績是不消說了，就是他參與編輯的五禮通考觀象授時和他自撰的續天文略，也是我們研究中國天文算學史所不可少的參考書。

中國天文算學發達最早，歷代國家也都視『觀象授時』爲一件緊要的事。所以史書上關於天文的零碎的片斷的記載也很不少。可惜到現在還沒有一本有系統的中國天文學史，這眞是一件憾事！這部觀象授時在正式的天文學史沒有出現以前，實在可以當得起唯一的替代者。他的編輯體裁，是就天文學的綱領處先分成若干問題，然後以每一個問題爲線索，將自古至今關於這個問題的見解和記載，按時代前後一一羅列。最後附以編輯者的意見。這部書共有二十卷——指觀象授時一類而言——所蒐輯的材料雖不算極豐富，而上自正史書志，下至私家筆記，凡屬緊要的材料，大都網羅無遺。他這種編輯體例，我們若以天文學史看他，固然很不能使我們滿意；但我們若單以天文學史預備材料的眼光對待他，那末，可以說是再好不過了。他蒐羅的宏富，足以供我們參考；他分類的適當，足以便利我們檢查；所以我說他是中國天文學史未出現以前唯一的替代者。五禮通考總編輯雖然是秦味經，但我們對於出力參校的戴東原……等，應當一樣的向他們表示謝忱！

中國的步算事業，在從前既爲一般人所重視，所以無論是正史的書志或文獻書籍裡總有一兩篇天官書律歷志一類的著作。無論作者是否天文學的內行，都不能不有一兩篇點綴一下。但史官不一定兼理臺官，史學家不一定兼是天文學家，所以他們所作的記載總有些不十分恰當的。三通總算文獻書中的重要著作，大名鼎鼎的鄭漁仲他所作的通志，又是三通中爲一般人所尤稱許的。但他的天文略祇是抄上步天歌和晉書所列天漢起沒，十二次度數，州郡躔次，加以隋書所列七曜，便草草完卷了。所以東原對於他這一篇極不滿意；而且所不滿的還不祇材料枯窘一事，如語涉災祥，未解歲差。不知地理沿革諸點，都施以嚴厲的掊擊，他在續天文略裏說：

『樵稱：……不語休祥，而注內仍不免涉災祥休咎。至若十二次宿度，雜舉劉歆費直蔡邕三家，則由未解歲差，故存其殊致，莫之折衷。其以郡隸州國也，……（原文甚長，故略之。）晉書此條訛舛特甚，既無從是正，不宜取以滋惑。蓋天文一事，樵所不知；而欲成全書，固不可闕而不載，是以徒襲舊史，未能擇之精語之詳也。』

因此他發宏願想作一篇完備而又精審的續天文略，以補漁仲所不及。他在續天文略裏說：

『今更爲目十：曰星見伏昏旦中，曰列宿十二次，曰星象，曰黄道宿度，曰七衡六間，曰晷影短長，曰北極高下，曰日月五步規法，曰儀象，曰漏刻，或補前書闕遺，或賡所未及，凡占變推步不與焉。考自唐虞以來，下迄元明，見於六經史籍，有關運行之體者，約而論之，著於篇。』

前面說過觀象授時可以當得起中國天文學史的唯一的替代者，這部續天文略可以當得起唯一的天文志。——天文學史和天文志不同；他的區別處是：後者以事實爲主，前者以學說爲主。——他的編輯體例，是以十目中每一目自爲綱領，舉六經史籍中關於運行之體的記載，按時代先後，一一誌下。然後低一格寫，用己意述說他的原因。譬如星見伏昏旦中一目，舉堯典夏小正……等載籍，歷數星見伏昏旦中古今不同的事實，然後論其原因，歸之於歲差。又如北極高下一目，舉唐書天文志元史天文志所載各地北極出地度數爲事實，然後論其原因，歸之於地圓；又論藉測北極高度以求赤道較比藉土圭測日景法爲有據而易明。凡他所下的斷語，雖是東原個人的見解，但對於前人的意見，無論是和自己一致的或是反對的，也一律敘述；是者是之，非者非之；所以評斷的話，大都較記敘的話爲多。這種辦法，不但在東原個人，可以表示大公無我，就在讀者方面，也可以比較前後諸說的不同。我們可以說，每目記述後面的論斷，可以當作簡單的中國天文學史讀。

這部精審的著作，可惜沒有完成。東原原意想作三卷，自星見伏昏旦中至黃道宿度爲上卷，自七衡六間至北極高下爲中卷，自日月五步規法以下爲下卷。今日所刊行的，祇有上卷中卷，而沒有下卷。於此却有一個極有趣味的問題發生。段氏年譜載：

『曆問一卷（儀鄭堂總序作二卷），古曆考二卷，洪舍人榜撰先生行狀有此二書。玉裁皆未之見。而孔檢討作總序有之，則其稿在孔戶部家可知矣。戶部所刊乃有續天文略二卷，而無曆問古曆考，疑古曆考即天文畧也。先是，朝廷開館續鄭樵通志，當事輓先生爲之；既而未用，欲改名古曆考，而舍人行狀內遂改其名耳。』

據此則知續通志的當事者曾輓先生爲之作天文畧。我們翻開續通志天文畧和東原續天文略一對照，不但題目相同，就是內容也幾乎完全相同。——所差異的祇是字句間事——段氏所說：『既而未用』的話，可見靠不住了。並且續天文略裏除了起首的引言用『臣震謹案』作冒外，其餘的論斷都用『臣等謹案』作冒。如果是東原個人的著作，用『等』字作什麼？至於續通志天文畧的後幾篇是否出於東原之手，抑或他人所作？我將他的內容畧讀一遍，以爲不是出於東原之手；但因爲沒有旁證，現在還不敢斷定。

四庫全書子部天文算法類的提要，大概多數出於戴東原之手。每部書的提要都有作者的考證，版本的來源，書中內容的特點，書中見解的當否……等。可以當得起『簡而精』三個字。我們讀這部提要，知他於著錄和存目的取舍之間，極有分寸。凡屬於存目的，多係比較的無價值的。或者雖有價值而因避重複遂歸入存目。——

——如梅氏叢書輯要因有曆算全書已著錄，故也歸入存目。——凡屬於著錄的，雖不必都是有價值的，但所收的在著者當時却有相當的價值。或者雖無價值而在當時確佔一種勢力的書，也一併著錄，而於提要裏批評他的謬點。這種功作我們後人研究古天算書上實在有很大的補助。

六

戴東原在中國天文算學史上的第三種功績，是對於古算書的難明瞭的地方，與以新的解釋。周髀算經是中國古代的一部奇書。他的成書時代，至遲要在漢朝。唐以後漸不爲人重視；而且刻本誤謬讀不可通的地方很多。東原詳加校正，並且以新的解釋將這書和西說暗合的幾點提出，此書的價值才大顯於世。他在四庫全書提要裡說：

『歐邏巴人入中國，始別立新法，號爲精密。然其言地圓，即周髀所謂：地法覆槃滂沱四潰而下也。其言南北里差，即周髀所謂：北極左右，夏有不釋之冰，物有朝生暮獲；中衡左右，冬有不死之草，五穀一歲再熟；是爲寒暑推移，隨南北不同之故。春分至秋分極下常有日光；秋分至春分，極下常無日光；是爲晝夜永短，隨南北不同之故也。其言東西里差，即周髀所謂：東方日中，西方夜半；西方日中，東方夜半。晝夜易處，如四時相反；是爲節氣合朔，如時早晚隨東西不同之故也。

又李之藻以西法製渾蓋通憲，展晝短規使大於赤道規；一同周髀之展半衡，使大於中衡。其新法算書述第谷以前西法三百六十五日四分日之一，每四歲之小餘成一日；亦即周髀所謂三百六十五日者三，三百六十六日者一也。』

這種論斷固然很有精采，不過他的發現有許多並不始於東原，梅定九已有此說；東原於周髀裡另有旁的精闢議論。東原論『周髀』的定義說：

『是書內稱：周髀長八尺，夏至之日晷一尺六寸。蓋髀者，股也；於周地立八尺之表，以爲股，其影爲句，故曰周髀。其首章周公與商高問答，實句股之鼻祖。』

周髀裡『北極璿璣』一段很難解釋；書經裏『璿璣玉衡』一段，也是解釋紛紜。東原以『北極璿璣』和『北極樞』解爲黃道赤道，便一切都貫通了。書經的『在璿璣玉衡以齊七政』二語，自來解釋的，由漢儒的馬融直到宋儒的蔡沈都以璿璣爲美珠所飾的環子，以玉衡爲玉製的窺管。這種解釋將儀器看得太重了還不說，並且周髀裡北極璿璣一段也無法解釋。周髀說：

『欲知北極樞璿周四極；常以夏至夜半時，北極南游所極；冬至夜半時，北游所極；冬至日加酉之時，西游所極；日加卯之時，東游所極；此北極璿璣四游正北極樞；璿璣之中正北天之中。』

常人都知道北辰是不動的，如果將周髀裡的北極解作赤道北極游字便講不通了；東原解作黃極，極恰當。他說：

『今人所謂赤極者，即魯論之北辰，周髀之北極樞也。今所謂黃極者，黃道之極，即周髀之北極璿璣也。虞書：察璿璣玉衡，以齊七政。蓋設璿璣以擬黃極，故周髀即以璿璣爲黃極之名。或言古人不知黃極，非也。黃極，赤極，古通曰北極而已。此曰北極南游，則專指黃極爲北極，而赤極乃謂之正北極。黃極每晝夜環繞赤極一周而又過一度。冬至夜半，黃極在赤極下正北之位，是爲北游所極；卯時在赤極左正東之位，是爲東游所極；午時在赤極上正南之位，是爲南遊所極；酉時在赤極右正西之位，是爲西游所極；此一日之四游所極也。』——五禮通考觀象授時——

這種解釋已經使得我們滿意了，而東原又詳細地解釋周髀原文但舉二至和錯舉冬至卯酉的原故，由於恒星日與太陽日不同。他說：

『冬至夜半起於正北一周而過一度（按恒星日速於太陽日約四分鐘，地球自轉一周經過度360，所以每四分鐘所經的度數約$=\frac{360}{24\times60}\times4=\frac{1}{4}\times4=1$度）；雖每日之推移甚微，漸進而至四分周之一；則春分夜半，實爲東游所極。（

按由冬至春分約九十一度左右，每日逾一度，所以到春分是已逾九十一度左右，約爲一象限，所以說東游所極。）故夏至夜半，南游所極；秋分夜半，乃西游所極（理均同上）；此一歲之四游所極也。古者冬夏致日，但舉二至，則二分可知；又錯舉冬至卯酉，則每日皆可知矣。』——五禮通考觀象授時——

以上是就天文學理上講，至於就字義上講，東原也有剖解的文字，續天文略裡說：

『臣等謹按璇機今尙書作璿璣。伏生大傳及隋書所引並作旋機。璇取旋轉之義，機即樞機；衡者，準之赤道而平也。……是赤道極居中，黃道極環繞其外，晝夜旋轉而有移徙；故古人以璇極名之，蓋同爲樞機，而有移徙不移徙之殊，璇以言乎其移徙也。』

東原這種解釋，於虞書，於周髀；於學理上，於訓詁上；都能貫通而無矛盾之弊。

周髀裡還有七衡六間之說：

『凡爲日月運行之圓周，七衡周而六間，以當六月節，六月爲百八十二日八分日之五，故曰夏至在東井極內衡，冬至在牽牛極外衡也。衡復更終冬至，故曰一歲三百六十五日四分日之一，一歲一內極，一外極。三十日十六分日之七，月一外極一內極。』

這裡所說的衡字間字，究竟應當怎樣解釋？東原以爲七衡是赤道和與他平行的六個距等圈；六間是這七衡在黃道上所截的段落。他在五禮通考觀象授時裏說：

『古未有黃赤道之名，但謂之衡。虞書之璿璣既爲黃極，則玉衡以界黃道而定節氣；黃道必別爲側絡之衡，準黃極取正；赤道準赤極取正也。此七衡皆準赤極取正，以側剖黃道爲六間。虞書不必定有七衡，而衡之名出於古無疑。日在內一衡，夏至；右旋發南，交於次二衡，大暑；交於次三衡，處暑；交於次四衡，秋分；交於次五衡，霜降；交於次六衡，小雪；終次七衡，冬至。右旋斂北，交於次六衡，大寒；交於次五衡，雨水；交於次四衡，春分；交於次三衡，穀雨；交於次二衡，小滿；復至內一衡，夏至。……第四衡曰中衡，即赤道。』

又前面曾引道他所說：

『衡者，準之赤道而平也。』

讀了這種解釋，對於『衡』『間』的界說，當然可以瞭然。我爲補充這段解釋使他更易明瞭起見，特繪一圖如下：

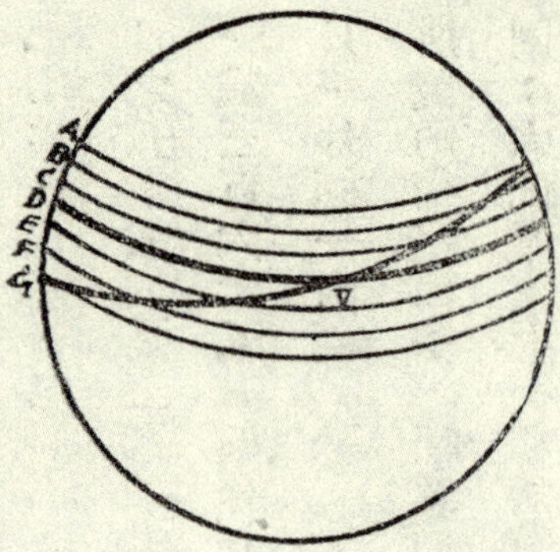

D圈爲赤道，即第四衡。

AB,C,E,F,G各圈爲各衡。

GV圈爲黃道。

GV與A,B,C,D,E,F,G各圈斜交，所割六段，即六間。

東原不但對於古算書——如前引周髀——裡的難題多給予新的解釋，就是一切經史裏凡關於象數的地方，都有精密的注語；而且又有許多藉經史以講測算的地方；這不消說是基於他的注重制數的思想的原故。如藉書經堯典：『日中星鳥』一段和詩經豳風：『七月流火』一句說明歲差。——書補傳和毛鄭詩考正——藉周禮：『大司徒以圭土之法測土深，正日景，求地中。』一段說明里差。——續天文畧——藉甲子解釋詩經豳風七月『一之日觱發』一節的『一之日，二之日，……』。『藉詩經十月之交一面由推步的理論說明日食時期，一面又由經文發揮交食的道理。——書小雅十月之交篇後——總之，他是將經史打成一片。古代的學術，不如後世條理分的那般清楚。東原的意思，大概以爲經史中包括好多的步算材料，所以爲治經史便不得不研求步算，一面爲治步算文不得不由經史中探討材料。東原以步算解經的材料很多，除了以上所引諸條外，還有周正太史正歲年解二篇記夏小正星象一篇。——均見文集——此外散見於五禮通考觀象授時續天文略……等也不少，本篇不能一一徧舉了。

七

戴東原關於天文上的著作，最重要的，要算釋天和續天文畧。續天文略的大概，前面已畧爲介紹，現在再以釋天爲主，將東原的天算學說概括的敘述一下。——東原最重要的天算著作要算原象。原象是以釋天四篇句股割圜記四篇合成；因爲句股割圜記應當屬於數學，所以我單提釋天。——釋天而外，還有迎日推策記一篇，但不很重要。——劉光漢戴震傳說原象是釋天四篇，句股割圜記三篇，釋準望一篇，迎日推策記一篇合成的。而段氏年譜則說迎日推策記是孔繼涵刋戴氏遺書時所加的。我以段說爲是。因爲不但迎日推策記在戴氏遺書裏有獨立的題目（其餘各篇都以原象一，原象二……爲題）；而且迎日推策記和釋天有許多相同的地方，釋天既然將『天行之大致畢舉』（段玉裁語）了，無須再合以迎日推策記。——

釋天共分四篇：第一篇論的是日月暨曆法；第二篇論是恒星；第三篇論的是授

時；第四篇是一篇綜合的天文學總論，並附以璇機玉衡的考證。現在逐篇爲叙述一下：

第一篇舊以堯典璇機玉衡命題，論地球公轉自轉；黃道赤道之關係；十二中氣；恒星月與會合月；置閏成歲法；交食之理；黃白大距；黃赤大距；分，至，啓，閉；七衡六間；南北里差與寒暑之故。

第二篇舊以堯典中星命題，全篇可分爲三段：第一段論星之伏昏旦中古今不同；第二段爲二十八舍與十二次之對照；第三段論假恒星以識日月之躔逡以知歲差。這篇所論和續天文略裡星見伏昏旦中，列宿十二次兩篇的內容差不多。

第三篇舊以周禮土圭命題，首叙土圭測影法係根據南北里差，及東西里差；次叙土圭之應用；最後論因地係球體，故與天相應。這篇所論和續天文略裡晷影短長，北極高下兩篇的內容差不多。

第四篇舊以洪範五紀命題。全篇可分爲四段；起首引洪範一段，加以申論，可以當得一篇天文學總論；原文如下：

『洪範五紀：一曰歲，二曰月，三曰日，四曰星辰，五曰曆數。分至啓閉，紀於歲者也；朔望朏霸，紀於月者也；永短昏昕，紀於日者也；列星見伏昏旦中，日躔月逡，紀於星辰者也；贏縮經緯，終始相差，紀於曆數者也。紀於歲者，察之日行發斂；紀於月者，察之日月之會，交道表裏；紀於日者，察之晝夜刻漏，出入里差；紀於星辰者，察之十有二次；紀於曆數者，隨時測驗，積微成著，修正而不失。』

這篇的第二段論天九重；第三段論日月五步規法。按東原續天文略有日月五步規法一目，屬於未成三篇內的；我們讀了這段，也可以曉得他的大概。第四段是璇機玉衡的考證。段氏年譜所謂『即詳其制於原象第四章』的就是指這一段，現在將原文錄於下：

『古寫天之器，莫善於璇機玉衡。漢以降失其傳也，久而徵可復也。為儀象考

唐虞之際安有所謂儀器五星之名亦自戰國中晚始有之安得用解七政此弊自漢已

識曰躔，渾圓而中規之，象赤道。距規四分圜周之一，設其樞，象天極也。爲規載之，曰子午之規。半由於地平規，隨北極高下，以察各方之永短昏昕。斜絡赤道外內爲規，象黃道。距黃道四分圜周之一，是爲南北璇機。璇機者黃道極也。準赤道爲規法：二分之規，曰中衡，赤道也；冬至之規，曰外衡；夏至之規，曰內衡。凡爲衡者五，應一歲之分至啓閉。衡百度，度六之，應晝夜之漏刻。刻七十有二分，以知里差。經歲三百六十有五日不滿四分日之一，以是爲日躔黃道之度分。是故黃道，日也；赤道，刻也。星儀考識昏旦中，設其樞以象星極，爲游規而載之，以知歲差。規設天極焉，載於子午之規，以周知一歲婺女爲玄枵之維首。而周分十有二次以紀日月之躔離。察玉衡以知左旋，察璇機以知右旋，天行之大致舉矣。』

我讀這段文揣摩璇機玉衡的構造，大概是分爲兩部分：1儀象：是識日躔的；2星儀：是識昏旦中的。儀象又分爲兩部分：1赤道儀：測時刻用的。以一個經圈，五

然戴氏本博而不精特既而附会已說耳分至啓閉此六事亦不得謂八

個緯圈構成。五個緯圈就是五衡，中間的緯圈就是赤道。經圈（子午規）上載着樞，象天極。2黃道儀：測日躔用的。以一個經圈一個緯圈構成。經圈上載着南北璇機，象黃極。至於星儀不過是一個赤道經圈。他和子午規不同的地方，就在一個是動的（遊規）一個是靜的。

東原這種構想，是根據周髀而得。但周髀原有七衡六間之說，爲什麼東原所構想的旋機玉衡祇有五衡呢？這層理由他在續天文畧裡曾說過：

『古未有二十四氣，蓋準八節爲之，宜設五衡。……周末準十二中氣，故設七衡。』

東原以爲從前祇有八節——分，至，啓，閉——所以揣想當時祇有五衡。到了周髀才有十二中氣十二節氣，所以他以爲七衡是後世修改過的。

迎日推策記是一篇詳論天文學上的各種差數的書。如日行之歲差，最卑行，均數時差，月之最高行，月之遲疾，月之正交行，行星之最高行，地心差，蒙氣差……

節且啓閉二者又別為一事更不得謂之節也大抵戴氏强明於今法而於古經傳多不瀏覽故其言今則是言古則私矣

……等。這篇所用的推步術全是『輪法』。我在前面年譜裡說過迎日推策記大概成於東原二十幾歲的時候，就是根據這層理由。

曆象考成後編成於一七四二年，雖然說那時學術的傳佈不如今日這樣的快，但東原決不至於到四十歲的時候，還不曉得橢圓術；既曉得便不至於牢守着這種呆笨的輪法而不肯改革。東原的先生江慎修是一個最能吸收西說的人不消說了；就是東原雖然不曾努力傳佈西說，至少也是能容納西說的人。況且四庫全書提要裡曆象考成後編提要明明將『橢圓術』的特點提出，可見東原決沒有門戶之見。那麼，迎日推策記成於東原早年無疑。

『歲差』之說創自晉朝的虞喜。但那時祇知其當然，而不知其所以然。到了隋唐的時候，劉焯僧一行等便有『天自爲天，歲自爲歲』的規定。宋朝的朱熹又主張『先論太虛』；他以爲太虛是絕對靜的，而恒星却有微移。東原極以他這說爲然，他說：

『天本無度，因日躔而有度。故曰在天成度，在律成日，此古法也。自歲差之說謂日躔不及天度，而分天周歲周；然則天度與日躔既非一致，猶設為度之奇零者以合天，其於天果合乎否也？今細考之：黃極在天環繞一歲而周四游，無有不及；……日躔一歲之發斂，亦無有不及也。二者相應，所以成寒暑往來；有不及，則未成歲矣。以是言之，分天周歲周者，未密也。推其故由不知差在恒星不在太虛中之天周。朱子所云當先論太虛，誠步算家之要言。蓋天自為天，恒星自為恒星，不可不辨。至若太陽行天一周而成歲，則天周歲周本一致，古人在天成度在律成日之意未嘗不善，而授時減歲餘增天周之法，究與天違也。』——五禮通考觀象授時——

東原以為恒星也是向右旋轉的，歲差之生由於恒星向右旋轉，不是日躔不足。不過於此難免有人誤會，說東原指恒星為動的；——其實嚴格的講起來，恒星確是動的。——他却不如此想。他以為恒星的動，是全體的『恒星天』動轉，而不是個個恒星的動轉。他在續天文略裡說：

『古以列宿部星為恒星，又謂之經星，終古如斯，初無變動。至若星之右旋以成歲差，乃渾體全轉，而座位相距之度分不改。』

這裡所謂渾體，就是指恒星天而言。可見東原並不有將恒星行星混為一談，雖然恒星天在今日已成為過去的學說。在今日我們知道歲差的發生，由於地軸有錐形的旋動，使赤道盪漾，春分點西移所致。但在當時這種解釋還沒發明的時候，東原這種見解確是很難得的。歲差的爭執在中國天文學史上要算一件重要的公案；東原這種見解，又是這樁公案裡的一種重要的主張，所以我特在這裏提出。

東原天文學說的大概，不過如上所述。可惜古曆考曆問二書沒有下落，致使他的學說中的一部分不得而知了。古曆考段氏說也就是續天文略，——見前——這話恐怕不大可靠。古代『天文』和『曆數』很有分別，周官推步掌於馮相氏，占變掌於保章氏，各有專司。所以史記有了天官書，另外又有曆書。——正史多仿此例——

那時的天文學祇限於占星學，和推步是不相干的。東原曉得這層道理，所以他的續天文略的範圍雖然較史記天官書通志天文略的範圍大了，但對於曆法，並沒有詳細的討論。而且談恒星的話很多，決不像古曆考應有的文字。所以我說他決不是古曆考的改名。

八

現在該談到戴東原的數學了。東原關於數學的著作有句股割圜記三卷，策算一卷。策算就是當時西法的籌算，是一種輔助筆算的方法；他的用法，我將另作一篇策算淺說介紹。現在祇述他的句股割圜記：

句股割圜記在原象裏占了四篇。常人都知道原象的五，六，七三篇是句股割圜記，不知第八篇也歸入記中的第一卷了，單行的句股割圜記和原象裡所載的詳畧不同。原象裡所載的沒有注語而且沒有圖。大概因爲象是七經小記之一，文詞要他簡雅，所以比較的概括。我們如果讀他，還是用單行本爲上。

句股割圜記是一種變象的三角法。阮元疇人傳戴震傳說：

『取梅文鼎所著三角法舉要，塹堵測量，環中黍尺三書之注，易以新名，飾以古義，作句股割圜記三篇。因周髀首章之言衍而極之，以備步算之大全，補六藝之逸篇。凡爲圖五十有五，爲術四十有九，記二千四百一十七字。』

句股割圜記所載的『矩分』……等名詞就是以半徑爲單位的三角函數。證算的方法，以『相似三角形相應各邊互成比例。』一個定理爲主。我們可以說他是『幾何法的三角術』。現在我引用原文將他的主要名詞先解釋一下：

『割圜之法，中其圜而觚分之，截圜周爲弧背，絙弧背之兩端曰弦，值弧與弦之半曰矢。』

這段話不難明瞭，將下圖一看卽知：

△AOB 爲觚，就是現在所謂角。

AB 爲弦，和現在的名詞一樣。

$\overset{\frown}{AB}$ 爲弧，和現在的名詞一樣。

AD, BD 爲半弧弦，就是現在所謂半弦。

CD 爲矢。

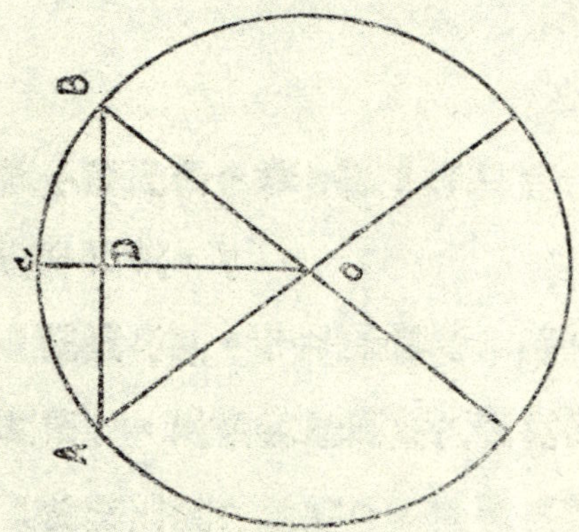

『弧矢之內，成相等之句股二：半弧弦爲句，減矢於圜半徑爲股，緪句股之兩端曰徑偶，亦謂之弦。』

仍用上圖說明：

AD, BD 爲句，就是現在所謂三角形的底邊。

OD 爲股，就是現在所謂三角形的垂邊。

AO，BO 爲弦，就是現在所謂三角形的斜邊。弦，又名徑隅。

『弧背外之句，謂之矩分；弦謂之徑引數；股得圜半徑也。次弧背外之股，謂之次矩分；弦謂之次引數；句得圜半徑也。半弧弦謂之內矩分，次弧弦之半以爲股，謂之次內矩分。』

如下圖：

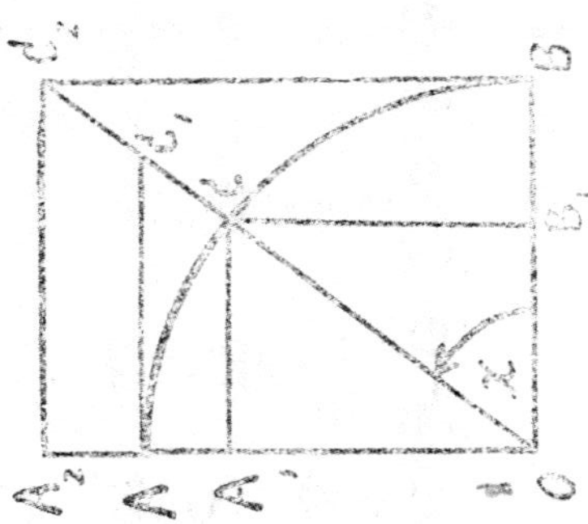

AC_1 爲矩分。

OC_1 爲徑引數。

BC_2 爲次矩分。

OC_2 爲次引數。

A_1C 爲內矩分。

B_1C 爲次內矩分。

設圜半徑OC=1，

∠BOC命爲X。

則次內矩分$=\frac{B_1C}{OC}=$SinX。

內矩分$=\frac{A_1C}{OC}=\frac{B_1O}{OC}=$CosX。

次矩分$=\frac{BC_2}{OC}=\frac{BC_2}{OB_2}=$TanX。

矩分$=\frac{AC_1}{OC}=\frac{AC_1}{OA}=$CotX。

次引數$=\frac{OC_2}{OC}=\frac{OC_2}{OB_2}=$SecX。

徑引數$=\frac{OC_1}{OC}=\frac{OC_1}{OA}=$CscX。

由這裡可以看出，『矩分』等名詞就是以斜邊爲1的三角函數。

『弦之外內，其句股弦平行觀之，成同限之句股三：

句	股	弦	
內矩分	次內矩分	徑隅	（表一）
矩分	圜半徑	徑引數	（表二）
圜半徑	次矩分	次引數	（表三）』

如圖$\triangle A_1OC$（$\triangle B_1OC$同），$\triangle AOC_1$，$\triangle A_2OC_2$（$\triangle BOC_2$同）是相似三角形，所以他們的各邊可以藉比例法互求，這就是句股割圜記的基礎定理。原文說：

『……凡句股弦，三者平行，則必同限。』

這裏所謂『同限』，就是今日所謂『相似』。一部句股割圜記，全基於所謂『同限』的道理，而藉比例的法子去證算。

『……此古算家用句股測望，用異乘同除，小大互求之故。……神而明之，極步算之巧，半圜渾圜之變不出此矣。』

『異乘同除』就是今日所謂『比例』。設所求數爲內項之一，則另一內項和他是同項；兩外項和他是異項。若是所求數爲外項之一，那末，另一外項和他是同項，兩內項和他是異項了。舉例如下：

『句股第十術：

……有次內矩分，有內矩分，求矩分。以圜半徑乘內矩分，次內矩分除之，得矩分。……』

如前圖知 B_1C，A_1C，求 AC_1。

因 $\triangle A_1OC$，$\triangle AOC_1$ 相似，

則 $AC_1 : A_1C = AO : A_1O$（即 B_1C），

故 $AC_1 = \dfrac{A_1C \times AO}{B_1C}$。（即以圜半徑乘內矩分，次內矩分除之，得矩分。）

三篇之中，第一篇所論的就是今日的平面三角；第二篇所論的，就是今日的正弧三角；第三篇所論的，就是今日的斜弧三角。全是列出許多同限句股（相似三角形）的表，然後用比例去推求。

第二篇論正弧三角的算法說：

『經緯之限界其外，經緯之弧截其內，是爲半弧背者四。以句股御之，半弧背之外內矩分平行相應，得同限之句股弦各四，古弧矢術之方直儀也。』

現在仍用原書上的圖來說明：

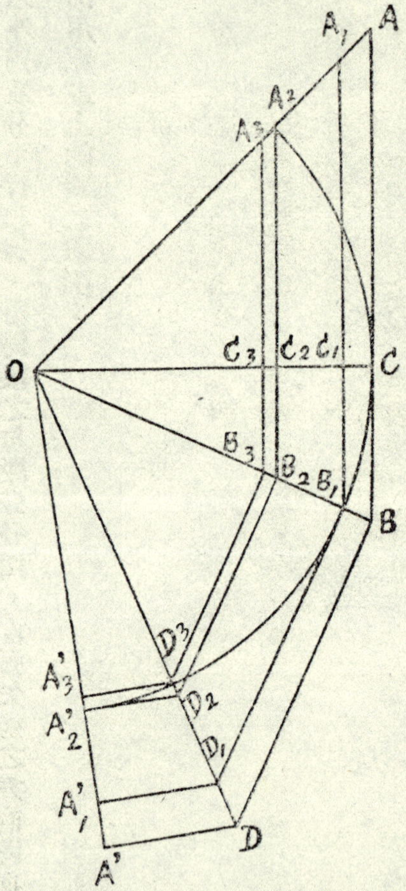

如上圖：

∠AOC 為緯度

∠BOC 為經度

∠BOD 為緯弧

∠A'OD 為經弧

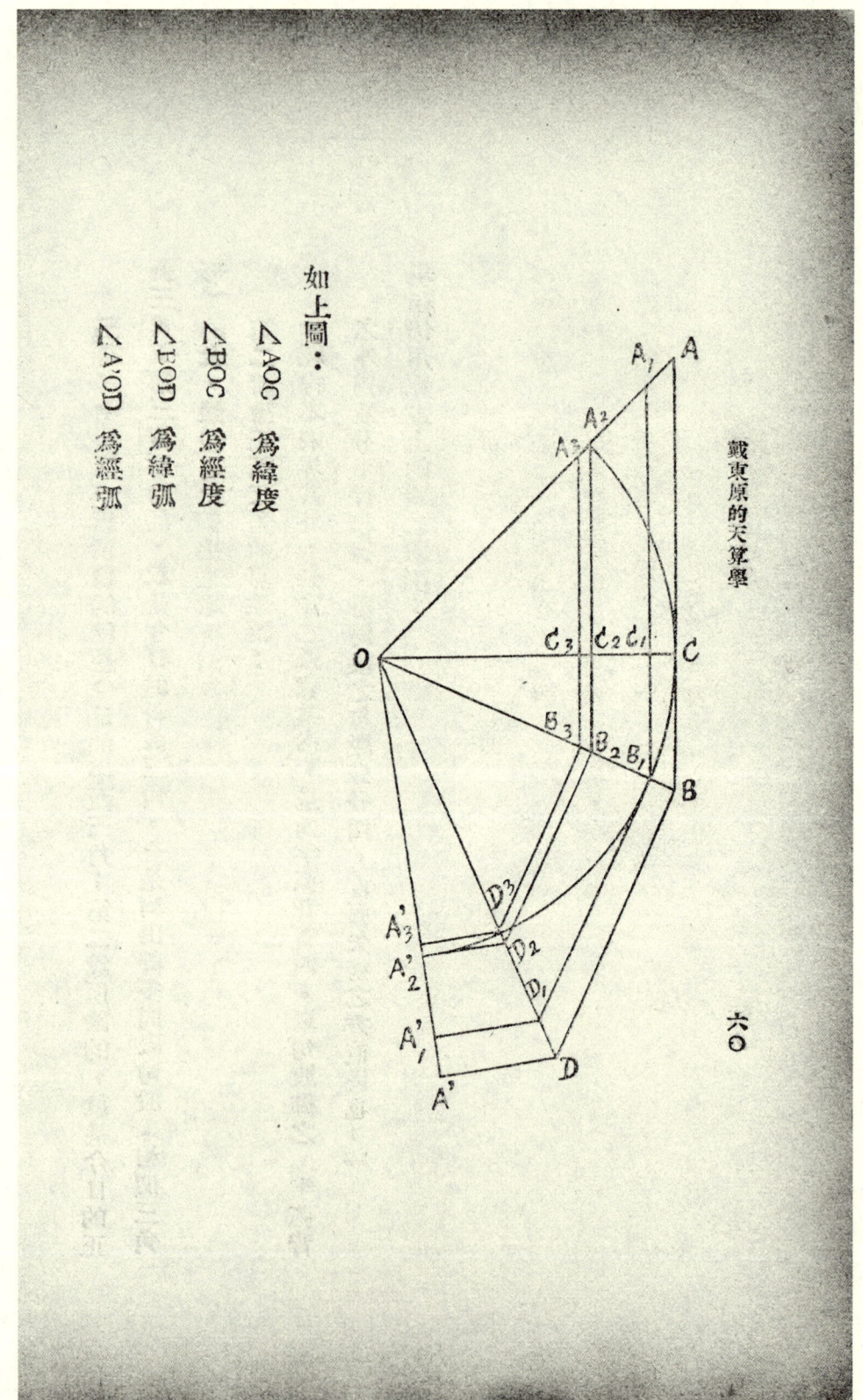

這個圖是將立體的圖形展開的，我們要注意 OA 和 OA' 實在是一條線。看了下面這個圖便明白了。（按這個圖爲原書所無，是我給附加的。）

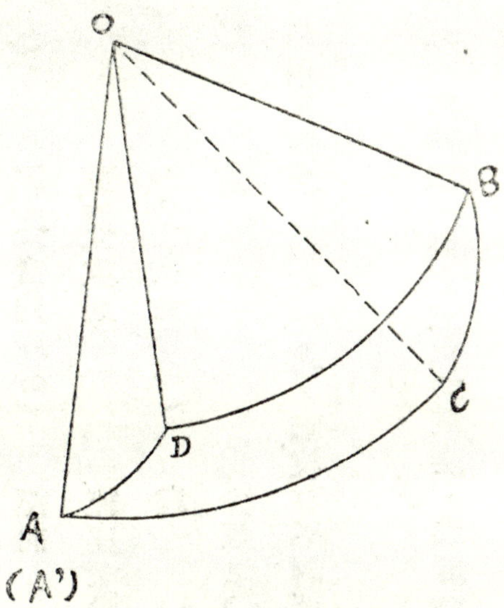

弧三角也是依比例法推求。原書列有許多的表，現在將第一個表抄在下面：

『句	股	弦	(互求率一)
經度(矩分)	圜半徑	經度(徑引數)	(表一)
經度(內矩分)	經度(次內矩分)	徑偶	(表二)
圜半徑	經度(次矩分)	經度(次引數)	(表三)
經弧(矩分)	緯度(次內矩分)	虛	(表四)
經弧(內矩分)	虛	緯弧(次內矩分)	(表五)』

這裡所謂『虛』，是指在圖上可以尋得到，而沒有名詞可以表示的線。(即不是函數或圜半徑)

第三篇論斜弧三角的算法。斜弧三角的算法，或用『垂弧法』，或用矢，和半徑的比例。原書句股第四十七術說：

『三觚皆句於句股自內截之，分一觚及其對距爲二，成圜度之句股弦者二。三觚一距於句股，或自內截之，分倨於句股之一觚及其對距爲二；或自外截之，而倨於句股之觚有外弧，亦皆成圜度之句股弦者二。……』

這段所說的就是『垂弧法』。自斜弧三角的任一角頂至其對邊引一垂弧，分原三角形爲二個直角三角形；然後用正弧三角法求之。

至於三邊求角可以用下面的比例法計算：

『句	弦	(本觚規度)	
矢半較(和度較度)	小規半徑	大規半徑	(表一)
矢較(較度對距)	小規之矢	大規之矢	(表二)』

這一條定理是東原發明的。(以上所述的都是東原據梅定九的法子推衍而成。)如果詳細解釋起來，不是一兩句話可以說盡的；現在暫時列在上面，將來我擬作一篇梅戴句股術同異辨，再詳細的解說。

九

回顧三百年來天文學算學史上的燦爛之花，不能不使我們欣慰而奮勉；而在這個潮流裏的經師於天算學上的收穫，尤其使我們感佩，尤其能激起我們的努力。今日『以科學方法整理國故』的聲浪瀰漫全國，清代學問的提倡也同時澎湃海內；那末，我們對於國故中的純自然科學又是清代學問中的主要部分之一的天文和算學，應當怎樣的竭力爬梳呢？清代的一切學問，在今日都有人着手整理；而這堆天算材料，還在那裡塵封未動，這種畸形發展的狀況，眞是令人抱憾的一件事！在二十世紀科學教育時代，而『談玄鄙實』的風氣如此盛行：我們自視對於十七八世紀科學時代的經師。能不慚愧嗎？爲喚起大家注意這個問題起見，所以我對於二百年前的戴東原先生的治學精神，和他對於天算的態度，極力表彰，以作我們後學的模楷！不消說我們今日想作一本中國天文算學史，資賴於東原已成的成績固然不少，但我覺得於他的治學精神方面，尤應鼓吹。所以我以爲提倡他的治學情神和他尊崇天算的態度，比較僅稱讚他的功績，或僅敘述他的學說爲更有意義。

王昶洪傍都稱東原爲：

『其學彌博，而探脩彌約。』——墓誌銘行狀——

東原自己也嘗說：

『淹博難，識斷難，精審難。』——與是仲明論學書——

又說：

『一事必綜其全而覈之。』——墓誌銘——

由此可見他的學問，實在是由博反約的。他爲研究經學，所以不得不研究經學的基礎，如天算學；爲研究天算學，又不能僅僅從事於狹義的測算法則；對於古籍中的天算材料，一樣的要能會通。所以可以稱他的經學，爲『天算學化的經學』；稱他的天算學，爲『經學化的天算學』。現在我引阮元疇人傳戴震傳的贊語，作這篇文的結束：

『論曰：九數爲六藝之一，古之小學也。自暴秦焚書，六經遂湮。後世言數者。或雜以太一三式占候卦氣之說，由是儒林之實學，下與方技同科，是可慨已，庶常以天文，輿地，聲音，訓詁數大端爲治經之本，故所爲步算諸書，類皆以經義潤色；縝密簡要，準古作者；而又罔羅算氏，綴輯遺經，以紹前哲，用遺來學。蓋自有戴氏，天下學者乃不敢輕言算數，而其道始尊；然則戴氏之功，又豈在宣城下哉！』

一九二四，一，一一。

本文原登於十三年一月二十二二十三兩日的北京晨報。當時因脫稿倉卒，錯誤罣漏的地方很多。現在乘編入叢書的機會，特將他增删一過，所以本篇和原文有些不同的地方。

一九二四，一，二五。

蘇東坡先生祠堂

中國心理學史上的戴震

汪震

中國心理學史上的戴震

今天是戴東原先生的生辰，我們研究心理學的人不能不把中國的大心理學家戴東原的學說表彰一下。我在十二年十月十日的晨報副刊上登出一篇戴震的心理學，已經把戴東原先生的心理學介紹了。但是那一篇文章只舉出戴氏心理學的內容，至於歷史上的地位等等都一字不曾提及。我今天就是要作這一件事情了。

我想，關於評判的方面，說空話是無用的，不如索性把戴氏的思想之傳統與派別一一發舉列出來，容讀者自己去估價評判好了。

中國的心理學的發生是一個很大的問題，但是有一種思想可以信爲是從遠古傳下來的學說；如

左傳昭公七年；子產曰『人生始化曰「魄」，旣生魄，陽曰「魂」。用物精多則魂魄强；是以有精爽，至於神明。匹夫匹婦强死，其魂魄猶能馮依於人

以爲淫厲。』

易繫辭：『精氣爲物，游魂爲變。』

心理學是「人的科學」，最初研究人的天性的人可以考見的有世碩。王充論衡說：

周人世碩以爲人性有善有惡，舉人之善性，養而致之，則善長；惡性，養而致之，則惡長。如此則性各有陰陽，善惡在所養焉。故世子作養書一篇。（本性）

東周以後，學術發展。以教育家自命的儒家便不得不研究人的心理了。孔丘說：

性相近也；習相遠也。

孔丘的弟子也是講性的。王充說：

宓子賤，漆雕開，公孫尼子之徒亦論情性，與世子相出入，皆言有善有惡。

孔丘之後，門弟子對於心理有零碎的研究，結果開出兩大派來：

(一)孟軻，

(二)荀卿。

孟軻的心理學不能詳細述說，不過他有兩處特點：(一)性是善的，因爲才與情是善的。(二)孟軻指出來人的心理上有一種「浩然之氣」(倫理的情操)。

荀卿是一位大心理學家，恐怕在古代心理學史上他是最偉大的一個人物。他對於性下的定義是

性者天之就也。(正名)

生之所以然者謂之性。(正名)

性者本始材朴也。(禮論)

又說：

性之好惡喜怒哀樂，謂之情；情然而心爲之擇，謂之慮；心慮而能爲之動，謂之僞。(正名)

荀卿對於心的功用也很有研究，但是我在這裡只能舉出幾點了。荀卿說：

心者形之君也；出令而無所受令。(解蔽)

荀卿論意志是

人生而有知，知而有志；志也者臧也。(解蔽)

荀卿論注意是

心臥則夢，偷則自行，使之則謀。(解蔽)

心枝則無知。(解蔽)

荀卿論辨別與判斷是

心生而有知，知而有異。異也者同時兼知之。同時兼知之，兩也。然而有所謂壹。不以此一害彼一，謂之壹。(解蔽)

荀卿論感覺是

形體色理以目異。聲音清濁調節奇聲以耳異。甘苦鹹淡辛酸奇味以口異。香

臭鬱腥臊洒酸奇臭以鼻異。疾養滄熱滑鈹輕重以形異。（正名）

荀卿論感覺的變態是

冥冥有行，見寢石以爲伏虎也；見植林以爲後人也：——冥冥蔽其明也。醉者越百步之溝，以爲蹞步之澮也；俯而出城門，以爲小之閨也：——酒亂其神也。厭目而視者，視一以爲兩；掩耳而聽者，聽漠漠而以爲哅哅：——埶亂其官也。故從山上望牛者若羊，而求羊者不下牽也：——遠蔽其大也。從山下望木者，十仞之木若箸，而求箸者不上折也：——高蔽其長也。水動而景搖，人不以定美惡：——水埶玄也。瞽者仰觀而不見星，人不以定有無：——用精惑也。（解蔽）

荀卿研究心理的結果，以爲人的性是惡的。他的理由是

今人之性，生而有好利焉，順是，故爭奪生而辭讓亡焉；生而有疾惡焉，順是，故殘賊生而忠信亡焉；生而有耳目之欲，有好聲色焉，順是，故淫亂生

而禮義文理亡焉。（性惡）

又說：

欲者情之應也。（正名）

人之情，食欲有芻豢，衣欲有文繡，行欲有輿馬，又欲夫餘財蓄積之富也。（榮辱）

夫好利而欲得者，此人之情性也。（性惡）

所以必然是

然則從人之性，順人之情，必出於爭奪，合於犯分亂理而歸於暴。（性惡）

孟軻以爲情是善的，所以說性善。荀卿以爲情是惡的，所以說性惡。這是古代學術史上的一個大戰爭。

墨家的心理學，其詳細已不能考見。墨經中很有些精采的短句。民鐸去年第四號登出一篇墨子的心理學，張純一作出一本墨學分科，對於墨家的心理學都有很好的介紹，我在這裡只舉出幾條如下：

「經上」知，接也。「說」知也者，以其知遇物而能貌之，若見。

以上論感覺。

「經上」恕，明也。「說」恕也者，以其知論物，而其知之也著，若明。

以上論知覺。

「大取」意楹非意木也，意是楹之木也；意指之人也，非意人也；意獲也，乃意禽也。

以上論記憶。

「經上」必，不已也。「說」必，謂臺執者也。若弟兄，一然者，一不然者；必，不必也；是非必也。

以上論意志。

「經上」臥，知無知也。

以上論下意識。

〔經上〕利：所得而喜也。

害：所得而惡也。

以上論感情。

〔經上〕力：形之所以奮也。

以上論運動。

在東周以後，據我們所可考見的，荀卿與墨經這兩派心理學佔最重要的位置。兩派各有各的供獻，各有各的發明。不過這兩派以後都衰微下來，墨經尤甚，直到現在有許多還弄不清楚，這是一件憾事。

我總結一句，東周時代是中國心理學的萌芽時代，各種心理學的名詞都製造出來了，至於心理上的因果律，及更精密的組織，還是很少。

當時心理上的名詞有在幾家的心理學上是不謀而合的，有彼此不相同的。如「慮」：

「經上」慮：求也。「說」慮也者以其知有求也，而不必得之，若睨。

「荀子正名」情然而心爲之擇，謂之慮。

以上這兩條定義，從心理學的眼光看來是指的一種心理作用。又如

「經上」知：接也。

「易繫辭」神以知來，知㊀以藏往。

墨經的「知」是說感覺，易經的「知」的範圍又比感覺廣了。這一點在心理學上是有區別的。

總結以上所說，東周以後有幾種心理名詞是大家公認的。我摘要舉出幾個如下：

性

Nature

情

本能 Instincts

感情 Emotions

欲

本能 Instinct

欲望 Desire

心

Mind

知

感覺 Sensation

知覺 Perception

理性 Intellect(?)

意

思想 Thought

印象 Image

回憶 Recollection

觀念 Idea

才

本能

能力 Capacities

物

刺戟 Stimulus

氣，身，

有機體 Response-organ

（禮記內則：『養氣體』。孟子：『氣，體之充也。……今夫蹶者趨者是氣也，而反動其心。』）

東周心理學的萌芽便是後來心理學的基礎。戴東原先生是承繼儒家心理學的人，他是承繼孟子及其他儒家的心理學的人；他對於荀卿雖然不能說沒有影響，但是他的心理學不屬於這一系，所以對於荀卿的許多的精采的地方沒有什麼補充與發明。

東周過了，強秦統一，什麼學術也都無聲無臭了。漢朝還有師傅弟子，但是他們都振作不起來。西漢的董仲舒，劉向，揚雄，對於心理學都沒有供獻，反而越講越烏煙瘴氣了。我把班固的論性舉在下面，這一種理論很可以代表漢朝人講學的色彩。

白虎通德論：

情性者何謂也？性者陽之施，情者陰之化也。人稟陰陽氣而生，故六情五性六情……。性所以五，情所以六者何？人本含六律五行而生，故內有五藏六府，此情性之所由出入也。……五藏者何也？謂肝心肺腎脾也。……肝仁，肺義，心禮，腎智，脾信也。肝所以仁者何？肝，木之精也。肺所以義者何？肺，金之精也。心所以禮者何？心，火之精也。腎所以智者何？腎，水之精也。……

人的性所以有仁義禮智信的原故，因爲人有肺肝腎心脾；因爲肺肝腎心脾是金木水火土之代表，所以有仁義禮智信之德。這種生理的心理學未免太離奇了。很可惜的東周以後的才萌芽的心理學到了漢朝人的手裡完全被這一種東西充塞阻礙不得再有進步了。雖然漢朝的末年出來了一位大邏輯家王充，但是王充對於心理學也沒有供獻。

佛學東來，執了思想界的牛耳。一方面馬鄭的註疏之學漸漸使學者的優秀分子失其所望，於是一般優秀分子都出而學佛。佛與儒的不同之處，寧可信佛，也不信儒。這個時候全國的思潮都納於佛教的學說之下。學者對於儒家的懷疑，即是思想解放。所以當時學者對於儒佛的辯論極多，這個時候儒家的心理學完全失勢了。顏之推的歸心篇可以代表當時學者懷疑儒者的言論。這一篇雖然說的不是心理學，然而却可以看出來當時學者對於儒的態度一班了。顏說：

天遙大之物，寧可度量？今人所知，莫若天地。天爲精氣，日爲陽精，月爲陰精，星爲萬物之精，儒家所安也。星爲墜落，乃爲石矣。精若是石，不可有光；性又質重，何所繫屬？一星之徑，大者百里，一宿首尾相去萬里；百里之物，數萬相連，闊狹從斜，常不盈縮。又星與日光，色同耳，但以大小爲其等差，然而日月又當石邪？石既牢密，烏兎焉容？石在氣中，豈能獨運？日月星辰，若皆是氣，氣體輕浮，當與天合，往來環轉，不得錯違，其間遲速，理寧一等；何故日月五星二十八宿各有度數，移動不均，寧當？……

天地初開，便有星宿，九州未畫，列國未分，剪疆區野，若爲躔次，封建以來，誰所制割？國有增減，星無進退，災祥禍福，就中不差，懸象之大，列星之夥，何爲分野止繫中國？昴爲旄頭，匈奴之次，西胡東夷，彫題交趾，獨棄之乎？……儒家說天，自有數義，或渾或蓋，乍穹乍安，斗極所周，筦維所屬，若所親見，不容不同，若所測量，寧足依據？（廣弘明集）

這種對於儒家宣戰的文章，可以使儒家的權威掃地了。儒家的權威一倒，佛家的權威便代興了。所以顏之推又說：

何故信凡人之臆說，疑大聖之妙旨，而欲必無恆沙世界微塵數刧乎？（同）

以上這一段話，六朝時代一種歡迎印度文化的思潮已經躍然紙上了。六朝至於唐代都是印度文化的全盛時期。這個時候儒家自漢武以來所立的權威完全被印度思潮推翻了。所以春秋以後儒家遺留下的一點心理學也就無人過問了。

但是「物極必反」，唐末以後有一個大發明出現。學者到了這個時代能辨別出來周秦思想與兩漢思想的異同來；以爲周秦自周秦，兩漢自兩漢，先輩的學說不即是漢儒的解釋。這一個大發明的結果是使古學重昌。在唐末時期所能知道的有啖助趙匡等人，他們便是這一種發明上的人物。

宋朝的學術是打破漢儒的周秦，去探討周秦的周秦，也可以謂之「文藝復興運動」，或「復古運動」。在心理學上雖然未能將完全的周秦心理學發明出來，然而却有一部分的成績，並且自己的創造的地方也很有可觀。在濂洛關閩之先，王安石便是心理學上的重要人物。

王安石是一位大心理學家，他的論說很有許多有價值的地方。如說：

> 氣之所稟命者心也。視之能必見，聽之能必聞，行之能必至，思之能必得，是誠之所至也。不聽而聞，不視而明，不思而得，不行而至，是性之所固有，而神之所自主也。

以上的話把心理學的强迫注意與自由注意便發明出來了。又說：

神生於性，性生於誠，誠生於心，心生於氣，氣生於形，形者有生之本。

以上的話在心理學裡便是論身心的關係。又說：

夫狙猿之形，非不若人也。欲繩之以尊卑，而節之以揖讓，則彼有趨於深山大麓而走耳。雖威之以威，而馴之以化，其可服耶？以謂天性無是而可以化之使爲耶？則狙猿亦可使爲禮矣。

以上的話雖然是駁荀卿而說的，但是在心理學上卻也是很重要的言論。不過王安石所創造的一種心理學沒有人繼續研究，所以沒有進步，這是一件很可惜的事。

宋朝的周敦頤，程顥，程頤，都是神秘主義的哲學家，他們所議論的在心理學上都沒有什麼重要。他們說的有許多的話是很像心理學上的話，但是嚴格的一考察，只還是哲學上的話，並不算心理學上的話。如說：

見聞之知乃物交而知，非德性所知；德性所知，不待於聞見。

聞見之知非德性之知；德性所知，不由聞見。（二程粹言）

其餘的談天說性的地方，除去「形而上」的以外，便是烏煙瘴氣了。如說：

氣外無神；神外無氣。（明道語錄）

這便是極端的神秘主義的哲學，不是心理學。又如說：

在此而夢彼，心感通也；已死而夢見，理感通也。（二程粹言）

聖人無夢，氣清也；愚人多夢，氣昏也。（同）

草木在下，因升降而食土氣。動物卻土在中；脾在內也。非土則無由生（二程遺書卷二上）

這種烏煙瘴氣的學說更不是心理學了。

在宋儒當中，除去朱熹之外，張載是一位教育心理學家，他在心理學上也有許多的供獻。他說：

心所以萬殊者，感外物為不一也。

寤，形開而志交諸外也；夢，形閉而氣專乎內也。寤所以知新於耳目，夢所以緣舊於習心。醫謂『飢夢取飽夢』，與凡寢夢所感，語氣於五藏之變，容有取爾。

張載的教育心理學在中國心理學史上是獨創一幟的，也是中國幾千年所沒有的。他說：

勿謂小兒無記性，所歷事皆不能忘。

學者不論天資美惡，亦不專在勤苦；但觀其趣向養心處如何。

又說：

氣者自萬物散殊時各自有所得之氣，習者自胎胞中以至於嬰孩時，皆習也。

（語錄）

張載的實地觀察給中國的學術史上增加了許多的心理的事實。張載之後，便是朱熹。

朱熹是宋儒當中最偉大的一個人物；他又是一位大哲學家，又是大教育家，大心理學家。他的心理學在中國心理學史上佔極重要的位置。

朱熹的學問的特色是能把周，張，程，邵，各派的學問融合爲一，組織有系統的宋學，所以朱熹的學說即可代表宋學的全體。

朱熹對於心理學有極大的供獻，簡單說來，約有二端：

(一)研究的對象擴大，

(二)散亂的材料加以組織。

關於(一)，朱熹是第一個心理學家用比較的研究法。他說：

凡物有心，而其中必虛；如飲食中鷄心猪心之類，切開可見。人心亦然。只這些虛處便包藏許多道理，彌綸天地，該括古今，推廣得來，蓋天蓋地，莫不由此。此所以爲人心之妙歟！(全書四十五)

這一段話雖然是牽強附會，但是他所用的比較的方法却不得不承認。他還有比較得很精采的地方，這一種比較便開出戴東原的心理學來。朱熹說：

天之生物，有有血氣知覺的，人獸是也；有無血氣知覺，而但有生氣者，草木是也；有生氣已絕，而但有形質臭味者，枯槁是也。是雖其分之殊，而其理則未嘗不同；但以其分之殊，則其理之在是者不能不異。故人爲最靈，而備有五常之性；禽獸則有而不能備；草木枯槁則又並與其知覺者而亡焉。但其所以爲是物之理，則未嘗不具耳。（卷四十二）

又說：

身之中，裡面有五臟六腑，外面有耳目口鼻四肢。這是人人都如此。存之爲仁義禮智，發出來爲惻隱羞惡恭敬是非。人人都如此，以至父子，兄弟，夫婦，朋友，君臣，亦莫不皆然。至於物亦莫不然；但其物拘於形拘於氣而不變。然亦就他一角子有發見處看，他也自有父子之親；有牝牡便是有夫婦，有大小便是有兄弟，就他同類中各有羣衆，便是朋友；亦有主腦，便是有君

臣，只緣本來都是天地所生，共這根蒂，所以大率多同。（卷四十二）

朱熹的這一種研究，開出來戴東原的比較觀察。戴東原說：

氣運而形不動者卉木是也。凡有血氣者皆形能動者也。由其成性各殊，故形質各殊；則其形質之動，而為百體之用者，利用不利用亦殊。（孟子字義疏證卷中九頁）

又說：

若夫鳥之反哺，雎鳩之有別，蜂蟻之知君臣，豺之祭獸，獺之祭魚，合於人之所謂仁義者矣，而各有性成，人則能擴充其知至於神明，仁義禮智無不全也。仁義禮智非他，心之神明所止也，知之極其量也。知覺運動者人物之生，知覺運動之所以異者人物之殊其性。（卷中九頁）

凡血氣之屬皆知懷生畏死，因而趨利避害。雖明暗不同，不出乎懷生畏死者也。人之異於禽獸者不在是。禽獸知母而不知父，限於知覺也。然愛其生之者，及愛其所生，與雌雄牝牡之相愛，同類之不相噬，習處之不相齧，進乎懷生畏死矣。一私於身，一及於身之所親，皆仁之屬也。私於身者仁其身也。及於身之所親者仁其所親也。心知之發乎自然有如是，人之異於禽獸者亦不在是。（卷中八頁）

拿以上的話與朱熹的話比較一番，便可以發見他們兩人思想上的關係了。朱熹說：

氣相近，如知寒煖，識飢飽，好生惡死，趨利避害，人與物都一般。理不同，如蜂蟻之君臣，只是他義上有一點子明，虎狼之父子，只是他仁上有一點子明，其他更推不去；恰似鏡子，其他處都暗了，中間只有一點光。（卷四十二）

關於（二），——我想起陸志韋先生的一段話來。他說：『中國之心理發達史與歐西情形畧同，百家而後，漢晉無心理可言：唐雖有研究心理者，然多帶宗教色彩，直至宋儒出，心理學始成問題。自宋迄今，無大進步，僅王學及「儒而逃禪」者偶一論之，要為無系統之學。』（心理一卷一號）這話是不對的。朱熹的心理學已經很有系統，經過顏元，心理學是一個大進步，到戴震便有很精密的系統了。王學一派只是玄學，並不是心理學。我以為這一層陸先生是錯誤的。——朱熹根據程頤的『論氣不論性不備；論性不論氣不明，』及張載的『心統性情』，邵雍的『心者性之郛郭也，身者心之區宇也，物者心之舟車也。』（邵雍在心理學上沒有什麼供獻）三家的話來組織心理學的系統。我把朱熹的心理學系統介紹在下面：

性

人之所稟乎天，而虛靈不昧，以具衆理，而應萬事者也。

情

感於物而動。

欲

欲是情發出來的。

才

才是心之力，是有氣力去做底。

心

心者氣之精爽。

虛明不昧便是心。

自從張載說『心統性情』，朱熹便把心，性，情，欲，才，組織起來，成功一個具體的心理學的研究。他說：

性是未動，情是已動，心包得已動未動。蓋心之未動則爲性，已動則爲情，所謂「心統性情」者也。欲是情發出來底。

性者心之理，情者性之動，心者情性之主。

問情與才何別？曰：『情只是所發之路陌，才是會恁地去做底。……情與才絕相近；但情之遇物而發，路陌曲折恁地去的，才是那會如此底。』

朱熹研究心理，他有一個很重要的譬喻。他說：

天命之謂性，命便是告劄之類，性便是合當做底職事，如主簿銷注，縣尉巡捕，心便是官人，氣質便是官人所習尙，或寬或猛，情便是當廳處斷，事情便是發用處。性只是仁義禮智，所謂「天命之與氣質亦相滾同」。才有天命，便有氣質，不能相離；若闕一，便生物不得。旣有天命，須是有此氣能承當得此理；若無此氣，則此理如何頓放？

又說：

天之所命，固是均一，到氣稟處便有不齊，看其稟得來如何。稟得厚，道理也備。嘗謂，命，譬如朝廷誥勑；心，譬如官人一般，差去做官；性，譬如職事一般，郡守便有郡守職事，縣令便有縣令職事，職事只一般。天生人，教人許多道理，便是應付人許多職事。氣稟，譬如俸給：貴，如官高者；賤，如官卑者；富，如俸厚者；貧，如俸薄者。封如三兩年一任，又再任者。天者如不得終任者。朝廷差人做官，便有許多物一齊趁後來。

又說：

命猶誥勅，性猶職事，情猶施設，心則其人也。

朱熹的組織方法，我想無論什麼人都不能否定，是中國心理學史上破天荒的第一個創舉了。但是因為朱熹在先，所以他組織的不如戴東原的精密。戴東原說：

氣化生人生物，據其限於所分而言謂之命，據其為人物之本始而言謂之性，據其體質而言謂之才。（卷下一頁）

人生而後有欲，有情，有知，三者心知之自然也。給於欲者聲色臭味也，而因有愛畏；發乎情者喜怒哀樂也，而因有慘舒；辨於知者美醜是非也，而因有好惡。（卷下三頁）

戴東原的知，情，欲，便是近代心理學的知情意的三分法。西洋心理學自從有三分法才達到一種的圓滿的地步。中國的心理學到戴東原才到最完備的組織。這是自然的發展的步驟。

朱熹的心理學與所有的人都不同有兩點：(一)心的觀念，(二)性的觀念。

心的觀念在朱熹的心理學裏便是意識。他說：

靈處只是心。

惟心無對。

有知覺謂之心。

心者性情之主。

心一而已，所謂覺者亦心也。

心，主宰之謂也，動靜皆主宰。

心字只是一個字母，故性情字皆從心。

心似乎有影象，然其體却虛。

虛明不昧便是心。

心之知覺，即所以具此理，而行此情者也。

關於性的觀念，朱熹把性分作二種：（一）氣質之性 Nature，（二）義理之性。

義理之性，程顥說的『人生而靜以上不容說；才說性時便已不是性也。凡人說性，只是說「繼之者善也」』。這個性的觀念是心理學裏的 Soul，是神秘派的哲學家所歡喜講的，而爲科學的心理學家所不肯說的。朱熹雖然並不非難這一說，但是他自己所講的却與這一說不同。他說：

生之理謂之性。

性是天生成許多道理。

性即理也，在心喚做性，在事喚做理。

又說：

論性要須先識得性是個甚麼樣物事。性畢竟無形影，只是心中所有底道理是也。只是這一個道理在人。仁義禮智，性也。然四者有何狀，亦只是有如此道理。有如此道理，便做得許多事出來；所以能惻隱羞惡辭讓是非也。

這里「理」的觀念便是心理學裏的「能力」CaPacities。性便是這些能力能集合體。這是朱熹的一個很重要的觀念。明朝的王守仁不懂得這個「理」的意義，他去窮格竹子的理，七天，大病了一場。其實依朱熹的理的意義說來，竹子的出筍，生葉，……各種原來的能力便是竹子的理，這個裡面並沒有什麼神秘不可思議的「理」在內。

王守仁說『天理人欲不並立，焉有「道心為主，人心為從」之理？』這話說來好聽，但是依心理學的眼光看來，是一件做不到的事。朱熹的話反而有實行之可能。朱熹說：

人心自是不容去除；但要道心爲主，即人心自不能奪，而亦莫非道心所爲矣。然此處極難照管，須臾間斷，卽人欲便行矣。

朱熹這種不澈底的話，聽來很不滿人意，但是確是經驗之談，不是唱高調，而且是在心理學上有根據的。

朱熹又說：

心一而已。所謂覺者亦心也。今以覺用心，紛拏迫切，恐其爲病不但「揠苗」而已，不若日用之間以敬爲主，而勿忘焉，則自然本心不昧，隨物感通，不待致覺而無不覺矣。

看了朱熹的這一段話，他用苦心研究心理的情形可以了解了。

總結以上所說，宋儒的心理學的出發點約有兩端：(一)程顥的論性，(二)程頤的顏子所好何學論，及張載邵雍的論性。前者是神秘主義的哲學，雖然是哲學，後來却發展爲科學。

朱熹調和周，大程，小程，邵，張，諸家的哲學，成功一種心理學，因之出了毛病，即是把程顥一派的玄學放在心理學裡面了。程顥說：

生之謂性，性即是氣，氣即是性，生之謂也。人生氣稟，性有善惡，然不是性中元有此兩物相對而生也。有自幼而善，有自幼而惡，是氣稟而然也。善固性也，然惡亦不可不謂之性也。蓋生之謂性，人生而靜以上不容說，才說性時便已不是性也。凡人說性，只是說「繼之者善也」。孟子言人性善是也。

程頤也說：

氣是形而下者。(遺書卷三)

朱熹不敢非難這一說，從而和之。於是他說：

性命，形而上者也；氣則形而下者也。形而上者一理渾然，無有不善；形而下者則紛紜雜糅，善惡有所分矣。

朱熹的學說本是科學的，科學的發展便是推翻玄學。程顥一派的玄學所生的反動便是清儒的科學。顏元是第一個人反對這種玄學，反對玄學打起的招牌便是擁護孟軻，不承認孟軻的論性是「繼之者善也」。戴東原的孟子字義疏證便是推廣顏元的思想，變本加厲，更創造出一種反宋學的哲學來，這是後話。

宋儒的心理學開出一條內省法來。宋儒差不多人人都是冥坐自省的。自省的結果雖然講出來的太過於瑣碎，但是後來的人，無論是誰，却不能不遵循宋儒的道路。顏戴一般人反對宋學，但是宋人所成功的却也不得不承認。所以在心理學史上，宋儒的心理學實在是中國心理學的中心。

陸九淵王守仁都是程顥一流的玄學家，心理學史的沿革却是顏元直接承繼朱熹，這一點是心理學與哲學的異點。

顏元是一位心理學家，他對於朱熹的心理學有三點改正的地方。這三點是

(一)不承認形而上的性，

(二)不承認氣質是惡的，

(三)絕對擁護孟子，要以孟子的論性爲出發點。

關於(一)，顏元說：

玩程子云『凡人說性，只是說繼之者善也』，蓋以易「繼善」句作已落人身，言謂落人身便不是性耳。夫性字從生心，正指人生以後而言，若「人生而靜以上」，則天道矣：何以謂之性哉？

顏元這幾句話便把宋元明三朝的神秘哲學的形而上學的性打破了。因爲顏元能打破這一層，所以才開出來清代的非玄學的性來，這一層顏元與戴震有直接的關係。

關於(二)顏元說：

魏晉以來，佛老肆行，乃於形體之外，別狀一空虛幻覺之性靈；禮樂之外，別作一閉目靜坐之存養。佛者曰『入定』，儒者曰『吾道亦有入定也』。老者曰『內丹』，儒者曰『吾道亦有內丹也』。借四子五經之文，行楞嚴參同之事。以躬習其事為粗迹，則自以氣骨血肉為分外，於是始以性命為精，形體為累，及敢以有惡加之氣質，相衍而莫覺其非矣。

又說：

惻隱羞惡辭讓是非也，發者情也，能發而見於事者才也，則非情才無以見性，非氣質無以為情才，即無所謂性。是情非他，即性之見也；才非他，即性之能也。氣質非他，即性情才之氣質也。一理出而異其名也。

顏元對於宋儒這種猛烈的攻擊可以使宋儒的氣質之性是惡的一說不能存在了。顏元的建設的方面，如以氣骨血肉為分內，以情才氣質為性之一部，這是戴東原的機能心理學的開路先鋒。

關於(三)，顏元說：

賢如朱子，而有『氣質爲吾性害』之語，他何說乎？噫！孟子於百說紛紜之中，明性善及才性之善，有功於萬世，今乃以大賢之諄諄然能口敵舌從諸妄說辨出者復以一言而誣之曰，孟子之說原不明不備，原不曾折倒告子；噫！孟子果未明乎？果未備乎？何其自是所見，妄議聖賢，而不知其非也！

這一段話在心理學上雖然沒有什麼重要，但是實在是戴東原著孟子字義疏證的引導。

顏元在心理學上也有建設的地方，建設的地方約有兩端：(一)有機能心理學的趨勢，(二)提出來理智在人生的重要。

顏元說：

若謂氣惡，則理亦惡；若謂理善，則氣亦善。蓋氣即理之氣，理即氣之理，烏得謂理純一善，而氣質偏有惡哉？譬之目矣，眶皰睛，氣質也，其中光明能見物者性也。將謂光明之理專視正色，眶皰睛乃視邪色乎？

顏元這一種論調便是機能心理學了。這一種應用生理來講性，便是戴東原的心理學的出發點了。戴東原說：

性者分於陰陽五行，以爲血氣，心知，品物區以別焉。(卷中頁)

戴東原的陰陽五行便是遺傳的概念，血氣是生理，心知是心理，戴東原所以有這樣科學的心理學的概念，實在是顏元爲之倡。

顏元又說：

仁義禮智，性也。心一理而統此四者，非塊然有四件也；既非塊然四件，何由而名爲仁義禮智也？以發之者知之也。

戴東原說：

然人之心知，於人倫日用，隨在而知惻隱，知羞惡，知恭敬，知辭讓，知是非，端緒可舉，此之謂性善。(卷中十頁)

又說：

舉理以見，必能區分；舉義以見，必能裁斷。（卷上三頁）

這種看重理智在精神作用上的價值的心理學，顏元與戴震，誰先誰後，不難立見了。

拿顏元的心理學與戴震的比較一番，我們可以得以下的幾條概念：

（一）顏元只打破朱熹的神秘主義，而沒有融會朱熹的長處，而戴震融會了。這一點我舉出兩個例來：

（1）如比較的方法。

（2）如承認人的趨利避害，保持生命的舉動是人的唯一天性。

以上的兩條，朱熹有，顏元沒有，戴震又有。戴震的研究心理能够廣用觀察的方法，如觀察感覺，及觀察血氣對於心知的影響，這實在是二千年的特色，能够上與荀墨爭光了。

（二）顏元的心理學在組織上比較朱熹沒有進步。戴東原的組織更精密了。戴東原的三分法，解釋人以「懷生畏死之心」爲一切本能理智的淵源，這都是朱熹所沒有說到的。這實在是心理學上的一個大進步。

（三）顏元反對朱熹，而自己的學說反有比朱熹更烏烟瘴氣的地方。如把性分成三十二類，什麼「四德之中，邊，直，屈，方，圓，衡，僻，齊，銳，離，合，遠，近，……」而每類之中又分什麼「正之中，間之中，中之中，大中之中，」什麼「中之邊，間之邊，斜之邊，邊之邊，……」這一種無根據的分類實在和漢儒用金木水火土分類一樣的可笑。但在戴東原的心理學裏，這些東西都不見了。

（四）顏元的心理學只有機能主義的趨勢，而戴震成功的機能心理學。顏元的眼睛的譬喻不過偶然說一說好聽，並沒有應用研究一切的心靈現象。戴東原的研究性，心，感覺，……都是用的這種方法。

（五）戴東原在心理學上有些枝枝節節的發明，而顏元沒有。如三分法，生理對於心理的影響，又如戴東原說的：

味與聲色在物不在我，接於我之血氣；能辨之，而悅之。其悅者必其尤美者也。理義在事情之條分縷析，接於我之心知；能辨之，而悅之。其悅者必其至是者也。（卷上六頁）

這種極深刻的人性的觀察，在中國心理學史上，是在戴東原以前所沒有的。又如說：

給於欲者聲色臭味也，而因有愛畏；發乎情者喜怒哀樂也，而因有慘舒；辨於知者美醜是非也，而因有好惡。（卷下三頁）

以上的話便是感情上的快與不快的觀念。

戴東原的心理學的內容，我在十月間已經介紹出來了，我不再在這裡敘說了。

這一篇因爲是一種歷史的研究，我只說出以下的三點：

（一）戴東原的心理學在中國心理學史上的較比最完備。

（二）戴東原的心理學結束孟子宋儒一系的心理學。

（三）戴東原的心理學是中國心理學史上最末後的一段，如果將西洋心理學的輸入除外。

我再簡單的把以上所舉的幾家心理學畫一個系統表如下：

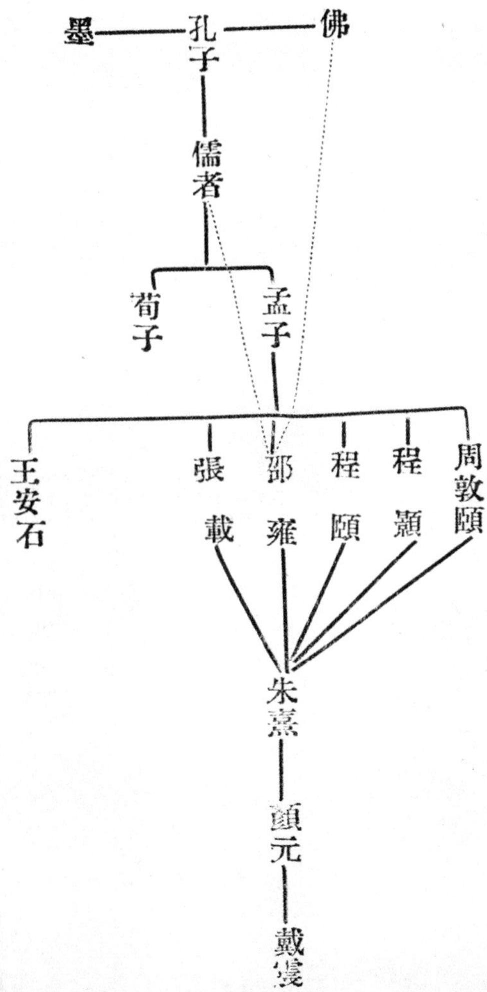

以上我只開出一條路來，各家學說之詳細的條理，及錯誤的改正，容慢慢的再補救吧。

十四，一，一九二四。

戴東原先生二百年紀念講演會之盛況

中華民國十三年一月十九日在北京安徽會館

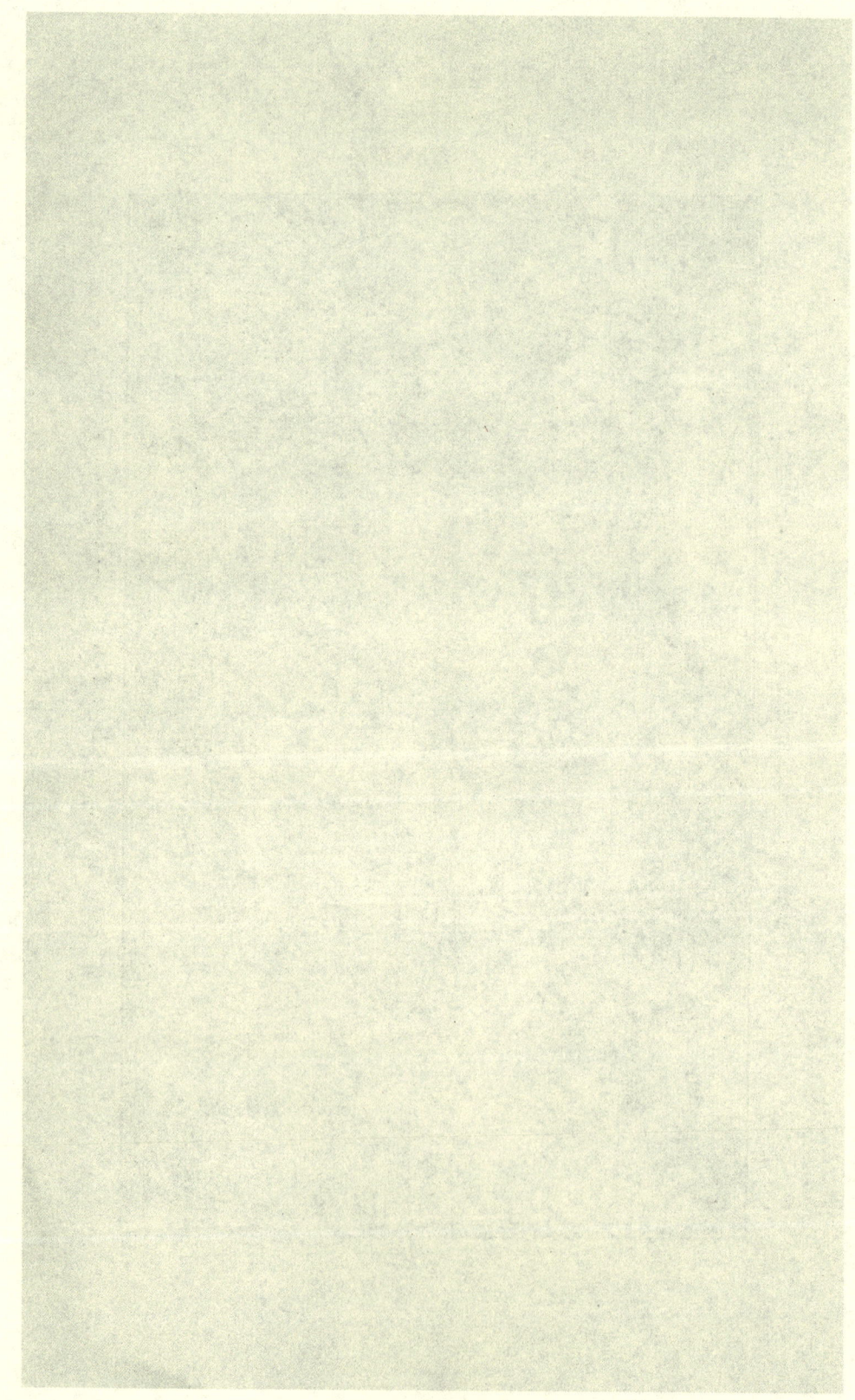

戴東原的詩學

吳時英

東原於經學本無所發見於三百篇尤屬隔膜蓋從前人之於詩概如是也篇中深以其與崔氏讀風偶識相合為幸不知東壁遺書中實以讀風一作最為下下崔氏攷信録諸作之成績不良其第一受病處即在於不明經義然崔氏苟真能明經義則攷信録又可不作矣大抵戴崔二氏其成績畧相當也

戴東原的詩學

導言

中國古經最難講的是「易」「詩」「春秋」。昔人所謂『易無達占，詩無達詁，春秋無達辭。』但「詩」雖無達詁，而辭句簡短，容易記誦，所以讀經者多喜從詩入手。清代學者皆治小學，常籍「詩經」中的訓詁音韻作材料。因此清代的經師大半研究「詩經」。戴東原是集清學大成的人，小學尤爲精通。他所著的聲韻考，方言疏證，……關於小學的書，常引詩作證，可知他對於詩很有一番研究。而且他不單就小學方面研究詩，對於「詩經」本身也很有獨到的見解。可惜他的詩經補註僅做到「召南」，使我們不能得到他的全部意見。不過僅就這二十五篇的註解，也很可以看出戴氏治詩的態度。再參考他的「毛鄭詩考正」和文集中幾篇短文，他治詩的方法，與對於詩的重要見解，都可以得到。現在正當戴先生誕生二百年的紀念，國中學者多肆力於戴學的研究，我也不自揣量，大膽把他的詩學介紹於學人。

戴東原時代的詩學

學者研究學問，常受時代的影響；無論是反動，是附合，都不能說與時代潮流無關。就以詩學而論，東漢以後毛傳鄭箋盛行，說詩家皆以申毛述鄭爲職志。南宋以後，朱熹「集傳」爲一般學者所尊奉，於是發明「集傳」的著作也隨處皆是；反攻朱說的也有一二。這都是順時代潮流而產生的。我們要研究戴氏的詩，先也要知道當時詩學界的情況。

元明兩朝以科舉取士，詩用朱子「集傳」。數百年來雖有少數擁毛鄭者時懷反側，而多數學者都謹奉朱說無敢有異義。教授兒童也用「集傳」作讀本，如果不是專門研究詩經的人，簡直不知道毛傳鄭箋是什麼，毛萇鄭玄是何如人。詩學只有集傳獨霸一時，風行天下，幾乎成爲家喻戶曉的聖經。

清初的學者力攻宋學，於詩也就不能不加非議。他們不主張以己意說詩，總要謹守小序，準依漢儒。他們詆「集傳」爲臆說，多從事考究名物，訓釋字義；時或流於意氣，雖一字一句都要力反朱傳。四庫總目說：

『伸漢儒者，意亦不盡在於經義，憤宋儒之詆漢而已。各挾一不相下之心，而濟以不平之氣，激而過當，其勢然歟。』（四庫總目詩類）

當時反動的情形，即此可以概見。

清代取士雖仍用朱說，而欽定的「詩經傳說彙纂」「詩義析中」已不盡採朱說，而參用小序與古注疏。四庫館臣多漢學家，他們對於詩左袒毛鄭，排斥朱熹。四庫存目中屏而不錄的詩類，大約是宗朱的著述。以己意說詩者屢遭詆諆。他們說：

『宋鄭樵恃其才辯，無故而發難端。南渡諸儒始以掊擊毛鄭爲能事。……然朱子從鄭樵之說，不過攻小序耳，至於詩中訓詁用毛鄭者居多。後儒不考古書，……遂併毛鄭而棄之。是非惟不知毛鄭爲何語，殆併朱子之傳亦不辨爲

何語矣。』（四庫總目毛詩正文）

『先儒學問大抵淳實謹嚴，不敢放言高論。宋人學不逮古，而欲以識勝之，遂各以新意說詩。……末流所極，至於王柏「詩疑」乃併舉二南而刪改之。儒者不肯信「傳」，其敝乃至於誣經，其究乃至於非聖，所由來漸矣。』（四庫總目詩補傳）

王柏也是以新意說詩的宋人之一，他以爲「野有死麕」是淫詩，不應列於正經的「召南」，毅然刪去。又以「何彼穠矣」篇中有『平王之孫』一語，斷定這篇詩作於東遷以後。「甘棠」追美召伯，也不是周初的詩，一併移入「王風」。他這種辦法當然無謂，不過也算一種見解。四庫館臣却對於他深惡痛絕，時加辱罵。

歐陽修是最初攦序說詩的人，四庫館臣懾於他的大名，不敢謗議，便在他著的「詩本義」項下借題發揮道：

『自唐以來說詩者莫敢議毛鄭，雖老師宿儒亦謹守小序。至朱而新義日增，

王柏删诗本序
安诞不治视
为一种见解
风之有正变
何今之说乎何
彼穠矣西东
迁后诗岂只
代亡皆东迁

詩詩爭大抵前無根據無論如何說來必無是矣

稽古錄除詳證外絕無一毫價值

舊說俱廢。推原所始，實發於修。然……修作是書，本出於和氣平心，……未嘗輕議二家(毛鄭)。……後之學者或務立新奇，自矜神解，則變本加厲之過，固不得以濫觴之咎，歸於修矣。』

朝廷編纂的御書對於毛鄭詩說這般擁護，自然毛鄭的研究變作時髦的事情，大家都不敢自外，恰如現在治國學者研究戴學一樣。

但自清初至戴氏的時候，詩學界的大勢雖然是擁毛攻朱，詳細考察起來，却有不同的兩派。

第一派對於朱子「集傳」施以猛烈的攻擊，特別標出擁毛的旗幟。這一派中的重要人物是朱鶴齡，陳啓源，閻若璩，毛奇齡，段玉裁諸人，可以稱作激烈派。

陳啓源的「毛詩稽古錄」排斥朱熹的說法，而兼及其他不遵「傳」說詩的人。詳證博引，壁壘森嚴，可推爲攻朱的主將。朱鶴齡的「毛詩通義」專以『通古序之義』爲目的，對於朱說也是排棄不遺餘力。閻若璩的「毛朱詩說」毛奇齡的「白鷺洲主客說詩」「續詩傳鳥名」多非難朱熹的話。奇齡更挾以意氣，吹毛求疵，不問事實，專以攻朱爲快，可以算攻朱的急先鋒。段玉裁寫定「毛詩故訓傳」，想把一切非毛之學逐出於詩學之外；尤其深惡朱傳，他在「題辭」裏很沈痛地宣言：

『夫人而曰「治毛詩」，而所治者乃朱子詩傳，則非毛詩也。……夫人而曰「治毛詩」，而有其名，無其實。然則毛詩故訓傳三十卷之編，烏可以已也？』

他們的强硬態度即此可以看出大概。後來陳奐的「毛詩傳疏」胡承珙的「毛詩後箋」更是謹守家法，非發明毛傳之言不言，毛學可算臻於極盛。

第二派主張調停朱毛，折衷「序」「傳」；雙方兼採不立門戶。重要人物是惠周惕，嚴虞惇，范家相，姜炳璋，顧鎮等。他們可以稱作折衷派。

范家相的「詩瀋」顧鎮的「虞東學詩」都是兼採毛朱，間附己意。嚴虞惇的「讀詩質疑」首列「詩序」，後附「毛傳」「鄭箋」「集傳」的解說。姜炳璋的「詩序廣義」以小序爲古序，以大序爲後人所續，雖不廢棄，却把牠與小序分開。解詩也兼採兩家的意見。

不過這一派中除了惠周惕，其餘諸人雖意在調和，實則偏袒毛氏。他們解詩多以小序爲據，而以朱說爲參考。嚴虞惇的「讀詩質疑」把「毛詩正文」的序，朱熹「集傳」的序同弁卷首，但他卷中解詩十之七八從毛，僅有十之二三從朱。姜炳璋要算這一派中最平允的了，可是他說：

> 古序爲國史之定論，學詩津梁，「集傳」集諸儒之大成，取士正鵠。「集傳」未安，寧安古說(詩序廣義總論)

可見他們的態度實是側重毛詩，並沒把兩家放平等的地位上。

這一派中最可注意的就是惠周惕。他的「詩說」『於「毛傳」「鄭箋」，「朱傳」無所專主，多自以己意考證，』(四庫總目)和戴氏的態度差不多。

惠周惕更應受我們注意的還不是在他能以己意考證，是在他的意見多與戴氏相合。惠氏在戴氏之前，戴氏的詩學或者不能不受惠氏的影響。

戴氏於前後序混合爲一故疑序然義無後序戴氏又不知序言之何指矣

戴東原時代的詩學界情況大約如此。

戴氏治詩的態度

戴東原也是折衷派中的一個，他的態度同惠周惕差不多，或者比惠周惕還平允。要是我們不避過甚之嫌，簡直可以說是偏袒朱熹。在漢學彌漫的潮流中，而且自身在這個潮流中也要占重要位置，他的態度却能夠這樣平正，不帶絲毫門戶之見，眞可以使我們佩服。

他的「詩經補註」解釋二南二十五篇，沒有一篇直引小序。只在「螽斯」「采苢」「甘棠」三篇的總說裡，引小序爲附帶的說明。「樛木」「行露」兩篇便正式否認小序：

『「毛詩篇義」(即小序)曰「樛木，后妃逮下也，」未聞其審。』

「毛詩篇義」曰「行露，召伯聽訟也」，未聞其審。

至於他自己對於這二十五篇的解說，沒有一篇完全依小序，更沒有每篇都歸到后妃之德，文王之化。還有一點可使人驚詫的，是：這二十五篇中倒有九篇不依毛朱，自已以意解說。有幾篇竟和後來痛駁詩序的崔述（東壁）差不多。

除了己意解說的九篇，僅有「汝墳」「摽有梅」的解說比較與「毛詩序」相近，其餘各篇中和朱熹集傳的詩柄（集傳中每篇有幾句總述詩意的話俗稱爲詩柄）相近的倒有六篇。爲明白他的態度起見，我現在寫出來比較：

葛覃篇：

『后妃之本也；后妃在父母家，則志在女功之事……。』（毛序）

『蓋后妃既成絺綌而賦其事』。（朱集傳詩柄）

『不忘女功也；……蓋當服葛之時，……而追賦之。』（戴氏詩經補註葛覃總說）

卷耳篇：

『后妃之志也；……內有進賢之志，……朝夕思念至於憂勤也。』（毛序）
『后妃以君子不在，而思念之，故賦此詩。』（詩柄）
『感念君子行邁之憂勞而作也』。（戴說）

芣苢篇：

『后妃之美也；和平，則婦人樂有子矣。』（毛序）
『婦人無事相與采此芣苢，而賦其事以相樂也。』（詩柄）
『言室家之樂，以見治化之盛有徵也。』（戴說）

草蟲篇：

『大夫妻能以禮自防也』。（毛序）
『諸侯大夫行役在外，其妻獨居，……而思其君子如此。』（詩柄）
『感念君子行役未返之詩也』。（戴說）

殷其靁篇：

『勸以義也；召南之大夫遠行從政，……其室家能閔其勤勞；勸以義也。』(毛序)

『婦人以其君子從役在外，而思念之，故作此詩。』(詩柄)

『感念君子行役而作也』。(戴說)

野有死麕篇：

『惡無禮也』。(毛序)

『南國被文王之化，女子有貞潔自守，不爲強暴所汚者，故詩人……美之。』(詩柄)

『言禮教之興，雖里巷之女無可犯以非禮者也。』(戴說)

然則未被化以前南國女子即無不為強暴所污者乎可笑

我們看這六篇沒有一篇不照着集傳的詩柄說，即使不完全照着詩柄，比較起來，總是距詩柄近，離詩序遠。這是戴氏對於毛序詩與朱詩柄的態度。

至於字的訓詁，章句的意義，戴氏兼採「毛傳」「鄭箋」「朱集傳」，有時取「

毛傳」，「鄭箋」；有時取「朱集傳」；有時三說兼用，而以己意評斷。

戴氏解釋「螽斯篇」『宜爾子孫蟄蟄兮』。便取毛鄭的說法：

『毛鄭以宜爾子孫直言后妃，「集傳」以爲亦指螽斯，毛鄭是也。』（詩經補註）

『「毛傳」曰……「蟄蟄和集也」「集傳」曰「蟄蟄亦多意」。震按毛傳是也。』（詩經補註）

戴氏解釋「兔罝」篇『肅肅兔罝』便是取「集傳」的說法：

『「毛傳」曰「肅肅敬也」……「集傳」曰「肅肅整飭貌」震按毛鄭以爲肅肅兔罝爲其人之不忘恭敬，「集傳」以爲罝之整飭，「集傳」是也。』（詩經補註）

「摽有梅」首章的註解戴氏於毛鄭朱三家的說法都不取。他說：

『震按毛鄭皆以此詩專爲女子年二十當嫁者而言，……又皆以梅之落喻年衰，鄭則兼取梅落見已過春而至夏，似迂曲難通。「集傳」以為女子貞信自守，懼其嫁不及時而有強暴之辱，豈化行之世，女宜有此懼耶？亦非也。』（詩經補註）

「小星」首章他又兼用三家的說法，他說：

『震按上二言「集傳」是也；下二言毛鄭是也。』（補註）

以上不過每種舉一個例，其實他在每章的註解內都雜引「毛傳」「鄭箋」「朱集傳」很少有單用一說的地方。「毛鄭詩考正」裏面反駁毛鄭的話，更不可勝數。自來說家詩對於訓詁很少有非難「毛傳」的，對於名物制度更不敢自抒己見了。獨有戴氏時時非難，甚或加以詆斥。我試舉幾個例。

「卷耳篇」二章『我姑酌彼金罍』，「毛傳」穿鑿其辭，解為人君的黃金罍。戴氏不以為然，駁「毛傳」道：

『金者，五金之統名，不限於黃金。』（詩經補註）

「采蘩篇」『于以采蘩』「毛傳」釋爲公侯夫人執蘩以助祭。戴氏駁他：

『蘩不在七菹之數，其用未聞。毛謂，「公侯夫人執蘩，……」因詩傅會，非禮制也。』（補註）

他的「毛鄭詩考正」裏面考正「毛傳」許多錯謬，後面說到他的治詩方法還要引證。這裏爲節省篇幅計，暫不多說。不過單就上面所已引的各條例看來，我們已知道戴氏治詩不惟不偏袒毛鄭，還能以己意說詩。清代學者斥人以新意解詩，而不知清學的領袖也是以新意解詩的一個人。二百年來也沒有人注意到他，眞可算一件奇事。

戴氏詩在詩學界之位置

戴震雖然是折衷派中的一個，他解詩雖然兼取毛鄭朱三家的說法，可是他每篇都以己意爲衡，絲毫都不曲徇。

他的詩說和清初一般說詩家是不同的；他們的詩說是復古的，退步的；有的退到鄭箋的時代，有的退到毛傳的時代，至少也退到朱熹集傳之後。只有惠周惕戴東原兩家的詩說是進步的，能够在朱熹前面進一兩步。雖然他們兩氏的進步很少，也許一隻足前進，一隻足稍往後退。但當我們想到當時反動的情形，便對於這兩位能獨抒己見的說詩家不能不表示十二分的佩服。

惠周惕著的「詩說」是劄記體，不依次解詩。戴氏的「詩經補註」却依次解詩，而且每篇後面都有總說。總說的前兩句差不多可以算他自己替詩作的序。就他的序看來，二南二十五篇有九篇是出於他自己的意思。這九篇中如：

『「兎罝」，美用賢也。（毛序后妃之化也）

「行露」，美聽訟者之詩也。（毛序美召伯聽訟也）

「羔羊」，美官職修也。』（毛序鵲巢之功致也）

還離舊說不遠，不過不附會到后妃，夫人，召伯，而用抽象的說法，比舊說已很進

讀古書當求其真是，守舊說固非，而獨抒己見尤非。古書自有其真義，固不容他人[illegible]

步。至於

『「桃夭」歌於嫁子之詩也』。

『「鵲巢」言夫人始嫁之禮也；……周初作之以爲房中之樂。』

『「采蘋」女子教成之祭所歌也』。

便和舊說大不相同，把指實事的詩一概解作不指實事的樂；掃除一切附會，可算詩學一大進步。

到了「騶虞」他竟不遵毛傳『騶虞義獸也』的解釋，簡直把「騶虞」訓作「騶御」「虞人」而指這篇詩是：

『言春蒐之禮也』。

這幾篇還不算奇，最奇的是「關雎」與「樛木」兩篇，竟與崔述「讀風偶識」中的解釋相近。崔述的詩學比朱熹進步一般人都承認，崔氏自己也說過：

『余獨以爲「朱傳」誠有可議，不在於駁序說者之多，而在從序說者之尙不

少。……朱子既以序爲揣度附會矣，自當盡本經文，以正其失。何以尚多依違於其舊說？此余之所爲朱子惜者也。』（讀風偶識序）

就崔氏自己的序，看，可見他的詩學的位置應當在朱熹之前。戴東原的詩學比朱熹的見解高，而又不及崔述。我們可以斷定他的詩的位置是在朱崔之間。

要證實我這個斷定，只消把戴氏對於「關雎」這一篇的解說引來就够了；他的主要觀念藉此也可以得到。

「關雎」，就序說應當是『后妃樂得淑女配君子』，朱熹心裡不相信這句話，又不敢脫離詩序的範圍，便曲解作：

『周之文王生有聖德，又得聖女姒氏以爲之配。宮中之人於其始至，見其有幽閒貞靜之德，故作是詩。』

朱氏的解釋雖較序近情理，苦與詩意不合。戴氏便明白說：

『古者天子諸侯內宮之人有數，皆不得任意廣求。……予釋此詩：蓋言必窈窕淑女，乃宜配君子。未得其人，求之不可不專。且至所以明事之當重無過於此者。「關雎」之言夫婦，「鹿鳴」之言君臣，歌之房中，歌之燕饗，俾聞其樂章，知君臣夫婦之正焉。禮樂教遠矣，非必指一人一事也。』（詩經補註）

他又在總說裡申論：

『「關雎」求賢妃也；故其三章曰「求之不得」，難之也。難之也者，重之也。蓋周初作之以爲房中之樂。……「南」「豳」「雅」「頌」有專爲樂章，非詠時事者。』（詩經補註）

他說了一大篇，不如崔述說：

『此篇乃君子自求良配，而他人代寫其哀樂之情耳』。（讀風偶識）

明白乾脆。但戴氏提出一個重要觀念：『詩中有專爲樂章不指一人一事的詩』。他以己意解的幾篇詩都應用這個觀念（見前）。依這個觀念，許多詩從前講不通的也可以講通，不必如從前說詩的人處處附會。這是詩學上很有價值的一個意見。戴氏似乎從惠周惕得來的。

惠氏說：

『按小序曰「關雎，后妃之德也；葛覃，后妃之本也；卷耳，后妃之志也；」云云未嘗指言后妃夫人為何如人。後之訓詁家推跡其自始，以為太姒耳。……今觀其辭有勸勉敎戒諷諭之意。蓋欲為后妃夫人者如詩言云爾，不必言后妃夫人何人也。……古之燕享皆有樂，樂必有詩。二雅如此者極多，何風獨不然邪？』（詩說）

惠戴兩氏的意見完全相同，不過惠氏後來又下一個轉語：

『難者曰「然則周南召南與文王太姒無與邪」？曰「不然也。作詩主意或本於文王太姒，而周公棣以為房中樂，則以是告後之為后妃夫人者矣」』。

可見惠氏還不澈底，不如戴氏的『專為樂章非必指一人一事』的主張有胆力。

這個意見到了崔東壁(述)才成熟。他既不說是太姒，他也不用『樂章說』來敷衍。他直截了當以為一切諸侯夫人都有資格。他說：

『舊說以此五篇(關雎葛覃卷耳樛木螽斯)皆為太姒之德。然玩其辭意，未見其必為太姒者。毛傳鄭箋亦但言后妃，亦未指為何王之后。在文王太姒之德固應如是，即文王太姒之化，亦當如是。正不必定屬之太姒也。所謂「君子」云者，諸侯大夫之通稱，而葛覃之刈，卷耳之采，皆不似諸侯夫人事，……

……未可直以太姒也』。(讀風偶識)

就戴崔兩氏的話我們可以看出戴氏詩的位置。可惜戴氏的「詩經補註」僅有二南，使我們不能多得料。現在我再引朱戴崔三家釋「樛木篇」的話比較一下，用以結束此篇：

朱熹「集傳」：

『后妃能逮下而無嫉妒之心，故衆妾樂其德而稱願之。』

戴震「詩經補註」：

『樛木，下美上也。』

『「集傳」以爲衆妾樂后妃之德，而稱願之。恐君子之稱不可通於婦人，乃云「自衆妾而指斥后妃猶言小君內子也」，是與他處「樂只君子」獨別不然矣。詩辭本無從知爲后妃所作。』

崔述「讀風偶識」：

『若樛木則未有以見其必爲女子，而非男子也。或爲羣臣頌禱其君，亦未可知。要之，此二詩者(並指螽斯)皆上惠恤其下，而下愛敬其上之詩也。』

朱熹還未脫詩序的說法，戴氏則排去一切，獨出己意，和崔述相差不遠了。我在這一章裏引的材料雖少，卻可看出戴氏兩種精神：(一)不附會(二)依詩辭解經。

有這兩種精神，他所解的詩一定比朱熹進步，而爲詩學界闢一新境地。可惜他的書沒有完成；完成了的一部分又因他自己漢學家的頭銜壓住，竟沒有人看他的意義。我想戴先生在九原之下一定沒瞑目。

戴氏對於詩經中問題的見解

戴氏的「詩經補註」沒有提到詩經中的問題。「毛鄭詩考正」只是考證訓詁名物，也未討論詩中的問題。他對於詩中問題的意見僅有幾篇短文可以參考。我且分別介紹出來：

(一)『賦』『比』『興』的問題

詩中有所謂『六義』，出於「詩序」：

『詩有六義焉：一曰風；二曰賦；三曰比；四曰興；五曰雅；六曰頌。』(關雎序)

只『風，雅，頌』序中有解釋，『賦，比，興，』却沒有解釋。於是議論紛紛

意

，成爲詩中一個不能解決的問題。

關於賦比興的意見，雖然很多，大家都承認

『賦，比，興，是詩之所用；風，雅，頌，是詩之成形。』（孔穎達毛詩正義）

換句話說，就是：

『風，雅，頌，詩之體也；賦，比，興，詩之言也。』（鄭樵風雅頌辨）

再要詳細一點，可以借成伯璵的話來作定義：

『賦者，敷也；指事而陳布之也。然物類相從，善惡殊態。以惡類惡，名之爲比。……以美類美，謂之爲興。』（成伯璵毛詩指說）

成氏以善惡來分『興』『比』，還沿襲漢儒的思想。朱熹才不加善惡的觀念，單說：

『賦者，敷陳其事而直言之者也。』（葛覃）

『興者，先言他物以引起所詠之辭也。』(關雎)

『比者，以彼物比此物也。』(螽斯)

後來的說詩家都承認朱子的定義，不表異議。不過『賦』『興』『比』雖然分作三物，在詩中却很難分別，只有朱熹把三種分得清清楚楚；他在集傳裏註釋詩句用『興也』『比也』『賦也』『興而比也』『賦而比也』『比而興也』『賦而興也』『賦而興又比也』多種繁雜的語句。後人多以他過於瑣碎，不表贊同。

「毛傳」僅在以山川草木鳥獸起句的詩下面註『興也』，賦比皆無說明。孔穎達以『毛傳特言興也，爲其理隱故也。』惠周惕說『毛公傳詩獨言興不言比賦，以興兼比賦也。』(詩說)

惠氏的說法不見得是毛公的本意，不過惠氏自己主張興包比賦，特借來作證明的材料。

戴氏對於這個問題獨標新解，他以爲：

『詩之比興，舉「比」以通「賦」與「興」。……「賦」者，「比」之實也；「興」者，「比」之推也。得「比」義於「興」，不待言，即「賦」之中復有「比」義。』（詩比義述序）

惠氏主張『興兼比賦』已反乎從來說詩家『賦詩備比興之義』的見解，戴氏主張『比通賦興』更是言人所不敢言。我們試看他所舉的兩個例：

「樛木篇」『南有樛木葛藟纍之』本是『興』而又以樛木下垂葛藟得上蔓爲后妃逮下衆妾得親附之比。這是『比通於興』的例。

「十月之交篇」『日有食之亦孔之醜彼月而微此日而微』本是直賦其事，又因『日君象月臣象』遂以日失其明甚於月，喻君之虧弊甚於臣。這是『比通於賦』的例。

他的意見對不對是另一問題，這裡無暇詳論。但無論如何，總算一種新見解。

（二）鄭衛風是否淫聲的問題

就詩序的解釋，鄭衛風沒有幾篇淫詩，連『出其東門，有女如雲；雖則如雲，匪我思存。縞衣綦巾，聊樂我員。』描寫吊膀子的詩，也說是『閔亂』。朱子以鄭衛淫聲即是鄭衛風，才敢把中間許多篇解作淫奔之詩。

後來擁護詩序者對朱說肆力攻擊，甚至於大發感慨道：

『夷雅樂於新聲，雜淫哇於正始，經學之繆，未必不由此濫觴矣。』（嚴虞惇讀詩質疑論雅樂）

信朱者又從而反攻。旗鼓相當，爭辯不已，遂爲詩中的一個大問題。這椿公案，可以借范家相的一段話來說明。

後之駁朱子者其說大抵有五：

『謂：淫邪之人雖寡廉鮮恥，亦不至自道其淫私，播之歌咏，使道路傳爲非笑。況狹邪輕薄之人，未必盡工篇什。一也。

季札觀樂，歌鄭衛之風，未嘗斥言其淫。若如朱子說，則夫子猶將棄之，季

小序本無人解此僅就詩序十五篇指衛宏後序言之衛序本淫而朱以詩柄則尤淫淫人類於二淫中

子何故美之？二也。

詩爲中聲所止。如三百篇不必盡比於樂，則魯之樂工何從取其聲而歌之？三也。

鄭伯如晉而六卿所歌皆淫詩，何以對上國之卿不歌雅音而歌邪音，好揚其本國之醜？四也。

諸儒皆以樂之非雅者爲鄭，故子夏以宋鄭衛淫於色。而宋本無詩，其聲亦鄭聲也。非鄭風即爲鄭聲。五也。』(詩審)

攻朱者的評詞已盡於此。替朱辯護者不過就朱說略爲引伸，沒有什麼新意見，此處不多引。

擁護者丟開詩辭不管，專就古書考證。頂容易解決的問題鬧得烏烟瘴氣。戴氏也是如此。他說：

『「樂記」魏文侯曰，「吾端冕而聽古樂，則唯恐臥；聽鄭衛之音則不知倦

戴氏此論却甚合惟所據以爲說者則多可議

。」子夏謂其所好者溺音。許叔重五經異義以鄭詩解論語「鄭聲淫」，而康成駁之曰「左傳說：煩手淫聲謂之鄭聲，言煩手躑躅之聲使淫過矣。」其註「樂記」桑間濮上之音引紂作靡靡之樂爲證，不引桑中之篇，明桑間濮上其音由來久矣。凡所謂聲，所謂音，非言其詩也。……然則鄭衛之音非鄭詩衛詩，桑間濮上之音，非桑中詩，其義甚明。』(書鄭風後)

戴氏對於這個問題的意見，不能免守舊之說，不如惠周惕爽快承認：

『朱子釋詩……凡於鄭風小序刺時刺忽閔亂之作力詆其謬，改爲淫奔之詩，其言亦辯而正。』(詩說)

從這一點上，我們看出戴氏還不能盡脫漢學家的本來面目。但放開經文，單就考證來說，他的論證可算謹嚴。

(三)雅有無正變的問題

雅分正變出於詩序。漢儒以小雅中自「鹿鳴」至「菁菁者莪」二十二篇，大雅中自「文王」至「卷阿」十八篇爲正雅，小雅自「六月」以下，大雅自「民勞」以下，皆爲變雅。自來說詩家都遵依其說。只有鄭樵倡『雅有小大無正變』之論：

『雅有小大已見於夫子，夫子未删之前，無可疑者。然無所謂正變者。正變之說，不出於夫子，而出於序，未可信也。……蓋詩之次第皆以後先爲序，文武成康詩最在前，故二雅首之。厲王繼成王之後，宣王繼厲王之後，幽王繼宣王之後，故二雅皆順其序。……則「無有正變之說」斷斷乎不可易也。』（雅非有正變辨）

鄭樵以詩依世代編次爲理由，而謂雅無正變。戴東原却以詩不依世代爲理由，而謂雅有正變。他的意見恰與鄭氏相反。他說：

『鹿鳴已下十二篇漢經師以爲正雅，亡其詞者六。故鄭康成詩譜云「小雅十六篇爲正經」。「采薇」「出車」「杕杜」漢世有謂爲懿王時詩者，據詩中曰「王命」曰「天子」。毛鄭解爲殷王，徒泥正雅作於周初耳。苟其詩待乎義之正

，而爲治世之正事，何非正雅乎？……南陔已下則又周初雅樂，未可泥今之篇什次第定作詩時世也。』（書小雅後）

戴氏雖論小雅，不及大雅，而他的意見與鄭氏針鋒相對，殺是有趣。

戴氏能夠破詩依時代的見解，納三家詩的說法，以「采薇」「出車」「杕杜」爲懿王時詩，而駁毛鄭。膽量之大，識力之高，令人猜想不到他是淸初謹守家法的詩學界中的人物。

以上介紹戴氏對於詩的三種見解，皆獨標新解，自成一說，識力遠大，逈非陳奐胡承珙輩墨守家法爲序傳作忠僕者可比。很有値得一看的價値。

戴東原治詩之方法

戴氏的「毛鄭詩考正」引據翔實，考證謹嚴；糾正毛鄭的地方字字精審，句句允當，令人無懈可攻。毛鄭未講通的語句他也解釋得意義明白。

但我們現在所應當注意的不在他已考出的結果，而在他用來考正的方法。他所用的方法就是考據學的方法。『無稽者不信，不信者必反復參證而後即安。』（錢大昕戴震傳）幾句話可以表示他的方法的精神。考據方法的全體也無須我介紹，此處我僅指出他治詩學用的一個特別方法。

其實，這個方法在詩學中雖算特別，而在清代考據學中却是很普通的；即梁任公先生指出的：

則仍是「歸納法」耳何必詞費

『……羅列事項之同類者為比較的研究，而求得其公則。』（見前清一代中國思想界之蛻變）

我用戴氏的話來給牠取個名字，叫做：

『通證』的方法；或以詩證詩的方法。

這個方法的大概如此：

『取詩中同樣的字歸納攏來求一個共通的解釋；或者取同樣組織的辭句歸納來

得一個共同的辭例。』

戴氏對於「毛傳」同字隨處易解很不滿意，極力詆斥『緣辭生訓』。

他在「草蟲篇」說：

『毛傳曰「草蟲，常羊也；阜螽，蠜也」；……震按『阜』，大也；如四牡孔阜之『阜』。喓喓狀其聲，故概曰草蟲；趯趯狀其躍，故目之曰阜螽。螽之屬不一，螽其統名也。草蟲，……則凡小蟲草生者之通語也。「爾雅」「阜螽，蠜；草蟲，蝢蠜」；……蓋因詩辭而別其名類以傳合之。「爾雅」周秦之際所記，解釋詩書，往往緣辭生訓，以為盡可證實，則違經矣。』(詩經補註)

他用『四牡孔阜』的『阜』來證明阜螽的『阜』應作『大』解，也是以詩證詩的一個例。又在「大雅文王篇」中說：

『經傳中言不顯多矣，古人金石銘刻多作不顯。二字通用甚明。傳箋各緣辭生訓，失其本始。』(毛鄭詩考正)

又在「生民篇」中說：

『……字義推之經中有通證庶少差失。說者往往緣辭生訓，偏舉一隅，感滋多矣。』（毛鄭詩考正）

又在「桑柔篇」中說：

『……所施不同，義歸於一。說者緣辭生訓，一篇之中遂多差違。』（毛鄭詩考正）

以上就我所翻到的順便引幾條，藉此可以看出戴氏的精神，也可以明白戴氏通證方法的意義。現在就他所已研究的材料引幾個例：

（一）字義的通證

「周南卷耳篇」『采采卷耳』「毛傳」說『采采，事采之也；』朱熹說『采采，非一采也。』意思雖不同，都把牠當動詞，作『採取』解。

戴氏不以他們的解說爲然，他斷定『采采』是形容詞，應作『衆多貌』解。試

采采本動詞 看他的通證：

『詩曰「采采芣苢」又曰「蒹葭采采」又曰「蜉蝣之翼采采衣服」皆一望衆多者。卷耳芣苢又以見其多而易得之物。』（詩經補註）

朱注甚合義

戴氏的證法在這段中很明白地表顯出來。爲使人明瞭他的精神，再多舉幾個

此祖於後世

例。

形容詞亦用重

「螽斯篇」『宜爾子孫振振兮』，「毛傳」釋爲『仁厚也』。戴氏攻擊道：『毛詩於「振振公子」「振振君子」皆曰「信厚也」；於「振振鷺」曰「羣飛貌」；……緣辭生訓，故說各不同。』（詩經補註）

文之故難解

他自己把這些字歸納攏來作一番通證，結果斷定：

為眾多貌

『「振振」儀容之盛也』。

於是他在「麟之趾」「殷其靁」篇中釋『振振公子』『振振君子』都不照「毛傳」而解爲『儀之盛也』。（見詩經補註）

都無從之意

之根據也

他又把詩中有『昭假』的詩句，收來作一番通證，而斷定

『詩凡言「昭假」義爲昭其誠敬以假於神，昭其明德以假於天。精誠表見，曰昭；貫通所至，曰假。』(毛鄭詩考正周頌)

他又把「雲漢篇」中所有的『寧』字收攏來通證一番，說道：

『寧，乃也；語之轉。篇內「寧丁我躬」「胡寧忍予」「寧俾我遯」「胡寧瘨我以旱」並同。』(毛鄭詩考正)

他又把詩中凡有『綏』字的詩句收攏來求其通證，斷定：

詩中凡言綏者，如「綏以多福」「綏我眉壽」「以綏後祿」辭義並歸主祭者受神降之福。(毛鄭詩考正周頌)

(二)校正訛字的通證

「卷耳篇」『云何吁矣』「毛傳」說『吁，憂也；』鄭箋說『云何乎其亦憂矣；深閔之辭。』戴氏以爲這個字是錯了的，應當作『盱』。試看他的通證：

盱之誤吁其義甚明余說卷耳即如是不意戴氏竟先我言之也惟其以爲不得見而遠望之意則謬

『「吁」當作「盱」。何人斯之詩曰「壹者之來云何其盱」；都人士之詩曰「我不見兮云何盱矣」皆不得見而遠望之意。「爾雅」云「盱，憂也。」毛詩於「盱」不復釋，則皆蒙卷耳傳矣。今此詩及傳作「吁」者，後人轉寫之譌耳。』（詩經補註）

這是他用通證法來校正譌字的例。爲節省篇幅計不多舉例。

（三）數字同義的通證

詩中『聿』『曰』『遹』三字傳箋隨處易解；或爲『述』，或爲『遂』。戴氏以爲不便，他用通證証三字可以互用，同爲承明上文之辭。他說：

『詩中「聿」「曰」「遹」三字可互用。……皆承明上文之辭耳，非空爲辭助，亦非發語詞。而爲遂，爲述，爲自，緣詞生訓皆非也。』（毛鄭詩考正唐風）

戴氏證得的結果很有價值。雖尚有討論的餘地，但他的精神使我們佩服不已。

（四）語式的通證

詩中有許多語句可以求出一定的公式；譬如『亦孔之厚』，『亦孔之哀』，『亦孔之醜』，『侯栗侯梅』，『侯薪侯蒸』，『維熊維羆』，『以陰以雨』，『悠悠我思』，『悠悠我心』，『悠悠我裡』，都可以求出一定的公式。照着公式，對於同樣的語句很易解釋。戴氏也注意到這一點，他對於『有』字曾加通證。

「賓之初筵篇」「有壬有林」「毛傳」解『壬，大也；』『林，君也；』意爲『大君』，指祭祀的孝子而言。戴氏不承認他的話，自己通證後得一個結果：

『詩中如有蕡有鶯之類，並形容之辭。』

他就這個意思解『有王有林』道：

『此以形容百禮既至，禮無不備，……壬壬然盛大，林林然多而不亂。』（毛鄭詩考正）

依戴氏的話可以成立一個公式：

『「有」＋形容字＝形容字＋「然」』

摘此四字存詩中至難解反復說的今為者不能了之極更無理之前人矣

一切同樣的語句，都可以依此解釋了。

關於語式的研究，戴氏的「毛鄭詩考正」中不過初具端倪。我引這一個例，表示他曾經注意到此就够了。

在這篇裡，我把戴氏的通證方法詳細介紹，我的意思是使現在治詩的人注意這個方法，向「詩經」本身裏去尋解釋，除去從前說詩家不問經文的毛病。

結論

戴氏對於詩學有許多有價值的意見，可以供現在研究詩經者的參考。而我們更應當特別注意的就是他的治詩方法。

歷來說詩家解釋詩中訓詁不是望文生義，(即戴氏所謂緣辭生訓)就是放開經文閉眼考證。這種態度實在荒謬得很。

我們現在研究詩中最好是倣效戴氏的方法，在詩經本身裡面去求解釋，去歸納每個字的眞義。然後這一堆瓦礫才可以弄淸。

我誠懇希望：兩百年前的大儒替我創造的工具我們能應用來掘出埋沒了幾千年的瓌寶。

戴氏二百年紀念前晴之日

戴東原先生二百年紀念講演會梁任公先生之講演

中華民國十三年一月十九日在北京安徽會館

東原續天文畧與續通志天文畧

周良熙

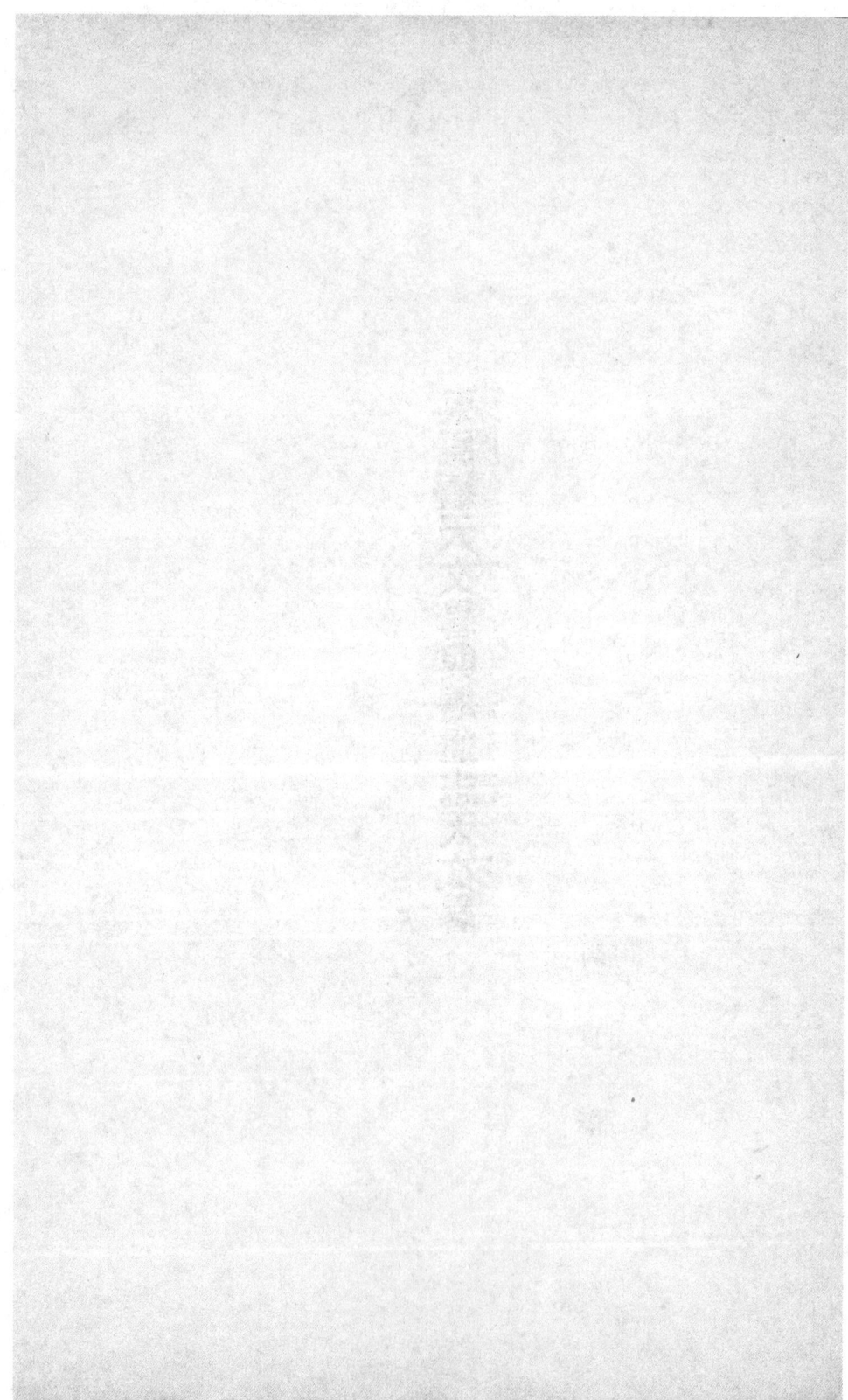

東原續天文畧與續通志天文畧

吾國在上古的時代，天學就很發達。經史上所載的：容成造曆，南正司天，堯命羲和，舜齊七政等，在中國學術史上看起來，誠然是些大發明家；就是在世界天文學史上，也各很占些榮譽。西儒嘗說：『中國爲天學之起最古者』，這話實在是有見地的。

但是從秦漢以來，甚麼太乙三式，占候卦氣，各說各的，鬧得烟霧彌天。談天的人，每每用些吉凶話頭來搖惑人心；因此法律上特設了一種禁令，不准私家研習天文；只有世人所稱爲疇人子弟這般人，可以把他當作世業。純粹的天文學，就一天一天的昏沈下去；中間偶然有一二明星，也不過隨現隨沒罷了。

等到前清初葉，方始煥發光明，宣城梅文鼎，博通象數，闡發精微，有等身的著作，學者公認他爲開山的祖師。東原氏繼他而起，融會新舊法，集其大成，創獲的地方，尤覺得多些。阮元說：東原『以天文與地聲音訓詁數大端，爲治經之本，故所爲步算諸書，皆以經義潤色，縝密簡要，準古作者。』這幾句話，實在可以賅括東原天算的眞相。

至於東原的著作，諸家傳誌所載的，各不相同，其中關於天文的，只有曆問，古曆考，原象，續天文略四種。這四種中，曆問古曆考，僅洪榜一人說過是有的；段玉裁亦言不曾見過。又疑古曆考，就是續天文略；可是孔廣森所作的戴氏遺書總序，明明述及他。以我的推想，這稿當在孔繼涵家，繼涵大約是要想刋刻而未出版。我們試就孔刋東原文集看起來，他的標題，爲戴氏遺書之二十三，全書乃不及二十種，可以想見他待刋的正多哩。段氏有此疑惑，似乎還未詳考。這書的稿本，現在不知是否猶在人間，我很希望大家調查調查。

這麼說起來，現在所存在的，只有原象及續天文畧。原象一卷，爲七經小記中的一種；並且其中有數篇，互見在文集裡頭，這乃是東原談天論文的彙刋。

續天文略，爲東原最有統系的著述；這書在諸家傳誌內，敘述均不甚詳細。段玉裁說：『先是朝廷開館，續鄭樵通志。蓋當事者輓先生爲之，既而未用，欲改名古曆考；而舍人（舍人指洪榜言）行狀，遂改其名耳。』但這書決不是古曆考改名，我已經詳辨在前了。

續通志天文略，經我子細查勘，前兩卷的內容，和東原續天文略，十九相同；後四卷的節目，和東原續天文略總序內所載，亦沒有什麼差異。阮元疇人傳謂：東原『著續天文畧三卷，文多不載，載其目：曰星見伏昏旦中，曰列宿十二次，曰星象，曰黃道宿度，曰七衡六間，曰晷影短長，曰北極高下，曰日月五步規法，曰儀象，曰漏刻，或補通志所闕遺，或廣所未及。』雖然沒有明言續天文略，就是續通志天文略，但這書是爲續鄭志而作的，當然毫無疑義。

現在吾們所懷疑的，就是諸家傳誌，沒有說過東原曾入三通館。但當時三通館有四位總裁，劉墉就是其中一人。墉爲文正公子。余廷燦所撰東原事略謂：『詔開四庫全書館，必得如劉向揚雄者，司讐校。君用諸城劉文正公薦，入館充校理。』雖和諸家所說東原爲于文襄公所薦舉，有些不同；但既有這一證，東原和三通館當事的人，確有淵源線索可尋。續通志天文略，說他全出東原手筆，大概可以不生疑問了。

但是孔氏所刊續天文略，只有上中二卷，沒有說及下卷已經散逸，或尙未作成。大概只能說是一種發刻而未完工的書。若說他本來是不全的，何以續通志天文略後四卷的節目，恰恰與天文略總序內所載的全同呢？

吾國自從經了秦火，古代經籍，大都散亡，天學的書，僅遺下巫咸甘德石申的殘篇數種；但是這三家的記載，又各不相同。司馬遷世爲史官，天官書亦復不甚詳備。唐以後，臺官觀象，大概根據李淳風晉隋兩志，和丹元子步天歌，更屬自鄶以下了。學者如欲研究天文，幾乎無書可讀。東原這部續天文略，可算得逈絕古今，因他夾在續通志中，大家遂不經意。如果有人，能照前人刊行通志二十略的先例。

把續通志天文略，刊印單行，嘉惠來學，豈不是一件頂好的事麼！

我這一篇考證，對於研究東原天文學說的朋友們，說不上有甚麼貢獻；但覺東原這麼一個好成績，卻無聲無臭的混雜在續通志裏頭，無人知道，很是可惜。我特地提出，希望大家注點意。

東原的天學，本從婺源江慎修學來；慎修是他五體投地佩服的人。他客在秦蕙田家的時候，蕙田正在那裡編輯五禮通考。他便把慎修所著的一部推步法解，請蕙田全數載入；像他這樣尊崇師說，表章先哲，真是我們所當效法的。

五禮通考觀象授時類中，蕙田也嘗采東原的學說，作他的考古旁證；細細的查了一查，約略也有許多條，我特地錄出，很想把他整理整理，分門別類的排列；再加上別的書中所引他的話，為原象和續天文略裡所沒有的，合攏編起來，也不在少處，我想代他起個名字叫作戴東原天學零拾，大約研究東原天文學說的人，莫不歡迎這個的，不過成書，尚需些時日，姑先在此處作個附帶的預告。

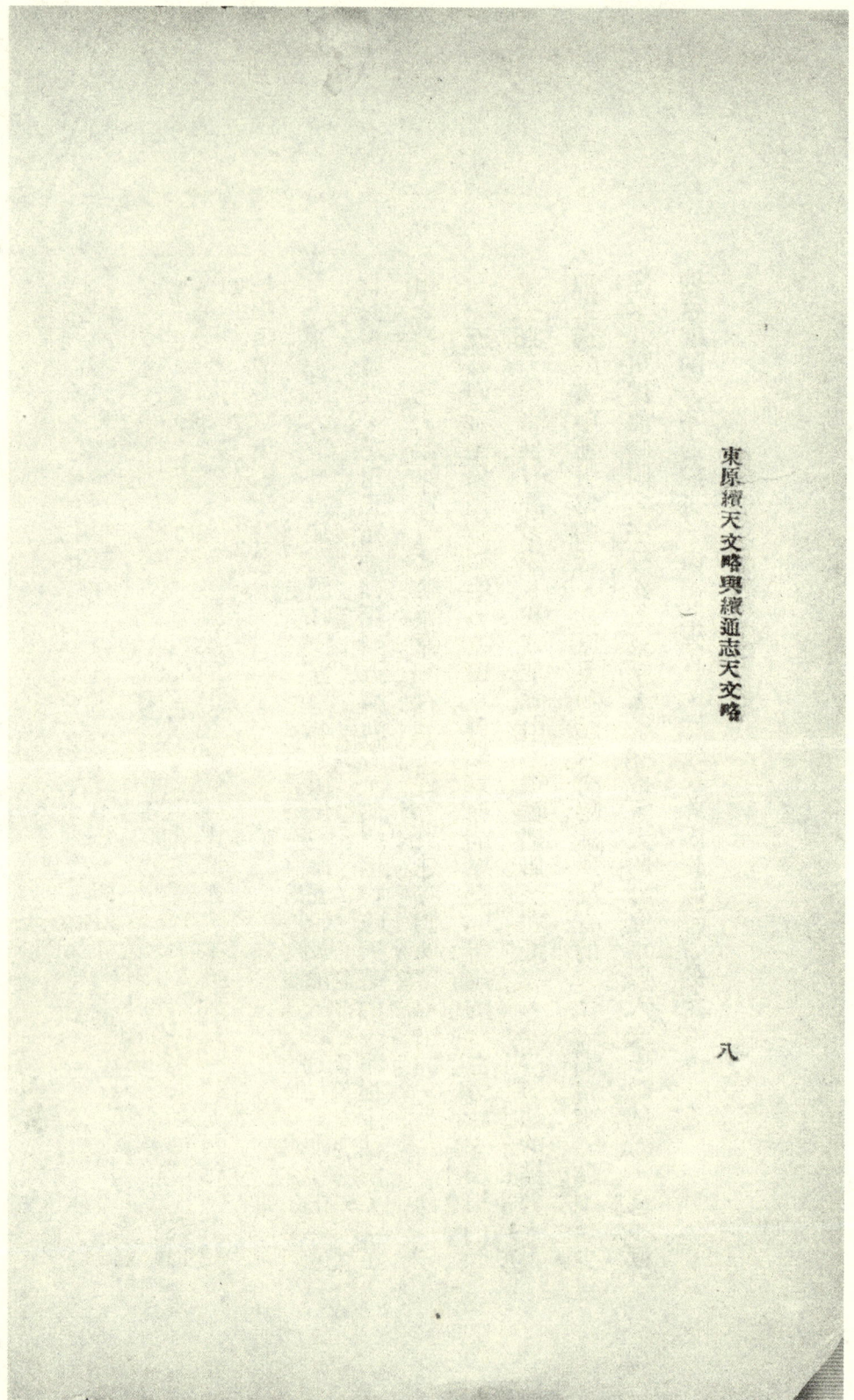

中華民國十三年一月二十日印刷
中華民國十三年二月一日初版發行

每冊七角

晨報社叢書第十三種

戴東原

二百年生日紀念論文集

明明印刷局印刷
北京丞相胡同

晨報社出版部發行
北京丞相胡同

晨報社發行

晨報社叢書

杜威五大講演　每部八角
小說第一集　每本四角
華盛頓會議　每本四角五分
愛美的戲劇　每本六角
羅素社會結構學　每本一角二分
心理與生命　每本三角五分
自己的園地　每本六角
智慧測量　每本四角
道義之交　每本三角
遊記第一集　每本四角
愛的成年　每本四角
人世地獄　在印刷中
小說第二集　在印刷中
◆外埠郵費加一

晨報副鐫合訂本

【十一年】
十月分
十一月分
【十二年】
二月分
三月分
七月分
八月分
十月分
十一月分
十二月分
每冊大洋二角
【十三年】
一月分
每冊大洋三角
普通寄費三分
掛號寄費八分

晨報價目表

價目　時期 地域	一月	半年	全年
國內及日本	一元一角	六元二角	十二元
歐美各國	一元六角	九元三角	十八元

附記：一本表所列價目郵費在內　二優待學界（收報處以限於學校內）及通俗教育機關每月只收一元時期延長按月照算　三快報每月照加郵費三元一角　四報費先惠郵票不收

2·00

近現代學人學術著述叢刊

吴秋輝遺稿補編

3

吴秋輝 撰

國家圖書館出版社

第三册目録

群經平議三十五卷存十二卷（卷二四至三五）

（清）俞樾　撰　吴秋輝　批

民國時期石印本

群

吴秋辉批群经平议

有棠师跋

此亡友吳君秋律手批羣經平議殘冊一本，為吳君所遺者。曲園經學本非當行，其於乾嘉考據亦無門徑，獨好著書以動當世，怪說支離，無可首肯，猶以高鄉標榜，並時詒畫席，適成獨者也。吳君不喜乾嘉漢學，尤惡惠戴，宜其痛詆老曲也。以前（偶）理舊篋，檢閱一過，題識藏之。

乙亥三月十九日 潤甫

春秋穀梁傳

仲子者何惠公之母孝公之妾也禮賵人之母則可賵人之妾則不可君子以其可辭受之隱元年　樾謹按范氏無解王氏引之經義述聞曰君子以其歸賵非禮魯人可以辭矣今乃不辭而受之故志以示譏此說未得傳意如其說當云君子以其可辭而受之於文方明不當但云以其可辭受之也蓋可者即所謂賵人之母則可也禮可賵人之母不可賵人之妾周人之來歸賵也以其為惠公之母而歸之此辭之可者也以其為孝公之妾而歸之此辭之不可者也周之歸賵以其為惠公之母也此所謂以其可辭受之也下句曰其志不及事也王氏曰其志二字與上句文義不屬其疑當為且形相似而誤也今按此句與上句本不相屬其志句不及事也句言歸賵常事本不必記其所以記者以其不及事也莊十一年傳其志過我也二十年傳其志以甚也文元年傳其志重天子之禮也昭十八年傳其志以同日也文與此同可證其字之非誤王氏誤解上句故於此句亦失之矣

聘弓鍭矢不出竟場　疏曰聘弓鍭矢者麋信云聘問也古者以弓矢相聘問故左傳云楚子問郤王以弓爾雅釋器云金鏃翦羽謂之鍭郭璞云今之鈚箭是也　樾謹按鍭矢之名雖本釋器文然以之說此傳則聘弓與鍭矢不倫矣鍭當讀為候候與聘義同候之言視也望也故迎送賓客之官謂之候襄二十一年左傳使候出諸轘轅是也使人於它國有所覘察亦謂之候呂氏春秋貴因篇武王使人候周是也聘弓候矢謂以弓聘問以矢候視也疑穀梁原文本作候矢蓋古字候與侯通故白虎通爵篇曰侯者候也後人不知侯之為候而以為即爾雅之鍭矢因加金旁耳下句曰束脩之肉不行竟中按脩者脯也既曰脩又曰肉其為不辭肉疑問字之誤禮記檀弓篇曰古之大夫束脩之問不出竟是其證也莊二十七年范氏集解又引董仲舒大夫無束脩之餽餽與問同蓋聘弓候矢與束脩之問竝謂以物與人也弓也矢也束脩也其物也聘也候也問也其事也以弓相聘以矢相候以束脩相問皆事之至微者猶且不敢爲此人臣之義也候誤作鍭問誤作肉而傳義不見矣

或曰紀子伯莒子而與之盟或曰年同爵同故紀子以伯先也隱二年　集解曰紀子以莒子為伯而與之盟伯長也　又曰年爵雖同紀子自以為伯而先　樾謹按傳例二說其讀伯字不同紀子以伯先則以本字讀之伯者長也伯莒子而與之盟則當讀為敀說文攴部敀迮也從攴白聲周書曰常敀常任今尚書立政篇作常伯是伯敀古字通敀莒子而與之盟者迮莒子而與之盟也襄二十九年公羊傳今若是迮而與季子國是其義也哀十五年左傳迫孔悝於廁強盟之敀與迫同兩說之中前說為長范氏曰紀子以莒子為伯失其義矣

曰葬故也危不得葬也隱三年　集解曰傳例曰諸侯時葬正也月葬故也日者危最甚不得備禮葬也　疏曰時葬正也襄七年傳文月葬故也隱五年傳文日者危最甚此傳云日葬故也危不得葬也是也　樾謹按集解與疏均不說故字之義文十八年傳子卒不日故也集解曰故殺也然施之此傳則義不可通殆未可為達詁矣今按莊二十三年傳往時正也致月故也三十二年傳子卒日正也不日故也竝以故與正為對文然則故者變也荀子王霸篇不敬舊法而好詐故楊倞注曰故事變也是其証也穀梁傳每有故也之文隱十一年傳公薨不地故也莊三年傳志葬故也僖元年傳夫人薨不地地故也昭三十年傳中國不存公存公故也其義竝同桓元年傳繼故不言即位正也文元年傳繼正即位正也繼故與繼正對文繼故猶言繼變謂先君遇弒國之大變也集解曰故謂弒也此為目言其事則可若以古訓求之則故可訓變不可訓弒范氏始失之矣

始厲樂矣五年　集解曰言時諸侯僭侈皆用八佾魯於是能自減厲而始用六穀梁子言其始僭尸子言其始降　樾謹按穀梁子謂諸侯當用四佾故以初獻六羽為僭樂尸子謂自天子至諸侯通用八佾故以初獻六羽為厲樂厲與僭竝言其失非謂其能自減厲也厲樂與孟子厲陶台厲聚夫同厲者病也始厲樂者始病樂也言自是之後樂日以壞故為始病也厲字竝無減義范氏以減

城為保民為之也七年　集解曰建國立城邑有定所高下大小存乎王制刺公不脩　范氏訓保為安則造城以安民於……春秋何以譏之乎其說非也

保者小城也古字作堢說文土部堢高上也俗字作堡一切經音義引聲類……四部入保檀弓篇遇負杖入
保者息國語晉語抑為保鄣韋注並訓為小城是也此傳曰城為保民為之也……有保乃更為作城故春秋書以
示譏下文曰民衆城小則益城益城無極可知其為城小
之故而益城初非無城也然則保字當訓為小城明矣

郜鼎者郜之所為也曰宋取之宋也以是為討之鼎也孔子曰名從主人物從中國故曰郜大鼎也 桓二年 緇謹按以是為討之鼎也文義未安范氏集解曰討宋亂而更受其賂器則當云賂之鼎不當云討之鼎且稷之會經明書以成宋亂又何討之有乎今按討乃糾字之誤釋文曰麋氏云討或作糾蓋其所見尚有作糾之本後人不知糾字之義因聽改為討耳糾字從糸從丩說文丩部丩相糾繚也又曰茻草之相丩者又曰糾繩三合也蓋茻糾二字並從丩為意糾相丩謂之茻之糾其義一也此鼎本郜所為則為郜鼎而取之於宋則又為宋鼎一鼎而郜宋共之故曰以是為糾之鼎也言其糾繚而難明也乃孔子則以為從主人物從中國於是書之曰郜大鼎而其名自此定矣今糾誤為討則傳義全失宜從麋氏訂正下文杞侯來朝傳曰於是為齊侯陳侯鄭伯討數日以賂討亦誤字唐石經作討是也觀彼討字之誤則此討字之誤更無疑矣

謹言而退 三年 緇謹按謹當為結公羊傳正作結言而退是其證也結與謹一聲之轉長言之則結音如謹古經師多口授因誤為謹耳廣雅釋詁曰劼勤也結之與謹猶劼之與勤並雙聲字

四時之田用三焉唯其所先得一為乾豆二為賓客三為充君之庖 四年 集解曰上殺中心死速乾之以為豆實可以祭祀次殺射髀骼死差遲下殺中腸汙泡死最遲 緇謹按范氏所解與何邵公注公羊雖其說不同大旨一也然非傳意也傳曰唯其所先得則自以所得先後為次最先得者以供祭祀次以供賓客次以供庖廚耳上殺次殺下殺雖經師相承有此說然自禮記王制及公穀兩傳說此事者並以一二三為次不以上中下為次則疑其不足據矣設也所獲之獸無可當上殺者將遂無以供祭祀之用乎不如據穀梁此傳謂以所得先後為次其說簡而當也又按此傳一字衍文也傳文本曰唯其所先得為乾豆二為賓客三為充君之庖言二言三不言一者唯其所先得即是一也後人因公羊傳一曰乾豆之文而於此傳亦加一字則唯其所先得五字不可通矣夫公穀兩傳文自不同彼用曰字而此用為字則此傳弟一句衆上五字為文可知知其衆上為文而一字之為衍文可知知一字之衍而其以所得先後為次又可知矣

六年春正月寔來 集解曰來朝例時月者謹其無禮 疏曰州公不以禮朝又至魯不反是無禮之事 緇謹按至魯不反乃左氏傳之說而公穀絕無此文至寔來之義公羊傳曰曷為謂之寔來慢之也曷為慢之化我也此傳曰其謂之是來何也以其畫我故簡言之也簡慢義同畫化聲近兩傳大旨略同惟公羊於化我下不置一詞此傳又申明之曰諸侯不以過相朝也於是其義明矣蓋諸侯惟過天子之國必行朝禮成十三年公羊傳所謂不敢過天子也是也若諸侯之於諸侯本非臣屬但須假道不必相朝而州公乃以如曹之故道出魯竟遂行朝禮朝不以禮與無禮同故謂之化我何休曰行過無禮謂之化齊人語也此其說必有師承又曰諸侯相過至竟必假塗入都必朝所以崇禮讓絕慢易戒不虞也則大非傳義矣

時曰同乎人也 集解曰時人僉曰齊侯之子同於它人 緇謹按左傳載桓公之言曰是其生也與我同物名之曰同然則同之命名桓公以為同乎己也故時人即反其言以譏之曰同乎人也范氏所解尚未盡得其旨

故略之也 八年 緇謹按故字衍文也上文曰不正其以宗廟之大事即謀於我故弗與使也則當有故字此文曰遂繼事之辭也其曰遂逆王后略之也則不當有故字蓋即涉上文故弗與使而誤衍耳

內失正曹伯失正世子可以已矣則是放命也 九年 緇謹按放字唐石經作放御覽百四十七引庾信注曰放違也當從之放命即方命尚書堯典篇方命圮族漢書傳喜傳王商傳並作放命圮族正義引鄭注曰方讀為放謂放棄教命是方者借字放者正字也此傳言曹伯使世子來朝則曹伯為失正魯以待人父之道待人子則內為失正故曰內失正曹伯失正世子可以已止而不行也然止而不行疑若放棄父命者故又發難曰則是放命也下乃引尸子之言以斷之曰夫已多乎道明雖放命不足為罪也

尸子曰夫已多乎道 集解曰郘曰已止也止曹伯使朝之命則曹伯不陷非禮之愆世子無苟從之咎魯無失正之譏三者正則合道多矣 緇謹按論衡本性篇引陸賈曰人能察己所以受命則順順之謂道是道有順義國語楚語以逆而道從而逆相對然則道即順也多者賢也小爾雅廣詁曰賢多也凡相校而勝謂之賢亦謂之多論語陽貨篇為之猶賢乎已皇侃義疏曰賢猶勝也禮記檀弓篇多矣乎予出祖者正義曰多猶勝也是多與賢義同

尸子曰夫已多乎道言此字之已辭若叔棄父命而實勝乎從順也范氏不知道之爲順乃解爲合道多夫合道多而但曰多乎道近於不辭矣

再稱曰決曰歎也十二年 集解曰明二事皆用日也 疏曰決日者謂二事決宜書日故經兩舉日文也 樾謹按決者明也儀禮大射儀鄉射禮士喪禮注竝曰決猶闓也廣雅釋詁曰闓明也然則決盜爲明矣范氏正以明字釋決字而楊疏乃謂決宜書日非其旨也

國非無良農工女也以爲人之所盡事其祖禰不若以己所自親者也十四年 樾謹按盡當讀爲進以農女所爲者事祖禰是以人之所進者事祖禰也豈若己所自親者乎進盡聲近故得通用漢書高帝紀主進師古曰進字本作費又作贐音皆同耳古字假借故轉而爲進然則進之爲盡猶費之爲進矣爾雅釋詁蓋進也蓋與盡古亦通用

以夫人之伉弗稱數也十八年 集解曰濼之會夫人驕伉不可言及故舍而弗數 樾謹按范氏但曰舍而弗數未及數字之義數者說也詩擊鼓篇與子成說毛傳曰說數也說爲數故數亦爲說禮記儒行篇遽數之不能終其物正義曰數說也蓋稱說者必一一數之故數與說其義得通弗稱數也猶曰弗稱說也穀梁傳每用數字隱十一年傳曰猶言同時也累數皆至也范解曰累數總言之也文十八年傳曰不正其同倫而相介故列而數之也范解曰是以同倫爲副使故兩言之並得其義矣昭三年左傳曰善哉吾得聞此數也聞此數即聞此說也

築之外變之爲正何也莊元年 樾謹按變之爲正當作爲變之正蓋上文曰築之外變之正也故此發問曰築之外爲變之正何也今作變之爲正義不可通矣

使之如下齊而來我然六年 集解曰若衛自歸寶於齊過齊然後與我 樾謹按下者後也詩下武篇下武維周鄭箋曰下猶後也蓋古人謂前爲上謂後爲下呂氏春秋安死篇曰自此以上者亡國不可勝數高注曰上猶前也然則下猶後矣使之如下齊而來我謂若後齊而至我也范解未甚明了故具說之定元年傳曰以其下成康爲未久也下亦後也

疑戰而曰敗勝內也十年 集解曰勝內謂勝在內 樾謹按經書公敗齊師則勝在內自不待言又何必舉以爲說乎且勝在內而曰勝內亦近不辭范氏此解殆未得傳意也勝與甚同義論語衛靈公篇甚於水火皇氏義疏曰甚猶勝也然則勝亦猶甚也勝內也猶曰甚內也隱元年傳曰殺段而甚鄭伯也何甚乎鄭伯甚鄭伯之處心積慮成於殺也彼言甚此言勝文異而義同蓋公以詐勝故言敗以甚之耳

中國不言敗此其言敗何也中國不言敗蔡侯其見獲乎其言敗何也釋蔡侯之獲也十年 樾謹按此傳有衍文當云中國不言敗此其言敗何也中國不言敗蔡侯其見獲乎其言敗釋蔡侯之獲也傳意謂中國不敗則蔡侯無由見獲故言敗以釋蔡侯之獲也中國不敗句涉上文而衍言字則義不可通其言敗句涉上文而衍何也字則辭複矣昭二十三年傳曰中國不敗胡子髡沈子盈其滅乎其言敗釋其滅也正與此同可據以訂正

不言公外內寮一疑之也十六年 集解曰十三年春會于北杏諸侯俱疑齊桓非受命之伯欲共以事推之可乎今于此年諸侯同共推桓而嘗與齊讎外內同一疑公可事齊不會不言公以著疑焉同官爲寮謂諸侯也 樾謹按此傳當從舊解之說疏引舊解謂會于北杏不言諸侯是外疑也今此會不言公是內疑也自此以後外內不復疑之故曰一疑也其說最爲明了成十一年周公出奔晉傳曰其曰出上下一見之也集解引鄭嗣曰上謂僖二十四年天王出居于鄭下謂今周公出奔上下皆一見之然則此傳與彼文法相同彼謂上下各一見此謂內外各一疑舊解之說正得之矣楊氏乃曲徇范注謂外內諸侯同一疑公又云外內者諸侯之國或遠或近故以外內總之也夫傳文言內外者皆以魯爲內它國爲外豈有總言它國而以遠近分內外者乎足知其說之非矣

失故也二十二年 集解曰今失之者以文姜之故 樾謹按以文姜之故而但曰故也不辭[illegible]九年傳則是赦命也今各本皆作故其誤正與此同矣上文曰肆大[illegible]自解失字謂失者赦縱之也范

氏作解時已誤作故乃曲為之說而文不可通矣

以是為尸女也 二十三年 集解曰尸主也主為女往爾以觀社為辭 樾謹按如范解則柯但曰尸女范解非也爾雅釋詁尸主也又曰尸寀也是[illegible]旨謂寀地其實古無寀字襄十五年公羊傳何休注曰所謂采者不得有其土地人民采取其租稅耳是寀地之寀本亦作采尸訓寀即訓采矣二十二年傳曰禮有納采集解曰采擇女之德性也此傳尸女即采女也蓋公以觀社為名實則自往擇女故曰以是為尸女也學者但知尸之訓主不知尸之訓采因失其義矣

既戒鼓而駭衆 二十五年 疏曰既戒鼓駭衆者謂既擊戒擊鼓而駭動衆人 樾謹按楊氏以戒鼓為擊戒擊鼓非也戒即擊鼓之名字亦作駴周官大司馬職鼓皆駴鄭注曰疾雷擊鼓曰駴是其義也文選西京賦駴雷鼓七啟駴鐘鳴鼓是凡擊鐘擊鼓皆謂之駴矣說文無駴字古字蓋止作戒周官大僕職曰始崩戒鼓正與此傳同

大者有顧之辭也 二十八年 疏曰顧猶待也徐邈云至冬無禾於是顧錄無麥其意亦謂待無禾然後顧錄無麥故云大也 樾謹按說文頁部顧還視也詩蓼莪篇顧我復我鄭箋曰顧旋視也旋視與還視同有顧謂有所還視也蓋至冬無禾乃還顧秋之無麥而并錄之徐邈所說正得其旨楊氏謂顧猶待也則失之矣方無麥之時豈逆知其并將無禾而待之乎訓顧為待義不可通傳曰於無禾及無麥也是可知顧之為還視矣

古之君人者必時視民之所勤民勤於力則功築罕民勤於財則貢賦少民勤於食則百事廢矣 二十九年 樾謹按勤字范氏無解僖二年冬十月不雨傳曰不雨者勤雨也說文勤如字龐氏音覲集韻去聲二十二稕勤渠吝切憂也春秋傳勤雨龐氏說然則此勤字亦當與彼同民之所勤即民之所憂也勤於力勤於財勤於食皆謂憂其不足也蓋勤於勞同義淮南子精神篇竭力而勞萬民汜論篇以勞天下之民高誘注竝曰勞憂也勤之為憂猶勞之為憂也范氏解勤雨曰是欲得雨之心勤也仍以本字讀之此傳無解則亦讀如本字胥失之矣

男子不絕于婦人之手以齊終也 三十二年 集解曰齊絜 疏曰齊者齊絜之名故記稱齊之為言齊也是齊齋意同故范訓為絜 樾謹按范解非也詩小宛篇人之齊聖毛傳曰齊正周易繫辭上傳齊大小者存乎卦王肅注曰齊猶正也是齊之義為正以齊終也猶曰以正終也上文曰寢疾居正寢正也若訓齊為絜則與上義不貫矣釋文曰齊本亦作齋蓋即因范說而誤

諱莫如深深則隱 集解曰深謂君弒賊奔隱痛之至也 樾謹按此謂避諱之道莫如深沒其文深沒其文然後其迹隱矣如子般卒書曰若以正終者公子慶父如齊若以使事往者此皆諱之深而隱者也下文曰苟有所見莫如深也蓋閔公不書即位則子般之弒自見而子般卒之下即書公子慶父如齊則慶之與於弒亦見既已有見於後又何必以內之大惡而詳著之哉故莫如深諱之也傳文本明范氏所解未得其指楊疏從而衍之宜紛紛矣

于召陵得志乎桓公也得志者不得志也 僖四年 集解曰屈完來盟桓公退于召陵是屈完得其本志屈完得志則桓公不得志 樾謹按得志乎桓公者謂以得志之辭加之乎桓公也蓋召陵乃楚地故特箸之明桓公之得志也然合諸侯以伐楚僅得盟其大夫實不足為得志故又曰得志者不得志也范氏以得志屬屈完不得志屬桓公失其解矣下文曰以桓公得志為僅矣若從范解則桓公此役直謂之不得志已耳又何譏其得志之僅乎

執不言所於地緼於晉也 五年 樾謹按執不言所於地六字古本止作不地二字疏引舊解曰此云不地緼於晉也者是其證也又舊或以為執不言所於地蓋是別本如此楊氏以為理亦通耳則其所據本必止作不地二字也其標起訖當曰不地至晉也今乃曰執不至晉也非楊氏之舊矣

如加力役焉湎不足道也 十九年 集解曰如使伐之而滅亡則淫湎不足記也使其自亡然後其惡明 樾謹按傳言如加力役焉非伐之之謂也范氏所解由未解如字之義故耳如當讀為而古書如而通用不可勝舉上文歷言梁之湎於酒淫於色以見梁之所以自亡此又云而加力役焉湎不足道也則又舉其甚者言之也左傳曰梁伯好土功亟城而弗處民罷而弗堪是梁之亡正以民罷於力役之故淫湎之罪尚其小者也故曰湎不足道也

梁亡出惡正也　集解曰正謂政教樾謹按正即政之段字范氏以政教解之是矣出當讀為黜古字通用襄二十七年公羊傳曰黜公者非吾意也何休注曰黜猶出逐然則此傳段出為黜猶彼傳段黜為出矣梁亡黜惡政也謂梁不行善政故黜之也黜亦通作絀禮記王制篇簡不肖以絀惡黜惡政與絀惡其同此惡字乃罪惡之惡下文曰鄭棄其師惡其長也則惡惡之惡文同而義異范氏所解未明故具說之

雖失天下莫敢有也二十四年　集解曰邵曰雖實出奔而王者無外王之所居則成王畿鄭不敢有之以為國樾謹按莫敢有者謂莫敢有天下也凡物此失之則彼有之矣天下不然天子雖失之諸侯莫敢有之也故曰雖失天下莫敢有也何解謂鄭不敢有之以為國非是

會于溫言小諸侯二十八年樾謹按于字乃以字之誤會以溫言四字為句蓋溫與河陽本是一地諸侯之會以溫言之者小之也天子之守以河陽言之者大之也下文曰以河陽言之大天子也然則此文作會以溫言句小諸侯句明矣

古者君之使臣也使仁佐賢者不使賢者佐仁者今趙盾賢夜姑仁其不可乎文六年　集解曰邵曰賢者多才也戰主于攻伐仁者有惻隱之恩不如多才者有權略樾謹按范解非也傳本從言君使臣之道不專主攻伐豈得謂仁者有惻隱之恩不如多才者有權略乎今按仁當讀為佞說文女部曰佞巧讇高材也从女信省小徐本作從女仁聲段氏玉裁曰晉語佞與田韵則仁聲是也佞字本從仁得聲故古或即以仁為之尚書金縢篇予仁若考仁即佞之段字考即巧之段字予仁若考猶言予佞而巧也說詳尚書此傳三仁字皆當讀為佞使佞者佐賢者不使賢者佐佞者猶言使不肖者佐賢者不使賢者佐不肖者也趙盾賢夜姑佞謂趙盾賢夜姑不肖也何氏以本字讀之遂不得其解而曲為之說於義不可通矣

日之甚矣其不葬之辭也九年樾謹按其乃是字之誤疏云天子志崩不志葬而又書曰是不葬之辭然則楊氏所據本尚未誤也當據以訂正

弟兄三人佚宕中國十一年　集解曰佚猶更也　釋文出佚害云害本又作宕樾謹按范氏所據本疑亦作佚害故訓佚為更言其更相為害於中國也其實字當作宕宕與害相似又涉下文瓦石不能害而誤耳佚宕乃雙聲字本作跌踢說文足部踢跌踢也又作泆蕩說文水部泆水所蕩泆也此作佚宕者佚與跌泆並從失聲宕字說文云從碭省聲則與踢蕩並從易得聲故其義通也亦作跌宕文選恨賦跌宕文史李善注引揚雄自叙曰雄為人跌宕是也佚宕中國言肆行乎中國宕誤作害范氏遂訓佚為更失其旨矣

一曰就賢也十八年　集解曰若並有子則就其賢謂年同也樾謹按此傳非明立子之義不得謂年同則就其賢也范解失之矣上文曰姪娣者不孤子之意也一人有子三人緩帶此云一曰就賢也則又承上文而別為一說言姪娣之從夫人以其賢而就之也成十年公羊傳何休注曰伯姬以至賢為三國所爭媵是其義也今宣公不使其母頃熊奔喪姜氏而使之大歸于齊既逆一人有子三人緩帶之情又失就賢之義故傳並列二說所以深譏之也

言盡其衆以救其將也宣二年　集解曰先言敗績而後言獲知華元得衆心軍敗而後見獲晉與秦戰于韓未言敗績而君已獲知晉侯不得衆明矣樾謹按傳言救其將而范氏此解無一救字疑傳文救字乃獲字之誤盡其衆以獲其將謂先盡其衆而後得獲其將也即所謂先言敗績而後言獲也試連上文讀之曰獲者不與之辭也言盡其衆以獲其將也若作救字則與上文不相蒙矣又試連下文讀之曰言盡其衆以獲其將也以三軍敵華元華元雖獲不病矣蓋宋衆既盡則華元止是一人而鄭以三軍敵之是謂以三軍敵華元故雖見獲而不病若作盡其衆以救其將則宋衆具在何得謂之以三軍敵華元乎以上下文義求之此救字當作獲字無疑今誤作救者因下文范注引鄭君說有宋師懼華元見獲皆竭力以救之之文故改傳文以合之不知鄭君云云特以明先書敗績之故耳非說此句之義也

何用弗受也不使夷狄為中國也十一年　集解曰楚子入陳納淫亂之人執國威柄制其君臣顛倒[illegible]是以夷狄為中國樾謹按為者治也襄三十年左傳不可為也杜注曰為猶治也周語是故為川決之使導韋注曰為治也經傳中為訓治者[illegible]夷狄不以夷狄治中國上文楚人殺陳夏徵舒傳曰其外徵舒於陳何也明楚之討有罪也此文楚子入陳[illegible]治相反而實則一也蓋陳夏

徵舒有可討之罪而楚子非討罪之人故書楚人殺陳夏徵舒以正弒君之罪而[illegible]入陳以嚴中外之防傳曰不使夷狄為中國也猶曰不使夷狄治中國也范解未得其[illegible]

丘甲國之事也丘作甲非正也成元年 櫆謹按此傳文有誤當云作甲國之事也丘作甲非正也蓋[illegible]作[illegible]之事而非丘之事耳下文曰古者立國家百官具農工皆有職以事上此言國之可使作甲也又曰古者有四民有士民有商民有農民有工民夫甲非人人之所能為也此言丘之不可使作甲也蓋以中國農工皆集而丘則四民分處故也若曰丘甲國之事則義不可通矣

曰天子何也曰見一稱也八年 集解曰天王天子王者之通稱自此以上未有言天子者今言天子是更見一稱 櫆謹按如范解則傳文當曰更見一稱於文方備今但見一稱也范解非也國語吾語勠力一心戰國策秦策諸侯不可一韋昭高誘注竝曰一同也昭十年左傳佻之謂甚矣而壹用之杜注曰壹同也壹與一古通用見一稱也猶曰見同稱也蓋不書天王而書天子者見天子與天王同為王者之稱也公羊傳曰其稱天子何元年春王正月正也其餘皆通矣彼言通此言一文異而義不殊也

傳曰夫無逆出妻之喪而為之也九年 疏曰言其不合為而為之也徐邈云為猶葬也言夫無逆出妻之喪而葬理亦通矣但范不訓為為葬也 櫆謹按徐云為猶葬也乃自言其事耳訓詁家自有此例非訓為為葬也為當訓治經傳中為訓治者不可勝舉宣十一年使不得與狄為中國也為亦治也說已見前矣既出之妻義與夫絕不當更治其喪故曰夫無逆出妻之喪而為之也為之即治之也

言其上下之道無以存也十二年 櫆謹按此十字為一句道猶通也襄三十一年左傳不如小決使道杜注曰道通法言問道篇亦曰道也者通也蓋道與通一聲之轉故聲近而義同道無以存猶通無以存通之言同也蓋謂其上下之同無以自存也漢書夏侯勝傳先生通正言無懲前事師古注曰通謂陳道之也然則通同之通以道為之猶陳道之道以通為之若於道字絕句則失之矣

公不周乎伐鄭也 集解曰周信也公過諸侯為此盟爾意不欲更伐鄭 櫆謹按公不欲伐鄭不可謂之不信乎伐鄭范解非也離騷經曰雖不周於今之人兮王注曰周合也此傳周字亦當訓合言伐鄭之役與公意不合也

及以及與之也襄三年 櫆謹按此當曰及又及句與之也與十傳年曰會又會外之也文法一例蓋此經書叔孫豹及諸侯之大夫及陳袁僑盟凡再言及故曰及又及猶彼經書公會晉侯宋公衛侯曹伯莒子邾子滕子薛伯杞伯小邾子齊世子光會吳于柤凡再言會故曰會又會也集解曰通言叔孫豹及諸侯之大夫則無以表袁僑之得禮故言再及明獨與袁僑不與諸侯之大夫疑范氏所據本正作及又及故以再言及釋之疏標及以至之也五字而釋之曰傳解經所以再言及者以及與之也謂與袁僑故言及以殊之則其所據本已與今同矣

家有既亡國有既滅襄六年 集解曰滅猶亡亡猶滅家立異姓為後則亡國立異姓為嗣則滅既盡也 櫆謹按既固訓盡而此既字則非盡之謂也既亡既滅猶言已亡已滅也家立異姓為後其家固未亡也而實則已亡矣是謂家有既亡國立異姓為嗣其國固未滅也而實則已滅矣是謂國有既滅下文曰滅而不自知由別之而不別也正見鄫之既滅而不自知其滅也昭四年九月取鄫自鄫人言之以為至是始為魯所滅耳不知其於襄公六年已為莒所滅矣然則自襄六年至昭四年鄫國乃既滅之國也此國有既滅之義也

稱盜以殺大夫弗以上下道惡上也十年 櫆謹按傳文本曰稱盜以殺大夫弗以上下道道句惡上也傳寫奪一道字耳弗以上下道道者弗以上下之道言也哀四年傳稱盜以殺君不以上下道道也正與此傳文同可據以訂正

行人者挈國之辭也十一年 集解曰行人是傳國之辭命者 櫆謹按凡言之辭者皆釋經意如此上文公至自鄭傳曰不以伐鄭致得鄭伯之辭也即其例也而此傳挈國之辭范乃以為傳國之辭命失之矣今按說文手部挈縣持也使臣出竟與國一體榮則俱榮辱則俱辱國之榮辱縣于一人故曰行人者挈國之辭也襄十八年昭八年傳竝曰稱行人怨接於上也范氏於襄十八年傳解曰怨其君而執其使稱行人明使人有罪在上也然則此云挈國者或罪在使臣歟

莊公失言淫于崔氏二十五年 集解曰放言將淫崔氏為此見弒也邵曰淫過也言莊公言語失濫有過於崔子而崔子弒之 櫆謹按此二解皆未明失言之義失言猶失道也詩

東門之池篇可以晤言毛傳曰言道也言為道說之道亦即為道從之道法言問道篇曰道也者通也道德之道與道說之道皆取通達之義無二義也微
人戕而二之兩古訓遂不可通矣莊元年傳曰人之於天也以道受命於人也以言受命不若道者天絕之也不若於言者人絕之也此以道與言分
屬天與人蓋以天不言之故其實對文則別散文則通不若於言即不若於道也此傳曰莊公失言淫于崔氏猶曰莊公失道淫于崔氏左傳所載東
郭姜之事是也范氏兩說皆未得其義禮記禮器篇苟無忠信之人則禮不虛道鄭注曰道猶從也廣雅釋詁曰言從也言之訓從猶道之訓從然則
失言之即
失道明矣

以伐楚之事門于巢卒也　集解曰所以攻巢之門者為其伐楚之事故也　樾謹按以門于巢為攻巢之門此左傳說也公穀則皆不然公羊傳曰門于巢卒者何入門乎巢而卒也入門乎巢而卒者何入巢之門而卒也此傳曰吳子謁伐楚至巢入其門門人射吳子有矢創反舍而卒是皆以門于巢為入巢之門與左傳異范以左傳說此傳失之矣若從范解則吳方攻巢又何以責巢之不飾城請罪乎

一事注乎志十一年　集解曰一事輒注而志之也　樾謹按范解非也傳文曰此子也其曰世子何也不與楚殺也一事注乎志所以惡楚子也推尋傳意蓋謂此本二事而以一事書之也蓋夏四月丁巳楚子虔誘蔡侯般殺之于申此一事也冬十有一月丁酉楚師滅蔡執蔡世子友以歸用之此又一事也若分而書之則蔡侯般已于夏四月為楚誘殺其子嗣立至是又為楚執當從諸侯在喪稱子之例書曰蔡子不當曰蔡世子矣今乃仍書蔡世子是以一事書之見楚子既誘殺其父又執用其子為暴虐之甚也故曰一事注乎志所以惡楚子也廣雅釋詁曰注識也周官外史掌四方之志鄭注曰志記也謂若魯之春秋晉之乘楚之檮杌然則注乎志者謂識之於史策也非謂輒注而志之也注而志之不得曰注乎志矣乃自何邵公讀此傳已不得其義故有反貶蔡稱世子之疑而鄭君解之謂愛子言世子使若不得其君則仍未得傳義曰益由讀者於一事兩字未達深求故經意傳意胥失之矣

因是以見雖有文事必有武備孔子於頰谷之會見之矣定十年　樾謹按上既云因是以見則下不必又云見之見之疑當作㝵之㝵古得字也頰谷之會正所謂有文事必有武備者故曰孔子於頰谷之會㝵矣史記趙世家踰年歷歲未得一城趙策得作見見亦當作㝵誤與此同

嘗置之上帝矣哀十年　集解曰嘗置之滌宮名之曰上帝牲矣　樾謹按荀子大略篇楊注曰置賈猶言委賈也呂氏春秋執一篇今日置質為臣高注亦曰置猶委也嘗置之上帝矣猶曰嘗委之上帝矣成二年左傳王使委于三吏杜注曰委屬也即其義也范解增字太多未得其旨

欲因魯之禮因晉之權而請冠端而襲哀十三年　集解曰襲衣冠端元端　疏曰云請冠端而襲者請著元冠元端而相襲　樾謹按此當於端字絕句而襲二字合下文其藉于成周五字為句傳文本曰欲因魯之禮因晉之權而請冠端句而襲其藉于成周句藉者貢獻也范解曰藉謂貢獻是也襲之言入也國語晉語曰使晉襲于爾門韋注曰襲入也其下云大國道小國襲焉曰服小國敖大國襲焉曰誅韋氏竝訓為入蓋古語如此也襲其藉于成周者入其貢獻于成周也蓋吳之意欲因魯之禮而請冠端因晉之權而襲其藉於成周范氏誤以襲字絕句則下文其藉于成周五字不成句矣

羣經平議卷二十五

春秋左傳一

有文在其手曰為魯夫人 孔氏正義曰成季唐叔亦有文在其手曰友曰虞曰下不言為此傳言為魯夫人者以宋女而作它國之妻故傳加為以示異耳非為手文有為字故魯夫人之上有為字也 樾謹按傳文曰字衍文也閔二年傳有文在其手曰友昭元年傳有文在其手曰虞彼傳無為字故有曰字此傳有為字則不必有曰字猶桓四年公羊傳一曰乾豆二曰賓客三曰充君之庖穀梁傳作一為乾豆二為賓客三為充君之庖有為字則無曰字亦其例也僖二十八年傳聽與人之謀曰稱舍於墓曰字亦衍文既有稱字則不必有曰字矣哀十六年傳曰請三之後有罪殺之曰字亦衍文既有請字則不必有曰字矣凡此之類皆後人所加太平御覽兵部引僖二十八年傳文正無曰字可證也

不如早為之所 隱元年 杜氏集解曰使得其所宜 樾謹按杜未解所字之義故增宜字以足成之尚書無逸篇君子所其無逸詩殷武篇有截其所鄭注鄭箋竝曰所猶處也然則早為之所猶云早為之處與國語晉語蚤處之與此傳文異而義同

大叔完聚 集解曰完城郭聚人民 正義曰服虔以聚為聚禾黍也段欲輕行襲鄭不作固守之資故知聚為聚人非聚糧也完城者謂聚人而完之非欲守城也 樾謹按段既不作固守之資又何必完其城郭若謂借此為聚人之計則傳文必當詳述其事不得但曰完聚也今按完聚二字同義完當讀為捖捖之言摶也淮南子俶真篇摶捖剛柔摶即摶字玉篇手部捖摶圓也捖聚猶言摶聚大叔將欲襲鄭故先摶聚其民也商子農戰篇凡治國者患民之散不可摶也是以聖人作壹摶之又曰摶民力以待外事即此傳捖聚之義杜以本字讀之而分完聚為二義殆失之矣

君義臣行 三年 集解曰臣行君之義 樾謹按杜氏所解似尚未得義字之旨也義當讀為儀周官肆師治其禮儀鄭注曰故書儀為義鄭司農云義讀為儀古者書儀但為義今時所謂義為誼是義者古儀字也說文人部儀度也國語周語曰儀之于民而度之于羣生又曰不度民神之義不儀生物之則是儀與度同也鄭注尚書大傳曰射王極之度也射人將發矢必先于此儀之發矢則必中于彼矣君將出政亦先于朝廷度之出則應于民心此正君義之謂也君義臣行言君儀度於上臣奉行於下也若如杜解則君義與臣行不一律矣

陳魚而觀之 五年 集解曰陳張設也公大設捕魚之備而觀之 樾謹按上文云公將如棠觀魚者正義曰魚者猶言獄者也釋文曰魚者本亦作漁者此文云陳魚而觀之即承上文而言謂陳列漁者而觀之也凡陳列其物謂之陳陳列其人亦謂之陳定四年穀梁傳侯陳器此以物言也詩采芑篇陳師鞠旅此以人言也然則陳魚為陳列漁者明矣僖四年傳齊侯陳諸侯之師與屈完乘而觀之與此傳陳魚而觀之文義正同杜解謂大設備魚之備未得其旨

鄭人侵衛牧以報東門之役 集解曰牧衛邑 樾謹按牧若是邑名則當云鄭人侵衛及牧如莊十四年傳鄭厲公自櫟侵鄭及大陵成十五年傳楚子侵鄭及暴隧皆其例也今乃連言之曰衛牧疑牧非地名矣爾雅釋地邑外謂之郊郊外謂之牧牧外謂之野此傳牧字即郊外之牧也四年宋陳蔡衛伐鄭圍其東門五日而還是迫近之至故此亦侵及衛牧所以報也杜以邑名釋之誤矣江氏永春秋地理考實曰牧即牧野也今按牧野之牧亦即郊外之牧也尚書牧誓篇曰王朝至于商郊牧野此當以郊牧野連文即爾雅所謂邑外郊郊外牧牧外野也說詳尚書國語周語曰底民弗忍欣戴武王以致戎於商牧彼云商牧此云衛牧其義正同皆非地名也

周之宗盟異姓為後 十一年 正義曰賈逵以宗為尊服虔以宗盟為同宗之盟孫毓以為宗伯屬官掌作盟詛之載辭故曰宗盟杜無明解盟之尊卑有定法不得言尊盟也周禮司盟之官乃是司寇之屬非宗伯也唯服之言得其旨矣 樾謹按同宗之盟則無與異姓何論先後孫毓所難服氏殆無以解[illegible]夫燕異姓為賓之文謂宗盟無與異姓則族燕不得有異姓也此說雖以有理其實不然夫族燕者公與族人燕也燕之[illegible]兄弟以賓道待之反若疏外故立異姓者為賓也若天子之盟諸侯使之共獎王室則於同姓異姓無所偏主[illegible]得也今按宗者主也一切經

音義九引字林曰宗尊也亦主也昭二年傳從之宗也杜曰宗猶主也此適為從謂以王官主諸侯之盟則先同姓也正義引釋例曰所用而言指謂王官之宰臣

君謂許不共 集解曰不共職貢據謹按不共職貢而但曰不共則所不共者何事邪杜解非□□大共毛傳曰共法也書序九共九篇馬融注曰共法也然則君謂許不共者君謂許不法也下文曰許無刑而伐之杜注曰刑法也許不共與許無刑其義正同矣

序民人據謹按序當讀為豫爾雅釋地釋文引春秋元命苞曰豫之言序也禮記射義篇鄉大夫序從鄭注曰序或為豫是序與豫古通用爾雅釋詁曰豫安也豫民人猶言安民人正義以為次序民人非其義矣

大羹不致桓二年 集解曰大羹肉汁不致五味據謹按不致五味而但曰不致於文未明杜解非也致當讀為緻詩鴻羽篇傳曰盬不攻緻也說文無緻字新附始有之古字止作致詩正義曰緻密本皆作致是也又或作至呂氏春秋誣徒篇說師苦而欲學之功也高誘注曰苦讀如盬會之盬不精至也不精至與不攻緻義同考工記弓人㯢之而角至鄭注曰至猶善也至之訓善蓋即精至之義大羹不致謂其不精至也下文粢食不鑿杜注曰不精鑿然則不致謂不精至不鑿謂不精鑿文義正同

我張吾三軍而被吾甲兵六年據謹按甲可言被兵不可言被釋文曰被皮寄反下注被甲同失之矣被當讀為披廣雅釋詁曰披張也披吾甲兵與張吾三軍同義披亦張也並謂張設之也作被者段字耳莊子知北遊篇齧缺問道于被衣釋文曰被本作披是被披古字通

嘉栗旨酒 集解曰嘉善也栗謹敬也 正義曰杜訓栗為謹敬言善敬為酒劉炫以栗為穗貌而規杜過於理恐非據謹按善敬兩意不倫若以為穗貌則於說酒更遠疑皆非也栗當讀為洌洌從列聲與栗相近詩四月篇冬日烈烈鄭箋曰烈烈猶栗栗也考工記弓人菑栗不迆鄭注曰栗讀為裂繻之裂然則以栗為洌猶以栗為裂矣說文水部洌水清也周易井九五井洌寒泉食王弼注曰洌潔也嘉洌旨酒言其既嘉美而又清潔也

鄭伯因櫟人殺檀伯而遂居櫟十五年 集解曰檀伯鄭守櫟大夫據謹按昭十一年傳曰鄭京櫟實殺曼伯蓋曼與檀本疊韻字莊子馬蹄篇澶漫為樂史記司馬相如傳紫衍壇曼是也檀伯之為曼伯前後異文亦猶薳氏之為蔿氏鍼尹之為箴尹矣隱五年傳鄭祭足原繁洩駕以三軍軍其前使曼伯與子元潛軍軍其後又曰鄭二公子以制人敗燕師于北制杜注曰二公子曼伯子元是曼伯者莊公之子也而於此傳乃上云守櫟大夫何邪昭十一年傳鄭莊公城櫟而寘子元焉使昭公不立杜注曰子元鄭公子莊公寘子元於櫟桓十五年厲公因之以殺櫟大夫檀伯遂居櫟卒使昭公不安位而見殺正義遠杜意以為莊公城櫟而寘子元又使檀伯為櫟邑大夫故厲公得因子元而殺檀伯夫櫟既為子元之邑何以又使檀伯為櫟邑大夫正義引晉封桓叔于曲沃而以欒賓傅之鄭使許叔居許而以公孫獲為佐楚使大子建居城父而以奮揚佐之證一邑之內得有二人此不然也夫子元與曼伯所謂二公子也非如桓叔之於欒賓許叔之於公孫獲太子建之於奮揚也二公子並居一邑勢均力敵孰為之主孰為之佐乎是可決其不然矣今按顧氏炎武左傳補注謂子元即厲公之字其說是也莊公時厲公居櫟故傳云城櫟而寘子元莊公卒厲公立又為祭仲所不容出之而立昭公昭公既立以櫟為厲公舊邑不可無親公子以鎮撫之因使曼伯居櫟乃厲公因櫟之舊人殺曼伯而居其地即此傳所載是也說經者不知子元之即厲公而又不知曼伯之亦為公子於是事之本末不可見矣昭十一年傳曰鄭京櫟實殺曼伯宋蕭亳實殺子游齊渠丘實殺無知衛蒲戚實出獻公獻公乃衛君即子游與無知亦嘗居君位若曼伯止是櫟邑大夫而非親公子安足與之並論邪顧氏以子元為厲公字於傳雖無所證惟古人名字必相應漢書刑法志曰是猶以鞿而御駻突師古注引如淳曰突惡馬也鄭厲公名突而字子元者元或杌字之省邪附著之以證成顧氏之說

高伯其為戮乎復惡已甚矣十七年 集解曰復重也本為昭公所惡而復弒君重為惡也據謹按昭公既已見殺矣重為惡之說義不可通復者報也漢書谷永傳報德復怨師古注曰復亦報也復惡之義與復怨同言高渠彌因為昭公所惡而遂弒之則其報復為已甚矣故將為戮也

築王姬之館于外為外禮也莊元年據謹按為猶于也古于為二字通用儀禮士冠禮曰宜之于假鄭注曰于猶為也然則為亦猶于也聘禮記曰賄在聘于賄注曰于讀曰為然則為亦可讀曰于也為外禮也猶曰于外禮也蓋上句築王姬之館于外乃是經文傳

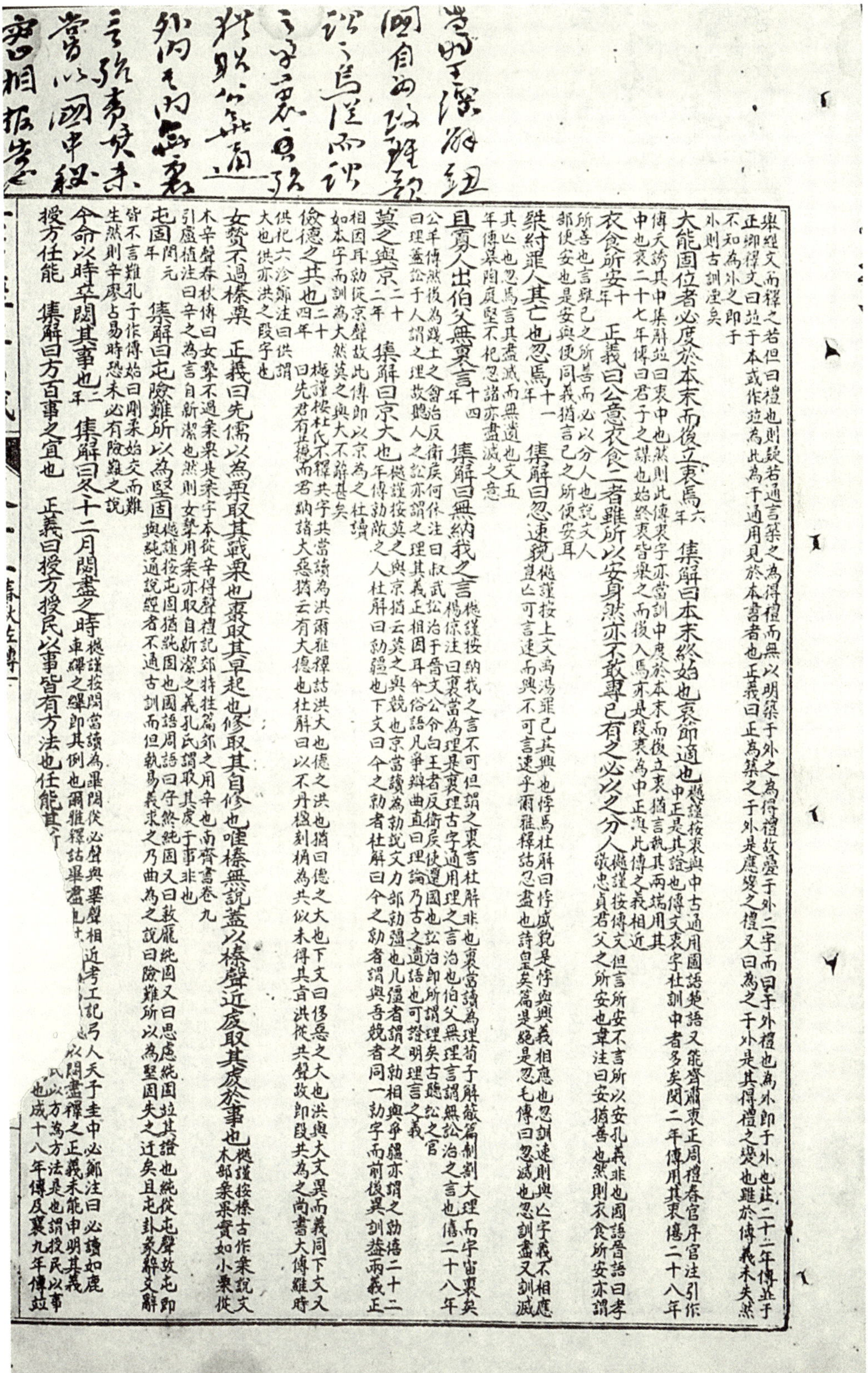

樂經文而釋之若但曰禮也則疑若通言築之為得禮而無以明築于外之為得禮故疊于外二字而曰于外禮也為外即于外也莊二十二年傳竝于
正鄉釋文曰竝于本或作竝為此為于通用見於本書者也正義曰正為築之于外是應變之禮又曰為之于外是其得禮之變也雖於傳義未失然
不知為外之即于外則古訓湮矣
大能固位者必度於本末而後立衷焉六年 集解曰本末終始也衷節適也 樾謹按衷與中古通用國語楚語又能齊肅衷正周禮春官序官注引作中正是其證也傳文衷字杜訓中者多矣閔二年傳用其衷僖二十八年
傳天誘其中集解竝曰衷中也然則此傳衷字亦當訓中衷於本末而後立衷猶言執其兩端用其
中也哀二十七年傳曰君子之謀也始終衷皆舉之而後入焉亦是段衷為中正與此傳之義相近
衣食所安十年 正義曰公意衣食二者雖所以安身然亦不敢專己有之必以之分人 樾謹按傳文但言所安不言所以安孔義非也國語晉語曰孝敬忠貞君父之所安也韋注曰安猶善也然則衣食所安亦謂
所善也言舉己之所善而必以分人也說文人
部便安也是安與便同義猶言己之所便安耳
桀紂罪人其亡也忽焉十一年 集解曰忽速貌 樾謹按上文禹湯罪己其興也悖焉杜解曰悖盛貌是悖與興義相應也忽訓速則與亡字義不相應豈亡可言速而興不可言速乎爾雅釋詁忽盡也詩皇矣篇是絕是忽毛傳曰忽滅也忽訓盡又訓滅
其亡也忽焉言其盡滅而無遺也文五
年傳桀陶庭堅不祀忽諸亦盡滅之意
且寡人出伯父無裏言十四年 集解曰無納我之言 樾謹按納我之言不可但謂之裏言杜解非也裏當讀為理荀子解蔽篇制割大理而宇宙裏矣楊倞注曰裏當為理是裏理古字通用理之言治也伯父無理言謂無訟治之言也僖二十八年
公羊傳然後為踐土之會治反衛侯何休注曰叔武訟治于晉文公令白王者反衛侯使還國也訟治即所謂理矣古聽訟之官
曰理蓋訟于人謂之理故聽人之訟亦謂之理其義正相因耳今俗語凡爭辯曲直曰理論乃古之遺語也可證明理言之義
莫之與京二十二年 集解曰京大也 樾謹按莫之與京猶云莫之與競也京當讀為勍說文力部勍彊也凡彊者謂之勍相與爭彊亦謂之勍僖二十二年傳勍敵之人杜解曰勍彊也下文曰今之勍者杜解曰今之勍者謂與吾競者同一勍字而前後異訓蓋兩義正
相因耳勍從京聲故此傳即以京為之杜讀
如本字而訓為大然莫之與大不辭甚矣
儉德之共也二十四年 樾謹按杜氏不釋共字共當讀為洪爾雅釋詁洪大也德之洪也猶曰德之大也下文曰侈惡之大也洪與大文異而義同下文又曰先君有共德而君納諸大惡猶云有大德也杜解曰以不丹楹刻桷為共似未得其旨洪從共聲故即段共為之尚書大傳維時
供祀六沴鄭注曰供謂
大也供亦洪之段字也
女贄不過榛栗 正義曰先儒以為栗取其戰栗也棗取其早起也脩取其自脩也唯榛無說蓋以榛聲近虔取其虔於事也 樾謹按榛古作亲說文木部亲果實如小栗從
木辛聲春秋傳曰女摯不過亲栗是亲字本從辛得聲禮記郊特牲篇郊之用辛也南齊書卷九
引盧植注曰辛之為言自新潔也然則女摯用亲亦取自新潔之義孔氏謂取其虔于事非也
屯固閔元年 集解曰屯險難所以為堅固 樾謹按屯固猶純固也國語周語曰守終純固又曰敦厖純固又曰思慮純固竝其證也純從屯聲故屯即與純通說經者不通古訓而但執易義求之乃曲為之說曰險難所以為堅固失之迂矣且屯卦彖辭文辭
皆不言難孔子作傳始曰剛柔始交而難
生然則辛廖占易時恐未必有險難之說
今命以時卒閟其事也二年 集解曰冬十二月閟盡之時 樾謹按閟當讀為畢閟從必聲與畢聲相近考工記弓人天子圭中必鄭注曰必讀如鹿車縪之縪即其例也爾雅釋詁畢盡也[illegible]以閟盡釋之正義未能申明其義
授方任能 集解曰方百事之宜也 正義曰授方授民以事皆有方法也任能其[illegible]氏以方為方法是也謂授民以事也成十八年傳及襄九年傳竝

正義固非所說尤不成語據及可數乎乃

曰官不易方昭二十九年傳又曰官脩其方國語周語亦曰官不易方晉語……言也此傳言務材訓農通商惠工敬教勸學則四民已皆包大矣又言授方任能則由民而臣言其能官人也授方……者任用其才能之人也不授以方則無治法不任其能則無治人授方任能衛之所以興也正義謂授民以事失其旨矣

五侯九伯僖四年 集解曰五等諸侯九州之伯 正義曰鄭元以為周之制每州以一侯為牧二伯佐之九州有九牧十八伯大公為東西大伯中分天下者各當統四侯半一侯不可分故言五侯其伯則各有九耳侯為牧伯佐之言是周制其事無所出也校數煩碎非復人情故先儒無同之者 樾謹按鄭義煩碎且每州一侯二伯亦無塙證其說固不可從矣詩旄邱篇正義引服注曰五侯公侯伯子男九伯九州之長與杜義同然禮記王制篇曰八州八伯正義引鄭志曰畿內之州不置伯是古有八伯無九伯也以九伯為九州之長亦臆說耳今按五侯九伯統言天下諸侯也周制有公侯伯子男五等而止言侯伯者舉中以包上下也僖二十九年傳曰在禮卿不會公侯會伯子男可也是公侯為一等伯子男為一等故舉侯以包公舉伯以包子男也侯言五伯言九者數始於一而終於九至十則復為一矣素問三部九候論曰天地之至數始於一終於九焉是其義也自一至九五為中數故古人之言凡至少者以一言之如孟子一杯水一鈎金之類是也至多者以九言之如公羊傳叛者九國是也舉其中數則以五言之如左傳不可以五稔是也五侯舉中數九伯舉終數後人不達古語而曲為之說宜皆不可通矣宣十二年傳夷於九縣昭十二年傳五大不在邊五細不在庭凡言五言九者皆此類也

取虢之旂五年 正義曰旂者晉軍旂也而往取虢故云取虢之旂 樾謹按此直言戰勝而取虢之旂耳哀二年傳鄭人擊簡子中肩斃于車中獲其蠭旗又十三年傳彌庸見姑蔑之旗曰吾父之旗也杜解曰彌庸父為越所獲故姑蔑人得其旌旗然則勝敵而獲旂古所恒有正義之說失之迂曲矣

其在亂乎君務靖亂無勤於行九年 集解曰在存也微戒獻公言晉將有亂 樾謹按上文齊侯不務德而勤遠略云云無一字及晉此忽云晉將有亂義不可通蓋宰孔之意謂齊將有亂非謂晉將有亂也爾雅釋詁曰在終也其在亂乎乃逆料之辭言齊之將終於亂也君務靖亂言君務靖齊國之亂蓋以代興諷晉也首止之盟王使周公召鄭伯曰吾撫女以從楚輔之以晉可以少安周公即宰孔然則此數語即勸晉叛齊之意杜氏未得其旨

余嘉乃勳應乃懿德謂督不忘十二年 集解曰功勳美德可謂正而不可忘者 正義曰應當也懿美也督正也言我善女功勳當女美德謂女功德正而不可忘宜受此禮 樾謹按應猶報也周易文言傳正義曰應者報也督當讀為篤篤偽古文尚書微子之命篇用此文作曰篤不忘是也爾雅釋詁曰篤厚也應乃懿德謂篤不忘言以上卿之禮報女之美德且示相厚而不忘也杜解未了正義所說亦近迂曲矣

先君之敗德及可數乎十五年 正義曰韓簡之意以為惠公及禍自由先君獻公廢嫡立庶之敗德不由卜筮故云先君之敗德既定致公今及此禍可由筮數始生之乎 樾謹按正義曰所說甚為迂曲非傳義也此句釋文有兩讀今按當以先君之敗德及絕句及讀為急說文心部急從心及聲釋名釋言語曰急及也操切之使相逮及也是及與急聲近義通急又通作亟爾雅釋詁亟疾也釋文曰亟本亦作急是也穀梁文十二年傳秦晉之戰已亟范注曰亟數也與此傳文法相似韓簡之意謂先君之敗德亟矣不可勝數也故曰先君之敗德及可數乎及乃急之叚字急又亟之叚字學者不知轉展相叚之旨宜其不可通矣

是崇皞濟而修祀紓禍也二十一年 樾謹按祀當作禮上文曰崇明祀保小寡周禮也蠻夷猾夏周禍也修禮承周禮而言紓禍承周禍而言因禮字古文作禮與祀相似又涉上崇明祀之文故誤為祀耳國語周語宗祝執祀韋注曰賓將有事於廟則宗祝執祭祀之禮夫賓至不行祭禮安得云執祀祀亦禮字之誤也說詳國語此傳修禮之誤為修祀猶外傳執禮之誤為執祀矣

弗可赦也已二十二年 集解曰言君興天所棄必不可不如赦楚勿與戰 樾謹按如杜解當於弗可絕句赦也已三字文不成義矣此五字宜連讀蓋即違天必有大咎之意天固棄之君必興之是得罪於天也故曰弗可赦也已

例花內稽
言有成數爭
言不勝數
必左氏此節
內法墓多
非氣不祥大
所付隨是

不以阻隘也 集解曰不因阻隘以求勝 樾謹按傳文曰古之為軍也不以阻隘也寡人雖亾國之餘不鼓不成列下文子魚曰隘而不列天贊我也阻而鼓之不亦可乎是阻與鼓對隘與不成列對故又曰利而用之阻隘可也聲盛致志鼓儳可也鼓儳二字不平列則阻隘二字亦不平列阻者扼也尚書兎典篇黎民阻飢正義引鄭注曰阻扼也方是人之未既濟即扼而擊之是謂阻其隘杜解未得其旨

金鼓以聲氣也 集解曰鼓以佐士衆之聲氣 樾謹按傳文止言以聲氣不言以佐聲氣杜解非也顧氏炎武補正曰聲如金聲而玉振之之聲劉用熙曰聲宣也宣倡士卒之勇氣令按孟子言金聲玉振之又曰金聲也者金聲下皆無之字與玉振之不同金聲而玉振之謂金聲始洪終殺必以玉聲振起之也說詳孟子顧氏習于時解遂若金聲與玉振一律因取以解此傳聲字失之矣且如其解謂宣倡士卒之氣則此句當以氣字為主下文曰聲盛致志乃言聲不言氣何也然則顧解亦非也今以文義求之金鼓以聲氣也與上句三軍以利用也一律氣當讀為鎎鎎者怒也說文金部鎎怒戰也引春秋傳曰諸侯敵王所鎎今文四年左傳作愾杜解曰愾恨怒也蓋鎎愾義通凡怒謂之愾戰而怒謂之鎎雖有從心從金之別實一字耳三軍之用在利不利則不可以用故曰三軍以利用金鼓之鎎在聲非聲則不見其鎎故曰金鼓以聲鎎

蒲人狄人余何有焉 二十四年 集解曰當二君世君為蒲狄之人於我有何義 樾謹按余何有焉猶云余何愛焉昭二十年傳是不有寡君也杜解曰有相親有也此有字義與彼同乃云於我有何義失之又襄二十九年傳以杞封魯猶可而何有焉有亦親有之有言何愛於杞也杜云何有盡歸之則亦未得其義

況貪天之功以為己力乎 樾謹按杜氏不解貪字蓋即以本字讀之然非也貪當讀為探釋名釋言語曰貪探也探取入它分也後漢書郭躬傳捨狀以貪猜李賢注曰貪與探同是貪探聲近而義通爾雅釋詁探取也探天之功者取天之功也國語周語曰而郤至佻天以為己力不亦難乎韋注曰佻偷也偷亦取也淮南子說林篇偷肥其體高注曰偷取也此傳探天之功以為己力與外傳佻天以為己力文異而義同

鄭伯與孔將鉏石甲父侯宣多省視官具于氾而後聽其私政 集解曰三子鄭大夫省官司具器用 正義曰鄭伯與三大夫每日省視當國官司令具其器用送之於氾而後聽其私政也 樾謹按省視官司令具器用而但曰省視官具則傳文為不備矣顧氏補正引傳氏曰官官司具器具於文較明然亦未得官字之義史記孝文紀五帝官天下索隱曰官猶公也然則官具與私政相對成義周官載師注司農曰官田者公家之所耕田官具猶官田也公家之田謂之官田故公家之具謂之官具矣鄭伯以己之政為私政因以天子之具為官具先省視官具而後聽私政明先公而後私也官私對文令時語猶然蓋古之遺言矣襄四年傳無失官命官命亦公也蓋晉尊事晉國故以晉命為公家之命令也二年傳鄭子駟曰官命未改補正引陸氏曰官命猶言公命其說是也以臣子言之則君命為公命以小國言之則伯主之命為官命兩官命義同即彼傳官命可證此傳官具之義杜解兩官命異義正義曲為之說皆非也

王章也 二十五年 集解曰章顯王者與諸侯異 樾謹按廣雅釋器曰章程也素問氣交變大論篇政令者氣之章王注曰章程也式也然則王章者猶言王者之程式也如杜解則當云所以章王也文義方明而傳文為不備矣

昔趙衰以壺飧從徑餒而弗食 集解曰徑猶行也 正義曰杜以徑猶行者以傳文為徑故釋為行上讀為義劉炫改徑為經謂經歷饑餒下屬為句輒改其字以規杜氏非也 樾謹按杜劉二說雖有上讀下讀之不同然實則此字皆贅設也如杜說則但曰以壺飧從足矣何必曰從徑乎如劉說則但曰餒而弗食足矣何必曰經餒乎且以情事言之重耳與趙衰同行餒則俱餒重耳不食衰自無獨食之理此亦何足為異乎焦氏循左傳補疏曰徑小道也蓋衰本以壺飧從重耳有時重耳行大道衰由小道亦餒而不食謂不以相違而自私也從字絕句徑一字句餒而不食四字句按此說於情事為合惟句讀似尚未得徑字仍當上屬趙衰以壺飧從從徑者謂以壺飧從小道也猶史記欒布傳所云從閒道也重耳行大道衰由小道故謂之從徑師古注漢書張騫傳曰從由也是從徑即由徑也韓子外儲說左篇以此為箕鄭事其曰迷而失道與公相失飢而道泣寢餓而不敢食雖與左傳紀載不同然可證其與重耳分首[illegible]義也

公使展喜犒師 二十六年 正義曰犒者以酒食餉饋軍師之名也服虔云以師枯槁[illegible]矣斥彰長田君碑作勞鷸鷸亦說以牛酒故從牛又或從酉竝俗

盬与餬兩字絕不相涉硬派服氏讀盬為餬不知從何處出此種胡扯之說經法真無第二

字耳周禮小行人云若國師役則令槁襘之注云故書槁為稾鄭司農曰稾[illegible]之說合然師枯槁而饋之歟食則不枯槁矣乃反謂之槁師義實未安今以服氏枯槁之說推之其字實當作[illegible]國語曰使展喜以膏沐槁師疑古本國語作以膏沐膏師上膏字如字下膏字古報反襄十九年傳如百穀之仰膏雨[illegible]若常[illegible]字膏之古報反是其例也此傳犒字釋文曰苦報反與膏之之膏音正相近疑古本左傳亦作膏師故服氏以枯槁為說耳玉篇食部又有犒字曰勞也蓋古義亾而俗字滋多矣

說禮樂而敦詩書 二十七年 正義曰敦謂厚重之 樾謹按敦治也猶言治詩書也詩閟宮篇敦商之旅鄭箋曰敦治也是其義

民懷生矣 正義曰劉炫云生既厚民皆懷戀居處 樾謹按懷安也言民安其生也論語里仁篇君子懷德公冶長篇少者懷之孔注竝曰懷安也是其義

楚子伏已而盬其腦 二十八年 集解曰盬唼也 正義曰盬之為唼未見正訓蓋相傳為然服虔云如俗語相罵云唼女腦矣 樾謹按服氏蓋讀盬為餬餬從胡聲胡從古聲盬亦從古聲故得通用餬之義為食說文食部餬寄食也蓋以隱十一年傳言餬口四方故以寄食言之實非達詁昭七年傳正考父鼎銘亦言餬口豈亦寄食之謂乎據爾雅釋言云餬饘也隱十一年正義曰餬是饘鬻別名今人以薄鬻塗物謂之餬紙餬帛則餬者以鬻食口之名故云餬其口也此說得之鬻謂之餬而食鬻亦謂之餬古義引申往往有此如飯字有符萬扶晚二切即其例也得此說則雅訓與傳義均可貫通矣此傳云餬其腦者腦亦柔物啜之與饘鬻同故亦言餬也因段盬為之而其義遂晦矣

天禍衛國君臣不協以及此憂也 集解曰衛侯欲與楚國人不欲故不和也 樾謹按白虎通號篇曰君之為言群也是君與群聲近義通管子大匡篇桓公使鮑叔識君臣之有善者問篇君臣有位而未有田者幾何人王氏念孫謂君臣即群臣說見讀書雜志此傳君臣不協君臣亦即群臣也故下文曰今天誘其衷使皆降心以相從也不有居者誰守社稷不有行人者誰扞牧圉又曰自今日以往既盟之後行者無保其力居者無懼其罪皆以居者行者為言居者行者即所謂群臣也若以本字讀之而曰君臣不協與下文不貫矣

獻俘授馘 集解曰授數也 樾謹按授不訓數當讀為受周官典婦功凡授嬪婦功司儀登再拜授幣鄭注竝曰与授當為受是其例也獻俘受馘文異而實同自下言之謂之獻自上言之謂之受矣

刖鍼莊子 樾謹按刖當作刵字之誤也尚書康誥呂刑竝有劓刵之文康誥篇正義引鄭康成說以刵為臣從君坐之刑所謂臣從君坐者即據此傳為說因鍼莊子為坐而得刵刑故云然是鄭所見左傳作刵也若如今本作刖則左傳言刖者多矣莊十六年刖強鉏成十七年刖鮑牽豈得概謂之臣從君坐乎乃因此傳刵誤作刖或并疑尚書刵字亦當作刖誤矣

踐修舊好 文元年 集解曰踐猶履行也 樾謹按履行而修舊好甚為不辭踐當讀為纘詩崧高篇王纘之事釋文引韓詩作王踐之事是踐與纘古字通用踐修舊好即纘修舊好說文糸部纘繼也經典通作纂爾雅釋詁纂繼也國語周語纂修其緒纂與踐竝纘之段字

子雖齊聖 二年 集解曰齊肅也 樾謹按齊猶明也禮記祭統篇曰齊者精明之至也北堂書鈔卷九十引白虎通曰齊者言己之意念專一精明也是齊有精明之義故古人每以齊明竝言禮記中庸篇齊明盛服國語周語其君齊明衷正荀子修身篇齊明而不竭皆其證也齊聖猶言明聖耳詩小宛篇人之齊聖毛公訓齊為正則古義之湮久矣

晉侯伐秦圍邧新城 四年 集解曰邧新城秦邑也 樾謹按新城疑即邧非二邑也蓋秦人新於邧邑築城故謂之新城晉人用司馬法攻其所產故傳稱圍邧新城也僖六年經書伐鄭圍新城傳曰圍新密鄭所以不時城也杜解曰實新密而經言新城者鄭以非時興土功齊桓聲其罪以告諸侯正義引劉炫云先王之制諸侯無故不造城造城則攻其所造司馬法曰產城攻其所產是也然則秦之新城亦猶鄭之新城矣又按僖四年傳太子奔新城杜解曰新城曲沃曲沃之為新城疑亦以新築城得名雖曲沃為晉宗邑故宜有城然傳稱晉侯使士蔿為二公子築蒲與屈則太子之居曲沃亦必因其舊城而新之可知也文十四年同盟于新城杜云宋地宋之新城疑亦此類僖十八年傳梁伯益其國而不能實也命曰新里新里新城義正同耳

案文

能耐相通小戴中常有之不必不了鄭注亦作此文能字同可通又兩必作蓋耐

則天子當陽諸侯用命也　正義曰湛露詩云湛湛露斯匪陽不晞陽謂日也言天子當日諸侯當露也樾謹按當猶對也南方為陽天子南面而立故當陽也禮記郊特牲篇曰君之南鄉荅陽也鄭注曰荅對也是其義矣正義失之

陳之藝極（六年）　集解曰藝準也極中也貢獻多少之法傳曰貢之無藝又曰貢獻無極樾謹按藝極一也國語魯語曰貪無藝也晉語曰貪欲無藝韋注竝曰藝極也是極與藝同義藝準也極亦準也故詩殷武篇四方之極後漢書樊準傳引作四方是則李賢注曰韓詩之文也毛詩作極韓詩作則是極字即有準則之義杜分藝極為二義失之

事長則順樾謹按事猶立也禮記郊特牲篇信事人也鄭注曰事猶立也字亦作倳周官太宰職以任百官鄭注任猶倳也釋文曰倳側吏反猶立也賈疏曰東齊人物立地中為倳蓋倳即事之變體古字止作事事長則順言立長則順也昭二十六年傳立長則順與此傳文異而義同

且復致公壻池之封（八年）　集解曰公壻池晉君女壻又取衛地以封之今并還衛也樾謹按公壻池乃晉大夫不過釆地而已非建國為附庸不得言封也成十四年傳許人平以叔申之封杜解曰四年鄭公孫申疆許田許人敗之不得定其封疆今許以是所封田求和於鄭然則此傳公壻池之封與彼傳叔申之封文義一律蓋晉侯曾使公壻池定其封疆故即謂之公壻池之封耳

乃皆出戰交綏（十二年）　集解曰司馬法曰逐奔不遠從綏不及逐奔不遠則難誘從綏不及則難陷然則古名退軍為綏　正義曰綏訓為安蓋兵書務在進取恥言其退以安行即為大罪故以綏為名焉樾謹按綏與退古同聲禮記檀弓篇文子其中退然如不勝衣鄭注曰退或為妥玉篇肉部腲他偎切腲脮也本作䫋竝其證也交綏即是交退乃古文同聲段借之常例正義引舊說訓綏為安卻得其旨矣又乃以綏之訓安附會其義反失之也

能賤而有恥（十三年）　正義曰服虔云謂能處賤且又知恥樾謹按能與耐古字通詩漸漸之石篇鄭箋曰豕之性能水釋文曰能本又作耐漢書食貨志能風與旱鼂錯傳其性能寒師古注竝曰能讀曰耐是也能賤猶曰耐賤一切經音義引蒼頡曰耐忍也

莒紀公生太子僕（十八年）　集解曰紀號也莒夷無謚故有別號樾謹按紀乃莒邑名昭十九年傳莒子奔紀鄣杜解曰東海贛榆縣東北有紀城是也紀公蓋以邑為號者成八年傳與渠丘公立于城上杜曰渠丘公莒子朱也渠丘邑名莒縣有蘧里然則莒子庶其號公亦猶莒子朱號渠丘公矣

德以處事　集解曰處猶制也樾謹按物居其所謂之處使物各得其處亦謂之處魯語曰夫仁者講功而知者處物是其義也故處即有審度之義呂氏春秋有始覽曰察其情處其形處猶察也淮南子兵略篇曰相地形處次舍處猶相也此傳曰則以觀德德以處事事以度功處亦猶觀也度也漢書谷永傳曰臣愚不能處也淮南子主術篇曰捘白黑而示之則不處焉其義竝同史記扁鵲倉公傳醫之所病所病猶處病也處與所同義

其器則姦兆也　集解曰兆域也樾謹按兆雖訓域然姦兆二字文義未安兆當讀為佻國語周語曰姦仁為佻此姦佻之義也其下文曰咋國即踰佻也莒僕弒君父而奔魯乃正咋國即踰者故謂之佻矣

謂之八愷　集解曰愷和也樾謹按下文謂之八元杜解曰善也八元八愷名異而實同愷亦善也詩桑柔篇鄭箋曰善猶大也故凡有大義者即有善義六月篇釆芑篇毛傳曰元大也呂氏春秋不屈篇高注曰愷者大也元愷同為大即同為善矣廣雅釋詁凱與賢竝訓大凱即愷字也賢為善亦為大愷為大亦為善其義正可互明上文曰不度於善而皆在於凶德以善與凶對言元愷皆訓善方與下文四凶相對杜訓愷為和未得其義

掩義隱賊　正義曰掩蓋義事而不行隱蔽其外而陰為賊害也樾謹按掩義與[illegible]禮千乘篇曰作於財賄六畜五殺曰盜[illegible]木石曰賊以中情出小曰間

耶

大曰謀利辭以亂屬曰讒以財投長曰貸此傳義字正與彼同義也賊也皆
字有作姦邪辭者管子明法解篇曰姦邪之人用國事則姦人為之視聽者多矣羣
敝王者多矣是大義即大姦也王氏
念孫曰義與俄通俄袤也得其旨矣

為仁義之義而不知古書義
以衆譽多外内朋黨雖有大姦其

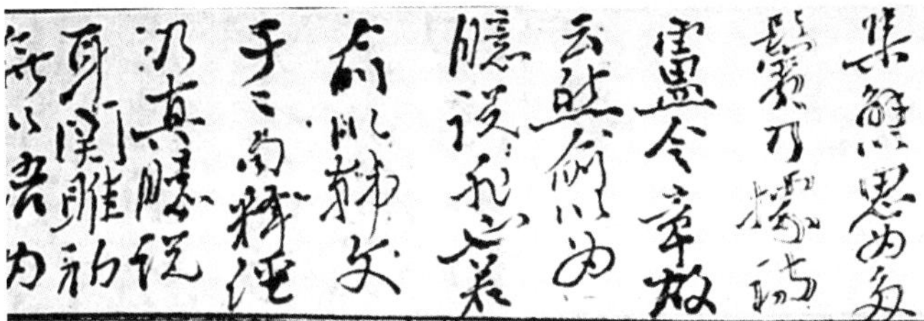

群經平議卷二十六

春秋左傳二

又會諸侯于扈將為魯討齊皆取賂而還宣元年 集解曰文十五年十七年二扈之盟皆受賂 正義曰劉炫云案傳數晉罪近𤼵宋弒昭公前扈之盟文所不及何當虛指其事言皆取賂炫謂宋及晉平取宋賂為魯討齊取齊賂也 樾謹按二說皆非也以文義求之皆者皆魯齊也蓋先受魯賂許為討齊又受齊賂而不討故曰皆取賂

華元為植二年 集解曰植將主也 樾謹按植當讀為職職主也為職即為主故杜以將主釋之職從戠聲與直聲相近凡從戠從直之字古每相通宣十五年傳羊舌職說苑善說篇作羊舌植儀禮鄉射禮記薦脯用籩五職鄭注曰今文職或作植考工記弓人注曰樴脂膏植敗之植竝其證也

于思于思 集解曰于思多鬚之貌 正義曰賈逵以為白頭貌 樾謹按二說皆以意言之無他證也思字疑助語辭禮記中庸篇神之格思不可度思矧可射思鄭注曰思皆聲之助是也于思于思棄甲復來猶併退之文所謂于于然來耳語助之詞即以為韻三百篇中亦往往有之關雎篇正義所謂即將助句之字以當聲韻之體也莊二十八年傳狄之廣莫於晉為都晉之啓土不亦宜乎乎與都並亦韻也

乃宦卿之適子而為之田以為公族 集解曰為置田邑以為公族大夫 樾謹按杜不解為字之義因加置字以足成之非也為猶與也為之田言與之田也管子戒篇曰自妾之身之不為人持接也尹知章注曰為猶與也是其證也宣二十三年傳齊侯將為臧紇田義與此同

使疾其民六年 集解曰驕則數戰為民所疾 樾謹按為民所疾不得言疾其民疾猶病也疾其民猶言病其民也疾病連文則義有別論語子疾病是也散文則亦可通國語晉語吾不幸有疾韋昭注曰疾病也易象上傳出入无疾王弼注曰疾猶病也

鄭公子曼滿與王子伯廖語欲為卿 集解曰二子鄭大夫 惠氏棟補注曰王子非鄭大夫 樾謹按襄八年鄭有王子伯駢見於傳則惠氏所疑偶不照耳惟以本傳而言則此王子伯廖實為楚大夫蓋此傳本與上文楚人伐鄭取成而還連篇為一楚與鄭成故其大夫交相見因而鄭公子曼滿得與楚王子伯廖語也王子伯廖不繫於楚者蒙上楚人伐鄭而省耳不然曼滿見殺不在是年左氏何為橫𤼵此傳乎

晉侯有蠱疾八年 集解曰惑以喪志 樾謹按此與昭元年傳所謂疾如蠱者不同蠱當讀為痼久病也說文作𤵗從疒古聲與蠱同音故得通用𤵗疾之為蠱疾猶故事之為蠱事尚書大傳曰乃命五史以書五帝之蠱事蠱事即故事也襄七年傳公族穆子有廢疾與此傳晉侯有痼疾文正相同因叚蠱為之而杜遂以蠱惑說之誤矣漢書賈誼傳曰必為錮疾字又作錮古書多叚借不必本字也

卜臨於大宮十二年 集解曰臨哭也 樾謹按臨即弔臨之臨周官[illegible]人凡王弔臨鄭注曰以尊適卑曰臨其實臨亦上下通稱隱元年傳改葬惠公公弗臨是非必以尊臨卑乃為臨也襄十二年傳凡諸侯之喪異姓臨於外同姓於宗廟同宗於祖廟同族於禰廟是故魯為諸姬臨於周廟為邢凡蔣茅胙祭臨於周公之廟此蓋因道遠不能親臨其喪故或於城外或於廟中代之其後相承凡哭於廟者皆謂之臨矣此傳卜臨於大宮是也然其下曰國人大臨守陴者皆哭蓋國人皆至大宮而哭則謂臨守陴者因各有所守不得至大宮則但謂之哭是哭與臨未始無別使易其文曰國人大哭守陴者皆臨即于義不通矣

耆昧也 集解曰耆致也致討于昧 樾謹按致討于昧不可但曰致昧釋文耆音旨徐其宜反今以義求之當從徐音讀為耆老之耆耆者養也此引詩遵養時晦而釋之昧字釋詩晦字則耆字釋詩養字可知耆猶老也爾雅釋詁曰耆老長也是耆與老同義又曰老養也老為養則耆亦得為養矣雖經典無徵然此傳以耆昧釋詩養晦即其塙證也

讀之如是讀左傳用讀大率隱而笑此種說但法不知何若

御下兩馬　集解曰兩飾也徵謹按兩之訓飾未聞其義釋文曰徐云或作[illegible]文弨本作柄柄字從手雖若近之然其字實非古所有若左傳之柄字說文不[illegible]則其字後出可知也左傳原文止作兩馬兩者兩兩排比之也一車有四馬兩馬在中曰服兩馬在邊曰騑詩曰兩服[illegible]也是時車右入壘而車在壘外留待之故御者下車排比其馬使兩驂兩服不至譊亙不齊亦示閒暇之意也周官太宰以九兩[illegible]曰兩猶耦也然則兩馬者使服與服偶驂與驂耦也因服杜注訓為飾近是其字從手人因古無柄字而以柄字為之玉篇柄訓拭揩拭於馬無涉也惠氏補正反以柄字為正失之矣

知莊子以其族反之　集解曰族家兵徵謹按族者部屬也其字從㫃從矢㫃所以指麾也矢所以自衛也國語楚語曰在中軍王族而已韋昭注曰族部屬也此說得之文二年傳以其屬馳秦師宣十七年傳請以其私屬皆族之段字族屬聲近古每通用後漢書靈帝紀注曰五屬五服內親也凡親屬字皆當作屬而今相承作族部族字皆當作族而今相承作屬說經者不達字之本義固失其解成十六年欒范以其族夾公行杜解云二族強故在公左右明是誤解族字劉光伯規之是也正義曲為杜諱豈其然乎

有麥麴乎曰無有山鞠窮乎曰無　集解曰麥麴鞠窮所以禦溼欲使無社逃泥水中無社不解故曰無　正義曰麥麴鞠窮所以禦溼賈逵有此言則相傳為此說也徵謹按此二物寔非所以治溼正義云云蓋已疑之梁簡文勸醫論曰麥麴芎藭反止河魚之疾亦以杜氏所說出乎藥性之外也然則叔展隱語杜氏殆未之諭乎夫是時始傳于蕭尚未知必克與否何以即教以逃死之策揆之情理殊不可通叔展此問蓋先探其國中之虛實也神農本草載芎藭味辛溫主中風氣入腦頭痛寒痺筋攣麥麴不載於本草名醫別錄小麥下言作麴溫消穀止利然則麥麴之功主於消食芎藭之用主於去風食自內積消內亂也風自外受御外患也問有麥麴者問消弭內亂之方也問有山鞠窮者問祛除外患之術也乃二者俱無則蕭之君臣束手無策外之強寇壓境內之姦民生心雖是或未能即克而蕭亦必將自潰矣故又問曰河魚腹疾奈何杜氏誤解上文謂欲使逃泥水中故解河魚腹疾曰無禦溼藥將病夫逃死之法亦多矣無社之逃于眢井亦偶然事叔展何為必使之逃泥水中因其不又再三言之也哉今按僖十九年公羊傳曰其自亡奈何魚爛而亡也何休解詁曰百姓一旦相率俱去狀若魚爛然則河魚腹疾亦是此義叔展既知蕭之將潰因問蕭潰之後將何以自免故曰河魚腹疾奈何無社因曰目於眢井而拯之乃始告以逃匿之處令其拯救也三問三答杜氏全未諭其旨反謂無社不解古人有知必將笑之矣

吾若善逆彼以懷來者十七年　徵謹按若猶當也言吾當善逆彼以懷來者也若與如同義戰國策宋策曰夫宋之不足如梁也寡人知之矣高注曰如當也左傳每以如字為當然之當昭二十一年傳曰君若愛司馬則如亡杜解曰言若愛司馬則當亡走失國定五年傳曰不能如辭杜解曰言自知不能當辭勿行並以如為當之證此傳又以若為之者如若一也不達古語卽不得其解矣

楚莊王卒楚師不出既而用晉師楚於是乎有蜀之役十八年　徵謹按此二十一字乃錯簡也本在上文夏公使如楚乞師欲以伐齊之下編次者因經書甲戌楚子旅卒在郊人戕鄫子于鄫之後遂割傳文而綴諸此使經事相次耳非左氏之舊

石成子曰師敗矣子不少須眾懼盡成二年　集解曰衛師已敗而孫良夫復欲戰故成子欲使須救徵謹按須之言待也詩匏有苦葉篇卬須我友儀禮士昏禮記某敢不敬須鄭君箋注並曰須待也子不少須者子不少待也詳其文義蓋未戰之時孫良夫欲戰既敗之後又懼而欲先歸故石成子以此言止之郯之戰隨武子殿其卒而退故不敗杜解曰以其所將卒為軍後殿石子初意亦欲孫子以所將之卒為殿故曰子不少須眾懼盡子喪師徒何以復命及三子皆不對則知其莫肯為殿矣故又曰子以眾退也讀前後文文義自明杜解失之

卿不書匱盟也於是乎畏晉而竊與楚盟故曰匱盟　集解曰匱乏也徵謹按匱固訓乏然與畏晉竊盟之義不合廣雅釋訓讀欺也疑卽匱盟之匱畏晉而竊與楚盟故為欺也國語晉語曰其言匱義與此同說詳國語

其惡易覯六年　集解曰惡疾疢覯成也徵謹按杜蓋讀覯為構詩四月篇我日構禍毛傳曰構成也杜卽用其義耳鄭箋曰構猶合集也又青蠅篇構我二人箋曰構合也此傳構字當從鄭義為長又按杜解惡字為疾疢於義未得下文曰有汾澮以流其惡杜

本非不能勝楚而逃之故曰偽義如俞氏言作我為逃楚成何語乎直甚無理取削

收拾西

曰惡垢穢然則此所謂惡亦垢穢也蓋謂郇瑕氏土薄水淺故其垢穢不流易於積聚不如新田土厚水深有汾澮以流之也下文流其惡與此文其惡易覯正相對成義

民受天地之中以生所謂命也十三年 正義曰天地之中謂中和之氣也樾謹按此方論成子之不敬無取言中和之氣中者正也淮南子主術篇是以中立高誘注曰中正也儀禮聘禮篇鄭注曰門中門之正也是古謂正為中民受天地之中以生言受天地之正以生也論衡命義篇曰正者稟五常之性也管子法法篇正也者所以正定萬物之命也並與此傳之義相近下文曰是以有動作禮義威儀之則以定命也定猶正也爾雅釋天營室謂之定孫炎郭璞注竝曰定正也民之生本無不正所謂人生而靜也及感於物而動則不定矣不定即不正矣故必有動作禮義威儀之則以定之也若訓中為中和之氣則全失其義矣

穆為不弔 集解曰不見弔傷樾謹按不弔猶不祥也下文曰君又不祥杜解曰祥善也此曰穆為不弔弔亦善也書棐誓篇無敢不弔詩節南山篇不弔昊天鄭注鄭箋竝曰弔至也至猶善也家語終記篇昊天不弔王肅注曰弔善也王氏引之經義述聞通說說弔字甚詳而未及此故具說之

我偽逃楚可以紓憂十六年樾謹按范文子欲反則真逃楚矣何偽之有偽當作為古偽為二字通用成九年傳為將改立君者定十二年傳子為不知釋文竝曰偽本作為是其證矣為猶如也呂氏春秋長見篇曰臣之御庶子鞅願王以國聽之也為不能聽勿使出境猶言如不能聽也韓子內儲說篇曰王甚喜人之掩口也為見王必掩口猶言如見王也古書以為字代如字者甚多王氏引之經傳釋詞所引凡十數事可證我為逃楚可以紓憂言我如逃楚可以紓憂也疑古本作為後人不達為字之義又增人旁耳

郯之師荀伯不復從 集解曰荀林父奔走不復故道 釋文曰從徐子容反或如字樾謹按杜言不復故道故徐讀為蹤跡之蹤不復蹤之語殊為不辭若讀如字則不復從之下須加故道二字其義始明且林父兵敗而歸何必不由故道歸乎王氏念孫曰從蓋徙字之誤郯之敗徙眾之不反者多故云不復徙說見經義述聞然不復徙之語亦為不辭從疑役字之誤役者反也周易旅卦傳曰役反也役反義通故亦得通用儀禮特牲饋食禮皆復外位鄭注曰今文復為反是也不復役即不反役襄三年傳曰反役與之禮食使佐新軍定十年傳曰反役晉人討衛之叛故曰由涉佗成何是古人謂師還為反役此云復役義亦同耳郯之戰師徒撓敗故謂之不復役猶上文言不振旅也役從相似因而致誤耳

請攝飲焉 集解曰攝持也持飲往飲子重樾謹按攝之言代也周官大宗伯職若王不與祭則攝位鄭注曰代行其祭祀又禮記明堂位注周公攝王位正義曰攝代也請攝飲者請使人代己往飲子重也下文曰寡君之使使鍼御持矛是以不得犒從者使某攝飲則因不得親往而使人代往其義甚明杜訓攝為持未得其義

宋齊衛皆失軍 集解曰將主與軍相失 正義曰服虔以失軍為失其軍壘樾謹按如杜解則直曰師潰可矣何以謂之失軍乎如服解則又增出壘字疑皆非傳義也軍者謂營壘也說文車部軍圜圍也從車從包省一切經音義卷十八引字林曰軍圍也包車為軍是軍字本義車在其中而包裹其外正為營壘之象傳文軍字如晉軍函陵秦軍氾南之類其本義也如郤穀將中軍狐偃將上軍之類其引申義也桓六年傳王毀軍而納少師毀軍者毀其營壘也若是三軍之人豈可言毀乎此傳失其軍者亦謂失其營壘也服杜二解皆失之宣十二年傳曰君盍築武軍杜解曰築軍營以章武功襄二十三年傳張武軍於熒庭解曰張武軍謂築壘壁斯得之矣襄二十七年傳以藩為軍昭十三年傳乃藩為軍可見軍字之義

公薨于路寢言道也十八年 集解曰在路寢得君薨之道樾謹按下文曰昔我君成公書順也道與順同義論衡本性篇引陸賈曰順之為道是也國語楚語以違而道從而逆相對道即順也此傳曰言道也猶曰言順也杜解未得其旨

使臣斯司馬襄二年 集解曰斯此也樾謹按使臣此司馬甚為不辭斯疑廁字之誤文選秋興賦曰攝官承乏猥廁朝列李善注引蒼頡注曰廁次也是其義也襄二十一年杜解去斯役釋文曰斯本作廝廝與廁相似廁誤作廝因改為斯矣國語晉語曰使臣狃中軍之司馬狃亦廁也廣雅釋詁曰狃廁也狃狃義通說詳國語

子為正卿而小君之喪不成不終君也四年 集解曰慢其母是不終事君之道樾謹……人喪不成則君於事親之道不終事君之道則是不終臣

之事矣君兵不成方可以此責之君母之喪不成不得以此責之也

我心扃扃五年 集解曰扃扃明察貌 幾謹按杜蓋讀扃為炯文選幽通賦又申之以炯戒[illegible]明察則與下文識事不合集人不定義不相蒙殆非也扃扃猶耿耿也詩柏舟爲耿耿[illegible]猶儆儆也廣雅釋訓耿耿警惕不安也此詩之旨言我心耿耿然不敢自安故思聚賢人以定之也作扃者段字耳說文耳部耿從耳炯省聲故耿與炯古通用文選顏延年登巴陵城樓詩炯介在明淑李善注引楚辭彼堯舜之耿介而曰耿與炯同是也杜知扃可通作炯而不知炯可通作耿故未得其解矣

子駟使賊夜弑僖公而以瘧疾赴于諸侯七年 幾謹按瘧疾無致死之理以是赴于諸侯不且欲蓋而彌彰乎疑古本止作虐疾尚書金縢爲遘厲虐疾枚氏傳曰虐暴也虐疾猶言暴疾弒之而以暴疾赴於情事爲近

職競作羅八年 集解曰言既卜且謀多則競作羅網之難無成功 幾謹按杜解羅字文義迂迴殆非也羅當讀為罹爾雅釋詁罹憂也詩兎爰篇逢此百罹斯干篇無父母詒罹小弁篇我獨于罹箋並曰罹憂也職競作罹者職競作憂也說文無罹字蓋古字止以羅為之今毛詩皆作罹而此傳引逸詩作羅班孟堅謂左傳多古字古言於此可見

鄙我是欲 集解曰甚欲以鄭為鄙邑而厚欲與成 幾謹按傳言是欲不言欲與成杜解非也欲猶好也凡可欲者即可好故曰者好亦曰者欲曰好惡亦曰欲惡孟子吉子為所欲有甚於生者中論夭壽篇作所好荀子不苟篇欲利而不為所非韓詩外傳所好利是欲與好義通鄙我是欲猶言鄙我是好蓋謂晉親我而我不與之成楚鄙我而我反與之好也

悉索敝賦 集解曰索盡也 幾謹按悉盡敝賦甚為不辭杜解非也二年傳以索馬牛皆百匹杜曰索簡擇好者是索有簡擇之義悉索敝賦謂盡國中之車徒而簡擇之也蓋索之言蒐索也白虎通田獵篇曰秋謂之蒐何蒐索肥者也漢書百官公卿表注引服虔曰蒐索也然則索亦猶蒐也昭十一年公羊傳曰大蒐者何簡車徒也此即悉索敝賦之謂矣

巡丈城九年 集解曰巡行也丈度也 正義曰十尺為丈巡行其城以丈度之故云丈城 幾謹按國有大災巡視城垣固其所也然豈必丈而度之乎方倉卒之時又豈暇執尺以度城之高卑乎且上文曰陳畚挶具綆缶備水器量輕重蓄水潦積土塗下文曰繕守備表火道諸司皆以下二字相連為義而此句巡丈城乃以上二字相連為義與上下文不一律矣竊疑丈為誤字據阮氏校勘記大字有作文者然文字亦無義今按丈當作女巡女城者巡視城堞也說文土部堞城上女垣也𨸏部陴城上女牆俾倪也釋名釋宮室曰城上垣曰睥睨言於其孔中睥睨非常也亦曰女牆言其卑小比之於城若女子之於丈夫也然則此傳言女城即女牆女垣之異名本所以睥睨非常故使人巡視之也

宋災於是乎知有天道何故 集解曰問宋何故自知天道將災 幾謹按傳言宋災於是乎知有天道是因災而知天道非因天道而逆知將災也古書言天道者皆主吉凶禍福而言孟子言聖人之於天道也猶言聖人之於吉凶禍福蓋雖聖人不可如何故曰命也晉侯所謂宋災於是乎知有天道者疑宋國舊傳謂國有火災必主禍敗故士弱對曰商人閱其禍敗之釁必始於火說始之一字則因災而知天道明矣下文公曰可必乎對曰在道國亂無象不可知也自此年宋災之後宋國無大禍敗則在道之言信矣杜氏誤解此句故於上文樂喜為司城以為政即云知將有火災素戒為備火之政殊非傳意所謂為司城以為政者言以司城之官而執國政也宋六卿之次右師左師司馬司徒司城司寇是司城班在第五宋以子罕之賢將使為政故傳言為司城以為政豈徒為備火之政乎哀七年傳曰使為司城以聽政與此傳同義足徵杜注之非矣

棄位而姣 集解曰姣淫之別名 正義曰服虔讀姣為放效之效言效小人為淫淫自出於心非效人也今時俗語謂淫為姣故以姣為淫之別名 幾謹按說文女部姣好也孟子吉子篇曰至於子都天下莫不知其姣也荀子非相篇曰古者桀紂長巨姣美天下之傑也韓詩外傳曰以為姣好邪則太公年七十二齳然而齒墮矣鹽鐵論殊路篇曰毛嬙天下之姣人也史記司馬相如傳曰姣冶嫻都漢書東方朔傳曰左右言其姣好古書姣字竝美好之義而杜乃以為淫之別名正義又以俗語證之陋矣然如服子慎之說亦未安姣當讀為佼方言曰逞曉佼苦快也自關而東或曰曉或曰逞江淮陳楚之間曰逞宋鄭周洛韓魏之間曰苦東齊海岱之間曰佼自關而西曰快然則佼與逞同義棄位而姣與僖二十三年傳淫刑以逞成

王室之不壞緊
明是類之字
何必須改
功之字方通
若不懷字
不惟古書
不見……

十六年傳庶民以逞大義相近言棄位而自快其意也楊妾齊女留於齊之方言故曰佚耳

而以偪陽光啟寡君年十 正義曰光照宋國開其疆竟以賜寡君挺謹按昭二十八年傳曰光有天下杜解曰光大也然則光啟者猶言大啟也國語鄭語必光啟土韋昭注曰光大也得其義矣正義失之

先王先公年十一 集解曰先王諸侯之大祖宋祖帝乙鄭祖厲王之比也先公始封君挺謹按下文更言七姓十二國之祖則此當泛言周之先王先公杜解非是

七姓十二國之祖 集解曰實十三國言十二誤也 正義曰服虔云晉主盟不自數挺謹按傳言十二國知鄭猶未與盟也是時鄭雖行成而猶未受盟故范宣子曰諸侯道敝而無成若鄭亦同盟則不應為是言矣至九月諸侯復伐鄭鄭人使王子伯駢行成於是晉趙武入盟鄭伯鄭子展出盟晉侯正以鄭未與盟故特與之盟傳文本不誤亦不必曲為之說據二十二年傳寡君盡其土實重之以宗器以受齊盟然則此時歌鐘鎛磬之屬尚未入晉其尚未受盟可知說者泥同盟之文謂鄭亦與焉未必然也

衛北宮括不書於向書於伐秦攝也年十四 集解曰能自攝整從鄭子蟜俱濟涇挺謹按攝非攝整之謂攝之言佐也助也言北宮括於此役有佐助之功也詩既醉篇朋友攸攝攝以威儀毛傳曰言相攝佐者以威儀也襄三十一年傳引此詩杜解曰攝佐也即用毛義白帖三十四引此詩而曰攝助也助與佐義同是攝有佐助之義古訓然也昭二十六年傳曰諸侯為無道是攝是贊與此傳攝字義可互明杜於彼傳訓攝為持亦未得也

寡君不以即刑而悼棄之挺謹按杜氏不解悼字則讀如本字矣然悼棄連文甚為無義悼當讀為卓史記魯周公世家里克殺其君奚齊卓子集解引徐廣曰卓一作悼是悼與卓古字通也卓之本義為高說文匕部卓高也高則必遠故或訓為高遠漢書劉輔傳必有卓詭切至師古注曰卓高遠也亦或徑訓為遠楚辭遠遊篇世即卓兮遠聆聆王逸注曰卓遠也說文走部趠遠也辵部逴遠也趠逴皆卓之後出字遠即高之引申義耳卓棄之者遠棄之也上文曰聞君不撫社稷而越在它竟杜解曰越遠也故此荅之曰寡君不以即刑而卓棄之卓亦遠也

王室之不壞緊伯舅是賴年十四 正義曰服虔本壞作懷解云懷柔也緊發聲也賴恃也王室之不懷柔諸侯恃賴齊桓之匡正也挺謹按傳文若是王室之不壞則下句當云緊伯舅之功今乃云緊伯舅是賴疑當從服本作懷然子慎訓懷為柔而云不懷柔諸侯於義未得詩雄雉篇我之懷矣揚之水篇懷哉懷哉鄭箋並曰懷安也王室之不懷猶云王室之不安也王室不安惟伯舅能安之故曰緊伯舅是賴也

改服修官年十六 集解曰既葬改喪服修官選賢能挺謹按上文已歷敘平公所為傳云云此何以又云修官且修官與改服事亦不倫杜解殆非也官與館古字通周易隨初九官有渝釋文曰官蜀才本作館蓋官字從宀貫為館舍之本字從食作館乃後出字也說詳余所著字義載疑修官即修館也晉侯將烝于曲沃又順河東下會于湨梁故所在館舍先為修理也

晉人使司馬斥山澤之險年十八 集解曰斥候也挺謹按小爾雅廣詁曰斥開也漢書司馬相如傳除邊關益斥師古注曰斥開廣也禮記王制正義曰斥大謂開斥廣大此傳斥山澤之險正斥大之義言凡山澤險阻之地皆開斥之使容車徒也杜訓為候未得其旨

齊侯見之畏其眾也乃脫歸 集解曰脫不張旗幟挺謹按不張旗幟謂之脫近於臆說矣脫之言突也詩緜篇混夷駾矣毛公訓駾為突駾從兌聲故或即以兌為之孟子梁惠王篇注引詩作昆夷兌矣是也脫亦從兌得聲故得與駾通乃脫歸者乃突歸也廣雅釋詁曰突猝也猝然而歸則有輕速之意故太子曰社稷之主不可以輕也國語晉語脫會秦伯於王城義亦與此同

先吳壽夢之鼎年十九 集解曰古之獻物必有以先今以璧馬為鼎之先挺謹按惠氏補注曰馬為……未聞以馬為先且馬不上堂安得先之其說是也至以先……夫部鼎不稱先部紀獻不稱先紀吳鼎何必言先吳邪先疑旡字之誤旡讀為暨暨及也猶言隨荀偃束錦加璧乘……從旡聲古文以聲為主故即以旡為之所謂左傳多古字古言者此也旡先形……

書之不識語此種解證真不刊是而肺肝

圭嬀之班亞宋子而相親也士子孔亦相親也十九年 樾謹按士子孔亦相親[illegible]則其親於子然子孔不待言矣此所以三室如一[illegible]子孔與司徒孔相親而子然不與矣何以云三室如一乎二字乃士字之誤沈氏校勘記反謂作二者不誤恐後學致惑故詳辨之

軌度其信二十一年 正義曰謂使其臣信有軌則法度可明以為徵驗也劉炫曰軌法也行依法度而言有信也 樾謹按正義所說迂迴難明且不成義殆非也軌當讀為究軌字從九得聲古音即如九究亦從九得聲故軌究音同得相段借詩皇矣篇度究爰度此以究度連文即其義也究度其信者言必究度之使信而合義也上云洗濯其心此云究度其信洗濯二字同義究度二字亦同義學者不知軌為究之段字因失其解矣二十五年傳度山林鳩藪澤鳩亦究之段字說見王氏引之經義述聞此段軌為究猶彼段鳩為究也

生在敬戒二十二年 樾謹按此敬字與上文敬共事君敬字不同敬共之敬也乃本字也敬戒之敬當讀為儆說文人部儆戒也儆戒一義故下文君子但曰知戒

君子謂慶氏不義不可肆也二十三年 集解曰肆放也 正義曰君子自論慶氏之罪所為不義不可放肆以為宜其誅滅 樾謹按杜訓肆為放未詳其義若從正義之說則當為肆眚之肆然襄九年肆眚圍鄭杜解曰肆緩也此傳訓放與彼義殊正義所說未必有當杜意也今按肆者長也詩崧高篇其風肆好毛傳曰肆長也不可肆即不可長言慶氏不義不可長也故下文即引書惟命不于常以證之肆字古作镸在說文長部然則訓肆為長正合字之本義杜解既不了正義以宜其誅滅足成之殆非傳意

趙勝帥東陽之師以追之獲晏氂 集解曰東陽晉之山東魏郡廣平以北 正義曰昭二十二年傳曰荀吳略東陽遂襲鼓滅之鼓在鉅鹿居山之東山東曰朝陽知東陽是寬大之語總謂晉之山東故為魏郡廣平以北服虔以東陽為魯邑謬之甚矣東陽之師謂下文叔孫豹所帥者也 樾謹按魯語曰昔欒氏之亂齊人間晉之禍伐取朝歌我先君襄公不敢寧處使叔孫豹悉帥敝賦踦跂畢行無有處人以從軍吏次於雍俞與邯鄲勝擊齊之左掎止晏萊焉服氏以東陽為魯邑蓋據此正義既斥其謬而又曰東陽之師謂下文叔孫豹所帥者也則仍無以易服氏之舊說矣今按晉東陽之地雖或逸聞然所謂東陽之師者必非盡大行山以東之師而悉起之也趙勝即邯鄲午之父見定十三年正義外傳謂之邯鄲勝蓋父子世守邯鄲者邯鄲今屬廣平府東陽必與邯鄲相近顧氏棟高春秋大事表謂今冀州為晉之東陽地是也至叔孫豹之師尚在雍榆杜謂汲郡朝歌縣東有雍城其地在今衛輝府浚縣相去甚遠安得謂東陽之師即叔孫豹所帥者乎正義此說仍未免為服氏所惑也然則外傳所載子服惠伯之言豈其師無為有以欺大國耶曰雍榆去朝歌甚近是役也齊取朝歌而不能守未必非叔孫一軍之力於是趙勝得以追擊之而獲晏氂其後魯人居以為功晉亦不能斥為誣也若必執國語以說左傳失之矣

若能孝敬富倍季氏可也 集解曰父寵之則可富 樾謹按富與福古通用周易謙彖傳鬼神害盈而福謙釋文曰福京作富是其證也富倍季氏即福倍季氏與下句禍倍下民相對正承上文禍福無門惟人所召而言杜以本字讀之失其旨矣其下云故公鉏氏富此則當讀如本字閔子馬所謂福者非止以富言也富國福也得為公右宰亦福也悼子雖得立而竟早死雖謂之無福可矣

公曰不為崔子其無冠乎二十五年 集解曰言雖不為崔子猶自應有冠 樾謹按杜說不了由未得其句讀故也此當以公曰不絕句公曰不猶孟子曰否乃甚不然之辭不與否古字通也為崔子句其無冠乎言既為崔子豈患無冠吾以其冠賜人於崔子無損也說文丶部否相與語唾而不受也從丶否聲孟子曰否及此傳公曰不疑皆否之段字今世俗猶有此言

公踰牆又射之 正義曰上未有射公之文而云又射之者以公未踰牆必已射公但射公不中傳文不載以踰牆射之中股故傳言其事而云又也

擬謹按上無射公之文則此不得言又又當讀為有石鼓文滿又小魚扭其文又秦嗣王竝以又為有古字通也因不知射者主名故但曰有射之定八年傳有自門間射殺之卽其例也有與或聲近而義通考工記梓人曰毋或若女不寧侯禮記祭義篇曰庶或饗之孟子公孫丑篇曰夫旣或治之鄭注趙注竝曰或有也故又字亦與或通禮記檀弓篇曰或敢有他志國語晉語作又何敢有他志哀元年左傳曰或將豐之史記吳世家作又將寬之竝其證也然則又射之猶云或射之不通古人之言而泥乎其文斯難得其解矣

會于夷儀之歲齊人城郟其五月秦晉為成晉韓起如秦涖盟秦伯車如晉涖盟成而不結二十六年 集解曰傳為後年修成起本當繼前年之末而特跳此者傳寫失之擬謹按杜謂此傳當繼前年之末非也此傳實當在下文二十六年春之上蓋左氏作傳本未嘗分每年為一篇故文十年傳云厥貉之會麇子逃歸十一年傳卽云楚子伐麇宣十一年傳云厲之役鄭伯逃歸十二年傳卽云楚子伐鄭如此之類竝當合下文為一不當綴諸前年之末莊十九年傳曰十九年春楚子禦之僖二十四年傳曰二十四年春王正月秦伯納之但言禦之納之不言所禦何師所納何人蓋左氏原文自初楚武王克權至巴人因之以伐楚此數十字皆在十九年春之上自晉公子重耳之及於難也至重耳敢不拜此數百字皆在二十四年春之上後之編次者因每年必欲以年冠首年上不容更著一字於是割置前年之末而文義之不安者多矣惠公元妃孟子至是以隱公立而奉之此五十八字本在元年春王周正月之上若非杜氏合傳於經卽無經文橫隔其閒豈不連屬為一此可見左氏之舊此傳與彼不殊杜氏以經文隔之遂若孤縣卷首無所繫屬因以為傳寫跳此而左氏之舊不可復矣

欒范易行以誘之 集解曰易行謂簡易兵備欲令楚貪己不復顧二穆之兵 正義曰賈逵鄭衆皆讀易為變易之易楚語說此事云若易中下楚必歆之韋昭云簡易欒范之行示之弱以誑楚也是韋昭已讀為簡易之易故杜從之也擬謹按傳言誘之則韋氏示弱之說信矣惟簡易之義終有未安易當讀為弛方言及廣雅釋詁竝曰弛壞也字亦作弛國語魯語曰大公欲弛孟文子之宅韋注曰弛毀也然則弛行以誘之者毀行以誘之也猶桓六年傳曰王毀軍而納少師也詩何人斯篇我心易也韓詩作我心施也易之通作弛猶易之通作施也王氏引之謂魯語弛孟文子之宅與景公欲更晏子之宅同弛者易也說見經義述聞然則外傳弛宅當為易宅此傳易行當為弛行竝古文段字而學者泥本字以求之則胥失之矣

晉人將與之縣以比叔向 集解曰以舉材能比叔向擬謹按周易比彖傳曰比輔也詩杕杜篇胡不比焉國語齊語足以比成事鄭注韋注竝曰比輔也爾雅釋詁曰比俌也俌與輔同然則以比叔向者以輔叔向也杜解失之

能歆神人二十七年 集解曰歆享也使神享其祭人懷其德擬謹按國語周語曰民歆而德之韋注曰歆猶欣欣喜服也然則能歆神人謂神人皆喜之也周語曰事神保民莫不欣喜是其義也一歆字兼神人而言杜解未得其旨

季蘭尸之敬也二十八年 集解曰使服蘭之女而為之主 正義曰詩言季女而此言季蘭謂季女服蘭草也案宣三年傳曰蘭有國香人服媚之知是女之服蘭也擬謹按蘭雖人所服媚然女不必皆服蘭且服蘭之女豈可卽謂之蘭乎杜解非也蘭疑孌之段字孌從䜌聲蘭從闌聲二聲相近說文門部闌妄入宮掖也從門䜌聲讀若闌漢書成帝紀闌入尚方掖門卽以闌為之然則蘭之通作孌猶闌之通作闌也詩車舝篇思孌季女逝兮傳曰孌美貌此傳所謂季孌卽詩所謂思孌季女言年少而美好也

請觀於周樂二十九年 擬謹按儀禮聘禮記歸大禮之日旣受饔餼請觀鄭注曰聘於是國欲見其宗廟之好百官之富若尤尊大之焉然則古禮於所聘之國本有請觀之事故季札因而請觀周樂耳

美哉其細已甚民弗堪也 集解曰美其有治政之音譏其煩碎知不能久擬謹按美哉之下不箸一字而遽云其細已甚民弗堪也文義不屬疑其細二字當為一句美哉其細蓋美其細也說文糸部細微也荀子解蔽篇楊注曰微者精妙之謂也是細亦未始非美但過甚則涉于煩碎矣故又曰已甚民弗堪也杜解未得其旨詩正義引服虔曰其風細弱已甚亦失之

用而不匱廣而不宣擬謹按此文自直而不倨曲而不屈以下共十四句每二句自相對哀與樂對施與取對處與行對獨此二句用與廣不對用疑周字之誤周而不[illegible]溥大之號正相對也

辯而不德　集解曰辯猶爭也幾謹按杜氏不解德字史記注引服虔曰……德有以德居之又何爭乎德當讀為直德字古文作悳本從直聲故卽……德之通作直猶置之通作德也爭辯而不直故宜加於刑戮矣

其君弱植三十年　正義曰周禮謂草木為植物植為樹立君志弱不樹立也幾謹按如正義所說當云其君弱不植於文方明不得云其君弱植蓋弱植連文乃古語也植當讀為脂膏殖敗之殖考工記弓人注曰膱脂膏殖敗之殖是也字本作殖說文歺部殖脂膏久殖也亦或作膱釋名釋地曰土黃而細密曰埴埴膱也黏胒如脂之膱也然則人之弱者謂之殖猶土之黏者謂之埴矣考工記搏埴之工二司農曰埴書或作植此段植為殖與彼段植為埴同若以本字讀之而訓為樹立則弱植二字義不相屬矣

上下有服　集解曰公卿大夫服不相踰幾謹按經傳服字半皆𠬝字之段借說文又部𠬝治也從又從卪卪事之制也凡服事字降服字竝當作𠬝而經傳皆以服為之服行而𠬝廢矣郭石刻字𠬝見宣十二年傳此卽段服為𠬝之明證𠬝從卪故亦有卽制之義石刻字𠬝正相應也上下有𠬝猶云上下有制與上句都鄙有章一律杜不知服為𠬝之段字而以本字讀之失其旨矣呂氏春秋樂成篇曰都鄙有服高注曰服法服也然高氏原文本曰服法也蓋服為制故亦為法後人不知其義妄增服字耳說詳呂氏春秋

寇盜充斥三十一年　集解曰充滿斥見言其多幾謹按充斥連文其義一也淮南子說山篇近之則鐘音充高誘注曰充大也呂氏春秋必己篇禍充天地高注亦曰充猶大是充之義為大也文選魏都賦墳衍斥斥李善引蒼頡曰斥大也史記司馬相如傳除邊關益斥索隱引張揖曰斥廣也廣與大同是斥之義亦為大也凡有大義者皆有多之義如殷訓大亦訓盛豈訓大亦訓滿皆其例也說文多部㚇大也從多圣聲其義為大而其字從多可知其義之通矣玉篇多部㚇多也大也大部奢大也多也皆多大義通之證充斥竝訓大故亦竝訓多寇盜充斥言寇盜之多也杜訓斥為見義反不備矣

令尹似君矣　正義曰言令尹威儀已是國君之容矣服虔云言令尹動作以君儀故云以君矣服言以君儀者明年傳云二執戈者前矣是用君儀也俗本作似君若云似君不須言矣今定本亦作似君恐非幾謹按其字當從古本作以其義當從定本作似周易明夷彖辭文王以之箕子以之荀向本作似卽其例也就字義而言以卽似字古似字作佀亦或移人旁於右作队真書變作而借為吕字行之既久莫知其卽佀字也於是又加人旁於左作似字此尤俗之甚者服氏所據本作令尹以君矣正左氏之舊乃不知以字之卽似字蓋六書之學自漢已失之矣

羣經平議卷二十七

春秋左傳三

帶其褊矣昭元年　集解曰言帶褊盡故裂裳示不相違樾謹按褊字不訓盡卽以段借之例求之亦不得其說杜云褊盡殆失之矣說文衣部褊衣小也帶其褊矣猶曰以是爲帶不其褊小乎蓋既以與之又爲謙辭謝之也古書或以矣字代乎字如隱三年公羊傳曰盍終爲君矣禮記文王世子篇曰女何夢矣皆是也杜氏不達古語故失其解

處不辟汚　集解曰汚勞事　正義曰處國之所辟者惟有辟勞事耳故以汚爲勞事也言事之勞身若穢之汚物也樾謹按廣雅釋詁曰辱汚也汚爲辱故亦爲勞禮記檀弓篇鄭注曰勤勞辱之事也是勞辱同義成九年傳大夫勤辱勤辱猶勤勞也汙者辱事卽爲勞事正義所說未達古訓

弗去懼選　集解曰選數也恐景公數其罪而加戮樾謹按懼數其罪則曰懼罪足矣乃曰懼選於文不明杜解殆非也選當讀爲篡說文厶部屰而奪取曰篡古人之言上下不嫌同辭以臣奪取於君謂之篡以君奪取於臣亦謂之篡鍼之適晉其車千乘對司馬侯曰若能少此吾何以得見是鍼以車多故出奔其母所謂弗去懼選者言弗去則必爲景公所篡取故欲使適它國以保其所有也方言曰秦晉之間凡取物而逆謂之篡鍼母此言正秦之方言也作選者段字耳選從巽聲篡從算聲二聲相近故得通用詩柏舟篇不可選也後漢書朱穆絕交論作不可算也論語子路篇何足算也漢書公孫劉田王楊蔡陳鄭傳贊作何足選也然則選之通作篡猶選之通作算矣國語晉語君不命吾子吾子請之其爲選事乎選亦篡之段字謂其自篡取之也說詳國語

臺駘能業其官　集解曰纂昧之業樾謹按杜未解業字也業讀爲𦢊方言曰𦢊續也秦晉續絕謂之𦢊廣雅釋詁亦曰𦢊續也能𦢊其官者能繼續其官守也說文無𦢊字蓋古字止作業耳

四姬有省猶可　集解曰減異姓去同姓故言省樾謹按省當讀爲眚莊二十二年經文肆大眚公羊作肆大省是省與眚通上文曰美先盡矣則相生疾相之云者兼男女而言明男娶同姓之女固當生疾女嫁同姓之男亦當生疾也故此云四姬有眚猶可眚之言疾眚也楚語曰夫誰無疾眚是也四姬有疾眚則四姬當之矣故曰猶可也杜解未得其旨正義申說之徒爲辭費耳

女陽物　集解曰女常隨男故言陽物樾謹按以易象言之坎爲中男爲月離爲中女爲日此所以女爲陽物也後世言丹術者有取坎填離之說實本於此杜以女常隨男爲說失之矣

十二月晉既烝趙孟適南陽將會孟子餘甲辰朔烝于溫　集解曰烝冬祭也孟子餘趙衰趙武之曾祖其廟在晉之南陽溫縣往會祭之趙氏烝祭甲辰十二月朔晉既烝趙孟乃烝其家廟則晉烝當在甲辰之前傳言十二月誤樾謹按左傳以周正紀事十二月者建亥之月也桓五年傳閉蟄而烝杜解曰建亥之月昆蟲閉戶萬物皆成可薦者衆故烝祭宗廟然則烝祭當在建亥之月此傳十二月不誤也疑甲辰朔三字當在傳首十二月之下左氏原文蓋云十二月甲辰朔晉既烝傳寫者誤移甲辰朔三字置烝于溫之上而文不可通矣又按將會孟子餘句義亦難明趙衰字子餘不字孟會祭孟子餘不得但曰將會然則此文亦必有誤今按孟者地名尚書秦誓篇序正義曰孟者河北地名春秋所謂向盟是也據隱十一年傳王取鄔劉蔿邘之田于鄭而與鄭人蘇忿生之田溫原絺樊隰郕欑茅向盟州陘隤懷杜曰凡十二邑皆蘇忿生之田而成十一年傳曰蘇忿生以溫爲司寇上言溫不言餘邑則知餘邑皆附屬於溫者也是時溫屬趙氏則孟亦必屬趙氏矣且溫與州同在蘇忿生十二邑中是時州亦屬趙氏昭三年傳可證然則孟屬趙氏從可知矣子餘當作餘子左氏原文蓋曰趙孟適南陽將會孟餘子烝于溫餘子者卽宣二年傳所謂又宦其餘子亦爲餘子者也趙孟蓋將會餘子在孟者至溫烝祭故曰將會孟餘子烝于溫因甲辰朔三字誤移在烝于溫之上而餘子二字又誤作子餘其事遂晦雖服子愼不得其解矣

不敢擇位而數於守適三年　集解曰不敢以其位卑而令禮數如守適夫人樾謹……

……解非也文十八年傳曰無日……必盡之意蓋數從婁聲考……

說文從婁得聲之字走部遱連遱也言部謱謰謱也水部漊雨漊漊也[illegible]之意然則數於守適者言視適夫人之喪更為煩密也杜解為禮數之數失之

道殣相望而女富溢尤　阮校勘記曰淳熙本溢誤益 樾謹按作益者是也上文曰庶[illegible]益也然則溢與益同義上言溢[illegible]此言益尤文義一律襄二十六年傳[illegible]服注曰尤甚也益尤猶言溢甚耳當從淳熙本作益為正

二惠競爽　集解曰競彊也爽明也 樾謹按此對下文又弱一个而言競猶爭也莊子齊物論篇有競有爭郭注曰並逐曰競是其義也爽之義為明淮南說林篇長而愈明高注云明猶盛也然則爽亦猶盛也競爽猶爭盛也廣雅釋詁曰爽猛也猛與盛義相近杜解以競爽二字平列未得其義哀十六年傳曰與不仁人爭明無不勝此言競爽彼言爭明文異而義同杜讀彼傳誤於爭字絕句失之辨見王氏經義述聞

毀中軍于施氏成諸臧氏五年　正義曰劉炫以為施者舍也臧者善也成諸臧氏取其令名也 樾謹按臧之為善是矣其說施字於義未盡施猶弛也方言及廣雅釋詁並曰陁壞也字亦通作弛國語魯語曰文公欲弛孟文子之宅韋注曰弛毀也毀中軍于施氏正取弛毀之義施弛古字通周官遂人與其施舍者鄭注曰施讀為弛

葬鮮者自西門　集解曰不以壽終為鮮西門非魯朝正門 樾謹按御覽時序部引書大傳曰西方者何也鮮方也白虎通五行篇曰西方者遷方也萬物遷落也然則鮮方與遷方同亦言萬物鮮落也禮記月令篇季夏行春令則穀實鮮落周書時訓篇腐草不化為螢穀實鮮落是其義也人死謂之鮮正取鮮落之義葬死者自西門正取西為鮮方之義叔仲帶謂此言受之叔孫生時因論喪禮曾有此言然未嘗行之魯國使為常法也叔仲帶追述之蓋欲貶損叔孫不依舊典故借此為由耳杜謂不依壽終為鮮夫帶乃豎牛之黨豈肯發其餓死叔孫之罪又謂西門非正門然則東亦非正何必西乎

南遺使國人助豎牛以攻諸大庫之庭　集解曰魯城內有大庭氏之虛於其上作庫 樾謹按傳言大庫之庭不言大庭氏之庫與十八年傳不同疑魯國別有大庫庫曰大庫猶府曰長府長大並美名也杜據十八年傳為說失之

誰其重此　集解曰言忍重 樾謹按重猶任也詩大明篇箋曰重懷孕也說文女部妊任身懷孕也懷孕謂之任亦謂之重蓋重與任義本相因故亦得相通誰其重此即誰其任此言誰任其咎也下文曰若有其人恥之可也若其未有君亦圖之有與未有正承誰其重此而言若從杜解以重為忍重則與下文不貫矣

皆成縣也　集解曰成縣賦百乘也 樾謹按襄十四年傳成國不過半天子之軍杜曰成國大國也然則成縣亦有大縣也釋名釋言語曰成盛也盛與大義相近禮記檀弓篇鄭注曰成猶善也善與大義亦相近詩桑柔篇鄭箋曰善猶大也

羊舌四族皆彊家也　集解曰四族銅鞮伯華叔向叔魚叔虎兄弟四人　正義曰按世本叔向兄弟有季夙疑季夙即是虎也故服氏數伯華叔向叔魚季夙劉炫以為叔虎於時已死別有季夙而規杜氏非也 樾謹按季夙不見於左傳唐書宰相世系表曰羊舌職五子赤肸鮒虎季夙赤字伯華肸字叔向鮒字叔魚虎字叔羆號羊舌四族是季叔不在四族之內且又不傳其名然則其人有無不可知也孔氏謂季夙即是叔虎未可深非惠氏棟補注因叔季是兄弟之次故從劉氏以為別有季叔然魯之仲孫即為孟孫何必晉之叔虎不為季夙乎今以左傳為定是時叔虎已死羊舌氏兄弟見於傳者止伯華叔向叔魚三人疑左傳原文本云羊舌三族皆彊家也韓氏七羊舌氏三其數正十故下文曰因其十家九縣也古書三字每誤作四儀禮覲禮四享鄭注曰四當為三古書作三四或皆積畫字相似由此誤也周官內宰疏引鄭志曰純四䌷四當為三古三四積畫是以三誤為四大戴記公冠篇公冠四加玄冕盧注曰四當為三字之誤定十五年穀梁傳疏曰范云四四當為三古者四三皆積畫字有誤耳並其證也昭十二年傳曰是四國者專足畏也據楚語曰是三城者豈不使諸侯之惕焉然則傳文四字亦三字之誤此傳三族誤為四族彼傳三國誤為四國其誤正同杜於彼傳分不羹為二以當之至此傳三誤為四則下文十家之數不合乃云言十

家衆大數也皆曲說也劉光伯不知考定傳文而漫欲規正杜夫謂韓須是起之門子不必更稱家去韓須之外韓氏唯有六家并羊舌四族故為十家夫韓須之於韓起猶楊石之於叔向也晉人既亡韓起叔向必以韓須楊石代之安得不數若不數韓須則亦當不數楊石矣劉氏所規豈可通乎今正羊舌四族為三族則十家之數固無不合無待辯矣

曰我先君共王引領北望日月以冀七年　正義曰日謂往日也擬謹按上文曰昔先君成公既言昔不必又言往日矣日疑自字之誤自我先君共王引領北望日月以冀傳序相接於今四王矣文義甚明故杜無解正義承誤本而為之說不足據也文七年傳曰衛不睦襄二十六年傳曰其過此也昭七年傳曰君以夫公孫段為能任其事昭十六年傳曰起請夫環凡以日言者皆謂其事相距未久此言傳序相接於今四王矣則當極其久不得以日言也阮氏校勘記曰淳熙本纂圖本作曰則又曰之誤字

孟縶之足不良能行七年　集解曰跛也擬謹按良能二字相連成義孟子盡心篇人之所不學而能者其良能也趙岐注曰良甚也即可說此傳良能之義蓋古語也二十年傳杜解曰縶足不良是誤於良字絕句監本毛本遂改能行為弱行矣

子大叔曰若何弔也其非惟我賀將天下實賀八年　釋文曰若何弔也本或作若可弔也擬謹按可與何古本通用至此傳之義實當從或本作可因史趙曰可弔也故子太叔曰若可弔也即承史趙之語而言也太叔此言極為微婉蓋平公承悼公之後席全盛之勢諸侯賓服秦楚無釁安坐西陲偷為自樂銅鞮始作虒祁繼成而文襄之業隳三家之勢張矣晉之式微實基于此倘平公早世晉人更立賢君得如悼公者起而振之或尚可為乎故曰若可弔也其非惟我賀將天下實賀弔者弔晉之喪賀者賀晉之不失諸侯也上文叔向曰是宮也成諸侯必叛君必有咎史趙所謂可弔者其意若亦同此大叔之意則以為君苟有咎諸侯轉可不叛也所謂微辭也倘如今本作若何弔也則了無意義人人能言之左氏又何必錄此詼辭以污簡牘乎且其字將字皆與若字相應今作若何弔也則但曰非惟我賀天下實賀足矣是時魯使已在晉庭其餘諸侯亦必齎至何必為擬議之辭曰其曰將乎

王使詹桓伯辭於晉九年　集解曰辭責讓之擬謹按辭猶訟也古謂訟為辭訟周官小司徒職曰聽其辭訟是也亦作治訟小宰職曰聽其治訟是也僖二十八年公羊傳治反衛侯何休曰叔武訟治於晉文公令白王者反衛侯使還國也此傳言辭於晉猶言訟治於晉成十一年傳晉郤至與周爭鄇田王命劉康公單襄公訟諸晉彼因鄇田故而訟諸晉此因閻田故而辭於晉事正同杜訓為責讓非古義矣

火水妃也而楚所相也　集解曰相治也楚之先祝融為高辛氏火正主治火事擬謹按祝融治火楚不治火也乃以火為楚所相何也相疑當作祖字相似而誤昭三年傳曰其相胡公大姬已在齊矣正義曰定本作其祖是其例也上文曰陳水屬也陳八年傳曰陳顓頊之族也族與屬聲近而義通陳為顓頊之後故為水之屬楚為祝融之後故以火為祖矣

桓子授甲而如鮑氏遭子良醉而騁十年　集解曰欲及子良醉驅告鮑文子擬謹按醉而騁者子良醉而騁也桓子遭之但見其騁不知其醉則意疑其將攻己矣及見文子之後使視二子皆將飲酒然後知其不然而因授甲之故勢不容已乃有及其飲酒先伐諸之謀若遭子良時已知其醉又何必使視二子乎杜解於當日情事未得

忠為令德其子弗能任罪猶及之難不慎也　正義曰言人居身雖可不謹慎擬謹按正義說此殊未明了疑傳文難字乃衍文也上文曰為人子不可不慎也此文曰忠為令德其子弗能任罪猶及之不慎也義正相應而文亦甚明故杜無解若是難不慎也則文義不可曉杜不得無說矣唐石經每行十字而此行自子字起慎字止十一字疑石經本無難字也諧之字以下刓缺不能據以訂正

有酒如淮有肉如坻十二年　集解曰淮水名坻山名　正義曰劉炫以為淮坻非韵淮當作濰又以坻為水中之地以規杜氏今知不然者以古之為韵不甚要切此若齊侯之語容可舉齊地濰水此是穆子在晉何意舉齊地水乎又西[illegible]曰渚小渚曰沚小沚曰坻何得以坻之小地對淮之大水故杜以坻為山名劉炫又以山無名坻者按楚[illegible]無[illegible]頗改讀為濰誠如孔氏[illegible]古籍無徵孔氏舉坻其

之山爲證穆子晉人何竟與楚山乎然從劉光伯之說以坻爲水中地則[illegible]文阜部阺秦謂陵阪曰
阺有酒如淮有肉如阺與下文有酒如澠有肉如陵文義一例淮與澠皆以水[illegible]山曰大阜也不以爲山名然則
以坻爲山名固杜之失矣劉氏規正杜失
而不知坻爲阺之段字則亦未爲得也

殺獻太子之傅庾皮之子過　撰謹按左氏原文當作庾皮之過成十六年傳潘尫之黨杜解曰黨潘尫之子襄二十三年傳申鮮虞之傅摯杜解曰傳摯申鮮虞之子並古人以父名子自有此例庾皮之過亦猶是也不然庾過自因爲獻太子傅而見殺不因其父而起何必曰庾皮之子乎釋文于成十六年曰一本作潘尫之子黨于襄二十三年曰本或作申鮮虞之子傅摯是益可證後人所加而杜氏所據本尚未衍子字故各爲之解至此傳杜無解則已衍子字矣

湫乎攸乎　集解曰湫愁隘攸縣危之貌　正義曰湫是湫隘故以湫爲愁隘之意也詩云攸攸旆旌故以攸爲縣之貌也　撰謹按湫卽愁之段字春秋繁露陽尊陰卑篇曰湫者悲憂之狀也是湫與愁同義杜訓湫爲愁已得其解乃因其字是湫隘之湫又加隘字以足之則反失之矣至以攸爲縣危之危此臆說也攸卽悠之段字古書悠字或省作攸盖亦聲近而義通正義引詩攸攸旆旌今詩車攻篇作悠悠旆旌卽其證也說文心部恤憂也悠憂也恤恤乎悠乎悠乎三句一意深憂之故重言之也

南蒯枚筮之　集解曰不指其事汎卜吉凶　正義曰今人數物云一枚兩枚是籌之名也尚書大禹謨枚卜功臣孔安國云枚謂歷卜之而從其吉彼謂人下一籌使歷卜之也此則不告筮者以所筮之事空下一籌而使之筮或以爲杜云汎卜吉凶謂枚雷總卜　撰謹按古卜筮不下籌謂空下一籌而使筮臆說也枚雷之語于古未聞乃隋唐時俗語以說經更爲失之今按枚當讀爲微詩東山篇勿士行枚毛傳曰枚微也是其證也襄十九年傳崔杼微逆光服虔曰微隱匿也哀十六年傳其徒微之杜曰微匿也匿其事而使之至故爲微至哀十六年傳王與葉公枚卜子良以爲令尹義亦同此東晉古文尚書竊取其語而僞傳以爲歷卜然則是所卜者止子良一人何歷卜之有乎

秦復陶　集解曰秦所遺羽衣也　正義曰文在冠下舄上知是衣也目之以秦明是秦所遺也冒雪服之知是毛羽之衣可以禦雨雪也　撰謹按此皆臆說不可以說經秦復陶者蓋卽所謂紕也說文糸部紕氐人罽也紕謂之復陶猶蚍謂之復陶說文虫部蝝復陶也劉歆說蝝蚍蜉子也古人之語凡聲同者多義相通紕與蚍聲同廣雅釋詁曰紕緣也緣與蝝亦聲同此復陶之名所以得通于紕也周書王會篇伊尹爲四方獻令正西以紕罽爲獻後漢西南夷傳冉駹夷能作旄氈卽紕也秦近西戎故宜有此襄三十年傳使爲君復陶或亦主爲罽歟

唯是桃弧棘矢以共禦王事　集解曰桃弧棘矢以禦不祥　撰謹按古字共與供通禦與御通僖九年傳不共王事僖四年傳王祭不共釋文竝曰共本作供文七年傳華禦事爲司寇釋文曰禦本作御是其證也以共禦王事者以供御王事也廣雅釋詁供奉獻御進也供御與奉獻同如杜解則當云以共王御事不當云以共禦王事矣

形民之力　集解曰言國之用民當隨其力任如金冶之器隨器而制形故云形民之力　撰謹按杜釋形字迂迴難通後漢書陳蕃傳注引此作刑民之力則古本不皆作形必以隨器制形解之不可通矣今按形猶容也形與容一聲之轉故古語以形容連文爾雅釋詁刑法也廣雅釋詁容法也刑與容同義猶形與容同義也說文土部型鑄器之法也金部鎔治器法也刑與鎔同義亦猶形與容同義也容字古通作庸莊子胠篋篇容成氏六韜大明篇作庸成氏是其證也爾雅釋詁刑庸竝訓爲常刑與庸同義亦猶形與容同義也故以聲求之形民之力猶容民之力容民之力猶庸民之力傳意止言用民力者不可有醉飽過盈之心耳不以聲求之而泥字義以求之則古書之難解者多矣

楚公子比公子黑肱公子棄疾蔓成然蔡朝吳帥陳蔡不羹許葉之師因四族之徒以入楚　十三年　撰謹按蔓成然三字當作觀從於事方合此傳敘楚亂凡有二蔓氏之族及薳居許圍蔡洧蔓

戍然因蔑歲之族啟越大夫常壽過作亂圍固城克息舟城而居之此其一也觀從以吳在蔡以蔡公之命召子干子晳而盟于鄧依陳蔡人以國又其一也此當云楚公子比公子黑肱公子棄疾觀從蔡朝吳帥陳蔡不羹許葉之師因四族之徒以入楚公子比即子干也公子黑肱即子晳也公子棄疾即蔡公也觀從與朝吳同謀起事必不當漏至蔓成然自在息舟並不在蔡安得與朝吳同帥師乎且下云因四族之徒杜解曰四族薳氏許圍蔡洧蔓成然然則蔓成然正四族之一若既列名於上而又云因四族之徒義不可通矣故知此文蔓成然三字乃觀從之誤所宜訂正也

先歸復所後者劓 集解曰劓截鼻 樾謹按杜解非也刑有五豈必專截其鼻乎劓當讀為劓說文刀部劓斷也經傳無劓字皆以劓字為之周易困九五劓刖京房作劓刖是劓與劓古通用尚書多方篇劓割夏邑劓割即劓割也盤庚篇我乃劓殄滅之無遺育枝傳曰劓割也哀十一年傳則劓殄無遺育杜解亦曰劓割也凡訓割之劓皆劓之叚字此傳曰先後復所後者劓言後者則劓殄滅之也棄疾欲散乾谿之眾必為危言以恐嚇之豈徒曰吾將截其劓而已乎

王虐而不忌 集解曰靈王暴虐無所畏忌將自亡 樾謹按以不忌為無所畏忌則與下文意不相屬故杜加將自亡三字以聯貫之然非傳文所有也今按虐而不忌者謂靈王雖暴虐而尚不忌克也觀其赦芋尹無宇及使穿封戌為陳公二事殊有君人之度異乎晉厲吾之必殺慶鄭者矣故曰虐而不忌而子干涉五難以弒之宜其不濟也

司徒老祁慮癸偽廢疾十四年 樾謹按廢當讀為發偽發疾者言偽為疾發也猶二十年傳曰華亥偽有疾也下文曰臣願受盟而疾興興即發也若發疾則是痼病矣豈能即愈乃曰請待閒而盟乎發與發古字通用莊子列禦寇篇曾不發藥乎釋文曰發司馬本作廢論語微子篇廢中權釋文曰廢鄭作發並其證也

任良物官 集解曰物事也 樾謹按物謂物色之也周官牧師職曰以物地事鄭注曰物物色之以知其所宜之事然則物官者亦謂物色之使各當其官也成二年傳物土之宜顏氏補正曰如昭三十二年傳物土方之物此傳物字與彼相近杜解非也

庸次比耦以艾殺此地十六年 集解曰庸用也用次更相從耦耕 樾謹按杜讀庸次比耦四字為句非也此當以庸次比耦以艾殺此地九字為句庸次比三字一義方言曰庸恣比侹更佚代也庸次比即庸恣比言更代相耦以艾殺此地也古人之文不避煩複如襄三十一年傳繕完葺牆以待賓客亦當以八字為句質言之則但當云葺牆以待賓客耳乃以葺上更加繕完二字猶此文於比上更加庸次二字也後人不達文義因并失其句讀而異說滋多矣

今茲火出而章十七年 樾謹按經書冬有星孛于大辰冬則非火出時也乃云今茲火出而章者孛星始見實在此年之夏史官惡其逐日遷移不能定其所在待其既伏而後書之故書於冬也此蓋史之舊例莊七年公羊傳列星不見何以知夜之中星反也何休曰反者星復其位也然則待彗星之既伏而始書有星孛于大辰亦猶待列星之既反而始書恒星不見矣

鄅人藉稻十八年 樾謹按左氏原文當作鄅子藉稻故杜解曰其君自出藉稻正義曰其君自出觀行之若傳文止一曰鄅人而杜氏解為其君則正義必當有說矣今作鄅人藉稻者蓋涉下文鄅人將閉門而誤

邾人羊羅攝其首焉 集解曰斬得閉門者頭 正義曰攝訓為持也斬得閉門者首而持其頭 樾謹按此蓋以手相捽而攝持其頭非斬之也閉門者既為所持不能自脫邾眾遂乘間而入耳正義訓攝為持是矣又云斬得閉門者首而持其頭則仍杜說而誤

振除火災 集解曰振棄也 樾謹按振當讀為抳儀禮士喪禮抳用巾古文抳作振是振與抳古字通也禮記喪大記鄭注曰抳拭也爾雅釋詁曰抳拭刷清也是抳與拭刷同義抳除猶刷除也杜解未得其義

莒子奔紀鄣十九年 集解曰紀鄣莒邑也東海贛榆縣東北有紀城 樾謹按傳未言七月丙子齊師入紀不言入紀鄣疑鄣乃衍文左傳原文蓋作有婦人莒子殺其夫已為嫠婦及老託於紀鄣紡焉以度而去之此鄣字乃障之叚字文選北征賦生引蒼頡篇曰障小城也然則紀障猶言紀城蓋此婦人所居附近紀之城下故曰託於紀障紀障者紀之障猶十三年傳曰過諸棘闈[illegible]而去之解曰因紡纑連所紡以度城而藏之是傳文度字本謂度城而傳無城字者蒙上文障字而言也今以紀障為[illegible]度乎其下云及師至則投諸外不言城外又曰子占使師夜縋而登不言登城皆蒙上文障字而言[illegible]但以在左在右為別而

漢隸又往往亂之如敦煌長史武班碑領校秘鄭鄭卿陝字也李翕析[illegible]校勘記所據本正作紀障乃云石經宋本宋殘本淳熙本岳本障作鄣是也則誤以段字為正字[illegible]邑安得并而一之乎

城上之人亦誅　釋文無城字曰一本作城上之人亦誅　樾謹按此當以無城字者為正[illegible]段字小城也說見前矣其下諸句皆蒙此障字為文曰以度而去之者以入段而去之也曰及師至則投諸外者投諸障外也曰子占使師夜縋而登者縋而登障也此曰上之人亦誅者障上之人亦誅也上郤障上猶外郤障外皆蒙障字為文正左氏文法之變也今增城字失左氏雅意矣

以周事子而歸死於公孟其可也二十年　集解曰周猶終竟也　樾謹按說文口部周密也以周事子者以密事子也蓋宗魯知齊豹欲殺公孟而不泄其言所謂周也宗魯之意蓋以不泄報齊豹而又以一死謝公孟為兩盡之道矣杜解非是下文不益不義解曰以周事豹是益不義則得之矣

是以鬼神不饗其國以禍之祝史與焉　樾謹按之字衍文也此當以鬼神不饗為句其國以禍為句言其國以之而受禍也上文曰是以鬼神用饗國受其福祝史與焉與此文正相對彼云鬼神用饗故此云鬼神不饗彼云國受其福故此云其國以禍後人誤讀鬼神不饗其國為句因于禍下妄增之字耳

翟僂新居于新里既戰說甲于公而歸華姓居于公里亦如之二十一年　樾謹按翟僂新既居新里安得脫甲于公可疑一也新里者華氏所居之邑名安得因此而遂以公所居為公里可疑二也疑此傳必有錯誤左氏原文當云翟僂新居于新里既戰說甲而歸于公華姓居于公亦如之上句而歸于公傳寫誤到其文下句居于公誤增里字皆非左氏之舊但自唐石經以下各本皆同無可訂正耳

若華氏知困而致死楚恥無功而疾戰非吾利也　正義曰華氏知困而致死戰或敗諸侯之師楚恥無功而疾戰戰勝則楚獨有功二者均非吾諸侯之利　樾謹按是時楚遠越帥師逆華氏非與華氏戰者也楚恥無功者謂不得逆華氏也楚不得逆華氏則華氏困而楚師為無功於是華氏與楚師勢不容己在華氏必致死在楚師必戰疾并力與諸侯為難大非諸侯之利矣如正義之說若楚恥無功而與華氏疾戰者於情事未得也

王之朝因舊官百工之喪職秩者與靈景之族以作亂　集解曰百工百官也　樾謹按百工若是百官則百工之喪職秩者即舊官耳於文不幾複乎且下文云百工叛豈百官皆叛乎疑百工之工乃工匠之工古者國有六職百工與居一焉是亦可謂之職秩也哀十七年傳石圃因匠氏攻公二十五年傳褚師比公孫彌牟公文要司寇亥司徒期因三匠與拳彌以作亂皆執利兵無者執斤杜解曰斤工匠所執蓋百工居肆其勢常聚故四民之中工匠獨強王子朝因百工作亂與衛事正相類百工非百官也

士伯御叔孫從者四人過邾館以如吏二十三年　正義曰御謂進引也引叔孫詣於獄也　樾謹按御當讀為圉詩召旻篇我居圉卒荒韓詩外傳作我居御卒荒是其例也古御禦通用烝民篇不畏彊禦漢書王莽傳作不畏彊圉蕩篇曾是彊禦漢書敘傳作曾是彊圉然則御之通作圉猶禦之通作圉矣圉叔孫以如吏者囚叔孫以如吏也宣四年傳圉伯嬴於轑陽而殺之杜解曰圉囚也與此傳御叔孫同義圉亦圄之段字也凡圄圉字依說文當作囹而經傳多以圉為之釋名釋宮室曰圄禦也蓋御禦圉圄皆聲近而義通孔氏不達假借之旨而以進引說之非也

取其冠法而與之兩冠曰盡矣　集解曰既送作冠模法又進二冠以與之　樾謹按如杜解則冠法與冠皆叔孫與獻子者乃一謂之取一謂之與何也且叔孫如晉亦未必以作冠模法自隨杜氏所解殆非傳意蓋取其冠法者叔孫就獻子取之也既取得其冠法乃以兩冠與之而告之曰盡矣言如此模法者止有兩冠也

同德度義二十四年　集解曰度謀也言唯同心同德則能謀義　正義曰同德度義尚書大誓文也劉炫云案孔安國云德鈞則秉義者彊杜為不見古文故致有此謬　樾謹按劉氏為偽古文尚書所誤妄規杜失固不足論矣惟杜解亦未得傳義今按度猶在也文十八年傳曰不度於善而皆在於凶德度與在互言之耳其實一也不度於善即不在於善杜解曰度居也廣雅釋詁曰在居也是度與在義同也同德度義猶

曰同德在義言所謂同德者惟在於義耳子朝既爲不義雖有衆又往不足爲同德也下文引大誓曰紂有億兆夷人亦有離德余有亂臣十人同心同德正證明同德在義之旨

陽不克莫將積聚也 集解曰陽氣莫然不動乃將積聚 樾謹按莫然不動而但謂之莫甚爲不辭漢書五行志引此傳文蘇林注曰莫莫闇不勝爲積聚也義亦與杜近殆皆非也今按古曰暮字止作莫詩東方未明篇不夙則莫毛傳曰夙早也莫晚也是夙與莫對文未及其時則爲夙已過其時則爲莫日過分而陽猶不克是陽之不克爲已莫矣必將積聚而爲旱也故曰陽不克莫將積聚也舊解失之

王子朝用成周之寶珪于河 釋文曰于河本或作沈于河 樾謹按用成周之寶珪于河文義已足不必更言沈僖十九年傳曰宋公使邾文公用鄫子于次睢之社昭十一年傳曰楚子滅蔡用隱太子于岡山並與此傳用寶珪于河文法一律並皆本於莊二十五年經文用牲于社而經文又本於尚書召誥用牲于郊也史記周本紀引傳作于朝用成周之寶珪沈於河疑史公以意加之漢書五行志作王子鼂以成周之寶圭湛于河卽因史記之文釋文所載或作之本蓋後人據史漢以改左傳也王氏經義述聞反以有沈字者爲是故詳辨之

生其六氣用其五行 二十五年 正義曰因上則天之下更復本之於天傳稱天有六氣此言生其六氣謂天生之也用其五行謂天用之也 樾謹按上文曰天地之經而民實則之則天之明因地之性此承上文而言若復本之於天則文義不屬矣且其之云者指天地也曰其六氣其五行則生之用之者明屬人矣襄二十七年傳曰天生五材民並用之此卽用其五行之義惟六氣乃天之所生非人之所生而云生其六氣義不可解故孔氏有此說今按生者養也周官太宰生以馭其福鄭注曰生猶養也生其六氣猶曰養其六氣國語周語曰所以宣養六氣九德也是其義

氣爲五味 正義曰五行之氣入人之口爲五味 又曰味之爲異入口乃知言氣爲五味謂氣入口與下章也發也皆據人知爲文 樾謹按上文言生其六氣用其五行此卽云氣爲五味明卽上文之六氣不得以爲五行之氣也元年傳曰天有六氣降生五味與此傳文義正同蓋五味雖生於五行然五行亦六氣所生故言五味者必推本於六氣也彼傳於天有六氣降生五味之下曰發爲五色徵爲五聲淫生六疾此傳於氣爲五味之下曰發爲五色章爲五聲淫則昏亂民失其性義皆相近然則氣爲五味與下二句自不一律必以爲皆據人知而言亦曲說也

徵褰與襦 集解曰褰袴 正義曰以可褰行故以褰爲袴 樾謹按說文衣部褰袴也從衣寒省聲手部攐摳衣也從手褰聲是二字義別經典皆叚褰爲攐正義因以攐義爲本義失之矣

進胙者莫不謗令尹 二十七年 集解曰進胙國中祭祀也謗詛也 樾謹按呂氏春秋愼行篇載此事曰動作者莫不非令尹疑傳文進胙乃動作之誤動字古文作遁遁作與進胙相似因而致誤耳凡國人有所動作者莫不誹謗令尹非必祭祀也杜因傳是進胙因以祭祀釋之而又訓謗爲詛以成其義失之矣當據呂氏春秋訂正成十三年傳是以有動作禮義威儀之則襄三十一年傳曰動作有文皆動作二字之證

忿纇無期 昭二十八年 正義曰賈逵云忿怒纇戾無有期度 樾謹按荀子書每用綦字爲窮極之義王霸篇曰欲綦色耳欲綦聲楊倞注曰綦極也宥坐篇曰綦三年而百姓往矣議兵篇曰已綦三年然後民可信也是期與綦義同忿纇無期者忿纇無極也賈說未得

擇善而從之曰比 樾謹按之字衍文也心能制義曰度以下九句一律此作擇善而從之則不一律矣詩皇矣篇傳曰擇善而從曰比是毛公所見本無之字周書諡法篇亦無之字當據以訂正

豈將軍食之而有不足 樾謹按此本作豈將軍之食而有不足言將軍之食自必豐腆無慮不足也晉語載其言曰豈主之食而有不足正作之食不作食之一

屬厭而已 集解曰屬足也言小人之腹飽猶知厭足君子之心亦宜然 樾[illegible]證見疑杜氏原文曰厭足也爲屬而義不可通矣晉

語亦欺此語韋注曰屬適也厥施也已止也適小施足則自節止杜義蓋亦與韋同

官宿其業二十九年　集解曰宿猶安也　正義曰夜宿所以安身故云宿猶安也服[illegible]官之事如家人宿火矣樾謹按服杜二說義皆迂曲疑皆非也小爾雅廣詁曰宿久也官宿其業言官久於其職業也下文曰世不失職即官宿其業之義

又加范氏焉易之亡也　正義曰宣子刑書久已廢矣今復變易興之以成其滅亡也劉炫云范氏取蒐之法以為國制雖則為非書已廢矣縱應有禍亡爭已歇今荀寅更述其事又加增范氏之惡焉范氏已欲免禍今復改易之而使亡樾謹按杜氏不解易字正義所說迂曲甚矣近世學者各為之說孔氏廣森讀易為難易之易謂易之亡猶云亡之易乃到句也說詳經學卮言王氏念孫謂易有疾速之義易之亡猶云速之亡說詳經義述聞視舊說似皆勝之然加之范氏何為而易且速其義終不可得而通今按易者延也詩皇矣篇施于孫子鄭箋曰施猶易也延也是易與延同義故有延易之語爾雅釋詁弛易也郭注曰相延易是也國語晉語曰蓍之如疾余恐易焉言恐如疾病之相延易也此傳易字即余恐易焉之易言中行寅擅作刑器宜其亡矣而所刻者為范宣子之刑書是又加范氏焉必延及范氏而使之俱亡也故曰易之亡也下文曰其及趙氏則又不止延及范氏而并及趙氏矣說者未得易字之義故失其解耳

敝邑之少卿也三十年　集解曰少年少也樾謹按年少之卿謂之少卿其為不辭杜解非也古字少與小通定十四年傳從我而朝少君釋文曰本亦作小君正義曰少君猶小君也然則少卿亦猶小卿也靈王之喪鄭上卿有事而使印段往印段非上卿故曰小卿禮記燕義篇席小卿次上卿大夫次小卿是其證

徐子章禹斷其髮　集解曰斷髮自刑示懼樾謹按斷髮從吳俗示服也哀十三年穀梁傳曰吳夷狄之國也祝髮文身

子必來我受其無咎三十一年　集解曰言我為子受無咎之任樾謹按受其無咎猶保其無咎也尚書召誥曰保受王威命明德儀禮士冠禮字辭曰永受保之是受與保義相近

寡君其罪之恐敢與知魯國之難　集解曰言恐獲不納君之罪今納而不入何敢復知耶樾謹按如杜解必加今納而不入一句於義方明不然兩句不屬矣杜解非也寡君其罪之恐敢與知魯國之難猶昭元年傳曰老夫罪戾是懼焉能恤遠也蓋託言晉君惶恐自謝罪戾非恐獲不納君之罪也又二十四年傳曰老夫其國家不能恤敢及王室文義亦與此同足徵杜解之非

不為義疚　集解曰疚病也見義則為之樾謹按不為義疚其說迂曲且上文曰君子動則思禮行則思義此句不應獨承義說義字疑威字之誤此傳曰不為利回不為威疚猶哀十六年傳曰不為利諂不為威惕也晉語曰其勇不疚於刑即不為威疚之義中論考偽篇引此傳文亦作不為義疚則此字之誤久矣

乃執仲幾以歸三月歸諸京師定元年　集解曰知以歸不可故復歸之京師樾謹按執仲幾以歸者歸之晉侯也是時晉侯不在會故先歸諸晉而後以晉侯之命歸諸京師正見大夫執人必歸于諸侯諸侯執人必歸于天子也杜解非是

明日或旆以會四年　集解曰或賤者也繼旐曰旆令賤人施其旆執以從會示卑鄭樾謹按襄十四年傳曰范宣子假羽毛於齊而弗歸齊人始貳此傳之事與彼相同上文晉人假羽毛於鄭杜謂借觀之然則非借用之也至明日而或旆以會矣是即假而弗歸諸侯所以貳也或之言有也作傳者就鄭人言之但見昨日所假之羽毛已有人建之一時莫得其主名故言或也或之為言非必賤者謂晉人故使賤人服用之示卑侮鄭失其義矣

所謂臣義而行不待命者　正義曰臣見義則行不待君命樾謹按義當讀為儀儀之言儀度也少牢下篇其脅體儀也鄭注曰儀者儀度餘骨可用者而用之然則臣儀而行謂臣自儀度而行也古人書儀字止作義見周官肆師鄭司農

誤引許說復字皆作往復損復解無作傾復解故乃絕無徵引類皆復為覆之備不欺人乎抑自欺乎

注左傳多古字故亦作戒也說互詳隱三年傳君義臣行

楚人為食吳人及之奔食而從之敗諸雍澨　集解曰奔食食者走　樾謹按食者走而謂之奔食不辭甚矣此當以奔字為句言楚人奔也食而從之為句言吳人食楚人之食食畢而遂從之也於文當云楚人奔吳人食而從之棠上文而省楚人吳人四字耳

王使執燧象以奔吳師　集解曰燒火燧繫象尾使赴吳師驚卻之　正義曰執燧象者既繫火於尾執而牽向吳師乃放之　樾謹按繫火於尾象必驚逸豈復人力所能執執疑爇之壞字說文火部爇燒也傳云爇燧象故杜解云燒火燧繫象尾燒字正解爇字是杜所據本未誤也

我必復楚國　集解曰復報也　樾謹按此復字當讀為傾覆之覆國語晉語人而習復注曰復覆也論語學而篇言可復也孔注曰復猶覆也是復覆聲近義通周易乾傳反復道也釋文曰本亦作反覆是其證也我必復楚國言我必傾覆楚國也哀八年傳曰今子以小惡而欲覆宗國彼作覆者正字此作復者段字耳故申包胥答之曰子能復之我必能興之若訓復為報則復之與興之意不相對矣

季平子行東野五年　集解曰東野季氏邑　樾謹按東野猶言東鄙也野與鄙同義桓十一年公羊傳塗鄭馬而野留周官大司徒注引作鄙留是也孟子萬章篇曰齊東野人之語也是齊亦有東野之名魯之東野猶是矣東野之名所包者廣下文曰既葬桓子行東野及費費亦東野之一邑傳稱平子行東野還未至卒于房疑是巡行未竟遇疾而還故既葬之後桓子復行之若從杜解以東野為季氏之一邑則平子既行之桓子何必復行之乎

魯人聞余出喜于徵死八年　集解曰徵召也陽虎召季氏于蒲圃將殺之今得脫必喜于召死　樾謹按喜于徵死文不成義徵疑救字之誤襄十九年傳令將借人之力以救其死昭十七年傳請藉取之以救死皆其證也喜于救死者喜于免死也救與徵字形微佀又涉上文遂之徵死而誤耳杜據誤本而為解失之迂曲矣

東郭書讓登　集解曰登城非人所樂故讓眾使後而已先登　樾謹按己先乎人非遜讓之道杜解非也說文言部讓相責讓也廣雅釋詁讓責也然則讓登者責眾人使登城也隱十一年傳瑕叔盈又以蝥弧登周麾而呼曰君登矣此卽讓登之類也犂彌從之曰子讓而左我讓而右蓋二人分行城上督率之又曰使登者絕而後下則其使眾人畢登明矣下文曰書左彌先下蓋畢獨欲以先入為己功故以此語欺書合觀前後文並無遜讓之道杜云彌遂自先下亦讓也皆誤說也古推讓字作攘說文手部攘推也而經傳每段責讓之讓為推攘之攘杜因失其義耳傳於此事後又載東郭書與王猛語至啟甲欲擊猛故衛諸師圍謂齊師克城而驕而杜反謂齊師和所以能克誤解一字而傳義盡失矣

吾從子如驂之靳　集解曰靳車中馬也猛不敢與書爭言己從書如驂馬之隨靳也　正義曰說文云靳當膺也則靳是當胸之皮也驂馬之首當服馬之胸胸上有靳故云我之從子如驂馬當服馬之靳杜言靳車中馬也言靳是中馬之駕具故以靳表中馬　樾謹按如驂之靳猶云如驂與靳也文十一年傳皇父之二子死焉賈注曰皇父與穀甥牛父三子皆死杜義亦同然則之猶與也此傳之義杜與正義不同不得牽合為一如杜說則靳卽服馬也謂如驂馬與服馬也如孔說則靳是當胸之皮也謂如驂馬之首與服馬之胸也義皆可通至詩小戎篇釋文引沈重音義云靳者言無常處游在驂馬背上以驂馬外轡貫之以止驂之出引左傳云如驂之有靳此乃別是一說陸氏蓋不之從故於此傳云本或作如驂之有靳非也王氏經義述聞謂三說不同靳上皆當有有字失之甚矣

使死士再禽焉不動十四年　集解曰使敢死之士往輒為吳所禽欲使吳師亂取之[illegible]　解非也禽謂禽吳之士卒也蓋句踐使敢死之士再犯吳陳禽其前列者以[illegible]氏補正引傅氏曰禽如摯鳥之發急持以衝其陳蓋亦知杜解之未安[illegible]則當云使死士再為之禽文義方明[illegible]可[illegible]云輒為吳所禽乎然則杜

八人衰絰僞自衛逆者哀二年　集解曰欲為衛人逆故衰絰成服杜[illegible]衰絰為[illegible]也史記注引服虔曰[illegible]僞古通用其字作僞其義作僞斯兩得矣

庶人工商遂　集解曰得遂進仕樾謹按遂卽進也周易大壯上六曰不能退不能遂老子曰功遂身退竝以退與遂為對文虞翻注周易曰遂進也庶人工商遂者言能克敵則進之於朝也杜不知遂卽為進而曰得遂進仕則於遂下又增出進字矣

羅無勇麇之　集解曰麇束縛也樾謹按八年傳曰麇之以入杜解曰麇亦束縛此兩麇字實皆囷之叚字也囷為圓廩其字從禾在口中故釋名釋宮室曰囷綣也藏物繾綣束縛之也是囷有束縛之義說文禾部有稛篆曰絭束也實則絭束者囷之引申義而稛者囷之變體也囷既從禾稛又從禾重複無理其為後出字明矣古無稛字故或叚麇為之麇從鹿從囷省聲籀文作麕其聲同故其義通也廣雅釋詁稛與囷竝訓束囷卽麕也廣韵十八吻麇丘粉切引左傳羅無勇麇之此乃後人不明假借之例妄造此從糸之字惠氏棟補注反疑麇字麇字通失之甚矣

官人肅給三年　樾謹按官人當為館儀禮士喪禮管人汲鄭注曰管人有司主館舍者釋文曰管如字劉又音官然則官人之卽館人此可證矣古官館同字說互詳襄十六年改物修官

蔡昭侯將如吳諸大夫恐其又遷也承　集解曰承音懲蓋楚言也樾謹按承當為乘聲之誤也顏氏家訓音辭篇引劉昌宗周官音讀乘若承是也上言蔡昭侯將如吳諸大夫恐其又遷也下言公孫翩逐而射之入於家人而卒夫昭侯不出公孫翩何從逐而射之故知此承字當讀為乘乘謂乘車也昭侯乘車卽將如吳公孫翩因於啟行之時作亂耳自乘字誤為承而當日情事不見下句逐字亦無因矣

辟君之執事七年　集解曰辟陋樾謹按辟者遠也呂氏春秋慎行論曰晉之霸也近於諸夏而荊僻也故不能與爭高注曰僻遠也僻辟古通用辟君之執事者遠君之執事也言以君之執事為遠而無所畏忌也上文曰魯弱晉而遠吳是也杜訓辟為陋未得其義

若貟盟於鄫衍　集解曰鄫衍卽鄫也樾謹按襄二十五年傳井衍沃釋文引賈逵曰下平曰衍釋名釋地曰廣平曰原高平曰陸下平曰衍然則鄫衍者以其地下平故名之也鄫衍之卽為鄫猶清原之卽為清僖三十一年傳晉蒐于清原宣十三年傳亦狄伐晉及清杜解曰清一名清原蓋鄫也清也乃其本名也因其為廣平之原而謂之清原因其為下平之衍而謂之鄫衍其義一也僖二十九年傳會于昌衍之上杜解曰魯縣東南有昌平城昌衍之衍蓋亦以下平得名故又謂之昌平矣

從之固矣十二年　樾謹按固猶必也襄二十七年公羊傳我卽死女能固納公乎戰國策秦策王固不能行也何休高誘注竝曰固必也從之固矣猶曰從之必矣襄三十一年傳公作楚宮穆叔曰太誓云民之所欲天必從之與此傳義正相近言衛侯效夷言終必死于夷也顏氏補正曰固如與人而不固之固非是

叔孫氏之車子鉏商獲麟十四年　集解曰車子微者鉏商名　正義曰杜以車子連文為將車之子故為微者鉏商是其名也家語說此事云叔孫氏之車士曰子鉏商王肅云車士將車者也子姓鉏商名今傳無士字服虔云車車士微者也子姓鉏商名以子為姓與杜異樾謹按漢書古今人表有子鉏商杜以車子連讀誠非古義矣服虔以車為車士而後出之家語從之王肅遂以將車者釋之則未得服意也今按魯自作中軍以來國之車乘皆歸三家襄十一年傳正義曰往前民皆屬公國家自有二軍若非征伐不屬三子故三子自以采邑之名為己私乘如子産出兵車十七乘之類今既三分公室所分得者卽是已有不須更立私乘云云是其事也至昭五年毀中軍四分公室季氏擇二二子各一皆盡征之則車乘之悉屬私家更不待言矣定八年傳戒都車曰癸亥至此卽季孫氏之車也西狩之時三家之車咸在而子鉏商則屬叔孫氏者也故以叔孫氏之車冠之服虔釋為車士車士卽謂之車猶甲士卽謂之甲公羊閔二年傳桓公使高子將南陽之甲是其例也王肅以為將車者失其義矣至子鉏商三字服虔以子為其姓則亦非是古婦人稱姓男子稱氏族未有男子而稱姓者也傳文所稱如子儀克子越椒之類上二字皆其字如子人九子服何之類上二字皆其氏此傳以子鉏商連文子鉏二字或字或氏未可知也

子我夕 集解曰夕視事 樾謹按人臣見於君朝見謂之朝莫見謂之夕昭十二年傳子革夕杜曰夕莫見是也此傳子我夕亦當與彼同蓋子我將夕見公適遇陳逆殺人遂執之以入也史記注引服虔曰子我將往夕有事於君而逢逆之殺人也夕有事於君即是夕見君杜改為夕視事失之矣

所難子者 集解曰言雖誅魋必不更言使禍難及子 樾謹按傳言難子不言使難及子杜解非也周官典瑞穀圭以和難鄭注曰難仇讎又調人掌司萬民之難而諧和之注曰難相與為仇讎然則難子猶讎子也言與子為讎則上有天下有先君也戰國策中山策陰簡難之注曰難惡也亦與仇讎義相近

迫孔悝於廁強盟之 十五年 樾謹按廁當讀為側漢書張釋之傳上居外臨廁師古曰廁岸之邊側也汲長孺傳大將軍青侍中上踞廁視之孟康曰廁牀邊側也疑皆古文段廁為側師古于汲長孺傳必從如淳之說以廁為溷非其理也此傳曰迫孔悝於廁強盟之蓋亦邊側之義孔悝見衆至必走避之故迫之至邊側之處使無可走避乃得與之盟也釋文廁音初吏反未得其旨

欒寧將飲酒炙未熟聞亂使告季子召獲駕乘車行爵食炙奉衛侯輒來奔 集解曰季子子路也為孔氏邑宰召獲衛大夫駕乘車者不欲戰 正義曰丘明為傳雖詳於當時而此大煩碎計欒寧飲酒無可記錄又此句顛倒辭義不允若倒此一句則上下各自相連當是後來誤耳 樾謹按杜以召獲二字連讀為人名而解為衛大夫則是召獲自駕車奉衛侯出奔而行爵食炙四字遂無著矣正義所謂辭義顛倒也然如正義之說移此於召獲駕乘車之上則是欒寧告季子之後遂自行爵食炙而此後更無一事然則欒寧之飲食何必屑屑及之乎今按獲者人名而非衛大夫蓋與季子同仕於孔氏者也召者欒寧召之也欒寧將飲酒炙未熟而聞亂于是使告季子人召獲使駕乘車其告季子也蓋將使之救孔悝而其召獲駕車則將奉衛出奔也部署既定而炙亦熟遂飲食之而奉衛侯來奔非獨獲奉之乃欒寧奉之也其後敘季子入事上有公孫敢而欒寧不見則其與輒俱出可知矣

方天之休 十六年 集解曰言天方授爾以休 樾謹按詩鵲巢篇維鳩方之毛傳曰方有之也然則方天之休者欲其保有天之休命也杜解非是

晉人使諜於子木請行而期焉 樾謹按而字衍文也左氏原文本作請行期焉昭七年傳曰君若不來使臣請問行期與此傳文義相似今衍而字則文不成義矣杜解曰請行襲鄭之期是其所據本未衍而字

復言非信也期死非勇也 集解曰期必也 樾謹按上文曰吾聞勝也好復言而求死士此云復言非信期死非勇皆承上文而言復言謂好復言也期死謂求死士也期與求古音相近禮記樂記篇良冶之子必學為裘良弓之子必學為箕以裘與箕為韻是其例也據說文求裘同字而詩終南篇裘與梅哉韻七月篇裘與貍韻大東篇裘與來服試韻言古韻者遂以求裘為異字異音則大不然周書郡保篇今之有求遂以生尤考尤字詩載馳篇與思之為韻然則求字古音未始不與裘同也此傳前云求死士後云期死文異而義同求字古音因可考見矣

六卿三族降聽政 二十六年 集解曰降和同也 樾謹按杜以降聽政有降以相從之義故以和同釋之其實非也降聽政即共聽政尚書禹貢篇北過降水至于大陸水經注引鄭注曰今河內北共山淇水共水出焉東至魏郡黎陽入河近所謂降水也降讀當如郕降於齊師之降蓋周時國於地者惡言降故云共耳此降與共聲近之證離騷曰五子用失乎家巷楊雄宗正箴曰五子家降降之通作共猶降之通作巷巷字從共得聲也下文曰三族共政無相害也降聽政即是共政前用段字後用正字耳

奉喪殯于大宮 樾謹按大宮者宋之宗廟也宣十二年傳卜臨于大宮杜解曰大宮鄭祖廟宋之大宮猶鄭之大宮也殯於大宮者宋人用殷禮也禮記檀弓篇曰殷朝而殯于祖是其事矣僖八年及襄四年傳並曰不殯于廟疑傳家據殷禮言之

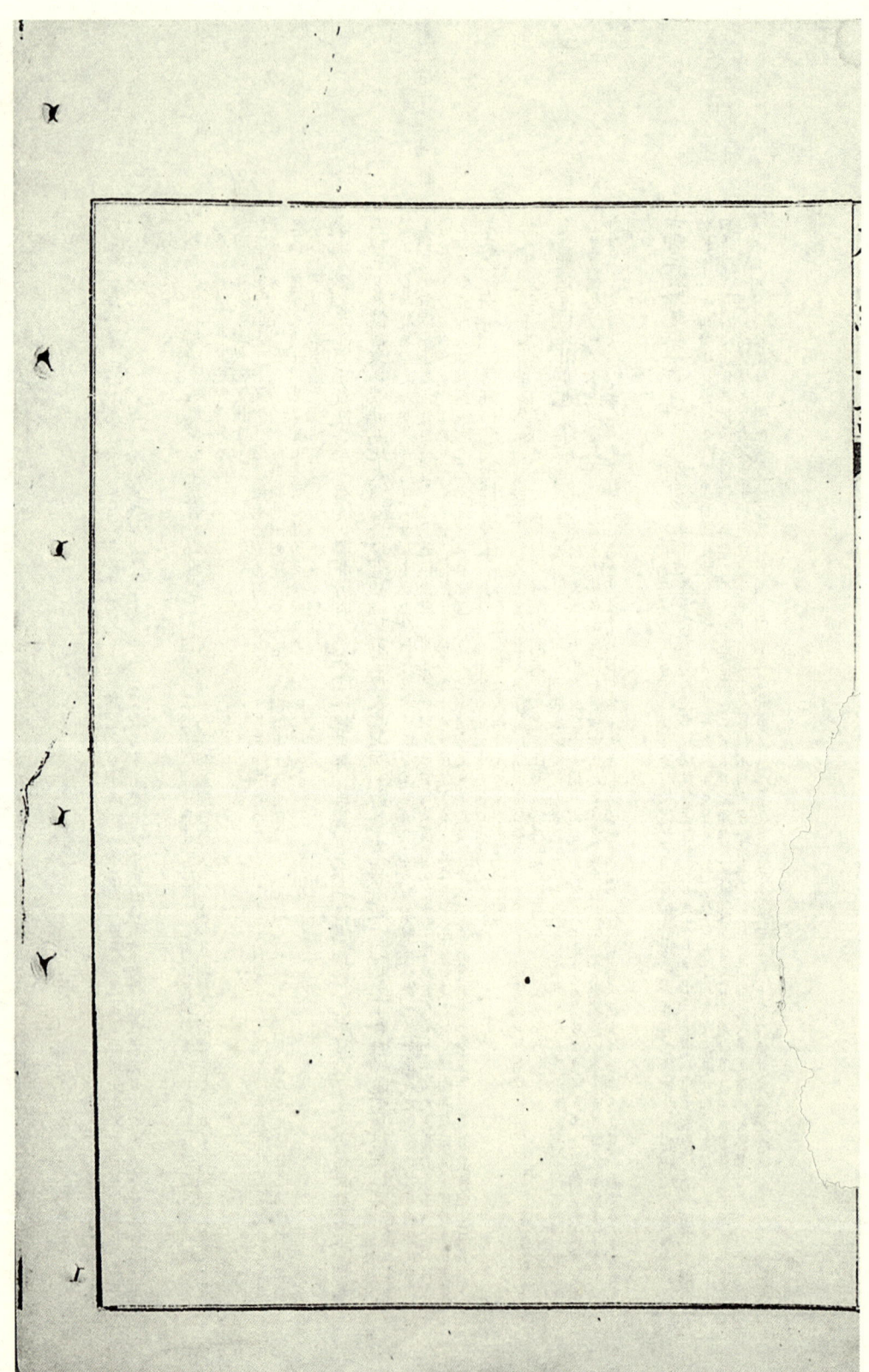

春秋外傳國語一

商王帝辛大惡於民周語　韋解曰大惡大為民所惡　樾謹按下句庶民弗忍始以民言若此句已言大為民所惡則不必更言庶民弗忍矣大惡於民猶云大𢙣於民也廣雅釋詁曰𢙣惡也是惡與𢙣同義

其無乃廢先王之訓而王幾頓乎　解曰幾危也頓敗也　樾謹按幾乃語詞易小畜上九月幾望虞注曰幾其也王幾頓乎猶言王其頓乎頓者勞罷之意戰國策秦策吾甲兵頓高誘注曰頓罷也穆王廢先王之典而勤兵以遠故言王其頓下云得四白狼四白鹿以歸是穆王此行未嘗危敗若從韋解祭公所言為已甚矣

夫王人者將導利而布之上下者也　解曰導開也　樾謹按導與道同法言問道篇曰道也者通也故導亦為通上文是故為川者決之使導注曰導通也下文川氣之導也注曰道達也達亦通也然則導利而布之者通利而布之也韋訓為開於義稍迂

近臣盡規　解曰盡規盡其規以告王也　樾謹按韋解盡字未得其義盡者進也爾雅釋詁盡進也盡盡義通漢書高帝紀主進師古注曰進字本作賮又作贐音皆同耳古字段借故變而為進然則進規之為盡規猶主賮之為主進也韋氏以本字讀之失其義矣

而後王斟酌也　解曰斟取也酌行也　樾謹按韋以斟酌為取而行之此非古義也白虎通禮樂篇周公曰酌言周公輔成王能斟酌文武之道而成之也說文女部妁酌也斟酌二姓者也然則斟酌乃古時常語蓋斟酌本雙聲字廣雅釋詁曰斟酌也是二字同義凡酌酒不可太過亦不可不及貴適其中孔明出師表曰斟酌損益以斟酌與損益並言最得古人語意此傳所謂斟酌者蓋合公卿以下諸人之言而可否之去取之也今俗語凡度量事物皆曰斟酌乃古語之存者

夫事君者險而不懟　解曰在危險之中不當懟　樾謹按如韋義則與下句怨而不怒不一律矣險而不懟疑當作慊而不懟淮南子齊俗篇衣若縣衰而意不慊高注曰慊恨也慊而不懟言雖恨而不懟正與下句怨而不怒同義古字險與隒通爾雅釋山篇釋文引字林曰隒山形似重甑集韵引字林曰險山形如重甑是其證也險與隒通故亦與慊通矣

廩於籍東南鍾而藏之而時布之於農　解曰廩御廩一名神倉東南生長之處鍾聚也謂為廩以藏王所籍田以奉齍盛布賦也　樾謹按上文曰是日也瞽帥音官以省風土是日即耕籍之日也此承上文而言則亦與同日可知是時甫耕未及收也何遽及此且王所籍田以奉齍盛何以布之於農乎竊疑廩於籍東南鍾而藏之而時布之於農十三字為錯簡當在下文撟稷亦如之之下於農二字為衍文涉下句民用莫不震動恪恭於農而衍也當云撟稷亦如之廩於籍東南鍾而藏之而時布之民用莫不震動恪恭於農如此則文義自順矣簡策錯亂誤入上文幸衍於農二字轉可因以訂正耳

司商協民姓　解曰司商掌賜族受姓之官商金聲清謂人始生吹律合之定其姓名　樾謹按聲有五不當獨舉商之一聲以名官也商當讀為章古音相近尚書柴誓我商賚女釋文曰商徐邈音章又水經濕水注商瀆聲相近並其證也漢書律歷志曰商之言章也是二字聲近義通呂氏春秋勿躬篇臣不如弦章韓子外儲說篇作弦商僖二十五年左傳杜注曰商密今南陽丹水縣續漢書郡國志南陽郡丹水有章密鄉並古字通用之證說文音部章樂竟為一章從音十十數之終也然則司樂者謂之司章正取樂竟為一章之義因段商為之學者遂不得其解矣

陽失而在陰　解曰在陰在陰下也　樾謹按在陰下而但曰在陰文義未了在當[illegible]碑哉貴不濡在作哉是其證也故[illegible]

淫而得神是謂貪禍　解曰以貪取禍樾謹按如章義則與上文道而 是貪與探聲近而義通後漢書郭躬傳搶狀以貪 知猶言取禍也章不知貪為探之叚字其義卽為取乃曰以貪取禍失之矣

拜不稽首誣其王也　解曰誣罔也樾謹按拜不稽首乃不敬非誣罔也誣蓋輕字之誤古書從巫從巠之字往往相溷顏氏家訓書證篇所謂巫混經旁是也大戴記曾子立事篇喜之而觀其不誣也周書文王官人篇作喜之以物以觀其不輕戰國策韓策輕強秦之禍韓子十過篇作輕誣強秦之禍蓋誣卽輕字之誤而衍者並其證也拜不稽首故為輕其王下文云誣王無民又云故晉侯誣王人亦將誣之諸誣字皆當作輕章後誤本作注失其義矣

樹於有禮艾人必豐　解曰樹種也艾報也豐厚也樾謹按艾之訓報其義未聞詩鴛鴦篇福祿艾之南山有臺篇保艾爾後毛傳並曰艾養也此艾字亦當訓養蓋從上句樹字生義凡樹蓺五穀及蔬果之類皆所以養人故曰樹於有禮艾人必豐又晉語曰樹於有禮必有艾義亦同此言必得其養也章訓為報雖於語意未失恐非古訓

且夫兄弟之怨不徵於他　解曰徵召也他謂狄人樾謹按徵猶證也禮記中庸篇雖善無徵又曰徵諸庶民鄭注曰徵或為證是徵證義通不徵於他言兄弟雖有怨不就他人而證驗其是非也章注失之

王而蔑之是不明賢也　解曰蔑小也樾謹按詩桑柔篇國步蔑資鄭箋曰蔑猶輕也周易剝六二蔑貞凶釋文引鄭注云蔑輕慢然則蔑之猶輕之也說文心部懱輕傷也蔑卽懱之叚字章訓為小失其旨矣下文單襄公聘於宋章曰是蔑先王之官也蔑亦輕慢之意章訓為欺亦非是

叔父若能光裕大德更姓改物以創制天下自顯庸也　解曰創造也庸用也謂為天子造制度自顯用於天下樾謹按章解創制顯庸並未得其旨創制二字同義創造也孟子梁惠王篇可使制梃樾注曰制作也作亦造也故論語憲問篇裨諶草創之釋文曰創制也然則創制一也創制天下猶言創造天下耳顯庸二字亦同義顯明也庸讀為融鄭語命之曰祝融章解曰融明也下文穀洛鬭章顯融昭明彼作融者正字此作庸者叚字然則顯庸亦一也自顯庸猶言自顯明耳章氏解顯融曰融長也亦失其旨顯融與昭明止是一義

余敢以私勞變前之大章　解曰章表也所以表明天子與諸侯異物也樾謹按廣雅釋器曰章程也下文隨會聘於周章曰將以講事成章章注亦曰章章程也是章與程同義詩小旻篇匪先民是程毛傳曰程法也然則大章猶大法也謂以私勞變前人之大法也章注非是

五色精心　解曰五色之章所以異賢不肖精其心也樾謹按精當讀為旌精從青聲青從生聲旌亦從生聲故聲近而義通釋名釋兵曰旌精也有精光也列子說符篇東方有人焉曰爰旌目後漢書張衡傳注引作爰精目是二字相通之證五色旌心與下句五聲昭德一律言五色所以旌表其心五聲所以昭明其德也上文賜晉惠公命章曰故為車服旗章以旌之章注曰旌表也正得其義此文作精者叚字耳

宗祝執禮　解曰宗宗伯祝大祝也執祀賓將有事於廟則宗祝執祭祀之禮樾謹按賓雖有事於廟然非祭祀也何以執祭祀之禮乎執祀疑當作執禮禮記文王世子篇秋學禮執禮者詔之襍記篇女雖未許嫁年二十而笄禮之婦人執其禮論語述而篇子所雅言詩書執禮皆雅言也並執禮二字之證宗祝執禮言賓至則宗祝執其禮也古文禮字作礼與祀字相似因誤為執祀矣

袞冕而南冠以出不亦簡彝乎　解曰簡略也彝常也言其棄禮簡略常服也樾謹按以簡彝為簡略常服文義未安爾雅釋詁曰彝易也彝與夷古通用簡彝卽簡易袞冕而南冠以出是簡易也故曰不亦簡彝乎

寬肅宣惠君也　解曰宣偏也樾謹按說文心部愃寬閑心腹貌從心宣聲詩曰赫兮愃兮今毛詩作咺釋文引韓詩作宣蓋愃咺宣三字聲近而義通是宣有寬義也又長發篇元王桓撥毛傳曰桓大也宣與桓亦聲近而義通易林需之萃曰大口宣舌大有之蠱曰

大口宣序皆其證也文十八年左傳曰宣慈惠和宣惠與宣慈義正相近蓋宣有寬大之義故配慈惠言之韋訓宣為徧雖本爾雅然下文曰教施而宣則徧若從韋解是教施而徧則徧矣豈可通乎

魯執政唯强故不歡焉而後遣之　解曰魯執政之人唯畏其强御難距其欲故不歡說而後遣之樾謹按如韋說則當云唯畏其强不得但云唯强注義非也魯執政唯强卽指叔孫僑如而言僑如於魯亦卿也故以執政言之王肅說之言蓋謂魯執政之臣皆强故君雖不歡而不得不從其請耳

且夫戰也微謀吾有三代　解曰微無也言軍無計謀樾謹按韋解微謀二字未得其旨謀卽上文五勝五敗之說乃郤至之謀也郤至蓋謂是戰也吾固有謀矣卽無此謀吾尚有三代二句承上以起下微字有字相應正見郤至自伐其功有恐其難終之意

夫仁禮勇皆民之為也　解曰民力所為樾謹按仁禮勇三者非民力所謂也民疑義字之誤下文曰以義死用謂之勇奉義順則謂之禮畜義豐功謂之仁是三者皆以義為本故曰夫仁禮勇皆義之為也義字缺壞但存其下我字因誤為民耳

制朝以序成　解曰序次也朝不越爵則政成樾謹按上句曰制戎以果毅果毅二字平列則序成二字亦平列不當如韋氏所解也蓋序成二字同義序次也成亦次也言制朝廷之位則以次弟也儀禮覲禮篇鄭注曰成猶重也爾雅釋丘曰丘一成為敦丘呂氏春秋音初篇曰九成之臺郭璞高誘注竝與鄭同廣雅釋詁亦曰成重也凡相重者卽有相次之義成之義為重故亦為次猶序之義為次而亦為重也史記趙世家序往古之勳正義曰序重也足證其義之通矣又上文穆王將征犬戎章曰有不祭則修意有不祀則修言有不享則修文有不貢則修名有不王則修德序成而有不至則修刑序成二字義亦當與此同言依此次第而有不至也序成蓋古語後人不得其解耳

步言視聽必皆無謫　解曰謫譴也樾謹按無謫猶無咎也上文秦師將襲鄭章曰秦師必有謫韋注曰謫猶咎也讁卽謫之異文漢書五行志引此文亦作讁

視遠日絕其義　解曰言曰日絕其宜也樾謹按視遠日絕其義足高日棄其德言爽日反其信聽淫日離其名四日字均當作曰猶云是謂絕其義是謂棄其德是謂反其信是謂離其名也日曰二字形似易混故陸氏釋文遇此二字每加音以別之周易大畜九二日閑輿衛釋文云曰音越鄭人實反詩七月篇曰為改歲釋文云曰音越一讀人實反如此之類并兩存其讀矣

厚味實腊毒　解曰腊亟也讀若廟昔酒焉味厚者其毒亟也樾謹按文選七命注引賈逵曰腊久也言味厚者其毒久也此說視韋解為長古昔腊同字詩墓門篇誰昔然矣毛傳曰昔久矣故腊亦久也鄭語曰毒之酋腊者其殺也滋速此腊字亦當訓久周禮酒正二曰昔酒鄭注曰昔酒今之酋久白酒酋腊卽酋久也久則有積滯之義故久與積義相通漢書嚴助傳注曰積久也厚味實腊毒言味厚則毒積也說文水部潜所以擁水也毒積謂之腊猶水積謂之潜矣

吾聞之大誓故曰朕夢協于朕卜襲于休祥戎商必克以三襲也　解曰故故事也樾謹按既云大誓而又云故者故卽詁字爾雅釋詁釋文引樊光李巡本作釋故是也毛公釋詩謂之故訓傳文周公所作爾雅有釋故釋言釋訓諸篇皆是解釋詩義毛公承之而作傳故謂之故訓傳也以詩例書疑當時亦必有故訓單襄公所引大誓故卽是矣其曰朕夢協于朕卜襲于休祥戎商必克乃大誓之正文其曰以三襲也則故訓之辭也單襄公特引之以自證其三襲之語耳爾雅每櫽括詩句而釋之與此體例正同可見自古說經之例韋以故事解之未得也

決汩九川　解曰汩通也樾謹按下文汩越九原注曰越揚也而不釋汩字蓋韋氏之意謂兩汩字義同王氏念孫解汩越九原句曰汩越皆治也說文汩治水也廣雅越治也汩與越聲相近故義相通說詳經義述聞今按王說下句是矣而於決汩九川句不置一詞則亦未得其義蓋兩汩字義各不同汩越之汩其本字也決汩之汩則當為扣乃搰之或體也[illegible]又曰扣亦搰字穿也說文有搰無汩然荀子堯問篇曰深扣之而得甘泉也正論篇曰亂今厚葬飾棺故扣也列子說符篇曰[illegible]字[illegible]決扣義相近扣亦決也尚書益稷篇予決九川卽其義矣

宅居九隩　解曰隩内也九州之内皆可宅居耳樾謹按九隩疑當作四……而亦誤作九隩不知上五句自作九此句……方土可居也隩即
隩之誤字可知古有四隩之說無九隩之說也

賜姓曰姜氏曰有呂謂其能爲禹股肱心膂以養物豐民人也　解曰氏曰有呂者以四岳能翰成禹功比於股肱心膂呂之爲言膂也樾謹按上文賜姓曰姒氏曰有夏謂其能以嘉祉殷富生物也注曰姒猶祉也夏大也以善福殷富天下爲大也然則此文亦當兼賜姓曰姜言之不得專以氏曰有呂爲說也姜從羊從女養亦從羊從羊生養物即姜字之義依聲爲訓古書類然以養訓姜猶以祉訓姒也韋氏未見及此當補注曰姜猶養也於義方備

使至於爭明以妨王宮　解曰明精氣也樾謹按爾雅釋詁曰明成也古成盛三字通用明訓成故亦訓盛淮南說林篇長而易明高注曰明猶盛也禮記明堂位正義曰明堂盛貌然則爭明猶爭盛也呂氏春秋悔過篇曰此其備必已盛矣高誘訓盛爲彊然則爭盛猶爭彊也韋氏以精氣釋之義轉迂矣哀十六年左傳與不仁人爭明無不勝爭明蓋古人常語後人不達古語故失其解杜預以明無不勝爲句則并失其讀矣昭三年傳曰二惠競爽競猶爭也爽猶明也亦即爭明之意說詳左傳

若能類善物以混厚民人者　解曰混同也樾謹按混厚二字同義混亦厚也混當讀爲惲說文心部惲重厚也今惲厚字皆以渾爲之而混與渾又通用故混厚即渾厚實則惲之叚字也注訓爲同失之

是去其藏而翳其人也　解曰翳猶屏也人民也奪其資民離叛是逵屏其民也一曰翳滅也樾謹按此當從一曰滅也之訓韋疑翳無滅義故先以屏釋之不知翳通作殪詩皇矣篇其菑其翳毛傳曰自斃爲翳釋文曰韓詩作殪是翳與殪字近義通釋名釋喪制曰殪翳也然則翳亦猶殪也翳其民即殪其民故其義爲滅若訓爲屏則其義轉迂矣

三曰姑洗所以修潔百物考神納賓也　解曰姑潔也洗濯也言陽氣養生洗濯枯穢改柯易葉也樾謹按姑字無訓潔者韋注原文當作姑枯也故其下云洗濯枯穢今作潔者蓋其字偶缺淺人妄以意補之耳高誘注淮南子天文篇時則篇並曰姑故也洗新也韋義正與高同姑之爲枯猶姑之爲故並以聲爲訓

四閒林鍾和展百事俾莫不任肅純恪也　解曰展審也樾謹按展與布同義故小爾雅廣言曰布展也然則展亦猶布也和當讀爲宣尚書禹貢篇和夷底績水經桓水篇注引鄭注和讀曰桓桓與宣並從亘聲和之讀爲宣猶和之讀爲桓也和展百事者宣布百事也周官小司寇職曰正歲帥其屬而觀刑象乃宣布于四方布憲職曰執旌節以宣布于四方是其義也韋讀和如本字而訓展爲審則和與展義不相屬矣

故謂之贏亂所以優柔容民也　解曰亂治也柔安也樾謹按下文辭閒之求聲章曰其辭之亂章注曰凡作篇章義既成撮其大要以爲亂辭詩者歌也所以節舞者也如今三節舞矣曲終乃更變章亂節故謂之亂也然則贏亂之亂當與彼同上文曰故長贏則之上宮名之曰羽注曰長爲先用之也是此樂以羽爲始以贏爲亂故曰贏亂其命名之意在贏不在亂優柔容民乃釋贏字之義贏之言贏也爾雅釋天夏爲長嬴釋文云嬴本或作贏是嬴贏古通用襄三十一年左傳以贏諸侯杜注曰贏受也荀子解蔽篇故曰心容楊注曰容受也贏容義既相近以容訓贏正古義矣亂乃樂終之名非義所在故無說也韋注未得其義

昭明大節而已少曲與焉　解曰曲章曲也與類也言猷禮所以教民敬戒昭明大體而已故其詩樂少章曲威儀少比類也樾謹按韋說曲與二字其義甚迂殆非也與古通作舉周官師氏王舉則從故書舉爲與史記呂后紀蒼天舉直徐廣曰舉一作與並其證也少曲舉也謂無委曲之舉動也曲舉與大節正相對成義明道本曲作典疑誤

夫惠本而後民歸之志民和而後神降之福樾謹按本乃大字之誤下文曰今將惠以小賜祀以獨恭小賜不咸獨恭不優卽承此文而言惠不大爲小賜民不和爲獨恭也又曰夫民求不匱於財而神求優裕於享者也故不可以不本本亦大字之誤民求不匱而神求優裕故不可以不大也若作本字於義實失矣大與本上半相似因而致誤漢書董仲舒傳曰元者辭之所謂大也漢紀武帝紀作元者辭之所本也是其證

今齊社而往觀旅非先王之訓也 解曰旅衆也 樾謹按此當作齊社而旅往觀說文㫃部曰旅古文旅古文以為魯衛之魯然則齊社而旅往觀即齊社而魯往觀也上文曰夫齊棄太公之法而觀民於社君為是棄而往觀之彼文君字即此文魯字異名而同實若往觀上無魯字則於文為不備且不曰觀社而曰觀旅於義又為不通蓋由淺人不知旅往觀即魯往觀而誤倒其文耳

臣聞聖王公之先封者遺後之人法使無陷於惡其為後世昭前之令聞也使長監於世 解曰為猶使也 樾謹按既云使無陷於惡又云其使後世昭前之令聞則於義複矣下又云使長監于世殆無此文理也今按此六句當分兩意上三句以先祖言謂王公之先封者宜遺法後人使無陷於惡也下三句以子孫言謂為後世子孫者當昭前之令聞使長監於世也其為後世四字為句韋誤連下六字讀之遂失其義

君不命吾子吾子請之其為選事乎 解曰選擇自選擇其職事也 樾謹按選當讀為篹爾雅釋詁曰篹取也一切經音義引爾雅舊注曰盗位曰篹其實古語凡逆而取之皆謂之篹說文厶部曰屰而奪取曰篹方言曰秦晉之間凡取物而逆謂之篹後漢書逸民傳序鴻飛冥冥弋者何篹焉李賢注引宋衷曰篹取也君不命而請之是自取也故曰其為篹事乎古與算字往往通用說文食部饌或作籑是其證也詩柏舟篇不可選也後漢書朱穆絕交論作不可算也論語子路篇何足算也漢書公孫劉田王楊蔡陳鄭傳贊作何足選也然則選之通作篹猶選亦通作算耳韋以本字讀之而訓為選擇失之遠矣

大懼殄周公太公之命祀 解曰賈唐二君云周公為太宰太公為太師皆掌命諸侯之國所當祀也或云命祀謂命祀二公也昭謂傳曰衛成公祀夏后相甯武子曰不可以閒成王周公之命祀如此賈唐得之 樾謹按神不歆非類民不祀非族太公乃齊之先君魯人豈得祭之下文云豈惟寡君與二三臣實受君賜其周公太公及百辟神祇實永饗而賴之以此告齊尤近不情或說非也賈唐之說亦無確據案依甯武子之言為證則亦非也武王崩周公攝政康叔之封周公主之故甯武子舉成王必兼及周公乃據實而言若伯禽受封與太公無與何必并舉之乎若謂二公並掌諸侯命祀則甯武子之言又何以不及太公乎是二說胥失之矣今按此太公非齊之太公乃魯之太公也周初諸侯猶沿殷制往往無謚衛之始封曰康叔曰康伯晉之始封曰唐叔虞曰晉侯燮蔡之始封曰蔡仲胡曰蔡伯荒曹之始封曰曹叔振鐸曰太伯脾曰仲君平杞之始封曰東樓公曰西樓公曰題公曰謀娶公宋之始封曰微子曰微仲曰宋公稽皆無謚也齊之有謚自哀侯始哀侯以前曰丁公伋曰乙公得曰癸公慈母凡三君無謚而太公者始封之君又有大功故尊之曰太公猶周之王業始于古公亶父而尊之曰太王也非獨齊國如此吳自太伯適吳遂以有國至武王追封為吳伯謂之大伯義猶是也左傳曰武王邑姜方震太叔則唐叔虞亦有太叔之稱義亦猶是也魯之受封實始於伯禽伯禽無謚在他人稱之曰魯公可也在魯之臣民稱之曰魯公不可也則其尊之曰太公固其宜矣齊有太公魯亦有太公猶吳有太伯魯亦有太伯各尊其祖不嫌同名後人但知齊有太公而不知魯亦有太公始失其解矣昭三年左傳曰豈惟寡君舉羣臣實受其賜其自唐叔以下實寵嘉之與此文法相似彼云唐叔以下衆晉先君而言則此周公太公舉魯之先君而言無疑矣下文齊孝公來伐章曰昔者成王命我先君周公及齊先君太公曰女股肱周室以夾輔先王其曰齊先君太公者別于魯先君太公也可見當日屬辭之慎至左傳易之曰昔周公太公股肱周室夾輔成王則失之矣蓋國語乃國史原文左傳則已經左氏删改也

臧文仲欲以辭告病焉 解曰欲以文辭告謝齊也病不能為辭也 樾謹按此當以九字為句臧文仲欲以辭告病焉謂欲以魯之病告齊也宣十五年左傳曰寡君使元以病告義與此同韋氏因下文問於展禽遂讀病焉二字為句以病不能為辭釋之失其義矣

展禽使乙喜以膏沐犒師 樾謹按國語原文疑當作以膏沐膏師上膏字如字下膏字古報反襄十九年左傳如百穀之仰膏雨焉若常膏之釋文曰膏雨如字膏之古報反即其例也犒字說文所無漢斥彰長田君碑作𩞄亦說文所無蓋皆俗字周禮故書作槀乃叚借字司農讀為槁似亦未得也僖二十六年公使展喜犒師正義引服虔曰以師枯槁故饋之飲食是左傳原文亦作膏矣說詳左傳

爵同則厚其好貨 解曰爵與魯同者特厚其好貨 樾謹按當云爵與晉同者人之[illegible]魯皆侯爵則與晉同[illegible]於同爵之國也晉由其與魯同而

厚之也韋注非是

文王以文昭武王去民之穢樾謹按禮記祭法篇曰文王以文治武王以武功去民之[illegible]王能明文昭能定武烈者也文昭與武烈相對此文疑亦與彼同當作[illegible]民之穢

既其葬也焚煙徹於上　解曰已葬而火焚其棺槨也樾謹按韋以已葬二字解既其葬也四字於義未安王氏經義述聞曰既猶既而也言既而夏父弟忌之葬也火焚其棺槨煙達於上也是讀既字為一句義亦未得今按既其葬也四字仍當連讀既猶塈也禮記喪大記篇塗不塈于棺鄭注曰塈及也史記秦始皇本紀東至海塈朝鮮正義曰塈及也塈其葬也猶曰及其葬也塈與既古字通用官閭胥既比則讀法注曰故書既為塈杜子春讀塈為既字矣

若為元侯之所以怒大國無乃不可乎　解曰之所謂作三軍元侯所為樾謹按禮記哀公問篇求德當欲不以其所鄭注曰所猶道也若為元侯之所者若為元侯之道也蓋作師以承天子乃元侯之道也若如韋解則所下更當有為字矣

事其君而任其政其誰由已貳　解曰言楚臣方事其君而當其政其誰肯從已時而使諸侯有攜貳者乎樾謹按由當作曰已當作巳而巳而之巳皆字之誤也其誰曰巳貳與上文其誰曰不如先君其誰曰非侮也文法一律言楚臣方事其君而當其政誰謂其巳有二心也下文執政不貳即承此句而言韋注曰其執政之臣無二心則不貳屬執政言不屬諸侯言明甚因此句誤作由已韋乃曲為之說則與下意不貫矣平丘之會章曰其執政貳也貳字亦就晉執政言可證此文韋解之非

今大夫而設諸侯之服有其心矣若無其心而敢設服以見諸侯之大夫乎將不入矣　解曰若不見討必為篡不復入為大夫也樾謹按此言楚圍以大夫設諸侯之服必有異心若無異心而敢於為此則是狂易失心不久將死故曰將不入矣言不復能入國也下文曰若楚公子不為君必死正其義也韋謂不復入為大夫失之矣

季桓子穿井獲如土缶其中有羊焉　解曰或云得土如瓦缶狀中有土羊樾謹按如此說則當云獲土如缶不當云獲如土缶韋氏述之或說蓋亦有所未安耳疑國語原文本作如獲土缶如而古通用日知錄卷三十二所引凡二十餘事可證季桓子穿井如獲土缶者季桓子穿井而獲土缶也下文曰吾穿井而獲狗此如字即下而字後人不知如而古通用而誤倒其文遂不可解矣

與大史司載糾虔天刑　解曰載天文也司天文謂馮相氏保章氏與大史相儷偶也樾謹按載之為天文於義無取殆非也載當為烖即災字篆文也載烖並從𢦏聲古音相同故周易剝象傳災載為韻又詩大田篇俶載南畝鄭箋曰載讀如菑栗之菑菑與災古亦通用生民篇無菑無害是也菑栗之菑可以載為之則菑害之菑亦可以載為之也司載即司災也漢書天文志文昌六星五曰司祿六曰司災是司災乃星名周官有司祿以星名官司災亦其例也司災所掌必天文災異之事故與之糾虔天刑也

周恭王能庇昭穆之闕而為恭　解曰庇覆也樾謹按庇當讀為裨比聲與卑聲相近詩皇矣篇克順克比禮記樂記篇引作克順克俾節南山篇天子是毗荀子宥坐篇引作天子是庳並其證也晉語子若能以忠信贊君而裨諸侯之闕注曰裨補也此云能庇昭穆之闕庇與裨字異而義同韋以本字讀之而訓為覆於義轉迂矣

修舊法擇其善者而業用之齊語　解曰業猶創也樾謹按既云修舊法不得為之創用韋注非也爾雅釋詁業敘也又曰業緒也緒與敘同義說文攴部敘次弟也是業有次弟之義孟子盡心篇有業屨於牖上趙注曰業織之有次業而未成也蓋亦謂織之已有次弟也晉語信於事則民從事有業韋彼解曰業猶次也然則擇其善者而業用之言擇其善者而次弟用之耳非創用之謂

政不旅舊則民不偷　解曰舊君子故舊也偷苟且也不以故人為師旅則民相與不苟且也樾謹按韋訓此句其義迂曲殆非也旅之言拒也御覽二十七引風俗通曰旅拒也言陽氣欲出陰不許也字

亦通作呂白虎通五行篇曰呂者拒也言陽氣欲出陰不許也又曰呂之言拒者旅抑拒難之也蓋旅與拒本疊韵字故聲近而義通又武進言之曰旅拒後漢書馬援傳黠羌欲旅距注曰旅距不從之貌距卽拒也政不旅舊者言為政不拒絕故舊之人也吾以師旅解之失其義矣

反胙于絳　解曰說云胙賜也謂天子致祭胙賞以大路龍旂桓公於絳辭之天子復使宰孔致之賈侍中云反復也胙位也絳晉國都也晉獻公卒奚齊卓子死國絕無嗣晉侯失其胙位桓公以諸侯討晉至高梁使隰朋帥師立公子夷吾復之於絳是為惠公事在僖九年　昭謂人君卽位謂之踐胙此言桓公城周尊事天子又討晉亂復其胙位善之也按內傳宰孔於葵丘致胙肉賜命無辭讓反覆之文賈君得之唐從賈也繼謹按葵丘之會宰孔致胙不特無辭讓反覆之事且桓公是時亦不至絳舊說固失之矣至人君卽位謂之踐祚不謂之踐胙卽使古字通用然不曰立晉侯於絳而曰復胙於絳義甚不安且惠公之立雖自外入實則父死子繼非鄭厲自櫟衛獻自夷儀失國復歸者可比安得謂之復胙乎是賈侍中說亦非也今按反者歸也孟子盡心篇君子反經而已矣趙岐注曰反歸也廣雅釋詁亦曰反歸也反胙猶言歸胙歸胙於絳承上句南城周而言周書作雒篇載周公既城成周乃設丘兆于南郊以祀上帝配以后稷日月星辰先王皆與食然則齊桓城周之後因祭而歸胙諸侯亦事所宜有也其獨舉絳言之者是特諸侯莫不事齊惟晉獻特強不服故齊桓特寵王室因城周而歸胙以風示之耳

嶽濱諸侯莫不來服　解曰嶽北嶽常山也繼謹按傳言嶽不言北嶽注義非也爾雅釋山曰河西嶽郭璞注曰嶽吳嶽也周官職方氏周書職方篇正西曰雍州其山鎮曰嶽山鄭注及孔晁注並同此傳所謂嶽濱諸侯卽吳嶽也上文西服流沙西吳注曰雍州之地故此卽舉雍州之鎮言之韋氏以爲北嶽常山失之遠矣

隱武事繼謹按此隱字韋氏無注下文定三革隱五刃注曰隱藏也則未得其義也隱當讀爲偃漢書古今人表徐隱王師古注曰卽偃王也是隱偃古通用字荀子儒效篇偃五兵楊倞注曰偃仆也莊子徐无鬼篇偃兵其可乎呂氏春秋蕩兵篇古聖王有義兵而無有偃兵應言篇公孫龍說燕昭王以偃兵凡言偃兵者其義並同此作隱者段字耳韋卽以隱藏釋之非是

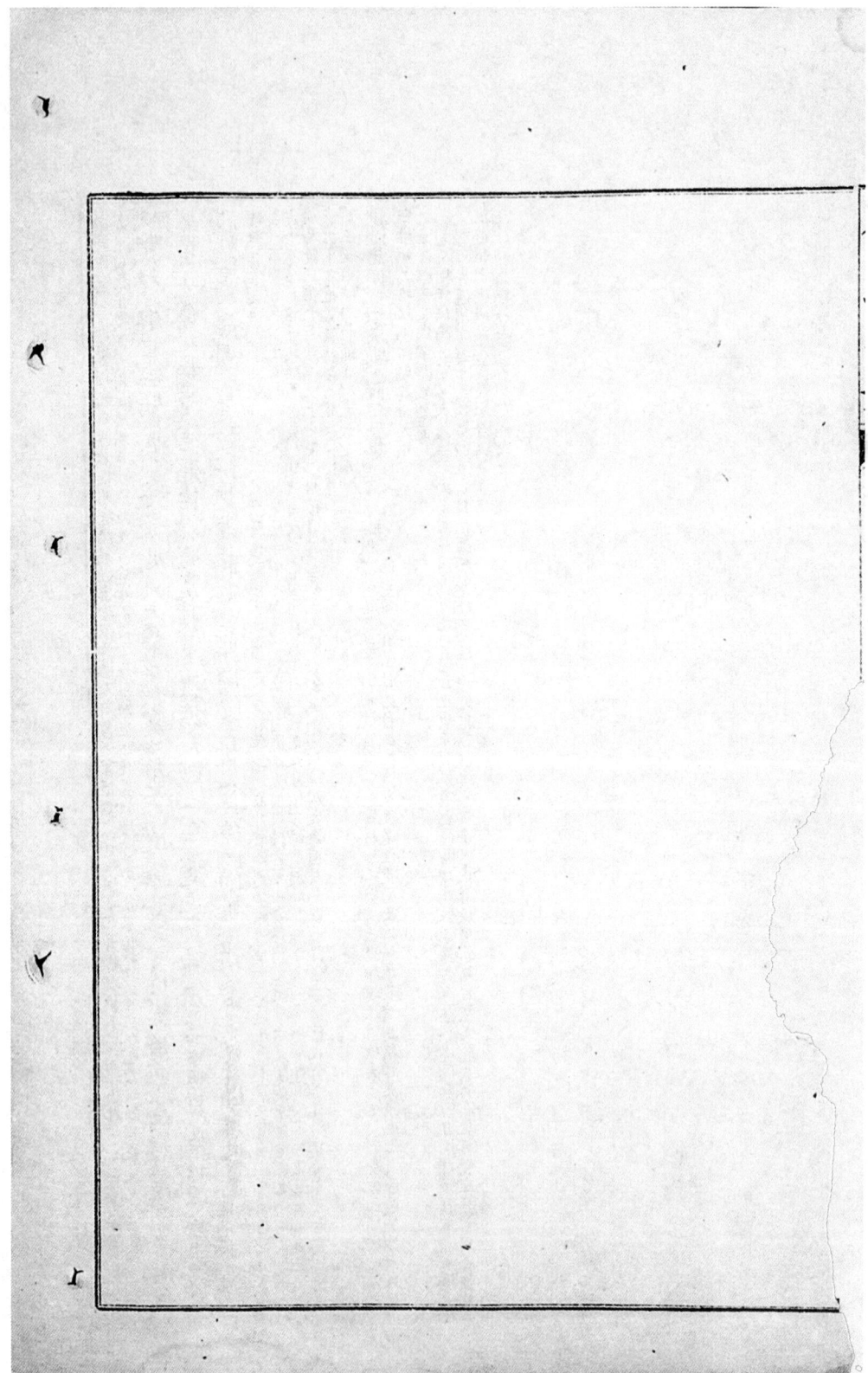

羣經平議卷二十九

春秋外傳國語二

今晉國之方晉語　解曰方大也樾謹按訓方為大則與下文其土又小義不相屬矣古建國者如方百里方七十里之類皆以開方法計之故四竟謂之四方竟內謂之方內史記孝文紀方內安寧是也晉國之方蓋兼晉之四境言之

非禮不終年　解曰非有禮法不能終十年齊懿公商人是也賈虞云十年而數終唐云不能終其年與下不盡齒同非也樾謹按不終年者謂不終一年也上文非謀不卒時注曰三月一時非有善謀不能盡一時然則不終年為不終一年明矣昭元年左傳趙孟不復年矣杜注曰言將死不復見明年此即不終年之義也唐云不能終其年固非韋謂不能終十年則亦與正文不合胥失之矣

驪姬請使申生處曲沃以速縣　解曰虞御史云速疾也縣縊也樾謹按此說最為無理方驪姬請于公而使太子居曲沃必言其當居曲沃之故豈宜曰如此則太子可速縊乎速當讀為束以速縣者以束縣也使太子約束其所屬之縣大夫也晉之大邑必有屬縣昭三年左傳曰晉之別縣不惟州蓋以州縣皆屬於溫故云然然則曲沃為晉宗邑亦必有所屬之縣太子居曲沃則諸縣皆受其約束故曰以束縣也下文曰宗邑無主則民不威正其義矣

夫人知極鮮有慢心　解曰鮮寡也言人自知其極則戒懼不敢違慢覬欲也樾謹按韋注非也鮮當讀為斯此言人知其位已極斯有怠慢之心也鮮與斯古音相近說文雨部霹從雨鮮聲讀若斯詩瓠葉篇鄭箋曰今俗語斯白之字作鮮齊魯之閒聲近斯並其證也下文曰雖其慢乃易殘也雖當讀為唯言唯其怠慢乃易於殘毀也說見王氏引之經義述聞乃王氏知雖之為唯而不悟鮮之為斯因欲於鮮下增不字失之矣

苟衆利而百姓和豈能憚君　解曰豈憚殺君也樾謹按傳言豈能憚君不得增益其文而曰豈憚殺君注義非也憚當讀為怛考工記矢人雖有疾風亦弗之能憚矣鄭注曰故書憚或作但惠氏士奇禮說謂當作怛是其證也怛之言痛也傷也方言曰怛痛也詩匪風篇中心怛兮毛傳曰怛傷也豈能怛君言豈能痛傷君也因公言夫豈惠其民而不惠其父故云苟衆利而百姓和豈復能痛傷君乎下文曰以衆故不敢愛親正承此句而言則憚為怛之叚字益明矣

里克辟奠不飧而寢　解曰熟食曰飧樾謹按飧者夕食也孟子滕文公篇饔飧而治趙注曰饔飧熟食也朝曰饔夕曰飧不飧而寢謂不夕食而寢也韋注但以熟食釋之於義未盡

殺君以為廉　解曰賈侍中云廉猶利也以太子故殺君以自利唐尚書云為太子殺奚齊不有其國以為廉也昭謂是時太子未廢獻公在位而以君為奚齊非也君獻公也虞御史云廉直也讀若關廉之廉此說近之樾謹按奚齊未立固不可謂之君至以君為獻公義亦未安里克豈欲為太子殺獻公乎苟殺獻公則犯大不韙之名又何廉直之有乎故此文殺字苟以本字讀之則皆不可通殺當讀為咈考工記矢人弗矢參分鄭注曰弗當為殺然則殺之通作咈猶弗之通作殺也說文口部咈違也咈君以為廉者違君所欲而自以為廉直也下文曰抑撓志以從君從君與咈君正相對成義

棄寵求廣土而竄伏焉　解曰棄寵令太子棄位也求廣土奔他國也樾謹按廣與曠古通用荀子王霸篇人主胡不廣焉楊注曰廣或讀為曠又解蔽篇則廣焉能弃之矣注曰廣讀為曠然則廣土猶曠野也求廣土而竄伏謂若吳公子札之棄其室而耕也非奔他國之謂

以吾存也　解曰以吾存者以吾在梁依秦也樾謹按以吾存也四字當連下且必告悔為義以猶及也周易小畜九五富以其鄰虞翻曰以及也此言子若往梁驪姬懼吾至秦乞援必及吾在梁之時而先告悔也韋不知以字之義故說此不了

宗國既卑　解曰宗國公族也樾謹按公族不得謂之宗國注義非也哀八年左傳曰今子[illegible]國杜注曰魯公族故謂之宗國又十五年傳子贛謂公孫成曰子周公之孫也多饗大利猶[illegible]國是古者公族之人謂其國為宗國也舟之僑疑亦虢之公族故稱虢為宗國歟

夫二國士之所圖無不遂也　解曰二國士里克荀息也樾謹按[illegible]息初不同謀[illegible]曰我為子行之子帥七輿大夫以待我我使翟以動之援秦以櫎之立其薄者可以[illegible]也此正與里克共圖之事蓋里克之意止欲殺奚齊卓子而於重耳夷吾二公子中擇立一人丕鄭則非不欲立二公[illegible]曰立其薄者可以得重賂厚者可使無入厚薄喻親疏也言欲立疏遠者以要重賂而重耳夷吾可使無入也及里克不可而丕[illegible]從里克之始謀殺奚齊卓子而請君于秦矣韋氏不知丕鄭之意故誤解二國士為里克荀息而說立其薄者二句亦不了也

吾誰使先若夫二公子而立之　解曰當先立誰　又曰若之也使之二公子擇所立也樾謹按韋氏讀吾誰使先四字為句非也此當以十二字共為一句若者擇也說文艸部若擇菜也從艸右右手也是若字本有擇義秦穆之意欲擇立二公子而未知誰可使者故曰吾誰使先若夫二公子而立之下文大夫子明曰君使黎也正與問意相對若從韋注則穆公但謀所立不謀所使何為以使黎對乎

愧意之術也　解曰術道也樾謹按術當作述下文述意以導之即承此文而言可知術為述之段字矣愧所以傳述其意故曰意之述也韋訓為道失之

若無天乎云若有天吾必勝之　解曰云言也晉所行若言無有天也樾謹按韋讀若無天乎云五字為句文不成義王氏念孫曰云字當在若字下而以若無天乎為句若云有天為句魏志公孫淵傳若無天乎臣一郡吉凶尚未可知若云有天亦何懼焉若無天乎若云有天皆用晉語文蓋所見本云字在若字下也說詳經義述聞今按王說是矣而未盡也古本蓋止作若無天乎若云天吾必勝之云即有也廣雅釋詁曰云有也文二年公羊傳曰大旱之日短而云災故以災書此不雨之日長而無災故以異書也云災無災相對成文云災即有災也說亦見經義述聞此傳以若無天若云天相對成文正與彼同其作若有天者因云或作有而傳寫誤合之也今本作云若有天則又傳寫誤倒之也古本亡而古義遂不可見矣

臣怨君始入而報德不降降而聽諫不戰戰而用良不敗　解曰不自降下而背秦也又曰慶鄭諫公使與秦親若公降心聽之可以不戰樾謹按此文當以臣怨君三字斷句始入而報德不降三句文法相承皆慶鄭所怨者也韋解降字非是降當讀為閧古降共聲同尚書禹貢篇北過降水水經注引鄭注曰河內北其山洪水其水出焉東至魏郡黎陽入河近所謂降水也降讀當如郕降於齊師之降蓋周時國於地者惡言降故云共耳此古人降共同聲之證閧字從共得聲故可段降為之呂氏春秋察微篇吳楚以此大隆隆乃閧之段字大隆即大閧也隆字從降得聲然則降之為閧猶隆之為閧矣孟子梁惠王篇鄒與魯閧音義引劉熙注曰閧構也構兵以鬬也閧構雙聲蓋以聲相訓此文言閧又言戰則閧止謂彼此構釁也慶鄭之意蓋言始入而報德則不至於閧閧而能聽諫則不至于戰戰而能用良則不至於敗也韋不明段借之旨故失其解耳

不可以封國　解曰不可以守封國也樾謹按國字衍文也不可以封即不可以國楚語曰其生不疏不可以封韋彼注曰封國也得其義矣此作不可以封國者蓋一本作封一本作國而傳寫誤合之也古書往往有此韋據誤本作注失之矣下文文公在翟章亦曰駟門不閉不可以封可證此國字之為衍文楚語叔段以京患嚴公鄭幾不封猶言幾不國也又曰民多闕則有離畔之心將何以封矣猶言將何以國也並可為證

吾觀晉公子賢人也其從者皆國相也以相一人必得晉國樾謹按僖二十三年左傳曰吾觀晉公子之從者皆足以相國若以相夫子必反其國疑此文一人二字乃夫字之誤以相絕句即左傳所謂若以相也夫必得晉國絕句即左傳所謂夫子必反其國也夫者指目其人之辭桓十三年左傳夫固謂君夫豈不知服虔云夫謂闘伯比也二十六年傳夫不惡女乎服杜並云夫謂太子也其年又曰夫獨無族姻乎杜云夫謂晉也三十一年傳夫亦愈知治矣杜云夫謂尹何並見襄二十三年左傳正義漢書賈誼傳注曰夫夫人也亦猶彼人耳是其義也古書多有一字誤為二字者禮記祭義篇見閒以俠甒鄭注曰見閒當為覸史記蔡澤傳吾持粱剌齒肥索隱曰剌齒肥當為齒肥皆其例矣

楚成王以周禮享之樾謹按周字當作君古文相似而誤也以君禮享之謂以國君之禮享之其下所云九獻庭實旅百皆君禮也故子犯曰亡人而國薦之非敵而君設之君設謂設君禮也下文秦穆饗公子如饗國君之禮正與此同

唯青陽與倉林氏同於黃帝故皆為姬姓樾謹按上文曰黃帝之子二十五人其同姓者二人而已唯青陽與夷鼓皆為己姓黃帝之子不應有兩青陽疑此文當云唯倉林氏同於黃帝故皆為姬姓蓋黃帝姬姓倉林亦姬姓故云皆為上云其得姓者十四

人為十二姓四字乃三字之誤司馬貞史記索隱引此文謂舊解破四為三是也因其下增出青陽於是十二姓中己姓者二姬姓者二
而十三人誤為十四人矣不知上文明云其同姓者二人而已若己姓者二姬姓者二則當云同姓者四人於事方合安得云二人乎

保其土房　解曰房居也 樹謹按房當讀為方詩大田篇既方既皁鄭箋曰方房也是方與房義通保其土房即保其土方也書序禹敷下土方釋文云下土絕句一讀至方字絕句又詩長發篇禹敷下土方外大國是疆朱文公集傳亦以方字絕句楚辭天問篇禹降省下土方蓋土方二字連文乃古語也此作土房者房即方之叚字耳

又為惠公從予於渭濱　解曰重耳在翟從翟君獵於渭濱勃鞮為惠公就殺之 樹謹按韋氏訓從為就則必增出殺字於文方明殆非也從當讀為蹤蹤猶迹也漢書季布傳迹且至臣家師古注曰迹謂尋其蹤迹也蹤予於渭濱猶迹予於渭濱正尋其蹤迹之意古蹤迹字止作從迹詩羔羊篇毛傳曰行可從迹也是其證

若干二命以求殺予　解曰干犯也二命獻惠之命 樹謹按勃鞮奉獻惠之命而殺文公何干犯之有二命當作上命專指渭濱一事而言蓋惠公命三日至而勃鞮一宿即至是所謂干上命以求殺予也左傳曰雖有君命何其速也此云上命即彼云君命矣說文上部帝篆下說解曰古文諸上字皆從一篆文皆從二二古文上然則此上命作二命者二乃古文上字也讀者不識而切為一二之二於是其義不可通矣

陽有夏商之嗣典有周室之師旅　解曰典法也旅衆也言有夏商之後嗣及其遺法與周室之師衆 樹謹按嗣典與師旅對文若以嗣為後嗣典為遺法則分為二義與師旅不對矣且因文公將殘其民故為為此言則言有夏商之後嗣可也何必言有夏商之遺法乎韋說非也嗣當讀為司古字通用書高宗肜日篇王司敬民史記殷本紀作王嗣敬民是其證也詩鄭風羔裘篇邦之司直禮記文王世子篇樂正司業毛傳鄭注竝曰司主也周禮天官典婦功鄭注曰典主也是司與典同義故禮記曲禮篇曰典司六典典司五衆典司六職莊十四年左傳曰典司宗祏竝以典司連文司典即典司語有倒順耳有夏商之司典猶云有夏商之典司古者官有世職雖易代而不廢故夏商之典司至周猶存也周官宰夫掌百官府之徵令辨其八職二曰師掌官成以治凡三曰司掌官灋以治目四曰旅掌官常以治數此文有夏商之司典即所謂司也有周室之師旅即所謂師也旅也韋氏所說胥失之矣

今陽子之貌濟其言匱非其實也　解曰濟成也言不副貌為匱匱之也 樹謹按此濟字以貌言不當訓成濟當讀為齊詩采蘋篇有齊季女傳曰齊敬也思齊篇思齊大任傳曰齊莊也是齊有莊敬之義廣雅釋訓曰濟濟敬也蓋濟與齊義通陽子之貌濟其言匱謂陽子之貌雖若莊敬而其言則匱也下文曰今陽子之情譓矣以濟蓋也解曰譓辨察也義亦未合說文無譓字心部慧儇也譓字蓋與慧同謂陽子之情儇利而故為莊敬之貌以揜蓋之也至匱之訓乏固為恆訓然言不副貌何以謂之乏韋說亦未了蓋匱之即有空虛之義實者誠也則虛者不誠也故言而不實謂之匱盟而不實亦謂之匱成二年左傳卿不書匱盟也是也因而其字又變作讀廣雅釋訓曰讀欺也讀即其言匱之匱矣

襲侵之事陵也　注曰陵以大陵小也 樹謹按襲侵之事非必皆以大陵小也韋說非說文夊部夌越也陵與夌通禮記樂記篇迭相陵謂之慢正義曰陵越也然則陵有超越之義襲侵之事陵也謂乘其不備超越而至也漢書天文志陵歷鬬食師古注曰突掩為陵是其義矣

獻子曰戒之此謂成人成人在始與善 樹謹按與善二字衍文也成人在始包下始與善始與不善兩意而言文選張茂先勵志詩曰川廣自源成人在始正用國語文可證

吾聞君人者刑其民成而後振武於外是以內龢而外威 樹謹按刑其民當作刑其內刑其內而振武於外所以內龢外威也下文曰內猶有不刑而況外乎正承此文刑其內而言可知民字之誤韋解曰以刑正其民則所據本已誤按下文曰今吾司寇之刀鋸日弊而斧鉞不行注曰刀鋸小人之刑也弊敗也日敗用之數也斧[illegible]也不行不行於大臣然則文子之意欲以刑正其臣非欲以刑正其民豈反以刑[illegible]

夫戰刑也刑之過也 樹謹按之猶其也呂氏春秋音初篇之子是必大吉高誘[illegible]子是之與其同義故孟子公孫丑篇天下之[illegible]之子也又曰為人後者為其[illegible]

刑其過也韋云刑殺有過者正得其義但未解之字耳王氏經義述
由大而怨由細過字乃行文當以刑之過也由大為句與文義不合不可從

訓誅為除蓋謂欲除小民之怨當用
小民則用恵與用忍皆失其所矣此

今吾刑外乎大人而忍於小民 樾謹按外當作惠聲之誤也上文曰過由大而怨由惠欲去大人之過當用忍也是惠與忍正相對此文云今所以刀鋸日弊而斧鉞不行也若作刑外乎大人非特文義迂迴且與上文不合矣

鄢陵之役荊壓晉軍軍吏患之將謀范匄自公族趨過之曰夷竈堙井非退而何 解曰夷平也堙塞也使晉軍平塞井竈示必死不復飲食非退而何言楚必退 樾謹按韋氏所說非范匄之意也夷竈堙井乃因楚壓晉軍而陳地勢迫狹故平塞井竈以為戰道左傳所謂將塞井竈而為行也非示必死不復飲食也其解非退而何更為不了夫晉人平塞井竈楚人何以必退即謂畏其致死不敢與戰亦當云楚師必退文義方明安得云非退而何也然則非退而何當作何解曰楚壓晉而陳地勢迫狹無以為戰道軍吏患之將謀者蓋將謀退也非畏楚而欲逃乃欲少退使有戰地耳然軍勢一動不可復止必有潰敗之憂故范匄為夷竈堙井之策如此則不必退而自有戰地乃不退之退也故曰非退而何傳文不敘軍吏謀而但載范匄之策於是讀者不得其解矣所宜以意逆志而善會之也

夫利君之富富以聚黨利黨以危君 解曰利君寵祿以為富得富故有徒黨 樾謹按下富字衍文也當作利君之富以聚黨利黨以危君利者賴之叚字利賴聲近而義通周語先王豈有賴焉解曰賴利也然則利亦猶賴也廣雅釋詁賴恃也恃君之富以聚徒黨又恃徒黨以危君不義甚矣故曰君之殺我也後矣衍一富字文義反隔然觀韋注是其所據本已衍也

夫以果戾順行民不犯也 解曰戾師也以果敢師順道而行之故民不犯 樾謹按韋解戾字未合爾雅釋詁曰戾止也止與行正相對以果戾順行謂以果戾以順行也非謂以果帥順而行也止所當止其止也果矣是謂果戾行所當行其行也順矣是謂順行上文曰其身果而辭順順無不行果無不徵犯順不祥伐果不克並以果順二字平列此亦當同之韋說非也

年過七十者公親見之稱曰王父王父不敢不承 解曰稱曰王父尊而親之所以盡其心也故王父不敢不承命 樾謹按韋讀稱曰王父四字為句非也當連下王父讀之稱曰王父王父者蓋所見不一人故不一稱也猶孟子盡心篇曰古之人古之人亦不一稱之辭也不敢不承乃公自謙之辭謂不敢不承教耳注以為王父不敢不承命失之矣

曰君之使使臣狃中軍之司馬 解曰狃正也 樾謹按狃之訓正未聞其義狃當讀為粗廣雅釋詁曰粗廁也猶曰使臣廁中軍之司馬也文選秋興賦曰攝官承乏猥廁朝列注引蒼頡篇曰廁次也是其義也左傳作使臣斯司馬疑斯即廁字之誤古斯或作廝廝誤為廁因改為斯矣說詳左傳

非上不舉 注曰舉動也放上而動 樾謹按放上而動而但曰非上不舉甚為不辭周語賓之禮事放上而動豈可曰賓之禮事非上不舉乎上疑止字之誤詩小旻篇國雖靡止鄭箋曰止禮也荀子不苟篇見由則恭而止大略篇盈其欲而不愆其止楊注並曰止禮也非止不舉即非禮不舉與上句非義不變一律今誤為上則義不可通矣

其仁可以利公室不忘 解曰不忘利公室也 樾謹按如韋義則當云其仁不忘利公室於文方明乃曰可以利公室不忘不可通矣忘當讀為亡漢書武五子傳臣聞子胥盡忠而忘其號師古注曰忘亡也是忘與亡義通莊子刻意篇無不忘也無不有也忘與有對文忘即亡也周語曰故能光有天下而龢寧百姓令聞不忘又曰萬年也者令聞不忘之謂也令聞不忘即令聞不亡猶漢書賈山傳曰功德立於後世而令聞不亡也是可證忘為亡之叚字矣大玄交次四曰往來熏熏得亡之門范望注曰亡猶絕也然則利公室不亡言利公室不絕也令聞不亡言令聞不絕也詩有女同車篇德音不忘蓼蕭篇壽考不忘凡言不忘者其義並同若以本字讀之則胥失之矣

公室之不回 解曰回邪也（樾謹按不字衍文也公室之回與下句內事之邪大夫之貪文義一律今涉上句公族之不恭而誤衍不字則義不可通矣明道本作公室之有回蓋勝今本然恐亦後人所改也）

輯訓典 解曰輯和也（樾謹按輯之義固為和然訓典不可言和韋注非也輯與集古字通襄十九年左傳其天下輯睦釋文曰輯本作集詩板篇辭之輯矣新序雜事篇引作辭之集矣師古注漢書每曰輯與集同輯訓典謂集合先代之訓辭及其典禮也周語言隨武子講聚三代之典禮修執秩以為晉法即其事矣）

夫楚令尹有欲於楚少懦於諸侯 解曰欲欲得楚國也懦弱也以諸侯為弱（樾謹按韋注未得傳意此言令尹之志專在于楚而於諸侯之事少偷懦也襄二十五年左傳齊崔杼帥師伐我北鄙公患之孟公綽曰崔子將有大志不在病我必速歸何患焉其來也不寇使民不嚴異於他日正與此文大旨相同有欲於楚少懦於諸侯即所謂將有大志不在病我也下文曰諸侯之故求治之不求致也解曰故事也必欲治之非但求致之而已此亦未得傳意致之言至也極也言求治之而已不深求也故又曰其為人也剛而尚寵若及必弗避也子盍逃之盍不逃則彼及治之故弗可逃逃則彼不及治之即可免矣此正求治不求致之明證也）

昔先主文子少釁於難 解曰釁猶離也（樾謹按釁之訓離未聞其義釁當讀為興禮記文王世子篇既興器用幣鄭注曰興當為釁字之誤也其實興與釁亦聲近而通用襄二十六年左傳釁於勇杜注曰釁動也訓釁為動即讀釁為興矣釁於難謂興起於患難之中也）

以其五賢陵人而以不仁行之其誰能待之 解曰待猶假也（樾謹按待猶忍也周語有是寵也而益之以三怨其誰能忍之與此文詞異義同蓋留待則有忍耐之意故待猶忍也上文長魚矯既殺三郤章曰臣脆弱弗能忍俟也俟與忍同義則待與忍亦同義矣）

沈竈產鼃民無畔意 解曰沈竈縣釜而炊也產鼃鼃生於竈也（樾謹按縣釜而炊謂之沈竈於義未安沈當讀為煁沈從冘聲煁從甚聲兩聲相近詩蕩篇其命匪諶說文心部引作天命匪忱常棣篇和樂且湛禮記中庸篇引作和樂且耽並其證也煁之通作沈猶諶之通作忱湛之通作耽矣詩白華篇卬烘于煁毛傳曰煁烓竈也爾雅釋言煁烓也郭注曰今之三隅竈沈竈生鼃謂城中煁竈皆生蝦蟆也因叚沈為之讀者遂失其義矣鄭禆諶字竈諶即煁之叚字漢書古今人表作禆湛湛亦煁之叚字漢書每以湛為沈字師古注輒曰湛讀曰沈李善注文選鄒陽上吳王書曰湛今沈字也又注答賓戲曰湛古沈字是沈湛古同字以沈為煁猶以湛為煁矣）

收經入（鄭語） 解曰經常也（樾謹按此文云合十數以訓百體出千品具萬方計億事材兆物收經入行姟極自十至姟皆數名也韋訓經為常失之矣御覽卷七百五十引風俗通曰十十謂之百十百謂之千十千謂之萬十萬謂之億十億謂之兆十兆謂之經十經謂之垓正與國語文合又楚語曰百姓千品萬官億醜兆民經入畡數以奉之義亦同此）

故王者居九畡之田收經入以食兆民 解曰九畡九州之極數也楚語曰天子之田九畡以食兆民王取經入焉以食萬官（樾謹按此文有闕誤當云故王者居九畡之田以食兆民收經入以食萬官故韋氏引楚語以解之若如今本則與楚語不合韋不當無說矣且民之數曰兆而田之數曰畡正一夫百畝之制田之數曰畡而王所取之數曰經正什而取一之制可知此文之誤矣）

味一無果 解曰果美也（樾謹按果之訓美未聞其義果當訓為成論語子路篇行必果皇侃義疏引繆協曰果成也又文選謝宣遠於安城答靈運詩注引許慎淮南子注曰果成也五味合然後可食若止此一味則不成味矣故曰味一無果）

物一不講 解曰講論校也（樾謹按物一不講甚為無義講當讀為構講與構並從[illegible]十五年左傳注則講虛而不經釋文曰講本又作構是其證也詩四月篇我日構禍鄭箋[illegible]二人箋曰構合也是構有合集之義物一不構謂物一則不合集也）

明招利以道之文楚語 解曰昭明也 樾謹按昭訓為明則明昭利[illegible]陳司徒招索隱曰或作昭是昭招古通[illegible]迪之武正相[illegible]廣雅釋詁曰除去也釋言曰招來也招利謂招而來之除害謂除而去之若以本字讀之失其旨矣

舉國留之 解曰留治之 樾謹按留當讀為榴詩斯干篇椓之橐橐鄭箋曰椓謂榴土也正義曰榴者以杵平物之名靈王為章華之臺國人皆為之榴土故曰舉國榴之作留者省偏旁耳

是知天咫安知民則 解曰咫言少也言少知天道耳何知治民之法 樾謹按咫與則並語辭王氏引之經傳釋詞曰咫與只同是也然王氏知咫為語辭而不知則為語辭故其說猶未盡今按則亦與只同是知天咫安知民則猶言是知天只安知民只楚辭大招篇每句末皆用只字蓋楚語然也咫與則古通用賈子連語篇牆薄咫亟壞繒薄咫亟裂器薄咫亟毀酒薄咫亟酸新序雜事篇咫並作則是其證也咫可讀為只故則亦可讀為只矣其下曰民天之生也知天必知民矣但言知民不言知民則可見則為語辭矣下文昭王問於觀射父章神狎民則則亦與只同神狎民只謂神與民狎也注曰則法也亦失之

史不失書矇不失誦以訓御之 解曰御進也 樾謹按如韋解則訓與御異義矣御當讀為語語從吾聲與御聲相近說文金部御或作鋙是其例也釋名釋言語曰御語也尊者將有所欲先語之也是御與語聲近義通訓御即訓語史不失書矇不失誦以訓語之猶上文曰必誦志而納之以訓道我也春秋桓十四年經文鄭伯使其弟語來盟穀梁作禦語之通作御猶語之通作禦矣

接誠拔取以獻具 解曰接誠於神也拔毛取血獻其備物也 樾謹按接誠上有闕文接誠與獻具相對疑當作□□以接誠注曰接誠於神也與獻其備物也相對句上亦有闕文其闕幾字不可知矣

道其順辭 樾謹按順與訓古字通道其順辭即道其訓辭下文王孫圉聘於魯章曰若諸侯之好幣具而道之以訓辭正與此同義

妎其讒慝 解曰妎覆也 樾謹按妎之訓覆其義未聞妎當讀為扴說文手部扴刮也字又作砎周易豫六二釋文引鄭注砎謂磨砎也扴其讒慝正取磨刮之義作妎者叚字耳

夫民心之慍也若防大川焉潰而所犯必大矣 解曰慍怒也 樾謹按慍當讀為蘊民心之蘊承上文蓄怨滋厚而言昭二十五年左傳曰衆怒不可蓄也蓄而弗治將蘊杜注曰蘊積也與此文語意相近下云若防大川潰而所犯必多惟其蘊積於心故以防川為喻也慍蘊同聲古字通用禮記檀弓篇釋文引庾蔚曰慍積也慍之訓積即讀為蘊矣

吾聞君子唯獨居思念前世之崇替 解曰崇終也替廢也 樾謹按韋解崇字未得其旨文選東京賦進明德而崇業薛綜注曰崇猶興也然則崇替猶言興廢耳

龜足以憲臧否則寶之 解曰憲法也取善惡之法 樾謹按龜所以示人吉凶不當言取法注義非也憲當讀為顯詩假樂篇顯顯令德禮記中庸篇作憲憲令德是顯憲古通用爾雅釋詁顯見也廣雅釋詁顯明也龜足以明見善惡故曰顯臧否

夫盈而不偪憾而不貳者臣能自壽也 解曰壽保也 樾謹按壽當讀為塢說文土部塢保也經傳即以保為之禮記檀弓篇遇負杖入保者月令篇四鄙入保皆是也然則以塢為保猶以保為塢矣國語原文本作臣能自塢也隸變作壔又省作壽古字亡而古義亦晦矣

思舊怨以脩其心 解曰脩其報讎之心 樾謹按脩者勉也淮南子脩務篇高注訓脩為勉是也思舊怨以脩其心言思舊怨以勉勵其心也魯語吾冀而朝夕脩我楚語必交脩余竝與此脩字同義

昔者越國見禍得罪於天王吳語 解曰言天王尊之以名 樾謹按天王猶大王也廣雅釋詁天大也尚書多士篇曰肆予敢求爾于天邑商孟子滕文公下篇云惟臣附于大邑周天邑與大邑文異而義同此傳越人稱吳為天王至戰國時無不稱大王者天王與大王亦文異而義同然則春秋書天王其義亦如此而已

天王親趨玉趾以心孤句踐而又宥赦之　解曰孤棄也 樾謹按心棄句踐與下句不屬即連上文讀之義亦未安韋解非也孤之言顧也釋名釋親屬曰孤顧也是孤有顧義詩那篇顧予烝嘗鄭箋曰顧念也以心孤句踐而又宥赦之言天王親趨玉趾本將治越之罪因顧念句踐而又宥赦之也

使寇令焉　解曰若禦寇之號令 樾謹按韋未解使字則此句文義未明爾雅釋詁曰使從也廣雅釋詁曰從使也是從與使義通使寇令焉即從寇令焉謂從禦寇之令也史記龜策傳大將不羸卒不使令使令即從令正可證明此文之義

吾將許越成而無拂吾慮　解曰拂絕也 樾謹按說文口部咈違也字通作拂周易頤六二顛頤拂經于丘頤釋文曰拂違也詩皇矣篇四方以無拂禮記大學篇是謂拂人之性其義竝同而無拂吾慮者而即爾字蓋吳王欲許越成而懼大夫之不從故先戒之曰爾無拂吾之計慮也韋解失之

遵汶之上不敢左右唯好之故　解曰不敢左右暴掠齊民唯有恩好之故也 樾謹按韋解似未得左右二字之義此左右二字即承上句遵字而言謂遵循汶水而行不敢左右迤衺以犯齊地也

挾經秉枹　解曰在腋曰挾經兵書也 樾謹按世無臨陣而讀兵書者經當讀為莖謂劍莖也考工記桃氏曰以其臘廣為之莖圍注曰鄭司農云莖謂劍夾人所握鐔以上也元謂莖在夾中者莖長五寸此云挾莖正謂此矣作經者段字耳韋不達段借之旨望文生訓失之

伯父多歷年以沒元身　解曰元善也 樾謹按以沒元身甚為無義元疑亓字之誤亓古文其字蓋言伯父多歷年以沒其身也集韻曰其古作亓亓與元相似因而致誤

若事幸而從我我遂踐其地　解曰言從我而戰 樾謹按上文曰吳王將恥不戰必不須至之會也而以中國之師與我戰然則吳從我戰乃意中之事何以云若事幸而從我乎吳從我戰我又安能遂踐其地乎韋注非也今按上我字乃衍文國語原文本云若事幸而從句我遂踐其地廣雅釋詁曰從就也事幸而從者事幸而就也晉語曰今日之事幸而集韋注曰集成也幸而從與幸而集義同此言吳王不待遠兵之至而以國中之兵與我戰我若幸而戰勝則我可遂踐其地也因涉下句而衍我字韋以我從而戰釋之失其旨矣

夫吳良國也　解曰良善也 樾謹按良國者大國也凡有善義者即有大義詩桑柔篇鄭箋曰善猶大也故爾雅釋詁介訓大亦訓善廣雅釋詁佳訓善亦訓大然則良之本義為善其引申義為大矣禮記文王世子篇一有元良鄭注曰元大也良善也不知元為大亦為善良為善亦為大其義互通

王曰無是貳言也 越語　解曰貳二也二言陰謀淫佚也 樾謹按韋讀無是貳言也五字為句猶言無此二語也殊非古人語意此當以無字為句王曰無乃不然之辭襄九年左傳姜曰亡杜注曰亡猶無也與此正同是貳言也謂是乃疑貳之言也王欲代吳而范蠡力言不可故以為疑貳之言其下曰吾已斷之矣正明己之不疑也

卑辭尊禮　解曰言當卑約其辭尊重其禮 樾謹按此尊字與下文尊之以名之尊不同字異義下尊字讀如本字此尊字當讀如曲禮恭敬撙節之撙後漢書光武十王傳贊沛獻尊節章懷注曰尊音祖本反禮記曰恭敬尊節此尊讀如撙之明證也說文無撙字刀部刌減也疑即其本字古多以尊為之又或以繜與僔為之荀子不苟篇不能則恭敬繜絀以畏事人楊注曰繜與撙同絀與黜同謂自撙節貶損又仲尼篇恭敬而僔注曰僔與撙同卑退也卑辭尊禮謂卑約其辭撙節其禮也卑與撙同義而非對文辭也禮也皆在己者故曰卑曰撙名則在人者故曰尊不達段借之旨而混同之失其解矣

褋受其刑　解曰褋猶俱也 樾謹按褋訓為俱於義迂曲褋者帀也呂氏春秋圜道篇圓周復[illegible]帀也淮南子詮言篇以數襍之壽憂天下之亂高注曰襍帀也說苑脩文篇如矩之三襍規之[illegible]亦以襍為帀說文帀部帀周也周帀則有反復之義大玄有周首以象復卦范望注曰周復也然則帀亦復也帀受其刑者復受其刑也猶上文言反受其殃也

天有還形　解曰還反也形體也樾謹按形當讀為刑言天必反占
成天有還刑其義正同還猶反也刑猶殺[illegible]

皇天后土四鄉地主正之　解曰天神地祇四方神主當征討之正其封疆也司馬[illegible]
正之猶言鬼神
與聞此誓也

[illegible]是正猶整也周官夏官序官曰家
注曰正猶聽也皇天后土四鄉地主

論語一

有朋自遠方來學而 何晏集解引包曰同門曰朋樾謹按釋文曰有或作友阮氏校勘記據白虎通辟雍篇引此文作朋友自遠方來洪氏頤煊讀書叢錄又引文選陸機挽歌友朋自遠來證舊本是友字今按說文方部方併船也象兩舟省總頭形故方即有並義淮南氾論篇曰乃為窬木方版高誘注曰方並也尚書微子篇曰小民方興史記宋世家作並興是方並同義友朋自遠方來猶云友朋自遠並來曰友曰朋明非一人故曰並來然則有之當作友尋繹本文即可見矣今學者誤以遠方二字連文非是凡經言方來者如周易不甯方來尚書作兄弟方來義皆同此其說各具本經

孝弟也者其為仁之本與樾謹按為字乃語詞阮氏校勘記曰足利本無為字蓋語詞無實義故省之也其為仁之本與猶云其仁之本與子路篇曰如有王者必世而後仁此所謂仁正與彼同此章之旨即孟子所謂人人親其親長其長而天下平者其為人也孝弟則自不至於犯上而作亂故以為仁之本禮記經解篇曰上下相親謂之仁即此仁字之義也緇衣篇曰禹立三年百姓以仁遂焉所謂仁者無他人人親其親長其長而已有子之言本自平實後人恥事功而虛談心性於是其說始多矣

主忠信無友不如己者樾謹按主與友對大戴記曾子制言篇曰曾子門弟子或將之晉曰吾無知焉曾子曰何必然往矣有知焉謂之友無知焉謂之主此文主字義與彼同言所主者必忠信之人所友者無不若己之人也孔子主顏讎由主司城貞子即是主忠信之謂

禮之用和為貴樾謹按古以用二字通周易井九三可用汲史記屈原傳引作可以汲尚書呂刑篇報虐以威論衡譴告篇引作報虐用威詩版篇曰勿以為笑荀子大略篇引作勿用為笑並其證也禮之用和為貴與禮記儒行篇曰禮之以和為貴文義正同此用字止作以字解當以六字為句近解多以禮用為言失之矣

先王之道斯為美小大由之有所不行 邢昺正義曰斯此也言先王治民之道以此禮貴和美禮節民心樂和民聲禮至則無怨樂至則不爭揖讓而治天下者禮樂之謂也是先王之美道也樾謹按此斯字專指禮而言蓋謂先王之道禮為最美小大由之而有所不行者不和故也但言有所不行而不言其不行之故則因禮之用和為貴已見上文且下文曰知和而和不以禮節之亦不行也亦之一字按此貫通義見於下故文省於上古人之辭往往如此也正義誤解斯為美句而此章文義扞格不通矣

亦不可行也樾謹按漢石經作亦不行也無可字當從之上云有所不行此云亦不行也兩不行之義彼此貫通亦者亦上文而言上無可字則此亦無可字蓋涉馬注而衍馬注云不以禮為節亦不可行此自用以足句非其所據經文有可字也

七十而從心所欲不踰矩為政 馬曰矩法也從心所欲無非法樾謹按此當於心字絕句禮記樂記篇率神而從天鄭注曰從順也六十而耳順七十而從心耳順從心錯綜成文亦猶迅雷風烈之比從與順同義耳順即耳從也從心即順心也所欲不踰矩乃自說從心之義惟其所欲不踰矩故能從心也柳宗元集與楊誨之書曰孔子七十而縱心正於心字絕句較馬讀為長從作縱則失之皇侃義疏曰從放也雖復放縱心意而不踰越于法度也是六朝人讀從字為放縱之縱故唐宋人引此文多作縱心實非經旨說詳翟氏灝論語考異

子曰由誨女知之乎 正義曰孔子以子路性剛好以不知為知故此抑之呼其名曰由我今教誨女為知之乎此皆語辭樾謹按此知字與下五知字不同下五知字皆知字此知字當讀為志禮記緇衣篇為上可望而知也為下可述而志也鄭注曰志猶知也此[illegible]知之乎即誨女志之乎言我今誨女女其謹志之也荀子子道篇子路趨而出改服而入蓋猶若也孔子曰志之吾語[illegible]而有能者小人也故君子知之曰知之不知曰不知言之要也能之曰能之不能曰不能行之至也韓詩外傳亦並[illegible]不知為不知言之要也能之為能之不能為不能行之要也並與此章文[illegible]

子張學干祿　正義曰弟子子張師事孔子學求祿位之法樾……於學詩……

喪與其易也甯戚八佾　包曰易和易也言禮之本意失於奢不如儉喪失於……未得其義蓋禮則奢儉俱失於奢……有甯儉之言若居喪哀戚固其所也乃云與其易也甯戚恐不然矣戚當讀為慼禮記禮器篇三辭三讓而至不然則已慼此……足部有慼字曰迫也古無慼字故叚戚為之言居喪者或失於和易或失於迫慼然與其和易無甯迫慼為得禮之本意耳南史顏延之傳喪易甯慼是知戚字固有作慼者其義視包注為長

繪事後素　鄭曰繪畫文也凡繪畫先布眾色然後以素分布其閒以成其文喻美女雖有倩盼美質亦須禮以成之樾謹按考工記凡畫繢之事後素功鄭注即引論語文為證據玉人云瑑琮射素功司農云素功無瑑飾也然則素功不專以畫繢言凡不畫繢者不雕鏤者皆素功也畫繢之事居素功之後猶禮記所謂黼黻文繡之美疏布之尚丹漆雕幾之美素車之乘也說詳周禮此云繢事後素義與彼同上云素以為絢明是先有素而後可以為絢故孔子以繪事後素曉之而子夏因有禮後之問所謂忠信之人可以學禮也

與其媚於奧甯媚於竈　孔曰奧內也以喻近臣也竈以喻執政樾謹按媚奧媚竈皆媚人非媚神也古以奧為尊者所居故曲禮曰為人子者居不主奧而春秋時有奧主之稱昭十三年左傳國有奧主是也竈則執爨者居之所謂廝養卒也當時之人以為居奧者雖尊不如竈下執爨之人實主飲食之事故媚奧不如媚竈國語周語載人之言曰佐饔者嘗焉即此意也王孫賈引之蓋以奧喻君以竈自喻孔注未得其旨

是禮也樾謹按古字也邪通用陸氏經典釋文序所謂如而不分也邪無別者是也論語子張問十世可知也井有人焉其從之也豈若匹夫匹婦之為諒也諸也字並當讀作邪又如事君盡禮人以為諂也子曰其事也此兩也字尊釋文義亦邪字也魯僭王禮太廟之中犧牲服器之等必有不循舊典者子入太廟每事問所以諷也或人不諭其旨反有孰為知禮之譏故子曰是禮也猶云是禮邪乃反詰之辭正見其非禮矣

管氏有三歸　包曰三歸娶三姓女婦人謂嫁曰歸　正義曰禮大夫雖有妾媵嫡妻惟娶一姓今管仲娶三姓之女故曰有三歸樾謹按就婦人言之謂之歸自管仲言之當謂之娶乃諸書多言三歸無言三娶者且如其說亦是不知禮之事而非不儉之事則其說非也朱注據說苑管仲築三歸之臺以自傷於民故以三歸為臺名然管仲築臺之事不見於他書戰國策周策曰宋君奪民時以為臺而民非之無忠臣以掩蓋之也子罕釋相為司空民非子罕而善其君齊桓公宮中七市女閭七百國人非之管仲故為三歸之家以掩桓公非自傷於民也說苑所謂自傷於民者疑即本此涉上文子罕事而誤為築臺耳古事若此者往往有之未足據也然則三歸當作何解韓非子外儲說篇曰管仲相齊曰臣貴矣然而臣貧桓公曰使子有三歸之家一曰管仲父出朱蓋青衣置鼓而歸庭有陳鼎家有三歸韓非子先秦古書足可依據先云置鼓而歸後云家有三歸是所謂歸者即以管仲言謂管仲自朝而歸其家有三處也家有三處則鐘鼓帷帳不移而具從可知矣故足見其奢且美女之充下陳者亦必三處如一故足為女閭七百分謗而娶三姓之說亦或從此出也晏子春秋雜篇曰昔吾先君桓公有管仲恤勞齊國身老賞之以三歸澤及子孫是又以三歸為桓公所賜蓋猶漢世賜甲第一區之比賞之以三歸猶云賞之以甲第三區耳故因晏子辭邑而景公舉此事以止之也其賞之在身老之後則娶三姓女之說可知其非矣近人或因此謂三歸是邑名則又不然若是邑名不得云使子有三歸之家亦不得云家有三歸也合諸書參之三歸之義可見下云官事不攝亦即承此而言管仲家有三處一處有一處之官不相兼攝是謂官事不攝但謂家臣具官猶未見其奢矣

子謂韶盡美矣又盡善也謂武盡美矣未盡善也　孔曰韶舜樂名謂以聖德受禪故盡善武武王樂也以征取天下故未盡善　正義曰言韶樂其聲及舞極盡其美揖讓受禪其聖德又盡善也言武樂音曲及舞容則極盡其美矣然以征伐取天下不若揖讓而得故其德未盡善也樾謹按美善古同此章乃別而言之邢氏因據孔注以美屬樂善屬德然孔子止是論樂論樂而德自在其中以美善分屬之失經旨矣周易略例曰故有善邇而遠至邢璹注曰善脩治也釋文曰善本作繕廣雅釋詁曰繕治也然則盡美又盡善者言既美而又盡其脩治之功也盡美未盡善者言雖美而未盡其脩治之功也武王未受命所以未盡脩治耳

子曰苟志於仁矣無惡也 里仁 孔曰苟誠也言誠能志於仁則其餘終無惡 樾謹按上章云惟仁者能好人能惡人此章云苟志於仁矣無惡也兩章文義相承此惡字即上能惡人之惡蓋仁者之於人好所當好惡所當惡所謂能好人能惡人也然此以其行事言也若論其居心則好固是好惡亦是好所謂舉直錯諸枉能使枉者直是也故又言此以申明上意見不特仁者如是人苟志在於仁則亦必無惡人之念矣韓非子解老篇曰仁者謂其中心欣然愛人也賈子道術篇曰心兼愛人謂之仁然則仁主於愛古之通論使其中有惡人之一念即不得謂之志於仁矣此與上章或一時之語或非一時語而記者牽連記之以發明夫子之微言自孔注誤解惡字而此章之義晦矣釋文曰惡如字又烏路反當以後一音為正

無適也無莫也 正義曰適厚也莫薄也言君子於天下之人無擇於富厚與窮薄者 樾謹按以適莫為富厚窮薄其義至陋釋文曰適鄭本作敵莫鄭音慕無所貪慕也此章大旨鄭讀得之敵之言相當也相當則有相觸迕之義故方言曰適啎也郭璞注曰相觸迕也無適之適當從此義言君子之於天下無所適啎無所貪慕惟義是親而已

君子懷德小人懷土君子懷刑小人懷惠 孔曰懷安也 正義曰此章言君子小人所不同也 樾謹按此章之義自來失之君子謂在上者小人謂民也懷者歸也詩匪風篇懷之好音皇矣篇予懷明德毛傳並曰懷歸也泮水篇懷我好音鄭箋曰懷歸也韋昭注國語杜預注左傳並有此文是懷之訓歸固經傳之達詁禮記緇衣篇私惠不歸德鄭注曰歸或為懷文選上林賦悠遠長懷郭璞曰懷亦歸變文耳皆古人以懷為歸之證公冶長篇少者懷之孔曰懷歸也然則此懷字亦可訓歸矣君子懷德小人懷土者言君子歸於德則小人各歸其鄉土老子曰甘其食美其服安其居樂其俗鄰國相望雞狗之聲相聞民至老死不相往來是也君子懷刑小人懷惠者言君子歸於刑則小人歸於他國慈惠之君孟子曰民之歸仁也猶水之就下獸之走壙也故為淵敺魚者獺也為叢敺爵者鸇也為湯武敺民者桀與紂也是也此章之義以懷德懷刑對舉相形欲在位之君子不任刑而任德也夫安土重遷人之常情小民於其鄉土豈無桑梓之念故泰山之婦因無苛政而不去此即所謂小人懷土也惟上之人荼毒其民使之重足而立而忽聞鄰國之君有行仁政者則舊都舊國之思不敵其樂國樂郊之慕而懷土者變而懷惠矣說此章者皆不得其義若從舊說則何不曰君子懷德懷刑小人懷土懷惠亦足見君子小人所安之不同而何必錯綜其文乎

君子喻於義小人喻於利 樾謹按古書言君子小人大都以位而言上文君子之於天下也無適也無莫也義之與比白虎通號篇曰君之於臣無適無莫義之與比是漢世師說如此後儒專以人品言君子小人非古義矣漢書楊惲傳引董生之言曰明明求仁義常恐不能化民者卿大夫之意也明明求財利常恐困乏者庶人之事也數語乃此章之塙解爾雅釋訓明明察也明明求仁義即所謂喻於義也明明求財利即所謂喻於利也此殆七十子相傳之緒論而董子述之耳董仲舒傳明明作皇皇古字通用聲近而義通國語越語天道皇皇韋注曰皇皇著明也是皇皇即明明也

事君數斯辱矣朋友數斯疏矣 何晏集解曰數謂速數之數 樾謹按此數字即儒行所謂其過失可微辨而不可面數之數數者面數其過也漢書高帝紀漢王數羽師古注曰數責其罪也是此數字之義也禮記曲禮曰為人臣之禮不顯諫故諫有五而孔子從其諷其於朋友則曰忠告而善道之事君而數則失不顯諫之義朋友而數則非所謂善道之矣取辱取疏職此之故唐宋以來以犯顏極諫為人臣之盛節至有明諸臣遂有聚哭於君之門者蓋自古義湮而君臣朋友之間所傷多矣

敏而好學不恥下問 公冶長 樾謹按此當以敏字為句而好學不恥下問皆承敏字而言謂其知識敏疾而又好學不恥下問也敏者天資學問本人功天資美而人功又盡文子之所以為文也學者誤讀敏而好學為句於是近解乃增出位高字使與質美相配若然則經文當云敏而好學貴而不恥下問矣且所謂下問者非必以貴下賤之謂凡以能問於不以多問於寡皆是

臧文仲居蔡 包曰蔡國君之守龜出蔡地因以為名焉 樾謹按龜之名蔡未知何義包氏此解亦臆說耳竊疑蔡當讀為𣪠說文又部𣪠楚人謂卜問吉凶曰𣪠讀若贅龜者所以卜[illegible]卽以其用而名之曰𣪠蓋楚語也龜本荊州所貢故沿襲其語耳𣪠與蔡音相近孔氏廣森經學卮言謂蔡蔡叔之蔡即𣪠三苗之𣪠然則以蔡為𣪠猶以蔡為𣪠矣

崔子弒齊君 樾謹按釋文出高子二字曰鄭注云魯讀崔為高今從古又出謂讀崔為高者下文兩崔子也陳文子因崔杼弒君[illegible]高子釋文此條[illegible]

歟魯讀為高甚有義理高子謂高厚也襄十九年左傳秋八月齊
故不能制崔杼而反為崔杼所殺於是崔子始專國政卒成弒君之禍文
有深識遠慮故輒發猶吾大夫之歎魯論所讀必是師說如此陸
德明誤謂經文崔子魯皆讀為高子遂於首句出之則失之甚矣

必有忠信如丘者焉 繼謹按如丘者焉乃聖人之謙詞言十室小邑之中他不敢望至如丘者必有之矣集注曰忠信如聖人生質之美者也失孔子語意

今也則亡未聞好學者也 雍也 繼謹按亡字衍文也此與先進篇語有詳畧此云今也則未聞好學者也彼云今也則亡皆此詳而彼畧因涉彼文而誤衍亡字則既云亡又云未聞好學於辭複矣釋文曰本或無亡字當據以訂正

騂且角 集解曰角者角周正 繼謹按角周正而但謂之角則不詞矣但謂之角無以知其周正與否猶但謂之毛無以知其為雜文為純色也然則角者何曰角者別於童牛而言之也禮記王制曰祭天地之牛角繭栗宗廟之牛角握是角以小為貴乃用犢貴誠之義也然童牛無角猶未可用此云犂牛之子疑若童牛然故必言角以明可用曰騂則有其材矣曰且角則及其時矣故曰雖欲勿用山川其舍諸

女為君子儒無為小人儒 孔曰君子為儒將以明道小人為儒則矜其名 繼謹按以人品分君子小人則君子有儒小人無儒矣非古義也君子儒小人儒疑當時有此名目所謂小人儒者猶云先進於禮樂野人也所謂君子儒者猶云後進於禮樂君子也古人之辭凡都邑之士謂之君子昭二十七年左傳左司馬沈尹戌帥都君子杜注曰都君子在都邑之士是其證也詩都人士篇曰彼都人士臺笠緇撮彼君子女綢直如髮士曰都人女曰君子互言之耳其義一也都人謂之君子故野人謂之小人孔子責子路曰野哉由也責樊遲曰小人哉樊須也一責其野一責其小人語異而意同禮記檀弓曰驟驟爾則野鼎鼎爾則小人君子蓋猶猶爾此孔子所以欲子夏為君子儒而無為小人儒也然則孔子論禮樂何以又從先進之野人而不從後進之君子蓋此就一時言彼就先後輩言也先輩之中亦自有君子野人孔子從先進仍是從先輩中之君子豈舍其時公卿大夫俯仰揖讓之容而反從田夫野老箕踞叫呼之習乎故以先進後進分君子野人則是可舍君子而從野人若以同時論則野人之不如君子固不待言矣兩章之意豈相妨乎

井有仁焉其從之也 孔曰宰我以仁者必濟人於患難故問有仁人墮井將自投下從而出之否乎 繼謹按宰我之意蓋謂仁者勇於為仁設也於井之中而有仁焉其亦從之否乎孔注仁人墮井之說殊有未安出字經文所無且投下從之又安能出之宰我居言語之科不應失言如是皇侃因孔云仁人墮井遂於經文仁下增者字未足據也

君子可逝也 孔曰逝往也言君子可使往視之耳 繼謹按孔以可逝為可使往視其義迂曲逝當讀為折周易大有釋文曰晳陸本作逝虞作折是逝與折古通用君子殺身成仁則有之矣故可得而摧折然不可以非理陷害之故可折不可陷

亦可以弗畔矣夫 鄭曰弗畔不違道 繼謹按畔者言畔喭也博學於文約之以禮則自無畔喭之患矣先進篇由也喭鄭注曰子路之行失於畔喭正義曰舊注作吸喭字書吸喭失容也言子路性剛常吸喭失於禮容也今本吸作畔王弼云剛猛也據此則畔喭為剛猛而無禮容合言之曰畔喭分言之則或曰畔或曰喭矣

好謀而成者也 述而 正義曰好謀而有成功者 繼謹按成當讀為誠詩我行其野篇成不以富論語顏淵篇引作誠不以富是成與誠古通用也行軍之事固不可無謀然陰謀詭計又非聖人所與也故曰好謀而誠懼與誠行軍之要矣

五十以學易 繼謹按集注曰五十當作卒然於古無所徵五十疑吾字之誤蓋吾字漫漶僅存其上半則成五字後人乃又加十字以補之耳加我數年吾以學易上言我下言吾乃互辭也隱元年穀梁傳曰言君之不取為公也范甯曰上言君下言公互辭古人之文如此者甚多史記世家作假我數年若是我於易則彬彬矣下我字即此吾字也

伯夷叔齊何人也 繼謹按是時蒯聵父子爭國時人疑夫子必有所右助故冉有問夫子為衛君乎衛君兼謂蒯聵父子非獨指輒也子貢以夷齊問伯夷賢則蒯聵不賢矣何也伯夷知有父命蒯聵不知有父命也叔齊賢則輒不賢矣何也叔齊知有兄弟輒并不知有父子也故曰夫子不為也明皆不為也從其時上有天子下有方伯則必更立賢君以伯夷處蒯聵以叔齊處輒而人倫正衛事定矣子貢引夷齊事正與衛事塙切後人未達其旨

子所雅言詩書執禮皆雅言也（樾謹按論語文法簡質此章既云子所雅言又云皆雅言也於文似複蓋由經師失其讀矣此當以詩書斷句言孔子誦詩讀書無不正言其音也執禮二字自為句屬下節執禮謂執禮事也周官太史曰凡射事執其禮事禮記襍記曰女雖未許嫁年二十而笄禮之婦人執其禮皆執禮之證也孔子執禮之時苟有所言如鄉黨所記賓不顧矣之類皆正言其音不襍以方言俗語故曰執禮皆雅言也詩書或誦讀或教授弟子若執禮自為一事故別言之耳）

吾無行而不與二三子者是丘也　包曰我所為無不與爾共之者是丘之心（樾謹按包注於丘下增心字非經旨也吾無行而不與二三子者是丘也十三字作一句讀是當為視釋名釋姿容曰視是也視與是義本相通故古書或段是為視荀子解蔽篇是其庭可以搏鼠楊倞注曰是蓋當為視此其證也孔子言吾無行而不與二三子者視丘也正申明吾無隱乎爾之意）

若聖與仁則吾豈敢（樾謹按聖與仁猶言智與仁也子貢曰學不厭知也教不倦仁也蓋諸弟子之稱夫子如此孔子聞之而不敢居仁智之名故曰若聖與仁則吾豈敢抑為之不厭誨人不倦則可謂云爾已矣聖與智古通稱故臧武仲多智時人謂之聖人禮記鄉飲酒義曰仁義接賓主有事俎豆有數曰聖聖立而將之以敬曰禮大戴記盛德篇曰宗伯之官以成仁司馬之官以成聖司寇之官以成義司空之官以成禮其所謂聖即智也故與仁義禮並列猶言仁義禮智也後世但知大而化之之謂聖而古義湮矣）

君子坦蕩蕩小人長戚戚　鄭注曰蕩蕩寬廣貌戚戚多憂懼（樾謹按戚戚即慼慼也古無慼字故以戚字為之與八佾篇甯戚同詩節南山篇曰蹙蹙靡所騁毛傳曰蹙蹙縮小之貌然則小人長戚戚為縮小貌與君子坦蕩蕩為寬廣貌正相對鄭注失之）

正顏色 泰伯（樾謹按正當訓為振管子小問篇以振其淫尹知章注曰振正也是正與振義通動容貌振顏色振亦動也容貌言動顏色言振辭氣言出三句文義一律若依正字本義解之則與上下文均不類矣隱五年左傳入而振旅莊八年穀梁傳入曰整旅整旅即振旅故正顏色即振顏色正之為振猶整之為振也）

守死善道　正義曰守死善道者守節至死不離善道也（樾謹按善道與好學對文善亦好也呂氏春秋長攻篇曰所以善代者乃萬故高誘注曰善好也然則守死善道言守之至死而好道不厭也正義以善道連文增不離二字以成其義非經旨矣）

巍巍乎唯天為大唯堯則之（樾謹按此美堯之大非美堯之能法天也說文刀部則等畫物也是則有等義管子七法篇物雖不甚多皆均有焉而未嘗變也謂之則是則有均義蓋則為等故亦為均呂氏春秋功名篇取則行鈞則與鈞並猶等也昭七年左傳六物不同民心不壹事序不類官職不則則與不同不壹不類並猶不等也此云唯天為大唯堯則之蓋謂天之大無與等者唯堯能與之等耳鄭君解尚書稽古為同天則天即同天也孔訓則為法未得其義）

予有亂臣十人　馬曰謂周公旦召公奭太公望畢公榮公太顛閎夭散宜生南宮适其一人謂文母（樾謹按劉原父七經小傳以子無臣母之理改為邑姜王氏困學紀聞據釋文子有亂十人本無臣字謂舊說不必改為謂武王誓師數其佐治之人而并及其母稱為予有縱無臣字於義亦不可通疑舊說所謂文母者亦即邑姜也文母之稱見於詩周頌雝篇曰既右烈考亦右文母毛傳曰烈考武王也文母太姒也以子先母義殊未安鄭箋易之曰乃以見右助於光明之考與文德之母夫曰文德之母則是贊美之辭非從其夫之謚而稱文矣是鄭意不以文母為太姒也馬融毛詩注不傳疑其解烈考文母正為武王邑姜鄭所謂光明之考文德之母即本其說鄭固嘗從馬學也後人習于毛詩之說但知文母之為太姒故於此注文母亦以太姒當之不知馬融於詩自有注未必其同於毛傳也）

毋固 子罕　集解曰無可無不可故無固行（樾謹按上文毋必言無專必也此文毋固又……固其義無別矣固當讀為故詩昊天有成命篇鄭箋云固當作故史記……作故是固與故通毋固者不泥其故也用之則行舍之則藏是謂毋必彼一時此一時是謂毋故）

子畏於匡　正義曰記者以衆情言之故云子畏於匡其實孔子無所[illegible]畏厭溺鄭注即以孔子畏於匡為證而通典引王肅注曰犯法獄死謂之畏是畏為拘囚之名後人不達古義曲為之說蓋皆失之

見之雖少必作過之必趨攄謹按此見字當讀如從者見之之見見之過之相對成文見之者[illegible]夫子過之者謂夫子過其人之前也故於見之曰雖少必作言作則坐可知明是夫子方坐而其人來見也上文曰子見齊衰者冕衣裳者與瞽者一見字之中含此兩義有其人見夫子有夫子見其人故以見之過之兩承之學者不得其義則既云子見又云見之於文複矣

雖覆一簣　馬曰雖始覆一簣我不以其功少而薄之攄謹按馬讀雖如本字斯其義曲矣雖當讀為唯禮記少儀篇雖有君賜雜記篇雖三年之喪可也鄭注並曰雖或為唯表記篇唯天子受命於天注曰唯當為雖蓋雖本從唯聲故二字古得通用說見王氏引之經傳釋詞唯覆一簣言平地之上止覆一簣極言其少正與未成一簣相對成義

法語之言能無從乎改之為貴巽與之言能無說乎繹之為貴攄謹按法語之言一句中語字言字疊用甚為不辭殆經師失其讀也此當以法語之為句巽與之為句皇侃義疏解與命與仁曰與者以言語許與之也此云巽與之其義與彼同兩言字並屬下讀皆語辭也詩大東篇睠言顧之荀子宥坐篇作眷焉後漢書劉陶傳作睠然焉與然皆語辭則言亦語辭凡詩所云如薄言采之靜言思之願言則嚏駕言出遊之類皆是僖九年左傳言歸于好周易繫辭傳德言盛禮言恭言亦語辭也說詳王氏引之經傳釋詞此文曰言能無從乎言能無說乎謂以法度語之則必從以巽順與之則必說也學者誤以為言語之言失其義因失其讀矣

其在宗廟朝廷便便言唯謹爾鄉黨　鄭曰便便辯也雖辯而敬謹攄謹按此當以便便為句詩采菽篇平平左右釋文引韓詩作便便閑雅之貌是便便以貌言正與上文恂恂如也王注曰恂恂溫恭之貌其義一律但省如也兩字耳言唯謹爾四字為句凡有所言無不謹慎故曰言唯謹爾此與上文似不能言者相對蓋此兩節皆上一句說孔子之容下一句說孔子之言鄭注失之

揖所與立左右手　鄭曰揖左人左其手揖右人右其手　正義曰謂交擯傳命時攄謹按舊說皆以是時夫子為承擯故上擯是右人末擯是左人然下文賓退必復命曰賓不顧矣據聘禮鄭注是上擯之事即趨進一節江氏永鄉黨圖考謂是賓致命後擯者趨進相公拜則亦是上擯事也凡擯之次弟君召之時自應先定豈有交擯之時尚是承擯交擯之後無端改易乎且公與賓每門每曲揖擯介皆在後雁行夫子始為承擯將於何時凌躐而前乎竊疑上擯本以卿為之魯人重夫子知禮故使以大夫攝上擯事君召使擯者使為上擯也夫子為上擯則所與立者但有左人無右人矣而云揖所與立左右手者謂左其右手也蓋承擯在上擯之左夫子與之揖時足不移易惟引其右手鄉左而已故其衣之前後襜如也他人於此所與揖者在左則必側身左鄉非君子立不易方之義矣自鄭君誤解左右手句遂并夫子之為上擯而亦不著且揖左人則左其手揖右人則右其手此在常人亦然何足為夫子異乎

翼如也　孔曰言端好　正義曰張拱端好如鳥之張翼也攄謹按翼如猶勃如躩如之類皆以一字形容之非必取象於鳥翼也爾雅釋詁曰翼敬也釋訓曰翼翼恭也翼如之翼蓋亦此義耳說文走部趨下引論語趨進趩如也字又作趩明非鳥翼矣正義曰如鳥之張翼然則勃如躩如復何物乎

必表而出之　孔曰必表而出之加上衣　正義曰暑則單服必加尚表衣然後出之為其形褻故也攄謹按加上表衣然後出之則非如近解所謂表絺綌而出之於外也出之二字連文之往也出之者出往他所也居家可單衣絺綌若其出而他往必加表衣故曰必表而出之皇侃本無之字其疏曰古人暑葛之上若在家無別加衣若出行接賓皆加上衣當暑絺綌可單出則不可單必加上衣故云必表而出也翟氏灝論語考異謂依皇氏說句末應無之字不知邢本句末雖有之字其說未始不與皇同蓋古義固如此耳

短右袂　孔曰短右袂便作事樾謹按左右兩袂必無一長一短之理短右袂者卷之使短也褻裘長則袂亦長於作事不便故卷右袂使短是謂短右袂

吉月必朝服而朝　孔曰吉月月朔也朝服皮弁服樾謹按禮記玉藻篇皮弁以聽朔於大廟朝服以日視朝於內朝孔意月朔所服必是皮弁服故其說如是然朝服皮弁服二者不同安得混而一之疑此所服者仍是每日視朝之服吉月乃告月之譌緇衣篇尹吉曰鄭注吉當為告是其例也說本王氏引之經義述聞惟王氏以告月為即朝廟則猶沿舊說之誤春秋文公六年閏月不告月猶朝于廟公羊傳曰不告月者不告朔也何休解詁曰禮諸侯受十二月朔政于天子藏于大祖廟每月朔朝廟使大夫南面奉天子命君北面而受之比時使有司先告朔謹之至也是告月與朝廟本是二事朝廟者每月之朔諸侯朝于大祖廟北面受朔也告月者每月之末有司先以月朔告君也月有大小盡不定是三十日故有司必先期以告然後君得以朔日行朝廟之禮月令凡立春立夏立秋立冬皆先期三日太史告于天子然則告月亦猶告立春告立夏之比矣閏月君不朝廟則有司亦不告月乃文公於閏月朔日行朝廟之禮故春秋書以示譏至文公十有六年夏五月公四不視朔傳曰自是公無疾不視朔也然則魯之不視朔自文公始至定哀間此禮之廢久矣而有司告月則猶循舊典每月皆然未之敢廢夫子於有司告月之日必朝服而朝焉記者以夫子之必然見他人之不必然而我愛其禮之思於此寓矣朝服者冠則委貌衣則緇衣每日視朝之服也自告月誤為吉月而孔氏以月朔釋之因以朝服為皮弁服夫魯君不皮弁夫子安得而皮弁可知其說之未安矣又按此經言告月八佾篇言告朔告月之與告朔亦當有別公羊以告月為告朔殆非也告月者每月之末有司以月朔告君也春秋所書鄉黨所記皆是也告朔者每歲之終天子頒來歲十二月之朔政於諸侯也大戴禮虞戴德篇曰天子告朔于諸侯率天道而敬行之以示威于天下也是其事也八佾篇子貢欲去告朔之餼羊劉氏台拱論語駢枝謂以特羊餼天子告朔之使是為告朔之餼羊此最得之周初之制每歲之末天子遣使以來歲十二月之朔頒告諸侯是曰告朔每月之末有司以月朔告於君是曰告月諸侯乃於朔日服皮弁服朝於大廟使大夫奉天子命而北面受之是曰聽朔亦曰視朔視聽一也周自平王以後告朔之使不行矣而魯有司每歲以餼羊供則猶如故也魯自文公以後視朔之禮亦久廢矣而魯有司每月以月朔告則猶如故也豈非魯秉周禮之明驗歟公羊子固傳春秋者而猶不知告月告朔之有辨左穀之徒復何識焉於是告朔也告月也視朔聽朔也三者混而為一學者不復致詳而古制之湮古義之晦由來久矣愚因此經朝服非皮弁服而知告月之非聽朔又因此經言告月八佾篇言告朔而知告朔之非告月反覆推求於古制得其大概好古之士儻有取乎

必有明衣　孔曰以布為沐浴衣　正義曰將祭而齊則必沐浴浴竟而著明衣所以明絜其體也樾謹按孔注云以布為沐浴衣者猶云以布為齊衣耳齊必沐浴故古語即謂齊為沐浴哀十四年左傳陳恆弒其君壬於舒州孔丘三日齊而請伐齊論語作孔子沐浴而朝是沐浴即齊也邢氏誤會注意遂以明衣為親身之衣而有明絜其體之說按儀禮士昏禮姆加景鄭注曰景之制蓋如明衣加之以為行道禦塵令衣鮮明也景亦明也是鄭意以明衣為加之於外者非親身之衣也士喪禮明衣裳用布鄭注曰所以親身為圭絜也此乃死者所用其制迥異於生邢氏以士喪禮之明衣為齊之明衣殆不可從也

式負版者　孔曰負版者負邦國之圖籍樾謹按負版之文他書未見孔亦望文為說耳負版疑負販之誤或版販同聲古文通用也式負販者與上句凶服者式之共為一事言子見凶服者必式雖負販者亦式之也禮記曲禮篇夫禮者自卑而尊人雖負販者必有尊也而況富貴乎即可以說此經矣孔以凶服為一事負版為一事然經文不曰式凶服者式負版者是二句本不平列舊說殆未得也爾雅釋蟲傅負版亦即負販也此蟲喜負重故以人之負販者為比耳

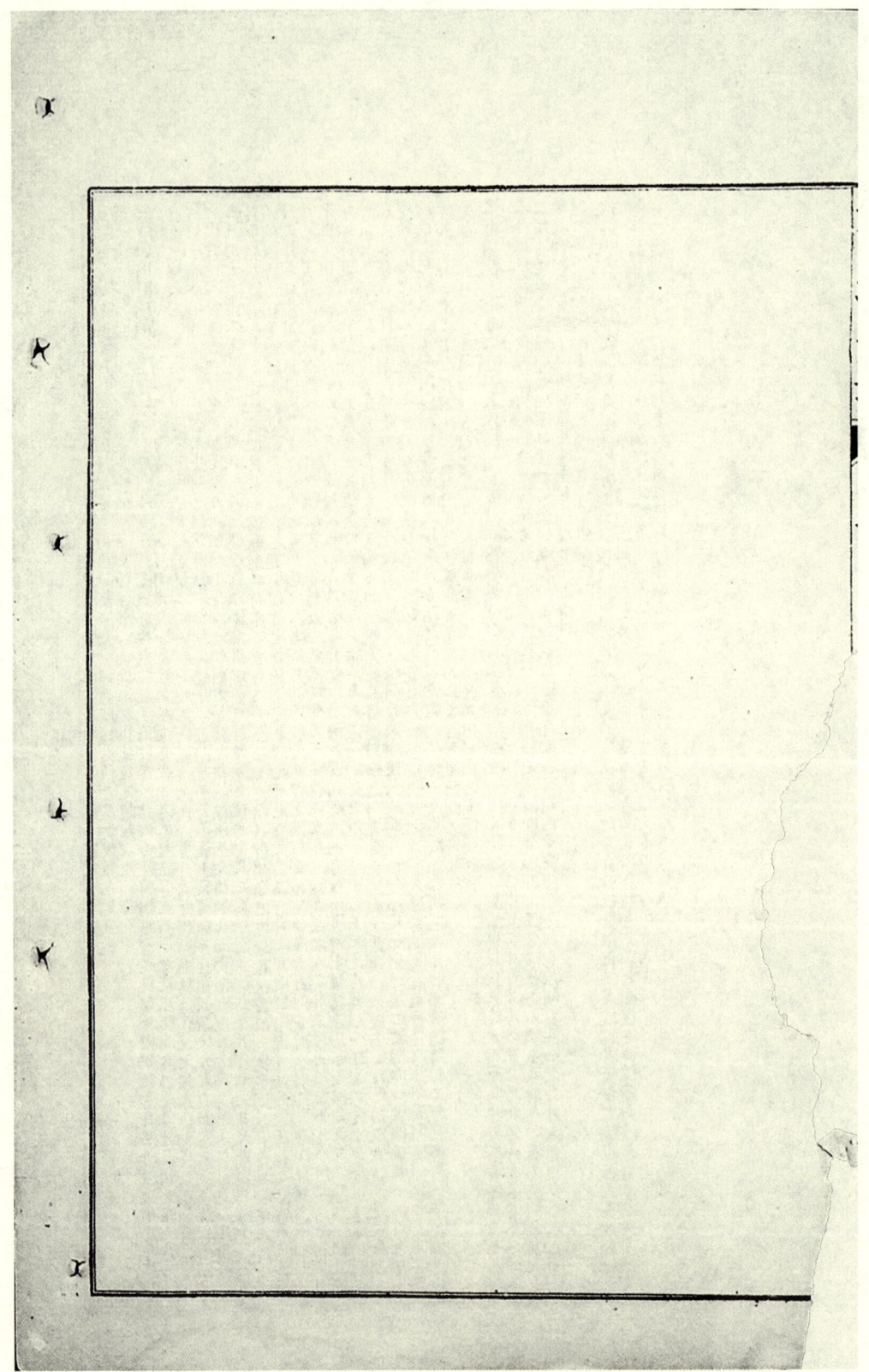

羣經平議卷三十一

論語二

皆不及門也先進　鄭曰皆不及仕進之門而失其所　樾謹案門者大夫之私朝也尚書堯典篇闢四門詩緇衣篇正義引鄭注曰卿士之職使為己出政教於天下言四門者亦因卿士之私朝在國門魯有東門襄仲宋有桐門右師是後之取法于前也又周官大司馬職帥以門名鄭注曰帥有軍將以門名者所被徽識如其在門所樹者也軍將皆命卿古者軍將蓋為營治於國門魯有東門襄仲宋有桐門右師皆上卿為軍將者也是古者卿大夫私朝在國門故其適子謂之門子而左傳有晉政多門之語足見鄭義之有據春秋之季世卿專政其出自庶姓者必先由家臣而後得進為公臣晉臾駢衛大夫僎之類是也此云不及門者言不得登大夫之朝也是時以及門為進身之始故夫子云然門且不得及欲進而升諸公更不可得矣下文言語政事諸賢多仕于季氏而夫子以為不及門蓋其時猶未仕也鄭注以不及門為不及仕進之門正得夫子之旨但所說未備故後儒別為之說然經云不及門不云不在門則終以古義為安也

季氏富於周公　孔曰周公天子之宰卿士　正義曰魯其後也　樾謹案此周公非周公旦也擬人必以其倫以季氏而擬周公非其倫矣所謂周公乃春秋時之周公如周公黑肩周公閱是也蓋欲言季氏之富而但舉晉韓魏齊陳氏之屬與之比較則本為同列即富過之亦不足深罪故必曰富於周公以見季氏以侯國之卿而富過於王朝之宰也泰伯篇如有周公之才之美孔注曰周公者周公旦正義曰以春秋之世別有周公恐與彼相嫌故注者明之然則孔注於此章不曰周公旦明是春秋時之周公正義乃曰魯其後也失經意且失注意矣

而求也為之聚斂而附益之　孔子曰冉求為季氏宰為之急賦稅　樾謹案以聚斂為急賦稅誣賢者矣爾雅釋詁曰斂聚也是聚斂二字同義大學曰財聚則民散財散則民聚竊謂冉有為季氏聚斂乃民聚而非財聚也蓋冉子為季氏宰必為之容民畜眾使季氏私邑民人親附日益富庶禮曰竹聲濫濫以立會會以聚眾君子聽竽笙簫管之聲則思畜聚之臣若冉有者可謂畜聚之臣矣故孔子以為可使治賦若惟是急賦稅而已曾是以為治賦乎孟子曰求也為季氏宰無能改於其德而賦粟倍他日蓋人民日眾田野日闢故計一歲所賦之粟倍於他日趙岐注以為多斂賦粟非也冉有之罪正與闢草萊任土地者同科猶云吾能為君闢土地充府庫今之所謂良臣古之所謂民賊也君不鄉道不志於仁而求富之是富桀也以富桀罪冉子可也以為多斂賦粟則非也古之所謂民賊者尚不至此而況冉子乎

回也其庶乎屢空　集解曰言回庶幾聖道雖數空匱而樂在其中一曰屢猶每也空猶虛中也以聖人之善道教數子之庶幾猶不至於知道者各內有此害其於庶幾每能虛中者唯回懷道深遠不虛心不能知道　樾謹案屢字說文所無古字止作婁說文女部婁空也從毋中女婁空之意也婁空二字即本此經蓋古語有如此而許君猶及知之也凡物空者無不明故以人言則曰離婁孟子離婁之明是也以屋言則曰麗廔說文冏部曰冏窻牖麗廔闓明是也離與麗皆婁字之雙聲長言之曰離婁曰麗廔短言之即婁空之義而已孔子以婁空稱顏子蓋謂顏子之心通達無滯亦若窻牖之麗廔闓明也終日不違無所不說並其證也史記伯夷列傳回也屢空糟糠不厭是史公已不達屢空之旨何氏前一說蓋以經師舊說故首列之其後一說則以舊義未安而自為之說雖於屢字未得其解而意稍近之矣回之婁空與賜之億則屢中正相對婁空者通達無滯故聞一知十也億則屢中者推測而知故聞一知二也屢中之屢依古字亦止作婁而義則有異訓數訓每可施於下婁字不可施於上婁字也

賜不受命而貨殖焉　集解曰賜不受教命唯財貨是殖　樾謹按子貢之賢何至不受教命何氏此解不可通也不受命而貨殖自是一事古者商賈皆官主之故呂氏春秋上農篇曰凡民自七尺以上屬諸三官農攻粟工攻器賈攻貨高誘注曰三官農工賈也以周禮考之質劑掌於官度量純制掌於官貨賄之璽節掌於官下[illegible]之富商韋藩木楗以過於朝鄭則商人之一環必以告君大夫蓋猶皆受命於官也若夫不受命於官而自以其財市[illegible]而貨殖管子乘馬篇曰賈知賈之貴賤日至於市而不為官賈此其濫觴歟蓋不屬於官即不得列於太宰之九[illegible]門高弟亦復為之陶朱白圭之徒由此起也太史公以貨殖立傳而首[illegible]

攝乎大國之間　包曰攝迫也　檃謹按攝猶籋也說文竹部籋[illegible]周官司弓矢職鄭注曰并夾矢籋也是籋[illegible]

鏗爾舍瑟而作　孔曰鏗者投瑟之聲　檃謹按說文殳部𣪠堅也讀若鏗鏘[illegible]然則許意以鏗爾之鏗異乎鏗鏘之鏗鏗鏘以聲言鏗爾不以聲言此本與[illegible]之說非舍瑟之聲說文手部掔固也讀若詩赤烏掔掔鏗爾之鏗疑即赤烏掔掔之掔赤烏掔掔即由掔之訓固而引申之當是[illegible]容重故以掔掔擬之鏗爾舍瑟而作言掔掔然舍瑟而作也安詳審慎與子路之率爾而作氣象不同矣因其字作鏗說者遂以為舍瑟之聲一舍瑟耳何必取其聲而形容之乎說文引經每不舉全文若鏗爾是舍瑟聲則但云鏗爾舍瑟足矣惟其為作之貌故必連而作二字以引之也據玉篇手部引此經作揁爾是顧野王所見論語初不作鏗鏘字何必定以聲言乎

浴乎沂風乎舞雩　包曰浴乎沂水之上風涼乎舞雩之下　檃謹按世傳韓呂黎論語筆解皆不足采惟此經浴字謂是沿字之誤則是較舊說為安風之言放也詩北山篇或出入風議鄭箋云風放也僖四年左傳唯是風馬牛不相及也尚書棐誓正義引賈逵注曰風放也風與放一聲之轉風乎舞雩者放乎舞雩也沿乎沂放乎舞雩猶孟子曰遵海而南放乎琅邪矣

克己復禮為仁顏淵　馬曰克己約身孔曰復反也身能反禮則為仁矣　正義曰此注克訓為約劉炫云克訓勝也己謂身也身有嗜慾當以禮義齊之嗜慾與禮義戰使禮義勝其嗜慾身得歸復於禮如是乃為仁也　檃謹按孔注訓克為能是也此當以己復禮三字連文己復禮者身復禮也謂身歸復於禮也能身復禮即為仁矣故曰克己復禮為仁下文曰一日克己復禮天下歸仁焉為仁由己而由人乎哉必如孔注然後文義一貫孔子之意以己與人對不以己與禮對也正義不能申明孔注而漫引劉說以申馬注約身之義而經意遂晦矣昭十二年左傳因楚靈王不能自克而引仲尼曰古也有志克己復禮仁也信善哉則正訓克為勝左氏晚出先儒致疑凡此之類皆不足據

君子敬而無失　正義曰君子但當敬慎而無過失　檃謹按失當讀為佚周官大宗伯鄭注以防其淫失釋文曰失本亦作佚莊子徐無鬼篇若卹若失釋文曰失司馬本作佚是失與佚通言君子敬而無敢佚樂也敬而無佚與恭而有禮對文無佚中言敬有禮中言恭也若過失則敬與恭皆不可有不得專屬之敬矣

文猶質也質猶文也虎豹之鞟猶犬羊之鞟　孔曰虎豹與犬羊別正以毛文異耳今使文質同者何以別虎豹與犬羊邪　檃謹按四句一氣相屬虎豹之鞟猶犬羊之鞟正申明文猶質也質猶文也之意蓋虎豹所以有文犬羊所以無文者以其毛也若以鞟而論則一而已矣文質之異異乎其在外者也至其中之所存如君臣之主敬父子之主恩不以文而有加不以質而有損也故曰文猶質也質猶文也虎豹之鞟猶犬羊之鞟孔解上二句未得其義故并下二句而失之

主忠信徙義　包曰徙義見義則徙意而從之　檃謹按主忠信謂所主者必忠信之人如孔子主司城貞子之比說已見學而篇矣至包氏以徙義為徙意從之其說迂曲殆非也徙當為從述而篇聞義不能徙阮氏校勘記曰高麗本作從是其證矣所主者必忠信所從者必義是謂崇德主忠信從義皆以交際言故下文辨惑亦舉愛惡明之孔子所言皆待人接物之道後儒陳義雖高未見及此矣

慮以下人　馬曰其志慮常欲以下人　檃謹按廣雅釋訓曰無慮都凡也漢書食貨志曰天下大氐無慮皆鑄金錢矣無慮與大氐同古人自有複語耳亦或止言慮賈誼傳慮無不帝制而天子自為者即無慮亦猶大氐也慮以下人之慮乃無慮之慮言察言觀色大氐以下人也馬以志慮說之非是大元元瑩篇故君子內正而外馴每以下人其句法即本之此

先事後得　孔曰先勞於事然後得報　檃謹按爾雅釋詁事勤也勤勞也然則先事猶先勞也禮記儒行篇先勞而後祿鄭注曰勞猶事也彼文勞與祿對故勞當訓為事猶云事君敬其事而後其食也此文事與得對則事當訓為勞猶云先難而後獲也事與勞義本得通孔不知事之即為勞而云先勞於事則勞字轉為增出矣

先之勞之子路 孔曰先導之以德使民信之然後勞之楙謹按先之勞之四字作一句讀猶陽貨篇曰使之聞之不得因有兩之字而分為二事也詩緜蠻篇為之載之孟子滕文公篇與之食之句法皆與此同先之勞之謂先民而任其勞也天子親耕后親蠶之類皆其事矣孔謂先導之以德然後勞之似於文義未合下文子路請益而告以無倦蓋先任其勞則易倦故戒之也

始有曰苟合矣少有曰苟完矣富有曰苟美矣 正義曰家始富者不言己才能所致但曰苟且聚合也又少有增多但曰苟且完全矣富有大備但曰苟且有此富美耳楙謹按論語苟字如苟有用我者苟正其身矣正義竝曰苟誠也此苟字義亦當同始有之時未必合也荆則曰誠合矣少有之時未必完也荆則曰誠完矣富有之時未必美也荆則曰誠美矣故曰善居室正義不得其旨誤以苟且釋之苟且富美義不可通因又加有此二字亦可見其說之未安矣又按正義以合為聚合非是合猶足也孟子梁惠王篇是心足以王矣下文曰此心之所以合於王者何也上言足下言合文異而義同蓋合與給通說文糸部給相足也始有之時或時匱之未能給足而制之意已以為足也邢氏但知合之訓聚而不知合有足義由未達假借之旨耳

亦可以勝殘去殺矣 王曰勝殘殘暴之人使不為惡也去殺不用刑殺也楙謹按殺與虐義同故尚書呂刑篇惟作五虐之刑曰法墨子尚同中篇作唯作五殺之刑曰法宣十五年左傳酆舒為政而殺之潛夫論氏姓篇作鄭舒為政而虐之竝其證也勝殘去殺者勝殘去虐也言善人為邦百年則殘虐之事可以勝而去之也勝殘去殺實止一義分而為二轉非經旨

吾黨有直躬者 孔曰直躬直身而行 釋文曰躬鄭本作弓云直人名弓楙謹按鄭說是也躬弓古通用耳若以直躬為直身而行則孔子亦當云吾黨之直躬者下文無躬字知躬是人名也因其直而名之曰直躬猶因其狂而名之曰狂接輿殆是語有然歟至廣韻謂直姓出楚人直躬之後則又不然躬是其人之名直非其人之姓也

不可以作巫醫 正義曰巫主接神治邪醫主療病楙謹按楚詞天問篇曰化為黃熊巫何活焉王逸注曰言鮌死後化為黃熊入於羽淵豈巫醫所能復生活是巫醫古得通偁此云不可以作巫醫醫亦巫也廣雅釋詁曰醫巫也是其證也荀子王制篇曰相陰陽占祲兆鑽龜陳卦主攘擇五卜知其吉凶妖祥傴巫跛擊之事也蓋古者卜筮之事亦巫祝掌之禮記緇衣篇南人有言曰人而無恆不可為卜筮古之遺言與彼言卜筮此言巫醫其義一也下文引易恆卦之辭又曰不占而已矣皆以卜筮言與醫不涉正義分巫醫而二之非古義矣

求為後於魯憲問 孔曰為後立後也楙謹按為有也求為後於魯者求有後於魯也孟子滕文公篇將為君子焉將為野人焉趙注曰為有也為之訓有古訓有然詳見王氏引之經傳釋辭

夫如是奚而不喪楙謹按奚而猶奚為也言奚為不喪也襄十四年左傳射為禮乎太平御覽工藝部引作射而禮乎孟子滕文公篇方里而井論語顏淵篇正義引作方里為井竝其證也

勿欺也而犯之 孔曰事君之道義不可欺當能犯顏諫爭楙謹按能與而古通用孔氏所據本擬作能犯之故有能犯顏諫爭之說此章之旨蓋即信而後諫之意未信則以為謗己故惟勿欺者能犯之也孔子論諫曰吾從其諷本無取乎犯不得已而犯必以勿欺先之異乎悻悻小丈夫矣

子貢方人 孔曰比方人也楙謹按廣雅釋詁曰方正也方人猶言正人周官司諫鄭注曰諫猶正也以道正人行者蓋亦朋友相切直之義釋文曰鄭本作謗人謗者言人之過失也襄十四年左傳庶人謗正義曰謗謂言人過失使在上聞之而自改亦是諫之類也然則方人謗人其義不殊孔以比方釋之未得其旨

丘何為是栖栖者與 正義曰栖栖猶皇皇也楙謹按栖即棲字詩六月篇六月棲棲毛[illegible]云戎車既飭即承六月棲棲而言是棲棲有整飭之意字亦通作萋有[illegible]萋云其來威儀萋萋且且蓋棲萋竝從妻聲妻之為齊也故棲棲萋萋竝與濟濟同文王篇濟濟多士傳曰濟[illegible]故曰何為是栖栖者與無乃為佞乎晏子春秋外篇載晏子之言曰今孔丘盛聲樂以侈[illegible]即微生畝之

意孔子荅之曰非敢為佞也疾固也固謂固陋也疾固陋故栖栖[illegible]棲棲皇皇孔席不暖墨突不黔則漢儒已不達栖栖之義邢氏承其誤[illegible]

莫己知也斯己而已矣　集解曰此硜硜者徒信己而已言亦無益樾謹按[illegible]為己不必更為人故曰莫[illegible]信字轉非其旨

果哉末之難矣　集解曰未知己志而便譏己所以為果末無也無難者以其不能解己之道[illegible]乎道應為今不果往高誘注果誠也果哉末之難矣猶曰誠哉無難矣蓋如荷蕢者之言隨世以行己況孔子所為難易相去何啻天壤故孔子聞其言而歎之一若深喜其易者而甘為其難之意自在言外聖人辭意微婉初非與之反唇也何解失之

闕黨童子將命　馬曰闕黨之童子將命者傳賓主之語出入樾謹按此童子自為其黨之人將命非為孔子將命亦非孔子使之將命也正義曰此章戒人當行少長之禮也闕黨黨名童子未冠者之稱將命謂傳賓主之語出入時闕黨之童子能傳賓主之命也或人見其童子能將命故問孔子曰此童子是自求進益之道也與孔子荅或人言此童子非求進益者也乃是欲速成人者也邢氏此疏深得此章之旨蓋孔子見此童子違禮越禮深以為非然則闕黨之人使童子將命亦大非孔子之意也據荀子儒效篇仲尼居於闕黨是闕黨之地孔子嘗居之其時適有童子將命一事故或人以為問而孔子荅之如此論語特記其言使人知長少之禮不可越也後人誤會馬注以為孔子實使之於此章之義全失矣

君子固窮衛靈公

樾謹按禮記哀公問篇固民是盡鄭注曰固猶故也是固故聲近義通君子固窮猶君子故窮言惟為君子故窮困也明君子不妄干求宜至窮困正與亦有窮乎問意相對大戴劉越石扶風歌夫子故有窮即本諸此

立則見其參於前也　包曰立則常想見參然在目前樾謹按參字義不可通如包氏注則不詞甚矣參當作厽玉篇曰厽尚書以為參字蓋西伯戡黎篇乃罪多參在上古字作厽顧野王所見本尚有作厽者疑其以厽為參故云然實則作厽者是也說文厽部厽絫坺土為牆壁象形尚書參在上論語參於前竝當作厽厽之言絫也乃罪多厽在上言紂之罪積絫在上也立則見其厽於前也言見其積絫於前也且厽本象形字立則見其厽於前正聖人立言之精今作參則古字亡而古義亦晦矣

邦無道則可卷而懷之樾謹按之字漢石經作也後漢書周黃徐姜申屠傳序亦曰孔子稱蘧伯玉邦無道則可卷而懷也是古本如此當從之卷之義為收儀禮公食大夫禮有司卷三牲之俎鄭注曰卷猶收也懷之義為歸詩匪風篇懷之好音皇矣篇予懷明德毛傳竝曰懷歸也邦有道則仕邦無道則可卷而懷也美其有道則出仕無道則卷收而歸也今作卷而懷之之字何所指乎

志士仁人　正義曰此章言志善之士仁愛之人樾謹按志士即知士也禮記緇衣篇為上可望而知也為下可述而志也鄭注曰志猶知也楚詞天問篇師望在肆昌何志王注曰言太公在市肆而屠文王何以志知之也是志與知義同列子湯問篇女志彊而氣弱故足於謀而寡於斷張湛注曰志謂心智蓋志可為知故亦可為智論語每以仁知竝言此云志士仁人猶云知士仁人也仁者安仁知者利仁故有殺身以成仁無求生以害仁正義以為志善之士非是孟子滕文公篇志士不忘在溝壑勇士不忘喪其元此志字亦當讀為智韓詩外傳載孟馬期之言曰吾嘗聞之夫子勇士不忘喪其元志士仁人不忘在溝壑是則孔子本以志士仁人竝稱與此章同孟子所引不備耳趙岐但據孟子文為注故曰志士守義者也勇士義勇者也恐非孔子之本意矣

樂則韶舞　注曰韶舜樂也樾謹按舞當讀為武周官鄉大夫以鄉射之禮五物詢眾庶五曰興舞論語八佾篇射不主皮馬注引作五曰興武莊十年左傳經文以蔡侯獻舞歸穀梁作獻武詩序維清奏象舞也鄭箋曰維清奏象武之所歌也皆古人舞武通用之證樂則韶武者則之言法也言樂當取法韶武也孔子於四代之樂獨於韶武有盡美之論雖盡善未盡善微有低昂然尚論古樂韶之後即及武而夏殷之樂不與焉可知孔子之有取於武矣夏時殷輅周冕皆以時代先後為次若韶舞專指舜樂則當首及之維韶武非一代之樂故列於後且時言夏輅言殷冕言周而韶舞不言虞則非止舜樂明矣

知柳下惠之賢而不與立也　正義曰不稱舉與立於朝廷也樾謹按不與立於朝廷而但曰不與立大義未足立當讀為位周官小宗伯掌建國之神位注曰故書位作立立讀為位古者立位同字古文春秋經公即位為公即立然則不與立即不與位言知柳下惠之賢而不與之祿位也上句竊位作位字下句不與位作立字猶孟子公孫丑篇有仕於此而子悅之作仕字夫士也亦無王命而私受之於子作士字也

君子疾沒世而名不稱焉 繼謹按此章言謚法也周官謚法篇曰大行受大名細行受細名行出於己名生於人春秋時列國大夫多得美謚細行而受大名名不稱矣故孔子言此明當依周公謚法不得溢美也

子曰眾惡之必察焉眾好之必察焉 王曰或眾阿黨比周或其人特立不羣故好惡不可不察也 繼謹按阿黨比周解眾好必察之意特立不羣解眾惡必察之意是王肅所據本眾好句在眾惡句前潛夫論潛歎篇引孔子曰眾好之必察焉眾惡之必察焉蓋漢時舊本如此今傳寫誤倒耳風俗通義正失篇引孔子曰眾善焉必察之眾惡焉必察之雖文字小異而亦善在惡前可據以訂正

知及之仁不能守之 繼謹按漢後書班固傳論引此文作而不能守之說今本為長知及之而不能守之謂無仁以守之也今作仁不能守夫既仁矣又何不能守之有此蓋後人據下文改易而不知其非也且如下文不莊以涖之若改易其文曰莊不能涖之豈可通乎當依范氏所引以正其誤下文言仁能守之則此文不能守之由於不仁其故自見正古文互見之妙也

事君敬其事而後其食 繼謹按說文苟部苟自急敕也敬字從苟為意故義亦與苟通敬其事者急其事也正與後其食相對猶禮記儒行篇曰先勞而後祿矣

無乃爾是過與 季氏 繼謹按是當讀為寔爾雅釋詁寔是也桓六年公羊傳曰寔來者何猶曰是人來也是與寔古蓋通用無乃爾是過與猶曰無乃爾寔過與襄十四年左傳曰吾令實過國語晉語荀子曰善吾言實過矣並與此經同義詩韓奕篇鄭箋曰趙魏之東實寔同聲

不患寡而患不均不患貧而患不安 繼謹按寡貧二字傳寫互易此本作不患貧而患不均不患寡而患不安貧以財言不均亦以財言財宜乎均不均則不如無財矣故不患貧而患不均也寡以人言不安亦以人言人宜乎安不安則不如無人矣故不患寡而患不安也下文云均無貧此承上句言又云和無寡安無傾此承下句言觀均無貧之一語可知此文之誤易矣春秋繁露度制篇引孔子曰不患貧而患不均可據以訂正

焉能繫而不食 陽貨 集解曰吾自食物當東西南北不得如不食之物繫滯一處 繼謹按草木之類孰是能食者何獨匏瓜為不食之物而以取喻耶食當訓為用易井初六井泥不食李鼎祚集解引虞注曰食用也又國策衛策食高麗也老子而貴食母高誘河上公注並曰食用也是食之訓用乃古義也國語魯語曰夫苦匏不材於人然則匏瓜乃無用於人之物故孔子言吾非匏瓜安能繫於一處而不為世用乎文選登樓賦懼匏瓜之徒懸兮畏井渫之莫食按李氏集解引荀爽曰三者得正故曰井渫不得據陰喻不得用故曰不食是井卦爻辭言不食者其義並為不用古說如此非獨虞翻說也王仲宣以匏瓜與井渫不食兩事合用是固以周易之不食解論語之不食矣

鄉原德之賊也 周曰所至之鄉輒原其人情而為意以待之是賊亂德也一曰鄉向也古字同謂人不能剛毅而見人輒原其趣向容媚而合言之

此所以賊德也 繼謹按周注迂曲必非經旨如何晏說則與孟子一鄉皆稱原人之說不合其義更非矣原當為傆說文人部傆黠也鄉傆者一鄉中傆黠之人也孟子說鄉原曰非之無舉也刺之無刺也同乎流俗合乎汙世居之似忠信行之似廉潔則其人之巧黠可知孔子恐其亂德蓋即巧言亂德之意朱注謂原與愿同雖視舊說為勝然愿自是美名孔子曰侗而不愿吾不知之矣則愿固孔子所取也一鄉皆以為愿人當問其果愿與否安得遽絕之為德之賊且孟子所稱鄉原之行亦非謹愿者所能為也然則讀原為愿抑猶未得其字矣

惡果敢而窒者 馬曰窒窒塞也 正義曰謂好為果敢窒塞人之善道 繼謹按窒當讀為懥說文至部懥忿戾也從至至而復遜遜遁也周書曰有夏氏之民叨懥今尚書多方篇作懫懫與窒古同字周易損象傳君子以懲忿窒欲釋文曰窒劉本作懫一切經音義卷九曰窒古文懫同然則論語之窒猶周易之懫並為懥之段字果敢而懥者言果敢而忿戾也馬訓為窒塞正義因以窒塞人之善道足成其義胥失之矣

年四十而見惡焉 繼謹按此章之旨自來失之子罕篇曰四十五十而無聞焉蓋泛論他人不能為一概之詞故曰四十五十言或四十或五十亦屬辭之常也此文云年四十則為據實之言非泛論矣竊謂此章乃夫子自[illegible]邪謚相毀也古每段惡為之漢書樊噲傳人有惡噲黨於呂氏師古注曰惡謂毀譖言其罪惡也張禹傳數毀惡之注曰惡謂[illegible]曰蘇秦相燕人惡之於燕王李善注曰惡謂讒短也並是段惡為毀據史記孔子世家孔子年三十五適齊為高[illegible]之田晏嬰不可孔子斯言殆因此而發斯時孔子之年固不可考歷聘紀年謂留齊七年則尼谿之沮或[illegible]子先是在魯不過為委吏為乘田未得一行其道及是景公欲用之是亦行道之兆[illegible]篇終以孔子

此言正見羣小專恣聖道不行非無意也其下微子篇所記皆仁人失所及巖野隱淪之士亦由此語發其端矣

吾非斯人之徒與而誰與微子　正義曰我非天下人之徒衆相親與而誰親與　〔吾〕非斯人之徒邪而誰邪其語意自有〔與〕字爲相與之與則於文義未得矣釋文曰徒與誰與竝如字又竝音餘當以音餘爲長

四體不勤五穀不分　攷證按分當讀爲糞聲近而誤也禮記王制篇百畝之分鄭注曰分或爲糞孟子萬章篇作百畝之糞是其證也兩不字竝語詞不勤勤也不分分也爾雅釋丘曰夷上洒下不漘郭注曰不發聲釋魚曰鼅左倪不類右倪不若郭疏曰不發聲也古人多以不爲發聲之詞詩車攻篇徒御不驚大庖不盈毛傳曰不驚驚也不盈盈也桑扈篇不戢不難受福不那傳曰不戢戢也不難難也那多也不多多也此類不可勝數丈人蓋自言惟四體是勤五穀是糞而已焉知爾所謂夫子若謂以不勤不分責子路則不情矣此二句乃韻語或丈人引古諺歟

虞仲　攷證按虞仲不詳何人舊說以爲仲雍非也仲雍在伯夷叔齊前百餘年豈當反列其後且仲雍既君吳子孫世有吳國豈得目之爲民稱逸虞仲乃春秋時虞公之弟桓十年左傳虞叔有玉杜注以爲虞公之弟虞仲亦其類耳當時國君之弟每以伯仲繫國稱之若桓十七年蔡季莊二年紀季皆是也虞仲次伯夷叔齊之後殆亦讓國之賢公子乎書傳無徵宜從蓋闕顏氏炎武欲改虞仲爲吳仲恐反失之矣

君子不施其親　孔曰施易也不以他人之親易己之親　攷證按陸氏釋文本施字作弛然弛施古字通用非有異義也孔訓施爲易即用爾雅釋詁弛易也之訓詩云豈無他人不如我同姓故戒使不易其親也有國家者往往任用外戚疏遠宗支豈非所謂以他人之親易己之親者乎不施易爲不弛廢不易之意深不廢之意轉淺矣其字或可從釋文作弛其義仍當從孔注作易古說未可非也

百工居肆以成其事子張　包曰言百工處其肆則事成　正義曰肆謂官府造作之處也　攷證按肆者市中陳物之處故周官有肆長以肆爲官府造作之處於古未聞正義說非也周易說卦傳巽爲工李鼎祚集解引虞翻曰爲近利市三倍故爲工子夏曰工居肆然則此肆字即市肆之肆市中百物俱集工居於此則物之良苦民之好惡無不知之故能成其事以譬君子學於古訓則言之是非事之得失無不知之故能成其道也邢氏誤解肆字不特臆說無徵且於意喻不見矣

孰先傳焉孰後倦焉　包曰言先傳業者必先厭倦　攷證按經文兩孰字明分二事包注并爲一談非也先傳對後傳者而言性與天道未至其時不得聞而灑掃應對之事童而習之是先傳者也後倦對先倦者而言既冠成人而後弟子之職不復躬親矣而嚮道而行忘身之老從焉日有孳孳死而後已是後倦者也孰先傳焉孰後倦焉猶曰有小道焉有大道焉故繼之曰譬之草木區以別矣包氏所解未得經旨

吾友張也爲難能也然而未仁　包曰言子張容儀之難及　攷證按孔子論仁多以其易者言之故曰有能一日用其力於仁矣乎我未見力不足者又曰可以爲難矣仁則吾不知也然則仁之不在乎難明矣子貢問博施於民而能濟衆何其難也孔子告之以己欲立而立人己欲達而達人何其易也孔子嘗謂師也過惟過故爲難能惟難能故未仁子游此論極合孔子論仁之旨非先以容儀難及美之而後以未仁譏之也

其生也榮　孔曰故能生則榮顯　攷證按國語晉語曰非以翟爲榮韋注曰榮樂也是古謂樂爲榮其生也榮其死也哀言其生也民皆樂之其死也民皆哀之也榮與哀相對非榮顯之謂荀子解蔽篇生則天下歌死則四海哭語意與此相近

天之厤數在爾躬堯曰　集解曰厤數謂列次也　攷證按說文無從日厤聲之字蓋即歷之異文禮記月令篇命宰歷卿大夫至于庶民土田之數鄭注曰歷猶次也與此文天之厤數其義正同彼所歷者卿大夫至于庶民之數此所歷者帝王之數大小不同其爲歷次一也

予小子履敢用元牡敢昭告于皇皇后帝　孔曰履殷湯名　攷證按古本論語疑無履字尚書湯誥篇正義曰鄭元解論語云用元牡者爲舜命禹事於時總告五方之帝莫適用用皇天大帝之牡又詩閟宮篇正義曰論語曰皇皇后帝注云帝謂大微五帝以論語說舜受終于文祖宜總祭五帝是鄭康成以此節連上文舜亦以命禹讀之謂是舜禹之事若使有履字則明著湯名鄭豈容有誤乎國語周語王子晉說伯禹事曰皇天嘉之祚以天下韋昭注曰祚祿也論語曰帝臣不蔽簡在帝心是也然則韋所見本尚無履字不然正

文方說禹事何取以湯事爲證也近世學者多疑論語孔注是魏晉間人僞作即此一字誠有可疑蓋因墨子引湯誓與此文相似而悟鄭說之非乃於經文依墨子增入履字以實其說其後僞古文尚書遂竊此文入湯誥篇矣作僞者轉相師承遂得縣之日月而不刊亦非易事也

尊五美　正義曰當尊崇五者美事 樾謹按五種美事不得以尊崇爲言尊當讀爲遵方言遵行也遵五美言當遵行五美非尊崇之謂後漢書祭遵傳遵美屏惡漢平都相蔣君碑遵五屏四皆用論語文而字正作遵知漢人舊讀固然矣

出納之吝 樾謹按此自言出之吝耳納則何吝之有因出納爲人之恒言故言出而并及納古人之辭如此史記刺客傳多人不能無生得失言失而并言得也游俠傳曰緩急人之所時有也言急而并言緩也此言出納亦猶是矣

謂之有司　孔曰此有司之任耳非人君之道 樾謹按周官泉府職與其有司辨而授之鄭注曰有司其所屬吏也儀禮士冠禮有司如主人服鄭注曰有司羣吏有事者謂主人之吏所自辟除府史以下也今時卒史及假吏皆是也然則古所謂有司者至爲卑微故以從政之君子而得有司之名即與謂之虐謂之暴謂之賊一律矣孔注以有司對人君言非是子張止問從政不當以人君之道答之也有司對有位之君子而言故曾子告孟敬子亦曰籩豆之事則有司存

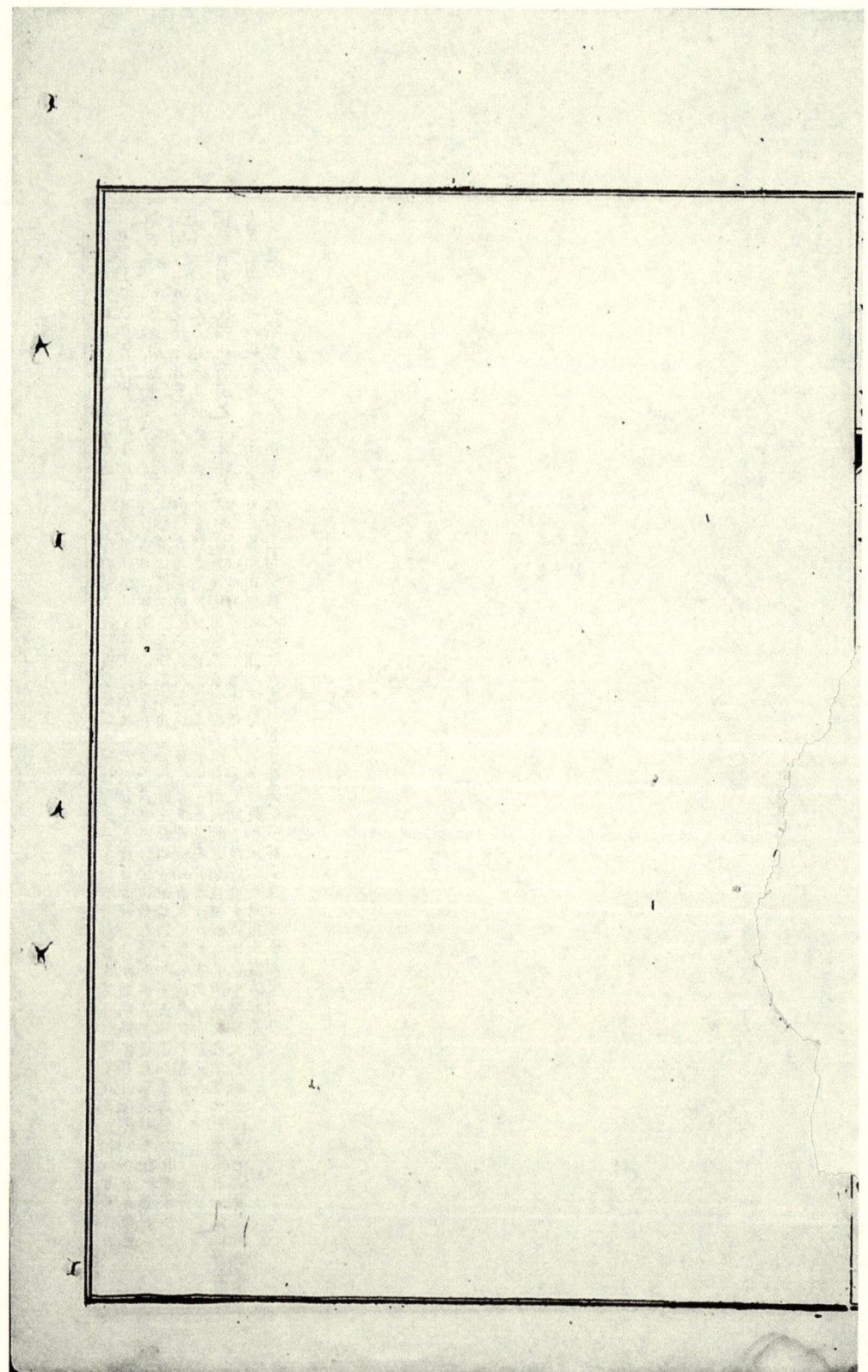

羣經平議卷三十二

孟子一

時日害喪（梁惠王）　趙岐章句曰時是也日乙卯日也害大也湯臨士衆誓言是日桀當大喪亡我與女俱往亡之　樾謹按趙說與孟子引書之意不合尚書湯誓篇枚傳謂衆下比桀於日曰是日何時喪我與女俱亡此說是也詩柏舟篇毛傳曰日君象也月臣象也東方之日篇傳曰君明於上若日也臣察於下若月也是詩人之辭每以日喻君時日害喪予及女偕亡此兩句乃韵語疑是夏民歌謠之辭故與詩義相近也廣雅釋詁曰君也韓非子內儲說曰吾聞見人主者夢見日哀六年左傳有雲如衆赤鳥夾日以飛周大史曰其當王身乎並古人以日喻君之證文七年傳賈季稱趙衰冬日之日趙盾夏日之日亦以古卿大夫有土者皆有君道故以日為喻也必謂桀嘗自比於日因以日之抑又未達古義矣

五畝之宅　章句曰廬井邑居各二畝半以為宅冬入保城二畝半故為五畝也　樾謹按漢書食貨志云六尺為步步百為畮畮百為夫夫三為屋屋三為井井方一里是為九夫八家共之各受私田百畮公田十畮是為八百八十畮餘二十畮以為廬舍春令民畢出在野冬則畢入於邑此趙氏所本也然廬井邑居各二畝半則已五畝矣又云冬入保城二畝半義殊可疑趙氏此注或有奪誤詳繹孟子本文五畝之宅本連樹之以桑為義若果有在野在邑之分則蠶時民方畢出在野但於在野之二畝半宅樹桑已足供蠶事矣必幷在邑之二畝半宅樹之自野至邑往返采取雖丈夫猶病其勞豈婦女所能勝乎疑孟子之意但為一夫之宅合有五畝此五畝之宅自在一處各近其所受之田冬夏可居必如班志之說謂冬入夏出而於其中之百畝各私二畝半以為宅則安得云方里而井井九百畝其中為公田八家皆私百畝乎是班志與孟子本是不合孔穎達於毛詩甫田篇正義已詳辨之學者必據以說孟子五畝之宅不可通也

申之以孝悌之義　章句曰申重孝弟之義　樾謹按申乃約束之義漢書文帝紀勒兵申教令元帝紀公卿其明察申敕之師古注並以申為約束說文申部申神也七月陰氣成體自申束從臼自持也是申之訓束乃其本義申之以孝弟之義謂以孝弟之義約束之也荀子仲尼篇疾力以申重之楊倞注曰申重猶再三也趙氏以說此經申字雖亦可通然不如訓為約束更合古義矣

寡人願安承教　章句曰願安意承受孟子之教令　樾謹按安乃語詞猶焉字也漢書史丹傳安所受此語師古注曰安焉也文選東京賦獨微行其焉如李注曰焉言安也是安焉二字古通用論語子罕篇焉知來者之不如今也新序雜事篇引此焉作安季氏篇則將焉用彼相矣漢書王嘉傳引此焉作安並其證也願安承教猶云願焉承教趙氏訓為安意是誤以語詞為實字矣

願比死者一洒之　孫奭正義曰今願為死不惜命者一洗除之　樾謹按上云寡人恥之恥以生者言則洗除亦當以生者言不得云為死者洗除也此比字當訓為近比死猶近死也管子勢篇動靜者比於死尹知章注曰比近也與此文比死同義國語齊語夫管夷吾射寡人中鉤是以濱於死韋昭注曰三君皆云濱近也比與濱一聲之轉義亦相通據竹書紀年惠王立三十六年改元又十六年而卒孟子至梁實在惠王後元之十五年次年惠王卒襄王立孟子一見即去梁矣說本顧氏炎武日知錄及江氏永羣經補義然則惠王是時在位已五十一年其年之老可知比死者蓋其自稱之辭猶云垂死之人願比死者一洗之若曰願及其未死之時一洗除其恥耳

吾不忍其觳觫若無罪而就死地　正義曰我不忍其牛之恐懼若無罪之人而就於所死之地者也　樾謹按此當於若字絕句若猶然也吾不忍其觳觫若者吾不忍其觳觫然也詩猗嗟篇抑若揚兮正義曰抑然而美者其顙上揚廣兮以抑然釋抑若可證觳觫若之即觳觫然矣正義以若字屬下讀未得其義無罪而就死地即以羊言非以人為比也

此心之所以合於王者何也　章句曰寡人雖有是心何能足以王也　樾謹按合猶足也上[illegible]以王矣故王問曰此心之所以合於王者何也[illegible]氏正以足字釋合字各本作何能足以合於王也此不得其義而妄增阮氏校勘記已訂正矣

明足以察秋毫之末臧謹按尚書堯典鳥獸毛毨故傳曰毨理明夏時毛羽脫落至秋更生也新生之毛其細可知其意……曰希革秋言毛毨而末銳小未詳

以御于家邦　章句曰御享也享天下國家之福臧謹按御通作訝訝之言逆也周官小宰職[illegible]府之治鄭注曰逆迎受之又司會職以逆邦國都鄙官府之治注曰逆受而鉤考之此經御字毛傳訓迎而鄭箋訓治治即受而鉤考之之謂周官鄉師職以逆其役事注曰逆猶鉤考也御之從訓為治猶逆之從訓為鉤考也趙氏此注又訓為享則即迎受之之謂僖二十三年左傳保君父之命而享其生祿杜注曰享受也又哀十五年傳其使終饗之注曰享受也享饗古通用是享有受義儀禮聘禮衆皆逆命不辭鄭注曰逆猶受也御之從訓為享猶逆之從訓為受也毛公訓御為迎自足包此二義鄭趙皆就毛義引申之耳尚書顧命篇御王冊命正義引鄭注曰御猶饗也蓋亦即迎受之義而引申之相迎故相嚮也御之為享正猶御之為嚮古訓引申往往如此後人不知古訓之例而於此等處莫措一辭矣又按上文刑於寡妻趙氏曰刑正也詩釋文引韓詩亦曰刑正也是趙所用者韓詩之義御之為享其亦韓義乎

抑王興甲兵危士臣構怨於諸侯然後快於心與　章句曰抑辭也孟子問王抑亦如是乃快邪臧謹按抑之為辭皆承上意而進之國語周語曰敢問天道乎抑人故也大戴禮五帝德篇曰請問黃帝者人邪抑非人邪並其例也此文前無所承則與他處用抑字者不同抑當讀為意古抑意二字通論語學而篇抑與之與漢石經抑作意是其證也戰國策秦策曰誠病乎意亦思乎荀子修身篇曰將以窮無窮逐無極與意亦有所止之與並是借意為抑漢書敘傳曰其抑者從橫之事復起於今乎此則借抑為意抑者猶意者也文選長楊賦意者以為事罔隆而不殺物靡盛而不虧魯靈光殿賦意者豈非神明依憑支持以保漢室者也李善注並引廣雅曰意疑也漢書文三王傳於是天子意梁師古注曰意疑也蓋意之言疑故為擬度之辭禮記禮運篇曰聖人耐以天下為一家以中國為一人者非意之也管子小問篇曰君子善謀而小人善意臣意之也意王興甲兵危士臣構怨於諸侯然後快於心與猶曰意者王以此為快與戰國策魏策曰臣願以鄙心意公此云意王猶彼云意公矣

天下之欲疾其君者皆欲赴愬於王臧謹按兩欲字異義上欲字猶好也孟子書每以欲惡對言離婁篇所欲與之聚之所惡勿施爾也告子篇所欲有甚於生者所惡有甚於死者所欲所惡即所好所惡也中論夭壽篇引孟子所欲有甚於生者正作所好是好與欲義同此文欲疾二字平列欲其君者謂好其君者也疾其君者謂惡其君者也天下之好惡其君者莫不來告故曰皆欲赴愬於王

是罔民也　章句曰是由張羅罔以罔民者也臧謹按趙氏以罔為羅罔之罔非經意也爾雅釋言罔無也此罔字當訓為無上文言無恆產而有恆心者惟士為能然則無恆產而不陷於罪得免於刑者惟士而已民則皆不免矣故曰是罔民也猶言是無民也正與惟士為能相應民為邦本無民則不可以為國故下文曰焉有仁人在位罔民而可為也蓋言無民之不可為國也

樂酒無厭謂之亡　章句曰樂酒無厭若殷紂以酒喪國也故謂之亡臧謹按如注義則從獸無厭若羿之好田獵亦豈不足以亡國何不并謂之亡而謂之荒乎趙說亡字非其義矣亡當讀為芒荀子富國篇芒軔僈楛楊倞注曰芒昧也或讀為荒是荒芒義通故淮南子詮言篇曰自身以上至於荒芒爾遠矣然則荒芒猶流連也流連雙聲荒芒疊韻皆古之恆言從流下而忘返謂之流從流上而忘返謂之連連與流一也從獸無厭謂之荒樂酒無厭謂之芒芒與荒亦一也爾雅釋天大歲在巳曰大荒落史記麻書作大芒落是荒芒同義之證流連荒芒亦猶上文遊豫之比趙氏曰豫亦遊也斯為通論必泥字為之說則轉失之泥矣

關市譏而不征　章句曰關以譏難非常不征稅也臧謹按趙氏所據本疑無市字故注文言關不言市也禮記王制篇古者公田藉而不稅市廛而不稅關譏而不征林麓川澤以時入而不禁與此經大略相同但此經無市廛而不稅一句文不備耳不當并關市為一也荀子王制篇關市幾而不征國語齊語使關市幾而不征管子小匡篇同是他書固有有市字者後人據以增入孟子耳公孫丑篇關譏而不征注曰文王治岐關譏而不征以後證前益知此經市字之為衍文矣或疑彼經文止言關故趙氏引此經亦去市字此不然也彼經上有市廛而不征一節若此經有市字則趙氏亦可引以為證乃彼注但曰古者無征而不據文王治岐為說然則此經之無市字明矣又十一年左傳正義引彼經亦作關市譏而不征夫彼分關市為二節一則曰天下之商皆悅而願藏於其市矣一則曰天下之旅皆悅而願出於其路矣其不

容若而為一更屬顯然乃孔顥達引彼經亦誤增入市字蓋闕
市適文他書屢見遂牽連而書之此經市字之衍亦猶是矣
諸侯多謀伐寡人者何以待之樾謹按爾雅釋詁止待也論語微子篇齊景公待孔子史記孔子世家作止孔子是待與
止同義宣王問何以待之猶言何以止之故孟子告之曰置君而後去之則猶可及止也
臣聞七十里為政於天下者湯是也　正義曰孟子荅齊宣以為臣嘗聞有地但方開七十里而能為王政於天下者樾謹按政與正古通用此政字
當讀為正爾雅釋詁正長也為
正於天下者為長於天下也言湯由七十里而為天下長也呂氏春秋君守篇既靜而又寧可以為天
下正高誘注曰正主也此言為政於天下彼言為天下正文異而義同正義謂為王政於天下失之矣
行乎國政如彼其久也公孫丑　章句曰行政於國其久如彼樾謹按注義非也閔二年左傳君與國政之所圖也史記晉世家集解引賈逵注曰國
政正卿也蓋古謂官長為正昭二十九年左傳木正曰句芒杜注曰正官長也故樂官
之長曰樂正酒官之長曰酒正其義並同國之正卿當謂之國正因正政古通用故亦謂之國政耳行乎國政者管仲在齊其位在高國之下而其號
令能行乎高國定十年公羊傳曰孔子行乎季孫三月不違何休解詁曰孔子仕魯政事行乎季孫三月之中不見違過管仲之行乎高國與孔子之
行乎季孫皆所謂行乎國政也得君與行乎國政正相對得君
見桓公不疑行乎國政見高國不忌以為行政於國失之矣
夫子加齊之卿相得行道焉　章句曰加猶居也樾謹按趙訓加為居非也加當讀為假夫子假齊之卿相得行道焉言假藉其位以行道也詩
假樂篇假樂君子禮記中庸篇引作嘉樂君子嘉字從加得聲嘉得通假則加亦得通假矣
雖由此霸王不異矣　章句曰雖用此臣位而輔君行之亦不異於古霸王之君矣樾謹按公孫丑之意謂夫子假齊卿相之位以行其道即與由
此而霸由此而王不異正極見其事之難也故曰如此則動心否
乎趙氏說此不明近解謂亦不足
怪則轉不見其任大而責重矣
孟施舍之所養勇也　章句曰孟姓舍名施發音也樾謹按孟施字也舍名也連言之曰孟施舍猶左傳稱孟明視矣周官小司徒職曰凡征役之施
舍鄉師職曰辨其可任者與其施舍者然則名舍而字孟施名字正相應趙注以施為發聲義既
未安近人或以孟施為姓
或以施舍為名胥失之矣
今夫蹶者趨者　章句曰蹶者相動今夫行而蹶者氣閉不能自持故志氣顛倒顛倒之閒無不動心而恐矣樾謹按趙氏之意謂蹶由於趨今夫蹶
者趨者猶云大凡顛蹶之人皆是趨走
之人蓋人之疾趨而行氣使之也而至於顛蹶則無不動心而恐矣
故曰是氣也而反動其心若以蹶者趨者平列則其義轉不見矣
必有事焉而勿正　章句曰言人行仁義之事必有福在其中而勿正但以為福故為仁義也樾謹按趙氏章句自此文至不當急欲求其福福字凡
十見翟氏灝孟子考異曰古文福但作畐中筆引長形
便類事舊本孟子當作必有畐焉故趙氏注之如此今按說文畐部畐滿也並非福古文若是畐字不當作福字讀之疑趙本直是福字耳後人不達
福字之義見趙注首云言人行仁義之事遂改經文為必有事初非因形似而誤也夫漢人孟子注存於今者止趙岐一家而又非若他經之尚有漢
石經殘碑可以取證一二則經中文字舍趙氏將何從趙氏作福乃必舍而從作事之本非治經者所敢出矣雖然其字是也其義未必然也請據趙
本之字以求孟子之旨福當讀為副廣雅釋詁貳福盈也是副貳字古或作福也王氏念孫疏證引顏氏匡謬正俗之說謂當作福然副貳之義本從
副之為判而引申之說文無福字疑即幅之俗字變從巾而從衣猶帬之或為裠常之或為裳耳漢尹宙碑位不福德魏大饗碑以福海內欣戴之望
並是段幅為副初非副貳之本字未可據顏氏之誤說以改廣雅之原文也此經云必有福焉而勿正猶云必有副焉而勿正周官太宰職曰建其正
立其貳副即貳也故與正相對何謂副上文所謂配義與道是也孟子之養氣其本在于持……然後能自反而知其縮與不縮縮即
直直即義故趙氏曰縮義也義則往不義則不往此孟子之養氣所以同符……氣必配道與義然後可謂善養吾浩
然之氣此必有副焉之說也若無所配即無所副無所副則氣為正矣於……曰往矣是……所為能無懼者也
不知持志而但知守氣是暴之也非養之也終歸於餒而已矣後之……心之實學於是君

臣朋友之閒皆欲以氣勝之彼自謂吾善養吾浩然之氣也而不[illegible]論之終是以氣
為主義特襲而取之耳非集義而生之謂也集之言合也合之言配也集[illegible]誤而通全章之
義學者慎毋束古注於高閣也下文云心勿忘勿助長焉正示人以養之[illegible]於言勿求於心不得於心勿求於
氣近之矣其流弊極於莊列之槁木死灰佛氏之無心意鋤發而止助之云者[illegible]乃有如孔子所謂匹夫匹婦之為諒
孟子所謂悻悻小丈夫者則三代以下雖學士大夫多中斯病而人倫之變從此多矣故孟子[illegible]助長之不可而終之曰非徒無益而
又害之然則宜何如而可以無害曰以直養則無害以直養者以義養也直即義也趙氏曰養之以義是也養之以義故能集義而生是即配道與義
之說亦即必有副焉之說必如是而後無害必如是而後謂之善養學者知此則知養氣必先持志可
使志勿氣不可使氣動志而不得於心勿求於氣之可不得於言勿求於心之不可亦無不可見矣

智足以知聖人汙不至阿其所好　章句曰宰我等三人之智足以識聖人汙下也言三人雖小汙不平亦不至阿其所好以非其事阿私所愛而空譽之　樾謹按智與汙對文萬章篇曰曾不知以食牛干秦穆公之為汙也可謂智乎足見汙者不智智者不汙矣此文當於智字汙字略逗之言三子者果明智邪則足以知聖人或汙下邪亦不至阿其所好經文本極分明趙氏不得其旨宋蘇洵有三子知聖人汙論則并失其讀矣

無敵於天下者天吏也　章句曰天吏者天使之也為政當為天所使誅伐無道故謂之天吏也　阮氏校勘記出天使之也四字曰閩監毛三本同廖本孔本韓本考文古本無之字是也　樾謹按趙氏所據經文疑本作無敵於天下者天使也故釋之曰天使者天使之也若經文是吏字何必定以使字說之乎沈同問燕可伐章為天吏則可以伐之趙氏曰天吏天所使疑經文亦本作天使故釋之曰天使天所使彼不直云天使而曰天所使則此不直曰天使而曰天使之正趙氏之本文廖孔諸本無之字者非也天使之稱蓋古人恒言宣三年左傳夢天使與己蘭曰余為伯儵余而祖也成五年傳嬰夢天使謂己祭余余福女此兩傳並有天使之文足徵古有此稱故孟子從俗而言也若謂左傳天使字不連讀乃天使人與己蘭天使人謂己則既云天矣何以又云余為伯儵是知天使二字必當連讀孟子兩言天使即可以左傳之天使說之古使吏二字亦或通用襄三十年左傳使走問諸朝釋文曰使本作吏是其證也古本孟子蓋亦有作吏者乃使之段字後人不曉天使之語改從作吏之本而又改趙注以從既改之經於是孟子原文不可復見并天使之古語亦因以失傳矣

巫匠亦然　章句曰巫欲祝活人　樾謹按巫即醫也楚辭天問篇化為黃熊巫何活焉王逸注曰言鮌死後化為黃熊入於羽淵豈巫醫所能復生活是巫醫古得通稱蓋醫之先亦巫也說文酉部曰古者巫彭初作醫是也故廣雅釋詁曰醫巫也巫之與醫對文則別散文則通孟子所謂巫止是醫耳疾病自以醫為主豈有舍醫而專言巫者趙注未得

善與人同舍己從人　章句曰能舍己從人故為大也於子路與禹同者也　樾謹按趙氏之意似以人字即指子路與禹言殊非經旨善與人同舍己從人兩句共為一義蓋天下之理容有兩可者己與人各執一理而各成一善所謂善與人同也人情每是己而非人雖明知他人之善必不肯舍而從之孰一而不能通斯狹矣惟舜不然善與人同則舍己之善而從人之善此大舜所以為大也

寡人如就見者也　樾謹按者也猶云者邪古也邪二字通用陸德明經典釋文序所謂也邪無別是也齊王此言蓋設為商度之辭若曰寡人如就見者邪則有寒疾不可以風故欲孟子來朝而見之也

不得已而之景丑氏宿焉　章句曰孟子迫於仲子之言不得已而心不欲至朝因之其所知齊大夫景丑之家而宿焉　正義曰以其心不欲朝王故往景丑氏家宿而已　樾謹按孟子既不欲朝王則竟歸其家可矣何必之景丑氏宿乎蓋宿於景丑氏者將朝王也將朝王而宿於景丑氏者便於造朝也古者卿大夫皆受宅於司里與公宮相近國語魯語文公欲弛孟文子之宅又欲弛郈敬子之宅韋昭注曰公欲毀之以益宮則其近於公宮可知矣孟文子之言曰夫署所以朝夕虔君命也臣立先臣之署服其車服為利故而易其次是辱君命也韋注曰言朝夕者不宜遠也郈敬子之言曰先臣惠伯以命於司里今命臣更次於外為有司之以班命事也無乃違乎韋注曰言先臣惠伯受命於司里居此宅也以是二傳考之古卿大夫皆受宅於司里如後世賜第之比其宅必近公宮莊三十二年左傳公築臺臨黨氏杜注曰黨氏魯大夫此黨氏之家亦必與公宮近故公築臺得臨之哀十一年傳季氏使從於朝俟於黨氏之溝杜注曰黨氏溝朝中地名即此黨氏矣孟子之宿於景丑氏蓋以景丑氏家距

朝不遠故孟子宿此以為明日造朝之地或孟子每朝王恒主其家未可知也儀禮鄉飲酒禮篇賈疏曰孟子不肯朝後不得已而朝之宿於大夫景丑氏之家是賈公彥正以不得已為不得已而朝王但其必宿於景丑氏之故則自來未見及耳又按孟仲子之意欲使孟子即以是日造朝而孟子必宿於景丑氏待明日乃朝者蓋其不得已而朝也所以踐仲子之言而不以是日造朝則仍所以明不可召之義且仲子固言之矣曰吾不識能至否乎則是日不造朝於仲子仍無失言之咎也

養弟子以萬鍾　章句曰使養教一國君臣之子弟與之萬鍾之祿　樾謹按如趙注則養弟子三字自為句以萬鍾三字不成句矣此當以六字為句蓋齊王之意以為孟子即不欲仕吾將用其弟子中賢者養之以萬鍾之祿使孟子但以安居齊國而諸大夫國人有所矜式也孟子仕齊其祿十萬蓋以孟子大賢故優隆之至其弟子則萬鍾足矣若猶是孟子一人而今昔懸殊如此豈齊王所能出之口哉然萬鍾之祿已自不少陳戴以齊之公族且為世臣而祿亦止萬鍾疑萬鍾是齊國卿祿之常頌養之以萬鍾即是使之為卿故孟子曰不用則亦已矣又使其子弟為卿也自後人誤解養弟子以萬鍾句乃并下文孟子之語不可曉矣

必求龍斷而登之　章句曰龍斷謂堁斷而高者也　樾謹按趙說龍斷不了疑非經旨也說文网部買下引孟子登壟斷而网市利是龍字本作壟孫奭音義曰陸云龍斷謂岡壟斷而高者是陸善經正讀龍為壟也惟於斷字尚未得解斷當讀為敦敦與斷一聲之轉古得通用莊子逍遥遊篇斷髮文身釋文云斷司馬本作敦是其證也爾雅釋丘曰丘一成為敦丘郭注曰今江東呼地高堆者為敦然則壟與敦皆土之高者說文土部壟丘壟也敦即今墩字讀龍斷為壟墩自得其義無煩申說矣

弟子齊宿而後敢言　章句曰齊敬宿素也弟子素持敬心來言　樾謹按如注義則當云宿齊不當云齊宿趙注非也古宿與肅通儀禮特牲饋食禮乃宿尸禮記祭統篇宮宰宿夫人鄭注並云宿讀為肅然則齊宿猶齊肅也賈子保傅篇有司齊肅端冕國語楚語故齊肅以承之並以齊肅連文又或作齊遬禮記玉藻篇君子之容舒遲見所尊者齊遬是也齊宿而後敢言正自言極其敬謹爾又按此人自稱弟子而孟子與之語自稱長者與語樂正子同然則留行之客雖不知何人要必孟子弟子之留仕於齊者若盆成括之流歟

昔者魯繆公無人乎子思之側則不能安子思泄柳申詳無人乎繆公之側則不能安其身　正義曰子思之於繆公師道也非求容者也故繆公無人於子思之側則不能安子思泄柳申詳之於繆公臣道也則求容者也故無人於繆公之側則不能安其身　樾謹按孟子正義本孟子謂邵武士人所作託之孫奭者其書至鄙俚不足取而此數語獨為明了孟子之意賴此而顯蓋客既為王留行則必欲孟子在畫少留而後自至齊國力言於王使王復用孟子其所坐而言者雖不詳何語大旨如此而已矣若然是孟子有人乎齊王之側也是為孟子求容也故孟子曰子為長者慮而不及子思蓋孟子在齊居師賓之位師道也非臣道也奈何不為子思而為泄柳申詳乎況其人自稱弟子顯是游孟子之門者而為孟子說王尤不可矣宜其絕之之深也趙氏解此章之義既未分明而後人又曲為泄柳申詳回護於是其義益晦矣

彼一時此一時也　章句曰彼時前聖賢之出是其時也今此時亦是其一時也　樾謹按趙說是也彼一時此一時言其時之同也猶彼丈夫也我丈夫也言其人之同也下文云以其時考之則可矣即承此而言惟其時可故孟子之時即太公望散宜生之時又推而上之即伊尹萊朱之時又推而上之即禹皋陶之時彼亦一時此亦一時非有異也天欲平治天下舍我其誰則孟子雖不得志於齊而固未嘗不豫也後人誤解彼一時此一時句遂謂孟子真若有不豫色者殊失孟子之意乃東方朔答客難曰彼一時也此一時也豈可同哉則漢人已誤解此二語矣

不欲變故不受也　章句曰不欲即去若為變詭見非泰甚故且宿留心欲去故不復受祿也　樾謹按趙氏以變為變詭是也以不欲變為不欲即去非也孟子所以不受祿者正以既受之而旋辭之近於變詭故不受耳若如趙注以為不欲即去則與下句不屬矣

弔者大悅　滕文公　樾謹按爾雅釋詁悅服也弔者大悅言弔者大服也[illegible]兌猶[illegible]服也士則茲不悅猶云茲不服也悅與喜微有區別如屢盧子喜[illegible]其義而服也

夏后氏五十而貢殷人七十而助周人百畝而徹樾謹按顧氏[illegible]者不過因其成蹟而已故詩曰信彼[illegible]周之體理猶為之遺法也使夏必五十殷必七十周必百則是一王之興必將改畛涂變[illegible]人之事也豈其然乎蓋三代取民之異在乎貢助徹不在乎五十七十百畝其五十七十百畝特丈尺之不同而[illegible]以為是丈尺之不同則恐不然蔡邕獨斷曰夏以十寸為尺殷以九寸為尺周以八寸為尺是三代之尺相去無幾而謂夏后[illegible]為百畝乎然則五十七十百畝之所以異何也曰此萊田多寡之不同也古者必有休而不耕之田以養地力謂之萊田周官遂人注曰萊謂休不耕者是也夏制民受田百畝而以五十畝為萊田則民所耕者止五十畝故曰夏后氏五十殷制民受田百畝而以三十畝謂萊田民所耕者七十畝故曰殷人七十周制民受田百畝而萊田在其外遂人職曰上地夫一廛田百畮萊五十畝中地夫一廛田百畮萊百畝下地夫一廛田百畝萊二百畮此鄉遂之制也大司徒職曰不易之地家百畮一易之地家二百畮再易之地家三百畮此都鄙之制也一易之地家二百畮即以百畝為萊田再易之地家三百畮即以二百畮為萊田惟不易之田無萊田耳鄉遂異而要之一夫歲耕百畝則無異也故曰周人百畝明乎此則知三代之田初無改易而特以萊田之多寡為五十七十百畝之異制則顧氏所疑可以釋然矣

其實皆什一也　章句曰民耕五十畝貢上五畝耕七十畝者以七畝助公家耕百畝者徹取十畝以為賦雖異名而多少同故曰皆什一也徹猶人徹取物也藉者借也猶人相借力助之也樾謹按三代取民之制曰貢曰助曰徹其名不同而其實皆什一趙氏此注最為明了後人誤謂貢法什一助法九一則與孟子之文不合矣不知殷人助法非如下文所謂八家同井而中為公田也蓋一井九百畝分授九家各以三十畝為萊田休而不耕其所耕者七十畝七十畝之中各私其六十三畝而以七畝為公田故助法亦什一也周人變而為徹以九百畝分授九家一夫歲耕百畝上取十畝為稅俟收穫之時命有司巡行田野就百畝之中任指十畝徹而取之故謂之徹此徹字即以雍徹之徹祭畢而徹去之耕畢而徹取之其義一也蓋什一而稅百王所同夏之貢法至為簡易然年有豐凶而額無增減則凶年竭在民而豐年常在君矣殷監於夏而變通之公者自公私者自私則年之上下君民所同無病於民然其弊也民必盡力於私田而公田或不治焉周又監於殷而變通之百畝之中亦以十畝為公田而不豫定其孰為公孰為私至臨時徹而取之則民自無從歧視矣易曰通其變使民不倦神而化之使民宜之其斯之謂乎三代遺制幸有孟子此數言存其大畧又幸有趙氏此注足以發明乃後人不就注文體會於是助徹之制俱失矣或曰然則下文所謂八家同井中為公田者何歟曰此孟子為滕文公所定之助法非殷人之助法也夫二猶不足魯哀公已云爾矣況至戰國乎孟子因時制宜使國中用什一之法而野用九一之法方里而井井九百畝八家皆私百畝同養公田此則九一非什一也故曰請野九一而助國中什一使自賦所謂九一而助者以九一行助法也助本什一茲則九一猶是助也而非什一也是為九一而助下文所言是也後人不達孟子語意謂殷人助法本如是失之甚矣又按經文明言請野九一而助而趙注謂孟子欲請使野人如助法什一而稅之經文明言國中什一使自賦而趙注謂國中從其本賦二十而稅一以寬之顯與經文相背趙氏之謬不待言矣至鄭康成借孟子以說周人徹法考工記匠人注引孟子此文而說之曰稅有重輕通其率以什一為正詩甫田篇孔氏正義又引鄭注而申明之曰周制有貢有助助者九夫而稅一夫之田貢者什一而貢一夫之穀通之二十夫而稅二夫是為什中稅一也此說雖巧然經文九一什一對舉九一是九之一則什一自是什之一安得謂是什一而稅一乎孔氏雖曲為之說終不可通且載師云凡任地國宅無征園廛二十而一近郊十一遠郊二十而三甸稍縣都皆無過十二是古人制稅或以十夫計或以二十夫計未有以十一夫計者奇零不齊可知其非古法矣恐疑誤學者附辨之於此

惟助為有公田樾謹按孟子言惟助為有公田而夏小正曰初服於公田傳曰古有公田焉者古言先服公田而後服其私也是夏制已有公田之名與孟子不合何也蓋嘗思之方夏之時禹平水土盡力溝洫而後成其為田天下之田皆公田也民為之耕而貢其十之一焉自上言之則此一者民所貢也自下言之則其九者皆君之餘也至殷人為助法則七十畝之中止以七畝為公田而其餘六十三畝皆私田矣至周人為徹法則無公田矣然而曰雨我公田者徹法本從助法而變通之雖臨時徹取不先定其孰為公私而百畝之中要有十畝是公田故公田之名在周初不廢也傳夏小正者誤以殷周之公田說夏之公田則誤矣夏制有公無私殷制有公有私周制寓公於私然噫嘻之詩曰駿發爾私則自上言之固以為皆民之私田矣相沿既久遂不復知有公田之名使無大田之詩雖孟子亦何以徵之哉逮及嬴秦決裂阡陌井田遺制蕩然無存而蚩蚩之民各私其田矣王莽更名天下田為王田不得買賣而適以致亂豈非古今之異勢乎

是以暴君汙吏必慢其經界樾謹按慢之言漫漫也釋名釋言語曰慢漫也漫漫心無所限忌也文選甘泉賦指東西之漫漫李善注曰漫漫無厓際之貌是慢其經界者言經界不正漫漫然無厓際也莊子齊物論篇曰因之以曼衍釋文引司馬注曰曼衍無極也漢書楊雄傳曰為其泰曼漶而不可知師古注曰曼漶不分別貌文選司馬相如子虛賦曰案衍壇曼李善引司馬彪注曰壇曼平博也並與此慢字義近字亦作縵漢書食貨志注曰縵田田不為甽者也義亦同此矣

同養公田樾謹按養猶事也同養公田言同事公田也養之為事蓋古有此義萬章篇舜往於田章曰百官牛羊倉廩備以事舜於畎畝之中不託諸侯章曰百官牛羊倉廩備以養舜於畎畝之中語凡兩見而一作事舜一作養舜是養與事同孝經曰親生之膝下以養父母日嚴養父母猶事父母也上文非野人莫養君子養亦事也

益烈山澤而焚之　章句曰烈熾也益視山澤草木熾盛者而焚燒之樾謹按經曰烈山澤不曰山澤烈注乃以為山澤草木熾盛者失經旨矣烈當作列禮記王藻篇曰山澤列而不賦鄭注曰列之言遮列也列山澤而焚之蓋亦謂遮列山澤而焚之列烈古通用故烈山氏亦稱列山氏是其證也說文辵部迾遮也是字本作迾列烈均叚字又通作厲周官山虞物為之厲而為之守禁鄭司農曰厲遮列守之益之列山澤也亦猶是矣

君哉舜也　章句曰舜得人君之道哉樾謹按君猶美也詩羔裘篇洵直且侯毛傳曰侯君也釋文引韓詩曰侯美也文王有聲篇文王烝哉毛傳曰烝君也釋文引韓詩曰烝美也是君與美義通故昭元年左傳曰楚公子美矣君哉白虎通號篇曰皇君也美也並其證矣君哉舜也猶曰美哉舜也說文羊部美從大與善同意詩桑柔篇鄭箋云善猶大也然則美亦猶大也孔子稱堯曰大哉稱舜曰君哉其意相近趙注未達其旨

江漢以濯之秋陽以暴之皜皜乎不可尚已　章句曰曾子不可以為聖人之潔白如濯之江漢暴之秋陽皜皜甚白也樾謹按江漢濯之誠哉潔白矣秋陽暴之則何潔白之有且贊聖人之德而但稱其潔白亦小之乎視聖人矣趙注非也江漢以濯之秋陽以暴之猶說卦傳云雨以潤之日以烜之此兩句正以相反而見相劑之妙惟濯之以江漢故秋陽暴之而不燥惟暴之以秋陽故江漢濯之而不濡孔子之聖所以化清和任之迹而集大成也曾子之稱孔子猶孟子之稱孔子也其下曰皜皜乎不可尚已說文無皜字古字止作皓亦與浩通公孫丑篇我善養吾浩然之氣文選荅賓戲篇作養皓然之氣是皓皓即浩浩也尚書堯典篇浩浩滔天枚氏傳曰浩浩盛大楚辭懷沙篇浩浩沅湘王逸注曰浩浩廣大貌浩浩乎不可尚已蓋言聖人之大也因字叚作皓又變作皜後人以為形容其潔白遂并上兩句之義而失之矣

儒者之道古之人若保赤子　章句曰言儒者曰古之治民若安赤子　正義曰儒者之道有云古之人治民若保安赤子者樾謹按趙氏以曰字釋經文道字道猶言也此文十一字共為一句猶云儒者之言古之人若保赤子也正義斷儒者之道四字為句失之

如枉道而從彼何也　章句曰子如何欲使我枉正道而從彼驕慢諸侯而見之乎樾謹按此八字為一句乃申明弗為之意蓋比而得禽獸雖若丘陵如枉道而從彼何故弗為也枉道而從彼即以詭遇言未及正意趙說失之

傳曰孔子三月無君則皇皇如也出疆必載質公明儀曰古之人三月無君則弔樾謹按此皆周霄語也周霄問古之君子仕乎孟子曰仕一言足矣無事繁稱博引也傳曰公明儀曰皆周霄所引以為發問之地蓋周霄意中有此兩說故並引之而先以三月無君則弔為問又以出疆必載質為問也自來以此數言為孟子所稱引失之矣

與鑽穴隙之類也樾謹按此句文義似未足孔氏廣森經學卮言曰與音歟絕[illegible]釋言曰與如也漢書高帝紀孰與仲多韓信傳孰與項王師古注並曰與如也文選司馬相[illegible]也不由其道而往者如鑽穴隙之類也與訓為如則文義自明矣

毀瓦畫墁　章句曰孟子言但破碎瓦畫地則復墁滅之此無用之者[illegible]讀為劃說文刀
義相近說文畫部
畫部下有古文畫又有古文劃劃從刀從古文畫則即劃字也疑畫劃古[illegible]亦古字通用也說文車部
轂衣車蓋也畫轂者劃傷其車上之轂也毀瓦以治屋言乃梓匠之事畫轂[illegible]屋之有瓦也故以並言矣
葛伯仇餉　章句曰仇怨也言湯所以伐殺葛伯怨其害此餉也桂謹按經文言葛伯仇餉[illegible]說非也尚書仲虺之誥篇枚傳曰葛
伯遊行見農民之餉於田者殺其人奪其餉故謂之仇餉仇怨也夫葛伯於餉者何
仇特利其酒食黍稻耳朱說亦非也今即孟子文考之此言仇餉下文言為匹夫匹婦復讎也仇讎異字明非同義此仇字當讀為賓載手仇之仇詩
賓之初筵篇賓載手仇鄭箋曰仇讀曰斢賓手挹酒室人復酌為加爵釋文曰仇鄭讀為斢音俱謂挹取酒然則仇與斢通有挹取之義葛伯仇餉謂
挹取其餉也以仇
怨釋之非其義矣
有攸不惟臣　章句曰攸所也言武王東征安天下士女小人各有所執往無不惟念執臣子之節桂謹按經言不惟而注言無不惟失經旨矣玉篇
心部曰惟為也尚書皋陶謨篇共惟帝臣枚傳曰
共為帝臣是惟之訓為經有明文不惟臣與共惟帝臣義可互明有攸不惟臣者攸語詞言有不為臣也有不
為臣故武王東征也朱子集注本竟作不為臣與古本不合然其義是也義從今作為字從古作惟斯兩得矣
侵于之疆桂謹按之與其同侵于之疆者侵于其疆也呂氏春秋音初篇或曰后來良
日也之子是必大吉或曰不勝也之子是必有殃高誘訓之為其是其證
大夫有賜於士不得受於其家則往拜其門　章句曰陽貨大夫也孔子士也桂謹按陽貨乃季氏家臣而謂之大夫毛氏奇齡四書賸言曰季氏家
臣原稱大夫季氏是司徒下有大夫二人一曰小宰一曰小司徒此說
得之襄九年左傳曰鄭六卿公子發公子嘉公孫輒公孫蠆公孫舍之及其大夫門子皆從鄭伯夫不直曰大夫而曰其大夫則知所謂大夫者乃六
卿之私屬故與門子並言門子者其適子大夫者其屬大夫也此卿之私屬得有大夫見於左傳之明證又文十二年傳趙氏新出其屬曰臾駢杜注
曰臾駢趙盾屬大夫新出佐上軍陽貨在魯亦其比矣孔子是時殆猶為委吏乘田子考之周官地官有委人中士二人下士四人即趙注所謂委吏
主委積倉庾之吏也又有園人中士四人下士八人即趙注所謂乘田園囿之吏也魯季氏為司徒委人園人正其所屬是孔子為季氏所屬之士而
陽貨乃季氏所屬之大夫故陽貨得以大夫之禮自居而孔子亦以大夫之禮事之也全氏祖望經史問答引禮記玉藻篇大夫親賜於士士拜受又
拜於其室敵者不在拜於其室謂陽貨瞯孔子之亡而饋蒸豚是用敵者之禮周氏柄中辨正曰此記上言酒肉之賜弗再拜下言大夫親賜士士
拜受又拜於其室孔疏云此非酒肉之賜故再拜陽貨饋豚正所謂酒肉之賜弗再拜者故
必瞯亡而來非以敵體之禮而然也然則全氏讀禮殊涉麤踈益知毛氏所言塙不可易矣
知我者其惟春秋乎罪我者其惟春秋乎　章句曰知我者謂我正王綱也罪我者謂時人見彈貶者桂謹按時人見彈貶者無非亂臣賊子而已豈
足輕重譬如士師執罪人而殺之其人亦必怨
士師而為士師者豈宜以其人為罪我者乎趙說非也知我罪我皆以後世讀春秋者而言春秋有天子之事孔子固明以天子之權予魯故公羊家
有王魯之說而為左氏之學者深非之然則如何休者知孔子者也如杜預者罪孔子者也彼謂春秋必不斥周王魯而孔子之春秋實是斥周王魯
彼謂春秋必不褒貶天子黜陟諸侯而孔子之春秋實是褒貶天子黜陟諸侯然則孔子有罪矣雖名為治春秋而實則罪孔子也乃孔子之意固甚
望後世有知我者亦未始不望後世有罪我者何也孟子之論伊尹也有其志則可無其志則篡古聖人之事若湯武之放伐周公之居攝孔子之作
春秋皆當以是觀之是故知我
罪我聽之後人孔子之意微矣
周公兼夷狄　章句曰周公兼懷夷狄之人桂謹按上文言周公誅紂伐奄殺飛廉滅國五十無兼懷夷狄之事下文又引詩云戎狄是膺荊舒是懲
然則趙氏以兼夷狄為兼懷夷狄之人殆失之矣兼之言絕也考工記輪人曰外不廉而內不挫鄭注曰
廉絕也說文火部作爦曰火煣車网絕也引周禮曰煣牙外不爦又水部濂薄水也一曰中絕小水是從兼之
字並有絕義周書武稱篇爵位不謙不謙即不絕也說詳周書周公兼夷狄蓋謂屏絕之故與驅猛獸並言

孟子二

仁不可為衆也夫國君好仁天下無敵離婁 樾謹按此當以夫字斷句仁不可為衆也夫蓋孔子讀詩而歎之也下乃釋其義曰國君好仁天下無敵僖二十四年左傳曰彼其之子不稱其服子臧之服不稱也夫宣十二年傳曰亂離瘼矣爰其適歸歸於怙亂者也夫襄二十四年傳曰樂只君子邦家之基有令德也夫上帝臨女無貳爾心有令名也夫皆引詩而詠歎與此正同

國必自伐而後人伐之 章句曰國先自為可誅伐之政故見伐也 樾謹按趙氏蓋以國無自伐之理故云先自為可誅伐之政然其義迂矣說文人部伐敗也蓺文類聚武部引春秋說題辭曰伐之為言敗也然則國必自伐言國必自敗也正與自侮自毀一律

今之欲王者猶七年之病求三年之艾也 章句曰如七年病而卻求三年時艾 樾謹按此承上欲無王不可得矣而言喻當今之世行仁政而王者之易也假使病者不過三年而艾必以七年為期斯無及矣今病者尚可七年而艾乾三年即已可用則何為而不畜乎趙注似失之至三年七年乃古人恒語古凡言數者必三五七如大國五年小國七年則以五與七言三年之艾七年之病則以三與七言蓋數極於九至十則復為一矣五其中數也自一至五則三為中數自五至九則七為中數大戴記明堂之制二九四七五三六一八亦以七五三為中節此義也故古人舉得半之數則曰五不及乎半則曰三過乎半則曰七易曰三日不食又曰七日來復又曰七日得詩曰其實七兮其實三兮又曰鳲鳩在桑其子七兮又曰五日為期論語曰三年有成又曰比及三年又曰善人教民七年皆是也若至少之數不可以三言者則曰一如一鈞金一杯水是也至多之數不可以七言者則曰九如九合諸侯救者九起是也左傳五侯九伯五者舉其中數九者舉其極數也後人不達古語凡言數者必求其義斯鑿矣

人不足與適也政不足間也 章句曰時皆小人居位不足過責也政教不足復非訖 樾謹按音義出足間二字是孫宣公本下句無與字阮氏校勘記則岳孔韓本皆然俗本因上句而妄加與字非也兩句既不一律其義亦必不同趙氏所說殆失之矣適當讀為敵論語里仁篇無適也釋文曰鄭本作敵禮記玉藻篇敵者不在釋文曰敵本作適是敵適古通用人不足與敵者為人君挾貴以驕士而士之道義不足以敵之也曾子曰彼以其富我以吾仁彼以其爵我以吾義吾何慊乎哉孟子曰在彼者皆我所不欲也在我者皆古之制也吾何畏彼哉若是者謂之足與敵人苟不足與敵則奉令承教而已故曰政不足間也間猶與也莊十年左傳肉食者謀之又何間焉昭二十六年傳諸侯釋位以間王政杜注並曰間與也此間字義與彼同言不足參預也下文曰惟大人為能格君心之非大人者別乎人而言之正所謂足與敵者若湯之於伊尹桓公之於管仲學焉而後臣之故能格君心之非

人之易其言也無責耳矣 章句曰人之輕易其言不得失言之咎責也一說人之輕易不肯諫正君者以其不在言責之位者也 樾謹按趙氏二說義均未安無責耳矣乃言其不足責也猶曰若而人者吾無責焉爾孔子稱君子欲訥於言又曰仁者其言也訒若輕易其言則無以入德矣故以不足責絕之也

子之從於子敖來徒餔啜也我不意子學古之道而以餔啜也 章句曰學而不行其道徒食飲而已謂之餔啜也樂正子本學聖人之道而今隨從貴人無所匡正故言不意子但餔啜也 樾謹按趙以不行其道為餔啜是也謂隨從貴人無所匡正非也孟子與子敖同使且未嘗與行事樂正子偶從子敖而來豈必其有所匡正乎蓋樂正子孟門高弟固亦以行道為志其從子敖來乃欲因以行其道也夫衛卿可得之言子路猶且以告樂正子之賢未及子路其從子敖來亦無足怪[illegible]子何有即使得仕於齊亦徒享萬鍾之奉而已故曰子之從於子敖來徒餔啜也我不意子學古之道而以餔[illegible]不過藉者道路資糧之費故孟子以徒餔啜責之夫自魯之齊相距甚近所費幾何為此說者徒欲回護樂樂正子也反陋矣朱注曰言其不擇所從但求食耳是亦未嘗明指所

有故而去則君搏執之　章句曰搏執其族親也機謹按臣已去而……出疆而言謂君使封疆之吏搏執之也……在是不可得而搏
執也於是其君又極之於其所往若晉錮欒氏之比矣
中也養不中　章句曰中者履中和之氣所生機謹按中當讀若從容中道之中大戴記……之行若中道則凡事之若不中道則養之孟子語意正與此類趙注非也
王者之迹熄而詩亡詩亡然後春秋作機謹按此迹字卽車轍馬迹之迹周制十二年一巡守至方岳之下朝諸侯於明堂命太史陳詩以觀民風是天下皆有王者車轍馬迹焉巡狩之禮廢而王者之迹熄於是太史不復陳詩而詩亦從此亡矣所謂亡者非
無詩也其將士大夫國亦作之且傳播之是故春秋將所賦之詩多出東遷以後而孔子刪詩亦有取焉然王者不省方太史不陳詩則有詩而不收詩之效雖謂之詩亡可矣何也昔日之詩王者所陳而觀之者也然幽厲明章善癉惡皆於此乎在焉此日之詩聽其自作自傳莫之陳亦莫之觀也
雖復愛將感事陳古判今空言而已矣奚益哉孔子曰吾欲託之空言不如見之行事之深切著明也此卽因詩亡而作春秋之旨詩空言也春秋行事也孟子推春秋之作而上溯之迹熄詩亡殆孔氏之遺言矣
其義則丘竊取之矣機謹按孔子作春秋其文其事本之舊史其義則所謂筆則筆削則削游夏不能贊一辭者孔子何所取之哉取者為也廣雅釋詁曰取為也卽此取字之旨竊取之猶言私為之孔子蓋曰其義丘私為之也後世治春秋者不信三科九旨諸說而但曰經承
舊史史承赴告則止有其事其文而孔子之義付之悠悠矣
天下之言性也則故而已矣機謹按荀子性惡篇曰凡禮義者是生於聖人之偽非故生於人之性也楊注曰故猶本也言禮義生於聖人矯偽抑制非本生於人性也孟子言性善則人性本有禮義故曰天下之言性也則故而已矣猶曰但言其本然者足矣與荀子之
語正相反荀子又引舜之言曰妻子具而孝衰於親嗜欲得而信衰於友爵祿盈而忠衰於君蓋以證人性之惡乃自孟子言之則孝也信也忠也是其故也妻子具而孝衰嗜欲得而信衰爵祿盈而忠衰非其故也無失其故斯可矣故又曰故者以利為本言順其故而求之則自得其本也孟子論
性大旨具見於此
又從而禮貌之　章句曰又禮之以顏色喜悅之貌也機謹按禮當為體周易繫辭傳知崇禮卑蜀才本禮作體詩谷風篇無以下體韓詩外傳體作禮是古字通也戰國策齊策令人體貌而親郊迎之漢書賈誼傳所以體貌大臣而厲其節也
此體貌二字之證桓十四年穀梁傳恭其貌而不察其形范甯注曰貌姿體是貌與體義亦相通古人言容貌亦言容體故以體貌連文荀子大略篇君子之於子愛之而勿面使之而勿貌楊注曰面貌謂以顏色慰悅之體貌亦猶是矣二字平列如趙注則當云禮之以貌不當云禮貌之也告子篇
禮貌未衰又曰禮貌衰凡言禮貌者竝當讀為體
夫章子子父責善而不相遇也　章句曰章子子父親教相責以善不能相得父逐之也機謹按孟子論匡章止言子父責善不及他事卽趙氏所謂子父親教者亦自據孟子易子而教之義於匡章事固無考
也乃戰國策有所謂章子者齊策曰秦假道韓魏以攻齊齊威王使章子將而應之又曰濮上之事贅子死章子走燕策曰王因令章子將五都之兵以因北地之眾以伐燕止稱章子不稱匡章無以知其為卽孟子所與遊者也徒以齊策有章子之母為其父所殺一事遂從而附會之謂孟子之匡
章卽其人也今按齊策所載威王之言曰章子之母啟得罪其父其父殺之而埋馬棧之下吾使章子將也勉之曰夫子之強全兵而還必更葬將軍之母對曰臣非不能更葬先妾也臣之母啟得罪臣之父臣之父未教而死夫不得父之教而更葬母是欺死父也故不敢此與孟子所謂子父
責善者了不相涉若匡章果有此事則是遺人倫之大變豈惟責善而已乎高誘注戰國策初不以章子為卽匡章呂氏春秋論大篇匡章之難惠子以王齊王也注曰匡章乃孟軻所謂通國稱不孝者夫呂氏春秋注與戰國策注竝出高誘一人之手乃引孟子以證呂氏春秋之匡章而不引以證
戰國策之章子是高氏之意固不以匡章章子為一人矣且匡章雖惠子事見呂氏春秋愛類篇其文曰匡章謂惠子曰公之學去尊今又王齊王何其倒也又曰齊王之所以用兵而不休攻擊人而不止者其故何也以此數語觀之匡章蓋齊之處士亦是高尚其志者故見惠子王齊王而非之又若
頗不滿意於齊王之用兵不休者若是章子則歷事威宣兩朝為齊大將屢從戎事其必不為此言明矣莊子盜跖篇匡子不見父釋文引司馬彪云匡章諫其父為父所逐終身不見父此事見孟子夫曰見孟子而不云見國策則自唐以前固無匡章卽章子之說未可據姚宏吳師道之說為定而

辨使孟子子父責善之本旨爲之不著也

好色人之所欲萬章　樾謹按好乃妃字之誤漢書賈誼傳及太子少長知妃色師古注曰妃色妃匕之色大戴記保傅篇同賈子新書作好色字之誤也此云好色人之所欲其下云人悅之好色富貴又云知好色則慕少艾好字竝當作妃妃色蓋古語孟子賈子竝有知妃色之文後人不達古語而改爲好色失之矣

出從而揜之　章句曰舜入而即出瞽瞍不知其已出從而蓋其井　樾謹按出者舜也揜之者瞍也從而二字文義不合矣竊謂出者非舜出也乃出井中之上也蓋舜入井後井中之上必瞽瞍與象雖而出之瞍與象即以所出之上揜舜於井故曰從而揜之也然則舜何以得免曰史記載之甚詳蓋必古傳記之詞萬章約舉其文於完廩也不及舜以兩笠自扞而下之事於浚井也不及舜從匿空中出去之事蓋萬章之問惟在象欲害舜故其事有所不必備也趙氏解揜階爲揜去其階已得其義矣又一說云揜階舜即旋從階下蓋因誤解出字故爲此說以配之其義甚確偽孫疏反以後說爲勝非也

張朕　注曰張彫弓也天子曰彫弓　樾謹按音義曰張都禮切丁音彫義與弴同若依趙注則但從丁公著音彫足矣乃必先出都禮切一音者蓋孫宣公之意不以趙注爲然也玉篇弓弴丁幺丁昆二切天子弓也張同上畫弓也又丁禮切舜弓名是張有丁幺丁昆丁禮三音音丁幺丁昆者皆天子之弓詩行葦篇敦弓既堅毛傳曰敦弓畫弓也天子敦弓然則丁幺切者從趙注讀如彫也丁昆切者從毛傳讀如敦也至丁禮切則爲舜弓名別是一義據孫從舜弓之義故音都禮切都禮即丁禮也舜是時未爲天子安得用天子之弓然則顧野王音丁禮切而訓爲舜弓必有所受之矣至近世學者相承讀都禮切而仍從趙注以爲雕弓是又兩失不可不知也

故君子可欺以其方　章句曰方類也君子可以事類欺　樾謹按禮記樂記篇樂行而民鄉方經解篇是故隆禮由禮謂之有方之士鄭注竝曰方猶道也然則可欺以其方即是可欺以其道下云難罔以非其道非其道即是非其方方與道一也變文以成辭耳趙以事類釋之非是

封之有庳　樾謹按舊說以有庳爲今永州府零陵縣誠爲太遠先儒疑焉漢書鄒陽傳作封之於有庳水經淮水篇曰淮水東過期思縣北又東北淠水注之水出弋陽南垂山西北流逕陰山關西北出山又東北流逕新城戍東又東北得詔虞水口又東北注淮竊疑畀乃淠之段字有淠之國蓋以淠水得名所謂詔虞水者殆象之遺跡乎詔虞者朝虞也詔字古止作召劉向九歎遠逝篇朝四靈於九濱王逸注曰朝召也是朝召聲近義通象自其國而朝於虞經臨其地因有朝虞之名矣有畀之封似當在此漢書武五子傳又作有鼻據說文水部有淠濞二篆淠爲水名濞爲水暴至竊疑淠濞古同字淠從畀聲濞從鼻聲鼻即畀聲也書有鼻爾耳鄒陽作有畀者淠之省也武五子傳作鼻者濞之省也古文從省不加水旁實一字矣孟子書作庳則是痹之誤字痹亦從畀聲也

書曰祗載見瞽瞍夔夔齊栗瞽瞍亦允若是爲父不得而子也　章句曰舜既爲天子敬事嚴父戰栗以見瞽瞍瞍亦信知舜之大孝若是爲人不得而子也以是解咸丘蒙之疑　樾謹按趙氏以瞍亦信知舜之大孝釋瞽瞍亦允之義是於允字絕句若字屬下讀古也邪二字通用若是連爲父不得而子也猶曰舜敬事嚴父若是尚爲父不得而子邪正所以解咸丘蒙之疑荀子正名篇其求物也養生也粥壽也楊倞注曰也皆當爲邪孟子七篇亦往往有此告子篇冬日則飲湯夏日則飲水然則飲食亦在外也盡心篇殺人之父者人亦殺其父殺人之兄者人亦殺其兄然則非自殺也也字竝當作邪說詳王氏引之經傳釋詞東晉古文尚書竊其語入大禹謨篇而以允若連文蓋由不達古語故誤讀孟子耳江氏聲作尚書集注曰孟子既引此經遂言曰是爲父不得而子也則未免於爲先入之言所惑矣

一介不以與人一介不以取之人　章句曰一介草不以與人亦不取於人[illegible]草然非古義也一介即一个也儀禮[illegible]文也个介實一字乃隸體之變介音古拜反轉而爲古賀反後人妄分介个爲二遇讀古拜反者作介讀古[illegible]个介爲一字當從之孟子介字即禮經个字因趙氏以一介草釋之故得存其本字耳一[illegible]特牲饋食禮及少

宰饋食禮下篇注云俎釋三个國語齊語云鹿皮四个是物數言若干个乃古人通語經傳明文豈有以草與人及取於人者乎

天誅造攻自牧宮　章句曰造作可攻討之罪者從牧宮桀起自取之也之士[illegible]世為不詞昭三十一年左傳曰攻難[illegible]治故亦訓作詩靈臺篇庶民攻之毛傳曰攻作也梁惠王篇引此文趙注曰民並來治作之蓋即用傳義而又加治字以中明攻之所以訓作也造攻猶攻作言天所以降誅罰者由桀自於牧宮造作其罪耳

主癰疽　章句曰癰疽癰疽之醫也幾謹按癰疽說苑至公篇作雍雎史記孔子世家作雍渠韓非子作雍鉏字並是雍孟子書作癰疽是段借字傳十七年左傳雍巫有寵於衛共姬因寺人貂以薦羞於公杜注曰雍人名巫正義曰周禮掌食之官有內饔外饔此人為雍官名巫而字易牙竊疑癰疽亦雍人癰讀為雍乃其官也疽其名也雍疽寺人瘠環猶雍巫寺人貂矣戰國策曰衛靈公近雍疽高誘注曰孟子有其人蓋醫之章者望文生訓失與趙同

知虞公之不可諫而去之秦年已七十矣幾謹按何氏焯讀書記謂此當以知虞公之不可諫而去九字為句去謂去位也之秦二字自為句屬下讀方與史記虞晉走宛諸事合然真德秀四書集編趙順孫四書纂疏所載經文並作知虞公之不可諫而去之是南宋時舊本有無秦字者據下文知虞公之將亡而先去之亦無秦字疑此秦字直衍文耳百里奚事在孟子時已不甚可考今以孟子書為主參以史記蓋奚知虞之將亡先去而之宛宛今南陽府南陽縣是時屬楚晉之滅虞也齊霸將衰而楚方盛奚之走宛殆有意於用楚乎然以爵振之人賓用匱乏或出其途買賤賣貴逐什一之利故孟子有粥於市之說說苑臣術篇云賈人買百里奚以五羖羊皮使將車之秦此說雖不足信然孟子明言粥於市則將監車事固宜有之史記孟荀傳伊尹負鼎而勉湯百里飯牛車下而繆公用霸然則所謂飯牛者即其將監車時事書云肇牽車牛遠服賈百里奚之食牛正粥於市之境證非如或說云云也其後不知其何事為楚鄙人所執於是穆公以五羖羊皮贖之史記載其事曰繆公聞百里奚賢欲重贖之恐楚人不與乃使人謂楚曰吾媵臣百里奚在焉請以五羖羊皮贖之楚人遂許與之此乃當時實事也不然何以有五羖大夫之號至孝公時猶見稱於趙良之口乎媵臣乃託辭據左傳曰執虞公及其大夫井伯以媵秦穆姬是虞君且為媵雖謂其臣皆吾媵臣無不可矣楚人受秦五羖羊皮而以百里奚予秦是楚人固以五羊之皮當百里奚之值謂之曰鬻亦無不可然楚人鬻之非百里奚自鬻之也後世傳訛因有自鬻之說孟子據理斷之以為不然而不復詳述其事之顛末千載而下以意推測信有得乎

金聲而玉振之也　章句曰振揚也故如金音之有殺振揚玉音終始如一也幾謹按集注曰先擊鎛鐘以宣其聲後擊特磬以收其韻若然則當云金聲之而玉振之也於文方足如謂下有之字則上可省然下文又曰金聲也者始條理也玉振之也者終條理也是可知玉振下必當有之字金聲下必不當有之字矣蓋此句之義趙注得之所謂金聲而玉振之者以金聲始洪而終殺必以玉聲振揚之此之字即指金聲而言伯夷伊尹柳下惠亦金聲也而不能以玉振之則始洪而終殺矣惟孔子金聲而以玉振之是以始終如一而為集大成也

其至爾力也其中非爾力也　章句曰夫射遠而至爾努力其中的者爾之巧也思欲其手用巧意乃能中也　正義曰其射至於百步之外是人之力也其所以中的者非人之力以其人之巧耳幾謹按上文以巧譬智以力譬聖此云其至爾力其中非爾力則似所重者反在巧與上喻意不合矣王若虛孟子辨惑載呂東萊家問退士云孟子論孔子集大成譬之金玉則智始而聖終譬之巧力則聖至而智中以智為尚則害前說以聖為尚則害後說是先儒於此固已致疑乃尋繹趙注則經文兩爾力皆就伯夷伊尹柳下惠三子說蓋謂三子所以能至者力也三子所以能中者非力也巧也三子之力足以至故不失為聖三子之力不足以中故不能為時故而為清為任為和是不能以力中而以巧中趙氏所謂思欲其手用巧意乃能中是也若孔子則至以力中亦以力不必以巧見長此孔子所以遠過乎三子也如此說則與上喻意一貫而東萊所疑亦不言而解矣由正義不能發明趙注之意故啟東萊之疑而王若虛并欲改經文為智譬則力聖譬則巧何其謬歟

獻子之與此五人者友也無獻子之家者也此五人者亦有獻子之家則不與之友矣　章句曰其五人者皆賢人無位者也此五人者自有獻子之家富貴而復有德不可與獻子友也幾謹按近來說此經者皆以無獻子之家為忘人之勢然下文不云皆有獻子之家而云亦有獻子之家亦者亦獻子也謂獻子有而五人亦有也然則無獻子之家自謂五人無獻子之富貴非謂其視之若無也當以趙注為

長[illegible]哉以不與之友為不與獻子友此殆不然四句反覆申明與之友即與此五人者友仍以獻子言不以五人者言見獻子所友皆寒素之士若使其亦有獻子之家獻子將不與友矣蓋所重在獻子之友五人而不在五人之友獻子下文引費惠公晉平兩事亦然可知趙注之誤

費惠公曰 樾謹按顧氏炎武日知錄曰春秋時有兩費其一見左傳成公十三年晉侯使呂相絕秦曰殄滅我費滑注曰滑國都於費其一僖公元年公賜季友汶陽之田及費在子思時滑國之費其亾久矣疑即季氏之後而僭稱公者閻氏若璩四書釋地主其說乃以左傳求之魯亦有兩費季氏之費今山東沂州府費縣是也若隱元年傳費伯帥師城郎此又一費今兗州府魚臺縣西南有費亭東北有郎城費伯城郎是其地也顧氏棟高春秋大事表引高氏地名考曰費讀如字與季氏費邑讀曰祕者有別乃陸德明釋文於隱元年傳亦音祕蓋已混兩費而一之于欽齊乘謂費本伯國姬姓魯懿公之孫後為季氏邑此說雖誤然即其說知費伯之費昔人固有以為國名者蓋費伯以公孫別封於費若晉成師鄭大叔之比因城郎而居之與郕郜諸國並為魯附庸後以無事故不經見而入戰國後猶以魯費並稱所謂費惠公者殆其苗裔乎其後國亡而子孫遂以郎為氏見廣韻或疑郎為魯地屢見經傳若如此說則為費國之都矣尚得為魯地乎不知魯有二費亦有二郎魚臺之郎去曲阜約二百里而桓十年齊衛鄭來戰於郎公羊傳曰吾近邑也其非一地明矣說詳江氏永春秋地理考實

亦翏舜 章句曰堯亦就翏舜之所設 樾謹按趙所亦字非也列子黃帝篇亖者亦言旅湛注曰亦當作易論語述而篇五十以學易釋文曰魯為亦是亦易二字古通用素問氣厥論謂之食亦王砅注曰食亦者食入移易而過不生肌膚也亦易也空論易韻無空注曰易亦也並其證矣亦翏舜者易翏舜也蓋猶是堯之翏舜耳乃今日堯自為主明日使舜為主是易而翏之矣故曰迭為賓主

生之謂性告子 樾謹按白虎通性情篇曰性者生也禮記樂記篇鄭注曰性之言生也故性與生古字通用荀子禮論篇天地者生之本也大戴禮禮三本篇生作性戰國策秦策生命壽長史記范雎傳生作性並其證也生之謂性猶云性之謂性故孟子以白之謂白破之上字作生下字作性猶公孫丑篇有仕於此作仕夫士也作士彼士仕同字此生性亦同字告子此說即所謂無善無不善者其意若曰所謂性者止是而已矣論者但當就性言性其善其不善皆非性中所有不必論也此是告子論性之本旨故公都子曰告子曰性無善無不善也上文杞柳湍水之喻皆從此出

異於白馬之白也 樾謹按此句上白字當一字重讀蓋先折之曰異於白下乃云白馬之白也無以異於白人之白也云云則申說其異之故也古書自有一字重讀之例考工記輈人曰輈注則利準利準則久賈疏曰依後鄭利準不重讀據此則經文利準二字本無重文先鄭將就本字重讀之故後鄭可以不從也明乎古書之一字可以重讀則此句之義自明而亦不必疑其有闕文矣

以紂為兄之子且以為君而有微子啟王子比干 章句曰紂為君又與微子比干有兄弟之親亦不能使此二子為不仁 樾謹按史記微子是紂庶兄比干但云紂之親戚如孟子此文則是微子比干皆紂父帝乙之弟矣與史不合顧氏日知錄曰以紂為弟且以為君而有微子啟以紂為兄之子且以為君而有王子比干並言之則於文有所不便故舉此以該彼夫舉兄之子何足以該弟此論殊不可通據趙注云紂為君又與微子比干有兄弟之親疑趙氏所見經文作以紂為兄弟且以為君弟字誤為之子二字非特不合史記即以趙注按之亦自不合矣朱子集注云疑此或有誤字殆已見及此因無左證不敢質言耳

乃若其情則可以為善矣 章句曰若順也性與情相為表裏 樾謹按性與情若果有表裏之分則公都子所舉三說皆自論性孟子何獨與之言情乎蓋性情二字在後人言之則區以別矣而在古人言之則情即性也呂氏春秋上德篇此之謂順情淮南子本經篇愛其情高誘注並曰情性也下章孟子言牛山之木則曰此豈山之性也哉其言人則曰是豈人之情也哉然則性情一也以六書而論性從心生聲情從心青聲而青亦從生聲故從生從青之字於義得通釋名釋兵曰旌精也列子說符篇東方有人焉曰爰旌目後漢書張衡傳注引作爰精目旌從生聲精從青聲古字通用而謂性之與情若冰炭之異此必不然矣荀子正名篇曰生之所以然者謂之性性之好惡喜怒哀樂謂之情此蓋古義如此孟子之於荀子不能有異特自孟子言之性善而情亦善自荀子言之性惡而情亦惡此則其說之異也荀子性惡篇引舜之言曰人情甚不美妻子具而孝衰於親嗜欲得而信衰於友爵祿盈而忠衰於君人之情乎人之情乎楊倞注曰引此亦以明性之惡是可見古人言性必言情孟荀雖異要未嘗區性與情而二之也白虎通情性篇以仁義禮智[illegible]惡為六情夫無喜怒哀樂愛惡則仁義禮智信於何見之惻隱之心仁也獨非愛乎羞惡之心義也獨非惡乎[illegible]見性若如白虎通之說則仁義屬性惻隱羞惡屬情不可合矣此說也蓋襲禮記而失之禮記禮運篇曰何[illegible]何謂人義父慈子孝兄良弟悌夫義婦聽長惠幼順君仁臣忠十者謂之人義夫以人情對人義非以[illegible]之情故此七者謂之情可也謂之性亦可也後人不違此義妄有

人有雞犬放則知求之有放心而不知求櫆謹按而猶則也人有[illegible]之心不若人則不知惡也而與則義同故古書[illegible]而[illegible]史記黥布傳與是則漢破與漢而楚破竝其證也此文上句用則字下句用而字亦猶是矣

此之謂不知類也　章句曰類事也櫆謹按類之言比類也禮記月令曰必比類國語周語曰[illegible]天地比類百則比類蓋古語猶今言比例也周語又曰度之天神比之地物類之民則方之時動是重言之則曰比類單言之則或曰比或曰類易繫辭傳曰以類萬物之情襄九年左傳曰晉君類能而使之皆此義也不知類言其不知比類注訓為事未得其旨

比天之所與我者　章句曰比方天所與人情性櫆謹按比之言次也周官世婦職比其具鄭注曰比次也宰夫職比官府之具注曰比校次之又儀禮大射義注比三耦注曰比選次之也竝與此比字義同蓋心與耳目皆天之所與我者必比次之然後知其孰為大孰為小然後能先立乎其大下文先字正從比字生出趙氏以比方釋之其義不顯後人遂誤改作此字矣

有人於此力不能勝一匹雛則為無力人矣今曰舉百鈞則為有力人矣然則舉烏獲之任是亦為烏獲而已矣櫆謹按不能勝一匹雛之人安能舉百鈞故閻氏若璩釋地三續引陳幾亭之言謂孟子言辭小失乃以經文尋繹之孟子此言固無失也蓋此節之義全在今曰二字以不能勝匹雛之人而今曰舉百鈞是非必果能舉也即此舉百鈞之言已可為有力人矣蓋亦自謂食粟而已此與力不能勝一匹雛者無異今一旦奮然曰吾為堯吾為舜是亦為堯舜矣故曰夫人豈以不勝為患哉弗為耳孟子之言本是明了但舉烏獲之任句省一曰字若作然則曰舉烏獲之任是亦為烏獲而已矣其意便顯孟子因上文已有今曰字故此省之不謂後之學者并上今曰字而亦忽略讀過也

公儀子為政　章句曰公儀休為執政之卿櫆謹按閔二年左傳君與國政之所圖也史記晉世家集解引賈逵注曰國政正卿也然則為政即為國政言為正卿也政正古通用爾雅釋詁正長也公儀子為政乃正長之政下云子柳子思為臣臣與政相對舉離婁篇曾子師也子思臣也臣與師亦相對也趙不知政為正之叚字而以執政釋之非是本篇又云魯欲使樂正子為政為政之義亦與此同猶魯欲使慎子為將軍也曰正曰將軍竝以位言趙注曰魯君欲使之執政於國亦失之矣

子柳子思為臣　章句曰子柳泄柳也子思孔伋也二人為師傅之臣櫆謹按子思乃穆公所尊禮觀公孫丑篇可知子思與泄柳申詳分量迥殊而此乃以竝稱且以子思居子柳之下即孟子本書證之已自不合矣據鹽鐵論相刺章昔魯穆公之時公儀為相子柳子原為之卿然北削於齊以泗為境南畏楚人西賓秦國其文即本之孟子疑古本孟子作子柳子原非子思也為臣與為政相對為政謂為正卿為臣謂為庶職也趙因子思大賢不宜以官守居之故曰為師傅之臣離婁篇曾子師也父兄也子思臣也微也師之與臣大有別矣何不曰為師而曰為臣乎若知子思是子原之誤則不必為是曲說矣

乃孔子則欲以微罪行　章句曰燔肉不至我黨從祭之禮不備有微罪乎櫆謹按孔子以微罪行之旨惟趙氏得之此注當以燔肉不至我為句黨字屬下讀黨猶儻也儻者或然之詞古書每以黨為之漢書伍被傳黨可以徼幸晏子法儀扃黨皆法其君矣右竝其證也趙氏達孔子之意以為燔肉所以不至我者儻我從祭之禮不備故有微罪乎於是即引為己罪而去所謂不欲為苟去也偽孫疏誤以我黨二字連讀故注意晦而經意亦晦矣閻氏若璩釋地續曰孔子不欲其失純在君相己亦帶有罪焉其所謂有罪即在不稅冕而行一句冕原祭服今也戴於道路間尚非罪乎史記世家師己送曰夫子則無罪觀此似孔子當日自認一罪名而行千載以下猶可以情測今按閻氏引師己之言為證最為得之而以不稅冕實孔子之罪則大謬矣豈以孔子之聖而躬冒不韙者乎且不稅冕而行極言其行之速非因不稅冕而後行也如閻氏此論設有人問孔子何以去魯者將以不稅冕告之乎又問何以不稅冕而行則將何以對是仍為苟去矣趙注具在而學者讀之不審致滋妄說故具論之

則六師移之　章句曰移之就之也櫆謹按移當讀為陊廣雅釋詁陊隓竝訓壞是陊與隓義相近隓即墮字故集韵曰隓或作墮然則六師陊之猶六師墮之蓋毀壞其都邑若春秋所書師墮郈師墮費之類是也因叚移為陊而注者以本字讀之遂失其旨矣

有天民者達可行於天下而後行之者也盡心　章句曰天民知道者也可行而行可止而止機謹按如注義則經文達字疑道字之誤章句亦曰天民行道趙氏所據本必是道字也

四體不言而喻機謹按此句之義殊不可曉若謂四體不言而人自喻則四體豈能言者若謂我之四體不行我言而喻我之意則凡人皆然豈必君子據文選魏都賦劉淵林注引孟子曰君子所性仁義禮智根於心其生色睟然見於面不言而喻應吉甫華林園集李善注引孟子曰君子所性仁義禮智信根於心施於四體不言而喻兩文不同然不言而喻上皆無四體字疑古本孟子四體二字不疊也若謂古人引書或以意增損不足據則何以劉李二人如出一手乎且如李所引有信字而劉所引即無之益以意增損必不能同乃兩所引皆無四體字則是古本如此矣

易其田疇　章句曰易治也機謹按易者所以休地力也周官大司徒職不易之地家百畮一易之地家二百畮再易之地家三百畮鄭司農云不易之地歲種之地美故家百畮一易之地休一歲乃復種地薄故家二百畮再易之地休二歲乃復種故家三百畮是地有一易再易之分易其田疇謂此也不易之地惟都鄙有之若遂人所掌郊甸之制上地亦有菜五十畮則亦非不易矣益休而不耕故地力有餘多黍多稌寔由於此乃先王制民之產之精意若如趙氏訓易為治則是變百畝之不易者農夫也非聖人治天下之道矣

恭敬者幣之未將者也恭敬而無實君子不可虛拘機謹按此數語蓋承上文而更進一義言食而弗愛愛而弗敬固不可矣然恭敬亦不可無實故曰恭敬者幣之未將者也言未以幣交之時有此恭敬之心已足多矣若既以幣交則當用其言行其道乃為有實告子篇曰迎之致敬以有禮言將行其言也則就之禮貌未衰言弗行也則去之與此文正相發明迎之致敬以有禮所謂恭敬也禮貌未衰言弗行也則恭敬而無實矣君子不可虛拘故去之也

若崩厥角稽首　章句曰百姓歸周若崩厥角額角犀厥地稽首拜命亦以首至地也機謹按此當以六字為句厥角稽首相對成文漢書諸侯王表漢諸侯王厥角稽首應劭曰厥者頓也角額角也稽首首至地也視趙注更簡而明若崩厥角稽首乃倒句若順言之則當云厥角稽首若崩蓋商眾一聞武王之言無不厥角稽首若山冢之猝然而崩也李善注文選邱希範與陳伯之書王元長曲水詩序陸佐公石闕銘三引孟子並作百姓若崩厥角不連稽首二字則雖未失其義而似已失其讀後人并其義而失之固無怪矣

是故得乎邱民而為天子　章句曰邱十六井也機謹按廣雅釋詁曰區小也釋訓曰區區小也邱與區古同聲而通用邱民猶言小民必以十六井釋之非是

仁也者人也合而言之道也　章句曰能行仁恩者人也人與仁合而言之可以謂之有道也機謹按合而言之道也六字為一句此章直是孟子解說仁字之義禮記中庸篇仁者人也鄭注曰人也讀如相人偶之人以人意相存問之言說文人部仁親也從人二段氏玉裁注引鄭注而釋之曰人偶猶言爾我親密之辭故其字從人二阮氏元研經室集又從而推闡其義引曾子制言篇人之相與也譬如舟車然相濟達也人非人不濟馬非馬不走水非水不流發明相人偶之說明乎此然後孟子可得而言矣蓋仁也者人也乃孔門相傳之故訓也然仁即是人何以又製此從人從二之仁字故釋之曰合而言之道也夫我一人也人一人也仁於何有必我與人相親人與我相親而後仁在其中焉此即相人偶之義亦即仁字從人從二之意別乎我而為人此分而言者也并人我二人而為仁此合而言者也故曰合而言之道也趙氏誤斷合而言之四字為句道也二字為句則其義不可通遂有增數語於其間說之外國本者矣

孟子曰無傷也士憎茲多口機謹按此章之文止於此下文詩云憂心悄悄一節當在貉稽曰之前與上章合為一章其文云孟子曰君子之戹於陳蔡之間也無上下之交也詩云憂心悄悄慍于羣小孔子也肆不殄厥慍亦不隕厥問文王也蓋因孔子而及文王孟子之意以文王比孔子也簡策錯亂誤倒在後注家遂誤以為告貉稽之言若果孟子為貉稽引詩則當有次第安得先孔子而後文王乎

以追蠡　章句曰追鍾鈕也機謹按追訓鍾鈕於古無徵追疑當為縋說文糸部縋以繩有所縣也鍾鈕亦所以縣者故謂之縋

望見馮婦趨而迎之　章句曰馮婦恥不如前見虎走而迎之攘臂下車欲[illegible]……而迎之者虎望見馮婦趨而迎之

有馮婦者善搏虎野有眾逐虎虎負嵎莫敢攖馮婦趨而迎之則[illegible]……風而避矣今乃不惟不避又趨而迎之此馮婦見之所以恥不如前而忿然攘臂下車也注中見字非經[illegible]……太平御覽人事部引孟子曰晉[illegible]……此故疑未深體

注意也

聖人之於天道也楨謹按集注曰或云人衍字其說是也古人每以聖[illegible]能上下比兼其聖能光遠宣明竝其例也此云知之於賢者也聖人之於天道也猶萬章[illegible]事也皆以聖知對言聖下不得有人字後人妄加之耳說文耳部聖通也蓋聖之本義與知相近故大戴記四代[illegible]人皆大而化之之謂此聖字則其本義所謂天道者乃吉凶禍福占驗之道後漢書桓譚傳曰天道性命聖人所難言李賢注引[illegible]論語注曰天道七政變動之占也古者言天道類如此左傳曰天道多在西北又曰天道遠人道邇國語曰我非瞽史焉知天道可見天道者瞽史所以占驗之術也知之於賢者也以人事言聖之於天道也以天事言知者固欲知賢然或為耳目之所不及蔡聖者固欲知天道然或為推步之所不能周故曰命矣

曰殆非也　章句曰館人曰殆非為是事來事夫子也楨謹按此非館人之言亦孟子之言也子以是為竊屨來與曰殆非也乃自問而自答之之詞吉子篇為是其智弗若與曰非然也文法正與此同下文曰夫子之設科也往者不追來者不拒苟以是心至斯受之而已矣孟子之意蓋謂從者固非為竊屨來也然子之設科如此則亦有所不能保矣語意抑揚而詞氣固不隔也自趙氏誤以此曰字為館人曰後人因并以下文數語皆為館人之言而經文夫予字遂誤為夫子不得謂非趙氏有以啟之矣

言語必信非以正行也　章句曰庸言必信非必欲以正行為名也楨謹按趙氏之意以正行是美事以正行為名始是不美故增益其義如此不知非孟子意也上文云經德不回非以干祿也干祿二字見於詩亦是美事故子張學干祿孔子不斥其非且告以干祿之道曰言寡尤行寡悔祿在其中矣然則經德不回以之干祿言語必信以之正行此乃學者之常事即孔孟教人亦未嘗不以此也若夫經德不干而非以干祿言語必信而非以正行則盛德之至非聖人不能矣三代以下儒者恥言干祿遂覺正行與干祿不可竝論乃謂其欲以正行為名非古義也

琴張　章句曰琴張子張也子張之為人踸踔譎詭論語曰師也辟故不能純善而稱狂也又善鼓琴號曰琴張楨謹按趙注以琴張即顓孫師乃賈逵鄭眾之舊說見昭二十年左傳正義而服虔已疑之至杜預注左傳曰琴張孔子弟子字子開名牢則本之家語更不足據莊子大宗師篇子桑戶孟子反子琴張三人相與友竊疑此人名張字子琴而姓氏不傳古人名字竝稱皆先字後名故曰子琴張亦曰琴張也

曰何以是嘐嘐也言不顧行行不顧言則曰古之人古之人行何為踽踽涼涼楨謹按此三十字當在其志嘐嘐然之下夷考其行之上曰何以是嘐嘐也萬章問也言不顧行以下孟子答也踽踽涼涼正與嘐嘐相反踽踽者獨也詩云獨行踽踽是也涼涼者薄也說文水部涼薄也是也凡物之衆者厚者皆有大義殷訓大亦訓衆膴訓大亦訓厚是其證也然則獨與薄皆有小義矣趙氏訓嘐嘐為志大言大是踽踽涼涼正與相反也狂者言行不相顧故常以古人之行為過小而非笑之每曰古之人古之人行何為是踽踽涼涼此狂者譏古人之詞也及考其所為則寔未能大過古人故曰夷考其行而不掩焉者也自此三十字誤移在後文則與論鄉原何涉趙注朱注皆曲為之說而義不可通前文止存曰古之人古之人七字此乃文字閒說脫之有未盡者今當為衍文矣

爾雅一

權輿始也釋詁 郭璞注曰詩曰胡不承權輿 邢昺疏曰權輿者天地之始也 樾謹按文選劇秦美新曰權輿天地未祛雎雎盱盱權輿二字止作始字解非天地之始謂之權輿也邢氏誤會其義謬甚矣錢氏大昕潛研堂集引孫星衍說謂卽釋草之其萌蘿蕍亦卽說文之𦱊蘿蕍此說自不可易惟經文曰初哉首基肇祖元胎俶落權輿始也俶落以上皆字各成義則權輿亦非必相連為文方言曰𦫘始也𦫘卽權字而其字從大是其本義為大也𦫘為大而亦為始猶元為始而亦為大矣輿者衆也僖二十八年左傳聽輿人之謀成二年傳無令輿師淹於君地注杜竝訓輿為衆故廣雅釋詁曰輿多也衆多則亦有大義玉篇多部[illegible]四字竝曰大也而其字竝從多至[illegible]二字亦作奓奓則又從大可知其義之通矣詩韓奕篇𥳑鞹甫甫毛傳曰甫甫然大也廣雅釋訓曰甫甫衆也周官小宗伯及冢人職鄭注竝曰甫始也然則輿為衆故為大亦為始猶甫為始故為大亦為衆矣此權輿訓始之本意也因權輿二字適相連成文故古人卽以二字竝舉周書文酌篇一𠦑勝權輿周月篇是謂日月權輿大戴記誥志篇孟春百草權輿竝本之爾雅耳亦猶下文林烝君也而平都相蔣君碑卽曰於穆林烝林烝二字非相連為義也此可見爾雅一書雖經後人附益而實傳之自古矣

業大也 疏曰業者版之大也 樾謹按邢氏以大版為說未得其義廣雅釋詁業始也國語齊語擇其善者而業用之韋昭注曰業猶創也創亦始也業之義為始故亦為大猶元之義為大故亦為始矣爾雅甫業竝訓大而甫之義卽通乎始廣雅昌孟業竝訓始而昌與孟之義卽通乎大然則訓始訓大於義得通爾雅廣雅正堪互證

省善也 注曰省未詳其義 樾謹按省通作眚尚書洪範篇王省惟歲史記宋微子世家作王眚惟歲莊二十二年公羊傳肆大省左穀竝作肆大眚是也釋名釋天曰眚消也如病者消瘦也以消釋眚乃從雙聲取義消從肖聲河上公注老子曰肖善也然則省之為善猶肖之為善而省之為肖猶眚之為肖矣省字蓋從少得聲者與少雖於古音非同部而實一聲之轉說文水部渻少減也不徑訓減而必曰少減者兼以聲訓也禮記喪服小記篇多陳之而省納之荀子仲尼篇省求多功竝以省多對文疑卽讀省如少矣故省與肖義得通也

肇基謀也 注曰肇未詳 疏曰肇者大雅江漢云肇敏戎公基者君子作事謀始也 樾謹按肇亦謀始之意上文肇基竝訓始是其證也詩生民篇后稷肇祀禮記表記篇引作后稷兆祀是肇兆古字通文選漢高祖功臣頌伐謀先兆擴響于音李善注曰兆為謀始響為音初也正得爾雅之義郝氏懿行義疏引釋言肇敏也謂敏謀古音相近雖其說亦通然經以肇基連文則以謀始之說為塙矣

耇老壽也 注曰耇猶耆也 疏曰方言云燕代之北鄙謂耇為梨郭璞注云梨面色如凍梨也舍人曰耇覯也血氣精華觀竭言色赤黑如狗矣孫炎曰耇面如凍梨色如浮垢老人壽徵也 樾謹按凍梨之義可以釋梨不可以釋耇故郭氏不用以說此經至訓覯訓垢又取象於狗皆以聲近之字展轉相訓而義實未安宜郭氏皆不之用也說文老部耇從老省句聲句部句曲也故凡從句聲之字皆有曲義竹部笱曲竹捕魚笱也羽部翑羽曲也疒部痀曲脊也竝其證也耇老之耇蓋卽痀之異文老人之脊必曲故以為名其字從老省者以疾言則宜從疒以壽言則宜從老也玉部玖篆下云讀若人句脊之句然則句脊字本止作句從疒從老皆其孳乳寖多者矣

忥靜也 注曰忥未聞 樾謹按說文心部忥癡皃疒部癡不慧也其義與靜絕遠然癡字從疑詩桑柔篇靡所止疑毛詩傳曰疑定也不慧謂之癡正由其性能定而不能動耳是亦人之一病故從疒作癡然所謂癡貌者非必其為不慧之貌也儀禮鄉飲酒禮賓西階上疑立鄭注曰疑讀為仡然從乎趙盾之仡正立自定之貌然則忥猶仡也其字竝從气聲義得相通以其不善者而言則為癡貌以其善者而言則為疑立之貌美惡不嫌同辭大學篇曰定而后能靜正立自定是為靜矣學者但知忥為癡貌而不知[illegible]然之忥癡通乎疑立之疑故不得其解也說文心部又曰癡駿也癡與擬蓋同字以疾言則從疒以心言則從心耳擬之義為[illegible]曰駭馬行仡仡也仡仡者謂之擬故仡然者謂之癡明乎此而爾雅之[illegible]

順劉陳也 注曰皆未詳 樾謹按郝氏懿行義疏引洪頤煊讀書叢錄[illegible]其說[illegible]之與陳蓋以聲近而義通陳從申聲古文作陣然則順之為[illegible]訓引故又訓陳

其說亦塙此經以劉繹連文劉繹猶抽繹也尚書立政篇克由繹……淮南子原道篇曰
劉讀畱連之畱是其證也此文引延與劉竝訓陳下文引延訓長畱……枚傳以陳久釋
之正義曰釋詁云陳久也古者塵陳同以是言之劉猶畱
也陳猶塵也觀下文畱與塵同訓則無疑予劉之訓陳矣

台朕賚畀卜陽予也　注曰賚卜畀皆賜與也與猶予也因通其名耳魯詩云陽如之何今巴……自呼阿陽　㮣謹按郭意以賚卜畀為賜予之予台朕陽為予我之予其實卜亦予我之予也卜乃僕之段字禮記檀弓篇卜人師扶右鄭注曰卜當為僕是其證也古人每自稱僕為予矣詩天保篇君曰卜爾楚茨篇卜爾百福毛鄭竝用此經為說誤也鄭見毛詩至陽字郭引魯詩及巴濮語證之然其義未詳今按陽者養之段字說卦傳為妾為羊朱震漢上易傳引鄭本羊作陽注曰此陽謂為養无家女行賃炊爨今時有之賤於妾也是陽與養通鄭因以為少女故以女說之然宣十二年公羊傳厮役扈養何休注曰炊烹者曰養漢書兒寬傳言為弟子都養師古注曰養主給烹炊者也然則養之名通於男女此經卜陽竝言卜即僕也陽即養也皆古人謙稱自託於執卑賤之役也

緝熙光也　注曰詩曰學有緝熙于光明　㮣謹按緝熙字詩凡四見然以字義言緝無光義疑湒之段字也說文水部湒湒涌兒水涌則有光故洸篆說解曰水涌光也湒熙連文湒者水之光熙者火之光矣

黎之也　㮣謹按黎之言麗也尚書禹貢厥土青黎史記夏本紀作其土青驪是其例矣黎又通作離禹貢導弱水至于合黎水經禹貢山水澤地篇作合離離亦麗也說文鹿部麗旅行也故此經黎旅竝訓眾矣

逐病也　注曰未詳　㮣謹按詩考槃篇碩人之軸箋云軸病也正義引此經而曰軸與逐蓋古今字異是逐又通作軸然逐軸竝非正字也詩鼓鐘篇憂心且妯傳曰妯動也說文心部引作怞疑逐軸竝怞之段字怞為心動漢書田延年傳使我至今病悸師古曰悸心動也是心動亦為病也周易頤六四其欲逐逐虞注曰逐逐心煩貌以易義證詩義而雅詁益明矣

寫憂也　注曰寫有憂者思散寫也　疏曰小雅車舝云我心寫兮　㮣謹按以散寫為憂義不可通如其說則我心寫兮為我心憂兮而於詩人之旨大悖矣寫者瘉之段字方言曰瘉驚也宋衛南楚凡相驚曰瘉驚與憂義相近瘉為驚故即為憂矣說文犬部南楚謂相驚曰瘉讀若愬凡說文讀若之字義皆得通周易履九四愬愬終吉釋文引子夏傳曰愬愬恐懼貌即可以說此經矣

祠蒸嘗禴祭也　㮣謹按郝氏義疏曰四者皆時祭之名詳見釋天而此又單訓祭者蓋不獨時祭有此名而凡祭亦被斯名也小宗伯云大烖及執事禱祠于上下神示女祝云凡內禱祠之事大祝云一曰祠鄭注皆不以為春時祭名書洛誥云王在新邑烝大宗伯疏引鄭注云是非時而特假祖廟故文武各特牛也月令大饗帝嘗鄭注曰嘗者謂嘗羣神也天子親嘗帝使有司祭於羣神然則鄭意亦以此嘗為祭名而不以為時祭之嘗矣惟禴未聞郭以為皆四時祭名恐未然也今按郝氏此論甚得經意春祭曰祠夏祭曰禴秋祭曰嘗冬祭曰蒸而四者又為凡祭之通稱亦猶春獵為蒐夏獵為苗秋獵為獮冬獵為狩而四者又為凡獵之通稱也不然車攻篇既曰駕言行狩又曰之子于苗一時之事何以狩苗互見乎周易萃六二升九二竝曰孚乃利用禴干寶注竝曰非時而祭曰禴然則禴非時祭古亦有徵可以補郝說之闕

載謨食詐為也　注曰載者言而不信謨者謨而不忠書曰朕不食言　㮣謹按錢氏大昕謂古為偽同字載謨者作為之義食詐者虛偽之義而王氏引之又謂載謨食皆為也引哀元年左傳不可食已為證其義皆極塙勝郭注遠矣惟食何以訓為義終未明王氏引或說謂食當讀飭今按周易井初六傳井泥不食虞注曰食用也國策衛策始君之所行於世者食高麗也老子我獨異於人而貴食母高誘何上公注竝曰食用也荀子富國篇仁人之用國楊倞注曰何用也是用與為義得相通食訓用故訓為正古義矣不必讀作何飭也

行言也　注曰今江東通謂語為行　㮣謹按釋宮曰行道也是行與道義通周官訓方氏掌道四方之政事撢人道國之政事鄭注竝曰道猶言也行之訓言猶道之訓言矣襄公十五年穀梁傳莊公失言淫于崔氏失言即失道也然則行言也即曰行道也與釋宮之文其義本通郭引時語為證尚非古義

徵止也　注曰徵未詳　據謹按說文水部澂不流濁也段氏注曰謂藏淵不流去也不流則有止義徵即澂之叚字禮記大傳篇殊徽號鄭注曰徽或作禕是其例也上文禕美也猶云徽美也此文徵止也猶云澂止也以聲求之得其義矣

衞垂也　注曰營衞在外垂也　據謹按史記五帝紀以師兵為營衞正義曰為營以自衞是營衞之衞乃係衞之衞郭引以證此經於義未碻衞者圍之叚字禮記孔子閒居篇帝命式于九圍鄭注曰九圍九州之界也是圍與界義同界訓垂故圍亦訓垂矣

嗟咨䁓也　據謹按釋文曰䁓本或作䁓字林云䁓䁓皆古嗟字是嗟之謂䁓古今字耳若以嗟釋嗟義不可通此經當以嗟字為句咨嗟也三字為句咨䁓即咨嗟蓋以咨䁓釋嗟字謂若尚書王曰嗟之類皆是為咨嗟之聲以發語端也詩序故嗟歎之釋文曰嗟咨嗟也漢書賈誼傳嗟若先生師古注曰嗟咨嗟也皆本爾雅文是古讀固以咨嗟連文矣釋詁釋言雖多以一字為訓而如毘劉暴樂也覭髳茀離也則亦閒有二字者此云咨嗟亦猶暴樂茀離之類耳上文肆故今也詩思齊篇毛傳抑篇鄭箋皆以故今連讀宋王觀國學林謂非爾雅句法失之不考矣

於代也　注曰於義未詳　據謹按於乃語詞也說文口部哉言之閒也是古人用語詞本取相閒之義上文哉與之言竝訓閒邵氏晉涵正義曰周頌雝云假哉皇考臣工云維莫之春有客云薄言追之皆謂詞之閒也然則於亦詞之閒也凡言於者皆自此之彼之詞故爾雅不與哉之言竝訓閒而後閒竝訓代義可互明矣

艾歷也　注曰長者多更歷　據謹按也字衍文古本與下文合與一條其文曰艾歷厤秭算數也故詩訪落篇朕未有艾鄭箋以艾為數即本此文若如今本則鄭何以不訓為歷乎歷厤竝訓數亦猶申神竝訓重任壬竝訓佞郭所據本於歷下衍一也字因從而為之說殆非其舊矣下文艾歷覛胥相也亦以艾歷二字冠首與此正同

神治也　注曰神未詳　據謹按上文申神竝訓重郝疏謂申與神同然則此文神訓治猶申訓治也說文申部申神也七月陰氣成體自申束從臼自持也自申束即有治義廣雅釋詁伸理也伸與申通理即治也爾雅亂神竝訓治廣雅亂伸竝訓理其義同矣下文又曰神慎也亦即申束之義釋詁神字凡三見惟首條訓重者申神竝列至下二條則有神無申知神即申矣郝氏不達叚借之旨故多未詳也

允任壬佞也　注曰書曰而難任人允信者佞人似信壬猶任也　據謹按佞人似信之說義不可通允者谷之叚字也說文口部谷山閒陷泥地從口從水敗貌讀若兗州之兗按兗州之兗古字止作沇以沇水得名谷讀若沇故通作口允訓允為佞即訓谷為佞也谷從口從水敗貌正與佞義合以地言則為陷以人言則為諂其義又相通矣荀子脩身篇饑樂之事則佞兌而不曲兌字疑即谷字之誤因谷字罕見淺人遂改為兌矣此經允任壬同訓佞而義實不同爾雅此例甚多說文女部佞巧諂高材也允之為佞乃巧諂之義任壬之為佞乃高材之義任壬文異義同佞之言能也勝也古人自謙不佞猶言不任矣疏引孫炎云似可任之佞也蓋天下有真可任之人亦有似可任之人四岳舉鯀可用此即鯀之似可任也堯不以為可因四岳再舉而始用此即堯之難任人也難者不輕用之意也郝疏本郭氏佞人似信之說謂任亦信也更失之矣

儴仍因也　據謹按尚書皋陶謨篇思曰贊贊襄哉釋文引馬融曰襄因也呂刑篇奪攘矯虔周官司刑職疏引鄭注曰有因而盜曰攘蓋即從義儴之訓因亦當以此為襄之本義解衣耕也殊無因義上文襄久也久則有相因之義漢書食貨志陳陳相因是也襄訓久故儴訓因文異而義通襄聲轉而為乃漢書曹參傳曰乃者我使諫君也師古曰乃者猶言曩者古音乃與仍同故上文曰仍乃也儴之與仍猶襄之與乃故其訓同矣郝疏以為攘之叚音失之

珍獻也　注曰珍物宜獻　據謹按珍物雖宜獻而獻物不可即謂之珍注義非也珍與昣通釋言曰昣致也即此經珍字昣為致故珍為獻文異而義通上文曰昣告也告與致義亦相近禮記少儀篇曰致膳於君子又曰凡膳告於君子告即致也致告竝即獻也郭氏此注未免泥乎其形矣

揚續也　注曰揚未詳　據謹按邵氏正義引益稷篇皋陶拜手稽首颺言史記作[illegible]其言枚傳謂大言而疾非也揚何以為續邵亦未得其義今按揚者易之叚字[illegible]而文茵暢轂毛傳曰暢轂長轂也凡物續之則長長與續義相近淮南子人閒篇故交畫不暢文選神女賦善注竝曰暢申也揚之為續猶暢之為申皆由易之為長而引[illegible]

祔祧祖也　注曰祔付也祔新死者於祖廟祧毀廟主也樾謹按……義更明惟祧毀之上當有祔……釋祔以毀釋祧而中之曰附新廟毀舊廟也而廟字即經文祖字說文示部祖始廟也是祖之……社考工記匠人曰左祖右社竝以祖社對言祖社猶廟社也鄭注考工記曰祖宗廟得其本義矣文二年……之主皆升合食于太祖太祖即太廟也毀廟言廟太廟言祖廟祖一也互言之耳詩有瞽序曰始作樂而合乎祖也合乎祔……于太祖于太祖即于太廟也禮記檀弓爲君復於小寢大寢小祖大祖即小廟大廟也荀子成相篇武王善之封之于宋立其祖立其祖即立其廟也凡此皆祖之本義此經曰祔祧祖也祖之本義也釋親曰祖王父也祖之引申義也本義爲引申義所奪而此經之旨失矣說文以祧祔祖三篆相次正本此經之文蓋有新附之廟有已毀之廟故必兼祔祧言然後廟制乃備吾鄉許氏宗彥廟祧考曰五廟者一祖四親服止五廟亦止五先王于親盡之祖限于禮不得不毀而又不忍遽毀故五廟外建二祧使親盡者遷焉行享嘗之禮由遷而毀去事有漸禮之正仁之至此周人宗廟之大法也詳見鑑止水齋集其義至精然則此經兼祔祧言即兼廟祧言廟祧雖別亦得通稱故王制曰天子七廟蓋五廟二祧并稱七廟也祧得稱廟故祧亦稱祖矣郝氏義疏謂此文當以祧祖連讀玉篇廣韻曰祧毀廟之祖也祔必於毀祖者祖親盡則廟毀祔祭於此以新死之主將入此廟故祭而屬之也此說殊不可通古者孫祔於祖但取昭穆相同非必祔於毀廟之祖也且如其說祧祖者毀廟之祖而祔者祔於毀廟之祖安得即以祧祖釋祔乎

即尼也　注曰即猶今也尼者近也樾謹按釋文曰尼本亦作昵是尼有親昵之意即尼之言就也相就即相親故即訓尼矣僖二十四年左傳即聾從昧正義曰即是依就之義與此經即尼之訓正合謂與聾者相昵也郭以即今說之非是

在終也樾謹按在當讀爲載載從𢦏聲在從才聲亦或從𢦏聲川輔碑載貴不濡在作載是其證也故在載得通用載之言成也成與終義相近載爲終猶就爲終矣上文載訓始而此又訓終正以亂爲治以故爲今之例釋天唐虞曰載注曰取物終更始然則載之義固通乎終始矣

頻充也釋言　疏曰說文云頻火光也樾謹按方言擬竟也廣雅釋詁同小爾雅廣詁充竟也擬訓竟充訓竟是擬充同義矣此經頻字即方言擬字疑擬從斯亦或從頻古文又省手耳邢氏依頻字本義爲說失之

劑翦齊也　注曰南方人呼翦刀爲劑刀　疏曰皆爲齊截也樾謹按劑翦齊一聲之轉其義皆通然此經訓劑翦爲齊非訓齊爲劑翦則自當以齊字之義爲主不當訓齊爲齊截以求合於劑翦二字也劑者周官小宰職聽賣買以質劑司農云質劑謂市中平賈今時月平是也是質劑皆平也說文齊部齊禾麥吐穗上平也齊爲平劑亦爲平故曰劑齊也翦者說文羽部曰羽生也羽初生必整齊周官司表疏引鄭康成尚書注曰毣理也毛更生毣理然則翦之爲齊猶毣之爲理矣翦亦通作踐禮記文王世子篇不翦其類也周官甸師注引作不踐其類也是其證也伐柯篇伐木篇竝曰籩豆有踐蓋謂其陳設之整齊故毛傳曰踐行列貌鄭箋曰踐陳列貌正與雅訓合矣

矜苦也　注曰可矜憐者亦辛苦樾謹按矜通作鰥禮記王制篇老而無妻者謂之矜是也釋詁曰鰥病也鰥訓病故矜訓苦廣雅釋詁曰疾苦也是病與苦義通也郭注失之迂矣

誥誓謹也　注曰皆所以約勤謹戒衆樾謹按注中勤字衍文也郭意蓋以約謹解經文謹字韓子十過篇知伯曰吾與二主約謹矣此約謹二字連文之證也約謹猶約結也謹與結一聲之轉古亦通用桓三年穀梁傳謹言而退公羊傳作結言而退是也此經曰誥誓謹也謂誥誓所以約結其衆也說文言部誓約束也即本之爾雅矣

黼黻彰也　注曰黼文如斧黻文如兩已相背樾謹按黼文如斧其義易明黻文如兩已相背自來不得其說然尚書益稷篇枚傳桓二年昭二十五年左傳杜注竝與郭同則固先儒相承之舊說兩已相背者兩身相背也禮記樂記篇鄭注曰躬猶已也然則已背同義矣兩已猶兩人說文北部北乖也從二人相背黻從兩已相背其意相近故釋文曰黻戾也戾與乖同也人各有已挾其已意而不相從是爲兩已相背古君臣之間獻可替否不爲苟同故聖人特著此文阮氏元謂是兩弓相背之誤轉不如兩已之義精矣

肇敏也樾謹按釋詁肇始也肇爲始故爲敏始猶先也敏猶速也呂氏春秋辯士篇其生也爲先高誘注曰先猶速也肇之爲敏猶先之爲速也方言侁疾也侁與肇聲亦相近詩生民篇后稷肇祀禮記表記引作后稷兆祀即其例矣

茅明也　注曰左傳曰前茅慮無　疏曰舍人曰茅昧之明也樾謹按左傳前茅慮無杜注雖訓茅爲明而又云或曰時楚以茅爲旌識當以或說爲長未足以證雅訓也舍人以爲昧之明疑讀茅爲瞀其說亦迂曲今按茅明也與蠲明也兩文相連竝取明潔之義禮記祭統篇明薦之而已矣中庸篇齊明盛服鄭注竝曰明猶潔也周官宮人職除其不蠲鄭注曰蠲猶潔也然則蠲之訓明猶訓潔矣茅亦潔也詩靜女篇鄭箋云茅潔白之物也茅爲潔故亦爲明正與蠲同義郊特牲篇曰縮酌用茅明酌也即爲此經之塙證矣

坎律銓也　注曰易坎卦主法法律皆所以銓量輕重樾謹按爾雅釋字義不當以易義附會郭注非也坎當讀爲科孟子離婁篇盈科而後進趙注以爲盈滿科坎孟子盡心篇不盈科不行注亦曰科坎也蓋科坎一聲之轉其義相通說文禾部科程也從斗斗者量也然則科字正有銓量之義坎律猶科律也廣雅釋水曰科坑也科即坎之段字此經曰坎銓也坎即科之段字王氏引之疑坎爲次之誤亦未免不求之聲而求之形矣

陪朝也　注曰陪位爲朝　疏曰臣見君曰朝朝之列位必陪重是陪位爲朝也樾謹按陪者部之段字凡偏旁從邑者隸變作阝與從阜者相混但有在左在右之分而古人又往往不拘敦煌長史武班碑領校秘郎鄉即陳也李翕析里橋郙閣頌王氏念孫謂郙即廣雅陭菜也之陭然則部之爲陪亦猶是矣朝廷之位各有部署文選西京賦薛綜注曰署位也部訓朝猶署訓位矣

康苛也　注曰謂苛刻　疏曰苛名康者以康安也苛刻者心安之左傳曰州吁阻兵而安忍其類也樾謹按康苛當作抗荷皆同音叚借字也後漢書班彪傳尊無與抗李善注曰抗讀曰康然則康亦可讀爲抗矣禮記明堂位爲崇坫康圭鄭注曰康讀爲亢龍之亢即其例也苛與荷古字通晏子春秋諫上篇執法之吏並荷百姓漢街彈碑史無荷擾之煩彼荷字即是苛字知此苛字即是荷矣詩元鳥篇百祿是荷何即負荷之本字釋文曰本亦作苛古字通也抗舉與負荷其義相近故曰抗荷也郭以本字讀之訓爲苛刻而邢疏乃以安忍之義曲爲之說無論迂迴難通且經傳康字無作苛刻解者爾雅何以獨發此訓乎或謂經文本是康苛若作抗荷則兩字俱易恐涉臆說然下文奘駔也釋文引孫炎樊光本作將且也抗荷之爲康苛亦猶將且之作奘駔同音叚借不必泥其形矣

展適也　注曰得自申展皆適意樾謹按展之言展轉也展轉則有相媚之義故訓爲適乃適齊適楚之適非調適之適也下文云逡退也一切經音義九及文選東都賦注竝引郭注曰逡巡卻去也展轉之爲適猶逡巡之爲退重言之曰逡巡單言之則止曰逡逡猶逡巡也重言之曰展轉單言之則止曰展展猶展轉也儀禮鄉射禮注曰少退少逡遁也聘禮注曰三退三逡遁也逡遁即逡巡郭君以退爲逡遁即本爾雅之文郭氏未達此例而云得自申展皆適意則失之迂矣

昆後也　注曰謂先後方俗語樾謹按邢疏以昆爲罤之段音然周人謂兄曰罤乃男子先生者之稱安得訓後乎釋親曰來孫之子爲罤孫注曰罤後也然則昆之訓後即罤孫之罤國語晉語曰使寡君之紹續昆裔韋注曰昆後也裔末也昭二十九年左傳注曰元孫之後爲裔是昆裔竝以子孫言昆之訓後猶裔之訓末吳都賦虞魏之昆顧陸之裔劉淵林注曰昆裔皆後世也得其義矣爾雅罤孫字古本作昆其說見後

愓愓愛也釋訓　注曰詩云心焉愓愓韓詩以爲悅人故曰愛也樾謹按說文愓訓敬經典亦無訓愛者郭引韓詩說今不可詳以聲義求之愓愓即施施也愓與施古音相近尚書盤庚篇不愓予一人白虎通號篇引作不施予一人是其證也孟子離婁篇施施從外來趙注曰施施猶扁扁喜說之貌然則韓詩以愓愓爲悅人猶趙注以施施爲喜悅貌聲近而義通矣

休休儉也樾謹按休休猶嘻嘻也僖元年公羊傳何休注曰嘻發痛語首之聲休與嘻一聲之轉廣雅釋詁休喜也休之爲嘻猶休之爲喜矣詩蟋蟀篇首章瞿瞿以目言二章蹶蹶以足言三章休休即嘻嘻以聲言並不敢荒淫之意故爾雅曰瞿瞿休休儉也毛傳以休休爲樂道之心則不合爾雅矣說詳毛詩

佻佻契契愈遐急也　注曰賦役不均小國困竭賢人憂歎遠益急切樾謹按經文本作佻佻契契遐愈急也故郭注以遠益切釋之遠釋遐字益釋愈字急切釋急字也下文宴宴粲粲尼居息也注曰盛飾宴安近處優閒疏曰尼近也然則此兩經正相對成義遐愈急也明遠者急切尼居息也明近者優閒遐與尼爲對文今誤作愈遐急也則不特與郭注不合而與下文亦不一律且遐急二字文義不倫非上文之切直協服下文之禍毒奕哉二字同義者可比其爲傳寫之誤倒無疑

男子先生爲兄後生爲弟男子謂女子先生爲姊後生爲妹釋親樾謹按男子先生爲兄後生爲弟則女子先生爲姊後生爲妹從可知矣男子謂女子先生爲姊後生爲妹則女子[illegible]生爲弟從可知矣兄弟姊妹男女通稱故經文亦互見之

來孫之子爲罤孫　阮氏校勘記曰史記索隱孟嘗君列傳漢書惠帝紀師古注引[illegible]罤孫弟字釋文後漢

書注亦誤作昆也樅謹按說文弟部周人謂兄曰罤从弟眔經典相承皆作昆弟不作[illegible]篇自父之罤弟以下罤字凡十七見釋文曰本亦作罤下同此唐初爾雅凡罤弟字[illegible]昆孫是而昆弟非也惟昆孫昆弟字同而義異昆弟之昆罤之段字也昆孫之昆疏當讀[illegible]也憖情轉違以禮貫連之耳此雖依聲取義為釋名一書之常例而適得其本字昆貫一聲之轉說文五部[illegible]即混夷然則昆之為貫猶混之為罤矣上文曾孫注曰曾猶重也下文仍孫注曰仍亦重也貫有連貫之義則亦重也此[illegible]涉開成石經於昆弟字俱改作罤遂并昆孫字而亦改之則失其指矣夫昆者同音段借字也罤者俗字也既不依說文作罤[illegible]文作罤直以昆字上半罤字下半合成一字豈古經所宜有乎竊謂此篇罤字皆當改從作昆之本昆弟字讀為罤昆孫字讀為貫則古字古義俱得矣

妻之姊妹同出為姨　注曰同出謂俱已嫁詩曰邢侯之姨樅謹按下文女子同出謂先生為姒後生為娣注曰同出謂俱嫁一夫然則此經言同出亦當與下文同而必異為之說者正以莊姜為衛侯之妻邢侯之姨不得言俱嫁一夫耳然碩人篇毛傳但曰妻之姊妹曰姨而此經則有同出二字自與毛傳不同竊意姨者本是妻之姊妹同出之稱姨猶娣也從夷從弟古音相同周易渙六四匪夷所思釋文曰夷荀本作弟又明夷六二夷于左股釋文曰夷子夏本作睇又作眱並其例矣凡妾俱來者皆其姪娣則但謂之姪而娣則亦謂之姨蓋聲近而義通經兼姊妹言之乃因妹而連言姊古經自有此例禮記喪服小記曰生不及祖父母諸父昆弟而父稅喪已則否正義引王云計已之生不及此親之存則不稅夫已之生所不及者何得言弟蓋因昆而連言之耳猶禮記稱為妻父母在不杖不稽顙正義亦謂因父而連言母也說詳禮記此經姊妹猶彼經昆弟矣說文女部妻之女弟同出為姨即本爾雅而改姊妹為女弟則其義更明此許君之善於說經也莊十年左傳蔡哀侯娶於陳息侯亦娶焉息嬀將歸過蔡蔡侯曰吾姨也此語即有輕之之意蓋謂是吾妻之娣媵之屬耳所以止而見之而弗賓也此經之本義亦禮經之正名自後相承凡妻之姊妹通謂之姨故詩人以莊姜為邢侯之姨此與爾雅之義有別不然毛公釋詩何不即用爾雅全文而必去其同出二字乎襄二十三年左傳穆姜之姨子也杜注穆姜姨母之子正義曰據父言之謂之姨據母言之當謂之從母但子效父母亦呼謂姨釋名釋親屬曰母之姊妹曰姨則又因妻之姊姨而推之於母之姊妹其去古義更遠矣

長婦謂稚婦為娣婦娣婦謂長婦為姒婦樅謹按成十一年左傳正義引此文而說之以為止言婦之長稚不言夫之大小儀禮賈疏曰假令弟妻年大稱之曰姒兄妻年小稱之曰娣其說與孔氏同郚氏正義曰孔氏所據者左傳之稱弟妻為姒耳不知古之稱娣姒者猶今人稱妯娌也兄妻稱弟妻曰妯娌弟妻稱兄妻亦曰妯娌蓋斷言之則兄妻為姒弟妻為娣合言之則昆弟之妻統稱為娣姒急言之則但稱為姒孔氏謂娣姒不計夫之長幼非也此二說當以郚說為正然苦未有塙證今按墨子明鬼神曰若然則先死者非父則母非兄而姒也以父母兄姒對言則姒為兄妻明矣下文云長婦為穉婦為庶婦是長婦以夫之長幼言經有明文豈得曲為之說乎是故娣姒猶婚姻也下文壻之父為姻婦之父為婚此渾而言之也又曰婦之父母壻之父母相謂為婚姻此合而言之也僖五年傳江黃道柏皆弦姻也襄二十三年傳公有姻喪昭九年傳王有姻喪夫言姻者豈必皆壻氏乎隱元年傳外姻至言姻不言婚在當時已通稱姻矣今世相沿壻與婦家並以姻稱無以婚稱者蓋方俗語言積漸而殊雖三代之聖人亦不能執禮文而一一正之然則左傳稱弟妻為姒亦猶是矣未可據左傳以說爾雅也書謂爾雅一書最古自黃帝正名百物以來即當有之特世有增益不皆其舊耳是故生曰父母死曰考妣禮有明文而爾雅則以為通稱兄妻為嫂弟妻為婦通乎男女而爾雅則專屬之女子凡此之類皆不當以後世之義繩之

夫之兄為兄公夫之弟為叔夫之姊為女公夫之妹為女妹樅謹按此文作夫之兄為公夫之弟為叔夫之姊為女公夫之叔為女叔蓋兄弟姊妹一也夫之兄為公故姊為女公夫之弟為叔故妹為女叔今作女妹皆字之誤也禮記昏義和於室人鄭注曰室人為女妐女叔諸婦也正義曰女妐謂壻之姊也女叔謂壻之妹也此可證爾雅女妹為女叔之誤郚氏義疏阮氏校勘記均已具論之矣惟兄公之兄為衍文則未有見及者夫夫之兄婦不得謂之兄猶夫之妹婦不得謂之妹也是故夫之兄曰公乃禮經之正名郭注曰今俗呼兄鍾則方俗之殊語釋名釋親屬曰夫之兄曰公公君也君尊稱也此即本爾雅之文而釋其義又曰俗間曰兄章章灼也章灼敬奉之也又曰兄伀言是己所敬忌見之怔忪自肅齊也兄章兄伀之稱以俗間別之明非雅義矣其下文又曰俗或謂舅曰章又曰伀亦如之也然則兄章兄伀之稱蓋起於此因舅亦有此稱故於兄夫之正稱轉如兄字以別於舅也禮記奔喪篇注曰兄公於弟之妻此蓋從漢世俗稱非據爾雅文正義曰釋親婦人謂夫之兄為兄公則唐初已衍兄字矣又引皇氏云婦人稱夫之兄為公者須公平尊稱也此亦可證古本爾雅之無兄字

群經平議卷三十五

爾雅二

東北隅謂之宧 釋宮 樾謹按說文宀部宧養也室之東北隅食所居此蓋從頤字取義其實非也士昏禮媵布席于奧夫入于室卽席是古人飲食亦卽在奧故吝亦知之乃以東北隅為食所居於禮無徵矣今按東北與西南隅相對西南隅謂之奧奧取其隱則宧必取其明曲禮正義引孫炎云宧日側之明日側之義雖從東北附會而其訓宧為明實古義也蓋東北隅與戶相當最為明顯故東北隅謂之宧猶西北隅謂之屋漏詩抑篇正義引孫炎曰屋漏者當室之白日光所漏入然則宧也屋漏也皆以受戶之光而言光自戶入正當東北隅而西北隅亦得受之其西南隅與戶絕遠則為奧矣其東南隅雖與戶近而適為戶扉所掩則為窔矣郭注曰窔亦隱闇是室中四隅之名皆以明闇為義而明而闇意適相當釋詁曰照光也宧之與照蓋聲近而義通矣

樞達北方謂之落時 注曰門持樞者或達北檼以為固也 疏曰其持樞之木或達北檼以為牢固者名落時檼卽棟也 樾謹按樞者門扉開闔之所由也安得復有木以持之且所謂達北方者不知達於何地郭以為北檼則專以室戶言矣且北檼之名亦於古無徵釋名釋宮室曰棟中也居室之中也然則安得有北檼乎今按此當以樞達二字為句北方謂之落時乃釋方俗之殊語與釋歎篇秦人謂之小驢其語一律樞達者受樞之達也門扉所由開闔者謂之樞而其上下設木鑿孔以受樞謂之達達者通也穿也廣雅釋詁達通也高誘注淮南子脩務篇曰達穿也是其義也受樞之達其名曰戹而北方則有落時之名故曰樞達句北方謂之落時落時謂之戹郭失其讀斯失其解矣

垝謂之坫 注曰在堂隅坫端也 樾謹按說文土部垝毀垣也堂隅之坫經傳從無垝名疑坫乃阽之段字說文阜部阽壁危也垣毀壁危義正相近故垝謂之阽矣釋文曰垝本又作庋則因阽字段作坫故改垝為庋以合之非爾雅之舊也其下云牆謂之墉可知此文亦以牆垣言矣

九達謂之逵 注曰四道交出復有旁通 疏曰按左傳隱十一年云及大逵桓十四年焚渠門入及大逵莊二十八年衆車入自純門及逵市宣十二年入自皇門至于逵路杜預皆以為道並九軌按周禮經途九軌不名曰逵杜意蓋以鄭之城內不應有九出之道故以為並九軌於此則不合也 樾謹按爾雅之逵與左傳之逵同字異義爾雅之逵乃九道交出之名自一達至九達義皆一律淮南子說林篇楊子見逵路而哭之為其可以南可以北此爾雅義也左傳之逵則為道路之通稱傳於魯國多言衢於齊國多言莊於鄭國多言逵蓋方俗之殊語左氏就其國史原文而載之非魯之道必四達齊之道必六達鄭之道必九達也各取大名以命之耳執爾雅以說左傳則鄭城不應有九出之道而附會于周禮之經涂九軌於是傳義失而雅訓亦違矣

室有東西廂曰廟 樾謹按古制堂東西牆為序以外為夾室夾室之前為東堂西堂亦曰東廂西廂是廂繫堂不繫室也乃云室有東西廂於義難通疑室乃堂字之誤宣十六年公羊傳疏引李巡曰室有東西廂謂宗廟殿有東西小堂也按說文土部堂殿也是殿者堂之訓經文無是堂字故李巡以殿字釋之若是室字安得以為殿乎下文無室曰榭尚書大誥正義引孫炎曰榭但有堂也禮記月令正義引李巡曰但有大殿無室名曰榭以彼證此可知李巡以殿字解堂字其所據經文必作堂矣文選潘安仁為賈謐作贈陸機詩注引舍人曰殿有東西小堂也與李巡同是古本爾雅皆作堂有東西廂也且合下文讀之曰堂有東西廂曰廟無東西廂有室曰寢無室曰榭是堂之一字冒下三句而言均是堂也其有東西廂者曰廟其無東西廂而有室者曰寢無室者曰榭今堂字誤作室則合下文讀之而不可通矣所宜訂正也

陝而脩曲曰樓 樾謹按郭邢二疏並引說文樓重屋也為證此失其義也古重屋之樓與今所謂樓者相似皆於屋上為屋但古以取明故其下無版今以居人故其下施版此為異耳若陝而脩曲之樓與今所謂樓者絕異蓋承上文四方而高曰臺言之樓與臺同皆是築土而成其四方者曰臺其陝而脩曲者曰樓非重屋也方言曰冢自關而東謂之丘小者謂之塿塿雖非此經樓字之義然同是築土為之較重屋之樓其義猶近矣

嫠婦之笱謂之罶 釋器 注曰毛詩傳曰罶曲梁也謂以簿為魚笱 [illegible]

笱 樾謹按孫謂寡婦之笱以功易釋[illegible]也詩云彼有遺秉

此百不斂檣伊寡婦之利所謂寡婦之笥者疑亦同此蓋[illegible]方排竹水中跡卽相紐謂之魚簿設門焉隨潮為谷間引淮南子兵略[illegible]曰嚣矣

袚謂之裾　注曰衣後裾也懿行謹按此經本皆謂之襟袚謂之裾襟裾[illegible]衣部[illegible]也裾衣袌也袌衣前從也從卽古襟字然則襟裾同物矣戴氏震[illegible]國本裂然竟謂襟裾同物而異名則亦失之蓋自衣領至袪下謂之襟而自袪下直垂至末謂之裾故襟惟前有[illegible]衣袌為衣前襟此指前裾而言也釋名釋衣服曰裾倨也倨倨然直亦言在後常見踞也此指後裾而言也各成一義似[illegible]則可知其與襟異矣襟必針掩至右不得倨倨然直也

甗謂之鬵鬵鉹也懿行謹按古本當作若甗謂之鬵蓋與上連為一條皆釋鼎之異名也說文鬲部鬵大釜也一曰鼎大上小下若甑曰鬵大釜之訓釋鬵字之本義其鼎大上小下之說卽本爾雅文而又詳其形狀也甑甗古字通釋文曰甗本作甑許君所見本蓋正作甑矣其鬵鉹也之文亦以鼎言蓋鼎之若甑者謂之鬵而鬵又謂之鉹也何以明之說文金部鉹曲鉹也一曰鬵鼎曲鉹之訓釋鉹字之本義一曰鬵鼎則亦本爾雅文爾雅止言鬵而許君增其文曰鬵鼎正以此條是說鼎事也然則古本爾雅作若甗謂之鬵固無疑矣

百羽謂之緷懿行謹按緷通作揮故鄭公孫揮字子羽也地官羽人十摶為縳縳卽緷字之誤說詳周禮

旄謂之䍦　注曰旄牛尾也　疏曰舞者所執也懿行謹按集韻䍦班糜切旄廣韻引爾雅曰旄謂之䍦王氏引之從此訂邢疏之誤且引周頌有瞽篇設業設虡崇牙樹羽為證其說是也惟未及䍦字之義䍦者擺之叚字釋名釋喪制曰披擺也各于一旁引擺之備傾倚也據有瞽篇王義謂置之於栒虡之上而則亦有在旁引擺之義故謂之擺矣擺字說文所無然已見釋名則漢世固有擺字玉篇謂擺與捭同當卽捭之或體也說文艸部䍦艸也徐鍇引此文而說之曰若似此艸也則未達叚借之例而臆為之說矣

革中絕謂之辨革中辨謂之韏　注於上句曰中斷皮也下句曰復分半也懿行謹按革中絕謂之辨則革中辨卽是革中絕耳豈得分為二義若如注義當云辨中絕謂之韏於義方明不當仍云革中辨也疑經文下辨字乃辮字之誤說文糸部辮交也中絕中辮而大相對中絕謂之辨辨者判也中辮謂之韏韏者曲也廣雅釋詁曰韏曲也是其義也相交則有曲義故中辮謂之韏矣辮辨形似又涉上句辨字而誤耳說文韏篆說解卽用爾雅文而亦作革中辨蓋後人依誤說之爾雅改之也

大箎謂之沂釋樂懿行謹按沂誤字也釋文引孫炎曰箎聲悲沂悲也太平御覽卷五百八十引舍人曰大箎其聲悲沂鏘然也夫沂與悲義了不相涉若果是沂字則古人必不作是解矣沂當作斯說文言部斯悲聲也舍人注云其聲悲斯孫炎注云斯悲也皆與字義合今作沂者疑別本或叚斯為新其字闕壞遂成沂矣釋名釋樂器曰箎嗁也聲從孔出如嬰兒嗁聲也是箎之名義本取諸嗁故亦謂之斯斯與嗁義相近下文大塤謂之嘂詩何人斯篇正義引孫炎曰音大如叫呼也然則大箎謂之斯大塤謂之嘂皆象其聲而名之釋名曰塤喧也聲濁喧喧然也斯與嗁同嘂與喧同爾雅與釋名其義通矣

大鼗謂之麻　注曰麻者音穊而長也懿行謹按麻與靡古字通呂氏春秋任數篇西服壽靡高注曰靡亦作麻是也大鼗謂之麻者言其聲靡靡然也詩黍離篇毛傳曰靡靡猶遲遲也故郭以為聲穊而長也說文禾部穊稠也釋言篇注曰粥之稠者曰糜然則聲稠謂之麻猶粥稠謂之糜矣

四時和謂之玉燭釋天懿行謹按此及下文四時和為通正時字並氣字之誤說見阮氏校勘記此四氣卽上文春為青陽夏為朱明秋為白藏冬為元英也郭注於青陽四名並以氣言之是其所據本固未誤至下文春為發生夏為長嬴秋為收成冬為安寧則不以氣言而以為四時之別號蓋郭所據本已作四時和為通正矣唐石經於此文作四氣下文作四時卽依郭氏本也今本皆作四時又非郭氏之舊矣惟經文兩言四氣和其義不同此文以光言下文以風言光也風也並由氣而生也故此曰謂之玉燭下曰謂之景風燭猶光也釋文引李巡云君德美如玉而明若燭此說失之蓋玉燭與景風醴泉一律燭也風也泉也皆指其事玉也景也醴也皆為之美名耳古人之詞凡所甚美者則以玉言之尚書之玉食禮記之玉女儀禮之玉錦皆是也玉燭猶言玉光謂光之至美者也邢疏引尸子曰燭於玉燭飲於醴泉暢於永風然則玉燭固不得分而為二矣

十一月為辜十二月為涂懿行謹按辜之言故也涂之言除也一歲至此將除去故舊而更新矣是以十一月謂之故十二月謂之除也辜故涂除並聲近而義通周官硩蔟氏注曰月謂從娵至荼荼亦除之叚字耳詩小明篇日月方除毛傳以為除陳生新當卽此除字之義

故二月初吉至于艽野也鄭箋曰四月為余恐失之矣四月為余乃舒之段字釋文曰孫作舒是也詩正義
引李巡曰四月萬物皆生枝葉故曰余余舒也其說亦與孫炎同初非取除陳生新之義不得混而一之

焚輪謂之穨懿行謹按焚字釋文作芬曰芬本或作焚蓋焚芬古通用文十一年左傳獲僑如之弟焚
如史記魯世家作芬如是也芬輪與紛綸同文選封禪文紛綸威蕤張揖曰紛綸亂貌

暴雨謂之涷懿行謹按說文水部涷水出發鳩山入於河從水東聲是涷為水名其本義也此經以為暴雨之名其別義也廣韻一送涷瀑雨又水名一
本爾雅一本說文至涷為冰涷初無暴雨之說唐石經本作涷張參五經文字涷字於水部云見爾雅知此字自當從水阮氏校勘記
謂說文有涷無涷誤
甚矣故特訂正之

夏獵為苗　注曰為苗稼除害　疏曰周禮大司馬職鄭元解苗田與此小異言擇取不孕任者若治苗去不秀實者孫炎亦然明帝集諸學士作白虎通義其說曰夏謂之苗何擇去其懷任者也秋謂之蒐何蒐索肥者也按苗非懷任之名何云擇去懷任秋獸盡皆不孕何云蒐索取肥雖名通義不通也懿行謹按鄭孫郭三說皆從苗稼生義於義難通當以白虎通義為正邢氏以苗非懷任之名譏之殆未喻其意也彼以擇訓苗非以懷任訓苗
猶以索訓蒐非以肥訓蒐也安得以此為譏乎今按苗讀為芼詩關雎篇左右芼之毛傳曰芼擇也夏田為芼蓋以擇取為義故班固以為擇
去其懷任者乃古義也鄭孫擇取之說猶存古義而以經字作苗遂以治苗附會之則失之遠矣郭知其不可通別為之說而擇取之義遂不復存此
失之愈遠者也苗與芼皆段字其本字當作覒說文見部覒擇也從見毛聲讀若苗凡說文讀若之字每即經典通用之字如匈讀若鳩而經典即通
作鳩萬讀若萬而經典即通作萬今讀若集而經典即通作集蓋讀若頒而經典即
通作頒並其例也覒讀若苗故即以苗為之不明乎此而望文生訓難以論古矣

錯革鳥曰旟　注曰此謂全剝鳥皮毛置之竿頭即禮記云載鴻及鳴鳶懿行謹按如郭義則當云錯鳥革不當云錯革鳥殆非經旨也詩六月篇正義
引孫炎曰錯置也革急也畫急疾之鳥於縿也鄭志荅張逸亦云畫急疾之
鳥隼是孫義本於鄭然急疾之鳥謂之革鳥於古無徵雖本鄭義未為可據說文㫃部曰旟錯革畫鳥其上然則許君讀此經以錯革二字逗之錯革
鳥曰旟謂置皮而畫鳥於皮上是謂旟也文選西京賦薛綜注引爾雅曰熊虎為旗今本無此文蓋古本爾雅作錯革鳥曰旟熊虎曰旗錯革二字總冒
下事蓋置皮而畫鳥為旟畫熊虎為旗也今本蓋有闕文故其義晦矣六月篇毛傳曰鳥章錯
革鳥為章也亦當以錯革連文謂錯革而以鳥為章也郭誤以革鳥連文非雅義亦非傳義

秦有楊陓釋地　注曰今在扶風汧縣西　疏曰周禮冀州云其澤藪曰陽紆鄭注曰所在未聞又雍州云其澤藪曰弦蒲鄭注曰在汧按地理志汧吳山在西古文以為汧山北有蒲谷鄉弦中谷雍州藪今注亦云在汧然則周禮弦蒲即此楊陓也懿行謹按郭以周禮之弦蒲說此經之陽陓殊苦無據
淮南子墜形篇秦之陽紆高誘注曰陽紆蓋在馮翊
池陽一名具圃據下文周有焦護注曰今扶風池陽縣瓠中是也然則高氏之說殆即以焦護當陽紆而又牽合左傳之具圃亦非塙詁至呂氏春秋
有始覽秦之陽華高注曰陽華在鳳翔或曰在華陰西則又與注淮南不同竊嘗合諸說論之當以在華陰為是即經字亦當從呂氏作陽華周禮之
楊紆爾雅之楊陓並陽華之段字釋文曰陓郭烏花反則陓與華音固相近矣陽華與華陰其實一地皆從華山得名主乎山而言之則為華山之陰
故縣名華陰主乎地而言之則華山當其陽故藪名陽華漢書地理志大原郡陽曲應劭曰河千里一曲當其陽故曰陽曲也陽華之名正與陽曲一
律矣是故陽華在華陰焦護在池陽弦蒲在汧三者異地異名至職方氏稱楊紆為冀州藪恐是誤文亦猶以顯湛
為荊州浸波溠為豫州浸同屬傳寫之誤學者當據爾雅以正周禮未可執周禮以疑爾雅以致重惟而貤繆也

如乘者乘邱釋邱　注曰形似車乘也或云乘者謂稻田塍埒懿行謹按此當以或說為長玉篇土部塍[illegible]功覆[illegible]埒也又曰埒水埒亦同上然則
乘即之乘即塍字之省耳[illegible]陼者陼即注曰水中小洲為陼是則
如乘如堵皆取象於地猶下文如畝畝邱如陵陵邱亦皆取象於地
也若云形似車乘則當與下文如覆敦者敦邱相次不得次於此矣

方邱胡邱　注曰形四方懿行謹按邢氏正義說以淮南墬形篇之[illegible]
之為尤塙也文九年左傳楚侵陳克[illegible]
[illegible]氏引之以壺邱說
[illegible]四曰壺反之曰方

壺見壺之制圓有方者故方邱謂之壺邱矣列子湯問篇有圓[illegible]邱之為壺邱取義歟經作胡邱者胡壺聲同呂氏春秋有壺邱子林[illegible]

畢堂牆 注曰今終南山道名畢其邊若堂室之牆 樾謹按如注義則堂[illegible]道名詩終南篇有紀有[illegible]而名之曰堂亦猶如畝畝邱如陵陵邱之側山海經大荒東經有大人之堂注曰大人之堂亦山名形狀如堂室耳是山固[illegible]記檀弓篇注堂形四方而高然則所謂如堂者以其四方而高非堂室之謂也凡山形四方而高者曰堂堂之兩邊復有崖岸曰牆亦謂之畢故曰畢[illegible]堂牆也爾雅與毛傳義可互明主乎畢而言之則為堂之牆主乎堂而言之則為畢之道矣鄭箋申之曰畢也堂也亦高大之山所宜有也畢終南山之道名邊如堂之牆然此義為郭所本而竟有誤堂是道名畢是道旁崖岸之名非道名也若云堂終南山之道名畢其邊牆則簡而明矣[illegible]但云畢堂牆也堂者山中

小山岌大山峘 釋山 樾謹按說文馬部驟馬行相及也讀若爾雅小山驟大山峘然則古本爾雅作驟不作岌也說文讀若之字亦有即舉本字者如走部趮讀若春秋傳輔趮之類陳氏壽祺左海經辨所舉凡十五事驟讀若驟即其一也小山驟大山峘與下文大山宮小山霍小山別大山鮮句法一律郭解大山宮小山曰宮謂圍繞之禮記曰君為廬宮之是也然則小山驟大山取馬行相及之義亦猶大山宮小山取為廬宮之之義謂山之相及猶馬之相及山之相圍繞猶宮之相圍繞也若如今本作岌於大為不辭矣玉篇山部峘大山也蓋由誤讀爾雅分小山驟大山峘為二句與酈道元水經注於廬江水下引爾雅大山曰宮其誤正同然岌下但曰山高貌而不曰小山也是其所見爾雅猶作驟也不然以峘為大山必以岌為小山矣是可知變驟為岌乃唐以後傳寫之誤當據說文訂正

多草木岵無草木峐 疏曰毛傳云山無草木曰岵有草木曰屺與此不同者當是傳寫誤也 樾謹按毛傳與爾雅異而說文曰岵山有草木也屺山無草木也釋名曰山有草木曰岵無草木曰屺則皆與爾雅同其孰是孰非固未易論然即多草木與有草木論之則爾雅之義精矣蓋天下之山大抵皆有草木者也其無草木者謂之峐其多草木者謂之岵皆因其有異於常故特異其名若如諸書以有無對舉則天下之山非岵即峐矣豈古人命名之意乎然則即此一字而雅訓之精具見恐未可以毛傳疑爾雅也

山上有水埒 注曰有停泉 樾謹按王氏引之經義述聞據列子湯問篇注山上水流曰埒謂郭注未允其說是也山上有水即所謂瀑布文選天台山賦瀑布飛流以界道李注曰界道謂為道疆界也是即名埒之義矣

潬沙出 釋水 注曰今河中呼水中沙堆為潬 樾謹按說文無潬字疑即灘字也據說文灘為𤅊重文其說解曰水濡而乾也並無水中沙堆之說蓋是別義許所不收耳玉篇水部灘水灘也灘同上此即爾雅潬沙出之潬釋天篇在申曰涒灘李巡注曰灘單盡也是灘單聲近故灘或為潬矣釋名釋言語曰難憚也灘之與潬猶難之與憚也今人習用沙灘字不知其本於爾雅矣

瀵大出尾下 注曰尾猶底也 疏曰言其源深出底下者名瀵 樾謹按凡泉莫不有底何獨於瀵言之且泉之有底乃其源也非尾也郭注義不可通尾者水之下流也水經㶟水篇注引諺曰高梁無上源清泉無下尾是尾對源而言瀵大出尾下言其出甚大而其尾則歸於下也列子湯問篇壺領之山有水湧出名曰神瀵張湛注曰山頂之泉曰瀵泉在山頂則其下注可知爾雅蓋以尾之在下見源之在上也是故壺領之神瀵正爾雅大出尾下之瀵若水經注所稱瀵水出汾陰縣南四十里平地閒源濆泉上湧則是平地之水但可謂之大出而不可謂之尾下雖沿瀵名實與雅義微別相習既久但以濆湧者謂之瀵水而不知其為山頂之泉則尾下之義不可解矣

濟有深涉深則厲淺則揭揭者揭衣也以衣涉水為厲繇膝以下為揭繇膝以上為涉繇帶以上為厲 樾謹按涉者厲揭之總名詩云濟有深涉涉字之中即包深厲淺揭二義爾雅引詩而釋之曰揭者揭衣也以衣涉水為厲則已分釋厲揭二字其下三句則又明涉義之兼乎揭厲所謂深則厲淺則揭也均是揭也繇膝以下謂之揭繇膝以上謂之涉是揭淺於涉也以此推之均是厲也繇帶以上謂之厲繇帶以下謂之涉矣是厲深於涉也詩人所謂深則厲淺則揭者正義如此爾雅不言繇帶以下為涉者帶以下即膝以上繇膝以上為此一句固兼揭厲言之矣毛傳曰由膝以上為涉以衣涉水為厲謂由帶以上也揭褰衣也不引由膝以下之文則於深則厲淺則揭之旨不明毛公之說詩固不逮爾雅矣說文引詩作深則砅其解云履石渡水也此是許君聊廣異聞既違雅訓且乖詩義戴氏震作毛鄭詩考正從之謬矣王氏引之經義述聞謂繇膝以下為揭六字唐以前學者所增抑何言之甬恭歟

瘣懷羊草釋　注曰未詳懋謹按萬希槐困學紀聞集證引大戴記勸學篇蘭氏之根懷氏之包謂懷氏卽懷羊也此恐不然荀子勸學篇作蘭槐之根是懷者槐也釋木篇曰櫰槐大葉而黑懷卽櫰之叚字非此所謂懷羊也今按廣雅釋草裹續斷也名醫別錄云續斷一名槐槐與瘣通裹與懷通然則爾雅之瘣治卽廣雅之裹羊續斷有草木二種此入釋草當謂草續斷矣

熒委萎懋謹按釋文委作萎阮氏校勘記謂委萎一字唐石經今本作委非當從陸本作萎其說是也惟萎萎二字似乎倒置經文當本作熒萎委卽萎甤也玉篇草部萎萎甤也卽本爾雅文萎與熒同甤與萎同明堂位篇夏后氏之綏鄭注曰綏讀如冠甤之甤然則萎之通作甤猶綏之通作甤矣

其葉蕸懋謹按釋文蕸字又作葭眾家竝無此句惟郭有然芙渠惟葉為最大古人命名雖蓮中之的中之薏猶一一為之名何獨於葉而遺之乎是無此句者非也惟蕸字說文所無葭則華之未秀者非芙渠葉也疑上句其莖茄或作其莖葭葢以葭為茄乃同音叚借亦猶中庸引詩假樂作嘉樂也此句古本當作其葉荷說文曰荷芙渠葉卽本爾雅文可證也荷者芙渠葉之定名種芙渠者其始彌望止見有葉而已因以葉之名名之故荷卽為大名上文曰荷芙渠此文曰其葉荷不嫌同名也學者疑荷是大名不應常專其名或徑刪此句或移上句茄字異文作葭者以當之或又變其字作蕸以別於蒹葭字實失之矣

莙牛藻　注曰似藻葉大江東呼為馬藻懋謹按說文艸部藻水艸也或作藻莙牛藻也是莙者藻之別種齊民要術引詩義疏曰藻水草也生水底有二種其一種葉如雞蘇莖大如箸可長四五尺一種莖大如釵股葉如蓬謂之聚藻郝氏義疏云陸說二藻之狀其言葉如雞蘇卽今之大葉藻所謂馬藻也言葉如蓬所謂牛藻也此注以牛藻為馬藻葢誤今按郝說非也牛藻者馬藻之異名凡草之以馬名者皆以大而名之上文莽馬帚郝云馬之言大也然牛馬同類之物義得通稱上文茭牛蘄注云今馬蘄然則牛藻之卽馬藻猶牛蘄之卽馬蘄矣又釋木篇終牛棘注云卽馬棘也亦與此同必分牛藻馬藻而二之以郭注為誤殆不然矣

蘜治蘠　注曰今之秋華菊懋謹按說文繫傳草部蘜日精也以秋華臣鍇按本草蘜卽九月黃華者也又曰蘜治蘠也臣鍇按本草菊有十名不言治蘠小徐之意葢以郭注為誤郝氏義疏從之然所據者小徐本也大徐本則云蘜日精也似秋華夫曰似秋華則非真秋華矣玉篇草部蘜居六切說文云日精也似秋華蘜居六切治蘠也爾雅注云今之秋華菊疑郭璞顏野王所見說文皆與大徐本同故竝以治蘠之蘜為秋華蘜此二字音同形似殆難辨別然秋華蘜見於月令載於本草爾雅何容不列其名若以治蘠為非則蘜之名竟不登於爾雅而所謂治蘠者又不能塙指為何物邢疏引本草陶注云菊有兩種一種莖紫氣香而味甘葉可作羹而食者為真一種莖青而作蒿艾氣味苦不堪食者名苦薏非真也郝氏遂疑爾雅治蘠卽指此種而言然則爾雅何以舍其真者錄其非真者乎且以字論之日精之蘜據玉篇作蘜是今本說文作蘜者誤非許氏原文也至治蘠之蘜則從艸從蘜而今俗書秋華菊皆借用大菊蘧麥之菊以蘜從蘜聲蘜從匊聲兩聲本同故也然則小徐本未必是大徐本未必非菊篆下以秋華當從玉篇作似秋華者菊之異名疑漢晉人有此稱故郭注亦云秋華菊矣似秋華卽似菊陶注所謂一種非真者當卽謂此說文乃字書故蘜菊竝列爾雅釋草則錄其真者而其似者從略故有菊無蘜也夏小正九月榮鞠禮記月令鞠有黃華竝鞠字之省而非菊字之省益可知郭注之不誤矣

中馗菌小者菌　注於上句曰地蕈也似蓋今江東名為土菌亦曰馗廚可啖之又注下句曰大小異名懋謹按中馗謂之菌小者又謂之菌則何以大小之異名乎以釋蟲篇蚍蜉大螘小者螘例之則當云中馗大菌小者菌以釋魚篇蠃小者蜬蜃小者珧例之則當云中馗小者菌不當云中馗菌小者菌也據說文草部菌地蕈也疑古本爾雅作中馗地蕈小者菌故說文卽以地蕈釋菌葢對文則地草與菌大小異名散文則亦可通也今注中地蕈字葢本在正文傳寫誤入注文而又增也字以足句學者據遂注中土菌之文臆增菌字而大小異名者衍若大小同名義不可通矣

薇垂水　注曰生於水邊懋謹按上句云蘪從水生此云薇垂水葢別蘪[illegible]之異[illegible]或曰本草云薇生水旁葉似萍此可證薇是水邊之草毛詩草蟲篇正義引陸璣疏[illegible]登彼西山兮采其薇矣故以薇為山菜而寔非此經所謂垂水之薇也釋文引顧云水濱生故曰垂水水為薇之名豈從水生為蘪之名乎郝氏義疏引或說曰薇名垂

拔龍葛　注曰似葛蔓生有節江東呼為龍尾亦謂之虎葛 樾[illegible]有虎葛之名龍 葛虎[illegible]屬莬葵莬瓜莬葵諸莬字古止作兔說文黃兔瓜也菟兔葵也卽用爾雅文可證其不從草[illegible]據詩隰有游龍傳曰龍紅草也則其字亦止作龍惟龍天籥之龍與說文[illegible]

蘦大苦　注曰今甘草也蔓延生葉似荷青黃莖赤有節節有枝相當或云蘦似地黃 樾謹[illegible]與貢非莫此為甚義殊可疑其引或說謂似地黃據蘇頌圖經地黃葉似車前葉上有皺文而不光花似油麻花而紅紫色與郭所說甘草形狀全不相似然則所引或說是別一義不知所謂似地黃者究何物也沈括筆談云郭注乃黃藥也其味極苦故謂之大苦非甘草也此不知其何以知之疑其所見郭注與今本異而王氏念孫廣雅疏證非之且謂苦與苄通大苦卽大苄乃苄字之段借非以其味之苦也此恐不然經典固有段字而說文一書解說字義必當各從本字其曰甘甘草也苄地黃也蘦大苦也苦大苦苓也然則大苦與苄明分為二豈得卽以地黃當之沈括之說或未可非乎

櫠落柚條 釋木　注於上句曰可以為栝器素於下句曰似橙實酢生江南 樾謹按櫠落柚條竝疊韻字詩大東篇無浸穫薪傳曰櫠艾也箋云櫠落木名也釋文曰櫠郭木名字則宜從木是毛鄭不但義異字亦不同毛公蓋以爾雅所云櫠落者櫠卽穫也落有二義草木之落就其自落者言也落莫取財之落以人落之而言也爾雅落毛傳訓艾其義通矣櫠落柚條兩文一律竝非木名柚者𢎘之段借字說文马部𢎘木生條也引商書顛木之有𢎘枿古文言由枿柚之訓條卽木生條之本義矣禹貢厥草惟繇厥木惟條繇亦𢎘之段借草木得通稱也𢎘古文作由故通作柚又通作繇中山經曰荊山有橘櫾是橘柚之柚字古亦作櫾然則禹貢繇條此經作柚條亦猶木橘柚之為橘櫾矣木之落者謂之櫠木之生條者謂之柚故曰櫠落柚條學者見前後文皆釋木名亦以木名說之不知上文既栖在柏栩椴柂二者之間陳氏奐詩疏以說文柷椆說之則亦非木名也是卽其例矣說文柚條也似橙而酢又曰條小枝也夫條為小枝何以為似橙而酢之木果然則柚篆說解義不可通或條也二字後人據爾雅增入非許書之舊乎

楔荊桃　注曰今櫻桃 樾謹按楔荊桃旄冬桃榹桃山桃竝別桃之異種猶下文休無實李三句別李之異種棗壺棗十一句別棗之異種也櫻桃雖有桃名實非桃類何得以冠桃類之首且徧考經傳無稱櫻桃為荊桃者竊疑桃有荊桃猶果有齊棗乃桃之別種非櫻桃也文選南都賦檉松楔㮨李善注引爾雅楔荊桃郭璞曰櫻桃也而蜀都賦棂桲楔㮨劉逵注曰楔似松有刺也則不謂櫻桃矣或爾雅舊注固不盡如郭義乎玉篇木部櫻於耕切含桃上林賦云櫻桃也楔胡諧切今謂之櫻桃也亦作含楔草鎋切荊桃也初無今謂櫻桃之說然則郭璞之說頗野王所不用也

大而散楸小而散榎　注曰老乃皮麤散者為楸小而皮麤散者為榎 樾謹按注以大為老則以小為少矣疏引樊光說同釋文引孫炎亦云老乃皮麤散為楸是固爾雅家相傳之舊說然上文曰楸小葉曰榎以葉之大小別楸榎也此云大而散楸小而散榎以枝榦之大小別楸榎也兩小字不當異義釋鳥篇少美長醜為鶹鷅彼言少長不言大小知大小非少長矣楚辭哀郢篇望長楸而太息兮王逸注曰長楸大梓是可證楸為大樹也

唐棣栘常棣棣 樾謹按詩何彼襛矣篇傳唐棣栘也采薇篇傳常棣棣也均與爾雅合晨風篇傳棣唐棣也則與爾雅異矣此必有一誤而萬明書引孔子論語解曰唐棣棣也亦與晨風傳同藝文類聚八十九引三家詩曰夫栘之華萼不煒是毛詩作常棣三家詩作夫栘然則常棣是栘明矣常棣篇傳常棣棣也釋文曰本或作棠棣栘非竊疑作栘者毛傳之原文作棣者後人據爾雅改之何彼襛矣篇采薇篇竝可類推陸德明以爾雅訂毛傳故以不非者為非其實爾雅之文本作唐棣棣常棣栘今本傳寫互易非其舊也說文木部栘棠棣也文選謝宣遠於安城答靈運詩注引毛詩曰棠棣之華萼不韡韡是棠棣卽常棣也甘泉賦注引爾雅正作棠棣栘也可證今本唐棣栘之誤玉篇木部棠徒郎切棣也棠卽唐棣之唐又曰栘余支成兮二切棠棣也可證梁時爾雅猶作唐棣棣棠棣栘與許君所見同乃又曰棣徒計切詩曰唐棣之華唐棣栘也則與栘棠棣也之說自相違錯此必後人所改非顧氏之原文矣

蠸輿父守瓜 釋蟲　注曰今瓜中黃甲小蟲喜食瓜葉故曰守瓜　疏曰蠸輿父一名守瓜 樾謹按錢氏昕潛研堂集據莊子至樂篇瞀芮生乎腐蠸謂此蟲名蠸又名輿父其說非也依郭注自以蠸輿父連文蠸輿猶權輿也釋詁曰權輿始也故凡物之初生者為權輿釋草篇其萌蘿蕍是也物之小者亦為權輿此篇蠸輿父是也莊子止謂之蠸者省文耳鹽鐵論散不足篇諸生獨不見季夏之蝝乎鄭氏義疏引以說此篇之蝝蝝是亦從省者止稱一字也說文虫部蠸蟲也玉篇蠸食瓜蟲相沿既久而蠸與

父之名止見於爾雅矣然司馬彪注言一名守瓜兹無一名與父之說亦可證郭注邢疏之不誤也

蒺蔾蝍蛆 注曰似蝗而大腹長角能食蛇腦 疏曰廣雅云蝍蛆蜈蚣也郭云似蝗而大腹長角能食蛇腦則非蜈蚣也 樾謹按如郭氏之注誠非蜈蚣矣然所謂蝍蛆者究莫能塙指為何物竊疑此與下文蛝馬䗃寔一物也廣雅釋蟲曰蛆蟝馬蠸馬蚿也又曰馬蚿蠽蛆也馬蚿即馬蠸之異名蠽蛆與蛆蟝乃一聲之轉此云蝍蛆即蠽蛆也蠽從𢧜聲蝍從即聲兩聲相近司隸校尉楊孟文頌未秋截霜言未秋即霜也是其例矣御覽引吳普本草云馬蚿一名馬軸又謂之馬陸本草云馬陸一名百足今南方人稱蜈蚣為百足然則古人混蝍蛆蜈蚣而為一正以此二蟲竝多足耳陶注本草馬陸云此蟲足甚多寸寸斷便寸行又引李當之云蟲形長五六寸狀如大蛩蛩即蟋蟀下文云蟋蟀蛬蛬與蛩通然則高誘注淮南子說林篇以蝍蛆為蟋蟀亦以二蟲相似故耳爾雅既云蒺蔾蝍蛆又云蛝馬䗃一物異名而前後兩見亦猶螜天螻與蛈蝪不過蟷蠰與莫貈蟷蜋雖異名而實同物也廣雅一書踵爾雅而作而馬蚿與蠽蛆分為兩條疑即本乎此矣

翥醜鏬 注曰剖母背而生 疏曰翥飛也醜類也蟲類能飛翥者謂蠁屬皆剖坼母背以為孔鏬而生 樾謹按下文螽醜奮強醜捋蠭醜螸蠅醜扇上一字皆蟲名下一字皆蟲之形狀也獨此文翥訓飛則非蟲名鏬訓剖母背而生則非蟲之形狀與下文不類矣且螽醜蜂醜孰是不能飛者何獨於此別之為翥醜乎注疏舊說疑不可從廣韻九御引爾雅翥作蠹云蟲名其說是也蠹醜鏬者謂凡蠹之類皆居鏬隙中也蠹疑即螙之異文螙之為蠹猶甘蔗之蔗或作蟅也周官赤犮氏凡隙屋除其貍蟲鄭注曰貍蟲䗪肌求之屬是即可為蠹醜鏬之證

鮂黑鰦釋魚 注曰即白鯈魚江東呼為鮂 樾謹按白鯈即白鰷羅願爾雅翼云其形纖細而白故曰白鰷夫以纖細而白者謂之黑鰦名與實乖矣疑鮂魚非白鰷也玉篇魚部鮂似由切魚也或作䱔䱔五畱市由二切魚名鰦子夷切黑鰦也竝無即白鰷之說其鯈字注云徒兗切白鯈魚也似雞赤尾六足四目又直流切按白鯈之魚人所習見安得有六足四目之怪狀其文必傳寫有誤又直流切四字當在似雞赤尾之上蓋鯈徒兗切白鯈魚也乃其本義徒兗切即讀如鰷矣又直流切似雞赤尾六足四目則正爾雅所謂鮂黑鰦者直流切即讀如鮂與鮂或作䱔音直畱切正同一音也此乃魚之異者初非白鯈爾雅本作鮂不作鯈而說爾雅者誤以鯈當鮂故玉篇即於鯈字下載之然別之為直流切則固未嘗混而一之也山海經北山篇彭水鯈魚其狀如雞而赤毛三尾六足四首其音如鵲與玉篇所說略同而字亦作鯈蓋鮂鯈二字古音本同無嫌通用但據其異之名必非白鯈之屬白鯈謂之鯈而鮂亦謂之鯈鳥獸蟲魚固多異物而同名者鯢謂之䱱鯢大者亦謂之鰕似鮎之魚謂之鯢鯨亦謂之鯢鰕謂之鰝鰝魚亦謂之鰝皆其例矣顧野王斤斤於徒兗直流之異音此未免為後世之見然即其音之異以知其義之殊有功於雅訓不淺也

蜪蚅 注曰未詳 樾謹按此即釋蟲篇之蝝蝮蜪也郭彼注曰蝗子未有翅者蝗是蟲類故入釋蟲而蝗本魚子所化故又入釋魚也凡魚生子多在岸旁淺水處或水涸其子即變為蝗爾雅蜪蚅即謂此矣蝝蝮蜪見于釋蟲而蜪蚅又見于釋魚亦猶蛭蟣見于釋魚而蛭蝚互又見于釋蟲也郭於釋蟲不解蛭蝚至掌於釋魚不解蜪蚅未知其為同物耳

鵅鵋鶀釋鳥 注曰未詳 樾謹按下文狂茅鴟注曰今鵂鶹也鵋鶀疑即鵂鶹矣是故茅鴟與怪鴟相次怪鴟即鴟鵂也此文鵋鶀與鴟鴞鵂相次鴟亦即鵂鶹也比類而觀鵋鶀之即鵂鶹信矣下文又曰萑老鵄也蓋鵋鶀之老者謂之萑故曰萑老鵄也說文萑部萑鴟屬有毛角所鳴其民有旤然則鵂鶹名鶹者鶹猶留也留音如咎禍之咎因以為名歟

鷚天鸙 樾謹按釋文曰鸙說文作鶾今說文鳥部鷚天鸙也蓋後人據爾雅改之非其舊矣惟鸙乃草名釋草所謂龍天蘥也凡草木鳥獸之同名者多以聲當鸙字若釋草有莪蘿釋蟲有蛾羅釋草有蚍衃釋蟲有蚍衃皆是也至天[illegible]鸙何取與龍草同名不得援莪蘿蚍衃之例矣疑說文本作天龥天龥者龥天也書召誥以哀龥天即其義也[illegible]直上鳴聲相屬有如告訴今人謂之告天鳥告天之名與天龥同但語有[illegible]

鵖鴔老扈鴳 疏曰舍人李巡孫炎郭氏皆斷老上屬扈下屬鴳[illegible]注云春秋云九扈

為九農正九扈者春扈夏扈秋扈冬扈棘扈行扈宵扈桑扈[illegible]文扈字上舊有[illegible]閒則以老字下屬為是今按說文鳥部鴳雇也鴳欺老也然則許叔重讀爾雅正以老[illegible]然欺老二字合為鳥名止一欺字非鳥名也欠部欺詐欺也今云鴳欺也不幾以詐欺說鴳字乎可知郭[illegible]閒者以左傳九扈有老扈耳夫左傳既出之書又經漢儒附益不可為典要所說五鳩五雉九扈皆因爾雅之[illegible]故往其夫不不稱祝鳩而爽鳩又為來鳩且不與鶻鳩鳲鳩鵃相次則非說左傳之五鳩也此云扈為鴳是鴳為扈之總名繼之以[illegible]而止說桑扈一種其下春扈頒鶞夏扈竊元秋扈竊藍冬扈竊黃棘扈竊丹行扈唶唶宵扈嘖嘖不與桑扈之文相次則非說左傳之九扈也王雉之名尤多賈逵注左傳強以南方東方北方西方四雉益以伊洛而南之翬為五雉此說之不可通者爾雅云伊洛而南素質五采皆備成章曰翬江淮而南青質五采皆備成章曰鷂此兩文正相對說五雉者何以數翬不數鷂乎以是言之爾雅之文本與左傳不合說文於雇篆下列九雇之名即用賈逵義左傳家說也於鴳篆下止曰雇也不言老雇此爾雅古義也樊光乃據左傳以說爾雅而爾雅之古義亡矣蓋由為左氏學者求九扈之名於爾雅而止得其八不得已斷老字下屬強立老扈之名逆爾雅舊讀不可從也

鷹鶆鳩　注曰鶆當為鷞字之誤耳左傳作鷞鳩是也㮣謹按鶆釋文作來云郭讀作爽眾家竝依字林作鶆字音來是來為正字鶆為或體眾家悉無異說昭十七年左傳正義引樊光曰來鳩爽鳩也雖依左傳為說未敢質言字誤也郭據左傳以改爾雅竊所未安玉篇鳥部鷞所良切鷞鳩鶆力才切鶆鳩也不從郭讀其見卓矣

貈子貆釋獸　㮣謹按周官草人職鹹潟用貆鄭注曰貆貒也賈疏曰按爾雅云貈子貒或曰貆故以貆貒為一也是今本爾雅蓋有闕文或疑貆通作貛下文貒子貗郭注一名貛是貒貛同物故鄭以貒釋貛耳若然鄭當云貆讀為貛矣今無改讀之文此說非也

麝父麕足　㮣謹按麝父之名古書未見釋文引李巡本作澤父云澤父獸名疑古本爾雅作麝黑麐澤父麕足麝黑麐與上文貙白狐以類相從澤父麕足與下文豺狗足以類相從釋獸一篇文多相儷也傳寫奪黑麐澤三字遂合為一條矣太平御覽引說文曰麝黑色麐蓋即本爾雅今爾雅無黑麐之文傳說文者亦刪去黑色麐三字然陶注本草云麝形似麐則麝固麐類今世俗猶有香麐之名是亦古義之未泯者也

狻麑如虦貓食虎豹　注曰即師子也㮣謹按後世俱謂狻麑即師子說文犬部狻麑獸也如虦貓食虎豹者虎部虦一曰師子是師子乃虦也非狻麑也後漢書順帝紀陽嘉二年疏勒國獻師子封牛注曰師子似虎正黃有𩑺耏尾端茸毛大如斗是師子非淺毛之獸而經云如虦貓則狻麑殆非師子矣

豹文鼮鼠　注曰鼠文彩如豹者漢武帝時得此鼠孝廉郎終軍知之賜絹百匹　疏曰說文云鼮豹文鼠也今郭氏以豹文下屬未知孰是㮣謹按說文是也釋獸一篇皆先舉其名而後詳其形狀豹文二字自當上屬作鼮鼠豹文不當下屬作豹文鼮鼠也玉篇鼠部鼮之弓切豹文鼠與說文合又曰鼮徒飛切鼠名漢武帝時有此鼠大如豹終軍識之賜絹百匹此蓋後人據郭注增益之玉篇原文止言鼠名無終軍事也終軍之事不見于漢書藝文類聚引竇氏家傳以為是光武時孝廉郎竇攸事疑世俗相傳本無實事郭據以說經遂致失其句讀唐時盧若虛據說文訂正見唐書本傳近人說爾雅者皆知之乃猶依違郭義兩存其說何也

騉蹄趼善陞甗釋畜　注曰騉蹄蹄如趼而健上山秦時有騉蹄苑㮣謹按疏引舍人云騉蹄者涸蹄也趼平也謂蹄平正是以騉蹄連讀為句又引李云騉者其蹄正堅而平似趼也是讀騉字為句二讀不同郭從舍人是也此云騉蹄趼善陞甗下云枝蹄趼善陞甗兩文相對莊子駢拇篇釋文引崔注曰枝指謂指有歧也馬之枝蹄猶人之枝指矣然則何謂騉蹄曰騉者同也說文日部昆同也手部掍同也周語若能類善物以混厚民人者韋昭注曰混同也竝字異而義通老子故混而為一河上公注曰混合也合亦同也馬蹄之枝分者謂之枝蹄馬蹄之混合者謂之騉蹄其趼雖同而騉蹄與枝蹄不同故以騉蹄趼枝蹄趼別而言之也乃枝蹄趼上有騉駼二字而騉蹄趼上更無他文者古人於騉蹄之馬不別為之名但以騉蹄名之若依下文之例而曰騉蹄騉蹄趼則於詞贅矣故無文也舍人以涸蹄解騉蹄涸猶混也郭雖從其讀未能得其義矣然則騉駼之名何以輯施於枝蹄之馬曰釋文引舍人云騉駼外國之名此說是也蓋其國出枝蹄馬因即以國名之猶騊駼亦外國名楊雄傳前番禺後陶塗師古曰國名出騊駼是騊駼亦以國得名者也騉駼之名與騉蹄之義初不相涉學者可無疑矣

青驪驎驒　注曰色有深淺斑駁隱粼今之連錢驄機謹按郭意蓋謂驎為鄰不知驎卽連也驎與連一聲之轉釋名釋[illegible]曰鄰連也相接連也是驄其例矣均是青驪二色之馬其不相雜廁者謂之驪其青中有驎駁者有青相接連者謂之驒故

曰青驪駽青驪驎驒也後世以驒為連錢驄卽驎字之轉音矣釋文作鄰蓋本郭義又引孫云以魚鱗也若然當云如魚鱗不得止言鱗也說文云青驪白鱗文如鼉魚白字經文所無且魚可言鱗馬不可言鱗於義更未安矣

陰白雜毛駰　注曰陰淺黑今之泥驄機謹按詩正義引孫炎說亦以陰為淺黑然陰非黑色之名或謂從陰幽取義鑿矣陰當讀為黫說文黑部黫黃黑也玉篇曰記林切黃色如金也廣韻曰居吟切淺黃色也以是言之黫為黃黑色其色非黃非黑可謂之淺黑亦可謂之淺黃此承上文黃白雜毛之下則當以淺黃之義為長蓋猶是黃白雜毛者其黃色深則為黃白雜毛之駓其黃色淺則為陰白雜毛之駰陰乃黫之段字陰黫並從今得聲古音相同故得通借也

犬生三猣二師一玂　注曰此與豬生子義同名亦相出入機謹按釋獸篇豕生三豵二師一特豵猣音同惟玂與特異故郭謂與豬生子同義錢氏大昕因說文無猣字據玉篇猥犬生三子也謂猣是猥字之誤此不然也玉篇犬部猣子公切犬生三子也玂巨衣切犬生一子正與爾雅合又曰猣猣二同子宋切犬生一子一子蓋三子之誤是其所見爾雅有作猣者犬謂之猣豬謂之豵足知其同義矣又曰猥於塊切犬聲又犬生三子也又曰猣音卽犬生三子此是別義非此雅訓或猣誤作猣又誤作猥未可知也顧野王兼存其義以廣異聞豈可據以改經乎

未成豪狗　注曰狗子未生乾毛者機謹按上文未成羊羜下文未成雞健此文亦當一律不當言未生乾毛也且如注義則經文何不言未生毛而言未成豪子狗犬通稱至今猶然若以狗為未生乾毛者則下文云尨狗也豈亦未生乾毛之謂乎尨字從犬從彡說文謂是犬之多毛者其不得以為未生乾毛明矣爾雅以狗釋尨狗犬一也若如此注則犬之與狗若羊之與羜雞之與健匪以別矣爾雅何不以犬釋尨而以狗釋尨乎下文又曰狗四尺為獒夫未生乾毛至四尺以上相去懸絕何不曰犬四尺為獒而曰狗四尺為獒乎然則郭注非也毫卽獒也此云未成毫狗下云狗四尺為獒兩文正可互明蓋狗自四尺以上始得獒稱四尺以下通謂之狗羊有未成羊之名雞有未成雞之名狗則無之稚至四尺以上者異其名曰獒故曰未成獒狗也獒與毫古字通尚書旅獒馬鄭均作豪是也豪毫古今字疑古本爾雅幷下文四尺為獒之獒亦止作豪故說文獒篆下但曰知人心可使者引春秋傳公嗾夫獒為證而不用爾雅四尺為獒之說是許君所見爾雅不作獒也後人改四尺之豪為獒而此文未成豪之豪則以不得其解而轉仍其舊但傳寫者從俗作毫耳釋文曰毫本作豪此古本也今定其字作豪其義為四尺以上之稱則得之矣

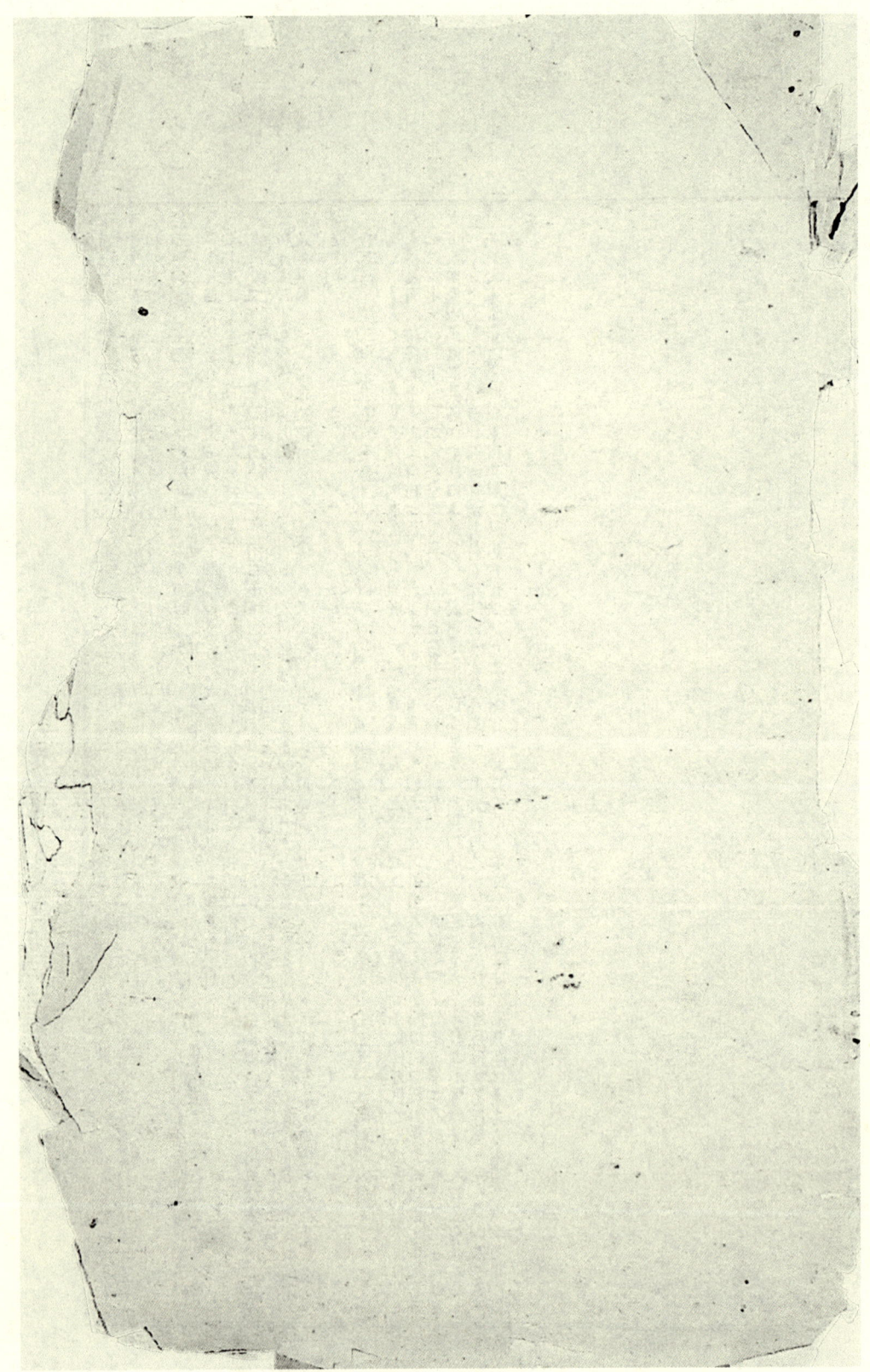

吴秋輝遺著（殘稿）之一

吴秋輝　撰

吳秋輝先生遺著之一

爾之師挾天子令諸侯於是江漢之法一掃定矣

之湘陰劉公纓而結此心賭人也乃不聽周法公

部下將自此往矣江淮英雄豈肯以此乃自相

吞併為快人當其公今戰敗亡弟臨死時之謀不

臧又何照焉公之土地豈已得之淮為殘吾東所城

下不可再得也設使公徼倖遁逃亦宜修德而作欺

人之客卻帝號而不真主此自全其策也不能盡袁客

械雄弱了旋踵嗟驕奢及至是悔之晚矣何益哉

漢貫迷擇來者不一一具蓋於太祖與陳氏戰於鄱

陽湖時作也

學

前清庚子間拳匪亂，八國聯軍壓至，南北
隔絕，兩國不相統一。時李合肥自粵之滬，竊謀粵
商劉學詢之滬洲與野革命黨將在沿江起事，
因宋某某三人往見合肥，意將推為首領。合肥似
早知某某來意，去請入室，既見之，方通姓名，合肥
遽曰：你們要造反，恨我年老不能幫助，恨你們
遲生五十年，不能助我，只云以處師缺，直使人不
能有進之語。某乃詢合肥吾等利鈍，合肥曰：中國用
吾輩無異物，只是一商而已。言時隨手取與勢
後讀之曰：商得了，言即轉之，即國事去此作屋

大笑拄杖起立復以杖畫地曰者廝〻在岱宗仰

們動不納他氣濤玉生萬餘不注武漢安樂之如

下手良心不疚今日形勢首在山東江北浙江是山東

豫帶此究定此兩處乃可做大事不能無之敗今既云云

批卻導窾數十年從成此眼瞭如指掌無扎帶人

如

道光中翁祖庚為某省學使人以其名對公孫丑前

巡警道丁汝霖人以其名對申公豹無天然對偶也

（一四）梁劉三綽於光宅寺見北年頭陀有感詩去廊

此句可道人
篆記此識
放目送廣殿悅逢遵迎何當曲〻房〻裏幽隱無人聲

8

玉臺新詠
前四句隱
題曰竟宛
寺藥無以下
云從四句到
爲一首題爲
摘阮心施子賦
謝脁因附此詩
近人之致於証
古乳此。

雨葉雖爲賦豈情一形來因閒山河處古檀子最
閒情以清門湖擬悅後頭陀山楊爲聲詩不切特
愧風骚之政之欺乎此四聯視蒙雁脂之防者滿玉
君若人詩風俗之漢既玄以次而植女証文樹三雅名
今則閒爲樣佛壽才名最一世悦辛三斜脈爲文讀之
大爲時政傳論政詩電碑毒紅霜洞夏緣故又不
閏一共設証詩乃為此

〇〇〇

調笑令又一体詞前爲又言詩人的形見人之寡白每
四句一揚類即以詩之末二字爲詞之起句詞中隨（御手搞附）
穩括全詩此体始於秦少游毛滂後人爲之者絕

三詠霍徽所之詞讀美人

大南印宗牧伴幽先生在住印旅舍壁間見宋山的
子白浣月題壁詩乃綴示詞於從正因此係六法寄記一兼皆頌
其隱括原詩而為詞無一句其為即原詩而足成此係妙
真可謂不負良工心苦也矣茲錄其調於後

宋門女子白浣月題住印旅店壁云寄白浣月鄉並仿家
住寒塘訪失凝親寄衷似雅姿容異慧業不同私秘擅
秀閨中獨毅清風林下逸重家生不辰流離邊保日彈
琴之桐絲百般纏綿時捧讀懷以言任一詩哽咽余最題
之維亭人各嶺之黃土可了詩回異宮春深怨多雜風
萋懷波漫蝶飄騎婦因後于腸絲絲亦消其葉也垂之

沫黄未工楳以侬生小殷勤弄文墨。新诗和泪写离
亭。珍重寄肯溪画廬。康熙丙辰三月二十日商邱宋
牧仲荦北上过此，挑灯细读钱慨你之因檃括全诗
为词，实宣闺贴好手云雨。泪痕湿。想把见生毫烟下
立。风声细雨，惊藁菓窗帏。为药香消甚处。吟把远腾
陶仰略。一曲琵琶悽惨。康熙戊辰宋为江苏藩宪，有
惠政，升任江西巡抚。
宋教仁在沪被刺，国民党欲挟之以为构乱口斠政府之实
於是恶耗传来，人人责袁。考鄂国民党交通部某君有
追悼会。今年汉口国民党交通部开追悼会时，已有谏

詞一則，繼詞有狂情，因納柳文而又宋案發，並頌呈撰目，特録之，以備遺忘。於彼黨中亞我無能文之士，無特習於爲悉而不知反耳。今日中華民國紀元之明年三月二十日，國民黨理事桃源宋鈍初先生以憲政就商袁之何，將指示押多叢之海。國有元凶，便逞利用陰謀，創之於滬寧車站，二十二日卒。赴玉武漢同人相謁失聲哭，嗚呼哀哉。於三十日漢口各團邊郭長蔣翊武、唐大懿等集漢上人士，假長沙會館爲位追悼，謀所以誄先生者，屬黨人李懷霜作詞誄。感懷霜謹宣述公意爲之叙曰：大盜亂政，殘殺賊民，中原荆棘，大局崩摧，蹴亂勢張，英雄氣蕩，遂使秋

塝白骨磷泽神寺浊、廟貲鍾萬二流毀棄、嶓峙、禹
反鬼魅石深人人多良國謀與立時則模廏範美初
設此知此茶超掠食為帝制百女之牧害人民猶不
甚如謀、強弱時自及是故猶煙狗地玉樹歌擬霍捲
甚至星流異会吐爾四賊拭我郵甚頭指念金甘心臣
于於是鄭有大義惠臣時發署為組麗指人世蒙鳴呼
哀哉在昔漢旌桑植坎慕六海傾珠馬黃河絶流歎
渡銅駝海宝大厄已無再覺會此熾壞耳持人道罹
單城下鬼多吾問惻弃我耶付前遺薄彼乃潛惠
民志大歸野心望于穀中屠狼淹辰刼禁量順逆

矢引

往後恩仇不必投機，疇能漏網，刻文類山，又恭刻羣
宜蕭頑夷，高才團結，財俊，若先生者，豈乎不免。嗚
呼哀哉！同人為深，游諸由自，鑄狀本人，更大嘆乃進前
程，益奮決之後，我身之世，從此痼的陵浚最內潰，強
於莫挫折，進者以偽，我以盛烈，又我大禍蔓延，公法私法，
弘者可言，殺機絕機，安往不居，君當可於吾頭可斷，此
恨不遂，漲文嗚呼哀哉！諫曰思痛之患，潘湘之界，乃絕五
國士先生宣言名譽素乎存，其悬絕膽醒，莫不祈法，義發告
我民守不祈，義居晝壽考以烏，嗚呼哀哉！先生之功，豈
在全在先生之法，但潤可即，先生之身世界昇泯。

要

先生之識巨眼有餘，先生之才能覺政家，先生之
文章人所易，先生之辯，表衆淚之，先生之政，別能奇
民，先生之心民重均真，殊荐惡果具彼家困識咒承
旨。嶺魅起嗔，一丸之孩，盖遍如國神，此不可忘秦其餘
人，此不可贖，人百其身，嗚呼哀哉。先生往矣，國命如何，
茸茸伊馨，歷之豐歌，言種不忘，朽腐其芽，嗚呼哀哉，子居
書畫艷絕之君，母儀之恩，風檢涕，瞻尔是牽事，說而共知。
爲此大河，衡岳英色，洞庭湖波，政依先烈，家神哉
之歲時，哀君惟有黃花，嗚呼哀哉。
湘北方係原之郁里，雖浴人性極惡，最好依泥常

購於中國人中國人时或以掛湯火換出活与之以國
難中、湯凍難鄙布里雅的人拾取起回、猶於此源
失難不少漏也
壬子七月十八日晚十一鐘半时、上海之常天忽雨粟、
色純白、計半时而止。或謂為民國開基之联兆。一
时各人皆執灯携篮、争相拾取、遂為之塞、亦奇事
又于是歲秋间山东亦有雨豆之菜、特不知同否為
一日也
章張趙錢之帮、雖名大家、时訪不免。庚子山枯樹
賦、將維集鳳比翼巢鴛鴦之水鳥来闪有巢棲

亾

哉。不足勉强为业，因循对局，尤无望深娴赋。时维

为杰作，亦有如潮水汐，如雾如云之语。如潮水汐

似矣，若雾与云，毋乃拟不于伦乎。其声亦坐此之

刘道士，雨於山东访城物，丽容於人，生而朴讷无寡

讷，拙於世事，辞官归家，为归隐，而於林

玉　桓遁玉洞南山，居山洞，日犹卧开，松林之，久之忽与松

结　篆遂了，五千馀作汗漫，想玉堂陵，出射场门之

十里，以朱砂洞作图，於其中为寮厢，为仓库，复夏

敬　坐卧之所，而已。种桃数百株，以自给，既土未尽，以济人，疾

贫者，结茅为屋，居民称其善行，犹之，饮助之，与人语

不了了，目不識一字，自言能造字作書，曰為天書云爾。
方巖日人見之，時已八十有四，而顏髮黑，時若疾癡、頭挽竹髻，
衣破衲，冬夏布單襦，赤雙足，不鞋不襪，蓬首數十年矣。
自言等了了不得，了了不得。出手中竹篁，其字參差
翁　為蝌蚪，翁張如意，屢翼滿其為畫云。自作羅浮樂道
歌　別犬吠頑吟，如鴈蹤跡。字英稱言合英稱文字者稿
傳　可以尺牘麻頭為草稿，雕琢妙訣，楮作花字，揮灑齊迅
蜿蜒蟠結為象形，可以傳錄、檄草尚書，光緒丙午閏四
月十五日生代於圓中，年八十，乞自為土數冊云，臥軟皆得訣，人視
之不能讀之，其徒為塔以葬於山麓，士為之誌云。

△　改

同光間，歷下訪壇坫，排趙著竹園華为翁酒，趙豐潤
人芸有青草堂集詩，长於五七古，嘗見其四時怨詩，頗得
有玉溪生神髓，詩、汝集中之家標也，蘇語为下酒中一月
春到來，鐘魚撐虎，桃花開，墨之衣一色，一百五，柳枝楊
掃來成舞，採茶課罷初屋茁丁，魚碎出古風
梢，土間蝴蝶，大如掌，洲緒苦雞，沒春，洲若，猩之唇
美，不許飲，羅裙草字，夕陽北，想篇漫遊，多後身
回廊之遮，山中秋色，左春，一丈係，篁三第，東，聽秋方
流碧，泉玉，天風吹側，櫻桃山，便来，胭脂化为係仙
人，樓上腰雕，猶汗流，濺袖生羅，穿渡之鳥，苑轉

背映鏡平湖蓮葉遮田田天孤不信西施醉在畔滿
裙平桐環藻芙蓉獨自歸、橫塘日暮多風雨回
右夏 枯荷亭亭翠褶涼風翻屏跡雨東西廂明河左
天露滴立秋蕭蕭葉蔓芙蓉霜餘殘小星猿於寒
溼蕙苔空不動暖、橫墻闌干闌復圓鐙桐人立
垂肩、樓底瓦縫鴛鴦迹寸寸誰識鏡中影黃色
屋成相向低低角燈沙入殘月右秋讓樓抱晴銅壺
各滴瑤環受燭紅成兩四更五更天悄明、打窗簾簾樣
花翳蓋藏秋扶白紅闌干淚蘇斗帳蕙心能寒樣

鐲

馬纜 鐲居爲珠、白玉大如助生倒年城門鳥鳥樓

僅存、翁山之枯柳不殘、若蕙在蓮心桐、能守宮齋

隋珊瑚詠在矣

菁翁又有名蓬蓮歌、別開社詩之、又古之手無可改

見、者時文壇之盛。某甲於常州為梵中宅吃

卿、張來、嚴賀、閔中薛曉湘、潤濤、郭某鄉、謝雨、封印

何吟秋、家璞、長洲童菊生　此外常熟偶然又

有正定王午橋、大學許手、郝卿、三河郝香乞

植蓀、韓城吉劍華、蝶竹共更唱迭和、漢進推撰湘山

間頻不彈甚、自甲午以後、始終與人皆存心於權

利、此調遂成廣陵散矣。

序

清

23 偽

俗諺云打破沙鍋問到底，汪份儼齋云：問青壘方言，器破未離謂之璺，沙鍋破璺而脆，擊則其璺到底，故諺問不已者，便借此語云。

八股文至晚清，已成末法，小題之劉熙載號為方家，亦不道。

孫峰等數依傍聖賢以救之，亦不可謂猶有偽試題以便奪操縱，此君是人，陽貨欲見題，此世化說資久矣，而其術不備，殆可以謀助長，大而不恙，光緒辛卯首貫程序。

東劉安試士太原，其決覆試題隱節，真洋嘉堂山蒙明回錄名第一，等一時倚論其人，真洋題云填我此有土，其年嘉定題云象喜，口相似，字力不足之宗山

經　　釋似

題云：羞有之矣，羨其以傢玉不得免焉。崇明題云：出有米而無家者。

趙青藜青華花集中有新郎來一篇，序云：己巳冬，以事役過濟陽，其俗新婚前一夕朱馬導前引，以鼓吹，與之拜其巷，乃歸而肆便而文云：掛紅乘紅帳，清衙間之有之，若城内則於風婚後之日，以輿迎新婦，蓮沿門往謝，三代睦姻之風，信猶可想見。疑玉頭風東此漸淫蕩，好競崇而或並以酒食以召鄉黨朋友而已矣。乃自美其名曰自由，嗚呼，抓約者聚，雖鳴不壯，又何害不自由哉。

近人易實甫順鼎贈黎副總統詩有云佛念眾生本
先救世，黎為北正本司天，句。按楚語少昊氏之衰
也，九黎亂德，民神雜糅，不可方物，顓頊受之，乃命南正
重司天以屬神，北正黎司地以屬民，使復舊常，無相侵
瀆，則黎為北正本以司地，非司天也。
張軒消息近來聞玉海也，山陰小雲滄海西頭裙
自浣翠微深姬放詞薰人纖下殿雲鸚鵡守尊
滿甚田稿鶴縱，兵篆若能圓道繡屏巢枝真絳，
府棣，此碧軒為吳縣阮詩文見西青散記。按海
楊賓生者座標遲作宗雜錄云見所簡

刻此诗，疑为后代好事者所伪作中物。张未见原书，且
疑第四语乃因郑君毕学被劾之
人所读，故第六卷云以干（？）种之艺，但大宗伯钦仰
康博极群书，从逸文以及艺事，但传阅微草
堂笔记数种，张因以见晚岁书称之，以劝言好古
人已先寿之言，强极力撷腴缀，不能出古人范围
之阅有诸纷对于艺术之一端，有所矜慎郑重，如
槎客细玩读诗中说，广求守常法，不敢稍有踰
越，如说：说部以各笔记，系落心机杼，杂采法
唐人外史，余概以宋人为收之，阅者多为史枝

汝為使不可當日貽息前人文。倘遇同□汝便知
超群說假理三尺童子亦敢於其書而詬之遂不
可勝用矣
志女才女不語戴聞月借于以為生於國利以新月
借于戴於陶九成輟耕錄。乃是正年間于輟耕
錄所得者此史方未有此係正式教□
賸語於大雅何□
又女不語中戴有數子於閱微草堂文集全同
而寓其文字存子不語實所不數弦此等見宗徧
有山記載遂俯為款之據由已有初未計後宗。

偶從目之自西子書記出閱微草堂、出而窺藉案遂
妖雲語矣
隨園詩話載昔有人以李白上雲樂元氣乃是文康
之老親為問長爾以乃以周捨上雲樂西方老胡厥
名文康句答之若自矜貫淵博者拈太白上
雲樂乃全撫周作文康為詞中之主人故周云文康
白亦云文康白雖天才縱逸猶貫撫古詩作都
必亦步亦趨絕不背者而以出入詩亦成遊
難繼出郭茂倩樂府詩集周捨上雲樂下列
白作凡稍讀古樂府詩共見至元氣來也之親云之乃

惟絕句猶有詞意，一作通俗，皆然，本無深意也一無
甚難，假如令彼不講，亦旁徵博引，別行他詞以亂
之，強曰英雄欺人，未免令識者齒冷矣。
當歲
詩話中之大可笑者，則能詩者不能填詞，而能識詩
與詞之難也。其詩詞（二律聲韻）之淫，謂詩與相差殊
不僅在韻之多寡，世有常識者類能辨之，而不
樣本
必待博學多枝乘渡江之才子也。玉田詞序
之乎，尤足使人絕倒。詞蔣鹿出云：聲一任綠物也
臨別之情不遇更難堪情二句，問其為詩為詞（按
之語數語出於大種空谷弃劉，余一見即決為詞。

若自矜具有物詠者，拟二語「一任你三字為第
字。物此聰明句「文字為第一字」猶不害「天情性句
寒家奏善句讀之異。此須論何人，能不能詳認
為詩，而詩話乃大吉。物之賤不勝其一物之喪賤人
手柳自賤，手
古人詩中與時間有作家語者，如少陵之為人性僻耽
佳句，語不驚人死不休；太白之「與爾苍茫揭五岳
詩成笑傲凌滄洲」者，句皆是也，然其人許玉偶
一為之，而又自歸於性情於其後，依象而不鄭於詩玉
袁子才自作子才子歌，通首一意吹噓，自稱自讚

讀之者莫不肌膚起粟，然不敢冷詆。予不讀中嘗
兼有枯骨自讚之，予先生其自貴之來近人爲順
哉文揚（才）其類波作敖封血歌，文俚雜糅，花譜並進
之者作可縱（縱）以先輝映，而樣其人品之高品及定證中
之僕石翁相近，讀云：將必有偶，信然。
有謂子才子歟，為出於東（苗）何之頑人者然乘兮
若自暴亦實自嘲，於此世之讀之者（者）但識其滸
腰穿騷絕，不見有之之命（奇）舊（精）之蹤，如子才子歟
則通篇皆狹即自大之詞，讀了適內其反之者
固不可以並之海如花樹其律劉花則見園捨此雲

將

（樂）差為近之。於是雲樂託之於老胡文康，文康優人也，故不妨自為恢詭滑稽之詞，以供人之笑樂。若有心人、文人學士創意著述，反下儕於（俳）優伎之手。而才子歌則實由上雲樂剽掠演繹而成，即此可以觀人品矣。

與隨園同時有李雨村者，名調元，其出處亦與隨園異。（同）其年科第外宦數年，囊橐既饒，乃解官而自以著述為事，而與隨園不相識，見其才子歌，頗心非之。後見隨園採其詩入選，遂感激之而引為莫逆。余嘗見其（改裝）雨村詩話，其忸怩更過

於隨園百倍。當時寄語即其紙撰隨筆繩之
未後奏之，因數十條，從此去為友人攜去，至今二十年
竟不復能憶。僅擬記其中之最紙撰於說桃符始
於以太祖賜宋濂「翰苑文章第一家」云云。按桃符之
見於載記者，當始於蜀主孟昶之「新年納餘慶，嘉節號長
春」二語為首。乎已在明太祖數百年前，葉出正史所
未後此，更何論爭
隨園朝考賦「因風想玉珂」詩，賦以「人似隔天河」語被
黜，乃自以為賦「想」字無傳，以為雅語如此。若想字可以詞
之賦，則想字如春雲、春樹、太行、雁門，何一不可以詞了

演

賦「想」字於一篇之本題之「想」字庸有當乎大抵是
對試帖而與大輅椎輪在試詠必即知為此賦「想」字
者亦不可多得故當有人賞其有思致若在同光之
世有人以此作見示當棄不捨江湖疊矣
代代之興必各有其獨到之處後之人雖心摹力擬追終
不能得其所以然故兩間之運會使然初不得執物
類推化之原理以相繩也（天演公例）讀進化此驗
之於有形之實體前此若精神上則[illegible]適證其
反 春秋戰國之學術秦之小篆漢之文晉之行楷
朝之駢儷唐之詩宋之詞元之曲明之制藝本朝

終

朝其惟試帖乎（按清之考據與訓詁足以蔚異
絕前所無皆偏於美術之法也）本朝試帖導源於紀
大宗伯之我法集試律紀，其時草昧初啓，猶未脫
唐人蹊徑，文家出於發揮而光大之，縱橫變化各極
其能（按文達中惟蹊徑猶弱，未免有蒹葭倚玉之譏）
[?]而吳穀人祭酒有正味齋實集其大成，又祭酒開倡各家、
之長而後能運律句以入試帖，極篆遠蒼能遠別成一種
風調而[?]立試帖之極則，後有作者弗可及也已（祭酒試
帖立試帖中則近律而於律中又近乎試帖，此其所以
為試帖之正宗也）

試帖中有理題一種，如敬勝怠者吉、有容德乃大等題，實為試帖中之魔道。余嘗謂以試帖而賦理題，如使二八女郎執紅牙板而歌盤庚大誥，殆不能成聲，而精神不屬，未免大煞風景矣。陳檢討集中有看粟軒賦一首，洗鍊頗稱最為出色當行。李次青元度選《賦學正鵠》選入神韻門中，以為意見獨其踐詞中語，看粟軒主人殆於季達家入國朝而閒廢者，值西南兵燹時家而不能俱歸，故以此名軒云云，似不知看粟軒主人為誰氏也。按「看粟軒」為吳園次漪軒名，見尤西堂

△

吳園次敘君壽序次其強俗失段。前清於八股外，間以律賦試士，而律賦以吳祭酒有正味齋為乎然二百年之千餘年之絕調，外此諸家莫之與存，以供朝夕諷讀者。對我朱之韓絕時對高即失之膚淺，今作絕少，獨李次青駢序正鵠，融會古今，包羅萬類，改不失為試之正宗，可以藉為古人門逕，頗多斟酌合宜，獨其中以選常雜之李隆蕃以詩作居全集分之二三，而按之入四體感選於詩作賦集一種，稍便讀者，小為有殊玉泥沙之概，以至一度之，此君與次青強有色流亞之圖，係於小楷鈔清，到入叢書附驥之名。

北婁　情

擯

集

不知公論難欺，而相形見絀，真不啻自暴其短。文章
之厄，僕國無二人之所向依歸，文昭於選，文選以
庚子山在世，莫過不入選，其識見真為人一笑矣。
古人文字均以不可以摹擬者為立言，四懸是文心懸字
解僅易地名器物類，脈源出國風，而有所本若立
嘉字嘉僅而去其重複之語助字句，又出一箇字
此字論立何時代，決不能詞之韻讀寫之數言，何以竟能流
傳至今，殊難讀，以解寫音豈目如別有文字款詞而所詞諱
彼其所以詣僅為其字句寫之起句於能精之一時出尺
作詩之第一據於四而言權之例，僅採其首句以為題

月。若明見着的是作。石頭記此回即西廂記全文妄述之。

閱時既久，原作不妨于淺見人，將以引傳郎裁也遺之。

恐我当時之情事矣。

庾子山春賦云：鏤薄窄衫袖，穿珠貼領巾，則當時婦女

衣飾殆與近數年來之時世粧束亦無異，人心之偏

溺於[illegible]之渲染，亦復設先一[illegible]，孰謂天下人盡[illegible]之樣[illegible]

鄉[illegible]有[illegible]女呼祖母為奶奶，又用為婦人之尊稱，

猶京城之稱老太太也。柳耆卿玉女搖仙佩云：「願

奶奶蘭心蕙性，枕前言下，表余深意」，則此語自宋時已

然矣
宣统辛亥冬间，武昌事起，东省人心皇皇不安。该城
王荫轩居荣贵，精于扶乩术，因请仙以卜时局，当问仙赋七
律一章云：明灵结党搆昏痴，泯渡群人未必知。雨大泛
今无净土，百夜依旧的贪泉。风狂莫将燎原火，浪
急难回下水船。漫以乱离添懊恼，中原出处自超
然。盖当宣布共和时，不及二十日也。
去
余家藏荣绍吴阁珍奇情动旨，透纸包藏墨彩图
此存八百年旧物，父母祠四、五物起，后以此观察便是珍、联
黄陕西许路祠冠刻，存录于意在，重尺乎，松言图

廣

係忝安世、人民之難、窮也、況于關外之寄、統諸路之
帥、澤屏藩、須枕戈待旦、而可以報君庶乎起復明
歲、僕果於比以功代寢、階領業、却敵有流
果之機、驅軍當道、威震之濟、戰爲中宰、標賞
行、遵循風尾、未之思、方從金華之至、剿除敵患於爲、
將、而軍制寇於奪情、只安顧常典、毋曠乃職、尚
能揚名於世、顯其父母、則忠孝之道兩得矣、思其
懋哉、勅承右付、刊摩於緒、是之年六月十日
光緒乙未恩科於場後、諸城人士請乩仙求決科名、
仙降壇 日 大 書十一字云 一二三四五金木水火土 寫多盡

吴秋輝遺著（殘稿）之二

吴秋輝　撰

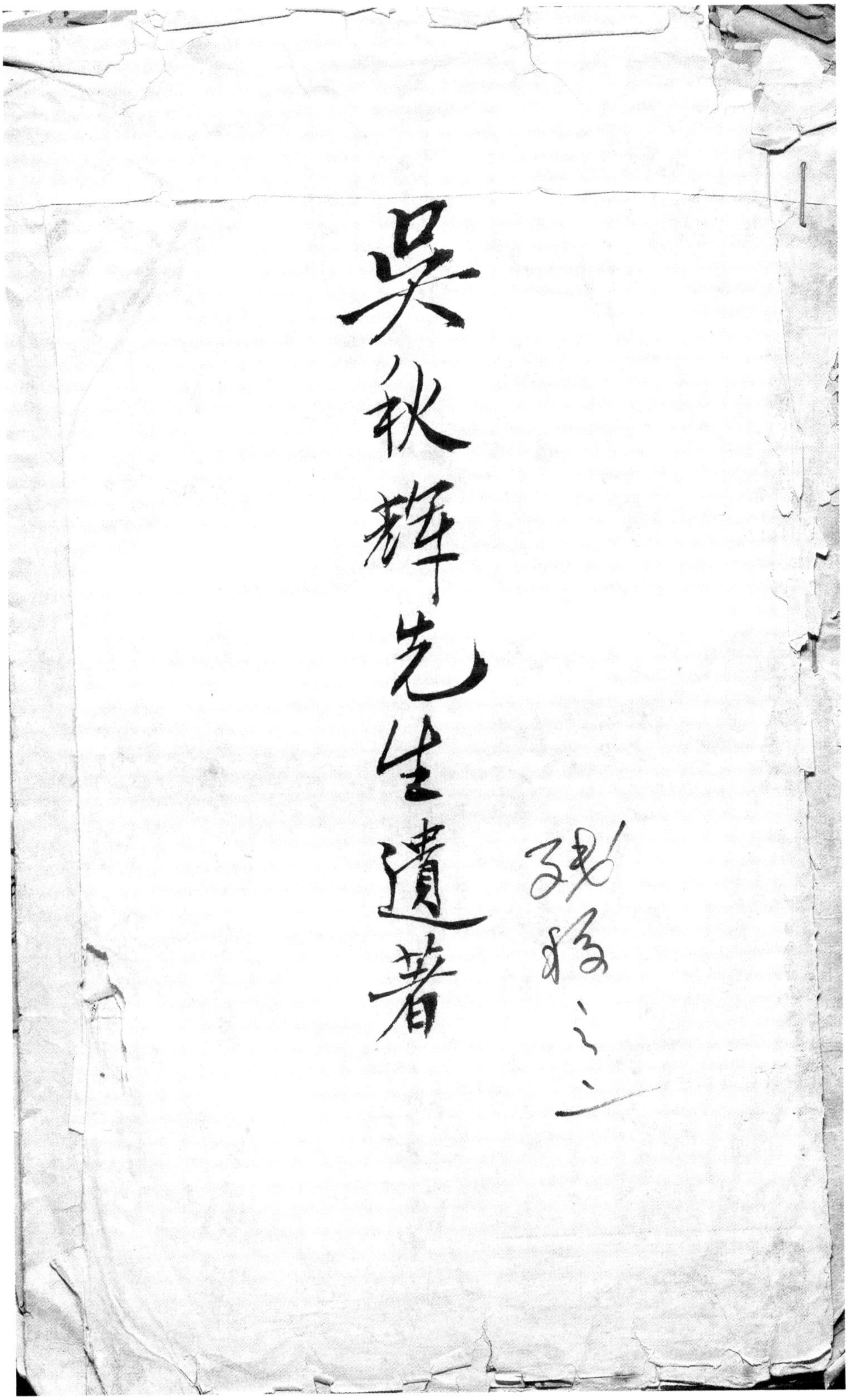
吴秋辉先生遗著
残稿

大函及書奉到敬悉當代知佛
法再昌即以英願手繕經二千民感果
僧來訃悉吾墊猪梁
足以為況碩亞同當高良曙等讀揚
神正所噯異些至再續印讀
秋輝先生大婣王勤斷畜

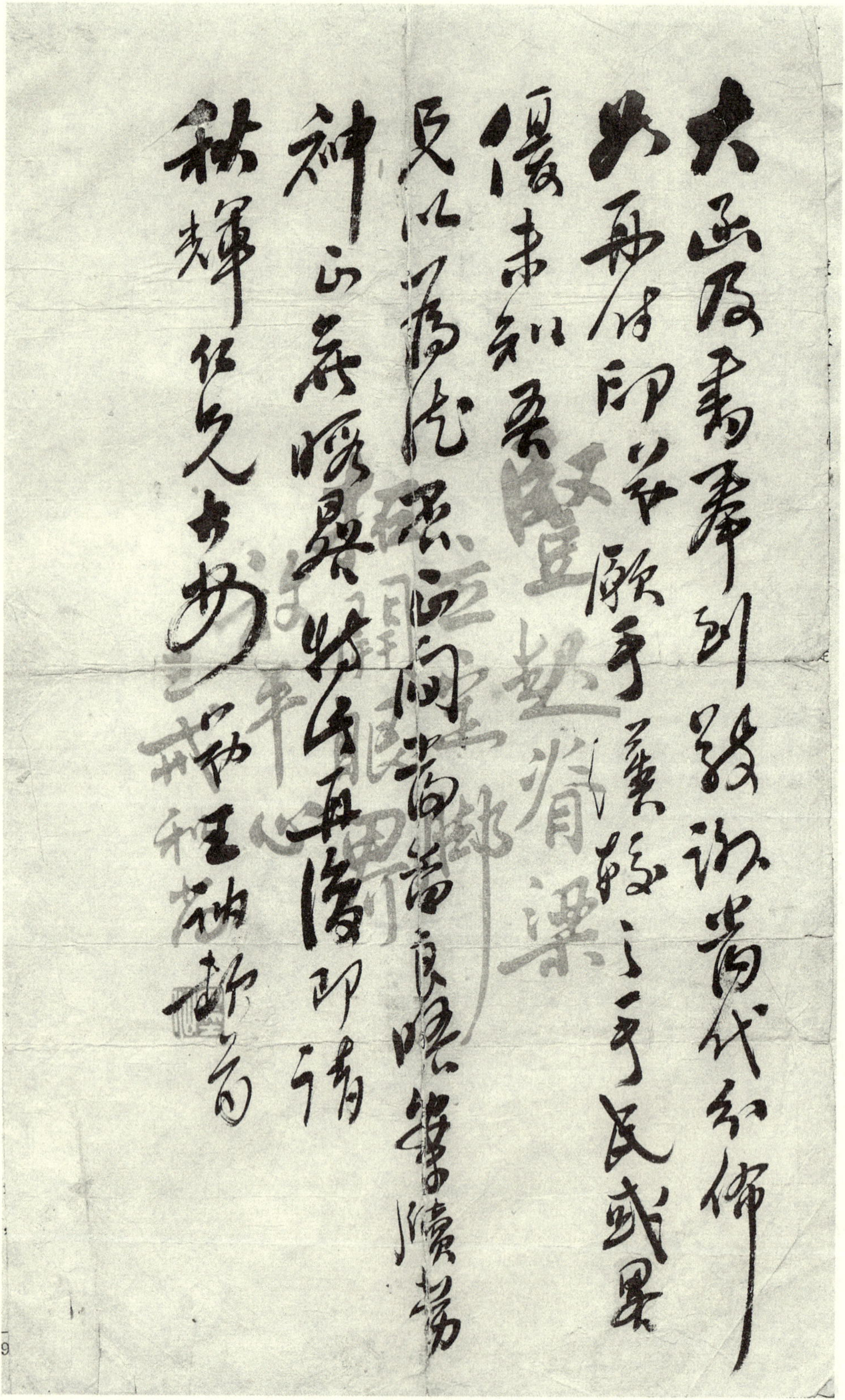

世說蔡司徒渡江見彭

一也○加以二螯○令烹○既食○吐下

秋暉已輯

蜞方知非蟹○後向謝仁祖說此事、謝讀爾雅不熟○幾為勸學死○

勸學俗本多誤作勸學○今按劉孝標注云○大戴禮勸學篇曰蟹二

螯、八足非蛇蟺之穴無所寄託者用心躁也○故蔡邕為勸學章取義○

雅曰螖蠌小者蟧即彭蜞也○似蟹而小○今彭蜞小於蟹而大於彭螖○即爾雅

所謂螖蠌也○然此三物皆八足二螯而狀甚相類○蔡謨不精其大小食而致

弊○故謂讀爾雅不熟也○是則蟹之與彭蜞形狀全同○唯有大小之異

蟹則可食○彭蜞則不可食○傳稱卓女居困臨卬令王吉等

為司馬長卿誘身不食彭蜞乃得入附会之○

而今如。蚌里蟹與蟛蜞。皆全無分別。而惟以蟹則[illegible]之[illegible]

蟹與蟛蜞之大小同耶。又何以蟹蟹二物之大小本無一[illegible]。皆[illegible]長之

蟹蟛爲發作如。且嘗以蟛蜞之名。遍尋之南北之人。莫有其稱[illegible]者

蟹。不而今如。亦未得其物。甲子春有人自捩外海濱來。如物

物。形絕類蟹。且極似溪水中之蟹。以其匡作圓形。而海產者則匡

之兩側各有角形之突出故也。惟[illegible]倖麻洛不似常蟹之平滑。又其

匡之背有兩黑斑如兩目然。其後足之[未識]作扁形。與蟹異。於土人則呼

之爲虎頭蟹。以其匡背之似虎頭故也。濱海甚多。相傳食

[illegible]海安[illegible]以海箱盡遠之人。見其[illegible]

漢〻語名也即此物也其貝香蚌蘇死也以香標後也
物也故語以大小為名也即謝仁祖以不諫出雅為識也未當得也（爾雅郭
璞世語儒也雜說若種注疏雖說所成千百歲無二〻名也實註書云
麾障也
世說王濛〻謝尚人也摩訶兄弟附有封胡遏末也劉孝標注封胡謝
繼以和過末謝淵也字淵也語緣康也美和車騎司馬也淵字叔度也東若
義興太守也時人稱其才秀者也或謂封胡遏末封韶胡朗遏
末語韶也胡玄淵也作胡語淵、遏語玄、遏語韶也（二遏其才有也
今按胡語胡也遏語謝
〻〻也詩兒輩惟封

以三九推江上寺为谢氏学从考标出当代不通不知何
此如
殺字應來皆音古珠○珠切○殺从羊殳声○本為形声字○何從得有古音
者殊其故○乃因胥儒不識古韻以柳戒俾出童殺之殺字○与下句
為又又字為韻○遂妄讀若古字○實則古文字本讀如義○与上字
字同叶紙韻○殺字介其中間○又絕無轉韻痕迹○則其字亦當叶紙韻
無疑○殳之古音本若様○即讀殊字○其轉音則若契○因殊契聲
本一音如○殺字古老羊○後世用其切音○則曰古歷字○以古字之音
与殺之俗音合○乃別撰為應字以羊作雜北史郭識河边殺羊
者此天生異如○殺不知殺雞且如○字初不讀古亦合古應二音○字格

足書之郡知此与崑字从艸从山及更青而深儒乃脫讀如冊同一意
郡越有六書失傳二千年來已無深解辨此者矣
以十七年傳雍易氏之稱之曰雍西。今按雍如其官名即國稱之部雍人西乃
如有雍于衛其名卑。其名之切音如。蓋其字古讀如烏。西旦字作白。即
雖北法雍人 今五字故西字之切音如是。戰國時人又曰巴蜀。今人則無
在西即易氏
之其為易氏 於易氏之本名西者矣。
於周下文又稱 今存魯間有地名張聚，其由來甚古，而二字絕不成義，蓋今按二字乃
以氏入故也
峽之切音。蓋其地在亂山之間，華蠻夷甲峙，故有此稱也。
僖十八年，邢人狄人伐衛。傳云：邢人狄人伐衛，圍菟圃，衛侯以國
讓父兄子弟及朝眾曰：苟能治之，燬請從焉。眾不可而後師于訾婁

故師不述衛風同干旄，即緣此等作也。
襄廿六年傳：子大叔為令正以為請。諸皆從正字絕句，杜氏且注
主作辭令之正。殊知令正之稱，於各書絕無所見。且下文直接云
子產因不獲前，辟但云子大叔為令詞，初未言其措辭之何
若，子產何由即可決其不獲。若子產僅見大叔為令，即頗知
其不獲耶？實則此文以令字絕句，而正以為請，易為之而正以為
請，獨云直以為請，蓋直以入貨贖人之事。正言請求之文，子產因
其正以為請，將直決其不獲，乃別從旁面著筆，於正面反之，實不
樸此矣。前後文自明。左傳之破句甚多，間有能見及

趙吴故指出18

襄十四年传王使劉定公賜齊侯命曰昔伯舅大公右我先王股肱周室師保萬民世胙大師以表東海王室之不壞繄伯舅是賴今余命女環茲率舅氏之典纂乃祖考無忝乃舊敬之哉無廢朕命

襄六年十一月齊侯滅萊萊恃謀也於鄭子國之來聘也四月晏弱城東陽而遂圍萊、于堞及杞桓公卒之月乙未王湫帥師及正輿子棠人軍齊師齊師大敗之丁未入萊萊共公浮柔奔棠正輿子王湫奔莒莒人殺之四月陳無宇獻萊宗器于襄宮晏弱圍棠十一月丙辰而滅之遷萊于郳高厚崔杼定其田

成十七年國佐相靈公以會（會晉伐鄭）高鮑處守及還將至閉門而索客孟子訴之曰高鮑將不納君而立公子角國子知之（杜注角頃公子）

莊廿五年六月辛未朔日有食之鼓用牲于社非常也唯正月之朔慝未作日有食之于是乎用幣于社伐鼓于朝秋大水鼓用牲于社于門亦非常也凡天災有幣無牲非日月之眚不鼓

文十五年六月辛丑朔日有食之鼓用牲于社非禮也日有食之天子不舉伐鼓于社諸
侯用幣于社伐鼓于朝以昭事神訓民事君示有等威古之道也
昭公十七年六月甲戌朔日有食之祝史請所用幣昭子曰日有食之天子不舉伐鼓于社
諸侯用幣于社伐鼓于朝禮也平子禦之曰止也唯正月朔慝未作日有食之於是乎有
伐鼓用幣禮也其餘則否大史曰在此月也日過分而未至三辰有災於是乎百官降物
君不舉辟移時樂奏鼓祝用幣史用辭故夏書曰辰不集于房瞽奏鼓嗇夫馳庶
人走此月朔之謂也當夏四月是謂孟夏平子弗從昭子退曰夫子將有異志不君君矣
昭五年夏莒牟夷以牟婁及防茲來奔杜注城陽平昌縣西南有防
亭□東北有茲亭似以防茲為二地以地證之即今之坊子也
昭四年楚人執徐子傳徐子吳出也以為貳焉故執諸申五年傳吳繇徐
聘于楚楚子執之逃歸懼其叛也使薳洩伐徐吳人救之此儀楚當即
徐之徐儀楚杜注以儀楚為楚大夫誤矣

葉葬之名不知所自疑即靈之切音也晉時亦有靈邱今未詳孰是
襄四年冬十月邾人莒人伐鄫臧紇救鄫侵邾敗于狐駘注狐駘邾地魯國
蕃縣東南有目台亭
襄二年初穆姜使擇美檟以自為櫬與頌琴注檟梓之屬四年初季孫為己
樹六檟於蒲圃東門之外注季文子樹檟欲自為櫬
宣二年趙穿攻靈公於桃園
又初驪姬之亂詛無畜羣公子自是晉無公族及成公即位乃宦卿之適而為之田
以為公族又宦其餘子亦為餘子其庶子為公行晉於是有公族餘子公行趙盾請
以括為公族曰君姬氏之愛子也微君姬氏則臣狄人也公許之冬趙盾為旄車
之族使屏季以其故族為公族大夫
成十年晉侯疾病求醫於秦秦伯使醫緩為之未至公夢疾為二豎子曰彼良

又按傳豎為二豎子曰居肓之上膏之〻若我何醫至曰疾不可為也在
肓〻之上膏〻之下攻〻不可達〻不及藥不至焉不可為也公曰良醫也厚為之禮
而歸〻杜注肓鬲也心下為膏

內則肝膋取狗肝一幪〻以其膋濡炙〻舉燋其膋不蓼注膋
腸間脂

又按取牛羊豕〻肉三如一小切〻與稻米〻二肉一合以為餌煎〻

昭元年邑姜方震大叔哀元年后緡方震

明堂位夏后氏之龍簨虡注簨虡所以懸鐘磬

玉篇作筍梓人為筍虡

夭〻音歪黃緺切白樂天詩錢塘蘇小〻人道最夭斜自注夭音歪收入
九佳

文二年宋祖帝乙鄭祖厲王猶上祖也

宣十二年楚惠餽前此徽祖於濤宮櫃（?）杜注

襄九年傳穆姜薨于東宮始往而筮之〇遇艮之八〇史曰是謂艮之隨〇杜注

周禮太卜掌三易然則雜用連山歸藏周易〇二易皆以七八為占故言

遇艮之八〇孔疏云〇又為其說以為其陽（?）其爻既變〇九為老陽六為老陰其爻

皆變〇周易以變為占〇占九六之爻〇二易以不變為占〇占七八之爻〇此筮

遇艮之八〇謂艮之第二爻不變者是八也〇又云史疑古易遇八為不利故

更以周易占變爻得隨卦而論之〇

晉語公子親筮之貞屯悔豫皆八〇又云筮之遇泰之八

僖十五年傳蠱之貞風也其悔山也注內卦為貞外卦為悔

晉語昔成王盟諸侯於岐陽楚爲荊蠻置茅蕝設望表与鮮卑守燎故不
与盟
顧命東序西嚮敷重豐席畫純雕玉仍几鄭注豐莞彩色爲畫檀弓
華而睆大夫之簀歟即指此而言蓋童子熟聞此席爲大夫之位今見
曾子之簀疑是故問之鄭注以睆爲知睆爲莞之通假乃臆解爲竹
箭古字凌言年

又係命伴柏
探容毛

顧命傳攝衣侯居假以二千戈而貴百人偽孔傳云侯（柏毛）居奔執干戈於
侯居假虎而貴百人假爲天子而貴氏沈張可笑而貴氏乃偽周禮
謬說何敢擬而知是假皆爲此偽故且果二作牟執干戈何容反出爲侯
是假之下是干戈之為是假所司广湏先向之东讨乎此皆因義字有

漢故宗鑿，因此宗柄（宗則）度則原本皆作從字，漢今文則因其与從

相亂，遂改此漢益從古文作母，其有文或直作母，母与度之作從

者，據相似，譯者不知度字原有此度，縛刀直隸以為度字，而不悟其不

可通也。仲但本字見二人殆，為司徒、為司馬，司徒主徒旅，司馬主兵

戎，故特命二人，從字是假也。此從字在今文則皆作授，然在古則同用

一字也。

宗本有陰

間存參

明行

屯：雷雨之動滿盈、噬嗑：雷電合而章、坎：水流而不盈、恆：雷風相與

二火動而上，澤動而下

解：天地解而雷雨作，雷雨作而百果草木皆甲坼

損木道乃行，革：水火相息，二女同居，其志不相得，鼎：以木巽火，亨飪也

利涉大川，乘木有功也，中孚：利涉大川，乘木舟虛也

鄉長是以大狀訟文主總犯以大明法有讚女惟草內文該榜爲莫此鑽字乃所上
文將侍民任四◎向來言謂大任於誰大狀猶云大狀關繳者也與文主何法前人
於經文尚未明了乃竟當騰作說任意傳合皆此類也
我輩云刹字是竟以刹字爲族字此族僅傳不識古文僅即今以之爲字而路
積愚遂就以爲其字鑿猶石經之以買字爲根據也殊不知商周之前不惟沒
族字即刹字亦何嘗有之刹在古皆作契約契之據契而生契據發契
我邑皆刹字也刹字族兒於左氏傳限之刹而締之乃我國時字然語而中
中猶或作鍥知契刹之原本之字當時人尚多知之此文古文本當作我
廣云契字語我輩風稱與字相契今如無多識今文者但知古契
字實爲今刹字乃並此契字而亦諱作刹而不悟契刹二字在今文字
且道且且者有別書已一分而不可復合文義族字遂綴則起於我國

季孫季孫孫捏、垂即其祖在前此則但稱四孺子（檀弓記有孺子䵍

其子已在其秋後其稱孝者也）不云孫而也不詳孰者爰而處其、孔

、宅爲政其雖有害聊

左文二年傳仲尼曰臧文仲不仁者三不知者三下展禽廢六關（妾織蒲）三不仁

文作虛器縱逆祀、爰居三不知也杜注海鳥曰爰居止於魯東門外

文仲以爲神命國人祀之

賊二年傳語陳無宇非卿杜注中都杜注中都晉邑在西河介休縣南

回圖澤、切音禍害壞、切音也音浪萍、切音萍曉（音愿）德

音也

庚、搖擺不定貌〇古音淡如剛〇今語、所謂杠蕩（音如壹上辛之）其切音也〇

太白々名長庚○乃以其芒角既長○且常搖々不定故○故古文庚字作[illegible]○此

其漏斗形●搖即今々之箕○（音如雞○）上以物大○下以●小僅如盞○乃盛既杵々舂

中○使自小口細々流出○手搖々以去糠秕○蓋古無風車○故其制如此○自

風車出○而箕乃專供磨穀麩々用○至風車上々設有斗置以盛米粉○乃其

箕形○後名漏斗○知古之設頭旋○（頭古音旋）既說箕之功用○次之横

架∨○乃横置一々箕形○古文向上有作一塊○設以置丫々架○（其架或

中下曲○以便置箕○亦此架々兩端○又更用繩縛○以便繫於高處○故其

形如此○也故下々月○乃左右兩手々箕形○蓋其文原作[illegible]○後因作字

便○遂結合若一○以箕置架上○用左右兩手搖○曰庚○乃會意字○商○文則

庚作[illegible]○不從兩手○月從即古時架形○（即子卣康字即從此形其為周

於古文似商之制，其架有足，置於地。周之制，其架無足，懸諸廣架，如商父
惟鎗其器，彝犧尊備。故周特設從而矣。（商之其[illegible]，周之其[illegible]，字多如是。戈射
商作[illegible]。但作弓矢形，而周則於其右更加手作[illegible]形。以其類如[illegible]）然亦因[illegible][illegible]形
近於[illegible]。久便用之家。[illegible]勢不容於[illegible]設，如[illegible]與[illegible]文雖不同，然於其下
田旁加[illegible]，加細點之戈，戈以[illegible]。[illegible][illegible]康則以康、糠本[illegible]（說文以糠為糠[illegible][illegible]
細點即象其形。蓋庚四旁點乃出於庚[illegible]如，乃自庚之借義，行[illegible]貫本義
[illegible]遂係人[illegible]知（杜[illegible]今作語亦有時作[illegible]（行[illegible]）[illegible]，猶橫之為[illegible]黄如，乃[illegible]其語[illegible]
輕重之異。
客古文之[illegible]係特多。如戈直作[illegible]。或作[illegible]。（周[illegible][illegible]）或作[illegible]。（[illegible]文[illegible]氏[illegible][illegible]改
於引[illegible]，[illegible]是[illegible][illegible]字[illegible][illegible]，[illegible]後起如。蓋[illegible]乃[illegible]字形，左口形乃[illegible][illegible]

〻席。下〻亦象即此位。右側〻之。乃主人也。原本会意字。亦㝢則安義
獨無亦未加彡。冂下左上〻冂。亦客已踐其位。下〻冓所乃代席。右上〻
口。乃主人席。右下〻口。則相席也。後人因此字已从冎。乃徙于主位。兩席肴
志。則直或為从冂。各書〻所書字義。因無主人也。更烏從兩辭其為客耶。差
各字則从〻口。乃邑城。城邑意。亦足證後人之誤也。席之兩通。既亂其本讀也。
故足證殘為安。冎。足證向則為㝢。卽正字。實今徙字也。二字與㝢㝢新人相
形偶相值。義實判然。从入从口从止不必涉人。病屋下。祝其見其即為寢。即乃足履屋下
席也。亦不見其必席〻字也。古人制字〻精碻若此。後人並其田國疑其〻義
字也。既績窮思〻。尚不能通其義也。又何怪其能為摩古說也。此春洋〻以來說
傳造〻古字也。字不殊字也。而說造〻古書也。正怪以不通為自我作古〻不二法門

如此則某人之說果有不通者也

自陝而東者周公主之，自陝而西者召公主之。（公羊隱五年傳）
樂記：且夫武，始而北出，再成而滅商，三成而南，四成而南國是疆，五成而分周公左召公右，六成復綴以崇天子。夾振之而駟伐，盛威於中國也。分夾而進，事蚤濟也。久立於綴，以待諸侯之至也。

隱八年三月鄭伯使宛來歸祊。庚寅，我入祊。傳：鄭伯請釋泰山之祀而祀周公，以泰山之祊易許田。三月鄭伯使宛來歸祊，不祀泰山也。公羊注：成王營王城，有遷都之志，故賜周公許田，以為魯國朝宿之邑（不知何本）。若此則當時天下國皆當有朝宿之邑在中州矣。況許去東都雖視魯較近，然亦距數百里外，天下有令人於數百里外朝宿者乎（邇）？倘謂因而立周公之廟（廟在古邑者可以隨意設立者乎），鄭桓公周宣王之母弟，封鄭，有助祭泰山

湯沐之邑在祊鄭以天子不能復巡狩（鄭桓為始封之祖乃厲王子自厲

山以降何時尚有巡狩泰山之事耶而顧祊讓之不讓能耶）故欲以祊易許

田答從周國政並之宜此注連篇皆為戰國以後東晉尚之切說便謬儒

之胡譚今既發知許田乃魯之故封也鄭人之何以有祊則當無所據以為

解決也又按鄭之故封舊說皆以為在古之咸林即今之華州也祊無何根

按實驗鄭之始封即為祊後乃別所寧檜之地以立新鄭蓋周厲王

說不確

時代生值日無強有親賢已無號也而封時適值有祊之地無機而以收

回困即鄭之鄭桓鄭桓初未嘗貫土（以王室不渴之國故）已別有新鄭

[illegible]本天子畿

[illegible]巡狩太山之圃也鄭武則竟成其志遂即視祊以為世祥地為魯之於許田然之鄭

[illegible]之新莊

雖封於祊祊初未嘗之國鄭桓天子幽王之亂其時已別有新邑故莊公

鄭廟若許田則伯禽周公居之且周公之宇即在此則向者許田湯
之之惡 不自安故 有周公廟此鄭人於易田之外更許以別祀周公也惟鄭之封祊邑居
魯易之 尚未得確據不若許田之記據瞭然以情勢推之殆不無可信以鄭
封成林之說無根據終不得不姑存之以為臆說也

漢書律曆志引伊訓篇曰太甲元年十有二月乙丑朔伊尹[illegible]祀于先王
誕資有牧方明
武成篇惟一月壬辰旁死霸若翌日癸巳武王乃朝步自周于征伐紂
粵若來三月既死霸越五日甲子咸劉商王紂 惟四月既旁生霸越六日
甲戌卜旦燎于周廟翌日辛亥祀于天位越五日乙卯乃以庶國祀馘于周
廟

哀九年宋皇瑗帥師取鄭師于雍丘杜注雍丘宋地陳留
史記殷本紀湯既黜夏命還亳作湯誥維三月王自至於東郊告諸侯羣
后毋不有功於民勤力乃事予乃大罰殛女毋予怨曰古禹皋陶
久勞於外其有功乎民民乃有安東為江北為濟西為河南為淮四瀆
已修萬民乃有居后稷降播農殖百穀三公咸有功於民故后有
立昔蚩尤與其大夫作亂百姓帝乃弗予有狀先王言不可不勉曰
不道毋之在國女毋我怨以令諸侯
閔元年秋八月公及齊侯盟于落姑序子秦恒杜注落姑齊地不詳所
在今按落姑即靈丘切音今之萊蕪也（萊蕪之切三面）蓋古時有
濟數道有三道出泰山北取漯濼防陽穀東谷皆其地出泰山

南北翁中臺都等且省其地春秋所葉魯為未甚物之稱形故兩
圖相公家在臺港三年所得都伯盟于石門待之以尋臺之盟又
當之阿其似也

僖十五年傳先君之敗德及可數乎言義云敗德及總角補正左
傳諸注之誤（梁）先君之敗德及但成誤乎既全不成語而下文可數
乎三字亦全無著落蓋可數者承敗德之字而來若下橫加之及乎則
二字已複及字所去數字更何所指所為此説者特因及可數乎四
字於近今文理不合而不知古人原多倒裝句如無不祥大焉焉
不一而足何獨於此疑之乎及可數乎猶云可及數乎謂其不可
盡數也句亦不難解若如舊説則其不通更甚矣

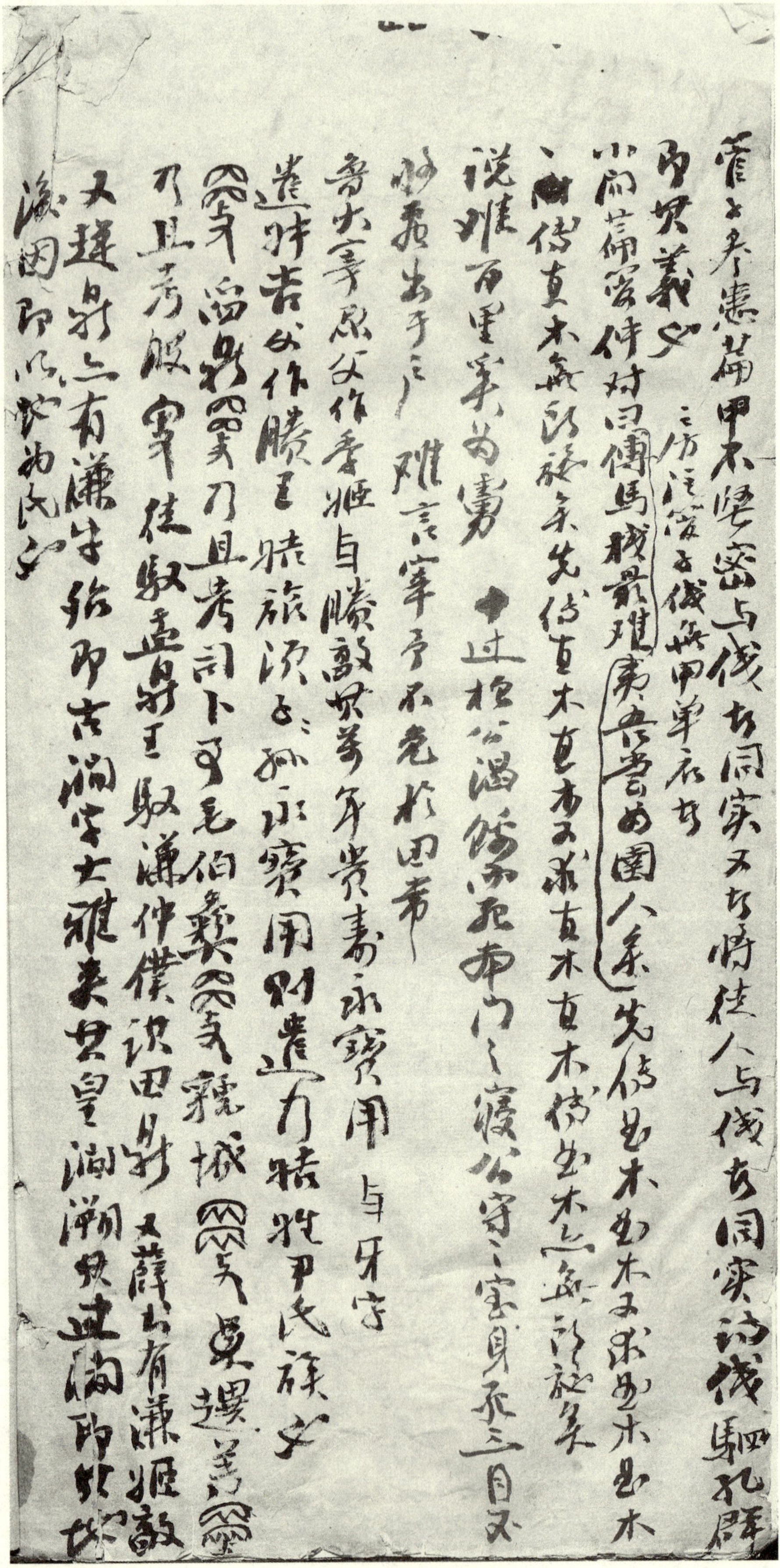

奚　供用祀天雀頭人奚三百人　注案官隸女字或作傒隸謂奚乃沒
入於官爲奴隸之通稱晉武孫周故注名曰女孙注云蜀中得僮今公子死於
其息葬募沒入案官宜免爲庶人是亦晉時尚有官奚不止唐
人李賀傳有奚奴之稱矣

子夏作傳（一作授）公羊高，高傳其子平，平傳其子地，地傳其子敢，敢傳其子壽，壽至漢景帝
時壽與弟子胡母子都著以竹帛　以上公羊原派
左丘明作傳以授曾申，申傳衛人吳起，起傳其子期，期傳楚人鐸椒，椒傳趙人虞卿，卿傳
同郡荀況，況傳武威張蒼，蒼傳洛陽賈誼，誼傳至其孫嘉，嘉傳趙人貫公，公傳
其子長卿，長卿傳京兆尹張敞及御史張禹，禹傳尹更始，更始傳其子咸及翟方進，方進授胡
常，常授黎陽賈護，護授蒼梧陳欽，欽授劉歆，歆從尹咸翟方進受左氏當是
以上左氏春秋，劉歆賈護歆家教風俗賈徽，徽傳子逵，逵之學以別公羊穀梁
不如左氏，故以下奏之，名曰左氏長義，章帝善之，賜書左氏大興

日君乏使〻臣斯司馬 杜注斯此也 襄三年

子孔當國為載書以位序聽政辟大夫諸司門子弗順將誅之 襄十

昭二十六年傳丁丑王次于萑谷 陽不見莫將積聚也 廿六年

十二月齊侯田于沛招虞人以弓不進公使執之辭曰昔我先君之田也旃以招大夫弓以招士皮冠以招虞人臣不見皮冠故不敢進乃舍之仲尼曰守道不如守官君子韙之 昭廿

孟子昔齊景公田招虞人以旌不至將殺之志士不忘在溝壑勇士不忘喪其元

孔子奚取焉取非其招不往也曰敢問招虞人何以曰以皮冠庶人以旃士以旂大夫以旌

圻父

圻酒誥

王命卿士南仲大祖大師皇父、王命南仲往城于方、侵鎬及方、方叔元

錦衣十過、公因起〻乘革車五百乘、疇騎二千步卒五萬輔重耳入〻于晉

洛

㞢嗣作𣏌後作㞢
寺持侍待古文同作㞢即持字㞢見毛伯彝嗣後加女作𡚱乃寺作侍字用
其後變作从寸案寺从止作㞢即今寺字㞢[illegible]古文又別侍為待為偫
為峙皆由侍既引申蓋侍故既以待用故為待儲蓄之以待用故又為偫
峙㞢（周頌庤乃錢鎛庤乃侍㣿之轉注字即假作偫字用故峙則山名
之轉注字耕肅為國名之轉注字㞢特特字則又為待偫之既引申則以有
備無患之所待之為蓄于㞢）詩字古諧音如持今文字上體變為出音而
而實際上則仍沿古音如持今語作㞢等至侍作支使侍作等至或則
作遲留是㞢

尚书篇次多为后人淆乱。多士云：昔朕来自奄，大降尔四国民命。多方亦云：惟五月丁亥，王来自奄，至于宗周。王若曰：猷告尔四国多方，惟尔殷侯尹民，我惟大降尔命。则多方自当在多士前。多士既云大降尔四国民命，乃指多方所谓降之命言之也。今多士反出多方前，致昔来自奄云云全无着落，此可见东晋氏之言之差。其文甚显而不难发见也。至多士之惟三月周公初于新邑洛，用告商王士，即召诰之越七日甲子，周公乃朝用书命庶殷侯甸男邦伯之书，则称无人见及之。盖此之甲子乃承上面三月惟丙午朏为文，实为三月二十一日也。倘非伪孔传以洛诰为作于周公摄政七年，多士作于周公致政明年，本可毫无根据随意乱指，特因多士在洛诰后，故听其多此再。周公摄政七年之说，其传甚久，乃徵之书则绝无根据，特因洛诰有朕复子明辟之文詳儒誤釋辟字為政字而篇終又有惟周公誕保文武受命惟七年語兼述膳頌周公攝成王政至是年始畢還之成王撫綏古來辟字無有作政字解者而朕復子明辟之全不成語至篇終乃實屬作此篇之年歲記頌周公自此即不復誕保文武受命文揆此文原意以朕復子明辟為向明辟王此篇數及天基命定命為向復者告語之意作頌語即謂復於寡君是文明辟王乃從論古之明辟王辟猶主文此句君位還政解則下文予乃胤保大相東土其基作民明辟語作何解此篇至乃謂成王歸王朝政而已身留治東土故成王聞公言與曰予小子其退即辟于周命公後文是則通篇何嘗有還政之言而周公此後乃專主洛邑又何嘗有已政之事周公初無歸政之事則前此又何嘗有攝政之說

此皆薄利歉岁发乱经文以助成王莽之篡之也读者人信之至今不改

经云

洛诰於先烈考武王先字宜为先字之讹此语乃成王言之故称武王为

烈考也公功肃将祇欢之字亦当作勤字盖古文欢观勤等字皆以雚作

其遗偏旁后人之讹转注之

以天地水火风雷山泽说卦。独于象词。然其澄辨实本于象。物象者凿

纯用此以为说耶。（象例以乾健、坤顺、坎陷、离明、巽入、震动、艮止、兑说

为说。）今即象词之关乎八象者列举如次。

乾 乃统天。

坎 既为水。而雨亦水类。故时亦以雨代水也。解

坤 應地無疆

屯 雷雨之動滿盈

蒙 山下有險

泰 則是天地交而萬物通也

否 則是天地不交而萬物不通也

大有 應乎天而時行

噬嗑 雷電合而章

坎 水流而不盈

一動是離離為知而電之西失數故時之以雷

代知風噬嗑是雌恒動雖以風從巽而萬出

實以用木說之故為象今更利岸為心

象詞

益 利涉大川木道乃行

鼎 以木巽火亨飪也

渙 利涉大川乘木有功也

中孚 利涉大川乘木虛舟也

恒 雷〻風〻相与

晉 明出地〻上

明夷 明入地〻中

睽 火〻動而上 澤〻動而下

解 天地解而雷〻雨〻作

井 巽乎水〻而上水〻

革 水〻火〻相息

鼎 以木巽火〻

左側有墨畫者皆象詞沿用者也

象詞沿用

澤滅木〻大过

地中生木〻升

木上有水〻井

木上有火〻鼎

山上有木〻漸

此書原擬用作底稿故多有僅載名稱資料未加編

次論斷去越有時心有所見亦輒即此書書而未嘗敘入文

稿又以資料殘缺集合函今仍未整定之其不得概以廢紙

視之矣

丙寅九月初百倦僊生自誌

吴秋輝　抄

藝苑雜抄

古文極詣

檀弓
詩小序
坊記

秋瀾氏志

藝苑雜抄

檀弓上　卷二

太公封於營丘。比及五世。皆反葬於周。君子曰。樂。樂其所自生。禮不忘其本。古之人有言曰。狐死正丘首。仁也。

伯魚之母死。期而猶哭。夫子聞之曰。誰與哭者。門人曰。鯉也。夫子曰。嘻。其甚也。伯魚聞之遂除之。

舜葬於蒼梧之野。蓋三妃未之從也。季武

子思之哭嫂也。為位。婦人倡踊。上三句在申祥上

子曰。周公蓋祔。曾子之喪。浴於爨室。大功廢業。或曰。大功誦可也。子張病。召申祥而語之曰。君子曰終。小人曰死。吾今日其庶幾乎。曾子曰。始死之奠。其餘閣也與。曾子曰。小功不為位也。是委巷之禮也。申祥之哭言思也亦然。古者冠縮縫。今也衡縫。故喪冠之反吉。非古也。

曾子謂子思曰○伋○吾執親之喪也○水漿不入
於口者七日○子思曰○先王之制禮也○過之者俯而
就之○不至焉者跂而及之○故君子之執親之喪
也○水漿不入於口者三日○杖而后能起○
曾子曰○小功不稅○則是遠兄弟終無服也○而可
乎○
伯高之喪○孔氏之使者未至○冉子攝束帛乘
馬而將之○孔子曰○異哉○徒使我不誠於伯高○
伯高死於衛○赴於孔子○孔子曰○吾惡乎哭諸○

兄弟、吾哭諸廟。父之友、吾哭諸廟門之外。師、
吾哭諸寢。朋友、吾哭諸寢門之外。所知、吾
哭諸野。於野則已疏。於寢則已重。夫由賜
也見我。吾哭諸賜氏。遂命子貢為之主。曰為
爾哭也。來者拜之。知伯高而來者勿拜也。
曾子曰。喪有疾。食肉飲酒。必有草木之滋焉。
以為薑桂之謂也。
子夏喪其子而喪其明。曾子弔之曰。吾聞之
也。朋友喪明則哭之。曾子哭。子夏亦哭。曰天乎。

予之無罪也曾子怒曰商女何無罪也吾與女
事夫子於洙泗之間退而老於西河之上使西
河之民疑女於夫子爾罪一也喪爾親使民未有聞
焉爾罪二也喪爾子喪爾明爾罪三也而曰女何
無罪與子夏投其杖而拜曰吾過矣吾過
矣吾離群而索居亦已久矣
夫晝居於內問其疾可也夜居於外弔之可也
是故君子非有大故不宿於外非致齊也非
疾也不居於內晝夜

此言其所以哀
子之說後儒之謬
也

高子臯之執親之喪也，泣血三年，未嘗見齒，
君子以為難。
衰，與其不當物也，寧無衰。齊衰不以邊坐，
大功不以服勤。
孔子之衛，遇舊館人之喪，入而哭之哀，出，使
子貢說驂而賻之。子貢曰：於門人之喪，未有所說
驂，說驂於舊館，無乃已重乎？夫子曰：予
鄉者入而哭之，遇於一哀而出涕，予惡夫涕之無
從也，小子行之。

孔子在衛○有送葬者○而夫子觀之○曰善哉○為喪
乎○足以為法矣○小子識之○子貢曰○夫子何善爾也○
曰○其往也○如慕○其反也如疑○子貢曰○豈若速反
而虞乎○子曰○小子識之○我未之能行也○
顏淵之喪○饋祥肉○孔子出受之○入彈琴而後
食之○
孔子與門人立○拱而尚右○二三子亦皆尚右○孔子
曰○二三子○之○嗜學○也○我則有姊○之○喪故○也○二三
子皆尚左○

孔子蚤作負手曳杖消搖於門歌曰泰山其
頹乎梁木其壞乎哲人其萎乎既歌而入
當戶而坐子貢聞之曰泰山其頹則吾將安仰
梁木其壞哲人其萎則吾將安放夫子殆將
病也遂趨而入夫子曰賜爾來何遲也夏后氏
殯於東階之上則猶在阼也殷人殯於兩楹
之間則與賓主夾之也周人殯於西階之上則
猶賓之也而丘也殷人也予疇昔之夜夢
坐奠於兩楹之間夫明王不興而天下其孰

能宗予予殆將死也蓋寢疾七日而沒
孔子之喪門人疑所服子貢曰昔者夫子之喪顏
淵若喪子而無服喪子路亦然請喪夫子若喪
父而無服
孔子之喪公西赤為志焉飾棺牆置翣設披
周也設崇殷也綢練設旐夏也
子張之喪公明儀為志焉褚幕丹質蟻結
於四隅殷士也
子夏問於孔子曰居父母之仇如之何夫子曰寢苫枕干

干不仕弗與共天下也遇諸市朝不反兵而鬭
曰請問居昆弟之仇如之何曰仕弗與共國
銜君命而使雖遇之不鬭曰請問居從父
昆弟之仇如之何曰不為魁主人能則執兵
而陪其後
孔子之喪二三子皆絰而出羣居則絰出則否
易墓非古也
子路曰吾聞諸夫子喪禮與其哀不足
而禮有餘也不若禮不足而哀有餘也祭禮

填池，鄭注謂為奠徹，此妄說也。古者人死，則掘中霤而浴，所謂池也。柩既出，則填之，所謂填池也。又降婦人而后行禮。

與其敬不足而禮有餘也，不若禮不足而敬有餘也。

曾子弔於負夏，主人既祖，填池，推柩而反之，降婦人而后行禮。從者曰：禮與？曾子曰：夫祖者且也。且胡為其不可以反宿也？從者又問諸子游曰：禮與？子游曰：飯於牖下，小斂於戶內，大斂於阼，殯於客位，祖於庭，葬於墓，所以即遠也。故喪事有進而無退。曾子聞之曰：多矣乎予出祖者。

曾子襲裘而弔，子游裼裘而弔。曾子指子游

釋注將祔於祖
祔婦人偕今廢
祖婦人偕之後
皆來六祔記
云偕婦人祔不
云有婦人若不
鄭説是唐人誤
如儀禮達之矣蓋
當時孫祖填
妣祖出祔婦人方

而示人曰夫夫也為習於禮者如之何其裼裘而
弔也主人既小斂袒括髮子游趨而出襲裘
帶絰而入曾子曰我過矣我過矣夫夫是也
子夏既除喪而見予之琴和之而不和彈之
而不成聲作而曰哀未忘也先王制禮而弗敢
過也子張既除喪而見予之琴和之而和彈
之而成聲作而曰先王制禮不敢不至焉
司寇惠子之喪子游為之麻衰牡麻絰文子辭
曰子辱與彌牟之弟游又辱為之服敢辭子

佾依歸人佾後
乃推推而為之文

游曰禮文子退反哭子游趨而就諸臣之位
文子又辭曰子辱與彌牟之弟游又辱為之服
又辱臨其喪敢辭子游曰固以請文子退扶適
子南面而立曰子辱與彌牟之弟游又辱為之
服又辱臨其喪虎也不敢復位子游趨而
就客位
將軍文子之喪既除喪而後越人來弔主人
深衣練冠待于廟垂涕洟子游觀之曰將軍
文氏之子其庶幾乎亡於禮者之禮也其動也中

文齋

幼名。冠字。五十以伯仲。死謚。周道也。绖也者。實也。掘中霤而浴。毀竈以綴足。及葬。毀宗躐行。出于大門。殷道也。學者行之。

檀弓上 卷一

公儀仲子之喪檀弓免焉仲子舍其孫而立其子檀弓曰何居我未之前聞也趨而就子服伯子於門右曰仲子舍其孫而立其子何也伯子曰仲子亦猶行古之道也昔者文王舍伯邑考而立武王微子舍其孫腯而立衍也夫仲子亦猶行古之道也子游問諸孔子孔子曰否立孫

事親有隱而無犯左右就養無方服勤至死致喪三年事君有犯而無隱左右就養

以方服勤至死方喪三年事師無犯無
隱左右就養無方服勤至死心喪三年
季武子成寢杜氏之葬在西階之下請合葬
焉許之入宮而不敢哭武子曰合葬非古也自
周公以來未之有改也吾許其大而不許其細何
居命之哭
子上之母死而不喪門人問諸子思曰昔者子之先
君子喪出母乎曰然子之不使白也喪之何也
子思曰昔者吾先君子無所失道道隆則從

而隆道污則從而污伋則安能為伋也妻者
是為白也母不為伋也妻者是不為白也母故孔
氏之不喪出母自子思始也
孔子曰拜而后稽顙頹乎其順也稽顙而后
拜頎乎其至也三年之喪吾從其至者
孔子既得合葬於防曰吾聞之古也墓而不墳
今丘也東西南北之人也不可以弗識也於是
封之崇四尺孔子先反門人後雨甚至孔子問
焉曰爾來何遲也曰防墓崩孔子不應三孔子

泫然流涕曰吾聞之古不脩墓
孔子哭子路於中庭有人弔者而夫子拜之
既哭進使者而問故使者曰醢之矣遂命
覆醢
曾子曰朋友之墓有宿草而不哭焉
子思曰喪三日而殯凡附於身者必誠必信勿
之有悔焉耳矣三月而葬凡附於棺者必誠必
信勿之有悔焉耳矣喪三年以爲極亡
則弗之忘矣故君子有終身之憂而無一朝之

哭於是日不樂
孔子少孤不知其墓殯於五父之衢人之見之
皆以為葬也其慎也蓋殯也問於聊曼父之母
然後得合葬於防
鄰有喪舂不相里有殯不巷歌喪冠不緌
有虞氏瓦棺夏后氏堲周殷人棺槨周人
牆置翣周人以殷人之棺槨葬長殤以夏
后氏之堲周葬中殤下殤以有虞氏之瓦
棺葬無服之殤

夏后氏尚黑。大事斂用昏。戎事乘驪。牲用玄。
殷人尚白。大事斂用日中。戎事乘翰。牲用白。
周人尚赤。大事斂用日出。戎事乘騵。牲用騂。
穆公之母卒。使人問於曾子曰。如之何。對曰申
也。聞諸申之父曰。哭泣之哀。齊斬之情。饘粥
之食。自天子達。布幕衛也。繆幕魯也。
晉獻公將殺其世子申生。公子重耳謂之曰。子
蓋言子之志於公乎。世子曰。不可。君安驪姬。是
我傷公之心也。曰。然則蓋行乎。世子曰。不可。君

謂我欲弒君也天下豈有無父之國哉吾何行
如之使人辭於狐突曰申生有罪不念伯氏之
言也以至于死申生不敢愛其死雖然吾君
老矣子少國家多難伯氏不出而圖吾君伯
氏苟出而圖吾君申生受賜而死再拜稽首乃
卒是以為恭世子也
魯人有朝祥而暮歌者子路笑之夫子曰由爾
責於人終無已夫三年之喪亦已久矣夫子路
出夫子曰又多乎哉踰月則其善也

魯莊公及宋人戰於乘丘○縣賁父御○卜國為
右○馬驚敗績○公隊○佐車授綏○公曰○未之
卜○也○縣賁父曰○他日不敗績○而今敗績○是無勇
也○遂死之○圉人浴馬○有流矢在白肉○公曰非其
罪也○遂誄之○士之有誄○自此始也○
曾子寢疾○病○樂正子春坐於床下○曾元○曾
申○坐於足○童子隅坐而執燭○童子曰○華而
睆○大夫之簀與○子春曰○止○曾子聞之○瞿然曰
呼○曰○華而睆○大夫之簀與○曾子曰○然○斯季孫之

之賜也我未之能易也元起易簀曾元曰
夫子之病革矣不可以變幸而至於旦請敬易之
曾子曰爾之愛我也不如彼君子之愛人也以德
細人之愛人也以姑息吾何求哉吾得正而斃焉
斯已矣舉扶而易之反席未安而沒
始死充充如有窮既殯瞿瞿如有求而弗得
既葬皇皇如有望而弗至練而慨然祥而廓
然
邾婁復之以矢蓋自戰於升陘始也魯婦人

縢原作縢

人之蠻而不文自然於鮮明也

南宮縚之妻之姑之喪夫子誨之髽曰爾毋

從從爾爾毋扈扈爾蓋榛以為笄長尺而總八寸

孟獻子禫縣而不樂比御而不入夫子曰獻子

加於人一等矣

孔子既祥五日彈琴而不成聲十日而成笙歌

有子蓋既祥而絲屨組纓

死而不吊者三畏厭溺

子路有姊之喪可以除之矣而弗除也孔子曰

何弗除也。子路曰。吾寡兄。弟。而弗忍也。孔子
曰。先王。制禮行道之。人。皆弗忍也。子路聞之。
遂除之。

檀弓上 卷三

子柳之母死。子碩請具。子柳曰。何以哉。子碩曰。
請粥庶弟之母。子柳曰。如之何其粥人之母以
葬其母也。不可。既葬。子碩欲以賻布之餘具
祭器。子柳曰。不可。吾聞之也。君子不家於喪。請
班諸兄弟之貧者。

君子曰謀人之軍師敗則死之謀人之
邦邑危則亡之
公叔文子升於瑕丘蘧伯玉從文子曰樂哉
斯丘也死則我欲葬焉蘧伯玉曰吾子樂
之則瑗請前
弁人有其母死而孺子泣者孔子曰哀則哀矣
而難為繼也夫禮為可傳也為可繼也故哭
踊有節
叔孫武叔之母死既小斂舉者出戶出戶

袒且投其[illegible]冠括髮子游曰知禮
扶君卜人師扶右射人師扶左君薨以
是舉
從母之夫舅之妻二夫人相為服君子未之
言也或曰同爨緦
喪事欲其縱縱爾吉事欲其折折爾故喪事
雖遽不陵節吉事雖止不怠故騷騷爾則
野鼎鼎爾則小人君子蓋猶猶爾
喪具君子恥具一日二日而可為也者君子弗

為也

喪服兄弟之子猶子也蓋引而進之也嫂

叔之無服也蓋推而遠之也姑姊妹之薄

也蓋有受我而厚之者也

食於有喪者之側未嘗飽也

曾子與客立於門側其徒趨而出曾子曰

爾將何之曰吾父死將出哭於巷曰反哭於

爾次曾子北面而弔焉

孔子曰之死而致死之不仁而不可為也之死

不致生之不知而不可為也是故竹不成用
瓦不成味木不成斲琴瑟張而不平竽笙備而
不和有鐘磬而無簨虡其曰明器神明之也
有子問於曾子曰問喪於夫子乎曰聞之矣喪
欲速貧死欲速朽有子曰是非君子之言也
曾子曰參也聞諸夫子也有子又曰是非君
子之言也曾子曰參也與子游聞之有子曰然
然則夫子有為言之也曾子以斯言告於
子游子游曰甚哉有子之言似夫子也昔者夫子居於宋

子居於宋見桓司馬自為石槨三年而不成夫子曰若是其靡也死不如速朽之愈也死之欲速朽為桓司馬言之也南宮敬叔反必載寶而朝夫子曰若是其貨也喪不如速貧之愈也喪之欲速貧為敬叔言之也曾子以子游之言告於有子有子曰然吾固曰非夫子之言也曾子曰子何以知之有子曰夫子制於中都四寸之棺五寸之槨以斯知不欲速朽也昔者夫子失魯司寇

將之荊蓋先之以子夏又申之以冉有以斯知
不欲速貧也
陳莊子死赴於魯魯人欲勿哭繆公召縣子
而問焉縣子曰古之大夫束脩之問不出竟雖
欲哭之安得而哭之今之大夫交政於中
國雖欲勿哭焉得而弗哭且臣聞之哭有二
道有愛而哭之有畏而哭之公曰然然則如
之何而可縣子曰請哭諸異姓之廟於是與
哭諸縣氏

仲憲言於曾子曰夏后氏用明器示民無知
也殷人用祭器示民有知也周人兼用之示
民疑也曾子曰其不然乎其不然乎夫明
器鬼器也祭器人器也夫古之人胡為而死
其親乎
公叔木與同母異父之昆弟死問於子游子
游曰其大功乎狄儀有同母異父之昆弟死
問於子夏子夏曰我未之前聞也魯人則為
之齊衰狄儀行齊衰今之齊衰狄儀

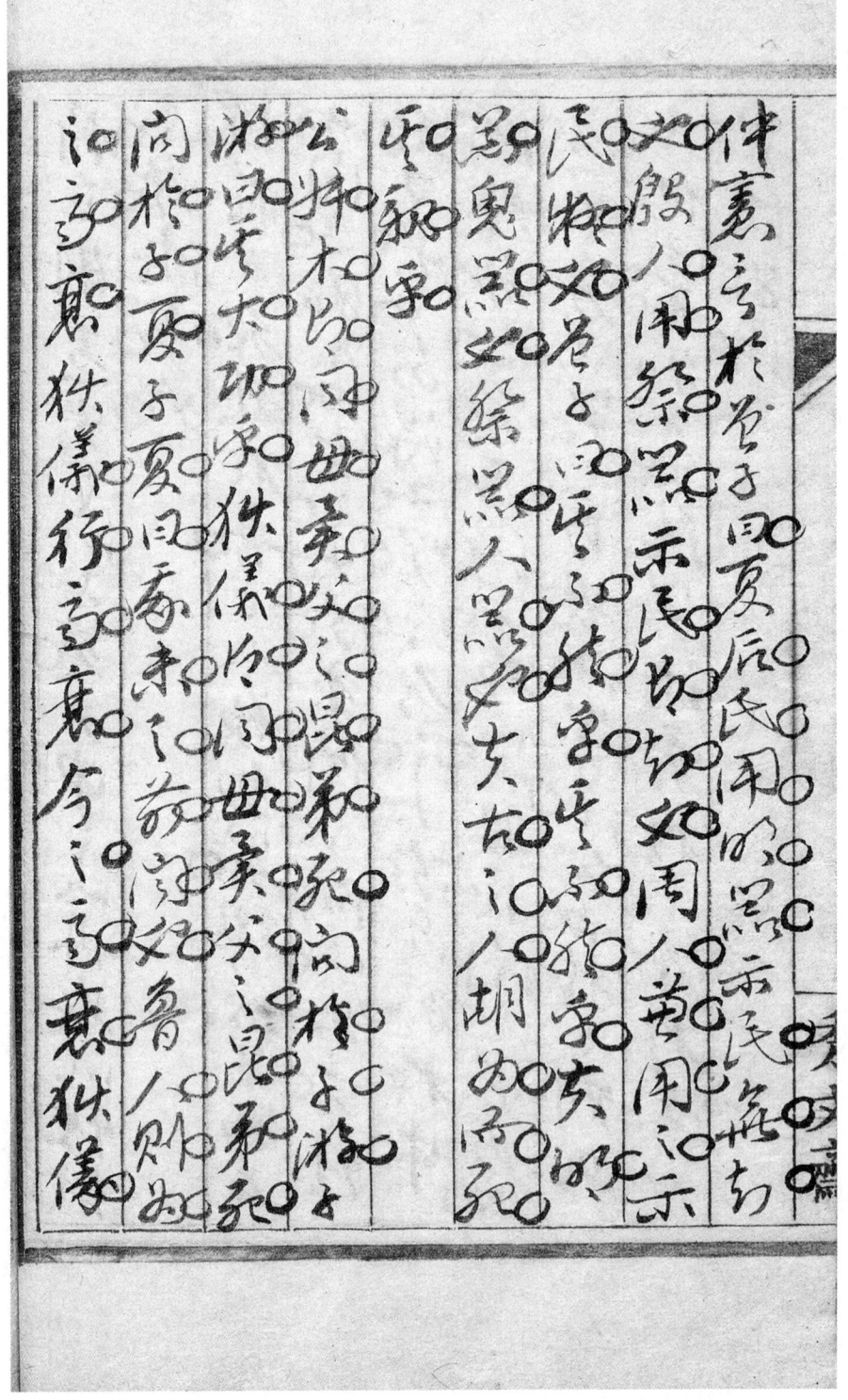

之。向。如。

子思之母死於衛。柳若謂子思曰。子聖人之後也。四方於子乎觀禮。子蓋慎諸。子思曰。吾何慎哉。吾聞之。有其禮。無其財。君子弗行也。有其禮。有其財。無其時。君子弗行也。吾何慎哉。

縣子瑣曰。吾聞之。古者不降。上下各以其親。滕伯文為孟虎齊衰。其叔父也。為孟皮齊衰。其叔父也。

后木曰。喪。吾聞諸縣子曰。夫喪。不可不深長

思○如○罗、宿○句○白○易○委○死○則○忘○然○

曾子曰○尸未○設○飾○故帷○堂○小斂○而○徹○帷○仲梁

子曰○夫婦○方○亂○故帷○堂○小斂○而○徹○帷○

小斂之奠○子游曰○於東方○曾子曰○於西方○斂斯

席矣○小斂之奠在西方○魯禮之末失也○

縣子曰○綌衰繐裳○非古也○

子蒲卒○哭者呼滅○子皐曰○若是○野哉○哭者

改之○

杜橋之母之喪○宮中無相○以為○沽○也○

夫子曰。始死羔裘玄冠者。易之而已。羔裘玄
冠。夫子不以弔。
子游問喪具。夫子曰。稱家之有亡。子游曰。有亡
惡乎齊。夫子曰。有。毋過禮。苟亡矣。斂首足形。
還葬。縣棺而封。人豈有非之者哉。
司士賁告於子游曰。請襲於牀。子游曰。諾。縣
子聞之曰。汰哉叔氏。專以禮許人。
宋襄公葬其夫人。醯醢百甕。曾子曰。既曰
明器矣。而又實之。

孟獻子之喪，司徒旅歸四布。夫子曰：可也。

讀賵，曾子曰：非古也，是再告也。

成子高寢疾，慶遺入請曰：子之病革矣，如至乎大病，則如之何？子高曰：吾聞之也，生有益於人，死不害於人。吾縱生無益於人，吾可以死害於人乎哉？我死，則擇不食之地而葬我焉。

子夏問諸夫子曰：居君之母與妻之喪，居處言語飲食衎爾。

虞山氏王無訂館方子曰生於秀字館死於秀字館

國子高曰葬也者藏也藏也者欲人之弗得見也是故衣足以飾身棺周於衣椁周於棺土周於椁反壤樹之哉

孔子之喪有自燕來觀者舍於子夏氏子夏曰聖人之葬人與人之葬聖人也子何觀焉昔者夫子言之曰吾見封之若堂者矣見若坊者矣見若覆夏屋者矣見若斧者矣

從若斧者焉馬鬣封之謂也今一日而三斬

板而已封尚行夫子之志乎哉

婦人不葛帶

有薦新如朔奠

既葬各以其服除

池視重霤

君即位為椑歲一漆之藏焉

復楔齒綴足飯設飾帷堂並作父兄命

赴者

君復於小寢、大寢、小祖、大祖、庫門、四郊。
喪不剝奠也與？祭肉也與？既殯，旬而布材與明
器。朝奠日出，夕奠逮日。父母之喪，哭無時，
使必知其反也。
練，練衣黃裏、縓緣，葛要絰，繩屨無絇，
角瑱，鹿裘衡長袪，袪裼之可也。
有殯，聞遠兄弟之喪，雖緦必往；非兄弟，
雖鄰不往。所識，其兄弟不同居者皆弔。
天子之棺四重：水兕革棺被之，其厚三

寸。杝棺一。梓棺二。四者皆周。棺束。縮二衡三。
衽每束一。柏椁以端。長六尺。
天子之哭諸侯也。爵弁絰紂衣。或曰使有司
哭之。為之不以樂食。
天子之殯也。菆塗龍輴以椁。加斧於椁
上。畢塗屋。天子之禮也。
唯天子之喪有別姓而哭。
魯哀公誄孔丘曰。天不遺耆老。莫相予位
焉。嗚呼哀哉。尼父。

文齋

國亡大縣邑公卿大夫士皆厭冠哭於
大廟三日君不舉或曰君舉而哭於后土
孔子惡野哭者
未仕者不敢稅人如稅人則以父兄之命
士備入而后朝夕踊
祥而縞是月禫徙月樂
君於士有賜帟

檀弓下　卷四

君之適長殤車三乘公之庶長殤車一
乘大夫之適長殤車一乘
公之喪諸達官之長杖
君於大夫將葬弔於宮及出命引之三步
則止如是者三君退朝亦如之哀次亦如之
五十無車者不越疆而弔人
季武子寢疾蟜固不說齊衰而入見曰斯
道也將亡矣士唯公門說齊衰武子曰

不亦善乎君子表微及其喪也曾點倚其
門而歌
大夫弔當事而至則辭焉弔於人是日不
樂婦人不越疆而弔人行弔之日不飲酒
食肉焉弔於葬者必執引若從柩及壙
皆執紼
喪公弔之必有拜者雖朋友州里舍人
可也弔曰寡君承事主人曰臨君遇柩
於路必使人弔之大夫之喪庶子不受弔

妻之昆弟為父後者死哭之適室子為
主袒免哭踊夫入門右使人立於門外
告來者狎則入哭父在哭於妻之室不
為父後者哭諸異室
有殯聞遠兄弟之喪哭于側室無側室
哭于門內之右同國則往哭之
子張死曾子有母之喪齊衰而往哭之或
曰齊衰不以弔曾子曰我弔也與哉
有若之喪悼公弔焉子游擯由左

齊穀王姬之喪魯莊公為之大功或曰由魯
嫁故為之服姊妹之服或曰外祖母也故為
之服

晉獻公之喪秦穆公使人弔公子重耳曰
寡人聞之亡國恆於斯得國恆於斯雖
吾子儼然在憂服之中喪亦不可久也時
亦不可失也孺子其圖之以告舅犯舅犯
曰孺子其辭焉喪人無寶仁親以為寶
父死之謂何又因以為利而天下其孰能

說之孺子其辭焉公子重耳對客曰君惠
弔亡臣重耳身喪父死不得與於哭泣
之哀以為君憂父死之謂何或敢有他
志以辱君義稽顙而不拜哭而起起而不
私子顯以致命於穆公穆公曰仁夫公子
重耳夫稽顙而不拜則未為後也故不成
拜哭而起則愛父也起而不私則遠利也
帷殯非古也自敬姜之哭穆伯始也
喪禮哀戚之至也節哀順變也君子念

〇〇〇文後丹愛〇之〇文[illegible]禱禮〇心〇乇〇
坐[illegible]〇[illegible]〇出〇[illegible]〇流〇鬼〇神〇之〇[illegible]〇文〇北[illegible][illegible]流〇出
〇之〇[illegible]〇文[illegible]稀額之[illegible]〇風〇之〇[illegible]〇[illegible]〇文〇稀額隱
〇之〇甚〇文〇飯用米見〇[illegible]〇君〇[illegible]〇文〇[illegible]〇以〇[illegible]〇[illegible]〇用
〇美〇乇〇[illegible]〇[illegible]〇明〇[illegible]〇文〇以〇死〇[illegible]〇[illegible]〇[illegible]〇[illegible]〇[illegible]〇正〇[illegible]
〇以〇[illegible]〇[illegible]〇[illegible]〇之愛〇[illegible]〇[illegible]〇之〇[illegible]〇[illegible]〇[illegible]〇[illegible]
〇[illegible]〇[illegible]〇[illegible]〇重〇[illegible]〇[illegible]〇文〇[illegible]〇[illegible]〇重〇[illegible]〇[illegible]
〇重〇[illegible]〇[illegible]〇真以素〇[illegible]〇以〇[illegible]〇[illegible]〇[illegible]〇素〇之〇心
〇文〇[illegible]〇[illegible]〇[illegible]〇之〇[illegible]〇[illegible]〇[illegible]〇自〇[illegible]〇[illegible]〇[illegible]〇[illegible]〇神

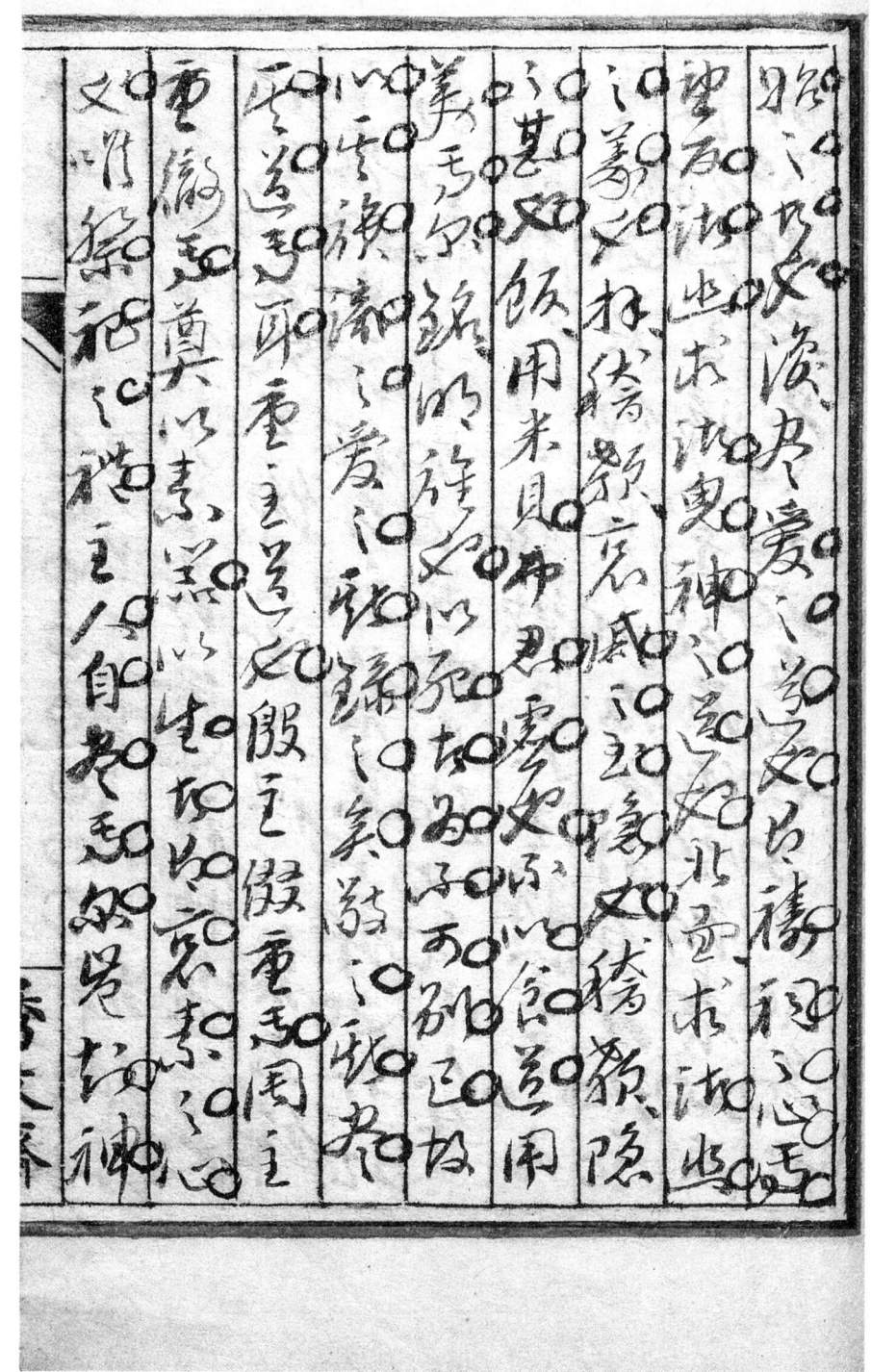

江讀倉亡心主人自高教江心文辟踊哀
江主文自算為江節知文祖括髮亡冠
惕哀江家文去飾去美文祖括髮去飾
江甚文自讀祖自讀話哀江前文弁絰
為不葬與神交江至文自致心焉周人弁
而葬殷人冔而葬歡主人主歸室足江為
其痛文君命食之文反哭外愛反江氣
讀作文主婦入于室反江氣讀書文反
知江和文哀江主文反祖文未哭江氣於

是日也以吉祭易喪祭

是也甚殷既封而和周反哭而和孔子曰
殷已慤吾從周葬於北方北首三代之達
禮也之幽之故也既封主人贈而祝宿虞
尸既反哭主人與有司視虞牲有司以几
筵舍奠於墓左反日中而虞葬日虞弗
忍一日離也是月也以虞易奠卒哭曰成事
明日祔于祖父其變而之吉祭也比至於祔
必於是日也接不忍一日末有所歸也殷練而
祔周卒哭而祔孔子善殷

君臨臣喪。以巫祝桃茢執戈。惡之也。所以異
於生也。
喪有死之道焉。先王之所難言也。禮記文。
喪之朝也。順死者之孝心也。其哀離其室
也。故至於祖考之廟而后行。殷朝而殯於祖。
周朝而遂葬。
孔子謂為明器者。知喪道矣。備物而不可
用也。哀哉。死者而用生者之器也。不殆於用
殉乎哉。其曰明器。神明之也。塗車芻靈。

自古有之。明。照之道也。孔子。謂如舜君。
故善。謂如。傍有。不任。張柏。那人。字存。
穆公問於子思曰。為舊君反服。古與。子思曰。
古之君子。進人以禮。退人以禮。故有舊君
反服之禮也。今之君子。進人若將加諸膝。退
人若將墜諸淵。毋為戎首。不亦善乎。又何反
服之禮之有。
悼公之喪。季昭子問於孟敬子曰。為君何
食。敬子曰。食粥。天下之達禮也。吾三臣者之

以德居必寬以四方莫不許弟勉之為得
則吾師母乃使人物失不以情居病在家
於家則舍之
衛聞徒隸子犯子夏不知主人知小節終而
往子游不知主人問小節子游出終及哭之
夏問之曰其知因問流丈子主人未嘗聞外
不終
曾子曰君子可謂知禮矣也恭敬之後見於
於明見子孫莪三十年還里乘及暮去

而反○國君七个○遣車七乘○大夫五个○遣車五乘○晏子焉知禮○曾子曰○國無道○君子恥盈禮焉○國奢則示之以儉○國儉則示之以禮○國昭子之母死○問於子張曰○葬及墓○男子婦人安位○子張曰○司徒敬子之喪○夫子相○男子西鄉○婦人東鄉○曰噫毋○曰我喪也斯沾○爾專之○賓爲賓焉○主爲主焉○婦人從男子皆西鄉○穆伯之喪○敬姜晝哭○文伯之喪○晝夜哭○孔子曰○知禮矣○文伯之喪○敬姜據其牀而不哭○

曰昔者吾有斯子也吾以將為賢人也吾未嘗
以就公室今及其死也朋友諸臣未有出涕
者而內人皆行哭失聲斯子也必多曠於禮
矣夫
季康子之母死陳褻衣敬姜曰婦人不飾
不敢見舅姑將有四方之賓來褻衣何為
陳於斯命徹之
有子與子游立見孺子慕者有子謂子游曰予
壹不知夫喪之踴也予欲去之久矣情在

於斯乎其是也夫子游曰禮有微情有以故
興物者有直情而徑行者戎狄之道禮道
則不然人喜則斯陶々斯咏々斯猶々斯舞
々斯慍々斯戚々斯歎々斯辟々斯踊矣品
節斯々之謂禮人死斯惡之矣無能也斯
倍之矣是故制絞衾設蔞翣為使人勿
惡也始死脯醢之奠將行遣而行之既
葬而食之未有見其饗之者也自上世以來
未之有舍也為使人勿倍也故子之所刺

於禮知亦知禮之此言也
吳侵陳斬祀殺厲師還出竟陳太宰嚭
使於師夫差謂行人儀曰是夫也多言盍
嘗問焉師必有名人之稱斯師也者則謂之
何太宰嚭曰古之侵伐者不斬祀不殺厲
不獲二毛今斯師也殺厲與其不謂之殺
厲之師與曰反爾地歸爾子則謂之何曰君王
討敝邑之罪又矜而赦之師與有無名乎
顏丁善居喪始死皇皇焉如有求而弗得

及殯○望々焉○如有從○而弗及○既葬○慨焉○如不○
及○其反○而○息○
子張問曰○書云高宗三年不言○言乃讙○有諸○仲
尼曰○胡為其不然也○古者天子崩○王世子聽於
冢宰○三年○
知悼子卒○未葬○平公飲酒○師曠李調侍○鼓
鐘○杜蕢自外來○聞鐘聲○曰安在○曰在寢○杜
蕢○入○寢○歷階而升○酌○曰曠飲斯○又酌○曰調
飲斯○又酌○堂上北面坐○飲之○降○趨而出○平

公呼而進之曰蕢曩者爾心或開予是以不
與爾言爾飲曠何也曰子卯不樂知悼子在
堂斯其爲子卯也大矣曠也太師也不以詔
是以飲之也爾飲調何也曰調也君之褻臣
也爲一飲一食忘君之疾是以飲之也爾飲何
也曰蕢也宰夫也非刀匕是共又敢與知防
是以飲之也平公曰寡人亦有過焉酌而飲寡
人杜蕢洗而揚觶公謂侍者曰如我死則必毋
廢斯爵也至于今既畢獻斯揚觶謂之

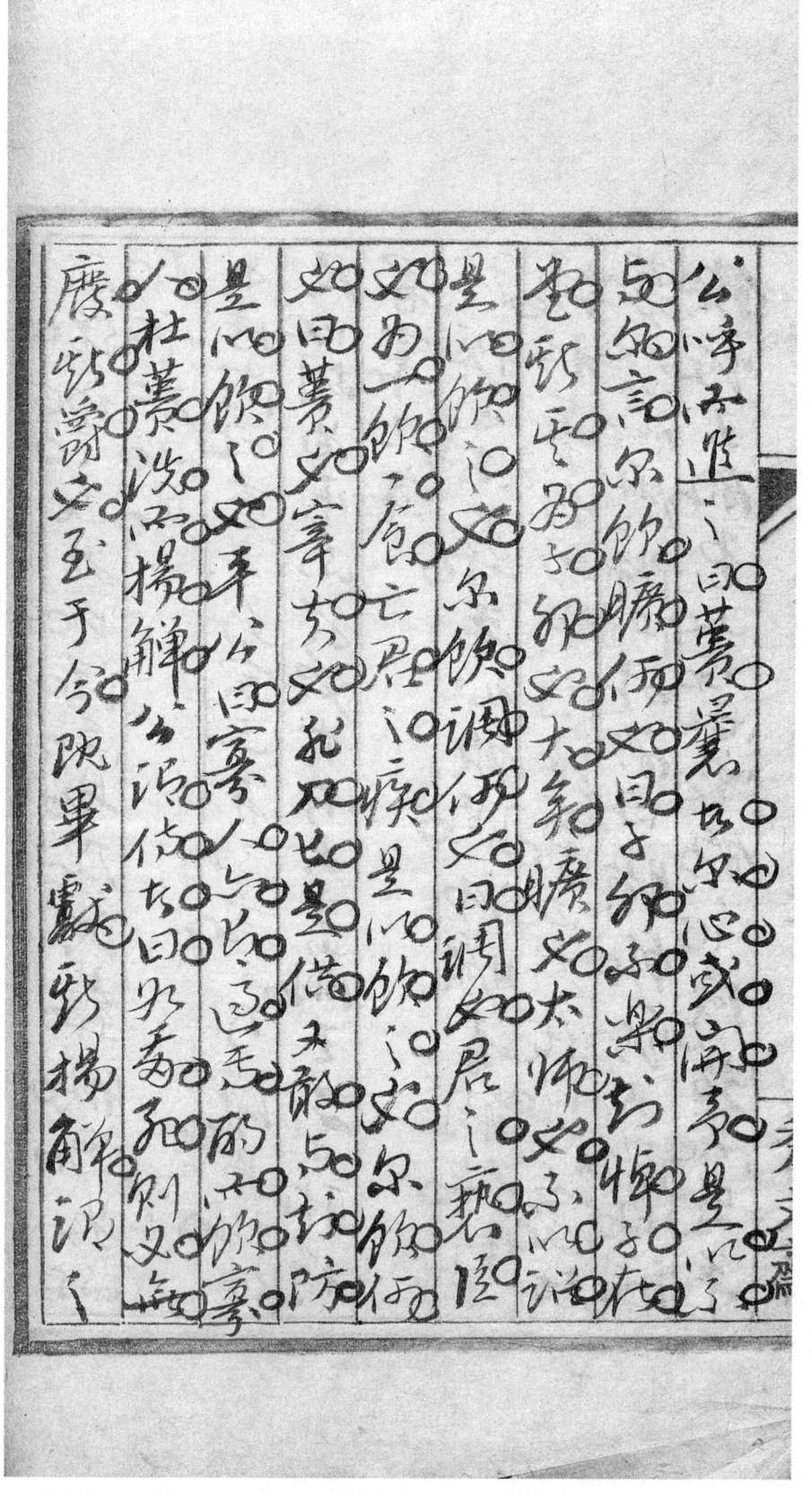

杜氏。

檀弓下 卷五

公叔文子卒。其子戍請謚於君曰。日月有時。將葬矣。請所以易其名者。君曰。昔者衛國凶饑。夫子為粥與國之餓者。是不亦惠乎。昔者衛國有難。夫子以其死衛寡人。不亦貞乎。夫子聽衛國之政。修其班制。以與四鄰交。衛國之社稷不辱。不亦文乎。故謂夫子貞惠文子。

石駘仲卒。無適子。有庶子六人。卜所以為後者曰。沐浴佩玉則兆。五人者皆沐浴佩玉。石祁子曰。孰有執親之喪而沐浴佩玉者乎。不沐浴佩玉。石祁子兆。衛人以龜為有知也。

陳子車死於衛。其妻與其家大夫謀以殉葬。定而后陳子亢至。以告曰。夫子疾。莫養於下。請以殉葬。子亢曰。以殉葬。非禮也。雖然。則彼疾當養者。孰若妻與宰。得已。則吾欲已。不得已。則吾欲以二子者之為之。於是弗果用。

子路曰。傷哉貧也。生無以為養。死無以為禮也。

孔子曰。啜菽。飲水。盡其歡。斯之謂孝。斂首

足形。還葬。而無槨。稱其財。斯之謂禮。

衛獻公出奔。反於衛。及郊。將班邑於從者

而后入。柳莊曰。如皆守社稷。則孰執羈靮而從。

如皆從。則孰守社稷。君反其國而有私也。

也。毋乃不可乎。

衛有太史曰柳莊。寢疾。公曰。若疾革。雖當

祭必告。公再拜稽首。請於尸曰。有臣柳莊

文〇如〇我寡人〇之〇臣〇社稷〇〇〇之臣〇也〇聞之死請
往〇不釋〇服〇而〇往〇遂〇以〇襚〇之〇與之邑裘氏與
縣〇潘氏書〇而〇納〇諸〇棺〇曰〇世世〇萬子〇孫〇無〇變〇也〇
陳乾昔寢疾〇屬其兄弟而命其子尊己
曰〇如我死〇則必大為我棺〇使吾二婢子夾我〇
陳乾昔死〇其子曰以殉葬〇非禮也〇況又同〇棺〇
弗〇果殺〇
仲遂卒於垂〇壬午猶繹〇萬入〇去籥〇仲尼
曰〇非禮也〇卿卒不繹〇

舊皆從小字絕句。非是。舊解不明。若以般之閒係也。說極支離不可曉也。

舊皆從息字絕句。非是。息曰也。太息不言也。

季康子之母死。公輸若方小斂。般請以機封。將從之。公肩假曰。不可。夫魯有初。公室視豐碑。三家視桓楹。般。爾以人之母嘗巧。則豈不得以。其毋以嘗巧者乎。則病者乎。噫。弗果從。

戰于郎。公叔禺人遇負杖入保者息。曰。使之雖病也。任之雖重也。君子不能為謀也。士弗能死也。不可。我則既言矣。與其鄰重汪踦往。皆死焉。魯人欲勿殤重汪踦。問於仲尼。仲尼曰。能執干戈以衛社稷。雖欲勿殤也。

不忘丙字

子路去魯謂顏淵曰何以贈我曰吾聞之也

去國則哭于墓而后行反其國不哭展墓而入

謂子路曰何以處我子路曰吾聞之也過墓

則式過祀則下

工尹商陽與陳棄疾追吳師及之陳棄疾謂

工尹商陽曰王事也子手弓而可手弓子射諸

射之斃一人韔弓又及謂之又斃二人每斃

一人掩其目止其御曰朝不坐燕不與殺三

忌、忌日也。舊說以爲遇仇，可笑。檀弓所記皆喪葬事，何有於遇仇乎。

人，亦足以反命矣。孔子曰：殺人之中又有禮焉。

諸侯伐秦，曹桓公卒于會。諸侯請含，使之襲。

襄公朝于荊，康王卒。荊人曰：必請襲。魯人曰：非禮也。荊人強之。巫先拂柩。荊人悔之。

滕成公之喪，使子叔敬叔弔，進書，子服惠伯爲介。及郊，爲懿伯之忌，不入。惠伯曰：政也，不可以叔父之私不將公事。遂入。

哀公使人弔蕢尚，遇諸道。辟於路，畫宮而

奪鄭注遂奪声相近或為兑

撥鄭注謂可撥引輴車所謂紼。正孔疏乃人所用設之故也。

曾子曰。蕢尚不如杞梁之妻之知禮也。齊莊公襲莒于奪。杞梁死焉。其妻迎其柩於路而哭之哀。莊公使人弔之。對曰。君之臣不免於罪。則將肆諸市朝。而妻妾執。君之臣免於罪。則有先人之敝廬在。君無所辱命。

孺子䵒之喪。哀公欲設撥。問於有若。有若曰。其可也。君之三臣猶設之。顏柳曰。天子龍輴而槨幬。諸侯輴而設幬。為榆沈故設

榆沉。鄭注以水澆
榆白皮之汁。有急
則播撥。於引輴
車滑。其說直而
矣。輴本以榆木
為之。沉撥重。
為輴重。故設撥。
非舊說則以成
內姒。

撥。三臣。廢輴。而設撥。竊禮之不中者也。
而君何學焉。
悼公之母死。哀公為之齊衰。
有若曰。為妾齊衰。禮與。公曰。吾得已乎哉。魯人以妻我。
季子皋葬其妻。犯人之禾。申祥以告曰。請
庚之。子皋曰。孟氏不以是罪予。朋友不以是
棄予。以吾為邑長於斯也。買道而葬。後難
繼也。
仕而未有祿者。君有饋焉曰獻。使焉曰寡

君。違而君薨。弗為服也。

虞而立尸有几筵。卒哭而諱。生事畢。而鬼事始已。

既卒哭。宰夫執木鐸以命於宮曰。

舍故而諱新。自寢門至於庫門。

二名不偏諱。夫子之母名徵在。言在不稱徵。

言徵不稱在。

軍有憂。則素服哭於庫門之外。赴車不

載櫜韔。

有焚其先人之室。則三日哭。故曰新宮火。

右三日哭。

孔子過泰山側，有婦人哭於墓者而哀，夫子式而聽之，使子路問之，曰：子之哭也，壹似重有憂者。而曰：然。昔者吾舅死於虎，吾夫又死焉，今吾子又死焉。夫子曰：何為不去也？曰：無苛政。夫子曰：小子識之，苛政猛於虎也。

魯人有周豐也者，哀公執摯請見之，而曰不可。公曰：我其已夫！使人問焉，曰：有虞氏未施信於民而民信之，夏后氏未施敬於

氏而民敬之何施而得斯於民也對曰墟墓
之間未施哀於民而民哀社稷宗廟之中
未施敬於民而民敬殷人作誓而民始畔
周人作會而民始疑苟無禮義忠信誠愨
之心以蒞之雖固結之民其不解乎
喪不慮居毀不危身喪不慮居為無廟也
毀不危身為無後也
延陵季子適齊於其反也其長子死葬
於嬴博之間孔子曰延陵季子吳之習於

禮也○往而觀其葬焉○其坎深不至於泉○
其斂以時服既葬而封廣輪掩坎其高
可隱也○既封左袒右還其封且號者三○曰骨
肉歸復于土命也○若魂氣則無不之也○無不
之也○而遂行○孔子曰延陵季子之於禮也其
合矣乎○
邾婁考公之喪○徐君使容居來弔含○曰○
寡君使容居坐含進侯玉○其使容居以
含○有司曰○諸侯之來辱敝邑者○易則易于

百祀之木猶言百
年之木也与下祀

則乎曷爲於來之與女客居曰客居
問之子居不敢忘乎居之不敢貴乎祖昔
家先君駟王西沽河於河無所不用致者
之客居魯人也不敢忘乎祖
子思之母死於衛赴於子思子思哭於廟門
人至曰庶氏之母死何爲哭於孔氏之廟乎
思曰吾過矣吾過矣遂哭於他室
天子崩三日祝先服五日官長服七日國中男
女服三月天下服虞人致百祀之木可以爲

字不同舊注幾不成語

次字曰當是日字形近而訛猶

掖擾之斬之不至之屬其祀列其人
為大餼懸教而為於路以待饑之而為之者
饑之當決轉饑饑之殊來懸教左右之在
抵賊曰屍來為揚其目而視之曰予唯不為
屍來之為以至於殺之讒而謝焉徒不為而
死弟子問之曰微子之罷之而去其謝之而為
鄉堂宗公之時有獄其父者有司以告公曰
罪失廉曰是寡人之罪也曰寡人嘗學斷
斷獄矣臣獄屢凡在官者殺無赦子獄矣

云日者也

凡在宮者殺無赦殺其人壞其室洿其宮
而豬焉蓋君踰月而后舉爵
晋獻文子成室晋大夫發焉張老曰美哉輪
焉美哉奐焉歌於斯哭於斯聚國族於
斯文子曰武也得歌於斯哭於斯聚國族
於斯是全要領以從先大夫於九京也北
面再拜稽首君子謂之善頌善禱
仲尼之畜狗死使子貢埋之曰吾聞之也敝
帷不棄為埋馬也敝蓋不棄為埋狗也丘也

貧無蓋於其封也亦予之席毋使其首
陷焉路馬死埋之以帷
季孫之母死哀公弔焉曾子與子貢弔焉閽
人為君在弗內也曾子與子貢入於其廄而脩
容焉子貢先入閽人曰鄉者已告矣曾子後
入閽人辟之涉內霤卿大夫皆辟位公降一
等而揖之君子言之曰盡飾之道斯其行者
遠矣
陽門之介夫死司城子罕入而哭之哀晉人

之覘宋者反報於晉侯曰陽門之介夫死而
子罕哭之哀而民說殆不可伐也孔子聞之曰
善哉覘國乎詩云凡民有喪扶服救之雖
微晉而已天下其孰能當之
魯莊公之喪既葬而絰不入庫門士大夫既
卒哭麻不入
孔子之故人曰原壤其母死夫子助之沐椁
原壤登木曰久矣予之不托於音也歌曰貍
首之斑然執女手之卷然夫子為弗聞也者

於而過之○以淚於曰子某知○而已○衰○夫子因立謂○

之親於○世失其所○親以孝於世失其所孝

如○

趙文子與叔譽觀乎九原○文子曰○死者如可○

作也○吾誰與歸○叔譽曰其陽處父乎○文子曰

行并植於晉國○不沒其身○其知不足稱也○

其舅犯乎○文子曰○見利不顧其君○其仁

不足稱也○我則隨武子乎○利其君不忘其

身○謀其身不遺其友○晉人謂文子知人○文子

吉注疏皆釋作
告不知其是
否誤字也

其中退然如不勝衣。其言吶吶然如不出
諸其口。所舉於晉國管庫之士七十有餘家。
生不交利。死不屬其子焉。
叔仲皮學子柳。叔仲皮死。其妻魯人也。衣
衰而繆絰。叔仲衍以告。請繐衰而環絰。曰昔
者吾喪姑姊妹亦如斯。末吾禁也。退使其妻
繐衰而環絰。
成人有其兄死而不爲衰者。聞子皋將爲
成宰。遂爲衰。成人曰。蠶則績而蟹有匡。

范則冠而蟬有緌兄則死而子皋為之衰
樂正子春之母死五日而不食曰吾悔之自吾
母而不得吾情吾惡乎用吾情
歲旱穆公召縣子而問然曰天久不雨吾欲
暴尪而奚若曰天久不雨而暴人之疾子虐毋
乃不可與然則吾欲暴巫而奚若曰天則不雨
而望之愚婦人於以求之毋乃已疏乎徙市
則奚若曰天子崩巷市七日諸侯薨巷
市三日為之徙市不亦可乎

孔子曰衛人之祔也離之魯人之祔也合之

善矣

詩小序

關雎后妃之德也風之始也所以風天下而
正夫婦也故用之鄉人焉用之邦國焉風風也教
也風以動之教以化之詩者志之所之也在
心為志發言為詩情動於中而形於言言之
不足故嗟歎之嗟歎之不足故永歌之
永歌之不足不知手之舞之足之蹈之也
情發於聲聲成文謂之音治世之音安以樂
其政和亂世之音怨以怒其政乖亡國之

音哀以思其民困故正得失動天地感鬼
神莫近於詩先王以是經夫婦成孝敬
厚人倫美教化移風俗故詩有六義焉
一曰風二曰賦三曰比四曰興五曰雅六曰頌上
以風化下下以風刺上主文而譎諫言之者無
罪聞之者足以戒故曰風至于王道衰禮
義廢政教失國異政家殊俗而變風變
雅作矣國史明乎得失之跡傷人倫之
廢哀刑政之苛吟詠情性以風其上達

於事變而懷其舊俗者也故變風發乎
情止乎禮義發乎情民之性也止乎禮
義先王之澤也是以一國之事繫一人之本
謂之風言天下之事形四方之風謂之雅
雅者正也言王政之所由廢興也政有小大
故有小雅焉有大雅焉頌者美盛德之形容
以其成功告於神明者也是謂四始詩
之至也然則關雎麟趾之化王者之風故
繫之周公南言化自北而南也鵲巢騶

虞之德諸侯之風也先王之所以教故
繫之召公周南召南正始之道王化之基
是以關雎樂得淑女以配君子憂在進
賢不淫其色哀窈窕思賢才而無傷善
之心焉是關雎之義也

坊記

子言之君子之道辟則坊與坊民之所不足者也大為之坊民猶踰之
故君子禮以坊德刑以坊淫命以坊欲
子云小人貧斯約富斯驕約斯盜驕斯亂
禮者因人之情而為之節文以為民坊者也
故聖人之制富貴也使民富不足以驕貧
不至於約貴不慊於上故亂益亡
子云貧而好樂富而好禮眾而以寧者天下其幾矣詩云
民之貪亂寧為荼毒故制國不過千乘都

城不过百雉。家富不过百乘。以此坊民。诸侯
犹有畔者。
子云。夫礼者。所以章疑别微。以为民坊者也。
故贵贱有等。衣服有别。朝廷有位。则
民有所让。子云。天无二日。土无二王。家无二主。尊无二上。
示民有君臣之别也。春秋不称
楚越之王丧。礼君不称天。大夫不称君。
恐民之惑也。诗云。相彼盍旦。尚犹患之。子云。
君不与同姓同车。与异姓同车不同服。示

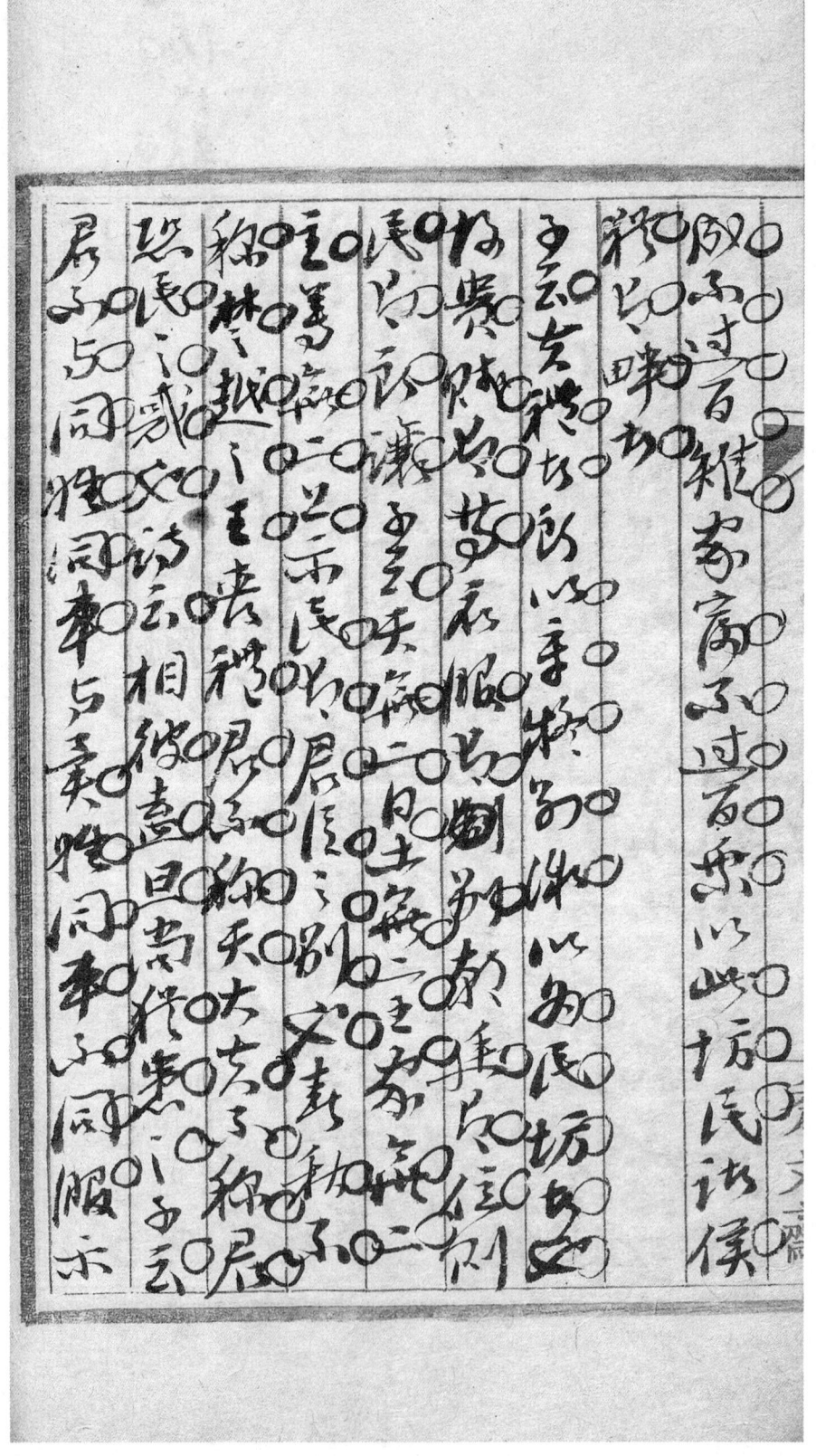

民不嫌以此坊民民猶得同姓以弒其君
子云君子辭貴不辭賤辭富不辭貧則
亂益亡故君子與其使食浮於人也寧使
人浮於食子云觴酒豆肉讓而受惡民猶
犯齒衽席之上讓而坐下民猶犯貴朝廷
之位讓而就賤民猶犯君詩云民之無良相
怨一方受爵不讓至于己斯亡子云君子貴
人而賤己先人而後己則民作讓故稱人之君
曰君自稱其君曰寡君子云利祿先死者而

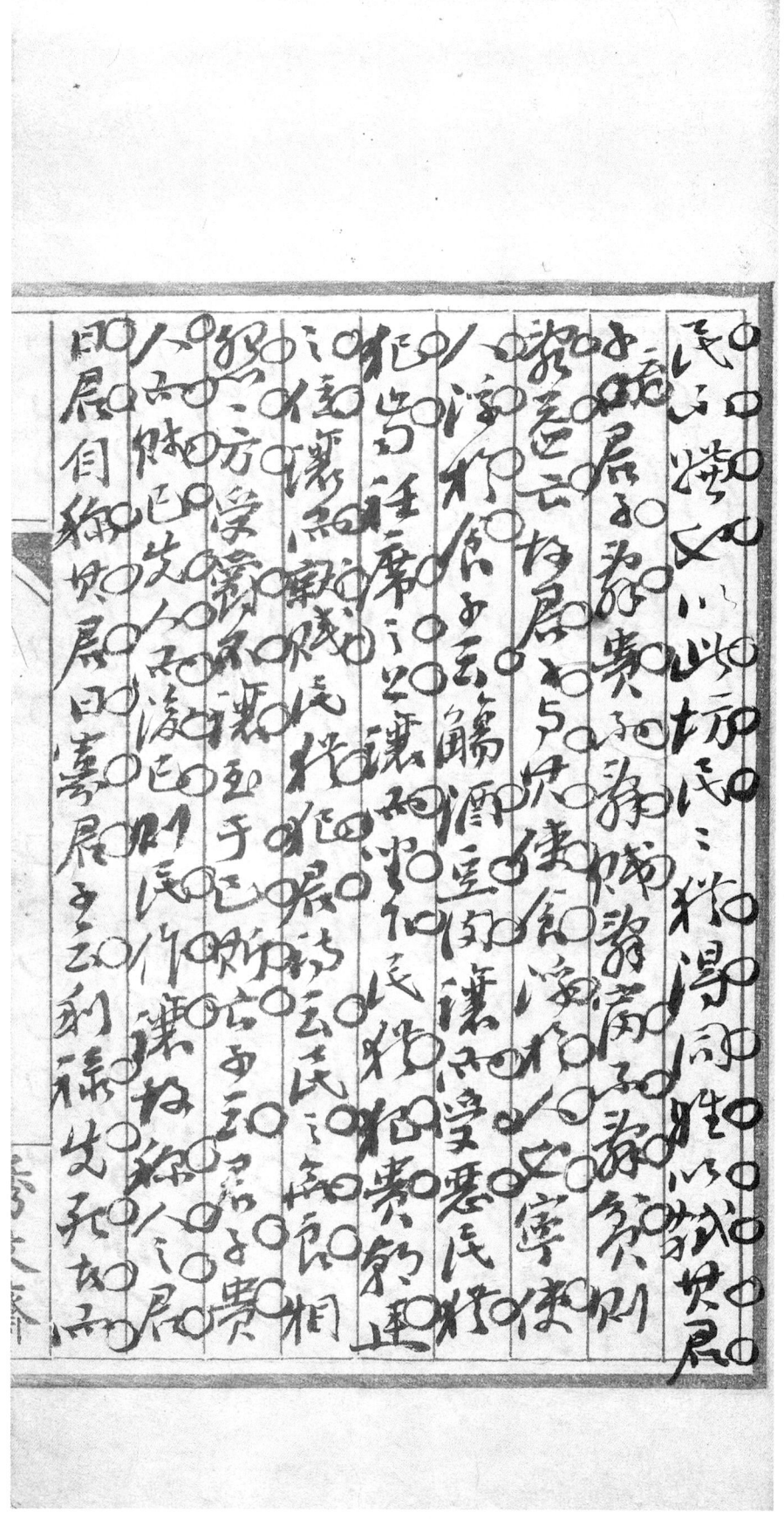

死生焉則民不偝先亡焉而後存焉則民
可以託詩云先君之思以畜寡人以此坊民
民猶偝死而號無告
子云有國家者貴人而賤祿則民興讓尚技
而賤車則民興藝故君子約言小人先言
子云上酌民言則下天上施上不酌民言則犯也
下不天上施則亂也故君子信讓以涖百姓則民
之報禮重詩云先民有言詢于芻蕘子云善則
稱人過則稱己則民不爭善則稱人過則稱己

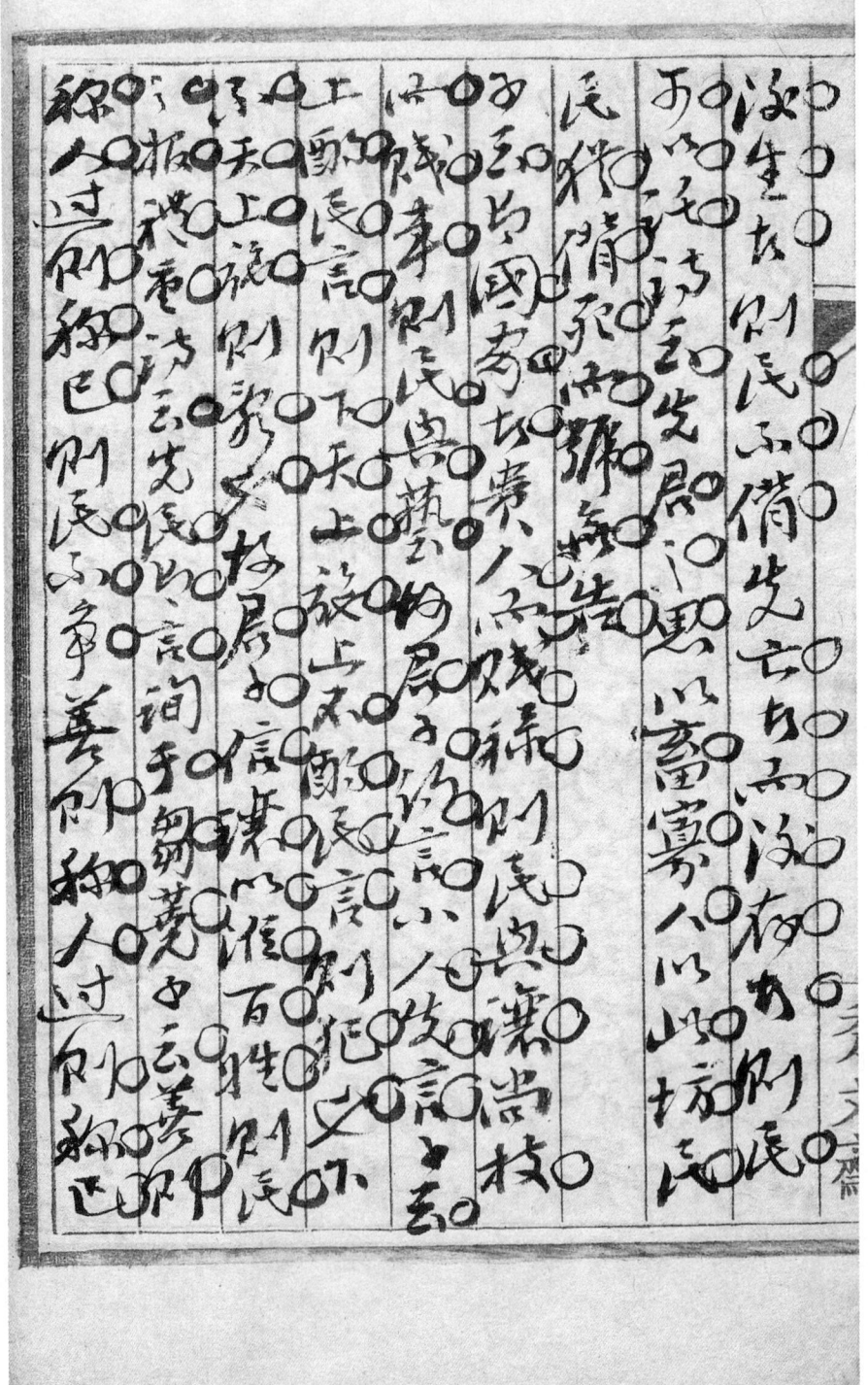

則怨益亡詩云爾卜爾筮履無咎言子云善
則稱人過則稱己則民讓善詩云考卜惟王
度是鎬京惟龜正之武王成之子云善則稱
君過則稱己則民作忠君陳曰爾有嘉謀嘉猷
猷入告爾君于內女乃順之于外曰此謀此
猷惟我君之德於乎是惟良顯哉子云善則
稱親過則稱己則民作孝大誓曰予克紂非
朕武惟朕文考無罪紂克予非朕文考有
罪惟予小子無良子云君子弛其親之過而敬

其美論語曰三年無改於父之道可謂孝矣高
宗云三年其惟不言言乃讙子云從命不忿微
諫不倦勞而不怨可謂孝矣詩云孝子不匱
子云睦於父母之黨可謂孝矣故君子因睦以
合族詩云此令兄弟綽綽有裕不令兄弟交
相為瘉子云於父之執可以乘其車不可以衣其
衣君子以廣孝也子云小人皆能養其親君子
不敬何以辨子云父子不同位以厚敬也書云
厥辟不辟忝厥祖子云父母在不稱老言孝

不言慈閨門之內戲而不歎君子以此坊民民
猶薄於孝而厚於慈
子云長民者朝廷敬老則民作孝子云祭祀之
有尸也宗廟之有主也示民有事也修宗廟敬祀
事教民追孝也以此坊民民猶忘其親
子云敬則用祭器故君子不以菲廢禮不以美
沒禮故食禮主人親饋則客祭主人不親饋
則客不祭故君子苟無禮雖美不食焉易
曰東鄰殺牛不如西鄰之禴祭寔受其福詩

云既醉以酒既飽以德以此坊民民猶爭利而
忘義
子云七日戒三日齊承一人焉以爲尸過之者趨走以
教敬也醴酒在室醍酒在堂澄酒在下示民不
淫也尸飲三衆賓飲一示民有上下也因其酒
肉聚其宗族以教民睦也故堂上觀乎室堂
下觀乎上詩云禮儀卒度笑語卒獲子云
賓禮每進以讓喪禮每加以遠浴於中霤
飯於牖下小斂於戶內大斂於阼殯於客

位祖於庭葬於墓所以示遠也殷人弔於壙周人弔於家示民不偝也子云死民之卒事也吾從周以此坊民諸侯猶有薨而不葬者

子云升自客階受弔於賓位教民追孝也未沒喪不稱君示民不爭也故魯春秋記晉喪曰殺其君之子奚齊及其君卓以此坊民子猶有弒其父者

子云孝以事君弟以事長示民不貳也故君

如此君不謀仕唯卜之日稱二君喪父三年喪
君三年示民不疑也父母在不敢有其身不敢
私其財示民有上下也故天子四海之內無客
禮莫敢為之主焉故君適其臣升自阼階即位
於堂示民不敢有其室也父母在饋獻不及
車馬示民不敢專也以此坊民民猶忘其親而
貳其君
子云禮之先幣帛也欲民之先事而後祿也先
財而後禮則民利無辭而行情則民爭故

君子於有饋者弗能見則不視其饋易曰不
耕穫不菑畬凶以此坊民民猶貴祿而賤行
子云君子不盡利以遺民詩云彼有遺秉此
有不斂穧伊寡婦之利故君子仕則不稼
田則不漁食時不力珍大夫不坐羊士不坐
犬詩云采葑采菲無以下體德音莫違及爾
同死以此坊民民猶忘義而爭利以亡其身
子云夫禮坊民所淫章民之別使民無嫌
以為民紀者也故男女無媒不交無幣不

相見悲男女之無別，父以此坊民，民猶有自
獻其身。
詩云：伐柯如之何，匪斧不克；取妻如之何，
匪媒不得。藝麻如之何，橫從其畝；取妻
如之何，必告父母。子云：取妻不取同姓，以厚
別，故買妾不知其姓則卜之。以此坊民，魯
春秋猶去夫人之姓曰吳，其死曰孟子卒。
子云：禮非祭，男女不交爵。以此坊民，陽侯
猶殺繆侯而竊其夫人，故大饗廢夫人

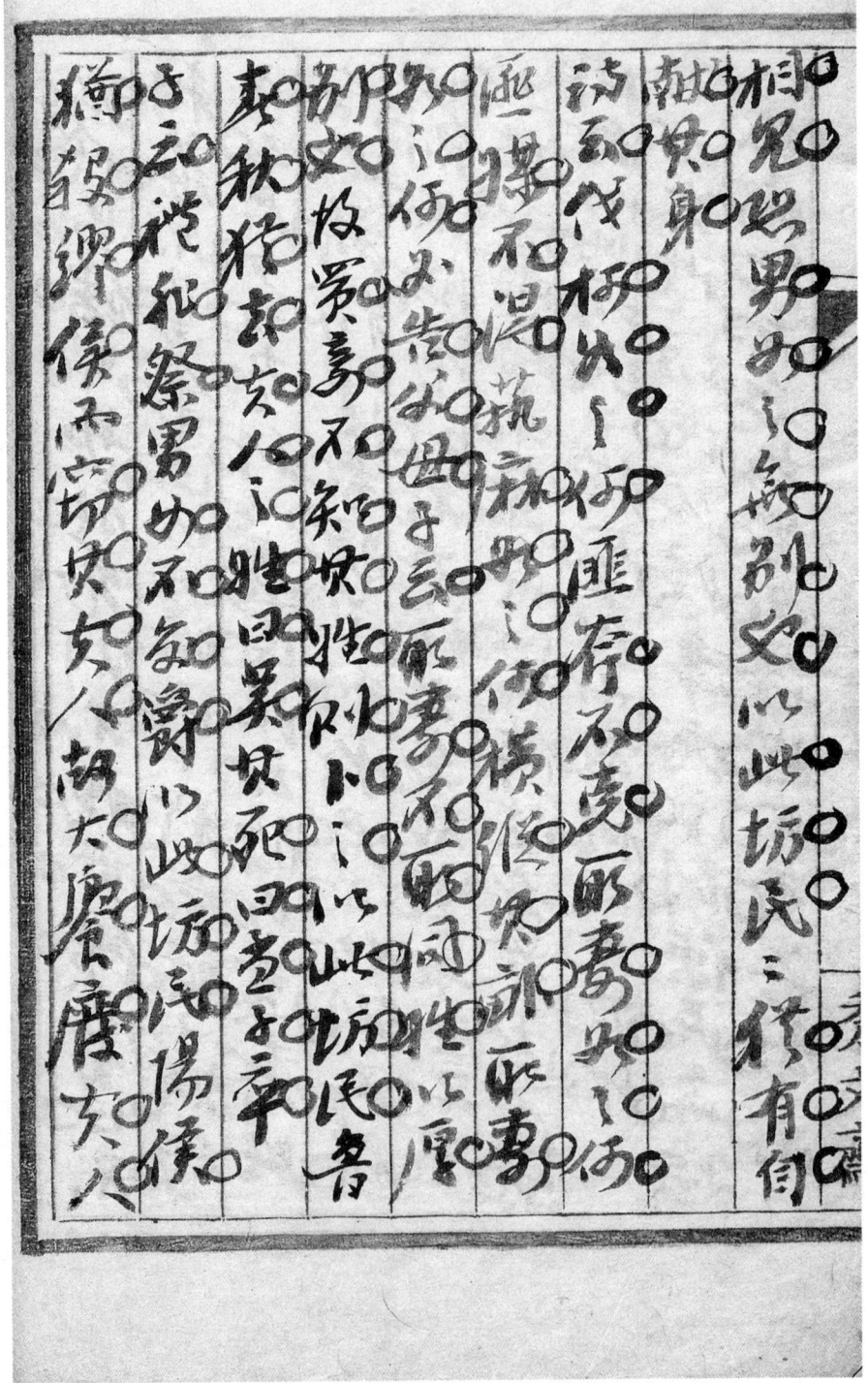

之様

子云寡婦之子不有見焉則弗友也君子以

辟遠也故朋友之交主人不在不有大故

則不入其門以此坊民之猶以色厚於德子云

好德如好色

諸侯不下漁色故君子遠色以為民紀故男

女授受不親御婦人則進左手姑姊妹女

子已嫁而反男子不与同席而坐寡婦不

夜哭婦人疾問之不問其疾以此坊民之猶

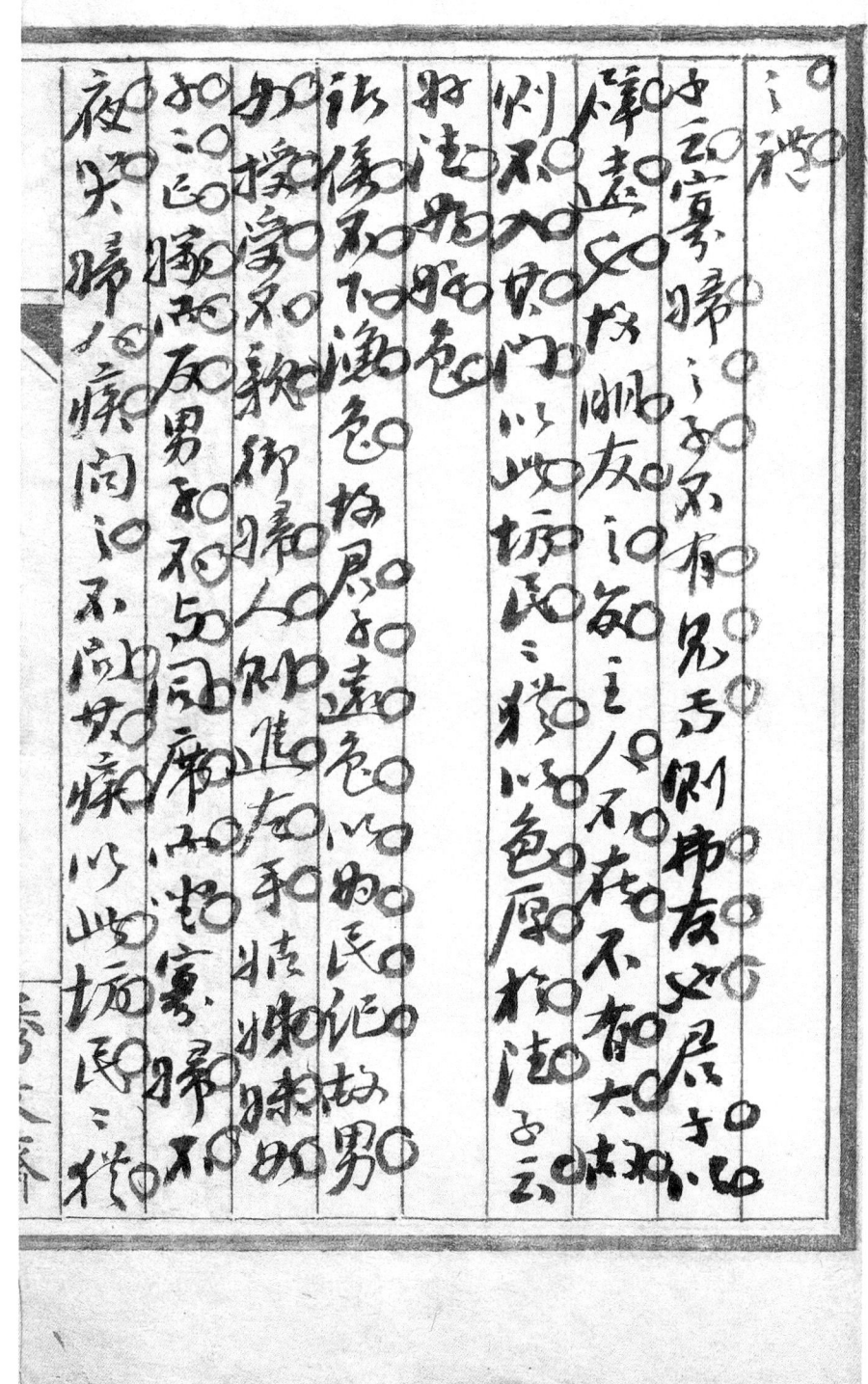

淫泆而敗於族

于云咎從婿叔退見於蜀睹蜀睹承予以授

婿路子之遂女以此坊民歸得與君至哉

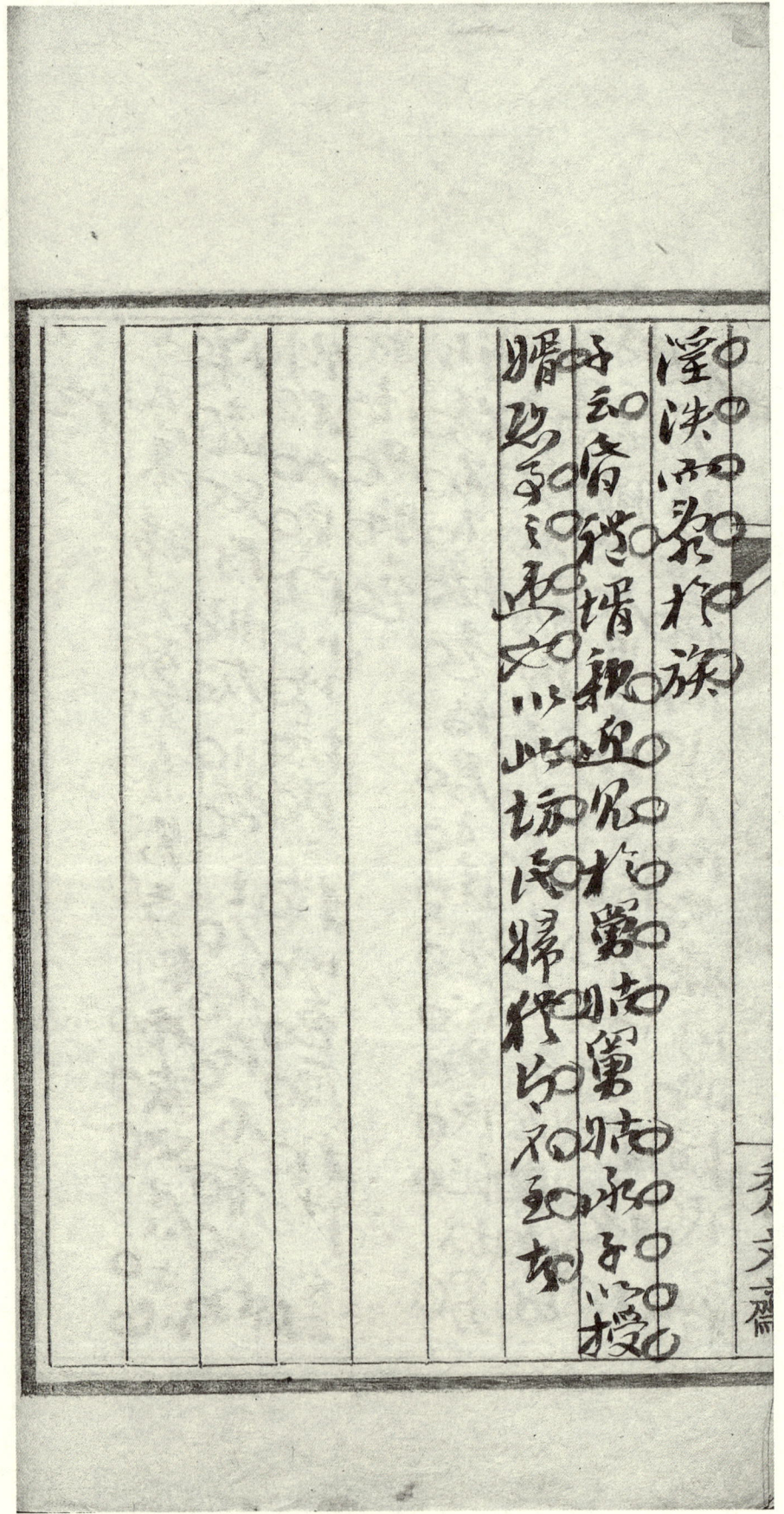

吴秋輝雜抄（殘稿）

吴秋輝　抄

菩薩蠻　梁蔭庭題葉南雪所摹朱居士像　茶人

桃花扇。題桃花。畫桃花。扇桃花。度桃花。敲斜倚小桃枝。

虞生腕淚方飛，桃與葉心是年年桃樣是桃花。

傳全梁唱機人。

猶記扇子腕臨碑。（桃花扇舊尾陽羨陳氏奧應□）

香於舊夢今誰渡，寫盡是年儂。註解絕□□海□□□

壹□春晚賸著夢，三十年前□玉惡□年新。

最憐余美人。（庚辰歲立秋下與南雪相識，曾索余題

余秋室晚年王像。）□□清人□卷□□□橋託友百尺□□

凭樓樓上頭 白門春色。花千點。桃李開擲殘

同今依舊秦淮碧。琵琶不知。瑤草。綠

斜陽。依舊。秦淮。碧娟。和。樹上。飛日。歸燕子。說前朝。

夕陽朱樓。樓孔雀。歌。桃花。月晚。柳是。調。似。消又似前

當時桃花。春。未。花。

夢溪筆談

登州海中時有雲氣如宮室臺觀城堞人物車馬冠蓋歷歷可見謂之海市或曰蛟蜃之氣所為疑不然也歐陽文忠曾出使河朔過高唐縣驛舍中夜有鬼神自空中過車馬人畜之聲一一可辨其說甚詳此不具紀問本處父老云二十年前嘗晝過縣亦歷歷見人物土人亦謂之海市與登州所見大略相似也

盧中甫家吳中嘗未明而起墻柱之下有光熠然就視之似水而動急以油紙扇挹之其物在扇中滉漾正如水銀而光艷爛然以火燭之則了無一物又魏國大主家亦嘗見此物李團練評嘗言予與中甫說無少異不知何異也

治平中澤州人家穿井土中見一物蜿蜒如龍蛇狀畏之不敢觸久之見其試撲之乃石也村民無知遂碎之時程伯純為晉城令求得

各甲皆具生物蓋蛇蜃所化如石蟹之類

熙寧九年恩州武城縣有旋風自東南來望之插天如羊角大木盡拔俄頃旋風卷入雲霄中既而漸近乃經縣城官舍民居略盡悉卷入雲中縣令兒女奴婢卷去復墜地死傷者數人民間死亡失者不可勝計縣城悉為丘墟遂移今縣

海物有車渠蛤屬也大者如箕背有渠壟如蚶殼故以為器緻如白玉生南海尚書大傳曰文王囚於羑里散宜生得大貝如車渠以獻紂鄭康成乃解之曰渠車罔也蓋康成不識車渠謬解之耳

鄜延境內有石油舊說高奴縣出脂水即此也生於水際沙石與泉水相雜惘惘而出土人以雉尾甃之乃採入缶中頗似淳漆燃之如麻但煙甚濃所霑幄幕皆黑予疑其煙可用試掃其煤以為墨黑光如漆松煙不及

遂大為之其識文為延川石液者是也此物後必大行於世自予始
為之蓋此物至多生於地中無窮不若松木有時而竭今齊魯間松
林盡矣漸至太行京西江南松山大半皆童矣造煤人蓋知石烟之利也
石炭烟亦大墨人衣予戲為延州詩云二郎山下雪紛紛旋卓穹廬學塞
人化盡素衣冬未老石烟多似洛陽塵
趙韓王治第麻搗錢一千二百餘貫其他可知蓋屋皆以板為笪上以方甎
甃之然後布瓦至今完壯（塗壁以麻搗土世俗遂謂塗壁麻為麻搗）
內諸司舍屋惟祕閣最宏壯閣下穹隆高敞相傳謂之木天
宋明帝好食蜜漬鱁鮧一食數升鱁鮧乃今之烏鰂腸也如何以蜜漬食
之大業中吳郡貢蜜蟹二千頭蜜擁劍四瓮又何胤嗜糖蟹大抵南人
嗜鹹北人嗜甘魚蟹加糖蜜蓋便於北俗也如今之北方人喜用麻油

煎物亦同此物皆用油煎慶曆中學士會於玉堂使人置得生蛤蜊
一簣令庖人烹之久且不至客訝之使人檢視則曰煎之已焦黑而尚未
爛坐客莫不大笑予嘗過親家設饌有油煎法魚鱗鬣虬然無
下箸處主人則捧而橫嚙終不能咀嚼而罷
宣州寧國縣多枳首蛇其長盈尺黑鱗白章兩首文彩同但一首逆鱗
耳人家庭檻間動有數十同穴略如蚯蚓
信州鉛山縣有苦泉流以為澗挹其水熬之則成膽礬烹膽礬則成銅熬
膽礬鐵釜久之亦化為銅物之變化固不可測按黃帝素問有天五
行地五行土之氣在天為濕土能生金石濕亦能生金石此其驗也又
石穴中水所滴皆為鐘乳殷孽春秋分時汲井泉則結石花大鹵之
下則生陰精石皆濕之所化也如木之氣在天為風木能生火風亦

能生火蓋五行之性也

關中無螃蟹元豐中予在陝西聞秦州人家收得一乾蟹土人怖其形狀以爲怪物每人家有病瘧者則借去掛門戶上往往遂差不但人不識鬼亦不識也

宋宣獻博學喜藏異書皆手自校讎常謂校書如掃塵一面掃一面生故有一書每三四校猶有脫謬

前世風俗卑者致書於所尊尊者但批紙尾答之曰反故人謂之批反如官司批狀詔書批答之類故紙尾多作敬空字自謂不敢抗敵但空紙尾以待批反耳尊者亦自處不疑不務過敬前世書啟甚簡亦少用聯幅者後世虛文浸繁無昔人款款之情此風極可惜也

於人世中的古印年多是軍中收古之凶佩年罷免遷死皆也
即復的以印綬葬于極稀之中所的多是沒於行陣者
是寶中常帶些的大錢三十餘千文皆順天的一些時在廷皆從古無
的一年號某朝的代物年按唐書史畧明僭號鑄順天的一錢
順天乃其偽年號的一物以名鑄錢了我年號文
世的秉遷先證之皆的錄文凡二十字之極古某能讀以證㕥日定則
背文及二十字之皆秉遷左底墜上了之多的人的原其理以為講的處
露先治性皆是文義厚沒淡而詞端多文雖在背面而證面隱
然的跡所以於先中現了現之理識出是然的事家有三證又見
於家所藏皆是一樣文先識字無識某古形制甚古唯此一樣光
秉遷其他證錯亦處古皆某能秉遷意古人多自有術

算術多門，如求一、上驅、搭因、重因之類，皆不離乘除，唯增成一法稍異，其術都不用乘除，但補虧就盈而已。假如欲九除者，增一便是；欲八除者，增二便是，但一位一因之。若位數少，則頗簡捷；位數多，則愈繁，不若乘除之有常。然算術不患多學，見簡即用，見繁即變，不膠一法，乃為通術也。

鯉魚當脅一行三十六鱗，鱗有黑文如十字，故謂之鯉。文從魚、里者，三百六十也。然井田法即以三百步為一里，恐四代之法容有不相襲者。

晉宋人墨跡多是弔喪問疾書簡。唐貞觀中購求前世墨跡甚嚴，非弔喪問疾書跡，皆入內府。士大夫家所存，皆當日朝廷所不取者，所以流傳至今。

慶曆中，予在京師，有鬻唐人以一方石鎮肉，視之若皆鐫利，試之

石洗濯乃宋海陵王墓銘謝朓撰并書其字如鍾繇極可愛予攜之十餘年文思副使夏元昭借去遂託以墜水不知落何處此銘朓集中不載

國朝初平江南歲鑄錢七萬貫自後稍增廣至天聖中歲鑄一百餘萬貫慶曆間至三百萬貫熙寧六年以後歲鑄銅鐵錢六百餘萬貫

驛傳舊有三等曰步遞馬遞急腳遞急腳遞最遽日行四百里惟軍興則用之熙寧中又有金字牌急腳遞如古之羽檄也以木牌朱漆黃金字光明眩目過如飛電望之者無不避路日行五百餘里有軍前機速處分則自御前發下三省樞密院莫得與也

經典釋文多然安生舊本河朔人反切多用北音陸德明吳人多從
吳音鄭康成齊人多從東音如璧音必肉好肉音揉在北人音也金作
贖刑贖音樹此亦北人音也至今河朔人謂肉為揉謂贖為樹如打字
音丁梗反罷字音部買反皆吳音也如瘍醫祝藥劀殺之齊祝音呪
鄭康成改為注此齊魯人音也至今齊語謂祝為注之呪此官名中尚書存秦
反為音上語之尚書在秦人音也秦人至今語尚為常
十二律配燕樂二十八調除無徵音外凡般也凡黃鍾宮今為正宮用六字
黃鍾商今為越調用六字黃鍾角今為林鍾角用尺字黃鍾羽今
為中呂調用六字大呂宮今為高宮用四字大呂商大呂角大呂羽
太簇宮今燕樂皆無太簇商今為大石調用四字太簇角今為越
調用上字太簇羽今為正平調用四字夾鍾宮今為中呂宮用一字
夾鍾商今為高大石調用一字夾鍾角夾鍾羽姑洗商今燕樂

皆无姑洗角今为大石角用凡字姑洗羽今为高平调用一字中吕宫今为道调宫用上字中吕商今为双调用上字中吕角今为高大石调用六字中吕羽今为仙吕调用上字蕤宾宫角羽今燕乐皆无林钟宫今为南吕宫用尺字林钟商今为小石调用尺字林钟角今为双调角用四字林钟羽今为大吕调用尺字夷则宫今为仙吕宫用工字夷则商角羽南吕宫今燕乐皆无南吕商今为歇指调用工字南吕角今为小石角用一字南吕羽今为般涉调用四字无射宫今为黄钟宫用凡字无射商今为林钟商用凡字无射角今燕乐无无射羽今为高般涉调用凡字应钟宫应钟商今燕乐皆无应钟角今为歇指角用尺字应钟羽今燕乐无

琴瑟弦皆以应[illegible]宫弦则应少宫商弦即应少商其馀皆仿此

相氣合出中者蓋古須依此用之歟古貫氣古先調弦合
蓋和乃蕭依人加了弦且移貫氣弦了則依人躍作弦即不動蓋
得高下為開謝也作琴鼓之氣弦了為震此之謂正聲
世俗十月過至自此入弦之入萬果人弦之倒布今日氣象為律月
癸白養温顔九月甲日顔八月如此倒布之直至辛日如十月過春
於時節即温夏即暑冬即寒辛日以後自然時令此不出陰陽
由於節氣候之而明其準莫古河謂
杜若即今之高良薑　零陵香名蕙　鈎吻一名野葛　白楊
一名扶移
秋光都似宦情薄山色不如歸意濃　張忠定公成都府日京寺巫古
録事參軍葉生作也
北斗高而下任處天文凡有前者星則行速星多則尤速月行自有

處迷宮數然過行麼曆罪前必有星女子信說六陰陽相風向相契了

魯從越孜蔘華牲又抱閑猥之韵糙宗家八旗多華江山九牲美人麻色莊翰苑障鳥相慣句京華打白蔡注此處查讀感事待詞女精說從家此詩城王玉見公寓戲寫竹城詩於雍寺海花操中二語入小說詩竹城自作我李家山李者言小傳云青梅注曼過八丹了見了曼過六詩在側八大字歷來無若此用者點過年點了都佳躭哭家家日望牛獨特狗氏傑兀大從殺滴過之應

吴秋輝遺稿（殘稿）

吴秋輝　撰并抄

聞雁

縹緲遙天新雁鳴，紛紛客耳攪秋聲。惱人江上楓和夜作，
故里高堂尺素程。幾年北望暮雲斷，吊影南征沅湘帶，
勇吾中莫動高樓望情。

淮安新城有感

清國經多異氣雄，珠煙霧雨畫雲重。春樓落底江蘇去，
暮雨出淮慈子死，四鎮風沙落夜寒。出重雞種元氣，隱行人
淡隋宮楊柳，披拂長條三十圍。
可憐當年楊之淑，是可陽窮別雨過廣陵，君家院走雲起，更引
長淮泛帶湖，蓋裡人稀，離離嚼暫垣風色蘇菱，家
渡浪安平，君向我訶，不無四。

雨後觀音門渡江

絕頂煙帆蹤暮曉寒江依舊浦平吳山前兩岸差
江流頃第生泉古岩傳搖扇渡還聽鶴石詠林南平
恨傷心史烟恨秦淮玉笛風

登燕子磯

峨濤萬里雪中收振策危磯最上頭吳楚青黃分樹浦
江山萬里年慈入新秋家家南渡人何盡建業西風獨自
流灘流重飛天盡跡波高飛鷺滿汀洲

登金山

振衣直上江天閣懷古仍懷海岳樓三楚風濤杯底合九江雲
物望中收石心搖落思鄰裂玉帶山河訪舊想奇醉時
詩成高頂蟠龍鶴暮江秋
三山縹渺碧中河只客寒叢候遊波絕頂高秋齊鶴鸛大江

白日澄虛處處蒼蒼。冷冷鐘聲雲間出。歷歷帆檣何處過。不知江南東南開
地。不坼示理當千古。

潤州懷古

楚雲直下大江流。鐵甕城高萬木秋。宋帝南朝猶作鎮。蕭
公北顧更名樓。江山勝跡留三國。海道烽煙動五洲。只說孫
郎西郡如事。蹺白浪使人愁。
興亡六代已消沉。豈此荒荒思不禁。黃鶴山頭空有色。佛經帳的
蒼濤深處閱北府千年勝。雲人西津津一片。但興剩五倣示口流。
三山披翻足開襟。

虎丘

闔廬霸業已消沉。鐘聲古山自古名。劍去虎丘[illegible]枯
[illegible]

心花睡醒手三句，月照禪心。

闔廬墓

劍池春日行清處，石壁臨楓市闔廬。於越竹朱誰殺徐，
樹得千秋歡影。虎鄰雲王多未傳，雲霓葬寶六山葬玉鳧。太
息恩讎方元州土。蓋屬書學理拈骨。

姑蘇懷古

今古黃池未滿時，餘金每已從熊黃山以後古出高音菰等
千年望種象龍故園鎖猜花行人猜斷越漢孫竹枝春
谷春將老破裂一朵暮為樹
斜日停棹嘆奈何，横塘春散操薹別春山去道闔閭孫黛
春風吹笑蘿度花消消夜針著衣滿森秋出波子金柱鏽鷗
更修鳥自高飛更耀羅

山徑何時蕪玉色真之轉眄白雲祖誠人已自籌三策秋霜當
手西至淅而至蒙塵也噫嗟乎素練鶴未半去昔傷心更甚
南陽寧不獨寬淚泣千青

登觀音閣眺望

幕府山頭晚照涼空高古道理樹蒼茫濛濛夕照開帆色暮
葉搖帆影星星原暮穿依江花鳥和子崖桃長暮雲歸沙
羅花落千秋靜坐聽潮鐘出上方

真州城南作

真州城南天下稀人家終日在清暉去檣魚浦晚潮落蓋港
叢祠新鶴飛數片新黃饒江出蒼山山點碧送帆殘白沙洲
之樓臺靜對與提壺坐裏斜

送茗文之京

蕭蕭江湖春行坐漫來風景為誰清飲故人臨白髮中下鐵
微雲深雞渡平竹分寒煙夜出鐵花月細雨廣陵城樹深
小隱六通雷語深濟見孫十載情
涼御裘繞朱衣排石謀狂去與君相逢來海載鶴橫江去雨晴
君花摩帽海此去故人家深少英君叔送道大去歸山頭來路
並為相向為道誰摩城帶閑

懷洞庭

巴陵湖入有景岳陽樓上數峯青夢暗春樓滿湖秋雲
岩頭望洞庭斑竹樹從春後長夜猶遠白雲中醉新
詩成孫郎多少臨歎春來年

潤州曉渡

孫湖分離供向依北渡回君雲樹湖白六雲來湖下夜子陽來

去歲逢兄留錄出新秋集江陵此江界根菊稀識寒

城邊重憐出書半華云識重圍

荅朱錫鬯廣陵見懷

桃葉渡頭秋雨絲蕪城花落黃昏驚濤白馬來青口破

帽疏鐙出鷹一江梅落萬峰海上今來添到朵人在者

火橫蘇堤相待皆轉兄稱雪相樓

夜登觀音巖弘濟寺贈終南融道人

空際星懸叢暮鐘時出寒煙高客思冰二寒瀲孤鳥去

冥冥撲面散帆匯遠林江人語驚山鬼方丈燈明峰陰倚

問原肩老鳥宿雲山雨雪是前朝

憶明湖

一出明湖照眼明珠羅當數前栽種煙樹濃深山千疊翠

芝扶諫我中掛歷六亭中望峰出我西樹暎川噴笙韻山

字字衣身三頁那得慰愁引樽行

朱錫鬯自代州至京奉柬

知從雁門代馬諳談，談兵猶塞上偃月横。銅鐵裹旗年起屋壘碧

玉麈清高晉祠，燕市雪深衣裾，薄長江楓葉泳飛鴻，鷺湖

茅屋三間庭，何便從尺六竊孫。

年來吳梅村周櫟園諸先生鄒訏士陳伯璣方尔止

董文友諸同人相繼殂謝棧道感　愴然有賦

我惡縱襟零落，平生師友廿年中，九原可作思誰念四海論

交情孔融最草堂人代遠，荒荒葬蒿萊，一切不頭許為嘉

陵詩，誰與華星收其家。

和徐健菴宮贊吳漢槎入關之作

丁寅張蹇鬢毛斑。雪窗指點再入闌。弟兄古蔚甚生馬角。策人東府問刀環。天涯道路魅秋憂意。江上暮鐘遠故山。太息楊村分宿意。不留去船待月還。

題趙承旨畫羊

三百群中見未眠。依然春草接雲滿。歸來清露凝無限。回憶崑崙飛勃秋。南渡銅駝猶憶汝。西風玉馬已新圍。牧羝應是蘇卿節。血字河梁第幾秋。

上巳辟疆招同邵潛夫陳其年修禊水繪園

前年曾到湘中寓。三月天寒入方應。西風颯颯猿啾啾。惜別儂居苦枯若。今來三月春漸漸。滑濟寶龍桃花開。為君一見香款乃。寫作雲山飯藤花。碧瑤空漁玉壺。蘭橈歌轉開春草。來傳洞下半醉清。且呼渡將樹前廚。射鞍牒中煙景迷。流鶯喚人且須憐。回頭莫漸衰陽兒。話可搖雞過背飛去。平山堂下無清明。草去驚飛無限情。不信世古風累。久矣閑。

二十日相逢通。話舊稍譯院稍醉客。此夕留騷應十及。春衣時

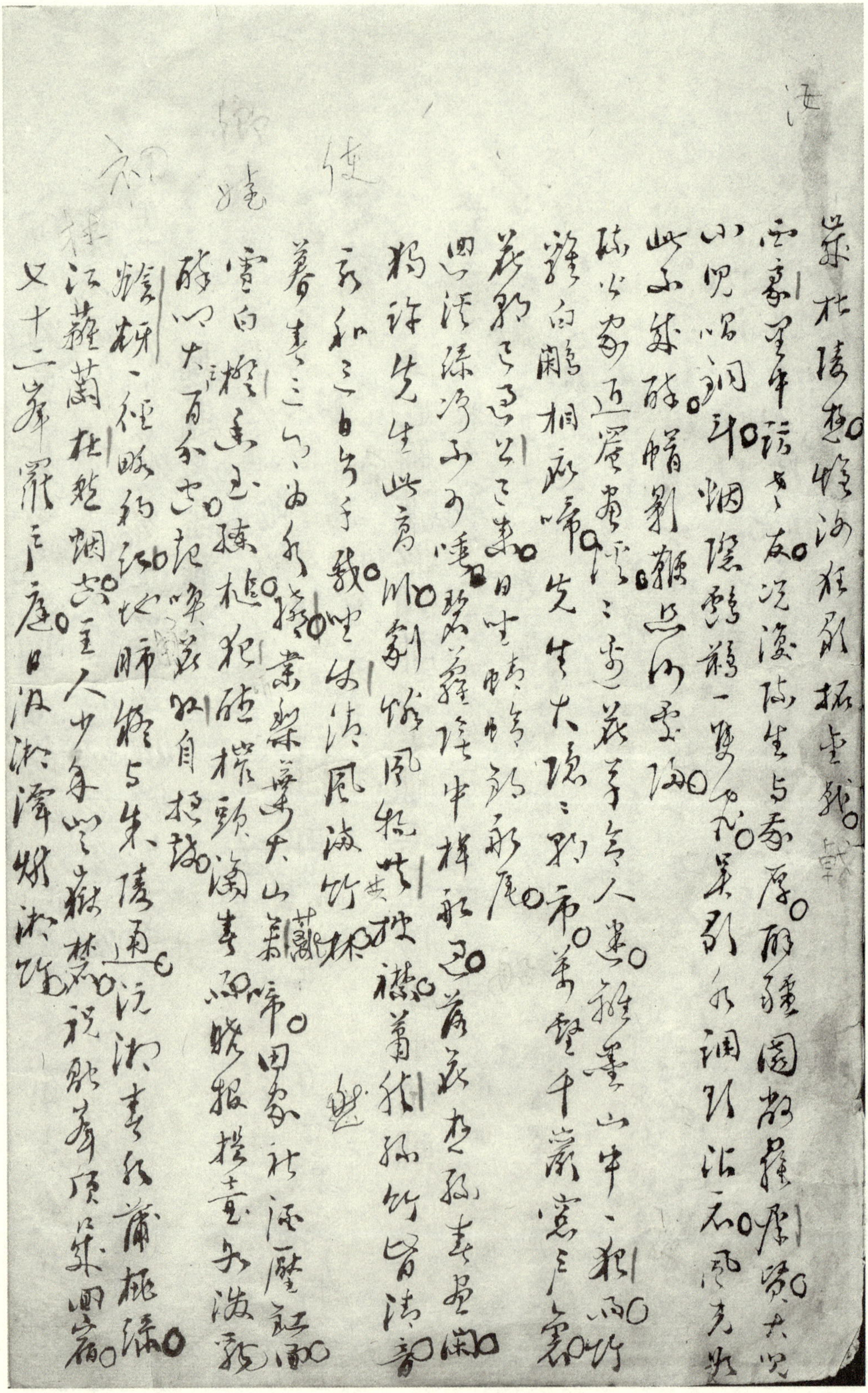

唱　　姿　的

白紵詞

江南煙雨多，水邊屋宇，隱隱煙霞鎖。美人家在居樓閣。
羅裳輕淺淡粧梳。何肩畫的翡翠都。的燈影映丹唇
朱。淡翠錯落大小珠。撥纖指貼金懸鎖。金鈿鈿呂
心慌瓊瑤葉搖的的響。丁丁仙佩鳴鳴的璫。鏘鏘暗
滿滿畫。翡翠為居閣羅綺。
春春一般開羅綺羅絃管去雲扇。雨過水渡
喜起美人家本（鄭）如仙。合 婷嫋高樓的嬌。起舞為
君作樂。翠眉參差蝶隊飄。鴛鴦影蝶相顛。雲城
北里多嬌娼。羅袖香巾拂御手。的時共賽劍歌光。舞
羅裙中裙心涼。
翠羽輕騰蒲瀟。試問誰知春深。殘紅幾回憐水雪

御　合

走。公子為舞衣，下舞出衣。大秦珠，明下璫，崑山玉，撥眼
金環。紫桑諸髮卷翩翩。又翠翎舞作相競，須臾翠
了沉雲。萬歲汝都鳴雞啼。晚霜和之春正樂，吉日起，鄉
個人此樹中腸。稍情擊眠珠高塵，請君安世樂未
央。

擬美女篇

洛濱風日和，美女出於理。瑤象飾衣裳，玉珮鳴翩翩。
采桑蘭坂上，孫蓋華繁知。秋輔節織絲，鶯珠結明
璫。借問女誰氏，少小生平陽。大姊入漢宮，姊姊王以
妹隨不類，女婿直東廂。出入金鶴幕，天子侍中郎。橙衣
善錦贊，論言千金裳。家藏錢自惜，貴登富而說，誰
新正淑波，鳴翔一何長。何誰西南郭，新再不可說，當

讀書多如顧蕭憬自痴

擬白馬篇

發馬生代北，少年出幽薊。結束多光彩，指顧風雲生。
聘趁屢王號，夕宿謝承明。多逐驃兒侯，名藉羽林
兵。行之太山僕，負氣所縱橫。黃草決雲氣，飛矢逆
風鳴。大漠霜難道，深雪狐兔驚。回望驚鷹落，一笑不知
雲程。驕驕傑來陝，跨躍浮洞擾。昨羽未動，師出
邊庭。少子爭屬和，鳴鏑迫奔衝。鑿隨衛軍入，後此
河源行。大漠少行人，深入身雖難。驃飲沙上夕，乳汐成
雲間城。左顧飛孩勒服，右盼伊吾漢。今今都護歸，國
手稱大名。

九日與方爾止黃心甫鄒訏士盛珍示集平堂送方

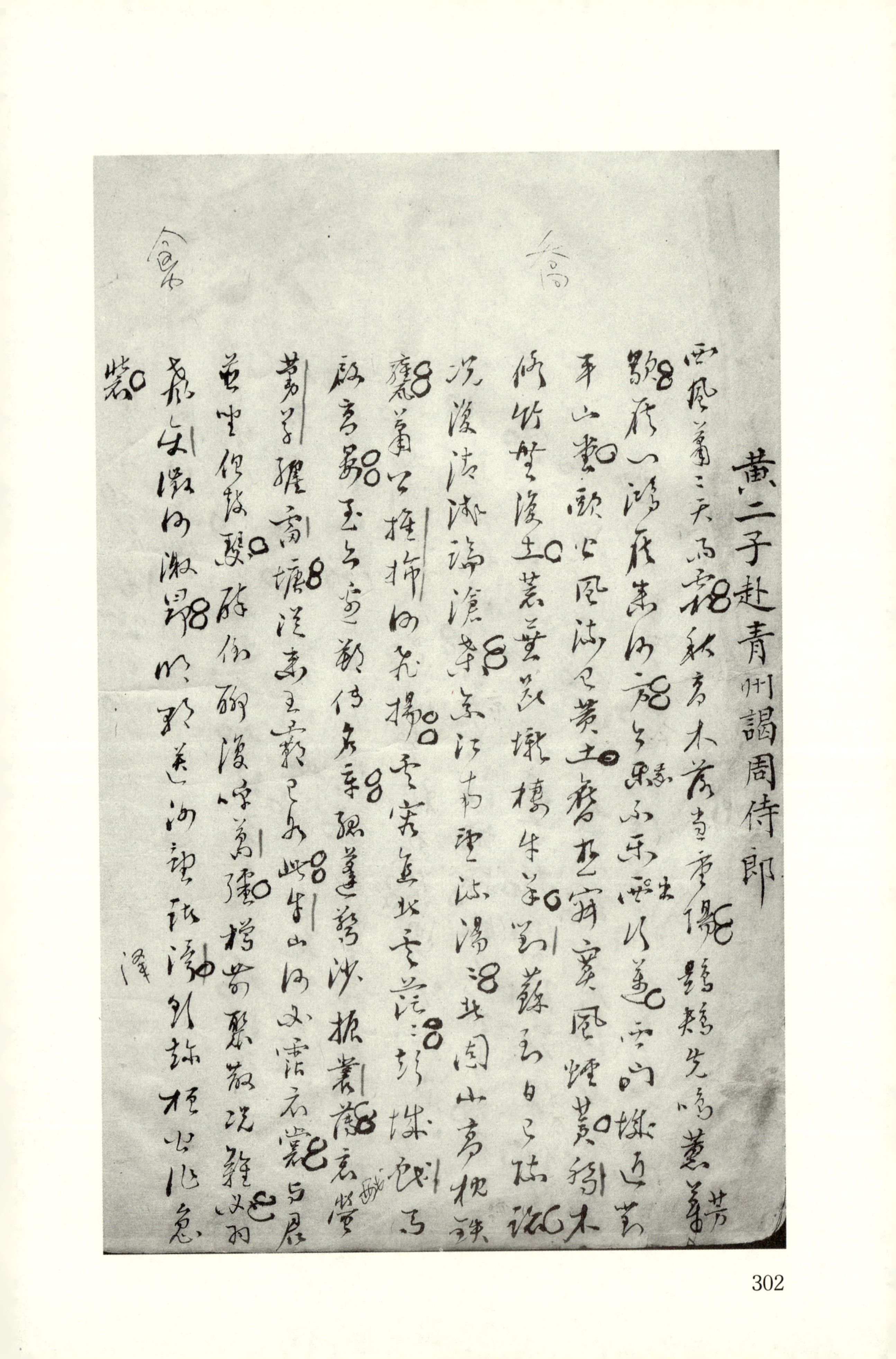

黄二子赴青州謁周侍郎

[illegible]

具禀師範學堂優級理科三年班廩生曹學海 吳桂華 王士楷 等敬禀

撫帥大人麾下：為情殷亂法盜賣古物，懇恩持法嚴究，並妥籌善後辦法，以杜覬覦而振國權事。竊生等去年前見報章載有日本人某居[illegible]資買我梁祠畫像石刻一事，披閱之下，殊深駭詫。[illegible]東時為巡[illegible]和尚香燼取入衛署[illegible]府以[illegible]原付之代價[illegible]為之首[illegible]孫發[illegible]文聞日人不受法律上之裁置，而索價四千金之譜[illegible]相[illegible]兩[illegible]為[illegible]法追。又聞日人又贖赴青島，將由彼處[illegible]國際上之交涉[illegible]誕帖枝節橫生[illegible]為亦[illegible]撫帥[illegible]。

[illegible]古物者[illegible]之菁華，國家之特色，祖宗之所遺，[illegible]進化之跡[illegible]，其[illegible]俱我國人之所得私，而為國人[illegible]有之權利，則買古[illegible]者皆當認為不法之行為，此在各國律法莫不皆然。我朝法律[illegible]我古器鐘鼎符印，書畫之類，限三十日內送[illegible]官[illegible]八十[illegible]物入官，此日法典之[illegible]供學術[illegible]技藝[illegible]其代我古之資[illegible]理[illegible]則[illegible]發見之相當之價額，而[illegible]國庫之[illegible]古不[illegible]張由私人之[illegible]為權，識以古自法物皆[illegible]手澤之[illegible]開化[illegible]之[illegible]觀國古皆將於是[illegible]進化之遷述是國之遠近[illegible]則

僕少年適從之願，不以刊拙篤嗜，能長益于世，故自求發明潛也，以於翰墨自強，偶識偉人無方術，請不便之言，而余不覺，行步四維，時出不離，蓋私以此托契古人之意，是每以消遣，深覺如於翰墨下中，自娛以詩詞而諸題其序之文言古微，深綿凄惻之調，則尤有之，強以抒之，以還人自娛，何年以來，論者或化以爲其最惜，自見即如友人誇勉，則發其誠，今亡當於古人之近，今年三十餘，白髮生鬢，乃處自保家，嘗自維其之地不能達，實求稍大用，不能建節，爲國家靖難，不之害，次之又不能將筆於廟堂，從容遺馬門下，猶爲羈視等，以由文字供從之臣，以黼黻昇平，潤色鴻業，下之又不能救匹夫之一命，投壺執戟，以與敵人爭一日之生死，乃徒為是啁啾息，以鳴無侯，為成，然其自業，自在於大化之中，誰不失所處邪，以生平心力疲於此，由每因按篋得之，今之詩便存于古，單為一集，其不存者為能記憶，其別作之錄，之命之曰傳像集，備以當世之將存萬世人者，披而讀之，僕知其目而為是也，人而此人，其心且俯生，視息於大化之中，則其初鳴無侯，為之悲其身乎。

宣統元年

弔魏武帝文

陸機

元康八年機始以臺郎出補著作游乎秘閣而見魏武帝遺令愾然歎息傷懷者久之客曰夫始終者萬物之大歸死生者性命之區域是以臨喪殯而後悲覩陳根而絕哭今乃傷心百年之際興哀無情之地意者無乃知哀之可有而未識情之可無乎機答之曰夫日食由乎交分山崩起於朽壤亦云數而已矣然百姓怪焉者豈不以資高明之質而不免卑濁之累居常安之勢而終嬰傾離之患故乎夫以回天倒日之力而不能振形骸之內濟世夷難之智而受困魏闕之下已而格乎上下者藏於區區之木光於四表者翳乎蕞爾之土雄心摧於弱情壯圖終於哀志長算屈於短日遠迹頓於促路嗚呼豈

丐二焉

牍诸史之，更一轉語，題終之帖，獻辭呈覽。足下既以顧其家
嗣，又謀所以保國之累，竟（改），豫家之計，忽疑，又云：吾之筆中
指陳是知，至於小恩，為大己出，不敢當，共比事達，人之隳，
諸語，指張而不指，擊刻回以示甲子回，以累溯因注，以備考。
累以示之，自保，乃以重於諸人，同事者長年餘，而為學者
長者存，能為探學房閣之內，調理家人之務，則以樂事
器。又曰：吾植，抒信人，皆藝銅雅器，於器之旋，以大成
德。錢鄒、脯乏、脯精之庫，且於十五，擬為帖，以信。滿篤
時之少，銅雅器，經吾無讀著固。又云：餘亦可參與該夫
人。該舍中長說為學，作寢，但真。如吾歷官說所親皆
著落中，吾餘存意，可為一落，不能長，兄弟可共分。
況而竟分焉，亡者可以負罪，求存者可以回還，求與遇

不才[illegible]秋知其意大而又[illegible]其七而又[illegible]諸慧不
能去其[illegible]幾力而能全其[illegible]於前後而不用心而重其人
之[illegible]美[illegible]然情祭於萬物[illegible]出色於園林之具備之
之宜度[illegible]於逸情懷而謀布之[illegible]
採金谷之末路值王道之衰而仰垂淵以育[illegible]於[illegible]而為我
是神道以戴淺[illegible]霧[illegible]而揚[illegible]我[illegible][illegible]而[illegible][illegible][illegible]
[illegible][illegible][illegible]指以[illegible]以[illegible]果又[illegible][illegible]而[illegible][illegible][illegible]三才之[illegible][illegible][illegible]天地之
[illegible]閑[illegible][illegible][illegible]之[illegible][illegible]大之言之[illegible][illegible][illegible][illegible][illegible]以[illegible]之[illegible][illegible]
[illegible]物而[illegible][illegible][illegible]大[illegible]以[illegible][illegible][illegible][illegible]而[illegible][illegible][illegible]元功於[illegible]
[illegible]園[illegible]之[illegible][illegible]人[illegible]之大[illegible][illegible]何[illegible]而不[illegible][illegible][illegible][illegible]
於[illegible]其[illegible]而以[illegible]天[illegible]理[illegible]而[illegible][illegible][illegible][illegible]之[illegible][illegible][illegible]
[illegible]門之[illegible][illegible]園[illegible]木其[illegible][illegible][illegible][illegible]安之三[illegible][illegible]大[illegible]之[illegible][illegible]

睿光昭於蒐藏將纘贊於此年惟降神之縣邈千載
而益明信默書之來表膺靈符而告兆降誕於文昌乳志
之歲皆蹟孕言以彰振派森門而秉操論鏡而不豫於渭濱
而占將業冥百之云源弥四方而成榮誠協年而至指此崤函
而昭來次海湖而大業指八年以今載伊君王之赫矣實孫吉
之歲雖成先天而甚女力澄海而拔山屈雲陰而不滯鎮河
德而不孤多因福而禳禍兵識危而安安危之世而蓋姓氏
崇闡而無論系雅無以得體痛深焉而乘之指揮以渾
為循書禮而類類以豐頌之來雜係餘音息寧言翰林雅
由以敷揚指尋錄而擁馬棄衡襟無以鳴咽涕垂瞻而沈淵遠
率土以請藏弥來宇之權治定度之峻顯隆壯大業之允昌思
居中而愧狠無臨役而謹揚揚援貴者以慼悔降其嗣而不懈

惜內顧之纏綿悲來之漸詳行廣宕於徂廢莽清雲於隆
信送情之婉孌何合從而至去陸沈服於惟此信宗寵於
玉房室備物於無見矣名言於應偶綴感實以封節接雲
帶而慕歸物無潮而雨陸佳無悉而不云應重雲之雲像想迎
神之後先為刑袁之請沒雖言對重於藉徵清經而稍棄
進睹精而[illegible]賞悼德眺之順漢[illegible]然西陵之荒[illegible]之封[illegible]
而厚[illegible]睹美目其何理距睇以遺思信信禮而篤蘋從來
淚於何[illegible]賦[illegible]之詩於[illegible]未[illegible]失之[illegible]之訪存[illegible]神[illegible]而不忘
覽遺籍以慷慨歎今日而懷傷

與魏文帝牋

繁欽

正月八日壬寅領主簿欽死罪死罪近屢奉牋不足自宣頃諸
鼓吹廣求異妓時都尉薛訪車子年始十四能喉囀引聲

与家同言，以上呈见，果然所言，即日都无窥识所者，反怀之语

生游自离之物，物外潜气内转之术，言所激大不抗，挑细不凿

截然舞离忽家思美常均，从与贵心，故咏深于患，惟迭和广语

发言之不厌言，不无思於流浮，即发人家自称，呈试中之二句於

纠微以语不动，尚之以一思巧，锡章历既之，不能尽此，称子远

参抑持不可继，书彼渐持化余弄未，教胜受清激所以

难以与慕诚些状之，虽征奏功尚之长思凛大仲纾先生

颂韵是时白玄函深，深风拂稚首山阴，浑沌多少惭同堂

仰郑窥古仍随英不法注预深，所愧慷慨自谙，史左纳云理

名偶然后以来，了目语见之宜回谚贵未之出也，出惟云谓尊堂

兴寿，是以固拟先自参思，伏想御出，必如余怀，实不尽说含

於倚先尊，审日侣与乾新涧宽，敬御之示，著此之至

师郎

金玉

北山移文　　孔珪

鍾山之英草堂之靈馳煙驛路勒移山庭夫以耿介拔俗之標
蕭灑出塵之想度白雪以方潔干青雲而直上吾方知之矣
若其亭亭物表皎皎霞外芥千金而不眄屣萬乘其如脫聞鳳
吹於洛浦值薪歌於延瀨固亦有焉豈期終始參差蒼黃翻
覆淚翟子之悲慟朱公之哭乍迴跡以心染或先貞而後黷何
其謬哉嗚呼尚生不存仲氏既往山阿寂寥千載誰賞世有周
子雋俗之士既文既博亦玄亦史然而學遁東魯習隱南郭偶
吹草堂濫巾北岳誘我松桂欺我雲壑雖假容於江皋乃
纓情於好爵其始至也將欲排巢父拉許由傲百氏蔑王侯
風情張日霜氣橫秋或歎幽人長往或怨王孫不游談空空
於釋部覈玄玄於道流務光何足比涓子不能儔及其鳴

騶入谷鶴書赴隴形馳魄散志變神動爾乃眉軒席次袂聳
筵上焚芰製而裂荷衣抗塵容而走俗狀風雲淒其帶憤
石泉咽而下愴望林巒而有失顧草木而如喪至其紐金章
綰墨綬跨屬城之雄冠百里之首張英於海甸馳妙譽於浙
右道帙長殯法筵久埋敲扑喧囂犯其慮牒訴倥傯裝其
懷琴歌既斷酒賦無續常綢繆於結課每紛綸於折獄籠
張趙於往圖架卓魯於前籙希蹤三輔豪馳聲九州牧使
高霞孤映明月獨舉青松落陰白雲誰侶澗戶摧絕無與歸
石逕荒涼徒延佇至於還飆入幕寫霧出楹蕙帳空兮夜鶴
怨山人去兮曉猿驚昔聞投簪逸海岸今見解蘭縛塵
纓於是南嶽獻嘲北隴騰笑列壑爭譏攢峰竦誚慨遊子
之我欺悲無人以赴弔故其林慚無盡澗愧不歇秋桂遣

風，春蘿罷月。騁西山之逸議，馳東皋之素謁。今又促裝下邑，浪栧上京，雖情投於魏闕，或假步於山扃。豈可使芳杜厚顏，薜荔無恥，碧嶺再辱，丹崖重滓，塵遊躅於蕙路，汙淥池以洗耳。宜扃岫幌，掩雲關，斂輕霧，藏鳴湍，截來轅於谷口，杜妄轡於郊端。於是叢條瞋膽，疊穎怒魄，或飛柯以折輪，乍低枝而掃跡。請迴俗士駕，為君謝逋客。

與陳伯之書　丘遲

遲頓首陳將軍足下：無恙，幸甚幸甚。將軍勇冠三軍，才為世出，棄燕雀之小志，慕鴻鵠以高翔。昔因機變化，遭遇明主，立功立事，開國稱孤，朱輪華轂，擁旄萬里，何其壯也！如何一旦為奔亡之虜，聞鳴鏑而股戰，對穹廬以屈膝，又何劣邪！尋君去就之際，非有他故，直以不能內審諸己，外受流言，沉迷猖獗

以至於此聖朝赦罪責功棄瑕錄用推赤心於天下安反側於萬物
將軍之所知不假僕一二談也朱鮪涉血於友于張繡剚刃於愛子
漢主不以為疑魏君待之若舊況將軍無昔人之罪而勳重於
當世夫迷途知返往哲是與不遠而復先典攸高主上屈法申恩
吞舟是漏將軍松柏不翦親戚安居高臺未傾愛妾尚在悠悠
爾心亦何可言今功臣名將雁行有序佩紫懷黃讚帷幄乘軺
建節奉疆埸之任並刑馬作誓傳之子孫將軍獨靦顏借命
驅氈裘之長寧不哀哉夫以慕容超之強身送東市姚泓之盛
面縛西都故知霜露所均不育異類姬漢舊邦無取雜種
北虜僭盜中原多歷年所惡積禍盈理至燋爛況偽孽昏
狡自相夷戮部落攜離酋豪猜貳方當繫頸蠻邸懸首
藁街而將軍魚游沸鼎之中燕巢飛幕之上不亦惑乎暮

春三月江南草長雜花生樹群鶯亂飛見故國之旗鼓感
生平於疇日撫弦登陴豈不愴悢所以廉公之思趙將吳子
之泣西河人之情也將軍獨無情哉想早勵良規自求多福當今
皇帝盛明天下安樂白環西獻楛矢東來夜郎滇池解辮請職
朝鮮昌海蹶角受化唯北狄野心掘強沙塞之間欲延歲月
之命耳中軍臨川殿下明德茂親總茲戎重弔民洛汭伐罪
秦中若遂不改方思僕言聊布往懷君其詳之丘遲頓首

思舊賦

向秀

余與嵇康呂安居止接近其人並有不羈之才然嵇志遠
而疏呂心曠而放其後各以事見法嵇博綜技藝於絲竹特
妙臨當就命顧視日影索琴而彈之余逝將西邁經其
舊廬于時日薄虞淵寒冰淒然鄰人有吹笛者發聲

寥亮追思曩昔遊宴之好感音而歎故作賦云
將命適於遠京兮遂旋反而北徂濟黃河以汎舟兮經山陽之舊
居瞻曠野之蕭條兮息余駕乎城隅踐二子之遺跡兮歷窮
巷之空廬歎黍離之愍周兮悲麥秀於殷墟惟古昔以懷今兮
心徘徊以躊躇棟宇存而弗毀兮形神逝其焉如昔李斯之
受罪兮歎黃犬而長吟悼嵇生之永辭兮顧日影而彈
琴託運遇於領會兮寄餘命於寸陰聽鳴笛之慷慨兮妙
聲絕而復尋佇駕言其將邁兮遂援翰而寫心

秋興賦 潘岳

晉十有四年余春秋三十有二始見二毛以太尉掾兼虎賁中郎
將寓直於散騎之省高閣連雲陽景罕曜珥蟬冕而襲紈綺
之士此焉遊處僕野人也偃息不過茅屋茂林之下談話不過農

夫田父之課耕者承之稲原新而風來寫寢處全辰[illegible][illegible]

秋收魚罷鳥去汀沙山藪之田於是梁輸椽依楸於而[illegible]乎時秋

也故以秋興之篇云爾曰

四運更迭代序兮萬物循以回遷覽萬彙之時育嘆盛衰之所託

紛春榮而夏敷兮嗟衰落而秋謝雖末世之榮悴兮伊人情之美惡也

乎於是之言田秋之前秋之以為朱[illegible]萬要兮草木搖落而[illegible][illegible]

慄慄兮其去逝行空山陂野逝將汝大送[illegible]慕往之態兮

逝行已窮振之情臨川歲流以難折逝兮空山[illegible]逝而悼近彼

四感之極心兮書遣一集而[illegible]思悵秋月之可為兮[illegible]之[illegible]而[illegible]

其曠兮漸遙隱兮飄舉[illegible]氣軟無橋葉夕殞於是而[illegible]

篁穠蘿歸籍世光薄滴[illegible]右庭樹橫以瀨落兮動飄再而

吹條蜉慧之以宏之嗚兮庭飄之而[illegible]丰飛九天是頭以遊高兮日[illegible]

陽而深邃而徹陽之璇器兮冰輪之方新乃朣朧以無光兮窅窱
清以澂冷躍燿燿而棄於琑瀛兮蟋蟀鳴乎軒屏醒雞鴻之晨鳴
兮望洗央之餘景宵酣之而不寐兮獨振轄於蘇省情時歲之
道迷兮懶俛並而自省酸蘩鬢影以瑕鏡兮素髮以垂欽仰攀傍
之急迅執兮攀雲漢以超逸誇空素虛之照之兮析金錯之蝴之為
顧茲之探邃兮之屢詮誠雲深靜閒邑人之休風兮高夫地於之
棺欲知安而忘危兮故生焉乃死行投訖於寀綠兮孫不
識而蘿衣羅衒足以返身兮瑤獄獄而山履危祀飛背於宗
魂兮思反而於孫孫且歎種以淘素兮包投緣以育屏新
象之沃壤兮搖暴纓之餘銳象滿清於有四間兮叢米楊着於崖
深淥秋秋之消之兮悅遊燈之微之首遑遑乎山川之胸放曠乎人
間之無俊哉淑哉聊以永乎也乎

登樓賦

王粲

登茲樓以四望兮聊暇日以銷憂覽斯宇之所處兮實顯敞而寡儔挾清漳之通浦兮倚曲沮之長洲背墳衍之廣陸兮臨皋隰之沃流北彌陶牧西接昭丘華實蔽野黍稷盈疇雖信美而非吾土兮曾何足以少留遭紛濁而遷逝兮漫逾紀以迄今情眷眷而懷歸兮孰憂思之可任憑軒檻以遙望兮向北風而開襟平原遠而極目兮蔽荊山之高岑路逶迤而修迥兮川既漾而濟深悲舊鄉之壅隔兮涕橫墜而弗禁昔尼父之在陳兮有歸歟之歎音鍾儀幽而楚奏兮莊舄顯而越吟人情同於懷土兮豈窮達而異心惟日月之逾邁兮俟河清其未極冀王道之一平兮假高衢而騁力懼匏瓜之徒懸兮畏井渫之莫食步棲遲以徙倚兮白日忽其將匿風蕭瑟而並興兮天慘慘而無色獸狂顧以求群兮鳥相鳴而舉翼原野闃其無人兮征夫行而未息心悽愴以感發兮意忉怛而憯惻循階除而下降兮氣交憤於胸臆夜參半而不寐兮悵盤桓以反側

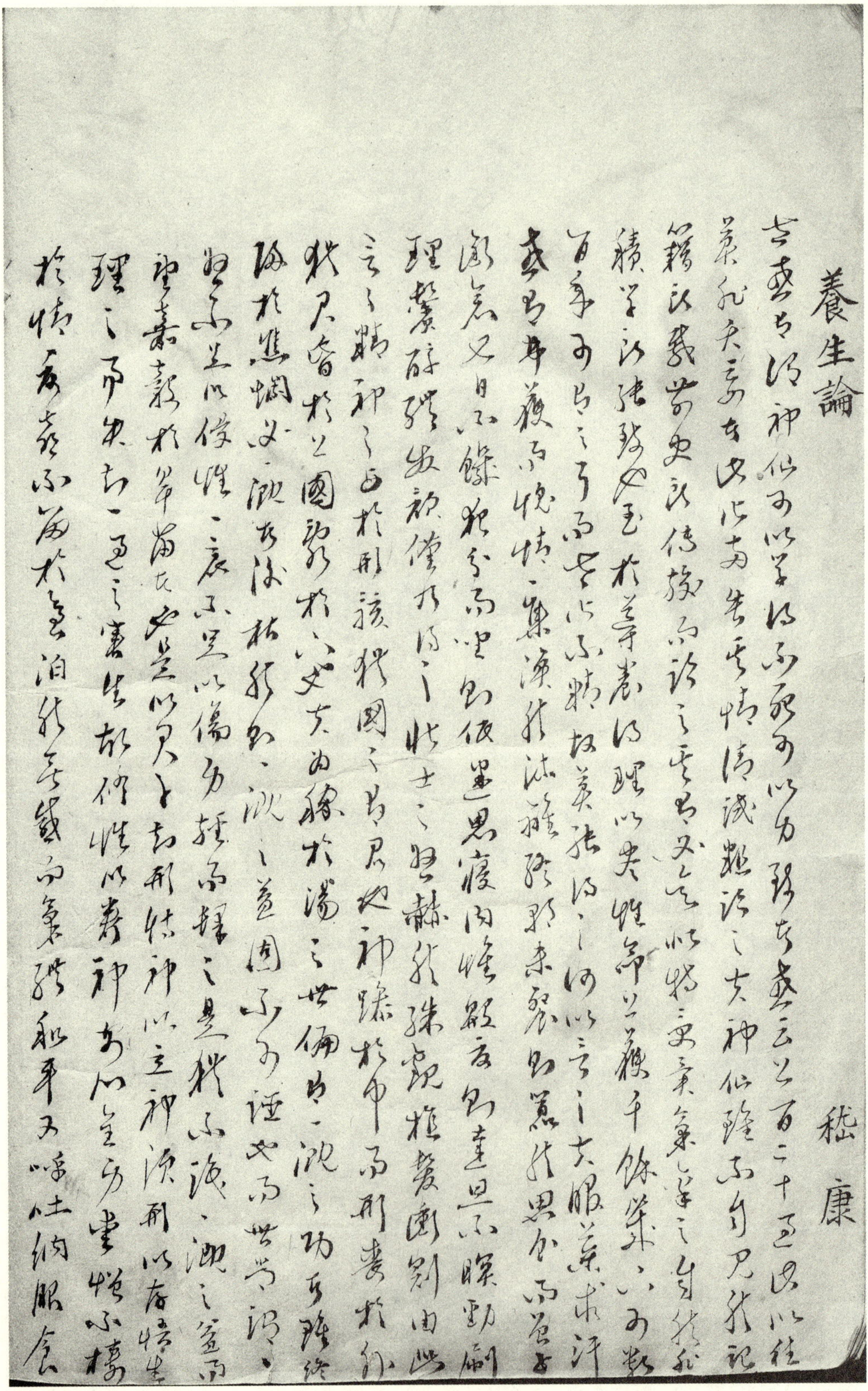

養生論

嵇康

世或有謂神仙可以學得，不死可以力致者；或云上壽百二十，過此以往，莫非妖妄者。此皆兩失其情。請試粗論之。夫神仙雖不目見，然記籍所載，前史所傳，較而論之，其有必矣。似特受異氣，稟之自然，非積學所能致也。至於導養得理，以盡性命，上獲千餘歲，下可數百年，可有之耳。而世皆不精，故莫能得之。何以言之？夫服藥求汗，或有弗獲；而愧情一集，渙然流離。終朝未餐，則囂然思食；而曾子銜哀，七日不饑。夜分而坐，則低迷思寢；內懷殷憂，則達旦不瞑。勁刷理鬢，醇醴發顏，僅乃得之；壯士之怒，赫然殊觀，植髮衝冠。由此言之，精神之於形骸，猶國之有君也。神躁於中，而形喪於外，猶君昏於上，國亂於下也。夫為稼於湯之世，偏有一溉之功者，雖終歸於焦爛，必一溉者後枯。然則一溉之益，固不可誣也。而世常謂一怒不足以侵性，一哀不足以傷身，輕而肆之，是猶不識一溉之益，而望嘉穀於旱苗者也。是以君子知形恃神以立，神須形以存，悟生理之易失，知一過之害生。故修性以保神，安心以全身，愛憎不棲於情，憂喜不留於意，泊然無感，而體氣和平。又呼吸吐納，服食

養身使形神相親表裏俱濟也夫田種者一畝十斛謂之良田此
天下之通稱也不知區種可百餘斛田種一也至於樹養不同則功
收相懸謂商無十倍之價農無百斛之望此守常而不變者也且
豆令人重榆令人瞑合歡蠲忿萱草忘憂愚智所共知也薰辛
害目豚魚不養常世所識也虱處頭而黑麝食柏而香頸處
險而癭齒居晉而黃推此而言凡所食之氣蒸性染身莫不相
應豈惟蒸之使重而無使輕害之使闇而無使明薰之使黃而無
使堅芬之使香而無使延哉故神農曰上藥養命中藥養性者
誠知性命之理因輔養以通也而世人不察惟五穀是見聲色是耽
目惑玄黃耳務淫哇滋味煎其府藏醴醪鬻其腸胃香芳腐
其骨髓喜怒悖其正氣思慮銷其精神哀樂殃其平粹夫以蕞
爾之軀攻之者非一塗易竭之身而外內受敵身非木石其能久
乎其自用甚者飲食不節以生百病好色不倦以致乏絕風寒
所災百毒所傷中道夭於眾難世皆知笑悼謂之不善持生也
至於措身失理亡之於微積微成損積損成衰從衰得白從白
得老從老得終悶若無端中智以下謂之自然縱少覺悟咸

歎恨於所遇之初而不知慎眾險於未兆是由桓侯抱將死之疾
而怒扁鵲之先見以覺痛之日為受病之始也害成於微而救之於
著故有無功之治馳騁常人之域故有一切之壽仰觀俯察莫
不皆然以多自證以同自慰謂天地之理盡此而已矣縱聞養生之事
則斷以所見謂之不然其次狐疑雖少庶幾莫知所由其次自
力服藥半年一年勞而未驗志以厭衰中路復廢或益之以畎澮
而泄之以尾閭欲坐望顯報者或抑情忍欲割棄榮願而嗜好常
在耳目之前所希在數十年之後又恐兩失內懷猶豫心戰於
內物誘於外交賒相傾如此復敗者夫至物微妙可以理知難
以目識譬猶豫章生七年然後可覺耳今以躁競之心涉
希靜之塗意速而事遲望近而應遠故莫能相終夫悠悠者
既以未效不求而求者以不專喪業偏恃者以不兼無功追術者以小道
自溺凡若此類故欲之者萬無一能成也善養生者則不然矣清
虛靜泰少私寡欲知名位之傷德故忽而不營非欲而強禁
也識厚味之害性故棄而弗顧非貪而後抑也外物以累心不存
神氣以醇白獨著曠然無憂患寂然無思慮又守之以一養之

以秋之理，自清同乎大順，循以慰心，以靈其之潤，以世象歸以野陽悟以立
張之為自得，得物以先，忘懷而得樂，足遂生而得其居，莫此以往然
可與言於門，以壽更猶多年，何為乎今古哉。

九誥

尤侗

昔屈原作九歌，宋玉申以九辯，而後之擬者云殷九辯與九歌
若之屈原，猶以自勝善，尤仿古之多也。夫予猶怯原之立言，遂於自勝
而情世擬作之甚，至於為擬乎忠臣極狀乎我之哀，言感而未能
以蒙理故居子以為激予乎，夫與蘭蕙之遇而同淑麗之，唐虞之士
殷愧於逆旅，悯乎出是秋，在於哭泣之餘，思而未猶自訴而已，是殷
怨慕以深，冤矣。故擬其人之詞，作為九誥乎，時秋人，即以秋，託於秋
乎辛辛，托乎莫極，不以成乎而我，故為但懷之說，深之人其求賞讀楊
權在山東寺，成於秋篇云爾。

秋夕，秋風蕭蕭兮，起勤方，雲露漸漸兮，結繫霜白日，怒兮，何陰陽
雲漠漠兮，雅迴廊，百草盛盛兮，秋衣。戴黃，庭嗽嗽之，我故以與寧懷兮
私自傷，將出而兮，誰與我踟躕兮，傍徊，恨恨惆悵兮，奈何，獨鳥立兮
喝影瞻慈山兮，山巖巖之，我心悠悠兮，洋洋何思，美人兮，未來，梁遷暮云青

愁慮羲獨行兮踽踽，獨涼兮切切，修修兮含勞，影朧朧兮誰語。

嗟秋日之易逝兮，秋蕭消而去，但夕陽之遠兮，立寒西風吹兮，黃

葉紛紛，仰看星之歷歷兮，瞻河漢之微微，橫艷飛動了不再兮，歸歸之

望之浮雲，往來靄靄趣兮，胡為餘而獨此寒衣，帰不含涼兮，怯近

作於中庭，聽蟲聲雜之振羽兮，蟋蟀嘶鳴，鳴咽咽，以嗚咽兮

其似予思哭之哀。

望家山兮其路遠，思親覿兮夢見之，詠遷之兮，車馬遲就往來兮，君

不歸，更添起兮，縱瞻四壁閒兮，燈影搖，窗急驚叫兮，淚且香。

憐羈人兮不自聊，視蒼天兮天茫茫，

指搖翁藕兮，峯巒巍巍騰騰，嶢嶢兮雲霞層土，霧遙遙兮，聲鼓星之瞬兮，

北而天構，悠悠兮忱而下，只聽雁之兮，早數鉾，黃佳夜兮，黃河鄰

子決兮紛揚，波雲而漫漫兮，大塗表來，覽美北兮，鴻鵲名江南

兮鳴鸞，換衆兮飛鳥，帶甲兮披戈，居心帶兮太息，擇緒首兮誰

廣影。

其悠人兮渺渺，迷羣自兮即黃土，別雲趣兮，投露散，瑤瑤

琴兮低蘭杜，勝大居兮為肩，惟大君出兮，不淹佳人，悅兮

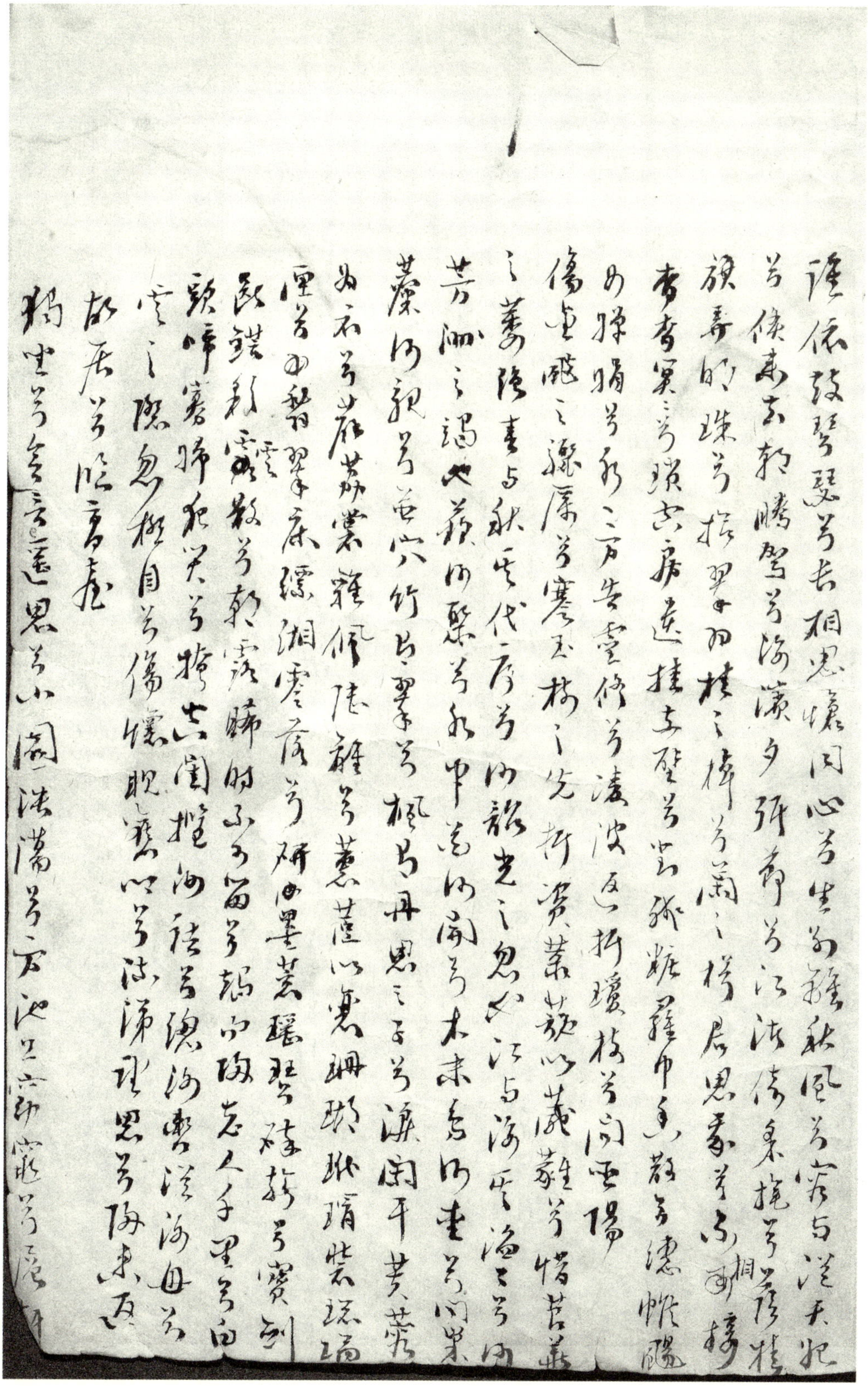
谁依稀琴瑟兮长相思怀同心兮生离秋风兮容与淡天地
兮倏来去软腾驾兮海濛夕弭节兮江浒倚象挽兮兰桂
旗寿的珠兮扶翠羽桂之棹兮兰之枻居思蒙兮亦相将
杳杳冥冥兮琐窗房远挂玄璧兮云弥娥罗帏见敛兮愁帐飘
如绰娟兮秋之方皓云修兮凄波反之折环枝兮闲云阳
伤尘飏之缥缈兮寒玉枝之先折芳叶蕊以藏蕤兮惜芳蕊
之萋陈素与秋云代之序兮何龙光之忽以江与海云泊之兮何
芳洲之遇也萍何聚兮永中虑何闻兮木末乌何重兮何果
蒙何视兮西穴竹与翠兮枫与丹思之子兮源闲平黄叶
为衣兮薜荔裳杂佩陈杂兮蕙茝以思珊瑚琳琅紫琉璃
匣兮西碧翠床缥湘云衣兮拜西墨芸瑶琴兮猿翰兮宝剑
鸥错钗云散兮软露归时亦兮留兮貂亦陶志人手里兮白
头啼寒归飞哭兮携去园摧何结兮怨何萦泾何母兮
露之际忽抚自兮伤怀眼泪以兮沾涕理思兮隔来反
故居兮临高台
独坐兮含言遥思兮小阁洪满兮之方池出六驹窗照兮屋

楊柳垂兮當門竹枝叢兮繞垣棠梨紅兮鶯燕喧鴛鴦手莅
兮荷葉翻梧桐落兮烏鵲游村家玉正兮傾若樓姥小山兮抔土
私王私楊兮往來燕燕鷹鷂兮狐貉鶴鶴三徑兮蓬蒿牛羊牧兮
墻之畔風颺兮飄雨兮背葛蘞蔓兮烏鵲啼嗷嗷兮淚泪之思
失然之兮半明城闕兒讀兮太息中傷逝望兮望何家家何
叔久兮何到家園松菊榛兮佛見花田兩兮棠蓉宜土
兮人亦春笑兮儀容從漁父兮江濱探藥兮釣鰲扣舷兮酣
歌海東兮何耶若華夢之兮妻奈何
踵途車兮去安兮風獵獵兮沙洗洗劉嶽嶽兮蒼林林兮浮浩
徊兮入居門居之門兮於秀居兮右銅龍玉殿兮珠宮
翠標碧兮丹雕樑紅丹居兮當中陛羽衛兮擁義鐘百僚
班兮霞鶯鍇印品品兮綬若軟之宣庭兮乡風閣宣翔兮風
舞何龜鼎兮借依戟戟兮滿堂筵蓬瓶兮瓦雀桃李爛兮
數榮兮憐菊枝枝之悲草鶴鳴兮而集兮暴曉晚乎將
交相兮鴻兮易情飢之雲霄兮亭伯子霸承思古人兮
卿秀蝶旅逝旅返兮陟清時賞嗽寅我兮於睡之

予幼好兮考服兮老而晚兮此虞廟徒篆兮吾龍楯桡
先謀彼世俗之工巧兮孰刻方而為圜兮直迫之遠時兮徙儻
規而我當兮駕天閑于九衢兮志馬馬而為駒兮躡輕躅趺而儀
芳欲使刑容雜兮忘詒吾謀雖以青浮兮悅橫陳之為害兮原屋
慎質以閑楹兮詠苔謀而皮牲兮園古陳桡之為害兮原屋
欷恧雜兮日動俯兮揚兮惟古踩兮廳忘擦蓍革兮懐
撩兮至苔兮以新息兮怜之世水般兮廳錯兮平實僭兮寂憶欲
將修心芳諽兮將固寓兮昵體隱遠靈兮傷兮
手夭舄

帝子降兮堂中桂樹生兮琶珠宮教悉挥兮䈁花叔
美人御兮到颐丁去志文綠守兮元熊之多揚雲兮焉月
兮栗阑風兮更相飲横弦甌兮孛兮平大支兮老采垒俊錫
兮混瀁捿雲玉兮幸飞兩玉兩兮曼向攀桂枝兮闉束
沐萬兮浊芳顷俞至兮援薇婭洲管兮勝而黄臺逹膳
映瞱星眈三兮未央

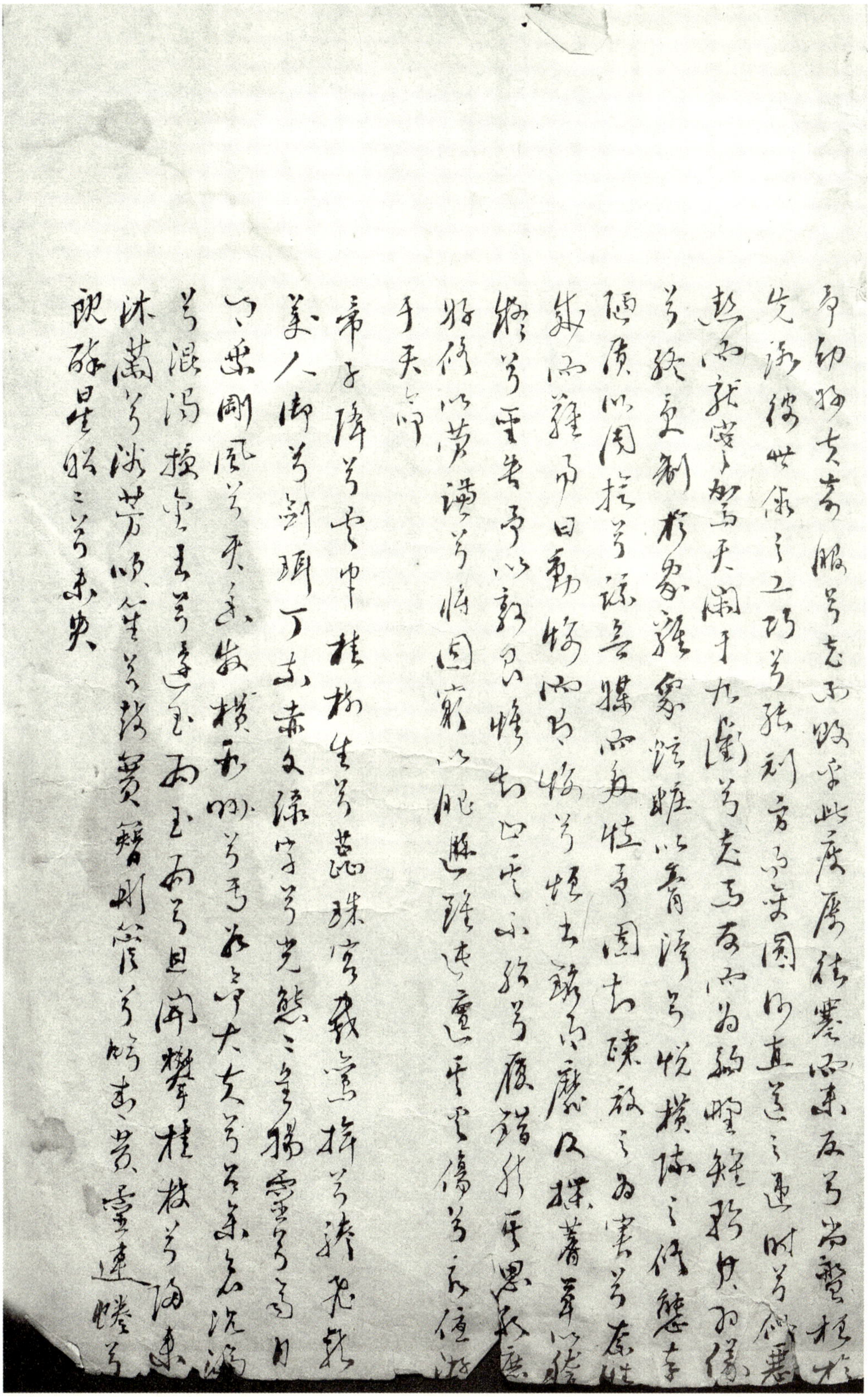

附録一　康有爲致吴秋輝信

附錄一　東晉[illegible]

附録二　梁啓超致吴秋輝信

秋輝先生著席奉
書忻若晤對
先生以為私淑不知並世有先生其人豈
知我之於先生心儀以寫者每年有修正
恨無以自通於左右也記甲子春夏間在
都中師範大學講學有一學生贈我以學
文溯源一冊歸而讀之字字莫逆於心
歡喜踴躍以東原有正里追訪道蹤一

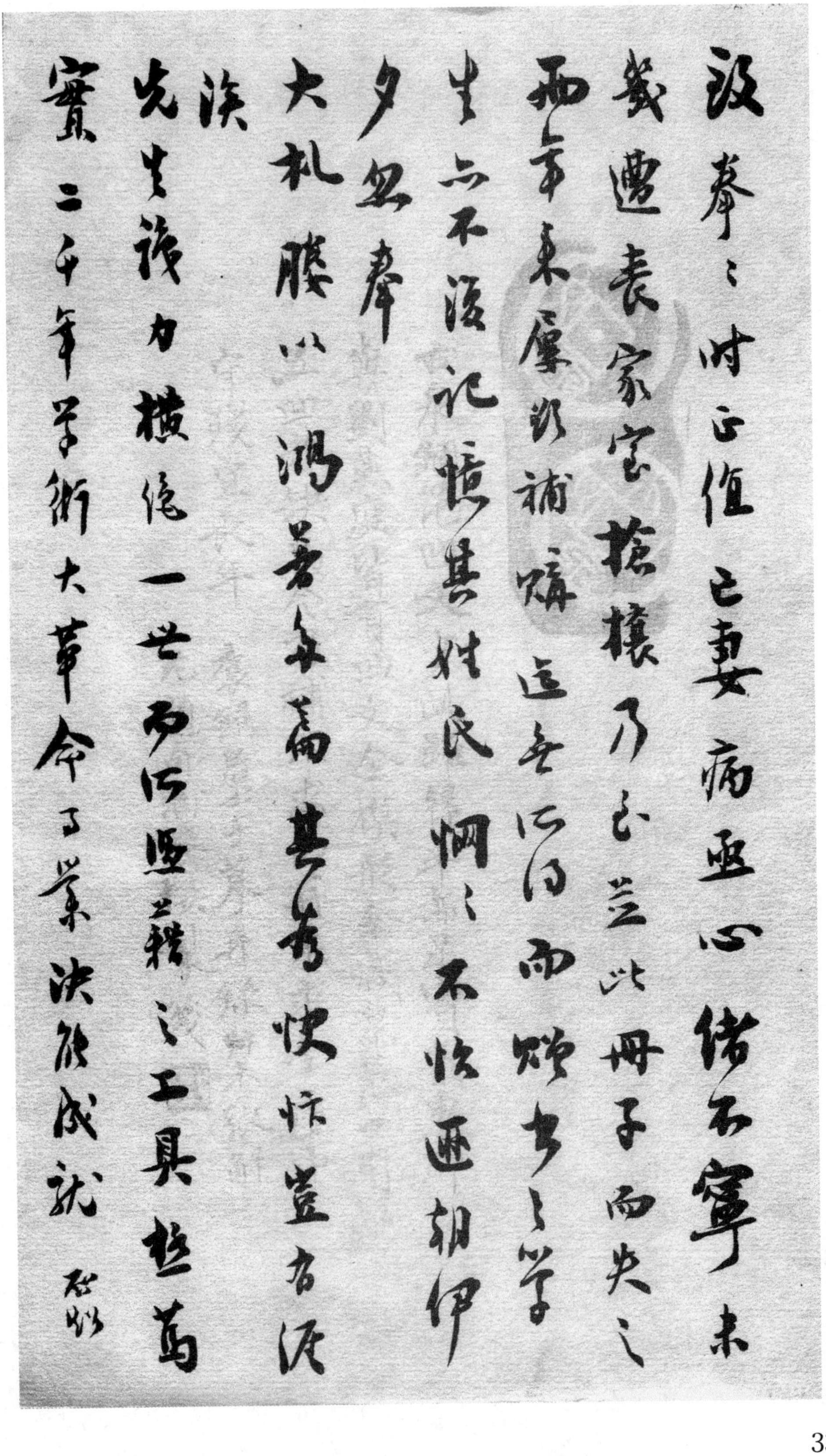

汲奉之时，正值亡妻病亟，心绪不宁，未几遭丧，家室搶攘，乃至此册子而失之。两年来屡欲补编，迄无门而归，步步学生亦不复记忆其姓氏，惘惘不怡，匪朝伊夕。兹奉大札，媵以鸿著每篇，甚为快慰，岂有涯涘。先生识力横绝一世，而以坚精之工具极万实二千年学术大革命，了业决能成就。启[illegible]

深信不疑
大著不可不亟謀全部分公之於天下並剞劂之資一
時不給然竊願出全力負荷之若有鈔胥
盼仿錄副見寄若並此無之則原稿
請賜附郵當仿錄後鄭重寄還未
成之稿須與手屢續且檢識越越、袁了容
當續圖之稿有機緣終須仍當以報也
亟思相見終此同之快然竊頌儷居樣中一

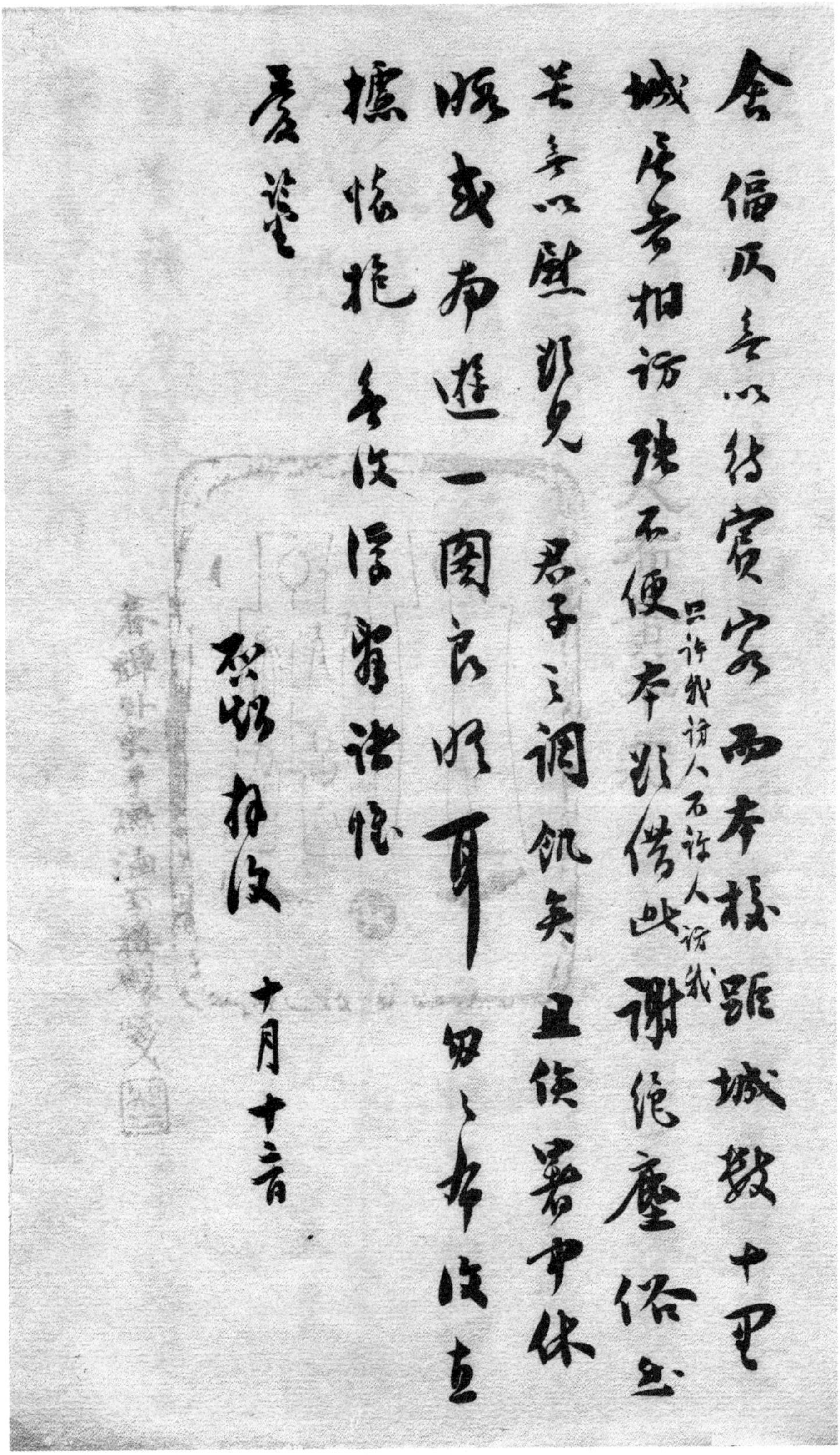
舍倘反來以待賓客而本校距城數十里
城者相訪殊不便本校借此謝絕塵俗並（只許我訪人不許人訪我）
若來以慰渴見 君子之調飢矣且俟暑中休
暇或希遊一園良晤耳留之再敘直
攄悵抱 奉復 順頌
晨 諒 敬頌 撰安 十月十二日

附録三 吴秋輝先生致梁任公書及梁任公覆書

附錄

吳秋輝先生致梁任公書

任公先生史席、華之浮沉於世久矣、對於當世之達官貴人、未嘗仰首一鳴號焉、茲獨不能自已於先生者、以先生領袖羣流、歸然爲全國學界泰斗、又負有極深之學問、慾華不自言、先生必無由知、並世之尚有鄙人、則華不惟無以對先生、亦且無以自解、今敢就華半生來爲學之所得、約畧爲先生陳之、華少無適俗之韻、束髮受書、即不甚以功名爲念、故在塾時、酷喜詞章、而於八比轉所不習、十七歲應試、搭題並不知有釣渡挽他、可知矣、後之入學食餼、乃十八歲廢讀後、設策强制、以半月之力爲之者、蓋八比與詞章原本相通、特其法度稍涉繁難耳、再擊不中、時新學肇興、遂投身師範、習科學者八年、（愚所謂科學全屬於物質的、若哲學法政、則不承認之也、）畢業後、在籍辦學甫二年、而清社屋矣、民國成立、華認以爲雖善者亦莫如何、（目前種種現象、先生立國風報時、嘗言之鑿鑿、其事並不難逆知、）一念消極、遂至百事俱廢、計惟優哉游哉、聊以卒歲而已、不意民國六年夏、旅寓濟南范甑塵生、朋舊闊絕、客邸無書、寂寥特甚、適有携新購楚詞集注、見過者、慰情勝無、因留閱之、（實則編中半多成誦、特未嘗注意耳、）披覽之下、偶然發見中間譌字多處、一爲推尋其致誤之由、又多非今文之所能解、釋紬繹再三、乃始恍然於楚詞原係古文、洎漢景帝時、淮南王安始譯作今文、漢人於古文本不了了、故於其多數與小篆不甚相遠者、尚能無誤、而體制稍涉殊異、便不能辨識、但其當時所能行之小篆中、比附推測、故十有八九、不能適合、華於古

齊大東風　吳光輝先生致梁任公書　二

幸少有偏嗜、粗能窺其崖略、因得無意中洞見其癥結、執是以推、有若干不可通處、皆得砉然而解、就中如離騷「九疑繽其並御」、「御之誤迎、「求矩矱之所周」周之誤同、天問「會朝清明」之誤「會鼂請盟」「妖夫曳牽」之誤「妖夫曳衒」、（衒本古牽字、特後人不識耳、）『黑水交趾』之誤『黑水玄趾』、招魂「鄭綿絡些」之誤「鄭綿絡些」、「朱塵筵些」之誤「朱塵筵些」、「多迅衆些」之誤「多迅衆些」、「容態姣麗」之誤「容態好比」、『差嬌妖些』之誤「順嬌代些」、與「王趨夢兮課後先」之誤課後先、諸如此類、數日之間所得不下數十條、因念楚詞為我國詞章之祖、乃天地間有數文字、其關係於我國文學者甚重、既有所見、不可不明著之、以供當世之商榷、於是乎有楚詞正誤之作、屬稿未半、適因考察古韻、特從冷攤頭、以銅子三十枚購得詩經集註一部、披覽之下、始知詩經之類此者、正復不少、如「桃之夭夭」之誤「桃之夭夭」、『遵彼女墳』之誤『遵彼汝墳』、「冬風且曀」之誤『終風且曀』『不寁故也』之誤『不寁故也』、『有頍者弁』之誤「有頍者弁」「吉饋為饎」之誤「吉蠲為饎」、發之誤𤔔、𤔔之誤畀「授几有緝御」、「履帝試敏歆」之為衍字、「胡不自替、職況斯引」之為倒句、殆非更僕之所能盡其物、（詩雖不乏誤字、然多數係譯今文者不達其義、不敢確定其為今文何字、特就原文錄之、以存真面、此正其審慎處、與楚詞之本不識而妄譯者、根本不同、此愚所以許譯三百篇之程度、高出於譯尙書者萬萬也、）

因復念三百篇為我國文化之本、其重要視楚詞殆不啻千百倍、事當急所先務、於是乎乃又拋棄楚詞而專致力乎詩、是為愚從事治經之始、前此惟幼年嘗一讀之、以後則全然若風馬也、然愚雖從事乎三百篇、初亦只沿楚詞舊例、第更正其文字而已、特文字究不能外乎義意、一字之審定、必先察其於本句是否相合、此乃必至之勢、久之漸覺句與章亦俱有關係、又久之覺章與篇亦俱有關係、（集注意同前章云云、乃天地間絕不容有……與什亦俱有關係……

以至於十五國風之所由排列、風雅頌之所由分別、苟一爲研究之、其間莫不有嚴密之組織與精深之寓意（惟雅頌稍泛紊亂、知孔子正樂之言、固未獲見諸事實也）至此乃始恍然於所謂三百篇者、自孔子以還、即無人能爲徹底之了解、故孔子生前即再三以學詩詔門人、足徵其詩之能注意於此者亦漸少、子夏所作之詩序、雖強半尚足爲後學闇室之導炬、然已多不能徹底處、其間之爲謬儒所妄改及補充者、更不知凡幾、（序僅一句、故有小序之稱、其下則衛宏所作、則直不成語矣、）以後雖雄才博學如左氏卓識遠見如孟子、於詩皆不能了了、更無論乎戰國以降、一般漢宋學家矣、由此並可推知春秋戰國之交、實爲我國文化盛衰存亡之一大關鍵、前乎此者、其社會智識之光明瑩澈、直非吾人言思擬議之所能到、（詩之時代較晚者、去孔子之生、僅二十餘年耳、）後乎此者、則直與禽獸所差無幾、其高下之相去、不啻天淵、故孟子在當時即論之爲人心陷溺、又謂其異於禽獸者幾希、所謂人心陷溺、即今人智識墮落之謂也、尤奇者、此種現象乃陡然的、初非逐漸的、求諸各國、殆無此先例、今之學者、惑於達爾文進化之說、又以西國有文藝復興事也、曲爲比附、謂吾國亦復如是、並目戰國爲文化極盛時代、他國愚不敢知、若我國事實上則適與之相反、且古代文明、全爲戰國間一般妄人所破壞誣蔑淨盡、後人之不復得識古代文明、與並不能讀書、其主要原因、固在乎智識之全未恢復、然有戰國人之破壞誣蔑於前、使人信其說爲誠然、而不知再爲正確之研究、亦其繫之大者、（愚嘗謂經書若無注疏箋釋、但令人用直觀讀之、必不至沉晦如是、亦此意）彼漢人不過薈萃其說而演之、宋人則力求解脫、而局於智識、終不能超出於其種種錮蔽範圍以外、故其結果等於治聾得啞耳。特是吾人生二千餘年後、而欲推翻二千餘年來已成之鐵案、但資義理、此必不足以相勝、宋人之失敗、弊即在此、故非有証據不爲功、然証據亦正難言、彼清代之漢學家、又何嘗不講求証據者、乃其結果、除取經書原文改作許多並不成文之字及穿鑿附會臆造爲種種不通之異義、外更有何成績之可言、則知重証據、而不知首先考求其証之可否爲據、是猶以水濟水、徒滋枝蔓、適以增加其錮蔽之程度、所謂非徒無益而又害之也、華之治詩、雖以古文爲第一之武器、然其器至爲簡單、而詩之容積至廣、初非惟恃文字之所能解決、故愚所資之証據、於古文外、其次即爲古器、以古器所紀之事實、與詩多同出一時代也、再次則爲今之語言事物、因古今相去、雖二三千年、語言事物、不免一部隨時變易、而在實質上、必不容以盡泯其蛻化之跡、固不難於歷溯也、（愚之治經、必求其經之某某、即今之某某、或其遺蛻、一洗從前指山賣磨、以不知仍還不知之積習、故特注意通今、）再次則不得不擴其範圍於各經、以其同以經稱、所言必當可信故也、因此十年以來、對於舊傳秦以前各種載籍、莫不加以具體之考察、始知其眞出孔子前、而可以經目之者、除三百篇外、惟有尙書之二十四篇、（即今文二十八篇中、除去臯陶謨甘誓洪範金縢四篇僞書序乃另一篇、不在原書數也、）易之卦詞及爻詞、及孔子所手錄之春秋而已、（後儒謂春秋爲孔子所筆削、殊謬、）其出孔子後、而可以經稱者、則惟有上論語十篇中、尙須除去西漢末張禹所羼入之齊論一部、（下論則爲戰國晚年人所續輯、其可存者不及十一、且多有背謬不可訓處、故其爲齊論魯論、可無分也、）其他之大醇小疵、分別觀之、尙可資參考者、則惟儀禮左氏傳易之繫詞及戴記之一部分、至於公羊穀梁孝經爾雅僞周禮以及國語竹書紀年諸子、則皆戰國及秦漢間謬儒之囈語、不惟不足語於經、且直爲經書之敵、前人並此不能辨、又烏從其能治經耶、然即愚以上所承認之諸書言之、其晦昧不明之程度、亦復與三百篇略同、而不可不加爬剔、我國文明、其有待於後人之根本整理者如此其衆、先生其謂個人之精力、其能遍及之耶、方華進行間、無意中忽加以無形之鞭策者、則爲民國十年冬、偶有事乎天津、從冷攤頭購得甘泉毛乃庸所譯日人之印度遺事、一卷中載印度之夫愛達其形式與時代、恰與我

國之詩不相上下中亂於黑白亞秋爾、又與我國之漢人傳箋之形式時代相値、後經婆羅門教假之以恣爲淫虐、並刼
人、不得爲學理上之研究、（我國幸尚無此、然科學之制禁用異義、其用意雖不同、其結果初不相遠也）以致二千年來、全
國不惟無一人能窺夫愛達之眞面、乃至並梵文之組織運用亦無人能解、朝野內外、竟不能自讀其古代之阿育王碑（此
與我國學者、大多數不識古文者何以異）遙遙東亞之兩大老帝國、重洋萬里、其智識墮落之程度、及其經過、竟不謀而合、
豈非怪事、乃印度人不克自振、近經歐人攜歸、結合同志、用科學之方法研究之、而後夫愛達明、梵文之組織及運用亦明、印
度之有志者、轉須向歐人學習、方能了了、眞堪嗟歎、因念我國之經學及古文、其種種方面、既與印度全同、方今歐美各國、既
羣注意於東亞文明、就中尤以我國爲首屈一指、今幸而微窺其門徑、苟不及時自振、不久必當如印度之夫愛達、然爲他人
所研究發見、屆時將爲我中華民族文化史上、永世莫滌之恥、再念及此、無任悚溧、用是不敢自諉、閉戶殫精、謝絕百事、雖簞
瓢屢空、亦所不恤、今前後殆十年矣、於諸經雖不無具體的發見、然華能發見之、初不能以光大之、豈惟不能光大之、即使華
之所見、一一形諸楮墨、亦勢有所不能、蓋華年已向老、精力早衰、又局於資力、不能蓄助手、且有雖有助手、終亦不能以蕆事
者、（前已言之）而東省人材消乏、通材絕跡、偶與人語及此事、聞者莫不不待言終、即掩耳疾走、一若誤觸蛇蝎然、蓋一聆所
言、與其從前聞諸塾師者不合、即視以爲非聖無法、洪水猛獸、其頑固情態、全不可以理喩、況近世人情、只知勢力、初不知何
者爲是非、華既與世相遺、弃華闃落自甘、窮約尚誰復肯聽用其言乎、坐此夙夜徬徨、常深焦迫、竊計方今海內之足以語此
者、厥惟先生、以先生學問淹通、眼光遠大、又復不持成見、虛懷若谷、博采兼收、力以啓導發揚我國之文化爲己任、當必不至
以愚言爲河漢、故數年來、屢思晉謁、藉求是正、奈牽於人事、倉卒間卒未果成行、以致翹首燕雲、徒勞佇企、區區之愚、不知何

齊大東風　吳光輝先生致梁任公書　六

日得一器之也、茲特附上講義若干篇、乃前歲在山東國學研究社時所作、文皆急就、且多屬通義、拘於體例、凡涉考証、悉未暇一一註明、又二南在三百篇中、時代爲最古、詩中本事、除卷耳汝墳麟趾何彼農矣等寥寥數篇外、以無所依據、類不能確指、（觀子夏序知在當時已自如此）、故大概皆依文訓義、僅能據表面文字、以求其通、與其餘十三國之風、詩必有事、詞必有指者、體例攸異、奈當時所付印者僅此、（此外尚有行露汝墳後義魴魚赬尾考等數篇、因無存者、未獲奉上」、以外諸篇、則係後來零星付印、多屬考証性質、因社中無人負責校對、所印講義、亥豕魯魚、乙不勝乙、故愚之作品、亦不常付印也、此等文字本不足以當著述、特以他作、無人錄副、故不得不暫假此、以見華對於經學之一斑、其是否有當、尚祈有以指示而斧正之也、又學文溯源一冊、乃華七八年前舊作、當時文字及經學、尚多未能澈底、及今觀之、已多須修改、且拙作札記之類此者甚多、特因局於刊貲、故付印者僅此、（將來尚擬爲一具體之專書、將古今文學之源流正變、支分派別、一一列舉無遺、一洗說文字典之陋、惟造端宏大、恐非急切所能集事耳）一併附呈、以見愚爲學之途徑、大抵華之說一出、中國二千餘年之學術乃根本動搖、直無復存在之餘地、特其影響之所及者至大、在華亦不敢堅於自信、惟凡百之事物義理、經華考得者、推之乃無不皆準、故又不敢妄自菲薄、此事殆非集海內衆君子而公同揚榷之、無從解決、鄙筒楮墨、皆不足以盡其一二、日來如有機緣、華定當襆被北上、以償夙願、屆時當更祈廣爲介紹、用收集思廣益之效、茲特假此先容、聊貢區區於萬一、是否有當、諸惟　明教、不勝待命之至、肅此即頌

著安

吳桂華頓首

梁任公覆書

秋輝先生箸席。奉書欣若晤對、先生以爲啓超不知並世有先生其人、豈知我之於先生、心藏心寫者、兩年有餘、正恨無以自通於左右也。記甲子春夏間在都中師範大學講學、有一學生購贈我以學文溯源一冊、歸而讀之、字字莫逆於心、歡喜踴躍、得未曾有、正思追訪道踪、一致拳拳、時正值亡妻病亟、心緒不寧、未幾遭喪、家室搶攘、乃至並此冊子而失之。兩年來、屢欲補購、迄無所得、而贈書之學生、亦不復記憶其姓氏、惘惘不怡、匪朝伊夕。忽奉大札、媵以鴻著多篇、其爲快忭、豈有涯涘。先生識力橫絕一世、而所憑藉之工具極篤實、二千年學術大革命事業、決能成就、啓超深信不疑。大箸不可不敢謀全部份公之於天下。若剞劂之資、一時不給、啓超願出全力負荷之。若有鈔胥、盼飭錄副見寄。若並此無之、望將原稿掛號附郵、當飭繕錄後鄭重寄復。未成之稿、須著手賡續點檢、誠然誠然。茲事容當續圖之、稍有機緣、終須得當以報也。亟思相見、彼此同之。惟啓超頃僦居校中、一舍偪仄、無以待賓客。而本校距城數十里、居者相訪、殊不便。（只許我訪人、不許人訪我）本欲藉此謝絕塵俗、然苦無以慰欲見君子之調飢矣。且俟署中休暇、或南遊、以圖良晤耳。匆匆佈復、直攄懷抱、無復浮詞、諸惟

愛鑒

啓超拜復十月十三日。

齊大東風　梁任公覆書

附録四　吴秋輝先生遺札

吴秋辉先生遗札

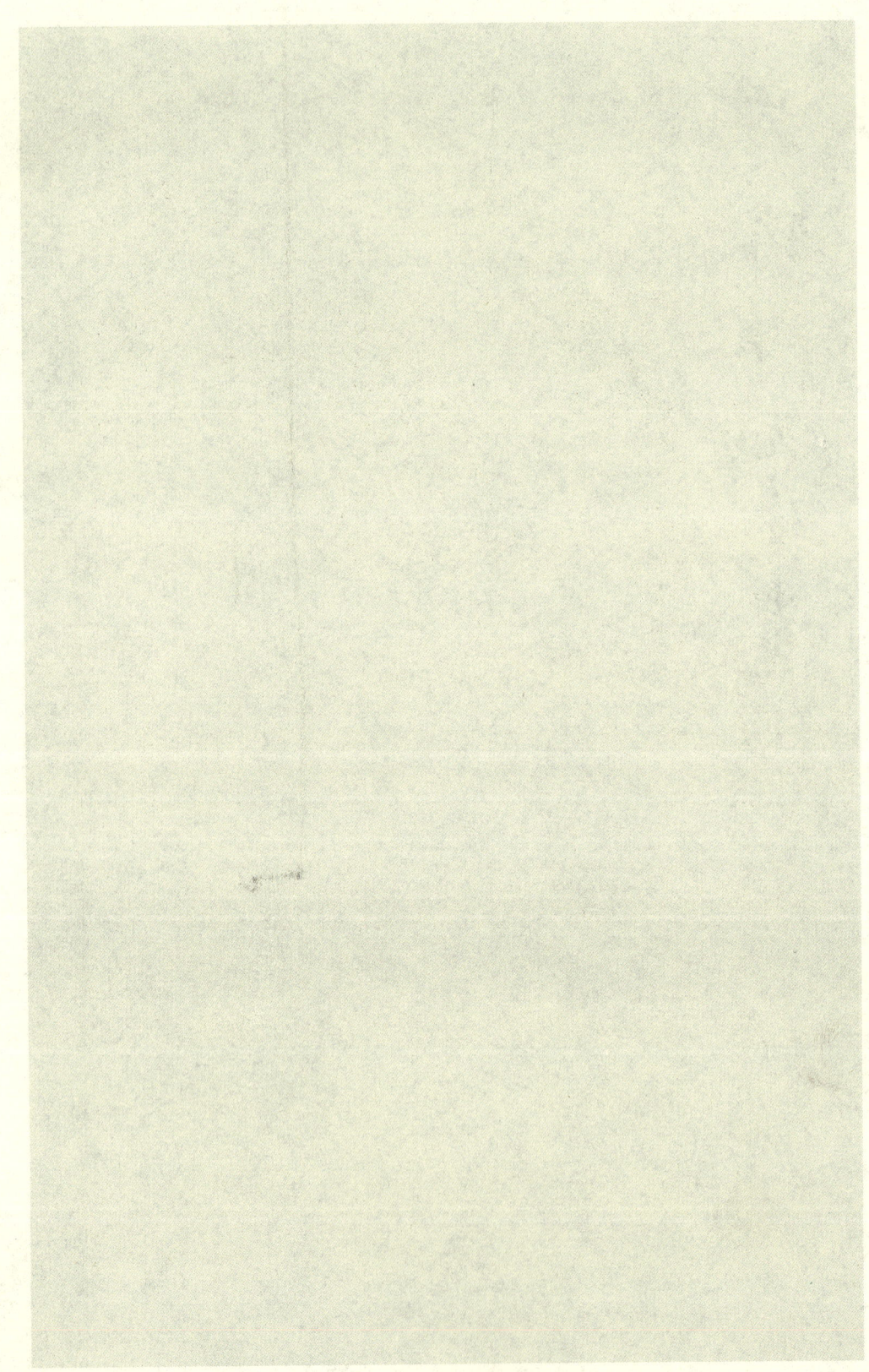

友聲賢契青及古無字書以音義已具詳於文字之中初不容於文字外別有所解釋也戰國以還六書道廢學者復意為轉變文字之原本象形者乃逐漸而變為符號文字與音義判而為二字書之需要亦遂緣之而起蓋符號之性質其用猶電報號碼苟非別有底本人將無從知其於意云何也字書之最古者厥推爾雅其書乃西漢景武間終軍之徒薈萃各家傳注之所偽託當時之謬妄者或竟臆指以為出自周公殊屬可笑其

體側乃摭拾許多之字而以字體之與文字各有定議之原則顯相背謬審如其說則諸字中但選用其一其餘皆贅物矣有是理乎古今來之非議之者頗多而以宋之鄭樵為尤力所言亦多中肎綮前清中晚間所謂漢學家者興雖極力推崇之有識者終不以為然也自爾雅後幾百年至東漢和帝時復有許氏之說文解字出現其書乃全以小篆為主間附之以古籀致其世小篆已久不通行惟童子之試為吏者間或習之撫復棄去其於古

籀益復茫如隔世西漢末年徵天下之能通史籀者僅得一王生十五篇畧通其六於復失之則說文之所謂籀文者概可知矣故其體例乃專就當時之小篆穿鑿附會（小篆起於李斯今以說文之所載校之半多不合故說文只可目之為漢篆直以為小篆尚非知言也）在今日視之直不啻一部笑林廣記彼世之紛紛稱道之者皆耳食之流也（說文與爾雅在前清漢學家曾奉之為枕中二秘以案頭但有此二書對於古人經傳便可以隨意胡改人亦

隨導之為大學問家今其學已經破産謬種流傳僅餘一章瘋子尚假此撐持門面若我山東則目中曾一見說文者已寥寥無幾可歎也）以上二書雖體側不同實為我國字書之鼻祖自是以降則梁有玉篇唐有廣韻宋有集韻元有韻會明有正韻其書皆以今文為主其體側亦漸即完備而康熙字典實集其大成蓋字典一書乃聚集多數鴻儒歷五年之日月編纂所成者採輯諸書凡一義一音無不詳其所載自幾於無字不典字典之稱

良非虛譽以視字彙之徒足供俗人檢閱者直不可同年而語故論字書於今日自當仍以字典為首屈一指若近人所出之各種字典及詞源則又以字典字彙等書為藍本更加之以佩文韻府子史精華尚友錄等各種類書及新出之讀音字新名詞等雜湊所成初學及一般不讀書之學生或使之學者所弗尚也至從前字書之惟一大病則皆詳其當然而不能詳其所以然故用力雖勤收羅雖廣終不免挂一漏萬語其文字則或累萬盈千核諸實用則或

遍求不得其字如蓼本今之辣蓼讀如膠今讀作了釋以為水紅花而辣蓼轉無其字矣輅本以物阻止車輪使不得動之稱乘殷之輅之輅實當為路字儒不知古原有輅字乃轉注路字作輅致與原有之輅字犯複此皆戰國人無知妄作之明徵也讀如織今讀作路而釋為迎而輅車之輅轉無其字矣垝即圍墻之本字跐即跴之本字殿臀定皆今俗書之腚麀牝尼皆今俗書之屄不過在鹿則為麀在牛則為牝在人則為尼皆

从匕得聲之轉注字也尼山之尼即此義其他尼字多為從厄字轉變而成者不得一概論也他若烈厲皆今之利害傯即今之落魄孔之為窟窿菴巷之為胡同諸如此類指不勝屈後人求其字而不得或意為揑造或乱行假借而字書中無用之字反與日俱增夫字不見用此尚得謂之字乎然自有字書以來即無人敢言思擬議及此也是皆因戰國後人已不知文字為何物字與非字全無標準故誕妄者隨意塗抹數畫即命之曰此某音

此某義或曰此某字古文雖淵博者亦不得不承認之漢儒最喜用此術以欺人鄭康成注經遇有不通處輒先改其字使人不識而後再自已加以講解即此意今試一檢閱字書往往二三頁中不見一習用之字即其結果也中國真正字書今方在醞釀中預計近百年中當能出現賢契晚年或及見之余身泯焉弗良及也已今意料其書當必甚簡至多不逾五千字其實用尚不及半每字下亦但記其源流蛻變本義借義引申傳訛屬

於六書何種再則附以古今地方音韻之轉變一檢
閱間則上下五千年縱橫十萬里凡文字之一切應
用莫不若網在綱學為文字者其功用視今至
少亦須省去十分之五中國將來文化之復興實
以此為第一關鍵今其兆已萌特庸人不識耳目
下各省有志之士其從事於此者頗不乏人惟
核其所至均尚幼稚然鍥而不舍將來必有豁然
貫通之一日賢契為年方少正悟性發達時代
於此種沉潛學問似尚不甚相宜然亦不可不

就此時稍立其基礎蓋心目中先有此表象而後再遇此等書籍自覺引人入勝若終身不覯即終身不曉也余十年前尚自以此事為一種消遣品後用以解經始漸覺其作用之大反復印証乃益恍然其關係之既深且鉅在吾國今日實無有更急於此者此余之所以屏絶世務犧牲一身而濡首從之也前所講薛阮二書乃古文學之普通門逕暇時瀏覽之相其體格風神核對各器文字筆畫之同異再就釋文與原

器察審其是否確當二書釋文錯誤處頗多
有為前人所改正者亦有至今尚未有人改得
者如是則自有興味而欲多所參觀以資印
証不知不覺其規模遂日加廓大矣又現今學
術及仕官場中幾以臨摹鐘鼎為一種風氣前
在京世師竟聞有某軍官聘人教其愛妾臨
散氏盤者則其他概可知矣賢契筆姿挺秀
或習此為臨池之助亦一佳事余素不能書故
印書時頗以篆文為苦學文溯源中篆書幾

不成即由此賢契或能為余代彌此憾尤所欣慰
惟薛書則僅存形似筆意久失斷不可用以臨
摹阮書較精乃由原拓鈎填者亦不免失真之
處特二書所載之漢銅器原出一人之手其人於
此種文字似有特別功力故尚可用臨摹彝器
須別購拓片今有正書局出板之石印拓片甚多
價值亦無幾集合册者有鐘鼎彝器拓片第
一其單行者則有盂鼎毛公鼎三頌虢季子白
盤散氏盤而尤以散氏盤為風靡一時　近錫山

秦氏前在泰昌見胡仲源所持石印畫冊即其人並有取上述各拓片精印後復附以各片集字之楹聯者其價稍昂然每冊亦止二元耳現吾東之拓此者厥推丁佛言君其書在京師頗有價值今春在東魯學校充義務教員暑假後回籍現不知已返濟否賢契如有志於此余可請之代為指示也賢契方今正當在博覽時代且觀前所作似以詞章為近暇可取名家各集縱橫涉獵不足則斷之以詞即元明以來諸傳奇角本亦

無不可初不必斤斤於擬作積之既久發出即是所謂水到渠成者不止此一事然也究之學術至今已至改革時代（然非胡適等之所謂改革也）然其所改革者亦止關於實用一部（如經學文字道德政治等從前著述雖多實可謂之全未夢見）至於詞章書畫學之關於美術者無論何時必不容以變革不過風氣不能無所移易耳大柢讀書一道雖曰求學然原係人性分內事切不可求樂得苦吾見世之苦學者卒無得有善果者也

博觀約取優而游焉以俟其至終必有所成就來
日方長尚其勉旃讀書有疑義時可函問
華白

附録五　讀興學新論書後

讀興學新論書後

以痛哭流涕之文作石破天驚之論看去似奇實則為人人意中之所有特無人肯頌言之耳民國以來之教育但稍有常識者殆無不痛心疾首余本畢業於優級師範正科前清時亦嘗辦學入民國後絕未嘗一涉足於教育界者即不欲以區區口腹之謀直接以誤人子弟間接以造禍於全國也篇中所擬辦法前明設學之初制即如此故學中有廩增附之名廩生即正式官學生其人皆有廩餼增生乃後來所增廣所以備填補廩生之空額其人雖得一同就學但由自費附生則驗其程度亦堪入學特許之以自費附學以填補增生空額者初不得直作正式學生論也其制度本極完善特奉行既久遂成具文黌宮致等於虛設耳此事今日言之尚嫌過早環顧當世絕無有一具此魄力之人縱令有之行之亦必歸於失敗蓋今日方在積極動亂之中急轉直下雖善者亦有未可如何之勢以三十年來變法之毒至今日

始逐漸破裂，非至釀成一同類相殘之大殺戮，人口死亡過半時，殆絕無建設之可言。中國人之理性恢復，政治求其漸就軌道，至早亦須俟之三十年後，或竟延至百年，亦未可知。此乃無煩於燭照數計者。余主筆政十餘年，論者多議余多攻擊而無建設，實則余意中非無建設，特以言之無益，適足以見笑而自浼。故竊汲汲於百年後建設之預備，目下暫置諸不談耳。篇中所言，家自為學，而國家總其成，實為中國將來教育上不易之原則。蓋教育原屬父兄之事，故稱學生曰弟子，而弟子稱師則曰先生，弟子固係對父兄言之，先生二字亦為父兄行輩中年齒較長之專用名詞。儀禮之作較早，殆孔子歿後，近百年之產物。故有司徹篇先生之脀折脅一膚一猶沿古義。論語先生饌句，即指其事言之。後世之所謂經生者，乃竟多不知儀禮為何物，更無足責其知饌即儀禮養字之異文，而又或作餕，且古文原本作饌，直假作纂字用矣。而顧自號於人曰，讀經讀經，皆讀註者，亦即此義。迨至孟子時，始輾轉而沿為一般年長者之通稱，非古誼也。若今人則更無間於長幼矣。中國在三代時，本為極有組織之宗法社會，故家皆有學，故所謂家，乃今所謂族。今之家則古之室也。孟子已不知古代社會情狀，故其所言井田學校事，皆奇謬。此正不必為賢者諱也。以自教其子弟。迨春秋晚年，族制漸即破裂，家不能自教，乃有出就外傅之舉。而所謂儒者實自斯始。在社會上別成為一種生計。在儒家雖自託於孔子，實則孔子之真，皆為若輩所污衊淨盡。其在孔子時雖已萌芽，然尚不得有儒之名。論語汝為君子儒，無為小人儒，乃子張之徒詆毀子夏之言，不得據為事實也。儒與孔子乃判然兩事，不得强合為一。儒與孔子且有絕對不相容者。諸子之詆毀孔子所詆者皆儒家之謬點，絕與孔子無與也。説別見。自斯以降，父兄雖不盡能自教其子弟，然父兄為之選師擇業，則相沿兩千餘年而未之或改。國家雖有學，乃皆所以教成德達材，非為一般之普通教育計也。蓋凡為父兄輩無不自愛其子弟者，其愛之也切，故其計之也必甚周。又人之材智各有不同，初非可以一概論者。惟父兄知之深而見之習，其代為籌畫求學及將來之事業，亦必各如其當，而無用違其材學非所用之弊。今人乃曰彼父兄之愛其子弟，不我路人若也，彼為父兄者皆愚，不知自為其子弟計，不如我之合萬有不齊之材智於一堂，而一例教之為能各遂其個性之發達也。有是理乎？其尤謬者，乃父兄為自擇師，而指為私塾以厲禁之，其用意不過欲强迫他人之子弟以來就我，學非所用，且除游戲外，絕無可以言學之官立學校。初不意其結果，乃適得其反。蓋人有子弟，孰有不欲其向上者，官立而善，人又何苦必自出金錢，而別從私塾？官立而不善，徒禁私塾，人不過併私塾亦不復入已耳。緣社會對於官立學校之游戲唱歌疊紙穿豆，以及今日星期明日放假，統計終年所謂求學者幾不及三之一。舉認為誤人子弟小兒而教以游戲，誠可謂教猱升木。私塾雖禁游戲，吾知凡為小兒者，必無不嫻游戲者也。寧不讀書，亦不肯入校官也。余在民國初元，即為反對禁止私塾最力者。余友固多教育中人，每以為言，余悉不顧，且嘗謂今之小學，若常此相沿不改，初無論乎普及不普及，將來即欲維持其現狀而不能。今新學界中，雖不乏後來之秀，然細詢其人，非源本於家學，由於父兄補授者外，即多為私塾之程度稍深，由私塾而直接考入高小者。其始終得力于學校者，乃百不一二。當有以知余言之不謬。至今之學校，其銷費之鉅，非一般人民富力之所能堪。則更無論矣。惟篇中所言，英文、算術、科學、儀器等，處殊覺仍不免於過於重視。今日所定之課程之弊，須知吾國教育之整頓，必須為根本之刷新，英文之列為高小以上之必要專科，實為吾國教育之極謬者。因吾國地大物博，初非日本之與外洋接觸者可比。平均吾人中一生之得與外人直接交際者，殆不及千百之一二，而人之得以升學直至於出洋留學直接聽講者，又不及千百之一二。然則彼多數人犧牲數年之精力，半通不通之英文，將何所用乎？此事自當從中學以上始聽人專習之。若恐其時過，正不妨各人獨習，或結合同志共習，而不得列為普通之必要專科。算術亦然。普通程度，儘可學至代數之多次方程及平淺之平面立體幾何而止。三角已不必學，留待專門，更無論乎解析幾何之與微積分矣。至西人科學皆本於算學之言，實為欺人之論，實則科學所用，僅一方程式及比例已足。夫算乃專門事，不在此例。初無與於其他也。科學儀器，亦只用其說明原理，普通學識所需用者，亦至有限此，皆不成為問題，舉辦皆至為易易者。惟言非其時，大多數之食洋不化，若其食洋錢，則又極能化，故終身常患其少也。半通不通之名流，必起反對，而一般徒恃畢業文憑之博士碩士等，以為將打破其飯碗，亦必羣起而攻。下至於一般挂名學籍，行同捐納之貴游富家子弟，以為窒塞其出路，又或吶喊搖旗，向東交民巷大呼摧殘教育，或中國教育破產，以乞憐於外人。似此種種醜態怪狀，實為今日中國人之拿手好戲，有一於此，今之所謂大人先生者，即無人敢於任此，況更有甚此者乎？究之教育至今實非根本改造不可。而改造之事，經緯萬端，亦非倉猝所能盡。余之飲痛於心者久矣，特以時不可為，故未一吐。今讀此篇，殊不禁怦怦欲動，因即就普通學科方面，稍陳述其一二，以誌吾道之不孤。若現制之荒謬離奇，亦有非縷晰所能罄者，亦只好俟諸他日。且祈教育當局之知自行考察也。

附録六　韓奕考

捌疑六

韓奕考

後及之也。其在幽王之八年。出逆數至宣王之六年。召伯虎授之邑5時。中間僅四十八年。即如竹書所云亦只有五十六年也。是韓之建國不久即為晉所滅。其蹤跡之如此。亦其一因。又傳世有伯晨鼎。世或目為韓侯鼎。然其字果為韓與否尚難確定。且其文曰嗣乃祖考侯于韓。則此韓侯實繼承祖業。在其前即韓奕之韓侯可知。又據召伯虎告王之言觀之。則韓侯慶所受之冊命中豈有賞貝用獄為伯之文。而此則無之。亦應不合。武豈為其例也。然韓至是已垂亡矣。俟儀生又疏

又據召公之為武王長庶。要可於周公之稱之為君奭證明之。古人除尊長外無稱人以名者。周公直名召公。但加君字以寵之。則周公之行輩必長於召公可見。若居陳之稱。則居王之於后下。特因其為周公之年又長於成王。故亦冠以居字耳。居陳實兼名也。至其年壽。觀周公居何則殊難斷定。前云召公與周公同居十亂之列。於第就漢宋人相傳之舊說言之。究之十亂之果何屬。在先秦時之言古書亦無別可攷。後之人必欲之求其人以實之。孔疏即旁也（漢世偽多出。此人也）其解八索九即五雖九德五大五細皆是。此皆爾。但知其大意已是。究之古人未嘗言。又別無稽近之書可攷。彼隔數百年。或千餘年。果何由而知其必然耶。觀君奭篇中周公歷舉號叔、閎夭、散宜生、泰顛、南宮括。日皆以屬之文王。又云武王惟茲四人尚迪有祿。後暨武王誕將天威咸劉厥敵。（此文上之哉字原當在武王字上。即載之通子也。於生時於生魄。皆如是語。）武王惟四人尚在。後得佐之以克殷也。古人謂死為不祿。故謂生存為有祿。舊解不惟內讀錯誤。其解尚迪有祿句也尤不明。故原文語脈之難通。亦不甚諦。則是至武王時。上舉之五人已亡其一。武王不得任之。又即尚迪有祿之言觀之。則所謂四人在其年歲亦已甚高。在周公猶得逮事之。至召公則未必得見也。蓋至是則所餘之四

□□□□古周公对召公言诏为演说古事如此若其人

尚在又为二人所素与共事之人寄用此以为许之虚诳耶（武

王之年享国之王世子诏其九十三而终周谨以为许之年即武王

何尚书者而治耶竹书则谓其年五十四亦未可深信以其意

在今武成康昭四王之世为百年又若如所言则武王之死实

为其代商后之四年四年之中又不称旧人皆死又大抵东

巡以前之纪年皆不可信竹书所言似稍近之今观书中

以大任自责历引商周史武之已死及霍开道而惟望其同

心共济仿然老成人对于后进语气至其必斤斤于召公

如则以贤财犀利流言皆诬其将不利于孺子而与成王之

关系最为切近者厥惟召公以其父虽若终莫亲于兄

弟又召公为释然则其事初无足深辩此其所以又曰小子

同来在位又特是此种流言初起之所能争召公终不

能无介介周公至此乃不得不释政东征以自明其心迹然

朝廷无人又恐商遗以随于人之讥诽则其事仍不能不仰之于

召公至今伏想周公之作此篇时其满腔热血、眼泪

真有直从纸上喷薄而出之势后世惟诸葛武侯之作出

师表其情境略似之而其处境危疑尚未至如此其甚也

由此言之则召公之年虽长于成王而其视周公则不远

远甚其所以得与周公夹辅者亦以其亲以其贤不然岂

时之伯仲犹多（伯指康叔之属）何为独旁及于疏远之间

然且其年略与周公相若则二人又皆贤者何以至其世而半生

乃竟不能知周公之心迹致周公之再申说而犹不能怿此皆

其情事之可疑者也在前人以周召并称殆以其夹辅故后之

人误解召南以此域言之初不侪之二公说已见前实则召

文王时召南诸国尚在纣手中文王又乌得设官而布化哉此

若有说须召公当文王时已能循行南国布文王之化（上注宜在此三）

（下向）则似其年反长于周公至少亦须与之相若如此皆由于

不明其世系之所致也愚谓此篇在我国周尚文字最要时

为儒授之儒生所谈不惟文字错谬即句读亦多有不合者

今文误古文亦误而孔传之真伪又久失传在今日已成为无

可如何之势吾人惟就其有可辨正者随时补救之而已此

诚天地间一大憾事也

其萬年子子孫孫寶用享于宗。（此記其作器之事，并世世以此器享于宗廟也。）以
上器文也。亦不解所謂。第將況殺之而已。後讀此詩，至慶既令居，而見慶字与
韓侯字對舉，即疑慶字當為韓侯之名。（前後稱韓侯，而此獨稱慶者，以
此章純由顯父之言之也。由此可知古人之於書父母亦稱名父母故
詩人仍從用父前呼名例也。）（舊訓慶為善，集注則改訓為喜，無論為善
為喜，皆不成義也。）及讀下蓋師所完以至因以為伯者，而始悅然於器
文之所記，乃正即此一段歷史。簡冊淪亡，後人已無從識其事。（東遷以
前之事，其傳於今者，亦殘缺不可深信。其所歷之年歲，尚無定
說。則從而知已。今以古器之所記者證之，十之八九不見於史。殆由犬戎之
難，方策俱亡。平王倉卒東遷，百事草創，又私有為之主，益無從過意
及此也。後人代遠年湮，雖欲補救，而已苦文獻無徵矣。魯史之託始於
平王，蓋有所不得已也。）賴有此器，尚得以稍考其梗概耳。蓋
器所記慶者，或即此詩之所詠韓侯也。其所詠邑者，即此詩之所
詠韓城也。韓侯殆為伯虎之兄。觀其同取名於獸類。（慶從鹿從
心，則本義必為獸名。今以其字義推之，則其獸必似鹿而無角，又其心必
有特異於他獸也。故取此會意字。其物當即為今之麞，以麞固似鹿
無角。其臑[illegible]也。而常之愉快者也。臑居胸下与心相
去不遠。故古人即以心表示之。由此義以引伸之，則其義又通於喜。慶以人
聞香。固因不喜悅也。今人所多之可欲義者曰香，亦此義。慶古本義之与
麞殆之意之轉。蓋慶之借義行，不得不別撰之字以代之也。至臑則
至為今之麕字。以古麕字作[illegible]，取象於臑肉之堆積形也。此則然
雖与他文相聯成字者也。）及文中稱其為伯氏，可見知其為虎者，以伯虎
奉召公之宗祀，且邑原為其所主，是然其為宗子。慶之年更長於虎，
則其為虎可知也。韓城本召公私邑，其城即為其當日所築。傳至
召虎，當受有先人遺命之，以畀慶。故韓慶有功，受王冊命時，即舉
以畀之。使別建為侯國。慶与虎同祖召公，召氏篇中所稱之祖考先祖，
皆指召公而言。而所詠韓侯之先，即當有人侯於此地，而韓侯特嗣續
之也。（竹書所云之也。宋儒因蓋師句久已想到召公身上，惜其無從知
有此段歷史。故說來說去，不能明耳。（集注所詠韓所受封時，召公為司空，
王命以其眾為築此城，純屬臆空之論。韓於何時受封，既無確據，至
召公為司空，尤不見經傳。即召公果為司空，亦不能率其人民為人到此
築城也。武王之仲山甫城齊，申伯城謝例之，然亦當云召伯或召公所
完。而不得云蓋師也。蓋無論如何說法，與師動眾遠出二千餘里

为人筑城8此乃出兵之事(之8)玉城之筑实出自百蛮8故诗特以、
时事(即是8)。指实8。筑自百蛮8乃8称之为燕师8特诗人故作此
鹭人之韩8以待下文申说为韩侯之奄受北国作也步取8故其
言曰溥彼韩城8实燕师之所完8盖当时咸知城之筑出自百蛮8
苏特提出燕师二字8使人骤阅之8当有疑不疑误8故下即申说之云8若
先祖之受命8(8)实亦有此筑城8由百蛮8(8)之8盖古伯兄8秩
任远出于侯之上8例须受接数国8其身须常受迎王朝考再之访8
后服周室王受命为西伯得专征伐而惧罪由于此8(说详考再篇)
后者极其称为五伯8特擅其利8而不肯8之王朝8职召公之受命为
伯者以此8其所以居燕而不得之国者亦以此8然召公既为燕居则其
家皆得曰燕8寄8故虽在百蛮8亦不妨以燕师自8所称其从主
人(之8)盖召公当8虽尝受命居燕8然其职则系方伯召南诸国8
亦惠归所统率8(由是可知所谓召南者实指南国之属于召伯者而言8
犹漫言自召而南(之8)召南之得有东粤以深诗者8以东周之地8故在召公
隶属中(之8)此义前人之无明之者8)故其身常左右王朝8未尝之国8其
于燕8但遥领之8其子孙中虽自有(临淮)淮其地者8然福小僻陋8不足以
自达于天8其在王朝8则仍由召氏世主之8而召氏亦以视为属邑8
此春秋以前绝不见有燕事(之8)至是王乃俾以此统率之权属之
韩侯8故又云王锡韩侯8其追其貊8奄受北国8因以为伯8盖召公之
为伯8因以燕而遥领百蛮8韩侯之为伯8又因以韩而遥领燕8此
首章之所云缵戎祖考(之8)往此8常即诏不惟燕师8百蛮8
追貊北国8其疑难处皆瓦解冰消8而篇中两因字8一时字8一以
字8亦之二遂化着落8然后我得有线索吾知后人虽绞尽脑汁8
亦等不解疑议及此(之8)又因此并可以推知召公之世系8召公在诗
书史册上8声名虽极煊赫8至其世系8则罕能言之8者其知者8不过
曰周之同姓而已8今以韩之出自武王言之8则召公实为武王之长
庶8其年岁殊下于周公8故在武王时已与周公同居十乱之
列8后又与周公夹辅成王8二人者8同属懿亲8则伯兄8则叔父8故
遇事每两不相下8观居顾之篇即知之8若但为同姓8则疏不间
亲8未必其露然(之8)此则又可据以补史传之阙者已8
又按韩之亡8者不详其何世8竹书则称其亡于平王十四年8但
其言初不足为据8郑语伯华对郑桓8历数诸国8及亦不
及韩8则似其时韩已不存8可证为语8后又不应述武王子时8

附録七　殘稿

孔子蚤作負手曳杖消搖於門歌曰泰山其頹乎梁
木其萎壞乎哲人其萎乎

按此歌之義孔子乃自命以為哲人自俗儒言之
似鄰於自大不知凡大智慧自中年以往無不灼
然自知其身分與天之生之之旨趣者孔子謂五
十而知天命即謂此也知天之所以生之者在斷

繼往開來則雖欲自謙以為非哲人而不可得況
藉歌見志更惡所用其自謙乎
既歌而入當戶而坐子貢聞之曰泰山其頹則吾將
安仰梁木其壞哲人其萎則吾將安放夫子殆將病
也遂趨而入
聖之與賢心心相印其於天人之際皆有以窺其

徵故其感應如此〻其中具有真理非如讖緯陰
陽家之讕言也
夫子曰賜爾來何遲也夏后氏殯於東階之上則猶在
作也殷人殯於兩楹之間則與賓主夾之也周人殯
於西階之上則猶賓之也而丘也殷人也予疇昔之
夜夢坐奠於兩楹之間夫明王不作而天下其孰能

宗子〻殆將死也蓋寢疾七日而歿

吾寶齋

石墨

酉陽雜俎云無勞縣山出石墨爨之彌年不消按其物即今之石炭自漢武昆明池刼灰後此其記載之最早者也

石漆

雜俎又云高奴縣石脂水〻膩浮水上如漆採以膏

車及燃燈極明此所指即延安石油至宋人則更利用之以作墨矣見夢溪筆談

木簡

續組云齊建元初延陵季子廟舊有涌井井北忽有金石聲掘深二尺得沸泉泉中得木簡長一尺廣一寸二分隱起字曰廬山道士張陵再拜謁木陵西向

字包萬物即古人之名剎達爾生氏為三年滅

字作义

馨

南北朝人之所謂馨即今人之所謂樣世說中用之

甚多冷如鬼手馨者言冷如鬼手樣正自爾馨猶云

正自這樣生此寧馨兒猶云生得這樣兒世說馨

子無不如此物不知其由否何子轉來也

嘉寶齋

附録八　九章

九章

惜誦

惜誦以致慜兮發憤以抒情

誦、本音通，誦通違義理也，說的其理也曰誦，注詩為

也，本通其義也曰誦，小功誦是也，通違之言也曰誦

是也，通違之人也曰誦，九辯之字誦是也，字皆讀通，上平声

广在讀宋，卽尤謬矣，詳見下九辯惜誦以致慜說

惜其以通違以遺憂患也

懷沙

易初本迪兮君子所鄙

本迪字頰雜解集，故注直宜為迪，詳王逸注聲說耳今

迪史記作由，甚是，蓋古人於文字其含有動作意者，輒於

其下加彳止，於彳或作迷，來或作速，由出（古往字足趾出

前會意字文立古往通，正從止，乃後加彳止作徙，中衛（古

和迪，正從彳，乃後加彳作迪之類，皆是此文之迪字如今

例文由本作由，亦因作寧由義，故更加彳作迪和有

古文如此

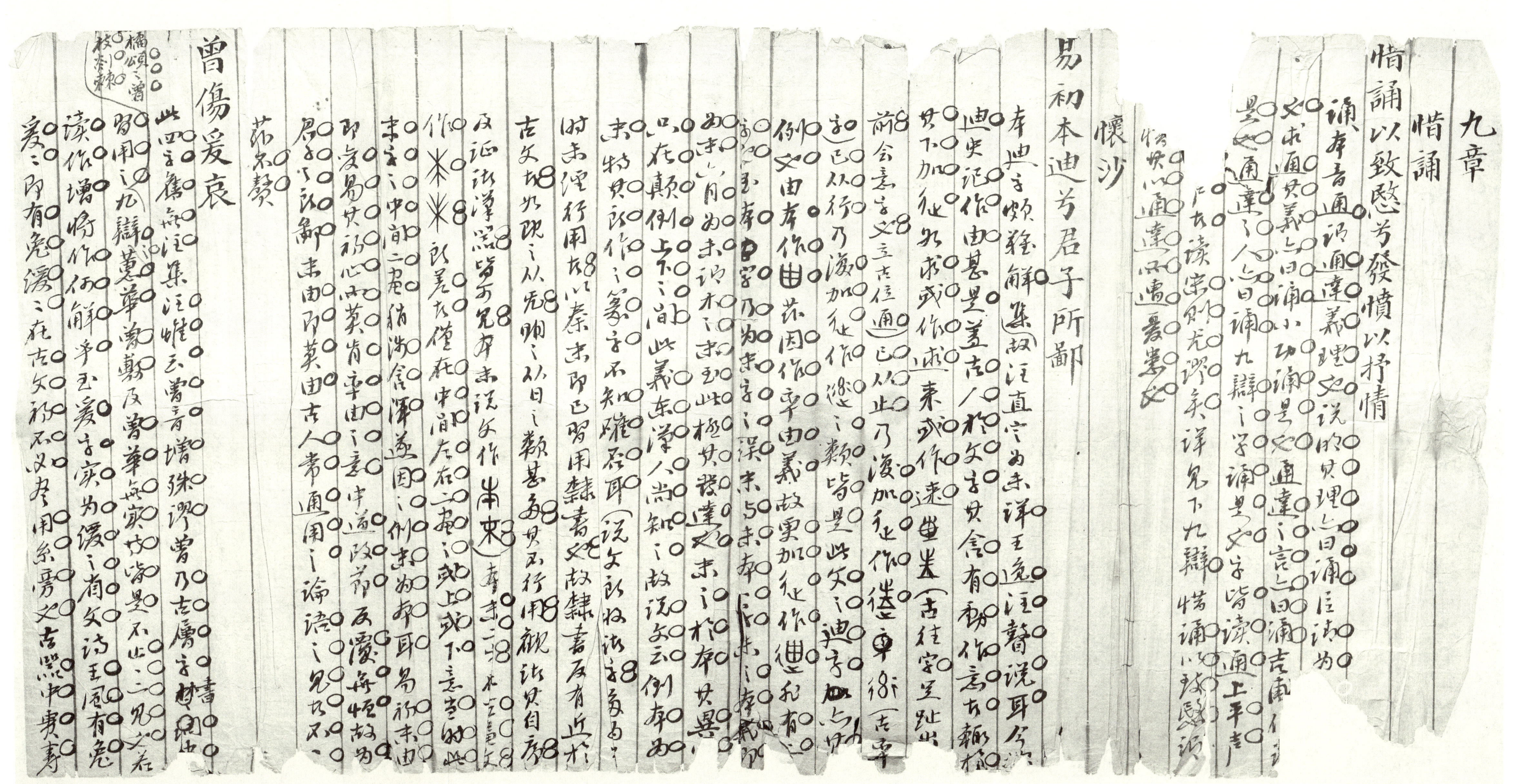

顧自直以徑往兮路壅絶而不通欲循道以平驅兮又

未知其所從然中路而迷惑兮自厭按而學誦性

陋以褊淺兮信未達乎從容竊美申包胥之氣晟兮

恐時世之不固

九辯○此○節○固字○○之為○○固字之○誤○人○以○為○兄○故朱○氏作○集○注○正○言○

○唯中間學誦二字○頗難索解○朱氏直注為未詳○尚是主兔

注以為吟誦之禮○則穿鑿○不通矣○此外俗本有徑改此數句作然

中路而迷惑兮○忽躊躇而無限○此愚陋以褊淺兮○自厭按而學誦○菊

踪雜於篇艾兮○信未達乎從容○左蓋○以誦為詩之擴充○然中路而

迷○惑○而○向○作○四○句○以便○強○加入○○韻○與○詩字○相○叶○上下○皆○東冬○韻而○

中○間○忽○雜○以支○微○二○韻○其章○句之○跡○顯然○可○見○朱氏○不○之○從○也○不○

為○無○見○文○特學誦二字○實無從得其義意○後讀書顧命○指○知

此○誦○字○乃○個○之○通○假○世○之○讀○誦○如○頌○者○御○和○其○訓○誦○為○讀○

尤○可○疑○按顧命在後之○個○敬迓天威○嗣守文武大訓○向○則○成王○

自○名○個○（舊注不知何為成王之自稱名○解個為個稚不成

且見成王至死猶童稚耶○謂人之不通文義○類如此○此之稱名乃

村上多正言○方前此能○[illegible]○而○失○則○從○誦○由○[illegible]○知

與○誦○言○義○相○通○在○古○人○時○相○通○假○此○之○學○誦○在○今○文○則○書○作○學○個

文○蓋○誦○從○言○甬○聲○於文○為○形○聲○凡○字○之○從○甬○得○聲○者○通○痛○

誦○備○（若篇桶○乃甬之俗字○）皆作通流○言○（與個累同）祠○解○作頌○者

向上

加入此字

[illegible]

如○知○誦○之○讀○乃○後○人○不○知○之○書○隨○以○謬○會○如○又○謂○之○言○其○聲○

則○概○作○通○流○等○前○而○其○義○亦○皆○含○有○通○達○之○意○蓋○通○於○行○之○詞○

通○通○於○言○之○詞○誦○通○於○力○之○詞○勇○通○於○病○之○詞○痛○此○得○通○

則○曲○誦○物○通○於○人○則○詞○備○由○是○言○之○則○誦○乃○通○曉○文○言○義○之○義 理

之○詞○禮○乃○大○功○廢○業○戒○曰○大○功○誦○可○文○記○詞○誦○古○乃○謂○皆○其

義○意○和○詞○申○其○此○畢○文○誦○之○義○為○通○曉○義○理○而○個○之○義○則○

通○達○於○人○情○和○光○同○塵○與○物○無○忤○之○意○故○於○文○為○同○人○二○義○本○

相○通○而○言○又○通○同○故○二○字○時○相○通○用○成○王○之○名○個○或○作○誦○與○此○正

同○與○謂○學○誦○者○乃○學○為○圓○通○之○意○蓋○徑○直○則○不○可○通○循○道○又○失

誦○從○乃○不○得○不○強○自○按○抑○以○學○圓○通○而○其○貞○則○性○褊○淺○終

不○能○從○容○得○此○上下○文○之○氣○相○生○所○用○誦○字○乃○其○本○義○後○世

誦○字○之○音○義○俱○失○以○今○義○求○之○始○大○覺○其○刺○目○誤○乳○有○所○至

名○正○之○則○其○義○得○從○古○無○人○識○之○然○因○此○可○並○知○論○語○個○而

附録九　大膴祭

附録十　其他散葉

附錄十　其他諸表

大膴祭

公食大夫禮云士羞庶羞皆有大鄭氏注云大以肥美者特為臠所以祭
也魚或謂之膴膴大也唯醢無大殊經明云皆有大醢醬亦庶羞
候而注偏謂其無大然則經文乃証詮且遍致各蠡絕不見有
醬無大之明文鄭氏異何所據而知經文之必可本信耶若云從者
之言醢醬者初不言其有大蓋亦云其必不得有大則庶羞諸品之兒
於從處者必惠不言其有大苟得因此即據為此文之反証孝今殊其所
以造成此說說者實洲源於其時說經之儒初不知此文之所謂大者為
何物第就大字之本義而附會之遂穿鑿附憑空捏造而成此所以肥美
為大臠之條謂蓋肥美既稱不失大之意而特臠則大足形其大文殊無
從物或尚可言其為特臠而醢醬則本並碎肉為之絕無臠之可
鄭氏知此乃不得不提出此物以作為例外遂致經文必不可不信
乃由漢人之惡習鄭氏乃其濡染之尤深者文大為肥美之大臠不
惟於古無徵今觀其下文云贊者北面坐奠取庶羞之大興以授賓賓受
兼壹祭之設大器為肥美之大臠十六豆之大贊者與賓是得以一手
相授受且兼壹祭之況古人之所謂祭者皆摘取其物之少許別置之彼
無有特取其物之肥美且大者深儒但知就大字附會乃至併祭之常
禮而亦忘之其可異孰甚焉今按大者在今人則謂之搭頭今人於祭祀
之羞庶中猶用之乃取芫荽韭黃或染以赤色卵白及雁其（俗名
洋粉或蘆花菜）呈五色相間被覆其上在古人亦以備祭之用今人雖
鮮祭然其制則猶多沿用之亦可謂告朔之餼羊矣搭與大本
一聲之轉蓋其初本無定字故各隨其宜用之又鄭氏謂魚或謂之膴犬
謂按有司徹云尸俎五魚侑主人皆一魚皆加膴祭于其上膴祭二字乃相
屬成文膴即古書禮膴用飲食之膴謂覆文膴膴二字古常通用詩
民雖靡膴之膴字即為幠之假借故得與周雖靡止之止字為對文
以上覆止則不辭文膴祭者即為大之異名膴謂覆其上祭則言其用
然與今人搭頭之義正合經第就魚言魚實則其制初不限於魚文鄭
以不明白讀第欲取膴字以附會大字乃實從膴字上絕句然則下文祭
其上四字將祭于何物之上且魚尚未升何處遂言祭耶況下文更云司士
以清魚尸取膴祭祭之若果從膴字絕句祭之之三字又作何讀耶若
其讀膴為殷得之遂竟割謂刳魚時割其腹以為大臠蓋猶是信
於開河秀由緣飾其以肥美為特臠之義殊不思魚之腹腴雖肥美
然對之詩厲如之何其能成大臠耶其謬益無足辨矣

心若倚以求役仁信讓以求役禮二役字亦為反字之訛鄭注、

役四々言為文○乃不知其誤而特為之說云果前云役之與反所實者惟在中

虛之通與不通此第就其常言之實則初不必然文蓋役反二字皆原本

於龜文之卜字（金文中僅見邢侯彝）語中之嫠數乃其旁之未改者而以

朴擊人曰抶亦然（抶從木旁為笞之从竹台聲亦即古文之以故凡古之从台得

聲者皆音以今人讀達（後）人不識字形）後寫其文為支音仍若數故

疫役其支（此字本刈之異文从華支聲乃刑聲字漢人不識字以其義與

刪近臆讀作刪取後輯訪韻者乃更以之與刪字居兩司部益笑話矣

又周禮有祈其之知與此字今文正同而其實則大異蓋彼所从者乃伯文

執支之支字在古文作马象手執方物形然即支狀文若秦人鋒者

支書其字實為急字之省許氏不識誤以為伯氏所執之物乃於其下別

出華字彼蓋不知在古文附代已有華字見晉姜鼎因所此誤文从華从马

乃熟之異文與其之从華从马者在今文實無稍別此後人所以不能明

其義文）其字俱从之得聲即反字在當時音亦讀若數故邢侯彝反字

尚作從中為并不下通逆後乃之旁轉為擊二字當即由此時產生（擊

古文作鼓見不㲋駒方敦）而反字至此亦轉讀如擊後省下之止作役觀

急字之詩作（序）彼字即可知古之急字即假反字為之至後始省其左側之

彳加心於其下作為形聲字以偏急（字）之支用其止所从之马其不下通則

律字亦不必下通文其常下通者孫然其與後字相溷故耳而不害後人

之仍不免相溷文

又按嘗兵延面人為從其止所从之役亦為反字之訛與與前同蓋漢人業不知

反之从千文因此之故其對於古文反字政作今文即誤作役獨至於人

名則不敢臆改故惟于思及假字之名尚仍其面舊僅有从彳者作彳之字

乃條作人名外別無他義實則二字皆反字而為急之假借文（說別見說詩二字乘

冊篇○）從字若以今文言之本書作垂或坂（今所見古文尚未有土在兩側者惟

古鉥字有從心（字在側者）則絕不一見）莊子天地篇孫哉坂乎天下此反字即假作坂字

則貫字於古固訓習用也。迨漢人誤以貫字為貫，且讀作從聲而收之本義。

無貫字，於是乎不得不別作㒼字以代之。此正諺所謂棄了兒子抱熱兒子（後世）。

之繇。此亦貫一大原因不此也之言不若漢人也。㒼，說文以為鎮痛（?依別作

瓽），乃皆說貫，鄭或說曰土㒼，未燒磚坏是也（實則坏即是坏，至今當仍古名）。

初不必先供燒磚之用，不過坏燒之即為磚耳。為㒼文焉以煮沐所以浴即

迺從之以為竈塊（二字甚奇，塊乃土之粘合自然者，有待於人為者）。強施逆臆之

詞，蓋以字義言之，則似塊，而以上下文義言之，則又知貫用以為竈，遂合而觀此

牲（怪）特之名詞也（塊自塊，竈自竈，塊之用初不主於為竈，又安得以貫偏而為竈

當賦以竈之名耶）。至西人之西，即佃字，乃代為之力田者，即今之所謂佃

之也。佃字古本作田，見揚敦。司□（□原字不可識，有剝蝕）田佃，又或屆其右側

之人字作甸，見湮鐘（壽䋣室金文中有此拓片，其原名偶忘）。惟母懷其中

有湮字，因用為名。按原文乃[illegible]其中佃夷之佃，左傳所謂寢佃兩牡者也。

即今西字之所從也。舊注於胸人、宦人、陶人、小臣等，概注為宦名，見為出者而亦

能備此許多之宦哉。

菩薩蠻　濟南青詠

念奴嬌　題彈鋏客吟稿

菩薩蠻 濟南春好

濟南二月春光動，多枝々親枝東西弄。不用苦桐催，故園

花正開。 昨宵風雨急，夢見殘紅泣。曉起撲簾看，花

痕過石欄。 [illegible]

明湖瀲灩春 [illegible]

流戲落花 [illegible]

[illegible]道邊歌，出遊村 [illegible] 從

經衣西馬 [illegible] 門遊 [illegible] 人 [illegible] 明月又清 [illegible]

實花滿城 枝頭門杜宇 聲々催，但去是不歸，歸 [illegible]

歸路應遠

南山々棣青無賴當窗日々横眉黛遠樣學文君相如
不嫁貧 春衣行典盡故態何須酒々沽尚堪餘提
壺遂別家
東鄰々雨作翻雲遂香車寶馬爭馳驟組懷踏遊趨
珠箔向玉錢 夜鶴晚鳥鳩落々誰吾偶且上最高
岑顛淡寄棲龍
頭顛俺傑英遊女許長歌向日空濠樓々春劍兩無風
飄零質此生 流酬佳刑攻樹々古塔 此趣前望
乾坤神京烟霧昏

檀弓季康子之母死公輸若方小斂般請以機封將
從之公肩假曰不可夫魯有初公室視豐碑三家視
桓楹般爾以人之母嘗巧則豈不得以其毋以嘗巧者
乎則病者乎噫弗果從

鄭注以公輸若方小斂內注以公輸若匠師方小云
年尚幼未知禮也　大氣

又按左桓二年「鞶厲游纓」，昭其數也。此乃本皆就革制言。鞶即紳帶，
注《周禮》云：「樊纓」，樊讀如鞶帶之鞶，(古今)馬大帶也。是其屬乃勒，假借僃傷勒亦
疏云：其在《周禮》，則曰革路龍勒。其在古詩，則多云鞗革。或云
此似勒(伯昌居射)。旂則革路之建旗，《周禮》所謂大常十有二旒，以象天旂。
大常大白大麾也。雖不言旂，(皆)亦有旂。然數職與纓無紀義，即今之馬纓。
不過其服飾，不本於其物，當服(胸古頭膺)。(今人謂馬纓為胸纓，其實即是鞶也。)數古文為作膺，實則一物也。
乃杜注牽於長民之繁纓，遂解鞶為紳帶，又解厲為帶之垂，其說直
是今人讀飾。紳本大帶，而厲更為帶之垂也。若大帶皆纏在腰間而不
下垂，所且詩所謂垂帶而厲，(出毛)所謂垂之帶。乃帶之下垂者耳。大概
其學皆原於毛氏，漢儒屬與帶均誤。因成此種種笑話。此其所以為漢儒也。

北佐語怒曰生氣按國語不犯曰我佳楚直哭

蒙莫不生氣則曰稱之原有吉語文

江左烟花盛綺羅青春對酒復當歌白門病死王
郎殺天寶風流已不多風急江城捲暮潮銀樽
璧月尚春宵王郎已死清歌歇愁東吳紫玉簫
寒食棠梨野水昏孤舟細雨泊江村鷓鴣聲急
千山暮玉笛分明話斷魂截谷祠畔紫字韊
營外勤訶叢𣝣棠今日山塘華衫露玉芙蓉
前三㬎霜已介丑凶吉王十畁·可王各大室
井千言內王內昔今吏楙汐內載中同黃止
刻工對腥王休用止匱毀內甘黃禾分窩
余侯子妻子妻丙宗丙母羲日母羲戈又王止王母口

吾有猨門閣八等能收善於猨門是也前之有猨門甚多

者雜惡惡於猨門門外是也

清明在躬氣志如神嗜欲將至有開必先天降

時雨山川出雲 數語極精較之前所謂五至三無

三無私等云云幾如天仙之與厲鬼大抵晚周文字

雖已失文字之本原然猶有道着處也

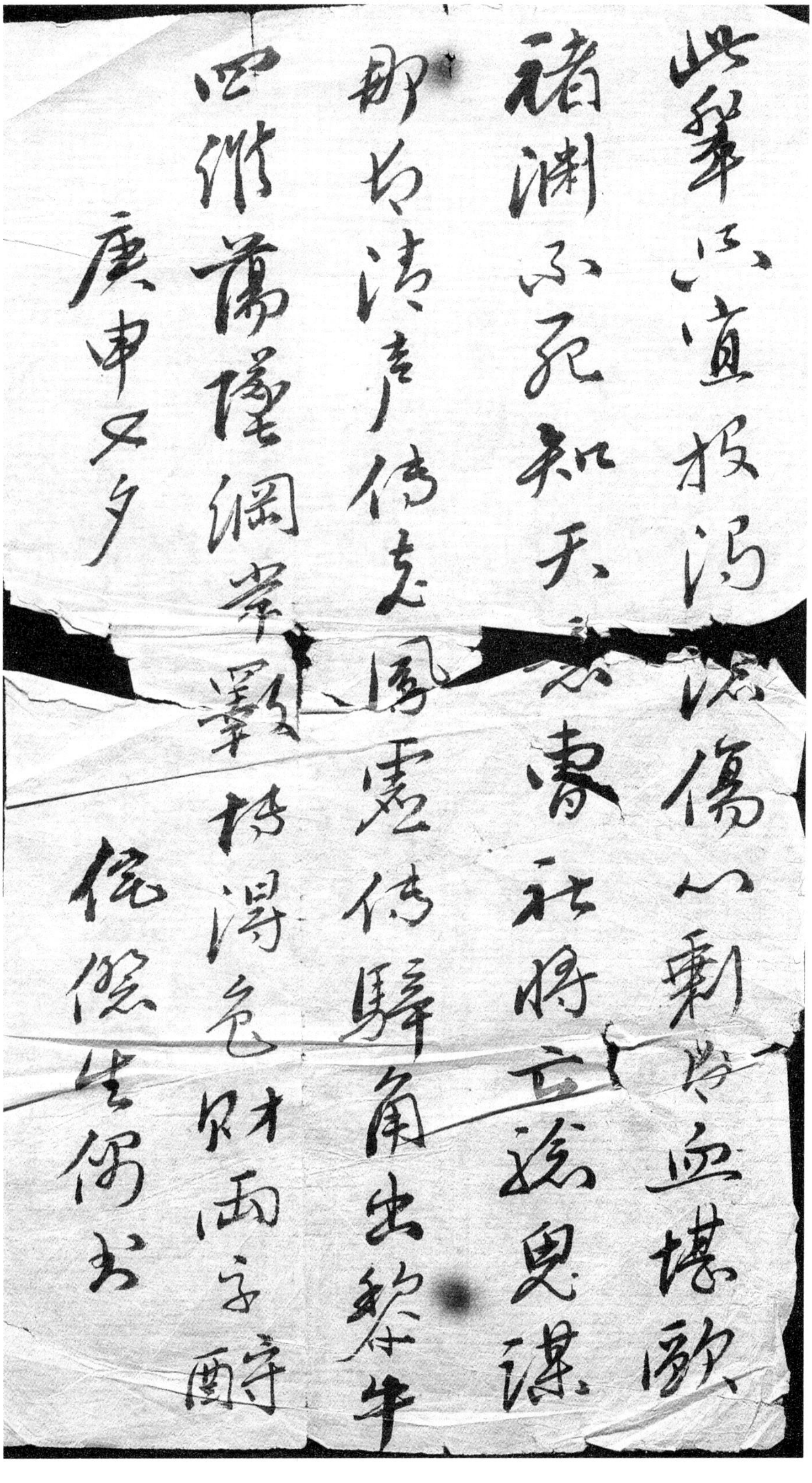

此筆只宜投瀉淚傷心剩盡血堪歌
褚淵不死知天意書社將亡孫見謀
那有清聲傳遠鳳處傳驛角出黎牛
四浙傷懷綱常戮持得色財兩字酬
庚申冬夕
倪偲生何書

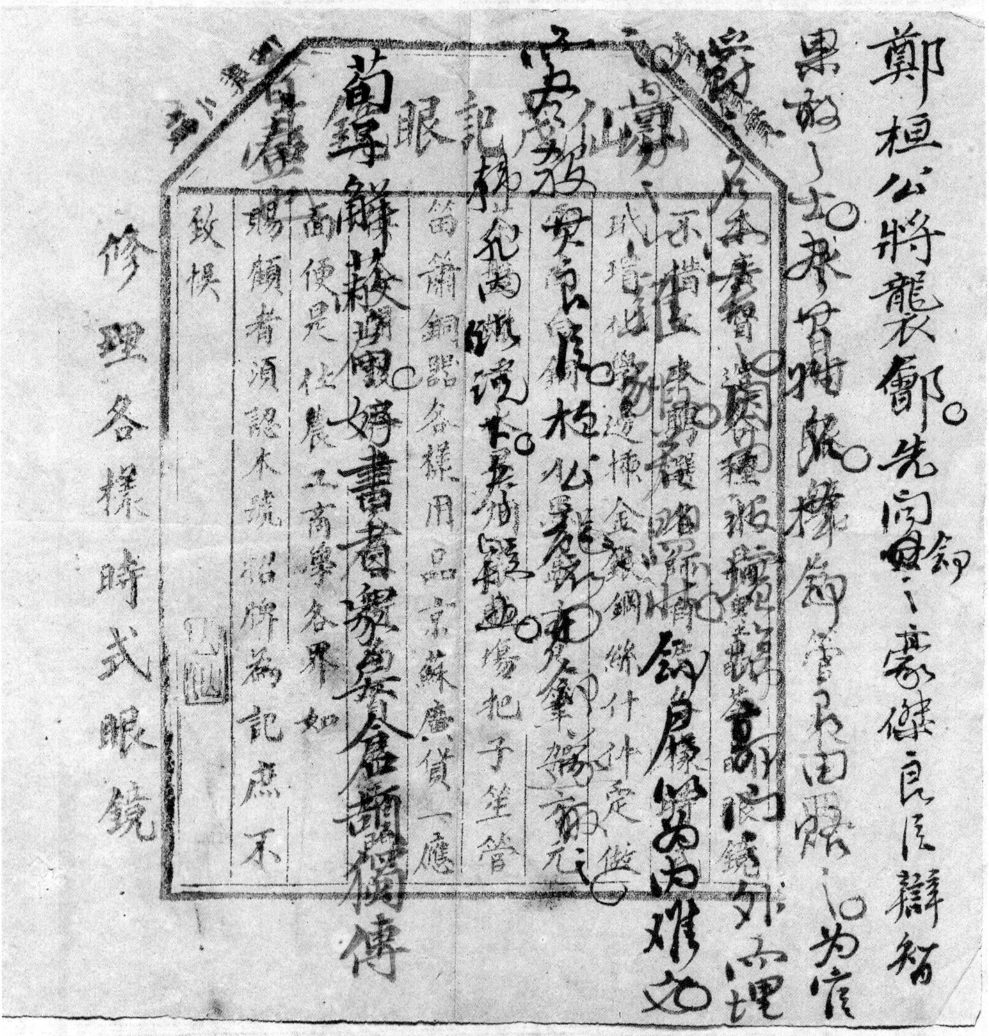
鄭桓公將襲鄶
眼鏡記
修理各樣時式眼鏡
致候

時蟲候鳥競喧爭努力逢秋各作

聲〻旦天衡忽北指舉頭惟有月明

〻

此種甚似宋人理學詩非正宗也

秋輝

論語有閔子騫，其人正與孔子同時，疑其即為閔子騫之孫

也，有馬孫騫，考其名，而別有名文，今舊說皆謂其名

損，不知何據，若果名損，則騫當作字矣，俟考也

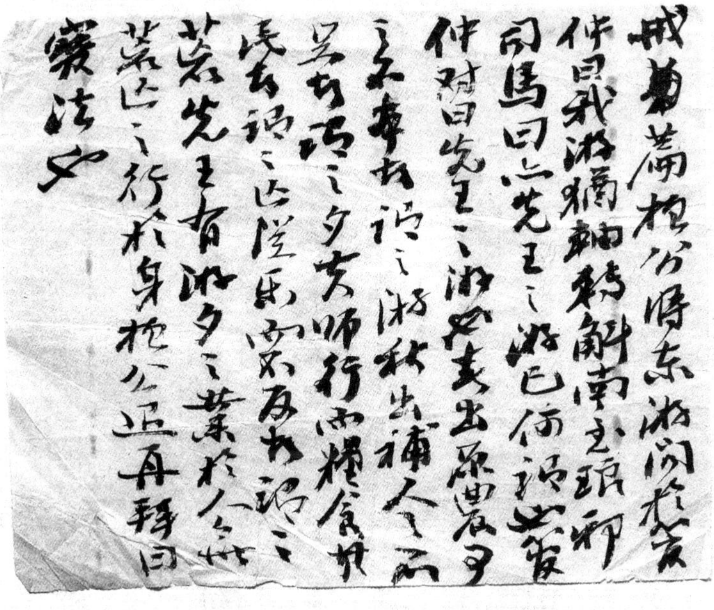
戒萬蒿桓公将东游问於管
仲曰我游犹轴转斛南至琅邪
司马曰亦先王之游已何谓也管
仲对曰先王之游也春出原农事
之不本者谓之游秋出补人之不
足者谓之夕夫师行而粮食其
民者谓之亡从乐而不反者谓之
荒先王有游夕之业於人无
荒亡之行於身桓公退再拜曰
宝法也

本與爲公衆利与無據与同甲
實甲不堅密与儀力同實居況儀
況每甲單弱力
土政首宲乃吹女

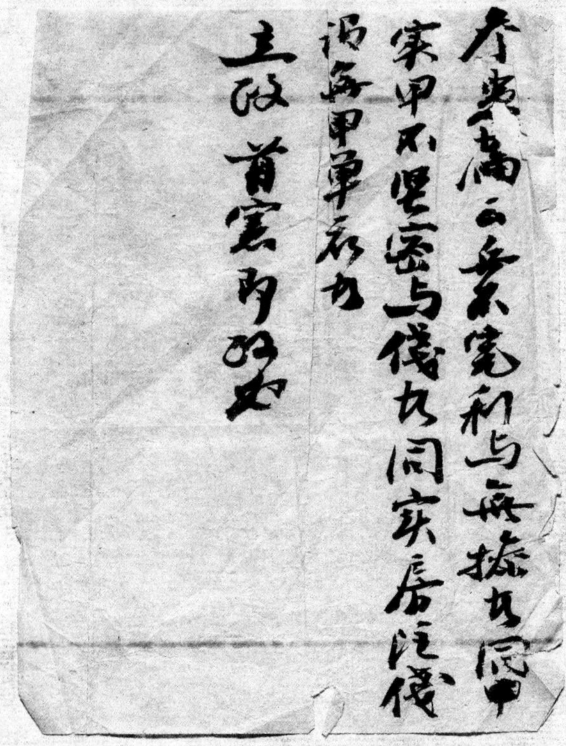

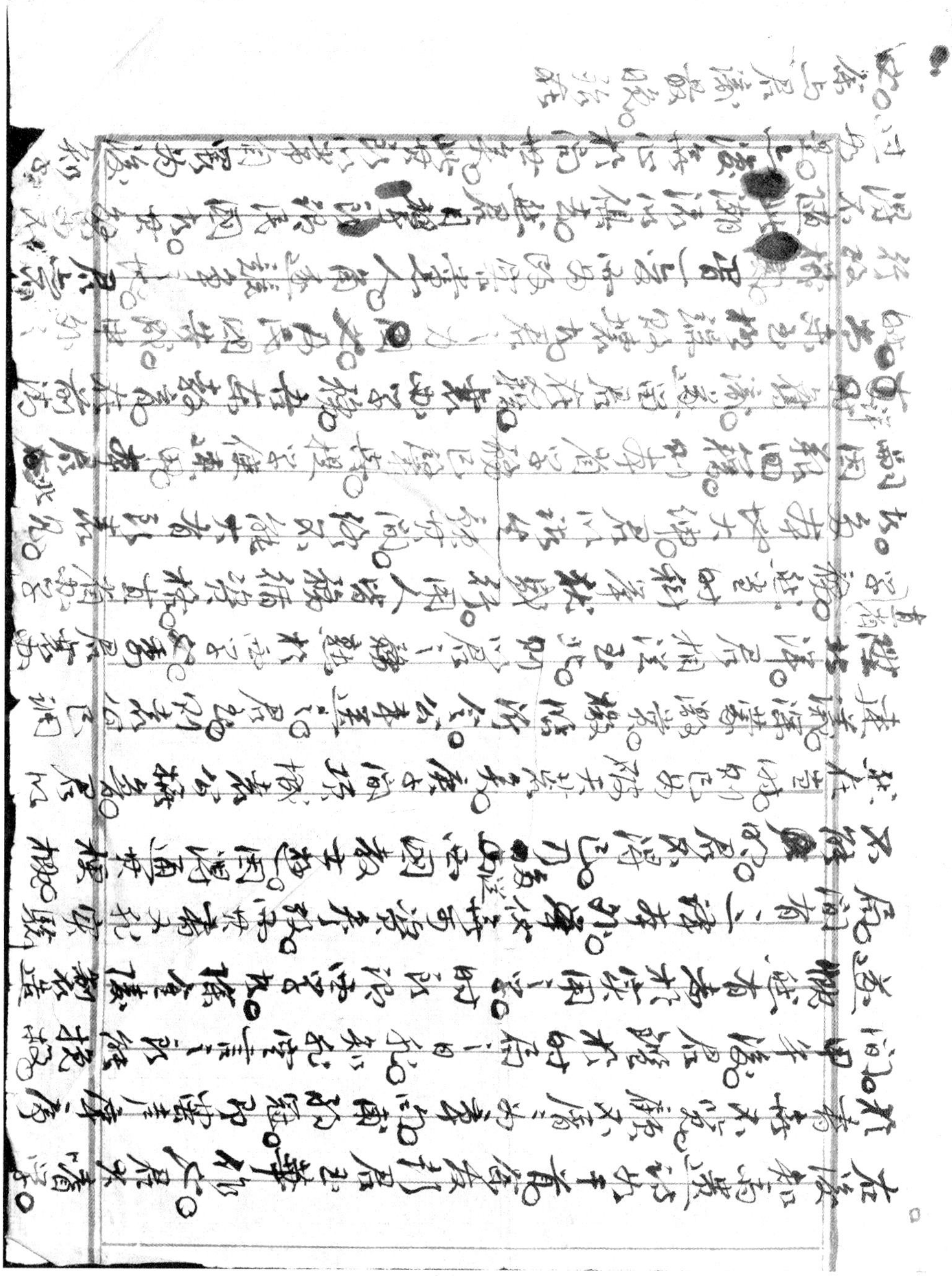

其下文字中时有字作□形，初亦莫识其义，後閱毛公鼎之國字，始悟其為國之
本文。蓋中之方形象都城，外以繩形繞之，示其四周界限之意，繩之兩端各以
手持之，所以表示此界限。实（原本）田於人力，國疆劃由我，初無一定，書之者不可以不
慎。文於此可見古人制字之精，降及金文，則以其四周之繩形屈曲於作文殊不便，又下作
二手形，結体稍長，間架間亦難於布置，故取其四周之繩形（繚屈）而直之，分隸其左右
二手於上下，作□或，毛公鼎所從者即其省形。文（惟皇天……我國……）厥後由趋簡易乃併
其手形之遺蛻而沒之，作或，或則直從戈從口從一，成為今或字矣。嗣是學者以或字
無界限義而世又多假以為疑問之詞，乃更與其外别加以囗，此字乃古文從口後於
其外更加（别）之，此與正同，例可互証。文又其文多云（作）□□或□□或其□
或字象人坐而以手置地，乃□按之本字，古文即假借作安，今安字之從女即其省
相。文今又以國字為地，知國田原本作或，或之何由得義，初無人能言之。得此則其
源流正變之跡了然矣。

(1)

（3） 低一格

116

又按易既濟九五：東鄰殺牛，不如西鄰之禴祭，實受其福。前人根
禴字但知其為春祭，而仍不能明其所以言禴祭之義，故王弼注此
爻亦只以望文生義，云「牛，祭之盛者也；禴，祭之薄者也」。至禴之何以為
薄，則不能言也。《禮·坊記》引用此文，鄭氏乃穿鑿而為之說曰：「此
辭在既濟。既濟離下坎上，離為牛，坎為豕，西鄰禴祭則用
豕。與言殺牛而凶，不如殺豕受福。喻奢而慢，不如儉而敬也。」其說
極支離可笑。因坎為豕，即決定為禴祭之必殺豕，真可謂想
入非非者矣。今既知禴祭之為薦祭，則其義初不待解釋而
自明。蓋東鄰雖殺牛而不以祭，則不得受福（與王注對照）
即可知其謬）。西鄰之禴祭雖用羔，其視牛必不逮遠甚，然
用之於祭，故能實受其福。此苟字義尚未有古文出現者
人要從何處想像之。

此禴祭之即為薦祭，其義在我國前即已無人能明，故鄭注周禮亦以
禴祭屬之於夏（大宗伯文）

此上數句添此苟字義上

辛酉重陽前五日燈下

接下頁

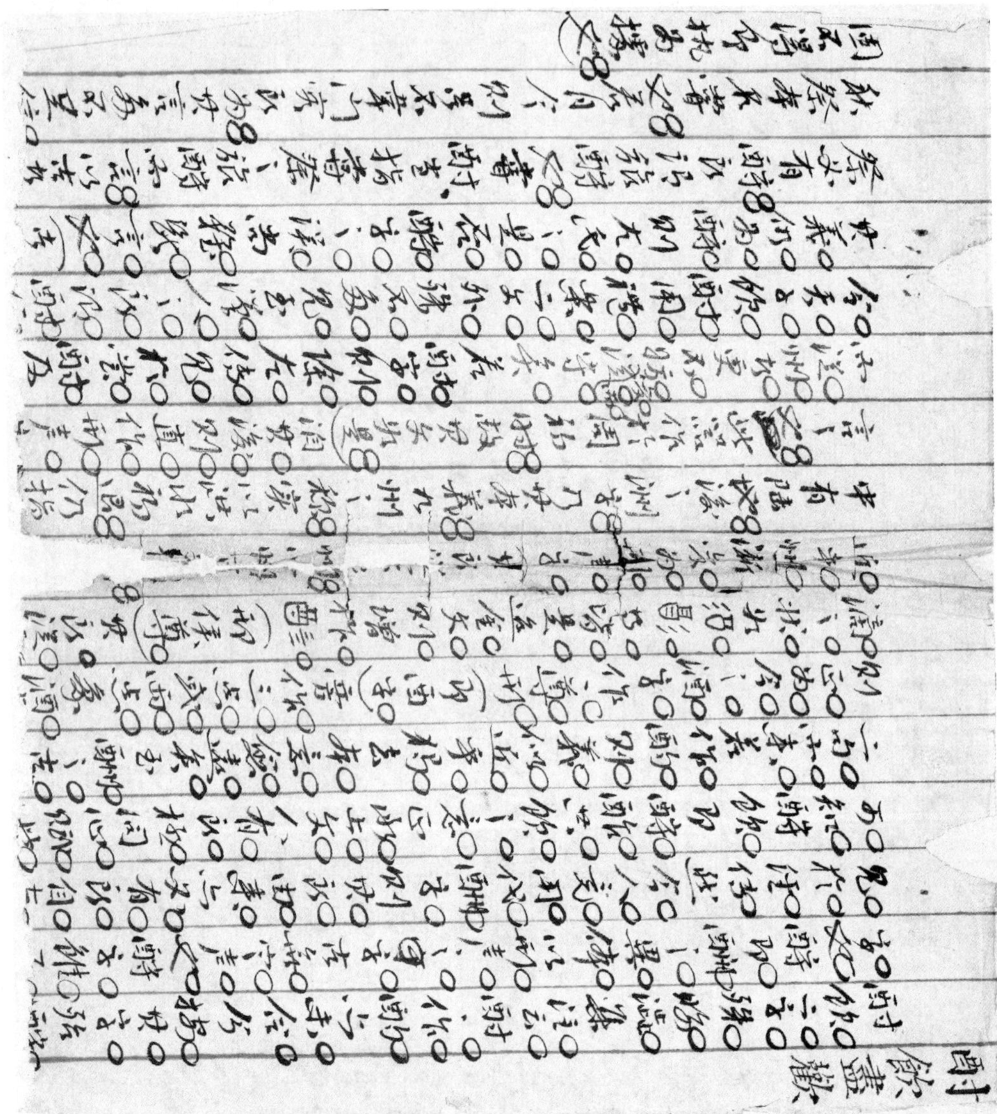

由知然欸证盼从征门家丙以气而为江则贤多只御为

无惠界门徒家印万见徒奉从土从征作徒只在今ㄱ

奉庶作进古文而界文则作往相只卜则俟成从行从工古

矣此近家想上有然故后人竟误认为径此字败误乃章洪

及柏骆径亦同只误贱则真万须殊及泛鱼如矣